PORTUGAL,

PAR

M. FERDINAND DENIS,

CONSERVATEUR
A LA BIBLIOTHÈQUE SAINTE-GENEVIÈVE.

PARIS,
FIRMIN DIDOT FRÈRES, ÉDITEURS,
IMPRIMEURS DE L'INSTITUT DE FRANCE,
RUE JACOB, 56.
—
M DCCC XLVI.

L'UNIVERS.

HISTOIRE ET DESCRIPTION
DE TOUS LES PEUPLES.

PORTUGAL.

PARIS.
TYPOGRAPHIE DE FIRMIN DIDOT FRÈRES,
RUE JACOB, N° 56.

L'UNIVERS,

OU

HISTOIRE ET DESCRIPTION

DE TOUS LES PEUPLES,

DE LEURS RELIGIONS, MOEURS, COUTUMES, ETC.

PORTUGAL,

PAR M. FERDINAND DENIS,

CONSERVATEUR DE LA BIBLIOTHÈQUE SAINTE GENEVIÈVE.

Dans un vieux poëme de la fin du douzième siècle (*), qui a surtout une valeur historique, le Cid s'incline avec respect devant deux comtes étrangers qui sont à la cour d'Alphonse VI. L'un se nomme Raymond, l'autre Anrrique; tous deux ils sont venus aider le roi de Castille de leur forte lance contre les Maures, et leur renommée est déjà assez grande pour que le héros qui représente à lui seul la valeur castillane, les honore d'un regard fraternel. Mais le vieux poëme s'arrête là, il ne nous dit pas ce que devient ce D. Anrrique, qui se trouve ainsi à la cour d'un souverain espagnol. Une vieille chronique longtemps ignorée, la charte du monastère de Floirac, nous l'apprend. Le comte Henri est le descendant de Hugues-Capet, l'arrière-petit-fils de Robert, roi de France, le quatrième fils du duc Henri de Bourgogne, et Alphonse VI l'a choisi pour son gendre, en lui accordant la main de sa fille Tareja. Le pays qu'on désigne dès lors sous le nom de Portugal devient la dot de l'infante, et bien que ce territoire n'ait encore que le titre de comté, le monarque l'élève à la dignité d'État indépendant. Tel est le début héroïque de ce petit royaume : un compagnon du Cid commence ses glorieuses destinées, elles ne s'achèveront que lorsque de victoire en victoire l'empire des Portugais aura presque égalé en étendue celui des Romains.

ANCIENNE DIVISION. ÉTAT DU PAYS LORSQU'IL FUT CONCÉDÉ AU FONDATEUR DE LA MONARCHIE. ORIGINE DU COMTE D. HENRIQUE. — Lorsqu'il plut à Alphonse VI d'accorder à un prince magnanime de la maison de France le territoire fertile qu'il lui donna pour apanage, une partie de ce beau pays était encore soumise à la domination des Maures, et le vieux roi qui avait choisi pour son gendre un petit-fils de Hugues-Capet, compta sans doute sur le courage des hommes de cette race pour accroître la dot de sa fille. Il s'en fallait bien que le territoire qu'on désigne aujourd'hui sous le nom de Portugal (*) oc-

(*) Sanchez, *Poesias Castellanas anteriores al seglo XV; Poema del Cid.*

(*) Un savant portugais, dont l'opinion fait aujourd'hui autorité, présente sous un jour trop clair l'origine de cette ville, qui donna

1re *Livraison.* (PORTUGAL.) 1

cupât les limites assignées par les Romains à la Lusitanie. Alphonse sépara de son empire le territoire de Porto, *l'entre Douro e Minho*, la province de Beira et le pays de *Tras-os-Montes*. En Galice, il lui donna tout le territoire qui s'étendait jusqu'au château de Lobeira, et il lui accorda la faculté d'étendre ses conquêtes vers le pays d'Algarve. Mais l'embouchure du Tage, la voie par laquelle on pouvait pénétrer dans ce petit empire, n'appartenait pas encore aux chrétiens. Lisbonne était une ville musulmane dans toute l'étendue de l'acception. Parmi les villes concédées alors, Porto, Coimbre, Viseu, figuraient au premier rang. Guimaraens fut choisie pour devenir la capitale de ce nouvel État indépendant. Située à trois lieues au levant de Braga, le siége épiscopal le plus important de l'antique Lusitanie, cette cité a été bâtie dans une vallée fertile, entre deux petites rivières connues sous les noms d'Ave et de Vizela. Quelques érudits prétendent qu'elle s'élève sur l'emplacement occupé par l'antique Araduca, dont parle Ptolémée. Mais ce qui est une vérité historique plus avérée, c'est qu'elle avait été conquise autrefois sur les Maures par les rois de Léon.

Le premier historien portugais qui nous ait donné des notions exactes sur ces temps reculés, Frey Antonio Brandão, indique nettement quelles étaient les divisions politiques de ce pays, avant qu'il devint un État indépendant. « Lorsque le comte D. Henrique entra en Espagne, dit-il, le gouvernement du Portugal se trouvait confié à plusieurs seigneurs ; les terres situées entre le Douro et le Mondego, par cela même qu'elles étaient plus exposées aux incursions des Maures et le plus souvent en péril, avaient été commises aux soins d'un chef illustre, que l'on appelait Sisnandi. Les anciens documents lui donnent tour à tour le titre de comte et celui de consul, et il avait établi le siége de sa résidence à Coimbre. » Mariana fait naître le lieutenant d'Alphonse VI à Tolède, mais le savant historien que nous venons de citer allègue des raisons solides pour qu'on lui conserve son titre de Portugais : tels illustre les hauts faits militaires sur lesquels se fondait sa réputation, qu'on peut à bon droit le considérer comme le premier de ces hardis capitaines qui, à partir du onzième siècle, illustrèrent le Portugal.

Le pays d'*entre Douro e Minho*, celui de *Tras-os-Montes* avaient également des chefs particuliers, relevant directement du pouvoir royal ; mais l'histoire est moins explicite à leur égard qu'elle ne l'est lorsqu'il s'agit du gouverneur de Coimbre. On sait néanmoins que, quelques années auparavant, était mort le comte Nuno Mendez, que les Portugais de ces régions reconnaissaient pour chef principal. Dès cette époque aussi le pouvoir ecclésiastique avait acquis une réelle prépondérance qui lui permettait de joindre ses efforts à ceux du pouvoir séculier : les églises de Braga et de

---

son nom à tout le pays, pour que nous ne reproduisions pas ici son opinion. Le nom de *Portus cale*, qui par la suite se changea en celui de *Portucale*, fut donné primitivement à un lieu situé au sud du Douro, sur la rive gauche de ce fleuve, à l'endroit à peu près où se trouve aujourd'hui le village de Gaya. Ce lieu, servant d'ancrage à des barques, et même à de petits bâtiments, aurait été dominé par l'antique château de *Cale*, édifice dont la dénomination est rappelée par des écrivains romains, et le nom de *Portus cale* tirerait de là son origine. Il était naturel que sur la rive opposée du fleuve, au nord, on vit s'établir peu à peu, comme cela arrive d'ordinaire en semblable circonstance, un autre village de la même étendue, autant pour la commodité de la population qui existait sur l'une et l'autre rive, que pour la facilité des transactions commerciales et maritimes avec l'intérieur des provinces que le fleuve séparait ou bornait. Dans ce même lieu en outre, et vers la partie la plus élevée, fut fondé aussi un château pour la défense des riverains, selon l'usage de ces temps. Or, comme il arriva, avec le cours des ans, que ce village s'accrut et prospéra davantage que l'autre, il prit et conserva presque exclusivement la dénomination de *Portus cale*, se faisant désigner dans les antiques documents tantôt simplement sous ce nom, tantôt sous celui de *Castrum Portucale*, d'autres fois sous celui de *Locus Portucale*. On l'appela aussi *Castrum Novum*, pour le distinguer de l'autre *Portucale*, qui gardait le nom de *Castrum Antiquum*. Ce même lieu crût successivement en population, et finit par posséder une église cathédrale avec un évêque ; en sorte que dès le troisième concile de Tolède, qui fut célébré en l'année 589, quatrième du règne de Recarède, on nommait *Portucalensis* non seulement l'évêque catholique Constantius, qui y assista, mais aussi l'évêque arien créé abusivement par Leovigilda. Voy. D. F. de S. Luiz, *Memorias*, etc. L'opinion qui retrouve dans la dénomination du Portugal un souvenir du débarquement des Français tombe nécessairement devant celle-ci. M. Balbi affirme que la dénomination de Portugal n'est pas employée pour désigner tout le pays avant l'année 1069.

Coimbre avaient été remises dans leur ancien état. On voit figurer un évêque de l'église primatiale de Braga, sous D. Garcia fils de Ferdinand; nous insistons sur ce fait, sans lui donner de développements. Dans ces temps rudes et difficiles, soumis à mille vicissitudes, la parole de l'évêque achève toujours ce que la lance a commencé (*).

L'origine du premier chef militaire qui gouverna ce pays comme État indépendant, fut longtemps un problème pour le Portugal lui-même. Pedro Ribeiro de Macedo, dans sa généalogie du comte Henrique, ne compte pas moins de six opinions différentes émises à ce sujet, et le poëte national par excellence, Camoens, qui interroge avec tant d'amour les annales reculées pour y découvrir les moindres vestiges d'un fait glorieux, Camoens le fait naître en Hongrie. Ce fut vers la fin du seizième siècle seulement qu'un document ignoré, découvert par Pierre Piteu, vint mettre fin à tant de conjectures; et l'on peut même ajouter que ce fait n'acquit toute sa valeur historique qu'à l'époque où un autre écrivain français, Denis Godefroy, dressa l'arbre généalogique de la maison de Portugal (**). Ajoutons à tous ces détails un fait moins connu, c'est qu'un roi de France du douzième siècle confirme par son langage une découverte de l'érudition moderne: Philippe le Bel en s'adressant au roi de Portugal lui dit: *Vous qui êtes de notre lignage.*

(*) Rappelons en passant que, si la maison de France avait fourni un chef militaire aux populations chrétiennes du Portugal, le pouvoir ecclésiastique fut exercé durant cette période par un Français. Maurice Burdin, appelé de Limoges au commencement du douzième siècle, fut tour à tour évêque de Coimbre, archevêque de Braga, puis antipape. Ce fut un de ceux qui sous Bernard firent la conquête spirituelle de la Péninsule. On lit dans les *Dissertações chronologicas* du savant Pedro Ribeiro les noms des prélats et des dignitaires influents de cette période, et celui de Maurice y figure: *Regnante rex Alfonsus, et sub eo, principe nostro comite Domnus Auricus, sedis Bracarensis Domnus Giraldus, sede Colimbriensis Domnus Mauricius episcopus, in ipso cenorio S. Johannis Domno Pedoni priori, in sede Portugalensis Domno Pelagio archidiacoui.*

(**) *De l'Origine des roys de Portugal yssus en ligne masculine de la maison de France.* Paris, Pierre Chevalier M D C X. Cet opuscule, composé de huit pages, parut d'abord sans nom d'auteur; mais on voit par des notes nombreuses ajoutées aux autres éditions combien Godefroy accrut ce premier travail.

On sait que ce fut en 1093 qu'Alphonse VI disposa de la main de sa fille en faveur du comte D. Henrique; mais au début de cette première période, une difficulté nouvelle est venue diviser les écrivains nationaux et enfanter des volumes de discussions. Certains auteurs castillans et même des Portugais ont affirmé que Dona Thérèsa ou Tareja était fille illégitime d'Alphonse VI, et il faut convenir qu'ils établissaient leur opinion sur des documents d'une valeur réelle, puisque la chronique de Floirac elle-même allègue ce fait en termes positifs (*). Cependant des hommes d'une prodigieuse érudition, notamment Joseph Barbosa, ont présenté la question sous un autre aspect: ils ont puisé dans la contexture de la lettre pontificale établissant la légitimité de l'union d'Alphonse avec Chimène, leur principal argument, et il faut convenir qu'ils l'ont fait avec une supériorité assez grande pour qu'on incline vers leur opinion.

Une autre question d'une valeur historique incontestable se présente encore des les premières pages de cet aperçu: il s'agit de savoir si la concession faite au comte D. Henrique le fut en retour de quelque obligation féodale, ou si elle fut libre dans toute l'acception de ce mot. Comme cela devait être nécessairement, les écrivains espagnols ont invoqué le principe de la suzeraineté, dont Alphonse VI n'avait pas dû se départir; les écrivains portugais, à la tête desquels il faut mettre Barbosa, réclament pour la donation pure et simple. Malheureusement, il faut s'en tenir ici à la tradition, et jusqu'à ce jour l'érudition moderne n'a pas encore découvert le contrat dotal spécifiant la nature des obligations qui dut exister primitivement entre les deux pays. Selon nous, pour être le plus près possible de la vérité, il faut répéter ici les paroles si judicieuses et si concises du savant Schœffer: « Le beau père et le gendre prenaient plutôt pour règle dans leurs relations leur parenté et leur affection qu'une ligne de subordination exactement tracée. » Il faut ajouter d'ailleurs qu'après avoir établi d'une manière formelle quel était le genre de pouvoir at-

(*) *Alteram filiam, sed non ex conjugali thoro natam, Ainrico... dedit.*

1.

tribué à D. Henrique, le savant historien ajoute bientôt : « Malgré ces témoignages, qui semblent attester une puissance indépendante et illimitée, il est incontestable que tant qu'Alphonse VI vécut, Henrique resta vis-à-vis de lui dans une situation dépendante (*). »

Après la mort d'Alphonse VI, qui arriva le 11 juin 1109, la position politique du comte prit un tout autre aspect; et ce fut à cette époque surtout, dès qu'il eut conquis Cintra sur les Maures, que Don Henrique put garder une attitude réellement indépendante vis-à-vis de la Castille. On le vit alors s'intituler dans les actes émanés de son gouvernement, *par la grâce de Dieu comte et seigneur de tout le Portugal*.

Sans rappeler ici le voyage fort problématique que certains écrivains font entreprendre au comte Don Henrique, pour assister aux croisades (**), nous dirons que nulle existence ne fut plus remplie que la sienne : les chroniqueurs ne lui attribuent pas moins de dix-sept victoires obtenues sur les Maures dans la Péninsule; ils insistent également sur les *foraes* (priviléges) qu'il accorda à de nombreuses bourgades, parmi lesquelles figurent Coimbre, *Tintugal*, *Soure*, *Certão*, *Zurara*, *San João de Pesqueira*, et cette ville de Guimaraens qui semble avoir été l'objet de toutes ses prédilections.

Après avoir glorieusement conquis sur les Maures une partie de l'État indépendant qu'il léguait à l'héritier que lui avait donné Tareja dans un âge déjà avancé, le petit-fils de Robert descendit dans la tombe chargé de gloire et d'années. Il mourut à soixante-dix-sept ans, le 1er novembre 1112, et ses ossements reposent dans la cathédrale de Braga.

D. AFFONSO HENRIQUEZ 1er, ROI DE PORTUGAL. — Lorsque le comte mourut, le fils qui lui était né en 1109 n'avait pas plus de trois ans; il fut reconnu par les peuples comme héritier du territoire dont son père avait assuré l'indépendance. Sa mère gouverna sans contestation durant sa minorité; et sans doute que le titre auguste d'*imperator*, que prenait son père, lui fit regarder avec quelque dédain celui que lui laissait son mari, car on la vit en plus d'une occasion adopter le nom de Reine, durant l'époque de sa régence et même à l'époque où vivait encore D. Henrique. Celui-ci, dans un des actes politiques de son gouvernement, vante la beauté singulière de la fille d'Alphonse VI (*). Cette beauté paraît avoir été la source de plus d'un trouble et de plus d'un désordre. Selon l'opinion commune, Dona Tharéja accorda les droits d'époux à D. Fernando Paes, comte de Transtamare; et, bien que la seconde assertion n'ait pas une valeur historique incontestable, on prétend qu'elle ratifia par un mariage cette union d'abord illégitime. Ce qu'il y a de certain, c'est que si la conduite privée de la régente ne fut pas à l'abri de nombreux reproches, il y eut également de grandes irrégularités dans son administration.

En 1125, le jeune prince venait d'atteindre seize ans lorsqu'il voulut être compté au nombre des chevaliers. Duarte Nunez de Leão, d'accord avec plusieurs autres historiens, raconte qu'il s'arma lui-même, et qu'il prit les insignes de son nouveau rang sur l'autel de S. Salvador, dans la cathédrale de Zamora, siége dépendant alors du Portugal. D. Affonso Henriquez était fait pour gouverner, comme il était fait pour combattre. Lorsqu'il eut atteint l'âge de dix-huit ans, il réclama l'exercice de ses droits. Thareja refusa d'abandonner la régence; le jeune prince les demanda impérieusement, et l'on vit commencer alors une des guerres les plus funestes qui aient ensanglanté le pays. Le fils se vit contraint d'employer la force des armes pour obliger sa mère à lui céder le pouvoir, et la bataille de S. Mamède, qui eut lieu non loin de Guimaraens, le 24 juin 1128, est marquée dans les annales du Portugal comme une des journées les plus déplorables que l'histoire ait à signaler. Af-

---

(*) Voy. Époque première, liv. Ier, chap. I.
(**) Le savant Brandão veut que cette expédition ait eu lieu en 1103; Faria y Souza la recule beaucoup, mais la place à l'époque où le comte était déjà marié. L'Académie des sciences de Lisbonne a publié un mémoire étendu sur cette grande question, dont les limites de notre travail nous interdisent la discussion.

(*) *Ego comes Henricus, una cum uxore mea formosissima Tharasia comitissa* etc. Voy. Pedro Ribeiro, *Dissertacões chronologicas*, t. III, p. 45.

fonso Henriquez y demeura vainqueur des partisans de Dona Thareja, et il put dès lors se regarder comme maître absolu du territoire anciennement concédé à son père. Ce ne fut pas toutefois sans contestation qu'il saisit le pouvoir : la reine, renfermée dans le château de Lanhoso, envoya implorer le secours du roi de Léon, et ce prince accourut à son aide. La bataille de Valdovez gagnée par D. Affonso fit de nouveau justice des prétentions d'une mère ambitieuse. Le roi qu'avait imploré Thareja ne se laissa pas décourager par cet échec ; il revint l'année suivante avec des forces imposantes, et mit le siége devant la ville de Guimaraens, où le fils de Henrique s'était renfermé. Le siége fut poursuivi avec vigueur ; et s'il fallait en croire la tradition adoptée par tous les écrivains du seizième siècle, ce serait uniquement au dévouement de son *ayo* ou, si on l'aime mieux, de son gouverneur, que D. Affonso Henriquez aurait dû son salut : effrayé du danger que courait le jeune prince, Egaz Moniz se serait éloigné secrètement de Guimaraens ; puis il aurait obtenu, au prix de certaines conditions, qu'Alphonse VII levât le siége et se retirât dans ses États. Les anciens écrivains ajoutent que ses conditions, qui n'avaient pas été consenties par D. Affonso Henriquez, furent rejetées par lui. Egaz Moniz, voyant qu'il pourrait être taxé de *foi mentie* (ce sont les expressions de Camoens), passa à Tolède avec sa famille. Lui, sa femme et ses enfants se présentèrent alors devant Alphonse VII. Ainsi que nous l'avons dit autre part, ils s'étaient vêtus comme des gens condamnés à mort ; non-seulement ils marchaient pieds nus, mais ils portaient la corde au cou, prêts à subir le dernier supplice. Touché de ce dévouement sans bornes à la parole donnée, le souverain de Léon leur fit grâce. L'esprit sceptique de notre siècle a nié ce fait héroïque ; et bien que le nom d'Egaz Moniz soit resté comme un symbole de la loyauté portugaise, plusieurs écrivains dont l'autorité fait foi relèguent le récit qui constate son dévouement parmi les légendes chevaleresques du moyen âge. Nous savons bien qu'il n'y a rien à alléguer contre les dates inflexibles de la chronologie et nous sommes forcé de convenir qu'il y a certainement confusion dans le récit des chroniqueurs. Nous avouerons néanmoins que nous ne voyons pas sans chagrin dépouiller l'histoire de ces grands faits, qui ennoblissent une époque. Ce qu'il y a de bien certain, c'est qu'un monument découvert assez récemment, et figuré dans les Mémoires de l'Académie des sciences de Lisbonne (*), prouve que cette noble tradition, racontée avec enthousiasme par les écrivains espagnols eux-mêmes (**), remonte à une très-haute antiquité. Si elle n'a pas été élevée précisément en l'année 1146, la tombe d'Egaz Moniz n'en porte pas moins tous les caractères architectoniques du douzième siècle. Or, le grand homme y est représenté avec sa famille, au moment où, selon l'expression du chroniqueur espagnol, il s'écrie : « Ma langue a erré, mon corps doit payer (***). »

Selon le récit admis par toutes les chroniques, Alphonse VII fit grâce à celui qui savait réclamer ainsi le châtiment d'une noble faute. Egaz Moniz vécut longtemps encore dans ses vastes possessions, situées aux environs de Porto. Quelle que soit l'opinion qu'on adopte à l'égard de ce fait contesté, mais qui n'a rien de contraire aux habitudes du temps, Egaz Moniz fut certainement un homme éminent, et il eut la gloire d'avoir développé les plus nobles vertus chez un prince dont chaque action guerrière ou politique excite encore un sentiment profond de gratitude chez les Portugais.

(*) Voy. *Memorias da Academia das sciencias*, t. XI.
(**) *Argote de Molina*, entre autres. Voy. *Nobleza de Andaluzia*.
(***) Ce curieux monument, dont le caractère est fort grossier du reste, peut être visité dans l'ancien monastère des bénédictins, désigné sous le nom de *Paço de Souza*, à cinq lieues de Porto. Le monastère aurait été édifié vers 956. Connu d'abord sous la dénomination de *S. Salvador*, on aurait ajouté à son nom celui d'un château bâti par Egaz Moniz au douzième siècle, entre le couvent et le rio Souza. Nous ferons remarquer en passant et comme un fait bien peu connu, tout ce qu'il y avait de culture intellectuelle dans cette famille. Le titre de *Trobador* appartenait depuis longtemps à l'un de ses membres ; un manuscrit portugais de la Bibliothèque royale, dont l'ancienneté n'est pas douteuse, dit, en parlant du frère d'Egaz Moniz, qu'il savait merveilleusement la langue des Arabes ; savoir la langue des Maures, en ce temps, c'était avoir la clef de bien des sciences.

AFFONSO HENRIQUEZ ÉLEVÉ A LA DIGNITÉ ROYALE. — COALITION DES MAURES CONTRE LUI ; BATAILLE D'OURIQUE. — Selon un écrivain qui a traité minutieusement des antiquités nationales (*), ce fut immédiatement après la bataille de Saint-Mamède, ou tout au moins après la mort de la reine Dona Thareja, en 1130, que les Portugais commencèrent à donner le titre de roi à D. Affonso. Jusqu'alors il s'était appelé *Infante*, et jamais n'avait pris le titre de *comte* ou de *duc* ; le temps approchait où il devait être revêtu solennellement de la dignité suprême que lui décerna l'armée.

Après avoir établi son autorité dans les villes qui avaient été jadis concédées à son père, Affonso Henriquez poursuivit ses conquêtes dans l'Estramadure ; puis il passa dans l'Alem-Tejo, qui appartenait alors à un chef arabe puissant, que les historiens contemporains revêtent du titre de roi, mais qui en réalité n'était qu'un émir dépendant du souverain musulman qui commandait dans l'Andalousie. Ismael s'était uni à cinq autres chefs pour attaquer la petite armée des chrétiens ; la rencontre eut lieu près d'Ourique, le bourg le plus considérable de la contrée, où elle fut gagnée ; et Duarte Nunez de Lião, le réformateur en titre des chroniques, se montre fort modéré en réduisant à trois cent mille hommes l'armée musulmane que d'autres historiens élèvent à quatre cent mille. Selon Schœffer, l'action eut lieu au-dessus du village de *Castro-Verde*, dans une vallée comprise entre deux fleuves, qui se jettent dans la Guadiana. Quelques historiens, amis du merveilleux, donnent seulement treize mille hommes de troupes à Affonso Henriquez (**) ; mais ces calculs là ne sont plus admis ; et il faut les placer à côté de la légende qui nous représente Affonso Henriquez en communication directe avec le ciel et puissant dans l'aspect rayonnant du Christ le courage qui le fit vaincre. Duarte Nunez de Lião raconte d'une manière vraiment entraînante cet événement prodigieux, qui fonda la monarchie portugaise, et sa simplicité fait ressortir admirablement l'héroïsme du fils de D. Henrique.

« Quoique les Portugais fussent en petit nombre, le soleil naissant venant frapper sur leurs armures, elles resplendissaient d'une telle manière, que toute l'armée en recevait une apparence redoutable. Le prince commença à encourager les siens, en les appelant par leurs noms et en remettant devant leur mémoire des choses qui pouvaient leur donner du courage. Quand les grands qui étaient avec Henriquez virent les différents corps d'armée des Maures et tous les rois qui s'y trouvaient, ils demandèrent au prince qu'il voulût bien permettre qu'on l'appelât roi également ; que tout le monde le désirait, et que l'armée aurait plus de courage pour combattre. Le prince, comme un homme vraiment magnanime, et sentant que ce qui valait mieux qu'un royaume, c'était de mériter de régner, de même que la valeur de la personne était plus grande que celle du sceptre et de la couronne, le prince, dis-je, répondit que c'était bien assez d'honneur pour lui de leur commander ; qu'il se contentait de cela, et qu'il ne voulait être appelé que leur frère et leur compagnon ; que ce serait comme tel qu'il les défendrait toujours contre les ennemis de la foi, ou contre ceux dont ils recevraient quelque injure ; et que pour ce dont ils parlaient, il y avait un moment plus opportun. Ils lui répondirent en lui objectant nombre de raisons, et lui demandèrent de ne point résister à tant de volontés. Le prince, se voyant si vivement pressé, leur dit de faire ce qu'ils voudraient. Alors, poussant de grands cris de joie, ils le nommèrent roi et lui baisèrent la main : telle fut son acclamation. Cela achevé, il monta sur un grand et puissant cheval, couvert de ses armes ; et quand il vit que c'était le moment, il dit à D. Pero Paez qu'il s'élançât en avant avec la bannière royale. Ceux de son corps d'armée le suivirent, et ils allèrent ainsi tomber sur l'ennemi. Ce fut alors que le roi, qui se trouvait déjà en avant, frappa un Maure avec une telle vigueur, qu'il tomba en même temps que lui.

(*) Ribeiro, *Dissertaçoes chronologicas*.
(**) André de Rezende, d'ordinaire si scrupuleux, fait monter cette armée à plus de 40,000 hommes : « *Tantas congregavit copias ut millia quadraginta exercitus superaret.* »

Un tel échec ne lui causa pas sans doute une grande impression; le chroniqueur nous dit qu'on le voyait partout où le danger était pressant. La bataille dura depuis le matin jusqu'à midi, et cinq despotes musulmans furent vaincus par ce roi que venait de créer librement l'enthousiasme militaire.

La bataille *do campo d'Ourique* fut livrée le 25 juin 1139, et c'est de cette grande époque qu'il faut faire dater la monarchie portugaise. Affonso Henriquez donna alors au nouveau royaume les armes qui devaient le désigner désormais comme État indépendant; ces armes étaient à la fois un symbole religieux et guerrier, destiné à rappeler sa victoire sur les cinq rois musulmans aussi bien que l'apparition miraculeuse dont le Christ l'avait honoré (*).

Il fallait faire confirmer par la nation le choix de l'armée; ce grand acte politique eut lieu en 1143, aux cortès de Lamego: l'assemblée nationale qu'on désigne sous ce nom joue un rôle immense dans l'histoire du Portugal. Affonso Henriquez y parut en présence des trois états, prenant le titre de roi sans doute, mais sans être revêtu d'aucun des insignes de la royauté, et dans l'église même de Sainte-Marie d'Almacave Lourenço Viegas, son procureur général, demanda au peuple s'il consentait librement à ce que le pouvoir royal lui appartînt. Le peuple enfin ratifia ce qu'avait fait l'armée, et l'archevêque de Braga ayant reçu de l'abbé de Lorvão la couronne d'or enrichie de perles donnée jadis à ce monastère par les rois goths, Affonso Henriquez, qui tenait à la main son épée de combat, fut couronné par le primat. Ce fut, dit-on, après avoir accompli cette cérémonie solennelle que les lois fondamentales du royaume furent discutées et consenties.

Cette assemblée emprunta au temps, au lieu, à l'esprit d'indépendance qui animait la foule, quelque chose de fort simple, dont le vieux texte lui seul peut nous transmettre l'idée : ce fut l'élu du peuple qui parla d'abord; voilà comment il s'exprima :

« Et le seigneur roi, tenant à la main la même épée nue qu'il avait portée à la guerre, dit : Loué soit Dieu qui m'a aidé! c'est avec cette épée que je vous ai délivrés et que j'ai vaincu nos ennemis (*); et puisque vous m'avez fait votre roi et votre compagnon, il convient que nous fassions des lois qui assurent la tranquillité à notre pays; à cela ils répondirent tous disant : Nous voulons, sire, et nous sommes prêts à faire telles lois qu'il vous plaira de dicter, car nous tous, ainsi que nos fils et nos filles, nos petits-fils et petites-filles, nous ferons ce que vous commanderez. Le roi appela alors les évêques, les nobles, et les fondés de pouvoir des villes, et il fut convenu d'un commun accord qu'on commencerait par faire les lois touchant la succession à la couronne, et ils firent les lois suivantes :

« Que le seigneur Alphonse, roi, vive et qu'il règne sur nous. S'il a des enfants mâles, qu'ils vivent et qu'ils soient nos rois, sans qu'il y ait besoin de les constituer de nouveau rois; voici l'ordre de la succession : le fils succédera au père, puis le petit-fils, et ensuite l'arrière-petit-fils, et ainsi à perpétuité, dans leurs descendants de père en fils.

« Si le fils aîné du roi meurt pendant la vie de son père, le second fils (après la mort du roi son père) sera roi; le troisième succédera au second, le quatrième au troisième, et ainsi des autres fils du roi.

« Si le roi meurt sans enfants mâles, le frère du roi, s'il en a un, régnera, mais pendant sa vie seulement, car après sa mort, le fils de ce dernier roi ne sera pas notre roi, à moins que les évêques, les députés des villes et les nobles de la maison du roi ne l'élisent, et alors il sera notre roi, sans quoi il ne régnera pas.

« Alors Lourenço Viegas, procureur du seigneur roi, dit aux députés : Le roi

---

(*) Na qual vos deu por armas, e deixou.
As que elle para si na cruz tomou.
                                               CAMOENS.
On peut voir dans plusieurs auteurs, et notamment dans Faria y Souza, ces armes primitives. Elles sont également figurées, avec leurs diverses modifications, dans *l'Historia genealogica da Casa real por Antonio Gaetano de Souza*. Lisboa, 1735-48. 14 vol. grand in-4.

(*) Disons en passant que le bouclier d'Affonso, conservé jadis à Alcobaça et arraché du sanctuaire, a été pieusement remis par M. Taylor à la Bibliothèque de Lisbonne.

demande si vous voulez que les filles soient admises à succéder à la couronne, et, dans ce cas, s'il vous plaît de faire des lois y relatives. Après une discussion qui dura plusieurs heures, ils s'accordèrent, et prirent la résolution suivante :

« Les filles du seigneur roi étant également issues de lui, nous voulons qu'elles puissent succéder à la couronne, et qu'il soit fait des lois à cet effet, et les évêques et les nobles firent les lois suivantes :

« Si le roi de Portugal n'a point d'enfant mâle, et qu'il ait une fille, elle sera reine après la mort du roi, pourvu qu'elle se marie avec un seigneur portugais ; mais il ne portera le nom de roi que quand il aura un enfant mâle de la reine qui l'aura épousée. Quand il paraîtra en public en compagnie de la reine, il se tiendra toujours à sa gauche et ne mettra point la couronne royale sur la tête. Que cette loi soit toujours observée, et que la fille aînée du roi n'ait pas d'autre mari qu'un seigneur portugais, afin qu'un étranger ne devienne point le maître du royaume. Si la fille du roi épousait un prince étranger, elle ne sera pas reconnue pour reine, parce que nous ne voulons pas que nos peuples soient obligés d'obéir à un roi qui ne serait pas né Portugais, puisque ce sont nos sujets et nos compatriotes qui, sans le secours d'autrui, mais pas leur vaillance et aux dépens de leur sang, nous ont fait roi (*). »

Après avoir pourvu aux lois de la succession du royaume, il en fut fait immédiatement plusieurs touchant la noblesse, et l'on s'occupa ensuite de la pénalité. Il y a certaines dispositions, dans cette ébauche de code, qui sont essentiellement originales et qui constatent la situation morale du pays à cette époque. Tout individu, par exemple, qui, étant pris par les infidèles, demeurait parmi eux sans cesser de confesser la loi du Christ, donnait la noblesse à ses enfants ; tous ceux qui avaient combattu à la journée d'Ourique furent considérés comme nobles, et reçurent la dénomination *de sujets par excellence*. La loi qui récompensait ainsi le courage et la persévérance religieuse se montra sans indulgence pour certains délits ; elle atteste en même temps, au milieu de dispositions démesurément sévères, une tendance chevaleresque, bien digne de ces esprits indépendants. Un noble perdait sa noblesse pour avoir frappé une femme, pour avoir déguisé la vérité au roi, pour avoir mal parlé de la reine ou des infantes ; la fuite au milieu des Maures frappait le délinquant de la même peine, et le blasphème contre Dieu trouva la loi aussi sévère.

La récidive dans le vol pouvait entraîner la mort ; le meurtrier, de quelque condition qu'il fût, était atteint du dernier supplice ; le feu punit l'adultère ; et trois siècles plus tard, lorsque Joam 1er fit brûler impitoyablement un jeune écuyer qui avait des relations coupables avec une dame du palais, il se montra plus terrible encore que le premier législateur, car la loi de Lamego adoucit cette peine cruelle par des dispositions qui permettaient à la pitié d'intervenir.

Ce fut encore dans cette assemblée solennelle qu'Affonso Henriquez, voulant donner une preuve de sa vénération pour saint Bernard, plaça le royaume qu'il venait d'acquérir sous la protection de Notre-Dame de Clairvaux. Non-seulement il appela la protection de la Vierge sur ses sujets, ce qui n'avait rien que de fort naturel durant cette période du moyen âge, mais il rendit son royaume feudataire de l'abbaye de Clairvaux, disent plusieurs historiens, en s'engageant pour lui et ses successeurs à payer annuellement cinquante maravédis d'or pur. Laclède, qui raconte ce fait d'une manière détaillée, affirme que l'on conservait à Clairvaux l'acte authentique constatant ce fait étrange de féodalité, unique peut-être en son genre.

Après les cortès de Lamego, Affonso Henriquez continua vigoureusement la guerre qu'il faisait aux Maures, et, le 11 mars 1147, il s'empara de Santarem : Mem Ramirez dirigea ce siège important. La même année, le jeune monarque résolut d'assiéger Lisbonne, et le hasard servit merveilleusement ce courageux dessein. Une flotte de croisés, composée

---

(*) On a reproduit ici, comme étant la plus fidèle, une traduction récente de ces fragments : elle est extraite d'un livre intitulé : *Exposé des droits de S. M. Très-Fidèle D. Maria II*. Paris, 1830, 1 vol. in 4.

de deux cents voiles, venant du Nord et ayant pour chef Arnold d'Aerschot, joignit ses rudes combattants aux braves soldats qui avaient remporté tant de victoires. Le siége dura cinq mois ; il fut fertile en incidents d'un vif intérêt, et toutes les circonstances en ont été naïvement exposées par un moine du Nord, nommé Otto ou Otta, qui ne laissa passer aucun événement important sans le raconter (*). Rien de plus frappant, du reste, que cette lutte de peuples si divers, que cette persévérance animée par une foi qui fait surmonter tant d'obstacles. L'ardeur religieuse vient douer tout à coup ces hommes, encore si rudes, du génie inventif qui crée les engins les plus redoutables ou qui sait les renverser. Les peuples du Nord sont frappés eux-mêmes de ces curieuses circonstances, et en font l'objet de leurs récits. Mathieu Paris renferme plus d'une page intéressante où ces guerres contre les Maures sont racontées naïvement. Ce fut le 23 octobre 1147 que le roi Affonso entra dans Lisbonne. Plusieurs de ces hardis soldats venus du Nord reçurent, en récompense de leur courage, certaines concessions qui les fixèrent en Portugal ; et l'on peut même faire dater de cette époque mémorable quelques dénominations, quelques usages qui subsistent encore, et attestent l'influence française à cette époque si reculée. Il serait curieux sans doute de rappeler ici des noms que le temps a fait oublier ; mais si nous avions à mettre en évidence les gloires militaires contemporaines d'Affonso Henriquez, ce serait de préférence des noms portugais que nous voudrions citer : il faudrait parler de Sueiro Mendez le Bon, de Gonzalo Mendez, surnommé le Lutteur, de ce Martim Moniz qui se fit écraser entre la porte du château de Lisbonne et la muraille, pour faciliter l'entrée de la cité aux assaillants. Il faudrait désigner à l'admiration des siècles Mem Moniz, qui, après avoir commandé l'aile gauche à la bataille d'Ourique, s'illustra encore à Villa-Rasa ; Garcia Mendez le grand porte-étendard ; Giraldo Giraldez, surnommé Sans-Peur, qui s'empara avec un courage si intrépide de la cité d'Evora ; il faudrait nommer surtout D. Fuas Roupinho, qui alla mourir devant Ceuta, et qui marche en tête de toutes les gloires maritimes dont se vante le Portugal. L'espace nous manque pour raconter tant de faits éclatants. Disons-le d'ailleurs, le caractère particulier de cet ouvrage ne nous oblige pas uniquement à citer les gloires militaires, il exige que nous fassions connaître le mouvement intellectuel, les mœurs nationales et même les monuments.

L'espace consacré au récit des batailles est nécessairement limité pour nous (*). Affonso Henriquez n'était pas seulement un prince guerrier, c'était un prince législateur, un fondateur de cités et de monastères ; en 1148, le 2 février, il posa la première pierre du couvent d'Alcobaça, et voici à quelle occasion : si l'on en croit les vieux historiens, au milieu de la vie agitée qu'il menait dans les camps, et même après la fameuse assemblée de Lamego, le premier roi des Portugais aurait conservé des relations avec saint Bernard ; et en 1147, comme il se mettait en route de Coimbre pour aller prendre Santarem, arrivé à une montagne nommée Serra de Albardos, il aurait fait vœu, s'il accomplissait heureusement cette rude entreprise, de donner à saint Bernard et aux religieux de son ordre toutes *les terres qu'il voyait de ces montagnes du côté où les eaux se dirigeaient vers la mer*. Nous ferons grâce au lecteur des miracles qui accompagnent ce récit ; l'habile et savant Pedro Ribeiro a dégagé victorieusement l'histoire de cette légende. Ce qu'il y a de certain, c'est que le monastère de Clairval fournit à Alcobaça ses premiers religieux, et que l'abbé Ranulpho, qui les dirigea sous Affonso Henriquez, fut envoyé par saint Bernard. Ce fut dans ce noble monastère que le propre frère du roi, que D. F. Pedro Affonso prit l'habit religieux, après avoir vaillamment combattu et avoir rempli une ambassade en France. D. Affonso Henriquez ne s'en tint pas à cette fondation

---

(*) João III, prince essentiellement littéraire, voulut que cette chronique inédite fût publiée.

(*) Voy. ce récit détaillé, extrait des vieux historiens, dans nos *Chroniques chevaleresques de l'Espagne et du Portugal*.

magnifique. L'archidiacre de la cathédrale de Coimbre, D. Tello, avait formé, sous le titre de Santa-Cruz, un institut religieux destiné à fournir des prédicateurs aux terres nouvellement conquises. Dès 1132 il s'y était réfugié avec quelques compagnons, en adoptant la règle de Saint-Augustin, et il avait eu la gloire de devenir le maître spirituel de S. Theotonio. Affonso Henriquez agrandit encore cet édifice religieux, et il fit élever l'église où devait être placé son tombeau.

Lisbonne, Coimbre, Santarem, toutes ces villes dans lesquelles le clergé établissait chaque jour davantage sa puissance, toutes ces cités, dis-je, offraient une population mixte, catholique et musulmane, dont il est curieux de connaître au moins d'une manière générale la position respective : à défaut d'une description plus longue, nous allons esquisser ce tableau dans le paragraphe suivant.

RELATIONS DES MAURES AVEC LES POPULATIONS CHRÉTIENNES DURANT LE ONZIÈME ET LE DOUZIÈME SIÈCLE. — Les antiques monuments de cette époque nous portent à croire que ces relations étaient plus pacifiques, plus faciles dans les villes, et même dans certains établissements éloignés des centres de population, qu'on n'est tenté au premier abord de le supposer. Si, d'un côté, l'ordonnance(*) qu'Albocassem, roi des Maures des environs de Coimbre, rendit en faveur des moines de Lorvão, nous est une preuve de ces dispositions pacifiques, je dirai même bienveillantes, de la part des musulmans, certains documents récemment exhumés nous prouvent qu'il y eut réciprocité de la part des conquérants chrétiens. Tout nous porte à croire qu'après ces terribles batailles d'extermination, où le principe religieux, exalté jusqu'à la frénésie, se montrait comme premier mobile, les populations se mêlaient de nouveau et établissaient entre elles des transactions politiques et commerciales, comme par le passé. Après la prise de Lisbonne les Maures eurent dans Affonso Henriquez un protecteur déclaré. Ce prince leur donna même des garanties publiques, qui leur conservaient certains droits vis-à-vis des populations chrétiennes, et un ouvrage récemment publié prouve qu'en 1218 ce roi rendit une ordonnance qui mettait à l'abri de tout dommage les Maures de Lisbonne, d'Almada, de Palmella et d'Alcacer (1). Il serait facile de multiplier les détails secondaires qui se rattachent à ce fait historique; et plus tard dans Edrisi lui-même on entend un écrivain arabe vanter la singulière hospitalité dont les moines de Saint-Vicente usaient à l'égard de tous les étrangers. Une des meilleures preuves, du reste, que ces rapports tournaient quelquefois à l'avantage des populations chrétiennes, c'est qu'il existe des documents dans lesquels on voit des prêtres catholiques porter des noms musulmans (**). Ces conversions s'opéraient par une foule de moyens, tantôt par des prédications soutenues, en d'autres occasions par des circonstances étranges qui ont donné lieu à certaines légendes. Qu'il me soit permis d'en choisir une preuve dans un livre trop peu consulté; nous ne donnons d'ailleurs ce fait qu'à titre de tradition, et comme faisant connaître les mœurs de cette période.

SOR ROSIMUNDA, LÉGENDE DU DOUZIÈME SIÈCLE. — Jorge Cardoso raconte qu'à l'époque où vivait le comte D. Henrique, le père du roi dont nous retraçons l'histoire, il y avait dans le couvent d'Arouca une jeune et belle abbesse qui avait une haute réputation de sainteté; les grands de la terre venaient l'implorer dans leurs douleurs, et les pauvres gens allaient se recommander humblement à ses prières. Le comte Henrique lui-même, à la veille des batailles qu'il livrait aux Maures, venait visiter l'abbesse du couvent d'Arouca, et il en sortait plus fort. « Or un jour, dit le vieil historien, que le comte était venu la visiter, il avait amené avec lui un Maure, noble et jeune. Dès que celui-ci eut vu l'abbesse si digne cependant de respect, son âme fut éprise de sa beauté en telle manière qu'il avoua au comte qu'on lui verrait adopter le christianisme, si on la lui

(*) Voy. le savant ouvrage de Raynouard, *Recherches sur la langue romane*, t. I. Le texte de cette ordonnance, si précieux pour l'étude des origines, est reproduit avec la plus saine critique.

(*) Voy. *Quadro elementar*, t. I, p. 95.
(**) *Memorias de Litteratura*, t. VII.

donnait pour épouse ; mais le comte, qui savait l'impossibilité de cette union, le détrompa immédiatement. Or, étant informée de la manière dont les choses avaient eu lieu, Rosimunda se prit à dire une affectueuse oraison, suppliant Dieu qu'il illuminât cette âme; puis elle fit aviser le comte d'amener le Maure avec lui en l'église; et, accompagnée de ses sœurs, elle l'attendit à la porte du lieu saint; puis quand il fut près d'elle, lui prenant la main, elle lui dit : « Tu m'as aimée ardemment, et tu as désiré de m'obtenir pour femme; le comte t'a refusé, mais ce qu'il ne peut, mon Seigneur Jésus-Christ va le faire. Il veut que nous soyons tous deux unis en une même foi, et que nous jouissions de la même grâce. » Puis le Maure ayant pénétré en l'église, touché de l'esprit divin, se convertit. Ce fut un grand et parfait chrétien (*) ! »

FONDATION DE CERTAINS ORDRES RELIGIEUX. MORT DE D. AFFONSO HENRIQUEZ. — Un ingénieux écrivain a prétendu dernièrement, non sans quelque fondement, que les corps armés de musulmans, toujours prêts sur la frontière à combattre pour la foi, pouvaient bien avoir eu certaine influence sur la fondation des ordres militaires dans la péninsule (**). Si plus d'espace nous était

(*) Voy. *Agiologio lusitano*, Lisb., 1662, t. I, p. 153. On nous pardonnera, nous l'espérons, d'autant mieux d'avoir extrait ce frais épisode de l'Agiographe portugais, que *sor Rosimunda* eut une influence réelle sur les succès guerriers du comte D. Henrique, et même sur ceux de son fils. Il paraît qu'elle prolongea son existence jusqu'en 1120, c'est-à-dire au delà du temps où vécut le fondateur de la monarchie portugaise. Il est certain d'ailleurs que le roi Affonso Henriquez, à l'époque où il était *infant*, reconnut solennellement cette influence de la vierge chrétienne sur son père; car, après la mort de l'abbesse d'Arouca, il expédia vers le monastère son ayo, Egaz Moniz, avec une lettre de condoléance dans laquelle il exprimait ses regrets. Au défaut de l'original écrit en latin, Cardoso donne le portugais. Il y est dit *Bem sei quantas victorias o glorioso conde D. Henrique nosso pai alcançou per suas oraçoes. Por onde lhe somos devedores e nos favores de nossas cousas acharcis que nos lembramos de todo*. « Je sais parfaitement combien de victoires le glorieux comte notre père a obtenues par ses oraisons. Aussi est-ce ce qui nous rend ses débiteurs et ce qui fait qu'en toute occasion nécessaire vous nous trouverez nous souvenant de tout. »

(**) Le même fait eut lieu, du reste, à propos des chevaliers de Rhodes, dont les institutions furent calquées sur celles des musulmans.

accordé, il serait curieux de développer ce point historique, et d'initier le lecteur à la vie guerrière des deux peuples et à l'analogie que pouvaient présenter leurs institutions. Nous nous contenterons de rappeler ici que Affonso Henriquez fonda en Portugal deux ordres, qui eurent une célébrité bien diverse, et dont les membres l'aidèrent dans ses luttes incessantes contre les Maures : l'un était désigné sous le nom *da Aza de S. Miguel*, ou de l'aile de Saint-Michel ; il s'éteignit de bonne heure ; l'autre prit le nom d'Aviz, et accomplit une glorieuse carrière. Le premier fut institué en 1167 à Alcobaça en souvenir de la conquête de Santarem ; le second porta d'abord simplement le nom *da Ordem Nova*, ou de l'ordre nouveau ; il se composait de chevaliers soumis à certaines règles religieuses, mais n'ayant pas encore d'établissement fixe. L'utilité de ces hommes pleins de bravoure et de dévouement frappa le roi ; il les soumit à la règle de Saint-Benoît. D. Pedro Affonso, son frère illégitime, fut leur premier grand maître, en 1147 ; vers 1166, on les vit résider à Évora, nouvellement conquise par *Giraldo sem pavor*; et *l'ordre d'Évora*, c'était la dénomination qu'on lui avait imposée, reconnut l'obéissance de l'ordre beaucoup plus ancien de Calatrava : il ne prit le nom d'Aviz que lorsque D. Affonso II l'eut fait transporter en 1211 (*) dans la ville que l'ordre illustra bientôt.

Aidé de ses bons chevaliers, Affonso Henriquez poursuivit sa carrière militaire avec des succès divers, mais toujours glorieusement. Sezimbra, Palmella, villes mauresques, tombèrent en son pouvoir, et, en 1169, il vit enfin arriver la bulle pontificale du pape Alexandre III qui légitimait le choix du peuple.

Toutefois, cette prospérité reçut une atteinte : des différends sérieux s'étant élevés, vers 1178, entre le roi de Portugal et D. Fernand son gendre, roi de

Voy. *Fondation de la régence d'Alger*, ms. de la Bibliothèque royale, publié par Sander Rang et Ferdinand Denis.

(*) Et non en 1181, comme dit Barbosa ; ce fut seulement en 1213 que l'ordre d'Aviz de Portugal forma un ordre séparé de Calatrava ; la bulle d'Eugène IV établit sa complète indépendance. Voy. João Baptista de Castro, *das Ordens militares*.

Léon, les derniers temps de la vie d'Affonso furent marqués par une guerre doublement funeste, à propos de quelques terres situées au pays de Galice. Il fut obligé de combattre contre un allié et contre des chrétiens ; il le fit avec des succès divers. Un accident cruel le livra à son gendre : comme il sortait précipitamment de Badajoz, son cheval le froissa rudement contre un des ferrements de la porte, et il alla tomber à quelques pas sur la route. Un combat terrible s'engagea sur ce lieu même entre les troupes du vieux roi et les Léonais ; malgré les efforts de son frère, Affonso Henriquez eut la douleur de se voir à la merci du roi de Léon. D. Fernando se montra, dit-on, plein de tendresse et de respect pour son prisonnier ; il le traita en père véritable, affirme Pedro de Mariz, et refusa toute rançon. Il se contenta de la restitution de ces terres qui lui avaient été enlevées dans le pays de Galice ; mais ce qu'il ne put faire sans doute, ce fut que le souvenir rongeur d'une défaite ne s'attachât au cœur du vieux guerrier. Affonso Henriquez survécut néanmoins quelques années à cet événement mémorable ; il était à Coimbre lorsqu'il fut atteint de la maladie dont il mourut, et il expira le 6 décembre 1185, à soixante-seize ans et quatre mois. Le tombeau de marbre qui renferme ses cendres lui fut élevé par Jean III. Au seizième siècle, la vieille tombe du couvent de Santa-Cruz fut ouverte, et l'un des plus grands poëtes dont s'honore le Portugal put contempler celui que le peuple appelait le *Roi saint* (*). Le temps avait respecté sa dépouille ; et il est du petit nombre de ces fondateurs de royaumes dont la mémoire ne saurait périr.

D. SANCHE Ier. — Les règnes qui vont suivre, jusqu'à l'époque du roi Diniz, ne sont pas à coup sûr dépourvus d'intérêt historique ; ils marquent même une période durant laquelle s'opéra une grande élaboration religieuse et politique, puisque le tiers état prit insensiblement une importance qu'il n'avait pas

---

(*) Cidade rica do Santo,
  Corpo do seu rey primeiro
  Que inda vimos com espanto
  Ha tão pouco tempo inteiro
  Dos annos que podem tanto.
        Sa de Miranda, carta 5, est. 9.

---

eue. Néanmoins ces efforts du clergé, cet enfantement d'une organisation nouvelle de la part des communes, regardent bien plus le Portugal et ses institutions intérieures qu'ils ne font prévoir encore une époque historique imposante pour les étrangers. Forcé de nous resserrer dans un cadre étroit, nous avons hâte d'arriver aux règnes qui préparèrent la gloire du Portugal, s'ils ne la commencèrent pas encore. Nous dirons donc rapidement les événements qui constituent cette période de transition, pour ne pas rompre complétement la chaîne qui tient unis les faits entre eux.

De son mariage avec Dona Mafalda, fille d'Amédée III, comte de Savoie, Affonso Henriquez avait eu sept fils et quatre filles, sans compter les enfants illégitimes que lui reconnaissent les historiens. D. Henrique, l'aîné de tous, mourut en bas âge, et D. Sanche Ier, qui était né à Coimbre le 11 novembre 1154, devint roi de Portugal. Prince guerrier, il imita de bonne heure son père, et dès l'âge de quatorze ans, on le voit figurer à la bataille d'Arganhal, où il commande l'armée de Léon et où la victoire reste indécise.

D. Sanche à vingt et un ans s'était marié à Dona Dulce, fille de D. Ramon, prince d'Aragon ; immédiatement après ses noces, en 1178, il réunit une petite armée de douze mille hommes et il alla audacieusement porter la guerre aux Maures sur le territoire de Séville. Il remporta sur eux une victoire éclatante, et, à son retour en Portugal, ayant appris que la ville d'Elvas était assiégée par les musulmans, il courut au secours de cette ville, la délivra des ennemis qui l'entouraient et vint rendre grâce à Dieu de tant de victoires, dans le monastère de Tarouca, dont il devint un des plus zélés bienfaiteurs.

Après la mort d'Affonso Henriquez, D. Sanche succéda à son père et fut couronné à Coimbre le 9 décembre 1185 ; il avait alors trente et un ans, comme le prouve Antonio Brandão, et non pas trente-huit, ainsi que le prétendent quelques historiens. Prince guerrier dans son extrême jeunesse, roi paisible lorsqu'il commençait à atteindre l'âge mur, D. Sanche mérita alors ce surnom de

Povoador que l'histoire lui a décerné. Il donna une vive impulsion à l'agriculture, il fonda nombre de bourgades et de monastères, et se montra si généreux à l'égard des ordres militaires, que non seulement, dit un historien portugais, il accorda à ces serviteurs de Dieu ce qu'il avait, mais encore ce qu'il espérait avoir. De telles largesses s'expliquent : le Portugal était préservé alors par ces hommes « revêtus du haubert de justice défendu par l'écu de la foi. » Il suffit, du reste, de lire les chroniques contemporaines pour voir ce qu'il y avait de sentiments dévoués et courageux dans ces soldats, toujours prêts à s'offrir en sacrifice pour le triomphe de la loi du Christ.

D. Sanche ne put pas toujours se maintenir dans cet état de paix qu'il savait si sagement mettre à profit pour le bien des peuples ; les Maures renouvelaient leurs attaques. Mais il advint alors un de ces heureux événements qui avaient marqué le règne d'Affonso Henriquez : une armée navale qui se dirigeait vers la Palestine se vit contrainte par la tempête de demander un abri à quelque port de la Péninsule. Ces navires du Nord entrèrent dans le Tage, et les hardis soldats qu'ils conduisaient à la conquête des lieux saints aidèrent D. Sanche à s'emparer du pays d'Algarve. Fidèle à son surnom de *Povoador*, le second roi de Portugal fonda alors la cathédrale de Sylves, qui devait être le siège d'un évêché célèbre ; puis il ajouta à son titre celui de roi du pays d'*Algarve*. Cette seconde royauté fut néanmoins bien éphémère, car de 1188 à 1190 Ben Youssouf, entrant en Portugal avec une armée puissante, enleva à D. Sanche sa nouvelle conquête, qu'il regardait déjà comme un État chrétien.

Il n'y a plus de faits d'armes à signaler dans l'histoire de D. Sanche, mais il y a à constater une coutume bien louable et qui fut imitée par quelques-uns de ses successeurs. Persuadé que sa présence était nécessaire pour consolider ce qu'il avait fondé, il employa le reste de sa vie à parcourir le royaume et à donner une vive impulsion à tous les travaux agricoles. Ce vaste monastère d'Alcobaça, qui avait été commencé par son père, fut continué par lui avec une admirable persévérance ; il se montra, comme Affonso Henriquez, le pieux protecteur des religieux de saint Bernard, parce qu'il avait compris que toute culture intellectuelle s'élaborait alors dans le cloître. Pendant longtemps, Alcobaça fut à la fois le point central d'où émanaient les discussions scientifiques relatives à la théologie et l'asile conservateur dans lequel venaient se réunir les documents historiques qui formèrent plus tard les archives du pays. Les immenses priviléges accordés à ce monastère, par cela même qu'ils le rendaient indépendant du pouvoir royal, le mettaient en état d'offrir un asile aux hommes dont la culture intellectuelle était déjà avancée, et qui ne pouvaient toujours soumettre leur pensée active au principe immobile du pouvoir féodal (*). Les guerres qu'il y eut à soutenir vers la fin du douzième siècle, l'ensemble des travaux que nous avons signalés, s'ils ne constituent pas précisément un règne glorieux, font de la période où régna D. Sanche une époque encore mémorable. Attaqué par une grave maladie au bout de vingt-six ans de luttes et de travaux utiles, ce roi mourut à Coimbre, le 27 mars 1211 ; il avait alors cinquante-sept ans. Le pape Innocent III ratifia son testament, et l'on dit qu'il disposa par cet acte de sommes vraiment considérables pour l'époque. Pendant longues années il reposa à l'abri de l'église de Coimbre, mais en dehors de l'édifice, comme l'exigeait le concile de Braga ; plus tard il fut admis dans l'intérieur du temple. Sa tombe existe encore à Santa-Cruz.

D. AFFONSO II. Un écrivain d'ordinaire sévère, D. Augustin Liaño, fait une large part pour l'éloge dès qu'il s'agit de l'histoire de ce roi. Il la voit remplie par des victoires glorieuses, par un courage sublime, qui s'oppose à l'ambition rusée des mauvais prêtres ; il constate l'apparition d'un code de lois

(*) Voy., touchant ce droit bizarre, un excellent article du journal portugais intitulé : *O Panorama*. Le couvent d'Alcobaça put admettre jusqu'à 900 moines, indépendants en quelque sorte du souverain ; ces religieux ne lui devaient comme redevance qu'une paire de bottes ou de souliers, à son choix, lorsqu'il lui plaisait de les venir visiter.

où la morale et la science de la justice brillent de plus d'un éclat. Il faut convenir que la sagacité de l'historien a su reconnaître ici des faits capitaux et des vertus essentielles, que n'ont pas toujours voulu mettre en relief les écrivains ecclésiastiques qui ont écrit sur ce règne.

D. Affonso était né à Coimbre, le 23 avril 1185; il avait vingt-six ans lorsqu'il monta sur le trône, le 27 mars 1211; il s'était marié, en 1201, avec Dona Urraca, fille d'Alphonse IX. roi de Castille. L'avénement de D. Affonso II au trône fut suivi presque immédiatement d'un acte de générosité, motivé d'ailleurs par la haute réputation militaire de ceux qui en étaient l'objet : il donna la Villa d'Aviz (*) aux chevaliers de ce nom, qui avaient résidé jusqu'alors à Evora, et le grand maître, D. Fernando Janes, quitta cette ville pour venir, occuper sa nouvelle résidence. En 1212, on voit D. Affonso II prendre part à un des plus grands faits d'armes qui aient eu lieu dans la Péninsule durant le moyen âge; il assiste à cette bataille *de las Navas* de Tolosa, que l'archevêque Rodrigue raconte d'une manière si dramatique et que les historiens arabes eux-mêmes ne peuvent s'empêcher de signaler comme le début de la ruine de l'islamisme dans ces contrées si regrettées par eux (**).

Les années qui succédèrent à cette expédition guerrière furent signalées par des dissensions de famille, par des troubles de palais ; le pape intervint, en employant la voie des censures ecclésiastiques ; le roi, en faisant marcher des troupes. A la suite de ces luttes orageuses deux frères du roi, D. Pedro et D. Fernando, abandonnèrent le pays pour ne plus le revoir : le premier, après avoir servi Charles, roi de Léon, passa à Maroc, combattit quelque temps dans l'armée de l'empereur musulman, posséda tour à tour Urgel et Mayorque, et finit par devenir simplement seigneur de la cité de Segorbe; le second, après avoir épousé la fille de l'empereur Baudouin, se distingua à Bouvines, fut fait prisonnier des Français, enfermé dans le Louvre, et finit par aller mourir à Noyon. Étrange destinée de deux frères! l'un commence ces relations avec l'Afrique qui se renouvelèrent plus tard dans des conditions si diverses ; l'autre vient en France, et il continue entre les deux pays ces rapports que les événements les plus orageux du moyen âge purent bien interrompre quelquefois, mais ne brisèrent jamais complétement.

Une lutte non moins vive agita les dernières années de ce règne. D. Sanche avait voulu assurer en mourant l'avenir de ses deux filles, Thérésia, la veuve du roi de Léon, et l'infante Dona Sancha ; mais il n'avait pas nettement défini la nature de leurs droits sur certaines concessions territoriales qu'il leur accordait ; on prit les armes, le clergé intervint ; les partis se calmèrent quand une portion des richesses laissées par D. Sanche eurent été consommées en hostilités désastreuses. « C'est ainsi que fut apaisée pour le moment, dit judicieusement Schœffer, une querelle de famille dans laquelle notre intérêt n'est excité ni par la prévoyance du père, ni par la tendresse du frère, ni par la délicatesse des sœurs, ni par l'équité du juge (*). »

Ce fut sous le règne d'Affonso II, plutôt que sa sous direction, qu'eut lieu en 1217 le siége d'Alcaçar do Sal. A cette époque, une flotte composée de trois cents navires, commandée par Guillaume de Hollande et George de Wied, était partie des Pays-Bas et de la Frise pour aller reconquérir le saint sépulcre, à l'instigation du pape Honorius (**). Cette armée formidable aborda Lisbonne pour réparer ses navires, et prêta un puissant secours aux prélats guerriers qui, joignant leurs efforts aux ordres militaires, chassèrent les Maures d'Alcaçar. L'histoire reconnaissante a consacré le nom de l'archevêque de Lisbonne, D. Sueiro (***), au courage duquel on dut en cette

(*) Le nom de *Villa d'Aviz* laisse assez voir son étymologie. Ce nom lui vient, dit-on, de certains oiseaux, qui se montrent en grand nombre dans ses environs ; les historiens s'en tiennent à cette courte indication.
(**) Voy. les *Mémoires de l'Académie des sciences de Lisbonne*.

(*) Voy. *Histoire de Portugal*, trad. en français par M. Soulange Bodin.
(**) Voy. M. Le Glay, *Histoire des comtes de Flandre*.
(***) Brandao, si judicieusement exact, a

circonstance la conquête de l'une des places les plus importantes que les Maures eussent conservées dans la Péninsule.

Cette lutte avec les Maures ne fut pas la dernière, témoin la victoire d'Elvas, dans laquelle le souverain du Portugal triompha. Malgré la participation bien avérée de ce roi à plusieurs combats, un historien allemand, que nous aimons à citer, n'ose se prononcer sur la valeur réelle d'Affonso II. Comme prince guerrier, il est certain que l'obésité dont il fut affligé de bonne heure, et qui lui fit donner le surnom de *Gordo*, dut s'opposer à ce qu'il multipliât les expéditions militaires contre les musulmans. Il y a un autre genre de gloire qu'on ne peut lui contester: il accorda des franchises à plusieurs communes, et dans les cortès de Coimbre qui furent convoquées en 1211, il promulgua plusieurs lois fondamentales, pleines de sagesse et d'humanité, dont le but fut, comme on l'a fait remarquer, « d'assurer la liberté individuelle, la pro« priété, d'abolir des impôts trop lourds, « de régler les droits civils des citoyens, « d'éviter des jugements précipités dans « les affaires contentieuses, de fixer « les droits de l'Église et du clergé. »

Ce fut précisément les restrictions imposées à cet ordre puissant qui empoisonnèrent les derniers jours du fils de Sanche, et l'archevêque de Braga s'étant, en 1220, déclaré défenseur des droits du clergé, l'anathème fut lancé contre lui. En vain Honorius III intervint, l'excommunication fut renouvelée, et le roi l'emporta au tombeau. D. Affonso mourut à Coimbre, le 25 mars 1223; il avait alors trente-huit ans accomplis, et il en avait régné douze. Un historien a caractérisé ce roi en rappelant que sa conduite fut en quelque sorte un anachronisme pour le temps où il vécut.

D. SANCHE II, SURNOMMÉ SANCHO CAPELLO. — Le successeur d'Affonso II était né à Coimbre, le 8 septembre 1202. Dès son enfance il avait donné des preuves de faiblesse physique, et il était aisé de prévoir que cet arrière-petit-fils d'Affonso Henriquez n'hériterait pas de la fermeté que les hommes de cette race

prouvé qu'il fallait substituer ce nom à celui de *D. Mattheus*.

avaient montrée. Il ne fut pas néanmoins, comme on l'a prétendu, complétement dépourvu de vertus guerrières, et son expédition dans l'Alem-tejo, en 1225, le prouve suffisamment. Il y marcha contre les Maures à la tête d'une armée nombreuse. Dès son élévation au trône, il avait suivi une ligne de conduite complétement opposée à celle adoptée si courageusement par son père, et il s'était réconcilié avec le clergé : cette démarche eut pour lui les conséquences les plus funestes. On a dit avec raison néanmoins que ce prince aurait eu un règne dont l'histoire eût pu laisser passer les actes avec indifférence, s'il ne se fût pas livré à une passion folle pour une femme que la réprobation générale avait flétrie. C'était cette Dona Mencia, fille de D. Lopes de Haro, dont les chroniqueurs ne se lassent pas de vanter l'exquise beauté, mais dont ils rappellent aussi avec indignation la duplicité astucieuse. Ces tristes années dans les annales portugaises ne sont d'aucun intérêt pour l'histoire générale ; il faut se contenter de dire que D. Sanche, livré à toutes les voluptés, devint l'esclave de ses favoris, que le clergé, favorisé d'abord, se crut ensuite opprimé, qu'il eut recours à Rome, et que le pape menaça bientôt le faible D. Sanche des censures ecclésiastiques. Un fait bien significatif d'ailleurs se passa alors. Un décret, qu'on ne saurait attribuer à des idées prématurées de tolérance, autorisa les juifs à acheter certaines charges publiques. Ce fut sans doute de tous les actes de ce roi, celui qui excita le plus vivement l'indignation de certaines classes contre lui. La haine fut générale lorsqu'à l'instigation de Dona Mencia et des courtisans qui l'environnaient, il eut fait peser des impôts énormes sur le peuple. Un savant portugais a fort bien résumé cette époque désastreuse. Les grands avaient demandé le renvoi des ministres, mais la reine, dit M. Casado Giraldez, par gratitude pour les favoris qui l'avaient placée sur le trône, agit de telle sorte, que le roi manqua à la parole qu'on lui avait entendu donner à ses vassaux. Les nobles, indignés, se plaignent au pape, qui, après divers avertissements, lance un interdit sur le royaume. La crainte force le roi à promettre la réforme de tous les abus, mais son amour pour Dona Mencia l'emporte encore. Les habitants d'entre Douro e Minho, las des vexations que la reine faisait peser sur eux, se lèvent, sous le commandement de Raymundo Viegas Porto, gouverneur du château d'Ourem; ils s'avancent vers Coimbre, où le peuple se joint à eux, et ils arrachent du palais Dona Mencia, qu'ils emmènent avec eux. Le roi veut suivre les ravisseurs, mais il n'est point obéi, et Dona Mencia est conduite en Castille, où elle meurt sans avoir pu revoir son mari. Le faible monarque ne change point de conduite. Les évêques, les dignitaires ecclésiastiques travaillent d'un commun accord à opérer sa déposition et proposent d'élire à sa place son frère D. Affonso. Le souverain pontife est le premier à reconnaître ce prince, et il ordonne aux Portugais de se soumettre à cette décision pour éviter les censures ecclésiastiques.

Ceci se passait en 1244, et l'histoire nous a conservé les noms des grands du royaume qui vinrent porter à Lyon leurs plaintes devant Innocent IV. On voit figurer à côté de l'archevêque de Braga et de l'évêque de Coimbre, deux personnages appartenant à la haute noblesse; et, dans cette circonstance, la présence de Ruy Gomez Briteyros, celle de Gomez Viegas prouve l'alliance bien positive qui avait été faite par la noblesse avec le clergé, pour déposer le roi. Le troisième corps de l'État, qui dès cette époque prenait une certaine consistance politique, fut plus fidèle; et s'il y eût eu ombre d'énergie chez D. Sanche *Capello* (*), dont le surnom, du reste, semble dénoter les habitudes oisives, il eût pu trouver dans les membres des communes, qui se constituaient alors, des défenseurs tels que tout eût ployé devant lui.

Un fait essentiel à remarquer, c'est que ce fut à Paris que le vicaire de D. Sanche, le régent du royaume si on l'aime mieux, jura devant les envoyés portugais les conditions qui lui furent imposées. L'infant D. Affonso, appelé par une faction à gouverner le Portugal, était, par le fait de sa femme, la comtesse Mathilde, comte souverain de Boulogne. Né en 1210, marié en 1235, ses habitudes devaient être toutes françaises, et il est facile de reconnaître par les actes ultérieurs, l'influence qui résulta de ce long séjour dans le pays qu'il avait d'abord adopté.

Ce fut un dominicain, F. D. Gil, qui fut chargé de présenter à D. Sanche l'acte de sa déposition. Le pape n'avait rien négligé pour assurer l'exécution de cette décision suprême, que l'énergique Augustin Liaño qualifie, dans son âpre langage, comme le font tous les esprits indépendants (*); ce furent les moines de Saint-François qui se trouvèrent chargés d'accomplir le grand acte de la déposition. En dépit des précautions adoptées par Innocent IV, rien n'eût été perdu pour un roi qui comptait parmi ses vassaux fidèles des âmes persévérantes dans leur héroïsme, comme un *Martim de Freitas* et un *Fernan Roiz Pacheco*. Sa mollesse dans la résistance amena son excommunication, et il faut répéter ici les paroles de l'écrivain dont le nom est venu naturellement se placer sous notre plume à propos des prétentions de Rome : « Sanche, après avoir fait quelques efforts que l'influence du pape rendit inutiles, trouva plus commode de sanctifier sa fainéantise ; » il se retira en effet à Tolède, où il devait bientôt mourir.

D. AFFONSO III.— Ce fut en l'année 1248, c'est-à-dire quelques mois après avoir prononcé le serment qui fut exigé de lui à Paris, que D. Affonso entra en Portugal, avec le titre de *Regedor*. Dès son arrivée, il put voir, à la froideur du peuple et à la résistance de quelques grands vassaux, combien sa présence était encore peu acceptée; et Fernand Lopes fait remarquer avec raison que le petit-fils du comte de Boulogne lui-même est le premier à flétrir d'une note d'infamie la conduite de Sueiro Bezerra et de ses fils, qui remirent sans être assiégés les forteresses qu'ils gardaient pour D. Sanche au pays de Beira.

Toutes les sympathies des vieux écrivains sont, au contraire, acquises à ces deux modèles de la loyauté portugaise,

---

(*) D. Sanche au Capuchon.

(*) *Répertoire de l'histoire et de la littérature d'Espagne et de Portugal*, t. I.

que le Camoens a célébrés en de si nobles vers et que Duarte Nunez de Lião a éternisés en faisant simplement le récit de leur action L'un, Fernand Roïz Pacheco, qui commandait à Celorico, dans le pays de Beira, sut faire lever le siége du château qu'il commandait en employant un stratagème que la légende a sans doute embelli ; l'autre, Martim de Freitas, ayant prêté serment entre les mains de D. Sanche comme alcaïde du château de Coimbre, jura de défendre cette forteresse jusqu'à la mort, à moins que le roi lui-même ne le relevât de son hommage. Ce fut en vain que D. Affonso fit endurer au noble vassal toutes les privations d'un siége, dont un écrivain du moyen âge peut seul peindre l'horreur, l'alcaïde fut fidèle à D. Sanche par delà le tombeau : lorsque ce roi, dépossédé, mourut à Tolède en 1246, Martim de Freitas ne se tint pas encore pour allégé de son serment; il quitta secrètement la forteresse de Coimbre, et il se rendit en Espagne pour savoir la vérité. Mais rien ici, sans aucun doute, ne peut remplacer le récit du vieil écrivain (*).

« Don Martim s'en alla à Tolède ; et bien qu'il sût de tous comment le roi don Sancho était mort, bien qu'on lui montrât le lieu où il était enterré, cela ne le satisfit pas. Pour avoir plus de certitude, il fit enlever la pierre qui le recouvrait, et quand il eut vu que c'était bien lui, on dit que devant nombre de témoins il voulut accomplir en tout les promesses de l'hommage : il mit les propres clefs de la forteresse au bras droit du roi don Sancho ; puis, tirant de ce fait un acte public, dressé par des notaires dont il avait requis la présence, il fit fermer la tombe.

« De retour à Coimbre, il entra de nuit et en secret dans le château ; ce fut de là que le jour suivant, au matin, il envoya dire au comte, déjà reconnu pour roi, qu'il vînt recevoir le château ; que lui don Martim de Freitas pouvait le lui

(*) Voy. *Primeira parte das chronicas dos Reis de Portugal, reformadas pelo licenciado Duarte Nunez de Lião. Desembargador da Casa da supplicação.* Em LISBOA, 1774. 2 vol. in-4. La 2e partie a été imprimée en 1778. 2 vol. in-4.
Ce fragment est extrait des *Chroniques chevaleresques d'Espagne et de Portugal*, p 79 et 80.

2e Livraison. (PORTUGAL.)

remettre. Le roi s'en fut à la forteresse, et ce fut l'alcaïde lui-même qui alla ouvrir. Alors, prenant sa femme et ses enfants par la main, il les mit dehors, en disant :

« Laissons ce château à qui il appartient. »

« Puis, mettant un genou en terre devant le roi et tenant les clefs de la place, il les éleva, et dit :

« Sire, puisqu'il a plu à Dieu que
« don Sancho, votre frère, soit mort,
« prenez vos clefs et votre château. Doré-
« navant, je vous tiendrai pour roi; et en
« même temps il montra à Alphonse les
« écritures qu'il avait fait faire à Tolède,
« pour son honneur et sa décharge. »

« Un gentilhomme, qui était là présent, l'interrogea, disant pourquoi il ne demandait pas pardon au roi de tous les ennuis qu'il lui avait causés, et du tort qu'il lui avait fait, en laissant tuer et blesser tant de monde, et en déniant pendant si longtemps à son souverain l'entrée d'une place qui était à lui.

« Et comme don Martim de Freitas voulait s'excuser et montrer que chose semblable ne devait pas être attendue de lui, le roi vint promptement à son aide, disant que don Martim n'avait point à demander pardon, qu'il n'avait pas commis de faute, mais au contraire que son action courageuse était digne d'un bon chevalier et d'un loyal gentilhomme ; qu'en mémoire de ce fait, il lui rendait le château, pour que lui et ses descendants le gardassent, sans que lui ni ses successeurs fussent contraints au serment de fidélité.

« Don Martim répondit au roi qu'il tenait cette offre pour grande courtoisie, mais qu'il ne l'acceptait d'aucune manière que ce fût, et qu'il lançait sa malédiction à ses fils, à ses petits-fils, à tous ses descendants, si pour un château ils venaient à faire hommage à roi ou à tout autre individu.

« Voici ce que c'était que la loyauté portugaise. »

Don Affonso avait après tout autant d'énergie que son frère avait montré de nonchalance. Il ramena bientôt la paix intérieure, et il profita de ces moments de répit, toujours si rares durant le douzième siècle, pour édifier des monuments publics et entourer de murailles quelques villes. Il fonda certaines foires exemptes de droits, qui devinrent le centre d'un commerce actif ; il appela des étrangers qui ravivèrent l'industrie ; enfin, comme on l'a très-bien fait observer, il détermina le prix de l'or, de l'argent et celui des autres métaux.

CONQUÊTE DU ROYAUME DES ALGARVES. — La grande affaire politique de D. Affonso paraît avoir été néanmoins la conquête des Algarves. La manière dont ce petit royaume tomba entre les mains des chrétiens est sans doute un curieux épisode historique ; nous regrettons encore ici que les bornes de cette notice nous contraignent à nous restreindre en abrégeant le récit. Le nom d'Algarve signifie proprement *le pays situé vers l'ouest ;* on a dit avec raison que sous cette dénomination générale on désignait en d'autres temps une contrée infiniment plus étendue. Dès 1189, après la prise de Sylves, Sanche avait adopté le titre de roi des Algarves ; les victoires des Maures l'avaient contraint à cesser de le porter. Les guerres partielles contre les musulmans de ce pays n'avaient pas discontinué, et un brave chevalier, Payo Perez Correa, s'était plus d'une fois distingué dans ces Algarves contre les Maures. Il avait été nommé grand maître de l'ordre de Santiago en Castille ; mais il était Portugais, et lorsque D. Affonso, en 1249, songea à renouveler la guerre contre les Maures des Algarves, ce fut à lui qu'il s'adressa (*). Cette première expédition, combinée par terre et par mer, eut les résultats qu'on en attendait, la ville de Faro se rendit promptement aux Portugais, et les Maures qui en formaient la population n'exigèrent, pour se remettre entre les mains des chrétiens, que la conservation de leurs propriétés et le libre exercice de leur culte.

On remarque dans l'histoire de la conquête des Algarves un récit tout chevaleresque, dont l'authenticité est bien avérée et qui a quelque rapport avec cette chronique des sept enfants de Lara, que l'histoire moderne, un peu trop sceptique selon nous, rejette parmi les légendes. Une trêve avait été conclue entre les Maures et les chrétiens et ces derniers vivaient sans défiance au milieu des populations musulmanes des environs de Tavira, lorsqu'il plut à six jeunes chevaliers portugais d'aller prendre le plaisir de la chasse : ils furent indignement attaqués par les Maures, et pendant qu'ils luttaient avec une vaillance héroïque, un marchand chrétien qui traversait la contrée courut à leur défense, après avoir distribué entre ses compagnons les marchandises qu'ils portaient au pays des Maures. Les *sept chasseurs* périrent tous ; mais la lutte fut digne de ces temps chevaleresques, et les immortalisa. Payo Correa sut bientôt cette indigne trahison (*), et il alla venger les sept chasseurs. La charmante ville de Tavira tomba au pouvoir des chrétiens. Une telle perte acheva de ruiner le reste de puissance que les musulmans avaient conservé dans cette partie de la Péninsule. Plus tard on donna au grand maître de Sant-Iago une tombe dans la mosquée, qui avait été convertie par lui en église. Il y repose encore près des braves chantés par Camoens (**).

Une grave discussion historique s'est élevée au sujet de la conquête des Algarves : on a prétendu que le Portugal devait hommage à la Castille pour ce fief. Dans ces derniers temps, le savant Schœffer a fort bien prouvé que l'Espagne avait laissé exécuter librement les conquêtes qui incorporèrent ce pays au Portugal. Il résulte d'ailleurs des recherches précises de D. Joseph Barbosa et de quelques autres écrivains que, de 1253 à 1264, les rois de Castille furent simplement usufruitiers de l'Algarve ; à cette dernière époque, le droit qu'ils exigeaient à titre de suzerains, se convertit en un secours de cinquante lances, dont le

(*) Dans la jolie ville de Tavira on voit encore aujourd'hui un buste en pierre qui est fixé depuis plusieurs siècles dans la muraille à l'angle d'une place. La tradition veut que ce soit le portrait du conquérant des Algarves.
Voy. la 2me série du journal intitulé *O Panorama.*

(*) Voy. à ce sujet une curieuse chronique, dans l'ouvrage intitulé : *Memorias de litteratura*, t. I.
(**) Voy. la 2me série du journal publié à Lisbonne sous le titre d'*O Panorama.* Le grand maître avait été d'abord enterré en Castille, dans la capitale de sa maîtrise ; il fut transporté à Tavira.

Portugal devait aider la Castille en cas de nécessité. Durant l'année 1267, comme on le verra plus tard, ce dernier droit fut aboli.

Les historiens, qui ont tous une même opinion pour reconnaître à D. Affonso III le courage et la fermeté d'un grand roi, sont aussi d'un avis unanime lorsqu'il s'agit de qualifier sa conduite à l'égard de sa première épouse. Soit que Mathilde, comtesse de Boulogne, fût déjà avancée dans la vie et se trouvât dépourvue de charmes à ses yeux, soit qu'il craignît de ne pas avoir d'héritiers auxquels il pût transmettre la couronne, il épousa, vers 1233, cette Dona Brites, fille illégitime d'Alphonse le Savant, que l'histoire nous représente comme une épouse si dévouée et comme une fille dont la tendresse généreuse ne manqua jamais au roi, que ses autres enfants abreuvèrent de dégoûts. Lorsqu'il s'était mis en mesure de former cette union, Affonso III n'avait pu obtenir que la première fût rompue; les censures ecclésiastiques furent nécessairement lancées contre lui; la lutte orageuse que souleva l'excommunication ne cessa qu'à l'époque où Mathilde quitta la vie. Alors seulement Urbain IV put lever l'interdit qui pesait sur le royaume, en délivrant les dispenses nécessaires pour légitimer un mariage qu'on avait contracté contre les lois de la morale et de l'Eglise. Quant à la comtesse de Boulogne, son âme généreuse avait longtemps à l'avance pardonné, et son testament contenait un legs considérable en faveur de l'époux ingrat qu'elle avait bien pu traduire devant le tribunal de l'Eglise, mais qu'elle n'avait jamais cessé d'aimer.

Liaño, qui flétrit la conduite d'Affonso III en ce qu'elle a de blâmable, mais qui reconnaît les grandes qualités de ce prince ainsi que ses belles institutions, rappelle aussi que c'est à son règne qu'il faut remonter pour trouver la véritable origine de cette belle langue portugaise à laquelle il rend une éclatante justice malgré sa qualité de Castillan (*). Ce fut aussi une époque mémorable pour le développement des droits municipaux, si bien qu'on voit marcher de front et le mouvement intellectuel et le sentiment d'une forte indépendance créant des droits à la nation.

D. Affonso III mourut à Lisbonne, le 16 février 1279, à soixante-neuf ans, après trente-deux années de règne. Son corps fut déposé d'abord dans l'église de Saint-Dominique; en 1289, il fut transporté à Alcobaça (*).

ORGANISATION DES COMMUNES EN PORTUGAL. — Ce point historique, dont se préoccupe aujourd'hui si vivement l'Europe, est d'ordinaire si absolument étranger aux vieux écrivains de la Péninsule, il répugne, pour ainsi dire, si complètement à leurs sympathies qu'il nous serait peut-être aujourd'hui impossible de l'aborder, si nous n'avions sous les yeux le travail plein de lucidité et de vues neuves, publié tout récemment par un jeune écrivain dont le Portugal s'honore. Nous lui emprunterons quelques passages, avec le regret de ne pouvoir le suivre longtemps dans ses considérations éminemment originales (**).

« Lorsqu'on s'occupe de la classe populaire dans notre pays, dit-il, aucuns documents à coup sûr n'offrent un intérêt égal à celui de ces chartes de communes, qui en l'organisant lui donnaient une existence politique, et qui, en réalité, la convertissaient en élément social. Là se trouve l'origine de l'énergie toujours croissante du tiers état; de là s'échappa la semence impalpable qui, naissant et végétant au milieu des orages de l'humanité, des transformations subies par la nation, produisit au bout de six cents ans l'arbre robuste de la liberté. Les parchemins noircis par le temps sur lesquels furent écrits dans un langage toujours barbare,

---

(*) *Le Cancioneiro dos Nobres*, publié par L. Stuart, renferme certains morceaux qu'il faut faire remonter au douzième siècle; mais la languene prend le caractère poétique qu'elle a toujours conservé qu'à l'époque où Alonso El Sabio put écrire en galicien, ou, si on l'aime mieux, en portugais, ses *Louanges* en l'honneur de la sainte Vierge. Voyez Argote de Molina, *Nobleza de Andaluzia*. Voy. également sur la formation de la langue portugaise un excellent morceau de João Pedro Ribeiro, *Dissertações chronologicas criticas*.

(*) Cette tombe fut ouverte au seizième siècle, et l'on fut frappé d'étonnement, à la vue des restes d'Alfonso III. Il avait 13 palmes de long.

(**) M. Hercolano.

et parfois inintelligible, les priviléges de l'homme de travail, forment un des plus saints monuments du pays. C'est là que se trouve notre blason à nous fils du peuple, ce sont *nos livres de lignage*, influents et nobles aujourd'hui, parce que dans le travail doit se trouver aujourd'hui la première noblesse, ou que du moins cela devrait être ainsi. Il nous faut donc les étudier avec une volonté sincère........ L'étude du caractère de ces communes (*concelhos*) dans leur enfance et dans leur jeunesse, utile et morale pour la connaissance que nous cherchons, est en outre innocente: leur existence, leurs luttes, l'action publique exercée par elles, tout cela est chose morte; c'est de l'histoire; et il en est de même de ces monastères qui furent longtemps, on nous permettra l'expression, les municipes de la société intellectuelle, le grand instrument du projet de l'ordre dans le monde des idées. Aussi l'antique *concilium* de nos aïeux a-t-il fini, parce que, semblable au pouvoir monastique, il a cessé d'avoir une valeur sociale. Entre la nature de la municipalité moderne limitée dans sa courte action administrative et celle des municipes fondés vers les premiers temps de la monarchie, les relations qui existent ne vont guère au delà de l'identité que présente le nom..... La commune, comme le moyen âge l'avait conçue et l'avait créée, serait une monstruosité impossible, et ceux qui imagineraient de la rétablir dans ses attributions, ou même de lui rendre une partie de l'importance qu'elle eut jadis, devraient, pour être logiques et lui donner une signification, rétablir aussi les formules féodales ou barbares qui par leur juxtaposition lui imprimaient la couleur, la vie, le relief, la valeur sociale.

« Nous avons vu la société portugaise s'étendant, dès sa première origine, hors des conditions communes des autres sociétés au douzième et au treizième siècle. En ce qui touche les relations mutuelles que les diverses classes avaient ensemble, et principalement en ce qui concerne ces relations à l'égard du pouvoir royal, nous lui avons vu fuir les règles féodales. Quelle fut la cause de ce phénomène? La même qui produisit une situation analogue dans le pays de Léon et en Castille. Développer ce point, l'expliquer, ne saurait être ici notre but, c'est l'objet d'un travail plus vaste. Il suffira de dire que cette cause eut sa source dans la tradition visigothique, qui ne s'éteignit jamais en Espagne, et que cette tradition n'était pas féodale, parce que l'invasion des Arabes au commencement du huitième siècle ne donna pas le temps voulu pour que le système bénéficiaire se transformât en féodalité dans la Péninsule, comme il se transforma dans le reste de l'Europe romano-germanique; et c'est là que gît exclusivement le motif de l'exception offerte par la société portugaise dans son caractère primitif.

« Mais cela veut-il dire que l'Espagne centrale et occidentale, et surtout cette portion de territoire qui nous regarde particulièrement, demeura exempte des influences de la féodalité? Non certainement; cela n'était point possible: les relations avec les populations vivant au delà des Pyrénées s'étaient accrues peu à peu dans la monarchie léonaise. Au temps d'Alphonse VI, les liens mutuels des deux sociétés espagnole et française se resserrèrent beaucoup plus. Ce prince célèbre vivait entouré de chevaliers ultramontains. Les évêchés et les chapitres d'Espagne se remplirent d'hommes appartenant à la race gallo-franque. Il y a même des raisons pour croire que quelqu'un des dialectes de la France méridionale finit par devenir la langue parlée à la cour de Tolède. Cluny nous envoya ses moines, et introduisit parmi nous les idées d'indépendance absolue. En ce qui touche le clergé, il fit plus; il eut la force d'altérer les formules du culte en changeant le rite des Goths. Le territoire qu'eut à gouverner D. Henrique ne fut pas le plus mal partagé dans cette espèce d'invasion.... Sous le règne de son fils, l'influence gallo-franque reste presque la même, et s'accroît de l'action d'autres peuples du nord. Les croisés, qui touchaient dans nos ports en poursuivant leur voyage vers la Palestine, aidèrent à D. Sanche Ier à conquérir de grands foyers de population sur les Arabes; ils nous laissèrent, selon la coutume, des chevaliers notables, des clercs, et jusqu'à des colonies provenant des populations d'au delà des Pyrénées. Tous ces éléments nous apportaient des semences de féodalité, et le terrain, jusqu'à un certain point, était préparé pour la recevoir, parce que beaucoup des causes qui l'avaient fait naître et se consolider existaient parmi nous. Aussi la féodalité, sans pouvoir pénétrer au cœur de l'arbre social, s'étendit-elle toutefois autour de l'aubier. L'idée du fief se généralisa dans la Galice et en Portugal, comme nous voyons aujourd'hui se généraliser parmi nous les idées étrangères en politique, en administration, en littérature, d'une façon nébuleuse et confuse. »

Après avoir prouvé avec ce rare talent d'exposition comment la noblesse sut faire tourner à son profit cette disposition nationale, et comment elle s'appropria, dans le principe de la féodalité, ce qui devait être à sa convenance, sans pouvoir néanmoins anéantir complétement l'influence visigothique (*), M. Hercolano passe à l'examen du *concelho* ou de la commune :

« Dans l'institution des concelhos portugais, durant la première époque de notre histoire, il y a deux faits capitaux qui caractérisent l'individualité municipale et la distinguent de la *commune* des pays centraux de l'Europe : le premier de ces faits, c'est que le concelho, dans son organisation intérieure, était en quelque sorte l'image réelle de la société, dans laquelle elle représentait une unité morale; le second fait, c'est que cette organisation était essentiellement féodale. Dans ces deux faits combinés se résume l'aspect de l'antique municipe portugais; par eux s'explique son économie intérieure, aussi bien que ses relations avec le roi et les autres corps de l'État.

« Dans le commun de ces chartes municipales (*foraes*) nous trouvons consignée l'existence de trois classes distinctes, les *cavaliers* (*milites cabalari*), les clercs (*clerici*), les peons (*pedones*)....

(*) M. de Saint-Hilaire, après avoir examiné l'état de la féodalité en Espagne, ajoute, en parlant des lois qui la régissaient : « Ce qui leur manque, en Espagne plus qu'ailleurs, c'est la garantie de la durée dans la dépendance, sans laquelle aucune obligation n'enchaine le vassal, qui peut à tout moment rompre ses liens en changeant de seigneur. » Voy. *Hist. d'Espagne*, t. V, p. 496. Cette phrase peut s'appliquer au Portugal.

Dans leur relation des unes avec les autres ces trois classes représentent les trois degrés selon lesquels se divise la société générale. Une dénomination commune les unit toutefois et les nivelle; une seule parole rappelle à ces trois parts de la hiérarchie qu'en présence de la noblesse et du haut clergé elle se confond en une seule classe. Villões (*Villani*) est le nom écrit indistinctement au front de toute cette plèbe. »

ORGANISATION HIÉRARCHIQUE DU ROYAUME A L'ORIGINE DE LA MONARCHIE. DIGNITÉS. — Pour bien comprendre l'histoire primitive du Portugal, pour en saisir l'ensemble, après avoir jeté un coup d'œil sur la formation des communes, il faut nécessairement s'initier au système hiérarchique que le fondateur de la monarchie trouva établi et que ses successeurs modifièrent; de même qu'il a fallu embrasser par un rapide coup d'œil l'influence que le pouvoir ecclésiastique avait conquise dès le douzième siècle.

Si l'on consulte attentivement les chroniqueurs de la première période, on s'aperçoit bientôt que le système hiérarchique en vigueur sous Alphonse VI était à peu près le même pour le Portugal que pour le reste de la Péninsule; les modifications importantes ne se font sentir que vers le treizième siècle; et à cette époque même, où le roi D. Diniz encore enfant obtient de son aïeul l'entière allégeance du royaume, l'empreinte primitive reste profondément gravée dans les institutions. Les modifications que l'on peut même signaler, ne sont pas d'une telle importance qu'elles établissent entre les deux monarchies un système profondément tranché qui les sépare par les institutions comme elles sont séparées désormais par la politique. L'ordre hiérarchique auquel se trouve soumis le Portugal conserve jusque dans les dénominations attribuées à ses dignités, à ses offices, je dirai même à ses emplois secondaires, une preuve positive de l'affinité qui exista d'abord entre les institutions des deux pays.

Nous ne dirons donc rien ici des *Ricos-homès*, des *Infançoes*, qui exerçaient leur pouvoir au premier temps de la fondation du royaume; nous nous tairons également sur les deux ordres de chevalerie, dont Santa Rosa de Viterbe a si bien défini les priviléges; nous ne nous étendrons pas davantage sur les titres purement nobiliaires; mais nous ferons connaître avec quelque détail certaines dignités particulières à la couronne de Portugal, ou empruntées par elle aux contrées limitrophes, parce qu'ordinairement ces faits curieux sont omis par les historiens, et que de cette ignorance absolue découlent plusieurs erreurs.

Parmi les offices de la maison du roi, on regarda dès l'origine comme le premier de tous celui des *mordomo mor*, que sa dénomination propre fait assez connaître, et qui procédait originairement des rois de Léon, puisqu'on le voit employé dans les monuments historiques qui viennent de ce pays deux siècles avant la naissance de la monarchie portugaise. Durant la première époque, il était désigné tantôt par l'expression de *maiordomus*, tantôt par celle de *dapifer*; et il arrivait souvent aussi qu'on employât une périphase pour exprimer plus complètement la dignité de celui qui en était revêtu. C'est ainsi que dans les premiers actes on voit le *mordomo mor* appelé *dispensator domus regiæ, princeps curiæ, comes palatii*.

Outre ce premier office, essentiellement attribué au service du palais, on en voit dès cette époque beaucoup d'autres qui se conservent encore de nos jours; telle est la dignité d'*esmoler mor*, ou de grand aumônier, celle de *reposteiro mor*, ou de surintendant des ameublements, qui ne se montre néanmoins que sous le règne d'Affonso II vers 1217; viennent ensuite le *meirinho mor*, qui avait dans ses attributions tout ce qui regarde la justice; le *monteiro mor*, qui s'occupait exclusivement des chasses royales; le *falcoeiro mor*, ou grand fauconnier; le *copeiro mor*, ou grand échanson, puis le *cevadeiro mor*, dont l'office ne trouvait guère d'analogue parmi ceux des autres cours, puisque ses fonctions consistaient surtout à surveiller l'approvisionnement de toute l'orge que l'on consommait dans les écuries royales (*). L'office de *chancel-*

(*) On trouve ce titre employé dès 1222; et comme preuve de l'importance qu'on y attachait,

lario venait en dernier lieu, et c'était cependant un des emplois les plus importants affectés au service de la couronne, puisque celui qui en était revêtu se voyait considéré comme le premier magistrat de la cour, et que c'était de lui qu'émanaient les chartes données aux villes. Le titre de *conselheiro* n'était pas, dès cette époque, l'apanage d'un seul individu; mais il était accordé à un grand nombre, comme il est facile de s'en convaincre en lisant divers documents du treizième siècle.

Si quelques-uns des titres que nous venons de désigner ont survécu, on peut dire qu'il y en avait à cette époque plusieurs dont la dénomination a disparu depuis longtemps; tel était, entre autres, l'office important d'*escrivão da puridade* (*), dont les *attributions de secrétaire intime* peuvent donner, jusqu'à un certain point, une idée exacte; tel était encore celui de *covilheiro* (**) *da rainha e da infante*, dont le titre de grand maître de la garde-robe ne donnerait qu'une idée imparfaite; tels étaient pareillement l'office de *parceiro mor*, appliqué à la surintendance des constructions royales, et celui de *guarda mor*, qui répondait jusqu'à un certain point à l'emploi de capitaine des gardes. Nous signalerons encore le *pousadeiro*, le maréchal des logis; l'*eychão* (***), qui présidait au service de la table; l'échanson ou *escansão*; le *saguiteiro*, qui avait sous sa garde la *saguitaria*, ou, si on l'aime mieux, la salle dans laquelle se déposait le pain; l'*iguador*, le *fruteiro*, l'*arinteiro* (****). Mais, comme le fait très-bien

il est bon de se rappeler qu'on le voit uni, en 1303, à l'office de trésorier du roi, entre les mains de Pedro Salgado.

(*) Le mot *puridade* veut dire littéralement secret, caché; les fonctions d'*escrivão da puridade* ne se bornaient cependant point à dépêcher les ordres secrets du roi.

(**) Ce mot vient de *cubiculum*. Les covilheiras de la reine et de l'infante s'occupaient nonseulement du coucher, mais encore du linge, des vêtements, et des divers objets indispensables à la toilette de la reine et à celle de ses filles.

(***) On trouve écrit dans les vieux titres *eicham*, *ichão* et *uchão*.

(****) M. Gaetano do Amaral dit que l'indication de ces trois offices est bien tirée de chartes du temps de D. Diniz, mais qu'il serait oiseux de se perdre en conjectures sur les emplois qu'ils désignaient. Je rappellerai en passant qu'on désigne en Portugal sous le nom d'*arinto* un raisin blanc fort estimé, avec lequel on faisait un vin

observer le savant auquel nous empruntons plusieurs renseignements, ces titres n'admettaient point l'épithète de *mor*, qui constituait une valeur honorifique réservée à certains emplois. Il est bon aussi de faire remarquer que les offices regardés comme étant d'une moindre importance, donnaient droit au titre de *homem delrey*. Les ecclésiastiques attachés à la maison royale et remplissant les fonctions de notaires prenaient eux-mêmes le titre de *clerigos del rey*. On désignait sous le nom d'*ovençaes* (*) les serviteurs d'un ordre subalterne chargés de l'inspection ou de la garde des approvisionnements, et encore présentaient-ils entre eux des traces de hiérarchie. Telle était en somme, avec ses diverses attributions, la classe peu nombreuse qui environnait la couronne et qui formait, par ses prétentions incessantes, une sorte de contre-poids ou, si l'on aime mieux, un principe de résistance aux prétentions d'affranchissement populaire qui commençaient à se développer.

DON DINIZ. — SON ÉDUCATION TOUTE FRANÇAISE. — SON AMBASSADE EN CASTILLE. — Nous pourrions certainement commencer l'histoire de ce règne comme une chronique presque contemporaine que nous avons sous les yeux. Lorsqu'il est arrivé à D. Diniz, le vieil écrivain s'écrie : « Ce fut le meilleur roi et le plus ami de la justice, et il n'y eut pas de plus honorable souverain depuis le règne d'Affonso Ier jusqu'à son temps (**). »

Le roi Diniz était né à Lisbonne, le 9 octobre 1261. L'histoire nous a conservé les noms des deux nobles chevaliers auxquels fut remis le soin de son éducation : l'un était Lourenço Gonçalves Magro, petit-fils du fameux Egaz Moniz ; l'autre s'appelait Nuno Martins de Chacin ; ils avaient le titre d'*ayos*, de gouverneurs. Le soin de l'instruction du jeune prince fut remis à un savant étranger : Aymeric d'Ebrard, qu'Affonso III avait peut-être connu en France, fut chargé de pourvoir à son instruction. Fils de Guillaume d'Ebrard, seigneur de Saint-Sulpice en Quercy, Eymeric appartenait à une grande famille du pays de Cahors ; et tout nous prouve qu'il exerça sur son royal élève la plus salutaire influence : non-seulement il lui inspira ce goût pour les fortes études latines dont le savant Osorio indique l'activité en Portugal dès le treizième siècle, mais ce fut lui également qui développa chez D. Diniz ce sentiment poétique qu'on a vaguement signalé jusqu'à ce jour, et que l'on peut constater aujourd'hui (*). En cultivant chez le jeune prince ces instincts précieux, ces sentiments élevés, Eymeric d'Ebrard, que l'histoire a laissé jusqu'à présent dans l'ombre, rendit un service immense au pays qui l'avait adopté, et il est juste qu'en racontant les vertus d'un grand roi, on signale le prélat modeste qui sans doute sut les développer (**). Nul prince ne commença certainement ni de si bonne heure ni avec tant de succès sa carrière politique que le roi D. Di-

qu'on juge pourvu de quelques vertus médicales.

(*) Le titre d'*ovençal* dérive du mot *ovença* ; c'était l'officine destinée aux usages particuliers d'une maison.

(**) Je ferai remarquer, en passant, que l'antique chroniqueur dont l'histoire existe à la Bibliothèque du roi adopte pour le nom de ce roi une orthographe qui n'établit pas la moindre différence avec la manière dont on l'écrit en français ; la dénomination actuelle fut adoptée beaucoup plus tard. Le manuscrit de la Bibliothèque du roi appartient au quinzième siècle.

(*) Les poésies de D. Diniz sont en voie d'impression chez M. Aillaud, d'après le manuscrit de la Vaticane. Un écrivain bien connu par son exquis sentiment des beautés de la langue portugaise, M. Gaetano Lopez Moura, est chargé de cette importante publication.

(**) Aymeric d'Ebrard fut, grâce au choix du roi Diniz, le dix-neuvième évêque de Coimbre ; nommé en 1279, il occupa ce siège durant l'espace de six ans. Selon le nécrologe de la cathédrale de Coimbre, il serait mort le 4 décembre 1295. Il revint en France vers 1294. Les érudits portugais n'en font d'ordinaire une mention si rapide et si incomplète que parce qu'ils ignorent l'existence d'un manuscrit de la Bibliothèque du roi dont je dois la communication au savant M. Lacabane, et qui constate plusieurs faits ignorés. Selon l'*Orbis Christianus*, Aymeric d'Ebrard n'oublia pas son pays : il fit construire à ses frais un monastère, qu'il plaça sous l'invocation de la Vierge, dans la vallée du *Paradis d'Espagnac*. Il voulut y être enterré ; ses désirs furent suivis, et l'on voit encore dans l'église du couvent la tombe fort simple du précepteur de D. Diniz. L'un des neveux de ce prélat remplaça son oncle sur le siège épiscopal de Coimbre, et il y eut un Ebrard qui occupa certaines dignités ecclésiastiques en Portugal durant cette période. Brandao n'ignore pas l'histoire d'Eymeric, et Schœffer dans ces derniers temps constate en quelques mots l'influence de ce prélat.

niz : il fut ambassadeur à six ans, et ce qu'il y a de plus étrange sans doute, c'est que cette mission confiée à un enfant fut couronnée d'un plein succès, précisément à cause de l'âge et de l'intelligence précoce du jeune ambassadeur. Tâchons de donner en peu de mots la clef de ce fait peu connu.

Le Portugal était constitué en État indépendant; il était considéré comme tel depuis les cortès de Lamego. Cependant, il se trouvait par rapport à la Castille dans une sorte de vasselage, puisqu'en raison de conventions admises lors de la conquête des Algarves, il devait envoyer deux cents hommes d'armes au souverain espagnol toutes les fois qu'il en serait requis. Quelque faible qu'il fût, ce droit de suzeraineté déplaisait au Portugal, et Alphonse III avait cherché vainement à s'en affranchir. Il résolut de tenter un dernier effort; ce fut alors qu'il envoya en ambassade vers Alphonse le Savant, son petit-fils, D. Diniz.

Les chroniqueurs, et entre autres Duarte Nunez de Lião, rapportent avec une grâce singulière le voyage du jeune enfant. Ils insistent particulièrement sur l'âge du jeune ambassadeur et ils rappellent qu'un personnage plus imposant devait porter la parole pour lui. Alphonse le Sage voulut que son petit-fils l'accompagnât au conseil où l'affaire qui touchait son père devait être vivement débattue. Non-seulement l'enfant royal garda une gravité plus soutenue qu'on ne l'espérait, mais un débat orageux s'étant élevé parmi les grands sur l'opportunité qu'il y avait à accorder au roi de Portugal l'objet de sa demande, le jeune prince comprit l'importance de la lutte qui s'engageait, et il se prit à verser des larmes si abondantes, qu'Alphonse se sentit vivement ému, et qu'au défaut de raisons plausibles les pleurs de son petit-fils l'emportèrent.

Cette précoce intelligence, qu'on initiait ainsi de bonne heure aux grandes affaires, fut cultivée non-seulement par un des hommes les plus éminents qu'eût produits le clergé de France, mais Diniz vécut, dès sa jeunesse, dans une grande intimité avec un prélat portugais dont la science avait un grand retentissement au treizième siècle, et qui était allé se faire recevoir docteur en droit canon à Paris : D. Domingos Jardo unissait sans doute ses conseils à ceux d'Eymeric d'Ebrard, et l'influence de l'université française se faisait sentir doublement.

Le roi D. Diniz monta sur le trône à l'âge de dix-sept ans et quatre mois, et dès l'année 1282 il épousa à Trancoso l'infante Isabel, plus connue sous le nom d'Élisabeth, fille du roi D. Pedro d'Aragon, que l'Eglise devait mettre bientôt au nombre des saintes les plus illustres. Les premières années du règne de D. Diniz furent agitées par le soulèvement de son frère D. Affonso. Ce prince venait après lui dans l'ordre de primogéniture, mais il mettait en avant pour justifier ses prétentions à la couronne une circonstance que l'esprit des temps ne rendait pas sans quelque valeur. Il objectait que le sceptre lui appartenait de droit, par le fait seul que D. Diniz était né avant la légitimation du mariage qu'Affonso III avait contracté avec la reine Dona Brites; tandis que la bulle du pape qui rendait cette union valide ne laissait pas le moindre doute sur sa légitimité. On prit les armes des deux côtés; mais, à la suite du siége d'Arronches, Diniz contraignit son frère à entrer en composition. La noble Élisabeth donna la preuve, des cette époque, de l'esprit de conciliation qu'elle allait apporter dans un règne souvent orageux.

Une fois affermi sur le trône, Diniz commença à visiter son royaume et à laisser partout des traces de son passage (*). Son ardent amour pour les peuples, sa haute prévision des avantages que le Portugal pouvait obtenir par l'agriculture, lui firent décerner d'un commun accord les titres de *père de la patrie*, *de roi laboureur*. Un seul mot, un mot populaire, qui a traversé les siècles, constate encore aujourd'hui sa force de volonté, son désir persévérant du bien : le peuple dit de nos jours en parlant de ce souverain : *O rey D. Diniz, que fiz quanto quiz* (**).

(*) Je trouve dans la *Chronique générale* écrite en portugais que possède la Bibliothèque du roi, une preuve de la fréquence de ces excursions politiques; elles se renouvelèrent pendant tout le règne de ce roi, et notamment après le mariage de sa fille.

(**) *Le roi D. Diniz, qui fit tout ce qu'il vou-*

C'est qu'en effet ce roi *lavrador* faisait tout ce qu'il voulait faire ; c'est qu'il travaillait pour son âge et pour les siècles futurs ; c'est qu'il n'y a pas une grande question sociale à laquelle il n'ait touché, pas un progrès de l'intelligence qu'il n'ait hâté par ses institutions. Voyez-le fonder l'université de Coimbre, à laquelle il est permis de supposer qu'Aymeric d'Ebrard ne fut pas étranger, puisqu'il devint évêque de cette cité(*); voyez-le planter ces vastes forêts de pins, destinées d'abord à arrêter les sables qui envahissaient le sol fertile de Leiria. De cette université sortiront Barros et Camoens, et ce sera un de ces pins de Leiria qui ployera sous l'effort de la tempête lorsque Barthélemy Dias doublera pour la première fois le cap des Tourmentes.

Diniz fit peut-être plus encore que de dompter la terre, et que de fonder des institutions libérales, il arrêta d'une main ferme les prétentions du clergé, et il régularisa les privilèges toujours envahissants de la noblesse. Cette partie de l'immense labeur qu'il s'était réservé est trop importante, elle a une signification historique trop réelle, pour que nous n'éclairions pas l'esprit du lecteur par quelques citations empruntées à un historien allemand qui l'a soigneusement définie : Schœffer a dit en peu de mots, et a bien dit, ce qu'étaient ces privilèges.

Après avoir fait comprendre la position de la noblesse à l'origine de la monarchie, après avoir exposé comment ses conquêtes sur les Maures avaient dû être récompensées, l'historien nous expose comment des propriétés immenses devinrent l'apanage de certaines familles :

« Des droits et des privilèges étaient nécessairement attachés à ces propriétés, ils naissaient pour ainsi dire du sol. La faveur royale, qui récompensait le guerrier zélé par des biens-fonds, avait à peine besoin d'y joindre des droits déterminés, ils étaient la qualité inhérente de la propriété agrandie.

« Les *solares*, les *honras*, les *coutos*, naquirent de ces acquisitions de biens-fonds, auxquels étaient attachés certains droits et privilèges. Les solares, qui, d'après les foraès et les vieux diplômes, étaient les résidences fortifiées des seigneurs fonciers, devinrent pour les grands la base de leur pouvoir et de leur crédit. Sur ces solares pour leur propre défense, et surtout en cas d'attaque subite, ils bâtirent des tours et des forteresses dont on voit encore çà et là quelques vestiges dans les provinces. En temps de paix, les seigneurs de haut rang obtenaient seuls la permission d'élever de tels châteaux, et le roi ne la leur donnait que dans de certaines circonstances et par une faveur spéciale. Cela arrivait souvent lorsqu'on n'était plus menacé par les ennemis extérieurs ou les Sarrasins, et que les nobles turbulents cherchaient à satisfaire contre leurs égaux leur humeur belliqueuse au sein de leur patrie. Dans ces guerres, les seigneurs les plus puissants étaient opposés les uns aux autres, et il en était de même des châteaux. Il est à remarquer que ces luttes eurent précisément lieu sous Diniz, roi si énergique et d'une si grande autorité; mais il fut le premier, il est vrai, qui ne conduisit plus et qui n'eut plus besoin de conduire la noblesse belliqueuse contre les Maures ; et, vers la fin de son règne, de fatales dissensions dans la maison royale produisirent dans le royaume de funestes factions, et entretinrent l'ardeur des luttes intestines. Le roi fut bientôt obligé d'ordonner que plusieurs de ces tours fussent abattues et de prévenir les abus par des lois..... On ne s'attendait certainement pas à ce que les solares, ces résidences des nobles, que les rois un jour avaient données aux zélés défenseurs du trône et de la patrie, fussent en partie changés par leurs descendants en moyens d'attaque contre ces souverains. Les dénominations de *couto* et de *honra* sont plus significatives que le mot *solar*, et elles expriment mieux

---

lut faire. Le savant historien allemand Schœffer a quelque peu altéré cette locution proverbiale, nous lui restituons son véritable caractère.

(*) D. Domingos Jardo, qui, au temps d'Alphonse III, fut reçu docteur en droit canon parmi nous, put aussi servir ce mouvement scientifique. Il devint par la suite évêque d'Evora et de Lisbonne. Il était fort avant dans la faveur (*grande privado*) du roi Diniz. Il est probable qu'Aymeric d'Ebrard et Jardo furent les exécuteurs, sinon les promoteurs, des nobles idées du roi dans tout ce qui touchait à l'instruction publique.

l'état des choses. Avant la naissance de l'État portugais, on nommait déjà la cession et l'établissement d'un bien-fonds avec ses droits et priviléges *coutar*, et la possession même *coutos*. Les premiers régents portugais se servaient des mêmes expressions, tantôt en expliquant simplement qu'ils accordaient un bien privilégié (*faziam couto*), afin que chacun sût ce que cela signifiait, tantôt en citant seulement les priviléges et les droits qui prouvaient l'existence de la propriété privilégiée. Les priviléges et les exemptions des coutos consistaient principalement en ce qu'ils étaient affranchis de beaucoup d'impôts royaux, en ce que le majordome du roi ou le percepteur des impôts royaux ne pouvait mettre le pied sur leur territoire. Le mot *coutos*, dans sa signification plus étendue, renfermait aussi ce que l'on entendait dans ce temps par *honras*. Ces honras étaient aussi établies de la même manière que les coutos, en ce que leur fondation était désignée, tantôt par des bornes auxquelles on donnait souvent le nom de coutos, tantôt par un diplôme du roi (*carta*), tantôt encore par le drapeau royal qu'on arborait sur la *honra*. Il résulta de cette conformité que les deux dénominations furent souvent échangées et confondues dans les actes de ce temps. On ne peut cependant pas nier qu'il faut souvent les distinguer, et qu'il est souvent question des *honras* contenues dans les coutos. Les Portugais ne sont pas parvenus jusqu'ici à désigner avec certitude et à prouver authentiquement les différences qui leur étaient propres et qui les distinguaient : l'obscurité et l'incertitude des actes de ce temps présenteront toujours de grandes difficultés.

« Outre les *honras* et les *coutos*, on fait encore mention d'une autre espèce de biens privilégiés, les *behetrias*. Les prérogatives sur lesquelles reposait la nature particulière des *behetrias* concernaient moins les seigneurs fonciers que les localités et leurs habitants. Le roi ou les justiciers les accordaient ordinairement pour récompenser des services signalés dans les guerres et pour encourager une culture plus régulière et plus étendue. La faveur consistait en ce qu'il ne serait imposé aux cantons par le roi aucun autre seigneur que le candidat élu par la commune, avec ses juges, ses officiers et ses *homems bons* assemblés. Ce choix n'était valable que pour la vie de l'élu, ou tant que celui-ci remplirait les conditions prescrites pour l'élection.

« Des priviléges tels que ceux qui furent accordés et attachés aux *coutos*, *honras* et *behetrias*, ne pouvaient subsister sans abus ; les abus, toujours envahissants, amenèrent la recherche du remède..... » Il ne saurait entrer dans le plan de ce travail d'expliquer par quelles mesures Diniz parvint à extirper des priviléges qui annihilaient les revenus de l'État, puisque la plupart des terres possédées à titre de honras se trouvaient complétement exemptes d'impôt. Nous nous contenterons de dire qu'une ordonnance, en date du 2 octobre 1307, remédia en partie aux abus signalés plus haut. Une chronique nous apprend que lorsqu'on faisait des représentations au roi à ce sujet, il avait coutume de répéter qu'il retirait avec justice ce qu'on avait accordé injustement.

Parmi les lois que le roi Diniz fit promulguer, il en est une qui nécessairement lui aliéna l'esprit du clergé : il s'opposa à ce que les maisons religieuses pussent hériter d'aucun bien-fonds. Brandão fait observer avec justesse que la plupart des églises attireraient ainsi une foule de successions au détriment du peuple. Diniz ne voulut pas cependant que cette mesure qui frappait les ecclésiastiques reçût une interprétation contraire à ses sentiments religieux ; il dépensa des sommes considérables dans l'érection de nouveaux couvents : ce fut en 1295 que fut bâti le plus splendide de tous, le monastère royal de Saint-Denis d'Odivellas, où l'on voit encore son tombeau. Sainte-Claire de Coïmbre fut également dotée sous son règne, mais sans avoir part à ses libéralités.

Diniz s'occupa également avec sollicitude de l'accroissement des ordres militaires, dont la Péninsule avait retiré de si grands bienfaits. Dès l'année 1288, il avait obtenu du pape Nicolas IV que l'ordre de Santiago, fixé en Portugal, cessât de relever de la grande maîtrise de Castille. Un événement important qui se préparait en France lui donna l'occasion d'étendre sa sollicitude sur un ordre plus célèbre encore, et qu'une haine puissante poursuivait.

LES TEMPLIERS EN PORTUGAL. FONDATION DE L'ORDRE DU CHRIST. — Les chevaliers du Temple ne formaient pas une milice récente en Portugal; ils s'y étaient introduits dès l'année 1126. Le célèbre D. Galdim Paes avait été leur premier grand maître, et il faut dire, à leur louange, qu'ils s'étaient aussi bien concilié l'affection des peuples que celle des souverains. Soit que l'exemple des autres ordres religieux imprimât à leur conduite une régularité salutaire, soit que les combats fréquents qu'ils devaient livrer aux Maures sur le lieu même où ils possédaient des couvents et des commanderies eussent conservé parmi eux une certaine austérité militaire, qu'ils n'avaient plus au delà des Pyrénées, il paraît certain que la calomnie eût trouvé difficilement des preuves pour l'acte d'abolition. Diniz interrogea sa conscience, et il eut le courage de résister; pour bien comprendre les motifs qui le dirigèrent, quelques détails sont indispensables (*).

M. Henri Schœffer a trop bien défini la nature des rapports qui existèrent, dès l'origine, entre les rois de Portugal et cet ordre, pour que nous ne reproduisions pas ici son appréciation; elle explique à merveille la conduite que tint le roi Diniz en cette circonstance : « Les rois du Portugal eurent la sagesse de se servir pour leurs conquêtes, pour défendre et reculer les frontières du royaume, des bras vigoureux et du courage entreprenant des chevaliers du Temple, tandis que les autres souverains les avaient laissés se vouer exclusivement à la conquête et à la défense du saint sépulcre. De cette manière ils donnèrent à l'esprit du siècle une direction bienfaisante pour le Portugal; ils veillèrent avec la même attention à ce que la noblesse portugaise, destinée à soutenir le trône et le pays, ne se transformât en une caste hostile, et que cette colonne de l'État n'obtînt pas une prépondérance qui pût la rendre dangereuse. Ils eurent soin que les conditions auxquelles ils avaient accueilli les templiers et leur avaient donné des terres fussent toujours en vigueur; et pour que la mémoire ne s'en perdît pas, ils firent un usage fréquent des droits seigneuriaux qu'ils s'étaient réservés, et réprimèrent sévèrement chaque violation......... »

Une surveillance si continue et si inquiète de la part des rois, qui toutefois ne mettaient point obstacle au libre développement des chevaliers, nous explique en partie la circonstance, fort remarquable, que l'enquête faite sur la conduite et la vie des templiers portugais pendant deux siècles entiers ne put procurer aucune charge contre eux, si ce n'est d'avoir une seule fois admis dans leur ordre un chevalier étranger, neveu du dernier grand maître. Jamais les templiers portugais ne manquèrent à leur fidélité envers leur roi; et pendant que leurs frères de Castille et de Léon se révoltaient contre leur souverain, s'armaient même contre lui, ceux-là ne cessèrent de se montrer sincèrement attachés à leur prince et à leur patrie.

Telle était l'existence des templiers en Portugal, quand l'évêque de Lisbonne Jean fut chargé par Clément V, ainsi que plusieurs autres prélats, de soumettre la vie des chevaliers du Temple à une enquête sévère. Le résultat de celle-ci ne fut pas tel que le désirait le pape.

Le roi Diniz opposa aux désirs du souverain pontife une volonté pleine d'énergie et d'habileté. En dépit de la condamnation de Rome, les biens de l'ordre furent incorporés à ceux de la couronne, si bien que lorsque les templiers portugais, déclarés innocents, rentrèrent peu à peu dans leur pays, ces

---

(*) Ce fut le confesseur de la reine sainte Isabelle, Frey Estevam de Santarem, qui défendit avec le plus d'énergie l'ordre des templiers et qui obtint, dit-on, du roi D. Diniz que ce monarque élevât à la place de l'institution qu'on abolissait dans toute l'Europe, *l'ordre du Christ*. Il paraît certain que le roi voulait d'abord incorporer les commanderies à la couronne, tout en conservant aux anciens chevaliers leurs pensions. Estevam de Santarem fut le premier grand maître de la nouvelle milice, et se trouva chargé d'en composer les statuts. Il conserva cette dignité jusqu'en 1319, époque à laquelle Gil Martins arriva revêtu de la maîtrise des chevaliers séculiers. Estevam de Santarem mourut à quatre-vingt-six ans, le 22 septembre 1321. Ce vénérable personnage se recommande au souvenir des amis de l'humanité par une bien noble institution; ce fut lui qui fonda *l'hôpital des captifs*, et l'on affirme qu'il racheta d'entre les mains des Maures d'Afrique plus de 600 prisonniers. Voyez Cardoso, *Agiologio lusitano*.

biens leur furent rendus, à titre de pensions. Le nom qu'ils avaient porté ne fut pas même aboli; ils eurent le droit de prendre le titre d'anciens templiers (*quondam milites*). Et bientôt, quand la bulle de 1319 ordonna la fondation d'un nouvel ordre de chevaliers en Portugal, l'ordre du Christ (*ordo militiæ Jesu Christi*) remplaça l'antique institution du Temple.

Les chevaliers du Temple ne changèrent pas même de dénomination, car ils s'étaient appelés plus d'une fois, au temps de leur splendeur, *milites Christi*. Le changement réel qui fut apporté d'abord à leurs anciens statuts, ce fut la claustration (*). Les biens confisqués au profit de la couronne leur furent rendus, et Diniz, qui avait laissé planer sur lui le soupçon d'avarice, puisqu'on l'avait accusé d'une odieuse spoliation, Diniz donna une preuve nouvelle de son désintéressement et de son éclatant amour de la justice.

La nouvelle milice adopta immédiatement pour base les constitutions de l'ordre de Calatrava; mais le nombre de ses membres n'excéda pas d'abord quatre-vingt-quatre religieux. Il y eut soixante-neuf frères chevaliers, *freires cavaleiros*, et quinze frères spirituels, *clerigos*. Le premier grand maître séculier fut un homme d'une haute capacité. Il convoqua, presque aussitôt après son élection, un chapitre général à Lisbonne; mais plus tard le siège de l'ordre fut transporté à *Castro Marim*, dans le royaume des Algarves; ce ne fut que sous D. Fernando qu'il fut établi à Thomar.

Comme celles d'Alphonse le Sage, avec lequel ce roi eut plus d'un rapport, les dernières années du roi Diniz furent agitées par la précoce ambition de l'héritier du trône.

GUERRES INTESTINES ENTRE DINIZ ET SON FILS, AFFONSO SANCHEZ. — D. PEDRO, COMTE DE BARCELLOS. — SAINTE ÉLISABETH DE PORTUGAL. — Diniz avait eu deux enfants de son mariage avec la sainte fille du roi d'Aragon, et le prince D. Affonso, héritier du trône (**),

(*) Parmi les ecclésiastiques.
(**) On peut voir dans Castro, *Mappa de Portugal*, t. I, p 588, les noms des autres enfants de Diniz et leur courte biographie.

lui était né dès 1291 (*); toutefois il avait avoué plusieurs fils conçus hors du mariage, et D. Affonso Sanches, qui avait pour mère Dona Aldonça Rodriguez Telha, semblait réunir ses affections, au détriment de son fils légitime. Après lui venait D. Pedro; il l'avait eu d'une dame de haut parage, désignée dans les chroniques sous le nom de Dona Garcia Froyas, et qui, à en juger par des chartes contemporaines, fut une des héritières les plus riches des royaumes de la Péninsule.

Diniz avait revêtu ces deux fils des plus hautes dignités du royaume : le premier était *mordomo mor*, grand majordome, et seigneur de Villa do Conde; le second avait reçu le titre d'*alferes mor*, ou de grand porte-étendard; il était en outre comte de Barcellos. D. Pedro appartient plus en quelque sorte à l'histoire littéraire qu'à l'histoire politique de ces temps orageux, car ce fut lui qui, profitant de l'exil, donna ce *fameux Nobiliaire* où tous les historiens de la Péninsule ont trouvé les origines les plus précises comme les renseignements les plus curieux.

Quoi qu'il en soit, ce fut surtout D. Affonso Sanches qui excita l'ardente jalousie de l'infant; il déclara hautement la guerre à son père, et il amena ces luttes interminables que le poëte national a réprouvées avec tant d'énergie. Disons-le aussi, ce furent ces guerres intestines qui firent paraître dans toute leur noblesse les vertus d'une reine que l'histoire appellerait sainte,

(*) Sa fille Constança, née en 1290, se maria avec Fernando IV, roi de Castille. La belle chronique manuscrite de la Bibliothèque du roi raconte les libéralités qui suivirent cette union, et il y est dit dans quel état prospère se trouvait le trésor, puisque sa situation permettait au roi d'offrir en pur don des valeurs qui étonnaient les autres souverains. Ceci nous reporte en 1302. « Après que le roi D. Denis (*sic*) fut revenu des noces, il parcourut son royaume, examinant, sous le rapport de la police, toute la contrée, et rendant justice : puis immédiatement et à peu de temps de là, il eut des entrevues avec le roi D. Fernando, son gendre, pour l'aider de ses vassaux, et une fois il fut l'aider en propre personne..... D. Fernando, vint voir le roi D. Denis à Elvas, et le roi Denis lui donna beaucoup d'argent, avec nombre de joyaux, parmi lesquels se trouvait une coupe d'émeraude estimée soixante-dix mille livres (*setecenta mil libras*), et il lui donna en *dobras* soixante mille livres. » Il en était probablement de la coupe d'émeraude comme du fameux plat de Gênes, mais elle n'en représentait pas moins une valeur immense.

quand l'Église n'exigerait pas que ce nom lui fût conservé. Une touchante parenté existe entre sainte Élisabeth de Hongrie et sainte Élisabeth de Portugal; mais si l'on se sent vivement ému au souvenir de cette humilité courageuse qui triomphe dans la pauvreté, on n'est pas moins touché de cette douce voix qui se fait entendre au milieu des cris de bataille. Voyez-la, en effet, devant Coimbre, après le siége de Guimaraens, quand des hostilités précédentes ont préparé une bataille inévitable entre le père et le fils, et lorsque l'assassinat d'un saint évêque lui prouve que rien ne sera respecté, elle quitte sa residence, se rend sur le lieu de l'action, et là, au milieu des deux armées, suivie seulement de quelques évêques, elle emploie tour à tour des expressions si touchantes, elle porte aux deux partis des paroles si efficaces que, si elle ne peut éviter d'abord un sanglant combat, le second jour les lances formidables s'abaissent, la prière d'une mère a ramené la paix.

Cette paix était bien nécessaire. Les armées furent licenciées, et Diniz sut reprendre un moment son titre de roi laboureur. Qui peut nous dire aujourd'hui si quelque noble institution, quelque effort pour améliorer la situation du peuple, ne fut pas le résultat de cette tranquillité éphémère? Constatons un fait seulement, c'est que le prince qu'on peut appeler dans l'ordre chronologique le premier historien du Portugal, ne manqua pas à la mission que son intelligence supérieure devait lui assigner (*). Selon l'antique chronique portugaise de la Bibliothèque du roi, bien qu'il eût suivi la cause de l'infant, D. Pédro se montra en général conciliant. Privé de ses apanages durant les guerres intestines que la sainte reine venait d'apaiser, il resta, durant quatre ans, absent du royaume; il s'en alla étudier dans la Péninsule les annales qu'il voulait reproduire d'une manière durable; et quand il revint au moment de la réconciliation, ce fut pour user de toute son influence afin de la rendre sincère.

L'union de la famille royale ne fut que de bien courte durée, puisqu'au bout d'un an les causes que nous avons signalées ramenèrent une lutte presque aussi orageuse que la première. Les deux armées se virent pour la seconde fois en présence près de Lumiar; mais la sainte reine accourut encore, et la paix fut de nouveau jurée.

Ces luttes si orageuses, et si fréquemment renouvelées, avaient sourdement miné la santé du roi Diniz : il dut bientôt songer à la mort. Lorsque Élisabeth comprit que le moment supfême allait approcher, elle se rendit près d'Affonso, et elle ramena le fils repentant auprès du lit de son père. Les chroniques nous représentent ce noble roi, plein de repentir lui-même en présence de la sainte reine, dont il avait si souvent méconnu l'affection; et par un trait d'admirable simplicité, elles nous font voir Élisabeth elle-même confondant dans son amour tout ce que le roi doit avoir aimé. Le comte de Barcellos, né d'une femme que sa puissance rendait presque l'égale des reines (*), D. João Affonso, fils illégitime comme lui, partagèrent, aux derniers moments, avec l'infant D. Affonso et le comte de Lacerda, les derniers embrassements du roi. Diniz expira le 7 janvier 1325, à soixante-trois ans et trois mois; et il fut enterré, comme il l'avait souhaité, dans le splendide monastère d'Odivellas, où l'on voit encore son tombeau.

Quant à la pieuse fille de Pierre d'Aragon, son pèlerinage devait encore durer quelques années. Après la mort de son mari, elle se retira dans le monastère de Santa-Clara de Coimbre, qu'elle avait fondé. Elle avait été déjà l'objet d'un profond respect dans cette cour, dont elle avait si fréquemment apaisé les orages; elle trouva de nouvelles vertus pour se faire vénérer dans le cloître. Elle mourut le 4 juillet 1336, dans le palais d'Extremos (**).

(*) Il existe à la Bibliothèque du roi un précieux manuscrit du *Nobiliario* offrant de notables différences avec le texte de Faria et celui de Lavanha.

(*) Dona Garcia Froyas possédait des biens immenses dans les alentours de Torres-Vedras. Voy. *Memorias de Academia das sciencias*, t. IV.

(**) Sainte Élisabeth, que les hagiographes portugais désignent simplement sous le nom de *santa Isabel*, fut canonisée par Urbain VII, le 25 mai 1625. Son tombeau était encore au dix-septième siècle dans ce monastère de Sainte-Claire de Coimbre que les sables ont fait disparaître peu à peu. On peut lire dans l'*Agiologio Lusitano* un bien curieux récit de l'exhumation de

AGRICULTURE AU TEMPS DE DINIZ. — On lit dans les Mémoires de l'Académie des sciences de Lisbonne un passage excellent, et qui dit sous une forme concise tout ce qui nous est permis de rappeler touchant les vicissitudes de la culture : « Dans les temps primitifs de la monarchie jusqu'au règne de D. Diniz, il n'y avait certainement pas de meilleures notions sur l'agriculture que celles existant aujourd'hui. Néanmoins, les habitants avaient alors pour leur usage du froment et d'autres substances alimentaires en quantité suffisante; ils pouvaient même en vendre aux étrangers. Mais il faut observer que les habitants de ce pays étaient alors en petit nombre, et que ce fut à cette époque que les provinces de Portugal se peuplèrent le plus. Ensuite la dépopulation arriva, par suite de causes diverses bien connues dans notre histoire. Mais si à cette époque la population augmenta considérablement, et si, tout en augmentant, elle eut du froment en quantité suffisante, il faut se rappeler que ce fut parce que l'agriculture était encouragée par tous les moyens possibles. Il y a plus; non-seulement elle fut activée par les sacrifices pécuniaires des souverains, mais encore par ceux de tous les corps de mainmorte et des vassaux. Tous les corps de l'État s'efforçaient à l'envi d'imiter l'exemple des rois, essentiellement adonnés aux progrès de l'agriculture. Les moyens employés d'ordinaire étaient le défrichement, la grande culture, l'établissement de villages, soumis à un système d'économie rurale spécial. Sous les règnes ultérieurs, comme on le sait parfaitement, les causes contraires ne manquèrent point, et elles affaiblirent chaque fois davantage cette énergie, ce goût prédominant. » Nous ajouterons un fait curieux aux paroles du savant écrivain, et il ne fera pas moins bien comprendre que son exposé par quelles institutions admirables Diniz et Élisabeth surent agrandir l'agriculture de ce petit pays. Non-seulement la reine partageait les goûts de son mari, mais elle mérita aussi le surnom de patronne des laboureurs. Sur l'emplacement où existe aujourd'hui la chapelle de Sainte-Élisabeth de Hongrie, près du monastère de Sainte-Claire à Coimbre, elle avait fait contruire un pieux établissement, destiné à recevoir de jeunes orphelines appartenant à la classe des agriculteurs. Là elle élevait des filles de laboureurs honorables, et les mariait à des cultivateurs; elle formait, pour ainsi dire, des espèces de colonies agricoles, et elle peuplait les terres de son apanage (*).

D. AFFONSO IV. — COUP D'ŒIL SUR LE RÈGNE PRÉCÉDENT. — L'impulsion donnée au Portugal par l'administration du roi Diniz fut telle, que les Portugais sont dans l'habitude, et cela avec justice, de chercher jusque dans ce règne l'origine des institutions qui élevèrent leur pays à un si haut degré de prospérité. Les regards de Diniz se portèrent sur toutes les branches de l'industrie; sa prudence sut tout prévoir. Nous savons ce qu'il avait fait pour l'agriculture, son nom suffit pour l'attester; nous n'ignorons pas le haut esprit d'équité qu'il montra envers les classes inférieures : un dicton populaire le dit encore (**). Ces mines d'or dont quelques historiens arabes nous vantent l'abondance (***) furent exploitées sous son règne, à l'abri d'une nouvelle législation. L'exploitation des mines de fer du Portugal et des Algarves fut encouragée et régularisée; des forêts s'élevèrent comme par enchantement où l'on ne voyait que des sables arides; enfin, de sages ordonnances réglèrent les relations commerciales du pays avec la Flandre, l'Angleterre et la France (****). Il n'y a pas jusqu'à la marine, cette source réelle de la puissance portugaise, qui n'ait subi sous ce règne une amélioration réelle : la construction des bâtiments pontés subit un progrès (*****). Habile même à re-

la sainte, qui eut lieu le 26 mars 1612. Manuel Martins, secrétaire de l'évêque, consacre quelques paragraphes à ce procès-verbal, et il nous apprend que la mort avait si bien respecté le visage de la sainte reine, qu'on était frappé de la ressemblance qui existait entre ses traits et l'effigie de la tombe. Elle avait été ensevelie avec ses vêtements royaux et le bourdon de pèlerine, qui ne la quittait point. Voy. *Agiologio Lusitano*, t. II, p. 318.

(*) Voy. *Memorias de litteratura*, t. II, p. 14.
(**) *Pour assurer son bien, on n'a pas besoin d'autre procureur que le roi.*
(***) Voy. Édrisi.
(****) Voy. à ce sujet les excellentes considérations de Schœffer.
(*****) Voy. les remarquables articles sur les progrès de la marine portugaise insérés dans *le Panorama*.

connaître chez les autres les améliorations qu'il voulait introduire chez lui, Diniz avait su demander à un Génois devenu sous son règne amiral de Portugal, les secrets de cet art naval qui devaient donner deux siècles plus tard l'empire de la mer au pays. Mais ce n'est pas tout ; non content d'améliorer la condition matérielle de son peuple, Diniz avait voulu élever son intelligence : il composa des vers empreints d'une grâce réelle, et il commença cette série de poëtes couronnés dont les annales de ce royaume offrent peut-être seules un exemple (*).

Nous avons cru devoir tracer ce tableau de l'état du pays, parce que l'activité prévoyante du roi Diniz contraste avec l'insouciance de son fils, si avide cependant d'obtenir le pouvoir. D. Affonso IV, septième roi de Portugal, s'empara enfin du sceptre, le 7 janvier 1325 ; il avait près de trente-quatre ans lorsqu'il commença à régner. Les peuples ne tardèrent pas à s'apercevoir de l'étrange différence qu'il y avait entre le roi laboureur et celui que l'âpreté de son caractère faisait déjà nommer o Bravo, le Redoutable. Ce rude exercice de la chasse pratiqué dans les montagnes du Portugal, et que nous ont si bien décrit Fernand Lopes et D. Duarte, occupait tous ses instants. C'était sans doute une vive image de la guerre, que cette monteria, qui consistait à attaquer la lance en arrêt, les ours et les sangliers ; mais enfin, les affaires du royaume en souffraient : le roi chasseur laissait périr ce qu'avait édifié le père des peuples. Les conseillers se lassèrent : toutes les chroniques contiennent à ce sujet une fière remontrance, à la suite de laquelle le jeune monarque s'amenda. La chasse fut mise de côté ; D. Affonso commença à devenir meilleur administrateur. Il n'en fut pas moins un souverain dur à ses peuples, presque toujours cruel pour ses proches. Un écrivain sévère l'a bien jugé : « Nous rendrons justice à son courage, dit Liaño ; nous ne cacherons pas ses victoires, ses succès, son activité habile dans l'art de régner ; mais nous le signalerons, avec l'histoire, comme mauvais fils, frère ennemi acharné de ses frères et père dénaturé. Il commença son règne par un fratricide ; ne pouvant pas en commettre un second dans la personne d'Affonso Sanches, parce que celui-ci s'était réfugié en Castille, il persécuta ce frère ami de la paix et doué d'une touchante piété. Finalement il fit égorger la malheureuse amie de son fils, la célèbre Inez de Castro, et il protégea toujours les trois courtisans cruels qui obéirent avec joie à un ordre aussi atroce. Ce roi est cependant un de ces grands criminels qui, à cause de l'éclat du diadème et de cette révoltante vanité nationale qui règne parmi le vulgaire des écrivains, sont ménagés, flattés, loués même, jusques après qu'ils ne sont plus sur la terre. Quelques écrivains portugais qui avouent les cruautés, les haines, l'ambition inique de ce monarque, louent cependant sa religion, sa piété, ses vertus. « Lors de la bataille du Salado, disent-ils, il ne voulut tirer d'autres avantages de la victoire que celui d'offrir quelques armes et cinq étendards au Dieu des armées. »

La bataille do Salado, la mort d'Inez ! voilà en effet les deux grands événements qui marquent ce règne, les deux points saillants auxquels les autres pays ne peuvent rester étrangers. Nous mettrons de côté les incidents secondaires, pour nous occuper presque exclusivement de ces épisodes historiques, devant lesquels tout le reste pâlit, et nous le ferons en tâchant de leur restituer leur originalité première, c'est-à-dire en interrogeant les antiques inscriptions du quatorzième siècle et les belles chroniques que nous ont léguées les vieux historiens de cet âge.

Aboul-Hassan, roi de Maroc, voulant venger la mort d'un fils qui avait péri en Espagne durant les guerres précédentes (*), ou, ce qui est plus probable encore, prétendant renouveler une de ces grandes invasions dont la Péninsule avait

---

(*) Les poésies du roi Diniz, écrites à peu près dans le style dont se servit Alphonse le Sage, furent longtemps conservées à Thomar ; la bibliothèque du couvent de l'ordre du Christ possédait encore ce précieux dépôt en 1793. Une copie de ce cancioneiro, uni à d'autres poésies, existe encore à la Vaticane. Faisons des vœux pour que les fameuses cantigas d'Alphonse le Sage soient également mises au jour ; on aura ainsi deux des plus curieux monuments de la poésie méridionale au treizième siècle.

(*) Argote de Molina, Nobleza de Andaluzia, donne le nom de ce fils bien-aimé, cause d'un guerre si sanglante ; il est impossible d'y reconnaître un nom musulman.

été si souvent le théâtre ; Aboul-Hassan, disons-nous, réunit, en 1340, des forces vraiment formidables, qu'augmentaient ces nuées de musulmans pillards prêts à s'établir sur le fertile territoire dont on regardait la conquête comme assurée, et s'embarqua pour la Péninsule. Ce débarquement se fit par expéditions successives, et ne dura pas moins de cinq mois. Non-seulement le roi de Grenade le favorisait, mais la jonction des deux monarques présenta bientôt une armée plus redoutable qu'aucune de celles qui se fussent présentées depuis le temps d'Alphonse VIII. Selon les historiens modernes, les forces musulmanes réunies se montaient à quatre cent mille fantassins et à quarante mille hommes de cavalerie (*). Des forces si considérables jetèrent la terreur dans la Péninsule. Les querelles particulières durent cesser devant le commun péril ; et la noble Marie, fille du roi de Portugal, épouse outragée d'Alphonse de Castille, mit de côté ses ressentiments particuliers, pour venir implorer son père durant un danger si pressant. Camoens a trouvé des paroles admirables lorsqu'il a fallu peindre le dévouement de cette fille suppliante; il en a trouvé de plus énergiques encore pour dire le courage du roi fort, comme on l'appelait dès ce temps-là.

Affonso IV n'hésita pas à porter un secours efficace à son gendre ; mais ce secours était plutôt dans son courage et dans sa vive intelligence que dans les ressources réelles dont il pouvait disposer. Nous passerons sous silence la lutte qui s'établit entre Aboul-Hassan et le roi de Castille; et nous dirons qu'une action décisive étant devenue imminente, Affonso partit pour Séville vers le mois d'octobre. *La relique du saint bois*, qu'on avait tirée du couvent de Marmelar, était arborée en vue de toutes les troupes portugaises ; et c'était un brave chevalier, D. Alvaro Gonçalvez Pereira, prieur de Crato, qui portait ce fragment de la vraie croix. Les troupes fournies par la ville d'Evora étaient conduites par Estevan Carvoeiro.

Alphonse XI n'avait pas demandé

(*) C'est le chiffre indiqué du moins par Schœffer. Castro fait monter ces forces à 400,000 fantassins, 70,000 hommes de cavalerie et 12,000 lances, auxquels il faut joindre les 50,000 hommes du roi de Grenade.

seulement des secours matériels à son beau-père ; prévoyant la terrible lutte qui allait commencer, il avait imploré du pape, siégeant alors à Avignon, la bulle de la croisade. Non-seulement elle lui avait été accordée ; mais un noble chevalier français, D. Hugo Beltran, qui se fixa depuis en Espagne, portait à l'avant-garde, en qualité de grand alferez, l'étendard bénit. Ce n'est pas sans dessein que nous offrons ces détails : au jour du danger, ce fut peut-être dans la vue de ces signes vénérés que les chrétiens puisèrent leur courage miraculeux.

S'il faut en croire la Clède, on voulait éviter la bataille, et même livrer Tarifa dans le cas où cela eût été nécessaire ; mais Affonso IV s'opposa à cette concession avec une grande énergie, et l'attaque fut décidée. Après avoir passé en revue leur armée, les deux rois se dirigèrent vers Tarifa ; en poursuivant leur route, ils passèrent aux bords de ce Guadalète qui avait vu jadis une si cruelle défaite, et, le 27 d'octobre 1340, ils commencèrent à apercevoir les premiers corps de l'immense armée des musulmans.

Le 28 selon les uns, le 29 ou le 30 selon d'autres, après avoir entendu la messe, les chrétiens firent leurs dispositions pour l'attaque. Alors seulement ils se dirigèrent vers le *Salado*, petit fleuve situé entre la *Peña del Ciervo* et Tarifa, dont la bataille a gardé le nom. Je n'entreprendrai pas de rappeler les mesures stratégiques qui furent prises pour le gain de cette journée et l'éclatant courage dont le roi de Castille donna des preuves ; ces faits, qui se rattachent à l'histoire d'Espagne, ont été dits d'une manière remarquable par M. Romey, et ont fourni des pages excellentes à l'écrivain distingué qui s'est chargé de faire connaître l'histoire de l'Espagne. Nous nous contenterons d'insister sur quelques faits particuliers qui se rattachent à notre récit. Durant cette terrible journée, Affonso IV s'était réservé de combattre le roi de Grenade. Après que le roi de Castille eut engagé l'action au delà du Salado, le monarque portugais passa lui-même ce fleuve, et il attaqua les Maures d'Espagne, en entonnant ce beau psaume 67, où il est dit que les ennemis de Dieu devront être terrassés : ce fut au chant de l'*Exurgat Deus*, en effet, que les musulmans furent taillés en pièces. Les troupes du roi de Grenade passaient avec raison pour être les plus aguerries et les plus redoutables de cette immense armée. Leur déroute eut certainement une influence décisive sur le gain de la journée (*); et ce fut ce que reconnut généreusement le roi de Castille, lorsqu'il offrit à son beau-père une part dans l'immense butin qui tombait au pouvoir de l'armée chrétienne.

Affonso IV refusa noblement de participer au partage de ces riches dépouilles, et il fallut insister pour qu'il consentît à accepter quelques équipements de chevaux, quelques sabres garnis de pierreries, des étendards et enfin une trompe d'airain qui figure encore aujourd'hui sur son tombeau. Les anciennes chroniques, qui donnent avec tant de précision le compte des morts, ne s'aventurent pas à faire le calcul précis des sommes immenses qu'on trouva dans l'*arrayal*, ou, si on l'aime mieux, dans le camp d'Aboul-Hassan. Ces richesses furent telles, qu'elles firent baisser le prix des métaux précieux à Paris, à Valence, à Barcelone, à Pampelune, et dans plusieurs autres cités (**). Les prisonniers qui tombèrent au pouvoir des Castillans valurent à l'Espagne des sommes énormes; car on insiste sur la richesse de quelques-uns d'entre eux. Affonso IV se contenta d'emmener en Portugal un prince musulman, neveu d'Aboul-Hassan, qu'il plaît aux chroniqueurs d'appeler l'infant Iulmenda. Outre ce personnage important, si l'on s'en rapporte à l'inscription d'Évora, le roi de Maroc eut la douleur de voir tomber au pouvoir des chrétiens un de ses fils et sa petite-fille.

Aboul-Hassan et le roi de Grenade

(*) On affirme sérieusement que les musulmans eurent 250,000 hommes tués, tandis que la perte des chrétiens ne fut que d'une vingtaine de soldats. La fameuse inscription d'Évora se contente de dire, en parlant des Maures, qu'il en mourut tant, qu'on ne put les compter (*e morrerão delles tantos que não puderão dar conta*). Nous sommes surpris qu'un historien dont nous avons admiré plus d'une fois la science et la sagacité, accepte sans critique le compte fourni par les chroniques. On sait aujourd'hui ce que valent ces sortes de calculs.
(**) La pierre d'Évora dit : *Acharão grande haver em ouro e prata*. Beaucoup de ces richesses, pillées immédiatement, furent cachées par les soldats.

3º *Livraison.* (PORTUGAL.)

Aben-Hamed Joussouf avaient échappé au carnage; ils allèrent cacher dans leurs États la honte d'une défaite qui anéantissait en réalité le reste du pouvoir musulman. Telle fut, du reste, l'influence morale du gain de cette bataille, qu'on la célébra longtemps dans l'église de Braga. Après avoir perdu pour ainsi dire le souvenir historique qu'elle avait laissé durant bien des années, la vieille église primatiale de la Lusitanie retentit de prières commémoratives qui célébraient la *grande journée*; et encore au temps de Mariz, à la fin du seizième siècle, on disait dans plusieurs cathédrales la *messe de la victoire des chrétiens*. C'est qu'en effet le 29 octobre 1340 tout avait été fini pour les Maures en Espagne.

INEZ DE CASTRO ET D. PEDRO.

Lorsque le grand poëte national des Portugais nous parle du retour d'Alphonse dans ses États, il consacre des vers admirables à celle qui ne *fut reine qu'après sa mort*. L'histoire d'Inez, en effet, se lie essentiellement à celle de ce roi; elle est là comme une tache sanglante, que nul souvenir glorieux ne peut effacer. Nous la reproduirons ici dans sa simplicité; nous interrogerons les anciens historiens pour leur emprunter un récit qu'une tradition de cinq cents ans a bien altéré.

Dans le seizième siècle, au temps où les vieilles tombes étaient encore debout, on lisait sur l'une d'elles :

ICI GIT D. FERNAND RUIZ DE CASTRO, TOUTE LA LOYAUTÉ DE L'ESPAGNE.

Le personnage dont cette courte inscription sépulcrale faisait un si noble éloge, c'était le frère de la belle Inez. Légitimes ou bâtards, ces Castro s'alliaient à toutes les maisons souveraines, et ils avaient la prétention de descendre de la famille qui avait donné le Cid à l'Espagne. Le père de Fernand Ruiz, D. Pedro Fernandez de la Guerra, avait fait des merveilles à la bataille de Tarifa, et son surnom l'attestait. Il avait une fille de beauté merveilleuse, mais une fille illégitime. Or en 1340, lorsque dona Constança, fille de D. João Manuel, duc de Penafiel, était venue épouser l'infant D. Pedro, fils du roi de Portugal, dona Inez Perez de Castro avait accompagné, en qualité de dame d'honneur, celle qui devait être reine un jour. Laissons parler le vieux chroniqueur (*) :

« Dona Inez était dans la maison de l'infante dona Constança comme dame et parente ; elle était douée d'une grâce si parfaite, de tant de noblesse et bonne façon, qu'on l'avait surnommée : *Port de héron*. L'infant don Pedro vint à s'éprendre d'elle; et comme dona Constança s'en aperçut, lorsque naquit son premier fils, qui s'appela l'infant don Luiz, elle la prit pour sa commère, afin d'empêcher ainsi l'infant d'avancer dans l'affection qu'il lui montrait (**) ; mais après cette invention, leur amour, au lieu de diminuer, s'accrut toujours, et lorsque dona Constança mourut (***), l'infant posséda dona Inez, et il eut d'elle plusieurs fils.

« Selon que le confessa depuis l'infant, étant devenu roi, afin de se tirer de péché mortel il l'épousa secrètement, ou feignit de l'avoir épousée.

« Le roi ignorait ce mariage ; mais il craignait qu'il ne vînt à se faire, car il voyait don Pedro s'abandonner entièrement à ses amours pour dona Inez. Il le pressait de se marier pour le tirer de la vie scandaleuse qu'il faisait, et bien souvent il requit son fils de lui découvrir s'il était marié avec dona Inez, parce que, s'il l'était réellement, il honorerait cette dame comme son épouse, étant nécessaire de donner autorité et honneur à celle qui devait être reine. L'infant ne confessa jamais qu'il fût marié, mais il ne voulut pas non plus épouser celles que lui indiquait le roi, donnant les excuses que lui enseignait l'amour. Et ce qui semblait à tous probable, c'était que l'infant ne voulait pas déclarer son mariage avec dona Inez du vivant de son père, parce qu'il avait honte d'elle, et qu'elle était bâtarde.

(*) Ce beau récit est extrait textuellement de deux chroniques célèbres : celle de Duarte Nunez de Lião, et celle, plus ancienne, de Fernand Lopes; elles se complètent. Je renvoie le lecteur, pour plus amples renseignements sur ce point, aux *Chroniques chevaleresques de l'Espagne et du Portugal*, t. I.

(**) Selon les habitudes religieuses de ce temps, c'était mettre une barrière insurmontable entre Inez et D. Pedro que de les unir par ce lien spirituel.

(***) Dona Constança Manuel mourut en 1345, et fut enterrée à Santarem. La chronique de Ruy de Pina lui prête un caractère noble et quelquefois touchant ; elle mourut en couche de D. Fernando.

Mais les grands du royaume, soupçonnant ou qu'il était marié ou qu'il viendrait à l'être, conseillaient au roi de forcer l'infant à en finir et à ne plus garder dona Inez dans le royaume. Ils lui disaient aussi de la faire tuer, pour qu'à sa mort (puisqu'il était déjà bien vieux) elle ne fût plus vivante; car don Fernando de Castro et don Alvaro Pirez ses frères, étant grands seigneurs en Castille, et commençant à avoir beaucoup de puissance en Portugal, il était à craindre qu'ils ne fissent périr l'infant don Fernando, héritier de don Pedro, pour que leurs neveux, fils d'Inez, succédassent au royaume.

« La reine, l'archevêque de Braga, don Gonçalo Pereira, et grand nombre d'autres prélats, conseillèrent à l'infant don Pedro de se marier, l'avertissant des conciliabules où il était continuellement question de la mort d'Inez, afin qu'il la mît en tels lieux que sa vie ne courût aucun risque. Mais il semblait à l'infant que tout cela étaient vaines terreurs et fausses menaces, que personne ne se hasarderait à exécuter. Jamais il ne voulut confesser qu'il était marié ou mettre dona Inez en lieu sûr.

« Le roi en cette circonstance était combattu par diverses pensées. D'une part, il voyait le péril de son petit-fils premier-né, et la destruction du royaume, dona Inez ayant tant de parents qui pourraient l'usurper; de l'autre, il considérait combien ce serait une action cruelle de faire mourir une femme, et une femme innocente, pour une faute qui lui était étrangère; et cela au moment où il était au sommet de la vie, alors qu'il devait travailler à se rendre Dieu propice et à ne pas tacher ses mains par le sang d'un meurtre que beaucoup regarderaient comme un parricide. Mais poussé par les siens, et se trouvant à Montemor-o-Velho, l'an 1355, il se détermina à tuer dona Inez; et pour cela, accompagné de beaucoup de gens armés, il se rendit à Coimbre, où elle demeurait dans le palais de Sainte-Claire. L'infant était à la chasse.

« Quand dona Inez sut la venue du roi et les intentions qu'il avait contre elle, transportée de la douleur où elle était de ne pouvoir se sauver par aucun moyen, elle vint le recevoir à la porte avec un visage de femme qui voyait la mort présente; et pour s'assurer si elle trouverait dans le roi quelque pitié, elle amenait avec elle les trois innocents princes ses fils, enfants de peu d'âge et très-beaux. Avec eux donc, et employant beaucoup de larmes et de paroles touchantes, elle demanda pardon et miséricorde. Quoique dur de son naturel, et rendu plus rigoureux encore par la persuasion des siens, le roi, voyant le spectacle déplorable d'une femme si belle et si innocente, qu'embrassaient de si beaux enfants et qu'elle prenait pour bouclier et défense, le roi, dis-je, s'en allait déjà et lui laissait la vie; mais quelques chevaliers qui venaient avec lui pour être présents à la mort, principalement Alvaro Gonçalvez, huissier major, Pero Coelho et Diogo Lopez Pacheco, seigneur de Ferreira, ne pensèrent pas ainsi. Quand ils virent le roi sortir, comme ayant révoqué la sentence, ils le supplièrent de les envoyer tuer Inez, car ils se trouvaient compromis par lui à cause de la détermination publique d'après laquelle il les avait amenés, et se voyaient en butte dorénavant au péril que leur faisait courir la forte haine de l'infant don Pedro. Quelques-uns, entrant donc où elle était, la tuèrent cruellement, comme des bouchers. Cette action fut reprochée au roi comme grande cruauté, par les hommes en qui il y avait quelque humanité et quelque bon sens; car ils disaient qu'on aurait dû attendre les événements qui étaient à venir et encore incertains, au lieu de se jeter dans le péché. Ils ajoutaient qu'on avait évité un inconvénient par un plus grand encore, celui de tuer une innocente, à laquelle il ne manquait, de l'avis de tous, pour mériter d'être reine, que le mariage de son père avec sa mère; car par le lignage, par les qualités personnelles, elle devait certainement l'être. Le corps de dona Inez fut enterré aussitôt à Sainte-Claire, et il y resta jusqu'à ce que le roi don Pedro l'eût fait transporter à Alcobaça dans une royale sépulture.

« Par la mort de dona Inez, l'infant tomba en tel chagrin, que l'on crut qu'il en viendrait à perdre le jugement; car, outre les souvenirs douloureux que lui laissait un amour extrême, il se rappelait que c'était à cause de lui qu'on l'avait tuée, qu'elle était sans faute, et qu'étant averti de la mort qu'on devait lui donner, il n'avait pas cru ces rapports, et n'avait pas su la mettre en lieu de sûreté.

« Plus tard il chercha tous les moyens possibles de nuire au roi son père, de détruire son royaume et de tirer vengeance des assassins. Avec les gens de son parti, et avec les troupes bien plus nombreuses de don Fernando de Castro et de don Alvaro Pirez, frères de dona Inez, il entra dans la province d'Entre-Douro-e-Minho et dans celle de Tras-os-Montes; dans les endroits qui appartenaient au roi ils faisaient toute espèce de dommages, massacrant ou volant. Enfin don Pedro se présenta avec de grandes forces pour s'emparer de la ville de Porto; mais don Gonçalo Pereira, archevêque de Braga, à qui elle avait été confiée, s'y jeta avec beaucoup de monde; et comme elle n'était nullement fortifiée, notre archevêque, pour meilleure défense, la fit entourer de voiles de navires et se détermina à mourir plutôt que de la rendre. L'infant voulait grand bien au prélat, et lui portait en même temps beaucoup de respect; ne voulant donc pas lui faire courir risque de la vie ou de l'honneur, et sachant d'ailleurs que le roi était déjà à Guimaraens et lui venait porter secours, il se désista de son projet et s'en fut; car il se repentait déjà de la désobéissance qu'il avait eue envers don Alphonse, et désirait lui faire porter des paroles d'accommodement par le moyen de quelque intermédiaire.

« Le 5 août de la même année, il arriva à Canaveses, où se rendit aussitôt la reine dona Beatriz, sa mère, et par le moyen de l'archevêque et d'autres personnes qui intervinrent dans cette affaire, le roi et l'infant entrèrent en arrangement. Il fut convenu que l'infant pardonnerait à tous ceux qui, de paroles ou de faits, auraient été inculpés dans l'affaire de dona Inez; le roi devait agir de la même manière envers ceux qui l'avaient desservi dans la cause de l'infant. On établit que l'infant dorénavant obéirait au roi son père, comme il convenait à un bon fils et à un bon vassal, et qu'il chasserait de sa maison et de ses terres tous les malfaiteurs qu'il menait avec lui ; que dorénavant, dans les divers endroits du royaume où il lui plairait d'aller, ou bien seulement où il se trouverait, il userait de toute juridiction haute et basse, et que les sentences et lettres qu'il donnerait passeraient au nom de lui l'infant ; qu'il aurait des *ouvidors* qui seraient à lui, qu'on désignerait sous son titre, et qui entendraient des causes jugées par les corrégidors ou autres magistrats, quels qu'ils fussent, relevant du roi ; qu'en tout ils garderaient les lois et ordonnances, mais que, dans le cas de mort ou de condamnation à la perte de grands offices ou de terres de vasselage, avant l'exécution de la sentence on la ferait connaître au roi, qui déciderait ce qu'il aurait pour bien ; que quand l'infant ordonnerait de faire justice, les crieurs publics diraient : « Justice que fait rendre l'infant, par ordre du roi son père et en son nom. » De toutes ces conventions on dressa des actes authentiques, qui furent confirmés par serments solennels, par complète adhésion et par la présence de chevaliers assermentés de l'un et l'autre parti, qui demeurèrent comme garantie ; elles le furent également par le serment de la reine, qui jura aussi et qui donna son adhésion.

« Après que la bonne intelligence fut rétablie entre le roi et l'infant, Alphonse alla à Lisbonne, où il tomba malade de maladie mortelle, tandis que don Pedro chassait à Ribeira de Canha. Le roi, sentant la mort arriver, fit appeler Diogo Lopez Pacheco, Alvaro Gonçalvez, ainsi que Pero Coelho, à qui il voulait du bien ; ils avaient été les principaux conseillers ou les exécuteurs de la mort d'Inez, et malgré ses serments le prince nourrissait grand désir de vengeance contre eux. En présence de Gonçalvez Pereira, prieur du Crato, le roi leur dit à tous que comme, après sa mort qui s'approchait, il ne pouvait leur donner sûreté contre son fils, il leur conseillait de s'en aller du royaume, de mettre leur personne en sûreté le plus promptement possible, et qu'ils ne s'occupassent nullement des biens qu'ils ne pourraient emporter. Eux, qui le comprenaient on ne peut mieux, firent ce qu'il leur conseillait.

« Le roi don Pedro avait déjà trente-sept ans quand il succéda à son père dans le gouvernement du royaume......

« Ce roi était âpre et terrible de sa nature à punir les délinquants ou ceux qu'on lui présentait comme tels. Le plus souvent il condamnait sans entendre les parties, et infligeait des peines plus grandes pour des délits qui n'étaient point prouvés, que celles qui étaient ordonnées par le bon droit pour des crimes avérés. Dans aucune circonstance il ne les remettait ou ne les modérait, mais bien plutôt on peut dire qu'il prenait plaisir à les exécuter, et pour que les bourreaux ne vinssent pas à manquer, il en traînait toujours un à sa suite. Il fouettait même de sa main et donnait la géhenne. Il portait toujours un fouet à sa ceinture pour qu'il n'y eût pas de retard à le trouver ; car sans aucune preuve, sans vouloir entendre les excuses, il commençait le jugement par l'exécution.

« Ce même roi, qui dans le châtiment était si hors de mesure, si âpre et si rigoureux, devenait, dans la condition privée, de caractère si facile et si agréable, qu'il en perdait beaucoup de sa réputation et de son autorité parmi les hommes graves. On dit qu'il qu'il était si enclin à danser, qu'il le faisait publiquement et par les rues, comme les autres baladins ; ce qui paraissait aussi fou en lui que le plaisir qu'il prenait à frapper de sa main les malfaiteurs.

« Très-souvent il ordonnait donc des fêtes, durant lesquelles il allait dansant de nuit et de jour, et ces danses s'exécutaient au retentissement de longues trompettes d'argent(*), faites exprès pour cela, et au son desquelles il prenait grand plaisir ; car, bien qu'on lui apportât d'autres instruments, il ne vou-

(*) Les grandes trompes d'argent, qui servaient à exécuter des symphonies militaires, durant ces danses auxquelles se livrait D. Pedro, n'étaient cependant particulières ni à ce pays ni à ce prince ; on voit des instruments de cette espèce employés durant la bataille de *Najera*, que le fameux prince de Galles livra à Henri de Transtamare. Deux vers du poëme de du Guesclin l'attestent :

Trompetes, chalemies et grans trompes d'argent
Venoient devant lui pour itel convenant.

Chronique en vers de du Guesclin, t. I, p. 15.

lait pas les entendre. Et quand il venait à la ville, selon la coutume d'alors, les citadins et le peuple sortaient pour le recevoir en danses et en fêtes ; et le roi débarquait de son bateau, et se mettait à danser avec eux : c'était ainsi qu'il se rendait au palais.

« Une nuit, ne pouvant dormir, il ordonna à ses joueurs de trompette de venir, et faisant allumer des torches, il sortit par la ville, se mettant en danse avec les autres et réveillant les gens. Et après avoir passé ainsi une grande partie de la nuit, il retourna au palais, toujours dansant avec les mêmes personnes, et il demanda du vin et des fruits ; car telle était la collation des anciens, même des rois, avant que le goût des sucreries et des conserves s'introduisît parmi nous, avec la découverte de nouveaux pays. C'est ainsi donc qu'il allait balant et se réjouissant durant les fêtes qu'il donnait, et notamment durant celle qui fut si fameuse, et qu'il célébra quand il créa comte et arma chevalier don Joham Affonso Tello. Ce fut la cérémonie la plus magnifique qui ait eu lieu en ce temps, dans de telles solennités.

« Le roi fit rassembler une immense quantité de cire, dont on fabriqua cinq mille torches et cierges, et il fit venir cinq mille hommes des environs de Lisbonne, pour tenir ces luminaires à la main durant la nuit où le comte fit la veillée des armes. Quand fut arrivé le moment de la cérémonie, il ordonna que, depuis le monastère de Santo-Domingos, de Lisbonne, où elle se faisait, jusqu'au palais d'Alcaçova, ces hommes se tinssent immobiles et en ordre, chacun sa torche ou son cierge à la main ; et cela donnait grande lumière. Le roi, avec beaucoup de gentilshommes et de chevaliers qui dansaient comme lui, le roi, dis-je, allait entre ces deux files, dansant et se réjouissant. Ce fut ainsi qu'ils passèrent la plus grande partie de la nuit. Le jour suivant, on dressa une multitude de grandes tentes dans la place du Rossio, où il y avait d'énormes montagnes de pain cuit, grand nombre de cuves pleines de vin, et des vases disposés pour tous ceux qui voulaient boire ; pendant ce temps on rôtissait dehors des bœufs entiers, et ce banquet fut public pour ceux qui voulaient y prendre part, durant tout le temps de la fête, pendant laquelle furent armés un grand nombre d'autres chevaliers.

« Ces manières et ces coutumes si diverses du roi don Pedro, nous les avons contées, parce qu'elles se trouvent rarement réunies dans un même homme, surtout s'il est roi...

« Don Pedro était grand chasseur, grand conducteur de meutes, étant infant ; et après qu'il fut devenu roi, il eut grand train de chasse et grand nombre de piqueurs. Il vivait volontiers de viande, sans être beaucoup plus gros mangeur que d'autres hommes, et à cause de cela, les salles du palais étaient toujours fournies de viandes en abondance. Quant aux autres particularités touchant sa personne, nous ne savons rien autre chose, sinon qu'il était bègue.

« Avec cette libéralité il gouvernait de telle manière que, sans aucune vexation pour le peuple et sans exciter de plaintes, il acquit de grosses sommes d'argent qui accrurent le trésor de ses ancêtres, qu'il laissa au roi don Fernando, son fils. Il fit frapper en son temps beaucoup de monnaies d'or et d'argent ; les *doubles* étaient d'or à vingt-trois carats, et il en fallait cinquante pour faire un marc ; les *demi-doubles* valaient la moitié. Les pièces d'argent étaient des tournois, dont soixante-cinq faisaient le marc ; il y avait des demi-tournois.

« Il était de sa condition si libéral, et il avait tant de plaisir à donner, qu'on lui entendait dire très-souvent : « Le jour où un roi n'a rien donné, on ne saurait avec raison l'appeler roi. » Et voulant peindre le plaisir qu'il avait à répandre ses libéralités, il disait aux siens de desserrer sa ceinture pour que son corps s'élargît, qu'il pût étendre la main et donner, faisant entendre ainsi qu'un monarque ne devait pas être d'inclination avare. Il faisait fabriquer des joyaux d'or et d'argent pour en faire des présents quand bon lui semblait ; il fit augmenter le salaire de ses gentilshommes et des gens de sa maison au delà de ce qui leur était accordé par les anciens rois. Il fut grand appréciateur des services, non-seulement de ceux qui lui étaient rendus, mais encore de ceux qui avaient été reçus par son père ; il ne diminua jamais les biens qu'il avait concédés.

« Les banquets qu'il donnait aux gentilshommes de sa cour qui l'accompagnaient lors de ses courses dans le royaume, qu'il visitait comme un corrégidor visite son district, ces banquets étaient splendides, d'une grande abondance et presque continuels; il en était de même durant les grandes chasses, qu'il aimait beaucoup et auxquelles il se livrait souvent. Pour cela il entretenait grand nombre de chasseurs et valets de pied, grand nombre de chiens et oiseaux de toute espèce.

« Nous trouvons donc écrit de ce roi qu'il était fort aimé de son peuple, parce qu'il le maintenait en droit et justice. Voilà la marche qu'il suivait dans l'expédition de ses affaires : toutes les pétitions qu'on lui présentait étaient remises entre les mains de Goncallo Vaasquez de Goes, secrétaire da Puridade; il les remettait à celui des secrétaires qui lui convenait, et celui-ci devait les répartir entre les magistrats dans les attributions desquelles elles entraient. Quant aux pétitions ayant rapport aux affaires de cours habituel, il faisait faire immédiatement les lettres qui y avaient rapport, par celui des secrétaires entre les mains duquel la chose devait passer; de sorte que, le jour même ou le jour suivant, l'affaire était expédiée; le secrétaire qui n'agissait pas ainsi perdait ses bonnes grâces. Les choses se passaient avec quelques différences quant aux autres pétitions ayant rapport aux grâces ou aux faveurs qu'on obtenait sur ses propres biens.....

« De même que ce roi don Pedro était amant de la plus stricte justice envers ceux qui la méritaient, de même il faisait tous ses efforts pour que les affaires civiles ne fussent pas prolongées. Comme il trouva que les procureurs allongeaient les procès beaucoup au delà de ce qui devait être, il ordonna que dans ses domaines et dans tout son royaume, il n'y eût plus de procureurs. Il recommanda aux juges et aux avocats de ne favoriser surtout aucune partie aux dépens d'une autre, et qu'ils eussent à se garder, avant toute chose, d'accepter certains services qui pussent faire croire que la justice était vendue; il voulut qu'ils s'appliquassent surtout à expédier promptement les affaires, disant que s'il savait qu'ils y missent de la négligence, ils le payeraient de leur corps et de leurs biens, et qu'il leur ferait payer aux parties toute la perte qu'ils leur auraient causée. . . . .

« On peut donc bien dire de ce roi don Pedro, que ce n'est pas de son temps qu'on vit s'accomplir pour certaines les paroles du philosophe Solon et de quelques autres, qui ont dit que les lois et la justice étaient semblables à une toile d'araignée, en laquelle les petits moucherons tombent et meurent, tandis que les grosses mouches, qui sont plus fortes, la rompent et s'en vont; voulant faire entendre par là que les lois et la justice ne s'accomplissent qu'envers les pauvres gens, tandis que les autres, ayant aide et secours, trouvent toujours moyen de rompre leurs liens et de leur échapper. Le roi don Pedro était pour le contraire, et ni prières, ni puissance, ne pouvaient faire éviter la peine quand elle était due.

« Non-seulement ce roi usait de justice contre ceux envers qui il avait droit de le faire, comme les laïques et les personnes semblables, mais le cœur lui brûlait d'atteindre ceux qui niaient sa juridiction, et cela envers les clercs, des ordres moindres jusqu'aux plus élevés; et si on lui demandait qu'il les envoyât à leur vicaire, il répondait qu'on les mît à la potence; que c'était ainsi qu'il les envoyait à Jésus-Christ, qui était leur vicaire véritable et qui ferait d'eux ce que de droit, mais en l'autre monde.

« Vous avez entendu longuement ce que nous avons dit de la mort d'Inez, et les raisons pour lesquelles don Affonso la fit mourir; vous savez aussi la grande querelle qu'il y eut à ce sujet entre le roi et don Pedro. Celui-ci étant, au mois de juin, en un lieu nommé Castanhède, et comme il y avait quatre ans qu'il régnait, ordonna qu'il fût publié que dona Inez était sa femme. Se trouvaient avec lui don Joham Affonso, comte de Barcellos, grand majordome, Vasco Martins de Souza, son chancelier, maître Affonso das Leis, Martim Vaasquez, seigneur de Goes, Goncallo Meemdez, de Vasconcellos, Joham

Meemdes, son frère, Alvoro Pereira, Gonçallo Pereira, Diego Gomez, Vaasco Gomez d'Aavreu, et beaucoup d'autres que nous n'avons besoin de rappeler. Le roi fit venir un tabellion, et tous étaient présents, jura sur les Évangiles, touchés par lui corporellement, qu'étant encore infant, se trouvant à Bragance, comme le roi son père vivait encore, il y avait de cela sept ans plus ou moins, mais sans qu'il pût se rappeler ni le mois, ni le jour, il avait reçu pour femme légitime, de paroles et étant présente, comme l'exige la sainte Église, dona Inez de Castro, jadis fille de don Pedro Fernandez de Castro, et que dona Inez l'avait reçu pour mari, avec paroles semblables, vivant depuis en union et mariage comme ils le devaient faire.

« Après que trois jours se furent passés, arrivèrent à Coimbre don Joham Affonso, comte de Barcellos, Vaasco Martins de Souza et maître Affonso das Leis ; et dans le palais où se lisaient les décrétales (parce que l'étude était en cette ville), ayant fait venir un tabellion, ils appelèrent deux témoins, à savoir : don Gil, évêque da Guarda, et Estevan Lobato, serviteur du roi, et ils leur dirent qu'après avoir juré sur les Évangiles, ils déclarassent la vérité de ce qu'ils savaient relativement au mariage de don Pedro et de dona Inez. Et ayant été interrogés, chacun séparément, l'évêque dit d'abord qu'allant avec ledit seigneur, et se trouvant alors prieur da Guarda, comme l'infant, maintenant roi, et dona Inez avec lui demeurait en la ville de Bragança, ce seigneur l'avait fait appeler un jour en sa chambre, dona Inez étant présente, et qu'il lui avait dit qu'il la voulait recevoir pour femme ; et que sur-le-champ, sans plus de retard, ledit seigneur avait mis sa main dans sa main, et que dona Inez, en faisant autant, il les avait unis tous les deux avec paroles de contractation comme l'ordonne la sainte Église.... Et chose semblable avait été demandée à Estevan Lobato, il dit que le roi, étant infant, l'avait fait appeler dans sa chambre, où il lui avait déclaré qu'il voulait prendre dona Inez pour femme, et que sa volonté était qu'il fût témoin... Il ajouta que cela était arrivé au mois de janvier, pouvant y avoir environ sept ans plus ou moins. Et quand toutes ces demandes eurent été écrites selon ce que vous venez d'entendre, ils firent sur-le-champ assembler les gens qui étaient déjà préparés à cela, à savoir : don Lourenço, évêque de Lisbonne, don Affonso, évêque de Porto, don Joham, évêque de Viseu, et don Affonso, prieur de Santa-Cruz, et tous les gentilshommes nommés auparavant, et bien d'autres que nous ne disons pas, avec vicaires et clergé et une foule de peuple, tant ecclésiastique que séculier, qui s'était assemblée pour cela. Et le silence s'étant fait pour bien entendre, le comte Joham commença à dire :

« Amis, vous devez savoir que le roi, qui est maintenant notre seigneur, a reçu pour femme légitime dona Inez de Castro... Et parce que la volonté du roi est que cela ne soit plus caché, il m'a ordonné que je vous le notifiasse, pour tirer soupçon de vos cœurs, et afin que cela fût su clairement ; mais si malgré ce que je viens de vous dire, et en dépit de ce qui vous a été lu et déclaré, quelques-uns observaient que tout cela est comme non avenu, parce qu'il n'y a pas eu de dispense qui pût effacer le degré de parenté qui existait entre eux, elle étant cousine du roi notre seigneur, il m'a ordonné que je vous certifiasse le tout et qu'on vous montrât cette bulle, qu'il obtint étant infant, et où le pape lui donne dispense de se marier avec toute femme qu'il désirera, quelque proche qu'elle lui fût, et quand bien même elle le serait davantage que ne l'était dona Inez. »

Alors on publia devant tous la lettre du pape Jean XXII..........
....

« Les meurtriers de dona Inez avaient été reçus par le roi de Castille avec accueil favorable ; ils recevaient de lui bienfaits et courtoisie, et ils vivaient en son royaume tranquilles et sans crainte ; mais depuis que l'infant don Pedro avait commencé à régner, il avait rendu sentence de trahison contre eux... Et de même, vers cette époque, s'étaient enfuis de Castille, par crainte du roi qui voulait les faire mourir, don Pedro Nunez de Guzman, grand adelantade du pays de Léon, Meem Rodriguez Tenoiro, Fernam Goliel de

Tolledo et Fernam Sanchez Caldeirom, et ils vivaient en Portugal, sous la protection du roi don Pedro. Les Portugais, comme les Castillans, pensaient ne recevoir jamais de dommage, parce que c'était la réflexion qui leur avait fait choisir ce redoutable asile, à l'abri d'une assurance formelle qui ne fut guère observée par les rois. Ceux-ci firent secrètement une convention par laquelle celui de Portugal devait remettre prisonniers au roi de Castille les gentilshommes vivant en son royaume, tandis que l'autre livrerait Diogo Lopez Pacheco et ses deux compagnons, qui s'étaient réfugiés en Espagne. Ils ordonnèrent de plus qu'ils fussent tous pris en un jour, pour que la captivité des uns ne pût pas avertir les autres.

« La convention étant faite de cette manière, les gentilshommes dont nous avons parlé furent faits prisonniers en Portugal; mais le jour où arrivèrent les ordres du roi de Castille, à l'endroit où l'on devait s'emparer de Diogo Lopez et des autres, il advint que, le matin de fort bonne heure, celui-ci était allé à la chasse aux perdrix. Après s'être emparés de Pero Coelho et d'Alvaro Gonçalvez, ils voulurent le faire prisonnier et ne trouvèrent personne; ils firent alors fermer les portes de la ville, afin que qui que ce fût ne pût lui envoyer de message et le prévenir; en conséquence, ils l'attendaient pour le prendre lors de sa venue. Un pauvre estropié, qui recevait toujours quelque aumône quand Diogo Lopez mangeait chez lui, et avec qui il causait quelquefois, vit comment les choses se passaient et songea à l'aller prévenir avant qu'il rentrât en son logis. Il s'informa adroitement de l'endroit où était allé Diogo Lopez; il se présenta alors aux gardes des portes de la ville, et les pria de le laisser sortir, et eux, n'ayant aucun soupçon sur un tel homme, ouvrirent les portes et le laissèrent aller. Il se dirigea vers l'endroit où il pensait que Diogo Lopez devait venir, et enfin il le rencontra avec ses écuyers et ne pensant nullement aux nouvelles qu'il lui apportait. Notre pauvre lui dit alors qu'il voulait lui parler, et celui-ci, ne soupçonnant pas de quel message il était chargé, aurait bien voulu se dispenser de l'écouter : mais le pauvre insistant, il lui conta comment un garde du roi de Castille était venu avec beaucoup de gens armés à son palais, pour le prendre, après s'être emparé des autres. Quand Diogo Lopez eut entendu cela, la raison lui dit bientôt ce qui en était; la crainte de la mort le troubla, et il devint tout pensif. Le pauvre, le voyant ainsi, lui dit : « Croyez-en mon conseil, il vous sera utile; séparez-vous des vôtres; allons dans une vallée qui n'est pas loin d'ici, et je vous dirai comment vous devez vous y prendre pour vous sauver. » Alors don Diogo Lopez dit aux siens qu'ils s'en allassent par-là à quelque distance en chassant, qu'il voulait entrer seul avec ce mendiant en une vallée, où il lui affirmait qu'il y avait grand nombre de perdrix. Ils firent ce qu'il disait, et ils s'en allèrent tous deux en cet endroit. Et le pauvre lui dit alors que, s'il voulait s'échapper, il fallait qu'il revêtît ses haillons déchirés et qu'il s'en allât ainsi à pied jusqu'à la route qui conduisait dans l'Aragon; qu'à sa première rencontre avec des muletiers, il pourrait se mettre à leur solde, et que de cette manière, ou sous l'habit d'un moine, s'il lui était possible de s'en procurer un, il se mettrait en sûreté dans le royaume d'Aragon; car nécessairement on allait le chercher par tout le pays. Diogo Lopez prit son conseil, et s'en fut à pied de cette manière; et le pauvre ne retourna pas sur-le-champ à la ville... Ceux qui avaient souci de prendre le fugitif s'en furent le chercher en lieux bien différents; et quant à ce qui lui arriva en chemin, comment il passa par l'Aragon pour aller en France, près du comte don Henrique, la manière dont celui-ci lui fit gagner les campagnes d'Avignon, et les autres choses qui lui advinrent, nous n'en parlerons pas, pour ne point sortir de notre sujet.

« Quand le roi de Castille sut que Diogo Lopez n'avait pas été pris, il en eut grand chagrin, mais il ne sut qu'y faire; toutefois il envoya Alvoro Gonçalvez et Pero Coelho, bien garrottés et sous bonne garde, au roi de Portugal, son oncle, selon qu'il avait été convenu entre eux, et quand ils arrivèrent à la frontière, ils trouvèrent là Meem Rodriguez Tenoiro et les autres Castillans que le roi don Pedro envoyait; et depuis Diogo Lopez, parlant de cette histoire, disait que ça avait été échange de bourrique contre bourrique. Alvoro Gonçalvez et Pero Coelho furent donc conduits en Portugal et arrivèrent à Santarem, où était le roi don Pedro; et le roi, en grande joie de leur venue, mais bien mal satisfait aussi de ce que Diogo Lopez s'était échappé, s'en fut les recevoir, et, fureur cruelle! il les fit mettre de sa propre main à la géhenne, voulant leur faire confesser qu'ils étaient coupables de la mort de dona Inez, et que c'était là ce que son père avait combiné contre lui quand ils s'étaient brouillés à sa mort; mais aucun d'eux ne répondit à telles demandes choses qui convinssent au roi; et l'on rapporte qu'en sa colère il donna à Pero Coelho de son fouet par le visage, et que celui-ci, s'abandonnant contre ledit roi en paroles vilaines et déshonnêtes, l'appela traître, sans foi, parjure, bourreau et boucher des hommes. Et don Pedro, disant qu'on lui apportât des oignons et du vinaigre pour assaisonner ce lapin (*), commença à se moquer d'eux et ordonna qu'on les fît mourir. La manière dont se passa leur mort, étant dite tout au long, serait chose bien étrange et bien cruelle à raconter : à Pero Coelho il lui fit tirer le cœur par la poitrine, et à Alvoro Gonçalvez ce fut par les épaules. Les paroles qu'il y eut en cette occasion, le peu d'habitude qu'avait en un tel office l'exécuteur, tout cela serait chose bien douloureuse à entendre. Enfin don Pedro ordonna qu'ils fussent brûlés. Tout cela eut lieu devant le palais où il faisait sa demeure, de manière qu'en dînant il avait l'œil à ce qu'il faisait faire. Ce roi perdit beaucoup de sa bonne renommée par un tel scandale. En Portugal et en Castille cela fut regardé comme une action très-mauvaise, et tous les honnêtes gens qui en entendaient le récit, disaient que les rois avaient commis très-grande erreur en allant ainsi contre leurs promesses, parce que ces chevaliers s'étaient réfugiés en leurs royaumes sous la foi de leur parole. . . . .

« Si quelqu'un dit que beaucoup ont existé qui ont aimé autant et plus que don Pedro, telles que Ariane et Didon, et d'autres que nous ne nommons pas, nous répondrons que nous ne parlons pas d'amours imaginaires, lesquelles certains auteurs, bien fournis d'éloquence et fleuris en beau discours, ont rapportées selon leur fantaisie, disant au nom de telles personnes raisons auxquelles elles n'ont jamais songé; mais que nous parlons de ces amours qui se content et lisent dans les histoires, et qui ont leur fondement sur la vérité. Ce sincère amour, le roi l'eut pour dona Inez dès qu'il s'éprit d'elle, étant alors marié et encore infant, de telle sorte qu'au commencement il semblait perdre près d'elle la vue et la parole; il ne cessait de lui envoyer des messages, comme vous l'avez vu plus haut. Les efforts qu'il fit pour la posséder, ce qu'il accomplit à cause de sa mort, et les justices qu'il rendit sur la personne de ceux qui étaient coupables envers elle, bien qu'il allât contre ses serments, tout cela est attesté par ce que nous avons dit. Et s'étant rappelé d'honorer ses ossements, puisqu'il ne pouvait plus faire davantage (*), il ordonna de leur élever un monument de pierre blanche subtilement ouvragé, et

(*) *Dizemdo que lhe trouxessem cebolla e vinagre pera o coelho.* Pour comprendre cet affreux jeu de mots, il faut se rappeler que *coelho* signifie lapin en portugais.

(1) On voit que Fernam Lopes ne fait nullement mention ici du couronnement d'Inez. Voici le passage le plus concluant qu'on puisse alléguer en faveur de ce fait célèbre : dans ses commentaires au ch. 111 des Lusiades, Faria y Souza s'exprime ainsi : « La mataron yel « principe no dexo de amarla muerta. I assi « luego que murio su padre i empuno el cetro, « hizo de sentérrar a D. Inez, i, colocarla en un « trono, adonde fue coronada como reyna, « i alli hizo que sus vassallos besassen aquel- « las huessos, que avian ya sido manos bel- « las : publicando primero con juramento, y « otros actos solenes que avia sido su muger « legitima. Tenemos en nuestro poder la copia « del instrumento publico, que mando hazer « de todo esto i se conserva en el archivo « real, etc. » Lorsque nous publiâmes l'ouvrage intitulé : *Chroniques chevaleresques de l'Espagne et du Portugal*, nous n'avions pas encore rencontré ce document. Il est, comme on le voit, plus explicite en faveur du couronnement d'Inez qu'aucun de ceux venus en notre possession; et ces mots, *nous avons entre nos mains copie du procès-verbal qu'il fit faire et que l'on conserve dans les archives royales*, prouveraient ou que Fernam Lopes n'a pas tout dit, ou qu'une pièce concluante a été perdue; elle existe peut-être dans les riches archives de Lisbonne.

fit placer sur la pierre du tombeau son image avec la couronne sur la tête, comme si elle eût été reine ; et ce monument, il le fit placer dans le monastère d'Alcobaça, non à l'entrée, où reposent les rois, mais dans l'église à main droite, près de la grande chapelle : et il fit transporter son corps du monastère de Santa-Clara où elle reposait, le plus honorablement qu'il se pouvait faire. Elle venait dans une litière fort bien ornée pour le temps, laquelle était portée par d'illustres chevaliers, accompagnés de grands seigneurs et de beaucoup d'autre monde, de dames, et de demoiselles et de gens d'église. Par le chemin il y avait grand nombre d'hommes avec des cierges à la main, rangés de telle manière que, le long de la route, le corps fût toujours entre des torches enflammées. C'est ainsi qu'ils arrivèrent au monastère, qui était à dix-sept lieues de là. Le corps fut placé dans le monument, avec grand nombre de messes et solennités, et cette translation fut la plus honorable qui eût été vue jusqu'alors en Portugal. Semblablement il fit faire un autre monument bien ouvragé pour lui, et il le fit placer à côté de celui d'Inez, afin que, quand il viendrait à mourir, on l'y déposât ; et étant à Estremoz il tomba malade, de ses dernières douleurs. Et gisant ainsi malade il vint à se souvenir qu'après la mort d'Alvaro Gonçalvez et Pero Coelho, il avait été prouvé que Diogo Lopez Pacheco n'avait pas été coupable de la mort de dona Inez, et il lui pardonna tous les griefs qu'il avait contre lui, ordonnant qu'on lui rendît tous ses biens, ce que fit le roi don Fernando son fils. Et le roi ordonna, par son testament, qu'on attachât à tout jamais audit monastère six chapelains qui chantassent et eussent à dire pour lui chaque jour une messe officiée, à laquelle ils devaient se rendre avec la croix et l'eau bénite. Et le roi don Fernando son fils, pour que s'accomplissent et se chantassent avec plus d'efficacité lesdites messes, donna au monastère, en pure donation, le lieu désigné sous le nom de Paredes, district de Leirea, avec toutes les rentes et seigneuries qui y étaient attachées (*)... »

(*) Les derniers récits qui nous aient été faits

DERNIÈRES ANNÉES DU RÈGNE DE D. PEDRO. — Après le récit de cette grande catastrophe, ce qui nous reste à dire sur le règne de l'amant d'Inez n'occupe plus qu'un rang secondaire aux yeux des autres nations. Le Portugal, au contraire, voit dans cette période, assez ignorée, de son histoire une époque de repos qui prépare des temps plus glorieux. L'inflexible sévérité du prince, unie à un sentiment profond de la justice, donna à son règne une valeur tellement significative aux yeux du peuple, qu'il consacra sa mémoire par un mot dont on admire encore la simplicité et la profondeur. C'est dans Fernand Lopez et dans Ayala qu'il faut étudier le caractère original de ce roi, c'est là qu'on trouve dans leur vérité première cette multitude d'anecdotes que des chroniques successives ont peu à peu altérées et qui se trouvent dans tous les recueils historiques : celle où un évêque est menacé du fouet parce qu'il a été surpris en adultère ; l'histoire du maçon condamné à ne se point servir de la truelle pendant un an, à la suite du meurtre d'un prêtre, cette parodie quelque peu audacieuse de l'indulgence de certaines lois ecclésiastiques, tout prouve qu'en affectant des formes bizarres dans l'exécution de ses volontés, D. Pedro n'en poursuivait pas moins le plan de son aïeul à l'égard du clergé. Il paraît certain qu'il favorisa le peuple toutes les fois qu'il le put faire, aux dépens même de ce pouvoir qu'on redoutait partout ailleurs dans la Péninsule. Les grands et le clergé, d'accord peut-être avec eux,

sur Inez sont bien récents et bien tristes ; ils datent du mois de décembre 1835, à l'époque où M. Taylor achevait sa tournée artistique en Portugal. Cette reine, qu'on avait jadis tirée de son cercueil pour la ceindre du diadème, avait été arrachée ignominieusement de la tombe, et ses ossements, à demi consumés, étaient épars sur les dalles du couvent d'Alcobaça ; il en était de même des restes de don Pedro. C'est aux soins pieux du voyageur français qu'on doit la réparation d'un tel sacrilège ; la tombe de marbre qui fut élevée au treizième siècle a reçu de nouveau *celle qui ne fut reine qu'après sa mort*, comme disent les vieux poëtes dramatiques de l'Espagne. Quant aux fondateurs, aux vieux religieux français venus pour instituer le couvent d'Alcobaça, leur cendre n'avait pas été respectée davantage. Aujourd'hui ce qui reste de leurs ossements repose dans un reliquaire, entre la riche collection du curieux antiquaire et les beaux livres qu'il a rassemblés sur l'art.

surnommèrent D. Pedro, le Cruel ; le peuple ne s'y méprit pas, et il l'appela le Justicier. De son temps, en effet, une entière sécurité pour les personnes et les propriétés régna dans toute l'étendue du Portugal; les rouages de la judicature et de l'administration furent simplifiés jusqu'à l'extrême. Le trésor fut plus riche qu'il n'avait été sous aucun des rois précédents. En évitant de donner des secours intempestifs au roi d'Espagne, qui les réclamait à titre de proche parent, ce souverain détourna également du pays une guerre désastreuse avec la Castille. Frappé de si réels avantages, le peuple persévéra dans son opinion, et en parlant du Justicier après sa mort, il disait qu'un tel monarque ou n'eût pas dû naître ou n'eût pas dû finir (*). Le roi dont son peuple parlait ainsi mourut à Estremoz, le 18 janvier 1367. Ses dernières volontés furent suivies ponctuellement, et on le transporta après sa mort à Alcobaça, dans la tombe de marbre qu'il avait fait faire pour reposer près de son Inez.

IGNORANCE COMPLÈTE DE LA FRANCE A L'ÉGARD DU PORTUGAL. — Une chose qui caractérise cette époque, et qu'il nous importe de signaler ici, c'est l'ignorance où la France se trouvait alors de toutes les choses relatives au Portugal. En dépit des notions positives qui avaient dû être transmises dans l'âge précédent, par les Burdin, les Aymeric d'Ebrard, les Domingos Jardo, toutes les connaissances qu'on avait sur ce beau pays s'étaient si bien éteintes vers le temps où régnait D. Pedro que lorsqu'un poëte français de cette période prétendit peindre le roi *de Lisbonne la Grant*, il ne s'enquît pas même de son nom réel, et l'appela D. Fagon. La chronique en vers de du Guesclin est bien plutôt une histoire qu'un poëme; et le trouvère qui a eu la merveilleuse patience de la rimer, connaît jusqu'à ce *Ferrant de Castre* dont la sœur avait eu une si éclatante célébrité; c'est que Ferrant de Castre était alors à la cour de *Piètre d'Espagne*, et que tout s'efface dans ses souvenirs dès qu'il s'agit du Portugal. Adieu les grandes trompes d'argent, au son desquelles dansait le roi; ce sont des vielles qui les remplacent à la grande joie du trouvère, qui se moque de l'instrument *truand !* Adieu la magnificence guerrière qui accompagnait à cette époque la prise d'armes d'un chevalier ; le roi qui règne à Lisbonne ne trouve pas même parmi les fiers barons qui combattront si rudement à Aljubarotta un seul homme capable de résister à Mahieu de Gournay : c'est un étranger qui joute contre le noble Anglais, et le roi Fagon n'a d'autre ressource pour venger l'honneur national que de faire entrer dans la lice un Breton (*) !

On voit par ce paragraphe qu'on a commencé de bonne heure à répandre d'étranges erreurs sur le Portugal et ses habitants; nous touchons cependant à un règne où les communications seront plus directes, parce qu'en dépit des agitations du royaume la marine s'accroîtra, et qu'à défaut d'un roi habile les richesses prodigieuses accumulées par don Pedro donneront une vive impulsion aux transactions commerciales.

RÈGNE DE D. FERNANDO. — LUTTES DÉPLORABLES AVEC LA CASTILLE. — LIANOR TELLEZ. — Le fils de Dona Constança était né à Coimbre, le 31 octobre 1345; il monta sur le trône le jour où mourut son père; il avait alors vingt-deux ans. Tous les chroniqueurs se réunissent pour vanter la beauté de ce jeune souverain, les rares qualités de son intelligence, mais tous aussi parlent de sa faiblesse et de sa légèreté inconstante.

L'auteur de la *Monarchie lusitanienne*, le savant Brito, fait observer avec raison que nul souverain ne prit la conduite de l'État sous des auspices plus favorables. Diniz avait donné une immense impulsion à l'agriculture, Alphonse le Brave avait assuré l'indépendance au pays, don Pedro avait augmenté prodigieusement les ressour-

(*) On ajoutait qu'il ne s'était pas encore vu en Portugal dix années comme celles où avait régné D. Pedro : le surnom de *Justicier* par excellence lui resta. Un poëte célèbre, Sa e Miranda, l'a parfaitement caractérisé par ces deux vers.

*Pedro que amores teve com a justiça
Real, e não cruel inclinação.*

(*) *La vie du vaillant Bertrand du Guesclin*, par Cuvelier, trouvère du quatorzième siècle, t. I, p. 359. Ce poëme, publié par M. Charrière, fait partie de la collection des *Documents inédits relatifs à l'histoire de France*.

ces du trésor : les fatals conseils d'une femme artificieuse, l'influence de quelques favoris, firent évanouir en peu de temps ces principes de prospérité.

Les premières années du règne de don Fernando ne devaient pas faire présager ce qu'amèneraient un jour son insouciance et ses prétentions imprudentes. Il s'occupa immédiatement à relever les fortifications de certaines places, à les munir des approvisionnements indispensables et à construire même de nouveaux édifices. La période où vécut Fernando occupe sous ce rapport un rang de quelque importance dans l'histoire du Portugal; il ne faut pas oublier que ce fut sous ce roi qu'on éleva les fortifications qui entourèrent si longtemps Lisbonne, et dont il reste encore aujourd'hui quelques vestiges. La première faute que fit don Fernando, celle qui faillit causer sa ruine, ce fut de ne pas s'en tenir à ces améliorations intérieures et d'élever trop haut ses prétentions.

Le roi qui était venu implorer vainement l'assistance de don Pedro, Pierre le Cruel, avait succombé; l'Espagne était entre les mains de Henri de Transtamare. Le jeune roi réclama hautement cette couronne, que le Portugal avait laissée tomber sciemment au pouvoir du fratricide. En effet, comme petit-fils de don Sanche, le trône de la Castille lui appartenait. Henrique *le Batard* lui prouva bientôt ce que valent de telles prétentions, lorsqu'elles ne sont pas soutenues par l'habileté ou par une volonté énergique. Don Fernando s'unit à don Pedro d'Aragon, dont il demanda la fille en mariage, et il ne craignit pas de contracter une alliance avec le roi musulman qui régnait à Grenade. Une guerre cruelle s'engagea, une guerre acharnée, comme se la font les prétendants : elle cessa grâce à l'intervention de Grégoire XI, et la paix fut signée à Evora, à la fin de mars 1391. Une pièce diplomatique datée de cette année prouve que la France allait entrer désormais dans des rapports plus directs et plus fréquents avec le Portugal qu'elle ne l'avait fait sous les règnes précédents (*).

C'est à cette époque qu'on voit apparaître une de ces femmes dont le fatal amour fait la destinée d'un royaume, et dont la forte intelligence imprime une sorte d'éclat à la voie criminelle qu'elles ont suivie. Lianor Tellez, dame d'une merveilleuse beauté et qui appartenait à l'illustre famille des Menezes, avait été mariée quelques années auparavant avec Joam Lourenço da Cunha, seigneur de Pombeiro; don Fernando s'était épris d'une passion violente pour cette femme; au mépris de toutes les lois, il fit casser son mariage; et sans s'arrêter même aux obstacles qui naissaient de la parenté, il contracta une union publique avec elle, à Eixo, en l'année même où il venait de signer la paix.

Le drame, avec toutes ses conditions d'intérêt, de terreur, d'incidents inattendus ou tragiques, se montre à chaque instant sous les formes les plus originales, durant ce règne. Ce fut, dit-on, cet évêque don Affonso, que Pierre le Justicier avait menacé du fouet pour cause d'adultère, qui bénit le mariage de don Fernando avec Lianor Tellez. Cette reine perfide redoute toujours les enfants d'Inez : elle a une sœur, Maria Tellez, belle comme elle, mais douée d'un cœur noble et dévoué; elle fait si bien que don Joam, le frère du roi, l'épouse secrètement; puis, quand cette union est contractée, il lui faut le sang de sa sœur et la perte de l'infant. Pour parvenir à ce but, elle promet indirectement la main de l'infante à son oncle, et avec elle peut-être un jour le trône du Portugal. Doña Maria Tellez est poignardée un matin par son propre mari; mais le crime n'est pas plutôt consommé, que Lianor se rit de l'assassin (*). L'infant don Joam fuit en Espagne, sous le poids de ses remords, si bien que les sanglantes amours d'un fils d'Inez continuent le drame de l'âge précédent. Il reste encore un prince né de l'union funeste que punit Affonso IV; c'est un esprit fier, un cœur généreux, il refuse de baiser la main de la reine adultère, que son frère lui a présentée. L'exil suit cette injure, et plus tard l'infant Diniz est contraint d'er-

(*) Voy. le *Quadro elementar das relações politicas e diplomaticas de Portugal*, publié par M. de Santarem.

(*) Voy. le récit dramatique que Fernam Lopes nous a laissé de cet évènement, *Chroniques chevaleresques de l'Espagne et du Portugal*, par Ferdinand Denis, t. II.

rer sur les mers du Nord. Un naufrage le jette au milieu de pauvres Flamands, et le second fils de la belle Inez est retenu captif sur les rives de Flessingue, dans la cabane d'un pêcheur (*).

Tous ces récits, qui colorent l'histoire, mais qui ne disent pas les faits importants, nous sont malheureusement interdits, ou ne peuvent être présentés que d'une façon sommaire; il était indispensable néanmoins de faire connaître la femme artificieuse et cruelle qui eut une si grande influence sur le pays. Pour contracter l'odieuse union qui l'unissait à Lianor Tellez, don Fernando s'était vu contraint d'éloigner son mariage avec la fille du roi de Castille, il commit bientôt une action plus déloyale encore; au mépris des conventions contractées à Evora, il fit alliance avec le duc de Lancastre, fils d'Édouard III, roi d'Angleterre : ce prince avait épousé la fille de Pierre le Cruel, il avait des prétentions au trône d'Espagne, et les soutenait par les armes. La colère de Henri de Transtamare fut à la fois juste et terrible, car il apprit bientôt cette rupture inattendue. Il jura de se venger et de ne pas revenir en Castille avant d'avoir détruit Lisbonne. Fernand Lopes nous a même conservé les paroles de l'imprécation, et elles prouvent que si cette colère implacable s'arrêta, c'est que des fléaux inattendus détournèrent son accomplissement.

Il faut lire dans la vieille chronique les détails de cette déplorable guerre, une des plus cruelles sans doute de toutes celles que le Portugal eut à subir durant le moyen âge. D. Fernando était reconnu roi de Castille par plusieurs villes; toutefois, après avoir dévasté la province de Beira, le roi d'Espagne arriva à la tête d'une armée puissante sous les murs de Lisbonne, et il se logea dans le couvent de San-Francisco. Les habitants de la cité, réduits alors à un affreux désespoir, commencèrent à mettre le feu à une partie de la cité; tandis que les Espagnols faisaient eux-mêmes ce qu'ils pouvaient pour accroître le désastre, Fernando était paisiblement à Santarem, et Brito nous le représente laissant passer les bandes des Castillans, regardant avec insouciance s'élever dans les airs la fumée de l'horrible incendie qui dévastait sa capitale. Par bonheur pour le Portugal, Grégoire XI, qui résidait à Avignon, intervint de nouveau entre les deux rois, et la cessation des hostilités fut résolue; ce fut le cardinal Guido de Montfort qui fut chargé d'établir les préliminaires de la paix; elle fut signée définitivement le 19 mars 1373. L'entrevue des deux rois eut lieu sur le Tage, en vue de Lisbonne, et au milieu de cette pompe du moyen âge qui donnait un caractère de réelle solennité aux grands actes de la politique; si bien que Henri de Transtamare ne put s'empêcher de dire au retour : « Je viens de voir belle ville et beau roi. »

On prête à don Fernando un propos qu'on ne peut traduire aussi facilement, mais qui atteste à quel degré il avait été subjugué par les manières nobles et insinuantes de son rival (*). Un grand acte, un acte fécond en résultats déplorables pour le Portugal, mais qui ne devait être ratifié que bien des années après, fut arrêté dès cette époque : Brites, si souvent promise par son père, fut enfin fiancée à l'infant de Castille.

ADMINISTRATION, MARINE. — NOUVELLE RUPTURE AVEC LA CASTILLE. — ENTRÉE DES ANGLAIS EN PORTUGAL. — C'est à cette période du règne de don Fernando qu'il faut placer la plupart des actes administratifs qui rachètent les fautes nombreuses dont il se rendit coupable. Une de ses actions les plus méritoires fut de comprendre, dès cette époque, quel était le véritable rôle que le Portugal était appelé à jouer dans le monde par sa marine. Il s'occupa avec une persévérance digne de louanges de cette partie de l'administration, et c'est même de son règne qu'il

(*) Ce fait, entièrement inconnu aux historiens portugais, est consigné avec tous ses détails dans un précieux opuscule de M. le Glay, intitulé : *Analectes historiques*. Après les incidents les plus curieux, que nous nous réservons de faire connaître autre part, D. Diniz repassa en Espagne, s'y maria et devint l'origine de la maison de Villar.

(*) *Quamto eu hanrricado venho.* Voy. Fernand Lopes, *Chronica del Rey D. Fernando*, dans la belle collection publiée par l'*Académie des sciences de Lisbonne*.

faut faire dater les assurances maritimes en Portugal. Les grandes forêts plantées par le roi Diniz commençaient à réaliser pour les constructions navales les prévisions de ce roi prudent. Fernando permit à la marine marchande elle-même d'y puiser gratuitement des matériaux; de grands navires furent construits avec art; en un mot, ce roi fit alors tout ce qu'il était possible de faire pour favoriser la navigation au long cours ainsi que le commerce extérieur, et Schœffer, qui n'essaye pas de cacher les fautes de ce roi, donne en même temps une preuve de sa capacité peu commune, en présentant un tableau exact de tout ce qu'il fit dans ce sens. C'est la page de réhabilitation après les pages de flétrissure.

Malheureusement, le mal l'emporte toujours sur le bien durant ce règne déplorable; en dépit du mot qu'il a prononcé au retour de l'entrevue sur le Tage, la légèreté, disons même la perfidie du caractère de don Fernando, reprend bientôt le dessus. En 1381, il rompit de nouveau la paix avec la Castille. Ce fut alors qu'il appela à titre d'alliés les Anglais dans le royaume, et qu'il employa pour faire réussir la négociation qui devait les amener, un homme dont la vieille loyauté portugaise ne parle jamais qu'avec mépris. Un seigneur du pays de Galice, le comte Andeiro, fut envoyé par le roi à Londres, pour y rassembler les éléments d'une guerre perfide dont tous les résultats devaient tourner contre le pays. Cette trame odieuse eut pour première conséquence le déshonneur du roi. Au retour de sa mission secrète, le comte Andeiro avait été reçu par Fernando et caché dans son propre palais; la reine l'aima, et l'adultère fut ajouté aux autres crimes de Lianor. Quant à la guerre désastreuse qu'avait amenée la négociation de son complice, le Portugal ne compte peut-être pas d'époque plus fertile en rapines et en violences de toute espèce. Les Anglais, introduits en Portugal comme amis sous la bannière de Lancastre, y commirent des excès dont les guerres avec les Maures n'avaient pas à coup sûr donné l'idée. L'enfance elle-même ne fut pas à l'abri de cette brutalité soldatesque (*)

(*) Le Froissart des Portugais, Fernand Lo-

que ne pouvaient réprimer les chefs; et le tableau si dramatique que nous a laissé Fernand Lopes de cette période sanglante, nous prouve qu'on ne peut la comparer pour les excès qu'elle amena qu'à notre guerre des Armagnacs (*).

Elle eut un terme cependant; et Jean Ier de Castille conclut la paix en 1383, en épousant définitivement l'infante dona Brites. On dit qu'à la nouvelle de cette paix si désirée, Castillans et Portugais, fatigués d'une guerre désastreuse et surtout de la présence de ces hommes du Nord qu'ils haïssaient presque également, se précipitèrent à genoux et rendirent grâce à Dieu dans les camps opposés. La guerre furieuse, impitoyable, comme la faisaient les Anglais, avait jeté le trouble dans ces âmes chevaleresques qui se repentaient à la fois de leur alliance et de leurs victoires; le duc de Cambridge retira ses bandes. Les noces furent célébrées; mais don Fernando ne put jouir longtemps de la tranquillité qui succéda à la guerre désastreuse dont il avait été le promoteur principal; la paix n'eut pour lui aucune douceur, il mourut d'une maladie dont il avait prévu longtemps à l'avance les funestes résultats, et il s'éteignit à Lisbonne dans le palais du Limoeiro, le 22 octobre 1383 (**).

INTERRÈGNE. LE MESTRE D'AVIZ. MORT DU COMTE ANDEIRO. — Le jour où D. Fernando eut cessé de vivre, le Portugal se trouva placé dans la position la plus critique et la plus compliquée; la régence tomba naturellement entre les mains d'une femme que le peuple haïs-

pes, raconte que leur férocité alla jusqu'à couper un enfant en deux: l'infortunée mère, dont tous les efforts avaient échoué pour empêcher cet acte d'affreuse barbarie, apporta les restes sanglants de son fils au roi, qui présenta lui-même ces restes mutilés au général anglais. On promit beaucoup alors, mais les excès continuèrent.

(*) E padecco Portugal, tanto damno dos amigos Inglezes, como dos inimigos Castelhanos. Voyez Rodriguez de Castro.

(**) D. Fernando, mort à trente-huit ans non révolus, avait régné seize ans neuf mois; il est enterré dans le couvent de San Francisco à Santarem; il repose à côté de sa mère infortunée, dona Constança, première femme de D. Pedro. Selon un antique usage, Lianor Tellez devait accompagner le corps du roi lors des funérailles solennelles qu'on lui fit; elle prétexta une indisposition, et ne parut pas. Il faut lire les vieux chroniqueurs pour se convaincre du degré de haine soulevé par cette infraction aux usages.

sait et méprisait à la fois, et Jean 1ᵉʳ, roi de Castille, revendiqua une couronne à laquelle, selon lui, le mariage qu'il avait contracté avec l'infante dona Brites lui donnait des droits incontestables. D. Joam, le fils aîné d'Inez, l'assassin de la noble Maria Tellez, élevait aussi ses prétentions; mais il les élevait du fond d'une prison où le roi de Castille l'avait plongé; et malgré les sympathies du peuple de Lisbonne, ses chances étaient nulles en réalité. Il n'y avait pas jusqu'à l'infant don Diniz qui ne cherchât à se faire quelques adhérents et à se créer un parti. Au milieu de tous ces esprits inquiets et ambitieux, l'homme que la Providence réservait au Portugal gardait le calme d'une âme forte. Il voulait avant tout l'indépendance du pays; le trône lui vint plus tard.

C'est à la suite d'une étrange préoccupation sans doute que plusieurs écrivains ont fait naître don Joam, mestre d'Aviz, du roi don Pedro et d'Inez; par cette singulière erreur, ils enlèvent une dynastie à l'histoire du Portugal. Le grand maître était fils bâtard du roi don Pedro, qui l'avait eu, selon l'opinion la plus commune, en 1357 (1). Je trouve dans un livre presque ignoré des historiens, que sa mère était Génoise et noble; mais l'opinion la plus commune lui donne pour mère une dame du pays de Galice, nommée dona Teresa Lourenço. Il avait été élevé par son père à la dignité de grand maître de l'ordre d'Aviz, et la haine active que Lianor Tellez se sentit pour lui dès l'origine avait porté ses fruits : non-seulement la reine avait réussi à le priver momentanément de sa liberté, mais il avait failli perdre la vie par les menées de cette femme perfide.

Le mestre d'Aviz était aimé des Portugais précisément à cause des haines qu'il avait soulevées et de la droiture qu'on lui avait reconnue en mainte occasion. Tout nous prouve qu'il agit extérieurement d'abord au nom de l'infant don Joam, qui expiait dans la prison dont il ne devait plus sortir le meurtre de Maria Tellez. Au fond du cœur, il était l'élu d'un noble vieillard, investi lui-même, par ses vertus, d'une sorte de royauté populaire : Alvar Paes contribua à faire obtenir la couronne au mestre d'Aviz, lorsqu'il eut compris que grâce à son énergie et à sa valeur c'était le roi qui convenait au peuple.

D. Joam se fit d'abord *grand justicier*, et il n'y a guère de page plus dramatique dans son histoire que celle où, sous le prétexte de venir prendre les ordres de la reine Lianor Tellez, au moment où il faut garantir les frontières de l'invasion espagnole, il pénètre jusque dans son palais afin de venger le peuple et la royauté. Un court récit nous fera mieux comprendre cet épisode.

Le comte Andeiro, qui s'était d'abord tenu à l'écart lors des funérailles du roi, avait quitté Ourem : malgré les pressentiments des siens, il était revenu auprès de Lianor Tellez, et dans l'attitude humblement orgueilleuse du favori, il recevait un jour aux pieds de la reine certains ordres dont un sourire laissait comprendre ou la douceur ou l'insolence. Le mestre d'Aviz entre avec les siens dans l'appartement; Lianor est sur son estrade, ses dames sont assises autour d'elle, le comte Andeiro devine à demi la scène qui va se passer; il ordonne aux siens de prendre les armes. Il est trop tard; avec la froide courtoisie d'un chevalier qui prend congé de sa souveraine, don Joam a déjà quitté la reine ; sous un prétexte auquel il ne peut résister, Fernandez Andeiro est contraint de le suivre. Les voilà dans la vaste salle qui précède le lieu magnifique où se tient la cour ; ils sont dans l'embrasure d'une croisée; que se disent-ils? On l'ignore. Tout à coup le grand maître frappe du glaive celui que le peuple a jugé; Andeiro n'est pas blessé mortellement, un autre chevalier l'achève. Une immense clameur se répand alors dans le palais; et quand Lianor Tellez croit reconnaître dans ces cris prolongés, des chœurs lugubres, quand elle croit entendre les paysans à demi sauvages des provinces éloignées, qui viennent, selon l'usage, pleurer sous ses fenêtres la mort du roi, c'est un cri vengeur dont ses oreilles sont frappées.

Pour bien comprendre cette scène du moyen âge, il faut en suivre les divers

---

(1) *Le 11 avril*. C'est du moins l'opinion de Sylva, *Memorias d'el rey D. Joam* I, t. I, p. 116. Fernand Lopes, qui doit inspirer tant de confiance, le fait naître le 15 avril 1358.

épisodes dans Fernand Lopes ; c'est là qu'on saisit tous les détails du tumulte populaire qui succède à cette catastrophe : tumulte prévu à l'avance, et qu'on a excité en disant à la multitude que le mestre d'Aviz est en danger de mort. En effet, les habitants de Lisbonne n'ont pas plutôt appris par un jeune page envoyé à dessein, que le grand maître enfermé dans le palais y court un péril réel, qu'ils se précipitent en foule vers l'habitation de la reine, et qu'ils menacent de se porter aux plus terribles excès, si don Joam ne paraît point. Il paraît à la fin, et aux cris de joie que pousse la multitude il peut comprendre pour la première fois que le grand maître de l'ordre d'Aviz vient de changer son épée vengeresse contre le sceptre du Portugal.

Il ne fut pas salué tout d'abord du titre de roi ; mais après la retraite de Lianor, il fut nommé, le 16 décembre 1383, *gouverneur* et *défenseur* du royaume. Il remplit avec valeur toutes les obligations imposées à ce titre honorable, et cela grâce à l'énergie du peuple, car il avait contre lui la plus grande partie de la noblesse, presque tout entière attachée au parti de la reine fugitive, si ce n'est au parti castillan. Ce fut cependant parmi les nobles du royaume qu'il trouva l'ami sincère et dévoué dont la noble figure occupe à côté de la sienne le premier rang dans cette histoire.

NUNO ALVAREZ PEREIRA. — A l'époque où nous sommes parvenus, le hardi chevalier dont nous parlons était à peu près de l'âge du jeune défenseur du royaume. Don Nuno Alvarez Pereira était né au mois de juin de l'année 1360, dans un lieu désigné sous le nom *de Bom jardim* près de *Villa do Certão*; son père se nommait don Alvaro Pereira, prieur de Crato ; il était fils lui-même de l'archevêque don Gonçalo, qui l'avait eu en légitime mariage avant d'entrer dans les ordres sacrés. La mère de Nuno Alvarez, qui appartenait aussi à la première noblesse, se nommait Eria Gonçalvez de Carvalhal, et elle était fille du seigneur d'Evora-Monte, ou, selon quelques autres, de l'alcaïde mor d'Almada. L'homme qu'elle avait aimé était lié par des vœux ; elle sut racheter par quarante années de pénitence les erreurs d'une passion que les contemporains eux-mêmes ont excusée : la vieille tombe où on lit peut-être encore l'épitaphe qui lui fut consacrée, parle de ses vertus, et la qualifie de *dame très-honorable* (1). Elle avait su en effet inspirer à son fils toutes les vertus guerrières de ce temps, et dès l'âge de treize ans don Nuno Alvarez fut armé chevalier ; il le fut même des propres mains de la reine Lianor Tellez. On remarqua depuis que le jeune fidalgo n'ayant pas d'armure à sa taille, ce fut la propre armure du mestre d'Aviz qui lui servit pour la cérémonie ; présage touchant d'une confraternité sainte, que la mort seule devait faire cesser.

Le jeune chevalier se maria, dès l'âge de dix-sept ans, avec une noble dame, appelée dona Léonor de Alvim. Elle lui appartenait déjà par les liens du sang, et il lui fallut une dispense du pape Grégoire XI pour contracter l'union projetée. Ce fut de ce mariage que procéda une lignée de rois dont s'enorgueillit le pays (2).

Ce n'est pas sans raison que nous sommes entré dans ces détails biographiques. Car Nuno Alvarez, le *Scipion portugais*, *le saint connétable*, comme l'appellent les vieux écrivains, marche en tête des héros que nous aurons plus tard à nommer. Son premier titre à la reconnaissance des peuples, ce fut de ne point désespérer de la cause du grand maître, et de comprendre que celui qui voulait l'indépendance du pays au risque de sa propre existence pouvait prendre le titre de roi.

GUERRE DE L'INDÉPENDANCE. — LE GRAND MAITRE ÉLU ROI. — BATAILLE D'ALJUBAROTTA. — Comme D. Joam l'avait prévu, le roi d'Espagne soutint ses prétentions avec activité, sinon

(1) Voyez Cardoso, *Agiologio Lusitano*, t. III, p. 216.
(2) Nuno Alvarez Pereira eut de ce mariage deux filles, qui moururent de bonne heure, et une fille qui s'appelait dona Brites. Dona Léonor de Alvim était morte en lui donnant naissance, et elle se maria avec D. Affonso, fils du roi Jean Ier, qui, après avoir porté le titre de comte de Barcellos, devint premier duc de Bragance ; on sait combien de princes sont issus de cette maison. Les vieux historiens appliquent au connétable les paroles du psalmiste : *Potens in terra erit semen ejus, generatio rectorum benedicitur.*

avec énergie ; il fit passer en Portugal plusieurs corps d'invasion ; il établit des rapports suivis avec la reine Lianor, et il fonda ses espérances sur la haine que le mestre d'Aviz avait inspirée à l'amante du comte Andeiro. En cela, il ne fit pas preuve d'une sagacité réelle ; tour à tour soutenu et abandonné par une femme que la nation haïssait, il se vit bientôt privé de cet auxiliaire inconstant, car, en dépit des partisans qu'elle avait parmi la noblesse, dona Lianor, dont le peuple ne voulait plus, fut conduite à Tordesillas, et de là à Séville, où devait finir son existence politique, bien avant qu'une mort obscure l'effaçât complétement même du souvenir des hommes qui s'étaient dits ses plus chauds partisans.

Mais ici les événements se pressent, il faudrait dire les actions successives qui s'engagèrent entre les Portugais et les Castillans, les victoires partielles que remportèrent sur des points divers le grand maître et Nuno Alvarez. Il faudrait raconter l'invasion que le roi d'Espagne croyait définitive, le siége qu'il vint mettre devant Lisbonne, l'inutilité de ses efforts devant cette grande cité. Il faudrait peindre cette peste effroyable qui se fit un moment l'auxiliaire des Portugais contre leurs nombreux agresseurs ; la retraite du roi de Castille ; les efforts prolongés, inspirés par une rage impuissante. Ces récits, admirablement présentés d'ailleurs par des chroniqueurs contemporains, seraient fertiles sans doute en épisodes dramatiques ; mais ils regardent surtout le Portugal, et nous avons hâte d'arriver à ces faits d'un ordre supérieur qui intéressent non-seulement l'Europe, mais le monde entier. Pressé par l'espace, nous n'omettrons toutefois aucun des grands événements qui se rattachent directement à la gloire de Joam 1ᵉʳ. Il y en a un qui les domine tous, c'est le choix populaire qui lui donna la couronne. Dix-huit mois s'étaient passés dans ces luttes que nous avons signalées rapidement ; le grand maître avait pris goût au pouvoir ; le peuple s'était attaché ardemment au grand maître ; le pacte tacite était consenti, il ne s'agissait plus que de légitimer les désirs du *défenseur* et le choix de la nation. Don Joam eut le bonheur de rencontrer une parole habile et un esprit ferme dans un des plus subtils docteurs qu'eût formés l'école de Barthole : Joam das Regras ou d'Arregas lui prêta le secours de son éloquence, comme Nuno Alvarez Pereira lui avait prêté le secours de son bras. Les cortès furent assemblées à Coimbre ; les prétentions de l'infante Beatriz furent écartées facilement, mais il s'agissait de prouver que les deux fils d'Inez n'avaient point de droit à la couronne (1). Le mariage qui légitimait don Joam et don Diniz fut nié solennellement ; le serment prêté jadis par l'évêque de Guarda fut mis à néant. Don Joam, mestre d'Aviz, fut proclamé roi de Portugal et des Algarves en l'année 1385.

(1) Je dois à la singulière obligeance du savant archiviste de Cambrai, une des pièces inédites les plus curieuses qui aient été conservées sur cette période de l'histoire de Portugal. C'est la transcription de l'interrogatoire du confesseur de D. Diniz, second fils d'Inez de Castro, qui, fuyant l'Angleterre, où il ne se croyait pas en sûreté, fit naufrage devant Midlebourg, et fut pillé par des pêcheurs flamands, qui le dépouillèrent même de son argenterie. On voit par ce curieux morceau comment l'infant Diniz s'attribuait une légitimité qu'on devait refuser à l'infant D. João, et qui le rendait à la fois cher au peuple et redoutable au mestre d'Aviz, devenu Joam 1ᵉʳ. « Dicit ulterius, super his interrogatus, quod ille Petrus defunctus rex duas habuit uxores, primam videlicet Constantiam, ex qua procreavit filium suum Ferrandum solum, qui per novem annos regnavit rex Portugalie. Quo si quidem constante matrimonio dictus rex Petrus adulterium commisit cum quadam Agnete nuncupata, ex qua genuit filium adulterinum Johannem, in Hispania regentem ; deinde Constantia predicta ab humanis astracta que erat soror matris regis moderni Castelle, dictus Petrus rex duxit in uxorem memoratam Agnetem suam amisiam (sic), et ex illa procreavit Dyonisium sepedictum in legitimo matrimonio. »

Selon la teneur de cette pièce importante, l'infant Diniz, retiré en Espagne, aurait prêté foi et hommage au roi de Castille, et sous Joam 1ᵉʳ, se serait refusé, en Portugal, à agir contre ce monarque. Devenu suspect au fondateur de la maison d'Aviz, Diniz finit par inspirer des craintes réelles à un frère tout-puissant. D. Joam fut heureux de s'en débarrasser, en lui donnant une mission pour le roi d'Angleterre. Arrivé à Plymouth, il fut averti par certains seigneurs portugais de ne se présenter devant ce souverain que s'il en obtenait un sauf-conduit ; comme ce sauf-conduit n'arrivait pas, il s'embarqua pour la Flandre, fit naufrage, demeura quelque temps parmi les pêcheurs de Middlebourg, dans une captivité très-réelle, et fut trop heureux plus tard de trouver un asile en Espagne. Il est le fondateur de la maison de Villar, qui descend par lui en ligne directe d'Inez de Castro.

4ᵉ *Livraison.* (PORTUGAL.) 4

Il avait vingt-huit ans quand il entendit retentir les paroles sacramentelles de l'acclamation dans l'église de Saint-François à Coimbre, où les cortès s'étaient assemblées (1).

Le mestre d'Aviz, devenu roi, ne fut point ingrat envers ceux qui l'avaient soutenu, ou plutôt la manifestation de sa reconnaissance fut un besoin de ce noble cœur : il investit de la dignité de connétable du royaume don Nuno Alvarez Pereira, et il le fit en outre son *mordomo mor*; Joam das Regras devint chancelier.

Il fallait garder les armes à la main une couronne donnée ainsi par le peuple : don Joam le savait si bien que tandis qu'on l'appelait roi à Coimbre, le monarque de la Castille lui contestait ce rang suprême. La bataille de Trancoso, où les Espagnols furent défaits, doit être reportée à cette époque mémorable. Joam Ier comptait des partisans pleins d'ardeur; mais il n'avait point d'argent, car le riche trésor accumulé par son père s'était épuisé sous le règne précédent. Il avait de hardis soldats; mais il ne possédait point de forteresses, car toutes les places importantes réédifiées par don Fernando tenaient pour la reine ou pour le roi d'Espagne. Grâce à sa fermeté d'âme, grâce au bras qu'il avait armé de l'épée de connétable, il sut se passer de tout cela; en peu de mois il soumit à sa domination nombre de lieux importants; il subjugua aussi bien des esprits rebelles, et quand le jour d'une bataille décisive arriva, ce jour le trouva assez fort de l'amour de ses sujets pour qu'il n'eût rien à redouter des ennemis de l'indépendance.

Le roi de Castille avait rassemblé cependant des forces imposantes; il ne les dirigeait pas seulement vers les frontières du Portugal. Une flotte, qu'on peut regarder comme l'une des plus considérables qui eussent été encore armées dans la Péninsule, s'en vint mouiller devant le port de Lisbonne. Le monarque espagnol, enfin, négligea si peu tout ce qui pouvait coopérer au succès de sa cause, qu'on le vit chercher des auxiliaires parmi les étrangers, et qu'il appela même à son aide les machines nouvelles que le génie militaire de l'époque avait récemment découvertes : on affirme que don Juan traînait à sa suite quelques pièces de canon.

Le mestre d'Aviz (ses ennemis l'appelaient encore ainsi) ne pouvait opposer en apparence que de bien faibles ressources à cette armée formidable; mais il était environné de *pur amour*, comme dit un vieux chroniqueur, et cela suffit pour lui faire remporter une victoire durable, car elle fonda sa dynastie.

Le 15 août, la petite armée de Joam Ier, qui se composait d'environ onze mille hommes, assez mal approvisionnés, se trouva, non loin d'un village nommé *Aljubarotta*, en présence de l'armée espagnole, qui comptait trente-trois mille hommes effectifs pouvant combattre. Mais le total de la multitude accourue de tous les points de l'Espagne s'élevait à plus du double, puisque Faria y Souza, si minutieusement informé, la fait monter à quatre-vingt-dix mille individus. Malgré l'avantage immense du nombre, les conseillers du roi de Castille ne voulaient pas accepter la bataille; ils se rappelaient qu'il y avait parmi ces hommes des soldats accoutumés déjà à vaincre; ils devinaient dans l'attitude déterminée de cette petite armée une de ces résolutions guerrières qui dispersent les multitudes; ils furent contraints d'accepter la bataille décisive que leur offraient les Portugais.

La journée d'Aljubarotta est restée, dans le souvenir des peuples de la Péninsule, comme l'expression la plus haute de l'esprit chevaleresque qui dominait alors. Avant que d'engager l'action, Joam Ier arma de ses propres mains plusieurs chevaliers; et parmi les noms que les chroniques nous ont conservés, il y en a plusieurs qui résonnent comme des noms illustres dans les autres pays; il y en a un cher surtout au Portugal, parce qu'il rappelle une noble fiction, tout empreinte de l'esprit de ces temps. Vasco de Lobeira

---

(1) Pedro de Mariz, qui a maintes fois recueilli des traditions curieuses sur l'histoire de son pays, nous représente D. Joam se rendant aux cortès de Coimbre, et suivi par les jeunes gens de la ville et même par les enfants, vêtus d'habits de fêtes, armés de *djerid*. Ils allaient criant, *Portugal! Portugal! por el rey D. Joam, nosso rey!* La vieille noblesse lui faisait défaut; mais la jeune génération était pour lui, et il avait dû le comprendre. Voy. pour ces faits *Dialogos de varia Historia*, édit. de 1648, p. 127.

combattit comme un chevalier avant d'écrire comme un poëte (1).

Tout, dans cette bataille, du reste, rappelle cette exaltation chevaleresque; tout jusqu'au nom que portait le corps des meilleurs combattants. Camoens a célébré lui-même cette brillante phalange *dos enamorados*, qui se couvrit de gloire durant l'action, et que les *minstreles* du quinzième siècle environnèrent d'un poétique souvenir.

Joam Ier divisa son armée en trois corps : l'aile gauche, qui formait l'avant-garde, était commandée par Nuno Alvarez Pereira, et elle se composait de sept cents lances ; l'aile *dos enamorados* tenait la droite, et avait pour chefs Mem Rodriguez et Ruy Mendez de Vasconcelos; derrière les chevaliers venaient les arbalétriers, *besteiros*, et les hommes de pied, *peons*. Il y avait néanmoins un grand espace entre eux. Le troisième corps, dont l'extrémité atteignait presque l'avant garde, se composait également de sept cents lances et était renforcé par l'infanterie. La marche de l'ennemi obligea bientôt à changer ces dispositions, et le mouvement qu'on opéra fut tel que la petite armée portugaise se trouva éblouie par l'ardent soleil d'août, en même temps qu'elle était accablée par la poussière épaisse que la troupe castillane soulevait.

Le jour déclinait lorsque les deux armées commencèrent à en venir aux mains. Les Espagnols avaient, dit-on, seize pièces de canon, les premières qu'on eût encore vues en Portugal : elles tirèrent au commencement de l'action, et un boulet alla tuer deux frères qui marchaient à l'avant-garde. Cet événement au début de l'attaque fut regardé par quelques soldats portugais comme étant du plus fâcheux augure; et un événement, fort simple en soi, eût pu imprimer à l'armée entière le découragement le plus déplorable, si un simple peon n'eût annoncé, avec une admirable présence d'esprit, qu'il fallait voir dans cette circonstance un jugement favorable de Dieu (1) : les deux frères s'étant, disait-il, rendus coupables quelques jours auparavant du meurtre d'un clerc pendant qu'il disait la messe. Du côté des Portugais, tous les hommes de valeur étaient à cette bataille, et don Lourenço, l'archevêque de Braga lui-même, couvert du harnais militaire, s'en allait de rang en rang distribuant les indulgences accordées par Urbain VI à ceux qui combattaient les Espagnols, les Castillans suivant à cette époque, comme on sait, le parti de l'antipape Clément. Il n'y avait pas jusqu'à l'habile jurisconsulte Joam das Regras qui ne prétendît montrer qu'en l'occasion il pouvait se servir de la masse d'armes pour faire triompher ses opinions politiques.

La meilleure lance et la plus loyale dans toute cette armée, c'était celle du jeune connétable; ce fut lui qui à l'avant-garde fit ployer d'abord les Espagnols, qui avaient obtenu au début un faible avantage; la *bande des amoureux*, les soldats du *verd étendard*, le secondèrent admirablement. Quant au roi, la pique au poing il pénétrait partout où se présentait son puissant cheval, et on l'entendait répéter : *San Jorge! San Jorge! adelante! adelante, Senhores!* Saint George! saint George! en avant, messieurs! Bientôt il quitta la lance pour se servir de la hache, et ce fut en ce moment que, voulant frapper un intrépide Castillan, *jeune homme de grande valeur*, dit la chronique, celui-ci, qui se nommait Gonçalez de Sandoval, lui arracha son arme pesante avec une telle vigueur, qu'il le fit tomber de cheval les genoux en terre. C'en était fait de lui, indubitablement, si un chevalier nommé Gonçalez de Macedo ne fût venu à son aide, et ne lui eût rendu sa hache d'armes. A l'instant où il allait le frapper, Sandoval tombait sous les coups d'un autre Portugais.

La bannière de Castille venait d'être abattue, et elle ne devait pas se relever dans cette journée fatale. C'est ce que comprit le majordome du roi d'Espagne, Pedro Gonçalez de Mendoça ; il alla vers son souverain, et il le contraignit à changer la mule qui le portait contre un

---

(1) L'auteur de l'*Amadis de Gaula*, qui s'est peut-être inspiré du récit de quelque trouvère picard, mais qui a bien fait en réalité une *œuvre portugaise*, ou, si on l'aime mieux, un roman écrit dans l'idiome galicien, était à cette journée célèbre.

(1) Faria y Souza, *Europa Portugueza*.

cheval de bataille : cette précaution le sauva. L'effort des Castillans redoubla; il y eut des traits admirables de bravoure et de résignation accomplis par quelques Espagnols. Cela n'empêcha pas que la petite armée si dédaignée de ces hidalgos ne remportât une victoire complète. Tous les Portugais qui avaient pris parti dans l'armée du Castillan se firent bravement tuer ; on les tuait d'ailleurs lorsqu'on les faisait prisonniers, et ce fut ainsi que périt, malgré les précautions du roi, le frère du plus loyal chevalier qu'il y eût dans toute l'armée portugaise, du bon connétable Nuno Alvarez.

L'historien portugais qui nous semble avoir réuni le plus de renseignements circonstanciés sur cette bataille, Faria y Souza, dit qu'on n'apprit jamais bien exactement quelle avait été la perte des Espagnols. On sait néanmoins que près de trois mille lances manquèrent à l'appel. Un beau-frère du roi, le marquis de Villena, premier connétable de Castille, y périt; don Juan de Castille, fils du seigneur de Biscaye; don Fernando, appartenant à la famille royale, y périrent également, avec nombre de chevaliers : parmi ceux-ci se trouvaient plusieurs Français de distinction et quelques Navarrais. Quant au roi don Juan, il profita de la sage prévoyance du brave Mendoça, qui, lui, avait succombé durant l'action, et il s'enfuit à toute bride vers Santarem; cette ville tenait encore pour les Espagnols. Une lettre de l'archevêque de Braga, qui fait plus d'honneur à l'humeur joyeuse de ce prélat qu'à son habileté comme écrivain, nous représente le monarque fugitif s'arrachant la barbe de désespoir, et maudissant le jour où il était entré en Portugal. Il n'avait gagné Santarem que pour s'en éloigner bientôt et tenter de s'embarquer à bord de la flotte mouillée devant Lisbonne : ce fut ce qu'il effectua. De retour en Espagne, il put se convaincre douloureusement du deuil qui y régnait : à la nouvelle du désastre d'Aljubarotta, il y avait eu du tumulte parmi le peuple, la vie de la reine Beatriz avait été elle-même en danger.

Quant à Joam Ier, son trône était désormais assuré; il resta trois jours sur le champ de bataille, selon l'usage de ces temps; il recueillit un butin immense, et un vieil historien prétend même qu'il chargea de trophées les arbres de la forêt voisine (1). Ces trophées annonçaient que désormais la dynastie d'Aviz régnait librement en Portugal. Plus tard l'enthousiasme guerrier de ces deux hommes, qui avaient si bien combattu à Aljubarotta, se manifesta par une double pensée religieuse. Le connétable Nuno Alvarez Pereira fit construire l'église magnifique do Carmo, qu'une épouvantable catastrophe a détruite. Joam Ier fit élever sur l'emplacement même où avait eu lieu cette action mémorable le couvent de Batalha. L'une a été renversée par un tremblement de terre, l'autre est encore debout, comme une preuve éclatante de ce que pouvaient faire pour les arts ces temps de foi et de chevalerie ; on peut encore dire à l'aspect de ce magnifique monument ce que disait au quinzième siècle le cardinal Vicente Justiniano : *Vidimus alterum Salomonis templum*. Il est à craindre que les révolutions politiques, aussi bien à redouter pour les monuments que les commotions de la terre, ne détruisent lentement cet admirable monastère, qui n'a jamais d'ailleurs été achevé. Espérons que les esprits généreux qui dans ces derniers temps ont élevé une voix énergique en faveur des monuments historiques du Portugal, sauront préserver celui-ci (2).

DISSENTIMENTS ENTRE LE ROI ET LE CONNÉTABLE. — MARIAGE DE JOAM Ier. — Nous avons dû insister sur un fait aussi important que celui qui donna la couronne de Portugal à une dynas-

(1) On conserva pendant longtemps à Batalha la chaudière aux dimensions gigantesques dont on faisait usage dans l'armée espagnole. Le monarque castillan, dont le luxe était prodigieux, fit des pertes immenses en bijoux de toute espèce.
(2) Voy. dans le journal portugais : *O Panorama*, les articles intitulés : *Mais um brado em favor dos monumentos*. Nous rappellerons, en passant, qu'un savant prélat, connu par la rare élégance de son style, a donné une histoire complète du couvent de Batalha, dans les *Memoires de l'Académie des Sciences de Lisbonne*. Outre cette description, on a le beau travail de Murphy, connu de tous ceux qui s'occupent quelque peu de la bibliographie des arts. Dans son *Agiologio Lusitano*, Cardoso a conservé des détails, bien précieux aujourd'hui, sur le temple magnifique où reposait le connétable. Voyez le t. III.

tie nouvelle ; nous serons plus rapide dans l'appréciation des circonstances qui succédèrent à ce grand événement. La guerre dura encore quelque temps, et elle se fit avec succès. Le connétable continua à donner des preuves éclatantes de sa valeur. Il entra dans l'Estramadure, et battit complétement les grands maîtres de Calatrava et de Sant-Iago. Ce hardi capitaine, que les Portugais se plaisent à revêtir de tous les genres d'héroïsme, voulut agir avec une libéralité toute royale à l'égard de ceux qui l'avaient servi ; il donna généreusement la plupart des terres qui lui avaient été concédées par le roi, mais peut-être le fit-il en souverain plutôt qu'en sujet. Des dissentiments s'élevèrent entre deux hommes dont l'union avait fait la puissance ; le connétable, mécontent, fut un moment sur le point d'abandonner le pays. Joam Ier comprit alors ce qu'une telle perte serait pour lui et pour le Portugal : il fit des concessions, et sut garder un ami fidèle. Il semble que le digne connétable ait voulu se punir lui-même d'un tel mouvement d'orgueil : quelques années après, recueilli dans son couvent des Carmes, et vêtu de l'habit religieux, il exigeait qu'en s'adressant à lui on le privât de tous ses titres et qu'on l'appelât *Nuno* simplement ; si l'on ne s'y fût opposé avec fermeté, il eût vécu d'aumônes, et il serait allé en mendiant mourir à Jérusalem (1). Et cependant un jour sa vieille bravoure, qui ne l'avait pas quitté un instant, se réveilla à la nouvelle d'une menace d'hostilités ; il eut encore un cri sublime contre les Espagnols. Lorsqu'il mourut, la nation le pleura comme son libérateur et l'honora comme un saint (2).

(1) Le peuple célébrait sa fête bien des années après sa mort, et durant le dix-septième siècle on chantait encore en son honneur un chant populaire où il était traité de saint (*condestabre santo*).

(2) On lisait jadis dans l'église des Carmes de Lisbonne l'épitaphe du grand homme, ainsi conçue :

Nun' Alvares Pereira,
Condestabre de Portugal,
Jaz aqui desta manevria
Que foi na batalha real,
A mais singular bandeira.
Capitão mui valeroso,
E por tal muy conhecido
O qual nunca foi vencido
Mas sempre victorioso
Dos inimigos mui temido.

La vie de Joam Ier ne pouvait pas s'éteindre ainsi dans le repos monastique ; elle était vouée encore à de grands événements. Assuré désormais du trône, le jeune roi se fit relever du vœu de chasteté qu'il avait prononcé comme grand maître, et il épousa à Porto, le 2 février 1387, dona Filippa, fille du duc de Lancastre. Grâce à cette alliance, si fertile d'ailleurs, si heureuse en toute chose pour le pays, il put récupérer toutes les villes et toutes les places que l'Espagne avait enlevées au Portugal. Le duc de Lancastre intervint ; il y eut des propositions de paix ; une suspension d'armes fut d'abord signée (1) : interrompue néanmoins par diverses circonstances, la paix n'eut lieu entre les deux royaumes qu'en l'année 1399.

LES ENFANTS DE JOAM Ier. — D. Joam fut grand par lui-même, mais il fut grand aussi par les hommes de sa race : c'est vraiment de cette lignée qu'il faut répéter ce que disait un auteur italien des braves de son siècle : *Ecco uno esercito d'heroi*. Pour comprendre l'histoire de cette période, quelques détails biographiques sont désormais indispensables ; on va les donner rapidement. Joam Ier eut huit enfants de son mariage avec dona Filippa. Nous ne parlerons ici ni de l'infante dona Branca, née en 1389, ni de l'infant don Affonso, né à Santarem en 1390, et reconnu comme héritier du royaume : l'une mourut en bas âge, l'autre ne vécut que dix ans. Don Duarte ne nous occupera pas davantage ici, parce que son règne sera l'objet d'un examen spécial. Le premier prince qui se présente ensuite est un de ces hommes *nunca assaz louvado*, qu'on ne peut jamais assez louer, dit le poëte ; et cepen-

« Nuno Alvarez Pereira, connétable de Portugal, gît ici, homme de telle sorte que durant la bataille royale il fut la meilleure bannière. Capitaine très-valeureux et bien reconnu comme tel, lequel ne fut jamais vaincu, mais toujours victorieux et fort craint des ennemis. » Voyez Cardoso, *Agiologio Lusitano*. Le même auteur raconte qu'on venait tirer par un trou pratiqué à l'angle de la sépulture un peu de la terre qui couvrait le connétable et qu'on vénérait cette poussière parmi le peuple comme les reliques les plus précieuses.

(1) Je signalerai aux curieux le texte de ce traité, dont il est impossible de reproduire ici les clauses : il existe à la Bib. roy. avec plusieurs pièces importantes relatives à l'histoire de Portugal sous le n° 10,245. Voyez également le *Quadro elementar*.

dant, par une fatalité inexplicable, sa renommée ne sort pas du pays qu'il concourt à illustrer. On ignore sa biographie en France, et les histoires taisent son nom. Né à Lisbonne, le 9 décembre 1392, il fut comme ses frères l'objet de cette sollicitude constante, vraiment éclairée, qui anima dona Filippa de Lancastre, femme d'un rare mérite elle-même, et qui ne négligeait rien pour hâter le développement intellectuel de ses enfants. D. Pedro, nommé plus tard duc de Coimbre, était un humaniste admiré des savants, un musicien habile, un poëte dont la renommée n'est pas tout à fait éteinte (1): les chroniques contemporaines nous parlent encore de ses traductions de Cicéron, de son habileté à jouer de certains instruments, de sa bonne grâce suprême comme prince ; un beau livre de la Bibliothèque du roi, plus rare que bien des manuscrits, nous prouve de quelle portée philosophique était doué cet esprit éminent. L'infant don Duarte, qui hérita de la couronne, ne tarit point sur la noblesse de ce grand cœur; et quelques lignes du *Loyal Conseiller* (2) suffiraient pour faire aimer celui qu'un frère traite avec cette indicible tendresse. Ce qu'on ignore généralement en France, c'est la part que don Pedro peut réclamer dans les succès éclatants de don Henrique : non-seulement il voyagea, car, à partir de l'année 1424, il employa quatre ans à visiter les royaumes les plus importants de l'Europe et les terres peu explorées de l'Orient; mais à Venise on lui offrit un précieux exemplaire des voyages de Marco Polo (3),

et on prétend même qu'il rapporta deux cartes dont la valeur, quelque peu problématique aujourd'hui, fut longtemps le point de départ de certains savants (1) lorsqu'ils voulaient expliquer les découvertes du quinzième siècle. L'influence du voyageur vénitien est beaucoup plus certaine, et ce fut le précieux exemplaire de Marco Polo, rapporté par don Pedro, qui servit aux méditations de l'illustre infant confiné par amour de la science sur son rocher désert de Sagres.

Don Henrique, ou, comme l'écrivent les manuscrits contemporains, le seigneur *don Amrrique*, avait suivi de près le quatrième fils de Joam 1er; il était né à Porto selon les uns, à *Villa Viçosa* selon d'autres, le 4 mars 1394. Il s'était appliqué spécialement aux mathématiques, de même que son frère s'était livré aux études littéraires. Azurara, Barros et Goes, nous le représentent dès l'origine méditant Ptolémée, ne négligeant aucun des historiens et des cosmographes qui pouvaient servir son goût passionné pour la géographie : sa noble figure domine toute une période de cette histoire. Nous nous contenterons de rappeler ici que ce fut dix ans après le retour de son frère, vers 1438, qu'il appela Jacome de Malhorca, et qu'il fonda cette école nautique de Sagres dont le nom retentit encore, mais dont l'existence est regardée comme problématique par certains écrivains étrangers.

L'infant don Joam était né à Santarem en 1400; placé à côté de ses frères, il y a peu de chose à en dire, si ce n'est que par la suite il fut troisième connétable du royaume, et que, comme tous ceux de sa race, il se montra intelligent et brave.

La touchante figure de don Fernando vient immédiatement; celui qui devait porter le titre de saint, à si juste raison, et qu'un noble poëte espagnol a célébré sous le nom du *Prince Constant*, le frère aimé de don Duarte, était né à Santarem

---

(1) Ses œuvres poétiques seraient même un des premiers monuments de l'imprimerie introduite en Portugal vers les dernières années du quinzième siècle. Quelques personnes font remonter l'introduction de cet art à l'année 1461, et recourent comme preuve à la table exécutoire de D. Joam Manoel, évêque de Guarda, pièce qui se trouve datée du 13 octobre 1461, et qui est relative à la tonsure. Il y est dit que les clercs porteront *Coroa aberta tão grande e tão redonda como a redondeza em fim daquella carta impressa.*
Il est question ici du cercle formé par le sceel de plomb que portait le bref pontifical.
Le plus ancien monument daté est l'édit. des prophètes. *Leiria*. 1494.
(2) *O Leal Conselheiro*, ouvrage de ce prince, publié simultanément en France et en Portugal sur le manuscrit de la Bibliothèque du roi.
(3) Les pérégrinations de l'infant D. Pedro

sont passées à l'état de mythe populaire. Voyez ce que j'ai dit touchant le livre apocryphe où elles sont racontées, dans le *Monde enchanté, Cosmographie et Histoire naturelle fantastique du moyen âge*, p. 314.
(1) Voyez *Memorias de Litteratura*; voyez également ce que dit sur le même sujet Antonio Galvão, *Descobrimentos em diversos annos*, p. 22. Le cap de Bonne-Espérance était marqué, disait-on, sur ces cartes.

en 1402, et reçut pour apanage la grande maîtrise de l'ordre d'Aviz.

A l'époque où Joam Ier n'occupait pas lui-même un autre rang que celui de grand maître, c'est-à-dire bien longtemps avant son mariage, il avait eu d'une noble dame, qu'on appelait dona Ignez Pirez, un fils nommé don Affonso, né en 1370. Ce prince avait épousé, en 1401, la fille unique du connétable Nuno Alvarez Pereira, et ce fut lui qui le premier porta le titre de duc de Bragance (1).

Les femmes elles-mêmes participaient, dans cette famille, aux pensées élevées, aux vertus pleines d'énergie dont la reine donnait l'exemple; et sans parler de la comtesse d'Arundel, fille illégitime, dont la destinée fut obscure, nous rappellerons que l'infante Isabelle, qui épousa en 1430 Philippe le Bon, était un de ces esprits virils qui ne reculent devant aucune difficulté. Mère du *Téméraire*, son fils aimait à rappeler qu'il tenait par elle au prince qui avait su conquérir un trône, et il punissait par le sac de Dinan, comme l'a si éloquemment prouvé M. Michelet, l'outrage qu'on osait faire à sa mémoire.

CARACTÈRE DE JOAM Ier; ESPRIT QUI RÉGNAIT A LA COUR. — Si l'on voulait avoir aujourd'hui une légère idée de la manière austère et sage dont ces princes furent élevés, ce serait dans *le Loyal Conseiller*, dans le livre composé par l'héritier du trône, qu'il faudrait chercher ces détails : c'est là seulement qu'on les pourrait trouver. On y verrait que Joam Ier, prince lettré, puisqu'il avait composé un livre sur la chasse, était assez éclairé pour mépriser les superstitions mises en circulation par l'astrologie, et que, secondé par l'admirable princesse qu'il avait associée au trône, il avait réuni déjà en Portugal tous les éléments du développement intellectuel qui allait se manifester avec tant d'éclat. Je le répète, c'est dans ce beau livre de philosophie pratique écrit par un roi, qu'on peut saisir les secrets de cette vie morale qu'on a si longtemps méconnue. C'était une noble

(1) Une espèce de légende, admirablement racontée dans les vieux historiens, donne pour mère au duc de Bragance la fille d'un riche cordouanier de Faro, qui se retira plus tard dans un couvent.

époque sans doute que celle où le souverain répétait à ses fils : « *Rappelez-vous que de toutes choses, dont il peut arriver décroissement d'honneur, encore qu'elles vous paraissent de petite conséquence, il faut se garder comme si elles étaient périlleuses ; et qu'au contraire, si une chose est grande seulement en apparence, et qu'on ne puisse en apercevoir le dommage, il faut la dédaigner.* » C'était un temps de force vraiment virile, et à la fois de pureté chrétienne, que celle où le fils de ce grand roi pouvait répéter à son tour : « Il n'y a pas une seule femme en cette cour qu'une langue calomnieuse puisse atteindre (1). »

Disons-le cependant, la barbarie se mêlait encore à cette pure expression de l'honneur chevaleresque, à cette pensée idéale de la vie chrétienne, que Filippa de Lancastre rêvait pour tout ce qui l'approchait. Un fait bien peu connu nous en offrira la preuve : en 1389, une des femmes de la reine, célèbre par sa beauté, dona Beatriz de Castro, se laissa séduire par les expressions passionnées de Fernando Affonso, camérier du roi, jeune homme renommé lui-même par la noblesse de ses façons, nous dit la chronique. Beatriz de Castro admit dans sa chambre, durant une nuit, l'homme qu'elle avait remarqué. Le roi en fut instruit; le cavalier fut admonesté. L'amour fut le plus fort : Fernando Affonso ne tint compte des paroles du monarque ; il eût dû se rappeler sans doute que le mestre d'Aviz n'avait pas hésité lorsqu'il avait fallu frapper l'adultère presque sur les marches du trône. Il continua ses visites nocturnes dans l'appartement des femmes de la reine. Joam Ier le fit arrêter; mais en chemin il parvint à s'enfuir, et il entra dans l'église de Saint-Éloy. Le roi fut prévenu de cette circonstance au moment où il se réveillait d'une sieste profonde. « Il s'en alla à pied à peu près comme il était, et il fit arracher le criminel d'une statue à laquelle il se cramponnait, et qui s'élevait sur le maître autel. Plongé en prison, Affonso envoya demander à dona Beatriz si pour se sauver il lui était permis de dire qu'ils

(1) Voyez *O Leal Conselheiro*, édition donnée par M. Roquette.

étaient unis tous deux en mariage; la réponse fut qu'il fallait dire tout ce qu'il pourrait inventer pour sauver sa vie; néanmoins ni cette adhésion ni l'intercession de la cour entière, sans en excepter la reine, ne purent l'empêcher d'être brûlé le jour suivant sur la place du Rocio, où il fut conduit précédé des crieurs publics. Craignant que le roi ne lui infligeât le même supplice, dona Beatriz lui envoya demander ce qu'il déterminait à son sujet. Il lui répondit qu'il ne voulait pas pour elle d'autre châtiment que celui qu'elle subissait, à savoir, qu'étant ce qu'elle était (et elle était parente du roi), elle eût à vivre avec le souvenir d'avoir appartenu à un homme de bas étage. »

EXPÉDITION DIRIGÉE CONTRE CEUTA. — PRISE DE LA VILLE PAR LES PORTUGAIS. — BRAVOURE DE L'INFANT D. HENRIQUE. — On a pu voir, et les renseignements donnés plus haut en sont la preuve, que nous nous sommes beaucoup plus attaché, dans cette notice, à mettre en relief certains points ignorés de l'histoire, à faire connaître la vie intime du peuple, à dévoiler le caractère des princes, à faire ressortir même les usages particuliers aux siècles, que nous n'avons prétendu écrire l'histoire proprement dite des batailles ou bien celle des grands faits politiques, connus universellement. Si nous rétrogradons cependant de quelques années à l'époque de l'extrême jeunesse de ces infants, dont nous avons donné rapidement la biographie, nous rencontrerons un de ces événements essentiels de l'histoire, dont les conséquences ont une telle gravité, qu'il suffit pour arrêter l'esprit du lecteur de signaler le fait lui-même.

En 1415, le Portugal, assuré de la paix avec la Castille, était arrivé à un haut degré de prospérité; Joam Ier, comblé de gloire, rêvait peut-être déjà la gloire pour ses fils, lorsque les infants, las de leur oisiveté studieuse, songèrent à tenter les périls d'une sorte de croisade, d'une guerre contre les mahométans, toujours juste aux yeux des chrétiens de cet âge. Ils voulaient être enfin armés chevaliers, et ils prétendaient le devenir à la suite de quelque fait d'armes éclatant. Ils eurent une certaine peine à faire passer leur enthousiasme dans le cœur de leur père; mais celui-ci, quand il eut consulté la haute sagesse de son vieux compagnon d'armes, n'eut plus d'objections à leur opposer; et lorsque Nuno Alvarez Pereira eut parlé, l'expédition de Ceuta fut résolue.

Aucune des précautions qu'une vieille expérience militaire pouvait suggérer ne fut négligée; le secret de l'expédition surtout fut gardé d'une manière admirable. A la nouvelle des immenses préparatifs qui se faisaient en Portugal et des forces navales qu'on y rassemblait, plusieurs États de la Péninsule prirent l'alarme; le roi de Grenade, qui voyait son trône chancelant, sentait plus que les autres sa terreur augmenter; il envoya des ambassadeurs à Lisbonne pour tenter de pénétrer le grand secret dont il redoutait les conséquences. Il s'adressa à la reine, aux infantes, aux grands seigneurs même, en offrant des présents magnifiques; ses efforts furent inutiles. L'habile monarque laissa s'accréditer l'idée que l'expédition était destinée à porter la guerre en Hollande.

Cependant un événement déplorable fut sur le point de retenir longtemps dans le port cette flotte équipée à si grands frais, cette brillante armée navale, sur laquelle l'Espagne entière avait alors les yeux fixés. La peste régnait à Lisbonne, et la reine en fut atteinte. Dès le premier moment de l'invasion de la maladie, cette âme ferme envisagea avec un sang-froid admirable le péril qui la menaçait. Rien n'est plus touchant, dans le récit diffus des chroniques, que le passage où l'on rend compte de cette mort sainte; rien ne donne une plus haute idée du caractère de cette noble femme, que les dernières expressions de son amour pour le roi. Elle présagea alors la gloire dont les Portugais allaient se couvrir, et elle ne voulut pas que sa mort arrêtât un seul moment l'expédition. Dona Filippa de Lancastre expira à Sacavem, le 18 juillet 1415; et un des plus grands écrivains du Portugal a peint en termes admirables les dernières heures qu'elle passa sur la terre.

Le deuil que ressentit Joam Ier fut profond; mais ce fut le deuil d'une âme énergique, qui comprend les devoirs de roi. Après avoir honoré dignement la mémoire de celle qu'il chérissait avec une telle tendresse, qu'un seul doute sur sa fidélité n'est jamais venu ternir le souvenir de son amour, il ordonna tout à coup que la flotte se pavoisât, et qu'on revêtît dans toute l'armée des habits de fête : les princes eux-mêmes quittèrent leurs robes de deuil, et se parèrent d'armes splendides ; enfin les deux cents voiles dont se composait la flotte quittèrent les côtes du Portugal, et se dirigèrent vers l'Afrique.

Nous passerons rapidement sur ce mémorable voyage, fertile en incidents curieux ; nous ne dirons point ces effroyables tempêtes, qui, en trompant les Maures sur le succès probable de l'expédition, contribuèrent sans aucun doute à la réussite de l'attaque qu'on méditait. Nous mettrons de côté les luttes violentes qui s'élevèrent au sein même de la réunion des chefs conduisant l'expédition ; il n'est vraiment nécessaire ici que de rappeler l'inflexible volonté de Joam Ier et la fermeté que l'infant D. Henrique sut opposer, malgré son jeune âge, aux orages des flots et aux volontés des hommes (1).

PRISE DE LA VILLE DE CEUTA. — Ceuta était alors la ville la plus importante de cette partie de l'Afrique ; il suffit de lire Léon l'Africain pour s'en convaincre. Elle était défendue par un scheik renommé, connu sous le nom de Cala ben Cala. La réputation militaire de Joam Ier frappa ce chef d'une terreur bien funeste aux Maures, puisqu'il abandonna la ville commise à ses soins. Dès le début, au contraire, le roi donna une preuve évidente de sa haute sagacité, ne fût-ce que par le choix de l'emplacement où le débarquement devait s'opérer. Il fournit une preuve non moins réelle de sa haute énergie, en ne variant pas dans sa volonté première, et en persistant dans son projet d'assiéger la ville, lorsque des hommes éminents, et qui avaient voix au conseil, prétendaient l'en dissuader. Il avait promis à l'infant D. Henrique, ayant déjà sous ses ordres une des divisions navales, de lui laisser le commandement lors de la première attaque ; il tint sa parole, et l'infant se couvrit de gloire au début de l'action. On n'insiste pas d'ordinaire sur cette période de la vie d'un prince qu'on aime à entourer d'une gloire toute scientifique ; mais il est certain que l'infant poussa le courage jusqu'à la témérité, et qu'on le vit durant quelque temps soutenir seul l'effort des Maures dans une des rues étroites de Ceuta. L'érudition moderne pourra trouver dans quelque bibliothèque ignorée des renseignements nouveaux, qui feront partager à quelque Génois ou à quelque Vénitien l'honneur des expéditions scientifiques protégées par ce prince ; elle ne saura lui retirer la gloire qui lui revient pour avoir conquis d'abord, les armes à la main, cette terre dont il devait prendre possession par les efforts plus tardifs de l'intelligence. Il fut du reste admirablement secondé par D. Duarte, par D. Pedro, par D. Affonso, ses frères ; et ce fut aussi de ce siége que data la gloire naissante de deux hommes que le Portugal nomme avec orgueil : Alvaro d'Almada et Menezes. La ville de Ceuta fut enlevée aux Maures le 15 août 1415 (1), sans que les Portugais eussent à déplorer une seule perte de quelque importance, puisque le nombre des morts ne s'éleva pas à plus de huit soldats. Les mahométans avaient à gémir sur une ruine complète ; et l'on ne peut pas même bien spécifier leur perte en hommes, mais elle fut des plus considérables. Le butin qu'on fit sur les habitants fut immense ; le butin spirituel plus grand encore, dit une chronique, car la grande mosquée de Ceuta se trouva immédiatement consacrée au culte chrétien. Là, en présence des prélats qui avaient suivi l'expédition, Joam Ier donna l'ordre de chevalerie à ses fils, qui le transmirent ensuite à

---

(1) Un écrivain du quinzième siècle, dont les récits figureront plus d'une fois désormais dans cet exposé des premières conquêtes de la nation portugaise, Gomez Eannez de Azurara, raconte aussi bien que Matheos de Pisano ce qui eut lieu durant cette expédition. Si l'écrivain n'est pas trop partial, ce fut D. Henrique qui fut le héros de l'entreprise. Voyez la belle collection des *Chroniques portugaises* publiée par le savant Correa de Serra, sous les auspices de l'Académie, et continuée par ce corps savant ; elle forme aujourd'hui cinq volumes grand in-4°.

(1) L'auteur, si exact, de la *Vida d'el Gran Condestable*, Mendez Sylva, adopte cette date ; mais il fait remarquer que d'autres auteurs assignent le 21 août comme étant le jour où s'accomplit cette grande victoire.

leurs jeunes frères d'armes : cérémonie à la fois noble et pieuse, durant laquelle un touchant souvenir ramena l'idée d'une épouse et d'une mère.

Joam Ier ne pouvait point faire un long séjour sur les côtes de Barbarie ; il avait hâte de reprendre l'administration de ses États. Au bout de quelque temps le gouvernement de Ceuta fut remis entre les mains du jeune D. Pedro de Menezes, avec des instructions inspirées par la plus haute sagesse ; et le 2 septembre 1415 l'armée se rembarqua. Quelques jours après, elle abordait glorieusement les côtes de l'Algarve, et allait surgir dans le port de Tavira.

CONSÉQUENCES DE L'EXPÉDITION DE JOAM Ier EN AFRIQUE. — La prise de Ceuta fut un fait d'une signification réelle pour le Portugal ; et c'est ce qui a été exprimé en termes excellents par un historien moderne qui apprécie à merveille la valeur des événements historiques. Aussi reproduirons-nous, en partie du moins, le jugement qu'il porte sur la chute de cette cité musulmane, d'où les chrétiens de la Péninsule avaient vu sortir tant de conquérants. « La petite troupe héroïque des Portugais, dit-il, abattit cet épouvantail des derniers siècles. Le destin et le rôle de Ceuta se trouvèrent tout à coup merveilleusement changés entre les mains des Portugais. Cette ville, naguère la clef des États de l'Islam, devint la terreur des mahométans. A l'avenir elle devait être le boulevard du christianisme sur la côte d'Afrique ; pour le roi João, son conquérant, c'était une garantie que ses successeurs, en lutte perpétuelle avec les infidèles, réuniraient toujours de nouvelles contrées à la foi chrétienne......... C'était en même temps la première expédition maritime, le premier exploit sur un élément où le Portugais ne se sentait pas ferme ; car sa flotte, incapable de se diriger, se laissa entraîner par le courant du détroit (1). Ceuta fut pour les Portugais le point de départ pour des conquêtes éloignées sur la côte d'Afrique ; et la prise de cette ville, qui remplit de joie et d'admiration tous les États chrétiens de la Méditerranée, devait enfanter ensuite de vastes projets, de hardies entreprises, de prodigieux exploits. Un nouveau champ était ouvert, une nouvelle direction était donnée à l'esprit et à l'activité de la nation. Dès lors les Portugais ne parlèrent plus que d'expéditions maritimes, et Ceuta fut le premier anneau de la longue chaîne que des marins portugais tendirent autour de la côte d'Afrique, dont le dernier, scellé d'or, se rattachait au paradis de l'Inde » (1).

MORT DE JOAM Ier. — Après la prise de Ceuta, rien d'essentiellement mémorable ne vint illustrer le règne de D. Joam. Si plus d'espace nous était accordé, nous aimerions à nous étendre sur les prouesses chevaleresques de cet illustre D. Pedro de Menezes, comte de Viana, et tige de la maison de Villaréal, qui se vantait de défendre la ville nouvellement conquise avec un simple bâton de cormier (2), et dont la présence seule suffisait pour jeter l'épouvante parmi les Maures ; nous aimerions même à consacrer quelques pages à cette légende des douze seigneurs portugais qui s'en allèrent défendre jusqu'en Angleterre des dames lâchement outragées, et qui ne revinrent dans leur pays qu'après avoir obtenu un triomphe tout chevaleresque. Ces détails néanmoins sont bien plus du domaine de la poésie qu'ils n'appartiennent en réalité à l'histoire. Ainsi, il est facile de le remarquer, les derniers temps où vécut Joam Ier furent employés à des choses plus utiles qu'elles ne furent brillantes. Le vieux roi laissait s'agiter autour de lui toute cette jeunesse chevaleresque, et songeait bien plutôt à l'amélioration matérielle de ses États, qu'à de nouvelles entreprises. Une des dernières décisions qu'il prit fut une de ces mesures essentielles qu'il faut nécessairement mentionner. Il exigea que les actes publics, qui avaient été datés jusqu'alors de l'ère de César, adoptassent l'ère du Christ. On était parvenu en 1433, et rien ne menaçait la tranquillité profonde dont jouissait tout le royaume, lorsque D. Joam se sentit attaqué de la maladie dont il mourut. Il

(1) Pour être juste, disons cependant que les Portugais entreprenaient dès cette époque des voyages bien autrement difficiles.

(1) Voyez Schœffer, *Histoire de Portugal*, traduite en français par M. Soulange-Bodin.
(2) Pao de zambugo.

était alors âgé de soixante-seize ans, et il expira le 14 août, dans le mois même où il était né. Un chroniqueur a dit de lui que c'était *un fort ouvrier aux œuvres de bataille*. J'aime mieux le mot du peuple, qui l'a appelé le *roi du bon Souvenir*.

RÈGNE DE D. DUARTE. — SUITE DÉPLORABLE D'UNE EXPÉDITION EN AFRIQUE. — CAPTIVITÉ DU SAINT INFANT. — Il n'était pas difficile de s'asseoir sur un trône que la main puissante de Joam Ier avait consolidé et que la lance du saint connétable avait défendu. Le successeur du grand homme était d'ailleurs un prince sage, modéré, instruit, plus que ne l'étaient les souverains de son siècle ; puis, il joignait à toutes ces qualités une habileté peu commune dans les exercices chevaleresques, ce qui le faisait considérer comme un prince accompli. Il commença à régner le 15 août 1433, et dès le début son administration fut si prudente qu'on se prit à dire d'un commun accord, qu'il entendait encore mieux l'art de conduire un royaume que ne faisait son père. Mais les rois comme Joam Ier sont rares ; on n'avait pas encore vu son fils à l'œuvre. Il promulgua sans doute des lois excellentes contre le luxe, il s'opposa par ses ordonnances aux dissipations excessives des grands. Il fit mieux : grâce à ses sages prévisions, les lois, dispersées jusqu'alors, furent rassemblées, coordonnées de manière à former une sorte de code national. Tout cela n'empêcha point que son règne, si court d'ailleurs, ne fût marqué par d'étranges calamités. Lorsqu'ils parlent de ce prince, de son administration paternelle, de ses vertus privées, de l'exemple qu'il donnait par son union touchante avec la reine Léonor (1), qu'il avait épousée cinq ans auparavant, les écrivains nationaux ont coutume de dire : « Il ne manqua rien à ce prince pour être parfait, que d'être servi par une fortune meilleure. » Ce qui lui manqua en réalité, ce fut la volonté ferme qui fait les grands rois.

Où il eût fallu montrer de la fermeté sans doute, c'eût été quand ce jeune frère qu'il aimait, quand ce noble infant D. Fernando, qu'il eût voulu voir entouré du prestige glorieux dont les autres princes marchaient revêtus, le supplia de le laisser aller à la conquête de Tanger. Sa raison éclairée, son instruction peu commune, lui laissaient entrevoir tout le danger de cette expédition ; il ne sut pas résister aux instances du jeune prince et aux supplications plus pressantes de l'infant D. Henrique qu'un secret instinct entraînait toujours vers les plages de l'Afrique, que ce fût les armes à la main, que ce fût par les désirs de sa forte intelligence. En vain l'infant D. Pedro, l'homme essentiellement fait pour gouverner, s'opposa-t-il de toute l'énergie de sa haute raison au départ de l'expédition projetée, sa voix ne fut pas entendue ; il faut dire, pour excuser D. Duarte, qu'une bulle émanée de Rome vint sanctifier la résolution chevaleresque de ses frères, et que la reine Éléonor, toujours opposée à D. Pedro, joignit ses efforts à ceux des deux infants. L'expédition contre Tanger fut résolue. Que faire, en effet, contre une voix sainte, qui entraînait naguère aux croisades ? qu'opposer à tous ces pieux désirs, qui empruntaient pour atteindre leur but l'irrésistible ascendant d'une femme ?

Il avait été décidé qu'une armée de quatorze mille hommes environ serait dirigée sur Tanger. L'expédition répugnait à l'instinct du peuple : au moment du départ, on n'eut en réalité, pour aller à la conquête d'une des cités les plus fortes de l'Afrique, qu'une armée de huit mille hommes. La première faute, ce fut de partir avec cette poignée de soldats ; la seconde, ce fut de ne point obéir à la sage injonction du roi, et de ne pas garder une communication permanente avec la flotte, comme il l'avait expressément commandé. En vain l'infant D. Henrique fit-il des prodiges de valeur, et

---

(1) Quel temps que celui où un roi pouvait dire à propos des femmes : « Si l'on dit que rares sont les bonnes, moi je dis qu'il y en a beaucoup dans ce cas ; car pour le présent ne le connais pas, et je n'entends point parler de femme de chevalier ni d'autre homme de valeur en tous mes royaumes, qui ait renommée contraire à l'honneur et à la garde de loyauté, et l'on compte plus de cent femmes que le roi et la reine mes seigneurs père et mère, dont Dieu veuille avoir l'âme, et que nous-même avons mariées en nos domaines. Or il a plu à notre Seigneur Dieu qu'il n'y en eût pas une seule que je sache qui ait failli depuis qu'elle avait été mariée. » Voyez le *Leal Conselheiro*, p. 252

d'une valeur admirablement persévérante, devant cette multitude innombrable de Maures, qui renouvelaient sans cesse leurs forces par l'attaquer, en vain fut-il secondé par l'infant D. Fernando, qui se montra alors chevalier dans la plus noble acception de ce mot, il fallut abandonner les plages de l'Afrique et sauver cette armée en péril. Le débat ne manqua pas de dignité, mais la condition fut dure : D. Fernando resta prisonnier, et en échange de sa personne les musulmans exigèrent impérieusement qu'on leur rendît Ceuta.

LE PRINCE CONSTANT. — Il n'y a pas dans l'histoire de Portugal d'épisode plus noble et plus touchant que celui qui nous représente ce jeune prince aux prises avec le malheur. Comme on l'a très-bien fait observer, la haine nationale elle-même a dû se taire pour célébrer en vers admirables (1) ce dévouement dont la grandeur veut se cacher, mais dont l'héroïsme paraît d'autant plus qu'il se manifeste avec une simplicité dont nulle époque n'offre d'exemple. Conduit à Fez avec quelques serviteurs fidèles, l'infant D. Fernando y fut, dès son arrivée, l'objet des persécutions les plus déplorables. Obligé de se contenter de la nourriture la plus grossière, contraint à se soumettre aux travaux les plus rudes, il opposa une inébranlable fermeté à tous les efforts que l'on put faire pour ébranler son pieux dévouement. Aussi finit-on par l'arracher à la société de ses compagnons et par le vouer à une solitude complète. De tous les passages de cette pieuse histoire, qui nous a été conservée par le secrétaire de l'infant, le plus touchant sans contredit est celui qui nous représente ce prince infortuné épiant le moment où quelque heureux hasard pourra lui faire rencontrer un de ses fidèles Portugais, pour donner à ceux qui l'ont suivi quelque preuve de gratitude et quelque enseignement courageux. Le pays était instruit de ce sacrifice, et il en appréciait la grandeur. L'âme dévouée d'un frère épiait le moment du rachat ; mais le pouvoir ecclésiastique, consulté sur l'opportunité d'une telle transaction avec des peuples infidèles, se prononçait pour un refus. Tout en admirant le pieux dévouement dont l'infant donnait l'exemple, Rome elle-même prétendait qu'il n'appartenait à aucun prince chrétien de rendre à l'islamisme des mosquées consacrées au vrai culte ; et c'est ce qui aurait eu lieu à Ceuta.

D'un autre côté, s'agissait-il dans le conseil de la liberté du prince, D. Duarte rencontrait jusque dans la famille royale une vive opposition. En vain s'adressat-il à quelques âmes d'élite qui pouvaient comprendre sa tendresse et la grandeur du sacrifice qu'on devait peut-être au muet héroïsme de l'infant, il n'eut point assez d'énergie pour suivre l'impulsion de son cœur.

Le saint infant, car on l'appelait déjà ainsi, n'éleva pas une plainte contre la rigueur de sa destinée, ou contre l'apparente indifférence de ses compatriotes ; il comprenait ce que valait Ceuta : il savait se dévouer, mais il ne voulait pas imposer de sacrifice en échange du dévouement. Après six ans de captivité, l'heure de la délivrance arriva enfin : miné par une affreuse dyssenterie, il succomba dans sa prison le 5 juin 1443, et il montra assez de grandeur, durant l'épreuve suprême, pour que le prince cruel qui commandait à Fez ne lui refusât pas une vive admiration. Cet homme odieux réservait cependant une dernière insulte aux chrétiens : aussitôt que la mort du prince lui fut connue, il exigea que les Portugais qui priaient... et qui cherchaient sur cet auguste visage les signes des prédestinés, il exigea, dis-je, que ces serviteurs en larmes portassent une main à regret sacrilège sur le cadavre de leur maître, et le préparassent pour un dernier outrage. Ils surent néanmoins conserver le cœur du noble infant, et tandis que son corps, rempli de paille et accroché à la muraille, était le jouet du vent, au-dessus de la porte de la citadelle, ils venaient chaque soir s'agenouiller pieusement sur le tapis en lambeaux qui cachait la relique sacrée. Quelques années après, le cœur du saint captif fut religieusement porté en Portugal par son secrétaire. Don Duarte n'existait plus ; Joam Alvarez eut ordre de remettre son précieux dépôt au monastère où repose le

(1) Voyez le drame historique intitulé : le Prince Constant, l'un des chefs-d'œuvre de Calderon de la Barca.

fondateur de la maison d'Aviz. Il cheminait solitaire dans la campagne qui entoure Batalha, et peut-être une larme furtive venait-elle mouiller sa paupière à la vue de ce dernier abandon, lorsqu'il rencontra par hasard la suite pompeuse du grand maître de l'ordre du Christ, qui se rendait où l'appelaient ses fonctions. Il suffit de dire quelles étaient ces cendres pour qu'aussitôt on les honorât : ainsi eurent lieu les funérailles du prince Constant. Le cœur fut déposé dans la tombe que le vieux roi avait fait préparer à ses fils; plus tard on y put renfermer les lambeaux de ce corps qui avait subi tant d'outrages, quand le roi de Fez l'eut rendu. Cherchez encore aujourd'hui parmi les traits capricieux de ces ornements gothiques qui s'enlacent sur le tombeau, vous y lirez la devise du prince : LE BIEN ME PLAÎT ; toute la vie du saint infant est contenue dans ce peu de mots (1).

MORT DU ROI D. DUARTE. — COMMENCEMENT DU RÈGNE D'ALPHONSE V. — D. Duarte mourut avec le chagrin de n'avoir pu racheter ce frère bien-aimé, qui était doublement victime de son dévouement et de son courage; quelques auteurs contemporains affirment même que la préoccupation douloureuse de cette captivité contribua plus que toute autre chose à la mort du roi. D. Duarte fut attaqué, dit-on, de la peste aussitôt après avoir pris connaissance d'une lettre qui lui fut présentée à Thomar ; mais l'opinion qui le rend victime d'une ardente sensibilité semble vraiment plausible à ceux qui ont pu lire l'ouvrage de morale où ce monarque a déposé ses pensées les plus intimes. Rien n'est touchant, en effet, dans le *Leal Conselheiro*, comme les regrets donnés par ce prince aux amis absents; rien ne peint mieux cette âme profondément sensible, que les souvenirs qu'il consacre à son frère D. Pedro, lorsqu'il voyage dans l'Orient, à sa sœur Isabelle lorsqu'elle vit en Bourgogne. Ces élans d'une âme tendre n'allaient ja-

(1) Frey João Alvarez, qui devint plus tard abbé commendataire de Paço de Souza, donna, dans un style plein de naïveté, le récit de la captivité du saint infant : cette vie fut imprimée en 1527. C'est la première édition qu'il faut choisir; les impressions subséquentes ont altéré le texte original.

mais jusqu'aux grandes prévisions. Mieux que personne, sans doute, D. Duarte connaissait la haute capacité de son frère, et il ne perd aucune occasion de témoigner son admiration pour lui : en vertu de ses dernières volontés, ce ne fut pas cependant D. Pedro qui fut chargé de la régence. Après la mort de ce roi, qui arriva le 9 septembre 1438, son testament fut ouvert ; il se trouva que dona Leonor avait un droit exclusif aux soins du gouvernement. Comme s'il eût eu plus de confiance dans l'énergie des autres que dans la sienne, D. Duarte recommandait expressément que l'on rachetât l'infant aux frais du trésor, si ce n'était en échange de Ceuta ; rien de tout cela ne fut fait. D. Duarte portait sur son écusson *loco et tempore* ; et jusqu'au dernier jour il avait failli à l'esprit de sa devise.

DÉCOUVERTE DE PORTO-SANTO ET DE MADÈRE. — Nous avons essayé de faire comprendre par quelles perquisitions habilement dirigées, par quelle suite de travaux sérieux, l'infant don Henrique avait préparé les découvertes maritimes qui devaient illustrer son époque. Immédiatement après son retour de l'expédition d'Afrique, il songea à la réalisation de ses projets. Deux jeunes gens de noble race faisant partie de sa maison, et qu'un vieil historien qualifie d'écuyers, s'offrirent d'eux-mêmes à lui, pour accomplir quelque entreprise hasardeuse où ils pussent faire preuve *d'un cœur honorable*, et, comme le dit encore le vieil historien, *faire action de leur corps* ; leur temps se trouvant *mal employé s'ils le passaient dans le repos*. (1) L'infant, voyant leur bonne volonté, leur fit préparer une barque dans laquelle ils pussent aller en guerre contre les Maures, et, à ce qu'il paraît, aussi essayer de dépasser les terres que l'on connaissait et se diriger vers ces régions de l'Afrique sur lesquelles on avait déjà de vagues notions. L'un de ces jeunes gens s'appelait Tristam Vaz, et nous le verrons figurer plus d'une fois dans le cours de cette histoire si dramatique; l'autre s'appelait Joam Gonçalvez Zar-

(1) Voyez Gomez Eannez de Azurara, *Chronica de Guiné*, p. 385.

co, et il s'était distingué, entre autres circonstances, dans le combat qui avait eu lieu sous les murs de Ceuta, le jour même de la défaite des Maures (1).

Ces deux hommes hardis s'embarquèrent munis des instructions de l'infant; mais, poussés par des vents contraires, ils arrivèrent à une petite île qui est à environ sept lieues de Madère, et à laquelle ils donnèrent le nom de Porto-Santo (2). Cet événement eut lieu en 1418. Quand on a vu de près cette plage blanche et sablonneuse, environnant une agrégation de roches qui peut avoir quinze milles de circonférence, et où s'entremêlent le grès fauve, le tuf calcaire d'un gris verdâtre et le basalte d'un brun rouge dont se forme la partie la plus élevée du pays; quand on se rappelle que cette petite île, qui n'a que six milles de long sur deux milles et demi de large, ne porte peut-être pas vingt arbres sur toute son étendue, et ne nourrit pas au delà de 1,400 habitants, on peut se faire une idée du peu d'importance qu'avait en réalité cette découverte comme accroissement de territoire. Toutefois, sur ce point rocailleux jeté au milieu de l'Océan s'élevait un arbre précieux, selon les idées que se formait le moyen âge. Des dragonniers gigantesques ombrageaient l'île de leur verdure, et promettaient une récolte abondante de ce *sangue de drago* (3) que l'on comptait parmi les remèdes les plus utiles de l'époque; le cestrum, le romarin, la fumeterre à petites feuilles,

le thym, couvraient les roches, diversement colorées, et montraient leurs humbles fleurs à côté de ces magnifiques cactus qui attestent le début d'une autre végétation.

Sans doute les deux jeunes navigateurs purent s'exagérer l'importance de ce petit pays, et il ne faut pas oublier que c'était un premier pas fait dans ce vaste champ des découvertes que prétendait accomplir leur seigneur, celui dont les simples désirs avaient *si grande autorité*. Tristam Vaz et Zarco ne demeurèrent que fort peu de jours dans l'île qu'ils venaient de découvrir (1); ce court examen leur suffit pour voir qu'il y aurait pour eux grand profit à la coloniser : ils retournèrent immédiatement à Terca-Nabal, port du pays d'Algarve, où était l'infant.

Ils firent part à ce prince du projet de colonisation qu'ils avaient conçu, et ils n'eurent point de peine, on le pense bien, à obtenir son assentiment : non-seulement don Henrique approuva le dessein qui lui était soumis, mais il leur fit fournir immédiatement ce qui était nécessaire à leur premier établissement. L'impulsion était donnée; le goût des navigations aventureuses se développait même au delà de cette petite cour dont le siége était à Sagres : l'un des gentilshommes de l'infant D. Joham, Bartholomeu Perestrello, voulut s'adjoindre aux deux jeunes écuyers de D. Henrique, et il partit avec eux pour l'île de Porto-Santo.

Les plus anciennes chroniques se taisent sur l'époque précise à laquelle eut lieu cette seconde expédition; mais aucune d'elles n'omet une circonstance en apparence bien futile, et qui devait avoir cependant une telle influence, qu'on doit la regarder comme un des principaux épisodes de ce voyage. Au moment du départ, Bartholomeu Perestrello avait reçu en présent une lapine prête à faire ses petits; elle mit

---

(1) Nous ferons remarquer en passant que Gonçalvez Zarco, ancien serviteur de l'infant don Henrique, fut le premier qui fit usage de la poudre à canon et de l'artillerie en mer. Un poëte connu, Manuel Thomaz, a conservé le souvenir de ce fait curieux dans son *Insulana*, livre assez rare en France :

Bem he verdade que este o Lusitano
Primeyro foy no mar com nome eterno
Que usou da dura fruta de Vulcano
E do salitrado aljofar do inferno.

(2) Porto-Santo est situé par les 33° 1' de lat. et les 3° 40' de long, à 300 milles sud-ouest de la côte d'Afrique, et à 28 milles au nord-est de Madère. Voy. Casado Giraldes, *Tratado completo de Geographia*, t. 1, p. 181.
La portion N.-E. de l'île s'élève à 1600 pieds. Voy. Bowdish, *Madere et Porto-Santo*, p. 127.

(3) Il n'en reste plus aujourd'hui qu'un seul. Cordeyro rapporte qu'on creusa, à l'origine, dans ces dragonniers, des pirogues de pêcheurs pouvant contenir six à sept hommes. Voy. *Collecão de Noticias para a historia e geographia das nacões ultramarinas*, t. 2.

(1) On ne sait sur quel fondement le P. Jozé Freire a pu écrire ces lignes étranges : « On dit qu'ils trouvèrent dans l'île une nation barbare, à la vérité, mais moins féroce que celle des Canaries déjà connues; ils furent même frappés d'un certain air de douceur, qui n'était peut-être chez ces peuples qu'un effet de la peur qu'ils avaient de ces étrangers, différents d'habits et de visage. » Voy. Vie de l'infant don Henrique.

PORTUGAL.

bas durant la navigation, au grand contentement des marins, qui regardèrent, dit Barros, cet événement comme une circonstance d'un favorable augure. La suite ne tarda pas à les désabuser. On débarqua à Porto-Santo heureusement, et l'on commença à dresser des cabanes avant de songer à élever des constructions plus commodes. Ce fut alors que la liberté fut donnée à la lignée nouvelle ; mille cris joyeux accompagnèrent sans doute les agiles animaux qui prenaient possession de l'île ; mais, comme nous le racontent de graves historiens, ils multiplièrent en si peu de temps, et leur fécondité fut si prodigieuse, qu'on ne put semer nulle céréale sans qu'ils dévastassent les nouvelles cultures. A la longue, cette multiplication fut telle, et elle eut de si fâcheux résultats pour les colons, que dans l'année qui suivit immédiatement leur établissement dans l'île, les Portugais se virent contraints à détruire systématiquement une prodigieuse quantité de ces animaux. Néanmoins, cette chasse active avait beau se renouveler, le fléau ne diminuait point ; et, selon Azurara, ce fut l'unique raison pour laquelle les premiers colons quittèrent l'île : Perestrello retourna avec eux en Portugal (1).

Si nous abandonnons le témoignage du vieil historien, qui est fort bref sur cette première période, et si nous nous en rapportons de préférence à Cordeiro, Joam Gonçalvez et Tristam Vaz séjournèrent plus longtemps dans l'île qu'ils avaient découverte, que ne le dit Azurara. Une pensée les préoccupait : toutes les fois que l'atmosphère le permettait, une ligne obscure se prolongeait pour eux à l'horizon ; et toujours cette zone sombre se dessinait à la même place. Il faudrait bien peu connaître les idées géographiques dont se nourrissait le moyen âge pour ne point se figurer les diverses préoccupations qui agitaient Gonçalvez Zarco et son fidèle compagnon. *Antilia* et ses villes d'or, *Saint-Brandam* et la vaste tombe qu'il devait occuper au milieu de l'Océan, ces vagues légendes, en un mot, qui se mêlèrent même aux grandes conceptions de Colomb, et sur lesquelles nous prétendons bien revenir, durent plus d'une fois interposer leurs chimères entre les vestiges d'une terre lointaine et le monde réel que craignaient d'abandonner ceux qui avaient fait déjà un si grand effort.

Gonçalvez Zarco et Tristam Vaz Teixeira quittèrent cependant résolûment un beau jour leur petite île. Montés sur un frêle navire et accompagnés de quelques barques, ils se dirigèrent vers ces brumes immobiles qu'ils apercevaient de Porto-Santo. Ils n'avaient pas fait les deux tiers de la route, que Madère leur apparut avec ses portiques de basalte, ses grandes forêts vierges, ses collines doucement caressées par les nuages.

Le premier promontoire qu'aperçurent les navigateurs fut placé sous l'invocation de saint Laurent ; c'était le nom du navire qui les avait conduits vers cette terre fertile, où devait se réaliser une partie des rêves qu'avait fait naître chez eux la découverte de Porto-Santo.

Le jour suivant, 3 juillet 1419, le capitaine et le pilote castillan qui avait dirigé cette petite expédition se mirent dans un bateau pour gagner la terre. Une autre embarcation reçut les Portugais dont ils étaient accompagnés, et ils commencèrent à parcourir la côte, observant, comme dit l'historien de cette découverte, les pointes de terre, la nature de la plage, les ruisseaux, les fontaines d'eaux limpides qui s'échappaient en murmurant des rochers. Les noms qu'ils imposèrent à ces promontoires, à ces rivières ou même à ces monuments de la solitude, sont restés. Une source sortant de la roche, et s'épanchant sur la plage, leur fit nommer le *porto do Seixo* ; un arbre abattu par les vents, et dont le capitaine fit faire une croix, imposa à cette partie du rivage le nom de *Santa-Cruz*, et dans ce lieu s'éleva plus tard la ville de Machico. La pointe de *Garajo*, la rivière où Gonçalvez s'arrêta, après avoir débarqué, pour s'assurer si cette île délicieuse ne renfermait point des bêtes féroces, reçurent tour à tour les déno-

---

(1) Gomez E. de Azurara, en racontant ce fait, ne parle nullement de l'heureux pronostic auquel Barros fait allusion. Ceci paraît avoir été ajouté par l'historien des Indes d'après la tradition. Voy. *Chronica de Guiné*, p. 387.

minations qui les désignent encore aujourd'hui. Enfin ils arrivèrent dans une vallée hérissée de roches, où une petite baie pénétrait dans les terres. Cette rive était parsemée des tiges odorantes du fenouil; trois ruisseaux l'arrosaient. Le port de *Funchal* reçut alors le nom qu'il a toujours porté : les navigateurs y passèrent la nuit dans leurs bateaux, mais abrités par deux petites îles qui sont à l'entrée de la baie. Peut-être dès lors, et dans leurs projets pour l'avenir, désignèrent-ils ces charmants rivages qu'ils avaient sous les yeux comme l'emplacement de la cité qui devait bientôt s'élever dans cette île heureuse. Ce qui devait nécessairement les confirmer dans leurs projets de colonisation immédiate, c'est que la plus simple observation suffit pour leur prouver que nulle contrée au monde n'était plus propre que celle-là à recevoir un établissement agricole : aucun reptile n'en souillait les rives, nul animal féroce n'en troublait le repos; et telle était la sécurité des hôtes paisibles de ces rivages que les oiseaux eux-même se laissaient approcher sans crainte : ils devenaient la proie des matelots, qu'ils n'avaient pas encore appris à redouter (1).

Le lendemain, les navigateurs, toujours émerveillés, continuèrent leur exploration le long de ces côtes; ils virent *Praia formosa*, dont le nom atteste encore la beauté; *Ribeira dos Acoridos*, où deux jeunes marins faillirent être victimes de leur imprudence; enfin ils arrivèrent devant une grande caverne taillée par la nature dans la roche vive : d'innombrables loups marins venaient y chercher le repos. Par malheur, des hommes étaient débarqués dans l'île; la guerre commençait pour eux et pour toutes les autres créatures. La grotte fut nommée *Camera de Lobos*, et le chef de l'expédition, voulant perpétuer le souvenir de sa découverte, prit, comme cela se faisait alors, un nom qui devait la rappeler : à partir de ce jour, on l'affirme du moins, il substitua le nom de Camera à celui de Zarco.

Les Portugais firent dès cette époque même le tour de l'île : cela est attesté par cette partie de la côte qui porte le nom de *Ponta do Girão*, Pointe de la Tournée. Virent-ils, dans cette première excursion, un rustique monument dont l'existence ne repose aujourd'hui que sur la légende la plus incertaine? lurent-ils sous ces ombrages une douloureuse inscription, qui leur raconta les malheurs de deux amants, dont l'histoire touchante est devenue populaire, et a même inspiré quelques grands écrivains portugais? C'est ce qu'il est impossible de nier ou d'affirmer aujourd'hui. Mais ce qu'on peut dire, c'est que le plus ancien écrivain qui fasse mention de la découverte de Joam Gonçalvez Zarco se tait absolument sur les infortunes de Machim et d'Anna d'Arfet (1).

HISTOIRE D'ANNA D'ARFET ET DE MACHIM. — OPINION DE BOWDISH. — RÉCIT D'ANTONIO GALVAM. — Un homme grave et plein de bonne foi, mais que son patriotisme a peut-être entraîné trop loin, n'hésite pas à regarder cette légende comme un fait acquis à l'histoire. En rappelant l'opinion de Bowdish, nous ne saurions donc passer sous silence un récit qui a déjà trouvé bien des historiens : mais ce ne sera pas la narration quelque peu embellie du voyageur anglais que nous reproduirons dans cette notice. Préoccupé de l'idée qu'il faut toujours recourir aux sources, persuadé d'ailleurs qu'un fait poétique comme celui-ci s'altère nécessairement avec le cours des siècles, ce sera à l'historien portugais le plus sincère de cet âge que nous nous adresserons. Si nous ne sommes dans l'erreur nous-même, en reproduisant cette page, quelque peu concise, d'un écrivain qui réunissait de tels documents vers 1511, nous donnons la version primitive d'un fait mille fois reproduit, et toujours altéré. Voici ce que dit Antonio Galvam : « On veut aussi qu'au moyen âge l'île de Madère, qui se trouve par le 32°, ait été découverte grâce à un Anglais qu'on appelait Machim, qui, voulant se rendre d'Angleterre en Espagne avec une femme enlevée, fut poussé par la tourmente dans l'île (2). Le port où ils surgirent s'appela

(1) Voy. Padre Antonio Cordeyro, *Historia insulana das ilhas à Portugal sugeitas no oceano occidental*; Lisboa, 1717, in-fol.

(1) Comme on l'a déjà fait remarquer ailleurs, Gomez Eannez de Azurara ne dit pas un mot qui ait trait à cette aventure.
(2) De 1337 à 1387, dit Bowdish.

Machico en raison de cet événement; et comme son amie venait incommodée de la mer, il débarqua à terre avec quelques-uns de la compagnie. Le temps s'écoulant, le navire reprit la voile; mais quant à elle, elle mourut d'angoisse. Machim, qui l'aimait singulièrement, construisit au-dessus de sa sépulture un ermitage qu'il mit sous l'invocation *de bom Jesu*; et il écrivit sur une pierre son nom et le nom de sa compagne, ainsi que la cause qui les avait conduits là, puis il plaça cette pierre comme frontispice, et il commanda plus tard une barque faite d'un tronc d'arbre, et il s'y embarqua avec ceux qui étaient demeurés dans l'île, et ils allèrent gagner la côte d'Afrique sans voile ni rames. Les Maures regardèrent cela comme chose miraculeuse; et en conséquence les présentèrent au seigneur du pays, et celui-ci pour la même raison les envoya au roi de Castille. » Antonio Galvam ajoute qu'en 1393, et précisément par suite des renseignements qu'avait donnés Machim, beaucoup d'individus des royaumes de France et de Castille se mirent en mesure de découvrir cette île ainsi que la grande Canarie (1). Tel est en

(1) Voy. *Descobrimentos em diversos annos*. Plus loin, Antonio Galvam affirme que Zarco retrouva l'ermitage et l'inscription; tout ceci est néanmoins assez différent de ce que raconte Bowdish.

Après avoir reproduit longuement cette légende, que nous dépouillons avec quelque regret de sa forme poétique, le savant voyageur ajoute : « Mon premier soin fut de visiter l'église élevée à la mémoire de l'infortuné Machim. Cependant quelques publicistes portugais, espérant sans doute faire preuve d'un plus grand patriotisme en poussant aussi loin que possible leur haine contre les Anglais, ont cru qu'il suffirait d'une simple négation sans preuve et sans raisonnements pour dépouiller ce *fait historique* de son authenticité : il ne sera donc pas inutile de faire remarquer que le nom de la ville rappelle encore celui de *Machim*; que le maître-autel de l'église où se conservent et se montrent les restes de la croix de cèdre, est expressément élevé *in memoria Machim*; que la dernière partie de l'aventure fait le sujet d'une vieille peinture à l'huile assez curieuse, placée dans l'hôtel du gouvernement, à Funchal ; enfin, que cette *histoire* ne se trouve pas seulement dans les anciens auteurs espagnols et portugais, mais qu'elle a servi de base, chez des écrivains modernes, à des argumenta politiques. Le seul poëte qu'ait produit Madère l'a introduite dans son poëme du *Zargueida*. » Voy. Bowdish, *Excursions dans les îles de Madère et de Porto-Santo*, p. 115. Au point de vue littéraire, Vasconcellos a très-bien fait de donner quelque intérêt à son poëme par

peu de mots cet épisode, qu'a paré du charme de son style Francisco Manoel, dans ses *Epanaphoras*; nous allons néanmoins retourner aux récits sincères des vieux écrivains.

SUITE DE L'EXPÉDITION DE ZARCO ET DE TRISTAM VAZ. — CONCESSION DE L'ILE FAITE AUX PREMIERS EXPLORATEURS. — Les historiens que nous comparons entre eux ne sont pas d'accord sur la conduite que tinrent les nouveaux explorateurs après cette première excursion. Selon Azurara, ils se contentèrent d'annoncer la nouvelle de l'heureuse découverte à l'infant don Henrique, qui envoya immédiatement dans l'île plusieurs colons et tout ce qui était nécessaire pour le service du culte catholique; mais si l'on en croit l'auteur de *l'Insulana*, Joam Gonçalvez Zarco partit immédiatement pour le Portugal, et se présenta à l'infant, auquel il donna lui-même les détails de sa merveilleuse expédition. Celui-ci lui voulut bien reconnaître ou confirma le nom qu'il avait adopté, lui donna les armes que porte encore aujourd'hui la famille *da Camara* et probablement le servit auprès du roi. D. Duarte lui concéda juridiction entière sur la moitié de l'île où était située la baie de Funchal; il lui fit même cette donation à perpétuité de *Juro*, comme on disait alors. D'après la même autorité, Tristam Vas Teixeira ne fut pas oublié dans les faveurs royales, et la capitainerie de Machico, renfermant le district le plus boisé de l'île, lui fut concédée aux mêmes titres qu'à son compagnon.

Azurara nous confirme dans ces dispositions; et, tout en nous donnant quelques détails précieux sur les deux

cette touchante légende; mais l'histoire écrite sévèrement ne repose pas uniquement sur une tradition orale, quelque belle qu'elle soit d'ailleurs : or, nous ne connaissons pas un seul écrivain du quinzième siècle qui raconte les aventures de Machim et d'Anna d'Arfet. Ajoutons que le plus poétique d'eux tous, et en même temps le plus digne de croyance, qu'Azurara en un mot, se tait complètement à ce sujet. Galvão et Alcoforado appartiennent au seizième et au dix-septième siècle : autant vaut citer l'*Epanophora amorosa* de Francesco Manoel Freire, en racontant l'anecdote, et en parlant de la fameuse inscription tracée sur la tombe d'Anna, ajoute judicieusement : « Nous ne pouvons pas assurer que des gens d'une autorité respectable aient lu l'épitaphe. »

concessionnaires, il fait observer, selon l'esprit du temps, que Tristam Vaz, bien qu'il fût homme passablement brave, ne pouvait pas se comparer sous ce rapport à Zarco, le gentilhomme de vieille noblesse : il s'était cependant distingué dans une *rasia* sanglante qui avait eu lieu sous Ceuta. Grâce aux deux capitaines, la colonisation de l'île commença en 1420.

Pendant que ceci avait lieu, D. Henrique s'était décidé à expédier Bartholomeu Perestrello à Porto-Santo, pour en poursuivre la colonisation ; mais le même inconvénient qui l'en avait chassé d'abord subsistait toujours. L'étrange multiplication des lapins s'opposait à ce qu'on établît aucune culture dans l'île. Les troupeaux qu'on y répandit, la gomme précieuse du dragonnier qu'on y recueillait, continuèrent à donner quelque importance à ce rocher, dont on s'était exagéré la valeur.

INCENDIE DE L'ÎLE DE MADÈRE. — Le plus ancien des historiens qui nous servent ici de guides se tait sur un événement qu'on ne saurait révoquer en doute néanmoins, et dont la tradition a perpétué le souvenir. Tandis que l'infant D. Henrique, dont la haute prévoyance savait tout deviner, fondait d'immenses projets sur ces forêts vierges, que pouvaient utiliser la marine naissante et les vastes constructions que l'on méditait dans Lisbonne, des mains imprudentes mettaient le feu aux bois magnifiques qui avaient imposé leurs noms à l'île entière. L'incendie s'éleva jusqu'au plus haut des collines ; il descendit en tourbillons de flammes jusqu'à ces rivages délicieux où les arbres, comme dit l'auteur de la Zargueida, se miraient dans les eaux. Telle fut l'intensité de l'incendie, que le petit nombre de colons qui habitait alors Madère se vit contraint d'aller chercher un refuge momentané jusque dans les flots (1).

La nouvelle de ce désastre, car c'en était un, vint aux oreilles de D. Henrique, et il désapprouva hautement l'imprudente détermination qui venait de priver l'île de sa parure et des ressources que lui eussent fournies ses bois magnifiques ; toutefois, il ne tarda pas à deviner les avantages immenses qui pouvaient résulter pour le pays, et de cette fertilité qu'avait provoquée l'incendie des forêts, et de ce merveilleux climat, dont tous les marins lui vantaient la douceur. Grâce aux relations actives que l'infant avait établies avec les contrées agricoles et commerçantes de l'Europe, il se procura en Sicile des plants de cannes à sucre, que l'on y cultivait avec succès ; il demanda à l'île de Chypre et aux terres de Bourgogne quelques-uns de ces ceps de vigne qui faisaient la richesse principale des deux pays, et il fit transporter sans retard ces végétaux précieux dans l'île dont il était devenu pour ainsi dire propriétaire pour l'ordre du Christ, en vertu d'une concession royale dont les clauses nous ont été conservées.

Quelques-uns de ces marins se firent promptement cultivateurs, et ils furent bientôt secondés sans doute par diverses émigrations, car vers le milieu du quinzième siècle, l'île de Madère comptait déjà 150 *moradores*, habitants établis à poste fixe, sans compter une population flottante composée de marchands ou de jeunes gens des deux sexes nés dans l'île, qui entreprenaient de fréquents voyages, et sans mentionner non plus les clercs et les moines, dont le nombre n'était pas déterminé, mais qui paraît avoir été assez considérable (1). Faisons remarquer aussi,

(1) Ce fait curieux est attesté par un de nos anciens voyageurs, dont les manuscrits existent à la Bibliothèque du roi. André Thévet connut un vieux matelot auquel un témoin oculaire avait raconté l'embrasement de Madère.

(1) Un livre que les historiens consultent trop rarement, l'*Agiologio Lusitano*, de Jorge Cardoso, contient des détails précieux sur la première population monacale de l'île de Madère. Il paraît qu'aussitôt après la découverte de l'île par les Portugais, un religieux de l'ordre des Fransciscains, nommé Fr. Gil, qui venait de Rome, fit naufrage sur les rives voisines de la capitale : il établit sa première résidence à une lieue au couchant de Funchal, et à une portée de fusil de cette caverne *des loups marins*, qui avait frappé les premiers explorateurs. Il établit son ermitage dans une profonde vallée, au bord d'un ruisseau abondant ; mais, après avoir coulé paisiblement dans ce lieu plusieurs années, le ruisseau devint torrent, et emporta la pauvre cabane. Fr. Gil se transporta alors à Funchal, où il devait y avoir déjà d'autres moines ; et, d'accord avec un certain frère George, qui était venu pour rééditier la hutte de l'ermite, il alla offrir à Lisbonne cet auguste asile

en passant, que l'infant D. Henrique, étant grand maître de l'ordre du Christ, crut devoir soumettre l'île entière à cette institution. Tout le spirituel de Madère et de Porto-Santo, nous dit Gomez Eannez de Azurara, fut attaché à l'ordre désigné ici; et il en fut de même plus tard de l'île de San-Miguel, dont Gonçalo Velho devint commandeur : c'était l'ordre qui percevait la dîme des sucreries.

DÉCOUVERTE DES AÇORES. — Ce fut en 1431, onze ans environ après la découverte de l'île de Madère, que les Açores furent explorées pour la première fois. Un de ces hommes hardis qui faisaient partie du collége maritime fondé par l'infant D. Henrique, fut encore celui qui acquit au Portugal cet archipel. Gonçalo Velho - Cabral (1), commandeur d'Almourol, partit de Sagres; et, naviguant en ligne droite vers le couchant, rencontra deux rochers qu'il désigna sous le nom *das Formigas*, ou des Fourmis, à cause du bouillonnement continuel des eaux de la mer dans l'endroit où ces roches resserraient les flots. Gonçalo s'éloigna de ces écueils périlleux, dont l'un semble figurer de loin un navire à la voile; et pour cette fois il n'eut point connaissance des autres îles. Toutefois, l'année suivante il renouvela la même entreprise, et fut plus heureux. Il aborda à une île qu'il désigna sous le nom de *Santa-Maria*. Ainsi que le fait très-bien observer un écrivain portugais, San-Miguel n'étant pas à plus de douze legoas au nord de cette île; il en coûte à croire qu'un laps de douze ans ait été nécessaire pour accomplir cette seconde découverte. Il est impossible également d'admettre les traditions fabuleuses qui courent à ce sujet; mais ce qu'il y a de certain, c'est que Gonçalo Velho, à son quatrième voyage, donna connaissance officielle de ses nouvelles explorations. Il était alors seigneur donataire de Santa-Maria, qui commençait à se peupler, et il obtint de l'infant la seigneurie de l'île qu'il venait de découvrir. Elle fut immédiatement colonisée, et l'on y transporta même des bestiaux; dès lors aussi la destinée des Açores fut liée à celle du Portugal, et dès l'origine les émigrations furent assez nombreuses. Bien que nous nous voyions contraint à interrompre quelque peu l'ordre chronologique que nous nous sommes imposé, nous allons jeter encore un coup d'œil sur la découverte des autres îles de l'archipel et même sur les traditions qui s'y rapportent.

SUITE DES DÉCOUVERTES DANS L'ARCHIPEL DES AÇORES. — TERCEIRE, PICO, FLORES, CORVO. — On était déjà parvenu pour ainsi dire à la moitié du siècle, lorsque la plus importante des Açores fut acquise au Portugal. La date précise de la découverte de Terceire est incertaine; mais on suppose qu'elle dut avoir lieu entre 1445 et 1450, parce qu'à la première de ces dates San-Miguel était déjà peuplée, et qu'en 1531 un acte officiel de l'infant D. Henrique instituait comme donataire de cette île un gentilhomme flamand nommé Jacome de Bruges, qui était à son service et qui avait épousé une Portugaise, dame de l'infante dona Brites, L'île était alors inhabitée, et on lui donna le nom de *Terceira*, parce qu'elle était la troisième dans l'ordre des explorations. Il nous est venu souvent à la pensée que ces nombreuses îles désertes, visitées successivement, à une faible distance de l'Europe, durent avoir une influence réelle sur les fictions poétiques de cet âge, où tant de romans de chevalerie parlent d'îles inconnues. Mais tandis que les imaginations poétiques s'égaraient dans mille rêves, des découvertes très-positives n'en continuaient pas moins; et bien qu'il soit impossible d'assigner aujourd'hui une date précise à l'exploration de chacune de ces îles, on vit tour à tour apparaître *Pico*, *Flores* et *Corvo*, dont la colonisation occupa immédiatement la métropole. Bien que ces terres volcaniques fussent inhabitées, on

---

à quelques-uns de ses frères. On bâtit alors le couvent *San-Bernardino*, un des plus anciens monuments de l'île. — T. 3, p. 427.

(1) Je trouve dans un manuscrit portugais qui est en ma possession, et où cet événement est relaté : *Gonçalho Velho das Pias*. La date de la découverte est reportée aussi à 1432. Gonçalho Velho est qualifié dans ce précieux volume de *fidalgo muito honrado e nobre* (gentilhomme très-honorable et très-noble). Comme il ne pouvait se marier, parce qu'il était commandeur, il renonça aux droits qu'il avait sur les deux capitaineries des Açores en faveur de son propre neveu, qui s'appelait João Soares de Albergarias, et cela à l'exclusion de deux autres neveux. João Soares devint le deuxième gouverneur des Açores.

affirma alors qu'il n'en avait pas toujours été ainsi, et qu'à une époque dont on ne pouvait plus établir la date certaine, l'archipel avait été peuplé, ou avait au moins servi d'asile à des navigateurs, qui y avaient laissé des traces monumentales de leur passage.

LA STATUE DES AÇORES. — Lorsque Gonçalo Velho, commandeur d'Almorol, eut découvert l'île de Corvo, il y trouva, dit-on, une statue équestre placée au sommet d'une roche escarpée, et qui semblait indiquer du geste les grandes découvertes que les Portugais devaient encore accomplir. Selon les plus antiques relations, cette figure symbolique était sculptée dans la roche vive ; elle représentait un homme vêtu d'un manteau, la tête découverte et montant un cheval à cru. Sa main gauche reposait sur la crinière, le bras droit était étendu, la main fermée, à l'exception du doigt indicateur, qui désignait le Nord-Ouest. On prétend en outre que cette statue portait à la partie inférieure de sa base des lettres gravées dans la pierre et formant une inscription dont nul ne put connaître la signification. Mais le geste parlait assez, et il annonçait, à ce que supposèrent du moins les premiers navigateurs, qu'une terre peuplée ou du moins habitable était offerte à leurs efforts persévérants. On prétend même que ce fut en raison de cette figure au geste mystérieux, que la contrée fut désignée primitivement sous le nom d'*Ilha do Marco*. Plusieurs auteurs du seizième siècle ont parlé de ce curieux monument ; mais par malheur ils ont tous été probablement l'écho d'une tradition qu'il faut ranger parmi ces récits de l'Orient grâce auxquels l'île de Salomon (1) se trouve peuplée de statues symboliques indiquant toutes par leur attitude quelque région enchantée.

L'INFANT D. HENRIQUE DEMANDE AU ROI DE PORTUGAL LA PROPRIÉTÉ DES ILES CANARIES. — Tandis que l'infant peuplait les îles nouvellement acquises à la couronne de Portugal, sa pensée active songea un moment à la suzeraineté des îles Canaries, dont la possession cadrait à merveille avec ses projets ultérieurs. Ces îles, connues des anciens, mais ignorées du moyen âge, avaient été retrouvées, dit-on, dès 1344 (1), sous le règne de Pierre IV, roi d'Aragon, par ce D. Luiz de la Cerda, petit-fils d'Alphonse le Sage, dont l'histoire a été racontée plus au long dans la portion de ce livre consacrée à l'Espagne. Ce qui est hors de doute, c'est qu'en 1417, à l'époque où Jean II régnait sur la Castille et où dona Catharina, sa mère, tenait la régence, Rubem de Bracamonte, ancien amiral de France, avait demandé à cette princesse l'investiture des îles Canaries, avec le titre de roi, pour un de ses parents, Jean de Béthencourt. Tout le monde sait comment, après la conquête si naïvement racontée par nos vieux chroniqueurs français, l'aventurier normand vendit ses droits sur l'archipel à D. Henrique, et cela moyennant une somme d'argent et certains priviléges qu'il lui avait concédés sur l'île de Madère. En 1424, l'infant voulut user de ses droits, et il envoya une flotte importante

(1) Voy. Damião de Goes ; Gaspar Fructuoso, liv. VI, cap. 48 ; Faria y Souza, *Asia Portugueza* ; Antonio Cordeiro, *Historia Insulana* ; *Mem. da Academia das Sciencias*. Damião de Goes est le plus explicite de tous ces auteurs. Selon lui, Jean III aurait ordonné qu'on détachât cette statue du roc, et qu'on la transportât en Portugal ; mais l'opération aurait été faite d'une façon si maladroite, qu'on aurait dû renoncer à exposer au yeux du public la figure mutilée.

(1) Azurara se tait sur cette première expédition aux îles Canaries ; il parle uniquement de celle qui fut dirigée par *Mosse Joham de Botancor* (sic). Le savant Jozé da Costa de Macedo résume avec une grande lucidité tout ce qui a été dit sur la découverte primitive de ces regions. Lorsque D. Luiz d'Espagne se fit concéder, au quatorzième siècle, la seigneurie des îles Fortunées, le pape, en effet, lui accorda, par une bulle émanée d'Avignon, en date du 15 novembre 1344, ce qui lui était demandé, à la condition de rester perpétuellement feudataire du saint-siége. Les renseignements fournis par Pline furent probablement alors les seuls guides que l'on suivit lorsqu'il s'agit de régulariser l'acte de propriété. M. de Macedo pense, néanmoins, que le prince espagnol avait obtenu, par des Portugais qui se trouvaient alors à Avignon, certains renseignements sur les îles dont il demandait la concession. Quelque intérêt qu'elle puisse avoir, on sent que cette discussion ne rentre pas directement dans notre sujet ; je renvoie donc au tome VI des *Mémoires de l'Académie des Sciences de Lisbonne*, p. 1. On y verra la protestation d'Alphonse IV, en date du 15 février 1345, dans laquelle ce roi parle de la résolution qu'il avait déjà conçue de subjuguer les îles Fortunées. Selon le savant portugais, les navigations des Portugais dans ces parages dateraient de 1334 ou 1335.

conduisant deux mille cinq cents hommes et deux cents chevaux, pour conquérir ces îles, sous le commandement de D. Fernando de Castro. Mais comme il comprenait sans aucun doute, dès cette époque, les réclamations qui allaient venir infailliblement de l'Espagne, et comme il craignait surtout la concurrence de ses propres compatriotes, il demanda instamment au régent D. Pedro, son frère, qui occupait alors la régence, de lui délivrer des lettres patentes constatant son pouvoir sur ces îles. Par cet acte, qui était conservé encore au temps d'Azurara, nul ne pouvait avoir le droit de porter la guerre dans les Canaries sans son consentement exprès, et l'impôt du *quint*, ou du cinquième, devait lui être payé sur tous les objets de quelque valeur qu'on trouverait dans les Canaries. Mais les populations qui habitaient cette contrée étaient essentiellement belliqueuses : Ferdinand de Castro éprouva une résistance notable dans ses diverses attaques, et il comprit sans doute que ses forces n'étaient point assez considérables pour lutter avec les Guanches. D'ailleurs il était à craindre que les approvisionnements dont il s'était pourvu ne vinssent à lui manquer ; il n'acheva point de remplir ses instructions et ne continua point la conquête. L'infant voulut l'envoyer une seconde fois vers ces régions ; mais alors survinrent les réclamations énergiques du roi de Castille, qui opposa ses droits aux prétentions des Portugais, et cette *vertueuse entreprise*, comme le dit Azurara, ne put avoir lieu. Si l'on en croit le vieil historien, il y avait plusieurs de ces insulaires qui, depuis l'expédition de l'infant D. Henrique, se donnaient pour chrétiens. Bien qu'il entre dans des détails fort curieux sur ces contrées, et quoiqu'il nous fournisse même le chiffre de la population des îles conquises, il est vivement à regretter que le prédécesseur de João de Barros ne nous ait pas donné les documents relatifs aux Guanches qui étaient venus à la connaissance de D. Henrique. Tout nous prouve avec quel soin ce grand homme faisait étudier la topographie des lieux qu'il voulait conquérir ; et s'il insistait, comme il le fit alors, pour acquérir au Portugal la propriété de ces îles, c'est qu'il avait compris admirablement tout ce que leur position promettait d'avantages au commerce de son pays. Il savait pour le moins aussi bien que les chapelains du vieux navigateur normand, que l'île de Lançarote *est une fort plaisante isle et bonne, et qu'il peut y arriver beaucoup de marchands et de marchandises, car il y a par especial deux bons ports et aisés*. Il n'ignorait pas que la plus grande des Canaries renfermait au moins cinq mille guerriers, avec d'immenses troupeaux, au moyen desquels pouvaient être approvisionnées les nombreuses caravelles qu'il voulait envoyer désormais dans ces directions inconnues. Mais rien de ce qu'il souhaitait ne put être accompli, et ses légitimes désirs durent se taire nécessairement devant les exigences impérieuses de la politique.

Contraint d'abandonner ses prétentions sur ce point, il n'en était que plus ardent à utiliser les îles que Zarco et Gonçalves lui avaient vantées. La petite île déserte qui élève ses terres arides à sept lieues de Madère ne fut pas elle-même négligée, et il insista pour que Perestrello, surmontant les obstacles qu'il rencontrait à Porto-Santo, continuât à coloniser cette possession, en apparence si peu importante. Perestrello suivit ses instructions, mais il fit mieux encore : doué, comme l'infant D. Henrique, de cet esprit incessant d'observation qui prépare les grandes entreprises, il ne se borna pas à rendre quelques vallées plus ou moins propres à l'éducation des bestiaux et à faire la récolte de la précieuse résine que lui offraient les arbres géants dont se paraît sa solitude ; il poussa au large, il multiplia, dit-on, des explorations dont le résultat ne nous est pas toujours parvenu ; il interrogea tous les navigateurs, il examina les moindres débris que lui apportaient les flots, et lorsque l'immortel Génois épousa sa fille, les observations nombreuses qu'il avait faites relièrent par un lien mystérieux les découvertes des Portugais à la plus grande découverte des temps modernes (1).

(1) Bartholomeu Perestrello n'était pas italien, comme on l'a prétendu dans un ouvrage récent; il était né en Portugal, mais il appartenait aux *Perestrello* de Lombardie, et c'était un des hom-

PREMIÈRES EXPLORATIONS DES PORTUGAIS LE LONG DES CÔTES D'AFRIQUE. — Il y a dans le récit des anciennes découvertes accomplies sous l'influence de D. Henrique un fait qui domine tous les autres, c'est celui qui nous montre les Portugais sur la voie des Indes, c'est l'histoire exacte de ces premières explorations le long de la côte d'Afrique, qui, en préparant l'anéantissement du commerce de Venise, devaient élever le Portugal à un si haut degré de puissance. Disons-le, jusqu'à ce jour l'histoire de cette période ne nous a été transmise que de seconde main; elle nous vient d'un admirable écrivain, il est vrai, elle nous est présentée par la plume de Barros; mais il y a quelque chose de plus précieux que les paroles éloquentes de l'historien des Indes, c'est la vérité nue, sincère, naturellement exprimée par un contemporain; c'est le fait lui-même dégagé de toutes les suppositions que peut réunir un esprit ingénieux; c'est enfin la parole naïve que Barros lui-même consulta. Voici comment s'exprime Gomez Eannez de Azurara, lorsqu'il parle de D. Henrique et des travaux persévérants qui succédèrent à ses premières découvertes : « Or, il vous faut noter que par un entraînement naturel la magnanimité de ce prince l'appelait toujours à commencer aussi bien qu'à accomplir quelque grande action; c'est pourquoi après la prise de Ceuta il eut continuellement des navires armés contre les infidèles; et il lui prit la volonté de savoir quelle était la terre qui existait au delà des îles de Canaries et d'un cap nommé le cap do *Bojador*; car jusqu'à ce temps, ni par relation écrite, ni par mémoire d'homme, on n'avait jamais pu déterminer de façon précise quelle était la qualité de la terre située au delà de ce promontoire. Il est vrai que quelques-uns disaient que saint Brandam avait passé dans ces lieux, et que d'autres rapportaient que deux galères y avaient bien été, mais qu'elles n'en étaient jamais revenues. Or nous ne pouvons croire d'aucune façon que cette dernière circonstance ait eu lieu, parce que si lesdites galères eussent été dans ces parages, il n'est point à présumer que d'autres navires ne se fussent pas enquis du fait afin de savoir quelle était la route qu'elles avaient suivie; et comme ledit seigneur voulut apprendre la vérité touchant cela, bien persuadé que si lui ou quelque autre seigneur ne tentait pas de le savoir, aucun marinier ni marchand ne s'en entremettrait, nul de ces hommes, cela est clair, ne s'efforçant de naviguer que là où est la certitude du profit, il envoya ses propres navires dans ces régions, pour avoir certitude manifeste de tout ce qui s'y passait; il voyait bien d'ailleurs que nul autre prince ne s'en occupait. Or il était mû à faire cela pour le service de Dieu et pour le service de D. Eduarte, son seigneur et frère, qui régnait à cette époque. Ceci jusqu'à présent est la première raison connue qui le détermina (1).

« La seconde raison fut qu'il considéra intérieurement que s'il se trouvait dans ces contrées quelque ville chrétienne ou quelque port dans lesquels on pût entrer sans péril, il deviendrait possible de fournir le royaume de nombreuses marchandises, obtenues à bon marché, comme la raison l'indiquait, puisque nul individu dans nos contrées, ni dans aucune autre région connue, ne traitait avec eux, et que du pays même on transporterait là les marchandises du royaume, trafic dont les nationaux tireraient grand profit.

« La troisième raison vint d'un bruit répandu alors, à savoir, que la puissance des Maures de cette terre d'Afrique était beaucoup plus grande qu'on ne le pensait généralement, et qu'il n'y avait parmi eux ni chrétiens ni aucune autre race étrangère. Or, comme tout homme

___

mes les plus estimés de l'école de l'infant D. Henrique. Christophe Colomb se maria en Portugal avec doña Felipa Muniz Perestrella. Sans affirmer, comme on l'a fait, que Bartholomeu Perestrello avait eu connaissance du nouveau monde, on peut supposer que ses journaux ne furent pas inutiles à l'homme de génie qui les consulta.

(1) Ce passage et ce qui suit sont extraits de la *Chronicade Guiné*. Mais il est bon d'observer que Gomez Eannez de Azurara a adopté pour tous les faits importants la relation d'Affonso Cerveira, qui accompagna les premiers navigateurs dans leurs voyages, et qui donna un récit assez rude, quant au style, de ces explorations primitives. Le manuscrit du premier historien des découvertes est perdu; Barros lui-même n'en avait jamais eu connaissance.

avisé par prudence naturelle est tenu à connaître le pouvoir de son ennemi, ledit seigneur prit toutes sortes d'informations pour connaître définitivement jusqu'où s'étendait la puissance de ces infidèles.

« Il y eut une quatrième raison qui le guida, et la voici : Comme depuis trente et un ans qu'il guerroyait contre les Maures, jamais il n'avait trouvé de roi chrétien, ni de seigneur étranger au pays, qui par amour pour Notre-Seigneur Jésus-Christ consentît à l'aider dans ladite guerre, il voulait savoir s'il se trouverait dans ces contrées quelque prince chrétien en qui la charité et l'amour du Christ fussent assez ardents pour venir l'aider contre ces ennemis de la foi.

« La cinquième raison naquit de l'immense désir qu'il avait d'accroître la sainte religion de Notre-Seigneur Jésus-Christ et d'amener à lui toutes les âmes qui se voudraient sauver. Animé donc de ce désir, et dirigé par les raisons que vous avez entendues, l'infant commença à choisir parmi ses navires et ses gens ce que la nécessité des circonstances requérait ; mais il faut que vous sachiez que bien qu'il envoyât vers ces régions nombre de fois, même des hommes que par son expérience des grandes actions il avait reconnus s'être fait un nom distingué à la guerre entre tous les autres, il ne s'en trouva jamais aucun qui osât dépasser ce cap *Bojador* pour connaître les terres d'au delà, comme lui, l'infant, le souhaitait.

« Et pour dire la vérité, cela n'advenait ainsi ni par manque de courage, ni par manque de volonté, mais bien en raison de la nouveauté du cas, circonstance unie d'ailleurs intimement à l'antique et commune tradition qui existait depuis longtemps parmi les marins de l'Espagne, et qui se perpétuait, pour ainsi dire, par succession de génération. Elle était trompeuse, sans doute, mais une prétendue expérience menaçait du dernier péril celui qui l'affronterait, et il y avait grande incertitude pour savoir qui serait le premier voulant bien mettre sa vie en semblable aventure. « Comment dépasserions-nous, disaient-ils, « les bornes qu'ont posées nos pères ? « Quel profit, d'ailleurs, peut revenir à « l'infant de la perdition de nos âmes et « en même temps de la destruction de « nos corps, puisque ce sera avec par-« faite connaissance des choses que nous « serons homicides de nous-mêmes ? « Est-ce que par hasard il ne se serait « pas encore montré en Espagne d'au-« tres princes et d'autres grands per-« sonnages, aussi pleins de désir d'ac-« quérir cette connaissance que l'infant « notre seigneur ? Certainement, il n'est « pas présumable que parmi tant d'in-« dividus si nobles de race, et qui ont « accompli de si hauts faits pour l'hon-« neur de leur réputation, il ne se soit « point trouvé quelqu'un qui ait voulu « s'occuper de ce dont il est question « ici. Et, bien entendu, assurés du pé-« ril, sans espoir d'honneur ou de profit, « ils auront tout abandonné. Il est clair, « disaient les marins, qu'après ce cap « il n'y a ni peuples ni villes : la terre « n'est pas moins sablonneuse que les « déserts de Libye, où il n'existe ni eau, « ni arbres, ni herbe verdoyante ; et la « mer y est si basse, qu'à une lieue de « terre on ne trouve pas plus d'une « brasse de fond ; les courants sont tels « que le navire qui dépassera ce point ne « pourra revenir ; et voilà pourquoi nos « ancêtres ne se sont jamais mis en me-« sure d'aller au delà ; et certainement « il faut que l'obscurité dans laquelle « tout cela est demeuré n'ait pas été « petite, pour qu'ils n'aient pas su mar-« quer ces points sur les cartes au « moyen desquelles on se guide sur « toutes les mers ouvertes à la navi-« gation des hommes. » Or, que pensez-vous de la situation où devait être le capitaine de navire auquel on opposait de tels doutes, surtout quand ils venaient d'hommes auxquels la raison ordonnait qu'on accordât foi et autorité en semblables matières ? Comment eussent-ils osé se livrer à une telle audace, dans l'attente si assurée de la mort qu'on leur mettait devant les yeux ?..... Pendant l'espace de douze ans l'infant fut occupé en ce travail, envoyant chaque année ses navires vers cette région, avec grande dépense de ses revenus, et durant cet espace de temps jamais il ne se trouva personne qui se hasardât à franchir ce passage. Il faut dire toutefois qu'ils ne revenaient pas sans honneur, car pour compenser ce à quoi ils manquaient, en n'accomplissant point complétement le mandat de leur seigneur, les uns allaient sur la côte de Grenade, les autres couraient les mers du Levant, jusqu'à ce qu'ils fissent de grosses prises sur les infidèles et qu'ils retournassent honorablement dans le royaume. »

CONTINUATION DU RÉCIT DE LA CHRONIQUE. — GIL EANNEZ DOUBLE LE CAP DE BOJADOR; IL Y RETOURNE AVEC AFFONSO GONÇALVEZ BALDAYA. — « L'infant accueillait toujours avec patience ceux qu'il envoyait ainsi comme capitaines de ses navires à la recherche de cette contrée, ne leur faisant aucune réprimande du manque d'exécution à ses ordres; gardant au contraire gracieuse contenance, il écoutait leurs rapports, et leur accordait les faveurs qu'il avait accoutumé de faire à ceux dont il avait reçu de bons services. Et ces mêmes individus, ou bien quelques autres hommes spéciaux de sa maison, étaient sur-le-champ renvoyés par lui, sur ses navires armés, avec accroissement de grade, et promesse de plus hautes récompenses s'ils s'avançaient, dans leur navigation, quelque peu au delà des premiers, toujours afin d'acquérir une certaine connaissance propre à résoudre ces doutes. Et finalement au bout de douze ans écoulés, l'infant fit armer une barque dont il donna le commandement à un certain Gil Eannez, son écuyer, que par la suite il fit chevalier et pourvut fort bien. Or celui-ci, poursuivant le voyage comme les autres l'avaient fait, éprouva la même terreur et n'alla point au delà des îles Canaries, d'où il ramena quelques esclaves avec lesquels il retourna en Portugal. Et cela eut lieu en l'année de Jésus-Christ mil quatre cent trente-trois. Mais immédiatement, c'est-à-dire en l'année suivante, l'infant fit armer la même barque de nouveau, et, appelant Gil Eannez au départ, il lui enjoignit avec instance de faire ses efforts pour aller enfin au delà de ce cap, ajoutant que quand bien même durant ce voyage on n'en ferait pas davantage, il considérerait cela comme étant suffisant. « Vous « ne pouvez pas, lui dit l'infant, ren- « contrer tel péril que l'espoir de la ré- « compense ne soit encore beaucoup « plus grand, et en vérité je m'émer- « veille de ce que l'imagination ait eu « tel empire sur vous, que vous redou- « tiez une chose si incertaine; car si « les choses que l'on rapporte avaient « quelque autorité, pour peu que je les « regardasse comme fondées, je ne vous « infligerais pas si grande peine. Mais « vous allez m'alléguer l'opinion de qua- « tre marins, lesquels, parce qu'ils « viennent des mers de Flandre et de « quelques autres ports où ils navi- « guent habituellement, ne savent faire « usage ni de l'aiguille aimantée ni de « la carte; toutefois, allez-y et ne re- « doutez point leur opinion; accomplis- « sez ce voyage, car avec la grâce de « Dieu vous n'en pourrez tirer qu'hon- « neur et profit. »

« L'infant était un homme d'autorité très-haute, ce qui faisait que ses avertissements, quelque doux qu'ils pussent être, avaient un très-grand poids pour les gens doués d'intelligence. Cela se montra bien à l'égard de Gil Eannez; car après avoir ouï ces paroles, il détermina en sa volonté de ne plus revenir devant son seigneur sans apporter nouvelle certaine de ce pourquoi on l'envoyait. Et de fait il le fit, car durant ce voyage, dédaignant tout péril, il doubla le cap et navigua par delà, en des lieux où il trouva les choses bien opposées à ce que les autres avaient présumé jusqu'alors. Et bien que l'action fût petite quant à l'œuvre, elle fut regardée comme grande uniquement par la hardiesse qu'elle supposait; car si le premier, qui était arrivé aux environs de ce cap, en avait fait tout autant, il n'en avait recueilli ni même louange, ni même gratitude; mais en raison de ce que le péril de la chose avait été exagéré aux autres, on regarda comme plus grand bonheur d'avoir osé le braver. Si l'action de Gil Eannez lui représentait intrinsèquement quelque gloire, c'est ce qu'on peut bien inférer des paroles qui lui avaient été dites par l'infant avant son départ. La preuve, du reste, en fut manifeste à son retour; car il fut on ne peut mieux accueilli, sans compter l'accroissement profitable qu'il y eut dans sa renommée et dans son bien.

« Il conta alors à l'infant comment le

fait s'était passé : lui disant de quelle façon il avait fait mettre dehors la chaloupe au moyen de laquelle il était descendu à terre, où il n'avait trouvé âme qui vive, ni trace de lieu habité. Gil Eannez ajouta ces paroles : « Et « comme il m'a paru, seigneur, que je « devais rapporter quelque production « de la terre, puisque je l'avais visi- « tée, j'ai cueilli ces plantes, que je « présente à votre Grâce. Dans ce « royaume, nous les appelons *roses de « sainte Marie*(*). » Et, la narration de son voyage étant ainsi achevée, l'infant fit armer un *barinel*(**), sur lequel il envoya Affonso Gonçalvez Baldava, qui était son échanson. Il expédia aussi Gil Eannez avec sa barque, leur ordonnant de retourner au lieu désigné, une seconde fois ; ils le firent en effet, cheminant au delà du cap cinquante lieues, et ne trouvant que des terres sans habitations, et sans traces d'hommes ou de chameaux. Après cela, soit que la nécessité les y eût contraints, soit qu'ils en eussent reçu l'ordre, ils revinrent apportant ces nouvelles, sans avoir accompli autre chose qui soit digne d'être raconté. »

Le cap Bojador (***) est doublé, un grand événement s'est accompli : le récit naïf et grave à la fois que nous empruntons à Gomez Eannez de Azurara nous dit avec quelle simplicité eut lieu cette tentative, qui allait changer la face du monde. Ici nous avons voulu imiter les vieux chroniqueurs, nous nous sommes interdit toute discussion ; et ce n'est pas sans dessein que nous avons exposé le seul récit digne de foi sur lequel se sont basées jusqu'à ce jour les nombreuses narrations répétées durant quatre siècles, et reproduisant l'erreur dans chaque historien. Méconnu des uns, altéré systématiquement par les autres, ce récit a été travesti de mille façons. Il fallait revenir à la source primitive, et nous l'avons fait.

Si nous nous sommes refusé à la grande discussion qui se présentait naturellement, ce n'est pas que nous méconnaissions les faits plus ou moins curieux que la critique a rassemblés dans ce dernier temps. Nous n'ignorons ni les prétentions des Italiens ni celles des Catalans ; nous avons lu tout ce qui a été écrit touchant les premières navigations des Dieppois : mais jusqu'à ce que le hasard nous ait présenté quelques-uns de ces documents positifs que le temps, dit-on, nous a ravis, nous nous en tiendrons au journal du vieil historien portugais. Disons mieux : quelque manuscrit arabe viendrait constater le naufrage du navire français dont parle Edrisi (*), on prouverait d'une manière

(*) Probablement l'*anastatica hierochuntica*, Linn. ; autrement dit, rose de Jéricho.

(**) Selon les uns, on devrait entendre par cette dénomination un petit navire, tel que ceux qu'on employait anciennement sur la Méditerranée ; selon d'autres auteurs, le *barinel* ou *varinel* était une embarcation à rames.

(***) Bojador, *adj.*, qui saillit, qui s'avance en dehors, qui fait ventre ; il se dit d'un cap, d'une montagne. Voy. J. I. Roquete, *Nouveau Dictionnaire portugais-français*. Presque tous les historiens modernes font dériver ce nom, par onomatopée, du grondement des flots, qu'ils comparent au beuglement des bœufs ; mais, outre que le verbe *bojar* n'a nullement cette signification, et que *boiar* signifie simplement parler aux bœufs, les exciter, le nouveau lexicographe est ici d'accord avec João de Barros, qui s'exprime ainsi dans sa première décade : *Porque como este cabo começa de incurvar a terra de mui longe, e ao respecto da costa que atras tinham descuberta, lança e boja para al oeste perto de quarenta legoas, donde deste muito bojar lhe chamarão Bojador era para elles cousa mui nova a partarse do rumo que levavão* : primeira decada, fol. 5. Quelques écrivains non-seulement n'admettent pas l'étymologie de Barros, mais ils se refusent à considérer le mot *bojador* comme étant d'origine portugaise ; il nous semble difficile de partager leur opinion.

(*) En affirmant que les auteurs arabes se taisaient complètement sur l'existence des terres situées au delà du cap Bojador, et en citant Edrisi à l'appui de cette assertion il eut été à désirer que M. le vicomte de Santarem n'omît point un passage de cet auteur, qui nécessairement change l'état de la question. Lorsqu'il écrivit son ouvrage, Edrisi se trouvait à la cour du roi de Sicile, et par conséquent à même d'être bien informé : or il parle d'un navire français ayant fait naufrage dans des parages qu'on peut supposer être le Sénégal ; nous citerons ici le texte : « Près de l'île que nous venons de nommer (l'île des Moutons), se trouve celle de Raca, qui est l'île des Oiseaux ; on dit qu'il s'y trouve une espèce d'oiseaux semblable à celle des aigles rouges, et armés de griffes ; ils se nourrissent de coquillages et de poisson, et ne s'éloignent jamais de ces parages. On dit aussi que l'île de Raca produit une espèce de fruits semblables aux figues de la grande espèce, et dont on se sert comme d'un antidote contre les poisons. L'auteur du livre des Merveilles rapporte qu'un roi de France, informé de ce fait, envoya sur les lieux un navire pour obtenir le fruit et les oiseaux en question ; mais le vaisseau se perdit, et depuis on n'en entendit plus parler. »

positive que, dès 1364, les marchands de Dieppe ont poussé leurs expéditions jusqu'au delà de Sierra Leone, à l'embouchure du Rio dos Cestos; l'existence du petit Dieppe au quatorzième siècle serait constatée, ainsi que la fondation d'une église à Mina en 1380 (*), que tout cela, selon nous, ne diminuerait que de bien peu la gloire qui se rattache au nom de D. Henrique. Ce fut lui, en effet, qui, par une suite non interrompue d'efforts habilement dirigés et d'enquêtes scientifiques renouvelées sans relâche, parvint à dégager pour le monde savant la vérité de l'erreur, et à rendre évident aux yeux de tous ce qui bien certainement n'était basé que sur les récits les plus vagues et sur les renseignements les plus contestés. Christophe Colomb, dans une lettre qu'il écrit à Isabelle à la fin de son quatrième voyage, lui raconte en termes magnifiques une vision durant laquelle une voix céleste lui dit : « L'Océan était fermé, il y avait un monde à découvrir ; je t'ai donné la clef de ce monde... » D. Henrique pouvait aussi invoquer le souvenir de la voix mystérieuse, car c'était lui qui le premier avait brisé les chaînes qui eussent arrêté Colomb et Gama.

LE PROMONTOIRE DE SAGRES. — LE PALAIS DE L'INFANT. — Soit que les terreurs d'un monde fantastique l'obligeassent à retourner vers l'Algarve sans avoir accompli rien de ce que souhaitait l'infant, soit qu'il eût découvert quelque île inconnue, ou franchi, comme Gil Eannez, le passage redouté, c'était vers le promontoire de Sagres, vers le cap de Saint-Vincent, que le navigateur portugais se hâtait de se diriger (*).

Ce cap sacré, comme l'appelaient les anciens, ce point extrême de notre monde, si bien choisi pour aller à la découverte des mondes nouveaux, n'était point solitaire, abandonné, comme il l'est de nos jours. Le grand maître du Christ, qui l'avait choisi pour y faire sa résidence, donnait de la vie à ces plages désertes, et imprimait quelque chose de son ardeur héroïque à ces pauvres matelots qui ne s'occupent plus aujourd'hui que de leurs filets, et qui en ce temps, pour me servir de l'expression d'un vieux poëte, songeaient à les jeter sur le monde. Ce petit couvent solitaire qui s'y éle-

---

Voy. *Géographie d'Edrisi*, trad. par le ch. Jaubert, t. I, page 201.

Soit erreur du copiste, soit erreur dans la traduction, le géographe arabe qui nous fournit ce curieux extrait présente une contradiction étrange, qui n'a pas encore été discutée par les savants. Nous la soumettons à ceux qu'intéressent de semblables recherches, parce qu'elle semblerait prouver que les Arabes avaient connaissance de contrées situées bien au delà du cap Bojador. Lorsqu'il décrit le premier climat, Edrisi s'exprime en ces termes : « Ce climat commence à l'ouest de la mer occidentale, qu'on appelle aussi la mer des Ténèbres. C'est celle au delà de laquelle personne ne sait ce qui existe. Il y a deux îles nommées les îles Fortunées, d'où Ptolémée commence à compter les longitudes. On dit qu'il se trouve dans chacune de ces îles un tertre construit en pierre, de cent coudées de haut; sur chacun d'eux est une statue de bronze, qui indique de la main l'espace qui s'étend derrière elle, etc. » Or, lorsqu'il vient à parler du deuxième climat, le géographe arabe se sert de ces expressions : « Nous disons donc que la présente section du deuxième climat commence à l'extrémité de l'occident, c'est-à-dire de la mer Ténébreuse ; on ignore ce qui existe au delà de cette mer. A cette section appartiennent les îles de Masfahan et de Lamghoch, qui font partie des six dont nous avons parlé sous la désignation des (îles) *Éternelles*, et d'où Ptolémée commence à compter les longitudes des pays. Alexandre le Grand alla jusque-là, et en revint. » Edrisi continue en parlant de la statue qui exista à Masfahan, et cette partie de la description ajoute encore à la ressemblance que présentent les deux passages. Il y a là évidemment une erreur, et il ressort de calculs positifs qu'on a substitué les îles Fortunées aux îles du cap Vert.

(*) L'écrivain qui sans contredit a rassemblé le plus de faits touchant ces traditions si intéressantes à étudier est M. Estancelin. (Voyez *Navigation des Normands*.)

(*) Le cap Saint-Vincent proprement dit est une petite péninsule de soixante brasses de longueur, qui se prolonge au sud-ouest, et tient au continent au moyen d'un isthme de vingt brasses de longueur, formant deux anses ouvertes au nord-ouest et au sud-ouest. Ses rives sont formées de rochers à pic, qui en certains endroits ont jusqu'à deux cents pieds de haut. Il y a la, à cette extrémité occidentale de l'Europe, un petit couvent, habité naguère par quelques pauvres religieux de l'ordre des capucins; aujourd'hui le couvent est désert. Les fortifications qui défendent Sagres ont été fondées, selon toute probabilité, par D. Henrique; mais elles ont été réparées en 1631, puis ont subi de grandes modifications en 1793. En 1839, sous le ministère du vicomte de Sá da Bandeira, on a élevé à la mémoire de l'infant un monument; il consiste dans une table de marbre de dix palmes et demie de haut sur cinq et demie de large, avec une longue inscription rappelant les glorieux travaux du fils de Jean Ier. On peut voir la description détaillée de cette pierre monumentale dans le *Panorama* de 1843, p. 140. Ne serait-il pas digne du Portugal d'ériger une statue à D. Henrique sur l'emplacement où s'élevait sa studieuse retraite?

vait déjà n'avait point encore été fortifié contre les efforts des Maures ou les attaques des pirates européens; mais il montrait son humble tour à l'extrémité du cap, et servait de refuge aux pèlerins qui venaient honorer le martyr dont le nom est vénéré sur ces plages. Deux lieues plus loin, à Sagres, dont le nom rappelle le *promontorium Sacrum* des anciens, avait été construit le collége maritime de l'infant, comme quelques auteurs aiment à désigner l'habitation de D. Henrique, située à trois milles au nord de cette pointe de roche où finit l'Europe. Le grand maître avait choisi ce lieu pour y bâtir son palais (*), sans doute parce que la baie de Sagres, bien différente de la petite anse de Beliche, et des autres baies rocheuses de cette côte tourmentée, permettait une entrée facile aux embarcations qu'il employait. Dans les alentours, dit-on, la terre était fertile et productive; mais, du promontoire de Sagres jusques au cap, le sol était, comme il est encore aujourd'hui, aride, pierreux, battu des vents dans toutes les saisons : on n'y voyait que quelques arbustes nains, quelques plantes de rivage : partout la roche vive frappait les regards.

C'est dans ce lieu que le grand infant venait se livrer à ses méditations; sans doute c'est dans ce petit ermitage, bâti sur trois pics avancés, et entre lesquels la mer roule ses flots, qu'il venait prier pour ceux qu'il envoyait sonder le grand mystère!

Et puis un jour que, de cette humble chapelle peut-être, il promène son regard sur l'immense étendue des eaux, une caravelle montre au loin sa voile blanche; c'est celle de Gil Eannez. Le cap mystérieux est doublé, la limite est franchie : le désir de l'infant peut aller plus loin encore; il entrevoit la vérité. C'est pour cette fois qu'on peut dire avec un écrivain plein d'éloquence, que, ne pouvant agrandir le territoire de son pays, il lui a donné l'Océan.

Mais plus d'un historien nous a dit aussi ce qu'il lui en a coûté de veilles pour arriver à ce but, ce qu'il lui a fallu renouveler d'efforts pour faire passer ainsi dans le domaine de la réalité une théorie confuse, et qui n'était basée que sur des récits mensongers, ou sur les écrits des géographes anciens. L'un nous le montre environné de ses mathématiciens affidés, ou bien de ses géographes pratiques, tels que Jacome de Malhorca, qu'il a fait venir à Sagres dès l'année 1438 (*); l'autre nous le représente corrigeant les cartes du savant Valseca (**), sur lequel se base la science de son époque, et l'engageant à supposer les degrés du parallèle égaux aux degrés de l'équateur, ce qui altérait sans doute la véritable grandeur et la position relative des terres, mais ce qui réduisait après tout les rumbs à des lignes droites, et par ce moyen les rendait plus aptes à la fin qu'il prétendait obtenir (***). Un troisième nous le fait voir méditant sans relâche les œuvres de Jean Muller de Kœnisberg ou de Jorge Purbach, et cherchant pour tous ses efforts à réunir les notions éparses d'astronomie positive que pouvait offrir son siècle. Et après tous ces historiens, dont nous ne voulons point multiplier les témoignages, vient un écrivain de cette époque qui a vu D. Henrique, qui a peut-être partagé ses études, et qui s'écrie : « Com-

---

(*) Le premier lieu habité par l'infant portait le nom de *Terça-nabal*. On a fait observer avec raison que ce mot était formé par altération de *Tercena naval*. Cette dénomination venait du mot vénitien *darcena*, arsenal des galères, lieux où on les construit. Voy. les notes d'Azurara. Le nom de *villa do Infante* remplaça bientôt le premier.

(*) João de Barros, decada 1°, liv. Ier, cap. XVI.

(**) Gabriel de Valseca était de l'île de Mayorque. En 1439, il dressa à Mayorque même une carte maritime, sur laquelle il traça tous les contours de la côte d'Afrique, décrivant minutieusement les caps, les anses, et enfin tous les points découverts par les Portugais; il le fit, dit-on, avec une telle exactitude, qu'on peut supposer ou qu'il assista personnellement à ces voyages, ou que du moins il eut sous les yeux la relation intelligente de quelque témoin oculaire. Cette fameuse carte, qui était sur parchemin, et qui avait été dressée sur d'assez grandes dimensions, fut achetée à Florence par D. Antonio Dezpuisgue, chanoine de la cathédrale de Mayorque. On prétend qu'Amerigo Vespuci en avait fait tirer une copie, qui lui avait coûté 130 ducats d'or. Ce curieux monument fut examiné au dix-huitième siècle par les abbés Betinelli et Lampillas. Voy. *Memorias de Litteratura*, tome 8, page 218. Voy. également, touchant ce géographe, les *Recherches sur les pays situés sur la côte occidentale d'Afrique*, page 291.

(***) Voy. le livre si substantiel et si bien fait intitulé *Ensaio historico sobre a origem e progressos das mathematicas em Portugal*, por Francisco de Borja Garcão Stochler, page 17.

bien de fois le soleil ne l'a-t-il pas retrouvé à la place qu'il occupait la veille, détruisant sa santé par l'étude! (*) » Mais il ne faut pas croire que cette âme de feu se consume ainsi en lents efforts uniquement par amour pour les sciences humaines : avant tout, l'infant est grand maître de l'ordre du Christ; il a juré, dans l'antique couvent de Thomar, de répandre en tous lieux parmi les infidèles la vraie religion, et les efforts qu'il renouvelle ainsi ne sont que pour l'accroissement de la foi. Voyez les caravelles qui sillonnent l'Océan et qui partent de Lagos : c'est la croix du Christ qu'elles portent sur leur pavillon, et le symbole de l'ordre reparaît encore au centre de ces massifs piliers qu'on plante sur des plages inconnues, et qui attestent le passage de ces hardis chevaliers.

CONTINUATION DES DÉCOUVERTES AU DELA DU CAP BOJADOR. — Cette première période des explorations portugaises a dans toutes les histoires un tel retentissement, elle joue un rôle d'une telle importance dès qu'il s'agit de constater l'époque où changèrent les relations de l'Europe avec les contrées lointaines, que nous voudrions suivre pas à pas dans son récit Gomez Eannez d'Azurara. Ce noble historien des premières découvertes laissa, dit-on, jadis, un *Livre des miracles*, qui ne nous est pas parvenu (**). On serait tenté de croire qu'après avoir décrit tant d'excursions prodigieuses, tant d'efforts de courage, il s'était accoutumé peu à peu à vivre dans ce monde idéal, ou, pour mieux dire, à reculer dans le monde réel les bornes du possible : hâtons-nous de le dire néanmoins, rien n'est plus simple que ses récits, rien n'est plus complètement sincère. On se demande en le lisant comment dans l'expédition de ces petites caravelles aventureuses, comment dans le parti pris de quelques hommes déterminés, il y a toute une destinée nouvelle pour le pays qui les envoie. Mais ces récits sont multipliés, et l'espace nous manque : nous constaterons seulement les faits principaux.

Affonso Gonçalvez Baldaya ouvre la liste de ces navigateurs : en 1434, l'infant D. Henrique l'envoya, comme on l'a déjà vu, en qualité de capitaine. Baldaya était le *copeiro mor* de l'infant, ou, si on l'aime mieux, son échanson; et Gil Eannez, qui commandait une barque, devait marcher de concert avec lui, après avoir doublé le cap Bojador. Ils entrèrent cinquante lieues plus loin, dans une baie qu'ils désignèrent sous le nom d'*Angra dos Ruyvos*, ou baie des Rougets. Les deux navigateurs aperçurent des traces d'hommes et de chameaux sur le sable : mais ce furent les seuls renseignements qu'ils rapportèrent en Portugal.

En 1436, une seconde expédition fut résolue ; car l'infant avait fort sensément induit, du rapport de son échanson, qu'une ville ou qu'une bourgade n'était pas éloignée du lieu où l'on s'était arrêté, et qu'en tous cas on pouvait supposer que des caravanes allaient dans ces parages à la recherche de quelque port. Baldaya partit de nouveau sur son barinel, de conserve avec Gil Eannez. « Et, poursuivant leur navigation, ils allèrent soixante lieues au delà de l'endroit où ils s'étaient arrêtés la première fois, c'est-à-dire à cent vingt lieues du cap. » C'était là que les Portugais devaient apercevoir pour la première fois les habitants de cette contrée, et malheureusement l'entrevue n'eut pas lieu sans effusion de sang. Baldaya avait emmené dans son barinel deux chevaux, afin de pousser quelque reconnaissance jusque dans l'intérieur. Deux jeunes *fidalgos* dont les noms méritent d'être conservés (*), et qui n'avaient pas plus de dix-sept ans, s'élancèrent d'une façon toute résolue sur les chevaux, et s'en allèrent à sept lieues de là environ,

---
(*) Azurara, qui l'avait connu, insiste sur cette persévérance dans le travail : « Certes il n'y avait pas d'homme en son temps qui eût osé continuer les âpretés de sa vie. Oh! combien de fois le soleil ne l'a-t-il point trouvé assis au même lieu où il l'avait laissé le jour d'avant, veillant toute la durée de la nuit sans recevoir aucun repos, environné de gens de diverses nations, non sans tirer profit de chacun d'eux ; car ce n'était pas petite joie pour lui de découvrir un moyen d'être utile à tous. (*Chronica de Guinée*)

(**) Voy. Cardoso, *Agiologio Lusitano*. Il serait à désirer que ce livre, dont les nouveaux critiques n'ont pas parlé, devînt l'objet de quelques recherches sérieuses ; ce qu'en rapporte l'agiographe portugais prouve tout l'intérêt dont il pourrait être pour l'histoire des antiquités nationales.

(*) L'un d'eux s'appelait Heytor Homem, et fut connu de G. Eannez d'Azurara ; l'autre portait le nom de Diogo Lopez d'Almeida.

suivant toujours les rives du fleuve, jusqu'à un endroit où ils se virent tout à coup sur les bras dix-neuf Maures armés de zagayes, et formant un escadron serré; nos deux gentilshommes les attaquèrent, et ce fut par cette lutte, si inégale d'ailleurs, que commença sur une plage abandonnée cette série de combats aventureux, dans lesquels les Portugais devaient suppléer par l'audace au nombre. Ils ne se retirèrent qu'au moment où le soleil allait disparaître; l'un d'eux était légèrement blessé, mais sa blessure n'était pas restée sans vengeance: un guerrier maure avait été atteint. Azurara nous a laissé une peinture assez originale de la surprise que durent éprouver les barbares à la vue de ces jeunes gens armés, les attaquant à l'improviste dans leur désert. Ce qu'il y a de certain, c'est qu'ils n'osèrent reparaître au lieu où on les avait trouvés, et où on les alla chercher de nouveau. Contraint de se passer d'une telle capture, Baldaya s'en alla tuer des veaux marins le long de la côte; puis, il parvint à un point de la côte où un rocher affectait la forme d'une galère. Ce lieu fut nommé *o porto do Gallée*, et figure sur les vieilles cartes : nos explorateurs trouvèrent là des filets, et les apportèrent à bord; fort contrariés sans doute de ne pouvoir remplir le but de l'infant, qui leur avait surtout recommandé de s'emparer d'un naturel pour avoir langue dans le pays (*).

Le chapitre XI d'Azurara commence par ces mots : « Nous ne trouvons rien de notable à raconter touchant les années suivantes; cependant deux navires se dirigèrent vers ces contrées, en formant deux expéditions séparées : l'une revint à cause du temps contraire, l'autre alla seulement au *ryo do Ouro* (**),

(*) L'article consacré par un écrivain distingué à Gomez Eannez de Azurara, dans le Journal des Savants, septembre 1841, dit d'une manière inexacte: *Là ils aperçurent des filets tendus par des pêcheurs;* il y a dans l'original: *Alli sayrom em terra onde acharon redes.* Le but principal de Baldaya et de ses compagnons était de s'emparer de quelque habitant de la côte; et si les filets eussent été tendus, ils eussent certainement cherché à capturer les pêcheurs.

(**) Faisons remarquer en passant, avec Antonio Galvam, que le *Rio do Ouro* ne reçut ce nom qu'en 1443.

au fleuve de l'Or, pour recueillir des peaux et de l'huile provenant de ces loups marins. Lorsqu'il eut sa charge, il retourna au pays, et en cette même année le noble infant D. Henrique passa à Tanger, raison pour laquelle il n'envoya pas d'autre navire dans ces parages. »

Quatre ans se passèrent en effet sans que ces expéditions fussent renouvelées; mais en 1441, se voyant libre de ces guerres déplorables où il avait montré un courage si énergique, l'infant D. Henrique songea de nouveau à reculer les bornes de ses découvertes. Il expédia d'abord un jeune marin faisant partie de sa maison, et que l'on nommait Antão Gonçalvez. Il n'était pas encore arrivé à sa destination, que le prince confia un second bâtiment à Nuno Tristam, jeune chevalier élevé dans son palais. Antão Gonçalvez était déjà parvenu à se procurer deux captifs, lorsqu'il fut rejoint par Tristam, auquel il était enjoint de se porter au delà de la pointe de la galère. Les deux explorateurs réunirent leurs efforts, et dix autres prisonniers tombèrent, dans un combat sanglant, entre les mains des Portugais; il y avait même parmi eux un chef qu'on désigna sous le nom d'Andahu, *bom cavalleiro*, dit la chronique. On a remarqué plus d'une fois, dans le cours de cette narration, qu'un grand événement n'avait pas lieu à cette époque sans que cette noble institution de la chevalerie, si prompte à récompenser les dévouements de toute espèce, ne donnât des preuves éclatantes de sa haute mission. Ce lieu fut nommé *o porto de Cavalleiro*, parce que le jeune Antão Gonçalvez y fut armé chevalier, des mains de Nuno Tristam. Cet honneur lui avait été décerné d'une voix unanime par ses compagnons (*). Il retourna en Portugal, mais Tristam poursuivit son voyage, et il ne rentra dans Lisbonne qu'après avoir nommé sur la côte d'Afrique le cap Blanc (**). Là encore il trouva des traces d'hommes, des instruments pro-

(*) « *E assi foi este o primeiro Cavalleiro que foi feito em aquellas partes.* Azurara *Chronica de Guiné.* »

(**) *O cabo Branco.* Ce point gît par les 20° 46′ de long. et les 55° de lat. N.

près à la pêche, mais sans pouvoir faire d'autres prisonniers.

L'arrivée de ces deux officiers fut un grand événement à la cour de D. Henrique. Le saint prince, comme l'appelle Azurara, voulut posséder les trésors de l'Église, pour les répandre parmi les hardis capitaines qu'il comptait envoyer désormais dans ces contrées désertes; en conséquence, il envoya une ambassade vers le pape Martin V, pour lui faire part des merveilleuses découvertes qu'il venait d'accomplir; et ce fut un homme éminent de cette époque, Fernam Lopes d'Azevedo, qui fut chargé de cette mémorable mission. Elle passa sans doute, à cette époque de troubles, à peu près comme inaperçue; néanmoins, dans la bulle que le pape Eugène IV, successeur de Martin, expédia à l'infant, D. Henrique, il concéda à ce prince, grand maître de l'ordre du Christ, non-seulement les terres qu'il avait explorées, mais celles qu'il pourrait découvrir encore depuis le cap Bojador jusqu'aux régions dont les limites n'étaient point connues, et cela au nom de la couronne de Portugal. Nous ne saurions admettre ici, avec Barros, que les Indes aient été formellement désignées; il n'en est rien dit, en tout cas, dans le texte de la bulle citée par Azurara (*).

C'est donc à tort, selon nous, que les historiens répètent ainsi cette formule de concession. Plus tard, lorsque Nicolas V expédia une seconde bulle en date du mois de janvier 1450, il accorda des terres depuis le cap Bojador et le cap Non, jusqu'à la Guinée dans toute son étendue (**).

Andahu, le chef noir dont nous avons fait mention, désirait ardemment revoir son pays; et, selon toute apparence, il avait fait quelque merveilleux récit touchant la quantité d'or qu'on pourrait obtenir en échange de sa personne. Affonso Gonçalvez fut le premier qui partit pour l'Afrique dans l'intention de réaliser ces promesses; et il emmena en sa compagnie un brave chevalier allemand, nommé Balthasar, le premier étranger qui eût pris part à ces voyages, et que le goût pour les aventures eût entraîné dans ces régions. Il mourait d'envie de voir de belles tempêtes, le digne chevalier, et elles ne lui manquèrent pas, nous dit Azurara; il pensa même ne retrouver jamais ses riches contrées de la Souabe ou ses belles rives du Rhin. Il débarqua heureusement en Afrique, à l'endroit où les prisonniers étaient tombés entre les mains des Portugais. Andahu, ce prétendu chevalier noir, sur la parole duquel on comptait déjà comme sur la parole d'un chevalier chrétien, fut mis à terre, et l'on eut de terribles appréhensions qu'il n'eût oublié sa promesse. Pendant huit jours on l'attendit sur les bords du fleuve, et l'on passa ce temps à maudire les gens de sa race; il ne revint pas en personne, il est vrai, mais au bout d'une semaine un Maure parut sur un chameau blanc, et la traite fut réellement organisée. Pour Andahu et son compagnon, Gonçalvez reçut dix individus, tant noirs que négresses. Le premier personnage chargé de cet odieux commerce fut un Alfaquis de l'infant, qu'Azurara désigne sous le nom de Martin Fernandez. Sur les bords de ce fleuve, où l'on donnait des hommes en échange d'autres hommes, on livra aussi aux Européens un peu de poudre d'or. Le *rio do Ouro*, qui figure avec tant d'éclat sur les cartes, fut nommé à la suite de cet échange; on donna aussi à Gonçalvez quelques œufs d'autruche, qui furent servis sur la table de l'infant. Le voyage qui ramena en Portugal nos explorateurs ne fut pas sans doute de longue durée, car le naïf chroniqueur nous raconte que ces beaux œufs d'autruche furent trouvés aussi frais que s'ils venaient d'être pondus dans la basse-cour. Quant au chevalier Balthasar, après avoir mangé sa part d'un mets si précieux, et après avoir reçu mainte autre courtoisie de l'infant, il s'en alla, en ses contrées du Nord, émerveiller maint château du récit de ses aventures.

Nous courrions risque de tomber

(*) L'indulgence plénière est, au contraire, spécifiée par la bulle pour ceux qui prendront part aux expéditions en Afrique.

(**) « *Todas as conquistas d'Africa com as ilhas nos mares adjacentes desde o cabo Bojador e de Não até toda a Guinea.* » Cette bulle est adressée à Alphonse V, à l'infant D. Henrique, et à tous les rois leurs successeurs.

dans une monotonie fatigante, si nous suivions pas à pas le prédécesseur de Barros dans ses minutieuses narrations : il faudrait dire comment Nuno Tristam s'en alla en l'île de Gête, et comment il fit de nouveaux captifs; comment encore Lançarote, un autre serviteur de l'infant, se dirigea avec ses navires vers les terres de Guinée, d'où il ramena environ deux cents noirs; comment Gonçalo de Cintra laissa son nom à une baie où les noirs le firent prisonnier (tout cela nous a conduit jusqu'en l'année 1445); et il faudrait en outre mentionner les pérégrinations sans nombre du brave Gil Eannez. En 1446, un écuyer d'Affonso V, que Barros appelle Diniz Fernandez, et qui était né à Lisbonne, s'embarqua pour ces expéditions, mû bien plutôt par le désir de l'honneur que par l'amour du gain, dit la chronique. Il arriva jusqu'au fleuve Sénégal, s'empara de quelques noirs yolofs, et, si l'on s'en rapporte à Galvam, poussa même jusqu'au cap Vert; il arriva bien certainement à ce cap en 1447, lors de sa seconde expédition, et il planta sur le rivage cette croix de l'ordre du Christ, qui signalait déjà tant de découvertes.

En cette même année, Nuno Tristam retourna à la côte sur une caravelle; mais ce dernier voyage lui fut fatal, car, après avoir dépassé le cap Vert et s'être avancé au delà du rio Grande jusqu'au 20⁰ deg., il fut massacré par les noirs avec dix-huit Portugais. Quatre ou cinq hommes d'équipage, qui étaient restés à bord, ramenèrent le bâtiment en Portugal. Si l'on s'en rapporte à Antonio Galvam, ce serait vers cette époque que se serait répandu le *mythe des sept villes*, qui jouent un si grand rôle dans la géographie du moyen âge. Selon cet historien, précieux à plus d'un titre, mais surtout curieux, parce qu'il tient compte de la plupart des traditions négligées par les autres écrivains, un bâtiment portugais, naviguant par le détroit de Gibraltar, aurait été emporté par la tempête vers les régions de l'ouest, et cela contre la volonté de ceux qui le dirigeaient. Une île dans laquelle s'élevaient *sept cités* leur serait enfin apparue; et la première demande qui leur aurait été faite en portugais (car les habitants parlaient cette langue) aurait eu pour but de s'informer si les Maures occupaient l'Espagne, d'où ces gens s'étaient enfuis au temps du roi D. Rodrigue. Le contre-maître du navire ayant rapporté un peu de sable de ces îles, l'aurait vendu à un orfèvre de Lisbonne, qui serait parvenu à en tirer une bonne quantité d'or. Tel serait, en somme, le récit bien vague, mais assez simple, qu'on aurait fait circuler dans le quinzième siècle, sur la contrée des sept villes (*), en renouvelant peut-être la tradition qui donnait pour tombe une île merveilleuse de l'Océan à saint Brandam (**). C'est parce qu'on chercha longtemps dans ce vague récit une origine à la découverte du nouveau monde, et qu'on prétendit trouver, dans ces îles au sable d'or, les régions où aborda Colomb, que nous n'avons pas cru devoir passer le *mythe d'Antilia* sous silence. Antonio Galvam est, d'ailleurs, le premier écrivain vraiment sérieux qui en fasse mention; et encore agit-il, dans cette occasion, avec toutes les marques du doute, avec toutes les réticences d'une sage réserve. Vers le milieu du quinzième siècle, ces récits mensongers se mêlaient toujours aux récits réels, et venaient imprimer une activité salutaire aux travaux des navigateurs. Pour bien comprendre cette grande époque, pour en sentir le vrai caractère, il faut rappeler les fables, de même qu'on expose les faits positifs. De toutes ces traditions primitives, tenant toujours quelque peu de la légende, celle à laquelle on a donné le plus d'importance, et qui a persisté même jusqu'à avoir de nos jours une certaine valeur scientifique, c'est sans contredit l'histoire des Maures Maghrourins, sur laquelle le savant M. Macedo prépare, dit-on, un grand travail; mais les re-

(*) Antonio Galvam, *Tratado dos Descobrimentos antigos e modernos*, pag. 24.
(**) La légende du saint voyageur remonte au commencement du douzième siècle, et est probablement d'origine bretonne, comme l'indique fort bien M. Achille Jubinal, dans un travail *ex professo*. Il est certain aussi qu'elle fut répandue de bonne heure chez tous les peuples de l'Europe méridionale, et que les Portugais ne l'ignoraient pas, puisqu'à l'époque où ils cédèrent à la Castille leurs droits sur la conquête des Canaries, ils comprirent dans le nombre Saint-Brendan, *la non-trouvée*. Azurara, d'ailleurs, indique cette **région** merveilleuse au début de son livre.

cherches de ce géographe éminent ont pour but de faire passer dans le domaine des relations imaginaires l'histoire de ces musulmans de Lisbonne, qui, poussant, au onzième siècle, leur navigation au delà des Canaries, prétendirent au retour avoir visité des contrées inconnues, où des cités opulentes leur avaient offert l'hospitalité. Comme on l'a très-bien fait observer du reste, le nom qu'ils laissèrent à une des rues de Lisbonne, et qui signifie proprement *le quartier de ceux qui ont été trompés*, prouve le peu de crédit qui se rattacha dès l'origine à ce vague récit.

LA LÉGENDE DE LA MER TÉNÉBREUSE. — Parmi les récits curieux circulant au quinzième siècle ; et roulant sur les mystères que cachait l'étendue de l'Océan, il en est un qui a été fréquemment altéré, et qu'une politique ombrageuse se plaisait à répéter aux étrangers dès le temps même où les navires du Portugal sillonnaient les mers de l'Afrique. Or, cette légende si curieuse fut racontée, au quinzième siècle même, à un voyageur allemand, qui nous l'a conservée dans sa naïveté primitive ; c'est-là que nous l'irons chercher.

A une époque inconnue, un certain roi de Portugal ordonna de construire trois navires, et de les munir de tout ce qui serait nécessaire pour un voyage plus long qu'aucun de ceux qu'on eût encore entrepris : la précaution du digne roi ne se borna point là, et il mit douze scribes à bord de chaque navire, pour lui rendre compte des événements qui auraient eu lieu. Ces chroniqueurs ne pouvaient pas rester sans travail, car les navires du roi de Portugal devaient naviguer durant quatorze ans. Ils partirent, et au bout de deux ans, comme on le rapporta au frère de la reine de Bohême(*), ils arrivèrent au milieu d'une certaine région ténébreuse (*in tenebras quasdam*), et après deux semaines de navigation ils abordèrent à une île inconnue. Après avoir jeté l'ancre, ils débarquèrent ; et bientôt ils découvrirent des habitations souterraines, remplies d'or et d'argent. Nul être humain ne paraissait ; et néanmoins ils n'osèrent rien emporter de ces trésors. Sur les terrasses de ces maisons il y avait des jardins et des plantations de vigne ; et ici le digne voyageur fait remarquer judicieusement que la même circonstance a lieu en France. Les Portugais restèrent trois heures dans l'île, se consultant entre eux sur ce qu'il était convenable de faire à l'égard de ces richesses immenses, qui n'avaient pas de maîtres apparents. Ils hésitèrent longtemps à se retirer comme ils étaient venus ; enfin une crainte salutaire l'emporta. Bien leur en prit sans doute ; car ils ne se furent pas plutôt remis en mer, que l'Océan commença à rouler devant eux ses flots comme des montagnes immenses, et à les lancer jusqu'aux cieux. Une grande terreur s'empara de nos voyageurs, quelque discrets qu'ils se fussent montrés. Or les trois navires ayant mis en panne, on tint conseil : Nous avons, dirent-ils, devant nous une preuve manifeste de la puissance divine : que faut-il faire ? Nous jetterons-nous au milieu de ce bouillonnement des flots, ou nous éloignerons-nous ? Quel sera notre retour dirent quelques-uns d'entre eux. Quel miracle rapporterons-nous à notre souverain, qui nous a envoyés en exploration ? Jetons-nous plutôt au milieu de ce frémissement des ondes. Il fut décidé, en conséquence, que deux navires tenteraient l'aventure, et que le troisième bâtiment les attendrait. Si les voyageurs n'étaient pas revenus au bout de quatre ou cinq jours, leur trépas était certain ; et le navire qui se tenait dans l'attente devait abandonner ces parages et retourner en Portugal. Non-seulement on les attendit cinq jours, mais on en laissa écouler plus de onze avec, sans prendre une décision définitive. Vaincus par la terreur, il fallut quitter ces parages et retourner à Lisbonne. Lorsqu'ils furent entrés dans le port, les gens de la ville s'en vinrent à leur rencontre, les interrogeant sur le pays d'où ils étaient originaires : ils avaient beau répondre qu'ils étaient les gens que le roi avait envoyés pour explorer les miracles de la mer, on ne les reconnaissait point. Enfin, certains grands personnages leur répondirent : Nous étions présents lorsque le roi expédia ces navires ; mais il n'a pas

(*) Le baron de Rozmitale et Blatna, frère de la reine Jeanne de Bohême, épouse du roi Georges II. Il commença ses pérégrinations en 1465.

envoyé des gens de votre sorte, et avant votre aspect. Vous avez des cheveux blancs; eux, au contraire, étaient dans la fleur de la jeunesse. Or, c'était certainement un grand miracle de Dieu; car, bien qu'ils eussent nombre de parents dans la ville et dans les alentours, nul ne voulait les reconnaître; et, de fait, ils étaient blancs comme les arbres, chargés des frimas de l'hiver. Le roi régnant de Portugal n'était pas moins embarrassé que ses sujets; les rapports de ces hommes avaient tous les caractères de la vérité, mais il craignait que ce ne fussent des pirates souillés du sang de ses sujets, et il demandait avant tout les journaux de ses trente-six scribes, et il répétait, avec une certitude de jugement bien précieuse sans doute en de telles circonstances : « Puisque nous avons envoyé trente-six écrivains divisés entre les trois navires, il ne nous en revient pas moins de douze. » Le digne roi fit venir en sa présence les pauvres diables, que personne ne voulait reconnaître; et, à défaut du rapport des historiographes, il fallut bien se contenter de leur récit. Nous abrégerons, et pour cause. Au bout de cinq mois d'une navigation facile, ils avaient fait six mille lieues; il leur avait fallu dix-huit mois pour parvenir à la mer Ténébreuse. L'île qu'ils avaient abordée pouvait avoir trois milles de long sur une largeur proportionnée. Le reste de la relation, qui fut adressée au roi de Portugal, est connue du lecteur. Le rédacteur des voyages de Rosmithal affirme seulement que cette narration des aventureux navigateurs fut recueillie par ordre du prince (*).

Voilà d'une manière succincte quelle était à peu près la nature des récits qu'on faisait circuler alors en Europe, les contes étranges dont se berçaient les meilleurs esprits. Il nous eût été facile de les multiplier sans doute; mais, bien que nous abordions volontiers ces sortes de curiosités historiques, surtout lorsqu'elles sont peu connues, nous ne saurions oublier que nous sommes parvenus à une période où de grands faits politiques, trop souvent passés sous silence, réclament notre attention, et nous ramènent nécessairement en Europe. Nous rappellerons seulement qu'après la mort de D. Duarte, les découvertes le long de la côte d'Afrique, loin de subir une interruption, furent continuées avec un zèle qui atteste toute la persévérance de D. Henrique. Non-seulement il savait admirablement choisir les étrangers qu'il employait, dans l'intention de multiplier ses observations; mais, pour donner une idée du courage que déployaient quelques-uns de ses serviteurs dans les missions diverses dont on les chargeait, il suffira de rappeler qu'il y avait tel d'entre eux qui n'hésitait pas à s'enfoncer dans les solitudes affreuses de l'intérieur, pour y étudier les mœurs des peuples qu'on voulait soumettre : tel fut ce Joam Fernandez que Gomez Eannez de Azurara avait connu, et qui durant sept mois resta seul dans les terres désolées que baigne le rio do Ouro, pour entrer en communication avec les tribus errantes, dont il espérait obtenir des renseignements. Car il ressort, de la lecture d'Azurara, que dès 1445 l'infant désirait avoir connaissance des Indes et des terres du prêtre Jean. Joam Fernandez savait l'arabe, qu'il était allé apprendre dans les États barbaresques, et il courait moins de danger que tout autre; mais si l'on veut bien se rappeler les étranges récits qui circulaient alors, son courage frappera nécessairement (*). Il s'en faut bien que les excursions des serviteurs de l'infant eussent un caractère si pacifique : bientôt chaque voyage entrepris, surtout par les marins du pays d'Algarve, eut pour but de se procurer

---

(*) Les voyages du baron bohême How de Rozmitale et Batna ont été réimprimés à Brunn en 1824. Voyez ce que dit à ce sujet M. Ternaux. Mais le livre original doit être mis au nombre des plus grandes raretés bibliographiques du quinzième siècle. La traduction latine de cette relation, qui a été publiée au quinzième siècle, est elle-même fort rare. Il en existe un exemplaire à la bibliothèque Sainte-Geneviève.

(*) Dans la *Chronique de Guinée*, lorsque Lançarote, s'adressant aux marins qui l'environnent, demande si quelqu'un d'entre eux veut le suivre, Alvaro de Freitas s'écrie. « Je ne suis pas homme à m'éloigner de telle compagnie; allons donc où vous voudrez, et, si vous le désirez, jusqu'au paradis terrestre! » Environ cinquante ans plus tard Christophe Colomb croyait encore que les eaux de l'Orénoque pouvaient le conduire au séjour immortel.

des esclaves, qu'on venait vendre ensuite à Lagos (*). Ce trafic était quelquefois considérable; la cinquième partie en revenait au grand maître de l'ordre du Christ. La plume éloquente de Gomez Eannez de Azurara nous a conservé le récit d'une de ces ventes d'esclaves qui eurent lieu dès le quinzième siècle à Lagos : et si le vieil écrivain, saisi d'une indignation sainte, flétrit déjà cet odieux commerce, il trouve pour l'excuser des raisons puisées dans le sentiment religieux de l'époque. Qu'ils appartinssent à la race des Maures ou à celle des noirs, ces esclaves étaient immédiatement convertis au christianisme, et passaient comme tels dans la population agricole. Les voyages destinés à faire des captifs se multiplièrent sans doute durant la première moitié du quinzième siècle; cependant on les a singulièrement exagérés dans ces derniers temps, puisqu'il paraît certain qu'à partir des premières explorations jusqu'en l'année 1446, le chiffre total des caravelles employées à ces sortes de voyages ne s'éleva pas au-dessus de cinquante-une. C'est donc par erreur qu'un article du Journal des Savants nous représente le Portugal faisant armer des flottes de cinquante et une caravelles, pour continuer les découvertes de l'infant D. Henrique vers ces parages : ces expéditions gigantesques ne se réalisèrent qu'un siècle plus tard (*).

RÉGENCE DE L'INFANT D. PEDRO, SURNOMMÉ D'ALFARROBEIRA. — Lorsqu'il arrive à l'époque où le Portugal se vit tout à coup privé d'un roi dont il avait conçu de si justes espérances, un vieil historien, qui entreprend de faire connaître les événements du quinzième siècle (**), commence par nommer le régent don Pedro, second fils de Joam Ier, et telles sont les expressions dont il fait usage, tel est son enthousiasme réfléchi pour le grand caractère qu'il va peindre, que l'on croirait à quelque exagération, si l'amour de la vérité ne l'emportait évidemment ici sur la prudence, puisque le grand homme trouva des persécuteurs jusqu'après sa mort, et que ceux qui croyaient avoir effacé les traces d'une administration comme il n'y en eut certainement jamais dans la péninsule.

(*) La ville où se passèrent les premières transactions commerciales de l'infant D. Henrique avec les pays nouvellement découverts, Lagos, la capitale des Algarves, est une cité située par les 37° 71' 7" de latitude. Elle est bâtie sur la côte occidentale de la baie célèbre qui porte ce nom, et a été construite sur trois collines s'élevant sur la rive droite du petit fleuve, ou, si on l'aime mieux, du bras de mer qui baigne ses antiques murailles. On ignore l'époque positive de la fondation de Lagos ; mais il ressort positivement, d'une lettre d'Alphonse IV, qu'en 1332 les murs de cette ville n'étaient pas entièrement achevés. Bien qu'à la marée haute sa baie ne puisse admettre que de petites embarcations du port de 750 quintaux environ, il paraît certain que dès le quinzième siècle les Vénitiens se rendaient dans ce port avec leurs galères, et, en échange de leurs marchandises précieuses, s'emparaient des produits de la pêche, prodigieusement abondante vers ces parages. On a la preuve aussi qu'ils emportaient une partie des moissons abondantes que fournissait ce territoire fertile. Quoique, d'après le recensement de 1837, la population ne s'élève pas à plus de 8,277 habitants, à cette époque de prospérité elle était certainement beaucoup plus considérable. Ce serait s'imposer une tâche longue et difficile à la fois que de raconter tous les désastres que cette ville eut à subir durant le tremblement de terre de 1755. Pour en donner en quelques mots une légère idée, nous dirons que la mer s'éleva à la hauteur des murailles, c'est-à-dire à cinq brasses ; et qu'après avoir emporté une partie des fortifications, elle s'étendit à une demi-lieue dans les terres, en faisant des ravages épouvantables. La cité de Lagos, qui se composait alors de neuf cents feux, fut longtemps à se remettre d'un tel désastre. Elle est aujourd'hui dans un état assez florissant, et 400 marins y entretiennent la prospérité de ses pêcheries ; mais il serait à souhaiter que le bel aqueduc qui l'approvisionne d'eau fût réparé d'une manière convenable. (*O Panorama*, t. 6, ou 1re partie de la 2e série, p. 355.)

(*) Voy. l'article consacré à la chronique de Gomez Eannez de Azurara, année 1841. L'auteur s'exprime ainsi : « Des sociétés commerciales se formèrent, sous la protection des caravelles de l'ordre du Christ, pour l'exploitation de ces parages, d'où l'on était sûr de rapporter de la poudre d'or, des peaux de loups marins, des dents d'éléphant, des œufs d'autruche, et malheureusement aussi des nègres, la plus déplorable et la plus lucrative des denrées fournies par la côte d'Afrique. Aussi bientôt, au lieu de la petite barque de Gil Eannez, vit-on voguer vers ces contrées des flottes de six, de quatorze et même *de cinquante et une caravelles.* » P. 710.

(**) Voyez le manuscrit portugais de la Bibliothèque royale coté 10,253, in-f°. L'auteur, probablement ecclésiastique, qui a donné en portugais cette version de la chronique générale faussement attribuée à Alphonse le Sage, n'a pu résister au désir de raconter certains événements arrivés au quinzième siècle, et dont il avait pu être contemporain, pour peu que son âge fût avancé. Nous puisons donc ici à une source ignorée de tous les historiens.

mirent autant d'efforts à poursuivre la mémoire du juste, qu'ils en avaient employé à lui arracher le pouvoir. Écoutons donc sans défiance ce vieil historien, qui sut démêler la vérité parmi tant de voix confuses :

« Cet infant fut pourvu de vertus nombreuses, et cela à tel degré, que, pour ainsi dire, il paraissait un homme divin(*).Tempérance, grandeur, constance, magnanimité, égalité de cœur, il eut tout cela plus que les autres hommes : aussi les bons l'aimaient-ils, comme les méchants le redoutaient. » Nous allons voir bientôt à qui devait rester la victoire.

Aussitôt après la mort de don Duarte, Affonso V, encore enfant, fut reconnu pour roi de Portugal; puis la régence fut proclamée. Le pouvoir se trouva divisé ainsi : la reine Lianor resta chargée de l'administration et de la tutelle; l'infant don Pedro reçut le titre de *défenseur du royaume;* et le comte d'Arrayolos, fils de ce comte de Barcellos qu'on vit jouer un rôle si funeste dans l'histoire de la régence, demeura chargé de tout ce qui regardait l'administration de la justice. Les choses ainsi disposées, tout semblait au premier abord devoir prendre une heureuse direction, et tout le monde croyait que ces dispositions conciliantes devaient ramener les beaux temps de Joam Ier. Il n'en fut rien ; les passions ambitieuses vinrent encore déjouer cette fois ce que les hommes paraissaient avoir si sagement calculé. Il s'en fallait bien que la reine Lianor partageât, à l'égard de don Pedro, les sentiments de tendresse passionnée que don Duarte témoignait sans cesse à ce frère chéri; elle le détestait au contraire, et dès le début de la régence elle manifesta hautement son aversion. Le jeune roi ne comptait alors que six ans : on lui avait donné pour gouverneur ce digne Gonçalvez de Attaïde, premier comte de Atouguia, qui était tout entier sans doute à la dévotion de l'infant, dont il avait été le compagnon. Que pouvait être, aux yeux de la reine Lianor, une tutelle qui ne lui laissait espérer ni pouvoir dans l'administration ni influence sur son fils? Une déplorable lutte s'engagea. D'ailleurs, il faut le dire ici, bien que ce fait soit généralement omis par les historiens, une haine plus active encore, plus persévérante, grondait au-dessus de la tête du régent, et c'était celle d'un frère. Le duc de Bragance, don Affonso, détestait don Pedro avec plus d'animosité peut-être que la reine Lianor.

Si quelque jour on publie cette belle chronique d'Alvoro Lopes, qui est encore manuscrite dans les cartons de l'Académie, on apprendra du secrétaire d'Affonso mille choses curieuses sur cette première période d'un règne orageux ; et l'on saura surtout que la haine qui divisait les deux frères n'eut pas originairement d'autre cause qu'une vieille rivalité. En 1432, après la mort de Nuno Alvares Pereira, la connétablie de Portugal vint à vaquer. Le fils illégitime de Joam Ier, don Affonso, vit sans doute dans cette dignité un moyen d'effacer la tache qui lui était imprimée par sa naissance : il la réclama, et mit tout en usage pour réussir ; mais il trouva sur son chemin l'infant don Pedro, qui prétendait à ce poste éminent, et dès lors commença entre les deux princes une inimitié que la mort seule devait finir.

Il serait trop long d'exposer ici tout ce que le frère bien-aimé de don Duarte eut à souffrir de ces haines cachées d'abord, et des prétentions qu'elles inspiraient. Les conseillers de la reine Lianor finirent par persuader à cette princesse qu'il fallait s'adresser à ses frères les célèbres infants d'Aragon, pour obtenir à la fois une vengeance ardemment souhaitée, et un pouvoir qui s'éloignait chaque jour davantage. Cette démarche eut les plus déplorables résultats pour la reine et pour le royaume. Non-seulement les infants tirèrent d'énormes profits pécuniaires de cette intrigue politique, puisqu'un vieil écrivain prétend que leur fortune en fut doublée; mais la reine, chargée de la haine publique, fut contrainte de se retirer en Castille, où elle se vit bientôt assaillie par la plus cruelle nécessité. Elle avait fait cette démarche inconsi-

---

(*) *Assy que parecia homem divynal!* C'est pour la première fois que je rencontre cette expression dans un chroniqueur ; et, disons-le, elle se rapporte complétement aux paroles attendrissantes que laisse échapper le roi D. Duarte, lorsqu'il parle de son frère absent. Voyez le *Leal Conselheiro*, publié en 1843 par M. Roquete.

dérée contre l'avis de tous ses beaux-frères, et elle en paya chèrement l'imprudence : non-seulement elle vécut en Espagne dans un état voisin de la misère, puisque le comte don Fernando de Menezes se vit dans la nécessité de lui envoyer une somme considérable pour subvenir à ses besoins, mais elle ne poussa pas bien loin sa carrière. Elle mourut à Tolède le 19 février 1445, complétement abandonnée de son parti ; et le connétable Alvaro de Luna, ennemi personnel de sa maison, fut véhémentement soupçonné de l'avoir fait empoisonner (*). Il y eut encore, on le verra bientôt, des soupçons plus odieux au sujet de cette mort déplorable.

Tout ceci n'avait pas lieu sans de grands troubles intérieurs ; et telle était l'aversion que cette reine infortunée avait inspirée, qu'on vit le peuple chasser l'archevêque de Lisbonne don Pedro de Noronha, parce que ce prélat passait pour être sa créature. Après bien des prises d'armes, après des luttes partielles trop multipliées pour les consigner ici, il fut décidé enfin, dans une junte qui s'était rassemblée à ce sujet, que le pouvoir appartiendrait tout entier à don Pedro jusqu'à la majorité du roi.

Cette mémorable régence dura environ dix ans ; et l'on peut dire, sans crainte d'être taxé d'exagération, que cette période de l'histoire du Portugal est à la fois une des plus fécondes en résultats et une des plus difficiles à étudier. L'homme qui s'était nourri de la lecture de l'antiquité, l'esprit curieux qui était allé étudier sur les lieux mêmes les institutions des peuples modernes, ce prince, en un mot, qui comprenait si bien les besoins de son siècle et les grandes choses des siècles passés, pourvut à tout et sut tout maintenir. Le code ébauché sous don Duarte fut révisé par ses soins, et prit dès lors une influence qu'il n'a point perdue. Grâce à l'énergie des mesures de l'infant, certains ordres militaires sortirent de la dépendance où les retenaient les grandes maîtrises d'Espagne, dont ils relevaient. Ce fut encore par suite de ses instances que le pape Eugène affranchit Valença dans la province de Minho, et Olivença dans l'Alem-Tejo des droits qu'elles devaient aux évêchés de Tuy et de Badajoz. Enfin, s'il laissait à son frère la gloire d'accomplir les grandes découvertes qui l'ont rendu immortel, don Pedro savait deviner leur influence et même préparer leurs résultats.

Examinés du point de vue où nous nous trouvons, ces faits peuvent paraître à bien des gens comme étant d'une médiocre importance ; les peuples ne s'y méprirent pas alors, et le témoignage naïf d'un vieil écrivain portugais nous le prouvera mieux que des dissertations étudiées. Ce récit, quelque peu rude dans sa forme, nous fera comprendre aussi quelles pensées douloureuses, quelles incertitudes pleines d'angoisse vinrent assaillir la grande âme du fils de Joam Ier, lorsqu'il eut bien compris tout ce qu'allait lui coûter l'accomplissement de sa devise chevaleresque.

« Or, la perfection et la prudence avec lesquelles l'infant don Pedro gouverna le royaume furent chose si notable, que les citoyens, ne trouvant pas de plus grand hommage à rendre à ses mérites, si ce n'est de lui élever par décret public des statues dans les lieux les plus évidents, voulurent enfin mettre en œuvre leur désir. En faisant cela, ils croyaient certainement aller plus loin qu'en étaient montés les désirs de l'infant ; mais son honnêteté de cœur fut si remarquable, que lorsque les habitants de la cité de Lisbonne lui demandèrent licence d'accomplir ce qu'ils voulaient faire, il leur répondit, d'un air plein de mélancolie et de tristesse, ces propres paroles : « Amis, si mon image était sculptée où vous le dites, il viendrait des jours où, en récompense des biens que je vous ai faits, et d'autres encore qu'avec l'aide de Dieu je prétends vous faire, il viendrait des jours où vos fils la renverseraient, et avec des pierres lui briseraient les yeux. Que Dieu donc me soit en bonne aide ! car après tout je n'attends de vous que ce que je viens de dire, voire quelque chose de pis (*). » Or les citoyens furent

---

(*) Il craignait, dit Pedro de Mariz, qu'elle ne livrât à son frère, l'infant D. Henrique, la cité où elle s'était retirée.

(*) Il y a dans les œuvres poétiques du noble infant quelques vers sur l'inconstance de la faveur populaire, qui vont à merveille au prince qui fit une telle réponse. Voyez le *Cancioneiro* de Garcia de Resende., p. 73.

alors aussi émerveillés de ces paroles, qu'ils reconnurent plus tard leur vérité. Et l'on peut induire de tout cela qu'il avait quelque révélation de sa mort violente : car un jour, étant à Coïmbre, au temps où il régissait le royaume, et comme il passait par la porte du pont où se trouvaient sculptées les armes de la ville, ainsi que vous l'avez déjà ouï de moi-même (*), l'infant don Henrique, regardant lesdites armoiries, lui dit, d'un visage souriant : « Monsieur mon frère, cette figure peut fort bien nous être comparée ; car, d'un côté, vous portez soutien au lion, qui signifie l'Espagne, et, de l'autre, au Portugal, qui est représenté par le serpent sur notre écusson. — C'est la vérité, répliqua l'infant don Pedro ; mais voyez la femme ; elle est au-dessus d'un calice, qui est l'emblème du sang ! De mes travaux, de mes services, de mes bienfaits, voilà ce qui sera la récompense. »

Les vraies douleurs du régent commencèrent avec la majorité du roi ; et cependant lorsque Affonso eut atteint l'âge de quatorze ans, un lien de plus sembla devoir resserrer encore les liens qui existaient naturellement entre celui qui allait gouverner et celui qui avait si sagement administré l'État. La fille de don Pedro, conformément aux désirs de don Duarte, épousa le jeune monarque le 6 mai 1448 (**). Dona Isabel, quoique un peu plus âgée que son mari, avait assez de grâce et de beauté pour exercer quelque influence sur son époux, qui l'aimait sincèrement ; elle n'eut pas assez d'énergie, ou, si on l'aime mieux, de pouvoir réel, pour apaiser de vieilles inimitiés qui ne s'étaient jamais complètement éteintes, et qui rêvaient la vengeance depuis tant d'années.

Dès 1446, le sceptre avait été remis solennellement, durant les cortès, à Affonso V ; et il existe, dans les *Preuves de l'histoire généalogique*, une lettre où le jeune souverain témoigne hautement à son beau-père la reconnaissance qu'il éprouve pour les actes de son administration, en l'engageant à conserver les rênes de l'État, qu'il tenait d'une main si ferme. Ces sages dispositions ne furent pas malheureusement de longue durée : l'année suivante, le roi, poussé à cet acte par des conseils perfides, retira le pouvoir des mains du régent, et lui écrivit officiellement pour lui déclarer qu'il pouvait se considérer désormais comme dégagé de tout soin et de toute part active dans les affaires du gouvernement. L'infant don Pedro se réfugia alors dans ses terres, et il attendit, avec trop de résignation peut-être, l'heure où il faudrait vider le sanglant calice.

Une douloureuse préoccupation s'empare de l'esprit, lorsqu'on lit attentivement les chroniques qui reproduisent l'histoire de ces temps funestes, et l'on est frappé à la fois et de l'activité incessante des ennemis de don Pedro, et de l'apathie des hommes éminents qui pouvaient prendre sa défense d'une manière si efficace. Ainsi, tandis que le duc de Bragance va le braver jusque dans ses possessions, et, lui demandant le passage sur ses terres, le force à faire acte de suzeraineté, puis le contraint pour son propre honneur, à un refus dont toutefois il excepte le frère, de l'autre on voit l'infant don Henrique, celui qui a reçu devant Coïmbre la confidence prophétique, n'abandonnant pas ses études, ne mettant pas de côté les affaires de la maîtrise, n'oubliant pas un seul de ses navires explorateurs, pour venir au secours de la victime. Mais je me trompe : au milieu de ces hommes que l'amour passionné de la science rend égoïstes, ou que la soif des honneurs rend ingrats, don Pedro a un ami, et celui-là saura mourir pour accomplir un serment ; c'est le noble Almada, qui tient de la munificence des rois de France une riche comté de la Normandie, et qui est inscrit sur la liste des chevaliers de la Jarretière, tout à côté du régent.

DON ALVARO VAZ D'ALMADA, COMTE D'AVRANCHES (*). Il y a en effet, du-

---

(*) Voy. *Dialogo de varia historia*, p. 166. Pedro de Mariz donne fort longuement la légende traditionnelle qui se rattachait aux armoiries de la ville de Coïmbre, dont il était lui-même originaire. Le blason de la cité représentait une femme tenant un calice ; et c'est ce qui explique les paroles du régent.

(**) Ou, selon un écrivain accrédité, dès l'année précédente, en 1447.

(*) L'histoire d'Alvaro Vaz d'Almada est généralement peu connue hors du Portugal ; et en Portugal même la biographie de ce grand homme est environnée de détails contradic-

rant cette période si dramatique, un des plus nobles chevaliers de la cour de Portugal, qui porte un nom français, et que les Français ignorent. C'est ce don Alvaro Vaz d'Almada, qui eut une amitié si sainte pour don Pedro, que la mort seule put la briser. Alvaro était né, selon toutes les probabilités, à peu près vers l'époque où Joam Ier avait eu

toires. Nous croyons donc rendre service aux historiens qui s'occuperont du quinzième siècle, en leur signalant le manuscrit de la bibliothèque du Roi, sous le n° 10,257, S. G. Dans ce *livre des lignages de Portugal*, qui a appartenu à Damião de Goes, on trouvera les documents les plus curieux touchant ce fameux comte d'Avranches et son origine : il sera bon toutefois de soumettre certains faits à une critique sérieuse, car plusieurs d'entre eux ont évidemment besoin de quelque rectification. Tavarez fait remonter les chevaliers de cette race au grand Janeanez d'Almada, qui occupa les offices les plus importants sous D. Pedro, puis sous son fils, et auquel on dut les fortifications dont ce dernier monarque entoura Lisbonne. Ce personnage vécut cent neuf ans, et fut envoyé deux fois en ambassade. « C'était un homme fort honorable, dit la chronique, et accoutumé à porter de si riches vêtements, que lorsqu'on voulait louer quelqu'un d'être bien vêtu, on lui disait : Vous ressemblez au grand Janeanez. » Alvaro Vas d'Almada, dont il est ici question, et qui avait été créé tour à tour chevalier de l'ordre de la Jarretière et comte d'Avranches par les rois d'Angleterre et de France, avait joué également un rôle auprès de l'empereur Sigismond durant les guerres contre les Turcs ; il est même probable que ce fut à cette époque qu'il se lia d'une étroite amitié avec D. Pedro d'Alfarrobeira. La chronique rappelle, entre autres choses, la haute faveur dont il jouissait auprès de D. Duarte : « Il se montra principalement courageux chevalier durant le siége de Tanger, où demeura prisonnier l'infant D. Fernando, qui mourut à Fez ; si bien que lorsqu'il revint au royaume, le bon roi D. Eduarte sortit, pour le recevoir en personne à pied, hors de Carnide, où il était. Il lui fit faveurs et mercies telles, que jusqu'à cette époque on n'en avait point fait de semblables à personne. Ce fut de lui que le roi Alphonse de Naples et son frère l'infant D. Henri d'Aragon disaient qu'ils avaient trouvé en Portugal bon pain et bon capitaine. » Par une incroyable fatalité, ce grand homme qui est revêtu d'une dignité française, et qui prit nécessairement part aux guerres du quinzième siècle, est complétement inconnu à nos historiens. Ce qu'il y a de bien certain, c'est que le comté d'Avranches passa à son fils João d'Almada, dont le *Livre des lignages de Portugal* raconte des faits prodigieux, et qui se signala à la prise de Grenade. Il est bon de remarquer que Louis XI reconnut officiellement la donation du comté, qui avait été faite avant lui, et qu'une redevance pécuniaire fut même accordée au titulaire. Tavarez affirme que la donation venait des rois de France ; mais il faut se rappeler ici les prétentions du roi d'Angleterre.

ses premiers fils. On l'a mis au nombre des douze qui combattirent en Angleterre pour l'honneur d'une dame outragée : mais, pour admettre aujourd'hui ce fait célébré jadis par Camoens, il faudrait sans doute d'autres données historiques que celles qui suffisaient au poëte. Un fait plus positif, c'est qu'à l'imitation de l'infant don Pedro, qu'il avait aimé dès ses plus jeunes années, on l'avait vu s'illustrer dans plusieurs cours de l'Europe : il avait visité tour à tour l'Angleterre, la France, l'Allemagne. En France, on l'avait nommé comte d'Avranches ; en Angleterre, il était devenu chevalier de l'ordre de la Jarretière ; et c'était une fraternité de plus, si l'on peut se servir de cette expression, qu'il avait avec l'infant. Plus tard, lorsque le peuple s'était déclaré pour la régence du duc de Coimbre, il avait reçu de don Pedro le titre de porte-étendard, et, après avoir gouverné la citadelle de Lisbonne, était passé en Afrique, où l'appelait le service du roi.

Non-seulement Alvaro aimait avec une sorte de passion l'infant, mais il était l'ennemi déclaré du comte de Ourem, qui partageait l'inimitié de son père pour le régent. Lorsqu'il sut quel était le caractère que prenait la querelle de don Pedro avec son frère, il accourut de Ceuta pour le défendre : ce fut alors que ceux de ses ennemis qui approchaient le roi firent leurs efforts pour le faire chasser du royaume ; ils ne purent y réussir. Et un jour, dit une vieille chronique, comme on lui peignait sous un triste aspect la situation du régent, en même temps qu'on lui exprimait le mécontentement du monarque, sans doute pour l'engager à fuir, il prononça ces paroles mémorables : « Mes amis pourront bien me venir visiter dans une sépulture, mais jamais dans une prison. » Il était résolu dès lors au grand sacrifice qu'il accomplit.

L'homme qui disait de telles choses devait avoir une puissante éloquence : on craignit son influence, et on l'éloigna de nouveau du lieu où résidait la cour. Ce fut, dit-on, de Cintra que le jeune roi commença à persécuter ouvertement l'infant don Pedro, et qu'il lui écrivit, à l'instigation de ses ennemis, des lettres dont ce noble cœur fut navré. Une correspondance remarquable s'établit alors entre les divers membres de cette famille illustre et don Pedro, qui se défendit pour ainsi dire jusqu'au dernier jour. L'une des pièces de cette correspondance ignorée même de l'auteur des *Preuves généalogiques*, montre à quel degré en était venue l'animosité contre l'infant. C'est à la fois un monument politique et littéraire, que nous sommes heureux de pouvoir offrir au lecteur pour la première fois.

LA LETTRE DE L'INFANT DON PEDRO AU COMTE D'ARRAYOLOS (*). Dans cette admirable lettre que don Pedro adresse au fils de son plus cruel ennemi, à cligne comte d'Arrayolos, pour lequel il garde une estime particulière, on le voit récapituler avec une noblesse pleine de simplicité, mais aussi avec un sentiment d'amertume facile à comprendre, toutes les allégations mensongères qui bientôt amèneront sa mort. Cette lettre, en effet, est écrite à Coïmbre le 30 décembre 1448 ; et le 20 mai de l'année suivante la victime d'une intrigue odieuse a succombé. Je le répète, c'est dans cet exposé sincère d'une vie qui fut toujours irréprochable, qu'on peut lire les calomnies dont ce noble prince fut abreuvé jusqu'à ses derniers jours. Lui, dont le roi don Duarte ne parle jamais sans attendrissement, et qu'il appelle, entre tous, son frère bien-aimé ; lui, que les princes de l'Europe se sont plu à désigner sous le nom du *chevalier loyal*, se voit bassement accusé d'un crime qui n'avait pas encore été commis en Portugal.... « Et les choses allant de mal en pis, s'écrie-t-il dans sa douleur, ils ont ameuté contre moi, demandant si l'on savait qui avait fait le poison dont périt le roi Duarte et l'infant don Joam, mes frères, et la reine Lianor. (**).

(*) D. Fernando, premier du nom, d'abord comte d'Arrayolos, puis deuxième duc de Bragance, naquit en 1403. Il remplit l'office de connétable dans la flotte armée contre Tanger ; en 1437, il fut choisi pour être capitaine général de Ceuta. Après avoir vainement tenté de réconcilier Affonso-V et D. Pedro, il retourna dans ce pays vers 1449, puis il fut gouverneur du royaume en 1471 ; il mourut à Villa-Viçosa, le 1er avril 1478. C'était un des hommes les plus éclairés de son temps, et il ne partagea point la haine de son père contre le noble D. Pedro, le premier duc de Bragance, mort en 1463, et enterré à Chaves.

(**) « *E em ademdo de mal en peor, assy fezeran*

Le prince infortuné a un ami, qui né l'abandonnera pas à l'heure suprême. Mais qui pourrait retarder cet instant, appelé avec tant d'ardeur par ceux qui ne reculent pas devant de telles calomnies ? Alvaro suit sa fortune, et ne peut plus même lui prêter l'appui de son bras. « Or continuant, dit-il, leurs bonnes œuvres pour accomplir mon déshonneur, ils ont retiré le château de Lisbonne au comte d'Avranches, qui avait rendu tant de services à ce royaume et à ses souverains. Pourquoi cela devait-il être fait ? vous le savez. Ils lui ont donc donné par faveur spéciale, et en raison de ce qu'il venait de faire à Ceuta, la récompense qu'ils m'ont accordée. . .
. . . .
Sentant donc, mon neveu très-aimé, à quelle mauvaise fin me conduisait tout cela, j'ai essayé à différentes reprises d'envoyer au roi mon seigneur des messagers munis de tout ce qui pouvait les accréditer, lui expédiant des lettres où je lui expliquais longuement toutes les choses que j'avais accomplies pour le service de Dieu, pour son bien propre, et pour le repos de ce royaume ; me lavant de ce qu'on lui disait contre moi, me justifiant ainsi devant Dieu et devant le monde, autant que je le pouvais faire ; lui demandant par faveur qu'il lui plût d'apaiser sa volonté, et d'agir avec moi et avec les miens comme la raison l'exigeait ; lui répétant combien j'étais son serviteur loyal, et comment il n'y avait personne qui l'aimât aussi véritablement que moi, ni qui l'eût servi si grandement et si loyalement. . . . .

« Très-honorable et très-aimé neveu, pour éclaircir tout, pour me justifier davantage aux yeux du roi mon seigneur, sachez que, comme il m'avait écrit de sa propre main par mon confesseur... que si je voulais me départir de certai-

devassar contra mim, perguntando se sabian quem fizera a peçonha cóm que mataram el rey, Duarte, o iffante D. João meu irmãore a rainha dona Lianor. » Le malheureux prince continue, en disant qu'un jour l'infant D. Henrique ayant trouvé le jeune roi muni de ces dépositions, Alphonse V lui fit dire qu'il ne procéderait jamais contre lui, en dépit de dénonciations pareilles : mais depuis, ajoute-t-il simplement, ils lui firent faire le contraire.

Voy. la lettre écrite le 30 décembre 1448.

nes choses, tout se ferait selon mon désir, je lui envoyai demander par faveur qu'il me déclarât ce qu'il souhaitait, et que je l'exécuterais ; que ce dont il voulait que je me gardasse, je m'en garderais ; et que tout ce qu'un homme de mon rang pouvait faire, je le saurais faire. Pas un mot ne m'a été répondu : ce que je vous demande spécialement, c'est que vous m'obteniez cette réponse du dit seigneur (*). »

Or cette réponse si justement demandée ne devait pas venir. Un an s'écoula ainsi : les insinuations calomnieuses firent des progrès; on finit par persuader au jeune roi, que l'infant don Pedro voulait lui disputer le pouvoir et le déposséder de la couronne : une armée fut rassemblée. Grâce aux menées actives de ceux qui détestaient l'infant et qui avaient juré sa perte, don Pedro n'eut plus d'autre ressource que de répondre par la force à la force, et de rassembler des troupes pour les opposer à celles dont le parti royal le menaçait. Il paraît aujourd'hui certain que l'intention du noble infant ne fut pas de prendre l'initiative, et que sa volonté positive était de gagner un port où il pût s'embarquer pour l'Angleterre. Cette volonté si sage ne put être exécutée ; et don Pedro eut bientôt la certitude qu'il faudrait pour conserver non-seulement sa propre existence, mais celle des chevaliers qui l'accompagnaient, en venir à une action décisive.

Rien n'est plus touchant et plus noble à la fois, dans l'histoire de ce grand prince, que sa résignation, lorsqu'il eut acquis la certitude qu'un triste événement si longtemps prévu à l'avance allait s'accomplir. Il voulut mourir comme un prince qui avait fait acte de roi ; et lui d'ordinaire si religieux, si complétement ennemi du faste pour sa propre personne, il étala encore une splendeur toute royale. La veille de son départ pour Santarem une fête fut donnée aux dames; et il y brilla de cette grâce de langage, de cette noblesse toute chevaleresque, qui l'avaient rendu maintes fois l'admiration des cours de l'Allemagne et de l'Aragon.

(*) Le lecteur sera peut-être bien aise de consulter le texte de cette lettre : elle se trouve insérée dans le recueil de la Bibl. Roy. n° 10, 245 F. F.

On était au 20 mai 1449, et il paraît bien certain que l'infant don Pedro fit ses efforts jusqu'au dernier moment pour éviter une rencontre. La marche des troupes royales lui était connue : il se dirigea sur Alcoentre, pour se rendre de là à Lisbonne ; mais les hommes du roi résolurent de lui couper le chemin. Une marche plus longtemps prolongée eût eu sans doute quelque apparence de fuite ; et c'est ce que ne voulait pas l'infant. Bien qu'il fût déjà au delà d'Alverca, à quatre lieues de Lisbonne, il s'arrêta près d'un ruisseau désigné sous le nom d'Alfarrobeira; et, après s'être mis en état de défense, il commença à parlementer. Mais tout fut inutile : le temps où devaient s'accomplir les sombres prévisions du régent était arrivé.

Le jour suivant fut consacré à la méditation, aux résolutions saintes, aux grands actes que savaient accomplir les chevaliers de cet âge. Don Pedro alla dans le monastère de Batalha se préparer à la mort, par la vue de tous ceux qu'il avait aimés. Qui nous dira aujourd'hui les saintes émotions de ce grand cœur, lorsqu'il s'inclina devant la tombe de son père, du mestre d'Aviz, devenu le premier roi d'une dynastie qui se déchirait en naissant et à laquelle cependant souriait une mère adorée, fière de tant de fils ? Qui nous peindra ses nobles tristesses à la vue du sépulcre d'un frère, dont le successeur le payait de ses soins par l'infamie ? Quelques larmes vinrent humecter sa paupière, sans doute, devant le monument consacré au saint infant ; mais il passa en les essuyant, car il voyait sa propre tombe ouverte. Son frère, martyr des musulmans, était déjà un saint ; on l'invoquait par tout le royaume, et la calomnie avait fait de lui un vil empoisonneur. L'histoire qu'il resta longtemps immobile devant sa propre tombe ; le calice sanglant revenait sans doute à sa mémoire, et peut-être en ce moment murmura-t-il le nom d'un frère qu'il attendait !

Au jour suprême, il retrouva la constance d'un cœur vraiment fraternel chez celui qu'il avait jadis choisi pour son compagnon. Sentant que l'heure du combat était devenue imminente, il fit appeler Alvaro d'Almada, ce noble comte d'Avranches qui s'enorgueillissait d'être son ami, et il lui demanda, avec la simplicité qu'on mettait alors dans tous les sacrifices, s'il était prêt comme lui à mourir. Alvaro d'Almada ne lui répondit que par un seul mot, « Ne suis-je votre frère d'armes? Et il communia avec lui. » Lorsqu'ils se relevèrent, nul n'eût pu soupçonner en les voyant, que ces deux hommes allaient mourir.

Laissons parler ici un de nos vieux écrivains du quinzième siècle, qui a sur les historiens portugais de cet âge l'avantage de l'impartialité, et même celui d'une minutieuse exactitude, puisqu'il s'exprime d'après le récit des témoins :

« Et le duc, quand il sentit venir le roy, se cloyt et fit un camp clos de fossez et d'artillerie, et mit ses gens en bonne ordonnance : et à ce que m'ont plusieurs nobles hommes portugalois (qui furent présents) certifié, le duc ne le faisoit en autre intention, sinon cuidant faire partir de son camp aucuns des plus notables, pour aller au roy en grande humilité, pour soy recommander en sa bonne grâce, et sçavoir les causes pourquoy il estoit meslé avec sa royale majesté, soy excuser par humbles voyes, et lui ramentevoyr les services qu'il entendoit avoir faicts au roy en ses jeunes jours et à l'utilité du royaume, en concluant qu'il luy offroit son service. Mais il advint que les arbalestriers du roy de Portugal approchèrent du camp en grand nombre, et se commença une escarmouche par meschans gens, d'un costé et d'autre, tellement que d'un trait d'arbaleste, le duc de Coïmbres au milieu de ses gens fut atteint en la poictrine, dont il mourut en celle mesme heure, et n'ay point sceu qu'un seul homme de nom fust blessé, ou atteint de celle escarmouche, fors le duc seulement. » . . . .

De tels événements, presque ignorés aujourd'hui, ne peuvent passer sans que le chroniqueur moralise, comme on disait alors, et notre vieil écrivain le fait en des termes qui font comprendre ce que valait aux yeux de l'Europe le digne fils de Joam Ier :

« O princes, hauts et nobles personnages, mirez-vous au cas du sage duc de Coïmbres, fils, frère et oncle de roy. Ne tentez Dieu ne son executeresse fortune. Ne vous fiez en force de chevalerie, de peuple ne d'armoirie, quand celle fortune a monstré la puissance de sa permission pour avoir conduit l'impétuosité d'une sagette si juste et si alignée, que d'avoir accidentellement occis un si noble prince au milieu de sa chevalerie et sur luy seul, entre telle compagnie, monstré sa fureur et sa cruelle vengeance. Ainsi fust le duc de Coïmbres occis (*). »

Olivier de la Marche, si exact dans sa narration de la bataille, se trompe cependant lorsqu'il affirme que nul homme de marque ne *fut occis*. Alvaro d'Almada accomplit jusqu'au bout son serment : lorsqu'il sut, au fort du combat, que son frère d'armes était mort, il fit le dernier sacrifice avec la simplicité qu'il avait mise à le promettre. Il avait soutenu l'effort de l'armée, il était accablé ; et, craignant que l'énergie corporelle ne lui manquât, il rentra un moment dans sa tente, y prit un peu de vin et quelque nourriture, puis revint au combat avec une furie nouvelle ; mais lorsqu'il sentit que son bras ne servait plus son courage, on lui entendit prononcer à haute voix ces paroles : *O mon corps, je sens que tu n'as plus de force : toi, mon âme, tu tardes bien....* Il faut maintenant *vous rassasier, mes garçons* ; puis il se coucha à terre les bras étendus, et mille coups de mort le frappèrent. Ainsi périt ce comte d'Avranches, dont l'infant don Pedro avait coutume de dire qu'il honorait nonseulement le Portugal mais l'Espagne entière.

La tête de cet homme héroïque fut coupée par un des partisans de l'armée royale, qui prétendit en faire un trophée ; le corps demeura pour subir les injures de cette troupe, que le noble chevalier avait stigmatisée d'un nom si dédaigneux en se livrant à ses coups : c'était, du reste, le jour des grandes profanations ; le cadavre de l'infortuné don Pedro resta exposé comme le corps d'un martyr, percé de la flèche d'angoisse, sans que nul osât lui donner un dernier asile (**). A la fin, quelques soldats

(*) *Les Mémoires de messire Olivier de la Marche*, 3me édition, p. 291.
(**) On ne jugea pas à propos, dans le premier moment, d'accorder les honneurs de la sépulture à ce grand prince ; il fut abandonné de tous ; et ses beaux vers sur l'instabilité de l'amour des peuples se réalisèrent cruellement.
Ruy de Pina s'exprime ainsi : « Le corps de l'infant privé de son âme gît tout ce jour à découvert dans le champ, en vue de tous, et,

au cœur vraiment portugais le portèrent dans la petite église d'Alverca ; mais ce tombeau, qu'il était allé contempler si mélancoliquement, lui fut longtemps refusé. La jeune reine, qui se voyait contrainte de cacher sa douleur, et qui était venue recevoir son mari vêtue magnifiquement, comme s'il se fût agi d'un autre triomphe, la jeune reine parla, et fut écoutée, quand tout était fini pour le grand homme : on alla chercher alors en pompe solennelle le corps gisant dans la petite chapelle, et don Henrique, le frère bien aimé, *si longtemps attendu*, conduisit le cortége funéraire. Le corps de don Pedro d'Alfarrobeira fut religieusement placé alors parmi les rois. Mais, au quinzième siècle, il n'y avait pas un seul homme de bon entendement et de cœur vraiment portugais qui ne répétât, comme la vieille chronique : « Cet homme était animé d'une âme presque divine ! »

Rien n'est plus triste, du reste, que le sort des princes issus de cette noble tige : les uns meurent dans un couvent, les autres voyagent sans fruit, d'autres vont porter au loin la célébrité malheureuse de leur père. Si vous visitez encore aujourd'hui cette île de Chypre, toute remplie de gloires, bien étrangères sans doute aux gloires dont nous cherchons le souvenir, vous serez peut-être surpris de voir sur une tombe de marbre les armes de Portugal : ce sont celles du fils infortuné de don Pedro d'Alfarrobeira, qui s'en alla, quelque temps après la mort de son père, dans cette île, y épousa la reine, et mourut, dit-on, empoisonné (*).

vers la nuit, des hommes de bas étage le placèrent sur un bouclier et le firent entrer là même, dans une pauvre maison, où il demeura trois jours, sans cierge, parmi d'autres corps morts et infects ; et pendant ce temps il n'eut ni suaire, ni oraison, personne n'osant dire ou faire dire publiquement des prières pour son âme dans l'église même d'Alverca, où il reçut enfin la sépulture. » Il fut enterré, dit un historien national, comme le dernier des hommes. Telle devait être la destinée de ce prince éminent, qu'on a pu écrire en ces derniers temps un livre, remarquable d'ailleurs, sur l'histoire de Portugal, sans que son nom y soit même prononcé.

(*) Ce fils de D. Pedro d'Alfarrobeira se nommait D. João. Ayant accompagné sa sœur dona Beatriz à la cour de leur tante commune, la duchesse de Bourgogne, il s'unit à Charlotte, héritière présomptive du royaume de

SUITE DU RÈGNE D'AFFONSO V ; EXPÉDITIONS D'ARZILA ET DE TANGER. Après la déplorable journée d'Alfarrobeira, les luttes de parti s'apaisèrent, et le jeune roi put accomplir l'une de ces expéditions célèbres qui lui ont valu le surnom d'Africain. Calixte III avait convié de nouveau les princes chrétiens à la guerre contre les Turcs, et la bulle de la croisade, comme on disait alors, avait été répandue en Portugal dès 1435, lorsque don Affonso résolut sérieusement de porter la guerre chez les musulmans. Les autres princes de l'Europe avaient été sourds aux admonitions du pape. Don Affonso l'écouta ; il y avait là, pour ainsi dire, une affaire de famille à régler : le sang du prince Constant criait vengeance ; et d'ailleurs cette guerre hasardeuse allait au génie chevaleresque du roi : le 30 septembre 1458, deux cents embarcations pleines de troupes jetaient sur les plages d'Alcaçar une armée déterminée. Aussi, comme le disent les écrivains portugais, débarquer et vaincre fut une seule et même chose. Dès qu'il eut installé comme gouverneur de la place nouvellement conquise Duarte de Menezes, dont la valeur chevaleresque devait bientôt répandre un si vif éclat, Affonso revint en Portugal ; mais il y revint rempli des idées glorieuses qu'il avait puisées dans cette première expédition. Aussi, treize ans après, l'Afrique le vit-elle de nouveau à la tête d'une armée victorieuse, s'emparant de la place d'Arzila, qui tomba au pouvoir des Portugais le 24 août 1471. Cette fois la lutte fut vive et le conflit fut terrible dans l'intérieur de la place. Plus de deux mille Maures furent tués, et cinq mille d'entre eux perdirent la liberté. Don Affonso avait amené à cette rude école l'héritier du royaume, cet infant don Joam, qui, avant de se montrer un grand monarque, fut un prince accompli et reçut tous les genres d'enseignements. Il fit des prodiges de valeur devant Arzila ; son épée était même tordue à la fin du combat, grâce

Chypre. On suppose qu'il mourut par le poison, et un célèbre voyageur portugais, F. Pantaleon, vit encore à Nicosie, au seizième siècle, le magnifique tombeau qui lui avait été élevé. Nulle épitaphe ne rappelait ce prince malheureux ; mais les armes royales du Portugal disaient encore son origine.

aux coups qu'il avait portés. Son père lui conféra l'ordre de chevalerie dans la mosquée de la cité musulmane, qui venait d'être convertie en église. Le cadavre du noble comte de Marialva, don Joam Coutinho, qui avait été tué durant l'action, était étendu aux pieds du jeune prince. La chronique raconte que, pour tout discours, Affonso se contenta de dire à l'infant; « *Mon fils, Dieu et fasse aussi bon chevalier que celui qui est là gisant.* » Ces nobles paroles ne devaient pas être mises en oubli, et l'infant le prouva bientôt lors des guerres avec la Castille.

Nous renvoyons à l'excellente appréciation qui a été donnée par M. Joseph Lavallée du règne de Henrique, pour saisir dans son ensemble la période qui nous occupe. Tout le monde connaît la déplorable destinée de cette princesse qu'on appelait la *Beltraneja* en Castille, qu'on traitait d'*excellente Senhora* en Portugal; tout le monde sait également que don Affonso étant devenu veuf, don Henrique le rendit l'arbitre des destinées d'une princesse qu'il avait reconnue de nouveau pour sa fille. Le roi qu'on avait voué à l'infamie voua son peuple aux désastres d'une lutte terrible : en donnant la main de Jeanne, il transporta à don Affonso tous ses droits sur la Castille. Ce prince, qui avait toutes les idées chevaleresques de son temps, mais qui comprenait si mal les sourdes menées de la politique, ce prince se montra assez naïvement ambitieux pour accepter le legs fatal que lui disputaient la noble Isabelle et le plus rusé des princes chrétiens. Il réunit en Portugal une armée de vingt-cinq mille hommes, et, après avoir sommé les *rois*, comme on disait alors, de lui rendre la couronne réclamée par Jeanne, il entra en Castille sans opposition. Ce fut à Plasencia qu'il vit celle qu'on traita un moment de reine, et qu'en attendant les dispenses du pape il reconnut (1475), par *simple promesse*, comme l'épouse dont il allait défendre les droits.

Bien qu'il fût admis par une portion des grands, et même par la population de plusieurs cités notables, un pacte semblable ne pouvait pas recevoir un commencement d'exécution sans amener une guerre funeste. A la première nouvelle des prétentions que don Affonso appuyait par des hostilités tout au moins imprudentes, Isabelle et Ferdinand, qui étaient restés maîtres de la plus grande partie des provinces, accoururent de Madrid et engagèrent une lutte qui dura jusqu'en 1479, et qui finit, comme on sait, par l'expulsion du roi de Portugal, malgré le talent prodigieux que son fils sut déployer. L'action la plus mémorable de cette longue guerre, si ruineuse pour les deux pays, a acquis une célébrité qu'elle doit à son étrange issue, et dont il n'y avait peut-être pas eu d'exemple depuis le temps des Romains. La bataille de Touro, livrée au mois de mai 1476, eut en effet cela d'extraordinaire qu'elle put être comparée à celle des champs Philippiques, où Octave, se battant contre Brutus et Cassius, fut mis en déroute par eux, tandis que Marc-Antoine, son compagnon, triompha des deux vainqueurs. A la bataille de Touro, en effet, les deux rois rivaux don Affonso et don Fernando dressèrent leur plan de façon à ce que chacun des deux monarques se trouvât opposé au lieutenant de son rival; en dépit d'un courage dont il avait donné plus d'une fois des preuves brillantes, Affonso fut battu et s'enfuit jusqu'à Castro-Queimado, sans savoir quelle était l'issue de la journée. L'infant Don Joam, qui supporta avec une intrépidité merveilleuse l'effort des troupes de Ferdinand, non-seulement sut leur résister, mais détermina la fuite du roi d'Aragon, et demeura maître du champ de bataille. C'est ce qui fit dire à la reine Isabelle : *Si le poussin ne fût pas venu, le coq ce jour-là était pris :* paroles plaisantes et concises, d'où vint le proverbe espagnol que l'on emploie encore aujourd'hui.

DUARTE DE ALMEIDA, SURNOMMÉ O DECEPADO, LE MANCHOT. — La bataille de Touro, fatale en réalité aux Portugais, est illustrée à leurs yeux par un de ces faits inouïs, que tous les peuples placent avec orgueil dans leurs annales (*). La bannière royale était portée par Duarte de Almeida. Au fort de l'action, l'*Alferez* se vit abandonné par les siens : resté seul, il fit une contenance héroï-

---

(*) *Feito nunca feito*, dit **Camoens**.

que. On lui coupe la main dont il tient l'étendard, il le saisit de la main qui lui reste; un coup de cimeterre lui abat le bras, ses dents robustes enlèvent la lance où flotte le drapeau portugais, et dans cet état il défend encore la bannière. Frappé d'innombrables coups de lance, percé de plusieurs coups d'épée, on ne s'empara de l'étendard que lorsque ces effroyables blessures l'eurent renversé de son cheval. Le brave Alferez n'était pas mort cependant : il revint en Portugal. Duarte Nunez de Lião nous raconte ainsi la fin de sa touchante histoire : « Pour ce fait honorable Duarte de Almeida n'eût pas d'autre récompense, selon la mode du pays où les plus grands services sont les moins payés, que de vivre plus pauvrement qu'il ne vivait jadis, avant qu'il eût perdu les mains et qu'il eût gagné un si digne renom. En Castille on faisait tel cas de sa personne, que le roi don Fernando avait fait suspendre les armes dont on l'avait dépouillé, dans la chapelle des Rois de la cathédrale de Tolède, et cela en signe de trophée; elles y sont encore aujourd'hui. A Zamora, où il fut conduit prisonnier, les ennemis lui firent plus d'honneur qu'il n'en reçut depuis en son pays de ses concitoyens. » Cette grande action a été noblement racontée naguère par un jeune poëte portugais, qui a trouvé dans les annales (*) de son pays plus d'une peinture émouvante.

DÉPART DU ROI D. AFFONSO V POUR LA FRANCE; ACCUEIL QU'IL REÇOIT DE LOUIS XI; RÉCEPTION SOLENNELLE QUI LUI EST FAITE A PARIS. — Profondément humilié de l'issue de la bataille de Touro, et sachant d'ailleurs en quelles mains il laissait le soin des affaires, Affonso partit immédiatement pour la France, avec l'intention d'obtenir de Louis XI des secours qui le missent à même de continuer la guerre avec l'Espagne. Il s'embarqua en conséquence, au mois d'août 1476, pour un des ports de la Provence. Parmi les hommes éminents qui l'accompagnèrent, le plus remarquable sans doute, et le fait est resté presque inconnu, ce fut le noble don Francisco d'Almeida,

(*) Pizarro de Moraes Sarmento, O Romanceiro Portuguez.

qui devait être un jour le premier viceroi des Indes. Contraint par le mauvais temps d'éviter le port de Marseille et d'entrer dans un petit port que les chroniqueurs portugais désignent assez confusément (*), ce fut seulement lorsqu'il fut arrivé à Perpignan que don Affonso dépêcha le jeune Almeida vers Louis XI, afin de l'avertir officiellement de son arrivée, et de convenir des faits relatifs à leur entrevue (**).

Depuis l'époque où le comte de Boulogne avait été salué du titre de régent de Portugal à Paris même, nul Portugais d'un tel rang n'était venu en France. Aussi Louis XI, bien qu'il fût parfaitement fixé à l'avance sur la politique qu'il voulait suivre, avait-il néanmoins donné des ordres pour que rien ne manquât à l'éclat d'une réception dont il était intérieurement flatté. Nous ferons grâce au lecteur des détails d'un voyage qui eut si peu de résultats effectifs; mais nous signalerons comme un fait curieux l'entrée officielle de D. Affonso à Paris, et ce sera l'un de nos chroniqueurs du quinzième siècle qui nous dira naïvement les faits; ils sont en général racontés d'une façon très-sommaire par les écrivains portugais. « Et après ces choses le roy de Portingal, qui prétendoit à luy appartenir les reaulmes de Séville et Castille, ensemble toutes les Espaignes, à cause de sa femme, se partit de son dit royaulme de Portingal et vint descendre ès marches de France, et puis vint à Lyon et de là à Tours par devers le roy, pour luy requérir aide et secours de gens pour lui ayder à recouvrer les dits royaulmes, et fut reçu du roy moult bénignement et honorablement. Et, après qu'il eust été au dit lieu de Tours par certain espace de temps, où il fut fort festoyé et entretenu de plusieurs seigneurs et nobles hommes estant avec le roy, et tout au coust et dépens du roy, le dict roy de Portingal print congé du roy et s'en alla à Orléans, où il lui fut faict hon-

(*) Le manque de vent l'obligea à débarquer à Colibre, dit Faria. Serait-ce Collioure, Caucoliberis?
(**) La réponse que don Affonso reçut lui fit continuer son voyage par Narbonne, Montpellier, le Languedoc : à Nimes il laissa la voie romaine qui conduisait à Avignon; à Lyon, le duc de Bourbon vint le recevoir.

neste recueil, et après s'en partist du dict Orléans et vint en la bonne cité de Paris, dedans laquelle il fit son entrée et y arriva le samedi vingt-troisième jour de novembre 1476, environ l'heure de deux et trois après midy, et y entra par la porte Saint-Jacques. Et pour aler au-devant de luy et le recueillir aux champs jusques au moulin à vent, y furent tous les estats de Paris et par ordre et en honnestes et riches habits, tout ainsi que se eust esté pour faire l'entrée du roy. Et premièrement yssirent hors Paris pour aler à luy les prévosts des marchands et eschevins de la dicte ville, qui pour la dicte venue furent vestus de robes de drap de damas blanc et rouge fourrées de martre, les quels estoient accompaignés des bourgeois et officiers de la dicte ville. Et après y fust aussy Messire Robert d'Estouteville, prévost de Paris, qui estoit accompaigné de ses lieutenans civil et criminel, et tous les officiers du roy et praticiens du chastellet, qui se y trouvèrent en grand nombre et honnestes habits. En après y vint monseigneur le chancellier Doriolle, messeigneurs les présidens et conseillers de la cour de parlement, les conseillers et gens des comptes, les généraux sur le fait des aydes et monnoyes et du tresor, avec grande quantité de prélats, évêques et archevêques et aultres notables hommes, en moult grand et honneste nombre. Et, ainsi accompaigné que dict est, fut mené et conduict jusques à la porte Saint-Jacques, où illec en entrant par icelle, dedans la dicte ville trouva de rechef les dicts prévôt des marchands et eschevins, qui luy présentèrent un moult beau poisle... (aux armes de Castille). Et luy estant ainsi dessoubs, vint et fut conduit jusques à Saint-Étienne des Grecs, où il trouva là les recteurs, suppost et bedeaulx de l'université de Paris, qui proposèrent devant luy sa bien venue, et ce fait s'en vint jusques en l'église de Paris, où il feut reçu par le prélat d'icelle, moult honorablement. Et après son oraison faicte s'en vint au long du pont Nostre-Dame, et trouva à l'entrée du marché Palu cinquante torches allumées qui le conduisirent autour du dict poisle, et au bout du dict pont Nostre-Dame, à l'endroit de la maison d'un couturier nommé Motin, y fut trouvé un grand eschaffault où estoient divers personnaiges, qui estoient ordonnés pour sa dicte venue. Et d'illec s'en alla descendre en son logis qui lui fut ordonné en la rue des Prouvaires, en l'ostel de maistre Laurens Herbelot, marchand et bourgeois de la dicte ville, où il fut bien recueilly. Et là lui furent faicts plusieurs beaux présens tant de la dicte ville que d'ailleurs, et fut veoir tous les beaulx lieux et estats de Paris, et premièrement fut mené en la cour de parlement, qui fort triompha en ce jour de sa venue, car toutes les chambres y furent tendues et parées; et en la grand chambre y trouva monseigneur le chancelier Doriolle, messeigneurs les présidens, prélats, conseillers et aultres officiers tous honnestement vestus. Et devant luy y fut plaidoyée une matière en régalle, par maistre François Hallé, archidiacre de Paris et avocat du roy en la dicte cour, et contre lui estoit pour advocat maistre Pierre de Breban, advocat en la dicte court et curé de Saint-Eustache, lesquels deux advocats il faisait moult bel oyr. Et après la dicte plaidoirie luy furent monstrées les chambres et lieux de la dicte cour et par aultres journées fut en la grant salle de l'ostel de l'évêque de Paris, pour illec voir faire un docteur en la faculté de théologie, et après illec voir le Chastellet, les prisons et chambres, qui toutes estoient tendues, et tous les officiers chacun en son estat vestus de beaulx et honnestes habits, et après le dimanche 1er jour de décembre au dict an 1476, alèrent passer par devant son logis toute l'université de Paris et toutes les facultés et subgets d'icelle, et puis s'en vindrent chanter une grand messe à Saint-Germain-l'Auxerrois, et partout où il alloit par la dicte ville estoit mené et conduict par monseigneur de Gaucourt, lieutenant du roy au dict lieu de Paris, qui luy donna en sa maison ung moult beau et riche souper où y furent grand nombre de gens notables d'icelle ville tant hommes que femmes, dames et damoiselles et autres (1). »

(1) Voy. *Histoire de Louis XI, roy de France, et des choses mémorables advenues de son règne depuis l'an* 1460 *jusques en* 1483, *autrement dicte la Chronique scandaleuse, escrite par un greffier de l'hôtel de ville* (**Jean de Troyes**), p. 250.

RETOUR D'AFFONSO V EN PORTUGAL ; DON JOAM LUI REMET DE NOUVEAU L'ADMINISTRATION DES AFFAIRES. — SA MORT. — Malgré la splendide réception qui avait été faite au monarque voyageur, en dépit des promesses que le roi de France ne craignit pas de mettre en avant, rien de positif ou d'utile ne fut fait à l'égard d'un prince trop chevaleresque pour qu'un souverain tel que Louis XI unît jamais sa politique à la sienne. Affonso comprit trop tard le néant de ses espérances : las du pouvoir, et comme frappé de son impuissance, il résolut de chercher le repos dans la solitude, en accomplissant un acte de haute politique dont sa sagacité lui avait dévoilé la valeur réelle. Placer immédiatement sur le trône de Portugal un prince essentiellement fait pour le métier de roi, chercher pour lui-même les douceurs de la contemplation rêveuse dans les lieux sacrés qu'il avait voulu conquérir, et où tout religieux pèlerin aurait voulu fixer à jamais son séjour, telle fut la résolution qu'il adopta un moment. Il écrivit à son fils de prendre le titre de roi, et il se dirigea vers un des ports de France, avec l'intention de s'embarquer pour Jérusalem. Tout cela fut exécuté avec un tel secret, qu'à l'exception de deux ou trois affidés, qui le devaient suivre dans sa Thébaïde, nul de ceux qui accompagnaient don Affonso au milieu des pompes royales que nous avons racontées, ne fut instruit de ses projets. Une lettre adressée à Louis XI recommandait au roi de France ces serviteurs fidèles (*). La douleur n'en fut pas moins vive parmi les Portugais lorsqu'on apprit la disparition d'un prince qu'on aimait en dépit de ses imprudences. Il y eut de ces grandes lamentations dont les naïves chroniques du quinzième siècle sont remplies lorsqu'il s'agit de peindre l'attachement du féal pour son suzerain. Quand on fut las de gémir, on se mit à la poursuite du royal fugitif, et l'on parvint à l'atteindre dans un petit port voisin de Honfleur, où il était depuis quelque temps gardant l'incognito le plus strict, et attendant dans une sombre tristesse quelque occasion favorable de passer en terre sainte. S'il nous était permis d'accorder plus d'espace au récit d'un événement qu'on peut regarder comme un curieux épisode, bien qu'il soit à peu près dénué d'importance historique, nous trouverions bien encore dans la chronique française quelque passage qui nous peindrait naïvement la joie des serviteurs lorsqu'ils retrouvèrent leur roi et la résistance toute religieuse que fit celui-ci, lorsqu'on le supplia d'abandonner son projet et de reprendre le pouvoir royal. Ce pèlerin couronné se décida à la fin, et au mois d'octobre 1477 il s'embarqua avec sa suite pour cette belle cité de Lisbonne qu'il ne voulait plus voir et qu'il n'eût jamais dû quitter.

Maintenant, si nous franchissons quelques semaines et si nous nous transportons aux bords du Tage, nous serons témoins d'une autre scène. Le prince qui porte depuis quatre jours seulement le titre de Joam II, grâce à l'expresse volonté de son père, l'infant roi se promène le long de la plage, en compagnie du second duc de Bragance et d'un prélat célèbre, qui sera plus tard cardinal. Il a appris l'arrivée prochaine de ce prince irrésolu, qui ignore apparemment les tentations que donne un trône, et qui compte si bien sur la modération d'un fils. Que faire ? a-t-il dit au noble duc, dont il pouvait prévoir la réponse : « Rendre le sceptre à votre père et redevenir royal infant ; » l'évêque approuva ces paroles. Or, la chronique dit que D. Joam cheminait encore, toujours suivi de ses deux conseillers, et que sa main distraite lançait les cailloux de la plage et les faisait voler sur les flots. Cette scène dura quelque temps en silence, et ce silence inquiéta sans doute l'un des deux promeneurs ; ce fut le prélat, car

---

(*) Louis XI, ainsi que je l'ai déjà dit, confirma dans son titre de comté d'Avranches, Almada, fils de don Alvaro, qui avait été d'abord revêtu de cette dignité. Pendant longtemps les rois de France payèrent *quatre cents écus* de rente aux chevaliers de ce titre et de cette dénomination, « d'où l'on peut conclure, dit Faria y Souza, que si ces rois n'étaient point tributaires du Portugal, ils l'étaient du moins de la valeur portugaise, puisqu'elle avait valu à un chevalier cette faveur honorifique et avantageuse. Quatre cents crusades de ce temps équivalaient à quarante mille d'aujourd'hui ; les exigences se sont accrues, les capitaux se sont accrus aussi, les hommes ont diminué, les vertus se sont faites petites. »

Voy. Faria y Souza, *Europa Portugueza*.

lui, il n'était pas cousin du roi (*). « Adieu, seigneur duc, dit-il à voix basse : je sais quelqu'un qui va faire en sorte qu'une de ces pierres ne l'atteigne pas.... » Joam II sortit de sa rêverie cependant, et ce fut pour aller à Oeyras remettre dignement le sceptre à celui qui l'avait fait roi. Don Affonso prétendait lui offrir solennellement l'administration des affaires et se réserver pour retraite le petit royaume des Algarves. Don Joam voulut que son père reprît le titre de monarque, et qu'il exerçât la plénitude du pouvoir. D. Affonso ne survécut pas longtemps à son voyage aventureux. Voyant que ses prétentions sur la Castille n'aboutissaient à aucun résultat, contraint, pour ainsi dire, en 1479, à conclure un traité de paix, qui reléguait dans un couvent cette infortunée dona Joanna à laquelle il avait donné naguère le nom d'épouse, il se retira bientôt à Cintra. Là, saisi d'une mélancolie profonde, il ne tarda pas à tomber malade, et il expira le 28 août 1481, précisément dans la chambre où il était né. Ce prince avait quarante-neuf ans et sept mois quand il mourut, et, quoiqu'il fût peu avancé en âge, il comptait près de quarante-trois ans de règne. Malgré de nobles qualités et une vive intelligence, don Affonso, placé entre don Pedro d'Alfarrobeira et l'énergique Joam II, s'efface nécessairement, ou devient même un obstacle entre les deux plus grands hommes politiques que le Portugal ait produits (**).

(*) L'homme dont il est ici question est le fameux don Jorge da Costa, cardinal de Lisbonne, plus connu sous le nom de *Cardinal de Alpedrinha*, parce qu'il était né dans la bourgade de ce nom (province de Beira). Il avait été précepteur de dona Catharina, fille du roi D. Duarte, l'une des princesses les plus instruites de ce temps, et il était renommé pour sa vaste érudition. Confesseur d'Alphonse V, il occupait une place dans son conseil. Comme évêque, il était passé du siége d'Évora à celui de Lisbonne. Après la scène que nous venons de rappeler, il se retira à Rome, où il ne tarda pas à acquérir une réelle influence, et à servir le Portugal d'une manière efficace, dans les affaires difficiles qui, par la suite se présentèrent. Il mourut dans cette ville, âgé de cent-deux ans, le 19 septembre 1508; il avait vu par conséquent s'accomplir la plus grande partie des découvertes qui illustrèrent son pays.

(**) Garcia de Resende trace ainsi en quelques vers l'histoire de ce roi aventureux (voy. sa Miscellanea) :

CONSIDÉRATIONS SUCCINCTES. — FAITS GÉNÉRAUX QUI DOIVENT CLORE LE MOYEN AGE. — Maintenant que nous avons essayé de faire saisir dans leur ensemble les principaux événements politiques ou militaires qui constituent l'histoire du Portugal durant le moyen âge, nous allons passer à un autre ordre de faits, à une série de considérations, qu'on retranche trop souvent de certains livres officiels, mais qui néanmoins représentent une des phases de l'histoire et colorent tout son ensemble. Bientôt il faudra essayer de placer sous son jour véritable ce roi à la volonté inflexible, dont nous avons laissé entrevoir le caractère. C'est lui qui a la mission de démanteler les institutions du moyen âge, et de pousser le Portugal dans la voie glorieuse où les autres peuples l'admireront si bien, qu'ils oublieront tout son passé. Or, c'est ce passé plein de faits originaux, plein de souvenirs curieux, que nous voudrions évoquer un moment. Joam II, initié de bonne heure aux études classiques, appelle de l'Italie un pur écrivain de la renaissance, capable de dire en latin ce que disait si bien en portugais le vieux Fernand Lopes. Le livre ne sera pas écrit, sans doute; mais on voit qu'il y a tentative pour substituer une rhétorique élégante à un naturel quelque peu barbare, et cependant rempli de charme. On le comprend donc, avant que l'esprit de chevalerie s'éteigne, ou que l'esprit mythologique lui imprime un autre genre de magnificence, il importe de jeter un coup d'œil en arrière. Il faut voir non-seulement quelles étaient les ressources de la nation, ses tendances intellectuelles, mais aussi ce qu'on pourrait appeler l'esprit intime du peuple. Combats mémorables, gran-

*El rey D. Afonso andou
Seys vezes fora da terra.
Castella, Feez conquistou
Em batalhas pellejou
Seu sogro mato en guerra.
De pois veo et morreo
Na casa em que nasceo
Em Sintra onde acabou
Seus trabalhos e deixou
Gram filho que sobcedeo.*

« Le roi don Affonso s'en alla six fois hors de son pays; Fez et Castille furent sa conquête; il combattit en batailles rangées, et par lui son beau-père périt en guerre; il s'en revint après, et mourut en la chambre où il était né, à Cintra : c'est là qu'il finit ses misères et qu'il laissa un grand prince pour lui succéder. »

des découvertes, épisodes touchants, tout a été dit à peu près sur cette période, et nous-même nous avons essayé de ne rien omettre d'important; mais puisque ce livre, qui touche à tant de points, n'a pas la prétention d'être de l'histoire officielle, nous exposerons un moment ce qu'on met de côté presque toujours et ce qu'il faudra rétablir désormais.

DE L'ÉTAT DE L'AGRICULTURE AU XIV° ET AU XV° SIÈCLE. — Si l'on se rappelle ce qui a été dit à propos du règne florissant du roi Diniz, que ses sujets avaient surnommé avec tant de raison le *laboureur*, on a pu voir par quelles combinaisons heureuses, par quelle suite d'efforts bien entendus, l'agriculture avait pris en Portugal un accroissement vraiment prodigieux. Cet état se maintint, en subissant diverses vicissitudes, jusqu'à l'époque où la maison d'Avis monta sur le trône. Si l'on s'en rapporte à un écrivain portugais, qui a écrit spécialement sur cette matière importante, il y avait au temps du roi don Fernando une telle abondance de froment, que les royaumes étrangers pouvaient s'approvisionner de grain dans un pays où l'exportation des céréales est devenue impossible. A la même époque, la Castille, le royaume de Léon, la Galice, la Flandre et l'Allemagne venaient également se fournir d'huile à Santarem, à Lisbonne, à Abrantès. Extremos, Moura, Elvas, Béja, fournissaient, mais en quantité moindre, cette denrée à l'exportation; Coïmbre était renommé dans le reste de la Péninsule comme le lieu où se récoltait la meilleure huile du royaume.

Les ordonnances rendues par don Fernando, pour le maintien de la prospérité agricole, sont remarquables par leur sagesse et par les dispositions coercitives qu'elles renferment. Non-seulement elles indiquent les époques auxquelles on doit commencer certaines cultures, elles spécifient la nature des ensemencements, mais elles s'adressent à cette portion de la population qui devint inutile sous les règnes suivants, et elle la contraint au travail des champs. Tantôt ce sont ces *escudeiros*, ces *prétendus serviteurs* du roi qui passent leur vie dans l'oisiveté et qu'elles condamnent au labourage; tantôt elles s'en prennent aux *ermites*, qui s'étaient si prodigieusement multipliés durant le quatorzième et le quinzième siècle, et elles les obligent à des travaux effectifs sous peine du fouet ou de l'exil. Duarte Nunez de Lião nous affirme que ces ordonnances, dont on eût pu modifier peut-être la sévérité, maintinrent l'abondance dans le royaume. Cette prospérité néanmoins devait être bien éphémère, et l'époque où Joam Ier fonda la dynastie d'Avis fut une époque vraiment désastreuse pour l'agriculture. En effet, les terribles commotions politiques qui eurent lieu dans le royaume au commencement de ce règne, frappèrent les différentes cultures d'un état d'inertie dont quelques-unes eurent de la peine à se relever. On peut même trouver dans les révolutions que subit l'agriculture durant cette période, l'explication de bien des faits politiques. La population agricole diminua d'une manière désastreuse, et une partie des familles portugaises, qui avaient pris parti pour la Castille durant ces dissensions intérieures, sortirent du royaume après la bataille d'Aljubarotta, et se fixèrent en Espagne. Leurs propriétés mêmes demeurèrent incultes jusqu'à ce que le nouveau roi les eût données aux feudataires puissants qui l'avaient aidé à se consolider sur le trône. Il paraît que ces concessions eurent alors un déplorable résultat, et que l'agglomération des propriétés devint telle que ces terres abandonnées purent être difficilement soumises à une culture réglée. Plus tard, sous don Duarte et sous l'administration de don Pedro d'Alfarrobeira, on essaya de guérir la plaie; on revint aux idées saines de ces rois du moyen âge qui s'honoraient du titre de laboureurs et qui entraient en relation directe avec la population agricole. Affonso V néanmoins, toujours épris d'idées chevaleresques et livré sans cesse à de nouvelles entreprises qui l'entraînaient hors du royaume, ne fut pas précisément un roi agriculteur; mais il eut, sur ce point comme sur une foule d'autres en matière d'administration, des intentions droites, que son fils sut réaliser; il en est une que nous signalerons ici, bien qu'elle dût suivre un autre ordre chronologique.

HARAS CRÉÉS AU QUINZIÈME SIÈCLE. — Les écrivains qui se sont occupés de l'histoire de l'agriculture en Portugal, n'ont pas suffisamment insisté, à notre avis, sur la prodigieuse amélioration que le génie prévoyant de Joam II fit subir dans ses États à la race chevaline. Non-seulement il promulgua un édit par lequel il était défendu à tous ses sujets, de quelque condition ou qualité qu'ils fussent, d'aller à dos de mulet; mais, voulant créer pour les besoins de l'armée une race essentiellement propre à la guerre, il s'opposa à ce que les individus incapables de porter les armes fissent un usage habituel des mules. En vain le clergé vit-il dans ces ordonnances une disposition attentatoire à ses droits, en vain fit-il observer que les princes séculiers ne pouvaient violer même indirectement ses priviléges, le roi eut l'air d'abord de plier devant ces réclamations, mais ce fut pour rendre bientôt une autre ordonnance qui défendit, sous peine de la vie, à tous les maréchaux du royaume de ferrer les mulets; le clergé s'offensa, mais l'édit fut exécuté, et comme nous l'apprend Vasconcellos, la race des chevaux s'augmenta par ce moyen en Portugal à vue d'œil, « encore qu'il semblait, dit le vieil écrivain, qu'en ce temps elle fût diminuée en bonté, plutôt qu'en nombre. » Ces sages ordonnances, du reste, ne tardèrent pas à être promulguées dans le reste de la péninsule, et on les trouve déjà en vigueur dans le royaume de Castille dès les premières années du seizième siècle, puisque Christophe Colomb, cassé par l'âge et déjà abattu par la vieillesse, obtenait en 1506 comme singulier privilége de monter une mule *ensilada y enfrenada*, sellée et bridée (*). Le fils d'Affonso V ne se contenta pas de rendre des ordonnances relatives au point qui nous occupe, il forma de véritables haras sous la direction d'un haut dignitaire. Le *coudel mor*, en effet, dont la création remontait à une époque antérieure, prit à cette époque une plus grande importance et reçut même de nouvelles fonctions; non-seulement il eut comme par le passé inspection sur les *coudeles* inférieurs des provinces, mais il dut faire venir des établissements qu'on possédait déjà en Afrique des étalons arabes capables de renouveler les races abâtardies du Portugal. Vasconcellos nous apprend qu'on introduisit dans cette intention des chevaux du royaume de Fez, et qu'il y eut ordre de les distribuer dans toute l'étendue du royaume; ce fut ainsi que les pertes immenses subies durant le règne imprévoyant d'Affonso V furent complétement réparées. Le fils de ce monarque fit aussi répartir la cavalerie du royaume en compagnies régulières; il leur imposa des officiers, des chefs spéciaux, qui les soumirent à des exercices réguliers; mais tout ceci ne pouvait s'exécuter sans une rigoureuse discipline : les murmures suivirent de près ces sages ordonnances, et l'histoire nous apprend ce qu'il fallut à Joam II de persévérance et de fermeté, pour obtenir dans cette branche importante de l'agriculture des résultats qui ne sont pas encore perdus pour le pays.

MONNAIES PORTUGAISES DU MOYEN AGE. — Rien de plus rare en général que les traités spéciaux sur cette matière, si importante cependant. Les Portugais ont bien un ouvrage de numismatique distingué; mais, quoiqu'il ait été écrit dans la langue nationale, il est dû à un Italien, et il ne traite que des médailles romaines (*). M. Kinsey, dans son *Portugal illustrated*, a de son côté reproduit avec exactitude certaines monnaies, mais il a complétement négligé celles du moyen âge, de telle sorte que nous nous verrions contraint à garder un silence absolu sur ce point obscur, si nous n'avions à notre disposition deux articles habilement faits, dus à une plume anonyme, ainsi que les considérations pleines de savoir et d'originalité que nous a léguées Faria Severim. En effet, cet ecclésiastique, doué d'un si louable esprit de recherche, vivait en un temps où il était sous quelques rapports facile de se procurer certaines antiquités à jamais perdues. Ce fut lui qui posséda la plus curieuse collection de médailles

(*) Voy. Navarrete, Documents relatifs à la découverte du nouveau monde.

(*) Voici le titre complet de ce livre : *Nummismalogia, ou breve recopilação de algumas medalhas dos emperadores romanos de ouro, prata e cobre que estão no museo de Lourenço Morganti, bibliothecario do illustrissimo et reverendissimo Senhor D. Thomas, primeiro patriarcha de Lisboa, a que se ajunta huma bibliothecca de todos os auctores que escreverão de medalhas et inscripções antigas*; parte 1ª; Lisb., 1737, in-4°.

nationales que l'on connût, en Portugal, après celle du duc d'Abrantès. Or, comme nous nous en sommes assuré, en consultant la correspondance de Baluze, dès le temps de Colbert il etait devenu presque impossible de se procurer à Lisbonne d'antiques monnaies, et l'on considérait comme étant de la plus excessive rareté celles qui remontaient aux premiers siècles de la monarchie.

Si l'on s'en rapporte à l'historien que nous venons de citer, et à Duarte Nuñez de Lião, les premières monnaies portugaises auraient été frappées à Porto, et elles l'auraient été par des étrangers, auxquels furent accordés de grands priviléges : on battit également monnaie de fort bonne heure à Valença et à Lisbonne. La chronique de don Joam nomme le maître des monnaies qui était à Évora.

« Les *seitiis* et une bonne partie des monnaies anciennes ayant été frappées à Porto, elles portent sur le revers les armes de cette ville, qui sont des tours baignées par un fleuve. Il y a beaucoup d'apparence qu'on bâtit aussi un hôtel des monnaies à Coïmbra, lorsque les rois de Portugal y eurent transporté leur cour. Le comte don Pedro, en traitant des vieilles coutumes, parle plusieurs fois des monnayeurs de cette ville (*). »

« Ainsi qu'on l'a très-bien fait remarquer à l'époque où don Henrique vint en Portugal, la monnaie principale de France, d'Allemagne et d'Angleterre était la livre. Elle servait d'unité pour tous les comptes, comme cela arrive pour le franc en France, bien qu'il y eût d'autres monnaies de valeurs plus ou moins considérables, contenant intrinsèquement plusieurs fois la livre. Ainsi que tout le monde le sait, la livre n'avait pas reçu cette dénomination de son poids effectif, elle l'empruntait aux anciennes livres romaines, qui étant dans le principe d'une valeur effective de douze onces, avaient fini par n'en plus peser qu'une seule, vers les derniers temps de l'empire : on en a la certitude. Le comte Henrique introduisit la livre dans les États qui lui avaient été nouvellement concédés, mais on ignore si ce fut parce qu'il la trouva déjà répandue dans les autres États chrétiens de la péninsule, ou si ce fut simplement en sa qualité de Français. »

Aucune monnaie datant de cette époque n'est conservée dans les cabinets des curieux ; on ignore même si les pièces étaient en or ou simplement en argent ; on pousse le doute jusqu'à supposer qu'il n'y eut de monnaies frappées en Portugal, qu'au temps d'Affonso Henriquez (*).

Comme l'a très-bien fait observer un savant dont nous adoptons l'opinion volontiers, si la livre servait de base fondamentale au système monétaire de l'Europe, ce système se confondit dans la péninsule avec celui des Arabes ; et ce fut de là que procédèrent les antiques maravédis.

Il y avait en Portugal des maravédis d'or et des maravédis d'argent. Un maravédis d'argent valait 15 sous. Il a été impossible jusqu'à ce jour de déterminer d'une manière précise la valeur du maravédis d'or ; ce qu'on peut dire de plus raisonnable à ce sujet, c'est qu'il valait deux *libras* et demie, équivalant à six cents deniers.

« De toutes ces monnaies, la seule qui existe aujourd'hui, est un maravédis de Sanche Ier, qui, quant au poids et peut-être quant au titre, offrait fort peu de différence, si toutefois il y en avait, avec les maravédis morisques et les alfonsins frappés par Affonso Henriquez. La légende porte d'une part : *Sancius Rex Portugalis*, et de l'autre *In nomine Patris et Filii et Spiritus sancti Amen* » (**).

« Le caractère le plus curieux de cette monnaie est d'offrir un argument décisif contre l'origine supposée des armes portugaises, où, dit-on, Affonso Henriquez avait placé les cinq écus en mémoire des cinq plaies de Jésus-Christ, avec les cinq rouelles ou besants au milieu de chacun d'eux, comme symbole des trente deniers contre lesquels Judas vendit le Sauveur du monde. Il est en effet bien digne de remarque, que durant un siècle où l'on avait tant de respect pour tout symbole religieux, don

(*) Voy. la traduct. du journal étranger de 1755. Il nous a été impossible de nous procurer le traité original de Faria Severim.

(*) *O Panorama : moedas Portuguezas* ; t. II, p. 189.
(**) L'abréviation donne les lettres suivantes : IN NE PATRIS et FILII SPS SCI. A.

Sanche ait dédaigné si promptement la pieuse idée de son prédécesseur à propos de la principale et peut-être de l'unique monnaie qu'il ait frappée (*). »

La Bibliothèque royale de Paris possède un de ces maravédis de Sanche Ier, dans lequel Faria Severim voulait voir l'ancienne *dobra*.

Parmi les monnaies en usage chez les Maures d'Espagne, il y avait trois espèces d'or que les anciens écrivains désignent sous le nom de *dobras mouriscas*, doublons maures, *dobras validias*, doublons de poids, frappés à Tunis, et *maravédis*. Le maravédis avait été introduit en Espagne par les Almoravides. « Ambroise de Morales observe, dit Faria, qu'avant leur irruption, pas un seul mémoire de Castille ne fait mention ni de cette monnaie, ni de compte par maravédis, mais qu'au contraire depuis eux, il fut si ordinaire de compter par maravédis, que toutes les supputations du prix des denrées et de la valeur des monnaies se firent toujours par ces espèces, pratique qui subsiste encore aujourd'hui. Pour signifier la valeur du réal d'argent, on dit qu'il vaut trente-six maravédis et le doublon d'or, neuf cent soixante maravédis, en comptant le maravédis par la valeur du réal de cuivre. Cependant quoiqu'il ait eu cours en Portugal, il paraît que ce n'a été que l'espèce en or, dont il en fallait soixante pour faire un marc; leur valeur serait donc à présent de cinq cents reis (**). »

En somme, il y avait au commencement de la monarchie deux monnaies principales : la livre d'argent, à laquelle on peut attribuer une origine française, et le maravédis d'or, dont l'usage était passé des Arabes parmi les chrétiens. La livre se divisait en *soldos* ou en sous ; ces pièces de billon étaient mêlées d'un certain alliage, tel que de l'étain, par exemple : il en fallait vingt pour faire une livre. Les sous eux-mêmes se divisaient en deux variétés : ceux dans lesquels entrait le métal dont nous venons de parler prenaient le nom de *soldos brancos*, sous blancs, et chacun d'eux contenait douze deniers; les autres, qui ne contenaient que du cuivre, étaient désignés sous la dénomination de *soldos pretos*, sous noirs. Les monnaies que nous venons de mentionner eurent cours jusqu'au règne d'Affonso IV ; à cette époque, il y eut une notable altération dans celles qui furent frappées. Les pièces désignées sous le nom de *dinheiro alfonsim*, et dont le titre avait été singulièrement altéré, fournirent d'immenses bénéfices au vainqueur de la bataille *do Salado*, qui cependant se montra d'une générosité sans exemple à l'égard de l'étranger. On affirme que les deniers alfonsins lui firent gagner sur chaque marc quatre livres quatre sous. Faria Severim possédait un grand nombre de ces pièces : nous doutons qu'il en existe dans nos cabinets; elles avaient été frappées à Porto et à Lisbonne; l'effigie du prince n'y est pas, et elles diffèrent essentiellement sous tout rapport de celles de don Sanche. L'*alfonsim* serait, selon Severim, la plus ancienne monnaie d'argent frappée par les rois de Portugal qui nous eût été transmise. Il paraît, du reste, que le système d'Affonso consistait simplement à faire fabriquer de nouvelles monnaies d'argent en diminuant leur poids métallique et en leur attribuant cependant la valeur des anciennes monnaies. Le même souverain accrut également la valeur du cuivre, ordonnant que les sous, qui n'avaient pas subi d'altération, il est vrai, ne représentassent que neuf deniers au lieu d'en valoir douze, et continuassent à être la vingtième partie de la livre. Il paraît que les monnaies d'or conservèrent leur valeur première sous don Diniz et sous son fils : elles prirent alors un nom différent, et furent appelées *dobras cruzadas* (*).

Don Pedro Ier, qui avait élevé les finances à un si haut degré de prospérité, fit frapper de nouvelles pièces d'or ; elles prirent le nom de *dobras de D. Pedro* : cinquante d'entre elles représentaient le marc. Ce monarque fit aussi émettre, à l'imitation des monnaies de France, le tournois et le demi-tournois, *tornese* et *meio torneze*. Soixante-cinq pièces con-

---

(*) Voy. *O Panorama : moedas Portuguezas*.
(**) Le maravidi ou maravidim prend tour à tour, selon les écrivains qui le désignent, la dénomination de *Marabitino*, *Mrabitino*, *Maravidil*. Voy. Santa Rosa de Viterbe, *Elucidario de palabras antiguas*.

(*) Les monnaies du temps d'Affonso IV en argent et en cuivre sont représentées dans le t. II du *Panorama*, p. 261 ; les cinq écussons avec les cinq deniers sont parfaitement déterminés.

nues sous cette dénomination représentaient le marc d'argent. Il existait d'autres *tornezes* plus petits, dont il fallait cent trente pour former le marc. L'effigie de don Pedro est gravée sur ces pièces. Don Pedro est accusé, comme son père, d'avoir non-seulement altéré la monnaie, mais de s'être uniquement attaché dans cette falsification aux métaux précieux. Le désordre vint à son comble dans le système monétaire du Portugal sous don Fernando et sous don Joam Ier (*).

Le roi don Fernando, qui régna de 1367 à 1383, frappa des monnaies dont la dénomination varia singulièrement. On vit circuler d'abord *le gentil*, qui représentait 4 libras ½, et deux autres pièces portant le même nom, dont la valeur était de 3 libras ½, et de 3 libras 5 sous. Bientôt ses guerres avec l'Espagne lui suggérèrent une autre idée et imposèrent d'autres dénominations aux monnaies. Voici ce que Faria Severim dit à ce sujet : « Don Henri avait dans son armée quantité de soldats français qui y étaient venus avec des casques qu'on appelait *barbudas*; ces auxiliaires étaient aussi armés de lances en forme d'étendard, qu'ils nommaient *graves*, et menaient avec eux pour le service des casques, des pages qui s'appelaient *pilartes*. Don Fernando, voulant laisser à la postérité un monument de son entreprise sur la Castille, donna ces dénominations aux nouvelles monnaies qu'il fit frapper, et les chargea de ces enseignes. »

La barbuda était une monnaie de la grosseur de quatre vingtains, quoique plus mince; elle représentait d'un côté un casque couronné et une cotte de mailles avec cette légende, *Si Dominus mihi adjutor, non timebo*, et de l'autre côté une croix de l'ordre du Christ, quatre châteaux dans les coins de la croix et au milieu un petit écu avec les *quinas* et ces trois mots pour légende : *Fernandus rex Portugalliæ*... C'était une monnaie d'argent avec beaucoup d'alliage, du titre de trois deniers, et le roi l'avait fixée à vingt sous, qui étaient une livre de trente-six reis.

Les graves et les pilartes étaient également d'argent, mais à bas titre. Plus tard, les peuples réclamèrent contre la

(*) Voyez le récit de Fernand Lopes.

valeur excessive à laquelle on avait porté ces monnaies, et le prince, ayant égard à la faiblesse de leur poids, réduisit l'évaluation à un prix plus modéré.

Lorsque le Mestre d'Aviz monta sur le trône, il se vit contraint de se créer rapidement des ressources nouvelles en numéraire : il fit émettre des réaux d'argent, valant neuf deniers, dont soixante-douze faisaient un marc : selon Faria Severim, il en fit frapper d'autres, du titre de six deniers et d'autres encore de cinq. « Cependant, ajoute l'historien, ces réaux conservaient toujours la même valeur, et le surplus tournait au profit du prince. »

Il fallait être don Joam Ier, c'est-à-dire l'élu du peuple, pour qu'une tolérance pareille eût lieu en matière de monnaies. Faria Severim, qui nous donne ces détails, ajoute un fait touchant qui exprime bien la vénération que le prince inspirait : « La plupart, dit-il, portaient ces réaux d'argent pendus à leur cou comme une chose sainte.

« Ce prince n'ayant encore d'autre titre que le glorieux nom de Défenseur, fit battre ensuite de nouveaux réaux au titre d'un denier, dont chacun valait dix sous. Après ceux-ci, il en fit d'autres de trois livres et demie et de dix deniers et demi.

« Don Jean Ier, monté sur le trône et pensant à faire la conquête de Ceuta, fit frapper les premiers réaux blancs, qui valaient chacun dix réaux de trois livres et demie; ils étaient au titre de dix deniers, et il en fallait soixante-deux pour un marc.

« Au retour de cette expédition, il fit faire, disent quelques-uns, les *seitiis*, auxquels il donna ce nom pour perpétuer le souvenir de la conquête de Ceuta. D'autres prétendent que parce qu'ils valaient la sixième partie d'un réal, on les appelait *sextiis*, et que dans la suite ce nom fut aisément altéré en celui de seitiis. »

On comprend aisément, par ce que nous avons dit plus haut, la révolution monétaire qui dut se faire sous le règne du successeur de don Joam. Ce prince ne s'occupa pas en réalité d'améliorer la valeur métallique; les livres diminuèrent tellement que don Duarte fit frapper une monnaie plus grosse et qu'on appela *reaes brancos*, réaux blancs. Ils étaient

de cuivre avec un alliage d'autre métal. Faria Severim dit qu'une ordonnance royale donna à ces réaux blancs la valeur d'un sou ancien : « par conséquent, chacun d'eux valait trente-cinq livres petites, et vingt réaux faisaient une livre ancienne de sept cents *livres petites;* ainsi chacun de ces réaux valait de notre monnaie dix seitiis et quatre cinquièmes de seitii, puisque vingt valaient trente-six réis, qui font une des grandes livres. » Il y eut aussi, dit-on, des *reaes pretos* ou réaux noirs, et il en fallait dix pour un *real branco.* Don Duarte fit frapper également des écus d'or, mais ils étaient de bas aloi, et notre auteur se tait sur leur valeur effective. Cependant il ajoute un peu plus loin qu'on éprouvait une difficulté singulière à les faire passer dans les pays étrangers. Il est probable que l'administration de l'illustre don Pedro ne dura pas assez longtemps pour porter remède à un tel désordre ; mais le mal fut réparé immédiatement après lui, et l'on peut supposer que son esprit juste et probe ne fut pas sans influence sur cette branche de l'administration.

C'est du règne de don Affonso V que datent les crusades. Tout le monde sait avec quel enthousiasme chevaleresque ce prince combattit les ennemis de la foi. Lorsqu'il eut résolu de passer à Jérusalem avec une armée puissante, et que Sixte l'eut fortifié dans ce dessein, il se décida à faire frapper une monnaie d'or qui fût d'un titre si élevé qu'on la préférât à tous les autres ducats de la chrétienté. Faria Severim disait vers le milieu du dix-septième siècle : « Il se trouve encore aujourd'hui beaucoup de ces *crusados,* dont l'or est si fin, qu'il est recherché pour dorer. On y voit sur un des champs une croix de Saint-George entourée de lettres qui signifient *Adjutorium nostrum in nomine Domini;* et sur l'autre, l'écu royal couronné et placé sur la croix d'Aviz avec cette légende : *Crusatus Alfonsi quinti R.* »

Nous passerons rapidement sur ces réaux d'Affonso V, qui représentaient une roue de moulin, *rodizio,* et sur ces *espadims* de cuivre et d'argent destinés à perpétuer le souvenir de l'ordre de la Tour et de l'Épée. Ce qu'il y eut de remarquable dans cette dernière monnaie, c'est qu'elle rappela une légende tout orientale. L'ordre, institué à l'époque où le roi méditait l'expédition de Fez, adopta l'emblème qui le distinguait, en souvenir d'une tradition célèbre à la fin du quinzième siècle. Un astrologue arabe, initié à tous les mystères de l'art cabalistique, avait planté un *espadim,* une sorte d'épée, sur la plus haute tour de Fez, et celui qui aurait pu se rendre maître de ce puissant talisman, grâce à la force des armes, serait devenu le maître du monde entier : au dix-septième siècle cette légende subsistait encore.

Il serait trop long de décrire ici les diverses monnaies d'argent et de cuivre que don Affonso fit frapper ; nous rappellerons seulement qu'il y en a une en argent valant quatre vingtains, où se voient avec la croix d'Aviz les armes de Castille et de Léon, écartelées. On y remarque cette légende : *Alphonsus Dei gratia rex Portugaliæ;* elle eut cours au temps où don Affonso prétendait au trône d'Espagne, par son mariage avec la fille infortunée du faible don Henrique.

Voici à peu près tout ce que nous avons pu rassembler sur un point dont les historiens ne s'occupent guère ordinairement, ou pour mieux dire, qu'ils négligent d'une manière absolue. Avec les nouvelles découvertes faites en Afrique et dans l'Orient, les valeurs monétaires changent de toute nécessité ; nous dirons quelques mots à ce sujet en traitant du grand siècle.

PREMIÈRE BIBLIOTHÈQUE ROYALE FONDÉE EN PORTUGAL. CALLIGRAPHE EN TITRE.—On s'accorde généralement à regarder Alphonse V comme étant le premier fondateur d'une bibliothèque de quelque importance en Portugal. Cependant il est certain que le roi don Duarte, son père, possédait quelques ouvrages d'un grand prix, et l'on peut aisément en parcourir le catalogue dans le *Leal Conselheiro.* Affonso V augmenta prodigieusement cette collection, et la décora du titre officiel de *libreria.* Un homme qui disait en s'adressant à son archiviste : « Que serait-il advenu des actions de Rome si Tite-live ne nous les eût conservées ? Que fût-il arrivé si Quinte-Curce n'eût pas fait de même pour Alexandre, Homère pour Troie, Lucain pour César ? » cet homme, aidé du pouvoir royal, devait nécessairement avoir le goût des livres (*). » Durant son voyage en France nous le voyons utiliser son passage dans les abbayes où il est reçu, en s'informant des richesses bibliographiques qu'elles renferment. Les historiens français contemporains font foi de ces goûts studieux, et nous parlent d'un Lancelot magnifique qui lui fut montré dans l'abbaye de Bourges. Nous avons également la certitude que vers l'année 1453, ce même prince avait un calligraphe habile spécialement attaché à sa bibliothèque, et le nom de Joham Gonçalvez, *écuyer écrivain des livres du roi*, nous est une preuve positive du soin qui présidait à cette importante collection (**). Nous ajouterons à ces faits, trop peu nombreux sans doute, que l'infortuné don Pedro d'Alfarrobeira, dont nous avons signalé la régence, dut être un des premiers bienfaiteurs de cette bibliothèque royale du quinzième siècle, dont on commence à parler de nouveau aujourd'hui. Il ne pouvait en être autrement de la part d'un prince qui regardait un exemplaire des voyages de Marco Polo comme un des plus riches présents que la seigneurie de Venise pût lui faire. Il n'y avait pas, du reste, jusqu'aux princesses du sang royal qui ne s'occupassent dans cette famille de la propagation des livres magnifiques; l'épouse de don Pedro, si digne en tout de son mari, faisait écrire et répandre par la voie de la calligraphie, la *vie du Christ*. Enfin la noble Felippa de Lancastre, fille de cette princesse, traduisait en portugais plusieurs ouvrages dont elle enrichissait sa retraite monastique, et, en outre, du livre de saint Laurent Justinien sur le mépris du monde, qu'on devait à ses soins; on montrait jadis dans le trésor d'Odivellas un volume d'Évangiles dont les miniatures étaient entièrement de sa main. Dona Joanna, fille d'Affonso V, et retirée au monastère d'Aveyro, imita cette princesse. Sa merveilleuse beauté prêtait un charme de plus à ce goût qu'elle ne cessa de montrer pour tout ce qui tenait à la culture de l'intelligence.

Don Henrique le navigateur, don Fernando surnommé le saint Infant, furent des amateurs passionnés de beaux livres, et ils durent aussi contribuer à l'augmentation de la bibliothèque royale. Toutefois, si l'exécution du *Leal Conselheiro* et celle de la *Chronique de Guinée* de Gomez Eannez de Azurara ne nous laissent pas le moindre doute sur la magnificence des volumes dont se composait la bibliothèque d'Affonso V, on ne peut pas en dire autant de leur nombre, et jusqu'à présent aucun catalogue de cette époque n'est venu établir d'une manière précise à quel chiffre exact on peut le faire monter. Sous Joam II, et à l'époque où s'étaient multipliés ces illuminateurs dont parle Garcia de Resende dans sa *Miscellanea*, le nombre des beaux livres dut nécessairement s'accroître; les travaux bibliographiques dont on s'occupe en Portugal nous fixeront sans doute sur ce point.

INFLUENCE LITTÉRAIRE D'AFFONSO V. — FORMATION D'UN CORPS DE LOIS. — L'auteur consciencieux de la Bibliothèque Lusitanienne, Barbosa Machado, a inscrit dans son vaste répertoire de la littérature portugaise le nom du monarque dont nous nous occupons, comme il avait inscrit du reste ceux de don Diniz, d'Affonso IV et de don Pedro. Le savant bibliographe vante la mémoire prodigieuse d'Affonso V, et surtout l'élégance parfaite avec laquelle il parlait sa langue maternelle (*). On a vu dans le récit du vieil historien français la disposition toute particulière que montra ce roi à s'initier au mouvement intellectuel de l'université de Paris : il est certain qu'il ordonna qu'on écrivît en latin un corps général des histoires du royaume, et qu'il fit venir d'Italie à cette intention frère Juste Baldino, religieux dominicain. Ce louable désir ne paraît pas avoir été suivi d'effet, et, sous ce rapport, D. Affonso V ne fut pas plus heureux que ne le fut son successeur à l'égard de Politien. Comme son oncle l'infant don Henrique, il était habile en mathématiques, et il tenait probablement de son beau-père, don Pedro d'Alfarrobeira, le goût extrême qu'il montrait pour la musique; on affirme qu'il écrivit, à l'imitation de *l'Arte de Cavalgar*, laissé par son père, un *Traité de la Milice*, faisant

(*) *Lettre écrite par Alphonse V à Gomez Eannez de Azurara*. Balbi, t. II, p. 9.
(**) *Chronica de Guiné*, par Gomez Eannez de Azurara.

(*) « Que parecião as suas palavras estudadas antes de proferidas. »

connaître *la manière de combattre des anciens Portugais*; ce livre, enfoui probablement dans quelque antique bibliothèque, n'a jamais été publié; mais nous avons un échantillon du style de don Affonso dans deux lettres imprimées à diverses reprises. L'une est adressée à Gomez Eannez de Azurara, à l'époque où ce grand chroniqueur était à Alcaçar auprès de don Duarte de Menezes, et elle atteste d'une manière touchante la sympathie de cet esprit chevaleresque pour les hommes qui se livraient aux travaux de l'intelligence (*); l'autre a été écrite, en 1461, à Diogo Lopez Lobo, seigneur d'Alvito, et elle roule sur certaines explications que réclamait ce personnage. On a encore de ce monarque un opuscule astronomique vanté par le fameux Zacuto, et il ne faut pas oublier que c'est à lui qu'on doit le premier corps de droit qu'ait possédé le royaume.

DROIT ROMAIN. — L'introduction du droit romain en Portugal n'est pas antérieure au quinzième siècle. Il suffit, dit un jurisconsulte portugais, d'ouvrir le code d'Affonso V, qui commence à recevoir la disposition dans laquelle il a paru sous Joam Ier, pour reconnaître partout l'influence de cette législation; il suffit aussi d'examiner l'ordre chronologique qui y est suivi pour acquérir également la certitude que la fusion des législations n'était pas faite encore, et qu'elle ne présentait point un corps de doctrine suivi, mais bien une simple coordination de lois différentes. Il résulte des recherches d'Antonio Villanova à ce sujet que, s'il faut faire remonter à la maison d'Aviz l'introduction du droit romain en Portugal, il est juste de reculer jusqu'au règne d'Emmanuel le travail qu'il dut subir pour se combiner avec l'antique législation du royaume: dès cette dernière époque, au reste, les jurisconsultes s'efforcent de faire concorder tant d'opinions divergentes. A partir du règne de don Sébastien on s'occupa de combiner les éléments de la procédure. Il est certain que la haute sagacité de don Pedro fut pour beaucoup dans les travaux relatifs à la législation, et que le Code Alphonsin modifié sous don Duarte fut en partie son ouvrage (*).

CROYANCES POPULAIRES DU PORTUGAL. — Ce qu'on sait le moins bien d'un peuple, d'ordinaire ce sont ses croyances populaires; presque toujours les écrivains nationaux dédaignent d'en faire part au monde érudit, et les voyageurs passent trop rapidement à travers les contrées qu'ils prétendent décrire pour avoir le loisir de faire cette espèce d'*étude intime*, qui aurait tant d'intérêt pour les autres peuples, et cependant, répétons-le bien, on ne peut s'initier complétement à la poésie d'une nation, on ne peut même apprécier convenablement certains faits historiques que lorsqu'on a ouvert la porte de ce monde féerique que, dans tous les siècles et dans tous les pays, chaque peuple a su se créer : c'est souvent un vieillard, un berger des montagnes, une jeune bohémienne aux vêtements en lambeaux, qui tiennent en leur main la clef de la porte mystérieuse: n'ayez garde qu'ils vous la donnent, votre regard les effraye, vos prétentions de savant les épouvantent. Quelquefois aussi fort heureusement la clef merveilleuse tombera entre les mains du poëte, et alors vous pourrez vous réjouir, le poëte aura hâte de vous faire contempler les prodiges que le peuple vous cachait. Ouvrez le vieux Gil Vicente, qui faisait si bien sourire l'incrédule Éras-

(*) On lit dans Duarte Nunes de Lião ce passage curieux, que nous traduisons. Le roi D. Jean Ier avec la paix ne resta pas dans l'oisiveté, et tout son temps se passait au gouvernement de son royaume, ou dans la réforme de la justice et des coutumes. C'est pour cela qu'il fit beaucoup de lois qu'on a insérées dans les livres d'ordonnances qui aujourd'hui sont en usage. Outre cela, en l'année 1425, et par le conseil du Dr João Fernandez das Regras, qui était grand lettré, il ordonna qu'on fit un livre en langue portugaise où l'on réunirait les lois du code Justinien, les plus praticables en ce royaume, avec quelques commentaires d'Accurse et de Barthole, qui y étaient relatifs; de manière que les opinions d'Accurse et de Barthole, approuvées par lui, fussent regardées comme authentiques et eussent force de loi, et que l'on pût enfin déterminer les choses par elles. Tout ceci eut lieu grâce à la grande affection qu'avait le Dr João das Regras pour le légiste dont il avait été le disciple à Bologne. C'est de là qu'émane la loi de ce royaume, qui ordonne qu'en la décision des choses on suive l'opinion de Barthole, quand il n'y aura ni texte ni glose ou opinion commune qui lui soit contraire. Voy. t. I, p. 484 de l'édit. de 1780 (Lisbonne).

(*) Entre autres ouvrages, elle a été reproduite dans la description du Portugal, par M. Adrien Balbi: voy. t. II.

me : quel monde magique il vous révèle dans les Serras du Portugal ! Trois siècles avant que Goëthe eût évoqué les sombres mystères de la Walpurgisnacht et les danses du sabbat germanique, Gil Vicente nous avait conduits au milieu des rondes de sorcières qui sillonnent la Serra d'Estrella.

Ni le pseudonyme du Châtelet avec son esprit méthodique, ni Dumourier avec son instinct railleur, ne nous ont dit un mot de ces mystères populaires. Landmann, Kinsey, Murphy, se sont tus également. Un recueil qui s'adresse au peuple, un recueil dont nous avons tiré mille curieux fragments qui ne sont pas de l'histoire, mais dont l'histoire s'enrichit (*), va combler enfin cette lacune et nous faire connaître cette mythologie du moyen âge qui dut briller de tout son éclat dans la période du quinzième siècle. L'auteur du travail que nous citons semble avoir fait deux parts de tous les documents qu'il pouvait avoir recueillis. Mais il marche toujours environné de preuves historiques, et s'il met d'abord de côté les traditions orales, d'ordinaire plus poétiques, c'est pour fixer l'esprit par des dates positives et par des preuves pour ainsi dire inédites. Imitons-le, le poëte parlera à son tour.

Un des plus anciens documents, dit-il, qui nous restent touchant les superstitions populaires est la célèbre ordonnance de la municipalité de Lisbonne en date de 1385. Cette ordonnance caractérise essentiellement l'esprit religieux de l'époque de Joam Ier. Non-seulement on y prohibe les superstitions ayant cours parmi le peuple, mais on les y énumère, comme si le sénat voulait ainsi remercier Dieu de la victoire que l'on venait d'obtenir à Aljubarotta... Voici ces passages : nous ferons observer avec l'auteur portugais qui nous sert ici de guide, que l'ordonnance émane des membres de la municipalité de Lisbonne et qu'elle est rendue en leur nom.

« Les susdits établissent et ordonnent que dorénavant en cette cité ou dans ses alentours, nul ne puisse user ni n'use, en effet, de sorcellerie, de ligatures, d'appel au diable, ni d'enchantements, ni d'œuvre de *veadeira* (*), ni de *carantulas* (**), ni de gestes, ni de songes, ni de sortiléges; qu'on s'abstienne de lancer la roue ou des sorts, et enfin de toute œuvre de divination... Il n'est pas permis également de mettre une ceinture constellée, ni de lancer le mauvais œil sur quelqu'un, non plus que de jeter de l'eau sur un van (***).

« Il est établi aussi que dorénavant en cette cité et en ses alentours, on ne chantera plus de *Janeiras* ni de *Maias* (****) ni aucun autre chant se rapportant à quelque autre mois de l'année ; on ne pourra non plus jeter du plâtre aux portes, sous l'invocation de Janvier; on respectera les eaux, on ne lancera pas de sort sur elles.

« Et comme s'arracher les cheveux et se tirer la barbe sur les morts, est une coutume qui vient des gentils, une espèce d'idolâtrie, un usage enfin qui va contre les commandements de Dieu, les susnommés ordonnent et établissent que dorénavant nul individu soit homme, soit femme, ne pourra s'arracher les cheveux, ni se maltraiter d'autre sorte, ni crier sur quelque mort que ce soit, fût-ce père, mère, fils ou fille, sœur ou frère, mari ou femme, n'en exceptant nulle autre peine ou chagrin, n'empêchant qui que ce soit de montrer sa douleur et de pleurer s'il le veut. »

Beaucoup de ces dispositions sont relatives à des croyances qui n'existent plus ou qui sont connues sous d'autres dénominations ; les chants désignés sous les noms de *Janeiras* et de *Maias* ont persisté jusqu'à nos jours, et on appelle encore Maias, dans le Minho, les fleurs jaunes du genêt dont on pare les fenêtres au premier de mai. On le voit clairement encore par les textes cités, c'était un usage de s'arracher les cheveux sur les morts; il y avait même certaines femmes, dési-

---

(*) *O Panorama.*

(*) Probablement une sorte d'enchantement obtenu par le moyen de l'os qu'on prétendait exister dans le cœur du cerf.
(**) Caractères magiques.
(***) Le van ou le crible joue en tout pays un grand rôle dans certaines opérations magiques. Nous en avons dit un mot dans notre *Traité analytique et critique des sciences occultes.*
(****) Ces chants populaires, chantés en janvier et en mai, dont on trouve çà et là quelques fragments dans les vieux auteurs portugais, ne se sont que trop éteints.

gnées sous les noms de *carpideiras* ou *prantadeiras*, qui exerçaient publiquement cet office. Fr. Francisco Brandão prétend que cette coutume s'acheva au temps de Jean Ier, mais il se trompe évidemment, puisqu'on trouve dans nos chroniqueurs commémoration de ces deuils à des époques bien postérieures et que Gil Vicente a dit :

« Ils mènent le deuil dans Lisbonne — jour de la Sainte-Lucie — parce que le roi don Manuel est décédé ce jour-là. »

Les jugements de Dieu, admis dans toute l'Europe, paraissent avoir été singulièrement en vogue au moyen âge dans le Portugal; mais les rois éclairés qui commencèrent à régner sur ce pays, ne tardèrent pas à porter remède aux maux enfantés par ce déplorable usage. Dès le treizième siècle, Diniz rendit certaines ordonnances qui s'opposaient formellement à ces sortes d'ordalies. L'épreuve par le fer chaud a laissé jusque dans le dix-septième siècle un curieux monument. « Près du sépulcre du commandeur de Leca on conservait, selon le témoignage de Jorge Cardoso, un fer de charrue, qu'avait transporté là tout embrasé la femme d'un serrurier accusée d'adultère. F. Bernardo de Brito et F. Antonio Brandão citent une donation faite au monastère d'Arouca par dona Tareja Soares, femme de don Gonçales de Souza, qui, étant accusée par son mari d'adultère, recourut pour sa défense à l'épreuve du fer chaud, et sortant de cette épreuve saine et sauve se réfugia dans le couvent d'Arouca. »

A la fin du quatorzième siècle, lorsque le grand maître de l'ordre d'Aviz a donné la mort au comte Andeiro, on voit, par le témoignage positif de Fernand Lopes, que la reine Éléonor prétend réclamer l'épreuve du fer. Comme le fait observer fort bien M. Herculano, du reste, cette coutume superstitieuse, qui dura tant de siècles, n'était pas seulement une invention du vulgaire; dans ce recueil des lois antiques de l'Espagne, connues sous le nom de *Fuero Juzgo*, l'épreuve de l'eau bouillante et celle du fer chaud sont positivement ordonnées.

La première loi que nous voyons promulguée en Portugal contre la magie, dit le savant Herculano, est une loi de Joam Ier; elle est datée de l'année 1403, et elle s'exprime ainsi : « Que nul ne « soit si osé que de chercher de l'or ou « de l'argent ou quelque autre bien en « jetant la baguette, en traçant des cer- « cles, en regardant dans des miroirs, « ou en usant de quelque autre « moyen » (*). Cette loi fut confirmée par le code d'Affonso V, et elle passa en substance dans ceux qui lui succédèrent. On y voit que la magie portugaise de ce temps se réduisait à une sorte d'alchimie, à un art de *découvrir de l'or*, ce qui, en vérité, était bien peu de chose, si nous comparons de telles croyances au prodigieux accroissement que la sorcellerie prit dans le siècle suivant (**).

Nulle part, comme le fait observer l'habile auteur de la notice où nous puisons, on ne trouve expliquées avec plus de détail les formules diverses employées par la sorcellerie du seizième siècle, que dans le livre rarissime *des Constitutions* de l'archevêché d'Évora, imprimé à Lisbonne en 1534 : voici ce qui est dit à propos des *feiticeiros*, des *benzedeiros* et des *agoureiros*.

« Nous défendons que nul individu, de quelque état ou condition qu'il soit, enlève d'un lieu consacré ou non consacré pierre d'autels ou corporaux, et seulement portion de ces objets, et de quelque objet saint que ce puisse être; nous nous opposons à ce qu'il invoque des esprits diaboliques, dans des cercles ou hors des cercles, et aux lieux qui se croisent; à ce qu'il donne à manger ou à boire quelque chose capable d'inciter à vouloir bien ou mal à autrui; nous lui défendons de lancer les sorts pour deviner, ou de jeter la baguette pour découvrir des trésors, sans permettre non plus la contemplation de l'eau, du cristal, du miroir, de l'épée ou de quelque autre objet luisant, y compris le coutelas de boucher. Nous ne voulons pas non plus qu'un individu quelconque fasse pour deviner figures ou images de métal ou d'autre objet, ni qu'il s'efforce de lire l'avenir sur une tête de mort ou sur une

(*) On trouvera tout au long dans l'intéressant recueil qui nous fournit ces détails, les textes dont il est ici question. Voy. *O Panorama*, t. IV, p. 139.
(**) Voy. à ce sujet notre *Traité analytique et critique des sciences occultes*. Paris 1830, 1 vol. in-32.

tête d'animal quelconque, ni qu'il porte sur soi dent ou corde de pendu, ni qu'il fasse avec lesdites choses ou partie d'elles seulement, quand bien même nous ne les aurions point désignées, sortiléges, divination, dommage ou profit à qui que ce soit, sans en excepter ce qui contraint un individu à en aimer ou à en haïr un autre et ce qui lie l'homme ou la femme.

« Nous défendons également à tout individu malade de passer par un bois, par un bosquet de jeune chêne liége, par une prairie vierge ou sous un garou, de bénir avec une épée qui aurait tué un homme, de traverser le Douro et le Minho par trois fois, de couper à l'écart un figuier sauvage et une branche de chêne vert en l'inclinant sur le seuil d'une porte. Nous défendons de garder têtes de *saudadores* (*) encastrées dans de l'or ou dans de l'argent, d'adjurer les démoniaques, de porter les images de certains saints au bord des eaux, en feignant de vouloir les y lancer, de prendre gens à caution pour que si, dans un temps convenu, on ne leur donne point d'eau ou un autre objet, ils jettent les dites images dans les flots ; nous défendons également de rouler des roches et de les lancer dans l'eau pour obtenir de la pluie, ni de jeter le crible, ni de donner à manger certaines galettes pour connaître certaines circonstances d'un vol commis ; nous défendons de garder des mandragores en son logis, avec l'intention d'obtenir certaines grâces ou de faire certains profits. On ne plongera pas la tête d'un chien dans l'eau, afin d'acquérir certains avantages ; on ne dira rien de ce qui doit advenir, comme chose révélée par Dieu, par ses saints, ou à la suite d'une vision ou d'un songe..; on ne bénira pas avec des paroles inconnues ou incompréhensibles et que l'Église n'a point approuvées, on ne fera pas la même opération avec des couteaux portant des taches soit noires, soit d'autre couleur, on ne le fera pas non plus au moyen de ceintures, de boucles d'oreilles, ou en employant quel-

que autre moyen déshonnête. On ne fera point de chemises filées et tissus en certains jours spéciaux de l'année, on ne les vêtira point, on ne les usera pas non plus par quelque art de sorcellerie ».......

Voilà certes un document fourni par l'histoire ecclésiastique, qui pourrait donner lieu à des commentaires sans fin, et qui doit être considéré comme la nomenclature la plus complète qu'on ait fournie jusqu'à ce jour sur les croyances populaires de la Péninsule. Il ne faut pas croire du reste que le pouvoir ecclésiastique s'en tînt à des injonctions purement comminatoires ; les châtiments les plus sévères étaient appliqués, dès l'origine, aux individus qui se livraient à la *grande* ou à la *petite magie*. La peine de mort atteignait ceux qui s'étaient servis d'un fragment d'autel ou de corporaux ; on infligeait le même supplice à ceux qui avaient conjuré le démon ; les actes de moindre importance entraînaient la marque par le fer chaud, ou l'exil perpétuel dans l'île de Saint-Thomé, regardée dès cette époque comme un des séjours les plus redoutables. Au quinzième et au seizième siècle, l'abandon à de simples superstitions populaires entraînait encore la flagellation ou la déportation durant deux années sur les côtes d'Afrique. N'oublions pas que le crime de sorcellerie était puni par le feu à cette époque en France, et que la législation des autres royaumes ne se montrait pas plus indulgente.

Passons aux croyances populaires qui ont survécu jusqu'ici, et qui avaient toute leur puissance au temps de don Duarte et de son fils. Le peuple fait une distinction entre les *feiticeiras*, magiciennes, *bruxas*, sorcières, et *lubis-homens*, loups-garous. « Les feiticeiras et les bruxas n'ont rien qui les distingue de celles qui font leur résidence dans nos provinces, dit M. Herculano ; ce sont de vieilles femmes pauvres et laides, au caractère sombre et colérique, qui se livrent à toute espèce de maléfices, mais qui sont sous la dépendance immédiate du mauvais esprit. » Les bruxas, connues du reste dans nos provinces voisines des Pyrénées sous le nom de *brouches*, cumulent avec leurs fonctions infernales, celles du *vampire slave*, car elles sont

---

(*) Il y aurait tout un chapitre à faire sur cette dénomination : le *saludador*, ou *saudador*, est particulier à la péninsule ; c'est une variété de sorciers qui prétendaient guérir par le souffle, comme les Indiens de l'Amérique méridionale guérissaient, disait-on, par la succion.

quelquefois autorisées, quoiqu'à grand'-peine, par le malin esprit, à sucer le sang des petits enfants, et à les faire mourir ainsi peu à peu de pure inanition et même subitement, si elles aspirent le sang de l'innocente créature avec véhémence. Les *lubis-homems* sont entraînés par un destin, *fado*, ou portent un sort, *sina*. Certaines circonstances particulières les font différer de nos loups-garous, et ils sont plus innocents qu'eux, tandis que les sorcières portugaises sont plus féroces; ils s'en vont la nuit dans le milieu des grands chemins, ordinairement aux carrefours. Après avoir fait cinq voltes, ils se roulent sur la terre, au lieu où se sera roulé quelque bête sauvage; il suffit de cette action pour que la métamorphose soit accomplie, et qu'ils prennent l'apparence de l'animal qui les aura précédés dans ce lieu. En obéissant *au sort* ces pauvres gens ne font de mal à personne; ils ne passent du reste par aucun chemin ni même par aucune rue où il y aurait de la lumière; ils font entendre de grandes aspirations et de longs sifflements pour qu'on l'éteigne. C'était au quinzième siècle la chose du monde la plus facile que de surprendre des *lubis-homems* dans leurs courses vagabondes; il suffisait pour cela d'allumer tout à coup une chandelle, et cela suffirait encore aujourd'hui, mais on se garderait bien de le faire (*).

Nous ne décrirons pas ici l'espèce de sabbat auquel se rendaient les *Bruxas* et les *Feiticeiras*, parce qu'il ne nous semble pas présenter une différence bien marquée avec ce qui se passe dans les autres contrées de l'Europe. Mais un trait caractérisque sans doute, c'est qu'après avoir rendu l'hommage obligé au bouc infernal, celui-ci remet aux sorcières comme attribut un peloton de fil, *novello*, et un petit tambour de basque, *pandeirinho*. Ce sont encore de nos jours les symboles de leur nouvelle dignité : le peloton est plus ou moins gros, selon l'importance de la récipiendaire et selon l'estime que le démon fait d'elle.

« Ces pelotons diaboliques dans lesquels résident la force et le pouvoir des *feiticeiras* sont composés d'une espèce de fil filé par la *mère du diable*, et dont la matière première est du poil de bouc... »
Les *bruxas* ont aussi comme apanage une fusée noire; mais la démonologie populaire ne déclare point de quelle nature elle est faite, non plus que celle des *lubis-homems*, qui possèdent aussi cet adminicule, et dont nous ne savons autre chose si ce n'est qu'il est de fil jaune.

Il paraît qu'à l'article de la mort, et cette croyance est renouvelée du moyen âge, bruxas et feiticeiras ont la faculté de faire appeler la *personne qu'elles ont en plus grande estime*, et qu'elles doivent lui remettre le fatal peloton. Si celle-ci ne l'accepte point, la sorcière est dans l'impossibilité de mourir, et la misérable créature ne peut rendre son âme à Satan qu'au moment où quelque assistant charitable veut bien recevoir le *novello*. Il est presque inutile de dire qu'un tel présent donne des droits assurés à un tour de faveur dans le cas où l'on aurait quelque velléité de passer *bruxa*.

Les formules d'incantation varient nécessairement selon la localité. Gil Vicente nous en donne quelques-unes, qui sont empruntées à la langue hébraïque; la formule moderne consiste à répéter par trois fois, *Tenato andota ferrato passe por Baixo*. Une Feiticeira veut-elle faire périr quelqu'un, elle pratique une sorte d'envoussure, sortilége qui paraît particulier à la péninsule, et dont on doit chercher l'origine bien par delà le moyen âge. Après avoir saisi son tambour de basque, elle appelle deux compagnes à son aide, et les trois sorcières réunies modèlent une figure qui représente la personne condamnée au trépas : alors cette poupée reçoit certaines onctions. Ce sont des onguents liquides que les bruxas emploient; et à mesure que le travail avance, l'ensorcelé se sent plus malade. Lorsque le moment fatal est arrivé, la sorcière la plus vieille se saisit de son peloton; elle se met à le dérouler, et lorsque le malade doit mourir, une des trois mégères coupe le fil avec un ciseau : l'homme voué au trépas expire alors. La cérémonie se termine par une invocation au diable, et l'on ne se re-

---

(*) Voy. à propos des loups-garous de la France notre ouvrage intitulé : *le Monde enchanté, Cosmographie et histoire naturelle fantastique du moyen âge*. Nous avons reproduit dans ce volume les idées du savant naturaliste P. Lesson.

tire pas sans avoir renoué au peloton le fil coupé; il y a là un souvenir de la mythologie antique, qui n'est certes pas sans grandeur.

Tels sont en peu de mots les croyances populaires, les pratiques superstitieuses, les actes de prétendue sorcellerie même, contre lesquels l'inquisition portugaise eut plus d'une fois à sévir : si nous n'avions craint de donner trop d'extension à ce paragraphe, il nous eût été facile, en examinant les traditions du quinzième et du seizième siècle, d'ajouter encore aux curieuses indications que nous avons trouvées rassemblées. Les *Mouras encantadas* ou Maures enchantés, les espèces de *vouivres* dont l'escarboucle étincelant peut révéler l'existence d'un trésor, mille autres traditions féeriques en un mot, prouveraient que là encore l'imagination ardente des Portugais a laissé des traces originales de ce que rêva le moyen âge.

JEUX ET DIVERTISSEMENTS DES PORTUGAIS AU MOYEN AGE. — Il y a dans l'histoire officielle des nations une chose que les écrivains omettent presque toujours, ou bien qu'ils dédaignent de nous transmettre, c'est le détail de ces jeux qui succèdent aux jours de labeur, c'est le récit de ces luttes guerrières qui rappellent l'image des combats, quand elles ne sont pas des combats elles-mêmes. Ordinairement les chroniques, un peu diffuses, du moyen âge sont les uniques dépositaires de ces sortes de renseignements, si bien que l'on ne connaît qu'une face de la vie des peuples et que l'on est instruit minutieusement des misères qui les ont désolés durant plusieurs âges, sans savoir un seul mot des choses qui ont excité leur curiosité, leur joie, leur enthousiasme. Nous n'imiterons point les historiens du siècle dernier en ce point, et, grâce à l'esprit d'investigations variées qui préside à l'ensemble de cette vaste collection, nous offrirons ici quelques renseignements sur un point curieux qui se lie intimement à toute une période de l'histoire de la péninsule.

Le premier divertissement public dont on trouve la trace au Portugal, est un exercice guerrier, et il en est fait mention dans tous les chroniqueurs du douzième et du treizième siècle; c'est le jeu du *tavolado*, connu dans le reste de la péninsule sous le nom del *tablado* ou de *las tablas*. Il était simple à l'origine, comme les peuples un peu rudes qui l'avaient adopté. Le tavolado consistait en un certain nombre de planches unies entre elles et fixées au sommet d'une perche ou d'un échafaud, de telle façon qu'un simple choc ne dût pas les faire venir à terre, mais disposées au contraire avec assez d'art pour qu'elles ne pussent résister au jet vigoureux d'une javeline destinée à cette sorte d'exercice. Plus tard, le tavolado représenta une tour, ou, si on l'aime mieux, une forteresse en miniature. Mais, durant la première période, il est d'une simplicité qui semble n'admettre aucune espèce d'enjolivements. A l'époque du moyen âge, il n'y a point de solennités, point de noces magnifiques sans tavolado. Dans la chronique *des sept infants de Lara*, dont l'action nous reporte au dixième siècle, c'est devant un jeu de tablado que commence le drame sanglant qui doit envoyer à la mort les sept fils de Gonzalo Gustios. Les vieilles romances espagnoles, si fréquemment citées par Gil Vicente, sont remplies de l'éloge de certains chevaliers qui d'un seul coup de javeline font venir à terre le tablado avec un fracas qui remplit de surprise les assistants. Dans le vieux chant populaire que le *Romancero* consacre à Montesinos, le héros qui a langui durant sept jours dans un affreux cachot où il a de l'eau jusqu'à la ceinture, et où il a été privé d'aliments, le brave si connu de Cervantes sort pour servir de risée à la cour ; il est conduit à la joute, mais il lui reste assez de vigueur pour renverser d'un seul coup ce tablado dont la hauteur a fatigué tous les chevaliers.

A l'époque où ce divertissement était encore en usage en Espagne, au treizième et au quatorzième siècle, on vit parmi les chrétiens un jeu mauresque prendre faveur ; il exigeait moins de force, mais plus d'agilité peut-être que celui dont nous venons d'entretenir le lecteur : c'était ce *jogo das canas*, ce jeu du *djérid* que les Turcs et les Persans n'ont pas abandonné, et qui consistait à lancer prestement, au galop rapide d'un cheval dressé à cette sorte d'exercice, une tige

légère de roseau, qu'il fallait savoir éviter en envoyant la sienne à son adversaire. On le voit dans les vieux chants populaires, ce jeu a un tel attrait pour la population chevaleresque de la péninsule, qu'il réunit momentanément les races ennemies ; Maures et chrétiens se mêlent lorsqu'il s'agit de courir les cannes, et les chevaliers de Grenade accueillent avec enthousiasme Portugais ou Castillans, lorsque ceux-ci viennent leur disputer sur la place de la Rambla un prix qu'ils estiment davantage et qui donne plus de renommée peut-être que celui qu'on peut obtenir au milieu des combats. Comme cela avait lieu en France, comme cela se pratiquait dans le reste de l'Europe, ce prix qu'on réservait à l'agilité, quelquefois à la force, consistait dans une écharpe, dans une manche brodée, *manga bordada*. La manga bordada était tellement en honneur en Espagne et en Portugal, que les dames mettent tous leurs soins à varier la magnificence de ce gage d'estime offert solennellement à la valeur chevaleresque. Lorsque dans les romances de la péninsule on voit une dame châtelaine occupée à quelque merveilleux ouvrage dont elle doit faire don à l'occasion d'un tournoi, c'est une *manga bordada*, où *l'aljofar*, la semence de perles, court en dessins variés sur un tissu de brocart ; ce que l'infortunée Blanche de Bourbon brode pour tenter d'adoucir l'humeur farouche du terrible don Pedro, c'est encore une manga. Enfin, la manga d'honneur reparaît chez les Portugais dans les vêtements *de gala* jusqu'au commencement du seizième siècle ; elle est suspendue alors à la première manche dont elle se détache ; elle orne le bras, mais elle ne le couvre pas.

Les Portugais ont eu, comme les autres peuples, leurs tournois, et la réputation de ces hardis jouteurs s'était assez répandue dans le reste de l'Europe pour que des dames outragées en Angleterre réclamassent, de préférence aux autres chevaliers, l'assistance de ces preux hardis connus dans l'histoire sous la dénomination *des douze* d'Angleterre, et dont Camoens a célébré l'adresse et la valeur en vers magnifiques. Tous ceux qui ont lu les Lusiades se rappellent ce chevalier qui, après avoir vaincu, et tout couvert encore de sa pesante armure, fit un bond au milieu de la lice, et s'élança à une telle hauteur, qu'il frappa d'étonnement la foule guerrière qui l'environnait. Ces détails, et au besoin les préceptes que donne le roi don Duarte dans son *Arte de Cavalgar,* prouveraient que les Portugais n'étaient pas en arrière des autres nations dans le grand art des tournois. Nous ne nous arrêterons pas néanmoins d'une manière particulière sur ce point, et nous renvoyons ceux qui voudraient des détails à la description du pas d'armes de Suero de Quiñones, où rien de ce qui constituait jadis la science compliquée du combat en champ clos ne semble avoir été omis.

A cette époque, la création d'un nouveau chevalier donnait lieu quelquefois en Portugal à des fêtes magnifiques : telles furent celles, entre autres, qui furent célébrées par don Pedro Ier durant la solennité où don Telles se vit admis au nombre des chevaliers portugais. Non-seulement des bœufs entiers rôtis furent distribués au peuple à cette occasion, mais le roi lui-même, suivi des grands du royaume exécuta des danses au son d'immenses trompettes d'argent et au milieu d'une longue file de serviteurs qui portaient d'énormes torches allumées.

Si un vieil historien ne nous affirmait point ce fait curieux, si le Froissart des Portugais, Fernand Lopes, ne nous avait point conservé dans ses récits naïfs des preuves fréquentes de cet étrange amour pour les danses solennelles, qui distingua l'amant d'Inez, on pourrait douter de ces bals fantastiques qui n'ont rien d'analogue dans les autres pays. Non-seulement Pierre le Justicier dansait en public quand il armait chevalier un de ses vassaux, mais si quelque circonstance le ramenait à Lisbonne après plusieurs jours d'absence, il exigeait que le corps de la ville vînt le recevoir : au retentissement saccadé de ses immenses trompes d'argent, il dansait depuis le rivage jusqu'au lieu assez éloigné où s'élevait son palais.

La population mauresque et juive qui, durant si longues années, fut mêlée aux chrétiens, devait donner aux danses publiques un caractère particulier ; les *mourarias*, les *judarias*, restèrent célèbres dans la péninsule longtemps après l'expulsion des Arabes et des Juifs. Au quinzième siècle, sous le règne magnifique de la maison d'Aviz, lorsque certaines solennités le permettaient, ces populations, que le fanatisme n'avait pas encore inquiétées, mêlaient de bonne grâce leurs joies aux joies des populations chrétiennes; les historiens religieux omettent quelquefois ces détails, mais au besoin plusieurs manuscrits contemporains pourraient apporter ici leur témoignage et prouver ce que nous avançons.

En 1429, lorsque les ambassadeurs du duc de Bourgogne vinrent chercher sur leurs navires vénitiens la princesse Isabelle, fille de Joam Ier, il y eut à Lisbonne des fêtes somptueuses auxquelles les populations mauresques contribuèrent de fort bon gré. Il y en avait eu aussi d'analogues l'année précédente, lorsque l'infante Lianor, épouse de don Duarte, avait fait son entrée solennelle à Lisbonne. Comme elle venait sur une mule couverte de drap d'or et abritée par un grand dais de brocart en manière de ciel soutenu par de longues perches dorées, les seigneurs les plus notables se présentèrent pour lui baiser la main selon la coutume, et, ajoute le vieil historien (*), « grand nombre de chevaliers chevauchants et d'écuyers bien montés vinrent la recevoir de même que les citadins et les marchands notables de Lisbonne, et ensemble au milieu de tout cela les juifs et les Maures de ladite cité vêtus selon leur mode, chantant et dansant à leur manière (**), et ladite dame fut conduite par la cité au palais de l'infant, avec grande allégresse et solennité, et il y avait grande quantité de ménétriers et de trompettes et aussi des joueurs d'orgue et de harpe, sans compter les autres instruments, et la cité était tapissée en plusieurs endroits de draps de tenture, et en d'autres lieux se voyaient des rameaux de mai, et le sol était jonché d'herbes vertes. »

Ce qui pouvait donner à ces fêtes un caractère original particulier, dont on devine aisément l'aspect animé, ce devaient être surtout ces danses moresques dont il a été question, ces *mourarias* dont nous entretiennent encore un siècle après Garcia de Rezende et Gil Vicente, qui, selon toute apparence, les introduisit sur le théâtre. Au quinzième siècle, les mourarias étaient peut-être plus splendides encore que les fêtes chrétiennes, et Grenade, dont on nous vante les zambras et les saraons, Grenade, qui sur le penchant de sa ruine expirait au milieu des fêtes, devait fournir à l'Andalousie et au Portugal des musiciens habiles, des danseurs merveilleux, qu'on voyait figurer, en dépit des ecclésiastiques, au milieu de la foule joyeuse des chrétiens.

Durant la minorité d'Affonso V la cour de Portugal acquit un degré remarquable d'élégance et de politesse. Don Pedro d'Alfarrobeira, qui avait visité la plupart des villes florissantes de l'Europe et qui avait principalement séjourné à Venise et dans les autres cités splendides de l'Italie, don Pedro apporta dans son pays le goût des arts, comme il cherchait à y développer le goût des sciences. On se plaît à rappeler qu'il était musicien habile, et qu'il avait perfectionné le jeu de certains instruments. La surveille du jour où il perdit la vie, dans cette funeste bataille que tous les partis déplorèrent, il donna, dit-on, un bal à la petite cour qui le suivait. A la fin du quinzième siècle, l'heure de la renaissance avait sonné pour le Portugal comme pour les autres États de l'Europe; une partie de cette originalité puisée dans le contact avec les Maures commença à s'effacer, et les fêtes gigantesques de l'amant d'Inez eussent paru presque aussi étranges à la cour d'Alphonse l'Africain, que les tournées royales de cette époque nous semblent extraordinaires. Le séjour du roi à Paris acheva sans doute de donner un autre caractère aux fêtes et aux divertisse-

---

(*) Les détails les plus circonstanciés de cette solennité nous ont été transmis par le célèbre infant D. Henrique, dans une lettre à son père, malheureusement trop longue pour être reproduite ici.

(**) Au quinzième siècle les *mourarias*, ou, si on l'aime mieux, les danses moresques avaient fini par prévaloir dans le midi de la France, et on les exécutait même dans les cérémonies publiques. En 1502, lors de la venue de l'archiduc de Flandre à Montpellier, on en dansa plusieurs à la grande admiration des citadins. Voici ce que contient à ce sujet le petit *Thalamus* : « Ce soir fut faicte une très-belle *morisque* par la ville qui estient tant les hommes que les filles en trompettes, et estions tous les danseurs bien habillés, ce que se pouvoit faire en abbitz nouvellement devisez. » Voyez la partie cinquième de ce curieux recueil, page 485.

ments usités jusqu'alors en Portugal; c'est sous son fils, sous ce prince qui ne négligeait aucun genre de gloire, aucun moyen d'accroître la prospérité de son royaume, que s'opéra complétement la métamorphose, et les fêtes célébrées sous ce monarque firent présager le faste vraiment oriental qui caractérisa la cour de ses successeurs.

RÈGNE DE JOAM II. — La tradition raconte que lorsque D. Joam II fut proclamé définitivement roi de Portugal, le 31 août 1481, il trouva les possessions territoriales tellement disséminées par suite des prodigalités de D. Affonso en faveur de quelques grands, qu'il s'écria : « *Voyez, mon père m'a laissé roi des grandes routes et des chemins du Portugal.* » Mais Joam II sut mettre promptement bon ordre à ces concessions excessives, qui ruinaient le trésor et qui apportaient des entraves à la libre action de la royauté. Ce que son père eût pu apprendre à la source de la politique répressive, c'est-à-dire à l'école du cauteleux Louis XI, il le sut de prime abord, et dès les premières années de son règne il fut aisé de comprendre que les temps qui allaient suivre seraient fatals aux grands vassaux. Joam II était bien le monarque dont un ambassadeur avait pu dire : « J'ai vu un homme qui commande à tous et auquel personne n'a jamais commandé. »

Le secrétaire intime de ce roi, Garcia de Resende, nous a mis au fait avec une grâce qui lui est particulière, et quelquefois avec une sagacité bien précieuse, de tous les détails d'intérieur, de toutes les particularités dédaignées par les historiens proprement dits, qui peuvent nous aider aujourd'hui à reconstruire la vie du grand homme et à deviner sa politique. Si, par exemple, il ne négligeait aucune occasion d'abaisser les grands et de faire rentrer à la couronne les biens qui les rendaient redoutables au pouvoir, d'un autre côté, il ne recevait pas un service réel, il ne reconnaissait pas une grande qualité sans les récompenser dignement. Garcia de Resende parle beaucoup d'un certain livre, où chaque action quelque peu mémorable était soigneusement rappelée, où chaque service rendu au pays se trouvait apprécié à sa juste valeur. S'agissait-il d'accorder une grâce, fallait-il rémunérer une action souvent oubliée de tous; le livre de Joam II s'ouvrait, et quelquefois une faveur inattendue allait tout à coup chercher l'homme modeste dont le roi seul se rappelait le courage ou le mérite méconnu.

Le premier acte politique accompli par don Joam le fut en l'année même de son acclamation; dès 1481, il convoqua les cortès à Évora, et là il reçut, selon l'usage, l'hommage des grands vassaux. Les dispositions qu'il prit alors purent faire soupçonner ce que le nouveau roi prétendait faire de l'antique régime féodal.

Deux actions terribles et diversement jugées ensanglantèrent ce règne à ses débuts. De quelque manière qu'on les apprécie, il faut reconnaître dans leur perpétration la poursuite d'un système implacable, et qui voulait avant tout atteindre la féodalité dans la personne des grands vassaux : on comprend que je veux parler ici et du jugement du duc de Bragance, et du meurtre du duc de Viseu.

Certes, ce n'est pas dans la chronique de Garcia de Resende qu'il faut étudier ces deux points historiques, et cependant les autres écrits contemporains ne montrent guère plus de liberté dans l'appréciation des faits. Nulle voix ne parle pour les victimes, nul historien ne les défend. Je me trompe, une autorité, qu'on n'invoque guère ordinairement, élève la voix en faveur de l'un d'eux, et la vieille poésie populaire, proclame l'innocence du premier (*). Ferdinand II, troisième duc de Bragance et beau-frère de la reine, ne commit d'autre crime peut-être que celui d'embrasser avec trop d'ardeur le parti qu'on persécutait. En 1483, ce malheureux seigneur se trouva compromis plus que jamais par son affiliation avec les mécontents, et la trahison d'un serviteur infidèle le mit bientôt à la merci du roi. Il y avait présomption de culpabilité, mais il n'y avait pas même commencement d'exécution. D. Joam livra

---

(*) Voy. dans le *Romancero general* les plaintes de la comtesse de *Guimaraens* : il semble que le vieux poëte populaire ait voulu cacher sous un titre peu connu, mais bien réel, le personnage qu'il fait parler. L'infortuné D. Fernando, né en 1430, était duc de Bragance et comte de Guimaraens.

le duc à un tribunal qu'il présida lui-même, et dont il est permis de supposer qu'il connaissait d'avance la décision. Garcia de Resende a beau prendre à témoin la vive sensibilité du monarque et les larmes qu'il répandit, on est fondé à croire que le sacrifice de l'infortuné duc de Bragance était résolu avant que l'on connût la décision des juges, et l'on répétera volontiers, avec Liaño, que Joam II eût pu se couvrir de gloire en épargnant un homme aussi illustre par ses ancêtres que par ses grandes actions. Le duc de Bragance monta sur l'échafaud le 22 juin 1483, et rien de ce qui pouvait donner un caractère solennel à cette exécution ne fut omis. Il semble, en effet, que le souverain, en accomplissant un acte de cette nature, voulut faire comprendre par la pompe dont il environnait le coupable, qu'il brisait sans effort des hommes que leur puissance égalait pour ainsi dire à lui. Joam II prouva d'ailleurs bientôt par le spectacle le plus étrange et le plus terrible qu'il pût donner à ses peuples, combien il comptait sur cette pompe lugubre pour frapper de terreur les imaginations. Un grand seigneur, le connétable du royaume, le comte de Montemòr, s'étant trouvé impliqué dans une de ces conspirations permanentes qui se dressaient sans cesse contre Joam II, mais étant parvenu à fuir, n'en fut pas moins exécuté en effigie. Cet acte fut trop caractéristique; il eut trop de retentissement, pour que nous n'en empruntions pas les détails à l'un des témoins oculaires.

EXÉCUTION EN EFFIGIE DU MARQUIS DE MONTEMÒR. — Plus le rang du fugitif était élevé, plus on mit de pompe barbare dans cette étrange solennité, à laquelle, du reste, certaines cérémonies chevaleresques avaient accoutumé les peuples de la péninsule. Tantôt c'était un chef d'ordre que l'on brûlait en effigie, tantôt c'était un souverain imbécile dont on précipitait la statue du haut d'un échafaud, après l'avoir dépouillée des insignes de la royauté; cette fois, ce fut un grand vassal que l'on décapita, sans qu'un seul détail manquât à la vérité effrayante de cette atroce comédie.

Il y a dans Garcia de Resende un chapitre qui commence ainsi : *De la justice que le roi fit faire à Abrantès, sur la statue du marquis de Montemòr.* Les historiens omettent trop souvent ce récit; nous allons reproduire en entier le passage du chroniqueur; voici ce que nous raconte le secrétaire de Joam II :

« Le roi se trouvant à Abrantès eut certitude que le marquis de Montemòr, quoiqu'il fût retiré en Castille, ne laissait pas de suivre les instigations de sa mauvaise volonté contre lui. Les lettrés et ceux de son conseil ayant été entendus, il prit une résolution, et voulut qu'en dépit de l'absence du marquis, la justice eût son cours; il fit donc exécuter son effigie de cette façon. Sur la place de ladite ville, on dressa un échafaud de madriers, élevé et de grande dimension, tout tendu de draperies noires. Là furent disposés des sièges pour les corregidors, les desembargadors et les juges, tandis que se tenaient debout les huissiers, les alcades et les officiers de justice; et on amena là publiquement une statue du marquis faite au naturel, comme si c'était sa propre personne vivante. On l'avait faite complétement à sa ressemblance, et elle était armée de toutes pièces, portant au-dessus de l'armure sa cotte d'armes, tenant dans sa main droite une épée qu'elle élevait, et dans la gauche une bannière carrée blasonnée de ses armoiries, et il lui fut lu à haute voix de la part des juges ce dont on l'accusait; puis tous réunis, juges et desembargadors, le condamnèrent à mourir de mort naturelle et à être décollé publiquement.

« Or la sentence une fois lue, on vit paraître un héraut d'armes qui disait à haute voix : « Connétable, d'autant que par la grandeur de votre office, vous étiez plus obligé à montrer de loyauté envers votre roi, à le servir et à défendre son royaume, comme ne l'avez fait et l'avez plutôt offensé, en vous montrant déloyal, vous ne méritez point de porter telle épée; » et à l'instant l'épée lui fut retirée; puis le héraut reprit encore : « Marquis, cela a été en raison de la grandeur de votre dignité, que cette bannière carrée vous a été remise comme à un prince; or vous étiez plus obligé par cette même dignité à garder l'honneur et l'État du roi votre maître et à le servir comme votre prince naturel et vrai souverain : ayant fait tout le contraire, telle bannière ne saurait vous appartenir, vous ne le méritez pas! » Et la bannière lui fut enlevée, comme il avait été fait du glaive, et on en agit de même à l'égard des autres pièces de l'armure, jusqu'à ce que la statue fût en simples chausses et en pourpoint. Alors vint le crieur de la justice accompagné d'un bourreau, et la sentence où l'on rappelait le crime fut proclamée, et l'on coupa la tête à la statue, et de cette tête il sortit du sang artificiel, et il semblait que ce fût celui d'un homme vivant; et cette grande cérémonie de justice qui dura fort longtemps étant une fois achevée, tout le monde descendit de l'échafaud, et à l'instant on y mit le feu : statue, échafaud, tout fut brûlé; si bien que ce fut chose effrayante; et le marquis, apprenant cela, en reçut un grand ennui, et devint fort triste, et de là à peu de temps mourut en Castille, où il était. »

MORT DU DUC DE VISEU. — D. Joam II ne s'en remettait pas toujours au bourreau du soin de frapper ceux que sa politique trouvait coupables, il devenait lui-même le juge et l'exécuteur; et cette justice secrète, comme on disait alors, imprimait plus de terreur peut-être que les pompes de l'échafaud. Il paraît certain qu'en cette circonstance la main du roi n'atteignit pas un innocent. Ce fut, selon Resende, à Santarem qu'on commença à ourdir la *seconde déloyauté* qui se trama contre le roi (*). Le projet des conjurés était d'assassiner Joam II et de faire monter sur le trône à sa place, D. Diogo, duc de Viseu, le propre frère de la reine. On a à peu près la certitude néanmoins que ce jeune prince ne se décida à tremper dans la conspiration que lorsqu'on lui eut persuadé que sa liberté était en péril; et il est d'autant plus étrange qu'il se fût abandonné aux suggestions des mécontents, que D. Joam l'avait traité jusqu'alors d'une façon toute paternelle, et qu'il n'y avait guère d'apparence que la nation l'acceptât pour roi. D. Joam fut averti de la conspiration qui menaçait son existence,

(*) Garcia de Resende, *Vida e feitos del Rey*, donne les noms des sept ou huit seigneurs compromis dans cette affaire. Voy. p. 34.

par deux voies bien diverses : le premier avis lui vint d'un certain Diogo Tinoco, frère de la maîtresse de l'évêque d'Évora, dans laquelle Liano ne veut voir qu'une amie imprudente, mais que Resende caractérise tout autrement. Le second avertissement procéda de plus haut, il fut donné par D. Vasco Coutinho, le frère d'un des conjurés et l'un des plus grands seigneurs de ce temps. Dès qu'il eut acquis la certitude des faits, Joam II ne balança pas sur le mode de répression qu'il fallait choisir. Il n'assembla pas même cette fois le tribunal, il fit venir seulement un juge et son secrétaire avec quelques seigneurs affidés; puis un vendredi, le 22 août de l'année 1484, comme il se trouvait à Setuval en une maison qui avait appartenu à Nuno da Cunha, il manda de Palmella le jeune duc « *et sans qu'il y eût beaucoup de paroles entre eux*, nous dit Resende, *le tua lui-même à coups de poignard.* » Nous ne savons ce que devient dans ce récit fort circonstancié, mais fort simple, l'interrogatoire dramatique que D. Joam fit subir au duc, et qui est rapporté par tous les historiens; ce qu'il y a de positif, c'est que Resende n'en dit pas un mot. D. Joam, après cette terrible exécution, fit dresser procès-verbal de ce qui venait d'avoir lieu; ce fut un docteur qu'on chargea de le rédiger, et Gil Fernandez, l'écrivain de la chambre, en donna sur-le-champ copie. Quant au corps du jeune duc, on le porta dans l'église, et il y resta exposé sur un lit de parade jusqu'au soir, moment où on l'enterra. Pour ceux qui avaient ourdi le complot, leur fin fut plus déplorable encore que celle du duc de Viseu : l'évêque d'Évora fut enfermé dans une espèce de masmora ou de prison souterraine du château de Palmella, et il y périt, dit-on, par le poison; Fernando de Menezes irrita le roi par sa défense, sa tête tomba sur l'échafaud; Pedro d'Ataïde eut le même sort (*); enfin D. Gotterez, malgré les prières de son frère, alla mourir dans une prison : un seul des conjurés s'était échappé, et la France l'avait reçu; la main de D. Joam sut l'atteindre, et le

(*) Alvaro d'Ataïde, qui paraît avoir été dans la conjuration, mais qui était resté à Santarem, parvint à gagner la Castille, et il y resta tant que vécut Joam II.

8 décembre 1489 il fut frappé d'un poignard dans une des rues d'Avignon.

UN TITRE NOUVEAU AJOUTÉ A LA COURONNE — DÉMARCHES AUPRÈS DU PAPE. — EXPLORATIONS NOUVELLES.
— Il suffit de lire attentivement la belle chronique de Joam II, pour voir combien peu ces événements détournaient la pensée active de ce prince du grand but qu'il se proposait.

Malgré ces sanglantes catastrophes, qui livraient l'esprit de Joam II à des troubles étranges, dont son chroniqueur ne prétend pas voiler un moment l'amertume, le système d'explorations lointaines adopté si énergiquement par les grands hommes du siècle, n'en marchait pas moins à la réalisation de ses vastes espérances. Des établissements commerciaux commençaient à se former sur la côte d'Afrique. En 1481, après la fondation du fort de Mina par Azambuja et Pedro de Cintra, Joam II avait pu ajouter à ses titres celui de *Seigneur de Guinée* (*), et il envoyait vers Innocent VIII, nouvellement élu, des ambassadeurs chargés de demander au nouveau pontife cette bulle de la *sainte croisade* au moyen de laquelle il espérait réaliser les projets de son père contre les États musulmans des côtes de la Barbarie. Sur le seul bruit d'une invasion possible, la ville d'Azamor se détachait de l'empire de Maroc, et se soumettait aux chrétiens ; des priviléges étaient habilement concédés aux peuples qui reconnaissaient ainsi la suzeraineté du Portugal, et des préparatifs, non moins habilement poursuivis dans l'intérieur du royaume pour parer aux frais d'une conquête, prouvaient déjà tout ce que pourrait réaliser le génie de Joam II. Diogo Cam et Joam Affonso d'Aveyro avaient même accompli leurs étonnantes découvertes le long du fleuve Zaïre et au royaume de Benin ; l'ambassadeur d'un prince d'Afrique était venu trouver le roi lorsque, dans les années 1486 et 1487, eurent lieu les deux mémorables expéditions qui donnèrent au Portugal une si réelle prééminence et dans lesquelles l'Europe s'est accoutumée à saluer une nouvelle ère pour l'histoire.

DÉCOUVERTE DU CAP DE BONNE ESPÉRANCE. — « Parmi les nombreux renseignements que le roi D. Joam recueillit de l'ambassadeur du roi de Benin, et en même temps d'Affonso d'Avevro, dit Barros (*), il apprit qu'à l'orient du royaume de Benin, à vingt lunes de marche, ce qui, selon leur manière de compter et le peu de chemin qu'ils font par étape, peut être évalué à deux cent cinquante *legoas*, il y avait un roi, le plus puissant des souverains de cette région, que l'on appelait Oganê. Or parmi les princes idolâtres des provinces de Benin, selon eux, ce chef était considéré à l'égal de nos souverains pontifes, et, d'après une coutume très-ancienne, les rois de Benin, quand ils étaient montés récemment sur le trône, lui expédiaient des ambassadeurs, avec un présent considérable, en lui notifiant comme quoi la mort de tel prince leur laissait la succession du royaume, ce dont ils demandaient confirmation, et en signe d'assentiment, ce prince Oganê leur envoyait un bourdon et une coiffure de tête ayant la forme des morions usités en Espagne, le tout fabriqué d'un cuivre brillant et remplaçant le sceptre et la couronne. Par la même occasion il faisait remettre une croix également de cuivre, pour porter sur la poitrine comme chose religieuse et sainte à la façon des croix que portent les commandeurs de l'ordre de S. Jean, ajoutant que sans ces insignes le peuple ne les aurait pas considérés comme régnant avec justice et comme pouvant s'appeler véritablement rois. Et durant tout le temps que cet ambassadeur allait, à la cour de cet Oganê, comme c'était un être sacré, jamais il ne l'apercevait ; seulement il lui était permis de voir les courtines de soie qui le cachaient, et au moment où lui, l'ambassadeur, devait être

---

(*) Il prenait la qualité de *seigneur* au lieu de celle de *roi*, dit un vieil écrivain, « parce qu'il n'avait aucune juridiction sur les peuples de ces quartiers-là, mais la seule *seigneurie* du pays, comme l'ayant occupé du consentement des habitants plutôt que par ses armes. » V. Vasconcellos, *Histoire de la vie et des actions de D. Jean II.*

(*) Ce récit d'un événement auquel tous les historiens accordent avec juste raison une valeur immense a subi de telles altérations qu'il a bien fallu encore une fois recourir aux sources et laisser parler Joam de Barros. — Voy. *Asia, decada primeira.* Il était nécessaire en même temps de revenir au mythe poétique qui domine cette période, et l'on n'a pas voulu séparer l'histoire du *presle Jean* du récit des découvertes.

congédié, on lui faisait voir un pied du pontife, comme preuve que le personnage était présent et qu'il ratifiait le don des pièces dont il était porteur, et c'était à ce pied, comme chose sainte, qu'ils adressaient leur révérence............

« Et comme au temps du roi D. Joam, quand on parlait de l'Inde, il était toujours question d'un roi puissant qu'on appelait *preste Joam das Indias* qu'on disait être chrétien, il semblait au roi que par le moyen de ce souverain on pouvait avoir quelque entrée dans les-dites Indes; car, grâce aux religieux abyssiniens qui se rendent dans cette partie de l'Espagne, et aussi grâce à quelques moines qui avaient été à Jérusalem, et à qui il avait recommandé que l'on s'informât de ce prince, il avait su que ses États étaient dans cette région située au-dessus de l'Égypte, qui s'étend vers la mer du Sud; c'est pourquoi le roi, prenant au milieu de ces cosmographes la table générale de Ptolémée, où se trouve la description de l'Afrique, avec les contours de la côte, tels qu'ils étaient indiqués par ses propres explorateurs, et marquant la distance de deux cent cinquante lieues vers l'est, où ceux de Benin disaient qu'étaient situées les possessions du prince Oganê, tous les assistants trouvèrent que ce personnage devait être le Preste Jean. Tous deux, en effet, ils vivaient cachés derrière une courtine de soie et avaient la représentation de la croix en grande vénération. Or il semblait au roi que ses navires en poursuivant la côte le long de laquelle ils faisaient leurs découvertes, ne pouvaient manquer de rencontrer le pays où était situé le promontoire de Prase, limite de ces régions. Donc toutes ces choses ayant été l'objet de plusieurs conférences, comme le plus grand nombre brûlait du désir de voir les Indes enfin découvertes, D. Joam se détermina tout à coup à envoyer, dans cette année 1486, une couple de navires destinés à explorer la mer et deux hommes voyageant par terre; il voulut voir la fin de toutes ces choses qui donnaient tant d'espérance. »

Voici une étrange légende sans doute, et en remarquant le nom placé en tête de ce chapitre, le lecteur ne s'attendait point certainement à la rencontrer ici.

Disons-le, c'est que tous les traités de géographie racontent invariablement ce fait de la même manière, c'est qu'ils dépouillent cette belle découverte de son caractère réel, c'est qu'ils décolorent comme à plaisir le récit dramatique de cet événement où se trouvent en présence d'immenses désirs et une ignorance des faits positifs plus grande encore. Quant à nous, bien résolu, dans ce rapide coup d'œil, à restituer aux faits toute leur signification et à reproduire principalement l'esprit d'un siècle dont on n'apprécie pas suffisamment les hardiesses imprévues, nous n'avons pas craint de recourir aux sources et de reproduire le récit d'une chimère en rappelant un événement prodigieux : il fallait donc nommer le prince *Oganê* et le *Preste Jean* à propos du cap des Tourmentes, comme il est indispensable de citer *Cipango* et *Quinsay* toutes les fois que l'on essaye de retracer l'histoire de la découverte qui a immortalisé Colomb.

Deux navires de cinquante tonneaux chacun ayant été armés, et une embarcation chargée de munitions étant prête à les suivre, l'expédition projetée par Joam II se mit en mer, le 2 août 1486; celui qui devait la diriger était un gentilhomme de la maison du roi, auquel on devait déjà plusieurs découvertes opérées le long de la côte. Bartholomeu Dias avait mis son pavillon sur le navire dont Pero d'Alanquer était pilote, tandis que Leitão en était mestre ou, si on le préfère, capitaine. Un autre chevalier, car c'est le titre que Barros donne aux deux chefs de l'expédition, prit le commandement du second navire : c'était Joam Infante, dont le nom est bien moins connu, et dont la gloire a été éclipsée sans doute par celle du chef de l'entreprise. Le petit bâtiment, chargé d'approvisionnements et de vivres, était conduit par Pero Dias, frère du capitam mor, et l'historien auquel nous empruntons ces détails a soin de faire remarquer que tous ces marins étaient *fort experts en leur art.*

Quoique Diogo Cam eût découvert à deux reprises différentes trois cent soixante-quinze lieues de côte à partir du cap de Sainte-Catherine jusqu'à celui

8.

de *Padrão*, néanmoins une fois le Rio de Congo passé, Batholomeu Dias commença à suivre la côte, jusqu'à ce qu'il arrivât au lieu où elle prend le nom d'*Angra do Salto* (anse de l'enlèvement), en raison des deux nègres dont Diogo Cam s'était emparé, lors de son passage dans ces régions. Convenablement instruits de ce qu'ils avaient à faire, ces deux noirs étaient renvoyés par le roi aux lieux dont on les avait enlevés. Bartholomeu Dias emmenait également quatre négresses qu'il devait laisser sur divers points de la côte, avec des vivres suffisants pour leur subsistance et des présents attestant les intentions pacifiques du souverain qui les renvoyait. La première de ces femmes fut laissée à *Angra dos Ilheos*, les autres furent mises à terre à des distances plus ou moins considérables. — Messagères de paix, elles avaient été choisies sans doute de préférence à des hommes, pour qu'on se défiât moins de leur présence inattendue dans ces lointains parages : l'une d'elles mourut au moment où on allait la déposer sur la plage; mais il ne paraît pas qu'elle eût été victime d'aucun acte cruel. Telle était la sage politique de Joam II durant ce voyage d'exploration, qu'il avait ordonné avant tout, qu'on se gardât bien de faire aucune espèce de violence aux habitants de ces régions. Il prétendait que ses envoyés bien vêtus, pourvus de riches présents, parvinssent à s'introduire pacifiquement dans les États voisins du Preste Jean, afin d'y proclamer la grandeur naissante du Portugal, mais il avait renoncé aux attaques soudaines dont on avait eu tant d'exemples sous D. Henrique, et s'il avait choisi de préférence des femmes étrangères à ces contrées, c'est qu'il espérait qu'elles ne resteraient point dans le pays et qu'elles voudraient revoir le Portugal. N'oublions pas que dans les idées cosmographiques de Joam II, ou plutôt dans celles de son géographe favori, le Dr Calçadilla, les villes magnifiques où résidait le souverain mystérieux étaient probablement à quelque distance de ces côtes désertes que visitaient les navires européens, et que ces démonstrations toutes pacifiques ne pouvaient manquer d'avoir d'immenses résultats, dont le premier était de faire entrer en communication immédiate le pontife roi avec les autres souverains chrétiens de l'Europe (*).

Nous n'accompagnerons pas Bartholomeu Dias dans toutes les circonstances de sa longue navigation; qu'il nous suffise de savoir que sur chaque point de la côte nouvellement explorée, il déposait, selon l'usage invariablement suivi à cette époque par le Portugal, un *Padrão*, c'est-à-dire une borne de pierre aux armes du royaume, attestant d'une manière durable la prise de possession des explorateurs. Il crut en outre devoir laisser le long de la côte le petit navire chargé d'approvisionnements que son frère commandait.

« En poursuivant son voyage, il atteignit de nouveaux climats, le soleil n'était déjà plus chaud comme il l'est sur les côtes de Guinée, et, bien que les mers du littoral d'Espagne soient fâcheuses dans la saison des tempêtes, nous dit le vieil historien, ils regardèrent celles de ces parages *comme mortelles* (**). Cependant cette furie des flots s'apaisa, ils allèrent chercher la terre dans la direction de l'est, pensant qu'en général la côte courait encore nord-sud, comme ils l'avaient vue se diriger jusqu'alors. Sentant néanmoins qu'ils ne pouvaient l'atteindre, ils naviguèrent au nord et parvinrent à une baie dont le rivage était couvert de bestiaux, si bien qu'ils la désignèrent sous le nom d'*Angra dos Vaqueiros* (baie des vachers). Les noirs pasteurs qu'ils avaient remarqués s'enfuirent à leur aspect; ils coururent toujours le long de la côte; mais, arrivés à un îlot qui est par les 33° 40' sud, ils se sentirent pris d'une grande terreur au souvenir des mers immenses qu'ils avaient traversées, les équipages commencèrent

(*) Tous ces motifs, quelque bizarres qu'ils nous paraissent aujourd'hui, sont parfaitement déduits par João de Barros, et nous en citerons même quelques-uns textuellement : *a causa de el rey mandar lançar esta gente per toda aquella costa vestidos e bem tratados, com mostra de prata ouro e especiarias; era por que indo ter a povoado podessem notificar de huns em outros a grandeza do seu reyno e as cousas que nelle avia, e como per toda aquella costa andavão os seus navios e que mandava descobrir a India e principalmente hum principe que se chamava Preste João, o qual he dizião que habitava naquella terra.* Voy. *Primeira decada*, livro terciero, fol. 42.

(**) *Estes ouverão por mortaes. Decada primeira.*

à se plaindre et à demander qu'on n'allât pas plus loin, parce qu'en s'avançant davantage la faim les ferait périr infailliblement. Cependant la direction des terres leur faisait comprendre que quelque grand cap se trouvait dans le voisinage, qu'ils l'avaient laissé en arrière, et il leur semblait convenable d'essayer de le découvrir. Bartholomeu Dias, pour satisfaire à leurs plaintes, descendit à terre; on tint conseil et il fut décidé qu'on retournerait en Portugal. » Mais Dias était doué d'une de ces âmes énergiques qui secondent de tous leurs efforts une grande pensée et qui n'accomplissent pas à demi ce qu'elles regardent comme un devoir. Il fit signer par les officiers des navires l'acte constatant la résolution qu'on venait de prendre, ne voulant pas sans doute assumer sur sa propre responsabilité les suites d'une décision qu'il condamnait : en agissant ainsi d'ailleurs, il exécutait un ordre formel du roi; mais en poursuivant le voyage, il obéissait à l'impulsion de son âme, qui avait deviné celle de Joam II. C'est bien à Bartholomeu Dias, à l'homme du cap des Tempêtes, qu'il faut attribuer cette prière d'un délai de trois jours, que le navigateur demanda à son équipage mécontent. Les trois jours furent accordés ; mais lorsque ce court espace de temps fut écoulé, on ne découvrit qu'un fleuve : c'est celui qui a pris sur les cartes le nom du second chef de l'expédition, de Pero Infante, qui le premier était descendu à terre dans ces régions. A la fin il fallut bien écouter les murmures des équipages et retourner vers l'Europe; mais quand on fut parvenu à l'îlot de la Cruz, et qu'il s'agit sérieusement de rétrograder, il se passa dans l'âme de Bartholomeu Dias une de ces luttes dont on n'a pas apprécié suffisamment la grandeur, à notre avis; grâce à quelques mots cependant, un écrivain admirable l'a fait sentir. Ce fut certainement à ce dernier effort que le Portugal dut une grande découverte : « Lorsqu'il se sépara du pilier qu'il avait placé en ce lieu, dit Barros, ce fut avec un tel sentiment d'amertume, un telle douleur, qu'on eût dit qu'il laissait un fils exilé à jamais, surtout quand il venait à se représenter combien de périls lui et tous ses gens avaient courus; de quelles régions lointaines il leur avait fallu venir, uniquement pour planter cette borne, puisque Dieu ne leur avait point accordé le principal. » Les matelots comprirent alors ce qui affectait si douloureusement leur chef; ce fut après s'être éloignés de l'îlot de Cruz qu'ils eurent connaissance de ce grand cap, caché pendant *tant de centaines d'années*, dit encore Barros, et que Dias nomma avec ses compagnons le cap des Tourmentes (*), en souvenir des périls et des tempêtes qu'il leur avait fallu essuyer avant de le doubler. » Rien de vraiment important, après cette découverte, ne mérite d'être constaté géographiquement; les épisodes dramatiques ne manquent pas cependant au retour. Dias et ses compagnons retrouvèrent bien le petit navire chargé des approvisionnements, mais sur neuf marins qu'il avait laissés à sa garde, il n'en restait plus que trois, et encore l'un d'eux, l'écrivain du navire, nommé Fernand Colaço, que les infirmités avaient affabli d'une manière déplorable, mourut-il de joie à la vue de ses compatriotes; des visites imprudentes sur la côte, des collisions avec les naturels avaient amené le fatal événement que Dias eut à déplorer. On brûla le navire déjà détruit en partie par les vers rongeurs qui s'attachent au bois dans ces parages, et l'on poursuivit le voyage jusqu'aux établissements de Saint-George de la Mine. Là Bartholomeu Dias reçut une assez grande quantité de poudre d'or, résultat des échanges qui commençaient à s'établir entre les Européens et les naturels, et, poursuivant sans autre événement son voyage, il arriva en Portugal au mois de décembre 1487, après avoir employé à ce voyage mémorable seize mois et dix-sept jours. Il avait découvert en une seule expédition trois cent cinquante *legoas* de côte : c'était un espace aussi considérable que tout ce qui avait été exploré par Diogo Cam, à deux reprises différentes.

Lorsque Bartholomeu Dias se présenta devant le roi et lui signala le cap des Tempêtes comme le point le plus important de ses nouvelles explorations, Joam II voulut que ce vaste promontoire s'appelât le *cap de Bonne-Espérance*, car,

(*) *Lhe poserão nome Tormentoso.*

pour nous servir encore d'une expression de Barros, grâce à la nouvelle qu'on lui apportait, il espérait enfin découvrir ces Indes si vivement espérées et cherchées durant tant d'années. Ce nom fut donné par un roi tel que l'Espagne se vante de l'avoir vu naître, et il restera pour la gloire de celui qui fit faire cette découverte, tant que durera le souvenir des hommes. »

EXPÉDITIONS PAR TERRE POUR TROUVER LA ROUTE DES INDES. — PERO DE COVILHAM ET AFFONSO DE PAYVA. — ENCORE LE MYTHE DU PRESTE JEAN. — Avant même que Bartholomeu Dias fût de retour de son mémorable voyage, probablement dès 1486, Joam II avait résolu de faire chercher par terre la route qui devait conduire aux royaumes du Preste Jean (*) ; mais contre son habitude, ce roi, qui possédait le grand art d'employer les hommes selon leur capacité, se trompa d'abord dans son choix, car il chargea de cette mission importante un moine nommé Frey Antonio de Lisboa et un certain Pero de Montaroyo, sur lesquels les historiens contemporains ne nous donnent pas d'autres détails. Ces deux hommes ignoraient l'arabe, et ils échouèrent dans leurs efforts ; nous savons seulement que Frey Antonio visita Jérusalem, sans que nul renseignement important fût le résultat de ce pèlerinage religieux, substitué à un voyage de découvertes.

Joam II ne se rebuta point, les récits répandus sur le pouvoir imaginaire du *Preste Jean*, possesseur souverain de l'*Inde Mineure*, *Inde Majeure et Inde Troisième*, retentissaient toujours à ses oreilles ; il résolut de faire une seconde tentative pour trouver enfin la route qui pouvait conduire chez ce pontife roi, dont il était si souvent question en Europe depuis le onzième siècle. Cette fois il s'appliqua avant tout à rencontrer deux hommes qui joignissent au caractère intrépide qu'on exigeait alors des voyageurs, une connaissance de l'arabe suffisante pour recueillir des renseignements où les autres explorateurs s'étaient vus arrêtés par leur ignorance. L'*algaravia*, comme on disait alors, ou l'idiome vulgaire des Arabes, était aussi répandu à cette époque dans la péninsule qu'il l'était peu un siècle après, lorsque Clenard, le Brabançon, voulant convertir les infidèles, cherchait vainement dans les universités de l'Espagne un homme qui le lui enseignât.

Le choix de don Joam ne pouvait être ni bien embarrassant ni bien long, il avait parmi les gentilshommes de

---

(*) Parmi les récits merveilleux qui ont eu cours durant le moyen âge, il n'est peut-être pas un mythe plus généralement répandu que celui du prêtre Jean ou Preste Jean ; non-seulement il circule dans toute l'Europe, mais il frappe toutes les imaginations, et s'il s'agrandit le cercle des fictions poétiques qui s'étendent jusqu'à la renaissance, à l'imitation des grandes traditions fabuleuses de l'antiquité, il contribue dès l'origine a étendre le champ des découvertes dans le monde réel. Mais s'il réunit la plupart des fictions qui se trouvent éparses dans les livres du treizième, du quatorzième et du quinzième siècle, s'il en résume un grand nombre dans un court espace, le fait historique qui lui donna originellement naissance présente par lui-même trop de questions arides pour que nous puissions l'aborder ici. D'ailleurs, un de nos plus savants géographes, M. d'Avezac, a récemment exposé les points difficiles de la discussion, et il l'a fait avec une telle lucidité que nous n'hésitons pas à y renvoyer nos lecteurs. Nous nous contenterons de dire que c'est à peu près vers le milieu du douzième siècle, en 1145, qu'on voit apparaître le nom du prêtre Jean : à cette époque, l'évêque de Gabala, envoyé de l'Église d'Arménie, signale au pape Eugène III un prince appelé Jean, qui aurait son empire derrière l'Arménie et la Perse, à l'extrémité de l'Orient, et qui, réunissant l'empire et le sacerdoce, aurait fait de nombreuses conquêtes : lui et ses sujets professeraient le nestorianisme. Dire comment, à partir de cette période, le nom du prêtre Jean figure dans une foule de récits, comment de prétendues lettres qu'il aurait écrites au pape sont l'objet de mille discussions, comment encore on le fait voyager de l'Inde à l'Abyssinie, c'est ce qui nous écarterait le but que nous nous sommes proposé. Ces détails purement scientifiques ne sauraient trouver place dans cette notice. Contentons-nous de savoir que Jacques de Vitry, Mathieu Paris, du Plan de Carpin, Joinville, Marco Polo, et tant d'autres, parlent diversement du prêtre Jean ; « et « que si l'Europe reçut, dès le milieu du dou- « zième siècle, une vague notion de l'existence « en Asie d'un souverain prince et pontife à la « fois, adonné à des croyances qui étaient ou « semblaient être celles d'une secte chrétienne, « cette notion, vraie peut-être au moment où « elle se répandit en Occident, cessa bientôt, « par l'effet des bouleversements politiques, « d'être susceptible d'une application réelle. » Nous ajouterons à ces paroles si précises de M. d'Avezac, que la tradition moderne qui place le prêtre Jean en Abyssinie est due surtout, après Jean de Lastic, aux voyageurs portugais, et que dès le commencement du seizième siècle on les voit donner officiellement ce nom au Négous d'Abyssinie. Mais on sent d'ailleurs tout ce que laissent de liberté à l'imagination ces dénominations si vagues d'*Inde Majeure*, d'*Inde Mineure*, et d'*Inde Troisième*.

son palais un chevalier nommé Pero de Covilham, sachant parfaitement l'arabe et ayant déjà voyagé; ce fut à lui qu'il confia la mission nouvelle résolue depuis le retour du moine pèlerin; il lui adjoignit un autre chevalier nommé Affonso de Païva.

Ce serait une grave erreur de croire que ces deux hardis explorateurs partirent à l'aventure et sans recevoir d'instructions. On a aujourd'hui la certitude que toutes les ressources, imparfaites il est vrai, de la géographie du quinzième siècle dont pouvait disposer Joam II, furent mises à leur disposition, et selon toute apparence, ils eurent des instructions aussi précises qu'on pouvait les recevoir alors de Calçadilla, géographe favori du Roi (*).

Ils partirent de Santarem le 7 mai 1487, et, comme nous le dit Barros, le duc de Beja D. Manoel, qui devait accomplir à son tour de si grandes découvertes, était présent à leur départ. Après avoir pris congé du roi, ils allèrent d'abord à Naples, d'où ils s'embarquèrent pour l'île de Rhodes. Là ils furent accueillis par deux chevaliers portugais de la religion, qui leur donnèrent tous les renseignements indispensables pour passer à Alexandrie. Cette ville d'Égypte leur devait être funeste, ils y tombèrent malades de la fièvre et pensèrent y mourir; cependant une fois rétablis, ils s'en allèrent au Caire et de là ils parvinrent à gagner Tor dans la compagnie des Maures de Tremecen et de Fez, qui passaient à Aden. Ce fut au Caire que les deux voyageurs se séparèrent; Affonso de Païva se dirigea vers l'Éthiopie. Selon toute apparence, il avait reçu en double les instructions de D. Joam et il était chargé de remettre ces fameuses lettres adressées au Preste Jean, dont nous parle Resende; pour Pero de Covilham, il suivit une route bien différente; monté sur un navire arabe qui partait d'Aden, il alla débarquer à Cananor et de là se rendit à Calicut et à Goa.

Il ne nous a pas été donné de savoir quelles furent les impressions que reçut, en présence des magnificences de l'Inde, le premier Européen qui, après tant de fatigues, se rendit dans ces contrées opulentes. Rien de tout cela ne nous a été raconté par Resende et par Barros, tout cela était dit peut-être par un historien (*) antérieur. Ce que nous savons aujourd'hui sur ce prodigieux voyage, c'est que de l'Inde Covilham partit bientôt pour les mines de Sofala. Revenu une seconde fois dans la cité d'Aden, à l'entrée du détroit de la mer Rouge, il s'embarqua pour le Caire, mais là il apprit que son compagnon, Affonso de Païva, avait trouvé la mort dans cette ville depuis peu de temps, et qu'une maladie l'avait enlevé. « Comme il était sur le point de revenir en ce royaume,

---

(*) Ces deux hommes, à la persévérance desquels était remise la solution d'un si grand problème géographique, reçurent en outre des secours pécuniaires qui devaient leur faire surmonter bien des difficultés; Garcia de Resende ne laisse aucun doute à ce sujet.
« En cette année 1486, dit le chroniqueur, il envoya un certain Affonso de Payva, naturel de Castillo Branco, et un autre individu nommé Joam de Covilham; tous deux aptes à un tel voyage et en lesquels il avait confiance. Il leur accorda de larges émoluments au moyen de lettres payables en divers endroits, et il les munit de ses instructions, afin que par la voie de Jérusalem ou par celle du Caire, ils passassent en la terre du prêtre Jean, auquel il adressait ses lettres, faisant part à ce souverain de tout ce qu'il avait découvert le long de la côte de Guinée et s'informant si quelques-unes de ces terres étaient voisines de ses royaumes et seigneuries; afin que par leur moyen on pût communiquer ensemble, se prêter appui, et faire que la foi du Christ fût exaltée; il lui notifiait le grand désir qu'il avait de le pouvoir connaître et de se lier avec lui d'une véritable amitié. »

(*) Le continuateur inconnu de Gomez Eannez de Azurara. On ignore l'époque précise de la mort de ce dernier écrivain. Mais il n'a certainement pas poussé sa carrière jusqu'à cette époque. A-t-on ajouté un chapitre sur l'Inde à son histoire de la Guinée? C'est ce qu'au premier abord on serait tenté de supposer en voyant parmi les Mss. de l'Escurial un vol. signalé sous ce titre : *Chronica do Infante D. Henrique, Duque de Viseu, senhor da Covilhã, regedor e governador da ordem de Christo; em que se trata da conquista de Guiné e algumas cousas da India.* Cet ouvrage, est-il dit dans les *Memorias de litteratura*, a été écrit en 1553 par ordre d'Affonso V. Je dois dire malheureusement, que j'ai déjà fait prendre des renseignements sur ce manuscrit, et qu'ils n'ont pas été couronnés de succès. M. Tiran, dont le zèle est connu et qui a reçu une mission du gouvernement français pour chercher dans les diverses bibliothèques de l'Espagne les documents inédits relatifs à l'histoire de France, n'a trouvé aucun indice du livre indiqué par Ferreira Gordo en 1790. Moi-même, lorsque je fus assez heureux pour signaler aux savants le ms. de la bibliothèque du roi, j'ignorais l'existence de cette copie où il est question des Indes. Espérons qu'un heureux hasard la fera découvrir. Il n'en est point fait mention dans l'édition de Paris, 1841.

nous dit positivement Barros, rapportant avec lui la narration de toutes les choses qu'il avait apprises, il sut qu'il y avait deux juifs espagnols qui allaient à sa recherche, et il eut avec eux une entrevue fort secrète : l'un s'appelait Rabi Abraham, et était naturel de Béja, l'autre portait le nom de Josepe et exerçait la profession de cordonnier à Lamego. Or il y avait peu de temps que ce Josepe était venu de ces contrées, et comme il avait su en Portugal le grand désir que le roi avait d'obtenir des informations touchant les choses de l'Inde, il l'alla voir pour lui dire comment il s'était trouvé jadis en la ville de Babylone, que l'on appelle aujourd'hui Bagdad et qui est située sur l'Euphrate, et que là il avait ouï parler du commerce que l'on faisait en l'île d'Ormuz... où il y avait une cité, la plus riche que l'on connût en ces régions, parce que venaient s'y accumuler toutes les épices et toutes les richesses de l'Inde, lesquelles au moyen des caravanes étaient transportées dans les villes d'Alep et de Damas. Mais comme Pero de Covilham était déjà parti lorsque le roi avait recueilli ces choses et bien d'autres encore de la bouche du juif, il avait envoyé ce dernier à la recherche du voyageur, et lui avait adjoint Rabi Abraham. Josepe devait porter son message à Pero de Covilham, tandis qu'il était enjoint à Abraham de se rendre avec lui dans l'île d'Ormuz, afin de s'informer des choses de l'Inde. Par lesdites dépêches, le roi recommandait particulièrement à Covilham, dans le cas où il n'aurait pas encore trouvé le prêtre Jean, de ne point cesser ses efforts, jusqu'à ce qu'il l'eût rencontré et lui eût remis ses lettres ainsi que ses communications. Il ajoutait que dans le cas où le voyageur aurait atteint son but, il eût à lui mander tout ce qu'il aurait vu et appris par l'entremise de ce juif (*). »

Ce n'est pas sans dessein que l'on a reproduit ici ce curieux fragment ; les hasardeuses explorations de Pero de Covilham se lient à la grande expédition maritime qui livra le commerce de l'Inde aux Portugais, et il importait de savoir comment les précieux renseignements rassemblés par lui étaient parvenus à Joam II, qui méditait déjà cette vaste entreprise : ce fut le pauvre cordonnier juif de Lamego (*) qui apporta en Portugal le premier récit digne de foi qu'on eût recueilli sur les Indes orientales. Barros ajoute bientôt que Pero de Covilham, se trouvant fatigué d'une si longue navigation et d'une route où il avait *vu et appris* tant de choses, informa Josepe *par le menu* de tout ce qu'il avait pu recueillir ; outre cela, il écrivit au roi. Il est probable que notre hardi chevalier se contenta de répondre aux principales injonctions de son souverain ; et que tous les détails précieux furent communiqués verbalement au juif. Pero de Covilham congédia ce messager, qui dut nécessairement parvenir à Lisbonne avant le personnage lettré qu'on lui avait adjoint ; puis notre chevalier se rendit en la compagnie d'Abraham jusqu'à la ville d'Aden, et de là ils s'embarquèrent tous les deux pour Ormuz. Ayant observé ce qu'il y avait à voir dans cette ville, Covilham laissa là Rabi Abraham, qui devait se rendre en Europe par les caravanes d'Alep, et il retourna directement vers la mer Rouge (**).

Ici finit tout ce qu'il y avait de haut intérêt pour le Portugal dans la mission de Covilham. L'historien qui nous sert de guide, et qu'on a suivi souvent

---

(*) Joam de Barros, *Primeira decada*, livro terceiro, fol. 45, édit. de 1628.

(*) Et non pas seulement Rabi Abraham, comme on l'a dit dans ces derniers temps, à propos des découvertes primitives dont nous nous occupons.

(**) Un passage plus explicite de Fernand Lopes de Castan'heda servira à faire apprécier au lecteur l'importance réelle des pérégrinations de Covilham, et l'influence prodigieuse qu'elles eurent sur la découverte du cap de Bonne-Espérance. Je me servirai de la traduction si naïve et si exacte de Nicolas de Grouchy. « Pierre de Covilhan s'en alla en Inde, dedans une nef de Mores de Cananor. Estant arrivé en l'Inde, il fut à Calecut et en l'île de Goa, et s'informa bien amplement de l'espicerie qui croissoit dans l'Inde, et de celle qui venoit de dehors et des villes principales, qui venoient de la dite Inde : desquelles toutes il mit les noms en la carte marine qu'il portoit, encore qu'ils fussent bien mal escrits. Après avoir bien tournoyé ces villes, il s'en alla à Sofala, où il lui fut baillé connoissance la grande isle de Saint-Laurent (Madagascar) que les Mores lappellent *l'iste de la Lune* : et voyant que les habitants de Sofala *estoient noirs comme ceux de Guinée, vint à penser que c'estoit toute une coste, et que par mer on pourroit venir aux Indes.* »

avec si peu d'exactitude, nous montre ensuite le bon chevalier se rendant à la cour du Negous d'Abyssinie, qu'il décore pour la première fois peut-être du titre pompeux de Preste Jean. Le souverain qui régnait alors sur ces contrées s'appelait *Alexandre* (Iscander); il accueillit avec empressement et bienveillance le chevalier portugais, s'estimant heureux, ajoute le vieil écrivain, de posséder à sa cour un ambassadeur envoyé par un prince chrétien; mais Alexandre n'avait que bien peu de jours à vivre, et son frère, qui lui succéda, agit d'une manière bien différente à l'égard de l'étranger qui venait visiter ces régions pour la première fois. Non-seulement le nouveau Negous traita Pero de Covilham avec dédain, mais il s'opposa à ce qu'il sortît du royaume. Dès lors le chevalier portugais dut perdre tout espoir de retourner en Portugal.

Pero de Covilham dut ressentir les douleurs de l'exil, mais là se borna son malheur : on lui donna des terres dans ce beau pays, que des relations récentes nous représentent comme l'une des plus riches contrées du globe. Il se maria, il eut des enfants, et l'on sait par un vieux voyageur du seizième siècle, qu'il vivait encore dans une situation prospère en 1515, sous le règne de David, fils de Naut, qui avait succédé à son premier protecteur (*).

CONTINUATION DU RÈGNE DE JOAM II. — GUERRE EN BARBARIE. — ARRIVÉE A LISBONNE D'UN PRINCE VOLOF; SON BAPTÊME. — MENACES DE GUERRE. — DÉVOUEMENT DU PEUPLE. — Pendant que ces expéditions avaient lieu, D. Joam, qui avait au plus haut degré le talent de choisir les hommes, se mettait en mesure de conserver sa prééminence sur les côtes de Barbarie. C'était D. Joam de Menezes qui commandait à Tanger, et l'histoire a conservé le souvenir de ses nobles actions. Arzila était défendu par le comte de Borba, D. Vasco Coutinho, et le fils du comte de Villareal, D. Antonio de Noronha, gardait cette précieuse cité de Ceuta, qui avait coûté si cher aux Portugais. Ce fut grâce à la sécurité qu'inspiraient de tels hommes, que D. Diego Fernandez d'Almeïda put opérer une descente en Barbarie, à Anafe non loin d'Azamor. Non-seulement il y tua neuf cents Maures, mais il en ramena quatre cents prisonniers, sans qu'il en eût coûté la vie, dit-on, à un seul homme de la flotte. Il serait trop long sans doute de parler des guerres partielles que les Portugais avaient à soutenir en ce temps sur les côtes de la Barbarie, et que D. Joam encourageait avec d'autant plus de persévérance que l'Afrique était devenue au quinzième siècle pour le Portugal, comme l'Algérie est aujourd'hui pour nous, une école guerrière, où allaient se former des soldats qu'on pouvait en toute occasion opposer à l'étranger. — Cette guerre se faisait toutefois avec des chances bien diverses : ainsi, tandis que le brave D. Joam de Menezes s'emparait, dans la personne d'Ali Barraie, d'un chef maure renommé par son courage et dont l'absence faisait fléchir le courage des musulmans, D. Antonio de Noronha, qui commandait dans Ceuta, avait, comme disent les relations contemporaines, une fortune tout opposée. Il était fait prisonnier à l'issue d'une sortie, et pour tenter d'obtenir la liberté de ce hardi capitaine, D. Joam se voyait sur le point de passer en Afrique. La victoire obtenue par le comte de Borba devant Arzila, celle qui fut remportée presque immédiatement sur les frontières de la même contrée, les avantages éclatants dont put se glorifier Fernand Martinez Mascarenhas étaient autant d'événements qui compensaient un échec momentané.

L'année 1488 ne se passa point sans des améliorations manifestes dans l'administration intérieure, et ce fut également à cette époque que furent jetées les bases d'une alliance aussi vivement désirée par la Castille que par le Portugal : il fut décidé que l'infant D. Affonso épou-

(*) A cette époque D. Rodrigo de Lima, qui avait été dépêché en qualité d'ambassadeur vers le Negous par D. Manoel, insista pour que son compatriote fut renvoyé dans son pays. David lui refusa cette faveur, en ajoutant que le chevalier portugais devait manger paisiblement dans le pays, avec sa femme et ses enfants, les revenus que lui avaient concédés ses pères. Parmi les Portugais qui accompagnèrent en 1515 D. Rodrigo, il y avait un prêtre portugais, Francisco Alvarez, dont la relation est devenue célèbre; il eut de fréquents rapports avec Pero de Covilham, et ce fut par lui qu'on sut ce que Barros nous raconte. La première édition de Francisco Alvarez ne parut qu'en 1540.

serait la fille des rois catholiques et que cette union, retardée par l'âge du prince, aurait lieu dans le cours de l'année suivante.

Nous passerons rapidement sur les différends qui eurent lieu vers cette époque entre la France et le Portugal; nous serons également bref sur la mission du célèbre Duarte Galvão, chargé de déclarer la guerre à Charles VIII. Tout cela, aussi bien que les négociations établies avec l'Angleterre, n'est aujourd'hui que d'un faible intérêt au point de vue qui nous occupe et n'eut d'ailleurs qu'un résultat fort secondaire; il n'en est pas de même de l'arrivée d'un prince yolof à la cour de Joam II. La relation circonstanciée de Resende l'atteste. Ce fut en effet un événement mémorable que le débarquement de ce prince nègre, qui venait d'Arguin à Setuval et qui bientôt se fit chrétien (*). Environné de toutes les pompes ecclésiastiques, de toutes les magnificences de la cour, Bemohi prit au baptême le nom de D. Joam, et quand cet esprit intelligent se fut peu à peu familiarisé avec ses hôtes, quand il eut compris leurs besoins et leurs projets, il donna sur les régions inconnues de l'Afrique des renseignements qui imprimèrent une nouvelle ardeur aux vastes espérances de Joam II. Mais Bemohi ignorait alors ce qu'il en coûte aux peuples sauvages pour recevoir *les bienfaits de la civilisation*, et plus tard, lorsque, grâce à ses nouveaux alliés, il put rentrer dans ses droits et commander aux Yolofs, en propageant le christianisme, ce fut le chef de l'expédition, Pedro Vas-d'Acunha, surnommé *Bisagudo*, auquel on l'avait confié, qui l'assassina lâchement sans que Joam II osât le venger (**).

On venait d'élever sur les côtes de Barbarie le fort de Graciosa, et Muley-el-Octaci, roi de Fez, en s'opposant à cette construction, avait renouvelé chez Joam II le désir de passer en Afrique, lorsque ce prince eut pour la première fois peut-être la preuve du dévouement profond que le peuple lui portait. Sa résolution ne fut pas plutôt connue que de toutes parts lui vinrent des offres d'hommes, de chevaux et d'armes. Le roi de Fez comprit sa position; il demanda une trêve, l'obtint, et le fort de Graciosa fut rasé.

MARIAGE DE L'INFANT DE PORTUGAL. — FÊTES MÉMORABLES. — UN REPAS DE NOCES A LA COUR DE JOAM II. — D. Joam mit plus tard à profit ces offres pleines d'effusion, car il avait besoin d'argent : il allait marier son fils avec l'infante de Castille, et il voulait donner à la solennité des épousailles une pompe qui frappât l'esprit des autres États chrétiens. C'est dans Garcia de Resende, le page favori de Joam II, l'homme aux mille ressources, comme disait ce prince (*), qu'il faut lire le détail des fêtes célébrées à Évora lors du mariage de D. Affonso : c'est là qu'on voit le récit de ces solennités merveilleuses qui firent l'entretien de l'Europe entière, et dont la cour de Bourgogne offrait, elle seule, un second exemple. Resende dépeint soigneusement les *morisques* qui furent dansées, les costumes des seigneurs, copiés sur celui du roi, qui s'était vêtu à la française, l'ordre du festin, les intermèdes, dans lesquels figura un grand navire pavoisé, les tournois, où se distinguèrent tant de chevaliers étrangers et même un seigneur français. Gil Vicente, le poëte dramatique aimé d'É-

---

(*) La conversion du roi Bemohi est célébrée ainsi avec quelque emphase par un poëte contemporain :

« Le plus grand roi de l'Éthiopie, celui qu'on appelle le Souverain de Manicongo, est devenu chrétien sous nos yeux, et avec lui un grand nombre des peuples de son royaume; il a demandé des religieux et des frères pleins de vertu, que le roi de Portugal devait lui envoyer, et lui-même prêchait notre foi à ceux qui restaient dans le doute. »
Garcia de Resende, *Miscellanea variedade de historias*, p. 161.

(**) Lorsque Joam II examina sérieusement cette affaire, il trouva tant de hauts personnages compromis dans ce meurtre abominable, qu'il crut devoir garder le silence, et ne put se décider à sévir. Voy. Vasconcellos, *Histoire de Jean II*.

(*) Resende était sans lettres, comme il le dit lui-même, mais poëte gracieux, habile joueur de viole, peintre comme on l'était au temps du grand Vasco; il raconte avec un naïf amour-propre les paroles flatteuses du grand roi, paroles que lui valait son adresse. Si l'on s'en rapporte à sa chronique, ce serait lui qui aurait fourni le premier plan de la tour de Belem. Gil Vicente, dans sa verve railleuse, rit un peu du vieillard devenu causeur. Garcia de Resende avait beaucoup vu et beaucoup retenu, comme le prouve sa *Miscellanea*, et, en 1514, il avait même accompagné Tristam d'Acunha lors de son ambassade à Rome.

rasme, ne paraîtra que dans huit ans (*), mais on comprend qu'une nation chez laquelle de brillantes pantomimes sont exécutées avec cet éclat aura bientôt un théâtre où pourront figurer les rois.

Tous ces plaisirs, tous ces pompeux intermèdes ne furent pas uniquement pour les grands seigneurs accourus d'Angleterre, de Castille et du pays de Flandre; le peuple en eut sa part, et ce sera le naïf Resende qui se chargera de nous le prouver.

« Et au même instant, comme on venait de se mettre à table, nous dit le vieil auteur, qui prend un soin minutieux de ne rien omettre, on vit arriver une grande charrette dorée, et elle était traînée par deux grands bœufs rôtis, en entier, avec leurs cornes et ayant les quatre pieds dorés. Et le char lui-même était rempli d'une multitude de moutons rôtis avec les cornes également dorées. Et le tout était posé sur une plate-forme très-basse, avec des roues ajustées par le fond, de telle manière qu'on ne les voyait point, et que les bœufs paraissaient vivants et capables de traîner le char; et au devant venait un *moço hidalgo* (gentilhomme servant), avec un aiguillon à la main, piquant les bœufs, si bien qu'ils paraissaient marcher en traînant la voiture; et il allait vêtu comme un charretier, d'une blouse, et il portait également un *gaban* (ou gros manteau) de velours blanc doublé de brocart; le capuchon était de même étoffe, si bien que de loin il ressemblait proprement à un charretier, et il s'en alla ainsi offrir les bœufs et les moutons à la princesse, et l'offrande faite, il parut les contraindre à retourner en les touchant de l'aiguillon, et il fit ainsi le tour de la salle, jusqu'à ce qu'il s'en fût dehors. Et il abandonna le tout au peuple, et avec de grands cris et une grande joie; on mit les bœufs en pièces, et chacun en emportait le plus qu'il pouvait. Et outre cela on apporta à toutes les tables nombre de paons rôtis, conservant leurs queues entières, ainsi que leur beau poitrail et l'aigrette; et le tout faisait un fort bel effet, parce qu'ils étaient nombreux, et il y avait une multitude d'autres oiseaux, du gibier, des comestibles sans fin et des fruits, le tout en grande abondance et en grande perfection. »

LA PESTE SUCCÈDE AUX FÊTES. — MALADIE SUBITE DU ROI. — ON CROIT A UN EMPOISONNEMENT. — MORT DE L'INFANT D. AFFONSO. — Ces fêtes dont nous venons d'offrir un épisode avaient eu une triste fin. La peste qui régnait à Lisbonne avait fini par sévir à Évora, bien qu'on eût fait parquer des vaches nourricières dans les rues, afin d'arrêter la contagion, ainsi que cela se pratiquait quelquefois au moyen âge. La ville, naguère si animée, s'était vue dépeuplée en partie, après avoir été témoin des réjouissances les plus magnifiques dont le Portugal eût gardé le souvenir. D'autres inquiétudes vinrent bientôt se joindre à cette calamité; D. Joam, en allant se désaltérer à une fontaine voisine d'Évora (*) avec deux de ses gentilshommes, s'était senti saisi d'horribles douleurs et avait vu succomber ses compagnons avec de tels symptômes, qu'il était difficile de ne point reconnaître dans cet accident un attentat contre la vie du souverain. Une de ces femmes connues dans la Péninsule sous le nom de *béates*, avait averti, dit-on, le roi de se défier des trames ourdies contre sa personne; on fit de nombreuses perquisitions à ce sujet, elles furent toutes inutiles, et ce fut en vain qu'on essaya de découvrir les auteurs d'un complot qui n'a jamais pu être prouvé.

Joam II, dont la santé avait été vivement atteinte, s'était retiré dans son palais de Santarem, lorsqu'il y reçut un bref du pape; le saint-père lui expédiait les bulles de confirmation, grâces auxquelles l'infant D. Affonso se voyait investi de la haute administration des ordres d'Aviz et de Santiago. Tout souriait donc à la politique de ce roi prévoyant, dont aucun acte n'était sans portée, lorsqu'un événement déplorable vint changer tous ses projets et porter le deuil au milieu

(*) Les premières pièces de Gil Vicente datent de 1502; ce sont de simples pastorales, qui n'exigeaient point de mise en scène; mais plus tard, certains *autos* auxquels prit part, dit-on, Joam III, et surtout l'infant D. Luiz, son frère, nécessitèrent un luxe de représentation dont on comprend mieux l'éclat par le récit des fêtes de Joam II.

(*) Elle était à une demi-lieue de la ville; on la désignait sous le nom de *Fonte coberta*. Comme Joam II ne fit usage du vin que dans les dernières années de sa vie, et que les eaux de cette source étaient singulièrement limpides, il s'y rendait à l'issue de la chasse.

de la cour ; écoutons la chronique ; il y a là une analogie trop frappante avec une cruelle catastrophe présente à tous les souvenirs, l'esprit est frappé d'une trop fatale ressemblance entre ces douleurs, que séparent quatre siècles et qui furent si amères, pour que nous ne laissions pas parler un témoin du triste événement. Afin de comprendre le récit de Resende, il est bon seulement de se rappeler que les joies d'une union récente se mêlaient encore, en dépit d'un fléau cruel, à des projets de conquêtes (*). « Ces fêtes et bien d'autres eurent lieu jusqu'au lundi 11 juillet, temps auquel le roi et le prince se rendirent à Almeirim pour courir la chasse, avec l'intention de revenir au palais le même jour. Or l'infant, après être retourné auprès de la princesse le jour suivant, qui était un mardi, s'habilla dans ses appartements et vint entendre la messe avec l'infante ; il dina ensuite et fit la sieste ; et le même mardi 12 juillet de l'année 1491, au soir, le roi voulut aller nager dans le Tage, comme il avait coutume de le faire nombre de fois durant l'été, se retirant avec quelques personnes choisies par lui dans cette circonstance... tout exercice propre à l'homme lui donnant plaisir ; et il fit demander au prince s'il voulait venir avec lui, comme toujours il le faisait afin de nager ensemble, et celui-ci lui fit répondre qu'il se trouvait las de la chasse du jour précédent. Or lorsque le roi descendit, il lui sembla que le prince avait pu être mal averti, et il demanda après sa personne à la porte de la princesse, et le prince lui vint parler là même, à l'entrée de l'huis ; comme il se trouvait préparé pour faire la sieste, le roi s'éloigna. Or, de la cour extérieure il porta ses regards vers les fenêtres de la princesse, et il la vit elle et le prince ; ils étaient assis tous deux à une croisée. Il leur tira sa barrette ; et eux se levèrent en lui faisant grandes révérences. Le roi partit alors pour se rendre au Tage. Considérant toutefois que le roi l'était venu voir à la porte, et ensuite lui avait parlé à la fenêtre, le prince regretta de lui avoir fait dire et de lui avoir dit en propre personne qu'il était las ; lors il lui parut convenable de l'accompagner ; il se vêtit donc en hâte, et ordonna qu'on lui préparât une mule. Il était déjà habillé, que la mule n'était pas encore venue ; or il trouva là un de ses *genets* (*) fort beau et baiclair, sur lequel chevauchait son grand écuyer, et pour atteindre le roi il monta dessus et s'en fut bien vite le joindre lui et le peu de gens qui l'accompagnaient. Il y a ici une chose à noter, une chose vraiment mystérieuse, c'est qu'étant à une époque de si grandes fêtes, au milieu de tant de gens habillés de brocart et de soie, le prince venait vêtu d'un paletot et d'un *tabard* ouvert, de drap noir ras, avec pourpoint de satin noir, le cheval ayant en outre des guides, une têtière et un filet de poitrail de soie noire ; tels que je ne lui en avais jamais vu, et de plus un caparaçon de velours noir. Véritablement cette différence dans le vêtement qu'il avait alors, et dans celui qu'il portait naguère, aussi bien que le harnachement dont il trouva le cheval couvert, furent des signes fort clairs du grand malheur qui lui était réservé. Il atteignit le roi et se rendit avec lui jusqu'au Tage : or, quoique ayant toujours l'habitude de nager quand le roi nageait, il ne le voulut pas faire alors, et il commença à se promener par la campagne et à lancer le genet comme étant de singulière ardeur et fort léger ; et il défia don Joam de Menezes, celui qui mourut à Azamor, premier capitaine de ce pays, homme de beaucoup de mérite et de très-bonnes qualités ; il l'engagea à fournir avec lui une bonne carrière, mais dont Joam s'excusa de le faire, parce qu'il était déjà nuit. Le prince descendit alors pour chevaucher la mule qu'il avait fait amener ; et en la montant, la sangle de l'étrier manqua, et l'infant se prit de nouveau à chevaucher le cheval qu'il avait quitté, et il fit consentir alors don Joam à courir, et don Joam, voyant le grande volonté qu'il en avait, fit comme il souhaitait, et le prit par la main, fournissant avec lui de cette façon une carrière. Au fort de la course le cheval du prince s'abattit et fit tomber son cavalier sous lui, et subitement, à

(*) *Chronica dos valerosos e insignes feitos del rey D. Joam II de Gloriosa memoria*, por Garcia de Resende, Lisboa, 1622, in-f°.

(*) On désignait dans la péninsule sous le nom de *ginettes* les chevaux entiers dont on usait dans les tournois ; c'est là d'où nous vient le mot *genêt* appliqué à certains chevaux.

l'heure même, il resta comme mort, privé de la parole, et sans donner preuve de sentiment (*), et don Joam (de Menezes), à la vue d'un tel désastre et d'un malheur si immense, disparut comme arrivaient vers le prince plusieurs seigneurs et gentilshommes. Il s'éloigna rempli de tristesse et demeura des années sans revenir à la cour, jusqu'à ce qu'il y reparut par ordre du roi.

« Ils prirent aussitôt le prince dans leurs bras et le mirent dans la première habitation qu'ils trouvèrent : c'était celle d'un pauvre pêcheur..... Et dès que la triste et désastreuse nouvelle fut parvenue au roi, il vint tout de suite en grande hâte, et quand il trouva ce seul fils qu'il eût, et qu'il avait élevé avec tant d'amour, avec tant d'inquiétude, avec tant de contentement, pour être le plus charmant prince que l'on connût au monde, quand il aperçut, dis-je, celui auquel il voulait si grand bien, qu'il ne pouvait pas être un seul jour sans le voir, n'ayant d'autre délassement que la joie de sa présence et sa conversation, il tomba dans une tristesse si extrême, il devint si inconsolable qu'on ne pourrait le dire ni le croire. Il était là, proférant sur son fils tant de plaintes, des paroles de si grande tristesse, que personne ne le pouvait entendre sans verser des larmes douloureuses !

« La déplorable, la désastreuse nouvelle fut portée sur-le-champ à la reine sa mère et à la princesse. Et aussitôt qu'elles l'eurent reçue, elles sortirent comme des insensées, à pied ; alors elles prirent des mules appartenant à autrui, qu'elles trouvèrent là, et le seigneur don Jorge, fils du roi, étant avec elles, suivies qu'elles étaient aussi d'une bien faible suite, elles partirent comme hors de sens, et marchèrent jusqu'à ce qu'elles fussent arrivées dans la triste et pauvre maison où gisait le prince.

« Elles le trouvèrent comme mort ; quelles que fussent les paroles d'amour, d'amertume et de désespoir qu'elles pussent lui dire toutes deux, à aucune il ne répondit et ne donna preuve de sentiment. Or il en advint que cette triste mère et cette triste épouse se sentirent transpercées d'une si poignante tristesse que pour elles il y avait une douleur, qu'il n'éprouvait déjà plus.

« Le roi, au milieu de cette désolation, fit assembler sur-le-champ tous les médecins, et avec beaucoup de sang-froid demeura près d'eux, faisant prendre au prince tous les remèdes qu'ils imaginaient ; mais avec ces remèdes il chercha également ceux qui viennent de la Divinité, et il ordonna sur-le-champ que dans tous les monastères, dans toutes les maisons vertueuses, on fît des processions pieuses et aussi de dévotes et continuelles oraisons. On vit prononcer alors des vœux solennels qui s'exécutèrent immédiatement et dans lesquels entra don Pedro de Sylva, grand commandeur de l'ordre d'Aviz, qui promit de s'en aller à Jérusalem et qui le fit sur-le-champ ; d'autres accomplirent de nombreux pèlerinages. Et comme tous ils étaient là, espérant dans la miséricorde de Dieu qu'après cette simple chute il reprendrait ses sens, ils passèrent cette nuit entière en tristes larmes et en gémissements, disant oraisons continuelles.

« Tous les membres de la noblesse et aussi tous les autres vassaux étaient là mêlés, poussant de si douloureuses lamentations, qu'on ne peut en imaginer de plus grandes, le prince étant devenu alors comme le fils de chacun d'eux, et tout le monde demandant sa vie et sa santé, comme sa propre vie. Et d'un commun accord, on fit sur-le-champ une très-grande et très-dévote procession avec le clergé, les reliques, les croix. Tous marchant nu-pieds et quelques-uns nus de corps, ils allaient vers les monastères et dans les églises, puis se jetant à genoux, en larmes et poussant de grands cris, ils clamaient : « Seigneur Dieu ! miséricorde ! » C'était chose terrifiante et de grandissime tristesse.

« Le roi, la reine et la princesse furent toujours avec le prince jusqu'au jour suivant mercredi, à une heure dans la nuit. Alors le roi ayant été informé et dûment averti par tous les médecins que le prince se mourait et achevait de s'éteindre, cette nouvelle fut donnée par lui à la reine et à la princesse, qui étaient attachées au corps de l'infant, lui

---

(*) Dans la longue épitaphe latine qu'il lui a consacrée, Cataldo Siculo prétend qu'un enfant venant à courir inopinément devant le cheval, effraya l'animal et fut cause de l'accident.

tenant et lui baisant les mains. Et elles reçurent ces paroles avec si grandissime douleur, que je ne le puis écrire.

« Le roi s'approcha du prince et le baisa à la face et lui donna pour jamais sa bénédiction, puis il prit la reine et la princesse par la main, quoiqu'elles ne voulussent pas lâcher le mourant, et il sortit de la maison, laissant son fils au pouvoir du confesseur et des autres médecins de l'âme, et à la porte il revint sur ses pas et dit à ceux qui étaient dans la maison : « Le prince mon fils vous reste ! » Mais il ne put ajouter une seule parole, et parmi tous il s'éleva une clameur, perçante, douloureuse, lamentable; tout le monde se frappa le visage. Il y eut alors d'honorables barbes qui furent arrachées, et les femmes détruisaient avec leurs ongles la beauté de leur visage, faisant courir le sang le long de leurs joues : chose si effroyable et si triste, qu'elle ne s'était jamais vue, ni imaginée.

« En ce moment arriva le duc son oncle, qui, à la triste nouvelle, accourut de Thomar. D. Manoel aimait singulièrement le prince, parce qu'ils avaient été élevés tous deux ensemble, partageant la même table et le même lit; et il menait un si grand deuil, il donnait si grande preuve de tristesse, que l'on voyait de façon certaine que, quoiqu'il demeurât héritier de ces royaumes, il eût laissé à cette heure toute succession, fût-elle plus grande, pour obtenir la vie et la santé du prince.

« Et le roi s'éloigna de là à pied, emmenant la reine et la princesse comme mortes; elles étaient portées ou, pour mieux dire, couchées sur des mules : elles furent menées à la maison de Vasco Palha, située sur les bords du fleuve.

« Et comme ils achevaient d'y entrer, un message vint au roi; il apportait la très-mortelle nouvelle qu'il attendait : le prince son fils, après la dernière onction, avait rendu l'âme. Il était mort à l'âge de seize ans et vingt jours, et il paraissait avoir vingt-cinq ans par l'aspect de son corps, par la barbe, par son savoir, par son jugement, par sa retenue. Il avait été marié sept mois et vingt-deux jours.

« Et celui qui avait été élevé avec tant d'amour et de plaisir, au milieu de tant de grandeurs et de tant d'estime, celui qui avait joui de tant de gloire mondaine, et devant qui tous courbaient la tête, celui-là s'était vu fouler aux pieds d'une bête; celui qui dans ce jour même et durant tous les autres jours de sa vie, s'était vu en des salles royales, tendues de brocart et entourées de sophas, celui-là n'avait pu avoir d'autre asile que la triste maison d'un pauvre pêcheur ! Et l'infant qui, parmi les princes du monde et les habitants de toute l'Espagne, était regardé comme l'homme le plus agréable qu'il y eût, à cette heure gisait défiguré : sa grande beauté se changeant en poussière ! et ses yeux si gracieux, si allègres, dont tout le monde recevait joie et contentement, une heure avait suffi pour les fermer et pour dérober leur regard à un père, à un roi, à la triste reine sa mère, à la princesse sa femme privée de réconfort... Oui, ce prince excellent pour qui de si grandes fêtes avaient eu lieu...... ce prince pour qui tout le monde marchait dans la joie, vêtu de brocart et de riches soieries, en un instant couvrait cette pompe de bure et changeait en drap de deuil ces vêtements d'allégresse. Par lui, les plaisirs, le bonheur, étaient mués en longs et tristes sanglots, non-seulement en Portugal, mais dans l'Espagne tout entière.

« O Seigneur, Dieu éternel, combien tes secrets sont incompréhensibles ! qui peut pénétrer tes jugements? Mais quels péchés pouvait avoir commis une si angélique créature !... Toi, Seigneur, qui l'as fait, tu sais la cause de ce trépas »(*).

CHANGEMENTS POLITIQUES PRODUITS PAR CET ÉVÉNEMENT. — LA VEUVE DE D. AFFONSO EST RAMENÉE EN CASTILLE. — A partir de l'époque où eut lieu cet événement si désastreux pour D. Joam, un changement visible se manifesta dans les rapports que ce prince eut avec la reine, dont il appréciait si bien les nobles qualités et la haute pru-

(*) Le prince D. Affonso, né à Lisbonne le 18 mai 1475, mourut le 13 juillet 1491; il est enterré au couvent de Batalha. D. Joam II, après cette fin déplorable, fit tous ses efforts pour légitimer D. Jorge, qu'il avait eu à Abrantès, en 1481, de dona Anna de Mendoça, dame de la reine dona Joanna; il ne put jamais y parvenir. Mais D. Jorge, marié à dona Brites de Vilhena, de la maison de Bragance, devint la souche de la famille des Alemcastre.

dence, mais dont il semble avoir redouté, dans les dernières années de sa vie, la volonté persévérante. Préoccupé qu'il était de faire monter sur le trône un fils illégitime, auquel avait passé toute sa tendresse, il ne voyait pas sans douleur les tentatives de dona Leonor pour assurer le trône à son frère. Bientôt Isabelle de Castille voulut revoir près d'elle la jeune épouse désolée, que rien ne pouvait plus retenir en Portugal; la veuve d'Affonso partit pour l'Espagne environnée de deuil et conduite par quelques ecclésiastiques. D. Joam n'eut plus d'autre distraction, dans son isolement, que ces luttes incessantes de l'amour paternel, qui ne surent même triompher : les soins du royaume purent le préoccuper, la politique ne le domina plus.

ARRIVÉE DE CHRISTOPHE COLOMB A LISBONNE. — Avant que ce prince, fatigué du métier de roi, allât mourir dans une petite ville isolée de son royaume, son règne fut marqué par un événement mémorable, auquel on fit assez peu d'attention alors, mais qui allait changer la face du monde et dont Joam devina la portée. Un pauvre Italien qui était venu jadis en Portugal, un faiseur de projets qu'on avait vu en 1486, débarqua à Lisbonne revenant de Guanahani, avec de l'or, avec des Indiens, avec des palmes encore verdoyantes qui disaient son merveilleux pèlerinage. Il se montra quelque peu causeur, vaniteux même, on pouvait l'être à moins; et Barros, au bout de cent ans (*), ne le lui pardonnait pas encore. L'habile historien raconte à peu près en ces termes comment eut lieu cette célèbre entrevue sur laquelle ont couru tant de versions différentes : « Le 6 mars 1493, le roi étant à Valparaiso aux environs de Santarem, en raison de la peste qui sévissait alors, il lui fut dit comment était arrivé dans le port de Lisbonne un certain Christoval Colomb, qui, disait-il, arrivait de l'île Cypango et rapportait de l'or et d'autres richesses provenant du pays. Comme le roi connaissait *ce Colomb* et savait qu'il avait été envoyé par le roi de Castille pour accomplir ces découvertes, il le fit prier de venir vers lui afin de savoir de sa propre bouche ce qu'il avait rencontré dans ce voyage. Celui-ci le fit de bonne volonté, *non point tant pour le plaisir du roi, que pour le chagriner par sa présence*, d'autant qu'avant de se rendre en Castille, il était allé vers le roi D. Joam afin de le décider à armer des bâtiments pour cette entreprise, ce qu'il n'avait point voulu faire pour des raisons qu'on déduira plus bas. Colomb arriva devant le roi, qui l'accueillit avec empressement ; mais le monarque devint fort triste quand il vit que les gens du pays qu'il ramenait n'appartenaient point à la race noire, n'ayant ni les cheveux crépus, ni le visage semblable aux peuples du pays de Guinée, et se montrant, au contraire, semblables par l'aspect, la couleur et la disposition des cheveux, à ce qu'on rapportait des peuples de l'Inde, au sujet desquels il travaillait avec tant d'efforts. Or, comme Colomb rapportait de plus grandes choses touchant le pays qu'il n'y en avait, et cela avec une certaine liberté de paroles, accusant et reprenant le roi de ne pas avoir accepté ses offres, il y eut plusieurs gentilshommes que cette façon de parler indigna tellement, que cela, joint à la haine dont on se sentait animé à cause de la liberté de ses discours, fit qu'on offrit au roi de le tuer. »

On le doit croire en lisant les historiens contemporains et on en a la certitude dans João de Barros lui-même, il y eut plus d'un courtisan officieux qui, immédiatement après que Colomb se fut retiré, renouvela cette odieuse proposition et tenta d'aigrir encore l'esprit du monarque (*), si irritable du reste depuis l'époque où il avait perdu son fils. On alla plus loin, on prétendit qu'il était d'une saine politique d'arrêter ce Génois bavard (**), avant qu'il eût fait connaître

---

(*) M. A. de Humboldt a fait remarquer avec sa sagacité habituelle cette antipathie de Barros pour Colomb. L'habile et savant Prescott peint à merveille l'arrivée du Génois, mais en général il se contente trop facilement de l'autorité de Faria e Souza, lorsqu'il s'agit de certaines relations entre le Portugal et l'Espagne.

(*) Barros, qu'il faut peut-être croire de préférence, affirme que le roi n'éprouva pas un moment la tentation de déférer à ces perfides conseils. Cet historien dit positivement que non-seulement D. Joam n'accepta pas ces *offres* de meurtre, mais qu'il fit des *réprimandes* à ce sujet *comme prince catholique* : « Au lieu de tout cela, il fit courtoisie à Colomb, ajoute-t-il, et il ordonna qu'on vêtit d'écarlate les hommes qu'il ramenait du pays des nouvelles découvertes. » *Primeira decada, livro terceiro*, fol. 56.

(**) *Homem fallador*, dit Barros.

à ses maîtres le résultat de son entreprise. Joam II eut la grandeur d'âme de résister à de tels avis, et s'il hésita comme on le prétend, il faut le louer d'avoir emporté sur lui-même une telle victoire. Colomb quitta paisiblement Lisbonne, et alla jouir de son triomphe. Mais à partir du jour où il eut annoncé la grande nouvelle, une question politique et religieuse à la fois, d'une immense portée, vint agiter les deux pays ; il fallut diviser entre deux peuples ces mondes inconnus qui ne suffisaient plus déjà à l'ambition de deux insatiables rivaux.

INTERVENTION DU SAINT-SIÉGE DANS LES DÉCOUVERTES DES ESPAGNOLS ET DES PORTUGAIS. — Ce fut le pape Nicolas V, qui, par une bulle donnée en l'an 1454, concéda d'abord à l'infant D. Henrique le droit de découverte et la conquête de toutes les mers, terres et mines, ce sont les propres expressions du saint-siége, qui pourraient être acquises le long des côtes de Guinée. Par le même acte on accordait à l'infant toutes les îles de l'orient et du midi. Calixte III, en l'année 1456, confirma tout ce qu'avait fait son prédécesseur. Mais en outre, voulant favoriser le prince qui était grand maître de l'ordre du Christ, il lui accorda l'administration de tous les bénéfices ecclésiastiques qui seraient établis sur les terres conquises. Sixte IV confirma bien ces priviléges, mais il en excepta toutefois les îles Canaries en faveur du roi d'Espagne, concédant néanmoins à Alphonse V le droit de navigation et la conquête des autres contrées que ce souverain pourrait soumettre à son empire. L'immense découverte de Christophe Colomb, pour le compte de la Castille, devait nécessairement modifier le système suivi jusqu'alors par la cour de Rome. On comprend parfaitement en lisant Garcia de Resende tout ce qu'un mot du Génois allait jeter de discordes entre les deux cours voisines. Le différend qui se déclara fut porté au tribunal suprême d'Alexandre VI, et le traité de Tordesillas fut signé. Tout le monde sait comment en 1493, eut lieu cette fameuse division qui inspira à François I*er* un mot si juste et si spirituel; la bulle d'Alexandre VI ordonnait de former une ligne imaginaire tracée mathématiquement du nord au sud partant d'un pôle à l'autre, et divisant l'univers en deux parties égales. Les terres situées à l'est devaient appartenir à la monarchie portugaise, celles de l'ouest à l'Espagne. Ce parallèle qui devait avoir un point certain, un principe déterminé, fut disposé de telle façon, qu'on le plaça dans une des îles Açores et au cap Vert, et que, traçant la ligne à l'est du même point, tout ce qui se trouverait à l'occident deviendrait le domaine de la Castille, tandis que le Portugal entrerait en possession des terres de l'orient. Dès la même année, Joam II crut devoir s'opposer à l'accomplissement de cette bulle relativement au cours que devait suivre la ligne, et les deux puissances nommèrent des ambassadeurs qui se réunirent à Tordesillas, avec plein pouvoir de décider sur la question en litige. Ce fut alors qu'il fut convenu d'un commun consentement que la ligne de démarcation serait établie d'un pôle à l'autre, trois cent soixante-dix *légoas* au couchant des îles du cap Vert, et que la partie orientale appartiendrait au Portugal. Il fut en même temps spécifié que dans un délai de deux mois, on enverrait deux ou même quatre embarcations espagnoles et portugaises, dont le commandement serait remis à des hommes intelligents, auxquels on pourrait confier le tracé de la démarcation, et qui se réuniraient dans la grande Canarie. Là des Castillans et des Portugais devaient s'embarquer alternativement sur les navires des deux pays, et il leur était enjoint d'aller conjointement chercher les îles du cap Vert, continuant de là vers l'occident à fixer la limite où s'arrêteraient les trois cent soixante-dix *légoas*, formant le point d'arrêt définitif, dans cette partie où la ligne de démarcation couperait l'espace du nord au sud. On devait aussi exécuter plusieurs clauses de moindre importance, mais tenant à la solidité du traité.

Ces conventions furent ratifiées et signées par les deux souverains, en l'année 1494, mais ce qu'il y a d'étrange, c'est que cette affaire demeura assoupie durant trente ans, jusqu'à ce que s'élevât la discussion relative aux Moluques, si célèbres dans l'histoire du seizième siècle. Ce qu'il y a de bien certain, c'est que si le traité de partage fut signé, jamais les embarcations espagnoles et portugaises ne se réunirent durant le quinzième siècle pour établir la détermination définitive du point à partir duquel on devait compter les trois cent soixante-dix lieues. Le savant mémoire qui nous a fourni ces détails ajoute : « Il faut dire aussi que cette opération n'était pas praticable alors, puisqu'à l'époque où eut lieu le traité de Tordesillas on n'avait découvert aucun promontoire ou aucune terre dans l'Amérique méridionale. Il fallut attendre jusqu'au règne de Joam III (*). »

D. JOAM II TOMBE GRIÈVEMENT MALADE. — Un an environ après que cet acte important eut été signé, la santé du roi s'altéra visiblement, il n'en faisait pas moins solliciter auprès d'Alexandre VI la légitimation de son fils D. Jorge ; mais les scrupules du pape se trouvant parfaitement d'accord avec ses intérêts, et le parti de la reine conservant à Rome une influence qui ne se démentit pas un moment, Joam II comprit que ce n'était pas sur le bord de la tombe qu'on luttait avec Borgia ; il se résigna, mais avec douleur, et il est probable que le chagrin qu'il ressentit d'une telle déception contribua à miner le reste de ses forces; bientôt les médecins ne virent plus d'autre remède à ses maux que les bains de Monchique au pays d'Algarve ; puis il eut recours plus tard aux eaux d'Alvor, petit village situé non loin d'Alcaçar-do-sal : sa faiblesse augmenta bientôt à un tel degré qu'il perdit toute espérance et qu'il songea à ses dernières dispositions.

TESTAMENT DE JOAM II ; MORT DE CE SOUVERAIN. — Le dernier acte politique de ce grand roi fut un sacrifice, puisque, après avoir assiégé la cour de Rome de ses instances pour obtenir la légitimation de D. Jorge de Lancastre, d'un seul mot il mit à néant toutes les prétentions qu'il avait conçues pour ce fils bien-aimé, en donnant lui-même le titre de roi au duc de Béja, dont le frère avait succombé sous ses propres coups. Mais ici, les chroniqueurs sont incertains ; les récits contemporains, par cela même qu'ils diffèrent, nous prouvent assez quelles luttes vinrent assaillir cette grande âme, lorsqu'il fallut immoler ses affections les plus chères à ce qu'exigeait le bien du royaume et peut-être aussi la justice. Si l'on s'en rapporte à Garcia de Resende, bien informé du reste, mais s'en tenant un peu à la superficie des choses, Joam II aurait accompli ce dernier acte avec une certaine résignation chrétienne, et le testament enfin aurait été écrit de la main de son propre confesseur, par ce frère Jean, demeuré simple franciscain au milieu de la cour, et dédaignant toujours l'épiscopat. Selon d'autres auteurs, Antonio de Faria, remplissant alors l'office d'*Escrivão da puridade*, se serait vu chargé d'écrire les dernières volontés du monarque, qui se montra absolu jusqu'à la dernière heure. Le nom de D. Jorge aurait été prononcé, mais le fidèle serviteur se serait refusé à l'inscrire et aurait remontré avec énergie le péril où allait se trouver le royaume. Il aurait allégué même que lui Antonio de Faria trouvait son propre intérêt à ce que le fils de son maître régnât, et que cependant il lui fallait, en descendant au fond de sa propre conscience, reconnaître les droits de ce duc de Béja, que sa naissance appelait au trône ; et alors, selon cette tradition, Joam II se serait écrié avec douleur et avec colère. *Laisse-moi, Antonio de Faria, laisse-moi ; un tel sacrifice ne peut m'être imposé.* Mais la sagesse du conseiller et son énergique persistance auraient valu le sceptre à celui que les Portugais ont nommé le *Roi fortuné*. Ce qu'il y a de certain, c'est que D. Manoel, duc de Béja, fut nommé par le testament de Joam II héritier du trône et qu'un codicille, écrit quelques jours avant la mort du roi, confirma cette première décision.

Les derniers instants de Joam II furent ce qu'ils devaient être : *l'homme* (*) montra à l'heure suprême un mélange de résignation chrétienne, de noblesse et de fermeté, qui le peignent admirablement. Si quelques jours auparavant il avait laissé voir l'orgueil du maître en rappelant avec hauteur, au prieur de Crato, qu'un roi mourant était toujours un roi ; quand l'heure dernière fut arri-

---

(*) Voy. une ample discussion sur ce point intéressant dans les *Memorias da Academia das sciencias de Lisboa*, t. IX, p. 242.

(*) On sait que c'était ainsi que le nommait sans périphrase la reine Isabelle de Castille.

vée, il donna des ordres pour qu'on dépouillât la chambre où il allait expirer de tout ce qui pourrait rappeler la pompe souveraine ; comme saint Ferdinand, il voulut que sa couche fût déposée à terre, et il répondit humblement à ceux qui lui donnaient le titre d'Altesse : « Laissez, laissez… je ne suis plus que « cendre et pourriture. » Tout cela raconté minutieusement par des témoins oculaires, et avec des détails que nous ne pouvons reproduire ici, prouve jusqu'à l'évidence qu'en dépit des assertions de Damian de Goes, cet esprit ferme ne faiblit pas au dernier instant. Non-seulement il reçut avec sérénité de la main de l'évêque de Tanger le sacrement de l'Eucharistie et les huiles saintes, mais il médita jusqu'à la dernière heure sur la passion du Christ, et lorsque le prélat qui l'assistait, trompé par un symptôme sinistre, voulut lui fermer les yeux, il l'arrêta d'un mot, et ce mot était plein de résignation : « Évêque, dit-il, il n'est pas temps… » Un moment auparavant il avait demandé à quel point en était la marée, et sur la réponse qui lui avait été faite il avait dit : *Je vivrai encore deux heures;* ce pressentiment ne le trompa point ; il continua à prier, et comme l'Océan achevait de retirer ses flots mourants de la plage, il rendit le dernier soupir.

Cet événement eut lieu un dimanche, le 25 octobre 1495, au soleil couchant (*).

La tradition rapporte que, lorsque la nouvelle de ce trépas arriva en Espagne, la reine Isabelle s'écria : *L'homme est mort;* lorsque la même nouvelle parvint à Rome, le vieux cardinal d'Alpedrinha, le prélat auquel il fut donné de vivre au delà d'un siècle, pour être témoin des grandeurs de trois règnes, se recueillit un moment, puis il dit : « Eh bien, la *mort vient d'enlever le plus grand roi qui soit né du meilleur des hommes* (*). »

Joam II, selon toute apparence, périt des suites du poison ; ceux-là même qui se montrent le plus défavorables à sa cause, donnent à entendre que la vengeance de quelque ennemi puissant sut l'atteindre au milieu des fêtes splendides qu'il donnait pour le mariage de son fils. Ce qu'il y a de plus étrange sans doute, c'est que ses amis eux-mêmes supposaient qu'il employait à son tour ce lâche moyen lorsqu'il s'agissait de se défaire secrètement des seigneurs qui lui portaient ombrage. Aussitôt après sa mort, ils se rendirent dans un cabinet voisin de la chambre où il venait d'expirer et ils s'emparèrent d'une cassette, qu'ils supposaient renfermer ces terribles agents de destruction. La cassette fut ouverte par l'évêque de Tanger, et l'on n'y trouva qu'une haire teinte de sang et une rude discipline. L'*homme* pouvait bien aller chercher lui-même ses ennemis pour les frapper du poignard, mais quoi qu'en aient pu dire quelques historiens menteurs, il ne les empoisonnait point.

Si c'est dans Zurita, dans Ruy de Pina, dans Faria y Souza, dans Vasconcellos même, que l'on peut étudier les ressorts politiques qui firent agir Joam II, si c'est dans ces historiens qu'on peut prendre une idée nette de l'impulsion qu'il donna à la politique de son temps, c'est, je le répète, dans le récit varié, vivant, plein de faits curieux, qui nous a été laissé par Garcia de Resende, que l'on doit vraiment étudier le caractère de ce grand homme, de ce roi surnommé à juste titre *le prince parfait* et qui sut préparer tout ce qui amena plus tard l'éclatante prospérité de Portugal. C'est dans les confidences du *page de l'écritoire*, et grâce quelquefois à ses révélations légères, que l'on apprend l'art secret des réussites, l'habileté des

---

(*) On enterra ce monarque au couvent de Batalha. Si quelque sacrilège n'a pas porté une main impie sur ses restes, quelques ossements de Joam II sont encore dans son cercueil. Au commencement du siècle, il y était tout entier ; en 1827, D. F. Francisco de S. Luiz disait en décrivant sa tombe revêtue de bronze : « C'est là qu'en 1809, nous l'avons vu et touché de nos mains, sans remarquer en lui aucun dommage extérieur, si ce n'est que le temps avait un peu endommagé l'extrémité du visage, à la naissance de la barbe. » L'invasion française de 1810 fut fatale à ces restes précieux.

(*) Le vieux cardinal, qui dit ce mot mémorable, devait survivre encore bien des années au fils de D. Affonso. Je trouve dans un ms. de la Bibliothèque du roi, sous le n° 7169, à la date de 1508, cette indication : « Giorge de Portugal, pres- « tre cardinal de Lisbone, D. d'Albanie et pa- « ravant gouverneur de royaume de Portugal, « homme de grand esprit, prudent et vertueulx, « mourust cest an, agée de cent deux ans, et « gist à Rome en l'église de Sainte-Marie del po- « polo. » Voy. *Nécrologie ou Chronologie funeste.*

prévisions qui caractérisèrent le rival d'Isabelle et le maître de Ferdinand.

Comme le génie prodigieux qui fit naguère les destinées de la France, Joam II eut l'art suprême de connaître les hommes et de les choisir. Un titre, une grâce longtemps désirée, un emploi donnant une haute influence, allait tout à coup trouver le navigateur hardi qui avait fait quelque merveilleuse découverte et qui se reposait loin de la cour; le chevalier qui s'était dignement conduit en Afrique, et qui supposait qu'on n'avait tenu nul compte de ses exploits; l'homme d'État enfin, qu'on semblait négliger dans quelque cour étrangère. C'est que rien n'échappait à ce roi infatigable, et que nous savons, grâce à Garcia de Resende, comment sa prévoyante habileté récompensait les gens qui se croyaient méconnus. Malgré une rigidité sévère, qu'il poussa en quelques circonstances jusqu'à la cruauté, surtout à l'égard des grands vassaux, ce qui distingua encore Joam II, ce fut sa crainte de grever les peuples de charges nouvelles. Ruy de Pina raconte que, lorsqu'on venait lui proposer quelque tribut onéreux pour la nation, il avait coutume de dire : « Voyons d'abord si cela est nécessaire; » son second mot lorsqu'on insistait et lorsqu'il s'était assuré de la nécessité de l'impôt, c'était : « Cherchons maintenant quelles sont les dépenses superflues. » On est moins surpris, après ce récit du vieil historien, d'une autre anecdote que Garcia de Resende donne comme authentique et que nous ne craindrons pas de citer. A l'époque des guerres qui eurent lieu entre l'Espagne et le Portugal, un chevalier ayant dit à Isabelle que Joam II pourrait s'emparer de la Castille, la reine demanda combien de troupes il avait à faire passer sur son territoire, bien qu'elle ne l'ignorât pas; et sur la réponse qu'il y avait seize mille chevaux dans ses États et tout au plus huit mille en Portugal, elle répondit : « Que pourrons-nous faire à cela, si tous ces hommes sont ses enfants et les nôtres ne sont que des vassaux ? » Le mot serait plus juste sans doute, si le duc de Viseu n'avait pas péri.

Un des grands mérites de ce prince, son plus grand mérite peut-être, ce fut d'avoir admirablement deviné le génie aventureux et chevaleresque de sa nation, comme il savait deviner le génie des hommes. S'il était animé comme l'infant D. Henrique, comme D. Pedro d'Alfarrobeira, comme Alphonse V, de l'esprit des découvertes, il comprit parfaitement et dès les premières années de son règne, ce qu'il fallait faire pour rendre profitable au pays le génie ardent mais imprévoyant de son peuple. Non-seulement il eut toutes les connaissances mathématiques que l'on pouvait avoir alors, mais il s'instruisit soigneusement des idées nouvelles qui avaient cours à son époque sur la cosmographie, et il acquit des connaissances pratiques dans l'art si important de la construction maritime, qui étonnèrent ses contemporains. Le Portugal lui dut le plus grand navire qui eût encore paru dans aucun port de l'Europe; il fit des expériences sur la manière dont l'artillerie pouvait être employée en mer, et ces expériences, qui devaient avoir une si prodigieuse influence durant les guerres incessantes du seizième siècle, furent couronnées sous ses yeux d'un plein succès. Le commerce l'occupa essentiellement; comprenant bien que le Portugal était appelé à remplacer sur les marchés de l'Europe les Vénitiens et les Génois, il se mit en quête de toutes les superfluités, de toutes les magnificences qui avaient été ignorées jusqu'alors dans cette partie de la Péninsule. Ce goût pour le luxe qui lui a été reproché était un goût politique, tout nous le prouve du moins; peut-être eut-il des résultats fâcheux, peut-être fut-il poussé à l'excès, peut-être encore irrita-t-il quelques natures simples et fortes, restes du règne de Joam Ier, mais le siècle finissait et le Portugal entrait dans des voies nouvelles.

Disons-le d'ailleurs, l'homme qui était en correspondance avec Ange Politien, et qui lui demandait dans le style le plus élégant, une histoire de ce pays qu'il voulait illustrer de toutes les façons, l'homme qui eût presque donné sa couronne pour dessiner comme Cimabué, l'homme enfin qu'on nous représente comme un émule de ces habiles musiciens que commençait à produire l'Italie, cet homme avait réellement le goût passionné de l'art, comme il avait l'ardent amour de la gloire. Aussi, de l'avis de ses rivaux, ne lui manqua-t-il rien pour mériter le nom que lui avait imposé Isabelle, et au souvenir des grandes découvertes qu'il commença, il faut rappeler pour lui les paroles du poëte :

« Il tenta plus qu'il n'est donné à l'homme de tenter sur la terre (*). »

Ajoutons un seul mot, D. Manoel devait vraiment s'appeler le roi fortuné, puisqu'il vint après un tel homme.

RÈGNE DE D. MANOEL. — Le lendemain du jour où Joam II avait fait lui-même justice de la trahison du duc de Viseu, qu'il eût été plus généreux sans doute de pardonner, le jeune frère de ce prince s'était vu conduit solennellement devant le roi, et en l'investissant des priviléges de la victime dont le corps était encore exposé aux yeux du peuple, celui-ci lui avait annoncé qu'il le regardait comme son fils et que l'héritier du trône venant à faillir, ce serait à lui de régner.

Il est permis de supposer qu'en parlant ainsi, D. Joam obéissait plus à la politique qu'à ses sympathies, et que sans prévoir la fin déplorable de l'infant, il réservait intérieurement la couronne, en cas de mort, à son fils naturel D. Jorge qu'il faisait élever avec une sollicitude si grande par Cataldo Siculo, l'un des hommes les plus instruits du siècle.

Avec les années, les paroles de D. Joam se réalisèrent, et le petit-fils de D. Duarte fut appelé au trône, le 27 octobre 1495. Il était alors à Alcaçar do Sal, et il se rendit immédiatement à Montemor o Novo, où il convoqua sur-le-champ les cortès du royaume. On a fait remarquer avec raison que le premier acte politique du jeune souverain porta sur des réformes essentiellement utiles à la magistrature et sur des dispositions favorables à la marche de l'administration. Il est certain néanmoins qu'il se mêla à toutes ces réformes des ressentiments particuliers, des répugnances dont on saisit facilement l'origine. Tout en sachant fort bien mettre à profit les vastes plans de son prédécesseur en politique, D. Manoel n'hérita d'aucune de ses sympathies, et l'on vit bientôt la haute noblesse reprendre une influence que le règne précédent avait singulièrement modifiée. Les fils du duc de Bragance rentrèrent en Portugal et l'aîné de tous, D. Jaimes, fut rétabli, dans les biens immenses formant l'apanage de sa maison ; il se vit même investi de nouveaux priviléges.

Notre intention ne saurait être de rappeler ici, fut-ce sommairement, les changements administratifs qui eurent lieu en Portugal à la fin du quinzième siècle, ou de détailler, comme l'ont fait quelques historiens, les magnificences du jeune roi, sa reconnaissance à l'égard du vieux cardinal Alpedrinha, ou bien encore la réception qu'il fit aux ambassadeurs vénitiens à Torres Velhas. Nous nous arrêterions plus volontiers sans doute sur les rapports du Portugal avec la France au commencement de ce règne et sur le refus que fit d'abord D. Manoel d'entrer dans une confédération contre un pays dont ses prédécesseurs avaient apprécié l'alliance. Le passage des Maures fuyant l'Espagne, en 1496, offrirait sans doute de curieux épisodes, et les négociations entamées par D. Alvarez, frère du duc de Bragance, pour conclure le mariage du jeune monarque avec une princesse dont il avait admiré la beauté, ne seraient pas sans intérêt ; mais il y a un fait immense qui domine tous les autres dans l'histoire de ce règne, un fait dont les conséquences changèrent la face du monde, c'est la découverte des Indes orientales en doublant le cap de Bonne-Espérance ; c'est la réalisation de la grande pensée de Joam II. Ce mémorable événement longtemps médité, exécuté avec un rare bonheur, a eu un retentissement qui le rend présent au souvenir de tous. Mais il faut bien le dire, les efforts qui le préparèrent, les circonstances curieuses dont il fut accompagné, sont moins connus, et c'est cette lacune que nous allons essayer de combler en écartant quelquefois les magnificences du poëte pour écouter le chroniqueur. Disons-le, avant d'entrer dans des détails plus circonstanciés, l'idée de trouver une route pour atteindre les Indes, n'était pas nouvelle en Portugal, même à la fin du quinzième siècle, et dès 1468, un homme éminent, qui vivait dans l'intimité des rois, et qui avait succédé à Azurara,

(*) Luiz de Camoens, *Os Lusiadas*.

dans la charge importante de premier historiographe du royaume, Vasco Fernandez de Lucena engageait les souverains de l'Europe à imiter Alexandre, dont il leur présentait l'antique histoire; et chose étrange, il les conviait à une croisade nouvelle pour imiter un héros païen; esprit investigateur, comme on en vit tant au commencement de la renaissance, il rêvait la gloire chrétienne jusque dans ses souvenirs de l'antiquité : nous allons voir bientôt que sa voix fut écoutée (*).

L'INDE. — IDÉES QU'ON AVAIT SUR CETTE CONTRÉE A L'ÉPOQUE OU VIVAIT D. MANOEL.—INFLUENCE DE D. PEDRO D'ALFARROBEIRA.—Maintenant que l'on n'étudie plus l'histoire des nations mû seulement par un vain esprit de curiosité, maintenant que l'on demande à chaque peuple ce qu'il a fait dans le grand mouvement intellectuel du seizième siècle, pour lui assigner sa part de gloire ou de blâme, on sera peu surpris que j'aie insisté dans cette notice, comme je vais le faire, sur les temps où l'Inde fut mise pour la première fois en rapport direct avec l'Europe ; car il ne faut pas se le dissimuler, la gloire éternelle du Portugal dans les siècles, ce sera d'avoir commencé cette grande initiation, ce sera d'avoir brisé avec le glaive l'obstacle qui s'était si longtemps opposé aux conquêtes pacifiques de l'intelligence, ce sera enfin, pour nous servir des expressions d'un poëte, d'avoir livré le premier les clefs de ce monde divin qui a étendu sans limites les bornes de l'horizon intellectuel.

Lorsque dans les volumineux écrits des encyclopédistes du moyen âge, on s'arrête à l'article succinct qu'ils ont coutume de consacrer à l'Inde, on est vraiment surpris que des hommes éminents tels que Vincent de Beauvais, qui avait visité l'Orient, Brunetto Latini, qui s'était éclairé aux lumières des universités italiennes, Albertus Grotus, que l'on considérait comme l'esprit le plus étendu de l'Allemagne, on est vraiment surpris, dis-je, que ces hommes remarquables en soient encore, au treizième et au quatorzième siècle, à la doctrine que professait Isidore de Séville sur l'*Inde Majeure* et l'*Inde Mineure* (*). Les idées pratiques, celles qui venaient par les commerçants et qui guidaient les pèlerins ou les gens de négoce, étaient un peu plus variées, un peu plus étendues sans doute, mais on n'osait pas les introduire dans des traités dogmatiques. La science immobile des universités n'osait point accueillir des traditions populaires, qui n'avaient rien du reste de plus fantastique que les récits officiels de certains voyageurs ou que les traités consacrés par la science traditionnelle.

Quant à nous, nous sommes intimement convaincu que D. Pedro d'Alfarrobeira, que ce frère de l'infant D. Henrique, dont il est si rarement question lorsqu'il s'agit de géographie et des grandes découvertes maritimes, contribua prodigieusement par ses vastes connaissances et par ses récits au mouvement scientifique qui allait se déclarer. Jeté de bonne heure par son ardente curiosité au milieu des peuples de l'Orient, attiré à Venise par son insatiable amour d'instruction, il était aux yeux des peuples de la Péninsule le type du *prince voyageur*, et l'on aimait à personnifier dans ce chevalier aventureux toutes les idées puisées sur les contrées étrangères dans les romans de

---

(*) Vasco Fernandez de Lucena, qui a été appelé avec raison un très-habile écrivain, un homme de sens profond et de jugement exquis, est trop peu connu en Portugal, bien qu'il soit une des gloires de ce pays. Cela vient probablement de ce que les missions diplomatiques dont il fut chargé au quinzième siècle l'éloignèrent de Lisbonne. En 1497, précisément en l'année où Vasco da Gama partit pour les Indes, il résigna son emploi de *chronista mor*, en faveur de Ruy de Pina. Le savant Barbosa n'a pas connu le principal ouvrage de Vasco de Lucena, qui cadrait si bien avec les idées guerrières de ces temps héroïques : c'est une traduction de Quinte-Curce dans laquelle cet écrivain a suppléé les lacunes que présentait son auteur, par des fragments tirés de Démosthène, de Plutarque, de Josèphe, et d'autres auteurs authentiques, principalement de Justin, « qui tient le train et la voie dudit Quinte-Curce. » Vasco de Lucena, qui s'excuse à tort de l'imperfection et rudesse de son *langaige françois*, attendu qu'il est *portugalois de nacion*, a été imprimé dès le quinzième siècle. On compte quatre mss. de son œuvre a la Bibliothèque royale de Paris. Voyez les articles que M. Paris lui a consacrés dans son catalogue des mss. de la Bibliothèque du roi.

(*) Disons cependant en passant qu'Albert le Grand contient des détails fort exacts sur les brahmes, de même qu'on est tout surpris de trouver dans son vaste recueil des idées fort nettes sur les clefs chinoises.

chevalerie (*). Il n'en est pas moins vrai que l'esprit scientifique de cet homme remarquable enrichissait, chemin faisant, son pays des connaissances les plus positives. Quitte-t-il Constantinople pour visiter Rome, sa première pensée est pour la science, et je ne sais dans quelle contrée de l'Italie on lui donne deux globes sur lesquels la science traditionnelle avait marqué comme par avance certains faits, non avoués des savants, d'abord et aujourd'hui médités par eux. A Venise, on lui fait présent des voyages de Marco Polo, enrichis de tout le luxe de la calligraphie du moyen âge; il ne garda rien. Tout cela, au retour, est remis entre les mains de ces hommes ardents et réfléchis, qui joignent la théorie à la pratique, ou bien est déposé dans la bibliothèque de quelque savant monastère, comme celui d'Alcobaça par exemple, où l'esprit religieux de la science saura longtemps le conserver.

Mais ce que les traités purement scientifiques ne peuvent nous dire aujourd'hui, ce sont les doctes récits que faisait à ses frères bien-aimés, à ses neveux même, ce D. Pedro d'Alfarrobeira, qui, selon la tradition populaire conservée jusqu'à nos jours, avait visité *les sept parties du monde* (**), et s'était vu le propre commensal de ce prince imaginaire qui régnait sur *l'Inde Mineure* et *l'Inde Majeure*, roi pontife, cherché avec tant de persévérance par D. Joam II.

Ouvrez un livre splendide, qui vient d'être publié dernièrement et qui est un des plus précieux monuments de l'antique littérature portugaise, jetez un coup d'œil à la fin du *Leal Conseleiro*, sur le catalogue des ouvrages que possédait le roi D. Duarte, après le *Pontifical*, le premier volume que vous voyez inscrit, c'est le voyage de Marco Polo, en latin est-il dit et en langue vulgaire!

N'en doutons pas, dans les doctes conversations qui avaient lieu entre ces princes fils de Joam Ier, desquels on peut dire qu'ils n'étaient étrangers à aucune des connaissances scientifiques de leur époque, la chose qui revenait le plus souvent à la pensée, c'étaient ces récits des terres étrangères si mal connus, si dédaignés même dans les universités les plus célèbres (*). Tout le monde sait d'ailleurs avec quelle sollicitude l'infant D. Henrique s'enquérait de tout ce qui regardait les régions orientales, chaque fois que le hasard le mettait à même de le faire. Son héritier direct dans le vaste domaine de la science, Joam II, eut, s'il se peut, une curiosité plus ardente encore et sut mettre à profit, tout aussi bien que ce grand homme, les connaissances préconisées par ses contemporains. L'expédition secrète confiée à Covilham et à son infortuné compagnon, les instructions très-raisonnées que reçurent ces voyageurs, tout nous prouve avec quelle sollicitude le prédécesseur de D. Manoel tournait ses regards vers l'Inde (**); le

(*) Pour se bien convaincre du fait que nous indiquons ici, il suffit de consulter ce précieux volume, où le savant Pierre d'Ailli, l'une des lumières du clergé, a déposé ce que l'université de Paris adoptait alors comme vérité géographique bien avérée. Au chapitre intitulé *De partibus Asie et primo de India*, le docteur s'en rapporte positivement pour l'étendue de cette vaste contrée à Pline : *Hæc India valde magna est, nam secundum Plinium, sexto naturalium, ipsa sola est tertia pars habitabilis et habet gentes centum et XVIII, et ideo cum ipse dicat Europam esse majorem Asia, non ibi includit Indiam sub ea*. Mais ou le docteur se donne vraiment toute la latitude possible, c'est dans le chapitre suivant intitulé : *De mirabilibus Indie*; il y est question tout naturellement des pygmées et de leurs combats avec les grues, des monocules et des cynocéphales : *alii qui canina capita habent*. Pour rassurer sans doute les voyageurs à venir, qui craindraient une disette absolue dans ces régions ignorées ou certains hommes vivent du parfum des fruits, le grave docteur affirme que le Gange renferme des anguilles de trois cents pieds, *in Gange quoque sunt anguillæ trecentorum pedum longæ*. Après de tels récits donnés sérieusement par un saint prélat dans un but de recherche propre à exciter l'imagination, il faut nécessairement se rappeler le mot de Vico : « La curiosité fille de l'ignorance est mère de la science. »

(**) Si l'on en croit Barbosa Machado, un certain Fr. Jordão, né à Evora, serait parti pour les Indes orientales en passant par l'Afrique, vers l'année 1320; cent quatre-vingts ans avant que les Portugais fissent leurs premières tentatives dans cette direction. Selon le même auteur, Jordão aurait subi le martyre à Tana, dans l'île de Salsette; on va même jusqu'à prétendre qu'en 1504, on trouva dans une pagode la statue de ce moine vêtue de l'habit de l'ordre des dominicains. Malgré le grand nombre d'autorités que réunit Barbosa pour donner quelque crédit à son opinion, cette histoire a été certainement défigurée par des détails apocryphes, et F. Jordão n'a eu aucune influence sur les découvertes ultérieures de ses compa-

(*) Voy. dans le *Monde enchanté* l'analyse d'un livre populaire intitulé : *Voyages de l'infant D. Pedro dans les sept parties du monde*.
(**) *Marco Paulo, latim e linguagem*. Voyez *Leal Conselheiro*, introduction, p. XX.

désir d'attacher son nom à une telle découverte s'était si vivement accru chez lui, que la grande expédition accomplie par Vasco da Gama fut résolue sous son règne. Mais si Joam II était *le prince parfait*, comme le peuple aimait à l'appeler, D. Manoel fut le prince heureux par excellence, et ce fut sous son règne que s'accomplit la navigation qu'on inscrivit tout d'abord au rang des grands événements du siècle.

PRÉPARATIFS POUR L'EXPÉDITION AUX INDES. — Il y aurait de l'injustice cependant à ne pas reconnaître chez le successeur de D. Joam, tout jeune qu'il était lorsqu'il se vit mêlé à de si notables événements, un esprit fort rare de prudence, une singulière aptitude à profiter des hauts enseignements que ses prédécesseurs lui avaient donnés. Répétons-le bien ici, parce que c'est un fait à peine connu et que tous les historiens ont passé sous silence, rien de ce qui pouvait contribuer matériellement à la réussite du grand projet que l'on méditait ne fut mis en oubli, toutes les précautions furent prises, et l'on peut dire que tout ce qui devait être fait en dehors de l'exécution qui appartenait à l'homme de génie, fut alors mis en œuvre; un illustre capitaine, qui figurera bientôt dans l'histoire de la conquête, nous le prouvera par son récit.

PREMIÈRE EXPÉDITION MARITIME DES PORTUGAIS DANS LES INDES. — VASCO DA GAMA. — Un an s'était écoulé depuis que D. Manoel était monté sur le trône, lorsque ce monarque prit la résolution de réaliser les immenses projets que son prédécesseur avait conçus. Dès ce début dans le métier de roi, il mérita réellement le surnom que lui décernait déjà le peuple. Il eut le bon esprit de ne s'éloigner en aucune manière des dispositions faites avant lui. Un gentilhomme du pays d'Alem, Tejo avait été choisi pour commander l'expédition, Manoel ne le révoqua point. Vasco da Gama était l'homme de Joam II, cet éloge devait lui suffire, et le jeune prince le comprit.

Le marin que Joam II avait désigné pour être capitam-mor de la flotte des Indes, s'était déjà fait remarquer par un mérite peu commun (*), et l'on ajoute même qu'il descendait d'une de ces anciennes familles chez lesquelles l'énergie semblait héréditaire. Sous le règne de D. Affonso III, on voit apparaître déjà un Alvaro Eanez da Gama qui sert durant la conquête des Algarves et plusieurs généalogistes portugais (**) affirment que c'était le premier ascendant connu d'Estevam da Gama, né à Olivença et grand alcaïde de Sines, qu'on vit figurer à son tour dans les affaires sous Alphonse V. Estevam da Gama, son petit-fils, alcaïde en chef de Sines et de Sylves, commandeur de Seixal, s'était marié avec dona Isabel Sodré, fille de Jean de Resende, et en avait eu, entre autres enfants, Vasco da Gama (***).

Un précieux manuscrit de la Bibliothèque royale de Paris nous dit que dès 1496 il y avait eu de nombreux pourparlers dans le conseil du roi touchant l'expédition des Indes, et que ce fut même d'après ces discussions que le roi se décida à confier l'entreprise au jeune officier dont le nom devait grandir si rapidement.

Ce qu'il y a de certain, c'est que les préparatifs de l'armement furent commencés dès cette époque (****) et que, comme nous l'avons dit d'après l'illustre Pacheco, présent à ces premières dispositions, on n'omit rien de ce qui pouvait la faire réussir, parce qu'on la regardait comme insurmontable. Il est bon de remarquer d'ailleurs qu'à cette époque vivaient à la cour de D. Manoel deux célèbres astronomes (*****) mestre Jozé et mestre Rodrigo, qui faisaient partie d'une junte de mathématiques instituée dès le temps

---

triotes, si tant est qu'il ait existé. Les musulmans furent certainement plus heureux, et nul ne peut aujourd'hui contester les voyages dans l'Inde d'Ebn Batuta.

(*) Il était né vers 1469 à Sines, ville située sur les côtes de l'Océan, dans l'Alem-Tejo. L'éducation du jeune Vasco fut aussi complète qu'elle pouvait l'être à cette époque. Il étudia principalement les mathématiques et lut les cosmographes. De bonne heure il fut choisi pour remplir des missions importantes, et sa réputation était déjà brillante à l'époque où Joam II le chargea d'un poste important.
(**) Voy. *Memorias historicas genealogicas dos grandes de Portugal*, p. 176.
(***) Joam de Barros écrit toujours Vasco da Gamma, nous nous en sommes référé à l'orthographe moderne, qui a d'ailleurs pour première autorité l'auteur des Lusiades.
(****) Voy. Barreto de Resende, *Tratado dos Vizo reys da India*.
(*****) Fr. B. de Garção Stockler. *Ensaio histo-*

de Joam II, et qu'en outre de ces deux hommes remarquables on signalait encore Diogo Ortiz, évêque de Ceuta, et le licencié de Calçadilha, évêque de Vizeu, dont les connaissances géographiques étaient appréciées bien qu'ils se fussent montrés peu favorables à Colomb sous le règne précédent.

Les préparatifs furent poussés avec une activité prodigieuse et dès le milieu de l'année suivante ils étaient terminés complétement. Fidèle à notre habitude de peindre les événements par le témoignage des contemporains, nous reproduirons ici le récit naïf d'un homme qui a connu les moindres détails de ce grand drame auquel plus tard il assista ; nous laisserons parler Pacheco.

« Il ne convenait pas, dit-il, que pour ce voyage de découvertes il y eût excès ni dans le nombre, ni dans la grandeur des navires, et en raison de cela, il fut ordonné par le roi notre seigneur, que quatre petits bâtiments seraient mis en construction, et que le plus considérable ne dépasserait pas cent tonneaux, parce que dans une contrée ignorée et si peu connue qu'était alors celle-là, il n'était point nécessaire que les navires fussent de haut bord, et cela eut lieu ainsi, afin qu'ils pussent entrer et sortir facilement dans tous les lieux qu'ils aborderaient, ce qu'ils n'eussent pu faire étant plus grands : et ces navires furent construits par d'habiles maîtres et ouvriers, sans qu'on négligeât rien pour la solidité, du côté des bois et des ferrements. On affecta au service de chaque navire trois équipages complets de voilure. Les ancres, les cordages, tous les autres appareils furent trois ou quatre fois doublés, et en surérogation de ce que l'on a coutume de faire. Les douves des tonneaux, les pipes, les barils renfermant l'eau, le vin, le vinaigre et l'huile, furent garnis de nombreux cercles de fer, si bien que chaque pièce pût conserver ce qu'elle contenait. Les approvisionnements de pain, de vin, de farine, de viandes, de légumes et de choses appartenant à la pharmacie, tout cela fut donné en aussi grande abondance qu'il convenait à la circonstance, et même bien au delà. Il en fut ainsi pour les bombardes et les autres munitions. Et nous dirons encore que ceux qui furent employés à ce voyage, étaient les principaux marins, les pilotes les plus savants en l'art de marine que l'on pût trouver dans le pays ; on leur alloua même une paye si considérable et de tels priviléges, ils furent en un mot si bien rémunérés, qu'ils l'emportèrent du côté du salaire sur ce qu'on a coutume de donner à tous les marins qui sont employés dans les autres provinces. Et il se fit au sujet de ce voyage de si nombreuses et de si grosses dépenses, le tout à propos d'un si petit nombre de navires, que la crainte d'exciter l'incrédulité m'empêche d'entrer dans les menus détails. Or de tout cela, notre prince ne recueillit alors d'autre bénéfice que d'avoir découvert et rappelé à la connaissance des hommes quelques portions de cette Éthiopie qui gît au delà de l'Égypte, et le commencement de l'Inde Inférieure, et ainsi partit Vasco da Guama (sic) pour cette sainte entreprise, comme capitam mor de ces quatre navires, par la volonté de la majesté sacrée de ce prince sérénissime, qui le fit quitter l'excellente cité de Lisbonne, un samedi, le 8 du mois de juin, en l'année de Notre-Seigneur Jésus-Christ, mil quatre cent quatre-vingt-dix-sept (*). »

LE DÉPART. — LA BAIE DE SAINTE-HÉLÈNE. — LE CAP, QUILOA, MONBACA. — Barreto de Resende, qui, du reste, se trouve parfaitement d'accord avec Pacheco et l'auteur des Décades, nous donne ainsi le dénombrement des navires qui allaient entreprendre ce périlleux voyage, et il rappelle en même temps le nom des

---

rico sobre a origem e progressos das mathematicas em Portugal, p. 29.

(*) Ce précieux fragment est extrait d'un ouvrage encore inédit du grand Pacheco, de celui que Camoëns appelle *l'Achille de la Lusitanie*. Son beau livre est intitulé : *Esmeraldo, de situ Orbis*. L'intéressant recueil portugais qui nous fournit ces détails, dit avec juste raison, qu'en adoptant le second titre que présente son manuscrit, Pacheco a imité d'autres cosmographes, mais que celui d'Esmeraldo ne peut pas être expliqué d'une manière satisfaisante. Quoi qu'il soit, l'*Esmeraldo* est enrichi de cartes et de peintures précieuses ; ce serait donc un curieux monument géographique à faire connaître au monde savant. Le splendide original était, au dix-huitième siècle, dans la bibliothèque du duc d'Abrantès ; la bibliothèque publique d'Evora en possède deux copies, mais sans les cartes. Voy. le journal intitulé : *O Panorama*.

chefs auxquels ils furent confiés : le navire principal, *la capitane*, sur lequel Gama avait planté son pavillon, se nommait le *Saint-Gabriel;* et Pedro de Alenquer en était le pilote (*). Le second navire portait aussi le nom d'un messager de la céleste hiérarchie, c'était *le Saint-Raphaël;* le frère bien-aimé de Vasco, Paulo da Gama en était le capitaine, et il avait pour pilote João de Coimbra. Le troisième bâtiment, nommé *le Berrio*, avait pour commandant principal ce Nicolas Coelho, qu'on vit depuis s'illustrer dans les mers du Brésil, et le pilote se nommait Pedro de Escollar. Quant au quatrième navire, destiné au transport des approvisionnements, on n'avait pas cru devoir en donner la direction à un homme que ses antécédents eussent illustré, c'était simplement un serviteur de Vasco da Gama, P. Nunez, qui en était le capitaine. Il n'est peut-être pas inutile de dire que ces divers navires portaient tant en matelots qu'en soldats cent soixante hommes, qu'on pouvait considérer à coup sûr comme gens d'élite et qui le prouvèrent jusqu'au dernier jour : le début du voyage ne devait pas non plus inspirer d'inquiétude; Bartholomeu Dias, le célèbre explorateur du cap de Bonne-Espérance, était chargé d'accompagner ces quatre voiles jusqu'au pays de Mina.

L'historien des Indes nous fait observer avec sa sagacité habituelle, que cette première flotte n'avait pu choisir, comme on le fit depuis, l'époque favorable des moussons. Vasco da Gama ignorait à la fois et la direction des vents généraux, qu'il fallait aller chercher, et les lieux de relâche que les cartes les plus grossières indiquaient avant la fin du siècle, mais dont on n'avait alors nulle idée : aussi l'historien plein de foi s'abstient-il de toute réflexion : il se contente de s'écrier en parlant du dieu qu'invoquait la flotte des chrétiens, « il donne les moyens pour accomplir, lorsqu'est arrivé le jour de ses desseins! »

Vasco da Gama appartient avant tout à la milice du Christ, il est chevalier de cet ordre fameux qui a son siége à Thomar, ce sera à un pauvre ermitage auquel l'infant don Henrique a confié les saintes bulles obtenues jadis du pape pour ses hardis marins, qu'il ira demander des prières.

« En suivant le Tage, sur la rive « droite, à une lieue de l'antique Lis« bonne, il existait un lieu nommé le « *Rastello*, voisin de l'ancrage le plus « sûr que pussent rencontrer les navi« res qui avaient franchi la barre, et « également le plus voisin du lieu que « choisissaient ceux qui se préparaient « à entreprendre un long voyage, parce « qu'alors, comme aujourd'hui, dans « le voisinage de la pointe de sable qui « existe presqu'en face de la Tafraria, le « fleuve était profond et fournissait « un excellent abri. » C'était là sur l'emplacement même où s'est élevé le magnifique couvent de Belem, qu'on voyait une pauvre chapelle, desservie par quelques moines du couvent de Thomar. Or ce fut dans cette espèce d'ermitage que, le 7 juillet 1497, Vasco de Gama en compagnie des autres capitaines alla veiller dévotement, et invoquer Notre-Dame de Bethléem, car la chapelle portait déjà ce nom. Le jour suivant, qui était un samedi, une grande multitude, attirée par l'intérêt religieux qu'inspirait cette expédition, s'était rendue sur la plage. Quelques prêtres, venus de Lisbonne pour dire la messe, commencèrent alors avec les moines *une dévote procession*, nous dit Barros; on les vit s'avancer religieusement vers les navires portant des torches de cire à la main, et la foule les suivait répondant par ses chants aux litanies; ils vinrent ainsi près des embarcations qui devaient recevoir tous ces marins, puis le vicaire prononça à haute voix une confession générale, et à la fin il donna l'absolution, selon la teneur des bulles que l'infant D. Henrique avait obtenues jadis. « Et durant cet acte, ajoute avec son éloquence habituelle l'auteur des Décades, il se répandit tant de larmes parmi tous ceux qui étaient présents, qu'à partir de ce jour, le rivage prit possession de ces douleurs immenses!... Ah ! ce n'est pas sans raison que nous l'appelons la rive des pleurs pour ceux qui

---

(*) L'escrivão du navire amiral, qui en ce temps occupait le troisième rang à bord, était Diogo Dias, frère de Bartholomeu Dias, auquel on devait la découverte du cap de Bonne-Espérance.

s'en vont... la terre du plaisir pour ceux qui reviennent. »

Comme nous l'apprend le noble historien, on ne prévoyait point alors les joies du retour; et, lorsque les matelots, en larguant les voiles, poussèrent le cri accoutumé de l'heureux départ, *une pieuse humanité fit redoubler ces larmes*, et les prières recommencèrent.

Le léger vent du nord qui se fait sentir sur presque toute la côte d'Espagne dans le mois de juillet, fraîchissait en ce moment; les quatre navires durent s'éloigner assez rapidement de la côte; ils eurent bon temps même pendant treize jours, et leur première relâche eut lieu à Sant-Iago, l'île principale de l'archipel du cap Vert. Là ils prirent quelques rafraîchissements, et durent se préparer à entrer dans des mers moins connues. Ce fut également dans ces parages qu'un de leurs compagnons se sépara d'eux. Après les avoir suivis durant un certain espace, Bartholomeu Dias quitta la flotte, et il prit la direction qui devait le conduire à Mina. Pour Vasco de Gama, il poursuivit sa route, et il alla atterrir à la baie de Sancta-Helena, la terre où il fit aiguade (*). Cette baie, située à peu de distance du Cap, présentait, en effet, à Gama un lieu favorable pour constater la valeur des observations qu'il avait faites jusque-là, avec des instruments nautiques d'une fâcheuse imperfection, sans doute, mais qui, pour nous servir des expressions toujours pittoresques de Barros, avaient rendu des services aussi éminents qu'ils étaient grossiers (**). On était descendu à terre; les opérations nautiques avaient commencé paisiblement, lorsque deux jeunes noirs fort agiles, qui allaient à la recherche du miel sauvage, et qui ne voyaient pas les étrangers, furent poursuivis par quelques hommes des équipages; l'un d'eux tomba entre les mains des Portugais; et bientôt le don de quelques bagatelles en eut fait un ami. Il essaya de faire entendre que ses compagnons demeuraient derrière certaines montagnes qu'il indiquait. Il n'en fallut pas davantage pour exciter la curiosité des nouveaux débarqués, qui tenaient d'ailleurs, avant toute chose, à ramener dans leurs pays plusieurs naturels des contrées nouvellement découvertes. On laissa aller le captif; et bientôt, attirés par ses récits et par la vue des bagatelles qui lui avaient été données, un assez grand nombre de noirs parurent sur la rive.

Un de ces hommes qui ne doutent de rien, un certain Fernand Velloso, que Barros peint d'un seul trait, en disant qu'il *allait sans cesse en vaillantises*, s'offrit à courir les chances d'une aventure, en se rendant à l'aldée lointaine où semblaient demeurer ces sauvages; il y resta la journée entière. Chercha-t-on à lui faire quelque violence; fut-il étrangement dégoûté, comme le dit Osorio, par un repas de veau marin, dont on lui offrit sa part, il ne voulut pas le dire d'abord : la seule chose positive, c'est que sa terreur, fausse ou motivée, eut un fâcheux résultat. Le soir allait venir, l'aventureux Velloso n'était pas encore arrivé; Gama portait ses regards avec quelque inquiétude vers les montagnes, lorsqu'il voit notre homme, franchissant avec rapidité les rochers, sautant de

---

(*) Osorio et Barros diffèrent essentiellement dans leur récit; ils sont même peu d'accord sur l'espace de temps que Vasco da Gama mit à arriver dans cette baie : Osorio dit trois mois, Barros cinq.

(**) Il est ici question de l'astrolabe; inventé par Martin Behaim, mestre Rodrigo et mestre Josepe Judeu. Voy. ce que dit à ce sujet le liv. IV *de la première décade*. Quelques mots sur le célèbre mathématicien flamand ne seront pas ici sans importance.

Martin Behaim, *Martim de Boemia*, comme l'écrivent les Portugais, joue un grand rôle chez quelques historiens durant cette période. Né à Nuremberg vers 1430, fixé à Fayal, où il avait épousé la fille de Job de Hurter, le chef de la colonie flamande dans ces îles, il fut dignement apprécié par D. Affonso et par D. Joam, mais rien ne prouve positivement les découvertes qu'on a voulu lui attribuer, et je partage l'opinion du savant de Murr, qui s'exprime avec une sage mesure à ce sujet. « Autant il paraît vrai que Martin Behaim a eu part à l'invention et à l'usage de l'astrolabe, appliqué à la navigation, autant est faux le conte fondé sur un passage mal interprété de la chronique de Schedel, que c'est Behaim qui a fait la découverte des îles Açores ou des Autours et qui y a conduit une colonie de Flamands, lors de son second voyage dans l'océan Atlantique, jusqu'à ces îles, qui dans la suite furent visitées par Christophe Colomb... qu'il a même été jusqu'au détroit connu aujourd'hui sous le nom de détroit de Magellan, et qu'il a donné lieu à cette découverte par une carte marine que Magellan dit avoir vue dans le cabinet du roi de Portugal. » On voit dans les *Memorias de litteratura* que Martin Behaim avait acquis une réputation populaire au quinzième siècle et qu'il était considéré comme un habile nécromancien.

piton en piton, poursuivi par ses hôtes. Appeler Pero Coelho, dont il voyait le bateau à quelque distance, ordonner d'aller au secours du fugitif, y aller lui-même, tout cela fut l'affaire d'un moment. Bientôt Velloso gagne la mer; mais les sauvages se méprennent sur le mouvement qu'ils remarquent parmi les étrangers; ils pensent qu'on veut les attaquer, et ils se mettent en défense. Leurs javelines, armées d'une corne de bœuf, sont lancées avec vigueur; et l'un de ces traits vient atteindre au pied le chef de l'expédition lui-même. L'arme n'était pas empoisonnée; et plus heureux que Cintra, dont nous avons dit la fin malheureuse, Vasco da Gama en fut quitte pour une blessure légère. On mit à la voile immédiatement, et quelques coups d'escopette furent envoyés à ces sauvages, en souvenir d'un malentendu dans lequel certainement les pauvres chasseurs d'abeilles n'avaient pas les premiers torts. Ces hommes noirs, aux cheveux crépus, à la peau tatouée, appartenaient probablement à la race cafre. Quoi qu'il en soit, Vasco da Gama dut se contenter de ce qui s'était passé sous ses yeux; il ne put emmener aucun habitant de la baie de Sainte-Hélène. Velloso n'avait rien vu, ou ne voulut rien dire, et il ne resta de son excursion qu'un charmant épisode, dont Camoëns a su animer son poëme.

Au bout de trois jours de navigation, le 22 novembre (*), on passa devant ce grand cap de Bonne-Espérance, dont un roi avait changé le nom; les Portugais le doublèrent, nous dit Barros, avec moins de tourmentes et de périls qu'ils n'en attendaient; et, le jour de Sainte-Catherine, ils entrèrent dans l'aiguade, qui se trouve située soixante lieues plus loin.

Faut-il croire, avec Osorio, que les choses ne se passèrent point si paisiblement (**); que les vagues estoient estrangement périlleuses, les vents contraires, la pluye fort froide, le brouillard espais et la tempête continuelle? » Ce récit convient, sans doute, mieux à la magnifique tradition que nous a laissée Camoëns; mais rien n'atteste son authenticité. Faut-il croire également que les matelots portugais effrayés conspirèrent secrètement, que Vasco da Gama courut risque de la vie, et qu'il échappa au complot uniquement grâce aux avertissements de son frère? Nous avouerons que, nonobstant tout le respect que nous inspire l'évêque de Sylves, nous le croyons ici moins bien informé que Barros; il n'est pas probable que cet habile historien eût passé sous silence des faits de cette importance, et qu'au lieu de nous décrire un de ces grands événements dramatiques, devant lesquels sa plume ne recule jamais, il eût préféré nous faire une peinture pastorale de ces contrées si peu connues; car il le dit avec une grâce dont nulle traduction ne peut rendre le charme, en parlant des peuples qui erraient le long de la côte et venaient visiter paisiblement les Portugais, « Ce sont gens amusants et joyeux, adonnés à la danse et au jeu des instruments, et, parmi eux, il y en avait quelques-uns qui jouaient d'une façon de flûte pastorale et qui à leur mode donnait un son agréable (*). »

Quelques démêlés assez aigres s'étant élevés entre ces pasteurs et les Portugais, à propos de l'échange des troupeaux, Vasco da Gama jeta l'ancre un peu plus loin; mais les tribus de ces contrées se montrèrent plus menaçantes que celles visitées jusqu'alors. Ce fut vers cette partie de la côte, et non précisément devant le Cap (**), que l'on débarrassa le navire commandé par Pedro Nunez, de ses munitions et de son équipage, et qu'on l'incendia.

En partant de ce lieu, la flotte fut assaillie par une tempête si violente, qu'on fut obligé de carguer toutes les voiles. Si Barros ne parle point d'une révolte parmi les hommes du *Saint-Gabriel*, il insiste sur la terreur des équipages, qui s'occupèrent, dit-il, alors davantage de leurs péchés que de la manœuvre, « parce que, de toutes parts, il y

---

(*) Barros commet une légère erreur probablement en assignant le 20 comme date positive.

(**) Jerosme Osorius, Hist. de Portugal. Cette traduction si remarquable, *de Rebus Emmanuelis*, est due à l'un de nos meilleurs écrivains du seizième siècle, à Simon Goulard, plus connu par son livre *Des mémorables histoires*.

(*) *Entre os quaes havia algums que tangião com huma maneira de frautas pastoris; que em seu modo parecião bem*. Da primeira decada, libro IV, fol. 65.
Le plus pâle des historiens, Laclède, n'a pas manqué de suivre l'opinion d'Osorio.

(**) Voy. Barreto de Resende, ms. de la Bibliothèque royale.

avait apparence de mort. » Le beau temps revint enfin et les porta vers les îlots plats (*Ilheos châos*), cinq lieues au delà de l'endroit où Bartholomeu Dias avait planté son dernier pilier. Les courants de ces parages les gênèrent singulièrement ; cependant, en dépit de ces contrariétés, ils arrivèrent devant la côte de Natal, à laquelle ils donnèrent ce nom ; puis le jour des Rois les vit entrer dans la baie des *Rois mages*, qu'on désigne également sous le nom de la baie du cuivre, parce qu'on échangea en ce lieu quelques bracelets d'or faux contre de l'ivoire et divers objets. Un certain Martim Affonso, que Fernand Lopes de Castanheda nous représente comme étant l'interprète de *la Capitane*, alla visiter les aldées de l'intérieur, et il eut beaucoup plus à se louer de l'accueil qu'il reçut dans ces parages que Fernand Velloso n'avait à s'applaudir de son séjour à Sainte-Hélène. La description des lieux qu'il visita nous prouve qu'il fut reçu par des hordes de Hottentots ou de Boschis. L'hospitalité toute bienveillante dont Vasco da Gama fut l'objet, parmi ces peuples pasteurs, l'engagea à demeurer parmi eux cinq jours ; il imposa à la contrée le nom *da boa Paz* ou *da boa Gente*.

A partir de ce point, il commença à naviguer à une certaine distance de la terre, si bien qu'il passa, durant la nuit, devant le cap *dos Correntes*. Or, comme la côte commence à faire en cet endroit une courbe immense, et que Vasco craignait de pénétrer dans quelque golfe dont il ne pourrait sortir, il prit le large. Cette résolution l'entraîna loin d'un port où il eût trouvé quelque repos. Il passa, sans s'en douter, devant cette ville de Sofala, dont l'opulence était déjà célèbre en Europe et qui lui eût offert certainement un point de relâche favorable : il alla, au contraire, surgir à une portion de la côte où un fleuve le reçut. Là, au lieu de trouver des peuples complétement étrangers aux usages de la civilisation, il vit, parmi des noirs, plusieurs individus appartenant à une autre race, dont la peau rouge indiquait une autre origine ; si bien que les chefs de l'expédition crurent reconnaître, parmi eux, une communication plus directe avec les Maures ; à peu près, dit Barros avec sa justesse d'expression habituelle, comme celle qui existe entre les Yolofs et les Azénègues.

Ces hommes, d'ailleurs, entendaient quelque peu l'arabe ; ils faisaient également usage de certains vêtements. Gama se sentait plus rapproché des riches contrées qui avaient motivé son voyage ; puis, on lui parla clairement de certaines nations de l'est, qui naviguaient comme lui dans de grands navires ; il imposa à ce fleuve le nom de Fleuve des bons Signaux, *Rio dos bons Sinaes*. Ce fut en ce lieu, où, pour la première fois, ils avaient reçu des informations vraiment favorables, que les hardis marins plantèrent un de ces piliers en pierre, aux armes de Portugal et surmontés d'une croix, tels que Joam en avait fait sculpter plusieurs pour attester ses découvertes : le nom de Saint-Raphaël fut imposé à ce monument.

Vasco de Gama resta en ce lieu l'espace d'un mois ; et une maladie, dont les hommes de mer n'avaient probablement pas expérimenté, jusqu'à ce jour, les ravages dans ce qu'ils ont de plus funeste, le scorbut, attaqua un grand nombre de matelots et en enleva quelques-uns. L'auteur des Lusiades, qui a saisi, avec un admirable esprit d'observation, les moindres détails de cette navigation mémorable, nous a laissé une peinture frappante des progrès de ce mal et de la terreur qu'il inspira aux Portugais (*). Nous ajouterons, en passant, qu'un accident très-vulgaire faillit dans ces parages enlever Vasco da Gama à l'expédition. Comme il était venu à bord d'une chaloupe, afin de s'entretenir avec son frère, et qu'il avait pris seulement deux rameurs pour se transporter vers *le Raphaël*, au moment où il causait par une batterie

(*) Rappelons ici que les progrès du scorbut furent tels à bord des divers navires qui se rendaient aux Indes, durant tout le seizième siècle, que François Pyrard signale certains bâtiments n'ayant pas pu ramener plus de deux cents individus, sur douze cents ; et que les médecins regardaient cette affreuse maladie comme l'agent le plus funeste d'une aussi effrayante mortalité. Grâce aux soins hygiéniques apportés aujourd'hui à bord des bâtiments de l'État, on fait quelquefois le tour du monde sans perdre un homme. Tel a été du moins le cas où s'est trouvé l'expédition de *la Coquille*, commandée par M. Duperré et où se trouvait le D^r. P. Lesson.

basse, se tenant à la chaîne des manœuvres, la force des vagues emporta son embarcation, et il courut un vrai danger. Il faillit également se perdre en sortant du *Rio dos bons Sinaes*, et, cette fois, le péril fut général ; car son navire alla donner contre un banc de sable. Cet événement avait eu lieu le 24 février. Dégagé de cette cruelle position, il pouvait naviguer toujours en vue des côtes : au bout de cinq jours, il jetait l'ancre à environ une lieue de la ville de Mozambique, et il mouillait devant un îlot, qu'il appela plus tard l'île Saint-George. Là trois ou quatre embarcations, désignées sous le nom de sambucos, vinrent le visiter. Parmi certains noirs, demi-nus, aux cheveux crépus et laineux, se trouvaient quelques Arabes, et entre autres un Maure du pays de Fez, c'est-à-dire d'une contrée qu'on pouvait appeler, à juste titre, l'école militaire des musulmans contre les chrétiens, ainsi que nous le dit encore Barros. Grâce à Fernand Martins l'interprète, on put s'entendre, et le Maure ne fut pas médiocrement surpris en apprenant qu'il avait devant lui une flottille partie du port de Lisbonne. Malgré le chagrin visible que lui fit éprouver cette nouvelle, il sut dissimuler. Vasco da Gama apprit par lui que le cheick de la contrée se nommait Çacocja, et que nul bâtiment ne passait dans ces parages, sans venir à terre pour y trafiquer, ou sans payer au chef une sorte de tribut. Gama lui déclara en peu de mots quelle était sa mission et lui demanda des pilotes. « Le Maure, homme expert, nous dit l'auteur des Décades, aplanit en apparence toutes difficultés ; non-seulement il promit de rendre compte à son souverain des explications positives qui venaient de lui être données, mais il affirma que rien n'était plus facile que d'obtenir à Mozambique des pilotes capables de conduire la flotte aux Indes : » il ne tarda pas à s'éloigner, chargé pour le cheick de quelques conserves de Madère ; on y avait joint un de ces manteaux d'écarlate, en usage alors parmi les Maures de Grenade, et que les chrétiens désignaient sous le nom de *Capellar* ; plusieurs menus objets d'Europe accompagnaient ce présent.

Le lendemain, et sur l'invitation du cheick, Vasco da Gama entrait dans le port de Mozambique, précédé par le petit navire de Coelho. Faisons-le bien remarquer ; si ce fut en ce lieu que le capitaine portugais commença à expérimenter d'une manière inquiétante pour l'avenir la perfidie mauresque, contre laquelle il semblait être d'abord sans inquiétude et sans défense, ce fut à Mozambique qu'il eut, pour la première fois, des données positives sur ces régions de l'Inde qu'il cherchait, muni d'indications si vagues ; il comprit parfaitement quel changement s'était opéré dans sa situation, et il en glorifia Dieu de grand cœur, nous dit-on. Mozambique était, à cette époque, un bien faible établissement, une sorte d'échelle entre le commerce de Quiloa et de Sofala. Une petite mosquée, une maison couverte en tuiles pour le cheick, quelques chaumières à toits de roseaux, telle était alors cette ville, qui s'accrut si rapidement depuis. Vasco da Gama y séjourna pendant dix jours, liant des relations avec le cheick et sans soupçons pour l'avenir. Il y a mieux, il y découvrit des chrétiens d'une communion différente de la sienne ; et le nom merveilleux de ce prêtre Jean, si fréquemment cherché depuis quelques années, retentit encore à ses oreilles. Trois Abyssins, que les hasards du commerce avaient amenés dans ces contrées, tombèrent en prière devant l'image de l'ange Gabriel, peinte sur les bannières de Gama. Ce fut à ce signe d'adoration que les chrétiens se reconnurent ; mais les questions pressantes qu'on leur faisait inquiétaient les Maures et l'on s'empressa de les soustraire aux yeux des Portugais.

Les musulmans de Mozambique avaient deviné, en effet, du premier coup d'œil toute la portée de cette expédition ; l'arrêter à son origine, devenait à la fois un devoir de religion et une nécessité commandée par l'intérêt ; au défaut de la force, il fallait employer la ruse. Le capitam-mor voulait partir ; le cheick convint de lui expédier deux pilotes. Ces hommes voulurent être payés à l'avance, mais leurs réticences furent peut-être ce qui sauva Gama ; il devint moins confiant et il exigea que l'un d'eux demeurât toujours à bord, quand l'autre se rendrait à terre. Dès le lendemain, une triste expérience lui prouvait que cette précaution n'était pas inutile. Une embarcation, qu'il avait envoyée pour faire de l'eau, du bois, et s'approvisionner de menus objets, était attaquée par sept sambucos (*), et quelques coups d'arbalète ou de mousquet faisaient justice de cette agression. La plage était devenue déserte.

Vasco da Gama, craignant quelque nouvelle trahison, alla se réfugier dans l'île de Saint-George. Ce fut de là qu'il continua sa route vers les Indes, gardant à bord le pilote qu'il avait eu la prudence de retenir; mais il lui fallait de l'eau, et, soit qu'il se fût réellement égaré, soit qu'il poursuivît un dessein hostile, le Maure l'entraîna, sur la côte, vers ces labyrinthes de verdure que forment si souvent les mangliers dans la région des tropiques. Là Vasco da Gama envoya deux chaloupes pour explorer le pays; un grand nombre de noirs en défendaient l'approche. Le pilote s'enfuit à la nage, avec un mousse nègre, qu'une communauté d'idées religieuses avait attaché sans doute à son sort. Le lendemain, Vasco da Gama alla réclamer, avec des démonstrations pacifiques, les deux fugitifs dans le village qui leur avait donné asile. Le Maure qui y commandait ne refusa pas positivement de les livrer; mais il prétendit que, de toute nécessité, il fallait s'en référer à la décision du cheick; et, dès le lendemain, il prouvait aux chrétiens combien on les jugeait peu redoutables, en ripostant, par une défense sérieuse, à des feux guerriers dont on prétendait saluer leur départ. Vasco insista; mais on lui affirma que rien de positif ne pouvait lui être dit à l'égard des pilotes, et que l'on ignorait leur asile, parce que c'étaient des étrangers... qu'au surplus, on savait ce qu'ils étaient eux-mêmes et la foi qu'on pouvait avoir dans des hommes qui ne cherchaient asile parmi les aldées de la côte que pour les dépouiller. Ce discours, assez modéré d'abord, se terminé par une grêle de flèches. L'artillerie des Portugais riposta, et Gama eût pu facilement, sans doute, incendier ce village; son unique intention était d'effrayer les Arabes; et il y réussit. Trois ou quatre hommes, tués par le canon et apportés aux pieds du cheick, suffirent

(*) On désignait ainsi certaines petites embarcations usitées dans ces parages.

pour jeter la terreur au milieu de cette population. Un Maure, dont on s'était emparé, fut appliqué à la question, et révéla ce qu'on brûlait de savoir touchant le commerce de Sofala; ses richesses en or, la proximité où l'on était des côtes de l'Inde. Pour la première fois, on l'entendait répéter, de Mozambique à Calicut il n'y avait qu'un mois de navigation.

Avant que le cheick eût eu le temps d'envoyer du monde pour garder les puits, Vasco da Gama voulut se diriger vers l'aiguade, et il ordonna qu'on retînt sous bonne garde, l'homme dont on s'était emparé. Ce fut grâce à lui qu'on put faire de l'eau, parce qu'il guida les Portugais au milieu des marécages sans fin dont la côte était bordée. Il faisait une nuit profonde; durant ces allées et venues le soleil eut le temps de paraître.

Le cheick craignit alors les résultats d'une attaque imprudente; et il fit porter des excuses à Gama. D'après ce dernier rapport, l'un des pilotes avait fui dans l'intérieur, l'autre avait été tué par une des décharges d'artillerie. Le chef arabe renvoyait, disait-il, aux Portugais ce qu'on avait pu retrouver chez les femmes du fugitif, ce que les chrétiens étaient en droit de réclamer; il terminait en offrant un pilote plus habile et en expédiant à bord le nègre déserteur. « Ce n'était pas le temps aux répliques, » dit Barros. Vasco da Gama fit remettre au cheick les objets qui lui étaient présentés et garda le pilote qu'on lui offrait; puis, il alla chercher de nouveau asile dans l'îlot de Saint-George, et, ayant séjourné là trois jours, il ne quitta la côte que le 1er avril 1498.

Vasco da Gama avait acquis une haute expérience en peu de jours, si bien qu'un rude châtiment faisait justice des erreurs volontaires du pilote. L'esprit astucieux de cet Arabe ne précipita rien toutefois; il espérait que l'exiguïté du port de Quiloa, son peu de sûreté pour les navires, livreraient aux musulmans, et sans coup férir, la flottille qu'il conduisait. Par un bonheur inespéré, les courants éloignèrent Gama de ces parages, et, après avoir failli se perdre sur les bas-fonds de Saint-Raphaël, les trois navires entrèrent, le 3 avril, dimanche des Rameaux, dans le port de Mombaça.

Le pilote, fidèle à son système, affirma au chef de l'expédition que cette ville était peuplée en partie par des chrétiens abyssins, en partie par des habitants de l'Inde. Tout, dans l'aspect de la cité, devait faire prendre le change aux navigateurs. La ville, située au centre d'un détroit et bâtie sur une île, ne pouvait être aperçue que lorsqu'on pénétrait dans le port : mais, dès qu'on était arrivé à l'entrée de la rade, tel était le mode de construction des édifices, et même des simples habitations, qu'il semblait qu'on entrait dans quelque port de la péninsule (*). Instruit par les événements précédents, Vasco da Gama fut prudent; il se contenta de voir cette ville africaine dont l'aspect seul ravissait tous les équipages, et qui lui rappelait les ports de l'Europe; il refusa d'y pénétrer. Bientôt deux embarcations se présentèrent, elles amenaient certains personnages, qu'on supposa élevés en dignité. Ils montèrent à bord de la capitane, et invitèrent Vasco da Gama, avec toute la courtoisie orientale, à se rendre dans le port. C'était l'usage, disaient-ils, et les étrangers ne pouvaient s'y soustraire. Ou l'on venait chercher un asile à Mombaça, et toutes les ressources de l'hospitalité y étaient offertes; ou l'on passait sans s'arrêter devant la rade. Vasco da Gama comprit qu'il n'y avait point d'alternative, et il promit d'entrer dans le port dès le lendemain. Mais le lendemain, les fêtes de Pâques, sacrées, disait-on, aux yeux de tout chrétien, servirent de motif pour différer cette entrée solennelle; et Gama se contenta d'envoyer deux officiers, qui devaient porter des présents au chef arabe et s'assurer des dispositions de la ville. Ce furent probablement ces précautions minutieuses qui sauvèrent l'expédition. Dans tous les cas, certaines expressions de l'historien des Indes nous prouvent que Gama savait répondre à la ruse par la ruse, et que cette fois surtout la circonspection ne lui fit pas défaut.

Le troisième jour, au moment où des milliers d'embarcations lui amenaient une multitude d'Arabes en habits de fête et prêts à lui servir d'escorte, il parut sur le pont, et il eut soin de n'admettre, dans chaque navire, que dix ou douze individus; puis, comme les instruments résonnaient, comme des acclamations bruyantes se faisaient entendre, il ordonna de déferler les voiles, « à la grande joie de tous, nous dit Barros, les Maures croyant qu'ils emmenaient une proie désirée, les nôtres convaincus que, dès qu'ils avaient rencontré une nation si fastueuse et obtenu des nouvelles si certaines de l'Inde, leurs travaux étaient achevés. » Ils se trouvaient dans une heure de péril cependant; « mais Dieu, sous la conduite duquel ils n'avaient cessé d'être durant cette route, ne permit pas que la volonté des Maures fût mise en œuvre; et il les délivra presque miraculeusement, en révélant de cette manière leurs intentions aux chrétiens. » La capitane, en effet, n'ayant pas obéi à la manœuvre, et s'étant portée sur un bas-fond, Gama vit immédiatement le péril et ordonna sur-le-champ de jeter l'ancre; « mais, comme selon la coutume des gens de mer, en semblable circonstance, un tel commandement ne peut s'exécuter sans que l'équipage s'élance avec précipitation de côté et d'autre aux manœuvres, aussitôt que les Maures qui étaient sur les divers navires eurent aperçu ce mouvement, ils crurent que la trahison, qu'ils portaient au fond de l'âme, était découverte; et ils s'élancèrent dans leurs barques au milieu du plus grand désordre. Ceux qui se trouvaient à bord du navire de Vasco da Gama en firent de même, et il n'y eut point jusqu'au pilote de Mozambique qui se jetât du château de poupe dans la mer, tant la terreur fut générale. Lorsque Vasco da Gama et les autres capitaines eurent été témoins de cette nouveauté inattendue, Dieu leur ouvrit le jugement pour comprendre sa cause réelle. Or, sans plus de demeure, ils résolurent de s'éloigner à l'instant, et de longer une côte qu'ils savaient être fort peuplée. Ils pouvaient, en effet, y rencontrer des navires, montés par des musulmans, qui leur fourniraient quelque pilote. Quant aux Maures, comme ils avaient compris ce qui allait avoir lieu, ils vinrent, dans la nuit même, en employant des rames sourdes, avec l'intention de couper les amarres des navires; mais leur méchan-

(*) *Que ouverão os nossos que entravão em algum porto destes Reynos.* Barros, *primeira Decada.*

ceté n'eut pas de résultat, parce qu'on les avait entendus. Étant parti de ce lieu de péril, le jour suivant, Vasco da Gama rencontra deux sambucos, qui se dirigeaient vers la cité. Les Portugais prirent une de ces embarcations, avec treize Maures seulement, (les autres se lancèrent à la mer), et ce fut d'eux que l'on sut comment en avant se trouvait une ville, qui portait le nom de Mélinde, et où régnait un roi humain, par le moyen duquel on pourrait obtenir un pilote pour se diriger vers les Indes. »

João de Barros a nommé Mélinde et son roi; il a dit, en quelque sorte, la fin de ce prodigieux voyage. Vasco da Gama, poursuivant sa traversée, sans toutefois abandonner la prise qu'il venait de faire, entrait, le 15 avril 1498, dans le port hospitalier que les Maures lui indiquaient : il y jetait l'ancre, précisément en ce jour de Pâques dont la solennité était célébrée, avec tant de pompe, dans tous les États chrétiens.

Un grand acte venait d'être accompli, non-seulement pour le Portugal, mais pour les pays de la chrétienté, comme on disait alors. Une fois arrivé à Mélinde, toutes les difficultés de cette prodigieuse expédition s'aplanissent, comme par enchantement. Le roi de ces contrées est musulman, il est vrai, mais il a un cœur de chrétien, nous disent les poëtes et les chroniqueurs. Tout dénote, d'ailleurs, dans sa conduite, une sagesse de vues, une droiture d'intentions, qui en font un homme à part. Il invite Gama à venir le visiter dans son palais; et, sur l'observation qui lui est faite par le capitam-mor, qu'une injonction précise de son souverain l'empêche de se rendre à terre, avant qu'il soit arrivé dans les domaines du roi de Calicut, il n'hésite pas à se confier à des étrangers dont il admire le courage. Alors la pompe orientale étale, pour la première fois, sa magnificence aux yeux des Européens et laisse deviner aux Portugais des richesses dont les récits de Marco Polo et ceux de Pero de Covilham ont pu seuls leur donner une légère idée.

Un mot de l'auteur des Décades nous fait comprendre aussi la supériorité que l'artillerie donnera aux Portugais sur ces peuples, quand ils se présenteront en maîtres, et non plus comme des hôtes pacifiques (*). Vasco da Gama ayant ordonné des salves en l'honneur du roi de Mélinde, l'effroi que causa ce bruit inusité mit le désordre dans cette foule, et il y eut comme une grande rumeur parmi tout ce peuple, ajoute Barros, chacun voulant tout à coup se précipiter vers la terre.

Vasco da Gama fit cesser le bruit des canonnades, et s'avança vers le sambuco dans lequel se trouvait le roi de Mélinde. Dès les premiers mots de bienvenue, il y eut entre eux sécurité entière, et comme si de longs jours se fussent écoulés, nous dit Barros, depuis leur première entrevue. Le roi, gagné par cet accueil plein de franchise, voulut visiter les divers bâtiments et fut surtout sensible au don que lui fit Gama des treize prisonniers dont les chrétiens s'étaient emparés en mer. Les jours suivants, rien n'interrompit cette bonne harmonie, et ce fut devant Mélinde que Vasco da Gama reçut, pour la première fois, ce pilote fidèle, auquel il est juste d'attribuer en partie le succès de l'expédition. Malemo Canaca, Maure du Guzarate, ne fut pas plutôt entré en rapport avec les chrétiens, qu'il se voua sincèrement à leur service, et qu'il ne cessa de leur être invariablement attaché. Vasco da Gama fut satisfait des connaissances géographiques qu'il remarqua en lui, surtout, nous dit Barros, lorsqu'il lui eut montré une carte, où était figurée toute la côte des Indes, orientée selon le système des Arabes (**). — L'historien, qui entre dans certains détails techniques à ce sujet, a soin de nous faire remarquer aussi que le nouveau pilote ne montra aucune surprise à la vue des instruments nautiques dont se servaient les chrétiens; il donna même, sur ce point, des renseignements précis, que devront toujours reproduire ceux qui auront à retracer l'histoire de la science.

Malgré l'hospitalité du roi de Mélinde, Vasco da Gama ne fit pas un long séjour dans la ville où il commandait : il avait hâte d'atteindre le but de son voyage et de connaître par lui-même la vérité des récits qui lui étaient faits. Si l'on s'en

(*) Barros, minutieusement instruit des détails, désigne clairement ce genre d'artillerie.
(**) Voy. *Decada prima*, *livro quarto*, fol. 72 et 73.

rapporte à la relation si fidèle de Fernand Lopes de Castanheda, qu'il faut quelquefois préférer, selon moi, à Barros, les derniers jours de cette station n'auraient pas été sans nuages; et ce n'aurait pas été non plus sans une sorte de violence qu'on aurait obtenu le guide que l'on souhaitait avec tant d'ardeur. Enfin, Canaca, le pilote guzarate, arriva à bord, et le mardi, 28 avril, on put mettre à la voile. Malgré la saison contraire, circonstance qui, plus tard, fut regardée comme une espèce de miracle, le trajet de Mélinde à la côte de Malabar s'effectua rapidement, et la navigation fut sans tempête. Le dimanche 20 mai (*), le pilote aperçut les montagnes qui s'élèvent au-dessus de Calicut, et il alla immédiatement demander à Gama *quelque honnesteté pour cette bonne nouvelle*, nous dit naïvement le traducteur de Castanheda : il commit néanmoins une légère erreur; et le jour même, vers le soir, croyant mouiller devant Calicut, il alla surgir à Capocate, à une lieue et demie de cette ville. Aussitôt, une foule de petites embarcations, connues sous le nom d'*Almadias*, s'empressèrent autour des navires et firent connaître au pilote son erreur. Remorqués par ces barques, la capitane et les autres bâtiments allèrent immédiatement jeter l'ancre devant Calicut.

Trop sage pour se départir un moment des mesures de prudence que lui commandait sa situation, Vasco da Gama eut soin de se tenir en dehors du port; toutefois, il expédia immédiatement à terre un de ces bannis qui accompagnaient alors toutes les expéditions portugaises. Espèces *d'enfants perdus*, comme en disait jadis dans nos armées, de tels hommes n'avaient rien à perdre dans ces courses avantureuses, et par un seul acte de courage pouvaient se réhabiliter. Celui-ci s'embarqua dans une des almadias qui entouraient la flottille, et, après être débarqué, commença à cheminer bravement vers la cité; « De quoy ceux de Calicut estoyent fort ébahis, nous dit Castanheda (*), pour autant que son accoutrement estoit fort différent de celuy que portent les Mores, qui viennent du destroit; tellement que grand multitude de peuple alloit après luy : et quelques-uns qui savoient parler l'arabe parloyent à lui, mais il ne respondoit rien, pour cause qu'il ne l'entendoit point, de quoy ils estoyent esmerveillez ... Et avec cette opinion qu'ils avoient qu'il fust More, le menèrent au logis de deux Mores, natifzs de Tunis, en Barbarie, qui estant venus en Calicut estoyent là demourans : l'un deux, nommé Bontaïbo (**), savoit parler espagnol et cognoissoit fort bien les Portugaloys, ainsi qu'il dit depuis qu'il les avoit veuz en Tunis au temps du roy Jean, en un navire, nommé *la Royne*, que le roy envoyoit là bien souvent quérir choses de quoy il avoit affaire. Quand ce forbany vint à entrer en la maison, Bontaïbo cognoissant qu'il estoit Portugaloys lui dit telles paroles : « Je te donne au diable, qui t'a icy amené », et après luy demanda de quelle sorte il estoit là venu arriver. Le forbany lui conta le tout, et combien de navires avoit le capitaine général. Bontaïbo estant fort ébahy comment ils pouvoyent estre venus par mer, luy demanda que c'est qu'ils alloyent chercher si loing. A quoy il fit responce qu'ils venoyent chercher des chrestiens et de l'épicerie, il luy demanda aussi pourquoy n'envoyont là aussi bien les rois de France et de Castille et la signeurie de Venise; à quoy

---

(*) Les auteurs ne sont pas parfaitement d'accord sur cette date, mais cette différence vient probablement d'une légère confusion dans les faits. Pedro Barreto fait prendre terre à la flotte le 16. Selon Castanheda, le pilote guzarate aperçut les premières terres de l'Inde le 17, et ce fut seulement trois jours après qu'on atterrit.

(*) Nous empruntons cette curieuse citation à la traduction publiée dès 1554 par Nicolas de Grouchy. Il y avait trois ans seulement que l'original avait paru, lorsque Grouchy, qui avait longtemps vécu en Portugal, donna cette traduction du premier livre. Il nous a semblé que les paroles naïves de cet habile homme conservaient une couleur que notre langage moderne altérait. Nous avons sous les yeux l'excellente réimpression de Fernan Lopes de Castanheda réimprimée en 1833 à Lisbonne, grâce à l'Académie, et nous sommes garant de l'exactitude du vieil écrivain français. La belle bibliothèque de M. Ternaux Compans renferme un livre unique et même inconnu aujourd'hui en Portugal; c'est l'édition publiée aux frais de Castanheda en 1551. Il ne faut pas oublier que la plus grande partie de l'existence de cet historien s'était passée aux Indes.

(**) Il y a ici une légère erreur du vieux traducteur au sujet du nom de Montaïbo, il s'appelait réellement *Monçaide;* mais les Portugais altérèrent cette dénomination acceptée, nous dit Castanheda, par tous ceux qui firent partie de l'expédition. Camoens l'a appelé Mozaïde.

le forbany respondit que c'estoit pour ce que le Roy de Portugal ne leur vouloit consentir. A donc Bontaïbo respondit qu'il faisoyt très-bien de ne le permettre point. A donc luy fit bonne chère et luy fit bailler à menger d'uns petis pains de farine de fourment, lesquels sont appelez par les Malabares *Apas*, et avec ce luy fit donner du miel. Après qu'il eut mengé, Bontaïbo lui dit qu'il s'en retournast à la flotte et qu'il s'en iroit avec luy veoir le capitaine général; ce qu'il fit : et, estant arrivé en la nef du capitaine, en entrant commença à dire en castillan telles paroles : « Bonne aventure, bonne aventure, force rubis, force émeraudes; vous devez bien remercier Dieu de vous avoir conduitz en une contrée où il y a toute l'épicerie, pierrerie et toute la richesse du monde! Et quand nos gens l'ouïrent ainsi parler, ils demourèrent tous estonnez, parce qu'ils n'eussent jamais pensé qu'il y eust homme si loing de Portugal qui entendist leur langage et rendirent grâces à Dieu, plorans de grande aise qu'ils avoyent. »

Aucune description ne vaudrait sans doute cette peinture de l'abord des Portugais aux rives de l'Inde; et c'est parce que chaque ligne offre, pour ainsi dire, un incident original que nous n'avons voulu rien abréger. Vasco de Gama embrassa avec effusion Bontaïbo ou Moncaïde, lui demanda d'abord s'il était chrétien, s'informa de la route qu'il avait dû suivre pour parvenir dans ces contrées lointaines, et apprit de lui qu'il était venu à Calicut par le chemin du Caire. La carte de Pero de Covilham, qu'il avait sans doute présente à la pensée, l'empêcha d'éprouver une surprise égale à celle du Musulman.

Ce fut par le Maure de Tunis qu'on apprit comment, en ce moment, le souverain de ces contrées, le Samori, était éloigné de sa capitale. Le capitaine général résolut néanmoins de lui envoyer un message pour lui annoncer l'arrivée de la flottille et la mission spéciale dont il était chargé par le roi de Portugal. Deux Européens partirent en conséquence, et Fernand Martins, l'interprète de l'expédition, les accompagna; le roi de Calicut accueillit les étrangers; il leur fit même présent de quelques objets de peu de valeur, et, tout en prévenant Vasco da Gama qu'il allait se rendre au lieu habituel de sa résidence, il lui envoya un pilote, qui devait faire mouiller ses navires dans le port de Pandarane, à fort peu de distance de Calicut. Le capitaine général eut la prudence de ne point accepter cette offre et de se tenir toujours prêt à prendre le large. A peine avait-il jeté l'ancre, qu'un messager du Samori se présenta à bord; il venait prévenir les étrangers que son souverain était prêt à recevoir l'ambassadeur du roi de Portugal. Gama fixa son débarquement au jour suivant.

Le 28 mai 1598 arriva enfin, et Gama se prépara à faire son entrée solennelle et à sceller, par son entrevue avec le radjâ de Calicut, la plus mémorable expédition maritime qui eût eu lieu jusqu'à ce jour. Disons-le aussi, la persuasion où il était que la population de cette cité était chrétienne, lui donnait, pour accomplir cette visite solennelle, un empressement qu'il n'avait pas montré jusqu'alors. Si nous nous en rapportons à Fernand Lopes de Castanheda, Gama eut à résister, dans cette occasion, aux touchantes remontrances de son frère. Celui-ci, en effet, dont on devine la tendresse infinie et le généreux caractère, à travers les digressions des historiens, renouvela ses efforts pour faire comprendre au hardi capitaine ce qu'il risquait en pareille occasion. Il essaya de lui persuader que, bien qu'on débarquât au sein d'une population chrétienne, il y avait beaucoup de Maures dans la ville; que les musulmans étaient des ennemis implacables, et qu'il fallait craindre de voir se renouveler les scènes de trahison qui avaient eu lieu à Mozambique ainsi qu'à Mombaça. Dans sa pensée, tout autre pouvait accomplir cette dernière partie de la mission, et ce n'était pas le fait d'un capitaine général; les autres commandants se rangèrent à cette opinion. Mais en ce moment solennel, Vasco da Gama montra et le sang-froid le plus rassurant pour ceux qui l'entouraient et la confiance que lui inspirait l'habileté de son frère. Autant nous nous défions des discours arrangés par l'historien du seizième siècle, autant nous acceptons les raisons brèves et simples du chroniqueur; telle fut en substance la ré-

ponse de Vasco da Gama : « Quand bien
« même je saurais que je dois mourir,
« je ne laisserais point d'avoir une en-
« trevue avec le roi de Calicut, afin de
« m'assurer s'il y a moyen de lier avec
« lui amitié et commerce.... Il faut qu'on
« voye en Portugal que cette découverte
« est une vérité.... autrement on mettrait
« en suspens le crédit qui est dû à notre
« honneur. On ira jusqu'à envoyer ici
« des gens pour s'assurer de la sincérité
« de ce que nous aurons dit... Vous sem-
« ble-t-il donc que je ne doive pas pré-
« férer la mort à la souffrance qu'il
« y aura pour nous, s'il nous faut at-
« tendre un temps aussi long que celui
« que nous avons dépensé, pour qu'on
« vienne s'assurer de nos mérites, et
« pour nous voir juger selon toute espèce
« de caprices par les envieux! Certes la
« mort vaut mieux à mes yeux. D'ail-
« leurs, Messieurs, je n'aventure pas
« ma vie autant que vous le croyez...; car
« je vais en une terre où il y a des chré-
« tiens, et vers un roi qui désire qu'on
« jette de nombreuses marchandises dans
« sa cité, en raison du grand profit qui
« doit lui en revenir... ; et si Notre-Sei-
« gneur le permettant, j'obtiens l'hon-
« neur d'un tel traité, je ne le donne-
« rais pour aucun prix.... Si pour mes
« péchés on me prend et on me tue, il
« sera meilleur que j'aye fait ce que je
« devais, fût-ce au prix de la vie, que
« de rester vivant, ne l'ayant osé faire.
« Vous, Messieurs, gardez la mer, et
« dans un cas sinistre, vous recueil-
« lant en bons navires, comme cela vous
« est possible, portez la nouvelle de notre
« découverte. » Quand tous virent sa
détermination, ajoute le vieil historien,
ils dirent : Que cela soit ainsi!

Le commandement de la flotte restait à Paul da Gama, et il fut convenu
que douze personnes suivraient le capitaine général; l'histoire ne nous a pas
conservé les noms de tous les individus qui se trouvèrent présents au grand
acte qu'on allait accomplir; mais nous
savons que, sans compter l'interprète
Fernand Martins, il y avait six personnes
notables de l'expédition : Diogo Dias, le
greffier de Gama; João de Sà, qui depuis
fut trésorier de la Casa da India; un
marin, appelé Gonçalo Pirez; puis un
certain Alvaro Velho, qui, selon un

écrit récent, aurait tenu un journal
sincère et détaillé de tout ce qui avait
eu lieu durant la navigation. Alvaro
de Braga, qui, par la suite, devint secrétaire de la douane de Porto, clôt cette
liste. Avec Vasco da Gama, le nombre
des Portugais qui descendirent à terre
s'élevait à treize; et, si l'on fait attention aux idées religieuses du temps, ce
n'était peut-être point sans une préoccupation particulière que ce nombre
avait été adopté.

DÉBARQUEMENT DES PORTUGAIS A
CALICUT. — DÉVOTION DES EUROPÉENS
DANS UN TEMPLE HINDOU. — Maintenant que nous avons essayé de faire saisir
ce qu'il y eut de sérieux, d'imposant
même, dans la résolution de Vasco da
Gama, commence le récit purement
pittoresque de son débarquement, et la
série d'incidents inattendus qui donnent
un caractère essentiellement original
à ce premier contact des Européens avec
les peuples de l'Hindoustan. Dès le point
du jour, les embarcations de la flottille,
pavoisées et garnies d'artillerie, se tinrent prêtes à recevoir le capitaine général
et sa suite. Les chalemies et les trompettes sonnaient un appel triomphal.
Les Portugais, vêtus de soie, mais
soigneusement armés, malgré ces habits de luxe, descendirent avec empressement dans les chaloupes; et des
rameurs vigoureux les eurent bientôt
conduits à terre. A peine avaient-ils
mis le pied sur les rivages de Pande-
rane, qu'un personnage, auquel on verra
bientôt jouer un rôle important dans
cette histoire, vint les recevoir. Le Ca-
toual(*), ministre du Samori, se présenta
à la tête de deux cents naïres, *gentilshommes* de cette contrée, nous dit
naïvement Castanheda, et formant sa
milice. Un palanquin, porté par six
hommes, fut amené alors, et Vasco da
Gama y monta comme chef de la mission. Les Portugais se mirent en marche
vers la cité de Calicut, un peuple immense les accompagnait.

Mais la ville était encore éloignée;
c'était l'époque de l'hivernage, les
pluies diluviennes des tropiques pou-

(*) Le Catoual ou Catwal, comme l'écrivent
plusieurs voyageurs, remplissait et remplit encore un emploi purement civil. Voy. ce que
dit à ce sujet M. Warren *l'Inde en 1843*.

10.

vaient tomber tout à coup; on se hâta. Un festin d'ailleurs avait été préparé pour Gama, à Capocate : il refusa d'y prendre part; et, après que les siens eurent accepté quelques rafraîchissements et se furent délassés de la marche, il se mit de nouveau en route. Près de Capocate, il se vit contraint de passer un fleuve rapide, sur une de ces embarcations qu'on appelle *Jangadas*, et qui ne sont autre chose qu'un radeau. De toutes parts les Indiens accouraient pour le contempler. Après avoir navigué sur le fleuve, l'espace d'une lieue, on débarqua de nouveau. Là tout dénotait le voisinage d'une grande ville; des navires étaient en réparation sur l'une et l'autre rive; de vastes constructions s'élevaient au milieu des palmiers. Vasco da Gama changea de palanquin; les siens continuaient à lui former une escorte, et la foule persévérait à le suivre en s'accroissant d'une façon prodigieuse. Le cortége marchait toujours néanmoins; enfin on arriva devant une pagode; les Portugais y pénétrèrent et y furent accueillis. Ici il devient trop curieux de constater l'impression qu'ils ressentirent en présence de ces dieux des Indiens, pour que nous ne laissions pas parler de nouveau le vieil historien. « De ce village que j'ay dit le Catoual mena le capitaine à une pagode de ses idoles, luy disant que c'estoit une église de grand dévocion, et ainsi le pensoit le capitaine, et plus encore à cause qu'il voyoit au-dessus de la porte principalle sept petites cloches : au-devant d'elle il y avoit un perron d'arain, de la hauteur d'un mast de navire et au bout un grand oyseau du même arain, qui sembloit estre un cocq. L'église estoit bien de la grandeur d'un grand monastère, toute ouvragée de pierre de taille et couverte de tuyle, qui avoit semblant d'estre par dedans un fort bel édifice. Le capitaine général fut fort ayse de la veoir et luy fut avis *qu'il estoit entre les chrétiens* (*). Estant entré dedans avec le Ca-

toual, ils furent receus d'uns certains hommes, nudz de la ceinture en haut et au-dessoubz couverts d'un drapeau jusques au genoil, et d'un autre rebrassé, et sans rien en la teste, avec un certain nombre de filets (*) par-dessus l'épaule gauche et mis par-dessous l'épaule droite, tout ainsi comme les diacres portent l'estolle, quand ils font l'office, et s'appellent *Cafres* (**) et sont gentils servantz aux pagodes du Malabar; ils jettèrent de l'eau d'un vaisseau, comme d'un benoistier avec de l'ysope desus le capitaine, desus le Catoual et les autres; et, après ce, leur baillèrent du sandal moulu pour mettre sur leur tête (***), comme l'on fait de la cendre par deça et pour mettre aussi au mollet des bras, où le capitaine ni les nostres n'en mirent point, à cause qu'ils estoient vestus; mais ils en mirent sur leurs testes : et allant par cette église, ils virent force images paintes par les murailles, desquelles les unes avoient des dents si longues qu'elles leur sortaient de la bouche plus d'un pouce, et les autres avoyent quatre bras et estoient si laydes de visage, qu'il sembleyt que ce fussent diables : ce qui mit quelques doutes à noz gens, de croyre que ce fust église de chrestiens; et estanz venus au milieu de la chaspelle qui estoit au milieu du corps de l'église, ils virent qu'il y avoyt un clochier, en manière d'église cathédrale, fait aussi de pierre de taille. En une partie de ce clochier, y avoit une porte d'a-

(*) Cette idée fut bien légèrement modifiée par la suite (si toutefois elle le fut) pour la plupart des hommes de l'équipage. C'est ce dont on peut se convaincre dans le *Roteiro* du voyage de Vasco da Gama, qui a été publié a Porto, en 1838, avec des notes dues à M.M. Herculano et Paiva. Je n'ai pu malheureusement me procurer que des extraits de ce précieux ouvrage.

(*) On voit que l'ornement distinctif particulier aux brahmes n'échappa point aux regards observateurs des Portugais. Voy. ce que dit à ce sujet, l'abbé Dubois, *Religion des peuples de l'Inde*. « Il faut que le cordon, sacré, porté sur la partie supérieure du corps, soit de coton et en trois fils pour un brahmane, que celui d'un khatriya soit de chanvre, celui d'un vaisya de laine filée. » Lois de Manou, trad. par Loiseleur Deslongchamps.
(**) Le mot Cafre (*kafir*) signifie infidèle, et rien de plus simple que cette dénomination donnée probablement par l'interprète Monçaïde aux chrétiens qui le questionnaient.
(***) Cette conformité d'un usage des brahmes avec une cérémonie révérée des chrétiens, paraît avoir été ce qui frappa le plus ces derniers. Il y a cependant quelque différence entre l'apposition des cendres et l'espèce de lustration en usage chez les Hindous. « Les brahmes, dit un vieux voyageur français, les congédient, en leur distribuant une pâte grise, composée de bois de sandal râpé, dont chacun se frotte les épaules, le front et la poitrine. » Cette cérémonie, du reste, n'est pas purement religieuse, et elle a lieu dans la vie civile.

rain, par laquelle pouvoit entrer un homme, et montoit on à ceste porte, par un degré de pierre. Au dedans de la chapelle, qui estoit un peu obscure, il y avoit une image cachée dedans le mur, que noz gens découvrirent de déhors; car on ne les voulut pas laisser entrer dedans, leur faisant signe que personne ne pouvoit là entrer, sinon les Cafres, lesquels monstrants l'image, nommoyent sainte Marie (*), donnant à entendre, que c'estoit son image. Alors pensant le capitaine qu'ainsi fut, il se mit à genous et les nostres avec lui pour faire leur oraison. Jean de Saa, qui doutoit que ce fust une église de chrestiens, pour avoir veu la laydeure des images, qui estoyent paintes aux murailles, en se mettant à genous dit : « Si cela est un diable, je n'entends toutefois adorer, si non un vray Dieu. » Le capitaine général, qui bien l'entendit, se retourna vers luy en se riant. Le Catoual et les siens, quand ils furent devant la chapelle, se jetèrent devant la chapelle inclinans la teste tout bas avec les mains jointes par devant, et ce par trois fois, et après se levèrent, et feirent leur oraison tout de bout. »

Voilà un récit animé, vivant, tout empreint de la physionomie originale que les vieux historiens savaient conserver à leurs narrations. En se dégageant des préoccupations de la science, il fallait faire comprendre l'impression que Gama dut ressentir à la vue de l'une des villes de l'Inde; pour cela nous nous sommes servi de la vieille chronique et même du vieux langage. Nous n'avions pas besoin d'en savoir, en quelque sorte, plus que le hardi navigateur et que ses naïfs compagnons; notre rôle va bientôt changer; car il s'agira de peindre, en quelques mots, l'origine d'une lutte acharnée, qui dura plus de deux cents ans.

(*) L'image désignée ici sous le nom de *Santa Maria* représentait probablement la déesse *Mahâ Madjâ* ou la dame. Elle mourut sept jours après la naissance de son fils *Shakya*; mais, en considération du mérite d'avoir porté dans son sein le maître (magister) des dieux, elle naquit de nouveau dans le *Trayastrinska*. Barros ignore le nom de la déesse, mais il a soin, en rapportant ce fait très-sommairement, d'insister sur la persuasion où étaient les Portugais qu'on se trouvait au milieu des peuples convertis jadis par l'apôtre S. Thomas. Voy. 1ª *Decada*, livro quarto, fol. 96.

Les Portugais sortirent enfin du temple; et, traversant toujours une foule immense, que les naïres écartaient sans pitié, ils arrivèrent aux portes de Calicut; là ils entrèrent dans un autre temple; mais, soit que le temps les pressât, soit que les doutes prudents de João de Sá commencassent à s'emparer d'eux, ils en sortirent promptement pour se diriger vers le palais du roi. La foule s'accroissait de telle sorte, qu'ils se virent contraints de chercher un refuge dans quelque habitation. Là un autre Catoual, plus noble que le précédent, pour nous servir des expressions de Barros, vint les trouver. Il était accompagné de près de deux mille hommes d'armes, et il les conduisit à l'habitation du Samori. Les trompettes, les tam-tam ne cessaient de retentir; et telle était la curiosité que leur présence inspirait à toute cette populace, qu'on fut littéralement obligé de leur ouvrir un passage à coups de cimeterre. Il y eut dans les cours intérieures, disent les historiens contemporains, une foule d'individus cruellement blessés.

Enfin, on pénétra dans la vaste salle où le monarque hindou attendait les étrangers. Il était assis sur une estrade, que recouvraient de riches étoffes; un grand vase d'or était à côté de lui et un officier du palais en tirait des feuilles parfumées de bétel, qu'il lui présentait de temps à autre; un second vase, de même métal, recevait les feuilles dont il avait exprimé l'arome. Vasco da Gama s'avança, avec une contenance pleine de noblesse, vers ce prince; il le salua, et le Samori lui fit signe de la main, en l'engageant à s'avancer. Les autres Portugais s'étaient assis, sur une invitation du monarque, et on leur avait offert certains fruits du pays, qu'ils acceptèrent avec avidité, tant la fatigue de la marche avait été grande (*). Le Samori riait étrangement, nous dit Castanheda, de l'attitude de tous ces étrangers. Barros a ennobli cette scène; Camoëns l'a revêtue d'une ineffable majesté : c'était le droit de la poésie; il nous faut à nous la vérité de l'histoire. Cette

(*) Faisons remarquer en passant qu'on offrit dans cette circonstance des fruits fort communs, s'il est vrai qu'on ait donné aux Portugais des figues et des *jacas*, qu'il plaît à un vieux chroniqueur d'appeler une espèce de melon.

entrevue fut grande d'ailleurs par la dignité que sut garder Gama. Le Samori l'ayant engagé à expliquer le but de son voyage devant cette multitude, non-seulement il refusa de le faire, mais il insista pour qu'on lui donnât immédiatement une audience particulière, ajoutant que tel était l'usage des rois de son pays. Le monarque hindou passa avec lui dans un appartement séparé; et, grâce aux interprètes, Vasco da Gama put apprendre au radjâ tout ce qu'avait coûté d'efforts à sa nation la découverte des Indes; il insista sur la puissance de D. Manoel, sur le désir qu'il avait de conclure un traité avec lui, et il finit en lui remettant les lettres dont son souverain l'avait chargé. Rappelons, en passant, que ces lettres n'étaient autres, selon toute apparence, que les missives adressées jadis au prêtre Jean. Le souverain de Calicut accepta, disent les chroniques, l'alliance qu'on lui proposait; mais il est bon de le faire observer, et la suite de l'histoire le prouve suffisamment, ce fut une faute irréparable de s'être présenté ainsi devant un monarque de l'Orient, sans apporter des présents dont la magnificence pût servir à attester un pouvoir qu'on ignorait encore et que les musulmans devaient contester.

Après cette audience, Vasco da Gama rejoignit les siens et se retira. La nuit était close; et, dès le début, on put remarquer le peu de bienveillance, je dirais presque l'espèce de dédain, que ces étrangers inspiraient. La résidence qui leur avait été assignée se trouvait située à l'extrémité de la ville. La pluie tombait par torrents; une foule immense continuait à les suivre, comme si l'on eût été en plein jour; et, lorsque Vasco da Gama, que l'on portait à dos d'hommes, se fut plaint des ennuis qu'entraînait un tel éloignement, par une nuit si orageuse, l'intendant qui le guidait (et remarquons bien que c'était un Maure auquel on l'avait confié), l'intendant, disje, fit venir un cheval pour servir de monture à ce chef hautain, dont la colère commençait, après tout, à l'effrayer; mais ce cheval n'était pas même muni des accessoires indispensables pour le monter. Gama considéra avec raison cette circonstance comme un affront; il prit alors le parti de continuer sa route à pied, et il parvint enfin à l'habitation qu'on lui destinait; il y trouva plusieurs des siens, arrivés quelque temps auparavant; ils avaient déjà transporté à terre les faibles présents qu'on destinait au radjâ.

Ces présents devaient être soumis à l'examen de l'intendant et du Catoual, avant d'être offerts. Castanheda avoue, avec sa sincérité habituelle, qu'ils étaient réellement fort pauvres et qu'ils excitèrent la risée de ces deux personnages, accoutumés depuis longtemps aux dons magnifiques que les Maures ne manquaient pas de faire. Vasco da Gama, mécontent à juste titre, laissa échapper *quelques paroles âpres*, et déclara que si de tels dons ne pouvaient satisfaire le Samori, il allait retourner à ses navires. Le Catoual s'éloigna alors, et il ne revint pas. Un jour et une nuit s'écoulèrent sans qu'on le vit paraître de nouveau. Dès ce moment les paroles perfides des musulmans portaient leurs fruits. Les Arabes, en effet, avaient un intérêt trop réel à ne pas laisser ces étrangers s'impatroniser sur la côte du Malabar, pour ne pas mettre en jeu auprès du radjâ de ces contrées tout ce que leur savait inspirer une politique astucieuse; et, dès le jour où les Portugais eurent mis le pied sur les rivages de Calicut, un système de sourde opposition et de menées perfides, qui allaient bientôt se changer en attaques ouvertes, fut opposé à leurs efforts.

LA VILLE DE CALICUT. — LE SAMORI. Si nous étions au seizième siècle, il conviendrait de franchir avec João de Barros ce bras de l'Océan qui sépare l'Afrique occidentale de l'Inde, et de répéter les termes magnifiques dont se sert l'historien pour faire comprendre à ses lecteurs quel était le spectacle offert aux regards de Gama et ce qu'allait en réalité lui offrir cette contrée, qu'on avait mis soixante-quinze ans à chercher. Mais, ni la gravité du style, ni la forme presque monumentale que l'auteur des Décades a su donner à ses descriptions, ne nous feraient saisir ce que nous cherchons à retrouver aujourd'hui, les émotions enthousiastes du passé, la curiosité ignorante, rêvant, dans son ardeur, des scènes plus grandes que celles qui lui sont présentes, et enfin le contraste étrange de deux peuples qui, si divers, se rencontrent pour la première fois. Si l'historien portugais a su poser les bornes géographiques de ce vaste empire; s'il a tracé, de main de maître, le contour de cette vaste contrée, qui, pour nous servir de ses propres expressions, mérite à juste titre le nom de Mésopotamie ; si, enfin, il a su mettre à profit le récit de ses contemporains, pour tracer le résumé des conquêtes, et pour établir sagement ce que, pendant longtemps, on a su de l'Inde, hâtons-nous de dire que l'Inde, immuable dans ses formes, nous apparaît aujourd'hui sous un jour beaucoup plus réel que celui sous lequel elle se présentait à Barros, et que ce que nous avons oublié en réalité, c'est le véritable esprit qui animait les hommes de la découverte, c'est, en un mot, ce que Barros et Diogo de Couto nous ont transmis avec un génie qu'on ne saurait contester (*).

Calicut est aujourd'hui une petite ville de la côte de Malabar, renfermant environ vingt mille habitants (**); mais, avant les guerres d'Hyder-Aly et de *Typou-Sâheb*, elle présentait plus d'importance; et, vers la fin du quinzième siècle, l'entrepôt de tout le commerce qui se faisait entre l'Inde et les régions orientales, voisines de l'Europe.

On aurait néanmoins une idée peu exacte de cette ville, si on se la représentait comme quelques-unes de ces cités orientales, dont Marco Polo et Mandeville nous ont laissé la description et qui enflammaient l'esprit des voyageurs durant le moyen âge. Bâtie par les Hindous à une époque assez peu reculée, elle offrait bien quelques pagodes assez vastes, et le palais du Samori était un édifice de quelque importance; mais les rues ne se composaient guère que de maisons construites en bois et recouvertes de feuilles de palmiers; et, à certaines époques de l'année, son port, qui présentait une vaste forêt de mâts, n'abritait plus que quelques embarcations trop faibles pour être redoutables.

La population active et nombreuse de cette cité du Malabar était soumise au régime des castes; et les seuls étrangers, qui y eussent alors quelque influence, étaient des Arabes, dont nous avons déjà vu l'envieuse jalousie et auxquels appartenait tout le commerce de la mer Rouge; il faut y joindre, sans doute, quelques musulmans des contrées occidentales de l'Afrique. Mais tous ces trafiquants, à quelque contrée qu'ils appartinssent, devaient se confondre aux yeux des Portugais, sous la dénomination générale de *Maures*, imposée, à cette époque dans la Péninsule, à tous les Mahométans, sans qu'on fît nulle attention aux régions d'où ils sortaient. Quelques-uns de ces innocents sectaires, connus sous le nom de chrétiens de Saint-Thomas, et qui nous occuperont plus tard, apparaissaient de temps à autre parmi les Hindous et les marchands étrangers dont nous avons signalé la puissance : il ne paraît pas qu'ils eussent assez d'influence, ou que leurs coutumes fussent assez généralement adoptées, pour justifier, en quoi que ce soit, l'idée que nous avons déjà signalée, et qui fit croire à certains Portugais, pendant toute la durée du voyage, qu'on avait débarqué au milieu de populations chrétiennes, différant seulement par quelques démonstrations extérieures, ou tout au plus par de légères modifications dans les croyances fondamentales. Ces hommes, si opposés aux chrétiens par les lois inflexibles de la caste, se réunirent bientôt aux musulmans dans leur haine instinctive contre les Portugais. L'association militaire des Naïres, qui paraît avoir joui d'une haute puissance durant le seizième siècle, partagea plus que les autres classes de la société cette répugnance pour les nouveaux venus; et le râdjâ de Calicut se vit bientôt dans la nécessité ou de les exclure par un accueil peu favorable, ou de leur ôter l'espoir d'un commerce de quelque importance en frappant leurs bâtiments ou leurs marchandises de droits vraiment onéreux.

SÉJOUR A CALICUT. — MÉSINTELLIGENCE ENTRE LES PORTUGAIS ET L'AUTORITÉ. — Si l'on s'en rapporte à un récit fort curieux et rarement cité, qui a été transmis par Thomé de Souza, Vasco da Gama aurait dit en d'autres circonstances au samori de Calicut, qu'il suf-

---

(*) João de Barros, on en a la certitude, avait puisé sérieusement aux sources orientales, et, comme on en a la preuve, dans la biographie de Faria Severim. S'il n'était pas orientaliste, il avait à son service un lettré asiatique.

(**) Elle gît sous le 11° 4, de lat. N.

fisait de la volonté de D. Manoel pour faire d'un palmier un souverain aussi puissant que lui. Cette sourde irritation qui se manifesta au premier voyage, ce fier dédain par lequel le navigateur portugais se vit contraint de répondre aux insultes mal déguisées du souverain hindou, prit sa source, selon toute probabilité, dans l'omission d'une pure formalité diplomatique à laquelle les Orientaux ont attaché de tout temps la plus haute signification. Évidemment, les objets apportés par Gama n'étaient pas dignes d'être offerts à un puissant monarque; et Joam II, qui connaissait l'esprit des peuples asiatiques, n'eût peut-être pas commis cette faute. Les riches commerçants venus d'Ormuz et d'Aden, et que d'antiques relations arabes nous représentent comme faisant un commerce si actif et si rapide avec la côte de Malabar (*), surent mettre à profit cette circonstance pour détruire dans l'esprit du Samori l'impression qu'aurait pu produire sur lui l'attitude guerrière des Portugais.

Les anciens écrivains ne nous ont laissé malheureusement sur le souverain de Calicut ni détails bien circonstanciés, ni renseignements bien positifs. L'un d'eux prétend qu'il s'appelait Glafer; mais il est difficile de reconnaître dans cette dénomination un nom hindou. Il n'y a pas jusqu'au titre que les historiens ont conservé, et qui a prévalu, sur lequel certains doutes peuvent être émis. Selon l'opinion la plus plausible, il faudrait voir dans le titre du *Zamorin*, ou mieux encore du *Samori*, comme l'écrit Barros, une contraction des deux mots *Samoudri Râdjâ*. Ce prince appartenait-il à la caste des brahmes, cela est infiniment probable, puisque plus tard on le voit, selon une des versions admises, se retirer parmi les

(*) Ibn Batuta nous prouve avec quelle facilité les musulmans de ces régions pouvaient se rendre aux Indes orientales, malgré l'imperfection de leurs embarcations. Ce voyageur du quatorzième siècle dit positivement : « J'ai déjà passé une fois de Calicut, pays situé dans les Indes, à Dafar, et ayant un vent favorable qui ne cessa ni durant la journée ni pendant la nuit, je mis vingt-huit jours à faire cette traversée. » Entre Dafar et Aden par terre, il y a un mois de marche dans le désert.
Voy. la traduction portugaise de Jozé de Santo Antonio Moura.

Brahmatchari ou les brahmes pénitents de son empire, après qu'il a désespéré de l'emporter sur les Européens. Dans tous les cas, le royaume de Kanarâ, où il commandait, était un des territoires les plus riches de cette vaste côte, qui s'étend depuis Goa jusqu'au cap Comorin (*Djebel Kamaroun*), et dont le littoral prend chez les Hindous le nom de *Maliwâr*, que nous avons conservé en lui faisant subir une légère altération.

Le Kanarâ n'a que soixante-dix lieues de long; mais il était prodigieusement peuplé, et on y trouvait des villes telles que Mangalore, Cananore, Calicut (*), où le meilleur poivre de la côte formait une branche immense d'exportation. Ces villes, disons-nous, devaient faire nécessairement affluer des richesses considérables dans l'intérieur du pays. Le *Bidjâpoùr*, dont Goa était la capitale, le royaume de *Travancore*, où l'on remarquait cette ville de Cochin (**) qui va bientôt jouer un rôle si important dans l'histoire des Indes portugaises, étaient nécessairement en rapport avec l'empire qu'abordaient les Portugais; mais ils formaient des États parfaitement indépendants, aussi bien que le Mysore (*Maïsoùr*), le royaume de *Travancore*, le *Karnâtik*, la *Côte de la pêcherie*, le pays de *Madura*, le *Marawah*, si célèbre dans la mythologie des Hindous, et enfin le *Tanjaour*, qui a toujours échappé au joug des musulmans.

Nous ne saurions rappeler ici minutieusement tous les dégoûts dont Vasco da Gama se vit assailli à partir du jour où il quitta l'audience du Samori. Contraint de demeurer dans la bourgade de Pandarane, qui est à quelque distance de la cité, il y manqua des objets qu'on accorde à l'hospitalité la plus vulgaire, et il y souffrit même de la faim. Lorsqu'on lit le récit, plein de sincérité, que nous a laissé Fernand Lopez de Castanheda, il demeure évident que, sans la terreur inspirée par l'artillerie des navires portugais, jamais les chrétiens n'eussent revu l'Europe : grâce à un esprit de loyauté dont il ne se départit ja-

(*) Nous reproduisons ici l'orthographe admise depuis des siècles. Pour être d'accord avec la prononciation des Hindous il faut écrire *Mangaloùre, Cananoùre, Kâli-Koùt*.
(**) Prononcez *Koùtchyn*.

mais, le digne Bontaïbe parvint à instruire Vasco da Gama de ces dispositions malveillantes. Le catoual exigeait que les navires vinssent mouiller devant la terre et que leurs gouvernails fussent remis à l'autorité; Vasco da Gama refusa avec énergie de se soumettre à ces prétentions insolentes. Soit qu'une décision nouvelle eût été transmise par le râdjâ, soit que l'indépendante fierté du chef de l'expédition imposât au rusé ministre, les Portugais purent regagner leurs navires. Il fut convenu seulement que les chrétiens débarqueraient leurs marchandises à Pandarane, et que Diogo Dias ainsi qu'Alvaro de Braga demeureraient à terre pour soigner les intérêts de la factorerie naissante. En effet, certaines transactions commerciales eurent lieu dès ce moment, et le Samori fit même venir à ses frais jusqu'à Calicut quelques-unes des marchandises en échange desquelles les Portugais voulaient obtenir les précieuses épices que les Vénitiens seuls transmettaient alors aux places commerciales de l'Europe.

Cependant on venait d'entrer dans le mois d'août; c'était l'époque de la mousson, et le pilote Canaca insistait pour que l'on ne laissât pas écouler la saison où la navigation présentait le plus de chances favorables. Vasco da Gama signifia ses intentions définitives au souverain de Calicut, qui réclama alors une somme exorbitante de six cents xarafins pour le droit d'ancrage dans le port de Pandarane. Vasco da Gama refusa de se soumettre à cette nouvelle exigence; ce fut à la suite de cette discussion, envenimée certainement par l'astuce des Arabes, que Diogo Dias et Avaro de Braga se virent réellement prisonniers. En effet, une foule de naïres commencèrent à environner la factorerie; ils prétendaient s'opposer à ce que les deux chrétiens pussent rejoindre les navires portugais. Heureusement un noir qui les servait put s'échapper; et, grâce à une rare persévérance dans ses efforts pour sauver les chrétiens, il parvint à s'emparer d'une barque qui le conduisit vers Gama. Ce fut peut-être à ce pauvre esclave que les deux Portugais durent la vie et que le capitaine général put se soustraire aux embûches qui le menaçaient. Averti à temps par ce fidèle serviteur, Gama feignit d'ignorer ce qui se passait à terre, permit de lier quelques relations avec divers Hindous que l'appât du gain avait conduits vers les navires et sut enfin tout disposer de telle sorte que bientôt douze personnages appartenant à une caste plus haute que ceux avec lesquels on s'était vu en rapport, tombèrent au pouvoir des chrétiens et furent retenus à bord du *Gabriel*. Alors seulement le capitaine général écrivit une lettre menaçante au râdjâ; et ordonnant de courir des bordées le long de la côte, il lui prouva que les douze otages lui répondaient de la vie des prisonniers. Cette action énergique eut les résultats qu'on en attendait. Le souverain de Calicut, rejetant sur le catoual ce qui avait eu lieu, rendit la liberté aux deux Portugais : et ceux-ci furent même chargés d'une lettre officielle, adressée par le Samori au roi de Portugal. Diogo Dias et Alvaro de Braga revinrent à bord; mais, il faut bien le dire, une conduite déloyale répondit à ces dispositions pacifiques : six des otages seulement furent renvoyés à terre par Vasco da Gama; et, au mépris des lois les plus saintes, l'ordre du départ fut donné, lorsque les infortunés qu'on emmenait tournaient encore vers la terre des bras suppliants. Étrange leçon donnée à ces peuples! triste souvenir légué par cette mémorable expédition! Les bâtiments voguaient déjà vers l'Europe que le matin encore on voyait sept légères *almadias* s'efforçant de rejoindre les Portugais; ils montraient de loin les marchandises qui appartenaient à la factorerie et qu'ils rapportaient. Quelques coups de canon dissipèrent ces frêles embarcations; Vasco da Gama annonçait aux Indes que la conquête allait commencer.

C'était le 29 août 1498 que le capitainmor avait définitivement quitté la côte; il alla d'abord faire de l'eau aux îles Angédives : là il faillit être victime d'une trahison; sa prudence habituelle le servit, et il se dirigea ensuite vers la côte de Mélinde. Cette dernière partie de la navigation fut marquée par un sinistre; le navire *le Raphaël*, que montait Paul da Gama, se perdit sur les bas-fonds qui avaient failli être funestes précédemment à la flottille. Barreto de Resende nous dit que cette perte ne causa pas un grand chagrin à Vasco da Gama, en raison de la faiblesse des équipages. Il répartit, en effet, les hommes du *Raphaël* sur les deux autres navires. Après avoir gagné Mozambique, il alla doubler le cap de Bonne-Espérance.

A partir de ce point il continua son voyage sans éprouver d'incidents remarquables jusqu'au moment où il atteignit les parages du Cap Vert. Le 20 mars 1499, en effet, une effroyable tempête vint l'assaillir, et il perdit de vue les deux bâtiments qui marchaient de conserve avec lui. La grande nouvelle qu'apportait Vasco da Gama ne devait pas être annoncée à D. Manoel par celui qui avait été l'âme de l'expédition et dont la prudence avait tout sauvé. Nicolas Coelho, qu'on voit plus tard figurer dans l'histoire du Brésil, croyant que le capitaine général marchait en tête, continua sa route vers Lisbonne et franchit la barre le 29 juillet.

Pendant qu'on se réjouissait dans la capitale du Portugal du succès inespéré de cet audacieux voyage, de tristes soins retenaient Gama. Le loyal compagnon de ses travaux, le frère si tendrement aimé, qui l'assistait de ses conseils, allait mourir de la lente maladie dont il était dévoré, dans une des Açores. Prévoyant cette fin prochaine, Vasco da Gama remit le commandement de la capitane à João de Sá, et il passa de Saint-Miguel à Tercère, où il rendit les derniers devoirs au frère infortuné dont les historiens ont trop souvent oublié l'abnégation touchante. « Cette mort fut très-douloureuse au cœur de Vasco, » nous dit un vieil écrivain ; il quitta bientôt Tercère et s'en vint, pour ainsi dire, furtivement à Lisbonne, dans une simple caravelle, tandis que João de Sá ramenait son navire. Ce fut le 29 août 1499 qu'il entra dans le port : il y avait trois ans qu'il en était parti, sans savoir s'il reverrait jamais le petit ermitage de l'Ordre du Christ, où il avait si religieusement prié.

Quelque temps après, D. Manuel le salua du titre d'amiral des mers de l'Inde et le créa comte da Vidigueira. Il lui accorda, ce qui était alors un honneur insigne, la faculté de se faire appeler dom Vasco : une longue disgrâce devait suivre ces premières faveurs.

SECONDE EXPÉDITION AUX INDES ORIENTALES. — « En l'année 1500, nous dit Resende, le très-sérénissime roi de Portugal, D. Manoel, expédia pour les régions de l'Inde une flotte de douze navires. Pedro Alvarez Cabral, gentilhomme de sa maison, en fut nommé capitaine général... Dix de ces bâtiments avaient ordre de se rendre à Calicut, les deux autres devaient se diriger vers Sofala pour y établir des relations commerciales... Or, un dimanche, 8 mars de cette année, étant tous préparés au voyage, nous nous rendîmes à deux milles de distance en un lieu nommé le Rastello, où s'élève le couvent de Belem, et là le roi alla remettre en personne l'étendard royal au capitam-mor. »

Ainsi commence, dans un chroniqueur bien connu, le récit de la mémorable expédition qui suivit celle de Gama. Notre intention ne saurait être de suivre cette fois pas à pas les hardis marins, la route était tracée, et l'espace nous manque pour rappeler, même sommairement, les incidents inattendus qui donnaient un caractère si pittoresque à ces premières navigations. Toutefois un événement trop mémorable vint marquer celle-ci, pour que nous le passions complétement sous silence : le 25 mars, on avait doublé le Cap-Vert, lorsqu'au bout de quelques jours de navigation une tempête s'éleva et jeta la flotte hors de sa route ; le 24 avril, elle voyait de nouveau la terre. Au bout de deux jours, Pedralvarez Cabral entendait la messe sur les rives fleuries d'une terre inconnue, au milieu des chœurs formés par des tribus sauvages, qui s'inclinaient devant la croix : la terre de *Sancta Cruz* était découverte, l'immense empire du Brésil appartenait au Portugal, et pour livrer à l'Europe cette paisible conquête il avait suffi d'un jour ; la Providence, comme dit l'Écriture, s'était contentée d'appeler les vents (*).

(*) La découverte du Brésil se rattache essentiellement à l'histoire du Portugal, mais nous avons traité ce sujet fort au long, dans un des volumes de *l'Univers*. Nous renvoyons le lecteur au récit de Pedro Vaz de Caminha, le seul document vraiment digne de foi qui raconte d'une manière détaillée ce grand événement. La lettre de l'écrivain de *l'armada* commandée

Constraste étrange sans doute, si l'on compare cette relâche paisible avec ce que devait coûter de sang et d'efforts la conquête des Indes (*). Le 2 mai, Pedralvarez Cabral mit de nouveau à la voile pour se diriger vers le cap de Bonne-Espérance, et après avoir fait tête à une horrible tourmente qui dispersa la flotte, il arriva à Calicut le 13 septembre 1500, après avoir relâché à Mozambique, à Mélinde et à la petite île d'Anchediva. Tels avaient été les incidents de la route et les efforts de la tempête, que Pedralvarez Cabral n'avait plus avec lui que six bâtiments lorsqu'il alla mouiller à une lieue de la cité indienne.

Soit qu'il fût mieux informé cette fois de la force réelle des Portugais, soit qu'il crût devoir dissimuler pour préparer sa défense, le Samori sembla accueillir avec une sorte d'empressement les étrangers. Après quelques difficultés écartées facilement, des otages furent échangés, et le râdjâ reçut le nouvel ambassadeur. Le souverain hindou s'était cette fois environné d'une pompe qu'il n'avait pas déployée lorsque Gama s'était présenté devant lui. Beaucoup plus au fait du cérémonial qui devait exister désormais entre la nation portugaise et les peuples de l'Orient, Cabral apportait des présents dont la magnificence égalait sans doute, si elle ne le surpassait, la faste déployé par les Maures, lorsqu'ils renouvelaient leurs ambassades (**). Cependant, en dépit de ces démonstrations amicales, on vit, dès l'origine, combien il fallait peu compter sur des conventions nécessitant toujours l'intervention des musulmans; un traité fut fait à la fin par l'entremise d'Ayres Correa, et il fut gravé, nous dit une relation contemporaine, sur une lame d'airain. Mais on eut la preuve qu'il y a quelque chose de plus durable que les conventions burinées sur le bronze, et que les haines de race et de religion, qui sont écrites au fond des cœurs, vivent plus encore que de pareils traités. Après que le Samori se fut servi d'une caravelle portugaise pour s'emparer d'un grand navire ennemi, qui transportait, entre autres choses, des éléphants de guerre, après qu'il eut vu par lui-même la puissance prodigieuse que pouvait donner l'artillerie européenne, il temporisa pendant plusieurs jours, puis il balança les avantages des deux positions; il obéit, en un mot, à la politique habituelle des Hindous. Un événement inattendu vint lui prouver qu'il ne pourrait pas conserver longtemps sa neutralité apparente entre les chrétiens et les mahométans. Pedralvarez Cabral s'étant emparé d'un bâtiment chargé d'épices qui appartenait aux Maures, cette action violente et que n'ont pas nettement expliquée les historiens contemporains, souleva l'indignation des commerçants arabes, tolérés depuis longtemps à Calicut. On les vit bientôt se réunir, et ils allaient par la cité poussant de vives clameurs contre les chrétiens. Le Samori ne fit nulle démonstration en faveur des nouveaux venus; aussitôt les Maures se ruèrent contre les Portugais, qu'ils attaquèrent à l'improviste; car ceux-ci étaient dans une complète ignorance sur l'événement qui venait d'avoir lieu. Un premier combat commença sur la plage, les Arabes tuèrent trois hommes et en perdirent

---

par Cabral, a été donnée par nous *in extenso* dans les *Chroniques chevaleresques de l'Espagne et du Portugal*, t. II. Nous aimons à rappeler à ce sujet un fait que les derniers travaux de M. Ternaux-Compans rendent d'une évidence incontestable : des navigateurs normands parurent dans ces parages immédiatement après la découverte de Cabral.

(*) Nous ne voulons pas dire que l'établissement des Portugais se soit opéré sur une étendue de douze cents lieues de côtes sans effusion de sang, mais il est certain que les premiers rapports des Américains de la race tupique furent marqués par des danses solennelles et par ce respect religieux qui accueillit les Européens sur presque tous les points inexplorés du nouveau monde. La guerre avec les tribus indiennes ne commença qu'à l'époque où les donataires des capitaineries prétendirent porter atteinte à la liberté de cette race indépendante.

(**) Il y a dans Ramusio un long récit de toute cette splendeur orientale qui fut égalée du reste en cette occasion par les Portugais. Pour donner une légère idée de luxe dont le Samori s'environna, nous dirons qu'il était tellement couvert de pierreries que, selon les propres expressions du compagnon de Cabral, il n'y avait pas de somme au monde qui pût payer cette profusion de joyaux. Son siége était d'argent massif; les quinze à vingt trompettes qui retentissaient autour de son palanquin étaient du même métal; il y en avait, ajoute-t-on, trois en or, et l'une d'elles se trouvait être d'une telle grandeur et d'un tel poids, qu'il fallait deux hommes pour la porter. L'embouchure de ces instruments magnifiques laissait briller un cercle de rubis.

huit. Dès une première échauffourée on put remarquer cette inégalité de force entre les combattants, qui semble être un des caractères distinctifs des guerres de l'Inde. Après avoir résisté longtemps à la multitude armée qui se précipitait sur eux, soixante Portugais, qui s'étaient réunis, se virent contraints de chercher un refuge dans les bâtiments de la factorerie où commandait Ayres Correa. Les Maures commencèrent alors l'attaque de cette simple habitation, où les Portugais n'avaient pu réunir des forces bien imposantes. Les assaillants étaient environ trois mille, et ils n'eurent pas de peine à renverser les murs d'une maison qui n'avait pas été destinée à soutenir un siége. Ayrès Correa demanda du secours à la flotte, et continua une résistance généreuse; mais, voyant qu'il ne pouvait plus longtemps tenir contre cette multitude, il prit la résolution de gagner à main armée le rivage, où il était certain d'être recueilli par les embarcations portugaises, qui jusqu'alors n'avaient fait qu'un feu inutile. Durant cette sortie, entreprise avec une résolution digne d'un meilleur sort, Correa perdit la vie avec plus de cinquante Portugais : vingt hommes environ échappèrent (*) au massacre et purent rejoindre la flotte. Pedralvarez Cabral regarda alors le traité récent qu'il venait de conclure avec le Samori comme étant rompu. Il s'empara immédiatement de dix navires appartenant aux commerçants arabes et qui étaient mouillés en ce moment dans le port; les hommes pris sur ces bâtiments furent impitoyablement massacrés. Tant de violence effrayait la population hindoue, et après cet exploit les Européens se virent menacés par la famine; mais heureusement trois éléphants qu'on allait transporter sans doute dans quelque ville de la côte se trouvèrent à bord des navires arabes et servirent à la nourriture des Portugais. Après cette rupture éclatante, Pedralvarez Cabral abandonna Calicut, et s'en fut demander asile au râdjâ de Cochin. Chemin faisant il prit deux petites embarcations qui se rendaient dans le port qu'on venait d'abandonner. La ville de Cochin, comme on sait, est à trente lieues portugaises de Calicut; le râdjâ qui y commandait avait déclaré la guerre au Samori. Il accueillit avec empressement les étrangers; la difficulté était de s'entendre pour poser les bases d'un traité : dans cette circonstance, un Guzarate, qui se rendait de son plein gré en Portugal, servit d'intermédiaire entre Cabral et le monarque hindou. On échangea des otages. On stipula certaines conventions commerciales. Mais le roi de Calicut ayant envoyé dans les eaux de Cochin une flotte d'environ quatre-vingt-cinq voiles, Cabral jugea à propos d'éviter le combat pour se diriger vers le royaume de Cananor. Quoique ce capitaine général fût à coup sûr un homme éminent, il est impossible de pallier ici sa conduite, car il s'éloigna en enlevant les otages et en abandonnant les Portugais qui se trouvaient alors à terre. Il est bon de rappeler en passant qu'à Carangolor, à quelques lieues de Cochin, il trouva une femme maure de Séville, et que deux chrétiens de Saint-Thomas lui demandèrent passage pour se rendre à Rome. Les connaissances positives que l'on acquérait sur le pays allaient donc toujours croissant. A Cananor, Pedralvarez établit des relations d'amitié et compléta son chargement au moyen de cent *bahares* (*) de cannelle qui lui furent livrés sur sa première réquisition : il obtint également, dit-on, du souverain hindou, qu'un de ses sujets s'embarquât à son bord pour le Portugal : *c'était un gentilhomme*, dit naïvement le vieux chroniqueur qui nous sert de guide; cela signifie sans doute que ce messager appartenait à une haute caste (**) : un facteur

―――――――――

(*) Le fils d'Ayrès Correa fut de ce nombre, et on le verra figurer plus tard avec gloire dans les guerres de l'Inde.

(*) Équivalant à 400 quintaux.
(**) Ce qui pourrait faire douter de ce fait, c'est qu'il n'est pas probable qu'un brahme, ou qu'un schatrya, perdît volontairement sa caste par le contact avec les étrangers. On s'aperçoit à chaque instant, en lisant attentivement les relations primitives, du sombre désespoir qui s'empare des otages, lorsqu'ils se voient forcés à enfreindre la loi du brahmanisme. Les uns se jettent à la nage, et risquent de se noyer plutôt que se souiller par des aliments défendus, les autres restent trois jours sans manger et semblent préférer la mort la plus cruelle à une existence profanée. Le temps, du reste, n'a modifié que bien faiblement ce respect pour la loi religieuse.

portugais, qui avait joué un rôle dans cette expédition et qui s'appelait Pedro Alvarez, resta à Cananor. On mit à la voile et, le dernier jour de janvier, on se trouvait déjà au milieu du golfe de Mélinde, où l'on capturait un riche navire. Pedralvarez Cabral, sachant que ce bâtiment venait de Cambaya, le laissa aller librement après lui avoir pris seulement un pilote. Ce redoublement de précaution n'empêcha pas que le vaisseau commandé par Sancho de Tovar n'allât donner sur un bas-fond et ne sombrât, avec sa riche cargaison d'épices; l'équipage fut sauvé. Après avoir heureusement doublé le cap de Bonne-Espérance, où il parvint à la Pâque fleurie, Cabral arriva à Bezenègue non loin du Cap Vert, là il rencontra une flottille, qui se dirigeait (*) probablement vers cette terre de Sancta Cruz, dont la fameuse lettre de Pedro Vaz de Caminha avait signalé les merveilles à D. Manoel. Cabral recueillit plusieurs renseignements sur le bâtiment qui s'était séparé de la flotte au commencement du voyage, et il continua sa route vers le Portugal; il arriva à Lisbonne à la fin de juillet. Sur douze navires dont se composait l'expédition, il n'en ramenait que six : la sublime imprécation que Luiz de Camoens met dans la bouche de son vieillard s'était déjà réalisée.

EXPÉDITION DE JOAM DA NOVA. — DÉCOUVERTE DE L'ÎLE DE LA CONCEPTION ET DE SAINTE-HÉLÈNE. — Avant

(*) Nous sommes obligé d'employer ici la forme dubitative. Ni João de Barros ni Castanheda ne font mention de cette expédition; on ne peut rejeter cependant le témoignage de l'écrivain qui accompagnait Cabral. Il dit positivement : *Nous rencontrâmes trois navires que le roi de Portugal envoyait pour découvrir la terre nouvelle* que nous avions trouvée quand nous nous rendions à Calicut. Amerigo Vespuci était-il à bord de cette flotte? y était-il surtout en qualité de *capitão-mor?* Convenons que quelques mots de plus ajoutés par l'auteur de la relation, insérés dans Ramusio, eussent mis fin à bien des discussions. Un mémoire, publié en 1812 par M. de Santarem, établit les preuves qui peuvent faire nier cette expédition. Il faut bien le dire, l'examen attentif de plusieurs sources précieuses ne nous a rien fait découvrir qu'on pût sérieusement alléguer en faveur de Vespuce dans ce grand procès. Nous basant jadis sur l'opinion de savants tels que Cazal et Pizarro, nous avions considéré comme réelle l'expédition d'Amerigo Vespuci en 1501; nous sommes contraint aujourd'hui de rejeter les sources dont ils ont fait usage.

que la flotte commandée par Cabral fût de retour, D. Manoel avait déjà expédié pour les Indes orientales une *armada* nouvelle composée de quatre voiles. Cette escadre partit au mois de mars 1501, et se signala par plusieurs découvertes. Ce fut Joam da Nova qui vit le premier l'île de la Conception, et qui lui imposa le nom sous lequel elle a été connue depuis; ce fut encore lui qui vit le premier le rocher de Sainte-Hélène. Comme si l'infortune donnait quelquefois le don de prophétie, lorsque le nom de cette île vient à la mémoire d'Antonio Galvão, il s'écrie : « *C'est une terre de peu d'étendue, mais bien célèbre* (*) ».

CORTE REAL ET SES DÉCOUVERTES. — A part ces importantes explorations, l'expédition de Joam da Nova n'avança point beaucoup les affaires de D. Manoel aux Indes orientales; mais en ces temps d'ardeur infatigable, à cette époque où ils se montrèrent si différents des Vénitiens et des Hollandais, les Portugais songeaient à la gloire avant de songer à l'argent. Quelquefois ils tournaient leurs regards vers des contrées où il n'y avait qu'une sombre nature à explorer et de grands périls à courir, uniquement avec l'espoir d'accroître la somme des connaissances géographiques dont on pressentait la valeur. Précisément en l'année où l'on découvrait le Brésil, Gaspar Corte Real demandait à D. Manoel la permission de se diriger vers le nord; il partait de Tercère avec deux navires armés à ses dépens et il arrivait à la terre désolée qui porte son nom en s'avançant jusqu'au 50°. Une seconde expédition vers ces parages devait lui être fatale, et ce fut en vain que son frère Miguel Corte Real alla à sa recherche en armant trois navires à ses propres dépens; il y périt sans aucun doute, car deux des bâtiments dont se composait sa flottille se dégagèrent des glaces et vinrent en Portu-

(*) « *Sancta Helena cousa pequena, mas muito nomeada.* » Voy. Antonio Galvão, *Tratado dos descobrimentos antigos e modernos*, p. 36. Antonio Galvão avait, comme on sait, refusé d'être roi, et il mourut à l'hôpital, après y avoir fait un séjour de dix-sept ans. Cet homme si remarquable comprenait la valeur de la nouvelle découverte comme point de relâche; c'est ce qui lui a inspiré dès le commencement du seizième siècle l'expression heureuse reproduite ici.

gal, après avoir fait des recherches inutiles pour rejoindre la capitane. La terre des Corte Real rappelle à la fois un grand courage et un grand dévouement.

INFLUENCE DE LA SECONDE ET DE LA TROISIÈME EXPÉDITION DES PORTUGAIS AUX INDES. — Le voyage de Pedralvarez Cabral changea complétement certaines idées admises jusqu'alors, et que les notions imparfaites recueillies par Gama n'avaient pu modifier. Le monarque chrétien qu'on décorait du nom de Preste Jean ou Prêtre Jean et qu'on se plaisait à revêtir d'un pouvoir imaginaire, disparut des Indes ; on sut enfin à quoi s'en tenir sur ces sectateurs de Saint-Thomas dont on peuplait les riches contrées orientales, et l'on se vit contraint à réduire ce peuple innombrable à vingt mille individus environ (*), tolérés plutôt que vivant dans l'indépendance derrière les montagnes de Cochin. On commença à deviner ce qu'il y avait d'immuable dans les institutions de Brahma, et le jeûne sévère que s'imposèrent les otages laissés à bord de la flotte chrétienne, révéla des résistances religieuses qu'on était loin de soupçonner. Le régime des castes s'offrit aux Européens dans son essence réelle, avec ses lois inflexibles, ses principes rigoureux. On comprit mieux en même temps l'influence musulmane sur ces populations timides ; et quand le râdjâ, forcé par les exigences des étrangers à s'expliquer d'une manière positive sur le parti qu'il allait prendre vis-à-vis de ses anciens hôtes, eut déclaré qu'il ne pouvait chasser ainsi cinq mille familles de son empire, d'un seul mot il fit comprendre aux Portugais la lutte terrible que les Maures allaient engager. Cabral avait à bord de la flotte où il commandait plusieurs hommes habiles et doués d'un esprit réel d'observation ; la lettre de Pedro Vaz de Caminha, écrite durant la relâche au Brésil, en fait foi. Ces officiers démêlèrent au milieu des magnificences indiennes, l'esprit particulier et profondément original qui animait cette société. D'un seul coup d'œil ils devinèrent la supériorité qu'allait leur donner leur artillerie sur ces naïres habiles cavaliers, qui ne possédaient que quelques bouches à feu d'un maniement difficile, et qui répondaient à leurs décharges de tromblons ou d'escopettes par des volées de flèches dont les filets d'abordage suffisaient pour garantir les Européens. Dès lors la conquête ne fut plus douteuse à ceux-ci, et ils ne tardèrent pas à faire passer leur persuasion dans le cœur du souverain.

DEUXIÈME EXPÉDITION DE VASCO DA GAMA. — INCENDIE D'UN BATIMENT APPARTENANT AU SOUDAN D'ÉGYPTE. — D. Vasco da Gama était revêtu du titre d'amiral des Indes ; il lui restait un grand labeur à accomplir, il fallait faire respecter le nom portugais dans les contrées lointaines qu'il avait découvertes : D. Manoel lui en fournit bientôt les moyens. Dix-neuf à vingt caravelles bien armées furent mises à sa disposition, et il partit de Lisbonne, avec cette *armada*, le 10 février 1502. Indépendamment de tout autre mobile, l'amiral paraît avoir été préoccupé dans cette circonstance du désir de faire payer cher aux musulmans la mort de Correa. Il y avait là à la fois une question de religion et un souvenir d'amitié ; le hasard servit bientôt cette soif de vengeance qui s'était emparée des chefs de l'armada. Gama voguait déjà dans les mers de l'Inde, lorsqu'il rencontra un vaste bâtiment appartenant au soudan d'Égypte, et chargé pour le compte d'un des principaux commerçants arabes de Calicut. *Le Merii*, tel était le nom de ce navire, donnait passage à une innombrable quantité de musulmans de pays divers que les Portugais confondaient dans leur route sous la dénomination générale et inexacte de Maures : ces malheureux revenaient d'accomplir le pèlerinage de la Mecque ; des femmes, des enfants étaient mêlés aux passagers. En comptant les navires dont se composait l'armada portugaise, ils comprirent que toute résistance devenait inutile, mais ils espérèrent qu'un arrangement pécuniaire pourrait les sauver de l'esclavage. L'Arabe qui occupait le rang

---

(*) Plusieurs écrivains du seizième siècle réduisent même singulièrement ce chiffre, puisqu'ils ne le font monter qu'à trois mille individus, ce qui nous semble une exagération contraire.

principal parmi ces passagers fit faire des offres immenses à l'amiral chrétien; elles furent rejetées; il alla dans son désespoir jusqu'à se livrer lui-même comme otage : tout fut inutile. Vasco da Gama laissa un moment d'espoir à ces malheureux, car il reçut l'or du rachat, mais il ordonna ensuite que l'on conduisît ce lourd bâtiment loin de la flotte et qu'on y mît le feu. Les misérables qui y étaient renfermés éteignirent une première fois l'incendie;... l'amiral renouvela son ordre impitoyable, et ils comprirent qu'il fallait mourir. Ils se résignèrent à l'effroyable sacrifice, mais les pierres qui servaient de lest au navire prêtèrent un moment des armes à leur énergie. Un témoin oculaire qui nous a laissé ce récit, et qui l'a fait avec un sentiment de pitié profonde, raconte que l'intérieur du bâtiment offrait une représentation visible de l'enfer. Les femmes élevaient leurs enfants vers Gama au milieu de cette demi-obscurité éclairée vaguement par la lueur des flammes, et les hommes faisaient signe qu'il était temps encore de les arracher au trépas. Cet événement eut lieu un lundi, 3 octobre de l'année 1502, et Thomé Lopes ajoute que ce cruel souvenir lui était resté toute sa vie. « Ils résistèrent bien avant dans la soirée durant une des journées les plus longues de la saison, et leur impétuosité tenait du prodige. » De l'aveu du digne écrivain, leur courage fut sur le point de triompher, le navire échappa à la flotte chrétienne. Vasco da Gama le poursuivit durant quatre jours et quatre nuits; mais un traître livra les siens, et le combat se renouvela avec un nouvel acharnement; il fut tel qu'on voyait ces malheureux arracher les flèches qui venaient de les frapper et les lancer à leurs ennemis : les flammes seules purent arrêter ce dernier effort du courage; ils périrent presque tous.

Barros, qui raconte aussi cet événement effroyable, a soin de faire remarquer que l'amiral sauva une vingtaine d'enfants, qui furent élevés en chrétiens et qui par la suite servirent avec courage sur les navires de l'État. Thomé Lopes laisse entendre que les choses eurent lieu ainsi, mais il ne le dit point expressément (*). Croyons pour l'honneur de Gama que ce passage des Décades n'a pas été inspiré par une pitié tardive.

Ce terrible épisode du second voyage de Vasco da Gama fait assez comprendre dans quel esprit et avec quelles résolutions l'amiral se dirigeait vers la côte du Malabar. Il ne se rendit pas à Calicut comme il l'avait fait d'abord, ce fut devant la capitale d'un royaume voisin, à Cananor, qu'il alla jeter l'ancre. Là, il eut une entrevue avec le vieux râdjâ de ces contrées. C'est dans la narration de Thomé Lopes, et surtout dans le récit habile qui nous a été laissé par Barros, qu'on peut saisir les traits originaux et saillants qui marquèrent cette entrevue. Cette fois, l'amiral voulait effacer, par sa magnificence toute guerrière, l'impression que son premier voyage pouvait avoir laissée. De son côté le vieux Brahme qui régnait à Cananor désirait sans doute, à défaut de puissance réelle, frapper ces étrangers par un faste dont ils n'avaient pas encore été témoins dans ces régions. L'entrevue solennelle eut lieu. Vasco da Gama prétendait faire un traité immédiat dont les difficultés lui semblaient devoir être aplanies par Payo Rodriguez, que João de Nova avait laissé dans cette ville. Les méticuleuses observations du vieux râdjâ, ses retards dus aux obsessions des musulmans, ne firent qu'irriter l'amiral. Il partit laissant devant Cananor Vicente Sodré, l'un des commandants de la flotte, pour attendre les résultats d'une lettre qu'il avait écrite au râdjâ, et qui laissait voir sous une apparente modération le sort réservé à qui oserait opposer de la résistance. Vasco da Gama n'était pas encore devant Calicut que le timide râdjâ s'était soumis.

Comme on se dirigeait vers cette cité et qu'on longeait la côte, un sambuco, sur lequel étaient montés plusieurs naïres, aborda le navire amiral : le Samori envoyait un message à l'hôte terrible

(*) *Navegação às Indias Orientaes escrita em Portuguez* por Thomé Lopes. Ce précieux mémoire a été publié récemment par l'ingénieux et savant Adolfo Varnhagen ; il y est dit par l'écrivain de la flotte de Gama, qui joua un rôle très-actif dans toute cette affaire, que l'amiral *répartit entre les divers navires de la flotte les Maures qu'on avait tirés du sambuco*. Voy. chapitre XIII.

qu'il avait offensé ; il prétendait avant tout que la représaille exercée sur le bâtiment incendié devait faire oublier le meurtre de Correa, puis il se soumettait à divers arrangements, qui, sous des formes timides, laissaient voir un certain esprit de conciliation. La réponse fut altière, nous dit un témoin de l'entrevue, et Gama signifia qu'il n'admettrait des dispositions nouvelles qu'après l'entière expulsion des musulmans. Aussitôt qu'il eut donné cet ultimatum, il continua sa route ; mais il n'avait pas jeté l'ancre devant la ville indienne, que la réponse du Samori lui était parvenue. Elle était après tout ce qu'elle devait être : on y offrait divers avantages aux chrétiens, mais le râdjà disait positivement qu'il ne pouvait chasser de Calicut plus de quatre mille familles maures, qui y étaient établies depuis longues années et qui y amenaient la richesse (*). Gama regarda cette réponse comme étant l'équivalent d'une rupture, et dès lors il prépara tout pour le bombardement de cette cité malheureuse, qui l'avait accueilli, trois ans auparavant, plutôt encore avec une curiosité dédaigneuse qu'avec des sentiments d'hostilité ouverte.

Et avant de se mettre à l'œuvre, nous dit Barros, « il écrivit au Samori, par un des idolâtres qu'on avait pris dans une des barques, lui annonçant que s'il n'avait pas reçu à midi un message touchant ce qu'il lui avait fait dire à tant de reprises diverses, il livrerait sa ville au feu. Or, comme passé ce terme il n'eut pas de réponse, il ordonna à tous les navires qui avaient reçu des ordres en conséquence, de faire pendre au haut de la vergue les Maures qu'il leur avait envoyés ; et après une telle action qui présenta un spectacle de grande douleur pour tous ceux de la cité, ils commencèrent à voir et entendre quelque chose de plus accablant pour eux, car toute l'artillerie tira contre la ville durant ce jour ; c'était un tonnerre continu et une pluie de pierres et de boulets. Tout cela amena une grande destruction et causa la mort de bien du monde. Mais sur le soir, pour en finir et pour imprimer plus de terreur, il ordonna de décapiter les gens que l'on avait pendus. Or cela faisait trente-deux têtes, et l'on y joignit les mains et les pieds ; tous ces restes furent mis dans une barque, avec une lettre où il était dit que ces hommes sans doute n'étaient pas ceux-là même qui avaient trempé dans la mort des Portugais, mais que, s'il suffisait cependant de leur parenté avec les habitants pour justifier leur supplice, on pouvait dès lors prévoir combien serait plus cruel encore le châtiment réservé aux auteurs de la trahison. Et cette barque fut conduite d'après ses ordres par un certain André Dias, qui depuis fut almoschérif du magasin royal : puis, lorsque l'heure de la marée montante fut venue, Gama fit lancer à la mer ces troncs mutilés, afin qu'ils allassent échouer sur le rivage, aux yeux du peuple, et que tout le monde vît ce que pouvait coûter une trahison ourdie contre les Portugais ; tout cela montrant la manière dont ils devaient venger quelque espèce de tort qu'on osât leur faire. Cet incident épouvanta tellement la cité, que le jour suivant, comme l'amiral se préparait à poursuivre l'œuvre de la veille, il n'apparut âme qui vive sur toute l'étendue de la plage ; parce que la population, comme une race des plus craintives, abandonnait les lieux voisins de la mer, et que les Maures, auxquels on avait confié leur défense, n'osaient point paraître ; s'enferrant au contraire dans l'enceinte des retranchements et à l'abri des ouvrages qu'ils avaient élevés. Tout était si bien abandonné, qu'il eût été loisible à l'amiral d'enlever la cité sans beaucoup de résistance ; mais comme ces exécutions avaient été ordonnées, plutôt pour imprimer de la terreur au roi et pour qu'il se désistât des conseils des Arabes, que par vengeance du passé, il ne voulut pas accomplir tout le mal qu'il aurait pu faire, afin de donner à ce souverain le loisir de se repentir. Il ne se souciait pas de

---

(*) Les personnes qui voudraient prendre une juste idée des antiques relations établies entre les musulmans et les Hindous de ces contrées devront avoir recours au beau travail publié récemment par M. Reinaud dans la *Revue asiatique*. Il est curieux de voir un voyageur musulman du onzième siècle peindre ses impressions à la vue des cités indiennes en reproduisant même les grandes traditions historiques de ces peuples, dont il éclaire la chronologie.

le pousser à bout, par la perte énorme que lui eût causée la complète destruction de la ville. Et pour que ce souverain ne pût pas croire que l'avidité avait plus de pouvoir sur les Portugais que l'honneur, durant les deux jours où toute l'armada fut occupée à foudroyer la ville, jamais l'amiral ne voulut ordonner qu'on fît le plus léger tort au bâtiment qu'il avait fait tirer du port et amariner près de lui, pensant que, quelque bon rapport venant à s'établir avec le roi, il lui restituerait ce navire avec son chargement intact. Néanmoins, après que ces deux jours de fureur incendiaire furent passés, Gama par nécessité ordonna de débarrasser le navire de ses nombreux approvisionnements; on les répartit entre toute la flotte, et ce lui fut un rafraîchissement de grand secours. A la fin le déchargement complet fut effectué. Gama fit mettre le feu au navire, et il brûla ainsi devant la ville, du moins la portion qui s'élevait au-dessus des eaux. Après cette expédition l'amiral s'éloigna et prit le chemin de Cochin, où il arriva le 7 de novembre (*). »

Le lecteur, sans nul doute, a plus d'une fois frémi d'horreur en écoutant cet affreux récit. Nous éviterons de multiplier de semblables peintures, mais au début d'une histoire sanglante, nous nous sommes bien gardé d'adoucir aucun des traits qui la caractérisent, et nous avons voulu faire comprendre par cette page énergique, quels seront désormais les droits que s'arrogera le vainqueur dans ces contrées. Hâtons-nous de le dire, néanmoins, ce qui aux yeux de la politique peut expliquer *ces cruautés habiles*, pour nous servir des expressions d'un écrivain qu'on ne saurait accuser de transiger avec sa conscience (**), ce sont les faits politiques qui se passaient en quelque sorte sous les yeux de Vasco da Gama, et dont certainement il avait connaissance. Non-seulement le râdjâ de Cananor, uni au Samori, équipait une flotte innombrable qu'on supposait suffisante pour anéantir les chrétiens dans ces régions, mais la mauvaise foi positive que mettaient les souverains hindous dans leurs rapports avec les Portugais, les insinuations perfides des Arabes, qui ne cessaient de conspirer contre eux, expliquent la conduite de l'amiral : l'esprit de son siècle peut seul l'excuser.

Vasco da Gama trouva dans le râdjâ qui commandait à Cochin, un allié sincère, et la conduite modérée que tint l'amiral avec lui prouve ce qu'il eût été avec les autres souverains hindous, si ceux-ci eussent osé mettre dans leurs transactions la loyauté confiante qui distingua ce prince. Disons-le cependant, soit qu'il eût été frappé des immenses avantages commerciaux que le séjour des étrangers pouvait procurer à son pays, soit que leur bravoure ardente eût fasciné ses yeux, Triumpara (c'était le nom du souverain de Cochin) semble s'être abandonné à une confiance qu'on ne pouvait guère sans injustice exiger des autres souverains hindous. Non-seulement il conclut avec les Européens des traités politiques et commerciaux, mais il se livra à la discrétion de Gama, avec lequel il eut plusieurs entrevues, durant lesquelles il éloigna les hommes de sa suite en mettant de côté d'ailleurs toute espèce de pompe royale. Il est probable même que cet excès de confiance blessa au plus haut degré les principes religieux des autres râdjâs, car lorsqu'ils s'unirent au Samori, pour déclarer la guerre à cet ami des étrangers, ils invoquèrent contre lui les exigences de la religion brahmanique : c'est, du reste, ce qui ressort d'une lecture attentive des écrivains contemporains et notamment de Barros. Dans tous les cas, soit qu'il contracte un traité de commerce avec Triumpara, dont il sait mettre en jeu l'ambition; soit qu'il feigne d'admettre les excuses du Samori, qui craint à la fois pour son commerce et pour sa puissance prêts à passer entre les mains du râdjâ de Cochin, nulle part Vasco da Gama ne déploie autant de prudence, d'habileté, de sang-froid, qu'il en montre dans cette occasion. Tout autre que lui périrait peut-être devant Calicut, quand une trahison, habilement ourdie par un brahme, le ramène devant cette cité. Grâce à son courage, il échappe aux milliers de barques ennemies qui l'environnent, et à l'incendie qui va con-

---

(*) João de Barros, *Primeira decada*, livio sexto, fol. 120.
(**) Liaño *portatif, Répertoire, de l'histoire et de la littérature d'Espagne et de Portugal.*

sumer son navire : sans doute il quitte la cité perfide, en accomplissant un acte déplorable de vengeance, mais il sait, au bout de quelques mois, rentrer encore une fois triomphant dans le port de Lisbonne, et cette fois, lorsqu'il se présente à D. Manuel, il peut lui donner l'assurance que désormais la conquête de l'Inde n'est plus un rêve pour les Portugais. En effet, à l'exception d'un seul râdjâ, qu'on doit regarder comme un allié fidèle, les souverains hindous sont frappés de terreur et les marchands arabes reconnaissent leur insuffisance dès qu'il s'agit de lutter avec les chrétiens. Les petits souverains du littoral comprennent ce qu'ils peuvent ravir de richesses à l'empire du Samori, en profitant des transactions commerciales que leur offrent les étrangers. Chaque bahar de poivre a coûté jusqu'à présent le sang de plusieurs hommes, mais une expédition vigoureuse peut faire taire tout à coup ces attaques et ruiner enfin Venise. Voici pour les richesses de la terre et pour la puissance temporelle. Nous pouvons rappeler aussi ce que Gama dut promettre de conquêtes spirituelles à l'esprit religieux du temps. Le prêtre Jean et sa messe miraculeuse ont fui décidément des Indes, on sait enfin à quoi s'en tenir sur les chrétiens de cette contrée, et pour la première fois dans Cochin même ils sont venus payer un tribut de respect à l'amiral portugais ; Rome, après des siècles d'oubli, va retrouver ces enfants égarés. Mais ce n'est pas tout, une troisième armée qui doit aller hiverner sur les côtes de l'Arabie, et qui sera toujours prête à secourir les Portugais laissés par Gama dans le Malabar, prouve que l'amiral n'a pas seulement l'habileté des conquêtes, mais qu'il sait les assurer. Tout cela était grand sans doute, et tout cela accompli en si peu de mois, tenait presque du prodige. Vasco da Gama ne fut cependant pas chargé de poursuivre ce qu'il avait commencé avec tant d'éclat. Qui amena cet oubli apparent ? Quelles furent les causes de cette espèce de disgrâce ? C'est un des mille problèmes que l'histoire nous laisse à deviner : ce qu'il y a de certain, c'est que pendant plus de vingt ans D. Vasco da Gama, l'amiral des mers de l'Inde, rentre dans l'oubli ;

il faudra un autre règne pour réparer cette injustice.

EXPÉDITIONS QUI PARTENT DE LISBONNE EN 1503. — FRANCISCO ET AFFONSO D'ALBUQUERQUE, DUARTE PACHECO PEREIRA. — Ce qui a fait sans contredit la gloire de D. Manoel, c'est d'avoir possédé, presque à l'égal de Joam II, l'art sans lequel il n'y a pas de grands rois, l'art de choisir, comme disait Napoléon. D. Manoel renonçait à Gama peut-être, mais il méditait trois expéditions vers les régions orientales, et parmi les hommes éminents auxquels il confiait les grands intérêts qui allaient s'agiter désormais dans l'Inde et sur les bords de la mer Rouge, on comptait les deux Albuquerque, Saldanha et ce Duarte Pacheco dont le poëte a fait assez comprendre la glorieuse destinée en le surnommant l'Achille portugais.

Duarte Pacheco Pereira n'avait pas de commandement en chef, il venait sous les ordres d'Affonso d'Albuquerque ; et s'il se fit un nom immortel, il eut en quelque sorte tout à conquérir, jusques au commandement qui prépara sa gloire.

En 1503, trois divisions sortirent du port de Lisbonne ; elles se composaient chacune de trois voiles ; deux d'entre elles devaient revenir chargées d'épices, l'autre avait reçu l'ordre d'aller croiser à l'embouchure de la mer Rouge pour surprendre les navires musulmans : c'était à Antonio de Saldanha que ce commandement avait été dévolu. Ces divers bâtiments mirent à la voile au mois d'avril. Bien qu'Affonso d'Albuquerque fût parti huit jours avant son cousin, ce fut ce dernier qui atteignit d'abord les rives de l'Inde. Mais avant de raconter comment il contribua à y consolider la puissance portugaise, il devient indispensable de jeter un coup d'œil sur les événements de l'année 1502.

EXPÉDITION DE VICENTE SODRÉ. — Après le départ de Vasco da Gama, des faits d'une haute importance historique avaient eu lieu ; Vicente Sodré (*), que

(*) Vicente Sodré, et non *Sodres*, était le propre oncle de Vasco da Gama, et non, comme on l'a dit dans ces derniers temps, un aventurier avide, faisant de sa propre inspiration le métier de pirate. Il allait où il supposait pouvoir servir avec le plus d'efficacité les intérêts de son pays ; la preuve en est dans la mission donnée par Manoel à Ant. Saldanha. Barros

l'amiral avait laissé dans ces parages pour y protéger à la fois les Portugais et leur allié, avait jugé à propos d'étendre sa mission ou plutôt d'en changer l'objet, et au moment même où l'horizon devenait le plus menaçant pour l'infortuné râdjâ de Cochin, en dépit des vives observations que lui adressait Correa, il avait quitté les mers de l'Inde pour aller chercher non loin du détroit de Bab-el-Mandel, quelques-uns de ces riches bâtiments que les Arabes expédiaient chaque année pour Calicut. Le résultat de cette décision avait été désastreux : quelques jours après l'éloignement des chrétiens, Triumpara, attaqué par le Samori, se voyait contraint d'abandonner sa capitale et de se réfugier sur un rocher, et, au lieu de faire une riche capture, Vicente Sodrê allait se jeter sur des écueils où il périssait avec son frère Braz-Sodrê et nombre de Portugais. Mais par un bonheur inouï, et dont les exemples ne sont point fréquents, Francisco d'Albuquerque, se dirigeant vers Cochin, recueillait les débris malheureux du naufrage. Quelques jours plus tard, il rejoignait Triumpara sur son rocher, le réintégrait dans sa capitale et obtenait la faculté de bâtir un fort dans Cochin : il préparait ainsi pour l'avenir la puissance des chrétiens et la gloire de son cousin, l'illustre Affonso d'Albuquerque, dont il ne devait point connaître les exploits, et qui n'était apparu cette fois dans l'Orient que pour mesurer de son regard d'aigle ce qu'il allait bientôt conquérir.

VICTOIRES DE DUARTE PACHECO PEREIRA. — Comme nous l'avons déjà dit plus haut, sur la flotte qui conduisait aux Indes le grand Albuquerque venait un homme qui devait accomplir à lui seul les faits les plus extraordinaires qu'on eût encore signalés. Cet homme joue un rôle si extraordinaire dans l'histoire de ces conquêtes, il est à la fois si grand et si malheureux, qu'il faut nécessairement le faire connaître avant de raconter ce qu'il fit. Duarte Pacheco Pereira était né à Santarem de parents nobles. Les qualités que les grands esprits acquièrent dans l'âge viril, se manifestèrent chez lui dès les premières

dit positivement d'ailleurs que la chose était remise à son libre arbitre.

années de sa jeunesse. Tout nous prouve qu'il n'était pas seulement propre aux armes, mais qu'il avait acquis dès l'origine une solide instruction : nul doute que dans les circonstances exceptionnelles où il se trouva ces études sérieuses ne dussent lui servir et que les connaissances positives dont il donna la preuve ne lui eussent acquis le grade de capitam-mor parmi des hommes éminents.

Dès l'origine de la conquête, comme on l'a pu voir, le souverain de Calicut s'était laissé dominer par la politique musulmane, et avait persévéré dans ce système d'hostilité contre les Portugais, qui devait avoir de si fatals résultats pour lui. Le râdjâ de Cochin, en adoptant un principe opposé, devint nécessairement l'objet d'une haine ardente de la part du Samori : sa perte fut résolue, et elle eût suivi de près les menaces de son rival, si Duarte Pacheco n'eût pas accompli alors avec une poignée de Portugais un de ces prodigieux faits d'armes dont le souvenir domine l'histoire de la conquête, et dont les récits contemporains n'offrent pas un second exemple.

Après les derniers événements dont on a lu le sommaire, le Samori avait rassemblé une armée, qui allait au delà de cinquante mille hommes; il avait réuni d'innombrables embarcations, et son artillerie, sans être comparable à celle des Européens, se montrait encore redoutable. Les forces du roi de Cochin ne s'élevaient guère qu'à trente mille hommes, sur le courage desquels il eût été imprudent de compter. Duarte Pacheco n'avait sous ses ordres que huit à neuf cents Portugais au commencement de la campagne; ce fut avec cette poignée de braves, auxquels il faut joindre seulement trois cents Hindous, que Pacheco alla attendre le Samori, avant qu'il fût sous les murs de Cochin. Les auxiliaires, sur lesquels on avait peu compté sans doute, s'enfuirent honteusement; les Portugais suffirent pour vaincre, et ce ne fut qu'après avoir fait un effroyable carnage qu'ils rentrèrent dans Cochin.

Lorsqu'on examine les plans de ces antiques forteresses de l'Inde qui nous ont été conservés par Pedro Barreto de Resende, on peut se convaincre que le lieu où les Portugais avaient cherché un asile pour résister aux râdjâs ennemis, était choisi avec une rare perspicacité; la ville, en effet, est bâtie sur une presqu'île, et des bancs mobiles de sable, qui interrompent la barre, donnent une réelle sécurité à ceux qui se renferment dans l'enceinte de Cochin. Grâce à cette disposition des lieux et à une intrépidité dont il n'y a peut-être pas un second exemple, Duarte Pacheco remporta successivement plusieurs avantages, qui réduisirent peu à peu l'armée ennemie, dont la puissance effective ne s'éleva bientôt plus qu'à trente mille hommes.

Duarte Pacheco résolut avec ses neuf cents Portugais d'anéantir ce reste d'une armée formidable; en conséquence, il alla s'établir à une lieue de la ville, dans une petite île désignée sous le nom de Cambalam, où était bâti un fort de peu d'importance et qui commandait le gué par lequel le souverain hindou était contraint de faire défiler ses troupes s'il prétendait attaquer Cochin. Le Samori n'hésita pas longtemps en effet; mais Duarte Pacheco, réduit à ses propres forces, soutint l'attaque de l'armée entière. Par ses ordres, des pieux durcis au feu avaient été plantés dans les sables du gué, et grâce à ce stratagème, dès le début de l'attaque une foule de soldats hindous et musulmans s'étaient vus hors de combat. L'armée s'avançait toujours cependant, et les corps des hommes noyés facilitaient le passage du fleuve: l'île allait être envahie sans que les Portugais pussent s'y opposer. Ce fut alors que Duarte Pacheco fut obligé de redoubler d'énergie; une partie des troupes indiennes qui lui restaient s'étaient enfuies vers Cochin, et il fallait que sa petite troupe, divisée sur tous les points, fît sans cesse face à l'ennemi, dont les efforts se renouvelaient avec une incroyable persévérance. En présence de ce danger le général portugais adopta un grand dessein, il alla s'établir avec tout son monde près de la forteresse, et il prit la résolution de concentrer sur ce point la résistance. Comme il se maintenait dans cette position, avec les caravelles et plusieurs petits bâtiments soutenant journellement les attaques partielles de l'armée ennemie, le Samori se décida enfin à opérer une attaque générale contre cette poignée de braves, dont la mort était annoncée à l'avance dans les comptoirs portugais (*). Pour en venir à son honneur, le râdjâ avait fait construire sur des embarcations d'une forme particulière, des espèces d'édifices en bois, affectant la forme d'un château, et il se préparait à une attaque générale, lorsque le souverain de Cochin revint avec quelques troupes à l'aide de ses alliés. Ce secours était bien faible toutefois, si l'on songe à la terreur qu'inspiraient aux Hindous les châteaux flottants du souverain de Calicut. Duarte Pacheco opposa alors une autre invention à cette étrange construction navale; il fit joindre deux à deux les caravelles, dont la poupe était tournée vers la terre, en les disposant de telle sorte cependant qu'elles pussent laisser un certain espace entre elles. Par ses ordres, elles furent armées d'une autre espèce de tour en bois, afin, dit un vieil auteur portugais, qu'au moment de l'abordage il y eût au moins parité. Outre cela, comme la proue de ces embarcations était munie d'un beaupré beaucoup plus long qu'il n'était nécessaire pour la navigation, Pacheco fit placer en travers deux mâts, de telle sorte qu'au moment où la construction hindoue s'approcherait, elle fût tenue à distance, en permettant à l'artillerie portugaise de produire son effet. Lorsque ces constructions furent terminées, Duarte partagea les troupes qui se trouvaient sous ses ordres, en trois divisions; la première devait combattre dans le fort, la seconde alla défendre le passage du gué, la troisième fut répartie sur les caravelles. A la tête de cent soixante Portugais seulement, dont il avait gardé le commandement immédiat, Duarte Pacheco se prépara à recevoir l'ennemi. L'armée du Samori commença alors à s'ébranler, elle envahit bientôt le terrain, et du côté de la mer on vit s'avancer deux cents *paraos* armés, parmi lesquels se trouvaient huit de ces forteresses flottantes, sur lesquelles comptaient les Hindous: trop confiants dans ce moyen en effet, ils négligèrent l'attaque du gué, et ils allèrent

---

(*) Pedro de Mariz, *Dialogos de varia historia*, p. 239.

droit vers les caravelles ; mais ce fut alors que les Portugais commencèrent leur feu avec une régularité et une précision qui jetèrent le plus étrange désordre dans cette multitude d'embarcations. Parmi les châteaux flottants, il n'y en eut que deux qui purent arriver jusqu'aux caravelles, et encore l'artillerie portugaise les eut-elle bientôt foudroyés. Chaque coup portait au milieu de ces bâtiments pressés sur un point, et manœuvrés sans doute avec inhabileté. La boucherie fut effroyable et la perte des Hindous assez grande, pour que le Samori tombât dans un profond désespoir; frappé d'une sorte d'inertie, il s'abstint pendant plusieurs jours de renouveler l'attaque et de tenter de franchir le gué, lorsqu'il eût été possible encore d'anéantir cette poignée de héros (*). Ceci avait lieu au commencement de 1505, et à partir de cette époque, la renommée des Portugais s'accrut de telle sorte, que l'infortuné souverain de Calicut, désespérant de sa fortune, alla cacher sa honte dans une religieuse solitude. Dix-huit mille hommes avaient péri dans ces diverses attaques, et la guerre avait duré six mois. Les généraux du râdjà ennemi se virent réduits à implorer la paix auprès de Duarte Pacheco, et s'obligèrent à payer le tribut qu'il exigeait. Quant à lui, après s'être rendu à Coulna, où il tira des profits immenses pour la couronne de certaines prises faites sur les Maures, il revint à Cochin, où commandait déjà en maître, à l'abri de l'alliance du souverain hindou, un nouveau capitaine, parti l'année précédente de Lisbonne, avec douze gros bâtiments et un grand nombre de jeunes soldats portugais.

La destinée des deux hommes qui combattirent devant la petite île de Cambalam avec des forces si différentes, eut une étrange similitude. Le Samori, forcé par les Brahmes à se démettre de l'autorité, termina sa vie dans les austérités auxquelles se livrent la plupart de ces pénitents hindous qu'on dési-

(*) Pedro Barreto de Resende raconte que de son temps on voyait encore le petit fort près duquel avait combattu Pacheco, et qu'on le conservait en mémoire de cette bataille miraculeuse. Voy. *Tratado dos vizoreys da India*.

gne sous le nom de *Bramatchari*. Duarte Pacheco Pereira, de retour en Portugal, se vit reçu par D. Manoel avec une pompe vraiment royale; mais envoyé plus tard en Afrique, il fut desservi dans l'esprit du roi, et, après avoir passé plusieurs années dans une dure captivité, il finit par aller mourir misérablement à l'hôpital de Valence. Le grand poëte qui devait s'éteindre comme lui soixante ans plus tard, a résumé tout ce qu'il avait accompli en si peu de temps dans quelques vers admirables. « Ce fut grâce à lui, dit Luiz de Camoens, que *les hauts faits des Portugais surpassèrent en réalité ce qu'avait inventé la fable*. Mais pendant que les victoires prodigieuses de Pacheco avaient lieu aux Indes, de grands événements se passaient en Europe. Comme dans les régions de l'Orient, les idées religieuses se heurtaient, de sourdes haines menaçaient de grandir, une catastrophe épouvantable atterrait enfin le pays : pour en connaître les causes nous rétrograderons de quelques années.

CONTINUATION DU RÈGNE DE DON MANOEL, SES MARIAGES. — INFLUENCE D'ISABELLE. — Si le commencement du règne de D. Manoel fut marqué par de sages résolutions, ou par d'utiles réformes, il le fut aussi par une mesure funeste, qu'on voudrait pouvoir effacer d'un règne glorieux. Deux ans après son acclamation, le jeune monarque demanda en mariage la fille aînée d'Isabelle et de Ferdinand, cette infante de Castille veuve du fils de Joam II, et dont la courte existence devait être marquée par la plus terrible catastrophe et par les plus riches espérances. Contracter cette alliance, c'était encore suivre les plans de Jean II. Mais en outre il paraît certain que cette fois l'inclination du jeune roi était d'accord avec les lois de la politique. Soit qu'elle se rappelât avec douleur une première union et qu'elle craignît d'en former une seconde, soit qu'elle obéît simplement à une haine fanatique dont son siècle offrait déjà d'affreux exemples, elle fit répondre qu'on ne la verrait jamais unir son sort à celui d'un prince chez lequel les musulmans fugitifs et surtout les Juifs étaient assurés de trouver un asile. Ce fut alors que des ordonnances déplorables furent lancées contre cette population nombreuse d'israélites que tout le moyen âge avait tolérée. D. Manoel obtint la main de l'infante Isabelle en 1497, et il fut reconnu, du chef de sa femme, héritier du royaume de Castille. C'était à ce magnifique héritage qu'avait tendu sans doute la politique prévoyante de Jean II, mais les vastes changements que devait opérer une telle alliance sur les destinées des deux royaumes ne se réalisèrent jamais. La reine Isabelle, qui était d'une complexion délicate, et que les chagrins de sa première jeunesse avaient dû singulièrement éprouver, ne tarda pas à mourir; sa sœur Dona Maria lui succéda en 1500; le seul résultat bien réel d'une union avec l'Espagne fut cette persécution mémorable des Juifs et des nouveaux chrétiens, qui n'a d'autre parallèle historique que nos sanglants massacres au seizième siècle.

MASSACRE DES JUIFS A LISBONNE. — CONSIDÉRATIONS SUR LA POSITION DES ISRAÉLITES EN PORTUGAL. — Comme le disait Voltaire, en parlant de la Saint-Barthélemy, il y a dans l'histoire de tous les peuples un de ces terribles anniversaires, qui doivent donner la fièvre à tout ami de l'humanité : le Portugal a le sien. Mais la déplorable catastrophe que nous allons raconter ne fut pas le résultat d'une trame secrètement ourdie, ce fut l'explosion sanglante d'une haine fanatique; et sous ce rapport peut-être, le peuple de Lisbonne se montra-t-il moins coupable que les autres populations de cette époque.

Les Juifs, tolérés depuis longtemps à Lisbonne, et ayant sans doute comme ceux de Tolède la prétention de descendre d'une tribu qui, établie depuis des siècles dans la Péninsule, n'avait point participé au crime que l'on reprochait à leur race, les Juifs, disons-nous, vivaient dans une sorte de sécurité en dépit des ordonnances qui auraient dû éveiller leurs soupçons et leur faire comprendre la haine dont ils étaient l'objet.

Depuis les dernières années du quinzième siècle leur nombre s'était singulièrement accru, et l'édit du mois de mars 1492, qui chassait leurs coreligionnaires des contrées soumises au pouvoir d'Isabelle et de Ferdinand, avait fait refluer à Lisbonne une multitude de familles dont Joam II avait permis momentanément l'entrée en Portugal, en leur assignant toutefois certains ports, où elles devaient être l'objet d'une surveillance particulière jusqu'à ce qu'elles pussent retourner dans les contrées de l'Orient (*). Tolérées d'abord, sous D. Manoel, puis contraintes par ce roi à s'éloigner définitivement ou à embrasser le christianisme, beaucoup d'entre elles avaient embrassé en apparence les marques d'un culte qu'elles détestaient et avaient cru pouvoir échapper ainsi à la dure nécessité qui leur était imposée. En réalité, nul n'était la dupe de ces prétendues conversions et le nom de *christiam novo* excitait en général une haine profonde, parce que, sous ce titre, qui ne le pouvait tromper, le vieux chrétien de race devinait des croyances pour lesquelles il avait conçu une plus vive horreur peut-être, depuis que les persécutions d'un peuple voisin avaient commencé.

Une loi émanée du pouvoir royal, au mois de décembre 1496, avait bien satisfait en partie à cet esprit de haine, mais elle n'atteignait pas les nouveaux chrétiens, puisqu'elle chassait les Juifs irrévocablement et qu'elle punissait de mort ceux qui ne quitteraient pas immédiatement le royaume. On alla plus loin, et un zèle fatal ordonna qu'au jour de Pâques de la même année, un baptême général acquît à la religion chrétienne les enfants au-dessous de quatorze ans appartenant à des familles juives; il exigea que ces infortunés, séparés violemment de la religion de leurs pères, le fussent aussi des embrassements de leur famille, puisqu'une sorte de captivité les soumettait à un enseignement lointain et qu'ils devaient être distribués dans diverses villes du royaume pour être instruits dans la doctrine nouvelle. La plume énergique d'un saint prélat nous a conservé le récit lamentable des événements qui suivirent cette fatale ordonnance; le noble évêque de Sylves nous a peint avec une douloureuse indignation le sacrifice que quelques israélites firent alors à leurs croyances. D'au-

---

(*) Cette admission n'était point gratuite, et l'on peut voir dans le savant mémoire de Joaquim Jozé Gordo comment fut répartie cette sorte de droit de transit. Voy. *Memorias da Academia real das sciencias e artes*, t. VIII.

tres nous disent aussi comment l'hypocrisie naquit de ces scènes de violence et comment une sécurité déplorable succéda à la désolation. Il n'y avait donc plus de Juifs en apparence, il n'y avait plus que de nouveaux chrétiens (*) à Lisbonne. Un mot, un seul mot, prononcé par l'un de ces malheureux dans la simplicité d'un esprit convaincu, allait prouver que l'édit de 1496, qui parlait de mort, n'était pas un édit chimérique.

C'était le dimanche de Pâques 1506 : cette fête solennelle tombait le 19 avril. La cour était à Abrantès, en raison de la peste qui sévissait alors, lorsqu'un de ces vieux chrétiens qu'on désignait sous le nom de Lindos s'avisa de remarquer que la verrine d'un reliquaire où était exposé le saint sacrement, à côté d'un crucifix, lançait une lumière qu'il jugeait produite par une cause surnaturelle ; il faisait cette observation dans l'église des religieux de San-Domingos. Le dévot personnage dont nous venons de parler se prit à crier à plusieurs reprises, *Miracle! miracle!* Par malheur, un nouveau chrétien se trouvait dans l'église, et il s'avisa de dire que cette clarté n'était autre chose que le reflet de la flamme d'un cierge, qui brûlait à quelques pas de là. Cette explication toute simple, et que d'ailleurs chacun pouvait vérifier, n'eut pas été plutôt donnée au vieux chrétien, qu'elle excita un tumulte extraordinaire contre les nouveaux convertis ; on ne s'en tint pas aux menaces, le vol à main armée commença et fut suivi du massacre. Il faut dire aussi avec Ruy de Pina, le vieil historien contemporain, que la cupidité des équipages de certains navires étrangers alors mouillés dans le port de Lisbonne ne contribua pas peu à rendre ce tumulte plus terrible. Hollandais, Zélandais, Allemands, Français, tous ces hommes grossiers et avides, unis à la populace de Lisbonne, l'excitèrent au pillage et pillèrent eux-mêmes. Cinq cents personnes succombèrent, dit-on, dans cette première journée.

Ce n'était néanmoins que le commencement de cette horrible boucherie. Le lendemain, deux moines se mirent à la tête du peuple, et le massacre continua avec une effrayante rapidité. Nous nous contenterons de rappeler que plus de deux mille individus succombèrent durant les journées épouvantables qui succédèrent à la première émeute. Beaucoup de ces malheureux périrent brûlés vifs, comme cela est attesté par des documents officiels : femmes, enfants, vieillards, disent les historiens, nul n'échappait à la fureur populaire. Des fournaises étaient allumées, et on y jetait ceux qu'épargnait le fer. Nombre de vieux chrétiens, victimes de la vengeance, trouvaient également la mort dans les rues ou dans leurs habitations. La peste tenait alors le roi éloigné de Lisbonne. Il donna de villa d'Avis des ordres répressifs, lorsqu'il fut instruit de l'horrible mouvement qu'avait excité le fanatisme. Le troisième jour dans la soirée, Ayres da Sylva, le regedor, et le gouverneur Alvaro de Castro, entrèrent dans la ville, accompagnés de la force armée. Mais le fanatisme était las et les étrangers, chargés de butin, s'étaient retirés dans leurs navires. Ce furent le prieur do Crato et le baron d'Alvito qui reçurent plein pouvoir pour châtier les coupables : ils en usèrent avec énergie, et les deux moines, auteurs principaux de la révolte, furent pendus impitoyablement avec la plupart de ceux qui avaient marqué durant ces journées sanglantes. Les magistrats qui s'étaient montrés indifférents au massacre virent leurs biens confisqués et le corps *des vingt-quatre* fut aboli. Une ordonnance, émanée de Setubal en date du 19 avril 1506, contient toutes ces dispositions. Lisbonne ne put recouvrer son titre de *Cité toujours loyale* qu'au bout de plusieurs mois. D. Manoel avait su punir, malgré les pleurs de sa seconde femme peut-être ; il fallut l'implorer pour qu'il pardonnât.

Ainsi finit cette épouvantable tragédie. Elle eut cela de favorable à la cause des malheureux Juifs qu'en l'année 1507 D. Manoel fit cesser les ordonnances barbares qui les régissaient et qu'il les

---

(*) On peut voir dans le ms. de la Bib. du roi, sous le n° 1583, Saint-Germain, les détails les plus curieux touchant cette cruelle période de l'histoire des Juifs. Il y est surtout question de l'expulsion des israélites hors de l'Espagne en 1492 ; mais l'auteur a eu à sa disposition pour le Portugal des documents fournis par le curé de Palacios, et, grâce à cet historien contemporain, il confirme certains faits rapportés par Osorio et Damião de Goes.

plaça sous l'empire de la juridiction commune; ce fut alors seulement que furent supprimées ces *Judearias* qui les parquaient à part dans les cités, et au milieu desquelles une femme chrétienne ne pouvait pénétrer sans encourir la peine de mort si elle n'était accompagnée par deux hommes de sa religion, et par un chrétien seulement si elle était fille ou veuve. Alors aussi cessèrent les humiliantes ordonnances qui exigeaient que les Juifs et les Juives vinssent recevoir en dansant les rois lorsqu'ils visitaient les bourgs et les cités de leur royaume. C'était dans ces occasions qu'ils exécutaient les fameuses *Tourinhas*, les brillantes *Quinolas* dont il est si fréquemment question dans les chroniques, fêtes déplorables où la joie n'était pour rien et qui ne faisaient que constater l'humiliation d'une race malheureuse (*).

ALMEIDA PREMIER VICE-ROI DES INDES. — EXPÉDITION DIRIGÉE CONTRE SOCOTORA. — TRISTAM DA CUNHA, ET AFFONSO D'ALBUQUERQUE. — DESTRUCTION DE LA FLOTTE MUSULMANE DEVANT ORMUZ. — LE ROI RECONNAIT LA SUZERAINETÉ DU PORTUGAL. — Dès l'année 1504, D. Manoel avait compris la nécessité de régulariser l'administration des Indes, et d'établir un gouverneur dans ces régions lointaines; en homme habile il avait su nommer Tristam da Cunha pour occuper ce poste important; mais à la suite d'une maladie funeste, Tristam da Cunha était devenu momentanément aveugle, et il avait fallu faire un nouveau choix. A défaut de Tristam da Cunha, le jeune souverain fixa le sien sur D. Francisco d'Almeida, qui, appartenait à l'une des plus nobles familles du royaume, fut revêtu du titre de vice-roi des Indes. Il partit en 1505 avec son fils; et si l'on a à lui reprocher quelques erreurs, il ouvre trop dignement cette série de grands hommes auxquels le sort des Indes portugaises fut confié durant un demi-siècle, pour ne pas lui rendre plus tard la justice éclatante qui lui est due.

D. Manoel n'était pas précisément un homme d'exécution, mais il avait la sagacité qui démêle en politique le point important à atteindre, et la persévérance qui finit par faire triompher. Il avait deviné dès l'origine que, si des richesses immenses pouvaient lui arriver des Indes, il fallait en détourner les sources et arracher aux musulmans le commerce qu'ils faisaient avec Calicut dès les premières années de son règne. Il savait, assez vaguement sans doute, mais enfin il savait que ses véritables ennemis étaient ces Arabes du golfe Persique, qui dès l'origine avaient excité la haine du Samori. Ses antipathies religieuses étaient d'accord avec ses intérêts politiques : une expédition vers ces régions fut décidée; mais hâtons-nous de le dire, la lecture des commentaires du second vice-roi des Indes fait assez comprendre quelle latitude devait être laissée aux hommes qui se trouvaient chargés de cette vaste entreprise; il y a mieux, l'expédition contre les musulmans de ces contrées n'était que subsidiaire, c'était toujours vers les Indes qu'on envoyait l'expédition.

En 1506, quatorze vaisseaux mirent à la voile; ils étaient commandés par ce digne Tristam da Cunha, auquel une main habile avait rendu la vue, et par Affonso d'Albuquerque, dont Emmanuel avait si bien compris la haute valeur, qu'il emportait, sans le savoir, le titre de vice-roi des Indes. Les provisions qui lui conféraient ce titre étaient secrètes, elles ne devaient être ouvertes qu'au bout de trois ans, à l'époque où D. Francisco d'Almeida ayant accompli sa mission, reviendrait en Europe pour jouir de la gloire qu'il se serait acquise (*). Plu-

---

(*) Voy. Damião de Goes et deux articles remarquables du *Panorama*, t. I et II.

(*) Au moment où Albuquerque prend une part plus active aux événements qu'il va bientôt dominer, quelques mots de biographie sont indispensables, nous les emprunterons aux *Commentaires*. Né, en 1453, à *Villa de Alhandra*, lieu charmant situé à environ six lieues de Lisbonne, ce grand homme appartenait à l'une des meilleures familles du royaume. Son père, Gonçalo de Albuquerque, était seigneur de Villaverde; sa mère, dona Leonor de Menezez, était fille du comte d'Atouguia. L'éducation du jeune Affonso s'était faite dans le propre palais d'Alphonse V. Dès 1484 on le voit partir à la suite d'une expédition qui va au secours d'Otrante, assiégé par les Turcs; en 1489 il se rend en Afrique pour défendre la forteresse de *Graciosa*, située près de Larache; partout il obtient des succès éclatants. Jean II, qui se connaissait en hommes, l'avait distingué et l'avait nommé son *estribeiro-mor* ou son grand écuyer. Francisco d'Albuquerque, qui occupe aussi une place dans

sieurs capitaines d'une valeur éprouvée et d'un mérite reconnu faisaient partie de l'expédition, et marchaient sous les deux hommes éminents que nous venons de nommer; ils faisaient concevoir les plus hautes espérances sur son résultat.

Il y a un singulier intérêt à lire dans les commentaires que nous a laissés Albuquerque l'itinéraire de cette flotte guerrière, sa relâche à la côte d'Afrique, son départ de Bezeguiche, son arrivée à Mozambique, les périls qu'elle surmonte. On ressent une curiosité encore plus vive en la suivant dans sa découverte de l'île de Madagascar, vue d'abord par Soares, à laquelle les Portugais donnent le nom de San-Lourenço (*). Mais si nous avons signalé fréquemment avec de minutieux détails les lieux visités pour la première fois par les Portugais, il ne nous est plus permis désormais de nous livrer aussi souvent à ces investigations curieuses; chaque mot doit dire une action, chaque ligne doit rappeler une conquête, et nous presserons notre récit pour arriver aux faits décisifs. On saura donc, en peu de mots, qu'après avoir fondé avec Albuquerque la forteresse de Çoco dans l'île de Socotora, Tristam da Cunha partit pour les Indes orientales, laissant son compagnon avec six navires pour parcourir la côte, et livrant désormais la conquête à ses heureuses inspirations, tandis que Francisco de Almeida fondait la vice-royauté des Indes, en multipliant ses exploits.

C'est en effet à partir de cette époque que se montre dans Albuquerque l'homme essentiellement pratique, l'homme de génie, grandissant avec les difficultés. Immédiatement après le départ du capitam-mor, Albuquerque réunit ses compagnons en conseil; il fut décidé qu'on se dirigerait vers le détroit d'Ormuz, et qu'après s'être emparé de la ville de Mascate, on croiserait quelques jours dans ces parages. C'était là, selon toute probabilité, le programme émané du conseil royal; il s'agissait d'inquiéter les navires qui sortaient dans cette saison de Barbora et du port de Zeila pour Diu, Cambaya, et bien d'autres villes de la côte de Malabar, qu'il est inutile de nommer ici.

Albuquerque s'éloigna de Socotora plein de ce grand dessein, le 10 août 1507, et il laissa dans la forteresse nouvellement édifiée D. Affonso de Noronha, son neveu, qui avait déjà donné des preuves éclatantes de valeur. Mais soit rivalité mal entendue se manifestant chez Tristam da Cunha, soit par des circonstances inhérentes à sa position dans ces régions peu explorées, le grand homme qui s'en allait à la conquête d'une des plus riches cités du monde, manquait presque absolument des approvisionnements les plus simples. Malgré cet obstacle à un long voyage, malgré les incertitudes des pilotes, qui connaissaient mal leur route, au bout de quelques jours d'une navigation passablement aventureuse, il mouillait avec sa flotte devant Calayate, sans savoir même d'une manière précise quel était le point de la côte où il venait de s'arrêter. Calayate, ville à demi ruinée, mais possédant un fort excellent, tomba immédiatement au pouvoir du Portugal : là Affonso d'Albuquerque renouvela ses approvisionnements et, le 22 août, il partait en quête d'une proie nouvelle.

Dès ce moment, et à l'insu de ses capitaines, Albuquerque avait arrêté ses projets. Après Curiate et Mascate, qu'il voulait soumettre, nulle cité de la côte n'était assez puissante pour l'arrêter. C'était beaucoup sans doute que d'avoir ainsi établi les bases de ce vaste dessein qui se réalisa plus tard; le capitaine général comprenait néanmoins parfaitement qu'il n'avait pas seulement à combattre des ennemis, mais qu'il lui fallait lutter avec une énergie persévérante contre ceux qui l'environnaient. Aux hommes d'action qui l'accompagnaient, il déguisait ses plans et il promettait l'Inde pour des temps plus heu-

---

l'histoire de la conquête, était cousin germain d'Affonso. Le livre si peu consulté et si digne de l'être, qui porte le titre de *Comentarios do grande Affonso d'Alboquerque* doit nécessairement servir de guide, lorsqu'il s'agit de la courte période durant laquelle s'affermit la domination portugaise. Ce précieux ouvrage n'est pas précisément l'œuvre du grand capitaine, mais il a été rédigé par son fils sur les documents originaux qu'Albuquerque expédiait au roi Emmanuel durant son administration. La meilleure édition est celle de Lisbonne, 1774, 4 vol. in-8; esp.

(*) Ce fut aussi durant cette campagne que l'on découvrit l'île qui porte encore le nom de Tristam da Cunha.

reux; aux pilotes arabes, dont il se voyait contraint d'utiliser les lumières, il faisait comprendre qu'une trahison était impossible, et qu'il fallait nécessairement le guider vers les points de la côte désignés par lui. Il avait en effet une sorte de talisman qui lui ouvrait les ports de ces parages, il possédait la fameuse carte marine d'Omar; et ce portulan, sur lequel les noms étaient inscrits avec quelque exactitude, marquait le nombre de ses conquêtes à venir.

En vain les pilotes musulmans auraient voulu lui déguiser la position géographique des lieux; Omar signalait Curiate, et bientôt Curiate était enlevée les armes à la main, quoi que ce fût une cité renfermant près de six mille hommes; le géographe arabe indiquait Mascate, et quatre jours après, la flotte mouillait devant la seconde place du royaume d'Ormuz, qu'on sommait de reconnaître la souveraineté du roi D. Manoel.

Dire comment après des conventions, en apparence assez pacifiques et consenties d'ailleurs par les musulmans, Mascate fut saccagée et détruite; peindre l'effroyable carnage qui fut fait de ses habitants, l'horrible incendie qui la détruisit presque entièrement; raconter, en un mot, tant de violences souvent excusées par la trahison, serait à la fois un drame terrible et compliqué dont nous ne pouvons indiquer ici tous les ressorts. Albuquerque, grandi à ses propres yeux, cherchait d'ailleurs un autre dénoûment et basait déjà ses espérances sur les plus vastes intérêts.

C'était à coup sûr un fait d'armes d'une incroyable audace que la prise de cette ville: le chef de la flotte lui seul n'en était point surpris; les capitaines des autres navires se réjouissaient d'avoir pris part à une telle action militaire; mais, selon eux, c'était assez pour la gloire, et le plus hardi de tous, João da Nova, l'habile marin qui commandait *Flor de la mar*, se sentant effrayé des projets qu'on ne lui avait point révélés, mais qu'il devinait, refusait sa coopération au reste de la campagne. Par l'ascendant que lui donnait sa haute intelligence, Albuquerque le ramena, et lui fit sentir la nécessité de différer son voyage vers les mers de l'Inde. Les autres capitaines adhérèrent à sa décision. De Mascate Albuquerque se rendit à Soar; il établit dans ce lieu des relations pacifiques, et ce fut seulement lorsque la bannière portugaise put flotter sur la forteresse de la ville qu'il poursuivit son voyage.

Une chose que l'on semble généralement ignorer et qui ressort de la lecture attentive des Commentaires, ce sont les hautes connaissances pratiques en navigation que possédait Alphonse d'Albuquerque. Préoccupé du mauvais vouloir de ses pilotes musulmans ou même de leur ignorance, mais muni de son portulan arabe, il suivait avec une imperturbable attention les progrès du voyage sur ces côtes inconnues. En partant donc de Soar il se dirigea sur Orfacate (*); mais dans ce lieu la résistance fut sérieuse, et, grâce à l'intrépidité d'Antonio de Noronha, qui commandait quatre-vingts hommes, une position importante fut enlevée. Parvenu là, le capitaine général commença à recevoir des renseignements plus positifs sur cette cité d'Ormuz qu'il cherchait.

Ce fut d'Orfacate qu'Albuquerque s'embarqua pour cette grande cité, dont il ne reste plus rien pour ainsi dire (**), et dont tout le monde lui parlait avec enthousiasme (***). Muni d'un nouveau pilote qu'il avait pris à cette dernière station, le capitaine général donna le signal du départ et au bout de deux jours, après avoir doublé le cap de Mocendon, il arriva devant trois îles.

(*) Albuquerque rencontra dans cette dernière ville un vieillard qui, effrayé de la rapidité de sa conquête, le compara à Alexandre, et promit aux Portugais des conquêtes aussi brillantes *que celles du Macédonien*. « Albuquerque, étonné de ce que ce Maure disait avoir lu la vie d'Alexandre, lui demanda où il en avait pris connaissance, parce que lui-même était instruit de ce qu'avait fait le conquérant et fort affectionné à ses actions. Le Maure tira un livre de son sein; il était écrit en parsi et relié en velours cramoisi, à leur mode; il le lui donna, et Albuquerque en fit plus d'estime que de tout ce qu'on aurait pu lui offrir. Il tint en même temps ce présent à heureux augure touchant la détermination qu'il avait prise de faire la conquête d'Ormuz. » Nous livrons ce fait peu connu aux érudits. Voy. *Commentarios*, parte 1ª, cap. XXVII, pag. 134 de l'édit. de 1774. Albuquerque fit de beaux présents au vieux Parse qui lui avait offert ce précieux cadeau.

(**) Voy. le livre si substantiel et si exact de M. Fontanier.

(***) Si le monde était un œuf, disaient proverbialement les Arabes, Ormuz en serait le moyeu.

Elles étaient voilées en partie par les brumes du matin, et l'on ne put reconnaître d'abord Ormuz; mais le soleil se leva, et après avoir doublé une pointe, la cité orientale parut dans toute sa splendeur.

A la vue de ces minarets sans nombre qui s'élevaient au-dessus de maisons opulentes, de cette population animée qu'on voyait surgir de toutes parts, de cette cavalerie qui parcourait le rivage, des soixante navires enfin qui se balançaient devant le port, et mieux encore que tout cela, en présence d'une artillerie dont on ne soupçonnait pas l'existence, il y eut parmi les Portugais un murmure de surprise. Albuquerque seul ne se montra pas étonné, il avait appris par le pilote d'Orfacate que depuis plusieurs jours les chefs qui commandaient à Ormuz étaient prevenus de son arrivée, et qu'ils avaient réuni des forces imposantes. Néanmoins il avait gardé son secret, et par ses ordres le pilote n'avait rien révélé aux autres capitaines. La soumission d'Ormuz dépendait de ce silence; la crainte d'un châtiment terrible retint sans doute les musulmans. L'impression que produisit l'aspect imposant de cette cité orientale sur les commandants de la flotte le prouve suffisamment; jamais de leur plein gré ils ne se fussent enhardis à venir fondre sur cette cité, ils adressèrent même de prudentes remontrances au capitaine général. Albuquerque leur répondit qu'il confessait que « *c'était une fort grande affaire, mais qu'il était trop tard pour reculer, et qu'il avait plus besoin de détermination que d'un bon conseil.* »

Maintenant et avant que d'assister au dénoûment du drame, il nous faut faire quelques pas en arrière et jeter un coup d'œil rapide sur la position d'Ormuz et sur les événements politiques qui s'y étaient passés. Une notice portugaise fort bien faite nous en fournira les éléments.

« La cité d'Ormuz, selon Barros, est située dans une petite île à laquelle on donne le nom de *Gerum* (Djéroun) et qui gît presque à l'embouchure du détroit de la mer Persique; elle est si près des côtes de la Perse, qu'on ne compte pas plus de trois lieues (portugaises) d'une terre à l'autre; il y a également dix *legoas* à traverser pour parvenir en Arabie. Les géographes modernes placent cette ville à quatre lieues de la côte de Kerman, et à vingt-cinq du cap Mocendon. Ormuz est bâtie sur un monceau de roches qu'on a crus volcaniques, et qui peuvent avoir la circonférence de huit à neuf lieues, bien que Barros ne leur en accorde que trois et Godinho quatre. C'est un lieu absolument stérile, et le sol sur lequel la ville s'élève est un composé de soufre et de sel (*). Cette stérilité que rien n'a modifiée était si complète au seizième siècle qu'on n'y voyait pas même croître spontanément un seul brin d'herbe. Aujourd'hui Ormuz ou mieux Hormouz est presque inhabitée; mais alors la population était florissante et considérable. Lorsque les Portugais y parvinrent pour la première fois, cette ville était la capitale d'un royaume qui portait le même nom qu'elle; il s'étendait sur la côte d'Arabie du cap Rocalgate au cap Mocendon, et présentait une étendue de côtes de quatre-vingts lieues. En dépit de l'aridité de son territoire, Ormuz offrait un grand nombre d'édifices imposants, parce que c'était l'échelle d'une grande partie du commerce de l'Orient. Tous ses approvisionnements, jusqu'aux fruits et aux légumes les plus ordinaires, lui venaient de la Perse; l'eau nécessaire à la boisson des habitants provenait de la petite île de Queixame (*Kischmisch*), et ce fut par la suite une circonstance que le conquérant sut mettre à profit. Un excellent voyageur du seizième siècle, qu'on met trop rarement à profit, Godinho dit que la plus grande partie du combustible que l'on consommait de son temps à Ormuz, était fournie par un fossile désigné sous le nom de *horra*, qui se trouvait sous les eaux, et qu'en jetant à la mer cette espèce de charbon, il allait immédiatement au fond, comme une pierre. A la flamme il brûlait aussi bien que de l'olivier : c'est cette circonstance et la présence du sel minéral, si abondant vers ces parages, qui faisaient dire pro-

---

(*) M. Fontanier a prouvé récemment que le grand historien portugais ou ceux qui l'ont suivi avaient une opinion erronée sur le caractère géologique du terrain d'Ormuz.

verbialement aux Persans, qu'Ormuz était un pays où l'on allait chercher le bois dans la mer, et le sel dans l'intérieur du sol.

« Le premier souverain d'Ormuz dont l'histoire fasse mention, est désigné sous le nom de *Malek-Caez*, littéralement le seigneur de Caez. Il habitait en effet l'île de ce nom, et dominait toutes les îles du détroit. Godrum Shah, prince du Magostan, lui avait acheté Ormuz vers l'année 1273, et en la peuplant l'avait singulièrement améliorée. Il y établit sa résidence après avoir détruit le royaume de Caez; et il commença à y attirer tout le commerce du détroit. Les descendants de ce prince y régnèrent paisiblement jusqu'au commencement du seizième siècle, époque à laquelle Albuquerque commença les conquêtes que nous essayons de retracer.

« L'avant-dernier roi de cette île, Sargol, étant mort, Ceifadim (Seif-ed-din,) fils de Shah Vaez, qu'il avait détrôné, lui succéda : c'était son propre neveu. Le roi d'Ormuz n'était pas encore sorti de l'adolescence ; aussi un personnage célèbre, dont il sera fréquemment question, Coge-Atar (*Khodja-Atar*), gouvernait-il au nom du jeune prince. Cet homme à l'esprit souple, toujours prêt à éluder une lutte décisive, avait été jadis le favori de Shah Vaez et son partisan fidèle. Il continuait donc à jouir sous le fils du crédit qu'il avait obtenu sous le père. Seulement, son ascendant s'était augmenté de toute la puissance que lui donnaient une habileté croissante et l'âge du jeune souverain (*). »

Ainsi que nous l'avons déjà dit, cet homme habile avait été averti de l'arrivée prochaine des Portugais; non-seulement il avait demandé des secours aux scheiks de l'intérieur, mais il avait réuni des forces considérables dans Ormuz. Outre les soixante navires mouillés dans le port, il pouvait mettre en mouvement deux cents bâtiments à rame et une multitude d'embarcations désignées sous le nom de *terradas*, de la dimension de nos yachts modernes, ou, si on l'aime mieux, de la grandeur de ces embarcations qui font le service du Tage. Nous avons dit qu'une artillerie considérable rendait cet armement maritime plus imposant qu'Albuquerque ne l'avait d'abord supposé. Mais, outre les hommes de mer embarqués à bord de la flotte arabe, on ne comptait pas moins de quinze à vingt mille hommes destinés à défendre la ville. A peine Albuquerque avait-il mouillé dans le port avec ses six navires qu'il n'hésita cependant pas à entamer des négociations. La bonne intelligence ne régnait ni parmi les chefs, ni parmi les troupes; il parla hardiment, et ne cacha aucune de ses prétentions. Ormuz devait accepter la protection suzeraine du roi de Portugal, ou bien Ormuz, malgré sa flotte et ses armements formidables, allait avoir le sort de Mascate. Coge-Atar ne repoussa pas précisément les propositions d'Albuquerque, mais il tâcha de gagner du temps. Quelques jours de plus, et la plage se couvrait d'une armée nombreuse; c'est ce que comprit à merveille le capitaine général et ce que son génie hardi sut empêcher. Voyant que la négociation entamée ne se concluait pas, le quatrième jour il osa attaquer cette flotte formidable avec ses six navires, parmi lesquels, il est vrai, le vaisseau désigné sous le nom de *Flor de la mar* devait jouer un rôle d'autant plus redoutable, qu'il passait à juste raison pour un des plus magnifiques bâtiments qu'on eût construits jusqu'alors dans la Péninsule. C'est dans les Commentaires qu'il faut lire la peinture énergique de ce combat prodigieux, si fertile en épisodes dramatiques, et qu'a fort bien raconté M. Dubeux; c'est là seulement qu'on peut deviner tout ce qu'il fallut de sang-froid au général portugais pour persévérer dans son dessein. Comme on le suppose aisément, le résultat fut longtemps balancé; enfin, l'avantage resta aux Européens. Lorsque les Maures (c'est le nom qu'Albuquer-

---

(*) Dans son amusante *Miscellanée* poétique, Garcia de Resende signale l'usage tout oriental où étaient les gouverneurs d'Ormuz de faire crever les yeux à leurs compétiteurs, aux souverains de nom, pour peu que ceux-ci fissent mine de vouloir saisir le pouvoir.

Os reis d'Ormus não mandavão
Mas os seus governadores,
Se alguma cousa falavam,
Logo lhe othos quebravam.
Por serem sempre senores.

Il prétend même qu'à la deuxième expédition, quinze de ces princes aveugles furent conduits par les Portugais à Goa.

que donne indistinctement à tous les musulmans) eurent deviné que la chance tournait contre eux, ils commencèrent à fuir, et on les vit se jeter dans la mer, espérant sans doute gagner le rivage avec plus de facilité. Ce fut alors que le carnage devint épouvantable; les Portugais s'étaient élancés dans leurs chaloupes, ils les poursuivirent et les tuèrent à coups d'épée sans qu'ils pussent faire la moindre résistance.

Une fois la flotte mise en déroute, Albuquerque se jeta dans un canot, et à la tête des siens il ne craignit pas d'aller bombarder un vaste débarcadère, construit en bois dans la mer et muni d'une artillerie formidable. En même temps que le canon tonnait contre les frêles embarcations qui continuaient l'attaque, d'habiles archers défendaient cette position importante, et ce fut là qu'une flèche vint atteindre le capitaine général au visage. Nombre de Portugais furent blessés avec lui; cela ne les empêcha pas de s'élancer sur le rivage et d'aller détruire les faubourgs d'Ormuz. Dès ce moment, la résistance commença à être faible, elle fut nulle sur quelques points, et l'incendie vint mêler ses horreurs à celles du combat. Voyant que la ruine de la cité était imminente, les musulmans arborèrent une bannière blanche, et dépêchèrent quelques parlementaires à Albuquerque. Ces messagers venaient offrir au nom du roi Ceifadim la soumission d'Ormuz, c'est-à-dire qu'en conservant la couronne et en payant un tribut, le prince musulman reconnaissait la suzeraineté du Portugal. Après de nombreux pourparlers la paix fut conclue, et Ceifadim s'engagea à payer annuellement à D. Manoel une somme de 15,000 xarafins, qu'on peut évaluer à 12,000 cruzades. Les clauses de ce traité, qui nous ont été conservées par le vainqueur, furent gravées en persan sur *deux lames d'or* gardant la forme d'un livre. On eût dit que, même en cette occasion, rien ne devait être assez splendide pour Ormuz, et que le traité qui l'asservissait allait encore attester sa magnificence (*).

Après la ratification de ces conventions importantes, et toujours en dépit des officiers qui commandaient sous ses ordres, Albuquerque commença à mettre en pratique ce système de fortifications militaires qui partout devait assurer ses conquêtes. Ormuz était soumise, il fallait un fort pour protéger les Portugais: celui que bâtit le capitaine général en 1508, s'éleva non loin de la cité, à la pointe de Morona, en dépit des murmures de tous les chefs, sur lesquels le grand homme eût dû compter. Malgré les entraves qu'un ennemi rusé apportait à l'exécution des conventions, les travaux furent conduits avec une telle rapidité, que la forteresse put être mise immédiatement en état de défense. Dans la pensée prévoyante d'Albuquerque, ce fort, auquel ses compatriotes travaillaient avec tant de répugnance, devenait la clef de tout le commerce de l'Orient (*).

Les dissensions qui avaient éclaté au milieu de l'escadre portugaise arrêtèrent dans ses résultats une puissante combinaison; cinq transfuges, passés au service des musulmans, avaient instruit Coge-Atar de la position du chef et de la disposition des esprits; il n'en fallut pas davantage au rusé ministre pour rompre les conventions établies si récemment. En dépit des assurances de bonne amitié que le jeune roi donnait à Albuquerque (il l'appelait quelquefois son père), de sourdes hostilités recommencèrent. Vainement le grand capitaine réclama-t-il énergiquement les transfuges, on les lui refusa avec d'autant plus d'opiniâtreté, qu'on n'ignorait pas hors d'Ormuz que le concours des autres officiers lui serait refusé s'il voulait en venir à une attaque générale. Albuquerque eut beau déployer, dans ces circonstances difficiles, une habileté et une force de caractère égales à tout ce qu'il fit de plus grand dans la suite, João de Nova et les capitaines de deux autres navires l'ayant abandonné au mépris de toutes les lois de l'honneur et de la discipline militaire, pour se rendre aux Indes, il se vit forcé de quitter le port d'Ormuz, sans garder

---

(*) Les Commentaires nous apprennent que cette pièce diplomatique, si curieuse à plus d'un titre, fut longtemps gardée à *la Torre do Tombo*.

(*) On peut encore en voir le plan exact dans le *Tratado dos vizo-reys da India*, que Barreto de Resende nous a laissé.

même la forteresse qu'il avait construite avec tant d'efforts. Les braves laissés par lui à Socotora réclamaient d'ailleurs ses secours ; il s'y rendit, et, après y avoir séjourné quelque temps, il en partit pour revenir devant Ormuz, où désormais ses forces navales ne lui laissaient qu'un rôle d'observation à remplir. D'autres intérêts l'appelant à Goa, il partit bientôt et il arriva dans cette ville à la fin de l'année 1508. Toutefois son regard exercé avait mesuré la plage d'Ormuz, et il avait désigné d'avance la place où viendraient s'accumuler pour Lisbonne toutes les richesses des contrées orientales (*).

Mais les efforts d'un autre capitaine réclament notre attention, et avant de suivre Albuquerque dans sa glorieuse carrière, nous allons jeter un coup d'œil sur les efforts que fit le premier vice-roi des Indes pour soumettre au Portugal une autre partie de l'Orient.

D. FRANCISCO DE ALMEIDA, SES VICTOIRES, SON ADMINISTRATION. — Comme on l'a déjà vu plus bas, Francisco d'Almeida était parti de Lisbonne en 1505 avec le titre de vice-roi des Indes. Dès son arrivée à Cochin, où se trouvait établie la factorerie portugaise, il avait commencé à faire de nombreuses courses en mer, et son système semblait être opposé à celui d'Albuquerque, en ce sens qu'il supposait les croisières plus efficaces pour la prospérité du commerce que ne le pouvaient devenir des colonies partielles, qu'on devait être, selon lui, dans la nécessité d'abandonner. Il y aurait de l'injustice à dire néanmoins, comme on l'a fait, que Francisco d'Almeida n'opérait aucune descente et qu'il n'attaquait point les places d'un difficile abord. Esprit chevaleresque, ainsi que l'avoue lui-même

(*) Jamais, il faut le répéter, Albuquerque ne mérita mieux le nom de grand capitaine que durant cette première campagne. Il n'avait pas encore de nom, ses subordonnés se posaient devant lui en rivaux dédaigneux ; néanmoins par l'ascendant de son génie, par l'énergie de son action, il parvint à les ramener, tant que le désir d'aller vers les riches contrées de l'Inde ne leur ôta pas tout sentiment du devoir. On le voit même pousser la force de caractère jusqu'à la témérité, témoin ce jour où il va arrêter dans son propre navire João da Nova, pour lui faire grâce ensuite. Les limites de notre cadre nous ont empêché d'emprunter cette belle page aux Commentaires.

son rival, il fit la guerre pour la guerre, et non dans des vues sérieuses d'avenir. C'était peut-être un tel homme qu'il fallait au début des conquêtes, pour frapper de terreur, non-seulement les musulmans qui habitaient les îles de l'Afrique où l'on avait relâché tant de fois, mais encore les Indiens belliqueux de la côte du Malabar (*). En effet, on le voit sur sa route porter successivement le carnage et l'incendie dans Quiloa, Monbaça, Panane et Dabul ; il éleva même des forteresses à Sofala et à Granganor ; mais, je le répète, son système était, en général, qu'il fallait éviter d'appauvrir le royaume par l'établissement de colonies coûteuses, fondées en pays d'infidèles.

Après avoir remporté plusieurs victoires éclatantes, Almeida se rendit à Cochin, et ce fut là seulement qu'il prit le titre de vice-roi. Il avait apporté, dit-on, une couronne d'or, qu'il voulait poser lui-même sur la tête du plus fidèle allié des Portugais, mais le vieux râdjâ, las de combattre, se retira dans la solitude parmi les Bramatchari, qui lui offrirent sans doute un asile, et ce fut son neveu qui reçut le don magnifique qu'Emmanuel lui destinait.

Dès l'origine, le Soudan d'Égypte s'était vivement ému à la nouvelle des succès inattendus d'une poignée d'Européens dans l'Asie méridionale ? (**). Son inquiétude s'accrut bien davantage lorsque les nombreuses victoires d'Almeida eurent retenti par tout l'Orient, et il ne tarda pas à armer une puissante expédition, pour aller détruire, dans les mers

(*) Macedo lui donne le titre de Machabée Portugais.
(**) Avant le départ d'Almeida, le Soudan avait fait déjà de sérieuses tentatives par la voie diplomatique pour détourner les Portugais de leur projet de conquête. Il avait même menacé la chrétienté de détruire le saint sépulcre, de ruiner les lieux saints, d'exterminer les adorateurs du Christ qui se trouvaient dans ses États. Dussieux rappelle que ce prince habile s'adressa au pape Alexandre VI, en le traitant de *Roi de tous les Rois Nazaréens*. Cette flatterie orientale ne lui réussit point, et, dédaignant même les supplications des moines alarmés du mont Liban, Borgia écrivit à Emmanuel pour l'encourager dans son dessein. Voy. *Histoire de la découverte et de la conquête des Indes par les Portugais*, 1 vol. in-12. Ce précis, d'ailleurs assez bien fait, n'a d'autre tort que de s'en tenir presque exclusivement à Faria y Souza, toutes les fois qu'il invoque une autorité.

de l'Inde, ceux qui lui ravissaient le commerce de ces contrées. Précisément donc au moment où les chrétiens étaient devant Ormuz, le Soudan confiait douze navires de haut bord à Mir-Hossein, un de ses généraux, pour se rendre sur la côte de Malabar; mais Almeida n'était plus dans la ville qu'il avait choisie pour le siége de son gouvernement aux Indes, c'était D. Lourenço d'Almeida qui commandait dans Cochin et qui veillait à la sûreté de Cananor. Malgré l'infériorité de ses forces, emporté d'ailleurs par le désir de réparer un échec que lui avait reproché son père, il ne craignit pas d'aller offrir le combat à Mir-Hossein. L'avantage resta aux hommes déterminés du Soudan. Les *Roumes* (Roumin), comme on appelait sur la côte de Malabar ces janissaires qu'envoyaient les dominateurs de Byzance sur tous les points de l'Orient, les Roumes furent vainqueurs, et don Lourenço perdit la vie. Deux fidalgos, qui avaient échappé au carnage, se rendirent en toute hâte à Cochin, où le vice-roi était de retour : Almeida reçut, dit-on, la nouvelle fatale d'un visage impassible, et il ne pleura pas celui qu'il voulait venger. C'est à tort qu'un écrivain moderne a parlé des démonstrations de désespoir que laissa voir le vice-roi dans cette circonstance; il fut énergique jusque dans la douleur. La défaite de don Lourenço prouvait aux Hindous que les Portugais n'étaient pas invincibles. Les conséquences terribles de cet engagement téméraire se mêlaient dans l'esprit du héros aux regrets cuisants qu'il devait ressentir : il fallait avant tout réparer l'échec subi par une valeur imprudente (*). Il montra dans

(*) Un écrivain portugais, suivant en cela les récits traditionnels, dit que sans périphrase les coups donnés par Lourenço d'Almeida durant une bataille pouvaient être comparés à l'action de la foudre. L'histoire rapporte que devant Paname, un musulman d'une vigueur prodigieuse l'avait attaqué. Le jeune héros lui déchargea un tel coup de cimeterre sur la tête qu'il la lui fendit jusqu'à la poitrine. Durant le déplorable combat où il trouva la mort, quoique déjà mutilé par deux boulets, il se fit attacher au grand mat de son navire, et là même, *ne sachant pas se rendre* (pour nous servir des propres expressions du poète, il excita les siens à la vengeance et combattit encore. Voy. J. B. de Castro, *Mappa de Portugal; do valor militar*, t. II, p. 432.

toute sa grandeur ce qu'il était, un noble élève du roi Joam II.

EXPÉDITION D'ALMEIDA CONTRE LES FLOTTES COMBINÉES DU SOUDAN D'ÉGYPTE ET DU ROI DE CAMBAYA. — Les Commentaires d'Albuquerque, qui rendent justice au premier vice-roi des Indes, mais qui ne racontent pas ses exploits, se taisent sur cette expédition mémorable. C'est dans Barros et dans Castanheda, c'est dans Osorio surtout qu'il faut la lire; et, pour la mieux faire comprendre dans son ensemble, nous demanderons au dernier de ces historiens son style et sa couleur. Après avoir dit avec sa gravité ordinaire comment Almeida prit l'opulente Daboul et comment il la saccagea, après avoir raconté avec une impartialité remarquable pour ces temps de fanatisme les étranges cruautés qui furent commises par les Portugais sur cette ville malheureuse, après s'être efforcé de faire saisir à son lecteur la politique des chefs ennemis et la cauteleuse douceur de Melek-Jaz, prince du Guzarate, qui se prétendait contraint à servir le Soudan, l'évêque de Sylves fait traverser à son héros une ville inconnue du royaume de Cambaya, où des tombes antiques lui rappellent un mythe imposant de la Grèce; puis il dit enfin le fameux combat. Ici il faut emprunter au vieux Goulard sa fidèle traduction. « Almeide au partir de ces sépulchres commanda que l'on prist la route de Diu, où étoit Mir-hocem, délibéré de faire prendre le large à sa flotte, et combattre Almeide en pleine mer; suivant quoy et contre l'avis de Melichiaz, il fit quitter à tous ses capitaines les ports et détroits où ils s'estoient retirez. En son armée navale, il y avoit trois grandes navires couvertes, trois autres bécues et armées d'éperons, six galères, quatre navires de Cambaye et les roberges ou longues navires de Melichiaz, dont a esté parlé au-dessus, et grand nombre de brigantins de Calicut : brief il y avoit plus de cent vaisseaux en cette flotte. Les soldats de Mir-hocem, bien armez et résolus au combat, s'asseuroient déjà de la victoire : ceux des nations estranges joints avec eux estoient en ceste mesme pensée. L'espoir et le dépit les invitoient fort de conserver leur liberté et exterminer les Portugalois leurs ennemis mortels. Or le pis fust, qu'en ceste mesme flotte, il y avoit des chrestiens désireux de venir aux mains contre les Portugallois.... les uns estoient Vénitiens, les autres Slavons, qui conduisoient les galères. Au reste les deux généraux n'oublièrent pas à bien encourager leurs gens. Mir-hocem remontroit aux siens leurs braves exploits, l'estendue de leur domination, la liberté de tous les mahumétistes,... qu'en l'issue de ceste journée consistoit l'empire de l'Inde, la sauveté et liberté de tous les peuples associés aux Indiens, et la gloire perpétuelle de ceux qui firent devoir de bien combattre. Quant à Alméïde, il proposoit aux siens le nom de Jésus-Christ, la sainteté de la religion chrestienne, les vilenies de la secte de Mahumet.... qu'ils considérassent qu'en perdant la victoire, ils estoient enclos d'un million d'ennemis, qui ne demandoient pas autre chose qu'à exécuter toutes sortes de cruautés contre les chrestiens, le nom desquels ils effaceroient entièrement de tous ces pays-là s'ils avoient le dessus en ceste bataille,..... il leur ramentevoit aussi la mort de Laurent d'Alméïde, son fils bien aimé, ce qui eschaufoit merveilleusement tous ceux qui avoient cognu ce personnage à venger sa mort. . . . Ses harangues finies il fait déployer les voiles. Mais d'autant que le vent baissoit et que les ennemis s'estoient arrêtés, lui aussi demeura coy, jusqu'à ce qu'il sentit le vent se renforcer au retour de la marée. Or pour ce que le vent commença à souffler plus fort et plus tôt qu'on n'avoit cuidé, Alméïde fit hausser les voiles du trinquet et, ayant donné le signal, là toute sa flotte approcha des ennemis tellement toutefois, qu'il y avoit si long espace entre les deux armées qu'elles ne pouvoient combattre qu'à coups de canon. »

Ces préliminaires d'une grande affaire navale ne furent arrêtés que la nuit. Diu tout entier était accouru sur les remparts, et contemplait cette action, dont allait dépendre en effet la destinée d'une notable partie des peuples hindous; mais le jour vint, et telles étaient les dispositions de l'amiral portugais, que Mir-Hossein sentit pour la première fois qu'il fallait suivre le conseil de Melek-Jaz, que jusqu'à ce moment il avait dédaignés. En conséquence, il se rapprocha de Diu, afin d'être à même de recourir à des secours qu'il prévoyait déjà lui être indispensables. Après avoir fait des dispositions de bataille qui indiquaient bien une résolution inébranlable de combattre, mais peut-être aussi une funeste prévision (*), il se mit au centre de la flotte et attendit le moment de l'action.

« Le lendemain, continue l'évêque de Sylves, après qu'Alméïde eut donné le signal à son armée, Nuno Vasque Pereire se mit le premier à la voile, suivant la charge qui luy en avoit esté remise : après lequel vogua d'assez loin, George de Mello, par la négligence de son pilote. Tous les autres capitaines le suivirent de près en leur rang assigné. Melichiaz, les ayant descouvers, fist jouer l'artillerie des remparts et de la tour contre ceste flotte; tellement que d'une vollée de canons, furent emportez dix hommes qui serroyent la grand' voile du vaisseau de Pereire. . . nonobstant cela Pereire avance et accroche l'amiral de Mir-hocem, lequel fist lâcher la chaîne qu'il retenoit attachée, afin qu'elle ceignist Pereire par derrière, et qu'ayant à combattre en front et à dos il fust desfait plus aisément. Pereire, connoissant ceste ruse, fit tourner une grosse pièce de batterie qui tiroit à fleur d'eau droist à ceste navire destachée, et le boulet donna si à propos, que ceste navire fust percée par bas de part en part. Les ennemis craignants que leur navire ne print eaux, s'avancent incontinent vers l'ouverture faite là derrière, et taschent en la chargeant de quelque bagage faire qu'elle penchast, afin de destourner, ce leur sembloit, le danger de la première brisée et ouverture, mais. . . il advint que la navire coula soudainnement au fond. Jacques Pétrejo qui commandoit en une galère voguant devant Pereire suivoit le commandement d'Alméïde pour prendre hauteur; mais ayant descouvert l'avantage que les ennemis avoient par le moyen du

(*) Le vieil historien fait remarquer que l'amiral musulman avait placé sur une même ligne ses six gros navires, attachés deux à deux et qu'il occupait le centre.

gué, il fist signe à Pereire de ne s'avancer pas plus avant, au moyen de quoy Pereire fist abattre les voiles, il s'arresta, ce qu'apercevant Mirhocem, il le vint assaillir de grande furie, et ainsi leurs vaisseaux estant accrochez, il y eust un cruel combat de part et d'autre. Toutefois les soldats de Pereire entrèrent dans l'amirale de Mirhocem et contraignirent ses gens de combattre et alors fust tué Henri Machiade (Henrique Machado) vaillant entre les Portugallois : c'estoit sur le tillac qu'ils combattoyent ainsi ; mais ils estoient aussi aux mains en partie forte sur les cables et cordages entrelassez et tendus de proue en pouppe : car les Portugallois y estoient grimpez avec beaucoup de peine et avoient les ennemis en teste et sur les bras. Cependant une des navires bécues de Mirhocem séparée des autres vint pour heurter d'un autre costé de celle des Portugallois, qui eurent lors plus à faire que jamais et se trouvèrent en extrême danger. Pereire, voyant cela, fesoit tout ce qu'il luy estoit possible, tant pour soustenir l'ennemy où l'effort estoit plus grand que pour aller et venir ès autres endroits : mais, en voulant hausser la visière de son armet pour prendre quelque relasche, on lui descocha soudainement un coup de flesche dont il eust le gosier percé tout outre. Ce nonobstant la victoire ne penchoit d'un costé ni d'autre. Or Francisque Tavire (Francisco de Tavora), appercevant le danger qui menaçoit les soldats de Pereire, vint s'attacher promptement à l'amirale de Mirhocem et d'un des flancs envoya quelques gens pour grimper sur les cordages, mais ils y montèrent en tel nombre que cest entrelaz de chordes estant rompus, ceux qui combattaient d'en haut tombèrent sur le tillac. Alors la meslée recommença plus furieuse que devant, dont l'issue fut qu'une partie des ennemis ayant été taillée en pièces, le reste se jeta hors le bord. Ceux qui estoyent en la navire bécue jointe à l'amiral de Mirhocem voyant la plupart de leurs soldats et matelotz tués, leur vaisseau brisé en divers endroits et l'équipage dissipé, se sauvèrent comme ils peurent, et quoiqu'ils n'eussent personne propre à gouverner leur vaisseau, toutefois par l'impétuosité du reflus, ils furent poussez au rivage.

En ces entrefaites les autres capitaines Portugallois travailloient de leur part...... Almeïde étoit spectateur du combat ordonnant ce qu'ils avoient à faire : et cependant son artillerie tonnoit si furieusement qu'elle mit en fond une des grandes navires de Mirhocem, et quelques longues (embarcations) avec bon nombre de brigantins. Quant à Mélichiaz il envoyoit de fois à autres gens frais pour soulager ceux qui estoyent recreus et faire que ses troupes continuassent toujours le combat. Davantage il alloit et venoit l'espée au poing au long du rivage tuant ou blessant les fuyards et contraignant les autres de retourner en la meslée, les menaçant de la mort s'ils différoient. Mais finalement les Portugallois eurent le dessus et firent tel carnage que les ondes de la mer estoyent teintes en rouge; les Calécutiens furent les premiers qui se retirèrent de la presse et gagnèrent le haut. Mais les longues navires de Melichiaz et les galères de Mirhocem baissèrent dans le port et se rendirent à l'embouchure du fleuve. Roderic Soarez, qui commandoit en une caravelle, voyant deux galères ennemies jointes ensemble, print sa route droit en la distance d'entre deux et les ayant accostés fit jeter les crochets des deux côtés de sa caravelle, au moyen de quoy, ayant ainsi arrêté ces galères, deffit une partie de ceux qui estoient dedans, contraignit les autres de se sauver à la nage et amena les galères à Almeïde. Restoyt une navire entière, laquelle estoit la plus haute et la mieux équippée de toutes, revestue de cuir cru de toutes parts, afin d'ôter la commodité de pouvoir grimper dedans et pour empêcher aussi les effets de tout feu naturel ou artificiel, que l'on voudroit darder contre. Elle estoit pleine de soldats bien armez des plus expérimentez et résolus de l'armée : ayant au reste les costes si fermes et espaisses que le canon n'y pouvoit aisément faire ouverture. Apres que les navires d'Almeïde l'eurent marchandé et battu assez longtemps et de grande furie, elle commença à puiser, tellement que ceux de dedans se jetèrent en l'eau, mais ils furent poursuivis par des fustes et tuez pour la plupart dans les vagues, le nombre estant fort petit de ceux qui eschappèrent.

« La bataille dura depuis la nuict jusques au soir, en laquelle les ennemis perdirent quatre mille hommes entre lesquels il y avoit huict cents mameluchs du sultan d'Égypte, dont il n'eschappa que vingt et deux. »

Ainsi que Francisco d'Almeida l'avait annoncé dans sa courte harangue, le sort de la puissance portugaise dans les Indes dépendait de cette bataille. On ne saurait nous accuser, nous l'espérons du moins, de nous être laissé prendre aux nombreux récits de combats que présentent à chaque page les historiens portugais de cette période, mais nous avons voulu que celui-ci fût raconté dans tous ses détails avec cette originalité de style et cette vive couleur qui caractérisent à un si haut degré notre vieil historien Simon Goulard. C'était, comme il le dit, la fin de la puissance *des mahumétistes* d'Égypte; et Mélek-Jaz le comprit si bien, qu'il se hâta de faire la paix avec les Portugais. Quant à Mir-Hossein, qui avait développé un si grand courage et une si haute habileté dans cette lutte, il craignit l'inconstance de Melek-Jaz, qui aurait pu le livrer à Almeida, et il s'enfuit en toute hâte vers le royaume de Cambaya. Il passa par la suite dans le haut Hindostan; mais les historiens perdent ici sa trace, et il n'est plus question par la suite du chef de la confédération des Roumes.

ALBUQUERQUE EST NOMMÉ GOUVERNEUR DES INDES. — Il y a une page vraiment dramatique dans les *Commentaires*, c'est celle où l'auteur, racontant les informations judiciaires qui avaient été faites par le vice-roi des Indes à la requête des capitaines dont il s'était vu naguère abandonné, finit par nous apprendre le dénoûment de cette étrange affaire. Un jour, Almeida était assis au milieu des traîtres qui avaient abandonné Albuquerque devant Ormuz, et ceux-ci, confiants dans sa facilité à admettre certaines calomnies, se préparaient peut-être à lui faire de nouveaux rapports sur l'audacieuse ambition du capitaine général, lorsque Almeida leur apprit qu'il avait reçu des nouvelles du *royaume*, comme on disait alors, par des navires récemment venus. Laissons parler le vieil historien qui cite les paroles d'Almeida : « Messieurs, des lettres me sont arrivées et elles m'annoncent la plus grande faveur que pût me faire le roi notre maître ; je veux dire qu'ayant terminé mes trois années de gouvernement, il me rappelle en Portugal. Affonso d'Albuquerque prend ma place, et doit gouverner les Indes.... Et certes, notre Seigneur me fait en cela une haute faveur, car étant mort aux contentements que peuvent donner les choses du monde, mes péchés méritaient néanmoins que je subisse, avant ma mort, les travaux que j'ai soufferts !.. Et l'on comprit qu'il faisait allusion à la perte de son fils ; mais cette nouvelle que le vice-roi donnait de son départ, les accabla de tristesse et principalement João da Nova, ainsi que les autres capitaines qui avaient fui de la guerre d'Ormuz. »

Et comme Antonio do Campo conseillait dans un discours imprudent la résistance aux ordres du souverain et la poursuite des informations dirigées contre Albuquerque, le vice-roi répondit sagement. « Ce n'est plus l'heure, et il faut obéir. » Une ère nouvelle de splendeur et de prospérité commençait pour l'État des Indes.

ARRIVÉE D'ALBUQUERQUE AUX INDES ; SON ENTREVUE AVEC ALMEIDA ; IL RÉCLAME L'AUTORITÉ. — S'il est un nom que les âges nous aient transmis ennobli par une gravité inflexible, s'il en est un qui réveille des idées imposantes, éloignées de toute familiarité, c'est sans contredit le grand nom d'Albuquerque. Eh bien cependant, pour être vrai, il faut, presque au début de l'histoire du héros, faire descendre cette figure austère du trône où les siècles l'ont placée, il faut voir le vainqueur d'Ormuz à son arrivée aux Indes, revendiquant un titre qui lui est dû et ne pouvant l'obtenir immédiatement, bien que son prédécesseur ait proclamé lui-même la justice de ses droits. Il faut, en un mot, voir le plus grand homme du Portugal en butte aux injures, aux propos railleurs, et même aux dédains de ceux qui seront forcés de l'admirer un jour. C'est ce que ne dit pas sans doute l'histoire décolorée de la Clède, mais c'est ce que racontent les Commentaires; laissons parler un instant Albuquerque lui-même, c'est dans son récit qu'on trouve la vérité. Pour faire saisir dans son ensemble cette narration originale, il suffit de se rappeler que Francisco d'Almeida n'avait pas persisté longtemps dans son abnégation généreuse et que les ennemis d'Albuquerque l'emportaient enfin sur un esprit affaibli par l'âge ou qu'un profond chagrin altérait. « Le vice-roi, préoccupé de tout ce qu'on lui disait et sans faire plus de demeure, partit et arriva à Cochin, le 8 du mois de mars de l'année 1509, avec la détermination de ne point remettre le gouvernement des Indes à Affonso d'Albuquerque, suivant en cela le conseil des capitaines qui avaient fui lors de la campagne d'Ormuz, et d'autres individus de la même espèce. Lorsque Affonso d'Albuquerque apprit sa venue, il fit venir les officiers de la factorerie ainsi que Gaspar Pereira, et il leur annonça que puisque le vice-roi était arrivé, il comptait lui adresser une requête touchant le gouvernement des Indes, afin qu'en leur qualité d'officiers du roi, ils pussent la lui présenter, et eux étant tous ainsi réunis et Affonso d'Albuquerque écrivant la requête avec Joam Estão, on leur vint dire que le vice-roi arrivait par le fleuve, sur la galère qu'il avait prise aux Roumes. Comme les officiers se trouvaient dans l'obligation de l'aller recevoir, ils se dirigèrent tous vers le bord de la rivière, et se jetèrent dans un bateau avec Jorge de Melo, pour se rendre là en sa compagnie. Lorsque le vice-roi les vit, il sortit de la galère et entra dans le bateau avec eux, et vint débarquer près de la forteresse ; or là tout le clergé l'attendait formant une procession, puis venait aussi Jorge Barreto, capitaine de Cochin, avec nombre de gens. Affonso d'Albuquerque laissa là cette requête qu'il écrivait, et il alla avec quelques-uns de ses commensaux recevoir le vice-roi, et il resta un bon bout de temps sur la plage, attendant qu'il débarquât ; mais quand celui-ci mit pied à terre, faisant comme s'il ne le voyait pas, il alla droit à Jorge Barreto, l'embrassa, et lui fit grand'fête ainsi qu'à tous ceux qui étaient présents. Donc voyant le peu de compte que le vice-roi faisait de lui, Affonso d'Albuquerque le tira par le bas d'une longue robe de brocart qu'il portait, et il lui parla : « Holà, seigneur, je suis ici, voyez-moi ; » le vice-roi se tourna vers lui, et lui dit de lui pardonner s'il ne l'avait point aperçu, et sans rien ajouter davantage il commença à cheminer, et ils allèrent tous en procession jusqu'à l'église, et ce fut maître Diogo qui prêcha débitant grandes louanges à propos de la victoire que le vice-roi avait remportée sur les Roumes. Et le sermon une fois achevé, le vice-roi s'en alla vers la forteresse, accompagné des capitaines et du peuple assemblé, et comme il arrivait à la porte, Affonso d'Albuquerque lui dit : « Seigneur, puisque Dieu vous a accordé une si grande victoire, que vous avez vengé la mort de votre fils avec tant d'éclat, et qu'il ne reste plus rien à faire de ce côté, je vous demande par faveur qu'il n'y ait point de discussion entre nous, et que vous me remettiez le gouvernement des Indes, en raison de ces provisions que j'apporte ici au nom du roi notre maître. Ayez confiance en moi, je n'entraînerai pas le pays à sa perte, comme vous le font croire mes ennemis. Déjà à Cananor je vous ai fait voir mes pouvoirs, Antonio de Cintra vous les a présentés, et vous n'avez pas voulu les examiner, me faisant même conseiller de les clore de nouveau. » Comme il en était là de son allocution, survint Gaspar Pereira, que le vice-roi avait fait appeler, et Affonso d'Albuquerque lui dit : « Gaspar Pereira, puisque vous êtes l'écrivain attaché à mon office, je vous requiers, de la part du roi notre seigneur, de notifier à monsieur le vice-roi, et à tous les capitaines fidalgos et soldats qui sont ici présents, ces pouvoirs remis par moi entre vos mains, en vertu desquels notre souverain ordonne au vice-roi de me remettre le gouvernement des Indes. Donnez-moi acte immédiat des réponses qu'il aura faites ou de leur absence. » Affonso d'Albuquerque ayant achevé de prononcer ces paroles, le vice-roi lui tourna le dos en lui répliquant : « Vous n'avez point d'écrivain attaché d'office où je suis, » et, sans lui donner d'autre réponse, il entra. Gaspar Pereira, avec les pouvoirs que lui avait remis Affonso d'Albuquerque, entra aussi à la suite du vice-roi et bien d'autres avec lui, et ils se prirent à rire et à se gausser de sa requête, et João da Nova, qui était là, commença à dire à Almeida qu'il ferait bien de l'envoyer les fers aux pieds en Portugal, parce que c'était un fou, qui ne savait plus ce qu'il disait. »

Or le fatal conseil n'était que trop tôt suivi : un digne moine, João de Matheus, ayant été jeté dans une prison, parce qu'il désapprouvait, avec mesure cependant, la conduite d'Almeida, Albuquerque se présenta devant le vice-roi pour obtenir l'élargissement du bon religieux. En dépit de son titre il fut lui-même chargé de fers, puis embarqué à bord d'un navire portugais, et transporté à Cananor. Mais c'était précisément dans cette ville que devaient changer les destinées de l'Inde, et dans sa colère aveugle Almeida envoyait un rival au-devant du triomphe. Au bout de quelques jours, en effet, un des dignitaires du royaume, le maréchal de Portugal, qui avait reçu le commandement de quinze voiles, débarquait à Cananor, et mettait ses forces à la disposition d'Albuquerque, dont il était l'allié par la naissance, et qu'il reconnaissait d'ailleurs comme vice-roi. Quelques jours suffisaient dès lors pour faire changer complétement de face les affaires dans Cochin. Almeida se démettait d'un pouvoir trop longtemps gardé, João da Nova expirait dans l'isolement, loin de son pays ; et si un hommage était payé à la mémoire du hardi navigateur, c'était Affonso d'Albuquerque, qui venait le rendre. João da Nova, à peu près abandonné de tous, était conduit à sa dernière demeure par le nouveau vice-roi, vêtu complètement de deuil, et les regrets du grand capitaine venaient absoudre par delà la tombe le vieux soldat qui avait failli.

Affonso d'Albuquerque se montra dans cette position délicate ce qu'il avait toujours été, magnanime et désintéressé. Il pardonna aux ennemis vivants comme il pardonnait à la mémoire d'un ennemi mort, et il ne fit pas sentir à son prédécesseur le poids humiliant d'une pitié orgueilleuse. Almeida s'embarqua pour le Portugal en l'année 1508 ; toutes les dispositions furent prises pour que le riche bâtiment qui le portait allât surgir heureusement dans le port de Belem, et pour que le vainqueur des Roumes pût jouir de ses triomphes à la cour fastueuse de D. Manoel : ce ne fut pas la faute d'Albuquerque si une déplorable témérité (*) priva le Portugal d'un homme vraiment noble et brave, mais que l'orgueil rendit injuste (**).

Après le départ d'Almeida, il fallut s'occuper de mettre à exécution le grand projet, qui avait guidé Manoel dans l'envoi d'une expédition plus considérable qu'aucune de celles destinées jusqu'à ce jour pour les Indes. Le maréchal déclara qu'il n'était pas venu dans ces régions lointaines pour faire le métier de marchand, qu'il s'occupait fort peu du commerce des épices, et que son unique mission était de détruire Calicut. La mousson exigeait que l'on conduisît cette expédition rapidement, la prudence voulait qu'on la mûrit. Affonso d'Albuquerque tenta vainement de modérer l'ardeur du maréchal, il était impatient de retourner à Lisbonne ; le vice-roi se vit donc contraint de céder ; l'époque du départ fut arrêtée d'une manière positive. Une circonstance, importante d'ailleurs, excusait cette précipitation. Grâce au rapport de certains Brahmes envoyés en observation par le roi de Cochin, on avait appris que le Samori était alors occupé dans l'intérieur à poursuivre des chefs rebelles.

La flotte partit, Calicut fut incendié ; mais, ainsi qu'Albuquerque semblait

(*) Francisco de Almeida, ayant relâché au cap de Bonne-Espérance, fut tué dans une rencontre avec les Cafres ; il fut frappé mortellement d'un pieu pointu durci au feu.

(**) Almeida avait quelque droit d'être orgueilleux ; non-seulement il descendait d'une des premières familles du royaume, mais il s'était acquis une juste réputation sur les murs de Grenade, et tout le monde se rappelait que Jean II lui avait fait l'insigne honneur de le faire asseoir à sa table. C'est ce qu'affirme du moins Barbosa Machado. Lors de son embarquement, D. Manoel l'avait accompagné jusqu'au rivage ; il lui avait concédé le droit de prélever un objet valant 500 cruzades sur toutes les prises qui seraient faites ; mais le grand capitaine ne s'était jamais prévalu d'un tel avantage. Ce fut, avec João de Castro, l'homme le plus intègre de cette grande période de puissance et d'abnégation. Francisco de Almeida avait accompagné Alphonse V en France, comme on l'a vu, et ce fut lui que ce prince expédia vers Louis XI, lors de son débarquement en Provence. Le premier vice-roi portugais des Indes était donc venu à Paris.

l'avoir deviné, l'issue de l'expédition fut déplorable. Après avoir laissé piller le palais du râdjâ, les naïres se rallièrent et se portèrent avec impétuosité contre l'infortuné maréchal; D. Fernando Coutinho fit un dernier effort de courage, mais il ne put leur résister et périt, frappé mortellement d'une flèche (*).

Albuquerque, secondé par son neveu Antonio de Noronha, fit des prodiges de valeur dans cette occasion; il sut rallier par son sang froid l'armée que l'ardeur sans mesure d'un grand seigneur avait engagée si imprudemment. Grâce à lui, la flotte put se retirer en bon ordre, et les forces immenses que le roi D. Manoel avait envoyées dans les Indes, restèrent intactes et prêtes à servir au succès d'une autre expédition.

PRISE DE GOA (Gouâ). — On avait acquis la certitude que le Samori, averti en temps convenable, était parvenu à réunir ses forces et revenait à la tête d'une armée immense contre les Portugais : il eût donc été par trop imprudent aux chrétiens de se commettre contre des forces si disproportionnées. Déjà Albuquerque tournait ses regards vers le golfe Persique, tout en n'abandonnant pas ses prétention) sur le royaume de Calicut (puisqu'il avait écrit en conséquence au roi de Narsingue, lorsque étant à Cintacora, ses projets durent se modifier. Comme il venait de gagner le port que nous venons de nommer, un chef hindou, bien connu dans ces régions sous le nom de Timoia, y débarquait également à la tête de forces maritimes considérables. Timoia apprit au vice-roi qu'un heureux coup de main pouvait être exécuté sans peine le long de la côte et que la ville de Goa devait tomber aisément entre les mains des soldats hardis qui voudraient s'en emparer.

Privée depuis fort peu de temps de son souverain, que les historiens portugais désignent sous le nom de *Sabaio*, cette capitale d'un royaume musulman, qui se trouvait pour ainsi dire enclavée entre les possessions des râdjâs hindous, était en ce moment livrée à toutes les horreurs de l'anarchie, et l'on pourrait presque dire des dissensions religieuses. Un chef, nommé Melek-Çufergugi, devait nécessairement opposer quelque résistance, mais il n'avait guère plus de mille hommes aguerris à faire marcher contre les chrétiens. Timoia offrit son aide et ses conseils aux chrétiens, espérant faire tourner l'expédition à son profit. L'esprit pénétrant d'Albuquerque sut deviner promptement les avantages qui pouvaient résulter pour le Portugal de cette coopération, il accepta et mit à la voile; quelques jours après, il était maître du château de Pangi, qui défend l'entrée de la barre de Goa, et il devait ce succès à la valeur des hommes que commandait Antonio de Noronha. Bientôt la ville entière se soumettait, pour ainsi dire sans coup férir, et Goa, surnommée plus tard *la Dorée*, Goa, qui devait avoir une influence si décisive sur les destinées de l'Inde, voyait la croix des chrétiens briller sur sa mosquée principale.

Nulle cité parmi les villes que les Portugais avaient visitées ne présentait tant d'éléments opposés de croyances et d'usages divers; conquise jadis sur les Hindous, on voyait se confondre dans son enceinte toutes les sectes de l'islamisme, des Turcs, des Roumes, des Maures proprement dits, des Persans; puis venaient quelques Parsis et les adorateurs nombreux de Brahma. Selon nous, c'était précisément cette réunion d'hommes, habitués déjà à tolérer leurs croyances réciproques, qui rendait Goa essentiellement propre à recevoir la domination des chrétiens. La capitale de l'antique Ticuari était d'ailleurs le passage qui conduisait aux royaumes de Narsingue et dans le Dékhan. Albuquerque ne pouvait pas hésiter, Goa devait être le point central où se concentreraient par la suite les efforts des conquérants.

En vain Timoia revendiqua-t-il la souveraineté de l'île et de sa capitale, on écarta ses prétentions. Albuquerque après tout n'avait rien promis, il éluda les de-

---

(*) Ce grand seigneur, homme d'une valeur brillante mais peu réfléchie, comprit trop tard l'importance des avis que lui donnait Albuquerque. « Voilà donc cette ville de Calicut, dont vous faites tant de bruit là-bas? disait-il en marchant vers le palais. On l'avertit de se défier de l'adresse de ces petits soldats noirs qu'il traitait avec un si profond dédain; et au bout de quelques instants la prophétie s'était réalisée. Voy. *Comentarios do grande Affonso d'Albuquerque*, t. II.

mandes du prince hindou, et, grâce à l'adroite fermeté qu'il sut conserver dans cette circonstance, l'allié des Portugais dut se contenter de riches présents et de vastes possessions territoriales. Il feignit de les dédaigner, mais elles eussent été capables de dédommager tout autre qu'un homme dont les prétentions ne se fussent pas élevées jusqu'au titre de souverain.

Goa s'était rendue le 17 février 1510. La domination des chrétiens n'était pas le résultat d'une conquête sanglante : musulmans, Hindous, Parsis purent rentrer dans leurs habitations. Cette conquête, pour nous servir des expressions des vieux chroniqueurs, remplit de joie l'âme d'Albuquerque ; c'est qu'en soumettant l'île de Goa, il avait en effet accompli un grand dessein et que dans sa prévision, la capitale des Indes portugaises devait s'élever sur l'emplacement que les Maures avaient choisi de préférence à tous les autres, pour y établir leur comptoir principal. Il y avait dans ce choix une raison de convenance incontestable. Il y avait surtout une grande raison politique.

Les projets du grand homme ne purent néanmoins se réaliser immédiatement. Comme il avait abandonné momentanément sa nouvelle conquête, un prince mahométan de ces contrées, Adel-Schah, fut assez heureux pour l'enlever aux chrétiens. Celui-ci ne profita pas longtemps d'un coup de main heureux, Affonso d'Albuquerque se présenta de nouveau devant Goa, et le 25 décembre de la même année il en fit encore la conquête, et la réunit définitivement au royaume de Portugal. Goa ne coûta, dit-on, que seize hommes aux Portugais, tandis que plusieurs milliers de musulmans y perdirent la vie. Tout rentra bientôt dans l'ordre. Albuquerque prit des mesures sévères de répression et les propriétés des habitants furent respectées. Les Commentaires nous attestent que des ordonnances pleines d'humanité furent rendues dès l'origine et au début de la nouvelle administration. Bien des siècles avant que les Anglais pussent se glorifier d'avoir aboli l'usage insensé des *Sutties* (Satî), Albuquerque s'opposait à ce que l'épouvantable sacrifice des veuves indiennes pût s'accomplir dans Goa.

PROJETS DE CONQUÊTE, PREMIÈRES EXPÉDITIONS VERS MALACCA. — Tandis que ces événements prodigieux avaient lieu aux Indes, des projets plus vastes encore se discutaient dans le conseil de D. Manoel. Dès les premières années du seizième siècle, le peuple avait déjà le droit d'appeler ce souverain d'un coin de terre *le roi fortuné*. Ce n'était déjà plus comme au temps de Joam II, où quelques centaines de lieues le long des côtes arides de l'Afrique pouvaient satisfaire l'ambition du petit-neveu de D. Henrique. A la suite des guerres incessantes la géographie avait fait des progrès, les désirs de conquête marchaient avec elle ; un seul coup d'œil sur les cartes imparfaites de cette époque, sur celle de João da Nova par exemple, avait suffi pour faire deviner de quelle importance allaient être les deux passages que l'on considérait déjà comme les deux portes du commerce asiatique ; le détroit de la Sonde et le détroit de Malacca excitaient presque au même degré les désirs du cabinet de Lisbonne. Mais Malacca l'emportait, car si la voie qu'elle offrait était moins sûre, elle offrait aux Portugais un passage plus rapide pour se porter du golfe du Bengale vers ces régions que l'antiquité avait parées du beau nom de Chersonèse d'or.

Déjà à l'époque où D. Francisco d'Almeida était vice-roi des Indes, il avait été question dans le conseil du roi D. Manoel de Malacca et de son importance commerciale. Éclairé par ces discussions, le roi décida qu'un des officiers habiles de l'armée, que Diogo Lopes Sequeira partirait de Lisbonne avec le commandement d'une flotte. Les instructions portaient qu'il irait reconnaître non-seulement la situation de cette ville, mais qu'il tenterait d'établir des relations entre les habitants et les Portugais. Après avoir rencontré plus d'un obstacle, Diogo Lopes arriva à Malacca, où il fut reçu avec les marques apparentes de la bonne amitié. Ces démonstrations bienveillantes, qui n'avaient rien d'étrange de la part d'un peuple appartenant à la race malaie, cachaient une trahison. L'amiral portugais, en accordant trop de confiance aux hommes de cette race, courut le risque de périr avec les siens, et peu s'en fallut qu'il ne fût la victime des embûches ourdies par les *Maures*. Là, comme à la côte de Malabar, les Arabes commerçants qui avaient depuis longtemps leurs comptoirs dans ces régions, s'entendirent avec le gouverneur de la ville pour faire périr les étrangers. Diogo Lopes échappa à la trahison, mais il laissa prisonniers entre les mains des Malais plus de trente Portugais faisant partie de sa petite armée. Dès lors la guerre fut déclarée par le roi de Portugal au roi de Malacca. Diogo Lopes Sequeira revint en Europe, précisément à l'époque où un grand événement avait lieu. Affonso d'Albuquerque était occupé sans relâche par les guerres de l'Inde et par celles qu'il faisait sur les côtes d'Ormuz; il négligea longtemps d'aller châtier la trahison des Malais; mais lorsque la ville de Goa fut conquise, lorsqu'il y eut assis le siége de l'empire portugais en Asie, il résolut de dompter ces peuples astucieux, et il est bon d'ajouter que cette résolution lui appartient tout entière, puisque les ordres de Lisbonne le dirigeaient sur un autre point.

Le grand homme nous a laissé lui-même un témoignage de l'impression que produisit sur l'empire malai la nouvelle de ses succès immenses. Ici nous laisserons parler les Commentaires, nous n'ôterons rien à la pompe de ce style quelque peu oriental et qui va bien à de telles victoires. L'île de Ticuari venait de succomber. « Comme Goa était renommée dans toutes les régions et tous les royaumes de l'Inde, la nouvelle se répandit aussitôt au moyen des marchands de Calicut, et l'on fit savoir à tous les rois comment le grand Affonso d'Albuquerque avait pris cette cité et en avait jeté les Turcs dehors. Lorsque cette nouvelle fut arrivée à Malacca, le Bendarra (*littéralement le ministre de la justice*), qui gouvernait cette contrée pour le roi son neveu, craignit qu'Affonso d'Albuquerque ne vînt tirer vengeance de sa trahison. Il était à la fois dissimulé et intelligent; il commença à pourvoir la ville d'approvisionnements considérables, puis il s'en alla vers Ruy de Araujo et les autres prisonniers, qui se trouvaient réunis dans une maison où ils subissaient de fort mauvais traitements, et sans leur faire part de ce qui s'était passé dans les Indes, il leur dit que le soulèvement qui s'était manifesté contre les Portugais n'avait eu lieu ni par ses conseils, ni par son ordre; que les Guzarates et les Javanais avaient tout fait sans qu'il en fût instruit, uniquement parce qu'ils craignaient que les Portugais en sortant de ce port ne les maltraitassent; mais que, pour lui, il était résolu à les châtier sévèrement, parce qu'il désirait par-dessus tout obtenir l'amitié des Européens et les voir commercer dans Malacca (*) ». Dès ce moment le sort des prisonniers, qui n'étaient plus qu'au nombre de dix-neuf, commença à s'adoucir. Une sorte de liberté leur fut accordée. Araujo apprit les succès de ses compatriotes; en homme habile, il sut profiter de sa position, et, au moyen d'un Maure nommé Abdallah, qu'il avait su gagner, il ne tarda pas à donner à Albuquerque des instructions précises dont le vainqueur de Goa devait nécessairement profiter.

Cependant, une chose s'opposait à ce qu'il dirigeât ses armes de ce côté. Dans toutes ses lettres, le roi lui recommandait de faire ses efforts afin d'acquérir au Portugal la cité d'Aden, que l'on pouvait regarder comme la clef du détroit de la mer Rouge, et où une forteresse construite par les Portugais devait s'opposer désormais au commerce que les Maures faisaient dans ces régions. Ce qui accroissait encore la nécessité d'entreprendre cette expédition, c'était surtout la nouvelle, qui s'était répandue, d'un armement immense projeté en Égypte. Le sultan du Caire préparait à Suez une flotte considérable pour venir attaquer les Portugais et pour les chasser de l'Inde. Albuquerque sentait la nécessité d'obéir aux ordres du roi, et, faisant préparer une flotte considérable, il se dirigea vers le détroit; des vents contraires le contraignirent bientôt à rentrer dans Goa; pendant ce temps, la mousson qui conduit de l'Inde vers

(*) *Comentarios de A. d'Albuquerque*, parte III, cap. X, p. 63.

la mer Rouge s'était passée. Ce fut précisément cet événement qui détermina l'expédition de Malacca. Le vice-roi, considérant qu'il ne pouvait plus se rendre à Aden, résolut, d'accord avec les autres chefs, de mettre à profit la flotte et d'aller châtier le Bendarra. En conséquence, après avoir pourvu à la sûreté des forteresses de Cananor et de Cochin, il poursuivit son voyage vers Malacca : il avait pu réunir une flotte de dix-neuf voiles, montée par quatorze cents hommes; mais il est bon d'observer que dans cette petite armée il n'y avait que huit cents Portugais; le reste était musulman ou hindou.

Néanmoins, comme le fait très-bien observer un historien portugais, Malacca n'était pas alors, comme il est aujourd'hui, une sorte de village ruiné; bien que pour la plupart les maisons fussent construites en bois et couvertes d'*olas* ou de feuilles de palmier, il y avait plusieurs édifices imposants, un assez grand nombre de tours construites en pierre, et la cité s'étendait l'espace d'une lieue le long de la mer. Selon le calcul des habitants eux-mêmes, elle ne renfermait pas moins de cent mille âmes. Le mouillage ou, si on l'aime mieux, l'anse, qui se trouvait à quelque distance, était couverte de navires appartenant à plusieurs nations. L'Inde, la Chine, le pays de Siam, les îles les plus civilisées de l'Océanie, considéraient cette cité comme l'entrepôt naturel où tant de peuples venaient faire leurs échanges (*).

Dénuée de toute importance à son origine, quatre-vingt-dix ans avaient sufli pour donner à cette cité la splendeur dont elle jouissait.

Nous l'avons dit, le Bendarra, avec lequel les Portugais s'étaient trouvés d'abord en contact, n'était point le maître de ces contrées. Proche parent du roi, il administrait la ville pour le compte de ce prince : le souverain qui régnait alors portait le nom de Mahamed (*Mohammed*). Il vit promptement ce qu'il avait à faire, et dans la terreur que lui inspiraient ces étrangers, il comprit qu'il fallait sacrifier en apparence le chef dont la conduite les avait irrités; c'est du moins ce que nous apprennent les Commentaires d'Albuquerque lorsqu'ils nous peignent l'arrivée des Portugais devant Malacca.

Le génie cruel et astucieux à la fois qu'on attribue à la race malaye semblait se manifester ici avec toute sa ruse énergique. Albuquerque devina dès les premiers moments que la défiance lui serait aussi nécessaire que la bravoure. Telle était l'ardente activité de cet homme extraordinaire, qu'avant de surgir dans le port de Malacca, il s'était déjà emparé de huit navires appartenant aux Maures; le hasard les lui avait fait rencontrer sur sa route.

Il fallait une raison plausible pour expliquer sa présence, il l'avait dans la captivité des chrétiens. Ce fut le motif qu'il résolut de mettre en avant. A peine la flotte portugaise avait-elle jeté l'ancre, que le sultan fit demander si ces nombreux navires venaient dans des intentions pacifiques ou hostiles; que pour lui, il souhaitait avant tout la paix avec les Portugais, qu'un acte récent de son gouvernement servait à le prouver, puisqu'il avait déjà fait mettre à mort le Bendarra, cause première du mouvement populaire durant lequel plusieurs chrétiens avaient perdu la vie. Albuquerque lui répondit qu'il était bien convaincu de son innocence, mais qu'après avoir châtié le principal coupable, il lui restait à mettre en liberté les prisonniers portugais, ajoutant que, faute d'exécuter cette clause indispensable, le roi chrétien qu'il représentait, lui avait donné l'ordre de tirer vengeance d'une injure si manifeste.

Un phénomène naturel, et qui lui était bien connu, donnait quelque espoir à Mahamed; il pensait avec juste raison qu'il ne s'agissait que de temporiser : on allait atteindre l'époque à laquelle la mousson cesse dans ces parages, et une fois cette saison atteinte il n'y

---

(*) Voy. *O Panorama*. Nous indiquerons également aux personnes qui voudraient avoir des notions exactes sur ces contrées avant l'arrivée des Européens, un excellent travail de M. du Laurier. Les mœurs profondément originales de cette race, ses croyances, ses arts et jusqu'à ses superstitions, tout a été présenté avec un rare bonheur d'expression dans l'opuscule de l'habile professeur. Cette fois ce sont les livres malais eux-mêmes qui ont été interrogés. Voy. *Mémoires, lettres et rapports relatifs au cours de langues malaye et javanaise fait à la Bib. roy. pendant les années* 1840, 41 et 42, etc. Paris, 1843, in-8.

avait pas d'alternative, il fallait ou que la flotte retournât aux Indes, ou qu'Albuquerque demeurât parmi les Malais; et dans ce dernier cas sa ruine était à peu près certaine. Le souverain de Malacca fit de brillantes promesses, mais il ne rendit pas les prisonniers. Tandis qu'il éludait la demande qu'on venait de lui adresser, il faisait sortir du fleuve une foule de petites embarcations d'un port peu considérable, qui seules doivent y trouver un abri. Ces *Lancharas*, comme on les désignait, étaient armées en guerre, elles passaient devant la flotte et semblaient la menacer, bien qu'elles évitassent de commencer les hostilités.

Avec cette promptitude de résolution que donne quelquefois une position fâcheuse, et qui déjoue tous les plans, Albuquerque résolut de prendre l'initiative; il détacha de la flotte quatre chaloupes armées et les faisant filer le long de la côte, il commença à bombarder la ville. Vingt barques ennemies tentèrent de faire taire ce feu inquiétant, elles furent bientôt contraintes de rentrer dans le port, parce que de nouvelles embarcations furent envoyées par Albuquerque au secours des chaloupes qui avaient commencé l'attaque. Mahamed se décida alors à faire des propositions de paix, en affirmant qu'aussitôt qu'un traité d'alliance aurait été conclu, il remettrait sans délai les prisonniers chrétiens.

Nonobstant ces ouvertures pacifiques, la ville se fortifiait avec activité, et l'on mettait en état de repousser l'ennemi huit mille pièces de canon de tout calibre que possédait Malacca. Il y a peut-être quelque exagération dans ce calcul; mais, outre l'artillerie formidable dont nous avons fait mention, le sultan pouvait disposer de forces bien autrement considérables que celles des chrétiens, il avait à son service vingt mille étrangers et une foule innombrable de Malais. La sécurité que lui inspiraient ces forces, l'empêcha seule de prêter l'oreille aux avis que lui donnaient plusieurs personnages influents; ils lui conseillaient non-seulement de rendre les prisonniers, mais d'indemniser les Portugais des dommages subis par la flotte de Diogo Lopes.

Irrité de ces subterfuges et fatigué de ces délais, Albuquerque résolut de ne plus écouter aucune proposition, tant que les prisonniers ne lui seraient pas renvoyés. Il les attendit durant quelques jours, et voyant que chaque fois son espérance était déçue, il prit une résolution extrême. Par ses ordres deux embarcations allèrent mettre le feu à quelques maisons situées sur le bord de la mer, et elles incendièrent également les navires guzarates, qui prêtaient leur secours au sultan du Malacca : cet expédient eut le résultat qu'on en attendait. A peine l'incendie commença-t-il à se propager, que les captifs portugais furent renvoyés au vice-roi. Les principaux de la ville, en les ramenant, n'imposèrent point d'autres conditions que la cessation des hostilités.

Albuquerque arrêta alors l'incendie qui menaçait de dévorer la plus grande partie de la ville; mais, outre 300,000 cruzades d'indemnité, dont le payement fut stipulé, il exigea, en chef prévoyant, qu'on lui laissât bâtir une forteresse dans la cité même : elle devait servir de comptoir aux Portugais. Mahamed ne se sentait pas en mesure de résister d'une manière ostensible, mais s'il eut l'air par son langage d'adhérer aux volontés du vainqueur, il n'en continua pas moins secrètement l'armement des forts. Là encore Albuquerque prit le parti de frapper les populations ennemies par une victoire éclatante; le siège de Malacca fut résolu.

Un vieux voyageur français, qui parcourait ces régions dans le seizième siècle (*), vante jusqu'à un certain point le courage des Malais; mais, s'il nous les représente comme doués d'une énergie qui les rendait sous bien des rapports supérieurs aux Hindous, il ajoute, pour terminer le tableau, qu'ils sont « obstinez, fort superbes, mesmement en leur marcher, et surtout grands menteurs et larrons. »

Le caractère des peuples qu'il avait à combattre était bien connu d'Albuquerque : il résolut de frapper les Malais de terreur par une résolution vigoureuse; il n'appréciait pas avec moins de justesse l'esprit qui animait ses soldats, et

(*) Voy. François Pyrard, ses *Voyages*, t. II, p. 101 de l'édit. in-4.

le jour de Santiago, la fête de saint Jacques, fut choisi pour l'attaque. Le conseil de Ruy de Araujo lui fut utile dans cette circonstance, et, d'après son avis, Albuquerque résolut avant tout de s'emparer d'un pont qui unissait la ville à une forte bourgade, désignée sous le nom d'Upi. En dépit d'une artillerie nombreuse et de ces redoutables éléphants de guerre que les troupes malayes poussaient avec leurs châteaux armés contre les Européens, la chose réussit comme le grand capitaine l'avait espéré. L'attaque avait commencé au point du jour, et à midi le pont se trouvait au pouvoir des Portugais ; les palais du roi étaient déjà embrasés. Bientôt aussi une partie de cette vaste cité fut détruite. La nuit était arrivée ; cependant les soldats, las de frapper, demandaient quelques heures de repos ; Albuquerque se vit contraint par la clameur publique de gagner la flotte : il ne le fit point sans s'emparer de cinquante grosses pièces d'artillerie qui défendaient le pont d'Upi. Dans cette attaque, plusieurs Portugais avaient été frappés de flèches empoisonnées ; on ne s'en tint pas à l'usage de ces armes terribles, la plage fut hérissée par les Malais de pieux aigus trempés également dans le poison. La prise définitive de la cité devenait peut-être plus difficile qu'elle ne l'avait été au début. Affonso d'Albuquerque résolut de faire un dernier effort et de s'emparer de nouveau du pont. Par ses ordres une jonque, armée d'une façon formidable, se présenta à l'embouchure du fleuve, mais elle ne put franchir un banc de sable qui s'opposait à son passage, et la même chose advint à une plus petite embarcation. Nombre de journées s'écoulèrent dans cette situation difficile ; à la fin, la marée grossit, les navires purent avancer et le débarquement fut résolu. Telles furent les dispositions d'Albuquerque, que l'ennemi se vit bientôt entre deux feux. Pendant que l'artillerie des Portugais agissait, le canon de la jonque foudroyait ces misérables ; en peu d'heures, le pont fut de nouveau au pouvoir d'Albuquerque, et le sultan Mahamed, comprenant que la ville ne pouvait plus résister, se réfugia dans une mosquée fortifiée du côté d'Upi. Ce fut alors que, malgré les efforts désespérés des Malais, on pénétra dans Malacca. Le vice-roi s'était porté en personne sur le point où le danger était le plus menaçant ; il allait entrer dans une rue déserte, et il devait certainement y trouver la mort, lorsqu'un soldat l'avertit de ne pas pénétrer dans ce lieu redoutable : l'ennemi y avait creusé des trappes habilement cachées, et des pieux empoisonnés devaient faire périr dans des tourments affreux ceux que leur ardeur eût entraînés. Albuquerque retourna alors vers la mosquée, mais il la trouva prise.

Grâce à la sage précaution du général, le pont avait été mis en tel état de défense, que les troupes du sultan ne purent le reprendre ; la plus grande partie de la ville se trouva donc bientôt au pouvoir des Européens. Toutefois le reste de cette immense capitale dut être conquis pied à pied, maison par maison, et l'on n'employa pas moins de neuf jours pour s'en rendre maître complétement. Après des efforts inouïs de persévérance et de courage, les Malais se retirèrent et laissèrent les Portugais maîtres de la cité.

Le butin fut immense et l'on sait, d'après les documents fournis par Albuquerque lui-même, que trois mille pièces d'artillerie tombèrent entre les mains du vainqueur. Toutes les richesses trouvées dans la ville furent distribuées aux soldats ; Albuquerque ne réserva pour lui que quelques objets curieux, qu'il voulait offrir à D. Manoel. Il garda également six lions de bronze, qui devaient orner son propre tombeau (*). Ce désintéressement n'étonna alors personne. Toute cette génération de vieux Portugais alliait l'abnégation de soi-même à la grandeur.

Ce qu'il faut louer surtout chez Albuquerque et chez Almeida, c'est d'avoir deviné le génie des peuples qu'ils conquéraient et d'avoir respecté jusqu'à un certain point leurs préjugés religieux. C'est que ces hommes si éminents à la guerre étaient des hommes éminents aussi par leur instruction. Pacheço, Antonio de Noronha, João de Castro offrent des preuves éclatantes de ce que j'avance ; il suffit de lire les Commentaires

(*) Voy. le journal intitulé : *O Panorama*, t. II, p. 203.

pour se convaincre de la rare instruction d'Albuquerque ; il devine même jusqu'aux trésors cachés que tenait en réserve pour notre siècle l'antique littérature sanskrite. A Malacca, il sut conquérir l'affection des indigènes en respectant leurs idées ; des autorités malayes et portugaises furent simultanément établies dans la cité ; en peu de temps le commerce fleurit de nouveau à Malacca, et le grand homme eut la gloire de joindre aux vastes conquêtes dont se glorifiait déjà son pays, une colonie puissante dont le Portugal obtint d'immenses résultats.

SECONDE EXPÉDITION D'ALBUQUERQUE CONTRE ORMUZ. — Albuquerque était à la fois un homme d'exécution soudaine et de prévision persévérante ; jamais au milieu de ces expéditions victorieuses qu'il renouvelait si fréquemment dans les mers de l'Inde, il n'avait oublié ses premiers desseins sur Ormuz : c'est qu'il comprenait admirablement l'avantage des positions géographiques et le caractère des peuples que le Portugal pouvait utiliser. Dans l'intervalle qui s'était écoulé entre son premier voyage et celui qu'il méditait, le bruit des victoires immenses qu'il avait remportées était nécessairement venu aux oreilles de Coge-Atar (*Khodja-Atar*). Habile à multiplier ses protestations amicales selon les circonstances, ce chef arabe avait fait dire au vice-roi des Indes que Ceifadim était prêt à payer le tribut convenu jadis, et même à reconnaître la suzeraineté du Portugal, sous la condition bien simple que l'ancien esprit de haine serait mis en oubli. Albuquerque avait accepté ces communications avec bienveillance ; il avait même reçu les arrérages dus par Coge-Atar, et l'on pouvait dire de lui, selon les expressions d'un écrivain portugais, que sa renommée avait conclu en grande partie ce que ses armes n'avaient pu faire.

Le vice-roi des Indes recevait toutefois des ordres de la mère patrie ; il ne put bientôt se contenter des concessions qu'on était prêt à lui faire ; la domination portugaise devait être établie définitivement dans Ormuz. Guidé par ce motif, le général partit pour cette île en 1514 selon Barros, en 1513 selon Galvão. Il était cette fois à la tête d'une flotte considérable, sur la force de laquelle on n'est cependant pas d'accord. Les Portugais avaient surtout à cœur d'achever le fort dont la construction avait été interrompue, et dont les musulmans s'étaient emparés.

Il est indispensable de rappeler ici que dès l'année précédente le propre neveu du gouverneur, Pedro d'Albuquerque, avait reçu l'ordre d'aller reconnaître les côtes du golfe Persique et de croiser devant le cap Guardafui. Déjà, à plusieurs reprises, cet officier avait demandé qu'on le réintégrât dans la possession du fort commencé quelques années auparavant par ses compatriotes ; toutes ses démarches avaient été inutiles, bien que le gouvernement d'Ormuz eût cessé de se montrer hostile aux Portugais. Pendant qu'Albuquerque affermissait son pouvoir dans l'Inde, de grands changements politiques s'étaient opérés dans ces contrées. Ceifadim était mort par le poison, Torun-Schah avait régné à sa place, et l'homme sur lequel toute la confiance de ce despote s'était portée se trouvait être, en 1513, un vieux Persan nommé Rais-Nordim (*Bas-Noured-din*) ; mais précisément au moment où le général portugais se présentait devant Ormuz, une nouvelle révolution éclatait. Rais-Hamed (*Bas-Ahmed*), neveu de Rais-Nordim, s'était emparé de la personne du souverain, son vieux ministre avait été mis dans les fers, et la ville subissait un joug plus despotique que celui dont on s'était plaint. A la nouvelle de l'arrivée de l'armée d'Albuquerque, Rais-Hamed changea de politique : il délivra Torun-Schah et rendit même à la liberté Rais-Nordim. L'audacieux usurpateur craignait les Portugais et redoutait sans doute l'intervention de leur chef. La première démarche d'Albuquerque fut de demander la restitution de la forteresse ; les forces navales qu'il avait à sa disposition imposèrent aux musulmans, la forteresse lui fut remise, et les Portugais en prirent immédiatement possession au nom du roi de Portugal. Il fallait néanmoins l'achever ; Albuquerque débarqua pour surveiller par lui-même des travaux auxquels il ajoutait avec juste raison une haute importance.

La captivité de Torun-Schah s'était

adoucie; elle n'avait point cessé, c'est ce que le vieux ministre parvint à faire savoir au grand capitaine, dont il réclamait l'intervention. La résolution du général fut prompte; Ormuz sous le gouvernement de Rais-Hamed allait tomber au pouvoir de la Perse; il résolut par une action décisive de lui arracher le pouvoir et la vie. Cette morale impitoyable à l'usage des conquérants semble trouver quelque excuse dans les projets du chef musulman. Il paraît que le cauteleux gouverneur d'Ormuz était animé des mêmes dispositions à l'égard du vice-roi; ce fut précisément le projet dont il était animé qui le fit courir à sa perte.

Un jour, il avait été convenu entre Torun-Schah, Rais-Hamed et Rais-Nordim, qu'on irait visiter Affonso d'Albuquerque, sous la condition expresse que ceux qui assisteraient à cette entrevue seraient absolument sans armes. Cette convention, comme on le pense bien, fut immédiatement transgressée, les Portugais se munirent secrètement de poignards aussi bien que les musulmans, et Rais-Hamed vint armé comme les autres. « Ce fut lui qui le premier entra dans la salle, et D. Garcia de Noronha remarquant qu'il avait des armes, il lui en fit l'observation. Rais-Hamed lui répondit, avec un emportement plein de fierté : Ceci ne regarde pas ma personne... Et au même instant il cria à Torun-Schah de ne pas entrer, parce que les Portugais venaient armés. Alors l'interprète Alexandre de Ataíde, le tirant par le bras, lui dit qu'il allait lui montrer les salles, pour qu'il pût se détromper et s'assurer par lui-même qu'on n'y avait caché aucun soldat. Il le conduisit à Affonso d'Albuquerque, qui lui ordonna de se désarmer, parce qu'il ne respectait pas les conventions qu'on avait faites. A ces mots, Rais-Hamed mit la main sur la garde de son yataghan. Pedro d'Albuquerque, neveu du général, se plaça entre lui et son oncle; mais Rais-Hamed, déjà hors de sens, arrêta par ses vêtements Albuquerque. Celui-ci l'écarta avec violence, et cria à son neveu : « *Tuez le.* » Les poignards cachés jusqu'à ce moment étincelèrent dans la main des Portugais, et il suffit d'un seul mot du général pour que Rais-Ahmed se débattît dans son sang. Torun-Schah entra alors, et, voyant ce chef assassiné, il donna des marques d'effroi; mais Albuquerque le reçut avec tant de protestations d'amitié et tant de marques de déférence qu'il se tranquillisa. Pendant ce temps et bien qu'ils ne sussent rien de ce qui s'était passé, les partisans du mort, voyant qu'on avait fermé les portes, étaient arrivés avec des haches pour les renverser; mais le vice-roi ayant donné le signal en faisant entendre la détonation d'une arme à feu, les soldats du dehors commencèrent à traiter si durement les Maures, que ceux-ci se virent contraints de se retirer. Torun-Schah parut alors pour apaiser la révolte et il se montra au sommet de l'édifice en compagnie de Nordim et du général portugais. Et ce fut même à eux que les frères d'Hamed s'adressèrent pour qu'on remît entre leurs mains celui qu'ils demandaient avec instance. Affonso d'Albuquerque leur répondit que si cela leur plaisait, il leur enverrait sa tête. Grâce à une telle réponse, et en acquérant ainsi la certitude que leur frère était mort, ils se dirigèrent en hâte vers le palais, et s'y fortifièrent. Une rupture paraissait inévitable; mais par la prudence de Nordim, tout se passa sans effusion de sang, et ceux qui composaient la faction de Rais-Hamed convinrent d'évacuer l'île (*). »

Dès lors, la puissance portugaise était consolidée dans Ormuz, et la forteresse formidable que les chrétiens avaient achevée, leur assurait la durée d'un pouvoir que les Orientaux ne pouvaient plus leur disputer (**). A partir de ce moment (***), Ormuz devint pour les Portugais le siége d'un commerce im-

---

(*) Voy. l'excellent travail intitulé : *Quadros historicos*, dans le t. 1er du *Panorama*.

(**) On peut voir le plan de cette forteresse dans l'ouvrage ms. de Barreto de Rezende intitulé : *Tratado dos viso-reys da India*, 1 vol. in-f° de la Bibliothèque du roi.

(***) On sait l'admirable réponse du vice-roi aux petits princes de Golfe qui exigeaient comme par le passé le tribut. Le fils du grand capitaine, si ce n'est Albuquerque lui-même, raconte avec une extrême simplicité ce fait remarquable : et il fit apporter des navires force boulets de bombardes, arbalètes et fusils, ainsi que bombes à feu, et il fit dire au roi qu'il envoyât tout cela au capitaine du Scheik Ismael, parce que c'était la monnaie avec laquelle le roi de Portugal voulait que ses capitaines payassent le tribut. »

mense, enviée des Asiatiques, et cette cité remplaça pour la Péninsule, sur des proportions gigantesques, la foire de la petite ville de Lamego, où Grenade apportait, au moyen âge, les épices et les denrées de l'Orient, et qui servait pour ainsi dire d'entrepôt à la capitale, déjà si commerçante, du Portugal. Comme dans tous les lieux où il passait, Albuquerque fit sentir ici l'influence de ses hautes prévisions; l'administration fut réglée d'après les dispositions les plus sages, le commerce reçut un accroissement prodigieux, et l'on put dire de la riche cité orientale ce que l'on répétait au seizième siècle : Si Ormuz n'est pas le paradis, il en est bien près.

DÉCOUVERTES DES PORTUGAIS DANS LES MERS DE L'INDE. — Pendant qu'Affonso d'Albuquerque accomplissait les merveilleuses conquêtes qui lui ont mérité le surnom de Grand, il ne négligeait par les découvertes qui pouvaient enrichir son pays (*). Antonio Galvão nous raconte qu'à la fin de l'année 1511, il envoya trois navires aux îles de Banda et aux Moluques, et qu'il en confia le commandement à Antonio d'Abreu. Francisco d'Abreu, son parent, marchait sous ses ordres, et on leur donna à tous deux cent vingt hommes pour accomplir cette périlleuse expédition, le vice-roi jugeant que le nombre d'individus qui avait suffi à Christophe Colomb pour accomplir ses premiers travaux devait suffire également pour subjuguer quelques îles. Ils longèrent l'île Sumatra; puis, s'étant avancés au delà de Java, ils virent *Anjoam*, *Simbala*, *Solor*, *Galam*, *Mauluoa*, *Vitara*, *Rosolanguim*, *Arons*, d'où venaient dans le seizième siècle les beaux oiseaux de paradis. Ce fut ainsi qu'ils poursuivirent leur route, en faisant plus de 500 lieues, et Galvão affirme qu'il donne les noms primitifs de ces contrées, auxquelles les cosmographes ont parfois imposé d'autres dénominations. Ils gagnèrent ensuite les îles de *Buro* et d'*Amboine*, et après avoir attaqué *Guli-Guli*, ils brûlèrent un des navires, parce que ce bâtiment était trop vieux pour continuer une navigation périlleuse. Ils allèrent débarquer à Banda; là ils chargèrent leurs navires de girofle, de noix muscade, de macis, et en l'année 1512 ils mirent à la voile pour Malacca. Francisco Serrão, dont il sera bientôt question d'une manière plus détaillée, se perdit malheureusement sur des bas-fonds, et se vit contraint de se rendre à Mindanao, avec neuf ou dix Portugais qui avaient échappé comme lui au naufrage. Antonio Galvão fait observer que ce furent les premiers habitants de la Péninsule qui eussent visité ce qu'on appelait alors les *îles au girofle*; ils restèrent dans cet archipel sept ou huit ans. Antonio d'Abreu continua sa route jusqu'à Malacca, et figura plus tard dans les guerres qui s'engagèrent entre la couronne d'Espagne et le Portugal pour la possession des Moluques. Rappelons également qu'en l'année 1513, Fernand Perez d'Adrade avait gagné une victoire navale des plus éclatantes sur le sultan de Java (*).

Nous allons voir ce que toutes ces découvertes et ces conquêtes produisirent de surprise sur les esprits, de changement dans les transactions commerciales et surtout d'enthousiasme religieux. La scène cette fois se passera à Rome : il est bon de se rappeler qu'on ignorait encore à Lisbonne la dernière soumission d'Ormuz.

AMBASSADE DE D. MANOEL AU PAPE. — Dès les premiers mois de l'année 1514, le grand projet de Joam II avait reçu son accomplissement; cette pensée dont il avait poursuivi l'exécution avec tant de persévérance, d'adresse, d'énergie, était réalisée, le commerce des Indes échappait à Venise; désormais, il ne restait plus qu'une chose à faire, il s'agissait seulement de prendre acte de possession à la face du monde chrétien; c'est ce qui fut compris à merveille par le nouveau roi, ami du faste, habile surtout à tirer parti des circonstances, capable d'ailleurs de faire tourner au profit du pays qu'il gouvernait les nouvelles tendances du siècle, qu'il devinait

(*) Voy. *Historia dos descobrimentos antigos e modernos*.

(*) Ces premières expéditions sont racontées d'une manière assez détaillée dans l'ouvrage si élégamment écrit d'ailleurs d'Argensola, qui a donné, comme on sait, une histoire complète des Moluques, traduite en français par Jacques Desbordes. Nous ferons observer toutefois que les noms portugais ont subi une étrange altération dans ce livre, et qu'on a restitué ici leur véritable orthographe.

mieux peut-être que tous les autres souverains. Une ambassade à Rome fut résolue, et il fut résolu aussi qu'elle serait digne en tout de la grande nouvelle qu'on allait annoncer : elle devait effacer par son faste, par ses poétiques magnificences, tout ce que Rome avait vu jusqu'alors en ce genre.

L'homme que D. Manoel choisit pour le représenter auprès du pape, était un de ces seigneurs tels que le Portugal en fournissait alors, un homme, comme disait le poëte S'a de Miranda, d'un seul visage et d'une seule parole. Tristam da Cunha reçut le titre d'ambassadeur extraordinaire près le saint siége; il était secondé par son fils, Nuno da Cunha, qui devait acquérir tant d'illustration dans ce pays dont on allait proclamer les merveilles. Simão et Pero Vaz da Cunha accompagnaient également, avec une suite nombreuse de gentilshommes, le noble représentant de leur famille. Diogo Pacheco, João de Faria, que l'on comptait parmi les hommes les plus instruits de cette époque, avaient également reçu le titre d'ambassadeurs.

Le 12 mars 1514 était le jour que le souverain pontife avait choisi pour la réception de cette mission sainte. Vers deux heures après midi, les ambassadeurs sortirent du palais du cardinal Adrien; ils étaient précédés d'un nombre infini de musiciens richement vêtus, montés de superbes chevaux; les trompettes, les joueurs de *chalemie*, les timbaliers du roi faisaient retentir les airs de ces mélodies espagnoles auxquels répondaient les musiciens du pape. Trois cents mulets richement caparaçonnés suivaient immédiatement; ils étaient chargés de tapis des Indes et de riches soieries; trois cents serviteurs vêtus de magnifiques livrées les conduisaient par la bride. Venait ensuite le roi d'armes de D. Manoel, vêtu d'un manteau de drap d'or sur lequel brillaient les armes de Portugal, qu'entourait un cercle de perles et de rubis; à la suite se présentaient immédiatement cinquante gentilshommes à cheval, vêtus de brocart et portant des chapeaux littéralement couverts de grosses perles et de cette semence perlière qu'on désignait sous le nom d'*Aljofar* : rien n'égalait la richesse de leurs colliers, et tel était le luxe des equipements, que les mors des chevaux, et jusqu'aux étriers, étaient d'or massif, enrichis de pierreries d'une haute valeur. Nous ne dirons rien de la suite innombrable de serviteurs qui accompagnait cette armée de gentilshommes, comme dit un vieil historien; ce qu'on remarquait surtout c'était un éléphant indien venu de Goa. Cet animal gigantesque portait le coffre renfermant les présents que D. Manoel envoyait au pape; un drap tissu d'or aux armes royales recouvrait les ornements dont il était chargé et descendait jusqu'à ses pieds. Le naïre qui le conduisait était vêtu d'or et de soie. Un cheval perse d'un haut prix, que le roi d'Ormuz avait envoyé à son nouvel allié, suivait immédiatement, il était monté par un chasseur portant en croupe une de ces panthères agiles que les Persans savent si habilement dresser à la chasse des antilopes. Le seigneur qui représentait l'empire germanique, les ambassadeurs de France, de Castille, de Pologne, ceux qu'avaient envoyés, à regret sans doute, Venise, Lucques et Bologne, vinrent, ainsi qu'un frère du duc de Milan et de nombreux prélats, au-devant des envoyés portugais. Si l'on ajoute à ce pompeux cortége la suite des cardinaux, les Portugais ecclésiastiques et séculiers qui se trouvaient alors à Rome, on aura une idée de la foule brillante qui s'était jointe à l'ambassade. Quant à la multitude qui était accourue des divers quartiers de Rome et même des campagnes, elle était si compacte, qu'après avoir encombré les rues et les places, elle avait reflué jusqu'au sommet des édifices. Il devint même indispensable que la police accourût pour frayer un passage à Tristam da Cunha et à sa suite. C'était au château Saint-Ange que le pape s'était transporté avec les cardinaux pour recevoir l'ambassade; aussitôt que le cortége fut parvenu devant cet édifice, une triple décharge d'artillerie le salua, les trompettes, les charamelles, les timbales, se mêlèrent aux cris confus s'élevant du sein de cette multitude, on entendit mille exclamations en l'honneur du roi de Portugal. Lorsque l'éléphant fut parvenu devant le pape, obéissant au commandement de son naïre, il fit trois génuflexions ; et, aspirant par sa trompe une énorme quantité d'eau de senteur qui avait été préparée pour cette circonstance, il en aspergea le saint-père ainsi que le sacré collége ; puis, continuant ces étranges évolutions, il fit pleuvoir une rosée parfumée sur la foule qui l'entourait. Depuis le temps de l'empereur Frédéric, époque à laquelle un magnifique éléphant s'était fait admirer des citoyens de Crémone (*), l'Italie avait été probablement privée de ce curieux spectacle. Aussi le gigantesque animal eut-il les honneurs de la journée ; la panthère elle-même et ses exercices furent mis de côté, bien que, selon les récits contemporains, le gracieux animal montrât une rare agilité.

Le présent que le souverain portugais envoyait au pape consistait dans un *pontifical* entier de brocart, brodé dans toute son étendue de magnifiques pierreries, aussi variées par leur éclat que par leur couleur. On y remarquait plusieurs grenades ciselées en or massif, dont les pepins étaient représentés par des rubis, tandis que les fleurs des broderies étaient figurées par des perles et des pierres précieuses. Le diamant, l'améthiste orientale, l'émeraude, le rubis, mariaient merveilleusement leurs couleurs sur ce fond d'or. Rien de si riche, dit un vieil historien, n'avait paru jusqu'à ce jour aux yeux des hommes : une mitre, un anneau pontifical, des croix, des calices, des encensoirs faits de l'or le plus pur, étincelants de pierreries, et fabriqués au marteau, comme la chronique a soin de le faire remarquer, accompagnaient ce présent. Et pour comble de magnificence, nombre de médailles d'or, de la dimension d'une grosse pomme (*tamanhas como grandes macaãs*), et valant chacune cinq cents cruzades, furent distribuées.

Léon X reçut les ambassadeurs avec des honneurs extraordinaires : Diogo Pacheco le harangua en latin, et il lui répondit dans cette langue. On remarqua même que le saint-père s'étendit dans sa réponse beaucoup plus qu'il n'avait coutume de le faire en ces sortes d'occasions ; il insista sur la part de gloire qui revenait à la nation portugaise et au roi D. Manoel à l'occasion de ces grandes découvertes. Ceci achevé, il se leva pour se retirer, et Tristam da Cunha, portant la queue du manteau pontifical, le suivit jusqu'à son cabinet. Telle fut l'impression causée par cette pompeuse cérémonie, que l'envoyé de l'Empereur, écrivant à son maître, lui mandait qu'on en avait vu bien peu de pareilles, si même on pouvait en citer, parmi les princes de la chrétienté ; il ajoutait : « Certainement il le faut croire, jamais on n'a présenté à aucun pape de l'Église romaine des ornements qui fussent si riches, si beaux en eux-mêmes, ni si précieux. »

Cette ambassade, du reste, ne fut pas la seule qui eut lieu durant les premières années du seizième siècle. Déjà sous Jules II, Diogo Pacheco était venu faire hommage des nouvelles découvertes accomplies par Bartholemeu Dias, par Vasco de Gama, par Almeida. Après les conquêtes du grand Albuquerque, Tristam da Cunha put répéter avec bien plus de raison qu'on ne l'avait fait : « Le Portugal offre à Rome chrétienne les terres nouvellement explorées. Il fait une sorte d'holocauste de tous ces royaumes, et il les met au pied de la ville éternelle, puisqu'elle ne règne plus que par la pensée. » Ce fut sans doute une bien mémorable époque que celle où ce petit royaume put offrir à Rome un empire tout pacifique sur des contrées presque aussi vastes que celles qu'elle avait jadis soumises à ses armes. Mais nous sommes loin d'avoir tout raconté, et nous allons retourner nécessairement vers ces régions orientales qui faisaient en ce temps l'entretien de Rome et de Lisbonne, sans que l'on pût tarir sur les récits qu'elles inspiraient.

CEYLAN. — L'antique Taprobane, l'île délicieuse de Lanskã, où la mythologie indienne aimait à placer les combats de Rawân contre le grotesque Hanouman, devait être bientôt le théâtre de guerres plus terribles sans doute, et surtout plus réelles, que celles dont une noble poésie a consacré le souvenir. Dès l'année 1503, comme on l'a déjà vu, le redoutable Lourenço de Almeida avait rendu un des rois les

(*) Voy. les détails que donne à ce sujet Brunetto Latini, le maître du Dante, dans son *Trésor*.

plus puissants de cette île, tributaire du Portugal, et Boenegabo-Pandar s'était obligé à payer au souverain européen dont il reconnaissait le vasselage, quatre cents *bares* de cannelle, équivalant à deux mille quintaux : il avait accepté en outre l'obligation de fournir une certaine quantité de rubis et de saphirs au souverain portugais, sans compter une foule d'autres objets utiles ou précieux, au nombre desquels il faut citer plusieurs éléphants de guerre.

Vers cette époque, la forteresse de Colombo avait été fondée par les Portugais, et un capitaine, chargé spécialement de protéger le commerce de la nouvelle factorerie, s'était vu investi du commandement de l'île par son jeune conquérant.

A l'époque où les Portugais avaient mis le pied sur ces rivages, vaguement conduits par le récit qu'on faisait partout l'Orient des richesses de Lanskă, il s'en fallait bien que le pays fût sous la domination d'un seul monarque. On comptait d'abord le royaume de *Cota* et celui de *Colombo*, puis venait immédiatement *Reigan*, et, à la pointe la plus australe, le royaume de *Gale*, qui confinait au levant avec celui de *Jaula*, et au nord avec le *Seitavaca*. *Kandi* et *Uva* formaient des États occupant le centre de l'île; *Vilacen* s'étendait à l'orient de ces royaumes. Les États maritimes les plus orientaux, ceux qui étaient opposés aux pays que nous avons désignés, en partie du moins, étaient, d'une part, *Batecalou*, et, plus haut, *Triquilamale, Sofragam, Maturé-Cotiar* et surtout *Jafanapatan*, avec l'île de *Manar* (*).

(*) Ces détails sont tirés d'un précieux ouvrage de la Bib. de M. Ternaux-Compans, intulé : *Rébellion de Ceylan* por Juan Rodriguez de Saa, *Lisboa*, 1681. Fils de l'ancien gouverneur de Ceylan, l'auteur de ce livre trop peu connu offre sur les antiquités du pays, sur les anciennes divisions, et enfin sur les traditions poétiques, un intérêt incontestable. En parlant des notions que Rome eut sur Ceylan et qu'elle dut à ses conquêtes, l'auteur de cette curieuse histoire mentionne les monnaies romaines trouvées dans la forteresse de Manar en 1575 ; il parle surtout des ruines magnifiques de *Mangulcorla*, célèbres dans les chants traditionnels des Chingulais, sous le nom d'*Amouraïaï poura*, et qu'il attribue à tort à la domination romaine, puisqu'il faut les ranger probablement parmi les vestiges du culte boudhique. Il prétend qu'on y voyait un palais

Plus tard, et lorsque les Portugais eurent étendu successivement leurs conquêtes, non-seulement la forme des gouvernements s'altéra, mais les noms de royaumes disparurent, et ceux de ces États indépendants qui ne tardèrent pas à tomber sous la juridiction portugaise, se virent réduits à porter le nom de provinces; on ne reconnut plus comme royaumes que ceux de Kandy, d'Uva et de Jafanapatam.

Immédiatement après les premières conquêtes et au temps même d'Affonso d'Albuquerque, le roi de Cota, protégé par les Portugais, vit s'accroître son pouvoir. Madume, son frère, se ligua, il est vrai, avec le Samori, et lui fit une guerre persévérante; ce fut en raison de cette guerre prolongée que Colombo devint alors la place la plus périlleuse des Indes ; c'était, pour nous servir des expressions de Saa de Menezes, « l'école où l'on venait apprendre toute valeur et toute discipline militaire. »

COMMERCE AVEC LES ILES MOLUQUES. — Comme nous l'avons déjà dit, ce fut peu de temps après que le grand Albuquerque eut assujetti Malacca, que ce groupe d'îles bien connu déjà des Orientaux et dont la richesse ne pouvait échapper aux Européens, commença à acquérir quelque célébrité parmi les nouveaux conquérants. La noix muscade, le bois de sandal blanc, que l'on ne récoltait que dans ces régions et dont le Kanará, Narsingue et Cambaya faisaient une estime si particulière, l'or que l'on y recueillait en certaine abondance, *l'aljofar* ou la semence de perles, qu'on utilisait avec tant de goût dans les ornements de la renaissance, tout devait contribuer à faire cesser pour elles le repos où les laissaient les souverains orientaux de Java et de Malacca. Dès les premières années du seizième siècle on voit les Portugais

ayant seize cents colonnes de marbre, dont l'architecture ne ressemblait en rien à celle des monuments de l'Orient. Il s'étend avec complaisance sur un temple ayant 365 pagodes consacrées aux jours de l'année. Comme la sincérité de cet historien ne saurait être révoquée en doute, il serait bon d'examiner son récit : il ne faut pas oublier que l'île de Ceylan, dont le périmètre est de 300 lieues, a une surface d'environ 700 lieues carrées, et que son immense territoire peut fournir encore plus d'une merveille oubliée à l'explorateur.

établis dans quelques-unes des îles fécondes de cet archipel.

Ce fut vers cette époque, mais sans que l'on connaisse l'année précise de son voyage, que l'illustre vice-roi des Indes expédia vers les Moluques Francisco Serrão, l'ami, le parent même, à ce que l'on affirme, de Magellan, et celui qui, par des renseignements précis donnés au célèbre navigateur, mérita de voir plus tard son nom inscrit parmi des noms qu'on n'oubliera plus.

Francisco Serrão avait reçu l'ordre d'établir un fort sur l'une de ces îles, mais il ne put réussir dans ce projet, grâce à une circonstance étrange : les petits souverains malais se disputèrent, dit-on, l'avantage de garder au milieu d'eux cet étranger, qui allait, selon leurs idées sans doute, donner une impulsion nouvelle au commerce. « Seranno, dit un écrivain moderne (qui altère le nom du marin portugais), voulant les soumettre tous, agissait en ne prenant toutefois que le titre de pacificateur. » Serrão devint plus tard, et comme cela devait être, victime d'un pareil système, et son ambition le perdit.

Un homme que l'on connaît beaucoup moins en France, Duarte Barbosa, se rendit également aux Moluques dès les premières années du seizième siècle; il y allait mû par un autre désir, et s'il voyagea dans ces régions durant l'espace de seize ans, ce fut pour transmettre à ses compatriotes d'admirables renseignements, qui, pour n'avoir paru que trois siècles plus tard, n'en sont pas moins précieux (*).

Mais bientôt convoité par deux puissances rivales, l'archipel des Moluques devint le but d'un voyage célèbre : placé d'une manière incorrecte, comme cela devait être, sur les cartes grossières du temps, une erreur en géographie fut peut-être la cause première de la plus merveilleuse expédition qui eût été faite après celles de Colomb et de Gama. Plus tard, et lorsqu'à la suite des efforts de Magellan, il fut reconnu que ces îles rentraient dans le vaste domaine des Portugais, un homme, dont on n'a pas assez vanté l'héroïsme hors de son pays, Antonio Galvão, pacifia ces régions et les soumit en partie du moins au christianisme. Ce hardi capitaine n'eut point seulement la gloire de l'épée ou la renommée que donne le savoir, João de Barros nous raconte qu'il avait su se faire si bien aimer des peuples conquis, que l'on répétait à Tidor et à Ternate des chants populaires composés en son honneur. Ce fut lui qui établit dans ces contrées le premier collége religieux qui eût été fondé aux Indes; cet homme admirable refusa la couronne de Ternate, et alla mourir comme Luiz de Camoens dans un hopital (*).

DERNIERS ÉVÉNEMENTS DE L'ADMINISTRATION D'ALBUQUERQUE. — SA MORT. — Telles étaient les principales découvertes qui signalèrent la période d'Almeida et d'Albuquerque; on en aura une idée moins incomplète, si l'on a joint à cet exposé rapide l'indication des efforts tentés vers l'Abyssinie, et sur lesquels nous reviendrons bientôt. Le grand homme auquel Manoel devait un si vaste empire, se disposait à retourner vers la capitale des Indes, lorsqu'une circonstance fatale, et sur laquelle l'histoire s'est méprise jusqu'à ce jour, vint abréger le cours de sa vie. Quelque temps avant sa mémorable expédition, il avait envoyé comme prisonniers en Portugal, deux hommes dont les fautes méritaient cette rigueur, nous dit un contemporain; l'un deux était Albergaria, dont il sera bientôt question dans cette histoire; Albuquerque apprit bientôt que ces deux personnages s'étaient parfaitement réhabilités à la cour, et que non-seulement le plus qualifié venait de recevoir le titre de capitaine général de Cochin, ce qui l'excluait nécessairement lui, vice-roi, du gouvernement de l'Inde, mais que l'autre avait été nanti de l'emploi de son secrétaire. Cette nouvelle lui parvint comme il allait se mettre en mer ; il leva les mains au ciel, pria un moment et dit ce peu de mots : « Voici : je suis mal avec le roi pour l'amour des hommes, mal avec les hommes pour l'amour du roi. Vieillard, tourne-toi vers l'église, achève de mourir... car il importe à ton honneur

---

(*) Cette intéressante relation a été publiée dans une collection intitulée : *Collecção de Noticias para a historia e geographia das Nações ultramarinas*, t. II.

(1) En l'année 1537.

que tu meures, et jamais tu n'as négligé de faire ce qui importait à ton honneur (*). »

Le grand homme prit immédiatement les dispositions qui pouvaient assurer la tranquillité des nouvelles conquêtes ; il fit surtout ses efforts pour que cette nouvelle ne jetât pas le trouble dans la forteresse qu'on achevait d'édifier près d'Ormuz ; il pourvut à tout, en un mot ; puis resta seul avec son secrétaire, car il voulait ajouter un codicille à son testament : il laissait un fils, d'ailleurs, et le sort de ce fils le préoccupait. Voici ce qu'il écrivit au roi de Portugal : « Seigneur, au moment où
« je vous écris, je sens un tremblement,
« vrai signe de la mort ! Au royaume,
« j'ai un fils ; ce que je demande à Vo-
« tre Altesse, c'est qu'elle me le fasse
« grand, comme mes services l'ont
« mérité, et selon ce que j'ai pu faire
« eu égard à ma condition de serviteur.
« Je lui ordonne, au prix de ma béné-
« diction, de vous le demander. Quant
« aux choses de l'Inde, je n'en dis rien ;
« elles vous parleront pour elle et pour
« moi ! »

« Et en ce moment, ajoute le vieil historien, il était si faible, qu'il ne pouvait se tenir sur ses pieds. Il demandait toujours au Seigneur qu'il le laissât arriver à Goa, et que là il fît de lui ce qui conviendrait le mieux pour son service ; et quand il se trouva à trois ou quatre lieues de la barre, il ordonna que l'on fît demander le vicaire général Frey Domingos et en outre Affonso le médecin ; puis comme, en raison de son extrême faiblesse, il ne mangeait rien, il désira aussi qu'on lui apportât un peu de vin rouge, de celui qui était venu cette année de Portugal. Le brigantin une fois parti pour Goa, le vaisseau alla surgir dans la barre un samedi, au milieu de la nuit : c'était le 15 de décembre. Lorsqu'on vint dire à Affonso d'Albuquerque en quel lieu on était parvenu, il éleva les mains vers le ciel, et rendit mille grâces au Seigneur de lui avoir fait la faveur à laquelle il avait aspiré si vivement. Il fut là ainsi toute

(*) Voy. la *Floresta* de Bernardes. C'est ce qu'on a traduit par ces mots sacramentels : « *Au tombeau, au tombeau, vieillard fatigué.* » Belles paroles, qui pâlissent cependant devant l'expression vraie d'une douleur chrétienne.

la nuit, avec le vicaire général, qui était venu de terre, et Pero d'Alpoem, secrétaire des Indes, et qui plus tard devint son exécuteur testamentaire. Il embrassait le crucifix, et, la voix ne lui manquant pas encore, il pria le vicaire général, qui était aussi son confesseur, de réciter la passion de Notre Seigneur selon saint Jean, saint auquel il avait toujours été fort dévot. C'était en cette oraison et en la croix, symbole de tout ce qu'avait souffert Jésus, qu'il avait mis son espérance. Il ordonna qu'on le revêtît des insignes de l'ordre de Santiago, dont il était commandeur, car il voulait mourir avec cet habit ; et le dimanche, une heure avant l'aurore, il rendit son âme à Dieu. Là finirent tous ses travaux, sans qu'ils lui eussent apporté jamais aucune satisfaction. »

CROYANCE POÉTIQUE DES HINDOUS TOUCHANT LA MORT D'ALBUQUERQUE. — Ce fut surtout lorsque le grand homme eut cessé de vivre, qu'on sentit quelle avait été son influence extraordinaire sur les peuples de l'Orient. On raconte que lorsqu'il fallut le porter dans le dernier asile qu'il s'était choisi, Goa lui fit des obsèques magnifiques. Tous les vieux soldats qui l'avaient suivi tant de fois dans de périlleuses expéditions l'accompagnèrent à la chapelle désignée par son testament, et qu'il avait fait élever pour lui servir de sépulture temporaire, le codicille ordonnant que l'on portât ses os en Portugal. Revêtu de son costume de commandeur de l'ordre de Saint-Jacques, porté à visage découvert par des hommes qui se disputaient cet honneur, on dit que ses yeux ne s'étaient point fermés, et que dans le cercueil sa barbe blanche, agitée par le vent, flottait sur sa poitrine : les Hindous et les musulmans ne pouvaient croire à son trépas. — « Il n'est point mort, s'écriaient-ils ; il est allé commander les armées du ciel. »

DERNIERS RAPPORTS DE D. MANOEL ET D'ALBUQUERQUE. — ERREUR HISTORIQUE DÉMENTIE. — DOCUMENT RÉCEMMENT DÉCOUVERT. — Si Albuquerque eût vécu quelques années encore, l'Europe eût vu commencer ces prodigieux travaux qui devaient faire changer de face toutes les régions arrosées par le Nil ; mais après le grand

homme, nul ne songea à cette entreprise gigantesque. Tout s'arrêta lorsqu'un· *malentendu* eut fait descendre dans la tombe le plus puissant génie peut-être que le Portugal ait jamais produit. Nous insistons sur ce mot, car il paraît certain qu'il faut absoudre Manoel du crime d'ingratitude. Le retard d'une correspondance difficile paraît avoir été cette fois l'unique cause de la mort de l'illustre vieillard, et la lettre qui a été découverte, il y a peu d'années, dans les vastes archives du couvent d'Alcobaça est une preuve irréfragable que le grand homme s'était mépris sur l'intention de son souverain. Dans cette lettre écrite en effet, le 11 mars 1516, D. Manoel annonçait à celui qui le représentait dans les Indes, que des nouvelles reçues par Venise lui avaient fait connaître la prise d'Aden et ses dernières victoires; il ajoutait que s'il lui avait écrit de se retirer, et s'il lui avait désigné comme successeur Lopo Soares d'Albergaria, c'était pour qu'il vînt se reposer, et en même temps pour qu'il pût s'entendre avec lui sur ce qu'exigeaient les affaires des Indes, mais qu'après tout, comme il convenait au service de Dieu qu'il demeurât dans l'Asie, il lui dépêchait une nouvelle commission, afin qu'il se regardât comme le gouverneur suprême de ces contrées, depuis la côte de Cambaya jusqu'à la côte de Mosambique, et qu'il administrât toute la terre ferme. Il était spécifié qu'il était indépendant de Lopo Soares, que tout le monde eût à lui obéir, et qu'il établît son siége à Aden, ou dans quelque autre endroit du détroit.. De plus, on ajoutait que toutes les troupes transportées cette année par la flotte des Indes devaient servir sous ses ordres. Le roi ordonnait même qu'il gardât toute prééminence, qu'il conservât les pages et les soldats qu'il avait avant l'arrivée de Lopo Soares aux Indes, et enfin, après plusieurs recommandations où se dénote l'esprit du temps, le monarque suppliait son illustre représentant de ne pas prendre en mauvaise part la division qu'il avait faite du gouvernement, puisqu'il devait voir combien il importait d'assurer la domination portugaise sur la mer Rouge pour la conservation des Indes. A ce propos, D. Manoel terminait même ainsi la lettre écrite au grand homme : « Si vous étiez dans le royaume, nous ne pourrions point choisir un autre que vous pour l'envoyer dans ces parages, à plus forte raison le faisons-nous vous y trouvant déjà, et puisque cela est presque dans les obligations attachées à vos travaux et dans l'accomplissement de votre gloire, vous le devez faire. » Jamais Albuquerque ne reçut cette lettre de son souverain (*).

LOPO SOARES D'ALBERGARIA. — Nous ajouterons à tous ces renseignements si peu connus que l'ennemi d'Albuquerque n'eut pas comme lui la haute dignité de vice-roi; Albergaria, en effet, ne fut que le troisième gouverneur des Indes, et nous donnons ici sommairement le détail de ses nombreux travaux. On verra que ce n'était pas à coup sûr un homme au-dessous du rang que D. Manoel lui concédait. Il part en 1515 de Lisbonne, et dès l'année 1517 il donne des preuves éclatantes de sa valeur. A la tête d'une flotte de trente-six navires, il porte la terreur sur les côtes de l'Arabie, et, cédant aux instances du roi de Cochin, qui n'avait point cessé d'être l'allié des Portugais, il va détruire Granganor et Panane. Il porte l'incendie dans ces villes indiennes; puis, tournant ses efforts contre l'île de Ceylan, il rend le roi de Colombo tributaire du Portugal, et, après avoir élevé une forteresse dans cette île, dont la possession devient si importante pour son pays, il remporte encore plusieurs victoires et rentre dans ses foyers. Son gouvernement dura trois ans; mais il lui est arrivé ce qui advient souvent dans les luttes avec le génie, il n'est plus connu que par la mortelle douleur qu'il inspira jadis à un grand homme.

INFLUENCE DES TROIS CONQUÉRANTS. — ÉTAT DES INDES VERS 1518. — Coge-Safar (*Khodjā-Safar*) écrivait, dit-on, au roi de Cambaya, qu'Albuquerque avait gagné plus de royaumes qu'il n'avait en réalité de soldats pour les asser-

---

(*) Ce précieux document, dont jusqu'à ce jour nul historien n'a tenu compte, a été inséré par M. Jozé Joaquim Soares de Barros dans les cinq tomes des *Memorias de litteratura* publiés par l'Académie des sciences de Lisbonne.

vir. Cette hyperbole tout orientale fait assez bien comprendre de quelle terreur magique, de quelle admiration, ce hardi capitaine avait frappé l'esprit de ses ennemis. Avec Albuquerque la domination portugaise se constitue et s'affermit de telle sorte, qu'elle n'a vraiment plus rien à craindre des petits souverains orientaux et même du soudan d'Égypte, qu'excite toujours Venise. Si Pacheco commence cette série de victoires prodigieuses que nous avons essayé de faire comprendre, si Francisco d'Almeida en détruisant les Roumes anéantit le pouvoir le plus redoutable que le Portugal pût craindre dans ces contrées, Albuquerque, plus étonnant encore, achève ce qu'ils ont fait, en multipliant l'action portugaise sur tous les points. On peut donc le dire, sans craindre d'être taxé d'exagération, c'est à Duarte Pacheco, surnommé par le poëte l'Achille lusitain, c'est à Almeida, qu'on a appelé le Macchabée portugais, c'est à Albuquerque qu'est dû cet éclat prodigieux dont le Portugal se revêt aux yeux des autres nations dès les premières années du seizième siècle. Pour ses contemporains eux-mêmes, le second vice-roi des Indes est le plus hardi capitaine qui ait visité ces régions; l'épithète de grand ne lui est refusée par aucun de ses ennemis. Un des esprits les plus éminents de ce siècle, Gil Vicente, dans son admiration presque railleuse, le place à côté de l'Empereur; et si le roi de France demande par grâce spéciale le portrait de Sylveira, le contemporain de ces conquérants, pour le placer au premier rang des hommes dont il honore l'effigie, les peuples de l'Inde déifient presque le vainqueur de Goa. Pacheco, Almeida, Albuquerque, sont les trois noms qu'il faut placer en tête de cette histoire. Et en effet, c'est après leurs victoires, presque miraculeuses, que le poëte le plus populaire de cette époque peut dire avec raison : « En avant, en avant, Lisbonne, car ta fortune prospère résonne dans le monde entier (*). »

*Avante, avante Lisboa!
Que por todo o mundo soa
Tua prospera fortuna.*
Voy. Obras de Gil Vicente, t. III. Disons en passant que les meilleurs drames de ce poëte

UN PROJET D'ALBUQUERQUE. — LE NIL DÉTOURNÉ DE SON COURS. — Lorsque la mort vint surprendre Albuquerque, un projet, plus vaste peut-être que tous ceux qu'il avait enfantés jusqu'alors, agitait, dit-on, sa pensée. Il s'agissait de ruiner l'implacable ennemi des Portugais en détournant de son cours le fleuve qui de tout temps avait été la cause unique de la fertilité de l'Égypte. L'idée, toute gigantesque qu'elle était, n'appartenait point à cet homme extraordinaire, elle était née dans la tête rêveuse et ardente à la fois d'un Arabe : Elmacin l'avait conçue avant que le général portugais songeât à l'exécuter. Ce qu'il y a de bien certain, et ce qu'on ignore généralement, c'est que ce projet, bientôt oublié, avait reçu pour ainsi dire un commencement d'exécution : le propre fils du vice-roi, le rédacteur des Commentaires, affirme que son père avait écrit plus d'une fois au roi D. Manoel, pour le supplier de faire venir en Abyssinie quelques centaines de ces paysans de Madère, qui étaient réputés les terrassiers les plus habiles et les plus persévérants de cette époque et que la nature de l'île avait accoutumés à raser des montagnes et à aplanir des vallées, afin d'arroser plus aisément leurs cannes à sucre. Il ajoutait que le souverain, auquel on donnait encore le titre de Prêtre Jean, que le Negous, en un mot, le désirait avec passion, mais qu'il était arrêté par les difficultés presque insurmontables de l'exécution. Il est certain, comme on l'a déjà fait observer, que ce projet devait avoir des résultats égaux au caractère imposant de l'entreprise. Un vieux voyageur portugais, qui connaissait parfaitement le dessein d'Albuquerque, n'y voyait qu'une chimère brillante; mais un savant français, qu'on peut regarder comme ayant une autorité beaucoup plus importante que celle de Tellez en matière pareille, n'en juge pas de cette façon. Le général Andréossy avait, comme on sait, fort bien étudié les contrées dont il s'agit, et il

si original et si peu connu sont pleins d'allusions à la guerre des Indes. Une de ses pièces même roule exclusivement sur une de ces grandes expéditions qui mettaient tout Lisbonne en rumeur.

est d'avis que ce plan, tout extraordinaire qu'il nous semble, aurait pu réussir si on lui avait fait subir quelques modifications indispensables, selon lui, et dont il offre l'indication. Albuquerque pensait d'abord qu'il suffisait de percer une des montagnes de l'Abyssinie, pour venir à bout de ce grand projet; mais il y a ici une erreur reconnue. Il est probable qu'à l'exécution cette haute intelligence eût modifié ses premiers plans.

SUITE DU RÈGNE DE D. MANOEL. — INSTITUTIONS DE CE ROI. — Tout le règne de D. Manoel, du roi heureux par excellence, comme disent les Portugais, est représenté en quelque sorte par ces grands capitaines, qui asservissaient en son nom l'Afrique, l'Asie et une partie du nouveau monde. Il ne faut pas croire cependant que ce souverain passât dans l'oisiveté les glorieux loisirs que lui faisaient ses vice-rois de l'Inde ainsi que ses gouverneurs des possessions africaines. D. Manoel n'était pas seulement un protecteur éclairé des arts, un homme instruit selon toute l'acception du mot au seizième siècle, c'était encore un habile administrateur, et de plus, un homme de mœurs rigides. Nous allons énumérer rapidement ce qu'il fit pour les arts, pour les sciences et même pour l'administration intérieure des cités. Non-seulement sur les dessins de Boitaca, il dota Lisbonne de l'édifice si imposant de Belem, mais il fit reconstruire ce beau couvent de Thomar, asile des religieux militaires qui succédèrent aux chevaliers du Temple, et que les dissensions politiques ont dans ces derniers temps fait déchoir de son antique splendeur. L'hôpital de la Miséricorde de Lisbonne, les monastères da Serra, de Santo-Antonio do Pinheiro, da Annunciada, Sainte-Claire de Tavira, Sam-Bento de Porto, la cathédrale d'Elvas, Notre-Dame de la conception de Lisbonne, qui remplaça une synagogue; l'église qui s'éleva sur l'emplacement où était né saint Antoine de Padoue (*), une multitude de constructions militaires, d'édifices religieux, de bâtiments civils se firent remarquer de toutes parts et désignent

(*) Il y était venu au monde en 1195. Cardoso l'appelle un peu poétiquement *Sol refulgente de Lisboa*. Voy. *Agiologio Lusitano*, t. III.

encore aujourd'hui une ère nouvelle pour l'art en Portugal. D. Manoel était, dit-on, assez habile humaniste pour reconnaître dans les ouvrages écrits en latin les délicatesses du style. Le goût qu'il avait pour la belle latinité ne l'empêcha cependant pas de donner une sérieuse impulsion à ce qu'on appelait la littérature vulgaire, et ce fut par ses ordres exprès que Duarte Galvam ainsi que Ruy de Pina entreprirent la rédaction nouvelle des chroniques nationales; vers le milieu de son règne parut le touchant Bernardim Ribeiro, et les nombreuses poésies recueillies cinq ans avant sa mort par Garcia de Resende, suffiraient au besoin pour prouver combien sa cour fut littéraire.

Le temps que D. Manoel dérobait à l'administration ou à l'étude, il l'employait, comme plusieurs princes de son siècle, à de pieux pèlerinages; mais jamais ces voyages dispendieux ne furent entrepris sans un but artistique, ou même sans une haute prévision des besoins de ses peuples. Toutes les chroniques rappellent la célèbre visite qu'il fit, selon l'usage de ce temps, à Saint-Jacques de Compostelle, et une lampe d'argent d'une prodigieuse magnificence, qui affectait la forme d'un château, resta longtemps dans ce lieu, comme une preuve de la splendide générosité de ce prince et de son goût pour les œuvres d'art.

Ce furent sans doute ces courses pieuses à travers son royaume qui le mirent à même de voir les étranges désordres qui s'étaient glissés dans le clergé. Aussi envoya-t-il en ambassade vers Alexandre VI deux hommes d'une haute capacité, chargés de demander avec insistance des réformes devenues indispensables, puisqu'un poëte dramatique de ce temps osait dire qu'il ne connaissait pas dans le royaume deux évêques honnêtes hommes. D. Rodrigue de Castro, alcaïde de Covilham, et D. Henrique Coutinho, le fils du maréchal mort aux Indes, furent chargés de cette mission difficile, dont le caractère d'Alexandre devait faire prévoir malheureusement le résultat. Ce fut à cette époque que Garcia de Resende se rendit à Rome en qualité de secrétaire d'ambassade et qu'émerveillé des splendeurs de la renaissance, il rapporta à Lisbonne une vive admiration pour tout ce que produisaient alors Rome et la France; admiration qui ne fut pas sans doute stérile, et que le monarque comprit.

Un écrivain portugais fait observer avec raison que D. Manoel fut le premier souverain dont la prévoyance alla jusqu'à prélever un pour cent sur les revenus royaux, pour venir au secours des gens nécessiteux; et, si l'on s'en rapporte à quelques auteurs contemporains, il accomplit toujours ces actes de bienfaisance avec une perspicacité remarquable.

On aurait une idée inexacte de ce règne si l'on supposait que le monarque dont nous essayons de faire apprécier les actes s'en tint à ces améliorations intérieures et au développement de sa puissance dans l'Afrique et dans l'Asie; il exerçait une action réelle sur les affaires de l'Europe. La république de Venise ayant même imploré son aide contre la puissance ottomane, il put distraire de ses armées navales occupées dans l'Orient, une flotte de trente navires, dont le commandement fut remis à D. Joam de Menezes, comte de Tarouca, et qui suffit pour jeter une épouvante salutaire parmi les musulmans. Venise, qui devait sa ruine au Portugal, lui dut alors son salut.

Toutes ces richesses ravies à l'Italie, toute cette puissance reconnue par l'Europe, avaient imprimé une telle exaltation au peuple qu'un poëte célèbre, frappé de ces conquêtes merveilleuses, ne pouvait s'empêcher de personnifier le petit royaume de Portugal et d'en faire un chasseur sans cesse en quête des villes populeuses, des riches galions et jetant ses rets sur tous les empires du monde. Les merveilles du monde, en effet semblaient alors affluer à Lisbonne (*).

Il fallut cependant quitter avant le temps ces prospérités qui étaient à la fois le résultat d'un concours heureux de circonstances et celui d'une habile administration. D. Manoel comprit sa destinée et il se résigna. Gil Vicente, le poëte populaire, nous a tracé un tableau

(*) Voy. dans le *Cancioneiro* de Resende la grande chasse du Portugal.

plein de verve, du désespoir profond qui s'empara des populations, lorsqu'on sut que ce monarque, en la fortune duquel on avait foi, allait mourir. D. Manoel s'était senti attaqué, dans les derniers jours de l'année 1521, de la maladie dont il mourut; son bonheur constant le suivit jusqu'au moment fatal : une espèce de somnolence, dont il ne se réveilla que pour accomplir ses devoirs religieux, s'empara de lui; et il mourut à cinquante-deux ans et six mois, après vingt-six ans de règne (le 13 décembre 1521). Voici l'épitaphe qu'on a gravée sur sa tombe dans la grande chapelle du couvent de Belem : quoique brève, elle dit assez bien dans sa pompe ce qui eut lieu sous ce règne plein de prodiges :

Littore ab occiduo, qui primi ad lumina solis
Extendit cultum notitiamque Dei;
Tot reges domiti cui submisere tiaras
Conditur hoc tumulo maximus Emmanuel.

Il nous reste à qualifier la politique de ce roi, surtout à l'égard de la France.

POLITIQUE DE D. MANOEL; HABILETÉ DE CE PRINCE A SE MAINTENIR EN PAIX AVEC LES AUTRES ÉTATS DE L'EUROPE. — Au milieu de ses victoires dans les régions lointaines dont le retentissement glorieux se répandait jusqu'aux extrémités de l'Europe, D. Manoel mit tous ses soins à se maintenir en paix avec les États voisins, essentiellement divisés alors, et qui essayaient continuellement de lui faire prendre un parti dans les querelles dont ils étaient agités. Manoel résista tour à tour à Charles-Quint et à François Ier, et il y eut certainement une habileté prodigieuse de sa part à se maintenir dans cette neutralité, qui assurait sans aucun doute le maintien de son pouvoir dans les autres parties du monde. Un écrivain portugais a fait comprendre, dans ces derniers temps, l'ensemble de cette direction gouvernementale si peu connue et si digne cependant d'être étudiée; nous reproduirons ici ce passage : « Si nous considérons bien la position du Portugal, contigu d'une part à l'Espagne et de l'autre exposé sans cesse en raison de ses conquêtes aux insultes des corsaires et des pirates français, qui infestaient ses côtes et interceptaient son vaste commerce; si nous réfléchissons bien à une telle situation, nous ne pouvons nous empêcher de confesser que c'est avec une réelle justice qu'on nous voit caractériser la politique de notre cabinet comme un chef-d'œuvre d'habileté, et que ce n'est pas non plus sans raison que nous sommes surpris, en voyant qu'aucun de nos chroniqueurs ou même de nos historiens ne lui ait rendu cette justice qui lui est due; nul d'entre eux, en effet, n'a apprécié combien fut difficile et délicate la situation du Portugal en de telles occurrences. Sans remarquer non plus que Damião de Goes, qui avait parcouru la plus grande partie des États de l'Europe, qui s'était acquis les bonnes grâces et l'amitié de François I*er*, qui avait occupé des emplois politiques, et finalement s'était vu chargé d'écrire la chronique du grand roi dont nous parlons (après avoir eu à sa disposition les documents des archives); sans remarquer, disons-nous, que cet historien a oublié de faire les réflexions que l'étude et la lecture de ces documents nous a suggérées.

« Les difficultés, les exigences politiques dont le cabinet portugais se vit environné, en présence des discussions et des guerres qui s'étaient élevées entre ces deux puissants rivaux, ne pouvaient pas être plus grandes qu'elles le furent, puisque nous voyons que l'empereur Charles-Quint par sa lettre écrite au roi D. Manoel en date du 9 juillet 1521, et où il lui fait part de la rupture de son alliance avec la France et de la déclaration de guerre adressée à cette puissance, exigeait par la voie de son ambassadeur établi à Lisbonne, que le Portugal eût à prêter à ses vice-rois, en de telles circonstances, toute l'assistance qu'on était en droit d'attendre des liens étroits existant entre l'empereur et le roi de Portugal; tandis que, d'autre part, le pape Léon X se plaignait au même D. Manoel de François I*er*, et exigeait que la flotte envoyée par le Portugal en Savoie, à l'occasion du mariage de l'infante avec le duc, s'unît à celle de l'empereur Charles-Quint contre les Français (*). »

D. Manoel résista au pape et à l'empereur, et ce fut peut-être à cette habi-leté pleine d'énergie qu'il dut l'avantage de porter jusqu'à la fin de son règne le surnom de *roi fortuné*.

RÈGNE DE JOÃO III. — Barros dit quelque part dans son beau livre : « C'est une loi de la divine Providence, que les uns plantent et que les autres cueillent le fruit de l'arbre » D. Manoel avait commencé la moisson, ce fut João III qui l'acheva. On peut dire que le règne de ce prince fut, comme celui de son père, consacré tout entier à réaliser la vaste pensée de João II. Ce n'est pas dans le Portugal même qu'il faut chercher l'histoire de cette noble époque, c'est en Afrique, c'est dans le nouveau monde, c'est dans l'Inde; aussi nous contenterons-nous d'exposer sommairement les faits principaux de la vie de ce monarque, afin de poursuivre, en donnant à notre notice quelque étendue, les grandes actions militaires qui illustrèrent ce règne, et le mouvement intellectuel qui l'accompagna.

Né à Lisbonne le 6 juin 1502, João III monta sur le trône dès l'année 1521. Quoiqu'il fût moins instruit que son frère l'infant D. Luiz, le disciple aimé du célèbre Pedro Nunez, tout nous prouve qu'il avait reçu une haute culture intellectuelle et qu'il apporta aux affaires une de ces aptitudes rares, qui déterminent un grand règne plutôt encore qu'elles ne font parler du grand roi.

D. João III se maria avec la fille de Philippe II, le 5 février 1525 : la reine à laquelle le vénérable évêque de Sylves écrivait ses lettres admirables de sagesse et de patriotisme, était devenue sincèrement Portugaise, et plus tard elle le prouva.

Dans la précieuse Miscellanée où il a constaté d'une façon quelquefois si originale le mouvement de son époque, et dans laquelle il signale les prodigieux changements qui s'étaient opérés vers la fin du règne de Manoel, Garcia de Resende insiste sur l'accroissement qu'avait subi la marine, et il fait monter à trois cents navires de toute dimension les forces dont on pouvait disposer sous João III. Le même écrivain vit vendre à Lisbonne, en un seul jour, pour 700,000 cruzades de drogues et d'épices, et il ajoute que les inspecteurs du commerce (*veadores da fazenda*) con-

---

(*) Voy. *Quadro elementar das relações politicas e diplomaticas de Portugal*, t. IV, p. 65 et 66 de l'introduction.

clurent alors un marché tel, qu'on n'en avait point vu encore de semblables.

Ce fut sans aucun doute ce prodigieux développement du commerce et de la marine qui engagea João III à porter tous ses soins vers les conquêtes de l'Inde ; mais il resta sans doute trop exclusif dans ses sympathies politiques, car il ne tarda pas à abandonner aux Maures quatre places importantes. Alcaçar, Arzila, Saff et Azamor avaient coûté trop de sang aux Portugais pour qu'on en fît ainsi le sacrifice, et en dépit des merveilleuses victoires qui se succédaient aux Indes, Faria y Souza n'a pu s'empêcher de voir dans ce dédain pour les anciennes possessions de l'Afrique, la cause des maux qui fondirent plus tard sur le royaume.

Mettons-nous au point de vue de ce monarque ; notre pensée doit essayer avant tout de deviner les avantages que les conquêtes de l'Asie vaudront encore au fils du roi fortuné.

NOMS DES VICE-ROIS QUI SUCCÈDENT A ALBUQUERQUE. — PRINCIPAUX ÉVÉNEMENTS ARRIVÉS DURANT LEUR ADMINISTRATION. — VASCO DA GAMA EST REVÊTU DE CETTE DIGNITÉ. — SA MORT.
— Après avoir essayé de faire saisir dans leur ensemble, ces faits d'armes vraiment prodigieux, qui assurèrent la domination des mers de l'Inde aux Portugais, on ne s'attend pas sans doute à ce que nous suivions les inflexibles conquérants dans l'accomplissement définitif de l'œuvre que leur avaient léguée Almeida et Albuquerque. Nous allons cependant nommer les capitaines célèbres, les administrateurs habiles, les marins intrépides, qui leur succédèrent, et nous signalerons en passant les luttes que de nouvelles ambitions enfantèrent. Dans cette nomenclature rapide de vice-rois nommés par D. Manoel et par João III jusqu'à la venue de Gama, ce seront en quelque sorte les documents officiels de Barreto de Resende, comparés à ceux de Barros, qui nous guideront. Les faits et les dates présenteront ainsi un degré de certitude que n'offrent pas toutes les histoires.

Le haut personnage qui vint remplacer Albergaria eut à la fois le titre de troisième vice-roi et de quatrième gouverneur des Indes ; il se nommait Diogo Lopes de Siqueira et il partit de Lisbonne le 27 mars 1518. Son administration dura jusqu'en l'année 1522 : ce fut lui qui construisit la forteresse de Chaul, et durant l'espace de temps où il occupa le pouvoir, l'Abyssinie se trouva enfin en rapport avec les Portugais.

Duarte de Menezes, comte de Tarouca, fut encore nommé par D. Manoel à la vice-royauté des Indes ; il partit le 5 avril 1521 et conserva le pouvoir durant trois ans. L'événement le plus notable de son administration fut la révolte du roi d'Ormuz : il continua avec vigueur la guerre contre Malacca.

Il y avait trois ans que D. Manoel était mort, lorsqu'on songea à réparer une grande injustice ; en 1524, Vasco da Gama, l'amirante des mers de l'Inde, fut décoré du titre de vice-roi, et il partit le 9 avril de la même année, pour prendre le pouvoir qu'il avait attendu durant plus de vingt ans. Tout le monde connaît le mot qui termine pour ainsi dire cette vie mémorable. Il y a quelque chose dans sa poétique exagération, qui va bien à ces conquérants de royaumes, dont l'œuvre ne fait que commencer, et qui désormais doivent braver tout, jusqu'au trouble des éléments : comme on s'approchait des côtes de l'Inde, disent la plupart des historiens, une agitation inaccoutumée se manifesta au sein des eaux, les flots se gonflèrent sans que rien indiquât la tempête, des chocs violents heurtèrent le navire, un cri de terreur leur succéda ; personne n'avait reconnu d'abord ce tremblement de terre sousmarin. Vasco da Gama conserva sa tranquillité au milieu de ces sinistres présages ; il se contenta de dire. Quelle crainte faut-il donc ressentir ici ? « *c'est la mer qui tremble devant nous.* » Le héros auquel les chroniqueurs du seizième siècle se plaisent à donner le titre de Comte-Amiral, put voir les magnificences naissantes de Goa, mais il quitta bientôt cette ville pour se rendre dans la cité de Cochin, où il mourut le 25 décembre 1524. Il ne garda le pouvoir que trois mois et vingt jours, et l'on affirme que les mesures répressives qu'il prenait sur son lit de mort, prouvent assez ce que fut devenue sous lui une administration vigoureuse. Il y avait en Gama un rare esprit de prévoyance, un vif sentiment de la gloire nationale (*), et tout fait présumer qu'il eût conduit plus rapidement encore les États de l'Inde vers ce degré de splendeur qui devait bientôt frapper les Européens.

Vasco da Gama fut enterré d'abord à Cochin, et ce ne fut qu'en 1528 que son corps put être transporté dans la petite ville de Vidigueira (**) : c'est là qu'il repose aujourd'hui. Plus tard les habitants de Goa firent au comte-amiral un honneur que n'ont reçu ni Almeida ni Albuquerque. Sa statue s'éleva en 1598 sur une des places de la ville ; elle était dorée et avait été exécutée, nous dit Diogo de Couto, d'après un portrait fort ressemblant qui existait dans les salles du palais des gouverneurs, et dont une copie se voyait jadis dans le lieu où le conseil municipal tenait ses assemblées. Lors de l'inauguration de la statue, il y eut de grandes fêtes dans la capitale des Indes, et Diogo de Couto prononça à cette occasion un discours qui nous est parvenu (***). L'effigie du grand homme devait subir plus d'une vicissitude ; enlevée de la place qu'elle décorait jadis, elle y fut replacée dans la suite, et le dernier historien de Goa, le P. Cottineau de Cloguen, nous dit qu'elle existe encore non loin du palais qui s'écroule à demi (****). C'est là où le vieux prêtre breton allait encore naguère s'incliner devant elle parmi ces ruines : peut-être a-t-elle disparu.

Henrique de Menezes fut le septième gouverneur des Indes, et il prit possession immédiatement après la mort de Gama, le 25 décembre 1524. Il ne put remplir les hautes fonctions qui lui avaient été déléguées, que jusqu'à la fin de février 1526 ; il mourut à cette époque dans la ville de Kananore ; ce fut sous lui que les Portugais détruisirent Challe, Panane et Gio ; il brûla Coulette et remporta une victoire signalée sur le roi de Bentam.

L'époque où parut Lopo Vaz de Sampayo fut une époque de troubles ; cette courte période occupe même bien des pages dans l'histoire des dissensions qui ont ensanglanté l'Inde portugaise. Nous essayerons de faire comprendre l'origine de ces luttes acharnées, et le livre de Barreto de Resende nous sera ici d'un grand secours, en y joignant un vieux voyageur français que l'on ne consulte pas assez fréquemment lorsqu'il s'agit de ces contrées lointaines où il a résidé longtemps (*). Lorsqu'un nouveau gouverneur des Indes ou même un vice-roi était nommé pour aller siéger à Goa, il se voyait investi du pouvoir pour une période de trois ans seulement, et il emportait avec les pièces officielles qui constataient sa nomination, les provisions (c'était le terme consacré) qui pourvoyaient à son remplacement, soit qu'il mourût, soit qu'il dût revenir en Europe. La métropole se réservait le droit de nommer plusieurs successeurs au titulaire de la vice-royauté, dans le cas où l'un de ceux qu'elle aurait choisis aurait été enlevé par quelque événement ou se serait vu dans l'impossibilité d'accepter la nomination. Les lettres closes qui investissaient ainsi du pouvoir un personnage quelconque, restaient toujours, nous dit-on, l'objet d'un secret impénétrable, et ne pouvaient être ouvertes qu'en grande solennité. C'est ce qui avait eu lieu après la mort de Vasco da Gama : son successeur immédiat était Henrique de Menezes, surnommé *O Roxo* ou le Roux, et nous l'avons mentionné plus haut. Or, lorsque la maladie l'eut enlevé au milieu de ses exploits en 1526, on eut recours aux lettres d'investiture tenues en réserve : lorsqu'on eut brisé solennellement le sceau de la première, D. Pedro Mascarenhas se trouva désigné d'abord ; ce hardi capitaine était en ce moment à Malacca, où il poussait vigou-

---

(*) On l'accusait toutefois de s'abandonner à de subits emportements qui faisaient redouter sa présence : dans l'état calme, on vantait l'affabilité de ses manières et la dignité qu'il conservait toujours.

(**) Dans la province d'Alem Tejo, près de la bourgade de Vidigueira, s'élevait au seizième siècle un couvent appelé *Nossa-Senhora das Reliquias* ; il appartenait à l'ordre des Carmes et avait été fondé un an avant la découverte des Indes. Ce fut là que l'on transporta les os de Vasco da Gama : ils furent déposés dans un superbe mausolée. Si l'on s'en rapporte à l'auteur de l'*Agiologio Lusitano*, qui nous fournit ces détails, il y avait peu de monastères en Portugal dont le trésor fût aussi riche que celui de Notre-Dame des Reliques.

(***) *Decada doze*, anno 1598, livro I°, p. 54.
(****) *An historical sketch of Goa*, etc. Madras, 1831, 1 vol. in-8, p. 88.

(*) Le P. Philippe, Relation de son voyage en Orient, trad. du latin en français par Pierre de Saint-André. Lyon, 1652, 1 vol. in-12.

reusement la guerre contre les Malais. Il lui fallait du temps pour se rendre à Goa, et il était indispensable de pourvoir par *intérim* au gouvernement ; alors Affonso Menia, *veedor da fazenda* (intendant du commerce), ouvrit la deuxième lettre, dans laquelle se trouvait désigné Lopo Vaz de Sampayo. Celui-ci réclama en conséquence l'exercice des droits qui s'attachaient à sa nomination; mais on ne lui remit l'administration qu'après avoir exigé de lui un serment solennel, par lequel il s'engageait à remettre le pouvoir entre les mains de Pedro Mascarenhas, aussitôt que ce dernier le réclamerait. Procès-verbal fut dressé de cette résolution, tous les gentilshommes portugais présents à Goa y apposèrent leur signature, avec déclaration expresse de n'obéir au nouveau gouverneur que jusqu'à la venue de D. Pedro Mascarenhas. Il semblerait au premier abord qu'un tel acte eût dû obvier à toute espèce de dissensions, il n'en fut pas ainsi : D. Pedro Mascarenhas revint sur la côte de Malabar et invoqua en vain la foi des serments. Lopo Vaz de Sampayo avait goûté du pouvoir, il le garda avec une audace peu commune et se maintint au prix du sang. C'est dans la IVe décade de Barros, qui est demeurée imparfaite, qu'on peut lire le récit de ces luttes (*) cruelles où deux factions se disputèrent le pouvoir. On ne peut refuser cependant au huitième gouverneur des Indes le titre d'habile général, les Asiatiques en eurent des preuves terribles : non-seulement il soumit momentanément le roi de Cambaya, le sultan Bahdour qui remplissait l'Asie de sa renommée, et qu'on était accoutumé à regarder comme un des souverains les plus puissants de ces régions, mais il détruisit la flotte du râdjâ de Calicut, en dépit d'un secours de vingt mille hommes que lui envoyait le roi de Narsingue; puis il anéantit Porka, et enfin il assura la domination des Portugais dans le golfe Persique, en frappant lui-même du poignard Raez Ahmed qui y comman-

(*) On y peut voir aussi que Pedro Mascarenhas fit une des actions les plus extraordinaires de ce temps, en s'emparant de la personne du roi de Bentam, au milieu de son opulente capitale. Ceci eut lieu en 1527. Faria dit qu'un seul jour de victoire lui donna plusieurs siècles d'illustres souvenirs.

dait. Après ce terrible destructeur de cités, il fallait un homme plus sage et surtout plus humain ; c'est ce que sentit la métropole lorsqu'elle dut choisir au bout de quatre ans un successeur à Vaz de Sampayo. Un homme éminent, d'ailleurs, commençait à prendre une inquiétante suprématie dans le Guzarate; Bahdour Schah, que les Portugais désignaient sous le nom de roi de Cambaya, promettait un ennemi formidable aux conquérants du Bdjapour et de tant d'autres contrées de la presqu'île : ce fut un des hommes les plus remarquables du Portugal qu'on envoya gouverner les Indes : quelques lignes historiques empruntées à l'un de ses meilleurs biographes mettront à même de l'apprécier.

D. NUNO DA CUNHA. — Nuno da Cunha, seigneur de Gestaço Penagoas, commandeur de Ponte-Arcada, naquit d'une illustre famille, et il était fils de ce fameux Tristam da Cunha, dont il a été plus d'une fois question. Il passa dès son bas âge en Afrique, et il y fit ses premières armes sous le grand Nuno Fernandès de Ataïde : bientôt il navigua vers les Indes; il y était conduit par son père. Les cités d'Oja et de Brava, livrées à l'incendie, firent prévoir ce qu'il serait un jour. Il fut armé chevalier des propres mains d'Albuquerque. Après avoir accompli de grandes actions, que la brièveté de cette notice ne permet point de signaler, il revint en Portugal, et João III le choisit pour être le dixième gouverneur des Indes. Il partit de Lisbonne en cette qualité, au mois d'avril 1528. Avant de parvenir à Goa, il détruisit Mombaça, dont le prince faisait une guerre offensive à plusieurs princes de la côte de Mozambique. Après avoir surmonté d'immenses obstacles, il arriva enfin dans la capitale des Indes, où son entrée fut presque un triomphe. Ce fut lui qui eut la gloire d'anéantir le pouvoir du sultan Bahdour, l'ennemi le plus redoutable que les Portugais eussent rencontré. Malgré tout ce qu'il avait fait à Diu, Chaul et Baçaïn, ce grand homme fut victime de la calomnie. Un historien portugais dit avec raison que João III accepta une accusation indigne du caractère d'un souverain, et qu'il ordonna qu'on lui amenât sans retard

Nuno da Cunha chargé de chaînes. Parti de Cochin en l'année 1539, continue Barbosa, il arriva à Kananor, aussi offensé des mauvais procédés de D.Garcia de Noronha, qu'il était accablé douloureusement par la maladie. Il continua le voyage, mais il avait intérieurement la certitude que son existence ne devait pas se prolonger. Ce sentiment de sa fin prochaine augmenta en doublant le cap de Bonne-Espérance ; il comprit que sa dernière heure était arrivée. Ce fut alors qu'il écrivit, de sa propre main, une lettre dans laquelle il déclarait ne posséder des fonds du trésor royal que cinq *moedas*, prises sur les dépouilles du sultan Bahdour et réservées par lui pour être offertes au roi. Son chapelain lui ayant demandé s'il ne souhaitait point avec ardeur qu'on ramenât son cadavre en Portugal pour lui donner une sépulture décente, il répondit : « Puisqu'il a plu à Dieu de me transporter au milieu de l'Océan, que la mer soit ma tombe : la terre ne veut pas de moi ; elle a si mal reçu mes services, qu'il ne faut pas lui laisser mes os. » Il expira doucement le 5 mars 1539 ; il était dans sa cinquante-deuxième année, et il y avait dix ans qu'il gouvernait les Indes. Le corps de Nuno da Cunha fut, selon son désir, lancé à la mer. On parle de l'aspect singulièrement majestueux de ce gouverneur. Comme Camoens il était borgne, mais l'œil qui lui manquait lui avait été enlevé dans un carrousel où figurait João III. On peut lire ses lettres dans João de Barros, et le *Cancioneiro de Resende* nous a transmis ses poésies que nous espérons faire connaître un jour dans un livre spécial.

Celui qui succéda à ce grand homme fut Garcia de Noronha, qui avait reçu le titre de gouverneur en 1538 : c'est le dixième dans l'ordre de succession : il n'eut pas le temps de marquer son passage par des mesures bien importantes, car il mourut en 1540, un an et sept mois après son arrivée aux Indes. On l'enterra dans la cathédrale de Goa.

HEITOR DA SYLVEIRA. — Ce fut sous Garcia de Noronha que le célèbre Heitor de Sylveira se fit remarquer par son habileté et par son courage au milieu des hommes éminents qu'on voyait surgir de toutes parts. Il parcourut en vainqueur les côtes du Guzarate et détruisit les corsaires qui ravageaient le littoral. Ce fut lui qui gagna au roi de Portugal la forteresse de Baçaim dont Barreto de Resende nous a conservé le plan dans son magnifique ouvrage. Grâce à lui encore, le cheikh qui gouvernait Aden devint tributaire des Portugais, et il se fit redouter de ceux qui commandaient à Xael et à Tana.

LE PREMIER SIÉGE DE DIU (Diou). — Plus tard, en 1538, un brave du même nom, mais qu'il ne faut pas confondre avec celui-ci, Antonio de Sylveira, eut la gloire de soutenir dans la forteresse de Diu ce siége mémorable dont le souvenir ne peut être effacé que par les victoires de João de Castro. Douze mille janissaires, dirigés par Soliman-Pacha, qui commandait alors à l'Égypte, opérèrent leur jonction avec les forces du souverain puissant qui régnait sur le Guzarate, et malgré les efforts d'une artillerie considérable et d'une flotte de soixante-cinq navires, Antonio de Sylveira obligea cette armée innombrable à abandonner le siége de la ville où il s'était renfermé. Le hardi capitaine comptait encore d'autres exploits : Surate et Daman étaient tombés en son pouvoir avec plusieurs autres places. Il eut le bonheur de retourner à Lisbonne couvert de gloire, et cette fois l'ingratitude du souverain ne paya point par le dédain et par la persécution tant d'années de triomphe (*).

MAGELLAN. — Fernando de Magalhaens, dont nous avons fait Magellan, appartenait à une famille noble ; on a cependant bien peu de renseignements positifs sur sa naissance. Un jeune écrivain brésilien d'une haute espérance, M. A. Varnhagen, affirme qu'il était né à Porto. Il dut nécessairement suivre des études sérieuses en cosmographie, avant de figurer comme chef d'une audacieuse

---

(*) Le premier siége de Diu eut un tel retentissement que François Ier, épris de la gloire dont Antonio de Sylveira venait de se couvrir, songea à l'attacher pour jamais à son service ; il l'eût fait si la chose eût pu avoir lieu sans que João III en fût offensé. Pedro de Mariz et Maffei affirment que le roi de France fit exécuter le portrait d'Antonio de Sylveira en Portugal, et qu'il ordonna qu'on plaçât cette peinture parmi les effigies des grands capitaines. Si le fait est vrai, ce portrait a dû faire partie de la galerie de Fontainebleau.

entreprise; ce qu'il y a de certain, c'est qu'on le voit s'instruire en Orient à une rude école et que, dès 1510, il assiste à la prise de Malaca, sous le grand Albuquerque. Il acquit à cette époque une connaissance minutieuse des côtes de l'Orient, et de retour en Portugal, il obtint un emploi honorable; mais ayant tenu à certains avantages pécuniaires, ou, si on l'aime mieux, à un privilége, que lui refusa D. Manoel, ce fut alors que son esprit s'aigrit, et qu'il alla offrir ses services à la Castille. Ses apologistes prétendent que, pour ne point emporter le nom de traître, il prit le parti de briser légalement les rapports qui l'attachaient à sa patrie; il se fit naturaliser Espagnol, et mit dans cet acte autant de publicité qu'il lui fut possible d'en mettre. Ce fut seulement après avoir rempli ces formalités, ajoute-t-on, qu'il alla trouver Charles-Quint et qu'il lui promit de découvrir un nouveau chemin pour se rendre dans les mers de l'Inde (*). L'antique bonne foi de ceux qui admirèrent les Albuquerque et les Castro ne peut admettre le dire des apologistes, et celui que les étrangers saluèrent dès l'origine du nom de Grand homme est resté pour les Portugais marqué d'une tache de déloyauté. Camoens lui-même, en l'admirant, n'a pas prétendu l'absoudre. Quoi qu'il en soit, l'empereur accepta promptement les offres qui lui étaient faites par Magellan, et il fit armer en conséquence cinq navires qui reçurent deux cent cinquante hommes d'équipage. Nous signalerons une circonstance remarquable au début de cette expédition, c'est qu'elle se rattache d'autant plus à l'histoire du Portugal, que parmi les hommes chargés de la diriger il y eut presque autant de Portugais que de Castillans; ainsi, tandis que Fernando de Magalhaens montait la *capitane* en qualité de capitan-mayor, Duarte Barbosa, son cousin, Alvaro de Mesquita, Estevão Gomez et João Rodriguez de Carvalho représentaient au milieu des Espagnols la nation active qui avait accompli déjà tant de grandes découvertes. Luiz de Mendoza, Gaspar de Quexada, Juan de Carthagena et Juan Serran commandaient les quatre navires qui formaient la flottille. L'armada, comme on disait alors, mit à la voile de San-Lucar de Barrameda, le 21 de septembre 1519, et elle se dirigea directement vers les côtes du Brésil; ce fut même à la hauteur de Rio de Janeiro que commencèrent pour les navigateurs une série de calamités, qui durent faire regretter que la haute prévoyance dont on avait fait preuve lors de la mémorable expédition de Vasco da Gama n'eût pas présidé à une entreprise qu'on pouvait regarder comme plus importante encore sous le rapport scientifique. Le manque de vivres, l'absence de certaines munitions, les maladies qu'engendra subitement le changement du climat, tout cela contribua à exaspérer les esprits, et l'on ne tarda pas à ourdir une conspiration contre Magellan. Le chef portugais se crut dans la nécessité de développer une sévérité extrême, et il fit exécuter les principaux fauteurs de la rébellion; Luiz de Mendoza et Gaspar de Quexada périrent. Cette rigueur eut un prompt effet: le tumulte s'apaisa, Magellan continua sa route, et il alla hiverner à un cap où, pour la première fois, parurent ces Puelchès de haute stature dont une rédaction mensongère ou, pour mieux dire, la reproduction de récits exagérés, devaient faire de véritables géants. Durville, d'Orbigny (*), Gau-

---

(*) Le savant et consciencieux Navarrete donne les détails les plus circonstanciés et les plus précis sur cette affaire: dès 1512 Magellan était de retour en Portugal, et le 12 juin on le voit revêtu à la cour du titre de *moço fidalgo*, ayant droit à mille reis ou environ 6 fr. par mois d'appointements; il recevait aussi en cette qualité un *alquiere* d'orge par jour. L'année suivante, il passa du rang de Moço fidalgo à celui de *fidalgo-escudeiro*, gentilhomme écuyer, avec un traitement de 1850 reis par mois. « Tout cela est prouvé par un reçu signé de lui, et daté du 14 juillet de la même année; nous ignorons s'il alla immédiatement continuer ses services en Afrique et en Asie, mais il est certain qu'après les événements d'Azamor.... il sollicita du roi, en considération de son rang, de sa noblesse et du mérite dont il avait fait preuve, quelques grâces, quelques récompenses, parmi lesquelles figurait un accroissement de *moradia*. Sous ce nom on désignait certains gages d'honneur, certains avantages provenant du palais, qui, bien que d'un faible intérêt matériel, étaient d'une haute importance pour la noblesse portugaise.... Le roi refusa une requête si juste et si modérée, prévenu qu'il était sans doute contre Magellan. »

Voy. Fernandez de Navarrete, *Colleccion de viages*, etc., t. IV.

(*) Voyez le tableau chronologique des opi-

thier, ont démontré, par un examen sérieux, ce qu'il fallait accorder de croyance au récit de Pigafetta, qui nous a transmis la narration de ce premier voyage autour du monde, et qui l'a fait dans des termes qui ont égaré ceux qui l'ont suivi.

Quoi qu'il en soit, Magellan parvint au *cap des Vierges*, et il lui donna ce nom parce qu'il le découvrit le 21 octobre, époque à laquelle l'Église célèbre le martyre de sainte Ursule et de ses compagnes. A douze lieues de là il découvrit le fameux détroit (*). Après avoir navigué l'espace de cinquante lieues dans ce passage dont il ignorait encore l'issue, il en rencontra un plus vaste qui se déchargeait dans la mer du couchant, et le détroit prit dès lors la dénomination qu'il devait porter plus tard. Nous ne suivrons pas Magellan durant les quinze cents lieues qu'il devait faire encore avant d'atteindre à ces fameuses îles aux épices dont Pigafetta nous a conservé la curieuse description; il suffira de dire que l'illustre voyageur, arrivant enfin à Zebu, fut accueilli dans cette île de l'archipel des Philippines (**) avec hospitalité par un prince que les premières relations désignent sous le nom d'Hamabar. Hamabar fut converti au christianisme, en apparence du moins; mais il est assez difficile de croire qu'il ait été parfaitement instruit dans les vérités de la religion, comme le veulent quelques historiens portugais. En guerre avec le chef de l'île de Matan, il est assez probable qu'il chercha surtout à se faire des auxiliaires puissants des nouveaux débarqués : Magellan le servit en effet dans sa querelle, et il l'aida à remporter deux victoires sur ce chef auquel les Européens du seizième siècle ont conservé le nom, probablement fort altéré, de *Calpulupo* ou de *Cilapoulapou*. Le chef souverain de Zebu et la reine, en adoptant le christianisme, avaient juré foi et hommage à l'empereur. Il n'en fut pas de même du chef de Matan; quoique vaincu, il se refusa au serment qu'on exigeait de lui. Il fallut en venir aux mains, et sans doute que dans cette circonstance Hamabar, effrayé de la puissance des étrangers, ne leur prêta pas un secours efficace, si toutefois il ne les trahit point; c'est ce que va bientôt nous prouver l'antique relation qui montre la conduite du grand navigateur sous son jour véritable. Pour bien comprendre le récit de la catastrophe, quelques détails sont nécessaires.

RELATION DE PIGAFETTA. — RÉCIT DE LA MORT DE MAGELLAN. — Il s'en faut bien que la relation du mémorable voyage qui nous occupe nous soit parvenue d'après des ouï-dire, ou même d'après des renseignements tronqués et imparfaits : un noble chevalier de Rhodes, Antonio Pigafetta, accompagna Magellan dans sa navigation, et, au retour de cette expédition prodigieuse, présenta à Charles-Quint le récit du voyage, rédigé, comme il nous l'apprend lui-même, d'après un journal tenu sans interruption depuis le moment du départ jusqu'au retour. Une question, dont personne ne contestera l'intérêt, s'est présentée dans ces derniers temps : il s'agissait de savoir en quelle langue fut écrit le premier voyage autour du monde. Bien que la nation à laquelle appartenait l'historiographe de l'expédition ait dû affirmer que ce fut en italien, les savantes investigations que M. Raymond Thomassy a consignées dans le Bulletin de la Société de géographie, ne laissent plus guère de doutes à ce sujet. Comme la relation de Marco Polo, celle du gentilhomme de Vicence fut écrite primitivement en français. Antoine Pigaphète était certainement du nombre de ces bons *esprits italiques* qui avaient deviné, dès le quinzième siècle, les véritables propriétés de notre langue sur lesquelles insiste Jean le Maire. On pouvait dire de lui « qu'*il l'a prisait et honorait* » et y devisait mieux qu'en la sienne propre « à cause de la résonnance, de la gentillesse et de la courtoisie humaine. »

C'est donc dans ce français, tel qu'on le parlait à la cour de François Ier, que

---

nions relatives aux Patagons, qui a été donné par ce savant dans *L'Homme américain*, t. 1.

(*) On a affirmé que le détroit de Magellan avait été clairement indiqué dès le quinzième siècle sur l'une des deux cartes apportées jadis en Portugal par D. Pedro d'Alfarrobeira et que l'on conservait précieusement jadis dans le couvent d'Alcobaça. La destruction de ces précieux monuments de la géographie primitive ne permet d'établir aucune discussion valable sur ce point; nous renvoyons à la dissertation qui a été donnée dans les *Memorias de litteratura*.

(**) Elle fait partie du groupe de Bissaye.

nous est parvenue dans toute son exactitude, et dans toute sa naïveté, le récit de la mort du grand navigateur; c'est là qu'il faut puiser pour connaître les circonstances qui accompagnèrent la catastrophe. Aussi emprunterons-nous cette page précieuse au remarquable travail de M. Thomassy, bien assuré que c'est rendre service aux Portugais eux-mêmes que de leur rappeler cette source ignorée. En 1521, le chef de l'île de Matan s'étant refusé à toute proposition d'un vasselage dont il devinait fort bien les conséquences, Magellan marcha contre lui : l'incendie de quelques maisons suivit bientôt le passage des Portugais, les esprits s'exaspérèrent, une lutte funeste s'engagea. « Lors vindrent, dit Pigaphète, tant furieusement contre nous, qu'ils passèrent une flèche envenimée à travers la jambe du capitaine, par quoi il commanda de nous retirer peu à peu;.... mais lui, comme bon capitaine et chevalier, tousjours se tenoit fort avecques aulcuns aultres, plus d'une heure ainsi combattant; et ne se voulant plus retirer, ung Indien lui gecta une lance de canne au visaige, et lui soudain de sa lance le tua et la luy laissa dedans le corps. Puis voulant mestre la main à l'espée, ne la peut tirer que à moitié, à cause d'une plaie de lance de canne, qu'il avait au bras; ce que ces genz voyant se gectèrent tous vers luy dont l'ung avecq un grand javelot, qui est comme une peruisane, mais plus gros, luy donna ung coup en la jambe gauche, par laquelle il cheut le visaige devant; dont tous soudain se gectèrent sur luy, avecques lances de fer et de cannes; et avecq ces javelots. Tellement qu'ils occirent le miroer, la lumière, le confort de tous et nostre vraye guide. Quand ces gens le férissoient, plusieurs fois il se tourna en derrière, pour veoir si nous estions tous les navires, puis le voyant, le mieulx que peusmes, saulvâmes et mismes les blessés ès navires qui desja s'en partoyent. »

Cette citation d'un précieux manuscrit, appartenant à M. Beaupré, complète les faits exposés jusqu'à présent ou les rectifie. Le texte français qui existe à la Bibliothèque du roi n'est point si explicite, mais les deux narrations sont d'accord lorsqu'il s'agit de l'abandon du corps de l'infortuné capitaine. Dans le cours de son récit, du reste, il semble que Pigafetta ait prévu l'influence des calomnies qui viendront plus tard ternir la mémoire du grand homme dont il a été le compagnon fidèle; il craint surtout pour lui un dédain funeste, il le dit en termes pleins de noblesse au grand maître Villiers de l'Ile-Adam, qui a accepté la dédicace de sa relation : « J'ay espérance en vostre très-illustre seigneurie, que la renommée d'ung vaillant et noble capitaine ne sera point extainte, ne mise en oubly en nostre temps; car entre ses aultres vertus, il estoit le plus constant en une très grande fortune et grosse affaire que jamais fut ung aultre. Il supportoit la faim plus que tous les aultres. Il naviguoit et faisoit cartes marines; et que cela soit vray est veu apertement; car jamais aultre n'avoit eu tant d'engin, hardiesse, ny sçavoir de circuir une foys le monde, comme il y avoit desja donné ordre; mais cette bataille interompit sa très-magnanime entreprise, laquelle bataille fut faicte à ung sabmedi, le vingt et septième jour d'avril, mil cinq cents vingt et ung; et la voulut faire le capitaine au jour de sabmedi, pour que c'estoit son jour de dévotion. »

On a peu de détails sur la vie privée de cet homme extraordinaire : on sait seulement qu'il avait été marié avec une fille de Diego Barbosa, alcaïde en chef du château de Séville. Osorio, qui se connaissait en hommes et qui l'avait probablement connu, le traite de *vir nobilis et magno animo præditus* (*). Barros vante sa haute pratique des sciences et son expérience dans tout ce qui a rapport à la navigation. Le *Roteiro*, où il a consigné ses observations et que conservait Antonio Moreno, cosmographe en chef de la *casa de contractacion* de Séville, est resté caché dans la poussière de quelque bibliothèque (**). Barros nous a

(*) Le curieux portrait que nous offrons ici est tiré de la magnifique collection conservée au Louvre; le dessin original offre, du reste, une grande ressemblance avec un portrait que l'on montre à Tolède, mais qui nous a semblé avoir moins de caractère.

(**) Comme pendant de l'œuvre de Pigafetta il faut citer avec la relation de Barbosa le livre d'un Portugais, Duarte de Resende, qui avait été feitor de Ternate. Ce voyageur peu connu écrivit un ouvrage intitulé : *Tratado da Nave-*

conservé dans sa troisième décade l'ordre du jour que Magellan promulgua, le 21 novembre 1520, dans le détroit de Tous les Saints, et où il donne aux capitaines qui l'accompagnaient les instructions qu'il croyait nécessaires au bien de l'entreprise. C'est un précieux monument qu'on lit trop rarement et qui atteste les fortes prévisions de ce hardi marin.

Il n'y avait que vingt ans que le Brésil était découvert, et cependant, chose qui n'a point été encore remarquée, un de ses enfants se trouvait mêlé à l'une des plus mémorables entreprises du seizième siècle. Le fils de João Carvalho, né en Amérique, s'embarqua sur cette flotte qui allait faire le premier tour du monde, et s'il lui fut donné de quitter Sripada, roi de Paloan, qui le retint à la suite d'une mésintelligence, s'il put regagner son pays natal en passant par l'Europe, il doit être considéré comme le premier Brésilien qui accomplit le tour du globe (*).

Tout le monde sait comment se termina l'expédition. De l'aveu de Pigafetta, ce fut à partir de l'époque où l'on quitta l'île inhospitalière de Zubu qu'on eut les premiers renseignements sur les îles Moluques, objet principal de cette aventureuse navigation. Après bien des événements qui ne sauraient trouver place dans ce récit, les compagnons de l'infortuné voyageur arrivèrent à Tidor, et là ils apprirent la mort assez récente de ce Francisco Serrão, l'ancien ami et même le parent de leur capitaine général, celui dont nous avons rappelé les découvertes, et qui avait fourni à Magellan plus d'un renseignement précieux. Après avoir visité cet archipel en avril 1522, ils doublèrent le cap de Bonne-Espérance et, le 6 septembre de la même année, un samedi, ils entrèrent dans la baie de San-Lucar. Sur les soixante hommes qui formaient encore l'équipage de la *Victoria* aux Moluques, il n'en restait plus que dix-huit. Bien des braves avaient succombé, le chef de l'expédition lui-même n'avait pu revoir son pays, où peut-être la gloire l'eût justifié; mais un grand changement se trouvait accompli dans les connaissances géographiques, et, comme on l'a dit avec éloquence, « Magellan avait fait entrer dans le monde extérieur et visible cette même vérité que Colomb avait été chercher dans un autre ordre de choses et d'idées » (*).

SECTION DE L'ISTHME DE PANAMA PROPOSÉE DÈS LE SEIZIÈME SIÈCLE. — Au moment où cette grande question agite les esprits, au moment peut-être où le problème est sur le point de se résoudre, il est curieux sans doute de constater l'ancienneté d'un projet qui intéresse maintenant l'Europe entière, mais qui intéressait surtout jadis l'Espagne et le Portugal. C'est un vieil historien portugais qui donne le premier ces détails, et bien que primitivement la proposition vînt d'un pilote espagnol expédié par Charles-Quint, il nous semble important de constater le fait. Après avoir raconté comment Alvaro Sayavedra partit en l'année 1527 pour se diriger sur les Moluques, Antonio Galvão expose sommairement sa navigation, la découverte qu'il fit de ces noirs Océaniens, auxquels les Portugais ont conservé le nom de *Papouas*, puis les détails bien peu connus qui signalent le reste de la campagne, il ajoute enfin ces paroles remarquables : « Sayavedra, voyant que le temps était plus à son gré, se dirigea vers la terre, sur l'isthme de la cité de Penama (sic), parce que cet isthme n'a pas plus de seize à dix-huit lieues de large, et qu'il pouvait y décharger le clou de girofle, ainsi que les marchandises qu'il portait, et de plus, qu'il était possible d'aller en charrette à travers les campagnes durant quatre lieues jusqu'au Rio-Sagre, qu'on dit être navigable et qui débouche dans la mer du Nord, près de *Nombre de Dios*, où se trouvent les navires de Castille, navires pouvant transporter le tout, en moins de temps et avec moins de péril que par

---

gação que *Fernão de Magalhães e seus companheiros fizerão as Ilhas de Maluco*. Malheureusement ce traité, écrit en 1522 et dédié au grand Barros, est resté en manuscrit tandis que l'on a imprimé de Duarte de Resende une traduction du livre *de Amicitiâ*.

(*) Voy. le premier voyage autour du monde par le chevalier Pigafetta pendant les années 1519, 1520, 21 à 22; Paris, an IX.

(*) Barchou de Penhoën : *Revue des deux mondes*. Numéro du 1er juillet 1834.

la voie du cap de Bonne-Espérance. On sait d'ailleurs, que des Moluques à Penama, on navigue toujours entre les tropiques, en suivant la direction de la ligne. Mais jamais ils ne purent rencontrer les vents, ni obtenir le temps favoble pour accomplir ce désir. C'est pourquoi ils retournèrent aux Moluques, assez tristes, d'autant plus que Sayavedra était mort. — Or on disait qu'il avait le dessein d'agir de telle sorte, que l'empereur donnât des ordres pour qu'on ouvrît cette terre de la Castille d'or et de la Nouvelle-Espagne d'une mer à l'autre, parce qu'on le pouvait faire en quatre endroits différents, à savoir : du golfe de San-Miguel à Uraba, en comptant vingt-cinq lieues de traverse; de Penama à Nombre de Dios, où il y en a dix-sept; ou bien par le ruisseau de Nicaragua, qui prend sa source en un lac à trois ou quatre lieues, dans la partie du sud, et porte ses eaux au Nord, donnant navigation à des barques et à de petits navires. Il y a encore un autre passage de Tagante (sic) au Rio de Vera-Cruz, par lequel on pourrait également ouvrir un canal. Si cela se faisait, on aurait la facilité de naviguer des Canaries aux Moluques, sous le zodiaque, par conséquent avec un climat tempéré, et cela en moins de temps et avec moins de péril que par la voie du cap de Bonne-Espérance, ou par le détroit de Magellan, ou même par le pays de Corte-Real, quand bien même on aurait trouvé le détroit qui devrait conduire aux mers de la Chine comme on l'a cherché(*). » Nous n'avons pas voulu séparer ce curieux paragraphe du récit de la mémorable expédition de Magellan. Il importe toujours de faire voir que rien n'étonnait ces hommes hardis; ils ne reculent devant aucune entreprise, quelque gigantesque qu'elle nous paraisse. Le tour du monde, la séparation des deux Amériques, les travaux qui doivent détourner le cours du Nil, rien ne les surprend : nous allons jeter un coup d'œil sur les régions où ce projet extraordinaire fut peut-être un instant sur le point de se réaliser. L'Abyssinie, qui attire aujourd'hui tous les regards, devint de bonne heure le point de mire des Portugais.

(*) Tratado dos descobrimentos, p. 75 et 76.

L'ABYSSINIE MIEUX CONNUE DE L'EUROPE. — AMBASSADE AU PAYS DU PRESTE JEAN (*). — FRANCISCO ALVARES ET DUARTE GALVÃO. — Nous avons vu le rôle que le mythe du Preste Jean ou du Prêtre Jean avait joué au commencement de l'ère des grandes découvertes; un évêque abyssin devait bientôt dissiper une partie des erreurs qui circulaient à son sujet. En 1515, D. Manoel songea à expédier une ambassade à ce souverain, que l'envoyé de Joam II, par ses rapports, avait définitivement fixé en Abyssinie. Le roi choisit pour accomplir cette importante mission, deux hommes remarquables par leur caractère et par leur savoir; l'un, Duarte Galvão, mourut au mois de juillet 1517, dans l'île de Camoran, et fut remplacé par D. Rodrigo de Lima; l'autre, Francisco Alvares, était le propre chapelain du souverain portugais. Les deux ambassadeurs poursuivirent leur voyage, et dans le mois d'avril 1520, ils entrèrent à la cour d'Éthiopie, où ils furent reçus d'abord avec des démonstrations singulières d'affection et de joie. En échange de la politesse du roi de Portugal le souverain abyssin expédia bientôt vers le successeur de D. Manoel, Zagazabo, moine vénéré dans ses États. Le religieux éthiopien, après avoir remis à ce monarque une précieuse relique, devait se rendre auprès du souverain pontife qu'il avait reconnu, dit-on, comme chef de l'Église catholique. Francisco Alvares accompagna ce personnage sur lequel on avait fondé tant d'espoir, et ils arrivèrent tous deux à Lisbonne le 24 juillet 1527. Francisco Alvares, muni d'un excellent bénéfice en récompense de ses services, suivit encore le moine Zagazabo à Rome, auprès de Clément VII. Les deux voyageurs furent reçus avec une bienveillance toute paternelle, en janvier 1533.

Nous sommes entré avec quelque complaisance dans tous ces détails, parce que c'est en réalité à Francisco Alvares que l'Europe doit les premières notions précises qu'elle ait eues sur un pays dont la richesse a été si peu épuisée par les conquêtes du seizième siècle,

(*) On dispute depuis longtemps s'il faut dire : le *Preste Jehan* ou le *Prestre Jean*, *Pretiosus Johannes* ou *Presbyter Joannes*. Voy. Ludolphe.

que tout y reste à faire encore pour le commerce européen (*).

Après avoir parcouru courageusement des pays inconnus, mais au milieu desquels du moins il ne cessait pas de se trouver au sein de populations chrétiennes, Francisco Alvares voulut par une relation sincère effacer les rêves qui voilaient encore aux yeux de bien des gens l'empire du Prestre Jean. Pour que rien ne manquât matériellement à son œuvre, il vint à Paris, chercher des lettres gravées, des caractères et même des ouvriers, qu'il jugeait peut-être avec prévention supérieurs à ceux de Galharde, le diligent imprimeur de Lisbonne. La première édition de son livre parut en 1540, et parmi d'autres renseignements précieux on eut enfin un portrait tracé *de visu* du fameux Prestre Jean, cherché vainement jusqu'alors. Au temps d'Alvares, c'était un beau jeune homme « ni trop noir ni trop basané, tirant sur la couleur dorée d'une pomme bayonnaise et se montrant en sa couleur tout à fait gentilhomme » (**). L'ouvrage du zélé chapelain fut traduit immédiatement en espagnol, et, l'année suivante, l'*Historiale description de l'Éthiopie, contenant la vraye relation des terres et pays du grand Roy et Empereur Preste-Jan*, paraissait à Anvers chez Plantin (***); la traduction italienne ne vit le jour qu'en 1563.

Après avoir indiqué sommairement comment s'établirent les premières relations des Portugais avec l'Abyssinie, nous voudrions exposer aussi le récit des premières luttes commencées sous Estevam da Gama, gouverneur des Indes, mais ceci nous entraînerait hors de notre plan, et nous laisserons raconter ce curieux épisode à l'écrivain habile qui s'est chargé de retracer l'histoire entière de l'Éthiopie. Nous nous contenterons de rappeler que dès 1528, un chef musulman, vizir du roi d'Adel, que les chroniques désignent sous le nom de Gragné, ou le *gaucher*, vint à la tête d'une armée turque se ruer sur ces populations, soumises au christianisme par Frumentius depuis le quatrième siècle. Le fils de l'illustre amiral D. Christovam da Gama porta un secours efficace à ces peuples gouvernés par un Négous qui portait le nom d'Onadinguel, et avec les cinq cents hommes qu'il conduisait, il eut la gloire d'anéantir le chef du pays de Zeila. Gragné succomba dans l'action. Puis les jésuites voulurent établir leurs conquêtes spirituelles où les guerriers envoyés de l'Inde avaient commencé les conquêtes du sabre; des succès bien divers accompagnèrent ces tentatives, et elles sont longuement racontées par Tellez, ainsi que par Lacroze, qui se basent souvent sur le récit sincère d'un témoin oculaire de ces grandes actions. « La relation que nous a donnée le patriarche Jean Bermude (João Bermudez), dit un vieil écrivain, n'est qu'un récit de ce qui est arrivé en Abyssinie à D. Christophe da Gama, de ses combats, de ses victoires, de sa défaite, de sa mort et de ses suites...... Le roi et la reine d'Abyssinie traitèrent très-bien les Portugais tant qu'ils eurent besoin de leur secours; le patriarche Bermude crut toucher au moment heureux où la miséricorde de Dieu allait éclater sur ces peuples et les réunir à la foi catholique; mais, le péril passé, toutes ces heureuses espérances s'évanouirent : on dispersa les Portugais, le patriarche fut obligé de prendre la fuite et de se cacher. Il sortit de ce pays en 1556 ; il fut reçu à Goa avec tous les honneurs dus à son caractère, et, après y avoir demeuré quelque temps, il repassa à Lisbonne, où il mourut. » Notre intention ne saurait être de nous arrêter plus longtemps sur l'origine de ces relations importantes; nous savons d'ailleurs qu'un savant lazariste, qui a

---

(*) Un voyageur récemment arrivé de ce curieux pays, M. Lefebvre, a dit : « L'Abyssinie n'a fait nul progrès intellectuel : cela résulte avant tout de sa position isolée et de l'absence complète de communications avec des nations qui lui fussent égales en civilisation. Car il n'y avait aucun peuple de son entourage qui, par le fait, ne la séquestrât du reste du monde; c'est au point qu'avant Alvarez et les Portugais, on chercherait vainement la moindre trace de relation directe de l'Abyssinie avec aucune des contrées européennes. »

(**) *Ou de maccña bayones nam muyto parda e em sua color ben gentilhomem.*

(***) Voici le titre du vieux livre portugais, devenu prodigieusement rare :
Preste Joam das Indias. Verdadera informaçam das terras do Preste Joam segundo vio et escreueo ho padre Francisco Alvarez capellam del Rey nosso senhor, Agora novamente impresso por mandado do dito senhor em casa de Luis Rodriguez liurciro de sua alteza.
(*Lixboa*) MDXL.

mis à profit une longue résidence en Abyssinie, va publier une histoire complète de ces régions si peu connues. Il est probable que le livre du P. Sapeto ne laissera rien à désirer sur ces premiers voyages des Européens et sur les vicissitudes qui ont agité l'empire du Negous. Quant à nous, les guerres qui se préparent dans l'Inde nous réclament presque exclusivement, et nous essayerons de tracer les derniers traits de ces luttes héroïques, lorsque nous aurons jeté un coup d'œil sur certaines institutions du règne de João III. Nous allons dire un mot de l'assemblée représentative qui préservait les droits de la nation, et de la richesse commerciale qui rendait ce petit peuple respectable aux yeux des autres États. Une institution funeste, l'introduction d'une société dont les principes furent rejetés plus tard par le gouvernement, mêleront de grandes ombres à ce tableau.

CORTÈS DE PORTUGAL. — Sous João III, cette antique institution subit une modification remarquable, et c'est ce qui nous a engagé à introduire ici les détails sommaires que nous prétendons donner touchant ses attributions. On a vu par ce que nous avons dit à propos d'Affonso Henriquez, qu'elle naquit avec la monarchie et que dès l'origine elle donna au Portugal un profond sentiment de nationalité. Jusque vers le milieu du seizième siècle, l'époque des convocations demeura incertaine, mais, sous le règne de João III, il fut décidé que les Cortès seraient convoquées tous les dix ans. Cette détermination était un progrès sans doute, mais la fatale catastrophe qui renversa bientôt les institutions du Portugal, l'empêcha de porter ses fruits. Un écrivain portugais a défini en ces termes l'action de ces assemblées : « Les Cortès avaient chez nous pour objet, dit-il, de déterminer la forme et la qualité des impôts, ainsi que l'administration de la justice; elles devaient consulter l'opinion nationale sur le mariage des princes, sur l'opportunité de la guerre et enfin sur toutes les questions ayant rapport à la bonne administration et la prospérité de la chose publique.

« Les Cortès étaient toujours convoquées par le roi ou par le régent; on devait déclarer dans les lettres qu'on expédiait à cette fin aux municipalités, le lieu de la réunion, qui demeurait indéterminé. Quand bien même les populations l'eussent jugé nécessaire, les Cortès ne pouvaient être assemblées sans une convocation émanée du roi, qui était requis alors d'y pourvoir. »

Il est presque inutile d'ajouter que les Cortès de Portugal étaient composées comme les autres assemblées de la péninsule; du clergé, de la noblesse et du peuple. Les évêques, les abbés de certains monastères, les chevaliers, les gens de noblesse reconnue, représentaient les deux premières classes : le peuple avait ses procureurs, nommés par les municipalités des cités et des bourgades; chaque *concelho* en nommait deux, et ces députés, qui prenaient le titre de procuradores, se voyaient alors soutenus aux dépens de la localité. Il paraît certain que, vers le milieu du seizième siècle, les Cortès virent leurs droits restreints. Avant cette époque, il était permis aux procureurs du peuple de requérir ce qu'ils jugeaient convenable pour le bien de la municipalité qu'ils représentaient. L'écrivain national dont nous tirons ces documents, fait remarquer avec raison que le plus grand inconvénient de ce mode de représentation était de porter en soi le germe d'un absolutisme pur. Le roi avait en effet le droit de faire des lois à l'occasion des Cortès, mais sans qu'elles fussent proposées par elles.

PRÉOCCUPATIONS POLITIQUES DE JOÃO III. — ABANDON DE CERTAINES PLACES DE L'AFRIQUE. — Comme son père, João III fut essentiellement préoccupé de la pensée que toute la prospérité du Portugal gisait désormais dans le commerce des Indes, et il est certain qu'une situation financière qui lui permettait de prêter en l'occasion de l'argent au roi de France (comme cela eut lieu), pouvait aisément faire prendre le change à ce monarque sur ses véritables intérêts. Dans son désir de multiplier les conquêtes aux régions orientales, il alla plus loin que D. Manoel; il abandonna en Afrique certaines conquêtes, qui faisaient l'orgueil de ses prédécesseurs, et tandis, comme nous le dit Resende, qu'on pouvait subjuguer le Maroc pour ainsi dire sans coup férir, le jeune monarque abandonnait aux Maures, Arzila, Safim et Azamor; mais on n'était déjà plus au temps où un homme, comme Lopo Barriga, frappait les Arabes de terreur par des actions si audacieuses que le souvenir s'en était perpétué chez eux, nul n'oubliant que sous les murs du château d'Algueil, à Safim, le hardi chevalier, devenu prisonnier des musulmans, avait été aussi leur vainqueur. En ce temps les Portugais étaient allés avec une poignée d'hommes jusqu'aux portes de Maroc. Un noble esprit qui a tous les instincts des grandes choses, Faria e Souza, déplore amèrement et avec raison l'abandon que fit João III de ses places d'Afrique. Il y a un tout autre reproche à faire à ce monarque; car il mêla toujours les choses les plus funestes aux plus nobles institutions, et s'il donna une impulsion nouvelle à cette université de Coimbre dont Klenardt parle avec une admiration bien sentie, il faut dire qu'il introduisit le premier dans ses États l'inquisition, et qu'il se soumit volontairement à une compagnie religieuse, dont l'ambition naissait alors. Elle sut bientôt faire de lui son premier instrument : commençons par le saint office, les jésuites viendront après.

ORIGINE DE L'INQUISITION EN PORTUGAL. — Il y a à ce sujet une histoire vulgaire, préconisée par Lùiz Paramo et admise par beaucoup de gens; on la trouvera sommairement dans tous les recueils publiés durant le dix-huitième siècle, et peut-être se mêle-t-elle à quelque vérité; nous nous garderons bien toutefois de lui accorder une valeur historique, et pour trouver l'origine réelle de l'inquisition, si peu connue des écrivains portugais eux-mêmes, nous aurons recours à un manuscrit de la Bibliothèque royale, que l'on consulte trop rarement (*).

En Portugal comme en Espagne, les persécutions contre les juifs et cette race malheureuse des nouveaux convertis qu'on désignait sous le nom de *Marranes*, eurent toute leur activité vers la fin du quinzième siècle. Le Portugal cependant s'était longtemps refusé aux mesures de rigueur : sous le règne de João III, il consentit à être l'interprète des volontés du clergé; selon l'auteur italien que nous avons sous les yeux, à cette époque, un théologien, désigné sous le nom de Maestro Pietro Margaglio, aurait dénoncé les juifs à l'autorité en réclamant contre eux des mesures coercitives pareilles à celles dont on usait dans le reste de la péninsule. Le même auteur affirme que João III, poussé à bout par les rapports qui lui étaient faits journellement, écrivit une lettre officielle à Charles-Quint pour lui demander des renseignements touchant l'inquisition et le mode de répression qui était suivi en Espagne. Les Marranes ayant eu connaissance de ce message, dépêchèrent, dit-on, deux jeunes israélites, qui interceptèrent le message et se livrèrent sur la personne du courrier à des cruautés inouïes. Sa tête fut même envoyée aux juifs, qui célébrèrent des fêtes à cette occasion. Des perquisitions furent faites par le gouvernement portugais; les juifs, soupçonnés d'avoir pris part à cette horrible affaire, furent incarcérés et avouèrent tout après avoir subi la question : le supplice auquel on les condamna fut épouvantable; après qu'on leur eut coupé les mains, ils furent attachés à des chevaux, et sans doute écartelés, quoique le récit de l'auteur italien ne renferme pas d'autres détails sur ce point.

Quoi qu'il en soit, le dessein manifesté d'abord par João III fut alors différé, et l'on s'en tint à cette exécution, dont il ne serait pas difficile à coup sûr de retrouver le second exemple à cette époque de barbarie systématique. Toutefois vers ce temps, l'évêque de Ceuta, qui appartenait à l'ordre des franciscains, ayant trouvé sur le territoire d'Olivença cinq Marranes qui judaïsaient, leur fit faire leur procès juridiquement et les fit brûler. Cet évêque se rendit ensuite auprès du roi, et l'exhorta sérieusement à donner une forme régulière aux procédures de l'inquisition; ce fut alors seulement que le monarque portugais se mit en mesure d'obtenir de Paul III une bulle qui établit définitivement dans ses États le tribunal du saint office. Cette bulle fut

(*) *Informatione somaria del principio e progresso della conversione che hanno havuto i Giudei nel regno di Portogallo.* On peut joindre aux renseignements fournis par ce livre ceux qui sont contenus dans le *Quadro elementar*.

en effet expédiée, mais les Marranes, effrayés, surent en paralyser l'effet. Les individus soupçonnés d'appartenir à la race juive commencèrent néanmoins dès lors à vivre dans une grande anxiété, et durant deux ou trois ans ils cessèrent de se livrer, fût-ce secrètement, aux cérémonies de leur culte ; ils y retournèrent cependant, le pouvoir ecclésiastique sévit, et le terrible tribunal fut régulièrement constitué.

Si nous acceptons ce récit, ce n'est, bien entendu, qu'avec une certaine réserve ; cependant les diverses alternatives qu'on signale ici, se trouvent parfaitement d'accord avec les dates que nous fournit un excellent recueil publié en Portugal. Selon lui, la bulle d'institution remonterait à 1531 ; les juifs en auraient paralysé l'effet à force d'or, en s'adressant à la cour de Rome, et outre un indult général, ils auraient obtenu, en 1534, que l'inquisition fût suspendue. João III, mettant de la persévérance dans sa résolution, le tribunal aurait été établi d'une manière définitive en 1536. Ce qu'il y a de certain, c'est que D. Fr. Diogo da Sylva fut le premier inquisiteur général, et qu'il exerça ses fonctions jusqu'en l'année 1539, époque à laquelle l'infant cardinal D. Henrique en fut revêtu.

Voyons maintenant l'espèce de légende qui a cours dans les livres les plus sérieux touchant l'établissement du saint office en Portugal. Ici encore ce sera un manuscrit, fort peu connu, de la Bibliothèque royale, qui nous fournira les faits, dont nous donnerons simplement le sommaire.

HERNANDO DE SAAVEDRA. — L'imposteur dont il est ici question était fils d'un capitaine espagnol nommé Juan Perez de Sahavedra ou Saavedra, et son oncle avait rempli l'office honorable de *vingt-quatre* de Jaen et de Cordoue. Après la mort de son père, il vint à Valladolid, où il se rendit d'une habileté prodigieuse dans l'art de la calligraphie. Selon le récit inédit qu'il nous a laissé, le premier faux fabriqué par lui fut destiné à accomplir une bonne action. Bientôt néanmoins il contrefit la signature de plusieurs grands personnages, sans en excepter l'empereur, et il exécuta nombre d'escroqueries. La rencontre fortuite d'un théatin fit naître en lui l'idée audacieuse d'établir le saint office en Portugal ; il s'instruisit minutieusement auprès de ce religieux de toutes les formalités imposées par la cour de Rome pour l'érection de ce tribunal et contrefit alors une bulle de Paul III, sans que rien y manquât : sceau et boîtes officielles, tout fut gravé à Tavira. Hernando de Saavedra s'avisa alors d'un stratagème inouï : il alla trouver un provincial de franciscains, résidant à Ayamonte, bien loin de la capitale des Algarves, puisque son couvent était situé sur les frontières de Castille, et il annonça au bon père que lui, pauvre homme illettré, il avait trouvé sur la grande route la bulle qu'il lui apportait ; il ajouta qu'elle pouvait bien appartenir à un dignitaire de l'Église qu'il avait rencontré la veille, et que pour le bien des choses de l'Église, dût-il lui en coûter une grosse somme, il était décidé à reporter ces divers objets, s'ils avaient une réelle importance, au prélat qui les avait perdus. En quelques instants l'effet désiré était obtenu, le provincial lisait avec enthousiasme la fausse bulle d'institution, et quelques jours après Saavedra parcourait les villes frontières, comme *legat à latere*. Ce n'est pas tout, après avoir escroqué une somme énorme à l'intendant du marquis de Tarifa, il se rendit à Lerena, où l'inquisition avait une maison ; il alla visiter cet édifice, et notre manuscrit espagnol ajoute qu'il en emmena trois inquisiteurs résidant encore à cette époque en Portugal ; il les nomme : c'étaient le licencié Pedro, Alvarez de Bezerra, et le licencié Cardeñas.

Ce fut de Badajoz que l'insigne imposteur envoya ses lettres apostoliques au roi, qui « par extraordinaire en fut scandalisé » (*). João III résista, il demanda un délai qui lui fut accordé ; le faux nonce en vint aux paroles véhémentes, mais plus tard le monarque, intimidé par son attitude, lui permit l'entrée d'Elvas en le prévenant toutefois qu'il serait bien aise de le recevoir en personne et au lieu de sa résidence. Saavedra demeura trois mois à la cour, dit-il, et il employa trois autres mois à

(*) *El qual de maravilla se escandalizo.*

parcourir le royaume, imposant des châtiments aux nouveaux chrétiens, punissant du feu ceux qui opposaient de la résistance. Au bout de ce temps, seulement, on eut vent de sa fraude, il fut arrêté, renfermé dans une litière et conduit sous une forte escorte aux frontières; là on le remit entre les mains du marquis de Villa-Nueva, son procès lui fut fait, et il se vit condamné aux galères, où il demeura dix-huit ans.

Nous sommes bien loin, nous le répétons, de vouloir donner à cette anecdote le degré d'importance que lui ont attribué divers auteurs. Cependant nous ferons remarquer qu'elle se trouve ici parmi des pièces authentiques du seizième siècle, enlevées pour ainsi dire aux archives de l'inquisition, et que notre récit renferme des circonstances ignorées de Luiz Paramo (*), qui le premier a donné un certain crédit à l'histoire de Saavedra. Ne fût-ce qu'à titre de *curiosité historique*, il était important de rappeler ici l'histoire du prétendu fondateur de l'inquisition en Portugal, d'autant plus que les fourberies audacieuses d'un habile imposteur ont bien pu se mêler durant le seizième siècle aux persécutions qui sévirent contre les Morisques, les Marranes et les juifs. Plus tard nous retrouverons le terrible tribunal (**).

ARRIVÉE DES JÉSUITES EN PORTUGAL, INFLUENCE QU'ILS OBTIENNENT SOUS JOAO III. — Le Portugal est peut-être le seul pays de l'Europe où l'on se soit avisé de composer un poëme épique en l'honneur des jésuites; il est vrai qu'Antonio Figueira Duram, l'auteur de l'*Ignitiados*, appartenait lui-même à la compagnie dont il a célébré l'infatigable persévérance. Mais on ne saurait se dissimuler que si la patrie des Albuquerque, des João de Castro, des Camoens, fut durant trois siècles la terre promise du jésuitisme, le royaume où des colonies incultes permettaient un essor à peu près sans bornes à de vastes ambitions, ce fut aussi de tous les pays de l'Europe, celui où la chute de la compagnie fut la plus éclatante et surtout la mieux combinée. Toutefois nous sommes loin encore de la catastrophe, et nous tracerons en peu de mots l'origine de cette influence qu'une main de fer put seule briser.

João III était parvenu à l'apogée de la puissance, au sommet de cette haute fortune, que le poëte a si bien racontée, lorsqu'il songea à introduire auprès de sa personne quelques-uns de ces religieux célèbres, qui devaient bientôt dominer l'État. Ce fut en 1540 qu'il demanda à Rome deux pères de la compagnie ou que la compagnie parvint à faire naître en lui ce désir. Quoi qu'il en soit, Paul III, qui occupait alors le trône pontifical, lui envoya un Portugais de l'ordre, qui se nommait Simão Rodriguez de Azevedo, et le religieux célèbre qu'on a surnommé plus tard l'apôtre des Indes. François Xavier et son compagnon arrivèrent à Lisbonne le 30 mai 1540, et furent logés immédiatement à l'*hôpital de tous les saints*, dans l'intention formelle qu'ils se trouvassent plus près du palais que l'on désignait alors sous le nom d'*Estaos*; c'est du moins ce que nous dit l'historien auquel nous empruntons ces détails à peu près ignorés. Ce fut de cette humble résidence, si voisine du trône cependant, que les jésuites se répandirent pour soumettre immédiatement le monde oriental et pour peupler, un siècle plus tard, les solitudes de l'Amérique. En effet, saint François Xavier partit pour les Indes dès l'année 1541, et le roi songea immédiatement à fonder à Coimbre le célèbre collège qui fournit tant de missionnaires à la compagnie; il affecta même à leur entretien les revenus de la commanderie de Car-

---

(*) Cet auteur, qui a écrit un volume sur l'origine de l'inquisition, nomme ce Hernando de Sahavedra, Pedro, et le fait naître à Cordoue. Un volume publié à Lisbonne en 1821, sous le titre de *Historia completa das inquisicões de Italia, Hespanha e Portugal*, fait jouer ce rôle à un moine; d'autres, renchérissant sur le tout, l'attribuent à un juif. L'histoire de ce personnage a été publiée, du reste, en espagnol sous ce titre : Saavedra (Alonso Perez). *Vida del falso nuncio de Portugal escrita per el mismo*. 1788.

(**) L'ouvrage le plus spécial qui ait été écrit sur l'inquisition en Portugal, est dû à un moine nommé F. Pedro Monteiro. Chargé par l'académie d'histoire de donner un travail complet sur la matière, il publia, in-f°, en 1723, à Evora, un traité intitulé : *Noticia general das santas inquisições deste Reyno*. En 1749, il donna son *Historia da santa inquisicão*. On trouve dans ces ouvrages la liste de tous les inquisiteurs du Portugal; et dans un autre écrit, publié en 1750, l'auteur essaye de prouver que l'inquisition existait sous Affonso II.

quere, que le P. Simão Rodriguez, dit-on, troqua depuis contre la commanderie de Benespera. Ce sont ces diverses dotations qui font considérer ordinairement le Portugal comme le premier royaume d'Europe où les jésuites possédèrent en propre des biens-fonds, richesses solides et qui devaient bientôt s'accroître d'une manière prodigieuse. Le P. Simão Rodriguez, dont le nom n'a pas eu un grand retentissement dans l'histoire, était venu demeurer à Lisbonne avec le P. Gonçalo de Medeiros dès le commencement de 1542, et il y était recteur du collége de S.-Antão. C'est sans aucun doute à ces deux religieux qu'il faut attribuer l'influence que l'ordre exerça bientôt sur l'esprit de João III. Alvaro de Liaño, qui semble ignorer ces détails, mais qui suit pas à pas les progrès que fit l'ordre en Portugal, s'exprime avec son énergie accoutumée sur les résultats de cette séduction adroite, qui changea tout en politique et qui, en s'adressant d'abord au monarque, domina bientôt le pays. Après avoir rappelé l'arrivée des deux fondateurs à Lisbonne, il s'exprime ainsi sur leur compte : « Le premier fut toujours étranger à la cour, et se montra détaché des honneurs dont on le comblait ; il n'eut point de repos jusqu'à ce qu'il eût quitté Lisbonne, pour s'embarquer pour les Indes. Simon Rodriguez se voua à établir en Portugal l'empire de l'ambitieuse société de Loyola.... Ce fanatique, aidé par dix compagnons, aussi infatigables que lui, parvint à usurper des droits à l'épiscopat, et s'empara de tous les ressorts de l'opinion publique et du gouvernement de l'Église et de l'État, ainsi que de l'éducation de la jeunesse. Jean III fit lui-même les vœux des jésuites, et la noblesse portugaise commença dès lors à se voir obsédée par des corrupteurs de la morale chrétienne. » Il n'entre pas dans notre plan de suivre pas à pas les empiétements de la société, nous rappellerons seulement que, deux siècles plus tard, lorsque Pombal entreprit de briser le pouvoir des humbles compagnons de Simão Rodriguez, ils comptaient dans le Portugal vingt-quatre grands colléges et dix-sept résidences, pouvant être considérées comme les plus riches de tout le royaume. On vit se vérifier alors la célèbre prophétie de saint Borja, qui avait vu dans une apparente prospérité les causes mêmes de la destruction (*).

LISBONNE AU MOYEN AGE ET LISBONNE AU TEMPS DE LA RENAISSANCE. — APOGÉE DE LA SPLENDEUR DE CETTE CITÉ. — CURIEUSE STATISTIQUE TIRÉE D'UN LIVRE OFFICIEL DU MOYEN AGE. — Une vieille légende allemande raconte qu'un chevalier ayant voulu voir à Jérusalem la plus belle cité de l'Europe dans un miroir magique, aussitôt Lisbonne la Grande, comme on disait alors, vint se peindre à ses yeux éblouis. C'est qu'en effet Lisbonne jouissait alors d'une réputation de magnificence qui s'était toujours accrue depuis le règne de D. Fernando. La capitale du Portugal, telle qu'elle s'élevait au treizième et au quatorzième siècle, durant l'époque vraiment féodale, exigerait, pour qu'on en pût offrir une description quelque peu détaillée, plus d'espace que nous n'en saurions prendre dans une notice où tant de points importants doivent être sommairement exposés. Si Lisbonne, cité romaine, est décrite avec ses antiquités précieuses dans le livre d'Azevedo, la période où elle appartint aux Maures a été signalée par quelques écrivains arabes, à la tête desquels il faut mettre Edrisi. Fernand Lopes nous dit en partie ses accroissements durant le moyen âge, vers le temps où le grand Janeanez, le fondateur de tant d'institutions, l'entoura de ses murailles : à cette époque d'innombrables constructions s'élevèrent, on réalisa des travaux longtemps projetés, surtout lorsque la paix conclue enfin avec l'Espagne eut rendu les remparts moins utiles. Plusieurs faubourgs furent ajoutés à la cité antique, déjà regardée comme une merveille chez la plupart des historiens. Cette nouvelle disposition de la ville, le caractère qu'elle prit alors, son ensemble féodal, si l'on peut se servir de cette expression, ont été trop bien exposés tout récemment par un écrivain national pour que nous ne puisions pas à cette source

(*) *Veniet tempus cum se societas multis quidem hominibus abundantem, sed spiritu et virtute destitutam, mœrens intuebitur.*

avant de peindre Lisbonne telle qu'elle était au temps de João III (*).

« Lisbonne, guerrière et ensuite marchande, a dit M. Herculano, eut aussi, non pas une seule, mais deux *villas novas*, attachées à sa ceinture de murailles : la première au sud, la seconde au couchant ; celle-ci s'appelait *villa nova de Gibraltar*, cette autre *villa nova de Andrade*. La seconde, née au quinzième siècle, vécut deux jours à peine (**), parce que Lisbonne, parce que cette *villa*, limitée vers la fin du douzième siècle à quinze mille habitants, tandis que Sylves la Morisque en comptait vingt-cinq mille, finit par croître avec une telle rapidité, au temps des découvertes, que, rompant ses barrières, ou plutôt s'élançant par-dessus l'enceinte occidentale de ses murs, elle l'engloutit au berceau. Il n'en fut pas ainsi de villa nova de Gibraltar ;... villa nova était la commune des juifs.

« Le moyen âge, cette époque éminemment poétique parce qu'elle avait des croyances,... le moyen âge avait fait de Lisbonne un symbole de l'histoire religieuse et politique. Le municipe chrétien, partant du château ou de l'*Alcaçar*, situé sur l'éminence, se dilatait jusqu'au pied de la montagne, au faîte de laquelle se dressait, comme souveraine de tous les édifices des environs, la tour de l'Hommage, *torre de Menágem* (***), la guérite du grand alcaïde comme représentant le pouvoir royal et l'aristocratie. A l'ombre de l'alcaçar et plus qu'à demi-côte, la cathédrale élevait ses deux tours imposantes dans leurs formes massives et quadrangulaires. Entre ces deux édifices, expressions matérielles de la monarchie, de la noblesse et de l'Église, se posait la salle du sénat. Le palais tout plébéien du *concelho*, limitrophe du clocher septentrional de la cathédrale, représentait par sa construction humble, terre à terre, le peuple qui, en silence, se préparait à étendre ses bras endurcis par le travail et à subjuguer quelque jour, à droite l'alcaçar, à gauche l'église. Dans la configuration de la cité se résumaient l'histoire sociale du passé et la prophétie du futur ; oui, comme tant d'objets du moyen âge, Lisbonne était un vrai symbole.

« Elle ne l'était pas toutefois uniquement de la pensée politique, elle l'était aussi de l'idée religieuse. Au cœur du quartier populeux, dans le lieu éminent se montrait le christianisme. Au nord, dans une vallée profonde et pressant ses maisons autour de la mosquée tolérée à peine, on voyait le faubourg des Maures, la *Mouraria* ; puis, au sud-est, presqu'à l'orient, gisant aux pieds de la synagogue, la *Judearia* : une croyance vraie, mais qui n'avait eu qu'un temps, du côté où le soleil s'élevait pour éclairer les hauteurs ; la religion du Christ complément divin de cette foi ; l'islamisme, transformation impie et ténébreuse des deux croyances, caché pour ainsi dire au nord, presque sous l'ombre que projetait la croix triomphante, et au loin les vastes solitudes de l'Orient, à travers lesquelles les fils de l'Évangile devaient porter quelque jour *le livre* vers les régions encore inconnues des mondes nouveaux. Oui, l'antique Portugal avait fait de la cité du Tage un symbole et une prophétie sublimes (*). » Nous allons essayer de faire comprendre dans un rapide coup d'œil, la seconde période de ce tableau imposant, plus curieux pour nous sans doute, mais à coup sûr moins original. Ici encore, ce sont les géographes de la renaissance, vieux chroniqueurs oubliés, qui apporteront les pierres de l'édifice.

(*) Plusieurs auteurs nous ont conservé les noms divers imposés à Lisbonne à différentes époques et par différentes nations ; nous les présentons ici, d'après un auteur accrédité ; la capitale actuelle du Portugal s'est tour à tour appelée : *Elisea*, *Ulissea*, *Ulisipolis*, *Ulisipo*, *Olisips*, *Otisipon*, *Olisipona*, *Ulixippona*, *Exubona*, *Lisipo*, *Lisipoa*, et en dernier lieu *Lisboa*. Voy. *Cardoso*, *Agiologio Lusitano*, t. III, p. 673.

(**) Dans son *foral*, Evora prend le titre de *Cidade*, cité. Lisbonne dans le sien est appelée tout simplement *Villa* (c'est le titre qu'on donne aux villes du second ordre).

(***) Il serait peut-être plus juste de traduire ces mots par *tour du fief* ; elle symbolisait le devoir du vassal envers le seigneur.

(*) M. Herculano continue ce beau morceau, en faisant observer que la monarchie, victorieuse enfin du moyen âge, sut faire oublier sa poésie, parce que dans la préoccupation d'organiser, de régir, de niveler, elle perdit entièrement le sens esthétique. Il n'entrait pas dans notre plan de suivre sur ce terrain l'écrivain habile que nous venons de citer. Nous renvoyons au recueil dont ce fragment est extrait.

S'il est arrivé à quelqu'un de mes lecteurs de jeter un coup d'œil sur la cosmographie d'Ortelius, ou mieux encore sur celle de Munster, il aura pu voir dans les planches ou sur les cartes dont ces antiques volumes sont ornés, la *ville insigne de Lisbonne*, telle que l'Europe l'admirait encore au seizième siècle.

La cité fondée par Ulysse (comme le répétaient à l'envi les historiens aussi bien que les poëtes), l'antique capitale de la Lusitanie n'avait pas alors moins de dix mille maisons, dont quelques-unes étaient élevées de cinq étages ; en ce temps on comptait dix-huit mille familles établies à demeure dans son enceinte, ce qui formait une population permanente de cent mille âmes, sur lesquelles il fallait compter neuf mille neuf cent cinquante esclaves. Mais ceux qui s'arrêteraient à ce calcul n'auraient certainement qu'une idée imparfaite de la population totale, car le vieil auteur qui nous fournit ces détails, a soin de faire remarquer que la population ouvrière dépassait celle désignée sous le nom de *Vezinhos*, et qu'il ne fait entrer dans son calcul, ni la cour, ni les marchands étrangers, ni les gens qu'amenaient chaque jour les navires, et enfin la population flottante du dehors.

En ce temps, Lisbonne avait trois cent vingt-huit rues de premier ordre, cent quarante petites rues de traverse, quatre-vingt-neuf impasses et soixante-deux carrefours qu'on ne peut faire entrer dans l'énumération des rues proprement dites.

A part l'antique *See*, la cathédrale où reposaient Alphonse IV et la reine dona Beatriz, son épouse, on comptait vingt *freguezias* ou paroisses (*) ; outre ces églises et un grand nombre de chapelles annexées pour la plupart aux palais des grands, la capitale du Portugal comptait dans ses murs de somptueux couvents, dont la seule nomenclature, ou la description sommaire, nous prendrait plus d'espace que nous ne pouvons en consacrer à un tel objet. Nous nous en tiendrons donc à quelques renseignements purement statistiques que leur rareté rend précieux : le monastère de *Sam-Vicente de Fora* passait dès cette époque pour le plus ancien établissement religieux de la cité, et il datait de l'époque à laquelle le roi Affonso Henriquez avait conquis Lisbonne sur les Maures. Il ne donnait asile qu'à trente moines de l'ordre de Saint-Augustin, et ses revenus étaient considérables. Celui de *Nossa-Senhora-da Graça* appartenait au même ordre et renfermait soixante-dix moines ; le monastère de *Sam-Domingos*, où demeuraient cent religieux, n'avait pas moins de vingt serviteurs et 5,800 cruzades de revenu. La *Trinité* ne pouvait se comparer à ces grands couvents, mais le monastère *do Carmo*, édifié durant le quinzième siècle par le dévot connétable Nuno Alvarez Pereira, devait être compté comme un des plus beaux édifices en ce genre qu'on admirât dans la chrétienté (*) ; le noble guerrier y était mort dans une cellule qu'on montrait encore au seizième siècle, et il avait laissé aux soixante-dix moines qui desservaient ce pieux asile des revenus importants qu'on évaluerait difficilement aujourd'hui. *Saint-Éloi*, doté par l'évêque D. Domingos, avec ses quarante pères, *Sam-Francisco*, qui ne comptait pas moins de cent vingt frères mendiants, achèvent la nomenclature de ces établissements, qui n'étaient pas aussi considérables que plus tard ils le devinrent. Pour être exact cependant, il faut dire qu'une foule d'établissements religieux s'élevaient autour de Lisbonne dans un rayon d'une ou deux lieues. Tel était, entre autres, le magni-

---

(*) *Sancta-Justa*, *Sam-Nicolao*, *Sam-Gião*, *Madanela*, *Nossa-Senhora dos Martyres*, *Nossa-Senhora de Loreto*, *Sam-João da Praça*, *Sam-Pedro*, *Sam-Vicente de Fora*, *Santa-Marinha*, *o Salvador*, *Santo-André*, *Sam-Thomé*, *Sam-Martinho*, *Sam-Jorge*, *Sam-Bertholameu*, *Santa-Cruz*, *Sam-Mamede*, *Sam-Christovão* et *Sam-Lourenço*. Voy. Rodriguez de Oliveyra. Nous fournissons d'après lui cette nomenclature aux archéologues.

(*) Jorge Cardoso donne les détails les plus circonstanciés sur la sépulture du connétable, qui avait voulu être enterré dans ce couvent. Le pieux monument fut complétement bouleversé à l'époque du fameux tremblement de terre, mais durant le seizième et le dix-septième siècle, grâce à une fissure du tombeau, une foule de dévots allaient se procurer en secret quelques parcelles de la terre qui recouvrait le vieux guerrier et regardaient cette poussière comme une sorte de relique. Nuno Alvarez Pereira était mort en odeur de sainteté ; c'est ce qu'atteste un chant populaire cité par Cardoso.

fique monastère de Belem, bâti tout nouvellement alors sur l'emplacement occupé par l'humble chapelle fondée jadis par D. Henrique, et qu'on désignait, comme on l'a vu, sous le nom de Rastello. Parmi ces couvents hors les murs, il faut encore citer *Sam-Domingos de Bemfica* avec ses trente-trois frères profès, *Sam-Bento*, qui n'était jadis qu'une annexe d'Alcobaça et qui comptait trente-sept religieux, puis enfin *Sam-Francisco d'Enxobregas*, qui était un peu plus considérable, car ses frères quêteurs allaient jusqu'à cinquante.

Comparés aux couvents de moines, ceux des religieuses n'étaient pas si nombreux. Le monastère *do Salvador*, soumis à la règle de Saint-Dominique, comptait quatre-vingts nonnes, *Nossa-Senhora da Rosa* trente-trois. Les pénitentes de la passion du Christ, avec leurs vingt religieuses, le monastère des orphelines, d'où l'on tirait déjà tant d'élèves pour les marier au Brésil, formaient le total des établissements de ce genre fondés dans la ville. *L'Annunciação de Nossa-Senhora da esperança*, consacré aux religieuses claristes; *Sancta Crara*, lui-même; *Madre de Deos Sanctos*, principalement consacré aux dames nobles; *Chelas*, de l'ordre de Saint-Augustin, et enfin *Odivellas*, qui offrait à la vénération du peuple la tombe de la reine Felippa, étaient autant de couvents ouverts à la dévotion des dames portugaises, mais il fallait les aller chercher hors des murs.

LIEUX DE BIENFAISANCE EXISTANT VERS 1550. — A cette époque de réelle prospérité, Lisbonne renfermait des établissements de charité et de bienfaisance, mieux organisés et plus soigneusement administrés peut-être que ceux des autres grandes cités de l'Europe. Non-seulement quelques-uns des couvents que nous avons mentionnés offraient des lieux de refuge pour les impotents ou pour les malades, mais, dès le quinzième siècle, Joam II avait édifié l'hôpital de tous les Saints, maison centrale dont relevaient les autres établissements du même genre. Outre que cet immense édifice renfermait cinq vastes infirmeries, un local séparé, où l'on donnait des lits, était destiné aux pèlerins nationaux et étrangers, qui ne savaient comment se procurer un asile. Au dire de Rodriguez d'Oliveyra, ces cinq infirmeries ne renfermaient que quatre-vingt-dix-huit lits, mais il y en avait tout autant dans l'hôpital inférieur dont nous venons de parler. L'hôpital de *Nossa-Senhora das virtudes*, destiné particulièrement aux incurables, celui de *Sancta-Anna*, qui était d'une haute antiquité et dans lequel alla peut-être mourir le plus noble génie du Portugal ; l'hospice des *Palmeiros*, destiné aux pèlerins connus sous ce nom, celui *dos Pescadores Chincheiros*, celui encore *dos Pescadores linheiros*, puis le lieu de bienfaisance portant le nom bizarre d'*Acata que faras* (vois ce que feras), montrent qu'une sollicitude prévoyante présidait à cette époque au bien-être de la population laborieuse.

Nous allons faire voir par un curieux document, pour ainsi dire inédit, comment l'industrie de l'antique cité peut expliquer et la nécessité de ces établissement et le luxe qui régnait dans la classe privilégiée.

TABLEAU DES GENS DE MÉTIER EXISTANT A LISBONNE DE 1550 A 1551, EXTRAIT DU LIVRE DE RODRIGUEZ DE OLIVEYRA (*).

« Médecins,	57
Chirurgiens,	70
Apothicaires,	46
Maîtres de grammaire,	7
Maîtres qui enseignent à lire,	34
Écoles publiques d'orgue,	13
Écoles publiques où l'on enseigne à danser.	14

(« Il y a en outre des hommes qui vont enseigner la noblesse dans les maisons particulières. »)

Écoles publiques d'escrime.

« On en compte quatre, et outre cela il y a beaucoup de gentilshommes qui enseignent cet art à la noblesse et qui ont de nombreux élèves. »

Marchands banquiers,	6
Marchands de soie en gros,	28
Marchands en gros, qui achètent par association,	30

(*) La bibliothèque Sainte-Geneviève possède un exemplaire de cette précieuse statistique du seizième siècle que nous avons été heureux de pouvoir mettre à profit.

Marchands de drap tenant boutique,	60
Marchands d'objets variés,	458
Traitants,	620
Joueurs d'épinette (*tecla*),	20
Chanteurs,	150
Joueurs de chalemie (sorte de hautbois),	20
Trompettes,	12
Timbaliers,	8

Offices mécaniques.

Peintres,	76
Dessinateurs,	47
Cartographes faisant cartes marines,	10
Lapidaires,	32
Orfévres,	430!
IMPRIMEURS (sic.)	5
Libraires (*),	54
Maîtres d'atours,	6
Brodeurs,	10
Passementiers,	133
Tailleurs,	159
Chaussiers,	173
Bonnetiers vendant bonnets,	15
id. vendant capuchons,	14
Fripiers,	119
Fripiers tenant les pourpoints,	24
Matelassiers,	27
Frangiers,	10
Coiffeurs,	6
Boutonniers,	20
Tondeurs de drap,	139
Cardeurs,	16
Chapeliers,	206
Teinturiers,	39

Si nous avions plus d'espace à consacrer à une telle nomenclature, et si nous ne craignions pas surtout de fatiguer l'esprit du lecteur, il nous serait aisé, grâce à Rodriguez d'Oliveyra, de donner encore une foule de détails curieux sur des professions qui n'existent plus, ou sur des états qu'on ne soupçonnerait pas devoir exister à Lisbonne au seizième siècle. On ne serait pas surpris, sans doute, de trouver dans une ville telle que cette capitale quatorze armuriers; trente couteliers, mais il pourrait paraître extraordinaire d'y rencontrer trente-neuf doreurs. S'il n'est pas bien étrange de voir mentionner cent quatre-vingt-dix barbiers, deux cents taverniers, cent dix-neuf cordonniers, on peut regarder comme une marque du luxe qui régnait alors huit miroitiers, sans compter quatre marchands de cristaux et quatre lunetiers. En 1551 nous voyons inscrits quatre cent quatre-vingt-douze charpentiers et menuisiers, deux cents charpentiers occupés dans le port, cent quatorze calfats, cent soixante-dix-sept pilotes; il n'y a rien en cela dont on doive être surpris sans doute, mais qui croirait qu'on va trouver dans cette nomenclature des individus occupés sur le port, douze hommes dont l'unique office est de chercher l'or sur le rivage (*)? En ce temps huit femmes étaient occupées à parfumer les gants, et douze autres fabriquaient uniquement des cosmétiques. Disons aussi avec regret que si, dans la statistique ordonnée par l'archevêque, on trouve mentionnés tous les états qui attestent les raffinements du luxe, il n'en est pas de même des professions libérales qui portent l'instruction dans les familles. Nous ne trouvons indiquées ici que deux femmes dont l'office soit d'enseigner la lecture aux jeunes filles, mais en revanche il y a plus loin douze écrivains publics sans cesse occupés à transmettre des messages! quatre cent trente orfévres et deux femmes pour enseigner à lire! Toute la vieille civilisation de Lisbonne est bien là.

ÉTAT DES GRANDES FORTUNES EXISTANT AU SEIZIÈME SIÈCLE. — La fortune de quelques grands seigneurs portugais était devenue au seizième siècle fort considérable, surtout si on la compare à celle de la noblesse dans quelques autres États de l'Europe. Nous

---

(*) Nous ferons remarquer en passant que le libraire le plus en vogue de cette époque devait être Gil Marinho, comme Germão Galhardo était l'imprimeur le plus occupé. Gil Marinho, libraire de l'infant D. Luiz, demeurait dans le propre palais du prince.

(*) Cette profession devait être fort ancienne, car Edrisi, le géographe arabe, dit positivement qu'il vit des individus vers Almada à l'embouchure du Tage, dont l'occupation était de chercher des pépites d'or parmi les sables du rivage; ceci cadre trop bien du reste avec une antique tradition, pour qu'il soit possible d'en douter. Telle était encore l'abondance des paillettes métalliques roulées par le fleuve vers le commencement du seizième siècle, que Marineo Siculo parle d'un sceptre et d'une couronne portés par D. Manoel et provenant tous deux de l'or trouvé dans le Tage.

voudrions pouvoir suivre ces fortunes diverses dans l'accroissement qu'elles avaient pu subir sous D. Manoel; il est curieux toutefois de trouver ici un tableau qu'on peut modifier en suivant certains progrès. On l'a extrait d'un auteur étranger, fort à même par sa position de savoir à quoi s'en tenir sur ce point. Après avoir mentionné les richesses du roi de Portugal, Marineo Siculo ajoute: Il y a aussi dans ce pays beaucoup de grands seigneurs et de personnages illustres ayant grand revenu, nous nommerons ceux qui viendront en notre souvenir (*) :

	Ducats.
En première ligne le duc de Bragance; il est du sang royal et il possède, de rente,	40,000
Le duc de Barcellos, fils dudit seigneur,	. . . .
Le duc de Coimbre et marquis de Torres Novas; je n'ai pu connaître son revenu,	
Le marquis de Villa-Real, comte de Alcoutim,	15,000
Le comte de Marialva, de la maison des Coutinho,	12,000
Le comte de Penella, de la maison des Vasconcellos,	4,000
Le comte de Portalègre, de la maison des Sylveira, grand majordome du roi,	5,000
Le comte de Vimioso, de la maison de Souza,	3,000
Le comte de Tentugal, du sang royal,	8,000
Le comte d'Abrantès, de la maison d'Almeida,	3,000
Le comte de Freira, de la maison des Pereira,	3,000
Le comte de Linharès, très-proche parent du roi,	3,000
Le comte de Ronda, de la maison des Coutinho,	5,000

L'ESCLAVAGE A LISBONNE AU SEIZIÈME SIÈCLE.—Si l'on s'en rapporte à un opuscule écrit d'un style tout familier par le célèbre Damião de Goes, petit livre qui fut publié dix ans environ avant les recherches statistiques de Rodriguez d'Oliveyra, c'est-à-dire en 1541, on exportait chaque année de la Nigritie proprement dite vingt-deux mille noirs, qu'on répandait sur toute l'étendue du Portugal, et il ne faut pas faire entrer dans ce calcul les esclaves importés de la Mauritanie, de l'Inde et du Brésil (*). Tout cela nous jette bien loin, on le voit, de ces transactions solennelles dont parle si éloquemment Gomez Eannez de Azurara, et durant lesquelles l'infant D. Henrique faisait vendre des esclaves pour gagner quelques âmes de plus à la religion du Christ. L'abominable trafic s'était si rapidement organisé, que vers 1465, c'est-à-dire vingt ans plus tard, Rosmithal-et-Blathna, le prince hongrois, faisait sourire les gens de la cour, en demandant comme une certaine faveur, deux esclaves éthiopiens, pour les envoyer vers le nord. « Ce sont choses qu'on ne demande point, » lui dit avec dédain le frère d'Affonso V. Cataldo Siculo renferme à ce sujet de curieuses révélations. Enfin sous D. Manoel et sous João III, ce régime d'esclavage était arrivé à de tels abus, il avait en quelque sorte envahi si complétement toutes les classes de la société, que les étrangers ne pouvaient en observer les résultats sans une sorte de terreur et que divers écrits du seizième siècle tonnent avec énergie contre cet état déplorable de la population inférieure à Lisbonne et dans les villes principales du Portugal. Écoutons un moment l'un des voyageurs les plus modérés et les plus savants de cette période, et comprenons bien l'abus, par la naïveté des tableaux que Klenardt nous a retracés. « Ici, dit-il, nous sommes tous nobles, et nous ne portons rien dans les mains par les rues... Pensez-vous qu'une mère de famille daigne acheter son poisson ou cuire ses herbes elle-même?.... elle ne sert de rien au ménage que par sa langue pour défendre le titre de ses noces.... Tout se fait par le ministère des esclaves maures ou éthiopiens, dont la Lusitanie et Lisbonne surtout sont si remplies, qu'il y en a plus apparemment que de sujets libres.... Point de maison où l'on ne trouve au moins une servante maure,

---

(*) Voy. **Marineo Siculo**, *De las cosas memorables de España*. Cet auteur écrivait sous le règne de Joam II. Les grandes fortunes territoriales n'avaient pas dû subir un changement complet dans l'espace de soixante ans.

(*) *Hispania*, pet. vol. in-4°.

esclave, et c'est elle qui achète, qui balaye, qui lave, qui porte l'eau, enfin qui fait tout; véritable jument de somme, ne différant de la jument que par la forme.... Les riches possèdent un grand nombre de ces esclaves des deux sexes, avec lesquels, par un effet de la licence des mœurs, il se fait un grand commerce de nouveau-nés au profit du maître, celui-ci les cédant pour de l'argent à quelque amateur éloigné ou à quelque Maure captif(*). » Rosmithal-et-Blathna, dont nous avons déjà invoqué le témoignage, ne pouvait, quelques années auparavant, retenir un cri de surprise, à la vue de tous les noirs qu'il rencontrait à Évora. Ce qu'il y a d'étrange sans doute, c'est que la plupart de ces esclaves restaient sur les terres soumises à la grande maîtrise de l'ordre du Christ, et qu'ils en formaient la richesse principale. Les villes de l'Algarve s'enrichirent au moyen de cet épouvantable commerce, et Lagos devint surtout un point central où les marchés d'esclaves ne désemplirent que rarement.

PHYSIONOMIE DE LISBONNE DURANT LA DERNIÈRE MOITIÉ DU SEIZIÈME SIÈCLE; ASPECT DES RUES ET DES ÉDIFICES. — Vers cette époque deux ambassadeurs vénitiens visitaient Lisbonne, et, de retour dans leur pays, ils donnèrent une description pittoresque de la grande cité: c'est à eux que nous aurons recours pour la faire connaître, parce que leur rang, leur rare intelligence leur donnait la faculté de bien connaître le pays qu'ils visitaient. De grands changements n'avaient pas dû s'opérer encore depuis la mort de João III. « Bien que Lisbonne soit vaste et noble entre les villes, il n'y a pas un seul palais de bourgeois ou de fidalgo, qui mérite considération quant à la matière, et, sous le rapport de l'architecture, c'est à peine si l'on peut dire que les édifices soient grands; toutefois ils savent les orner de telle façon, que, pour dire vrai, ce sont des lieux magnifiques. Ils ont coutume de tendre les appartements de satin de Damas et d'étoffe très-fine en hiver, qu'ils remplacent en

(*) Voy. Nicolaii Clenardi *Epistolarum libri duo*, trad. de M. le marquis S. D. dans *l'Analecta Biblion*, t. I, p. 456.

été par des cuirs dorés fort riches qu'on fabrique dans la cité même.

« Les rues, bien que larges, sont fort incommodes, à cause des descentes et des montées continuelles nécessitées par l'inégalité du terrain. C'est ce qui contraint les habitants à faire usage du cheval. Aussi voit-on dans cette ville grand nombre de fort beaux genets, que les Portugais achètent à tout prix, vu le cas extrême qu'ils en font. Ils n'ont pas l'usage des coches, et les cinq ou six voitures qu'il y avait là appartenaient à des Castillans suivant la cour. Autant les rues en général sont mauvaises et incommodes pour aller, soit à pied, soit en coche, autant est agréable et facile la belle *rua Nova* en raison de son étendue et de sa largeur. Ce qui contribue surtout à la rendre telle, c'est l'infinité de boutiques pleines de marchandises à l'usage d'une population noble et riche, dont elle est animée. Parmi elles on en voit cinq ou six qui vendent des objets provenant de l'Inde, tels que: porcelaines très-fines de diverses espèces, coquillages, cocos travaillés de diverses manières, coffrets garnis de nacre de perle et autres objets semblables.........
Dans la même rue il y a beaucoup de boutiques de libraires, vendant un nombre infini de livres portugais, castillans, italiens et latins. Ils sont tous fort chers, et c'est pour cela que les étudiants, en raison de leur pauvreté, préfèrent les louer (comme on dit là-bas) à tant par jour, au lieu de les acheter. Il ne faut pas oublier ici que sur la place dite du *Pelourinho velho*, il y a continuellement et se tenant assis avec une table devant eux, certains écrivains, lesquels on peut appeler notaires ou copistes sans caractère d'officiers publics, et qui gagnent leur vie à faire ce métier: aussitôt qu'un paroissien a la fantaisie de se présenter à eux, ils rédigent immédiatement ce que l'on peut souhaiter, de sorte que tantôt ils composent des lettres d'amour dont on fait grande consommation, tantôt des éloges, tantôt des prières, des vers, des oraisons funèbres, des requêtes, ou tout autre objet, dans un style uni ou pompeux comme bon semble.

« Près de la rue Neuve, on remarque beaucoup d'autres rues, chacune desquelles a ses boutiques consacrées à

un seul genre de marchandises. Dans celles des orfévres travaillant l'or, il y avait beaucoup de vendeurs mal fournis en pierres précieuses, perles, ambre et musc, par suite du retard de la flotte. L'argent à Lisbonne est travaillé avec délicatesse et variété, il prend des formes infinies, parce que c'est la coutume parmi les bourgeois comme parmi les nobles d'user de plats et de vases fabriqués avec ce métal. Il y a là également des boutiques remplies de confitures, de fruits secs, de desserts élégamment disposés, dont on fait grand trafic et qu'on expédie en diverses parties du monde. On remarque une rue, et elle est unique, où l'on vend aussi grande quantité de toiles de toute espèce, provenant de Portugal, de Flandre et d'Italie, et parmi les premières, pour dire vrai, il y en a quelques-unes qu'on peut appeler belles et qu'on désigne sous le nom de *Casiguino*? Elles se distinguent par leur finesse et par leur blancheur; on y trouve quelques mouchoirs à la morisque; ils sont beaux et à bon marché. Dans un autre endroit, en certaine petite rue, on travaille délicatement au tour; on fait là des parasols de barbe de baleine, ouvrages vraiment achevés; on y travaille des cocos en forme de tasses avec des garnitures de bois du Brésil. Les vases d'étain, et une foule d'objets faits avec ce métal, se fabriquent en grand nombre dans une autre rue et sont exportés pour les Indes, où ils donnent de gros profits (*)..........................
Les habitants de la cité de Lisbonne et de tout le Portugal sont de moyenne stature, plutôt petits que grands, de couleur hâlée, ayant les yeux et la barbe noirs, les yeux principalement d'un noir très-foncé, et présentent en tout beaucoup de ressemblance avec les Grecs. » Le noble voyageur entre ici dans quelques détails sur le costume propre aux dames et aux cavaliers de Lisbonne; il s'étend avec complaisance

(*) L'auteur fournit dans ce paragraphe plusieurs renseignements sur le commerce des Indes, et nous ne les répéterons pas, pour éviter les redites; mais ce qu'il y a de curieux de la part du voyageur vénitien, c'est qu'après avoir énuméré les marchandises qui arrivaient par la voie d'Égypte, il avoue que le tout ne s'élevait pas à la millième partie de ce qu'apportaient les flottes de Portugal.

sur le luxe de soierie que ne tarda pas à introduire la domination espagnole, éloignée encore beaucoup néanmoins de la période qui nous occupe; mais nous avons pensé que les vêtements affectés aux portraits authentiques des Vasco da Gama, des Albuquerque et des João da Castro, offriraient une idée bien plus nette de certains costumes que toutes les dissertations, fussent-elles écrites par des auteurs contemporains; et nous avons d'ailleurs complété ce coup d'œil par la reproduction d'une gravure de la Bibliothèque royale, qui date aussi du seizième siècle.

« Les Portugais, poursuit notre auteur, sont plus avides de louanges que quelque autre nation que ce puisse être; ils prétendent que leurs exploits sont miraculeux, et ils célèbrent Lisbonne avec une telle redondance de paroles, qu'ils la prétendent égale aux plus grandes cités du monde; aussi ont-ils coutume de dire : « *Quem não vé Lisboa, não vé cousa boa*; qui ne voit point Lisbonne, n'a rien vu de beau.

« L'homme du peuple veut qu'on le traite de Senhor, mauvaise habitude du reste commune à toute l'Espagne. Ces gens-là vivent d'épargne, parce que la population en général est pauvre, et que les *cavalleiros* qu'on tient pour riches fondent leur opulence sur la possession d'une ou deux aldées renfermant trente ou quarante familles chacune, et cela au milieu de campagnes stériles avec vingt ou trente journaux de terre cultivée... Peu de personnes s'adonnent ici aux lettres, mais il y en a un grand nombre qui s'appliquent au commerce, genre de vie abhorré des nobles, qui ne veulent entendre parler de rien de pareil, tenant pour très-vils les marchands; ils s'exercent extérieurement aux armes et quelque peu au maniement du cheval, se contentant d'avoir quelques légers principes de ces deux arts, sans s'astreindre à un enseignement bien prolongé.

« Les femmes portugaises sont remarbles par leur beauté et par l'élégance de leurs proportions; leurs cheveux sont naturellement noirs, mais quelques-unes les teignent en blond. Leur maintien est agréable, leurs traits gracieux; elles ont les yeux noirs et scintillants, ce qui accroît leur beauté, et nous pouvons affirmer en toute sincérité que durant tout notre voyage dans la Péninsule les femmes qui nous ont semblé les plus belles sont précisément celles de Lisbonne (*)......

« Le vêtement des femmes à Lisbonne est celui de toutes les femmes de l'Espagne, c'est-à-dire qu'il consiste en une grande cape de laine ou de soie (selon la condition) dont elles s'enveloppent entièrement le corps, en se cachant même le visage; elles vont ainsi où bon leur semble, si parfaitement déguisées, que leurs propres maris ne les peuvent reconnaître, privilége dont elles tirent plus de liberté qu'il ne convient à des femmes bien nées et bien morigénées. Les dames nobles ont coutume de marcher par la cité accompagnées de serviteurs bien vêtus, qui les précèdent d'un pas lent et reposé; elles ont aussi près d'elles des femmes qui les suivent avec une gravité très-grande : elles ne considèrent pas comme signe d'une bonne réputation d'être accompagnées de damoiselles..

« Le même peuple vit pauvrement, sa victuaille journalière consistant en sardines cuites et salées, qu'on vend en grande abondance dans toute la ville; il achète rarement de la viande, parce que l'espèce de poisson dont nous venons de parler est un aliment à meilleur marché. On le pêche en quantité remarquable; hors de la barre, on en prend bien d'autre de toute qualité, il est même fort gros, mais en général moins agréable au goût que celui des eaux de Venise. Il est si cher, que son prix fait l'étonnement des étrangers. Les habitants eux-mêmes l'achètent à un haut prix, et en général ils se trouvent mal de la cherté excessive de tout ce qui sert à la vie animale. Les pauvres mangent une espèce de pain qui ne vaut rien du tout, et qui est en conséquence à bon marché. Il est fait du blé que produit le pays, et rempli de terre, parce qu'on n'est pas dans l'usage de vanner le grain, mais qu'on l'envoie moudre, au contraire, dans les moulins à vent comme il sort de l'aire de la grange. Le pain blanc, le pain agréable au goût, se fabrique avec du froment venant de l'étranger. Il provient de France, de Flandre et d'Allemagne, et les navires appartenant à ces pays l'apportent lorsqu'ils viennent chercher à Lisbonne du sel et des épices. Ce blé, pour dire vrai, n'est pas non plus vanné, mais de pauvres femmes le choisissent grain à grain; on les voit assises à leur porte, donnant sur la rue, occupées ainsi, avec une patience flegmatique bien plus digne d'Allemands que de Portugais. Ces femmes ont licence pour fabriquer le pain et le vendre par la ville au prix qui leur convient; prix qui est toujours très-élevé. Le froment vaut 280 reis l'alqueire. Le peuple se nourrit aussi de fruits, qui abondent singulièrement et qu'on donne à très-bon marché.

« Le vin de qualité ordinaire n'est guère agréable, pour ne pas dire mauvais, parce qu'on ne sait pas le fabriquer ou qu'on ne veut pas avoir l'embarras de le faire bon. Il vaut généralement 24 reis la *canada;* les vins fins sont excessivement chers; nos seigneurs les ambassadeurs ont dû payer le vin blanc pour l'usage ordinaire de leur table soixante écus la pipe.

« Quant aux comestibles, ce n'est pas à Lisbonne qu'il faut chercher des choses fort exquises. Il n'y a pas jusqu'au veau qui n'y soit rare, parce qu'on n'est pas dans l'usage de tuer ces animaux, et qu'on les garde pour accroître le travail des champs, ou pour servir à l'approvisionnement de la cité. Néanmoins le porc, qui est excellent, est la nourriture ordinaire. » L'auteur italien continue, et il essaye de faire comprendre quelles étaient jadis les ressources financières du pays. Ce qu'il dit peut encore s'appliquer à la période qui nous occupe. Les revenus royaux consistaient dans les droits perçus aux douanes de Lisbonne et à toutes les autres douanes du royaume; ces droits frappaient les marchandises sèches et liquides. Sur certains articles on prélevait le cinquième, sur d'autres le dixième. Le poisson en beaucoup d'endroits payait un impôt qui excédait la moitié du total. Il y avait aussi des revenus payés en céréales, vins et autres objets, puis les rentes des Maîtrises auxquelles appartenaient les îles de Saint-Thomé, les Terceires, le cap Vert, Ma-

---

(*) Le voyageur vénitien insiste ici sur la quantité de fard dont les dames espagnoles se couvraient, dit-il, le visage au seizième siècle, et il remarque que cet usage était étranger aux Portugaises.

dère, l'île du Prince, auxquels il faut joindre Mina, toutes contrées relevant de l'ordre du Christ. Les épices et autres marchandises venant annuellement de l'Inde et du Brésil produisaient également un droit forcé. En dépit néanmoins de ce gros revenu, rien n'entrait dans le trésor, parce que tout se trouvait dépensé pour l'entretien des flottes et pour la conservation des États mentionnés dans ce paragraphe.

Il faut observer aussi que ce revenu était dépensé en salaires d'officiers, ou pour acquitter le traitement des ministres de la justice ; on le dépensait également en multipliant certaines redevances en nature, désignées sous le nom de *tenças*, redevances accordées aux individus ayant bien mérité de la couronne, ou aux gentilshommes et aux autres personnages qui avaient servi le pays, soit en Afrique, soit aux Indes. « On l'employait à constituer des priviléges perpétuels que les rois vendaient et qu'on établissait sur les droits royaux; il fallait également songer à pourvoir sur cela aux dépenses de la troupe et des armes nécessaires pour la défense des places d'Afrique, à celles exigées par cinq galères constamment armées, à l'équipement des navires de transport (*navios redondos*) qui, tous les ans, sortaient en convoi, pour accompagner les flottes destinées au commerce du Portugal, ou bien qu'on tenait prêts pour les expédier au Brésil, en Guinée, à Mina, à Saint-Thomé. En définitive, il fallait pourvoir sur ces fonds aux pensions annuelles (*moradias*), aux dépenses de la cour et de la maison royale, au salaire des gens de service, aux présents forcés et aux ambassades, sans omettre les dots qu'on accordait aux filles des serviteurs de la couronne, et en ajoutant à tout cela l'entretien des forteresses tant du royaume que de Lisbonne (*). »

COMMERCE DU PORTUGAL ET PRINCIPALEMENT DE LISBONNE VERS LE MILIEU DU SEIZIÈME SIÈCLE. — Damião de Goes, qui écrivait de 1541 à 1542, nous donne une liste que nous allons reproduire en l'abrégeant et en omettant à dessein ce que nous avons dit touchant le trafic des esclaves, qui s'élevait à 40,000 ducats (*).

Outre une grande quantité d'or en nature, l'Afrique expédiait aussi du coton, de l'ivoire et des objets travaillés habilement avec cette matière précieuse ; elle fournissait également de l'ébène de la Malaguette (*Mala getulica*), des cuirs de bœufs et des maroquins, des nattes tissues de folioles de palmiers, des draps de coton, du poivre long, du riz. Le Brésil comptait pour bien peu sans doute dans le total des exportations ; Goes ne mentionne guère que son bois de teinture et ses merveilleux manteaux en plume, que savaient si bien tisser les Tupis : mais il cite déjà son sucre excellent, et ses hamacs en coton, fruit de l'industrie des sauvages.

L'Inde et le Cataie, comme on appelait encore la Chine, entraient dans une proportion bien autrement considérable lorsqu'il s'agissait de spécifier le total de l'importation. Goes fait monter le commerce annuel du poivre seulement à trois ou quatre mille tonnes pesant un millier ; on le vendait à Lisbonne 34 ducats les cent livres ; puis venaient le gingembre, la muscade, le macis, le cinamome, le clou de girofle, la rhubarbe, les myrobolans de toute espèce, la casse, le tamarin, le safran indien, le bois d'aloès, le sandal rouge et blanc, la laque, l'ébène, les pierres précieuses de l'Orient, et enfin les perles si renommées du golfe d'Ormuz. Il nous serait aisé de multiplier cette nomenclature, qu'un autre va compléter. Il y a, d'ailleurs, avant tout, un point qui doit nous arrêter : comment procédait ce commerce si riche, quel était son mode d'action sur les peuples, quel était son résultat, et comment fut-il jugé dès le temps de João III ? Un économiste habile va répondre à toutes ces questions.

CONSIDÉRATIONS SUR L'ACTION DU COMMERCE DES INDES AU SEIZIÈME SIÈCLE. — COMPARAISON DES PORTUGAIS AVEC LES VÉNITIENS. — João de Bar-

---

(*) Ce curieux morceau, publié par M. A. Herculano dans la deuxième Série du *Panorama*, nous a paru trop intéressant pour ne pas le joindre aux documents de statistique presque contemporains que nous nous étions procurés. Les voyages de *Trin* et *Lippomani*, écrits en italien et conservant quelques traces du dialecte de Venise, sont restés inédits.

(*) Il s'agit de ducats d'or.

ros définit ainsi les trois modes de commerce que les Portugais exerçaient aux Indes : « Le premier, dit-il, a lieu quand, dans les terres et les souverainetés que je viens de nommer et qui nous ont été acquises par conquête, nous contractons avec les peuples de ces pays, de vassal à vassal. Le second mode consiste à former des contrats perpétuels avec les rois et les seigneurs de la contrée, afin que, d'après un prix convenu, ils nous livrent leurs marchandises et reçoivent les nôtres, comme cela a lieu avec les rois de Cananor, de Challe, de Cochim, de Coulam, et de Ceylan, qui possèdent la fleur de toutes les épices récoltées aux Indes. Observons toutefois que ce mode de transactions n'est applicable qu'aux épices, qu'ils remettent aux officiers du roi résidant dans leurs factoreries pour présider au chargement des navires venus de Portugal; car en ce qui regarde les autres articles étrangers aux denrées de l'Orient, il devient loisible à tout Portugais, ou à tout naturel du pays, d'en traiter; le prix de ces objets peut être fixé selon la volonté des contractants, un tarif précis ne les taxant point dans le commerce. Le troisième mode consiste à envoyer nos bâtiments et nos navires vers ces régions, et, en nous conformant aux usages du pays, nous contractons avec les indigènes en donnant une chose en échange d'une autre, en acceptant leur prix ou en fixant le nôtre. »

L'écrivain portugais qui va nous fournir l'important exposé contenu dans ce paragraphe dit avec raison, à propos de cette page de Barros : « Il est évident que parmi ces trois modes, le premier et le troisième peuvent être considérés uniquement comme le résultat d'un commerce libre... le second ne pourrait s'appeler qu'un commerce de monopole, puisqu'au lieu de recevoir la loi du marché, on l'assujettissait à une taxe ou bien à loi antérieure. Comme ce trafic consistait en épices, base essentielle de tout notre commerce dans les colonies, on peut affirmer sans grand scrupule que la nature de celui que nous faisions dans les Indes était essentiellement despotique. Quels étaient les articles d'échange? le girofle des Moluques, la noix muscade et le macis de Banda, le poivre et le gingembre du Malabar, la cannelle de Ceylan, l'ambre des Maldives, le sandal de Timor, le benjoin d'Achem, le bois de Tek et les cuirs de Cochim; l'indigo de Cambaya, le bois de Solor, les chevaux d'Arabie, les tapis de Perse, les soieries, les damas, la porcelaine et le musc de la Chine, les étoffes du Bengale, les perles de Kalekar, les diamants de Narsingue, les rubis du Pegu, l'or de Sumatra et de Lecq, et, enfin, l'argent du Japon. Quels étaient les chalands? les habitants de l'Europe, rois, princes, potentats et vassaux, banquiers, fabricants et gens de haut commerce... Toute l'aristocratie de ces temps, sans omettre les dignitaires ecclésiastiques,... tout le monde, en un mot, recherchait avec avidité les productions asiatiques; c'était une manie universelle, dont la misère et des habitudes grossières exemptaient à peine le pauvre diable en guenilles, le soldat et le gentilhomme campagnard. Venise la riche, la reine des mers, la dominatrice orgueilleuse de l'Adriatique, la pourvoyeuse des nations, la cité magnifique qui élevait des palais de marbre quand le reste de l'Europe se peuplait de cabanes ou bien des châteaux de la féodalité, Venise devait en grande partie sa prééminence aux productions de l'Asie. Quel était son système économique et commercial? On peut dire qu'il différait essentiellement du nôtre sous le point de vue le plus important, même à l'époque où, embrassant un régime exclusif, la république entourait son commerce de priviléges et de monopoles. Venise, État libre, permettait au dernier de ses citoyens les transactions mercantiles sans réserves, sans restrictions; celles-ci étaient réservées pour les étrangers; et nous, au contraire, dans la transition où nous étions alors, c'est-à-dire quand nous passions d'un gouvernement mixte à une forme qui frisait la monarchie absolue, nous avions incorporé à la couronne la propriété, la suzeraineté pour ainsi dire du commerce, au détriment du peuple, au détriment des droits et des intérêts nationaux. Pendant que le pavillon de Saint-Marc parcourait les mers en quête des richesses commerciales, Venise n'oubliait ni ses ressources manufacturières, ni son industrie, et nous, plongés dans le trafic colonial, nous dédaignions pour lui la fabrication et, ce qui est plus fâcheux, l'agriculture ; nous nous y abandonnions par l'unique instinct de la cupidité, sans règle fixe, sans calcul, sans prévoyance, sans établir des principes conservateurs qui en assurassent la durée.

« Quel jugement formait Barros de ce nouveau système commercial adopté par nous? appréciait-il comme il aurait dû le faire la leçon que Venise donnait au monde, et l'exemple qu'on pouvait en tirer? Il n'est pas aisé de trouver réponse à cette question dans les Décades. Était-ce une réserve dictée par la délicatesse de sa situation comme employé public et comme écrivain du gouvernement? était-ce la crainte de déprécier le fait le plus transcendant de notre histoire? crainte de se mettre mal avec la noblesse, si intéressée, comme lui-même il nous le fait voir, dans la *marchandise* de l'Inde? Était-ce encore savoir-faire de l'artiste, qui cherche à exposer son tableau sous le jour le plus brillant et de manière à masquer les défauts saillants de l'œuvre? Serait-ce plutôt l'exigence du plan que s'était imposé l'auteur, qu'on voit avant tout rempli du désir d'exposer un grand acte de religion et de gloire, indépendamment de toute autre considération? Son *Économique*, qui ne fut jamais livrée à l'impression, répondrait peut-être à toutes ces questions... Mais transportons-nous, hommes de ce siècle prosaïque et calculateur, dans le siècle d'aventures et d'enchantements où il se trouvait. Vivons un moment, comme il y vivait, dans une atmosphère épaisse de préjugés populaires et d'erreurs politiques; laissons arriver jusqu'à nous le bruit qu'il entendit lorsque des acclamations immenses saluèrent le débarquement de l'explorateur des Indes, les félicitations de la cour, l'influence si contagieuse des fêtes qui avaient lieu partout le royaume, l'enthousiasme qui s'échappait du Portugal pour se répandre dans le reste du monde, et pour refluer en torrents vers le pays; figurons-nous encore les clameurs de nos victoires résonnant du Gange au Tage, et sur le Tage... le spectacle magnifique des richesses de l'Orient; les navires des nations étrangères admirant notre haute fortune et devenant tributaires de notre commerce, les sensations intimes d'un peuple pauvre et faible naguère et qui se voit élevé tout à coup au faîte de la domination et de l'opulence ; oui, songeons à ce que dut sentir et voir à cette époque d'héroïsme et de poésie, notre historien ! Que la perspicacité des économistes et des hommes d'État auxquels nous faisons allusion nous abandonne un moment, nous nous trouverons acteurs ou spectateurs de ce drame, si nouveau, si varié, comme il s'y trouva. Nous aurons alors l'explication de son silence, si l'on peut appeler ainsi sa réserve, ou de ses erreurs, s'il en commit.

« Il a été dit, nous le savons, qu'avant la seconde expédition de Vasco en l'année 1502, on mit en discussion l'affaire des Indes et que la majorité du conseil, assemblé par le roi D. Manoel, témoigna sa répugnance pour la continuation de la conquête. On se rappelait que des treize navires qui étaient partis deux ans auparavant, quatre avaient été abîmés dans les profondeurs de la mer avec tous les hommes qu'ils portaient... On avait présents à la mémoire les trahisons du Zamorin, les périls, les travaux de toute espèce qui avaient assailli le navigateur portugais..... l'épuisement du royaume et de ses ressources, l'étendue des difficultés que présentait la conquête, le pouvoir des Maures et la haine qu'ils nous portaient : le vote contraire prévalut cependant, parce qu'il avait pour lui D. Manoel. Que ce soit une inspiration de Dieu, comme le veut João de Barros, ou un motif moins sublime qui ait déterminé le roi à persévérer dans son entreprise, l'entreprise fut poursuivie aux applaudissements de ce peuple qui auparavant avait été prodigue de murmures contre les premiers travaux et les premières tentatives de l'infant D. Henrique (*). »

Il est sans doute difficile d'expliquer avec plus d'habileté qu'on ne l'a fait ici les causes de ce fatal aveuglement qui fit monter si haut les Portugais et qui fut sans aucun doute aussi la cause de

(*) Voy. A. d'Oliveyra Marreca : *João de Barros, Luiz Mendez de Vasconcellos e o Commercio da India*. Article publié dans *le Panorama*, première année de la deuxième série, p. 370.

leur chute rapide. L'écrivain distingué auquel nous avons emprunté ces considérations, le sait aussi bien que nous; outre les hommes dont il invoque le témoignage, il y eut dès le seizième siècle des écrivains moins passionnés que Barros, et que l'expérience rendait déjà plus prévoyants que lui, dont la voix enseignait le peuple et le souverain, quand il était temps encore de s'arrêter; à la tête d'eux tous peut-être, il faut mettre le vertueux évêque de Sylves, ce noble Osorio, qui se demande avec une éloquence si chrétienne depuis quand la religion est devenue une religion de cimeterre; puis viennent les Heitor Pinto, les Couto : mais, comme le fait remarquer aussi M. Marreca, le plus puissant d'eux tous, et le plus sagace dans ses arguments, c'est un écrivain ignoré de la France, et bien peu connu même de ses compatriotes, c'est ce Luiz Mendez de Vasconcellos, qui osa établir d'une manière si énergique dans sa concision, le résultat des immenses conquêtes dont la plus grande partie s'était passée sous ses yeux. Dans cette grande cause toute portugaise il importe de laisser parler les Portugais eux-mêmes : ici, un cri d'enthousiasme, plus loin un enseignement sévère; n'est-ce pas l'histoire de tous les peuples célèbres!

Dans l'œuvre de Vasconcellos, c'est un des artisans de la conquête, c'est Martim Affonso de Souza, que nous allons voir figurer tout à l'heure, qui juge les découvertes comme Barros les a précédemment jugées. « Après tout, dit-il, la conquête des Indes ne nous pas donné des champs à ensemencer et des prairies où faire paître nos troupeaux; elle ne nous a pas fourni de laboureurs qui cultivassent nos terres, et, bien loin de là, elle nous retire ceux qui nous servaient à cet usage, car les uns, emportés par la cupidité, les autres enlevés par les nécessités de la guerre, nous laissent au dépourvu plus qu'il ne conviendrait. Aussi ceux qui portent sur ce point les spéculations de leur esprit, disent-ils qu'il y a maintenant beaucoup plus de terres incultes qu'il n'y en avait jadis, et qu'on délaisse celles qui furent cultivées; et d'ailleurs si cela pouvait être nié, nous verrions moins de forêts et beaucoup plus de terres arables, car, si l'on ne mettait son espérance dans les choses de l'Inde, la population s'occuperait à coup sûr de ce qu'elle a sous la main, à ses portes; il en est de même des autres industries. » Mais en voilà suffisamment sur ce point, pour que l'esprit du lecteur soit éclairé. Nous allons de nouveau tourner nos regards vers cet Orient, d'où venaient à la fois tant de causes de destruction et de prospérité : cette fois il y aura dans cette histoire un grand enseignement, et il nous viendra du plus désintéressé des héros : João de Castro va paraître; quelques mots sur son prédécesseur sont néanmoins indispensables ici.

MARTIM AFFONSO DE SOUZA. — On dit qu'Affonso de Souza, étant encore voisin de l'enfance, fut chargé par son père, le grand alcaïde de Bragance, de reconduire Gonçalve de Cordoue, qui l'était venu visiter, et qu'au moment de la séparation, l'illustre capitaine ayant voulu offrir une riche chaîne d'or au fils de son hôte, celui-ci lui demanda hardiment son épée. Il l'obtint, elle ne le quitta plus, et nous verrons bientôt de quelle façon il en sut faire usage. Comme tous les héros de cet âge, Martim Affonso de Souza eut une valeur précoce, une science de la vie qu'on ne rencontre point au début d'une carrière. Après avoir fait ses études à Salamanque et s'être marié, on le voit commander une flotte dès l'année 1530, et il accomplit sur la côte du Brésil les exploits qui lui valent l'éloge de Camoens. Devenu l'un des donataires de ce pays, le fondateur de sa première colonie régulière, il ne l'abandonne qu'après avoir laissé des traces d'une sage administration et s'être assuré que l'introduction de la canne à sucre dans cette portion de l'Amérique méridionale sera une source presque inépuisable de richesses. Il devine pour l'avenir cette rapide prospérité agricole, que nul n'encourage avant lui. De retour à Lisbonne, il est nommé capitaine général de la mer des Indes, et c'est le 12 mars 1534 qu'il sort du Tage avec cinq navires pour se rendre dans le pays qui doit être le théâtre de sa gloire. La fin de l'année le trouve dans Goa, et le gouverneur, D. Nuno da Cunha, lui remettant entre les mains le commandement des forces navales, lui donne une flotte de quarante navires qu'il doit conduire contre Daman. Bientôt, dit un historien portugais, cette forteresse est atteinte et détruite (*).

Affonso de Souza se trouvait à Chaul, quand le célèbre et infortuné sultan Bahdour, ayant quelque terreur des Mogols, dont il prévoyait l'envahissement inévitable, lui fit dire qu'il céderait un emplacement près de Diu pour y élever une forteresse, concession vivement désirée par les Portugais. Dans l'intention de prévenir une certaine inconstance de résolution, qu'il avait remarquée chez Bahdour, le grand capitaine se rend à l'instant à Diu, et il ne donne avis de ce voyage qu'au gouverneur des Indes : grâce au secret et à cette célérité admirable, tout réussit comme on l'avait prévu…. Quelques jours plus tard, un capitaine d'une incroyable témérité osait se jeter à peu près seul dans un esquif, pour porter cette nouvelle au roi : nous dirons un peu plus tard l'histoire de Botelho Pereira.

Bahdour se prit d'un tel attachement pour Martim Affonso, qu'il n'hésita point à réclamer son secours et celui des Portugais contre des ennemis devenant chaque jour plus redoutables. Le gouverneur ayant présenté cette proposition en conseil, le capitão mor fut le premier à l'appuyer, et Bahdour dut à la valeur aussi bien qu'à l'habileté de ce grand capitaine, le bonheur de n'être pas anéanti par les Mogols, ou de ne pas devenir leur prisonnier.

Après s'être élevé dans l'opinion des princes de l'Inde par cette intervention, Affonso de Souza alla anéantir la puissance des princes malabares dans l'île de Repelim, qu'on mit au pillage; puis, ayant détruit et ravagé tous les lieux maritimes qui reconnaissaient le pouvoir du râdjâ de Calicut, il reçut à Cochim la nouvelle que le roi de Cota, vassal du Portugal, se trouvait dans une position difficile; il partit à l'instant pour Ceylan : sa présence, comme dit un historien, était déjà une aide suffisante, mais bientôt il tourna ses dispositions contre la flotte auxiliaire du Samori, qui fut mise en déroute après un rude combat.

Le capitaine général surveillait de nouveau la côte de Malabar, quand, sortant de Paname, son ennemi Pachi Marca le poursuivit jusqu'à Beadala. Là, comme le dit encore M. Adolfo Varnhagen, il obtint une victoire si décisive et fit un si grand butin, qu'il jugea à propos d'armer grand nombre de chevaliers. Nous ferons observer en passant que cette coutume de donner l'ordre de chevalerie sur un champ de bataille où l'on demeurait vainqueur ne fut abandonnée que très-tard par les Portugais. On voit dans João de Barros que cette action d'éclat n'empêcha point Martim Affonso de Souza de se diriger fort à propos sur l'île de Ceylan et d'y secourir à temps le roi de Colombo, qui sut témoigner sa reconnaissance aux Portugais d'une façon vraiment magnifique. Affonso de Souza continuait ses exploits, et châtiait les pirates qui infestaient ces mers, lorsqu'un avis de Nuno da Cunha le contraignit à revenir dans le port de Goa; l'armée des Turcs menaçait cette ville; mais, lorsque le capitão mor arriva dans la capitale des Indes portugaises, D. Nuno était remplacé par un vieillard, par D. Garcia de Noronha. L'attitude passive de ce dernier, qui ne voulait ni attaquer lui-même, ni prescrire l'ordre de combattre, donna du dégoût à Affonso de Souza : il retourna en conséquence à Lisbonne, où João III lui fit un accueil bien capable sans doute de le dédommager des ennuis qu'il avait soufferts.

D. Garcia de Noronha était mort, et l'on ignorait encore cet événement en Portugal lorsque João III conféra secrètement au vainqueur de Pachi Marca la dignité future de vice-roi des Indes. Le pouvoir ne devait néanmoins lui appartenir que par voie de succession. Il ignorait même qu'il pouvait entrer à son tour en possession de ce poste éminent, lorsqu'il partit le 7 avril 1541, à la tête d'une flottille composée de cinq navires. Comme on peut s'en assurer dans Lucena et dans Jorge Cardoso, qui entrent à ce sujet dans de curieux détails, ce fut durant cette expédition que les jésuites prirent possession du collège

---

(*) Voy. l'excellent travail de M. Francisco Adolfo de Varnhagen, membre de l'Académie des sciences de Lisbonne; il précède un précieux volume intitulé : *Diario da Navegação da Armada que foi à terra do Brasil em 1530, sob a capitania mor de Martim Affonso de Souza*. Lisboa, 1839, 1 vol. in-8.

de Goa. Un saint missionnaire, auquel il faut assigner un rang à part dans cette célèbre compagnie, François Xavier, partit pour les Indes en compagnie d'Affonso de Souza.

La flottille aborda à Mozambique, reçut la visite du roi de Melinde, fit aiguade à Socotora, et arriva dans le port de Goa le 6 mai 1542. Le fils du premier explorateur des Indes, Estevam da Gama, avait pris possession du gouvernement, parce qu'il était désigné comme le second successeur de Garcia de Noronha : il remit le pouvoir entre les mains du vrai titulaire; mais, bien qu'il donnât quelques jours aux soins de l'administration, Affonso de Souza ne resta pas longtemps dans la capitale. Dès le mois d'octobre, la forteresse de Batecala était rasée par lui après une vive résistance. Malheureusement, et durant une autre expédition, il ne devait pas être aussi favorisé par la fortune, et la bataille de Tebilicare coûta bien cher aux Portugais.

Quoique sa flotte fût encore dans un état prospère et qu'il eût payé pour 45 *contos* (environ 281,250 fr.) de dettes anciennes, dès que les trois années de son gouvernement furent accomplis, Affonso de Souza sentit le besoin du repos. Malgré une certaine amélioration dans sa situation, l'Inde n'était déjà plus ce qu'elle était au temps des Almeida et des Albuquerque : en moins d'un demi-siècle, la corruption des colons avait remplacé la rudesse impitoyable des premiers conquérants. C'est ce mélange d'orgueil et de vénalité, cette habitude de pillage inutile et d'une destruction sans profit, qui frappent l'esprit au milieu de quelques beaux traits. L'Inde appelait un régénérateur lorsque João III le devina, en dépit de ses préventions personnelles. Avant d'aborder le récit qui doit fermer pour ainsi dire cette grande période des conquêtes, exhumons quelques paroles sévères qui feront mieux comprendre la tâche qui échut au treizième gouverneur des Indes.

SITUATION MORALE DES INDES AVANT L'ARRIVÉE DE J. DE CASTRO. — Un écrivain français du dernier siècle a fort bien résumé la période qui précéda João de Castro, et nous lui emprunterons ce tableau rapide : « Les Romains dans leur plus grande prospérité n'avaient pas eu un empire beaucoup plus considérable : au milieu de tant de gloire, les Portugais n'avaient pas négligé cette partie de l'Afrique située entre la mer Rouge et le cap de Bonne-Espérance et qui avait été de tout temps si renommée pour la richesse de ses productions. Les marchands arabes qui l'occupaient furent subjugués, et sur leurs ruines s'éleva un empire qui s'étendait depuis Sofala jusqu'à Melinde et dont l'île de Mozambique fut le centre; son port, qui est excellent, devint un lieu de relâche et un entrepôt pour le vainqueur.

« Tant d'avantages pouvaient former une masse de puissance inébranlable, mais l'ineptie de quelques commandants, l'ivresse des succès, l'abus des richesses et les vices avaient changé les conquérants.

« Le roi de Tidor fut enlevé et massacré avec ses enfants, qu'il avait confiés aux Portugais. Les peuples de Ceylan étaient traités avec la plus affreuse barbarie; l'inquisition fut établie à Goa; les tombeaux des empereurs de la Chine dans l'île de Calampin furent pillés par Faria. Souza faisait renverser toutes les pagodes des côtes de Malabar, et égorgeait ceux qui venaient pleurer sur les ruines de leurs temples; Correa jurait l'observation des traités sur un recueil de chansons (le *Cancioneiro* de Garcia de Resende (*).... Nuno da Cunha fit passer au

---

(*) Ajoutons cependant, pour être vrai, que l'on a raconté ce fait, très-réel en soi, d'une manière erronée. João Correa ayant conclu, en qualité d'ambassadeur, un traité avec le roi du Pegu, il fut résolu que le serment sur les livres sacrés serait prêté à bord. Il n'y avait pas une seule bible sur le bâtiment de Correa, et l'on ne put trouver que des *Heures canoniques en fort mauvais état*. « Comme l'ambassadeur craignait que les idolâtres ne jugeassent mal de notre religion durant l'acte qui allait avoir lieu à l'aspect d'un livre si mesquin, il se rappela un *Cancioneiro*, alors récemment publié, qu'il avait à bord. C'était un volume qui, par sa forme et sa belle apparence, était infiniment plus respectable; en conséquence, il se décida à s'en servir dans cette circonstance. Le prêtre idolâtre ayant lu à haute voix un passage de son livre sacré, João Correa dut en faire autant. Ce fut alors que par le plus heureux hasard il ouvrit le livre où se trouvait cité le texte de Salomon, *Vanitas vanitatum et omnia vanitas*; l'ambassadeur affirma depuis que cette circonstance avait excité en lui un profond sentiment religieux, et qu'il avait juré avec autant de dévotion et de respect, que son serment avait été aussi valable, que s'il l'avait

fil de l'épée tous les habitants de l'île de Damam, qui offraient de se retirer si on leur permettait d'emporter leurs richesses. Diogo de Sylveira s'empara dans la mer Rouge d'un vaisseau richement chargé qui l'avait salué et qui avait demandé un passe-port à un général portugais. Il est certain que ce passe-port ne contenait que ces mots : « Je supplie les capitaines des vaisseaux du roi de Portugal de s'emparer du navire de ce Maure. » Bientôt les Portugais n'eurent pas les uns pour les autres plus d'humanité et de bonne foi qu'ils n'en avaient pour les habitants du pays. Leurs mœurs devinrent un mélange d'avarice, de débauche et de cruauté et de dévotion. Bientôt la mollesse s'introduisit dans les maisons et dans les armées ; bientôt le roi de Portugal ne toucha plus le produit des tributs que payaient plus de cent cinquante princes de l'Orient : tous ces tributs, le produit des douanes, les impôts, ne suffirent plus pour l'entretien de quelques citadelles et l'équipement des vaisseaux nécessaires, tant le brigandage était grand. »

D. Juan de Castro voulut arrêter tant d'abus. »

JOAO DE CASTRO, TREIZIÈME GOUVERNEUR DES INDES. — João III fit certainement un acte de haute sagesse politique, en appelant l'homme éminent que l'on vient de citer au gouvernement des Indes, car il fallait continuer les conquêtes, mais surtout réformer les vainqueurs ; cet acte eut lieu en 1545. Pour mieux faire comprendre le caractère du chef intègre dont nous allons retracer rapidement l'histoire, il faut rétrograder de quelques années et voir d'abord quelle fut l'école à laquelle il se forma.

D. João de Castro appartenait à l'une des plus illustres familles du Portugal, mais il n'était pas l'aîné et ne devait pas posséder le majorat attaché à sa maison ; il résolut, comme dit son historien, de conquérir un bien impérissable, il cultiva son intelligence.

Le jeune D. João partagea avec l'infant D. Luiz l'inappréciable avantage d'étudier sous le plus habile mathématicien de cette époque (*). L'insigne Pedro Nunez, pour nous servir d'une expression familière aux Portugais, lui donna les premières leçons et dut l'assister de ses avis. Par la suite, la science réelle qu'il acquit alors et dont il a fourni tant de preuves, les liens d'affection qu'il contracta avec le jeune prince et qui eurent une si puissante influence sur sa vie entière, prouvèrent qu'il avait fait un choix sage et heureux tout à la fois. João de Castro fit ses premières armes à dix-huit ans, sous D. Duarte de Menezes, et ce vieux soldat le respectait, nous dit Freyre d'Andrada, comme s'il eût pu lire déjà l'histoire de ses victoires dans l'Asie. Malgré la commanderie de Salvaterra, que lui avait donnée le roi, il était pauvre : il épousa néanmoins une femme d'un mérite accompli ; dona Leonor Coutinho, qui lui appartenait par les liens de la parenté, devint bientôt sa compagne. Comme lui, elle était sans fortune ; on les respectait à l'égal des riches, dit encore Andrade ; on les plaignait, parce qu'on regrettait pour eux les biens de la fortune.

Le jeune commandeur continua à servir, et l'on a remarqué avec raison que les deux plus grands hommes de guerre de leur époque, João de Castro et Fernand Cortès, assistèrent à cette fameuse expédition de la Goulette que Charles-Quint dirigea contre Tunis (**). Mais ce

(*) Couto dit à propos des fortes études qu'avait faites João de Castro : « *Foy bem instruido nas artes liberaes e tão bom latino que podia julgar de estilo.* »
(**) Ce fut durant cette fameuse expédition dirigée contre Tunis qu'on vit employer le plus grand bâtiment de guerre qui eût encore sillonné les mers. Avant que d'avoir reçu le surnom de *Bota-fogo*, boute-feu, il était désigné sous celui de *Saint-Jean-Baptiste*. Il portait trois cent soixante pièces de bronze, et il avait à son bord, sans compter l'équipage, six cents fusiliers, quatre cents soldats de rondache et d'épée (comme on disait alors) et trois cents artilleurs. Le *Bota-fogo* est également célèbre par la scie d'acier très-fin qu'il portait à la proue, afin de rompre la chaîne dont était fermée l'entrée du port de la Goulette. Au premier choc cet instrument ne remplit pas le but qu'on s'était proposé. Mais l'infant D. Luiz ayant ordonné au pilote de prendre en mer une carrière plus étendue et de mettre toutes voiles au vent, l'impulsion fut telle, que la chaîne ne put résister ; elle tomba en morceaux, en soulevant des flots d'écume : le galion entra

fait sur les saints Évangiles. On dit que l'exemplaire du Cancioneiro, devenu célèbre par cette anecdote, se conservait dans l'hôpital *da terra sancta* qui existe dans cette ville. » *O Panorama*, t. III, p. 318.

qui contribua surtout à augmenter la réputation de ces deux grands hommes, au début de leur carrière, ce fut une résolution noble et simple à la fois, adoptée dans une occasion décisive. Voici le fait peu connu qui regarde João de Castro : nommé capitaine général de la flotte portugaise destinée à secourir une armada puissante que Charles-Quint envoyait contre le fameux Khaïr ed-din, D. João se vit abandonné par le général allié, Alvaro de Bazan. L'avis des capitaines était à peu près unanime pour qu'on songeât à la retraite. Le jeune commandant envisagea froidement les chances inégales de la bataille, et il resta dans les eaux où devait paraître bientôt le terrible Barberousse. Ses dispositions furent inutiles, il est vrai ; mais cette formidable attente frappa les esprits plus que n'eût fait une victoire.

EXPLORATION DE LA MER ROUGE PAR JOÃO DE CASTRO. — João de Castro ne s'en tint pas, au commencement de sa carrière, à ces expéditions armées dans le voisinage de l'Europe : dès 1538, il se rend aux Indes, et il y étudie le pays qu'il doit gouverner, mais c'est pour revenir bientôt à Lisbonne. L'année 1541 le trouve de nouveau dans les Indes, à l'époque de la glorieuse administration d'Estevam da Gama, et c'est de Goa qu'il part, en 1541, avec ce hardi capitaine, lorsqu'il va explorer scientifiquement les bords de la mer Rouge. A cette époque, en effet, Estevam da Gama avait réuni une armada puissante, avec l'intention d'aller brûler la flotte turque dans le port de Suez : ce grand projet ne put pas s'effectuer. Mais João de Castro commandait alors en chef sur le *Coulão Novo*, et, si l'expédition militaire à laquelle ce bâtiment devait concourir, ne réussit pas, l'œil scrutateur de l'habile capitaine fit tourner au profit de la science un armement qu'on n'eût jamais exécuté pour ses progrès : l'itinéraire de la mer Rouge fut composé. C'est dans ce curieux monument de l'état des sciences nautiques au seizième siècle que l'on reconnaît l'élève habile de l'illustre Pedro Nunz ; c'est là que l'on peut voir par quelle suite d'observations laborieuses, certains préjugés de la géographie du moyen âge allaient chaque jour s'éteignant : au temps de João de Castro, on était encore persuadé que la dénomination de mer Rouge tenait à une certaine coloration des eaux ; en 1543, lorsque le futur gouverneur des Indes put offrir à son royal condisciple, l'infant D. Luiz, le beau *Roteiro* (*), qu'il avait composé, les véritables raisons d'un phénomène mal compris se trouvèrent clairement expliquées, et pour la première fois peut-être, la configuration des côtes de la mer Rouge se dessina clairement. Un grand problème géographique était résolu par celui qui allait faire changer de face la situation morale des Indes.

DÉPART DE JOÃO DE CASTRO POUR LES INDES. — Martim Affonso de Souza demandait un successeur ; l'état des Indes exigeait qu'il fût habile et désintéressé à la fois. Le successeur de D. Manoel n'aimait point João de Castro, mais il l'estimait ; il suffit d'un seul mot de l'infant D. Luiz pour qu'il l'élevât à ce poste suprême ; il n'eut pas néanmoins d'abord le titre de vice-roi. Le nouveau gouverneur partit avec ses deux fils, D. Alvaro et D. Fernando, le 17 mars 1545, et, après s'être vu au moment de périr sur la côte de Guinée, il arriva le 10 de septembre devant la barre de Goa.

LUTTES D'HIDAL-KHAN POUR CONSERVER LE TRONE ENLEVÉ A MEALE. — A l'époque où João de Castro se vit investi du gouvernement des Indes, une grande question de politique locale, un fait prévu par l'ancien vice-roi, mais en quelque sorte éludé par lui, vint compliquer d'une façon étrange l'action du gouvernement portugais. Bazarb, sou-

alors par le goulet, et il jeta une si prodigieuse quantité de projectiles, qu'il reçut dès lors le nom de *Bota-fogo*.

(*) Nous renvoyons pour plus amples détails à ce curieux monument, publié à Paris en 1833, par M. A. N. de Carvalho, professeur de philosophie à l'université de Coimbre. Ainsi que l'a très-bien fait remarquer M. H. de Rivera, on connaît aujourd'hui trois *Roteiros* dus au célèbre capitaine. L'un retrace le voyage qu'il fit de Goa à Suez : c'est celui qui est connu sous le nom *do Mar roxo*, et dont nous venons d'entretenir le lecteur ; le second donne la narration du voyage de Goa à Diu (1538 à 1539) et l'impression en a été commencée par MM. Kopke et Pinto Roby ; en dernier lieu, il faut signaler le *Roteiro* de Lisbonne à Goa en 1538 : l'original de ce dernier travail n'a pas encore pu être découvert ; il y en a une copie dans la riche bibliothèque d'Évora.

verain de Balagate, étant mort à l'époque où l'administration se trouvait entre les mains de Nuno da Cunha, un prince encore en bas âge, que les historiens portugais désignent sous le nom de Meale, fut choisi pour être son successeur. A cette époque, l'administration du royaume était entre les mains d'un homme plein de fermeté et d'intelligence, mais aussi plein d'ambition, dont le nom a retenti avec juste raison dans l'histoire des Indes. Hidal-khan (*Adel-khan*) éloigna peu à peu Meale des soins difficiles que réclamait l'empire, et il parvint à se faire offrir la couronne de Balagate par les grands.

Comme le dit avec raison le grand écrivain portugais qui s'est fait l'historien fidèle de cette période, Hidal-khan était libéral et brave; et sans doute c'eût été un grand prince, s'il eût employé à garder la couronne les vertus qu'il déploya momentanément pour se la faire offrir : mais, aussitôt qu'il se vit obéi, ces feintes habiletés cessèrent, parce qu'elles ne venaient point d'une impulsion naturelle, l'ambition et l'orgueil l'emportèrent : c'étaient les vices de sa nature. Hidal-khan toutefois ne se souilla pas du meurtre de Meale, il se contenta de le tenir à l'écart et de paralyser son influence; plus tard, lorsque le jeune prince comprit sa véritable position, il se réfugia dans le royaume de Cambaya.

Les exactions d'Hidal-khan ne tardèrent pas à exciter la haine des grands, un parti formidable se forma en faveur de Meale : ce fut alors que des politiques habiles conseillèrent à Martim Affonso de Souza d'offrir au jeune prince injustement détrôné, et dont le parti grossissait tous les jours, un asile dans Goa.

Hidal-khan s'alarma avec raison des marques fastueuses de cette hospitalité: il était trop habile pour n'en pas deviner les conséquences. Une ambassade partit de Balagate pour demander au vice-roi l'extradition du prince fugitif : l'usurpateur se comporta alors avec une rare habileté, car, dans ses relations diplomatiques, il eut l'adresse de se comparer aux Portugais, dont la valeur avait su conquérir tant d'empires, au mépris des droits les mieux établis. Il alla même jusqu'à leur demander en vertu de quelles clauses légales ils avaient emporté Goa sur le Sabayo, Diu sur le sultan Bahdour et Malaca sur le souverain d'Achem; il se montra modéré, et il eût pu grossir aisément la liste. Il termina d'une manière tout orientale en ajoutant qu'il avait en son royaume des métaux fort différents : de l'or pour ceux auxquels il reconnaissait les droits de l'amitié, du fer pour ses ennemis.

S'il faut en croire le témoignage de Iacintho Freyre d'Andrada, Martim Affonso ne se serait pas montré insensible à ce dilemme pressant; il ne craignait pas les guerres aventureuses, il en avait donné la preuve, mais il redoutait les embarras d'une lutte incertaine, et les offres d'Hidal-khan d'ailleurs étaient positives. Cent cinquante mille *pardaos*, les terres de Bardes et de Salsette étaient présentées aux chrétiens comme un dédommagement qu'on ne pouvait pas mettre en balance, lorsqu'il s'agissait de la vie d'un misérable fugitif. Le vice-roi était sur le point de livrer Meale, lorsque le temps de son administration cessa.

La grande âme de João de Castro comprit autrement les choses : un des premiers actes de son gouvernement fut de déclarer que les Portugais, toujours fidèles à leurs amis, l'étaient encore plus lorsqu'il était question d'un hôte. Le reste de la réponse était aussi fière que le début était noble, et devait frapper Hidal-khan précisément par les images gigantesques que João de Castro ne craignait pas d'emprunter au style de l'Orient. Il y était dit que les forteresses édifiées par les chrétiens aux Indes avaient leurs fondations profondes dans la cendre des royaumes, que les Portugais étaient comme la mer, qui s'accroît par la tempête, et que si le nouveau vice-roi ne cherchait pas la guerre, il était encore plus loin d'en redouter les conséquences.

La guerre s'alluma en effet, et ce fut une guerre digne des Albuquerque et des Pacheco. Le gouverneur, néanmoins, ne voulut pas faire au chef musulman l'honneur de l'aller combattre en personne; après divers engagements, ce fut son fils aîné qu'il chargea de cette expédition, dont un prince étranger devait recueillir presque tous les avantages. En conséquence, D. Alvaro reçut le commandement d'une flotte de six navires, portant neuf cents soldats portugais et quatre cents hindous ; et, après s'être emparé de quelques navires appartenant à Hidal-khan, il dirigea son expédition contre le port de Cambre. Cette ville, bâtie dans une plaine immense, ne contenait pas moins de cinq mille familles d'origine indienne ; elle appartenait alors aux musulmans, et renfermait d'innombrables richesses. Malgré l'infériorité de ses forces, D. Alvaro osa l'attaquer, en dépit des observations prudentes de plusieurs capitaines de la flotte. — Général quand il fallait réclamer l'obéissance, soldat lorsqu'il s'agissait d'affronter le péril, il voulait, disait-il, faire comprendre à Hidal-khan ce que pouvait faire un seul effort des Portugais. La fortune servit ce coup hardi du jeune chef ; non-seulement il remporta une victoire complète sur la garnison qu'on avait doublée, mais Cambre, avec ses riches pagodes et ses belles mosquées, tomba en son pouvoir ; et l'incendie, ravageant bientôt cette cité magnifique, ne laissa qu'un monceau de cendres au chef ambitieux qui bravait D. João. — Après cette expédition, Alvaro revint à Goa, chargé d'un butin immense ; et Hidal-khan se vit contraint d'envoyer des ambassadeurs avec mission d'implorer la paix. La réponse de João de Castro fut fière, mais elle fut mesurée ; et il finit par accorder pour un temps limité, aux messagers d'Hidalk-han, ce que le souverain de Balagate souhaitait avec tant d'ardeur. Il prévoyait sans doute qu'il ne fallait pas s'engager trop loin pour soutenir les intérêts d'un prince étranger, et qu'à la manière dont les choses se passaient dans l'Inde, il aurait bientôt à s'occuper d'affaires plus sérieuses encore, et touchant de plus près aux intérêts directs du Portugal.

Comme s'il eût eu la certitude, en effet, qu'une guerre longue, difficile, incertaine surtout, dût réclamer tous ses efforts, il mit ses soins persévérants à améliorer l'administration, à ravitailler les places, à donner une salutaire direction aux esprits, « faisant des hommes une appréciation si équitable, dit son historien, qu'il ne fut débiteur ni aux justes convenances ni à l'État. »

João III ne l'aimait pas, nous l'avons déjà dit, mais il l'appréciait ; la lettre qu'il lui écrivit vers cette époque le prouve suffisamment. Après avoir pourvu, avec une minutie étroite peut-être, aux nécessités du culte dans ces missions des Indes (*), il espère, on le voit, que, sous l'homme juste qu'il a choisi, disparaîtront ces intolérables violences qui accablaient, depuis si longtemps déjà, les nouveaux vassaux du Portugal dans ces contrées lointaines ; il recommande surtout au gouverneur de s'en référer au P. Francisco Xavier, qui n'était encore qu'un religieux missionnaire, mais que l'Église devait révérer bientôt comme un saint ; et, il le faut dire pour être juste envers ces deux esprits éminents, ce fut peut-être le plus beau temps de l'Inde portugaise que celui où un homme de la trempe de João de Castro put réclamer les avis sévères de l'austère religieux qu'on nommait déjà l'apôtre des Indes.

François-Xavier, venu dans ces régions en 1540, avait déjà fait sentir le pouvoir de sa parole et de ses vertus à Ceylan, à Ternate surtout, où les habitants répétaient encore, dans des chants populaires, le récit des nobles actions d'Antonio Galvão, héros d'une espèce rare à coup sûr, puisqu'il refusa un trône et alla mourir dans un hôpital.

Pendant qu'une lutte sérieuse et vive, à laquelle le gouverneur prêtait son appui, s'établissait dans l'Inde portugaise

(*) Nous ferons remarquer ici, à regret, que ce souverain, moins tolérant que son prédécesseur, prit des mesures dignes des iconoclastes contre cet art antique des Hindous dont on avait respecté ou toléré du moins les œuvres jusqu'alors. Que de magnifiques pagodes durent être renversées dans l'Inde ! que de statues durent être brisées vers le milieu du seizième siècle ! précisément au temps où Rome cherchait de toutes parts les idoles de l'art antique, pour les rendre l'objet d'un second culte. Le 8 mars 1546, João III écrivait à son gouverneur des Indes, qu'ayant acquis la certitude qu'on vénérait les idoles dans Goa et dans ses alentours, il fallait s'aider de ministres diligents pour les détruire ; il décerne même des peines sévères « contre quiconque se hasardera à travailler, fondre, sculpter, dessiner, peindre, mettre en lumière quelque idole que ce puisse être, en métal, bronze, bois, terre, ou toute autre matière ; et il défend de les tirer de quelque portion que ce soit du pays. » Il voudrait anéantir, on le sent, l'influence des brahmes. Mais les Portugais ignoraient encore en ce temps ce qu'il y avait de vivace dans ce culte si impitoyablement outragé. Voy. Jacintho Freyre d'Andrada, *Vida de João de Castro, Carta del Rey.*

pour le triomphe des idées catholiques, un renégat songeait à renverser la puissance chrétienne sur les côtes du Malabar. Cet homme, né en Albanie, de parents chrétiens, avait plus d'un point de similitude avec un autre aventurier, d'origine grecque, dont la haute fortune avait naguère étonné l'Orient (*). Après avoir occupé un rang éminent auprès du Soudan d'Égypte, sans changer toutefois de religion, Coge Çofar (*Khodjá Sofar*) avait fini par comprendre qu'il ne pourrait résister à la haine que sa haute fortune devait allumer dans le cœur des musulmans; non-seulement il avait renié, mais il s'était souillé du meurtre de Ras Soliman, son plus cruel ennemi : et, après avoir réuni des richesses dont le transport était facile, il s'était réfugié, avec son fils, sur les côtes de l'Inde, et avait été demander un asile au royaume de Cambaya. Pendant longtemps, en effet, Coge Çofar avait partagé les périls et la fortune du rival d'Antonio de Sylveira.

Mahmoud devint bientôt l'héritier de sultan Bahdour. Coge Çofar put voir qu'il subissait avec douleur les conséquences de la lutte engagée entre son prédécesseur et le fameux Nuno da Cunha. Il prit sur l'esprit du nouveau souverain une influence plus rapide encore que celle qu'il avait obtenue à la cour du soudan et même auprès de sultan Bahdour. La question religieuse avait disparu; et les rares talents de Coge Çofar, qui avait fait jadis la guerre en Italie, le rendaient précieux aux yeux d'un prince se voyant toujours sur le point de reprendre les hostilités contre des troupes européennes.

Coge Çofar n'attendit pas que Mahmoud réclamât les preuves de son zèle; il excita la haine du prince musulman contre les Portugais, sut rappeler, dit-on, au successeur de Bahdour, dans une allocution énergique, tout ce que l'ambition des successeurs de Gama et de Pacheco avait acquis dans l'Inde, et tout ce qu'une activité persévérante pouvait leur arracher. La guerre fut résolue dans les conseils du roi de Cambaya. La clause inexécutée jusqu'alors d'un ancien traité suffit pour motiver une première agression à l'occasion du fort de Diu. Nous exposerons, en peu de mots, les faits. Les musulmans avaient réclamé la construction d'un mur de défense entre la ville indienne et la forteresse occupée par les Portugais : ils renouvelèrent leur demande; plusieurs années s'étaient écoulées, il est vrai, sans que cette réclamation fût faite; mais le roi de Cambaya insista. Après tout, disaient les partisans de Coge Çofar, les Portugais n'étaient que des hôtes; et ils ne devaient pas regarder en maîtres la ville que leur forteresse inquiétait.

Celui qui commandait dans le fort de Diu était un capitaine d'une rare énergie. Quoique moins habile et moins grand sans doute que João de Castro, les Portugais aiment encore à le compter parmi ces hommes de forte race, qu'ils ne craignent point de comparer avec quelque raison aux héros de l'antiquité. D. João Mascarenhas avait été investi du commandement de ce fort célèbre; mais il relevait nécessairement du gouverneur des Indes. Aussitôt qu'il eut acquis la certitude des prétentions élevées par le souverain musulman, il écrivit immédiatement à João de Castro; et en même temps qu'il lui faisait connaître la résolution de Coge Çofar, il lui exprimait son désir d'opposer une résistance vigoureuse au sultan. Lorsque le gouverneur reçut cet avis, il avait déjà expédié deux cents hommes pour aller au secours de la forteresse, sous les ordres de D. João et de D. Pedro d'Almeida; puis il s'occupa d'une expédition vers les Moluques; car c'était l'époque où les dissentiments de l'Espagne et du Portugal se renouvelaient pour la possession de ces îles opulentes.

Cette lutte, d'un ordre secondaire, ne devait pas arrêter la guerre sérieuse qui se préparait. Les messages s'échangeaient entre Coge Çofar et le capitaine portugais. Le chef musulman insistait sur la nécessité de faire cesser un ordre de choses qui blessait la fierté nationale. La ville de Diu lui avait été donnée, d'ailleurs, par son souverain; il prétendait l'agrandir; il insistait sur ce

---

(*) Khaïr-ed-din, surnommé Barberousse, né à Metelin, ainsi que son frère Aroudj. Voy. l'ouvrage intitulé : *Fondation de la Régence d'Alger*, publié sur un manuscrit de la bibliothèque du roi, par Sander Rang et Ferdinand Denis. Paris, 1839, 2 vol. in-8.

principe que de simples hôtes ne peuvent avoir les droits de *seigneurs*, dans l'acception du mot : Mascarenhas lui répondit que, tout en lui adressant ses compliments officiels sur sa nouvelle acquisition, il se refusait à quelque changement que ce fût dans la disposition des lieux ou dans les anciennes constructions militaires, ajoutant qu'il y avait d'ailleurs entre la forteresse et la cité un rempart plus sûr que la muraille qu'on prétendait édifier, et que la fidélité des Portugais à garder leurs serments devait avant tout suffire; qu'au surplus, il ne pouvait rien décider dans une telle question, et qu'il allait en référer au gouverneur général.

Cette réponse fière excita au plus haut degré la colère du chef musulman. Sans attendre la réponse du gouverneur, dont il lui était facile de prévoir la teneur, il se jeta dans la ville de Diu avec huit mille hommes, parmi lesquels il y avait un grand nombre de Turcs, et il joignit à ces forces soixante pièces d'artillerie de fort calibre. Il comptait, avant tout, sur les mille janissaires qui étaient venus combattre les chrétiens dans l'Inde : non-seulement la solde qu'on leur accordait était supérieure à celle des autres troupes, mais leur courage éprouvé les rendait redoutables même aux Portugais. Sûr de ces auxiliaires, le lieutenant du roi de Cambaya insista auprès de Mascarenhas, en renouvelant ses anciennes prétentions; il alla plus loin, il ne craignit pas d'en exposer bien d'autres encore. Le capitaine général répondit par un refus positif à de pareilles demandes; et il ajouta qu'à son tour il imposerait bientôt des conditions, et que ces prétentions sembleraient peut-être dures; car elles seraient écrites avec le sang des janissaires. Il était évident dès lors que les hostilités allaient commencer.

João de Castro avait fait préparer neuf bâtiments pour aller au secours de la place; mais, les affaires du gouvernement ne lui permettant pas de commander en personne cette première expédition, il se contenta d'envoyer auprès de Mascarenhas D. Fernando, son plus jeune fils; et au moment du départ il adressa à l'enfant bien-aimé ces paroles mémorables : « Mon fils, je vous « envoie avec ce secours à Diu; car, selon « les avis qui me parviennent, cette « place sera assiégée aujourd'hui par « une multitude de Turcs. Quant à ce « qui regarde votre personne, je demeure « sans inquiétude, parce que je risquerais « un fils pour chacune des pierres de « cette forteresse. Je vous recommande « d'avoir en la mémoire ceux dont vous « sortez. Par le lignage, ce sont vos « aïeux; par leurs œuvres, ils vous ser« vent d'exemples. Faites tout pour « mériter le nom dont vous avez hérité, « en vous rappelant que, si nous nais« sons tous de même sorte, ce qui rend « plus tard les hommes inégaux, ce sont « leurs œuvres. Rappelez-vous que celui « qui viendra le plus chargé d'honneur, « celui-là sera mon fils. Ceci est la béné« diction que nous laissent nos ancêtres : « mourir glorieusement pour la loi, « pour le roi et pour la patrie. Je vous « mets sur le chemin de l'honneur; ga« gnez-le (*). »

Après avoir prononcé ces nobles paroles, João de Castro écrivit à Mascarenhas qu'en cette occasion il importait tout autrement d'être capitaine de Diu que d'être gouverneur des Indes, et qu'il lui envoyait son fils D. Fernando, pour que celui-ci pût un jour, dans sa vieillesse, se vanter d'avoir été l'un de ses soldats: il ajoutait que toutes les forces de l'État devaient être employées à la défense de la forteresse. Puis, ces dispositions étant achevées, il fit partir l'expédition. Tel fut le début imposant d'une série d'actions glorieuses, dont la mémoire n'a pas encore péri dans l'Inde portugaise, où tout pour ainsi dire a péri ; et la confiance que les deux chefs avaient réciproquement en leur courage était si réelle, si profondément sentie, qu'au temps où le gouverneur parlait énergiquement à son fils, le gouverneur de Diu disait à ses soldats, dans une vive allocution, qu'il était sûr que, s'il le fallait, D. João de Castro viendrait sous les eaux à leur secours, dût-il tenir son épée entre les dents.

Un vendredi de l'année 1546 les hostilités commencèrent; et, dès le début, rien qu'aux dispositions de l'ennemi, les chrétiens purent s'assurer qu'ils avaient

---

(*) Voy. Freyre de Andrada, *Historia de D. João de Castro.*

affaire à des hommes plus braves et plus intelligents que ceux qui conduisaient d'ordinaire les affaires militaires dans l'Inde ; il était aisé de voir que Coge Cofar avait étudié à la rude école des vieux capitaines qui faisaient alors la guerre en Europe. Non-seulement son feu était habilement dirigé, mais il avait lancé, par mer, contre la forteresse, une machine nautique, une sorte d'esplanade ambulante, disposée de telle sorte que deux cents hommes pouvaient y combattre aisément. En cas d'abandon, la machine devenait un brûlot d'un effet terrible, et l'incendie menaçait les forts. Un hardi capitaine, chargé du service du port, Jacome Leyte, parvint, avec trente hommes, à rendre inutile cette machine redoutée. Il en chassa les Maures; et, grâce à un cordage habilement lancé, il l'entraîna jusqu'à la plage, où Mascarenhas l'attendait.

Les janissaires furent vivement irrités en voyant réussir, presque sous leurs yeux, un coup si hardi ; ils pressèrent le chef musulman de donner un assaut général ; mais Coge Cofar connaissait trop bien les faibles ressources de l'ennemi, et il comptait trop sur la saison de l'hivernage qui allait se déclarer en empêchant toute communication avec Goa, pour obtempérer à un tel désir. D. João Mascarenhas, après tout, n'avait que quarante barriques de poudre à sa disposition avec deux cents hommes de troupes effectives. Il était résolu à périr sous les ruines de la place ; mais il n'était pas sûr de la conserver : ce fut dans cette dure extrémité, et en butte à des attaques qui se renouvelaient sans cesse, que le noble défenseur de Diu résolut de faire connaître sa triste position à João III, comme il l'avait fait connaître précédemment au gouverneur ; pour arriver à ce but, il choisit un Arménien, qui, sous les vêtements d'un Joguis, s'embarqua sur un catimaram (*), gagna une des villes de l'Arabie Heureuse, et, prenant la voie de l'Euphrate, fut un des premiers, dans les temps modernes, à gagner l'Europe par cette route, suivie de nos jours si fréquemment. Cependant, et dans l'incertitude où il se voyait d'être secouru à temps, l'inquiétude de Mascarenhas s'accroissait : sans faiblir, son âme courageuse commençait à désespérer, lorsque la vigie du fort signala une flotte de neuf voiles : c'était celle qui conduisait à Diu le fils du gouverneur des Indes. Les Portugais étaient toujours les maîtres de la mer : la flotte mouilla bientôt dans le port, et Mascarenhas put serrer dans ses bras le fils bien-aimé de João de Castro, enfant plein de bravoure et d'exaltation, qui eût été certainement un héros comme son père s'il eût vécu. Le capitaine général offrit à D. Fernando sa propre habitation pour y demeurer ; mais le jeune soldat lui répondit qu'au temps où la paix serait revenue, il accepterait son offre ; qu'au jour où il débarquait parmi tant de braves, la terre du rempart devait être son lit : réponse fière, que ne démentit pas un seul instant une courte existence.

La place était ravitaillée. Les braves qui commençaient à désespérer de la fortune trouvaient un nouveau courage dans la ferme assurance des hommes énergiques qui venaient combattre avec eux. Disons-le en effet, à partir de ce moment, Diu présente une série d'actions merveilleuses et de grands souvenirs, dont les femmes elles-mêmes ne doivent pas être exclues : ce fut durant cette partie du siége qu'une matrone portugaise, nommée Isabel Fernandes, s'illustra par une foule de traits de bravoure que nous regrettons de ne pouvoir consigner ici. Non-seulement Isabel Fernandes animait les combattants, mais elle secourait les blessés avec un zèle dont il n'y avait pas encore eu d'exemple dans les Indes : tandis que ses forces s'épuisaient au service du pays, sa fortune était consacrée aux soldats qui le défendaient, si bien que le nom de la *vieille de Diu* était, longtemps encore après l'événement, répété dans tout le Guzarate avec un mélange de tendresse respectueuse et d'admiration.

Il faut préférer, sans doute, cette persévérance où l'humanité s'unit au courage à mille traits de bravoure spontanés qui illustrèrent cette partie du siége. Il y en eut un cependant qui frappa les

---

(*) Sorte d'embarcation que l'on désigne également sous le nom de *jangada* au Brésil, et qui, n'étant composée que de quelques poutres jointes ensemble, est à peu près insubmersible.

deux armées de surprise. Mascarenhas avait besoin d'être instruit d'une circonstance importante; mais pour cela il fallait s'emparer vivant d'un homme appartenant au parti ennemi. Un soldat portugais, nommé Diogo de Anaya Coutinho, n'hésite pas à remplir le désir du général. Attaché à une corde solide, il se laisse couler le long des remparts, s'élance sur deux musulmans qu'il aperçoit à l'écart, en tue un, emporte l'autre et l'amène devant Mascarenhas. Mais ce n'est pas tout : rentré dans la forteresse, il s'aperçoit que son morion lui fait défaut, il suppose que cette partie de son armure a dû tomber dans la lutte qui s'est engagée entre lui et son adversaire : il se fait descendre de nouveau, retrouve l'objet qu'il cherche et le ramasse avec un imperturbable sang-froid aux yeux de l'armée ennemie, sans que nul s'oppose à l'accomplissement de cet acte d'intrépidité.

C'était par des traits pareils que les Portugais donnaient à Coge Çofar la preuve de leur inébranlable résolution; il répondait à ces faits éclatants en appelant de nouvelles troupes à son aide et en multipliant l'artillerie qui devait battre la place en ruine (*). Il s'était même cru un moment si bien assuré de la réussite, qu'il n'avait pas hésité à inviter le sultan de Cambaya à se porter sur la forteresse pour être témoin de sa destruction; mais un boulet ayant atteint non loin de lui un de ses serdârs, le prince musulman avait jugé que le triomphe n'était ni si assuré ni si prochain qu'on le supposait; et il s'était retiré prudemment.

Coge Çofar avait fait, dit-on, le serment sur l'étendard de Mahomet de succomber dans cette entreprise ou de triompher des chrétiens. Un boulet perdu l'atteignit au milieu de ses janissaires, et Roume-khan, son fils, lui succéda dans le commandement de l'armée, comme il lui succéda dans la haine qu'il avait vouée aux Portugais.

SECONDE PÉRIODE DU SIÉGE DE DIU. — Roume-khan (*Roumi-khan*) poursuivit avec une nouvelle activité les immenses travaux souterrains que son père avait commencés. Pour hâter la ruine de la citadelle, il multiplia ses attaques; et, en peu de temps, D. João Mascarenhas se vit réduit à la plus cruelle extrémité, puisqu'il ne lui resta plus guère que deux cents hommes en état de combattre. Ce fut dans cette déplorable situation qu'un prêtre, nommé João Coutinho, vicaire de Diu, ne craignit pas de s'exposer à une mort presque assurée, en s'abandonnant aux flots dans la saison contraire, sur une de ces frêles embarcations pareilles à celle employée déjà par l'Arménien. Le voyage était moins long sans doute, mais il était aussi périlleux; il s'agissait d'aviser le gouverneur de la situation critique où se trouvait la forteresse. Celui qui ne voulait pas combattre les hommes osa braver les flots, et se dirigea vers Goa; mais bientôt les attaques de l'ennemi se renouvelèrent avec tant d'audace, et quelquefois avec tant de bonheur, qu'il fallut trouver d'autres braves pour affronter l'Océan. D. João de Castro fut averti enfin; dès lors il n'eut pas de désir plus ardent que de venir au secours de cette poignée de braves parmi lesquels combattait son fils : non-seulement il rassembla en hâte une flotte nouvelle, qu'il destina à transporter un nombre d'hommes suffisant pour résister à l'armée musulmane, mais il prit la résolution d'envoyer à Diu son second fils, D. Alvaro. Tant d'efforts et un si noble sacrifice furent compris par la population portugaise de l'Inde, et les dames de Chaul envoyèrent spontanément à D. João de Castro les joyaux magnifiques dont elles se paraient, afin qu'il fût en mesure de subvenir aux frais de la guerre; « et l'on ne sait vraiment, dit l'historien qui nous transmet ce fait, ce qui eut plus de part à ce dévouement extrême, ou de l'amour de la patrie ou de la reconnaissance vouée au gouverneur. On avait vu, ajoute Freyre d'Andrada, des nécessités égales dans l'Inde; mais on n'avait jamais vu des sacrifices pareils à ceux qu'inspi-

---

(*) Une de ces pièces formidables fut transportée à Lisbonne, et elle est remarquable par les curieuses inscriptions dont elle se trouve chargée. Voy. à ce sujet les *Mémoires de l'Académie des sciences de Lisbonne*. Rien n'est bizarre, du reste, comme les dénominations orientales données à ces canons. Non-seulement on remarquait des *basilics*, ce qui se comprend par la forme de la pièce, mais il y avait des *aigles*, des *tigres*, des *chameaux*, etc., qu'on manœuvrait comme les autres pièces.

rait D. João de Castro ; nombre de gentilshommes qui avaient rempli tout récemment l'office de généraux, des vieillards qui ne pouvaient se soutenir qu'à l'aide d'un bâton, venaient s'offrir à lui pour servir comme soldats. »

Tandis que D. Alvaro de Castro, suivi de l'élite des Portugais de l'Inde, naviguait vers la forteresse de Diu, en dépit des obstacles de la saison ; tandis que son noble père recevait des marques de dévouement qui étaient pour lui un présage presque certain de triomphe, Roume-khan faisait des efforts incroyables afin d'accomplir enfin ce que son père avait commencé. Il appelait à son aide des troupes laissées en réserve jusqu'alors ; et il savait mettre en usage tout ce que le fanatisme religieux pouvait donner d'énergie à ses troupes. Tout cela eut peu de succès ; mais, sans triompher complétement, ce chef affaiblissait les chrétiens : il avait fait des offres honorables de capitulation à Mascarenhas ; ces offres avaient été rejetées. Un assaut général suivit ces propositions ; il fallut repousser les forces immenses employées à l'attaque ; ce fut alors qu'on distingua le fils du gouverneur, ce noble jeune homme qui se rappelait si bien les dernières paroles de son père (*). La mort de plusieurs braves, l'effroyable misère que l'on commençait à endurer, jetaient les assiégés dans un découragement complet, lorsque le vicaire de Diu, qui avait échappé à deux reprises aux périls de sa navigation aventureuse, se montra devant Diu, et put annoncer l'arrivée prochaine d'un secours si longtemps attendu. La joie rentra dans ces cœurs affligés ; la musique militaire se fit entendre de nouveau au milieu des cris d'allégresse, et chaque nuage qui paraissait à l'horizon, nous dit Andrada, était pris pour un des navires de la flotte ; mais, hélas ! cette flotte si désirée, arrêtée par les vents contraires, devait tarder encore bien longtemps !

Roume-khan s'était fait une telle idée de la bravoure des Portugais, qu'il avait pris l'habitude de dire familièrement à ses propres soldats, que les *Franguis* seuls avaient le droit de porter de la barbe au menton, et que ses troupes, pour valoir quelque chose, devaient songer à les imiter. Les divers assauts qu'il donna encore durent le confirmer dans cette opinion. Toutefois les mines qu'il était parvenu à creuser sous un des forts principaux, nommé le Saint-Jean, eurent d'effroyables résultats. D. Fernando avait quitté le lit de douleur où le retenait la fièvre, pour aller combattre dans ce lieu périlleux ; il fut frappé à mort lors de l'explosion de la mine, et avec lui périrent D. Francisco de Almeida, Gil Coutinho, Ruy de Souza, Diogo de Reynoso, noble cortége de braves, qui succombèrent peut-être, comme D. Fernando, pour s'être trop bien rappelé la valeur téméraire de leurs ancêtres. Ce fut encore dans cette occasion mémorable que cinq soldats portugais résistèrent pendant quelque temps à cinq cents Turcs bientôt suivis du reste de l'armée, et qu'ils surent leur défendre l'entrée du fort. D. João Mascarenhas, dit Freyre de Andrada, se porta immédiatement sur ce point avec quinze hommes ; et ses yeux purent contempler un double spectacle, l'un bien digne de douleur, l'autre d'admiration. Il se joignit alors à ces cinq hommes, et tous réunis ils opposèrent une si dure résistance à l'ennemi, qu'ils suffirent pour arrêter la furie d'une armée entière déjà presque victorieuse. Le fait rappelé ici, et qui ne dit que la vérité toute nue, surpasse sans doute tout ce qu'on a écrit et ce qu'on a inventé peut-être sur les Grecs et sur les Romains. — Le bruit courut par toute la forteresse que les Turcs étaient déjà maîtres du boulevard embrasé, et ceci fut cause que quelques soldats, combattant sur un autre point, se portèrent vers cet endroit, comme étant le plus périlleux. Or peut-être ce faux bruit sauva-t-il la forteresse, parce que ces soldats formèrent bientôt une masse qui suffit pour faire face à treize mille hommes d'infanterie, nombre auquel nos historiens font monter ceux qui avaient attaqué le boulevard de la mine. Les femmes elles-mêmes avaient appris à mépriser la vie ; elles apportaient les lances, les boulets, les gargousses ; et la valeureuse Isabel Fernandes, une demi-pique à la main,

---

(*) Jacintho Freyre d'Andrada dit en parlant de lui : *Parece que o valor não esperou a idade;* l'auteur portugais a-t-il voulu rappeler le vers si connu de tous ?

encourageait nos soldats par ses œuvres, et encore plus par son exemple et ses paroles. On l'entendait répéter à haute voix : « Combattez pour votre Dieu! « combattez pour votre roi, chevaliers « du Christ! car le Christ est avec vous! »

Roume-khan avait obtenu de tels avantages par l'explosion de la mine, qu'il crut devoir persister dans ce système d'attaque ; mais grâce à l'habileté de D. João Mascarenhas, ses efforts furent presque toujours inutiles. Dans une circonstance que nul historien n'oublie de mentionner, au moment où le général musulman se préparait à pénétrer au centre du fort par la brèche que la mine venait d'ouvrir, il vit avec une surprise mêlée de colère, qu'une muraille nouvelle avait été élevée par le capitaine général, et que ce rempart, qui se dressait d'une manière formidable, arrêtait encore pour longtemps l'effort de son armée.

Durant ces attaques Mascarenhas perdait cependant toujours quelques hommes; les vivres n'étaient plus en quantité suffisante, ou bien même ils s'étaient corrompus. Les Portugais sentaient intérieurement que la défense ne pouvait plus se prolonger; et le capitaine général avait déjà proposé à cette poignée de braves d'abandonner le fort et de faire une sortie, dans laquelle la garnison trouverait du moins une mort glorieuse, lorsqu'un des bâtiments détachés de l'escadre d'Alvaro de Castro parvint à entrer dans le port : non-seulement ce secours ranima des hommes intrépides qui étaient décidés à mourir, mais on persévéra dès lors dans la défense. La certitude que l'on eut d'un secours efficace et l'espoir de la prochaine arrivée de D. Alvaro rendirent ces soldats plus ardents que jamais, plus forts dans leur résolution énergique. Ce fut à cette époque que fut dit un mot longtemps célèbre dans l'Orient. Roume-khan avait dirigé son attaque contre le boulevard de Sant-Iago, et ce point important était défendu par un officier nommé Moniz Barreto. L'effort de l'ennemi fut si terrible, l'espèce de feu qu'il lançait sur le rempart eut une action si déplorable, que la plupart des hommes de Moniz Barreto moururent embrasés, heureux quand ils pouvaient aller se jeter dans des cuves d'eau disposées pour arrêter l'effet de l'incendie, et quand ils allégeaient ainsi leurs derniers tourments. Il ne restait plus que deux soldats; et Moniz Barreto venait d'être atteint par les flammes; il se retirait, lorsque ce court et sublime dialogue s'engagea. — « Où allez-vous ainsi? — Essayer d'éteindre ce feu. — Moniz, laisserez-vous perdre la forteresse du roi ? — Je vais me jeter dans une de ces cuves. — Croyez-moi, si les bras peuvent agir encore, cela suffit pour combattre ; tout le reste n'est rien ! » Et Moniz Barreto demeura à son poste; le boulevard fut sauvé. L'officier ramena en Portugal le généreux soldat qui lui avait donné un noble conseil; cet homme, qui vivait près de lui, n'était pas connu sous un autre nom que celui qui lui avait été donné par le peuple : *c'était le soldat du feu.*

Les faibles secours que Mascarenhas avait reçus étaient loin de suffire. Les Portugais, exténués, ne défendaient plus que des ruines, lorsque D. Alvaro de Castro arriva enfin devant la forteresse de Diu, avec quarante navires, reste des cinquante voiles qu'il avait au moment du départ; il lui avait fallu une prodigieuse persévérance et une habileté non moins grande pour vaincre la fureur des vents. L'abondance rentra dans le fort avec l'arrivée de la flotte, et l'on crut un moment que le commandement allait passer en d'autres mains ; mais les lettres du gouverneur général étaient précises; elles confiaient l'ardeur du jeune capitaine à la prudence du vieux soldat; et l'on peut dire que ce fut un des traits distinctifs de la grande âme de João de Castro, que l'espèce de déférence qu'il montra en toute occasion pour Mascarenhas; ses fils savaient l'imiter.

Cette haute prudence du capitaine général allait cependant devenir insuffisante. Les hommes bouillants que D. Alvaro avait jetés dans le fort se trouvèrent trop à l'étroit sur ce théâtre, témoin cependant de tant d'actions admirables ; en dépit des remontrances de D. João Mascarenhas, en dépit même des sages paroles de D. Alvaro, ils voulurent opérer une sortie. Les deux chefs furent bien obligés d'accompagner ceux qu'ils ne pouvaient plus contenir. Ils étaient six cents, ce qui suffisait pour défendre la citadelle devenue presque inutile devant une armée: ils furent battus, après avoir fait des prodiges de valeur. Ivre de son succès, Roume-khan commença à bâtir la ville nouvelle qu'il avait résolu d'édifier après l'expulsion des Portugais; il reçut même les félicitations des râdjâs voisins, qui l'envoyèrent complimenter sur une victoire qu'on croyait décisive. La grande nouvelle circula bientôt dans toutes les villes de cette portion de l'Orient; et, avant que Mascarenhas eût pu instruire le gouverneur général du désastre causé par l'imprudence de ses troupes, D. João de Castro connaissait déjà l'issue de la bataille et la situation des Portugais.

Le grand capitaine n'hésita pas un moment; il comprit qu'il fallait frapper par un coup décisif l'esprit de ces peuples qu'un jour de succès rendait si orgueilleux. Il voulait d'ailleurs venger ce jeune D. Fernando, dont il avait appris la mort en public avec un visage impassible, mais qu'il avait pleuré en secret. Ses préparatifs furent terminés en peu de temps : la municipalité de Goa le secondait d'une manière admirable; et pour relever l'État, comme on disait alors en parlant des Indes, nul sacrifice ne lui coûtait.

ARRIVÉE DE D. JOÃO DE CASTRO DEVANT LA FORTERESSE DE DIU. — Le 18 octobre 1546 fut choisi pour le jour du départ. Après avoir remis le gouvernement de la cité à l'évêque D. João d'Albuquerque et à D. Diogo de Almeida Freyre, le gouverneur général des Indes partit pour aller au secours de Diu. Ses forces navales consistaient en douze gros galions et en soixante bâtiments à rames. D. João de Castro avait arboré son pavillon à bord du *Saint-Denis*, et il emmenait avec lui ce que Goa comptait d'hommes expérimentés et de meilleurs soldats. En six jours la flotte parvint à Baçaïm (*Bassaïn* dans l'Arangâbâd). Le gouverneur continua sa route, et, ayant opéré à Ilha des Mortes sa jonction avec D. Manoel de Lima, qui, venant récemment de Portugal, dévastait la côte de Cambaya, il arriva à Diu après une rapide traversée.

L'arrivée de la flotte répandit une satisfaction universelle dans la forteresse; et, pour nous servir d'une expression de Freyre d'Andrada, ce ne fut pas sans une joie bien vive que l'on vit arriver celui qui ramenait la paix, mais la paix à la suite de la victoire.

D. João de Castro avait dit dans le conseil qu'un gouverneur général des Indes n'allait pas s'enfermer dans une forteresse, mais que, s'il venait à tirer le glaive, c'était pour châtier. Il fallait réaliser de telles paroles, et Roume-khan étalait dans la plaine une armée innombrable. D. João de Castro avait prévu les objections qui lui seraient faites et les difficultés qui se présenteraient; il répondit à tout en exécutant sans retard les plans qu'il avait tenus cachés.

Comme première condition du succès, il fallait laisser le général musulman dans l'ignorance des opérations qui se préparaient. En conséquence, D. João de Castro ordonna que les troupes opérassent leur débarquement durant la nuit, et qu'on les fit passer dans la forteresse le plus secrètement possible. Diviser l'attention de Roume-khan entre la forteresse et la flotte, c'était plus tard diviser l'armée, et se créer des chances pour la victoire.

Trois nuits suffirent pour effectuer cette opération; et, grâce à des échelles de corde, la nouvelle armée était introduite dans la citadelle que le général ennemi la croyait encore sur les galions : mille cris partis des forts, le bruit des instruments, les décharges d'artillerie saluaient la flotte pavoisée, et entretenaient les musulmans dans une erreur qui leur devint fatale (*).

João de Castro avait pris une grande résolution; et le jour même désigné pour l'attaque il voulut faire comprendre à ses troupes que cette résolution était inébranlable; il ne brûla pas ses vaisseaux comme Cortès, mais il fit arracher une des portes de la citadelle, et l'énorme bûcher sur lequel elle s'embrasa, servit, dit-on, à faire cuire le déjeuner des soldats portugais.

Bien que l'historien qui nous a pres-

(*) Le traité de Barreto de Resende renferme un plan de la forteresse, qui peut aider à comprendre cette partie si intéressante du récit des historiens portugais.

que toujours servi de guide paraisse incertain sur le chiffre exact de l'armée ennemie, il paraît positif que les forces de Roume-khan s'élevaient à plus de quarante mille hommes, et que les chefs, choisis parmi les vieux soldats de l'armée turque, étaient d'une valeur renommée. Ce fut en présence de cette multitude que l'on put comprendre toute l'habileté du général. Au moment désigné pour l'attaque, João de Castro ordonna aux embarcations de la flotte de se porter rapidement vers une partie de la plage où elles pouvaient être en vue de l'ennemi, et de simuler un débarquement; des acclamations devaient se faire entendre, des lances devaient être disposées de manière à faire croire à la présence de nombreux soldats. De l'aveu de plusieurs écrivains, ce fut à ce stratagème qu'on dut en partie la victoire. Roume-khan se vit nécessairement dans l'obligation de diviser ses forces pour garder la côte.

Le 11 novembre, jour de la Saint-Martin, João de Castro fit ses dernières dispositions. L'avant-garde de sa petite armée fut confiée à D. João Mascarenhas; car, ainsi que le dit Freyre d'Andrada, on lui devait bien l'honneur des premiers coups : il avait sous ses ordres cinq cents Portugais et six cents Canarins. D. Alvaro marcha à la tête des fidalgos avec cinq cents Européens. D. Manoel de Lima commandait un pareil nombre d'hommes; et le gouverneur se réserva huit cents Portugais, avec quelques Canarins et quelques Malabars.

Au signal donné, l'armée exécuta avec habileté son évolution. Roume-khan se porta en personne, avec le gros de ses troupes, vers le point qu'il croyait menacé, et ce fut en ce moment que l'avant-garde descendit dans la plaine. D. João Mascarenhas et D. Alvaro supportèrent le premier choc des forces musulmanes avec perte; et il leur fallut une singulière résolution pour tenir bon devant cette attaque.

João de Castro se porta immédiatement vers le pont qui conduisait à la ville; là il fit des prodiges de valeur, et, au cri de *Victoire! les Turcs sont en déroute*, il vit fuir devant lui l'armée entière. L'ennemi s'éloignait en désordre; mais, comme le dit Andrada, c'était en quelque sorte une victoire sans bataille, lorsque Roume-khan, averti de la confusion où se trouvaient les siens, revint avec ses janissaires et engagea réellement l'action; il déploya un tel courage que l'avantage fut un moment de son côté, et que deux fois la bannière portugaise fut renversée; mais, la targe au poing et l'épée à la main, João de Castro combattit personnellement avec une telle intrépidité, qu'il supporta avec quelques hommes l'effort de l'armée. Il réunit les Européens, qui commençaient à s'ébranler; et, formant un corps d'élite, dont le commandement fut donné à Alvaro, il attendit de pied ferme la charge nouvelle que préparait l'ennemi.

Roume-khan, en effet, avait fait former un croissant immense à son armée, et il espérait envelopper les Portugais. A la tête de ses braves, Alvaro n'hésita pas à entamer cette multitude. Malgré leur courage, les chrétiens étaient près de succomber, lorsqu'un événement inattendu vint doubler leur énergie. Frey Antonio do Casal, malgré son habit religieux, avait suivi l'audacieuse avant-garde, et il élevait dans les airs un crucifix, en encourageant les chrétiens, lorsqu'une pierre, lancée au hasard, vint frapper l'effigie sainte : un des bras du Christ était détaché, et l'image du Sauveur semblait prête à tomber au milieu des infidèles. A cette vue, les Portugais recouvrent des forces nouvelles; « ils prétendent venger l'injure faite au ciel, mieux encore que celle faite à l'État, et ils semblent plutôt les instruments de la victoire qu'ils n'en paraissent les auteurs [*]. » Roume-khan ne peut résister à l'effort de ces hommes qui défendent plus que leur honneur, et qui combattent pour leur Dieu : il fuit, et D. Alvaro, le poursuivant, pénètre jusque dans la cité. Il est joint, en ce moment, par D. Manoel de Lima, à la tête de son corps d'armée; le carnage devient épouvantable; une fois dans la ville, on ne trouve plus que des habitants inoffensifs, on ne rencontre plus d'ennemis. Diu est décidément au pouvoir des Portugais; car, tandis que les deux généraux y pénètrent par un point, l'autre

[*] Freyre d'Andrada, *Vie de Jean de Castro*.

extrémité tombe au pouvoir de João Mascarenhas.

Le reste de l'action mérite à peine d'être mentionné. D. João de Castro combattait encore dans la plaine, lorsqu'il apprit que la ville s'était rendue. Roume-khan avait bien eu le temps de rallier les restes de son armée, et il se présentait à la tête de huit mille hommes; mais il fut reçu avec un tel sang-froid par les quatre généraux, dont la jonction s'était opérée, qu'il ne lui resta bientôt d'autre ressource, pour sauver sa vie, que de se cacher au milieu des cadavres sanglants dont la plaine était jonchée, après s'être revêtu à la hâte d'une misérable tunique de soie. Fut-il reconnu, fut-ce l'effet du hasard? une pierre l'atteignit, et le fit rester parmi les morts. Plus tard, bien des gens réclamèrent l'honneur de lui avoir porté le dernier coup.

Après la victoire obtenue d'une manière si miraculeuse, la ville de Diu fut livrée au pillage : le butin fut immense; tout fut réservé pour l'État, ou partagé entre les soldats, sans que D. João de Castro, fidèle à ses principes, conservât pour lui un seul fer de lance. Les musulmans avaient perdu environ cinq mille hommes et quarante pièces d'artillerie. La valeur du numéraire qui tomba au pouvoir du gouvernement portugais pourvut et bien au-delà aux dépenses qu'avait exigées l'expédition.

UN EMPRUNT DE D. JOÃO DE CASTRO : SA LETTRE AUX HABITANTS DE GOA. — Après avoir remporté une victoire qui était certainement décisive aux yeux des Orientaux, et qui ruinait le roi de Cambaya, D. João de Castro songea à rebâtir la forteresse de Diu; mais il voulut qu'elle offrît à la fois plus de sécurité pour les Portugais et un aspect plus formidable aux yeux des musulmans. Malgré le butin considérable qu'il venait de faire sur la cité, il put craindre un moment que les fonds ne lui manquassent pour accomplir ce dessein; et, pour qu'une telle opération ne subît pas de retards, il se décida à faire un emprunt aux riches habitants de Goa, qui, du reste, avaient fait assaut de générosité avec ceux de Chaul durant cette campagne. La somme demandée par le gouverneur était considérable :

si loin de la métropole une garantie semblait nécessaire; voici ce que D. João de Castro écrivit aux membres de la Camara de Goa, qui représentaient la capitale des Indes :

« J'ai fait déterrer D. Fernando, mon fils, que les Maures ont tué dans cette forteresse, alors qu'il combattait pour le service de Dieu et du roi, notre maître. Je voulais vous envoyer ses ossements comme gage; mais ils se sont trouvés dans un tel état, qu'on ne pouvait encore les tirer de la terre. Il ne me restait donc d'autre chose que mes propres moustaches (*), et je vous les envoie par Diogo Rodriguez de Azevedo. Vous devez déjà le savoir, je ne possède ni or, ni argent, ni meubles; je ne possède aucuns biens-fonds, sur lesquels je puisse assurer mon emprunt : je n'ai qu'une sincérité sèche et brève, et Dieu me l'a donnée. »

Ces admirables paroles n'ont pas besoin de commentaires. La cité de Goa n'exigea pas d'autres gages; et les sommes demandées furent envoyées immédiatement. Néanmoins, et bien que Freyre d'Andrada passe ce fait sous silence, elles ne furent pas nécessaires. Pedro Barreto de Resende, qui est si bien informé de tout ce qui a rapport aux finances de l'Inde, nous affirme que le numéraire obtenu par le sac de Diu suffit, plus tard, à la reconstruction de la forteresse. Après avoir fait toutes les dispositions nécessaires pour mettre cette clef du Guzarate à l'abri d'un coup de main inattendu, tandis que l'on poursuivait ses constructions militaires, João de Castro retourna dans la métropole des Indes; et il y devint l'objet d'une ovation qui n'avait pas encore eu d'exemple dans ces contrées.

LE TRIOMPHE DE D. JOÃO DE CASTRO. — Barros donne ainsi le détail de cette pompe triomphale, qui, je le répète, n'avait pas d'antécédents aux Indes, et que le prestige d'un nom héroïque peut seul excuser aujourd'hui. « La

(*) Il y a dans le texte que reproduit Andrade *algumas minhas barbas*. Cette relique fut longtemps gardée dans la famille de João de Castro, et son petit-fils, l'archevêque, la conservait dans une urne de cristal, posée sur un socle d'argent. On avait buriné à l'entour du vase des vers moins beaux à coup sûr que ceux de Camoens en l'honneur du héros. On ignore ce qu'est devenu ce gage précieux.

cité avait fait construire, dans le bazar, un beau débarcadère, pour que le gouverneur se rendît à terre. On avait renversé la porte; du haut en bas, les murs étaient couverts de pièces de brocart et de velours de couleur. Tout l'espace le long du mur jusqu'au palais des vice-rois, était non-seulement tendu de toile et couvert de tapis, mais encore orné de ramée. Le gouverneur arriva le dernier à la suite de toute la flotte, et remonta le fleuve sur une galiote tendue de brocart, pavoisée de bannières de soie aux mille couleurs. Quatre-vingts embarcations, chargées de musiciens, le précédaient; et, dès qu'il mit pied à terre, il fut salué par tous les forts de la ville. Le gouverneur venait vêtu d'une robe à la française, de satin cramoisi, entièrement brodée d'or (*). Tous les gentilshommes qui avaient pris part à la victoire l'environnaient; et il était suivi par les divers équipages de la flotte, dans l'ordre qu'avaient gardé leurs navires durant la bataille. Le gouverneur descendit du débarcadère, et, à la porte des murs, les *vereadors* de la cité le reçurent sous un dais fort riche; puis le procureur de la ville, s'approchant, lui enleva sa toque, et un magistrat lui posa une couronne de laurier sur la tête : il lui remit également une palme magnifique dans la main. A quelque distance devant lui, on portait la bannière royale aux armes de Portugal, et Jusar-khan, capitaine du roi de Cambaya, le précédait. Prisonnier, il s'avançait les yeux fixés en terre et les mains croisées. On remarquait, en outre, sept bannières ennemies et un fort grand étendard qu'on traînait sur le sol. En avant de ces bannières marchaient plus de six cents captifs, des trains d'artillerie, et nombre de chariots, remplis de dépouilles guerrières, d'armes diverses, de fusils, de cottes de mailles, de lances, de harpons, de masques de fer et d'une multitude d'engins propres aux combats. On arriva dans cet ordre, jusqu'à la cour du palais, où l'on avait élevé une forteresse armée, qui commença à faire feu de son artillerie et à lancer des bombes, des fusées, des pots à feu : le tout en gardant beaucoup d'ordre et une heureuse disposition. De là on chemina tout le long de la rue Droite, qui était merveilleuse à voir; car une multitude de dames étaient aux fenêtres, avec des fleurs, des roses, des eaux parfumées qu'elles épanchaient sur le gouverneur. Les Hindous et les gens de tous métiers venaient lui offrir divers objets produits de leur industrie. Les orfévres, par exemple, présentaient de petits ouvrages d'or et d'argent, les marchands de soieries étendaient sous ses pieds des pièces d'étoffes, et ainsi de suite. Durant tout le chemin, le gouverneur garda une expression de visage fort allègre et souriante. Ce fut de cette manière qu'il arriva à la Miséricorde. Il y fit sa prière, et il offrit sur l'autel une riche pièce de brocart. De là il se dirigea par la rue du Crucifix et tourna vers Sam-Francisco, où les frères vinrent en procession le recevoir, répétant le *Benedictus qui venit in nomine Domini*. Il arriva au seuil de la cathédrale, à la porte de laquelle était l'évêque D. João d'Albuquerque, revêtu de ses habits pontificaux et accompagné des chanoines et du clergé, qui s'avancèrent en procession. Le gouverneur, dès qu'il fut arrivé près du prélat, s'inclina, se jeta à ses pieds avec effusion et respect, ayant le visage et sa barbe vénérables mouillés de larmes. Il baisa alors la très-sainte relique du vrai bois de la croix; puis il suivit l'évêque jusqu'à l'autel, où il fit sa prière, avant que d'offrir deux belles pièces de brocart. De là les magistrats voulurent l'accompagner jusqu'à son habitation, qui était située au *Sabaio*. Et alors au milieu de l'allégresse, des joyeuses inventions de fête et du bruit des instruments qu'on entendait sortant de la multitude, le peuple allait criant par les rues à haute voix : « Vive notre libérateur et celui de la patrie. » Tel est le récit de Barros. Plus tard João de Castro eut dans Goa même un autre triomphe, qui valait bien celui-là. Les In-

---

(*) Le portrait que nous offrons a été copié sur une peinture du temps, naïve mais quelque peu barbare; nous en dirons autant des figures qui ont précédé. Ces vénérables effigies qui ornent le précieux manuscrit de Barreto de Resende, reproduisent elles-mêmes les portraits originaux de Goa. Nous osons espérer que la partie iconographique dont cette notice est accompagnée, rectifiera plus d'une erreur perpétuée dans divers ouvrages : ici comme dans le texte on a tenté de revenir aux sources.

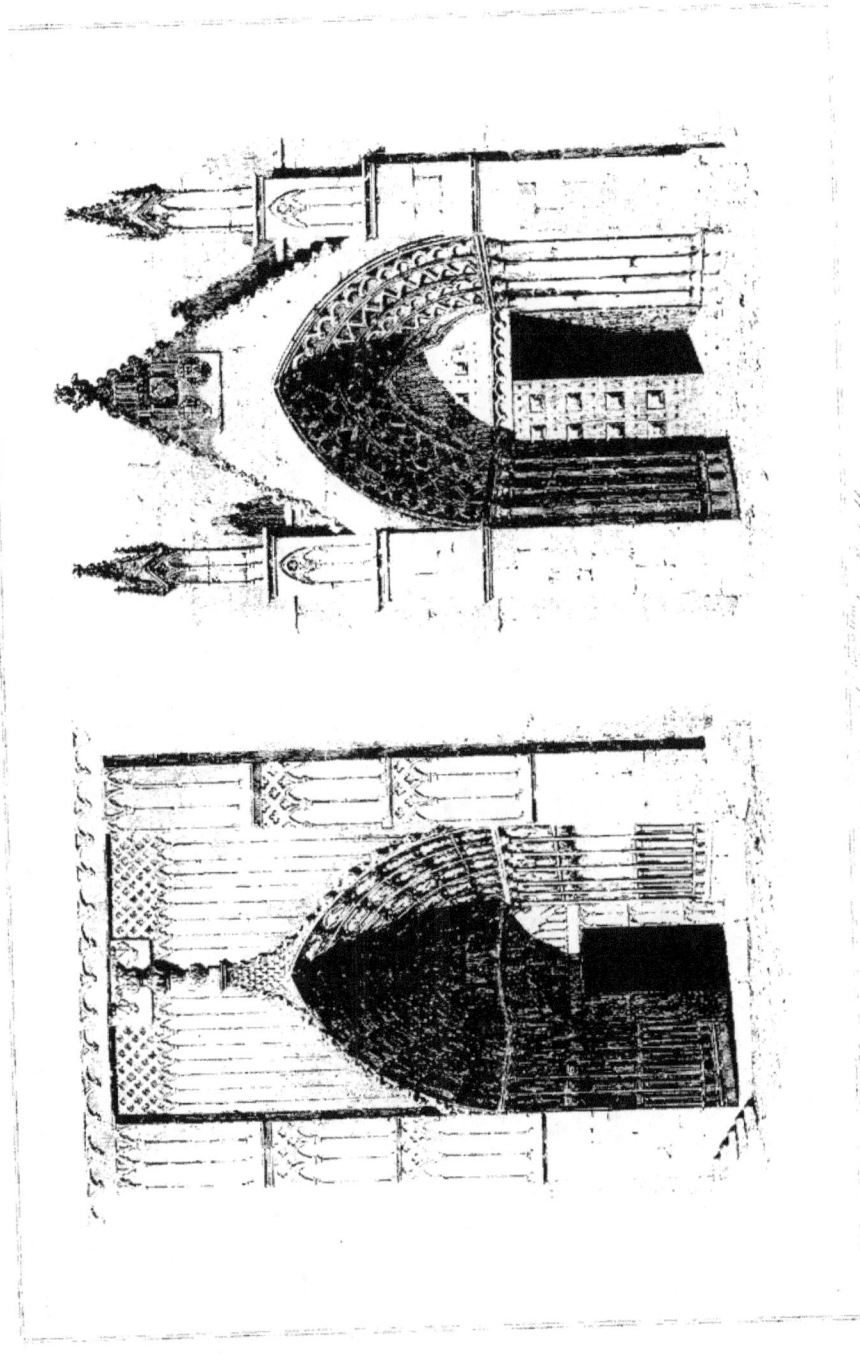

diens opprimés vinrent pleurer aux pieds de sa statue.

DERNIÈRE PÉRIODE DU GOUVERNEMENT DE D. JOÃO DE CASTRO. — IL EST NOMMÉ VICE-ROI DES INDES; SA MORT. — Une princesse d'un esprit élevé avait dit, en apprenant l'honneur insigne rendu à João de Castro par la chambre municipale de Goa : « Il a vaincu comme un chrétien; il a triomphé comme un idolâtre. » Il y a bien au fond quelque chose de vrai dans ces paroles sévères; mais il faut se rappeler que le héros chrétien vivait au milieu des idées de la renaissance, et qu'il voulait, d'ailleurs, par cette pompe inaccoutumée, frapper l'esprit des râdjâs vaincus. Il ne se reposa point, en effet, après son triomphe; et c'est avec peine que nous nous voyons contraint à dire, en quelques mots, les grandes actions qu'il accomplit. Ce fut d'abord sous son gouvernement que D. Jorge de Menezes s'empara de la ville imposante de Baroche (*Baroùtch*), dont le nom glorieux resta à sa famille; plus tard, et par ses ordres, Antonio Moniz passa à Ceylan, et il y fit redouter les armes portugaises, bien qu'il ne pût pas y faire triompher complètement le parti des chrétiens. Vers cette époque, Hidal-khan II, toujours préoccupé de la présence de Meale à Goa, voulut encore se débarrasser de ce prétendant par la force des armes : il leva une puissante armée, et commença à ravager les terres de Bardes et de Salsette; mais il fut encore défait par les troupes de João de Castro. Enfin, dans une autre partie de l'Orient, Achem tomba au pouvoir des Portugais; Malaca fut complètement pacifié: et ce fut à cette époque qu'on ressentit les puissants effets d'une parole énergique et sainte. François-Xavier, dont l'Église devait faire un saint, accomplissait déjà, par sa présence, ce que ne pouvaient toujours faire les armées.

Mais, tandis que ces choses se passaient dans les contrées que les Orientaux ont nommées poétiquement les *Paupières du monde*, João de Castro était contraint de pourvoir et de prévoir à la fois. D. João de Mascarenhas, qui avait consenti à rester, quoiqu'à grand'peine, dans la nouvelle forteresse de Diu, lui annonçait que le roi de Cambaya rassemblait de nouveau ses forces pour anéantir enfin la puissance des Portugais. Hidal-khan II, de son côté, réunissait des troupes nombreuses et menaçait d'une invasion. Ces dispositions hostiles furent déjouées par les prévisions de João III. Tandis que les troupes ennemies se préparaient, une flotte mouillait devant la barre de Goa, et, mettant à la disposition du gouverneur trois mille Portugais, lui permettait d'aller chercher le général musulman dans l'intérieur et de triompher sans combattre. Sur la renommée guerrière du général portugais, le roi de Canara lui envoyait à Goa des ambassadeurs avec mission de se liguer avec lui contre Hidal-khan; et cette simple démonstration suffisait pour contenir le chef mahométan, et pour l'éloigner du territoire que ses armées couvraient déjà. La présence de João de Castro devant Ponda suffisait ensuite pour anéantir la puissance du général qui avait craint de l'attaquer.

Le second voyage militaire de João de Castro à Diu, l'expédition de D. Alvaro à Surate, les hostilités reprises à Baçaïm contre le roi de Cambaya, l'incendie de Daboul, et enfin la fameuse bataille de Saint-Thomé, livrée près de Goa au général qu'Hidal-khan avait choisi pour le représenter et que les jeunes filles célébrèrent si longtemps après dans des romances historiques, tout cela prouverait que le héros était bien loin de se reposer après les joies du triomphe. D. João Mascarenhas était retourné à Lisbonne, où sa réputation lui avait valu de nobles récompenses. Le bruit des grandes actions qui avaient eu lieu sous les murs de Diu se répandit parmi le peuple, et il y eut alors pour João de Castro un triomphe vraiment national. La nouvelle d'une victoire si extraordinaire parut assez importante pour qu'on la transmît solennellement au souverain pontife. João III, obéissant à la voix commune, changea le titre de gouverneur des Indes contre celui de vice-roi. Ce n'était pas là ce que demandait João de Castro; fatigué de gloire et de triomphes, il aspirait après sa fraîche solitude de Cintra; il demandait à être rappelé en Europe; on lui répondit par l'envoi d'un titre pompeux. Il voulait quelques années de repos à l'ombre de ces arbres qu'il avait plantés lui-même pour ombrager son pauvre ermitage ; on lui imposa de nouveau la fastueuse représentation de Goa la Dorée ; il fut vice-roi quatorze jours !

Il n'y a rien de plus touchant dans l'histoire que la fin de cet homme, qui recevait, sur un trône, des princes étalant tout le luxe de l'Orient, et qui, parvenu à une pauvreté extrême, se voyait malade et contraint d'avouer enfin sa misère. « Voyez, je suis en vérité dans un grand dénûment pour un vice-roi, disait-il dans les derniers temps au sénat de la ville de Goa. Mais les soldats sont mes fils ; ils vous diront qu'avant l'argent du roi, ils ont toujours eu à leur disposition le salaire du gouverneur ; et l'on ne doit pas s'étonner que le père de tant d'enfants soit devenu pauvre (*) ! »

Il était réellement l'appui de ces hommes indomptables, qu'il conduisait, quand il le voulait, à la destruction des armées ; mais la religion, dans les derniers jours, lui donna à son tour un père. François-Xavier vint l'assister au moment suprême. Qui dira les entretiens qu'il y eut entre ces deux hommes, les regrets que le héros confia au prêtre ? Peut-être s'accusa-t-il alors de son triomphe. Oh ! comme il aurait donné tous ces souvenirs pour une parole de l'épouse qu'il avait saintement aimée (**) ! Il fallut mourir sans l'avoir embrassée, sans avoir mêlé ses larmes aux siennes, en parlant de ce fils de dix-neuf ans qu'elle-même il n'avait pas revu ! Et voilà tout ce que saint François-Xavier eut à consoler de douleurs.

Que dire sur le caractère de João de Castro, qui ne soit en termes nobles et simples par ses lettres, par ses propres écrits. S'il s'agit de sa conduite politique, il faut nécessairement répéter, à propos de son irréprochable carrière, ce qu'un autre grand homme disait à D. Manoel : « Les Indes, en effet, parlent pour lui. » Cependant nous ne pouvons résister au désir de rapporter ici un fait intéressant, que nous trouvons consigné dans un excellent recueil portugais. João de Castro est du très-petit nombre d'hommes dont le souvenir a été consacré aux Indes par un buste ou par une statue : son effigie a été placée au-dessus de la porte qui sert d'entrée à Goa : naguère encore on venait requérir le souvenir du héros, comme on eût invoqué le secours d'un saint. « J'ai vu, disait un magistrat honorable, les esclaves, les malheureux Canarins accourir les mains jointes, pour demander justice et protection au grand homme ; comme si cette froide effigie pouvait briser leurs fers ou les délivrer de l'oppression et de la cruauté de leurs maîtres iniques ; tant était vif encore le souvenir de son humanité compatissante pour les opprimés, et cela après trois cents ans (*) ! »

COUP D'ŒIL SUR LA SITUATION DE L'INDE APRÈS LA MORT DE D. JOÃO DE CASTRO. — VICE-ROIS QUI LUI SUCCÉDÈRENT. — Les historiens portugais conviennent unanimement qu'à l'époque de l'administration du quatrième vice-roi, on crut avoir retrouvé ces temps de prospérité presque fabuleuse qui suivirent la domination trop courte des Almeida et des Albuquerque : cette prospérité, qui se liait intimement aux vues d'un grand esprit et à l'exemple donné par une probité sévère, ne fut que de courte durée. Insensiblement les agioteurs, les hommes d'affaires prirent le dessus, si bien que, soixante ans plus tard, un auteur portugais, écrivant sur la statistique, pouvait dire : « Tel est le nombre des écrivains qui assiégent les bureaux de l'administration de Goa, qu'on dirait une ville de plaideurs et non une ville de guerriers (**). Cette décadence politique n'arriva pas tout à coup, néanmoins ; et les temps qui suivirent l'époque de João

---

(*) La Clède, si pâle d'ordinaire, s'anime quelque peu en parlant de cette noble fin, et il ajoute : « Castro joignait aux vertus civiles les vertus guerrières, et l'on peut le compter au rang de ces hommes rares que la nature ne produit que de loin en loin. »

(**) La seconde épouse de João de Castro, dona Maria de Noronha, était d'une beauté remarquable, et fut recherchée en mariage par plusieurs seigneurs après la mort de son mari. Elle conserva l'éternelle mémoire du héros, et fit vœu de chasteté. Sa mort arriva en 1584 ; on l'a enterrée dans le pauvre couvent de Cintra.

(*) Ces derniers détails sur l'espèce de culte rendu à la statue de João de Castro sont tirés du *Panorama*, t. VI, p. 191 ; le magistrat désigné ici est M. le conseiller João Osorio de Castro Cabral ● Albuquerque.

(**) « *E parece a cidade de Goa, mais academia de litigantes que escola de armas.* » Breve tratado ou epilogo dos vizo-reys da India. Manuscrit de la Bibliothèque royale.

de Castro furent encore des temps glorieux; quelques pages extraites de Barros ou de Diogo de Couto le prouveraient aisément; mais, il faut bien l'avouer, ce qu'il importe vraiment à l'Europe de savoir sur la conquête de l'Inde est dit après le récit de la période que nous venons de signaler. »

Nous ne donnerons plus que quelques dates et que quelques faits, en suivant l'ordre chronologique, jusqu'à l'époque malheureuse où D. Sébastien perdit son royaume, malgré les représentations austères de ce Mascarenhas qui avait joué un si grand rôle durant le siége de Diu.

Le gouverneur qui succéda immédiatement à João de Castro fut Garcia de Sá, alcaïde de la cité de Porto. Il administra un peu plus d'un an, jusqu'en 1549, et fit la paix avec le roi de Cambaya, après avoir fortifié de nouveau les places militaires de sa vice-royauté. Les dominicains s'établirent aux Indes; et le râdjâ de Tanor, qui vint à Goa, se fit chrétien. Jorge Cabral, qui succéda au gouverneur que nous venons de nommer, n'administra guère plus longtemps que lui; car il déposa le pouvoir le 6 novembre 1550. Durant ce court espace de temps, les Portugais remportèrent de grandes victoires navales sur le Samori, et ils détruisirent Capocate, Turacolle (probablement *Toráh*), Coulète et Panane: Ceylan fut également le théâtre de plus d'un fait d'armes remarquable. D. Jorge de Castro y prit la ville de Ceitava.

D. Affonso de Noronha, qui vint après lui, fut revêtu du titre de vice-roi. C'était le cinquième seigneur auquel le gouvernement avait concédé cette dignité, il la conserva durant quatre ans. En ce temps (*), les guerres lointaines se succédèrent avec activité. Soliman perdit, à l'exception de deux navires, la flotte de vingt-cinq galères qu'il envoyait au secours d'Ormuz: le pouvoir du principal souverain de Ceylan fut ruiné. Aux Moluques, Tidore subit le même sort, et le capitaine de Ternate, Bernaldim de Sá, détruisit cette ville. Pedro Mascarenhas fut à la fois gouverneur et vice-roi. Parti de Lisbonne en 1554, il ne régit que neuf mois: pendant cette courte administration, il secourut Surate contre les Turcs; et les revenus de la douane de Diu appartinrent en entier à la couronne de Portugal; ce qui fut remarqué comme une amélioration dans l'administration financière, amélioration à laquelle on était loin de s'attendre et qui fit le plus grand honneur à Diogo de Noronha, capitaine de cette forteresse. Le passage si court de Pedro Mascarenhas fut marqué par les dissensions sanglantes qui éclatèrent entre les gentilshommes portugais résidant aux Indes; et l'on affirme que ces luttes intestines abrégèrent la carrière du successeur de Noronha: il mourut en 1555, et ordonna que ses ossements fussent transportés en Portugal.

Francisco Barreto fut nommé dix-septième gouverneur des États de l'Inde: il prit le pouvoir en juin 1555, et commença bientôt une guerre active contre Hidal-khan, lutte dont le souverain musulman se trouva assez mal pour accepter la paix avec empressement. A en juger par une satire qui nous a été transmise dans les œuvres de Camoëns, sous le titre de *Disparates da India*, si le courage ne manquait pas aux habitants de Goa, l'état moral du pays était devenu déplorable. Ce fut cette pièce, empreinte d'une assez vive ironie, qui indisposa le gouverneur contre le poëte et qui le lui fit exiler. Malgré la tache bien réelle qui en est résultée pour la mémoire du gouverneur, on ne peut se dissimuler que Francisco Barreto n'ait montré du courage et de la fermeté durant son administration, qui dura trois ans et deux mois. Outre ses guerres victorieuses contre Hidal-khan, il ruina Suaquem, ou du moins il envoya Peixoto contre cette ville, et il prit les forteresses d'Asserim et de Manora. Par ses ordres, Pedro Barreto Rolim entra dans le Sindh, et détruisit plusieurs villes. La guerre ne cessa pas non plus dans Malaca. Francisco Barreto quitta l'Inde pour aller conquérir, en Afrique, le royaume du Monomotapa. Bien des années après avoir abandonné un pays où il laissait des souvenirs glorieux, mêlés

---

(*) Ce fut l'époque à laquelle le grand Akbar monta sur le trône. L'empire moghol, fondé en 1525 par Bâbr, arrière-petit-fils de Timour-Leuck, allait être dans tout son éclat.

à des traces de violence, il mourut là misérablement, en 1573 ; et ce fut à peine s'il eut pour s'abriter, durant sa dernière maladie, une misérable cabane, construite à la hâte dans le désert. Bientôt la vice-royauté des Indes fut briguée par les seigneurs que leur naissance rapprochait le plus du trône. En 1558, D. Constantino de Bragance, fils du duc Jaime, partit comme septième vice-roi, avec quatre navires. Des souvenirs aimables se rattachent à D. Constantin, en mémoire de l'allégeance toute secourable qu'il accorda au grand poëte persécuté naguère par Barreto. L'administration de ce prince ne fut pas non plus sans gloire pour les armes portugaises ; après une lutte sanglante, la forteresse de Damam (*Damaoun*) tomba en son pouvoir. Il châtia le roi de Jafanapatnam. D. Constantin de Bragance avait été nommé au poste important qu'il occupait, durant la minorité de D. Sébastien, par le grand inquisiteur D. Henrique, oncle du jeune roi : il ne faut donc pas s'étonner si le terrible tribunal, qui avait épargné les Indes jusqu'à cette époque, se dressa plus sanglant, plus implacable à Goa qu'il n'était en Europe. La métropole des Indes fut érigée en même temps en archevêché ; Cochin, Malaca, reçurent des évêques. Ces soins purement religieux n'empêchèrent pas D. Constantin de détruire Mangalor et d'inquiéter la côte du Malabar. Il fonda en Afrique la forteresse de Mozambique, telle qu'elle exista longtemps ; mais sous son administration les Portugais perdirent Punicale, à la côte de la Pêcherie, puis Balsar dans la circonscription de Damam. Ils furent également battus à Baharem, qui fournissait des perles si abondantes ; il ne fallut pas moins qu'une grande victoire, remportée sur le Samori, pour effacer ces défaites. D. Constantin de Bragance quitta les Indes en 1561.

Celui qui lui succéda eut aussi le titre de vice-roi, et il était le huitième dans l'ordre chronologique ; c'était D. Francisco Coutinho, comte de Redondo. Durant son court séjour aux Indes (car il n'administra que deux ans et demi) Francisco ne provoqua pas de bien grands événements. Cependant, Garcia Roiz de Tavora, gouverneur de Damam,

remporta une victoire signalée sur les chefs musulmans, qui s'étaient mis en campagne contre les Portugais, déjà moins redoutés. Quant au vice-roi, après avoir rassemblé une grosse flotte à Cochim, il eut une entrevue avec le Samori, et là on jura de nouveau la paix, qui avait été conclue précédemment.

Francisco Coutinho étant mort à Goa en 1564, D. João de Mendoça prit le soin de l'administration ; mais il ne gouverna que six mois, et partit pour le Portugal : ce fut un homme habile qui le remplaça. D. Antão de Noronha, neuvième vice-roi, partit en 1564, et il gouverna jusqu'en 1568. Les guerres se renouvelèrent avec un degré de violence inusité, dans l'île de Ceylan ; elles ne prirent un caractère si terrible qu'en raison des idées religieuses, qui s'étaient exaspérées de part et d'autre au plus haut point. Le capitaine général de Colombo, Pedro de Taïde, protégeait le roi de Cota, qui s'était fait chrétien. Bientôt les Chingulais vinrent assiéger ce prince, et leurs troupes réunies formèrent une armée innombrable. Les Portugais accoururent au secours de leur allié ; et l'on aura une idée du massacre qui eut lieu, quand on saura que dans un seul clos, où l'on put les compter, on releva deux mille cadavres. Les Portugais ne perdirent qu'un seul homme ; il se nommait Pedro Fernandez Janeiro. Cette mort empêcha que le miracle ne fût complet aux yeux des chrétiens ; car ils ne purent s'empêcher d'attribuer une telle victoire à un pouvoir surnaturel. La ville de Colombo elle-même, qui subissait un siége des plus rudes, fut sauvée grâce à soixante Portugais, qui rétablirent les communications avec la métropole et qui, dans une seule affaire, tuèrent jusqu'à cinq cents Chingulais. Tout cela n'empêcha pas que sous D. Antão de Noronha les Malabares ne commençassent à remporter des avantages, qui exaltèrent leur orgueil, et qui furent le début d'une décadence déplorable. Don Leonis Pereira soutint l'honneur portugais dans l'île de Malaca.

Luiz de Taïde, seigneur d'Atouguia, vint aux Indes, dont il fut le dixième vice-roi, en 1568 ; il déploya des qualités éminentes, et il faut convenir qu'un homme de guerre était devenu nécessaire pour soutenir l'administration; car, sur tous les points, l'empire colossal des Portugais se trouvait attaqué. Presque au même moment, Luiz de Taïde eut sur les bras Hidal-khan II, qui venait assiéger Goa à la tête d'une armée de quatre-vingt-dix mille hommes; et le souverain que les chroniques désignent, improprement sans doute, sous le nom de *Malique*, celui-là prétendant s'emparer de Chaul, marchait contre cette forteresse à la tête de cent cinquante mille assiégeants. Le Samori, en dépit de la paix jurée naguère, avait pris parti contre les chrétiens, et le roi d'Achem mettait sur pied contre eux des forces immenses. Pendant les trois années que dura son gouvernement, Luiz de Taïde remporta sur ces armées puissantes plusieurs victoires signalées; et de retour à Lisbonne, le jeune monarque qui avait succédé à João III lui fit l'honneur insigne de le conduire lui-même à la cathédrale de Lisbonne, pour y rendre grâce à Dieu d'avantages inespérés. Il n'en est pas moins vrai que le prestige des temps glorieux allait s'effacer.

D. Antonio de Noronha fut nommé vice-roi dans ces circonstances difficiles; il partit en 1571, et donna à l'Asie méridionale un triste spectacle. Desservi, dit-on, par des lettres parties de l'Inde, il fut révoqué de sa dignité, et le poste éminent qu'il occupait fut remis à Antonio Moniz Barreto, qui était venu à Goa sur la même flotte que lui. Antonio de Noronha mourut en 1573, presque aussitôt après son retour en Portugal.

Nous ne saurions nous étendre beaucoup sur la carrière politique et administrative d'Antonio Moniz Barreto, quinzième gouverneur des Indes, non plus que sur celle de D. Diogo de Menezes; le premier vint en 1571, et, durant ses trois années d'administration, vit Ternate tomber au pouvoir de l'ennemi; le second ne régit les Indes que neuf mois et repartit en 1578, sans avoir accompli aucun fait bien important pour la mère patrie.

La nomination de don Luiz de Taïde comme dixième vice-roi fut pour ainsi dire le dernier acte important de l'administration de D. Sébastien; par une suite de la fatalité qui semblait peser sur le Portugal, cet acte fut inutile.

D. Luiz, qui avait déjà conduit les affaires avec une rare énergie, ne vint aux Indes, en 1578, que pour faire la paix avec Hidal-khan; et rien de grand ne se passa alors sous son gouvernement. Mais nous avons prononcé une date fatale: désormais tout va changer dans les Indes comme en Europe; et si nous jetons encore un coup d'œil sur cette contrée, théâtre de si merveilleux exploits, ce sera pour signaler plus de défaites que de victoires, plus de misère que de grandeur.

PREMIER ÉTABLISSEMENT DES PORTUGAIS A LA CHINE. — FONDATION DE MACAO. — On n'a en général que des documents fort vagues et très-incomplets sur les premiers établissements formés à la Chine par les Portugais. L'aventureux Fernand Mendez Pinto est à peu près le seul qui donne des détails précis sur leur arrivé dans ces régions: la colonie de Macao eut cela de particulier, qu'elle fut fondée à l'insu de la métropole, pour ainsi dire, et qu'elle vint demander d'elle-même à la mère patrie les institutions qui la devaient régir. Nous allons établir ces faits curieux, d'après un document dont on ne saurait contester la valeur, puisque nous l'extrairons des dernières représentations faites par les citoyens de Macao aux Cortès.

Les premiers établissements fondés par les commerçants portugais sur les côtes de la Chine, furent loin d'avoir un heureux résultat; et il faut surtout appliquer cette réflexion à la ville si florissante et si riche de Liampô, qui fut réduite en cendres, en moins de trois heures, et où périrent plusieurs centaines de Portugais (1542). Ce sinistre fut dû à la rapacité d'un magistrat, dont le nom est encore aujourd'hui maudit par ses compatriotes. Quelque temps après cette horrible catastrophe, les Portugais allèrent de nouveau tenter la fortune vers les îles qui bordent la côte, et ils obtinrent enfin du gouvernement chinois la permission de s'établir sur le rocher où a été fondé Macao. On commença dès 1557 à bâtir quelques pauvres habitations, ou, pour mieux dire, quelques cabanes, auxquelles succédèrent bientôt des maisons décentes, des églises et quelques édifices. Le rocher concédé par les Chinois avait vu s'élever peu à peu une ville importante, lorsqu'en 1565, les habitants résolurent de réclamer pour la colonie les priviléges appartenant aux autres cités du royaume, ainsi qu'aux États de l'Inde. En conséquence, ils élurent parmi eux un procureur et des *vereadores*, et ils offrirent au souverain la ville nouvellement bâtie, en demandant pour elle à D. Duarte de Menezes, qui était alors vice-roi des Indes, le titre et les droits de cité. Selon les expressions formelles de Menezes, ces priviléges furent accordés au nouvel établissement, en considération de ce qu'il s'était fondé avec ses propres ressources : on le traita sur le pied de Cochim, qui jouissait alors de priviléges analogues à ceux d'Évora (*).

Parmi les incidents historiques se rattachant à Macao, on ne connaît guère en France que cette poétique tradition qui en fait le séjour de Camoens. (**) Il est juste de rappeler, néanmoins, que les habitants de cette ville se conduisirent plus d'une fois avec une rare énergie ; et, s'il nous était donné de suivre les établissements coloniaux portugais dans leurs phases diverses, nous dirions qu'assiégée en 1625 par dix-neuf navires de guerre hollandais, auxquels il faut joindre des forces considérables agissant du côté de terre, cette ville sut conserver son indépendance. Plus de cinq cents Portugais périrent ; et les fortifications, qu'on voit encore aujourd'hui, furent élevées par les prisonniers de guerre qu'on fit aux Hollandais, dans la journée du 23 juin 1622. Il est bon de remarquer aussi qu'à cette époque les riches établissements de Malaca, de Ceylan et des Moluques, ne pouvaient point se glorifier d'une pareille résistance. Vingt ans plus tard, en 1642, la ville de Macao apprit le rétablissement de la maison de Bragance sur le trône, et, sans attendre que l'impulsion lui vînt de Lisbonne ou de Goa, elle s'empara de la garnison espagnole et la transporta sans délai aux Philippines. Il nous serait facile de multiplier ces détails ; mais nous sommes déjà bien loin de la période historique qu'il nous reste à traiter ; et nous nous contenterons de dire que la colonie portugaise a été fondée, dès l'origine, sur un territoire tellement limité, qu'on le peut parcourir dans l'espace de deux heures. Ce fut l'empereur Khang-hi à la munificence duquel on dut cette concession ; et il fut assez prudent pour qu'elle ne pût nuire, en aucune façon, à la population chinoise. Bâtie sur la pointe orientale de la presque île de *Negao Men*, la ville de Macao fut séparée, originairement, du territoire chinois par une ligne de démarcation, tracée sur une espèce d'isthme fort étroit, qui fait communiquer Negao-Men à la terre ferme ; il fut convenu, dès le principe, que si les Chinois pouvaient entrer sur le territoire des Européens, toutes les fois que bon leur semblerait, les Européens n'auraient le droit de franchir la barrière que sous le bon plaisir de l'autorité. Ce qui était arrivé à Ceylan, à Malaca et à tant d'autres contrées, avait éclairé les habitants du céleste empire.

ORIGINE HISTORIQUE DE GOA, LA VILLE INDIENNE. — Il est fait mention pour la première fois de cette ville célèbre dans l'ancienne histoire du Dekk'han par Ferichta en parlant du règne de Mujahid Schah, troisième empereur de la dynastie de Bhamani, qui commença à régner vers 1347. Goa y est considéré comme un port de mer, appartenant depuis près d'un siècle aux râdjâs de Bisnagar. Selon la tradition transmise aux Portugais par les indigènes, le brahmanisme était alors la seule religion professée dans *Tissuary*, nom primitif de cette île (*).

(*) Macao fut érigé en siége épiscopal dès le seizième siècle. Le premier prélat qui y résida fut un jésuite nommé Belchior Carneiro. Le second évêque de la Chine s'appelait D. Léonardo de Sá, et fut sacré en 1577. Il avait également la charge spirituelle du Japon. Cardoso vante sa science et ses vertus.

(**) Voy. l'*Aurora Macaense*, imprimée à Macao en 1844. Nous signalerons aussi aux curieux un ouvrage intitulé : *Memorias acerca de Macau*, par M. Jozé Joaquim d'Aquino Guimaraens e Freitas. Voy. également M. Loureiro.

(*) Ces précieux détails sur l'origine de la métropole des Indes sont extraits d'un opuscule publié à Madras en 1831, par un Français qui a écrit en anglais. Ce curieux volume est intitulé *An historical Sketch of Goa*, by the late rev. Denis L. Cottineau de Kloguen. Ce digne ecclésiastique, né à Nantes, mort à Karrical en 1830, a, dit-on, laissé une *histoire des Indes* écrite en français ; elle a été recueillie sans doute par ses

En 1469, Malek al Tojar Khodja Jehan, premier ministre de Mahomet II, treizième empereur du Dekk'han de la dynastie de Bhamani, s'empara de l'île de Goa sur Humragi, régent de Bisnagar, qui gouvernait ce royaume durant la minorité des fils de Severoy. Kishwer-khan avait été l'un des officiers qui s'étaient distingués le plus durant cette conquête; le souverain du Dekk'han lui en laissa le gouvernement; ce fut en vain que, trois ans après, Perkna, râdjâ de Belgam, voulut s'emparer de nouveau de l'île, il fut repoussé. C'est à l'année 1479 qu'il faut faire remonter la construction de la cité de Goa sur l'emplacement qu'elle occupe aujourd'hui. Selon Antonio de Souza, Miguel Oum, persécuté par le râdjâ d'Onor, mais protégé par le souverain du Dekk'han, vint à la tête de ses musulmans dans l'île et y fonda Goa proprement dite. Le révérend Denys Cottineau de Kloguen affirme que l'ancienne cité était plus au centre de l'île, dans le voisinage du rivage sud. Il ne reste plus de cette ville primitive que quelques misérables masures à proximité de l'église paroissiale de Saint-André, mais la colline est encore désignée sous la dénomination d'ancienne Goa, que les voyageurs ont improprement appliquée dans ces derniers temps à Goa elle-même; la nouvelle cité, bâtie par les mahométans sur le rivage nord de l'île opposé à celui de Divar, devint immédiatement une place florissante, grâce à l'excellence de son port; mais elle n'était pas d'une grande étendue. Nous ne suivrons pas dans ses diverses révolutions politiques l'histoire de cette capitale déchue, nous nous contenterons de dire qu'à l'époque où Vasco da Gama arriva aux Indes, un juif polonais, qui se donnait pour un Italien, vint auprès de l'amiral, lui faire des offres de service en se disant le premier ministre du Sabaio, roi de Goa. L'auteur qui nous sert ici de guide dit « qu'en admettant l'existence de ce juif, le personnage qu'il lui plut de désigner sous le titre de souverain de Goa n'était probablement autre que Maleek-Eia-al Moulk, vassal de l'empereur du Dekk'han ou bien Adel-schah, que les Portugais appellent Hidal-khan, et qui, s'étant déclaré, en 1489, sultan de Visapour, reconnaissait la souveraineté de l'empereur désigné plus haut. » Ce qu'il y a de certain, c'est que ce chef mahométan avait une prédilection particulière pour Goa, et qu'il y faisait fréquemment sa résidence. On a vu déjà comment Albuquerque parvint en 1510 à s'emparer de cette ville florissante. Adel-schah ou, si on l'aime mieux, Hidal-khan accourut et força la garnison chrétienne à s'embarquer; mais Albuquerque se présenta de nouveau avec la flotte, et Goa devint à tout jamais la métropole de l'Inde portugaise. La ville se couvrit immédiatement de magnifiques constructions, de vastes églises, de riches arsenaux; on y battit monnaie; puis, en 1567, Antonio de Noronha l'entoura d'une vaste muraille, si bien qu'en l'année 1571, précisément deux ans après que le Camoens l'eut quittée, Goa était parvenue au plus haut degré de splendeur qu'elle pût atteindre. Goa se trouvait naturellement défendue par sa position; cependant ses fortifications naturelles laissaient malheureusement un passage libre, et l'espèce de gué que l'on nommait le *passo de Gondali* pouvait être aisément traversé à la marée basse. Toutefois, un usage étrange, rapporté par le plus sincère des historiens portugais, avait fait de ce canal un lieu redoutable, que fuyaient également les musulmans et les chrétiens. Bien qu'elles fussent mêlées aux eaux de la mer, les eaux de ces marécages servaient, dit-on, de refuge à une foule de crocodiles, qui devenaient les terribles défenseurs de la cité. Une loi ordonnait que tous ceux qui étaient condamnés à mort par la justice fussent jetés dans ces lagunes, pour servir de pâture aux hôtes qu'elles renfermaient. Ces crocodiles s'étaient si bien multipliés, leur férocité était devenue telle, que, soit terreur fondée, ou crainte imaginaire, les Maures n'osaient franchir le gué. La ville dès cette époque présentait un mouvement extraordinaire, et si l'on adopte le témoignage d'Albuquerque lui-même, si l'on s'en rapporte aux documents fournis par le vainqueur, Goa, telle qu'elle était au seizième siècle, remplaça une cité déjà importante par

héritiers. Faisons des vœux pour que ce travail précieux, qui intéresse la gloire de la Bretagne, soit quelque jour publié.

ses édifices. Le père Cottineau de Kloguen signale quelques restes sans importance qui ont pu appartenir à cette première période. Ce qu'il y a de certain, c'est qu'au temps de João III, les belles pagodes indiennes, les élégants minarets musulmans, avaient complétement disparu. Toute la splendeur de la capitale des Indes était empruntée aux souvenirs de l'Italie (*). Nous allons essayer de faire comprendre quel était l'aspect de cette magnifique cité de la renaissance, transplantée sous le ciel indien.

GOA AU SEIZIÈME ET AU DIX-SEPTIÈME SIÈCLE (**). — Goa la Dorée n'existe plus, pour nous servir d'une belle expression du docteur Buchanan ; mais, il y a deux siècles, Goa s'élevait dans toute sa splendeur, et ce sera un vénérable religieux, dont le livre est presque oublié, qui nous fera connaître la métropole des Indes. Prieur d'un des plus nombreux monastères de cette ville opulente, renommé par son instruction solide, il peint avec plus de détails et plus de vérité cette capitale fameuse que ne l'a fait aucun auteur contemporain : n'ajoutons rien à sa naïveté.

« Goa, chef de toutes les conquêtes orientales des Portugais, cour du viceroy, siége archi-épiscopal, où se trouve le parlement ou souverain sénat de la justice, et le tribunal de la sainte inquisition, Goa est une cité de la grandeur d'Avignon.... La ville est plus longue que large; car elle s'estend le long du rivage du fleuve de l'occident vers l'orient. En la partie septentrionale de l'isle, il y a dans la ville deux collines, l'une vers le couchant, surnommée sainte pour autant que six églises y sont basties, et l'autre vers le levant; la colline occidentale est jointe du costé du midy à des montagnes, qui parcourent presque toute la longueur de la ville, et la terminent de ce costé-là, et du costé du septentrion elle touche presque jusqu'au fleuve. Il est vray qu'à son pied, il y a une rue assez petite sur le bord du fleuve, laquelle arrive jusqu'en la partie occidentale de la ville et dans laquelle est la paroisse de Saint-Pierre et le collége de Saint-Thomas d'Aquin, appartenant aux pères dominicains. La colline orientale est attachée vers l'orient à une montagne qui s'estend bien avant dans l'isle; cette colline regarde deux vallées, dont l'une, suivant le fleuve vers la partie septentrionale, est remplie de maisons et a la paroisse de Sainte-Lucie, et l'autre est enfermée vers le midy, entre cette montagne et l'autre dont j'ay déjà fait mention, et contient quantité de maisons basties en un espace assez long. C'est là qu'est la paroisse de Saint-Thomas et sur le milieu l'ancien collège des pères de la compagnie de Jésus, construit par saint François Xavier, l'apostre des Indes, où son sacré corps a longtemps reposé, mais maintenant il a été mis dans la maison professe au bout de cette vallée. Il y a une église du mesme saint Thomas, laquelle n'est pas encore achevée, et joignant laquelle il y a un puits très-grand mais fort peu profond, busty de pierre de taille. Proche de ce puits il y a un lac, d'où sortent quantité de vapeurs, qui estant portées par le vent sur la ville y corrompent l'air.

« Le palais du vice-roy, qui est très-vaste et très-haut, s'élève sur le fleuve,

---

(*) Un grand nombre de pagodes s'élevaient encore au seizième siècle dans Goa, mais les ardents missionnaires partis du Portugal par ordre de João III, vers 1530, ne tardèrent pas à les faire abattre, comme les moines qui accompagnaient Cortès et Pizarre détruisaient les temples des Aztèques et des Péruviens. L'*Agiologio lusitano* nous apprend que le P. Miguel Vaz, que l'on considère comme le premier vicaire général de *l'État des Indes*, celui enfin qui est appelé la *colonne du christianisme oriental*, non-seulement fit renverser les édifices religieux des Hindous, mais encore exigea que les brahmes s'éloignassent de la nouvelle cité conquise. On affirme que durant cette période de destruction trois cents pagodes environ furent renversées dans les Indes portugaises.

(**) « L'île de Goa, métropole et capitale de l'État que Sa Majesté possède aux Indes orientales, est située par les 15° 45' de lat. (lisez 15° 31' de lat. N.), et elle a deux *legoas* de longueur sur six *legoas* de circuit et une de large, avec un peu plus d'étendue en quelques endroits. Elle est liée à la terre ferme par l'isthme de Ballagate; elle est fort arrosée, remplie de nombreux jardins et de *palmars* (*lieux plantés de palmiers*); les eaux y sont excellentes. » Barreto de Resende, auquel nous empruntons cette note, ne donne pas précisément le chiffre de la population, mais il affirme que l'on comptait trois mille cinq cents feux à Goa, sans les couvents; il y avait huit cents feux portugais seulement. — Cet auteur écrivait précisément au temps du P. Philippe, et il complète sa description. Barreto de Resende a fourni le plan fort détaillé de la forteresse de Goa, et Linschott une vue infiniment curieuse de la ville.

ayant au devant une place fort large et entourée de très-belles maisons, et au derrière, par où il regarde le fleuve, une autre pareillement fort large et bornée seulement du fleuve, dans laquelle on dépose le riz et les marchandises qu'on apporte à Goa, pour y payer l'entrée aux receveurs des gabelles, qui demeurent au bout oriental de cette place. Dans ce palais il y a une salle où les sénateurs s'assemblent pour juger les causes, et il y en a aussi d'autres pour les divers tribunaux. L'on y voit dès l'entrée des tableaux disposez et rangez par ordre où sont despeints les vaisseaux qui ont esté envoyez aux Indes, depuis que les Portugais en firent la conqueste, jusqu'à maintenant, de sorte qu'on y en met un tous les ans, où sont despeints les vaisseaux, qui sont venus la mesme année, avec leurs propres souscriptions et le nom de leurs capitaines. Plus avant dans ce palais est la salle royale, dans laquelle sont les vrais portraits de tous les vice-roys et de tous les gouverneurs des Indes, de grandeur naturelle, au bas desquels sont escrits et leur nom et l'abrégé des choses louables qu'ils ont faites durant leur gouvernement. C'est là que le vice-roy convoque son conseil, reçoit les ambassadeurs et fait plusieurs choses semblables.

« A cette salle est jointe une chapelle, où le vice-roy entend tous les jours la messe. Là il y a un dais de velours rouge, et au-dessous une chaise de mesme estoffe.

« A ce palais prend commencement une rue appelée la rue Droite, où s'assemble tous les jours une très-grande multitude d'hommes pour y traiter de leurs affaires. C'est là la principale de la ville, et elle se termine à l'église de la Miséricorde. Il n'y en manque pas d'autres fort bonnes, entre lesquelles principalement il y a celle de Saint-Paul, ainsi nommée à cause que l'église de Saint-Paul, édifiée par saint François Xavier en son collége (de laquelle les jésuites tirent le nom de pères de Saint-Paul, qu'on leur donne par toutes les Indes) est située au milieu de cette rue, qui est extrêmement longue. Il y a aussi celle de Nostre-Dame de la Lumière, au bout de laquelle est l'église qui porte le mesme nom....

« Non loing du palais du vice-roy est l'église cathédrale de l'archevêché, dédiée à sainte Catherine, parce que cette ville fut prise le jour de la feste de cette sainte. Elle est fort grande et fort belle; elle a trois voûtes, quatre chapelles de part et d'autre et de plus la grande et deux collatérales esgales à la grande. Au grand autel l'histoire du martyre de sainte Catherine est représentée en plusieurs tables taillées sur du bois de théca, dit incorruptible, et tout cet ouvrage estant doré paraît très-magnifique. La porte de cette église regarde l'orient, au-devant de laquelle il y a une très-grande place surnommée de *Sabaio*, c'est-à-dire la place du Seigneur, parce que du costé du midy est le palais des inquisiteurs, qu'on dit avoir esté autrefois celui de cette isle. Vis-à-vis de celui-ci du costé du septentrion est la maison de la ville, où les consuls s'assemblent... au costé oriental de la grande église, il y a le couvent de Saint-François.... de l'autre le palais vaste et commode de l'archevesque. Au septentrion de ce couvent est l'hospital royal, où personne ne peut estre traisté à moins que d'estre soldat du roy et où les nobles ne tiennent pas à déshonneur de se rendre. L'administration de cet hospital (*) appartient aux pères de la compagnie de Jésus. »

Il nous serait aisé au moyen des descriptions minutieuses du bon père et en y joignant celles de Vincent le Blanc et de Pyrard, plus rapprochés des temps héroïques du Portugal (on me passera cette expression), de restituer à cette ville opulente le caractère grandiose qu'elle conserva pendant deux siècles ; alors il faudrait passer en revue les sept paroisses où l'on avait réuni tant de trésors ; les innombrables monastères, où les maris jaloux trouvaient pour leurs femmes un asile assuré contre tout soupçon, lorsque les hasards de la guerre les entraînaient loin de Goa ; on décrirait le crucifix resplendissant au

(*) « Cet hospital, dit Vincent le Blanc, qui connaissait son régime par expérience, est le plus beau et accomply comme je croy qui soit au reste du monde, et j'oseray bien dire que ni celuy du Saint-Esprit de Rome, ni l'infirmerie de Malthe où on est servy en vaisselle d'argent, ne sauraient estre esgalez à cettui-ci en richesses, ordres et service. » *Voy.* ses *Voyages*.

pied duquel jaillit une fontaine miraculeuse ; il faudrait nous arrêter devant la châsse de l'apôtre des Indes, châsse si magnifique, « que les diamants et les rubis y brillaient sans nombre au milieu des riches ciselures du métal le plus précieux. » Nous nous verrions dans la nécessité de parcourir la rue principale, « pleine d'une infinité d'orfévres, qui avaient leurs boutiques remplies d'or, d'argent et de pierreries. » Après ces détails, il nous resterait encore à peindre les chantiers de construction d'où sortaient ces vastes galions en bois de teck, que le Portugal vit jadis arriver avec tant de joie dans ses ports, ces immenses magasins destinés à approvisionner les flottes, cette fonderie de canons qui fournit sans cesse un matériel sans cesse renouvelé, ces étables où l'on nourrissait les éléphants de guerre et de transport ; il faudrait faire un chapitre uniquement consacré aux restes d'architecture indienne se mêlant aux splendeurs improvisées de l'art chrétien : alors, sans doute on verrait que Goa la Dorée méritait le nom que lui décerna le seizième siècle ; mais ce serait pour se reporter infailliblement avec plus d'amertume vers cette période de décadence que tant de voyageurs ont signalée.

Ce qui reste de monuments historiques dignes d'intérêt à Goa est bien misérable ; cependant quelques sculptures, quelques peintures précieuses pourraient être préservées. La cathédrale fondée par Albuquerque, mais rebâtie dans le dix-septième siècle, renferme des ornements anciens, infiniment curieux. Dans la maison de campagne des archevêques, on voit peints de grandeur naturelle tous les prélats qui se sont succédé au siége de la métropole des Indes. Le palais des anciens gouverneurs est abandonné depuis 1812, et bien que les murailles soient debout, il tombe en ruine. Cependant, il est probable que les portraits des vice-rois des Indes sont préservés dans la résidence de Pangy ou Pandjim. La statue de Vasco da Gama (*), que Diogo de Couto vit dresser par ordre du sénat de Goa, est encore debout ; enfin, dans l'église du Bon-Jésus, appartenant aux jésuites, on voit la magnifique châsse de saint Xavier, qui est en bronze richement ciselé et doré. Un monument de marbre noir d'Italie, d'un style vraiment élégant, lui sert de support, et sur les quatre faces sont représentées, en bas-relief, les actions principales du saint. La statue de l'apôtre des Indes, en argent massif, orne encore le maître autel de cette église, et, ce qui est peut-être plus précieux que tout cela, une peinture naïve, faite d'après nature, représente le saint quelques heures après sa mort. Si nous nous en rapportons à quelques voyageurs tout récemment revenus de Goa, on apporte un soin empressé à la conservation de ces restes d'une antique magnificence.

On voit par tous ces détails et par d'autres documents que nous ne pouvons malheureusement pas reproduire ici, à quel degré d'éclat et de prospérité était parvenue la métropole des Indes. Nous voudrions pouvoir tracer brièvement aussi l'état des autres villes soumises à la domination portugaise dans le Bidjapour et dans le Kanarà ; mais ceci nous entraînerait beaucoup trop loin. Contentons-nous de constater ici quelques faits d'une certaine importance. Dès les premières années du seizième siècle, la ville où s'étaient passés les premiers actes du grand drame que nous avons vu se dérouler, Calicut (Kâli-Koùt), avait subi d'effroyables changements. Si l'on s'en rapportait même aux documents orientaux publiés officiellement par un orientaliste portugais, le P. João de Souza, dès 1509, le pouvoir aurait cessé d'appartenir à des princes hindous, pour passer entre les mains des musulmans, et lorsqu'on voit Hadjii Hosseïn-Rakan écrire à D. Manoel en 1514, c'est pour se plaindre à lui d'une misère telle qu'il souffrait, dit-il, positivement de la soif et de la faim (*).

(*) Le P. Cloguen est le dernier voyageur qui ait parlé de cette statue. Voici ce qu'il dit : il est question d'abord de l'ancien palais près duquel elle s'élève : « It was built entirely of free stones, and the roof tiled. Under it is an arche way leading from the interior of the city to the river. In this passage is still to be Seen the statue of Vasco de Gama ».

(*) Voy. *Documentos arabicos para a historia portugueza*, p. 44. C'est sans doute par erreur que le P. João de Souza désigne Hadji-Hossein comme étant le petit-fils du Samori. Cette circonstance est trop complétement opposée à la tradition pour qu'on l'admette. Le recueil cité n'en est pas moins précieux pour l'histoire des

L'histoire des villes du Guzarate, pays qui n'appartient pas à l'Indoustân proprement dit, et que les Portugais désignèrent dès l'origine sous le nom de royaume du Cambaya, ne serait pas moins digne d'intérêt que celle où l'on retracerait la description de certaines cités du Dekk'han ou de la région du midi improprement appelée Daquam par les vieux historiens. Ahmed Abâd est aujourd'hui la ville principale de cet empire, théâtre de tant de luttes, mais Kambâyah, qui a conservé une partie de son importance commerciale, était alors la capitale redoutée qui envoyait aux Portugais ses ennemis les plus acharnés et les plus persévérants. On a présent au souvenir tout ce que coûta d'efforts aux vainqueurs des Indes, la conquête de cette petite île de Diu (*Dybal* ou *Dywal*) qui est située à la pointe méridionale de la presqu'île formée par une portion du Guzarate. Dans Kambâyâh, dans l'antique Baroutch, dans la ville de Diu elle-même, toutes cités qui avaient appartenu de bonne heure aux musulmans, un grand nombre de Parsis s'étaient réfugiés : ces adorateurs du feu y exerçaient en paix leur culte antique, et les caractères originaux de leurs mœurs, les rites de leur religion même offriraient mille traits saillants de plus à ajouter aux observations sans nombre qui frappèrent les Portugais.

INQUISITION DE GOA. — Un voyageur moderne, Kinsey, fait remarquer avec raison que ce terrible tribunal en s'établissant dans la capitale des Indes portugaises eut à la fois un but religieux et politique; non-seulement les effroyables rigueurs dont il s'arma devaient, dit-on, préserver les vieux chrétiens de la corruption qu'enfantait le luxe de l'Asie, mais elles devaient effrayer les étrangers aventureux, qui se seraient senti le désir de partager les immenses bénéfices offerts par le commerce de ces contrées. En effet, durant la première période de l'établissement des Portugais aux Indes, les individus entachés du moindre soupçon d'hérésie étaient plongés dans les cachots du saint office sous le prétexte le plus frivole. Le grand inquisiteur de Goa, environné d'un luxe sévère, qui ne le cédait point cependant en magnificence réelle à celui de quelques princes de l'Asie, voyait soumis à son pouvoir, non-seulement l'archevêque, mais le vice-roi. L'inquisition proprement dite ne fut établie aux Indes qu'en l'année 1560, mais son pouvoir survécut à la puissance des Portugais, et on la voit encore dans le dix-septième siècle armée de toutes ses rigueurs. Plusieurs voyageurs ont peint avec une grande énergie les tourments que l'inquisition de Goa faisait subir à ses prisonniers; mais le plus détaillé sans contredit, et le plus modéré sous bien des rapports, est un médecin français, nommé Dellon, qui a donné un traité spécial sur ce tribunal dont il fut l'une des dernières victimes. Vers l'année 1808, M. Buchanan fut admis encore à le visiter, mais il ne put pénétrer au fond des cachots. On peut voir, grâce au tableau historique du P. Cottineau de Kloguen, dans quel état de décadence se trouve aujourd'hui ce palais redoutable, dont les chrétiens aussi bien que les Orientaux n'osaient jadis approcher sans terreur. En 1812 du reste, lorsque des ordres vinrent de Rio de Janeiro pour que les quatre inquisiteurs restés à Goa retournassent en Europe, cette terrible institution s'était peu à peu dépouillée de toute action religieuse ou politique, et il n'y avait pas un seul prisonnier dans ses prisons. S'il faut même en croire une autorité déjà citée, quatre-vingts ans s'étaient écoulés depuis que le dernier auto-da-fé avait donné son épouvantable spectacle à la ville. Sous D. Gaspar de Léon Pereira, premier archevêque de la métropole des Indes, les rigueurs s'accrurent; et lorsqu'en moins de cinq ans, par exemple, tous les habitants de Salsette sont contraints de se convertir, on sent quelle main terrible dresse pour eux de nouveaux bûchers. Ils deviennent pas-

---

Portugais dans l'Inde et dans l'Afrique. On y trouve une foule de particularités qu'on chercherait vainement autre part. C'est ainsi, par exemple, que dans certaines lettres D. Manoel est salué du titre de roi des *Roumes chrétiens*: la dénomination de *Roumi* ou de Grecs avait désigné primitivement les Européens, chez les Orientaux; dans l'Inde, cette appellation s'adressa même aux musulmans venant de la Turquie: le mot se trouva détourné de sa véritable acception par les Orientaux, comme celui de *Maure*, si improprement employé quelquefois, le fut jadis par les chrétiens.

sibles du tribunal en même temps qu'ils reçoivent le titre de chrétiens.

INSTITUTIONS LITTÉRAIRES FONDÉES AUX INDES. — Les moyens d'instruction étaient, au seizième siècle, plus généralement répandus qu'on ne le croit d'ordinaire. Outre le collége de Goa, dont il sera parlé plus bas, il existait à Cranganor, à cinq lieues de Cochin, un collége célèbre; fondé en 1540 par F. Vicente, il était fréquemment visité par saint François Xavier, qui était lié d'une sincère amitié avec ce religieux. Le collége dont il est ici question, placé sous l'invocation de Santiago, recevait quatre-vingts élèves, auxquels on enseignait le latin, la théologie et les règles du chant ecclésiastique. Dans l'origine, l'institution se soutenait au moyen d'aumônes; plus tard, les rois de Portugal lui appliquèrent des revenus fixes. F. Vicente fut le premier professeur dont le nom ait eu du retentissement dans cet établissement public, et une petite anecdote, rapportée par Cardoso, ne prouve pas qu'il fut toujours patient. En 1549 on voit saint François Xavier recommander le collége de Cranganor à la cour de Rome pour obtenir quelque professeur habile. F. Vicente mourut en 1550 en odeur de sainteté aux Indes. C'était lui qui avait baptisé le roi de Tanor, et il avait converti, dit-on, beaucoup d'autres Hindous (*).

INFLUENCE DES DÉCOUVERTES DES PORTUGAIS SUR LES CONNAISSANCES SCIENTIFIQUES ET LITTÉRAIRES RELATIVES A L'INDE. — C'est devenu une chose pour ainsi dire vulgaire aujourd'hui, que de rappeler les immenses avantages intellectuels qui ont résulté dans ces derniers temps de l'examen approfondi des antiquités de l'Inde et surtout du sanskrit. Certes, il n'a pas tenu aux Portugais qu'on ne découvrît plus vite ce trésor caché, ce monde nouveau de l'intelligence, dont l'exploration marche de pair aujourd'hui, pour ainsi dire, avec l'étude de nos antiquités classiques. Disons-le à l'honneur des écrivains du seizième siècle appartenant à cette nation : s'ils ont mêlé l'erreur à la vérité dans une proportion quelquefois effrayante, ils ont commencé l'initiation; ils ont révélé avec une sagacité quelquefois profonde, ce que les âges avaient voilé. Et pour ne prendre que les sommités, qu'on ouvre en effet Barros, Albuquerque, Lucena, on y verra clairement indiquées les hautes questions qui préoccupent aujourd'hui l'Europe savante. João de Barros en sait plus sur l'Inde et sur la configuration de ses terres que n'en savent certains érudits du dix-huitième siècle s'occupant spécialement de la question. Le grand Albuquerque ne connaît pas encore les trésors littéraires que doit révéler le sanskrit; mais il apprécie l'existence de cette langue antique, et il la désigne clairement quand il dit qu'elle est pour les Hindous ce que le latin est pour les Européens. L'élégant auteur de la vie de saint François Xavier, Lucena, enfin, parle avec sa précision ordinaire des ouvrages sans nombre que renferme l'antique littérature de ces contrées; il insiste sur leur caractère varié, sur l'habitude où sont les Hindous de se servir du mètre poétique pour reproduire jusqu'aux préceptes de la science; peu s'en faut qu'il ne nomme le *sloca* et les variétés du mètre sanskrit. Ajoutons à ces détails, trop sommaires sans doute, que le compagnon le plus dévoué de saint François Xavier lui-même fut certainement l'indianiste le plus habile de tout le seizième siècle, et que si ses travaux ne sont pas plus connus, c'est qu'ils ont eu le sort de la plupart des meilleurs ouvrages portugais, cachés presque toujours, même au temps de leur influence, aux recherches de nos savants (*).

Bien des faits pourraient être joints à ces documents rapides; car il en est de l'Indo-Chine et de la Chine elle-même comme des pays soumis à la valeur portugaise. Qu'on lise attentivement l'ex-

---

(*) F. Vicente de Lagos appartenait à l'ordre des capucins et était passé aux Indes en 1539, en compagnie du premier évêque de Goa, F. João de Albuquerque. Il élevait surtout des enfants appartenant à la race hindoue.

(*) P. Henrique Henriquez, jésuite, qui visita l'Inde en 1546, et qu'on avait surnommé l'apôtre de Comorin, paraît avoir possédé à un degré peu commun l'hindoustani, et principalement le dialecte parlé le long de la côte de Malabar. Il mourut à quatre-vingts ans, en 1600, après un long apostolat. Il avait fait une grammaire et un dictionnaire que les Hindous avaient, disait-on, eux-mêmes en grande estime, et qui fit longtemps l'admiration des missionnaires.

cellent répertoire de Barbosa Machado, que l'on consulte l'agiographe par excellence, George Cardoso, on sera effrayé de l'immense quantité d'ouvrages restés manuscrits que les conquêtes de ce peuple ou leurs missions ont enfantés. Semedo est le premier à faire connaître la Chine, et les affreux tourments qu'il endura ne l'empêchèrent point de dévoiler à l'Europe savante des points de linguistique complétement ignorés; les missions d'Ava et de Pégu fournissent des dictionnaires et des grammaires, et le meilleur livre qui nous ait été donné sur la langue si peu connue du Japon, nous vient encore d'un Portugais. Sans aucun doute un de nos habiles orientalistes, M. Landresse, a rendu un véritable service à la science en publiant la grammaire de Rodriguez; il faut ajouter que depuis nombre d'années cette révélation sur la langue d'un vaste empire eût pu être faite au monde savant.

Établissons ici un fait que l'on ignore généralement : les Portugais sont les seuls, avec les Anglais, qui aient exercé une assez grande influence intellectuelle sur les hautes classes de l'Inde pour faire oublier à quelques-uns de leurs membres les préjugés inflexibles de la caste. Barbosa Machado parle d'un brahme du Malabare qui devint un des plus fervents missionnaires chrétiens de son siècle, et dont malheureusement les travaux sont restés complétement inédits, tandis que ceux de deux ou trois philosophes hindous du dix-neuvième siècle ont brillé d'un certain éclat (*).

MISSIONS DES INDES PORTUGAISES. — LES CHRÉTIENS DE SAINT-THOMÉ.

(*) Le P. Jacome Gonçalves, brahmane, né dans l'île de Divar, près Goa, se convertit à la religion chrétienne, et entra dans la congrégation de Saint-Philippe de Néri, de l'oratoire de Santa-Cruz de Goa. Il devint missionnaire, et remplit cet apostolat à Ceuta pendant l'espace de trente-trois ans. Il mourut en 1742, et il composa, entre autres ouvrage, le livre suivant :
Refutacão das quatro Seitas, Paganismo, Mourisco, Judaismo e Calvinismo, in-4° ms.
On peut comparer cet auteur hindou avec le brahmane Ram-Mohun-Roy, qui a écrit également sur les matières philosophiques et théologiques. Leonardo Paez, né près de Goa en 1662, et se prétendant descendant des rois de Sargarpor, est dans le même cas. Il a laissé un livre prodigieusement curieux intitulé : *Promptuario das definicões indicas*, etc. Lisboa, 1713, in-4°.

— SAINT FRANÇOIS XAVIER, SES VOYAGES, SON INFLUENCE DURANT LA GUERRE CONTRE LE ROI D'ACHEM. — ENTRÉE AU JAPON. — PROJETS SUR LA CHINE. — MORT DE L'APÔTRE DES INDES. — Jusqu'ici nous n'avons parlé que des conquêtes du sabre, ce sont en général les seules qui aient frappé les esprits et qu'on trouve citées dans les historiens. Il y en a d'autres cependant qui commencèrent avec le seizième siècle et qui exercèrent bientôt une immense influence (*). Dès 1530 on voit le P. Miguel Vaz, nommé vicaire général de Goa, étonner les conquérants par l'ardeur de son zèle; il vient à la tête de plusieurs missionnaires, dont Cardoso lui-même ne nous a pas conservé les noms. S'il renverse les temples brahmaniques, il fonde le collége de Goa, et va mourir à Chaul en 1548. Parmi les ecclésiastiques qui le secondent on nomme Diogo da Barba, qui arrive aux Indes en 1538, Simão Vaz, qui subit le martyre dès 1535, et enfin ce Francisco Alvares, qui, après avoir échappé à de nombreuses blessures, parvient à Ternate et s'en va jusqu'en Abyssinie porter au prestre Jean les paroles de paix du roi Emmanuel. Gaspar Coelho, qu'il faut mettre au nombre de ces premiers apôtres, alla se fixer à Méliapour; et ce fut là que le trouva, en 1548, saint François Xavier. Ce fut sans doute à la source des traditions que Frey Gaspar s'initia complétement au schisme de ces sectateurs ignorés qui appartenaient au nestorianisme (**). S'il nous était donné de

(*) Les premiers qui commencèrent cette mission appartenaient à l'ordre des capucins. En l'année 1500, sept moines suivant la règle de Saint-François s'embarquèrent pour les régions nouvellement découvertes, mais l'histoire n'a conservé que le nom du premier d'entre eux, le vénérable Fr. Henrique de Coimbre. Trois de ces religieux moururent à Calicut le 16 octobre, trente-trois jours après leur arrivée; les quatre autres eurent le même sort le 3 avril 1502. *Voy.* Cardoso, *Agiologio lusitano*.

(**) Les chrétiens de Saint-Thomas, que les Portugais trouvèrent établis à la côte de Malabar, étaient désignés sous le nom de *Thomistes*. Ils appartenaient à la secte des chaldéens-nestoriens. On suppose qu'ils pouvaient former en tout une population de vingt mille âmes. Ils condamnaient les images et avaient en horreur la confession auriculaire. Ils prétendaient tenir leurs principes religieux de l'apôtre dont ils portaient le nom. La légende rapportée par Camoens avait été transmise par la tradition.

nous étendre sur ces points curieux, nous aimerions à rappeler les croyances poétiques de ces peuples, les légendes qu'ils conservaient précieusement, les drames dévots même qu'ils représentèrent devant les Portugais et qui constataient leurs souvenirs naïfs; tous ces détails nous entraîneraient hors du cadre que nous nous sommes imposé. Le véritable apôtre des Indes, celui que Rome revêtit de ce titre, ce fut François Xavier, l'austère religieux de la Navarre (*). Celui-là s'était fait une part immense dans le choix des empires, et néanmoins sa vie fut toute d'abnégation. On montre encore à Paris une tourelle qui va tomber, dit-on, et c'est là, au collège Sainte-Barbe, dans le quartier de la vieille université, que lui et Ignace de Loyola tinrent ces conciliabules mémorables à la suite desquels ils partirent. Ceci n'est qu'une tradition; mais n'est-il pas curieux de voir ce jésuite, élève de la vieille université de Paris, qui s'adjuge dans son activité dévorante et qui prend, à la charge de les convertir au christianisme, de vastes empires dont les noms lui sont à peu près inconnus? C'est en 1541, après avoir visité Venise et Rome, que l'infatigable missionnaire commence son laborieux pèlerinage. Revêtu du titre de nonce apostolique, il est prêt à renoncer à cette charge chrétienne, si l'évêque de Goa ne consent pas à lui en laisser le titre, mais la mission est acceptée et l'œuvre commence. Ce n'est pas seulement dans la capitale des Indes portugaises que la parole réformatrice de Xavier se fait entendre : les riches habitants de Ceylan, les pauvres tribus de la côte de la Pêcherie, où se sont multipliés les misérables *paruas* chez lesquels il faut reconnaître une race dégradée, les chrétiens égarés de Méliapour, le voient successivement apparaître, et dans toutes ces contrées sa prédication est féconde, au delà de ce que peuvent admettre les plus vives espérances. Partout aussi, on le voit dans les lettres de Xavier, le lieu où il a écouté religieusement les enseignements de l'université de Paris, est présent à sa pensée. Il y a des temps où le missionnaire, entouré du respect des populations, se prend à regretter sa pauvre chambre d'écolier, il voudrait revoir pour quelques instants ces docteurs renommés dont la parole retentit encore à ses oreilles, afin de livrer à leurs prédications les empires de l'Orient. Il s'arrête cependant, car ses jours sont comptés, et il sait qu'on a déjà fondé à quelques lieues de Goa ce collège religieux de Saint-Paul où l'on voit réunis des Canarins, des habitants du Dekk'han, des Malabares, des Chingulais, des Bengalis, des Pégouans, des Malais, des Javanais, des Chinois et enfin des Abyssins, réunion polyglotte, si l'on peut se servir de cette expression, d'où partiront des milliers de missionnaires en quête des âmes. Il y avait dans ce collège des contrées qui n'étaient pas représentées ou bien qui l'étaient à peine, et le père, maître François (c'est le nom qu'on lui donnait) s'en allait les chercher à travers tous les dangers des navigations les plus difficiles. À Malaca, la mission du prêtre navarrais n'est plus seule-

---

F. Aleixo de Menezes, fils du célèbre vice-roi, a donné l'histoire de ces sectaires; elle a été traduite en français par Jean Baptiste de Glen, en 1609, sous le titre de : *Messe des anciens chrestiens dicts de Saint-Thomas en l'évêché d'Angamal, ès Indes orientales*. La légende relative à saint Thomas est du reste fort répandue, et se lie essentiellement au mythe du Prêtre Jean, comme on peut le voir dans notre ouvrage intitulé : *Le Monde enchanté*. Nous nous contenterons de dire ici quelques mots sur le séjour de l'apôtre aux Indes. A l'époque où François Xavier parcourait ces contrées, il y avait quinze cents ans et plus que l'apôtre saint Thomas était venu prêcher la foi nouvelle dans l'antique cité de *Calamina* : c'était le nom que portait alors *Méliapour*, dont l'appellation moderne signifie, dit João de Lucena, la ville semblable au *paon*. « Parce que, dit le vieil écrivain, comme ce volatile est le plus beau entre les oiseaux, cette ville surpassait toutes les cités de l'Orient en prospérité et en beauté. » L'apôtre convertit Sagamo, souverain de ces contrées, ajoute-t-il, et son premier miracle consista à traîner de la mer sur le rivage une poutre de grosseur si démesurée, qu'aucun éléphant ou aucune machine n'aurait pu en venir à bout; le second fut la résurrection d'un jeune enfant qu'un brahme parricide avait tué.

(*) François-Xavier s'appelait dans le siècle, comme on disait alors, Francisco de Lasso y Xavier; c'est par erreur que la Biographie universelle donne à son père le nom de *Jean Jysse*; celui-ci s'appelait Juan de Lasso, et il s'était marié à doña Maria de Azpilcueta y Xavier; il était oydor du conseil royal de Navarre. Selon le vénérable Lécny, l'apôtre des Indes vint au monde le 7 avril 1506; mais João de Lucena, qui fait au fait de tout ce qui regarde ce personnage célèbre, place sa naissance vers l'année 1497, c'est-à-dire à l'époque où Vasco da Gama découvrait le chemin des Indes.

ment religieuse, elle est politique et militaire lorsqu'il s'agit de renverser le pouvoir du roi d'Achem. Elle tient de tous ces caractères à Ternate, à Tidore, dans ces îles fécondes qui forment l'archipel des Moluques, et dont Galvão a si bien fait connaître les traits divers, en esquissant son précieux tableau. Rien ne peint mieux, du reste, l'influence prodigieuse de saint François Xavier sur ces terribles soldats de l'Inde portugaise, qu'il catéchisait et qu'il moralisait, que la fameuse bataille livrée en 1546 aux forces réunies du roi d'Achem, dans les mers de Malaca. Au commencement de l'action l'amiral portugais, D. Francisco d'Eça, rappela ce qu'on pouvait espérer de la présence du missionnaire; cette courte allocution, qui nous a été conservée, peint admirablement l'esprit de l'armée et surtout l'influence du religieux : « Il est en prières, s'écria l'amiral. Vous savez ce que valent ses oraisons, ses larmes, son âme enfin : c'est le fer, c'est le feu, c'est la mort frappant l'ennemi. » L'action s'engage, et au bout de quelques heures les nombreux navires du souverain d'Achem sont mis en déroute, quatre mille hommes de ses troupes d'élite périssent, et les Portugais n'ont à regretter que quatre combattants : ce fut après cette prodigieuse victoire que l'on vit commencer ces mémorables missions du Japon qui mirent tant de régions, inconnues jusqu'alors, en communication avec l'Europe. Comme la flotte de Malaca allait faire voile vers la côte de Malabar, un Japonais, auquel João de Lucena donne le nom, sans doute fort altéré, d'Angero, parut pour la première fois devant Xavier. Ce premier catéchumène, amené presque miraculeusement à Malaca, appartenait à la noblesse et était doué d'une intelligence peu commune; il suivit l'apôtre des Indes à Cochin, à Goa, s'initia rapidement aux langues et même aux connaissances de l'Europe. Sous le nom de *Paulo de Santa-fé* il répandit parmi les Portugais les premières notions précises que l'on eût recueillies peut-être sur ces riches contrées (*) depuis les temps obscurs où Marco Polo peignait leur magnificence, en décrivant Cypango.

L'histoire si curieuse des missions du Japon ne se lie que fort secondairement à notre sujet. Disons seulement qu'après avoir visité de nouveau Goa, François Xavier se rendit en compagnie de Paul de Santa-fé dans cette ville de Coguxima, qui était le lieu de naissance de son premier catéchumène et qui devint le théâtre de ses premières prédications. Malgré ces précieuses traductions de la doctrine chrétienne, qui avaient été curieusement élaborées par le Japonais converti, la mission fut d'abord bien peu féconde; elle le devint davantage lorsque l'apôtre des Indes, comprenant mieux le génie de ces peuples, les eut frappés à un second voyage par la magnificence du culte chrétien et par le luxe de ses ornements sacerdotaux. Ces âpres sectateurs du bouddhisme ne suffisaient plus aux désirs du missionnaire; il lui fallait conquérir spirituellement le vaste empire d'où ils tiraient leur doctrine et une partie de leur civilisation. Xavier, en un mot, prétendit convertir l'empire de la Chine. Mais là durent s'arrêter les immenses travaux de l'apôtre. C'est dans Fernand Mendez Pinto, dans ce curieux voyageur, si exact quelquefois, et si mal à propos calomnié par le dix-huitième siècle, qu'il faut lire le récit des dégoûts dont fut abreuvé François Xavier durant les derniers jours qu'il passa au milieu des populations orientales. Repoussé définitivement de la Chine, il mourut à Sancian en 1552, et il y fut enterré. Mais on le tira bientôt de la modeste tombe qu'on lui avait creusée sur cette plage inhospitalière, et la translation de ses cendres dans la cathédrale de Goa fut, au bout de quelques mois, l'objet d'une pompe solennelle dont la magnificence inouïe contrastait étrangement sans doute avec les habitudes de rigide pauvreté que l'apôtre s'était imposées.

On peut dire que François Xavier est le fondateur des missions lointaines

(*) Dès 1542, plusieurs commerçants portugais avaient été poussés, par une de ces horribles tempêtes qu'on désigne sous le nom de Typhon, vers les îles du Japon. Galvão et João de Lucena nous ont conservé quelques détails à ce sujet : ces trois premiers explorateurs se nommaient Antonio da Mota, Francisco Zaimoto, et Antonio Peixoto. Ils se rendaient de Siam à la Chine, lorsque l'événement en question eut lieu.

qui ont excité si vivement l'admiration du dix-septième siècle. Lorsqu'on lit attentivement le beau livre de João de Lucena, dont le titre n'est pas même rappelé dans la Biographie universelle (*), on voit que la pensée active de l'apôtre avait pourvu avec une incroyable prévoyance à tous les besoins spirituels de l'Orient. Plus d'un doute peut bien rester sur le chiffre prodigieux des conversions faites par François Xavier à Ceylan, à Saint-Thomé et sur la côte de la Pêcherie, nul doute ne peut être conçu relativement au zèle sincère qui l'anima. Les successeurs du missionnaire navarrais furent innombrables; le livre si détaillé de Cardoso confirme par mille détails ignorés ce qu'on lit dans Barros et dans Lucena : les religieux voyageurs qu'envoyait presque annuellement le Portugal allèrent peut-être encore plus loin que les intrépides soldats des Albuquerque et des João de Castro : les côtes de la Guinée et du Congo, les déserts du Monomotapa, les solitudes ignorées du Mato-Grosso et du Para, les virent, aussi bien que les empires florissants de la mer Rouge, de l'Hindoustan et des mers de la Chine. Dès l'année 1506, comme on l'a vu, Madagascar avait été visité par Fernand Soarès, qui lui avait imposé le nom de San-Lourenço. Cette île, qui excite aujourd'hui à si juste titre l'intérêt de la France, cette contrée dont M. de Froberville doit nous faire connaître incessamment les immenses ressources, fut explorée jadis scientifiquement par les missionnaires portugais. Une carte précieuse, donnée par M. de Laverdant à la fin de son intéressant ouvrage, rétablit aujourd'hui la réalité de nos connaissances géographiques sur l'intérieur de cette île, et l'on voit clairement combien elles sont incomplètes. Avant l'habile et intrépide Flacourt, les Portugais avaient peut-être essayé d'explorer quelques-unes de ces terres inconnues, qui promettent tout à la science, et que peut vivifier l'industrie. Tout ce qui a rapport à l'île de San-Lourenço ou, si on l'aime mieux, à Madagascar, a aujourd'hui un si grand intérêt pour la France, que nous ne saurions passer sous silence l'œuvre encore manuscrite de Paulo Rodriguez da Costa. Cet homme instruit avait été choisi par le vice-roi des Indes, D. Jeronymo de Azevedo, pour s'informer avec détail de la statistique complète de l'île célèbre que nous venons de nommer. Il devait voir en même temps s'il y restait quelques vestiges de l'ancienne occupation portugaise. Rodriguez da Costa partit en qualité de capitaine d'une caravelle, et arriva à Madagascar vers le milieu du mois d'avril 1613. Il explora soigneusement le pays; tout dans cette entreprise ne fut pas perdu pour la science, et, comme le fait très-bien observer la Bibliothèque lusitanienne, Faria e Souza rend longuement compte de ce voyage (*).

HOMMES DE MER, HÉROS POPULAIRES VIVANT AU TEMPS DE JOAO III. — AVENTURIERS CÉLÈBRES. — Ce chapitre serait bien long s'il fallait nommer seulement tous les navigateurs audacieux, tous les braves ignorés, tous les aventuriers célèbres qui ne peuvent prétendre à figurer dans les récits de l'histoire et dont cependant Barros, Castanheda, Goes, Couto, nous ont conservé les noms. Il n'y a pas un de mes lecteurs, j'en suis sûr, qui n'ait nommé Fernand Mendez Pinto et *ses voyages adventureux,* si fort calomniés par Shakspeare, Manoel de Sepulveda et la touchante Lianor, Manoel Serrão et son dévouement héroïque, Suarez Ribeiro et sa chute éclatante dans le royaume de Pégu. Les faits qui ont rendu ces noms presque populaires sont trop connus, ils sont dans un trop grand nombre de souvenirs pour que nous les fassions figurer longuement dans un paragraphe destiné à mettre en évidence quelques personnages appréciés seulement des curieux. Nous commencerons

---

(*) Nous rétablissons l'indication de cette source précieuse : *Historia da vida do Padre Francisco de Xavier*, *composta pelo padre João de Lucena*. Lisboa, 1600, 1 vol. in-folio. La lecture de cet ouvrage, vraiment classique par le style, eût évité plus d'une erreur ou d'une omission au vénérable auteur de l'article de la Biographie, qui fait transporter, par exemple, les ossements du saint à Meaco au Japon, tandis qu'ils furent apportés d'abord à Malacca.

(*) (T. III, p. 3, cap. 13.) Rodriguez da Costa a donné lui-même une longue relation de son voyage, in-folio; elle existait encore au dix-huitième siècle dans la bibliothèque du marquis d'Abrantès.

par un de ces héros oubliés, comme on en vit tant à l'époque qui précéda João de Castro.

Diogo Botelho Pereira, né dans les Indes orientales et fils d'un capitaine de Cochin, eut une de ces destinées aventureuses telles qu'en faisait seulement le seizième siècle. Habile marin, bon géographe, comptant parmi les meilleurs soldats de l'Inde, il passa en Portugal, au temps où régnait João III. Introduit à la cour, il devint gentilhomme de la chambre, mais on lui refusa le titre de capitaine de la ville de Chaul, qu'il postulait. Quelques propos inconsidérés sans doute, des haines particulières, persuadèrent au roi qu'il trahissait le Portugal en faveur de la France, et il fut exilé aux Indes sur la flotte de Martim Affonso de Souza. Il partit en conséquence pour ce pays vers 1534, et fit un voyage assez rapide pour cette époque. Arrivé aux Indes, il se sentit vivement tourmenté du désir de se justifier aux yeux de João III, et pour l'accomplir il choisit un moyen, dit Barbosa, qui semblait devoir dépasser les forces du cœur le plus courageux.

Sachant à l'avance toute la satisfaction qu'éprouverait João III en apprenant que Nuno da Cunha était parvenu à fonder la forteresse de Diu, parce que c'était la clef du commerce de l'Arabie et de la Perse, comme c'était le rempart qu'on pouvait opposer au roi de Cambaya, il fit fabriquer à Cochin une barque de vingt-deux palmes de long sur douze de large, sans donner à cette embarcation plus de six palmes de profondeur. Accompagné de cinq Portugais seulement, suivi de deux ou trois esclaves, il osa se mettre en mer et partit du port de Dabul. Après être parvenu à doubler le cap de Bonne-Espérance le 1er novembre 1536, il se vit exposé aux plus affreux périls. Tourmentés par une faim effroyable, ses compagnons en vinrent à cette extrémité qu'ils voulurent le mettre à mort pour le dévorer. Il reçut dans ce conflit une effroyable blessure à la tête, et resta muet pendant plusieurs jours, tant avaient été violents les efforts qu'il avait faits pour vaincre la voix des assassins au milieu du bruit de la tempête. Sorti d'un premier danger, il dut gouverner l'embarcation par signes. Il triompha enfin de tant de périls, et il arriva devant Lisbonne au mois de mai 1536. Sachant que le roi était en ce moment à Almeirim, il poursuivit son voyage en remontant le Tage jusqu'à Salvaterra. Parvenu en présence du souverain, il lui déclara avec une vive émotion l'objet de son voyage, et il lui prouva en peu de mots que, s'il eût voulu trahir le pays, il lui eût été possible d'aller auprès du roi de France pour porter les plans de la nouvelle citadelle. João III lui donna comme récompense la capitainerie de Saint Thomé, d'où il passa plus tard à Cananor. Tel est le récit abrégé que nous a transmis Barbosa Machado; rappelons seulement qu'il y eut dans cette navigation des scènes d'horreur voilées ici à dessein, et dont le talent d'un poëte portugais s'est récemment inspiré.

PERO GALLEGO. — Pero Gallego, qui vivait également au seizième siècle, est le type de ces héros populaires qu'une nation n'oublie jamais et qui servent de type à mille légendes fabuleuses. Pero Gallego n'en est pas moins un personnage fort réel du temps de João III. Vers 1546, on ne parlait à Vianna de Minho que d'un jeune homme appartenant à une famille noble du pays et qui n'avait pas son pareil pour l'escrime ainsi que pour tous les autres exercices du corps. Pero Gallego était devenu le maître d'armes en titre de la bourgade; mais lorsqu'il crut avoir réuni un nombre assez considérable d'amis dévoués, il les réunit un beau jour, et leur dit « *que la fortune devenait amoureuse de ceux qui l'allaient chercher, et qu'après tout une embarcation n'était pas assez coûteuse pour qu'on ne se passât pas la fantaisie de courir les côtes d'Espagne.* » Le discours laconique de Pero Gallego fut compris, et quelques jours après une caravelle était achetée à frais communs; on la garnit de quatre canons en fer ou, si on l'aime mieux, en fonte noire, comme on disait alors; et, sans avertir ni parents ni amis, un beau matin la troupe prit le large. A cette époque, si féconde en incidents inattendus, les aventures guerrières ne manquaient point à ceux qui les allaient bravement chercher : le premier navire que nos gens

17.

rencontrèrent était un navire de Barbaresques; Pero Gallego s'en empara, le conduisit dans le port de Sagres, le vendit, et commença à se faire des partisans dans l'Algarve, comme il en avait dans son pays. Bref il courut les mers du Levant durant trois ans, et partout il fut vainqueur. Il ramenait d'immenses richesses, lorsqu'une tempête le contraignit à relâcher dans la rade de Cadix; ce fut là précisément que lui arriva une dernière aventure, et elle devait couronner tous ses hauts faits. Pedro Navarro, le fameux amiral castillan, était en ce moment dans le port, et il commandait une flotte. En vrai héros de ballade populaire, Pero Gallego, qui se sent riche et partant puissant, ne fait pas grand cas de l'autorité officielle; il entre dans Cadix le pavillon au haut du mât : l'amiral espagnol voit une insulte dans ce qui n'était peut-être qu'une ignorance des usages de la mer; un ordre impératif d'amener pavillon est porté au Portugais, il y résiste; Pedro Navarro monte sur une galère, et vient appuyer par la force l'ordre qu'il voit méprisé. Pero Gallego n'était pas homme, on le pense bien, à s'arrêter devant le canon; à son bord il envoie une bordée, tue une innombrable quantité d'Espagnols, blesse l'amiral lui-même, et, simple corsaire, se met une flotte royale sur les bras. Mais Pero Gallego est, fort heureusement pour lui, regardé comme un fou; on le laisse prudemment sortir du port, et il retourne à Vianna, où il devient un type glorieux cité par tous ses compatriotes. Le cabinet espagnol ne pouvait se taire devant une telle insolence; des réclamations sont adressées, on feint d'y avoir égard, mais en réalité le gouvernement de João III laisse Pero Gallego jouir paisiblement de la renommée populaire qu'il s'était acquise. Il est à peu près ignoré aujourd'hui; un souvenir de Camoens lui eût donné l'immortalité.

SALVADOR RIBEIRO ROI DE PEGU. — A trente ans de là, un fait non moins extraordinaire eut lieu dans les régions situées au delà du Gange. Salvador Ribeiro se fit un renom prodigieux parmi les peuples du Pégu, et refusa de les gouverner. Ce n'était pas la première fois qu'un hardi capitaine s'était vu sur le point de devenir souverain d'une de ces îles fécondes que les flottes des Indes avaient subjuguées. Antonio Galvão avait refusé la couronne de Ternate, dès les premières années du seizième siècle, mais cette fois il s'agissait d'un vaste empire dont les Portugais eux-mêmes ignoraient toute la puissance et qu'on a vu résister aux Anglais. Vers l'an 1560, Salvador Ribeiro ayant fondé, grâce à son courage, une forteresse dans le royaume de Pégu, fit face avec trente Portugais et trois navires à toute une flotte qui portait six mille musulmans; il demeura vainqueur et renouvela bientôt ce prodigieux fait d'armes : ce fut après ces deux victoires éclatantes que les Péguans choisirent ce hardi soldat pour leur roi, et le couronnèrent avec le cérémonial antique usité dans ces contrées. Les rois des pays voisins lui envoyèrent des ambassadeurs; mais cette puissance nouvelle, qui s'élevait à côté de la puissance des vice-rois, ayant alarmé le représentant de la métropole, il suffit d'un ordre d'Ayres de Saldanha, qui gouvernait en 1600 les Indes, pour que le nouveau monarque quittât son royaume et vînt reprendre son rang parmi les sujets du roi de Portugal.

ANGO LE NAVIGATEUR NORMAND. — TRADITION QUI LUI EST RELATIVE. — Il est impossible d'aborder cette période glorieuse, sans nommer au moins le célèbre navigateur normand, qui a laissé des souvenirs si présents encore à sa patrie. Nous l'avouerons cependant, nous obéissons plutôt ici au souvenir qu'a laissé une tradition populaire, que nous n'agissons d'après des monuments incontestables, et si nous reproduisons volontiers un récit qui fait honneur au vieux marin français, nous sommes forcé de dire que les historiens les plus dignes de foi, tels que João de Barros et Damião de Goes, se taisent au sujet des exploits, quelque peu étranges, qu'on attribue au riche corsaire de la Normandie. Les auteurs plus humbles, amis des anecdotes particulières, les poëtes populaires, toujours prêts à faire allusion à des événements extraordinaires, Garcia de Resende et Gil Vicente eux-mêmes gardent également le silence touchant ce hardi brûleur de vaisseaux, qui n'aurait pas craint de venir affronter,

sous les murs de Lisbonne, la marine vigilante de Manoel et avec lequel ce monarque se serait vu dans la nécessité de traiter directement. Quoi qu'il en puisse être, nous reproduisons ici les faits principaux attribués au navigateur normand, et nous avons recours pour cela à l'habile historiographe de la ville de Dieppe.

« Ango (c'était le plus riche marchand « de Dieppe) ne faisait pas le commerce « avec de petites escadres de deux ou « trois voiles, mais avec des flottes; il « avait toujours sur mer quinze ou vingt « navires armés en guerre. C'était vers « les îles Moluques et aux grandes In- « des qu'il dirigeait le plus ordinaire- « ment ses expéditions; et comme les « Espagnols, les Flamands, et surtout « les Portugais, disputaient sans cesse « le passage à ses vaisseaux, chaque ex- « pédition donnait lieu à deux ou trois « combats, dont son étoile le faisait « presque toujours sortir vainqueur.

« Une fois il arriva qu'un de ses na- « vires, entraîné par un coup de vent « loin de ses compagnons de route, fut « rencontré par une escadre portugaise, « qui le foudroya; l'équipage fut mas- « sacré, et le vaisseau avec les marchan- « dises conduit en triomphe à Lisbonne. « Ango, furieux, sans s'inquiéter que « le Portugal fût en paix avec la « France, jure de venger son outrage. « Il fait équiper dix grands navires qui « se trouvaient alors dans le port, les « fait escorter par six ou sept autres de « moindre grandeur, et ajoute à leur « équipage ordinaire environ huit cents « volontaires et gens de résolution, qu'il « enrôle tout exprès, pour aller faire des « descentes sur les rives du Tage, et « ravager la côte de Portugal.

« Ses ordres furent si bien exécutés « que l'effroi fut bientôt à Lisbonne. « L'incendie de plusieurs villages sur le « bord de la mer, et la capture d'un « grand nombre de vaisseaux sortant « du Tage, ou revenant des Indes, firent « croire que c'était le roi de France, et « non un de ses marchands, qui causait « tout ce ravage. En conséquence, le « roi de Portugal dépêcha en toute hâte « à Chambord deux de ses conseillers, « pour demander raison de cette viola- « tion de la paix. François Ier leur ré- « pondit : Messieurs, ce n'est pas moi qui « vous fais la guerre; allez trouver Ango, « et arrangez-vous avec lui. Les deux « députés se rendirent à Dieppe. Ango, « qui était alors à Varengeville (où il « s'était fait bâtir une magnifique mai- « son de plaisance, dont les débris sub- « sistent encore), les fit venir dans son « manoir, et les reçut avec sa magnifi- « cence ordinaire. Ici les traditions va- « rient; car, selon les uns, il leur dit « d'assez rudes paroles, et les traita « peu courtoisement; d'autres préten- « dent que, par égard pour le roi, qui « lui avait fait l'honneur de les lui ren- « voyer, il leur demanda seulement à « l'avenir de respecter le pavillon de « France, et leur promit d'expédier un « bon voilier pour rappeler sa flotte. »

Quelques mots sont ici nécessaires afin d'établir une certaine concordance entre la tradition et les récits des Portugais.

Sans aucune espèce de doute, Jean Ango fut un homme remarquable, il le fut comme ce brave Parmentier dont M. Estancelin nous a tracé naguère l'histoire, et comme ces hardis naviga- teurs les Pregent de Bidoulx, les Pri- moguet, les Paulin, dont M. Léon Gué- rin a récemment retracé les exploits et dont nous devons à bon droit nous enorgueillir. Plus que tous ces naviga- teurs du seizième siècle, Jean Ango eut de l'audace et du bonheur; disons mieux, comme des renseignements certains l'attestent, dans les luttes lointaines qui s'établirent entre lui et les Portugais, il se rendit un ennemi incommode, un corsaire redoutable. Mais il y a loin de là sans doute au pouvoir qu'on lui prête, et la vérité ressort des docu- ments diplomatiques que nous avons sous les yeux, sans que l'on puisse néan- moins enlever toute valeur à la tradi- tion. En tout cas les exploits de Jean Ango n'appartiendraient pas au règne de Manoel, mais ils auraient eu lieu sous João III. Comme cela a été remar- qué du reste par M. Léon Guérin dans son Histoire maritime de France, le seul document qui puisse prêter une certaine autorité à la tradition est la lettre de marque que François Ier expédia le 27 juillet 1530 (*), et par laquelle il concède

---

(*) Et non le 22 mars, comme le dit M. Guérin dans son intéressant ouvrage.

à Jean Ango le droit d'appréhender sur les biens des Portugais, partout où il le pourra faire, ce qui le devra dédommager des prises faites sur lui, accordant toutefois à ceux-ci trois mois, pour opérer la restitution demandée (*). Il faut néanmoins ajouter que la tradition relative à l'ambassade s'évanouit dès qu'on examine un peu sérieusement les pièces diplomatiques. En effet, par une lettre en date du 2 août 1544, João III ordonne à son ambassadeur près la cour de France de déclarer à François Ier, que s'il ne donne pas des ordres pour révoquer les lettres de marque accordées à Jean Ango, il se verra contraint de se retirer. Fernão Alvarez Cabral avait reçu des injonctions pareilles, et João III semble avoir attaché une telle importance au débat survenu entre lui et la France, qu'il mande à Domingos Leitão de demeurer à Paris, afin de le tenir au courant de l'affaire dans le cas où l'ambassadeur s'absenterait de la cour.

Les dates sont du reste tellement incertaines dans l'histoire du hardi navigateur, créé par François Ier vicomte et capitaine commandant de la ville de Dieppe, qu'il est intéressant et curieux à la fois pour nos propres annales, de rétablir au moins certains faits vaguement énoncés par la tradition. Si la descente en Portugal dont on a reproduit le récit est plus que douteuse, il n'en est pas ainsi des autres exploits de Jean Ango, et le recueil auquel nous avons eu plusieurs fois recours ne laisse point de doute à ce sujet. D'abord, par une lettre de D. Antonio d'Ataïde, en date du 18 août 1531, on a la certitude que Jean Ango armait quatre navires pour se rendre en Guinée, et se diriger vers la côte de Malaguete. On voit ensuite que l'amiral de France s'opposait à ses explorations à main armée, et qu'il lui défendait la navigation des mers du Brésil, en étendant cette ordonnance à toutes les contrées soumises alors au Portugal. Il fallait bien aussi que l'intrépide bourgeois de Dieppe eût conquis une position à part dans l'armée navale, puisque François Ier écrivait à João III, que, selon les rapports de João Vaz, on préparait dans les divers ports de Normandie vingt-cinq ou trente navires prêts à se joindre à ceux de Jean Ango et indépendants de ceux qu'il avait armés. Nous ajouterons un seul mot, en supposant que la tradition du blocus de Lisbonne repose sur quelque fait réel, c'est entre 1531 et 1532 qu'il faut fixer la date de cette audacieuse expédition. Il est vrai de dire cependant qu'en octobre 1531, les quatre navires appartenant à Jean Ango étaient partis et qu'un pilote portugais, nommé João Affonso, avait pris le commandement de l'un d'eux pour se rendre à la côte de Guinée. On le voit, il résulte de tous ces faits que rien n'est absolument positif dans le récit mentionné plus haut.

MORT DE JOÃO III. — Ce roi avait aimé assez sincèrement la paix pour qu'on lui eût entendu répéter plus d'une fois, que le gain d'une victoire n'effaçait jamais la perte causée par une guerre; et cependant, son règne offrit une suite non interrompue de siéges mémorables et de combats célèbres, qui ensanglantèrent non-seulement l'Inde et l'Afrique, mais encore une vaste partie de nouveau monde. Il sut du moins maintenir en Portugal cette paix qu'il préconisait avec tant d'ardeur, et sous son gouvernement le pays parvint à atteindre un degré de prospérité que les historiens portugais ne cessent de vanter. On lui doit d'admirables institutions, il imprima au mouvement intellectuel de son pays un degré d'activité que les autres peuples n'ont peut-être pas apprécié suffisamment, mais qui n'en est pas moins réel. Sincèrement dévot, il réforma le clergé régulier; mais aussi il se soumit presque aveuglément aux volontés des jésuites, et si ce fut lui qui réédifia le magnifique aqueduc de Lisbonne, qui continua les admirables travaux du couvent de Belem, il donna à plusieurs reprises des ordres impitoyables pour qu'on anéantît les monuments religieux de l'Inde. On lui attribue sans doute une foule d'édifices d'utilité publique, tels que la douane, les bâtiments désignés sous le nom de *Tercenas*, les magasins de la Marine; mais tout cela ne peut faire oublier que ce fut sous son règne qu'on bâtit aussi le palais sinistre de l'inquisition, et que l'on commença les sanglantes procédures du saint office;

(*) Voyez le *Quadro elementar*, t. III, p. 237.

il n'en fut pas moins ardemment aimé.

João III mourut à Lisbonne, le 11 juillet 1557; il avait alors cinquante-cinq ans, et il y en avait trente-cinq qu'il régnait. On dit qu'un prédicateur, voulant annoncer sa mort en chaire, commença à parler au peuple, mais il fut interrompu bientôt par les cris déchirants de la multitude et ne put continuer. Luiz de Camoens était encore aux Indes, lorsque cette nouvelle y parvint. Don João ne lui avait jamais accordé aucune sorte d'encouragement, c'était sous son règne qu'il avait été exilé, et, comme l'histoire le prouve suffisamment, jamais ce génie indépendant ne fut prodigue de ses éloges; cependant il consacra à la mémoire du roi qui venait de mourir une épitaphe qui, pour être restée longtemps obscure, et n'avoir jamais été gravée sur la tombe qu'on voit à Belem, n'en est pas moins l'éloge le plus magnifique qu'on ait pu faire de ce roi.

« Qui gît dans ce grand sépulcre ?
« quel est celui que nous rappellent les
« signes illustres de ce robuste bou-
« clier. Rien; car c'est à cela qu'arrive
« toute chose : mais ce fut autrefois un
« être qui eut tout et qui put tout.
« Il fut roi et fit ce qu'un roi doit
« faire; il mit un soin égal dans la paix
« et dans la guerre. Autant il a été pe-
« sant au Maure grossier, autant main-
« tenant la terre est légère pour lui.
« Est-ce Alexandre? Nul ne s'y
« trompe : on estime davantage ceux qui
« savent conserver que ceux dont le
« but est de conquérir. Serait-ce Adrien,
« ce puissant maître du monde?
« Ce fut l'observateur le plus exact
« des lois d'en-haut. C'est donc Numa?
« Non, mais c'est Jean III de Portugal,
« et jamais il n'y en aura un second. »

Le règne de ce monarque, en effet, ne devait trouver rien qu'on pût lui comparer désormais dans les annales du pays.

RÈGNE DE D. SÉBASTIEN. — Il y a deux noms que la France a retenus dans l'histoire de Portugal, celui de D. Manoel et celui de D. Sébastien : l'un parce qu'il dit la plus haute période de gloire pour la nation portugaise, l'autre parce qu'il annonce une chute éclatante, et peut-être aussi parce qu'il se trouve environné de circonstances tellement romanesques, que la pensée se plaît à scruter ces merveilleuses aventures, dont pour beaucoup de gens le dernier mot n'a jamais été dit. Mais c'est précisément parce que la période historique où vécut D. Sébastien a excité vivement les imaginations, c'est parce que la réalité s'est trouvée obscurcie insensiblement par des fables sans nombre, que nous tenterons de dégager en peu de mots cette curieuse biographie des faits inexacts ou, si on l'aime mieux, des récits invraisemblables, qui l'ont plus d'une fois altérée (*).

D. Sébastien, petit-fils de João III, était né à Lisbonne le 20 janvier 1554, c'est-à-dire à l'époque où la fortune des Portugais commençait à fléchir aux Indes et à Malaca. Lorsque cet héritier, si ardemment désiré, vint au monde, le prince D. João, son père, était mort depuis quelques jours (**); sa mère, dona Juanna, la propre fille de Charles-Quint, accoucha au milieu d'un deuil universel (***).

Le merveilleux qui caractérise les dernières années du jeune prince s'attache à sa personne, avant même qu'il voie la lumière. Une légende adoptée par quelques chroniqueurs veut qu'une femme mystérieuse et vêtue de noir, comme on l'était au temps de Joam II, ait apparu à l'infante dona Juanna et lui ait fait comprendre par un geste muet que les brillantes destinées du royaume allaient avoir une fin sinistre. Une autre légende, répétée par des historiens de la même époque, signale, aussitôt après les

(*) Nous dirons ici que nul règne dans les annales portugaises n'a été si curieusement et si nettement examiné que celui du successeur de João III; le nombre des relations qui racontent la déplorable catastrophe d'Alcaçar Kebir est vraiment prodigieux, et le biographe par excellence des Portugais, Barbosa Machado, a consacré quatre gros volumes in-4° à l'administration si éphémère du jeune monarque sans pousser la tâche jusqu'au bout; ce livre est intitulé : *Memorias para a historia de Portugal que comprehendem o governo del Rey D. Sebastião do anno 1554 até o anno 1561, approvadas pela academia real da Historia Portugueza, escritas por Diogo Barbosa Machado, abbade da Igreja de Santo-Adrião de Sever*. Lisboa, 1736-1751. Il y a en tête un beau portrait gravé par Debrie.

(**) Le 2 de janvier 1455.

(***) Cette princesse avait épousé le fils de João III par procuration, le 11 de janvier 1552, et ce n'avait été qu'à la fin de novembre de la même année qu'elle avait fait son entrée en Portugal.

couches de l'infante, une espèce de ronde infernale exécutée par une troupe de Maures. Plusieurs des serviteurs attachés au service de la princesse virent, disent-ils, ces esprits infernaux danser au milieu des flammes dans une des cours du palais.

Rien au contraire, dans la réalité, ne pouvait faire soupçonner les terribles événements de ce règne. Il y eut une régence, il est vrai, car la mort de João III arriva trois ans après la naissance de son petit-fils ; mais la reine Catherine avait pris la direction des affaires et l'intègre Aleixo de Menezes s'était vu chargé de l'éducation du jeune monarque. Certes ces deux esprits excellents donnaient toute espèce de garantie pour l'avenir. Il est difficile de rencontrer dans l'histoire une femme d'un esprit plus noble et plus ferme à la fois que l'était la veuve de João III. Tous les historiens se réunissent pour vanter la noblesse de cœur et les lumières de l'*ayo* (*) de D. Sébastien. Aussi, malgré des difficultés dont on ne tait ni le nombre ni la nature, les deux mandataires auxquels se trouva confié le bonheur d'une nation généreuse, remplirent-ils leur devoir selon ce qu'on pouvait attendre d'eux. Dona Catharina accomplit tout ce qu'un esprit ferme et droit pouvait faire dans l'intérêt des peuples, elle assuma courageusement sur elle les déboires dont une faction turbulente voulait l'abreuver, et elle ne se démit définitivement de la direction des affaires qu'au jour où elle acquit la preuve qu'une lutte plus longue devenait impossible : voilà pour l'office de la reine. Les devoirs du gouverneur ne furent pas moins bien remplis. Sébastien fut nourri dans l'amour du pays et il poussa même jusqu'à une sorte de fanatisme son admiration pour les gloires portugaises. Bien peu de princes au temps où il vivait pouvaient lui être comparés quant à la variété et à l'étendue de l'instruction. Les écrits qu'il a laissés sont une preuve évidente de ce que l'on avance ici ; certains projets pour lesquels des connaissances positives étaient indispensables le prouvent également (**) ;

(*) C'est le titre officiel du gouverneur.
(**) Tel était, entre autres, son projet de réforme des poids et mesures. Si un fatal événement n'avait pas fait ajourner ce dessein,

le célèbre Pedro Nunez avait été son maître de mathématiques, comme l'a très-bien prouvé M. Candido Xavier ; il savait les langues classiques, et l'on a la certitude que l'histoire des grands peuples lui était familière. Le témoignage des écrivains contemporains est unanime lorsqu'il s'agit de ses qualités privées, et l'on peut dire qu'il poussait même certaines vertus jusqu'à l'exagération (*). Par quelle fatalité tant de louables antécédents eurent-ils un résultat complétement opposé à celui qu'on devait attendre ? par quelles circonstances déplorables les plus nobles penchants, faussés par un odieux système, devinrent-ils précisément la cause d'une ruine funeste ? Avant de raconter les égarements du jeune roi, les historiens répondent par deux noms : ils désignent Martim Gonçalves da Camara et le père Luiz Gonçalves da Camara son frère ; et ils disent en même temps que ces deux hauts conseillers appartenaient à l'ordre des jésuites. Le père Luiz Gonçalves était confesseur du roi.

A l'instigation de ces deux habiles courtisans, dès l'âge de quatorze ans Sébastien réclama les droits que lui donnait sa naissance, et le 20 janvier 1568 il entra en possession du trône. Deux ans plus tard, toujours influencé par les mêmes conseils, il éloigna de sa personne l'homme probe et sévère qui avait guidé son éducation. D. Aleixo de Menezès, en quittant la cour, supplia, dit-on, son royal élève de reculer l'exécution de certaines mesures pour lesquelles il avait pris l'initiative et qu'il avait

qui reçut un commencement d'exécution, le Portugal jouirait aujourd'hui d'un système uniforme, dont l'exposé excite une admiration involontaire, surtout lorsqu'on se reporte au temps où il fut conçu. Voy. à ce sujet un excellent article des *Annaes das sciencias e artes*.
(*) Telle était l'exquise pureté de ses habitudes intérieures, que les chroniqueurs ne tarissent pas sur ce point. On ne connut d'autre passion à Sébastien que celle de la gloire, car il est impossible d'admettre de prime abord, et comme vérité incontestable, ce qu'on dit touchant cette religieuse qu'il allait visiter mystérieusement, et pour laquelle il entreprenait de secrètes et dangereuses expéditions durant la nuit. Pas un seul historien digne de ce nom ne désigne clairement cette beauté inconnue, dont quelques autres font une espèce d'Égérie ; nous le répétons, ces récits invraisemblables ne se basent sur aucun témoignage positif.

à cœur d'exécuter ; il se défiait sans doute de cette âme fougueuse dont la direction lui échappait complètement. Les deux conseillers du roi prouvèrent au noble Menezès qu'il fallait redouter pour le pays un autre danger plus grand encore.

Avec les années, et grâce sans doute à de perfides insinuations, cet esprit élevé, dont on avait perverti le sens, avait conçu des projets dont se montraient effrayés les hommes les plus braves et les plus expérimentés de l'ancienne cour. A peine échappé à l'adolescence, il rêvait une croisade nouvelle, une expédition plus décisive que celle de João Ier, plus brillante que celle d'Alphonse V. Il préludait à cette guerre d'Afrique par des courses aventureuses sur le fleuve, et plus d'une fois, dit-on, la frêle embarcation sur laquelle il s'abandonnait aux flots du Tage devint le jouet de la tempête et se brisa sur les rochers : enfin, comme le dit Manoel de Faria, « toutes ses actions étaient devenues autant de pronostics de sa ruine (*). »

PREMIÈRE EXPÉDITION EN AFRIQUE. 1574. — Sébastien atteignit trop tôt l'âge auquel il pouvait mettre à exécution les projets qui fermentaient dans sa tête ardente, et à peine avait-il vingt ans qu'il résolut d'effectuer une descente en Afrique. Mais cette première expédition, entreprise, pour ainsi dire, à l'insu de ceux qui pouvaient en signaler les inconvénients, se réduisit à une simple promenade le long de la côte, une espèce d'excursion dans les environs de Tanger (**).

(*) Si l'on en croit certains auteurs, Sébastien serait complètement responsable de ses résolutions, et elles lui appartiendraient tout entières.

(**) Antonio Vasconcellos, de la compagnie de Jésus, écrivain par conséquent favorable aux Camara, insiste sur les efforts que le précepteur du jeune roi fit auprès de lui pour le dissuader d'entreprendre cette première expédition, qui n'était que le prélude d'une plus déplorable faute ; doit-on croire ce récit ? « Ergo Sebastianus, prudentissimis monitoribus refractarius, in Africam primum solvit, sextili mense anno 1574, ætatis suæ 20. Præceptor interim curis, nec non et jejuniis aliisque macerationibus pro alumni salute afflictatus, morbo gravissimo corripitur. E lectulo tamen epistolium, manu, ut erat, tremula exaratum, charitate quidem et prudentia plenum, in Africam ad regem dedit ; summis in eo precibus contendebat, ut factus jam voti compos, visa Africa, et sibi, et suis prospiceret, ac in Lusitaniam primo quoque vento renavigaret. » *Anacephalæoses*, p. 318.

Les musulmans se bornèrent à surveiller les mouvements d'un ennemi dont ils n'ignoraient pas le débarquement, mais à la démence duquel ils ne croyaient pas. Une lettre de D. Sébastien lui-même, qui nous a été conservée par Barbosa Machado, raconte les incidents qui signalèrent cette échauffourée (*) ; nous ne l'analyserons point ; mais si elle ne constate pas une grande prudence chez le jeune monarque, elle atteste sa hardiesse chevaleresque, et elle prouve jusqu'à l'évidence que la science pratique de la navigation s'était développée chez lui (**).

DERNIÈRE ÉPOQUE DE CE RÈGNE. — D. Sébastien revint en Portugal la même année, et tout nous prouve que cette course armée, loin de calmer son ardeur belliqueuse, n'avait fait que le confirmer dans ses projets. On ne les ignorait pas, la nation entière en était troublée, et une vive inquiétude se faisait sentir non-seulement dans le conseil, mais jusqu'au sein des cours dont les intérêts étaient unis momentanément à ceux du Portugal. On sentait qu'un pouvoir occulte, mais persévérant, continuait à exercer son pouvoir sur le jeune monarque. On essaya de détourner cette ardente imagination d'un dessein insensé en portant ses préoccupations sur une grande question politique, dont on espérait faire une question d'intérêt privé, celle du mariage. Divers partis furent proposés à D. Sébastien, des négociations même furent ouvertes ; mais si une union avec la fille de Henri II fut sur le point de s'effectuer, et si les conseillers de la couronne crurent devoir insister sur cette alliance, qui resserrait les liens du Portugal et ceux de la France, rien ne put être conclu, et les espérances du jeune monarque, secondées par une répugnance pour le mariage qu'il ne prenait pas même le soin de dissimuler, firent échouer tous les projets.

C'est grâce aux mémoires contemporains, c'est surtout grâce aux lettres austères du noble évêque de Sylves,

---

(*) *Memorias del Rey D. Sebastião*.

(**) Les leçons de Pedro Nunez avaient été si peu perdues pour D. Sébastien, que ce fut lui qui dirigea toujours l'escadre, principalement dans les moments difficiles. Voy. *Annaes das sciencias e artes*, t. V, p. 149.

qu'on peut juger aujourd'hui de quelle anxiété se sentaient saisis les esprits prévoyants et dans quelle situation morale se trouvait un grand peuple voisin de sa ruine. Tantôt le vénérable Hieronymo Osorio s'écrie : « Depuis quand une religion d'amour est-elle devenue une religion de glaives? » Tantôt, en comparant les gentilshommes que le luxe a énervés aux hommes de fer qui ont gagné l'Inde sous Emmanuel, il dit avec douleur : « Voyez, ils portent des parfums et ne savent plus porter la lance. » En d'autres moments, il s'adresse au roi lui-même, et il lui écrit ainsi : « Les hommes prudents disent que l'office d'un bon roi consiste davantage dans l'art de défendre les siens que dans la hardiesse d'attaquer l'ennemi, et c'est une vérité si reconnue, que les princes dont le nom s'est illustré dans les batailles n'ont rien gagné durant ces luttes s'il n'en est résulté aucune sécurité pour leurs vassaux. Or, beaucoup de gens se lamentent sur ce point, parce qu'ils voient que la guerre présente ne se fait pas aux Maures, mais qu'elle se fait aux Portugais, sans que Votre Altesse le sache. » Voici quel est le langage du digne prélat, et néanmoins c'est pour le confesseur du roi que l'austère vieillard réserve ses paroles les plus sévères. Plusieurs années avant l'expédition fatale, il écrivait aux deux frères, et les engageait à descendre dans leur propre conscience. « Vous vous êtes rendus, disait-il, ainsi que la personne d'un roi de dix-sept ans naturellement aimable, les êtres les plus abhorrés qu'il y ait eu jamais en Portugal, avant et depuis D. Pedro le Cruel! et les Portugais jurent qu'ils préféreraient être gouvernés par deux Turcs, qui les dirigeraient avec amour et prudence, à la façon dont ils le sont aujourd'hui. Nul malheur plus grand ne devait atteindre ce royaume, ni la propre personne du roi (*)!... » Les avertissements sévères, les reproches hardis ne manquèrent, on le voit donc bien, ni au jeune monarque, ni aux hommes ambitieux qui le conseillaient; rien ne put modifier les projets insensés que Philippe II seul approuvait. Une entrevue que le jeune monarque eut avec l'astucieux successeur de Charles-Quint ne modifia pas une résolution prise depuis tant d'années. Bien loin de là, et quoi qu'en puissent dire certains historiens, qui parlent d'avis prudents donnés avec insistance, il est certain que cette entrevue des deux rois ne se termina point sans que des expressions d'admiration feinte vinssent encore exalter un esprit rempli d'effervescence. D. Fernand de Tolède, le vieux duc d'Albe, refusa d'accompagner le roi, à moins qu'on ne lui donnât le commandement de l'expédition. Mais le cauteleux soldat, qui parlait de sa haine pour les Maures, ne parlait pas de sa haine pour les Portugais; D. Fernand de Tolède et Philippe s'étaient compris.

SECONDE EXPÉDITION EN AFRIQUE. — ÉVÉNEMENTS QUI LA DÉTERMINENT. — BATAILLE D'ALCAÇAR — KEBIR ou mieux DE KASR EL-KEBIR. (*) — Le fait capital du règne de D. Sébastien, c'est donc la journée d'Alcaçar-Kebir, comme soixante-quatre ans auparavant le bombardement de la cité d'Ormuz avait été l'événement le plus significatif du règne de D. Manoel. Ce drame sanglant a toujours pour acteurs les musulmans et les chrétiens, mais, dans l'espace qui s'écoule entre ces deux actions si différentes, bien des empires ont eu le temps de s'écrouler. Nulle catastrophe ne fut plus prompte dans ses effets que celle qui enleva la couronne à Sébastien. Nulle chute ne fut plus rapide que celle du Portugal. Expliquons sommairement par quelques dates et par quelques faits, le motif plausible qui fut donné à une pareille expédition.

C'était sous le règne des Beni Otaze, c'est-à-dire soixante ans environ après l'époque où nous sommes parvenus, que le Portugal avait fait ses plus notables conquêtes en Mauritanie. Il est bon de se rappeler que durant cette période il avait possédé vers le sud plus de cent lieues de côtes depuis Azamor (*Azemmour*) jusqu'à Santa-Cruz (**). A cette époque, comme nous l'avons fait remarquer, les soldats de Manoel avaient

(*) Voy. *Cartas Portuguesas de D. Hyeronimo Osorio*. Paris, 1819. Voy. également un excellent article de *Candido Xavier* dans le tome IV des *Annaes das sciencias e artes*.

(*) Littéralement le grand château.
(**) Voy. la carte si exacte du Maroc publiée récemment par M. Renou; ces positions y sont nettement indiquées.

une fois poussé dans l'intérieur jusqu'aux portes de Maroc. C'était le temps où le fameux Ali-Ben-Tafuf prêtait aux chrétiens l'appui de son influence, et où des hommes tels que Diogo de Azambuja frappaient de terreur les musulmans. Vers les premières années du règne de João III, une grande révolution s'était opérée dans le Maroc : deux princes du royaume de Dara, revêtus du titre de chéryfs, mais nés dans un état voisin de la pauvreté, Muley Hamed (*Moula Ahmed*) et Muley Mahomed (*Moula Mohammed*), étaient parvenus par leur courage et par leur adresse à s'emparer du royaume de Maroc et des contrées voisines. Il avait été convenu d'abord que Muley Hamed, le plus vieux des deux, dirigerait l'empire et que son frère se contenterait de la vice-royauté de Sus (*Sous*), en conservant des titres à la couronne et en se réservant le droit de succéder à son frère. Mais ces conventions durèrent bien peu de temps sans orages. Les deux frères, qui s'étaient réunis pour la conquête du Maroc, combattirent avec acharnement pour sa souveraineté, et la puissance resta en dernier lieu à Muley Mohammed, qui fonda définitivement la puissance des chéryfs dans l'empire qu'il avait su gagner. Ce fut à lui que João III fit ces importantes concessions que nous avons signalées plus haut, et à la suite desquelles il ne resta plus aux Portugais dans cette partie de l'Afrique que Ceuta et Tanger (*). En 1524, ce prince eut assez d'habileté pour obtenir de João III ou de Charles-Quint que les rois chrétiens de la Péninsule n'accordassent jamais leur appui au frère fugitif dont il avait ruiné les espérances.

Il n'eut pas toutefois d'un règne d'une bien longue durée, et les janissaires de Tlemcen, auxquels il avait accordé imprudemment une haute influence, finirent par l'assassiner pendant son sommeil durant une expédition.

Muley Mahomed laissait un grand nombre d'enfants. Abdallah, le plus vieux d'eux tous, fut reconnu comme empereur du Maroc; les autres princes, qui excitaient naturellement ses soupçons, furent pourvus de gouvernements lointains ou bien s'éloignèrent de la capitale. Nous nous contenterons de mettre en évidence les deux personnages qui vont jouer un rôle dans la lutte sanglante où périt D. Sébastien. Le premier, Muley Hamed (*Moula Ahmed*), était né d'une femme noire, et ne se faisait remarquer par aucune qualité bien éminente, à moins que l'on excepte de ce jugement une sorte de persévérance à triompher de la mauvaise fortune; l'autre, Muley Maluco (*Moula-abd-el-Mélek*), était allé de bonne heure à Constantinople, avait fréquenté les chrétiens, et était parvenu à acquérir un genre d'instruction bien remarquable pour un prince de l'Orient, s'il est vrai, comme l'affirme Bernardo da Cruz, qu'il sût le latin et qu'il parlât avec élégance l'italien, l'espagnol et le français. Sans affirmer avec d'autres auteurs que ce prince était bon poète et musicien habile, nous rappellerons qu'il s'était formé à l'art difficile de la guerre maritime en suivant une rude école. Il avait combattu à la journée de Lépante, et il s'y était fait remarquer comme l'un des meilleurs artilleurs de la nombreuse armée des Turcs.

Abdallah mourut, Muley Hamed le mulâtre s'empara du trône de Maroc; il n'avait pas songé sans doute aux prétentions de ce frère, qui vivait à la cour splendide de Constantinople, et qui faisait, disait-on, sa société habituelle des étrangers que la diplomatie ou la guerre amenait auprès de Soliman. Muley Maluco ne demeura pas dans l'inaction : il se rendit d'abord à Alger, auprès des successeurs de Khaïr-ed-din, les intéressa à son sort, leva une troupe considérable de janissaires, entra dans l'intérieur, et, après une lutte durant laquelle le chéryf commit des fautes impardonnables, s'empara du Maroc. Nous ne saurions retracer ici les nombreuses péripéties de ce drame : l'empereur fugitif cherchant un asile dans les montagnes, et trouvant des forces nouvelles parmi les tribus de Sous; les batailles qui se succèdent, le trône revenant à son premier possesseur, qui se voit bientôt chassé de nouveau : tout ce récit est plein d'intérêt et a été malheureusement falsifié; nous ne

---

(*) *Cebta*, *Tandja* Arzilla (*Arcilā*) fut également cédé.

le rectifierons point, parce qu'il regarde bien plutôt l'histoire de l'Afrique que celle du Portugal; nous nous contenterons de dire que, vers 1575, Muley Maluco était en paisible possession du Maroc, lorsque Muley Hamed, n'espérant plus rien des peuples lointains de Sous et de Dara, tourna ses yeux vers les princes chrétiens. Philippe avait refusé au fugitif, pour ainsi dire, un asile dans la forteresse du Peñon de Velez (il ne lui en avait permis l'entrée qu'avec dix hommes seulement); il fallut que ce malheureux prît le parti de venir en Portugal. Muley Hamed, sans être un homme éminent, avait su deviner tout ce qu'il y avait d'esprit chevaleresque et de valeur imprudente dans le cœur de Sébastien.

Le jeune prince promit tout ce qu'on lui demanda; il s'agissait bien moins pour lui de se créer un allié solide sur les côtes de Barbarie, que de faire une guerre sainte. Peut-être comptait-il d'ailleurs sur les nombreux partisans que le chéryf fugitif prétendait avoir laissés en Afrique, et sur la sourde haine que devait faire naître dans Maroc l'esprit innovateur du nouveau chef. Muley Maluco ne fut pas plutôt instruit de la résolution du jeune monarque, qu'il lui écrivit une lettre pleine de sagesse (*), où il l'engageait à se désister de son projet. D. Sébastien était trop peu maître de ses désirs pour comprendre cette noble modération; la guerre d'Afrique fut résolue.

(*) Une autre lettre fort curieuse écrite en italien, existe manuscrite à la Bibliothèque du roi. Disons en passant qu'elle fut peut-être même rédigée primitivement dans cette langue. Muley Maluco était en réalité fort attaché aux usages de l'Europe, et on a la preuve de ce fait par la quantité d'*elches* ou, si on l'aime mieux, de renégats dont il s'entourait habituellement. S'il n'eût été dans l'habitude de se livrer à d'infâmes débauches, et surtout à l'usage immodéré du vin, il eût mérité sans aucun doute le titre de prince éminent. Sa bravoure était vraiment chevaleresque, et il avait assez d'empire sur lui-même pour recommander qu'on n'exécutât aucun de ses ordres lorsqu'on le voyait animé par l'excès des liqueurs. Voy. Bernardo da Cruz, *Cronica*, etc. Mendoça prétend, et João de Souza adopte cette opinion, que le nom de *Maluco* est une contraction du mot *Mumluco*. Le jeune prince avait reçu, dit-il, ce surnom de son père, au retour d'un premier voyage à Constantinople, à la suite duquel on lui avait attaché un léger fer d'argent pour lui rappeler qu'il avait vécu parmi les esclaves du Grand Seigneur.

Il suffirait au besoin de cet étrange souvenir, qui nous a été conservé par les historiens les plus graves, pour faire sentir tout ce qu'il y avait de romanesque et de bizarre à la fois dans la pensée d'un roi chrétien allant remettre sur le trône un prince infidèle qu'il n'estimait pas. Les préparatifs se sentirent nécessairement de pareilles dispositions d'esprit, on négligea tout ce que commandait la raison : le bon sens populaire résistait dans plusieurs provinces; l'ardeur de cette âme emportée persévérait, et prétendait suppléer à la volonté générale par une volonté qui jamais n'avait fléchi. Les hommes que l'on enlevait à la charrue pour les enrégimenter étaient dans des dispositions bien différentes de celles qu'avaient montrées deux siècles auparavant les hardis compagnons de Joam 1er, lorsque Tanger et Ceuta tombèrent aux mains du Portugal. La contrainte agit au lieu de l'amour, et ces pauvres laboureurs, ravis à leurs travaux, faisaient, on le comprend, d'assez mauvais soldats. Sébastien parvint à réunir ainsi une petite armée de huit à neuf mille hommes (*), composée en partie de recrues nouvelles. Mais l'ardent jeune homme s'adressa à Philippe II, et il parvint à obtenir de lui des renforts considérables, qu'il put joindre à ses nouveaux soldats; les vieilles bandes de l'Espagne fournirent deux ou trois mille fantassins; trois mille Allemands se réunirent au lieu du rendez-vous, et le capitaine Hercoles commandait à neuf cents Italiens, selon les uns, à six cents, selon d'autres. Nous ne savons s'il faut

(*) Les documents diffèrent d'une manière bien étrange sur la force numérique de l'armée portugaise; Pedro de Mariz, par exemple, fait monter le total des combattants à douze mille hommes seulement; mais Bernardo da Cruz élève le chiffre total de l'armée à vingt-cinq mille et au delà. Ce dernier chroniqueur fait entrer probablement dans son calcul les gens inutiles venant à la suite de l'armée. Selon une bonne autorité, on peut admettre les chiffres suivants :

Portugais	9000
Allemands	3000
Castillans	2000
Corps des aventuriers	1000
Cavalerie et train	3000
Italiens faisant partie d'une escadre en relâche.	600
Total	18,600

PORTUGAL.

compter cette foule indisciplinée qui s'embarqua pour suivre l'armée, et dans laquelle un de nos vieux voyageurs français vit une multitude de femmes et jusqu'à des enfants qu'on allaitait. Tel était l'esprit de cette foule imprévoyante, qu'après avoir résisté dans le premier moment à la pensée du roi, elle s'animait de tous ses rêves et comptait sur le butin de la bataille, comme sur un gain qui ne pouvait lui échapper. Un témoin oculaire rapporte qu'il y avait tel de ces paysans, qui, ne faisant nul doute sur le résultat de la journée, s'était muni de fortes cordes pour attacher les Sarrasins.

Les riches vêtements, les armes splendides, les armures magnifiques éclataient de toutes parts dans les rues de Lisbonne (*); il ne se trouvait plus là personne pour mettre un frein à ce luxe inutile, et s'il y avait des chevaliers assez braves et assez généreux pour environner leur sacrifice volontaire de toutes les pompes du siècle, les sages se taisaient, car ils s'étaient vu imposer silence (**). Il n'y avait personne qui eût pourvu aux plus simples nécessités. On partit si bien dénué de tout, qu'il y avait à peine des vivres pour huit ou neuf jours sur les galions suivant la flotte. Sébastien avait eu une entrevue avec son oncle, et l'habile politique lui avait bien donné le casque de Charles-Quint, mais il s'était gardé de lui inspirer des idées de prévoyance. Quelques historiens prétendent qu'il lui écrivit, et qu'il arrêta la pensée de son neveu sur les chances d'un résultat funeste. Philippe II n'avait point de ces tendres sollicitudes, et pour le croire capable d'un tel intérêt, il faudrait oublier l'ordre que reçut le duc d'Albe de persister dans son refus d'accepter un commandement.

Nous ferons grâce au lecteur de l'énumération des galions, des caravelles, des galères sans nombre qui se réunirent pour transporter l'armée; aucun de ces détails, si douloureux encore aujourd'hui au cœur des Portugais, n'a été omis dans la volumineuse histoire du jeune roi, où un écrivain emploie presque autant d'espace pour raconter une catastrophe sanglante que Barros en avait employé jadis pour dire les gloires de la monarchie. Ce fut le 24 juin 1578 que cette flotte nombreuse mit à la voile. D. Sébastien était richement vêtu, et il était environné des meilleures lances, des hommes les plus braves que renfermât le royaume; comme Rodrigue, le roi infortuné des Goths, il s'en allait au sacrifice paré de toutes les pompes guerrières. Au milieu de ce bruit, des cris du commandement, des détonations de l'artillerie saluant le port, un page, Domingos Madeira, chantait, on le remarqua bientôt : la chanson qui lui était venue à la mémoire était la vieille complainte du Romancero :

Ayer fuisteis rei de España
Oy non teneis um castillo (*).

Personne en ce moment ne voulut croire à la prophétie.

Tout ce qui avait un nom en Portugal s'en allait à cette boucherie; il y avait jusqu'à des évêques et à de simples abbés (**), comme aux journées du moyen

---

(*) On peut voir dans les curieuses recherches que M. Herculano a publiées sous le titre d'*Archeologia Portugueza*, à quel degré fut poussé le luxe des gens de cour, lors des préparatifs de l'expédition; il y eut tel caparaçon qui monta à mille cruzades, et l'on élève à quatre mille le nombre des tentes nécessaires au roi et aux grands seigneurs. Malgré une ordonnance royale, certains objets d'équipement étaient montés à un si haut prix, qu'un pauvre gentilhomme disait : « Il y a une guerre que je redoute plus que celle de l'Afrique, c'est celle de la *rue Neuve*. » Les armures dorées et damasquinées étaient d'un luxe inouï; celle du roi, tout émaillée d'azur, se distinguait par son merveilleux travail. Il y fallait une devise, on se garda bien de l'aller demander à l'auteur des Lusiades. Ce fut Hieronymo Corte Real et un certain D. João de Mafra qui la composèrent, en s'adjoignant un troisième gentilhomme : il fut résolu qu'on graverait deux pyramides avec ces mots portugais : *amor, fé, amor.* Diogo Bernardes avait été choisi pour célébrer la bataille. Bernardes et Corte Real sont deux génies élevés; mais ce choix est, selon moi, une preuve de plus de l'affreux abandon où se trouvait le poète.

(**) Qui ne sait l'injure faite à D. João Mascarenhas? Le capitaine octogénaire vit discuter devant lui ce qu'on devait accorder de pitié au courage affaibli par l'âge; le défenseur de Diu osait désapprouver l'expédition d'Afrique.

(*) « Hier vous étiez roi d'Espagne — aujourd'hui vous n'avez pas un château ! » La mort du roi D. Sébastien a fourni à son tour le sujet d'une romance avec la musique notée, qui nous a été transmise par Leitão d'Andrada.

(**) D. Manoel de Menezès, évêque de Coimbre, et D. Ayres de Sylva, évêque de Porto, fu-

âge. Les plus rapprochés du trône, tels que le jeune duc de Barcellos, héritier du duc de Bragance, et un autre cousin du roi, le fils bâtard de don Luiz, avaient voulu suivre le roi : le dernier que nous venons de désigner c'était ce don Antonio, prieur do Crato, que don Sébastien avait envoyé précédemment en Afrique et qui débutait dans sa carrière guerrière par la plus déplorable et la plus mal conçue de toutes les expéditions.

Don Sébastien débarqua sur la plage d'Arzilla (*Arcilá*), et il assit son camp en dehors de la ville. Quelques escarmouches d'Arabes, une de ces razzias insignifiantes dans les guerres d'Afrique, mais qui suffisent pour exalter une tête chevaleresque, fit prévoir aux hommes sages que cette cervelle bouillante ne saurait jamais commander une armée et qu'elle ne comprenait point la contradiction. Le jeune roi avait résolu de marcher vers Larache (*el-Araïch*) et de s'emparer de cette place : ce fut en partie ce qui le perdit. Pour atteindre la ville, qu'il prétendait assiéger, il ordonna aux troupes de se munir de vivres pour cinq jours seulement, et la flotte reçut en même temps l'injonction de se diriger le long de la côte, de façon à pouvoir croiser devant la petite cité arabe.

Ainsi que l'a fait très-bien observer Bernardo da Cruz, ce religieux d'un bon sens si pénétrant, dont MM. Herculano et Païva nous ont révélé tout récemment les renseignements précieux, cette mesure fut le commencement du désastre. Larache se trouve situé entre le cours d'eau que les Arabes désignent sous le nom de *Oued el Mhákzen* (le fleuve des Makzen) et les marais formés par l'Oued Loukkos (*) : il fallait bien se garder de passer le fleuve et d'entrer dans une vaste plaine brûlée du soleil que les musulmans désignaient sous le nom de *Tamista*, et que Mendoça affirme avoir porté plus tard le nom de *champ d'Uderaca* ou *du Bouclier*. Sébastien fit tout le contraire de ce qu'exigeait la raison ; il n'eut aucun égard à l'heure de la marée, qui, en gonflant le Macassim, lui ôtait tout espoir de retraite; il ne songea pas d'avantage à l'horrible chaleur qu'il faisait dans la plaine : on était cependant au 3 août.

Tous les historiens sont d'accord sur ce point, que le soleil lançait des feux terribles même pour les Arabes garantis par leurs bournous. Le matin, au commencement de la journée du 4 août, son orbe était rougeâtre, environné de vapeurs sinistres, et la chaleur n'en était pas moins dévorante.

Les chefs musulmans qui accompagnaient don Sébastien étaient parfaitement au fait de ce qui se passait dans le camp ennemi; ils savaient de science certaine que le souverain de Maroc, Muley Maluco, luttait en vain de toute son énergie morale contre le mal qui le dévorait, et que sa fin était prochaine; on tint conseil encore le matin comme on l'avait tenu la veille. Le chéryf (on donnait toujours ce nom au prétendant) était parvenu à persuader don Sébastien et à obtenir qu'on différât la bataille, afin de profiter au moins des avantages que faisait présumer une mort impatiemment attendue. D'imprudents conseillers firent valoir le manque d'approvisionnements, l'absence de vivres qui se faisait sentir depuis près de deux jours; les plus sages parlaient de tuer les mules de transport et d'attendre; pour agir ainsi, pour consentir à temporiser, il eût fallu être un autre homme que le bouillant don Sébastien. Résigné d'abord, mais toujours prêt à combattre, il était dans sa tente, lorsque l'homme de Philippe II, le commandant des aventuriers, Aldaña enfin, pénétra jusqu'à lui en se mordant les bras de rage, nous dit la chronique nouvellement retrouvée, et en donnant les marques du plus violent désespoir, de ce que l'on n'engageait pas l'action. Sébastien le suivit pour jeter un coup d'œil sur ses troupes, et la bataille fut décidée : il était dix heures et le plus grand effort du combat devait avoir lieu sous tout le poids de la chaleur du jour.

Un vieil historien, qui a combattu vaillamment à cette journée des trois rois, comme on l'appela longtemps, Leitão d'Andrada, a transmis dans une gravure bien imparfaite sous le rapport de l'art, mais fidèle quant aux dispositions prin-

rent comptés parmi les morts, avec le P. Mauricio, jésuite, confesseur du roi.
(*) Toutes les relations du seizième siècle font de ce nom le mot *Macassim*, *Megazen*, etc. Le Lucus (l'ancien *Lycus*) désigne le second fleuve.

PORTUGAL.

Sebastião de Carvalho, Marquis de Pombal.

cipales, l'ordre que suivit Sébastien. Le jeune roi forma un bataillon carré défendu par trente-six pièces d'artillerie, et il prit le commandement de l'aile gauche, laissant le duc d'Aveiro conduire l'aile opposée. L'arrière-garde se composait des recrues et des hommes inutiles de l'armée. Muley Maluco, suivi de ses conseillers et des renégats chrétiens qu'il avait en si grand nombre dans son camp, fit former à ses cent cinquante mille hommes un vaste demi-cercle, qui devait envelopper les chrétiens (*). Ce plan de bataille était essentiellement approprié à la disposition du terrain, ainsi qu'à la circonstance dans laquelle on se trouvait, et tout dénote dans le chef arabe une rare présence d'esprit, puisqu'il était mourant lorsqu'il donna ses ordres, et qu'il lui fallut faire un effort presque surhumain pour monter à cheval et faire ses dispositions. Malheureusement don Sébastien ne comprit pas qu'il avait d'abord choisi une position excellente, puisqu'il avait d'un côté le fleuve des Makhzen, de l'autre de vastes marais et le Rio Loukkos sur ses ailes. Il sortit de cette espèce de retranchement où il était défendu de toutes parts, et il entra résolûment dans la vaste plaine qu'il jugeait digne d'une si grande bataille. Aussitôt l'ennemi fit un mouvement, il étendit les extrémités de sa vaste demi-lune (**), de manière à environner de toutes parts les chrétiens ; mais ils restèrent cependant immobiles.

Comme nous l'avons dit, don Sébastien commandait l'aile gauche et marchait en tête de la cavalerie; la droite avait pour général le duc d'Aveiro. Le service de l'artillerie était fait d'une manière si imparfaite que nulle disposition préservatrice n'avait eu lieu. On l'avait amenée en avant à quelque distance du corps principal et le capitaine Pero de Mesquita guidait seul les artilleurs. Les Maures, au contraire, avaient admirablement posté leurs pièces dans un champ de mil. L'artillerie de Muley Maluco demeura quelque temps masquée; mais lorsqu'elle commença à gronder, elle fit d'effroyables ravages. Il paraît que le canon des chrétiens riposta, mais sans succès, et que les trains furent immédiatement abandonnés. Alors seulement don Sébastien poussa le cri de *Santiago*, si impatiemment attendu, et sans lequel les différents corps ne pouvaient commencer l'attaque. Les Portugais s'élancèrent avec une telle impétuosité que l'infanterie ennemie se vit rompue en un moment; leurs escadrons entrèrent même si avant, qu'Antonio Mendez, un jeune serviteur du mestre de camp, sortit du milieu de ces bataillons musulmans avec une bannière qu'il avait gagnée. Le corps des aventuriers donna alors avec une incroyable intrépidité, puis vinrent les Espagnols, les Allemands et les Italiens, et la victoire fut un moment aux chrétiens. Le roi et le duc d'Aveiro faisaient fuir devant eux la cavalerie arabe, et tout promettait une journée complète, lorsqu'on entendit au fort de la mêlée, Arrière ! arrière ! *Volta... volta...* Ce cri funeste fut-il poussé par le roi et par le duc, comme le prétend Bernardo da Cruz, vint-il d'une bouche inconnue, comme le

(*) On sent que ce chiffre est fort arbitraire, et je le crois exagéré. Un seul historien, Conestagio Franchi, donne approximativement le dénombrement des forces musulmanes. « Ceste armée, dit-il, estoit composée de plusieurs sortes de gens : il y avoit trois mille Maures d'Andelousie (sic), tant à pied qu'à cheval, sous la conduite de Doali al Goari et Osaïn (Hosseïn), leurs chefs, hommes valeureux, qui sont ceux qui passèrent en Afrique lors de la guerre des Alpujarres ou montagnes de Grenade : il y avoit aussi trois autres mille piétons et vingt-cinq mille chevaux, mille arquebusiers à cheval, la plupart reniez et Turcs, tous gens de guerre soldoyés et ordinairement entretenus, et ceux-ci estoient la principale force de son camp. Il y avoit environ dix mille chevaux ramassez, et cinq mille hommes de pied; de sorte qu'ils passoyent quarante mille chevaux et huit mille fantassins, outre grand nombre d'Arabes et aventuriers qui estoyent accourus. » Voy. *L'union de la couronne de Portugal à la couronne de Castille*, p. 59.

(**) Les détails stratégiques qui nous ont été donnés par un officier distingué (M. le commandant Caillié) qui a assisté à la bataille d'Isly nous ont prouvé qu'il y avait eu une remarquable analogie entre cette journée et celle d'Alcaçar-Kébir.

Toujours l'immense croissant se reployait sur lui-même pour envelopper la petite armée des infidèles. — Restez avec nous, disaient quelques chefs à des Arabes qui étaient venus les visiter, nous allons *effacer* ces chrétiens et nous reviendrons pour déjeuner. — Le *couscoussou* et les moutons rôtis étaient prêts, en effet, lorsqu'on entra dans la tente du fils d'Abder-Rhaman. La bataille eût eu l'issue de la journée d'Alcaçar, si le général français n'eût pris avec sang-froid les admirables dispositions qui lui donnèrent la victoire. Ce ne fut pas le courage qui manqua aux soldats de Sébastien.

pense avec plus de raison Faria e Souza? Il est certain que tout fut perdu dès qu'on l'entendit. Un mot sublime répondit cependant à cette clameur de détresse, le frère du comte de Matosinhos, Sébastien de Sà, s'écria : « Fuir!... fuir!... mon cheval ne sait pas reculer! » Et il alla se faire tuer au milieu des Maures. Le mouvement de découragement qui s'était emparé des deux braves ne dura point longtemps ; le roi et le duc d'Aveiro retournèrent avec une nouvelle énergie au combat. Sébastien avait dit avant de livrer bataille : « Si vous me voyez, c'est que je serai à la tête des escadrons; si vous ne me voyez plus, c'est que je serai parmi les ennemis. » Il réalisa alors sa promesse ; mais, tandis qu'il combattait comme un chevalier au lieu d'agir comme un général, les Maures dirigeaient habilement leur feu contre le corps intrépide des aventuriers. Ce fut alors qu'une balle vint atteindre à la cuisse le capitaine Alvaro Pires de Tavora, qui tomba sans être tué. Cet événement eut les plus funestes conséquences. Ce mot terrible qui avait déjà jeté le désordre parmi les chrétiens se fit entendre de nouveau : au moment où le corps des aventuriers entamait les escadrons ennemis avec une valeur surhumaine, le sergent-major du capitaine, Pero Lopes, cria à haute voix : Arrière! arrière! et cette fois il n'y eut pas de chevalier pour démentir le mot d'un lâche; à partir de ce moment l'aspect du champ de bataille changea. Ce fut en vain que le duc d'Aveiro, déjà privé d'une main, alla se faire tuer dans une troisième charge, ce fut en vain que João de Mendoça, le brave gouverneur des Indes, le terrible jouteur, lui fut fidèle à la vie comme à la mort, nous dit le vieux témoin de cette journée mémorable, les braves, plus expérimentés que le jeune monarque, purent voir que tout était perdu. D. Sébastien allait en avant, frappant, comme il l'avait dit, jusqu'au point de disparaître au milieu des troupes musulmanes. Jamais il ne put faire ployer l'infanterie de ces fiers *Azuagos*, qu'une tradition mensongère faisait descendre des Goths, et qui repoussaient en ce moment les bandes si braves et si dévouées des Allemands. A la fin, il se rua sur eux avec une telle impétuosité, que sur deux ou trois mille il n'en resta que dix-sept ; mais, hélas! dit le vieil historien qui raconte des traits d'indicible bravoure, ces souvenirs, qui brisèrent l'âme de ceux qui virent le roi, « donnent peu de relief aux louanges qu'on lui peut accorder. » Sébastien ne prit pas un instant les dispositions qui eussent révélé le général : accompagné de son alferez le digne porte-étendard, précédé de son guidon, le jeune et brave Jorge Tello, qui le devançait dans ses bonds impétueux, il fit des prodiges de courage et de force; il n'eut pas une mesure de prudence pour arrêter tout ce désordre. La confusion fut bien plus grande lorsque l'artillerie des musulmans tonna contre l'infanterie qui servait d'arrière-garde aux corps des étrangers. Ces pauvres gens, armés simplement de piques et sans nulle expérience des combats, s'enfuirent ou se laissèrent tuer ; en peu d'instants le désordre fut à son comble. Si l'armée eût pu être sauvée par la bravoure de son roi, elle l'eût été alors. D. Sébastien ne voulut pas de la vie au prix de la liberté. D. Jorge de Albuquerque Coelho, l'ayant rencontré et s'étant fait descendre de son cheval parce qu'il ne pouvait plus se mouvoir, D. Jorge lui dit bien : « Allez et sauvez-vous, car ma vie n'est rien et la vôtre est tout aujourd'hui. » Il s'élança sur le destrier de ce serviteur fidèle, mais ce fut encore pour aller, précédé de son jeune guidon, au milieu des ennemis, ayant l'air de poursuivre une victoire, mais en réalité cherchant la mort. La mort ne pouvait faillir, car de toutes part des nuées de musulmans accouraient, et ceux qui regardaient simplement du haut des collines descendaient comme des troupes de chacals sur le *champ du Bouclier*.

Tout devait être étrange et mystérieux dans cette journée. Tandis que le jeune roi des chrétiens cherchait une fin glorieuse, c'était en réalité un simple renégat qui commandait à l'armée des musulmans, et l'on obéissait sans le savoir aux derniers avis d'un prince que la mort avait frappé dès le début de l'action. Muley Maluco s'était montré un instant paré comme pour la victoire, sur son cheval de combat. L'armée l'avait vu, puis la mort l'avait saisi, et il était descendu pour expirer derrière les splendides courtines de sa litière. Un renégat, Génois selon les uns, Portugais selon d'autres, Ahmed Talaba, comprit en ce moment ce que valaient la ruse et le sang-froid (*): marcher près de la litière, écarter les rideaux, improviser des ordres qu'il ne recevait plus, tout cela fut exécuté avec une habileté digne d'une meilleure cause. Si bien qu'un roi trépassé commandait encore à cette foule ardente, qui se ruait sur les chrétiens.

Bientôt à ces troupes demi-disciplinées se joignirent les bandes de pillards, qu'envoyaient Tetouan et les montagnes du voisinage: ces hommes de rapine se jetèrent avec fureur sur le camp en désordre des Portugais, et ce fut alors sans doute qu'on vit se réaliser ces scènes de douleur si naïvement peintes par un de nos vieux voyageurs français, Vincent le Blanc, qui assista à l'action et qui nous raconte que plus de deux cents enfants, dont plusieurs étaient encore à la mamelle, devinrent les prisonniers des musulmans, tandis qu'on massacrait leurs pères (**).

Les Portugais combattaient encore, mais ils n'étaient plus commandés; le corps des aventuriers surtout fit une défense héroïque; à la fin on vit se former dans la plaine des groupes de soldats déterminés à vendre chèrement leur vie et à ne point se rendre prisonniers. Ce fut l'heure des nobles actions, des grands dévouements. Ce fut l'instant où Francisco de Tavora fit des prodiges avec ses hommes de l'Alem-tejo et de l'Algarve; ces braves périrent pour la plupart, écrasés par la multitude; et Bernardo da Cruz dit positivement que si le courage qu'on montra alors eût été déployé au commencement de la bataille dans ces instants d'hé-

(*) Bernardo da Cruz le nomme ainsi, d'autres chroniqueurs l'appellent Hamet Taba. On dit également qu'un tout jeune homme, fils d'un renégat portugais, monta le cheval du chéryf, et fit croire longtemps que le prince musulman commandait lui-même.

(**) Bien qu'on ne puisse pas en général accorder un crédit absolu à Vincent le Blanc, on ne saurait rejeter complètement les renseignements qu'il donne. Il visita le camp en amateur, car il ne prit pas part à l'action, et il affirme que la plus étrange sécurité régnait parmi les paysans chrétiens.

sitation qui furent si déplorables, rien n'eût pu résister à la valeur des chrétiens. Au dernier moment ils comprirent que l'heure du martyre était arrivée, et ils combattirent du moins pour le triomphe de leur foi.

Pour Sébastien, ce roi sans bonheur, comme dit le poëte, il n'avait cessé de frapper de la lance, mais il n'avait su commander; il comprit aussi qu'il fallait mourir. En ce moment il fut rencontré par ce D. Antonio, qui dut un moment lui succéder; le prieur do Crato ne pouvait plus diriger son cheval, que ses blessures faisaient trébucher, il indiqua du doigt au jeune monarque une éclaircie parmi les Maures, mais Sébastien ne lui répondit pas, et s'élança au fort du péril.

L'étendard royal, porté par son digne alferez, l'avait toujours suivi. D. Duarte de Menezes fut à la fin renversé de cheval, et plus d'un brave périt pour défendre l'enseigne du roi. Le jeune guidon était prisonnier sans doute, un homme intrépide sauva le drapeau: le bras gauche entouré de la bannière, Luiz de Brito s'élança vers le roi, qui lui demanda si l'étendard était sauvé. « Il l'est, sire, car il entoure un bras qui sait frapper. — Embrassons-le et mourons avec lui !.. » Ce furent les dernières paroles que Sébastien prononça pour l'histoire. On sait que Christovam de Tavora fit des efforts incroyables pour décider le roi à se laisser prendre; il ne réussit qu'à se faire enlever lui-même par les Maures, qui le prirent pour le sultan des chrétiens, et s'emparèrent de sa personne. D. Sébastien restait toujours sur le lieu du combat, accompagné de Luiz de Brito; un instant les Maures se saisirent de ce hardi cavalier, qui frappait si rudement, mais qu'ils ne connaissaient pas. Brito le délivra, mais il resta lui-même prisonnier; et lorsque ses regards cherchèrent encore le jeune monarque, il le vit sortant du champ de bataille, marchant librement, sans qu'un seul Arabe fût à sa poursuite: « Le chemin qu'il suivait, nous dit Bernardo da Cruz, était fort éloigné du lieu où l'on dit qu'on le trouva ensuite, frappé de mort. » D. Sébastien revint-il résolûment parmi les braves qui combattaient encore? alla-t-il se faire tuer au lieu où Resende, son page affidé, le baigna de ses larmes? fut-il vu réellement par Hyeronimo de Mendoça et par Leitão d'Andrada? c'est ce qu'on ne peut affirmer d'une manière absolue, quelque raison qu'on ait d'ailleurs pour accueillir les derniers récits et pour croire, comme nous le faisons nous-même, à la version de Mendoça (*).

Deux rois succombaient, il fallait une troisième proie à la mort, elle ne l'attendit pas longtemps : Muley Mahomed avait combattu, et surtout donné des avis qu'on eut le tort de ne point suivre. Lorsqu'il vit la déroute des chrétiens, il chercha son salut dans la fuite et se dirigea avec trois cents hommes de cavalerie et quatre cents piétons vers le Rio Macassim, l'Oued Mkhâzen des Arabes; il voulait gagner Arzila et se diriger probablement de là vers Sous et Dara; mais il fallait traverser le fleuve. Malheureusement il ne sut pas reconnaître le gué, et la marée montante le noya, à la vue de ses alcaïdes fidèles, Cid Abd-el-Kerim et Cid-Hamou, qui étaient restés sur la rive pour protéger sa fuite, et qui eurent la douleur de le voir périr.

Ce fut ainsi que moururent misérablement et en moins de deux heures « trois « rois puissants, de telle sorte et en « si petit espace de temps, nous dit « Bernardo da Cruz, qu'ils eussent pu « voir pour ainsi dire leur fin récipro- « que. »

Des avis fort divers ont été émis sur les pertes que les deux camps éprouvèrent dans cette journée mémorable; mais il est évident que ces appréciations n'ont jamais été basées sur des calculs bien positifs. L'ennemi persévérant des Portugais, le pseudonyme Conestagio Franchi, prétend d'abord qu'une centaine d'hommes seulement survécurent au désastre de la journée. Mais il se

(*) Bernardo da Cruz, nous l'avouerons, est fort peu concluant sur la nature de la catastrophe et, deux pages plus loin, il produit avec certaines restrictions toutes les circonstances qui peuvent faire croire à la mort. Leitão d'Andrada avoue qu'il était, pour ainsi dire, aveuglé par le sang coulant de ses blessures lorsque passa le corps du jeune roi, et qu'il ne vit rien d'une manière bien nette. Le pseudonyme Conestagio Franchi, ou, si on l'aime mieux, le comte de Portalègre, affirme la mort sans discussion.

dément quelques pages plus loin en affirmant qu'il mourut environ trois mille Maures et trois mille chrétiens. Hieronymo de Mendoça, Bernardo da Cruz et bien d'autres nous ont conservé les noms des grands seigneurs qui périrent durant l'action ou bien des suites de leurs blessures. Ils donnent même minutieusement la liste des gentils-hommes demeurés en esclavage, et ce chiffre monte à quatre-vingts personnes environ. Selon l'usage du temps, ces écrivains se sont peu embarrassés du gros de l'armée; ce qu'il y a de bien certain, c'est que le nombre des prisonniers fut immense, et que l'amiral de la flotte qui croisait sans ordres bien précis devant Arzila, ne put recueillir qu'un petit nombre de fuyards.

Ce que nous savons des événements qui eurent lieu dans le camp ennemi est également fort hypothétique, surtout quant au nombre des morts. Le grand événement qui eut lieu à la suite de la journée nous a été transmis d'une manière fort détaillée par les écrivains arabes eux-mêmes. Nous nous contenterons de rappeler que le frère de Muley Maluco, Ahmed, étant accouru à la fin de la bataille, vers la litière impériale, apprit seulement alors la mort subite de l'empereur. Par une résolution toute spontanée de l'armée, il fut proclamé souverain du Maroc au détriment de son propre neveu, dont on écarta les droits. Bernardo da Cruz nous apprend qu'un page, favori de l'infortuné Muley Mohamed, vint faire connaître au nouveau souverain le désastre de son maître, et lui ôter toute inquiétude sur les luttes qu'il pouvait redouter. Le lendemain, le corps du malheureux chéryf était impitoyablement écorché, on bourrait grossièrement sa peau de foin ou de paille; et lorsque le successeur de Muley-Maluco se mettait en marche pour sa capitale au son des anafiles et des timbales, il était précédé de ce hideux trophée. Ce fut ainsi du moins qu'il entra dans sa capitale, où l'attendaient de nombreux partisans. Nous allons rester un instant sur le champ de bataille, parmi ces Portugais désolés, qui voyaient dans la mort de leur jeune monarque la ruine inévitable du pays : laissons parler Mendoça.

SUITE DE LA BATAILLE. — LE CORPS DU ROI EST RECONNU PAR SON PAGE, BELCHIOR DO AMARAL. — SORT DES PRISONNIERS. — « Le jour même de la bataille, Sébastien de Resende, page de la chambre du roi, passant comme esclave à travers cette multitude de cadavres d'amis et d'ennemis qui étaient nus, et qu'on avait dépouillés indistinctement de leurs vêtements, Sébastien de Resende, dis-je, vit parmi beaucoup d'autres corps celui du roi, dont il avait été le serviteur. Il se prit alors à verser une grande abondance de larmes; car il ne pouvait faire autre chose, et il garda bien en sa mémoire le lieu de cette triste scène. Le lendemain matin, ayant rendu compte de ce qu'il avait vu aux gentilshommes, il leur sembla qu'on devait dire au chéryf de ne pas laisser le corps royal sans sépulture. Au même instant ils envoyèrent à ce prince un message, et il ordonna que deux Maures, accompagnés de Resende, cherchassent le cadavre. Il fut trouvé dans l'endroit indiqué.

« Resende, contemplant alors ce corps royal si rempli de beauté, le baigna de larmes amères, puis, se dépouillant de sa chemise, il l'en couvrit, et ayant trouvé sur le champ de bataille des caleçons qu'on avait dédaigné d'emporter, il l'en revêtit également; alors le plaçant sur un cheval, il le laissa conduire à la tente du chéryf.

« O vie misérable! caduques espérances! image de la présomption humaine! Ceux qui avaient vu la veille un roi jeune, à la fois si aimé et si redouté, seigneur d'un opulent royaume, monté sur un cheval superbe, foulant en liberté la terre ennemie, plein de sécurité au milieu de ses vassaux, tout environné d'armes luisantes et de pur amour, ceux-là le voyaient attaché sur un mauvais cheval avec une corde, couvert de sang et de terre, le visage devenu difforme par l'angoisse de la mort, et à cause surtout d'une blessure qu'il avait reçue à la tête; on en voyait une autre, au-dessous du bras droit, qui semblait faite par une zagaie.

« Certes, il n'y a pas besoin d'un grand secours du ciel, pour qu'un pauvre entendement humain s'humilie devant les décrets incompréhensibles de la Providence divine, en voyant ensevelis en un seul moment l'honneur des armes portugaises, les espérances d'un roi valeureux, protecteur de tant d'autres hommes.

« Quand le corps arriva devant les gentilshommes qui étaient présents à la bataille, et devant quelques autres captifs, tous se livrèrent à de grandes lamentations; et, se jetant à genoux avec un indicible amour, ils baisèrent les pieds de celui qu'ils reconnaissaient, si toutefois des yeux tellement remplis de larmes pouvaient reconnaître entièrement ce qu'ils regardaient (*).

« Aussitôt le chéryf leur fit dire qu'ils examinassent bien ce cadavre; que si c'était le corps de don Sébastien, il lui donnerait la sépulture qui lui était due, et qu'après l'examen on lui présentât un rapport. On fit ce que ce roi commanda : quoiqu'il n'y eût pas d'autres témoignages que des larmes et de nombreux soupirs, ils suffisaient pour donner un entier crédit au douloureux événement. Toutes diligences achevées, et les gentilshommes présents ayant certifié le fait, le chéryf leur fit dire qu'ils eussent à racheter le corps de leur roi; ils répondirent qu'ils le feraient, et que Sa Majesté déclarât ce qu'on lui devait donner,

---

(*) La personne de D. Sébastien a singulièrement préoccupé dans ces derniers temps ; voici quelques détails fort peu connus, qui nous sont fournis par un auteur contemporain resté inédit : « Le roi était de moyenne stature. Il avait le visage blanc, bien proportionné; la couleur de ses cheveux était entre le blond et le roux (entre touro e ruivo); il avait les yeux bleus, peu grands, mais remplis d'expression gracieuse. On remarquait quelques lentilles sur son visage et sur ses mains; et il y en avait quelques-unes d'une telle régularité, qu'elles paraissaient être faites au tour. Il était doué d'une si grande force que, dans l'arrêt de la lance, il maintenait cette arme à bras tendu même en courant, et il semblait alors ne porter qu'un fardeau léger; d'autres ne le pouvaient faire : il avait également une force prodigieuse dans les jambes, et rien qu'en le pressant il faisait gémir et suer son cheval. » (Voy. ms. de la Bibliothèque roy. supp. Franc. 940.) On avait proposé pour la tombe de D. Sébastien cet éloge un peu hyperbolique.

Si quam fortis eras, tam felix ipse fuisses,
Major Alexandro forte, Sebaste, fores.

L'épitaphe qu'on lit dans le monastère de Belem est ainsi conçue :

HIC JACET IN TUMULO, SI VERA EST FAMA,
SEBASTUS
QUEM DICUNT LIBYCIS OCCUBUISSE PLAGIS.

18.

parce que l'on enverrait chercher au premier établissement chrétien ce qu'il aurait demandé. Lorsque le chéryf eut cette réponse, comme son intention était seulement de s'assurer si ce corps se trouvait être réellement celui de Sébastien, il ne différa pas davantage, et ordonna qu'on le mît dans un cercueil. On se servit pour cela de la litière où allait Joam de Sylva; et c'est ainsi que le cadavre fut porté à Alcaçar.

« Après avoir reconnu le corps du roi don Sébastien, les gentilshommes présents entrèrent en conseil, selon la misérable manière dont le permettait le temps. Là, il fut résolu qu'ils devaient se racheter en masse, tant pour obtenir un prix favorable, que pour obvier à l'inconvénient, résultant des promesses que feraient quelques nobles, impatients de recouvrer la liberté et ne craignant pas d'entraver le rachat des autres. Se rangèrent de cet avis, don Duarte de Menezes, don Duarte de Castel-Franco, depuis comte de Sabugal, don Fernando de Castro, don Miguel de Noronha, Belchior do Amaral.

« Après cette résolution, il parut bien à ceux du conseil, auxquels les autres avaient remis leur autorité, qu'on priât le chéryf de placer à la garde du corps quelques gentilshommes, non-seulement comme marque de dignité, mais de peur qu'il n'arrivât qu'on mît un autre cadavre à la place de celui-ci, en donnant ainsi une occasion de ne plus croire jamais en la vérité. Pour lui faire part de cette nouvelle décision, don Duarte alla vers le chéryf, qui accorda facilement ce qu'on lui demandait. Il fut ordonné que Belchior do Amaral accompagnerait le corps et lui donnerait la sépulture. Amaral partit donc pour Alcaçar. Ce fut dans les salles basses de la maison d'Abraen Sufiane, alcaïde de la même ville, qu'il fit les obsèques, aidé d'un Allemand. Le corps fut enterré dans le cercueil où il avait été apporté; on le couvrit de plâtre et de sable ; et, après avoir répandu bien des larmes, les deux chrétiens posèrent sur le lieu de la sépulture quelques pierres et quelques tuiles pour qu'on la pût reconnaître en tout temps.

« Après avoir accompli ce triste devoir, Belchior do Amaral fut envoyé à Tanger, ville appartenant aux Portugais, pour traiter du rachat des captifs.

« Il y avait alors dans cette ville un moine, nommé Frey Joam da Sylva, religieux de l'ordre des prêcheurs, homme très-docte, auquel, à cause de sa noblesse et de sa vertu, don Sébastien portait beaucoup d'affection; il n'avait point accompagné le roi, afin de prendre soin des blessés, et outre cela, il se trouvait indisposé lors de l'expédition. Il ne tarda pas à savoir la venue de Belchior do Amaral, et le pria, à cause de son indisposition, de venir le voir; puis, quand celui-ci fut arrivé, il lui dit : « Seigneur, j'ai une chose à demander à votre courtoisie, et je n'en veux point savoir d'autres : le roi don Sébastien par malheur est-il mort? » Belchior répondit : « Il est mort, et je l'ai enterré de mes propres mains. » Lorsque Joam da Sylva l'eut entendu, et qu'il eut compris l'horreur de cette cruelle catastrophe, dans laquelle il vit marqués tous les maux de la patrie, sans dire une parole de plus, il se tourna de l'autre côté du lit où il était couché, et rendit l'âme à Dieu.

« Après que Belchior do Amaral eut remis ses lettres à don Francisco de Souza, capitaine d'un navire portugais faisant voile pour Lisbonne, il retourna en captivité, quoiqu'il pût user de la liberté, et que personne n'eût répondu au chéryf, sinon lui-même.

« Le roi, accompagné de ses prisonniers, se dirigea vers Fez. Les choses qui arrivèrent dans ce voyage furent si nombreuses et si malheureuses, qu'on ne sait, ni si on peut les raconter, ni si elles ne vont pas au delà des limites de la patience humaine; c'est ce qui fait que je les passerai sous silence. Si ceux qui ont été intéressés dans ce malheur entendaient rappeler leur infortune, il me semble que ce serait leur infliger de nouveau le même tourment; il n'est pas juste que tant de maux soient soufferts tant de fois.

« Arrivés à Fez, le sort des chrétiens ne s'améliora guère. Il y en avait un grand nombre que leurs maîtres tenaient dans les prisons publiques, afin qu'ils se rachetassent à un haut prix; là ils couchaient à terre, et n'avaient pas d'autre nourriture que quelques misérables aliments, arrachés à la pitié des gens repris de justice enfermés avec eux, et qui partageaient ainsi les aumônes qu'on leur apportait. D'autres étaient occupés à moudre du blé et de l'orge avec une meule à main, ou bien ils cardaient de la laine à la tâche, de manière qu'après avoir travaillé sans aucun relâche durant le jour, il ne leur restait de loisir qu'une si faible partie de la nuit, qu'ils ne pouvaient pas même prendre du repos pendant une heure. Quelques-uns allaient travailler aux vignes et aux jardins, et c'était le travail le moins pénible, parce qu'ils reposaient la nuit. Que dire de ceux qui avaient cinq ou six maîtres, qu'ils servaient alternativement durant toute la semaine, souffrant chaque jour les caprices d'une humeur nouvelle et le poids d'un nouveau travail! car, quelque faible que fût le droit de chacun d'eux sur le pauvre captif, quand il s'agissait de tourments, il semblait que ce droit fût entier. Il y en avait encore de plus courte satisfaction et d'état plus misérable; leurs maîtres les chargeaient de fers durant le jour et les tenaient dans de sombres prisons pendant la nuit, sans voir qui que ce fût au monde : plus ils souffraient courageusement, plus triste devenait leur situation, parce que les Maures concevaient par leur courage grande estime de leurs qualités et augmentaient ainsi le prix de la rançon. »

C'est dans la chronique, si remplie d'intérêt, dont nous venons de donner un passage, qu'il faut lire la suite de la journée d'Alcaçar. Il y eut en effet à cette époque des dévouements ignorés, des preuves héroïques d'abnégation, des transports de foi religieuse, qui rachètent par leur grandeur l'issue funeste de la bataille. Avant de courber la tête sous le sceptre de fer de Philippe, on le voit, la noblesse portugaise voulut clore dignement cette grande époque. Les plus riches comme les plus pauvres firent un pacte, ils se rendirent solidaires les uns des autres. L'histoire contemporaine inscrit avec orgueil parmi tous ces noms, celui de Belchior do Amaral; il y aurait vingt autres noms presque aussi dignes d'être rappelés. Rien ne manque donc au récit qui termine l'époque des conquêtes. Constance dans les revers, loyauté dans l'accomplissement du devoir, deux nobles qualités relèvent ces soldats un moment abattus. Nous allons entendre le dernier cri du poète : Camoens succombe lorsque l'épopée chevaleresque a fait entendre son dernier chant.

CAMOENS — (*).

Si nous étions au commencement du dix-septième siècle, à une époque où l'admiration pour Camoens était pour ainsi dire l'expression d'un culte, nous dirions comment, sans grands efforts, on pourrait trouver à la famille du poète une telle origine, qu'elle nous reporterait bien au delà du moyen âge, et peut-être aux temps héroïques.

Sans affirmer donc avec Manoel de Faria e Souza, que le nom de Camoens dérive de celui de Cadmon, qui fut jadis porté par un prince grec, et qu'on imposa à un château de la Galice, nous constaterons que le poëte appartenait en effet à une famille ancienne, originaire du pays qui avait déjà fourni un poëte au Portugal, Macias l'Enamorado.

Ce qu'il y a de positif, c'est que dès l'année 1370, à l'époque de la grande lutte qui eut lieu entre don Henrique II de Castille et don Fernando, le fils de Pierre le Justicier, un membre de la famille de Camoens passa en Portugal. Non-seulement il y fut accueilli avec empressement, mais on lui accorda des terres considérables, la seigneurie de quelques villes, et même l'entrée au conseil. Plus tard, durant les longues dissensions qui eurent lieu au temps de Jean Ier, cet ancêtre de Camoens prit parti pour l'Espagne, se battit contre le mestre d'Avis à la journée d'Aljubarotta, et, par suite de cette circonstance, se vit dépouiller de tous les biens qui lui avaient été concédés sous le règne précédent; il ne lui resta que quelques terres situées dans la province d'Alem-Tejo, dont ses successeurs héritèrent.

Nous ne suivrons pas les critiques nationaux dans les détails purement généalogiques qu'ils nous donnent à ce sujet.

(*) Le paragraphe reproduit ici est tiré d'une notice plus étendue, donnée par nous sous le titre de *Camoens et ses Contemporains*; elle a été insérée en tête de la traduction des Lusiades, publiée par MM. Ortaire Fournier et Dessaules, chez Ch. Gosselin, Paris, 1841.

Il nous suffira de rappeler qu'un Joam Vas de Camoens se distingua sous le règne d'Alphonse V, et que son petit-fils Simon Vas de Camoens, qui s'était marié avec Anna de Sa'e Macedo, donna naissance au poëte. Luiz de Camoens vint au monde en 1524 (*), précisément au temps où Vasco da Gama, quittant pour la troisième fois le Portugal, se rendait comme vice-roi aux Indes, où il devait mourir.

Les parents de Camoens demeuraient à Lisbonne dans le quartier de la Mouraria, paroisse de Saint-Sébastien. Le poëte est né dans cette ville. Un examen attentif des faits oblige à rejeter les prétentions qu'ont élevées à ce sujet Santarem et Coimbre. Les biographes contemporains ne contiennent, pour ainsi dire, aucun renseignement sur l'enfance de Camoens; la seule chose qu'on sache, grâce aux inductions de la critique moderne, c'est qu'il perdit sa mère de bonne heure, et que son père, servant probablement dans de lointaines expéditions comme capitaine de navire, il ne put en recevoir ni des conseils fréquents, ni des soins bien assidus. Fréquenta-t-il à Lisbonne, dans les premières années de son enfance, cette école de Santa-Cruz, pour laquelle le père Braz de Barros avait fait venir de Paris plusieurs habiles professeurs? Attendit-on pour lui faire suivre ses cours que l'université eût été transportée à Coimbre; ce qui eut lieu en 1537? N'arriva-t-il en cette ville que vers l'année 1539, comme le suppose un savant critique portugais? C'est ce qu'il est aujourd'hui fort difficile de décider. Ce qu'il y a de certain, c'est qu'il dut trouver à Coimbre, dès son arrivée, les soins les plus zélés pour son instruction, et, en même temps, les professeurs les plus habiles. Sans compter les savants nationaux qui s'y étaient déjà rendus, et dont les noms nous ont été conservés, la France, l'Allemagne et l'Espagne avaient été mises à contribution par João III pour que l'université dont il renouvelait, pour ainsi dire, les institutions, acquît bientôt le plus haut degré de prosperité. Diogo de Teive, qui avait acquis une si haute réputation à Paris, et Buchanan, que l'Europe savante enviait à l'Écosse, ne s'y trouvaient pas encore, comme on l'a fait observer avec raison. Mais Diogo de Gouvea, l'ancien recteur de l'université de Paris, celui qui se vantait d'avoir servi sous cinq rois en Portugal et sous quatre rois en France, Gouvea, que l'on regardait comme un des plus habiles humanistes de son temps, occupait le premier rang dans l'enseignement dès l'année 1539. Le professeur de grec dont Klénardt parle avec tant d'enthousiasme, et dont, selon toute probabilité, Camoens reçut les leçons, c'était Vincent Fabricius qui, venu de l'Allemagne en Portugal dès 1534, professa d'abord à Lisbonne et ensuite à Coimbre, durant l'espace de onze ans. Tout éclairés qu'ils étaient, ce n'était pas seulement sur de tels hommes que roulait alors l'enseignement; lorsqu'on s'était initié avec eux aux beautés de la littérature antique, on pouvait encore étudier la cosmographie et les hautes mathématiques sous ce fameux Pedro Nunes, dont la réputation était alors européenne, et que ne préoccupaient pas encore, je crois, ses débats scientifiques avec notre célèbre Oronce Finée. Voulait-on ne pas rester étranger à la médecine, à l'histoire naturelle telle qu'on l'entendait en ce temps, les maîtres ne manquaient pas. Outre les disciples de l'habile Garcia da Orta qui poursuivaient, comme on nous l'apprend, leurs cours dans la Péninsule, et dont le plus grand nombre s'était fixé en Portugal, un professeur de la vieille université de Paris, Brissot, était venu combattre à Coimbre les partisans exclusifs de la doctrine arabe, essayant de remettre en honneur les sages principes d'Hippocrate. Bien d'autres études devraient être énumérées; sans doute, bien d'autres savants devraient être nommés; mais, pour le faire avec une certaine exactitude, il faudrait avoir conservé quelques-uns de ces discours solennels que prononçaient à l'ouverture des cours

---

(*) On a fort longtemps discuté si Camoens était né en 1517, 1524 ou 1525. Dans son excellent ouvrage sur le poëte, M. John Adamson cite les autorités qui doivent faire rejeter la première date : il ne resterait donc de doute que sur les années 1524 et 1525; la dernière est adoptée par le savant évêque de Viseu. M. Ch. Magnin constate l'impossibilité de suivre cette opinion d'une manière absolue. Il ne s'agit dans tous les cas que d'une différence de quelques mois. Selon M. A. Lobo, le poëte serait né dans l'année même où mourut Vasco da Gama.

l'habile Hieronymo Cardoso, et peut-être le célèbre maître des enfants de João III, cet André de Resende, dont l'érudition ne put guère être surpassée en ce temps.

On dit qu'il y avait à Coïmbre, dans une des salles consacrées à l'étude, une statue de la Sagesse qui était aussi celle de la science telle que l'entendait le moyen âge. Sur la base était gravée en lettres gothiques cette inscription :

AMICE, SEQUERE ME, ET NON DIMITTAM TE. DISCE VIVERE IN SERVITUTE ET MORI IN PAUPERTATE...

Il semble que cette vieille statue de la Sapience était là pour dire toute la vie du poëte. Avant de subir les chaînes de l'esclavage, avant de mourir dans la pauvreté, il écouta tous les enseignements. Il apprit sous les professeurs habiles que j'ai nommés ce qu'on pouvait apprendre en son temps. Non-seulement il se familiarisa avec les poëtes de l'antiquité, mais il ne resta pas étranger aux sciences, et il étudia surtout avec amour l'histoire de son pays.

Ses études une fois terminées, Luiz de Camoens revint à Lisbonne, et l'on a la preuve que, durant les années qui s'écoulèrent jusqu'en 1550, il sut se lier avec des hommes d'une haute valeur, parmi lesquels on pourrait citer ce don Constantin de Bragance, qu'il retrouva plus tard dans les Indes, et ce don Emmanuel de Portugal, fils du comte de Vimioso, qu'il célébra dans ses vers. Ces seigneurs jouissaient à plus d'un titre d'une haute considération ; ils exerçaient à Lisbonne une réelle influence ; ils surent démêler le génie naissant du poëte, et probablement lui facilitèrent d'honorables relations. Je suis de l'avis de ceux qui ont pensé que Luiz de Camoens, né d'une noble famille, mais né d'une branche cadette et sans fortune, ne fut pas reçu précisément à la cour (paço) ; mais je suis convaincu en même temps qu'il fut admis dans cette société d'élite dont les mœurs élégantes se laissent deviner dans quelques ouvrages contemporains. Ce fut là que se développèrent des sentiments qui paraissent avoir exercé une grande influence sur sa vie.

Parvenu déjà au milieu de sa carrière, Camoens s'écrie dans un de ces morceaux où se peignent avec le plus d'énergie sa sensibilité ardente et sa religion des souvenirs : « Oh! qui m'emportera au milieu des fleurs de ma jeunesse! » C'est qu'il se rappelle toujours, malgré les troubles d'une vie agitée, ses premiers temps passés en de si doux loisirs sur les bords du Tage, dans l'ivresse d'une première passion ; c'est que ni la pauvreté, ni la calomnie, ni la persécution ne peuvent effacer de son imagination de poëte ces premières années d'enchantement qui cependant devaient commencer ses misères : Camoens aima et probablement fut aimé ; sans arranger avec trop de complaisance le roman de sa vie, nous dirons qu'en ces premiers temps sa passion eut pour objet une dame d'un rang élevé, et à la main de laquelle il eût été difficile, sans doute, qu'il pût aspirer ; mais nous le répéterons volontiers avec le plus spirituel de ses biographes : « Il nous serait plus facile de peindre la maîtresse de notre poëte que de dire son nom. Camoens a tracé bien des portraits d'elle, et il ne l'a jamais nommée (*). »

« Pedro de Mariz nous apprend seulement qu'elle était dame du palais, et qu'elle mourut fort jeune. Faria e Souza s'est signalé dans la recherche de son nom. Les nombreuses variations de cet écrivain sur ce sujet attestent au moins sa bonne foi. Il pensa d'abord, d'après l'autorité de J. Pinto Ribeiro (**), que cette dame était dona Catarina de Almeyda, parente de Camoëns. Plus tard, il crut découvrir que ce fut dona Catarina de Atayde, fille de don Antonio de Atayde, favori de dom João III ; et cette opinion a prévalu. Ceux qui y ajoutent une foi entière ne savent probablement pas que, dans les notes 7 et 9 de Cintra, Faria e Souza est venu à penser que ce pourrait bien être une certaine Isabelle, souvent chantée par Camoens sous l'anagramme de Belisa. »

« On voit que ce mystère est impénétrable. Pour moi, je trouve qu'il y a dans ce secret si bien gardé, et qui défie toutes les recherches, quelque chose de pudique et de réservé qu'il faut respecter. Je n'imiterai donc pas l'indiscrète curiosité de mes devanciers, je ne chercherai pas à percer le mystère dont le

---

(*) Voyez l'intéressante notice publiée par Ch. Magnin sur Luiz de Camoens.
(**) L'un des précédents éditeurs des *Rimas*.

poëte a si convenablement, à mon avis, voilé le nom de sa Béatrix, j'appellerai tout simplement cette belle inconnue : *celle qu'il aima* (*). »

En lisant aujourd'hui les vers admirables que ce premier attachement inspira à Camoens, en se pénétrant bien du sens de ces vives expressions qui peignent souvent un amour inquiet, bien plutôt qu'elles n'indiquent un amour dédaigné, il est difficile de supposer que cette affection profonde n'ait pas été partagée; le biographe anglais du poëte, M. John Adamson, n'hésite pas à admettre que dona Catarina de Atayde en fut l'objet; selon lui, elle ne tarda pas à être touchée d'une passion si ardente et si noblement exprimée : ce qui demeure à peu près prouvé, c'est que cet amour fit exiler le poëte.

Un écrivain portugais dont la science est incontestable, mais que le caractère dont il est revêtu rend certainement beaucoup trop sceptique sur ce point, M. Alexandre Lobo, nie pour ainsi dire les amours de Camoens (**), mais il ne saurait nier son exil. L'exil est constaté presque évidemment, comme il le dit par la troisième élégie. Le lieu où Camoens était retenu fut sans aucun doute quelque ville située sur les bords du Tage, au-dessus de Lisbonne : Faria e Souza incline pour Santarem : il est certain que ni l'élégie III, ni l'histoire ne désignent ce lieu avec précision; l'époque de l'exil n'est point non plus établie d'une manière positive ; on peut supposer néanmoins, avec le savant prélat qui a discuté si laborieusement les moindres détails de cette biographie, que ce fut entre 1545 et 1550 qu'elle doit être fixée.

En essayant de deviner tout ce qui peut avoir eu quelque influence sur le génie du poëte, en combinant certains faits et certaines dates, il nous est arrivé plus d'une fois de nous représenter Luiz de Camoens, relégué dans cette petite ville de province, s'inspirant déjà de nobles souvenirs dans ses promenades solitaires, mais aussi cherchant à compléter son éducation. Grâce au voisinage de quelque monastère, il peut lire les historiens et les poëtes de l'antiquité, mais, à coup sûr, il trouve mille difficultés à se procurer les écrivains nationaux. Avant 1494, il est vrai, l'imprimerie avait été introduite en Portugal, et, dès l'origine, elle avait produit des chefs-d'œuvre typographiques; mais elle s'était surtout consacrée à la reproduction des classiques latins et des ouvrages religieux : la belle histoire de Fernand Lopez de Castanheda ne devait paraître qu'en 1531; les admirables décades de Barros (*) devaient la suivre, il est vrai, dès l'année suivante ; il n'était nullement question en ce temps d'éditer les poëtes portugais. Si Luiz de Camoens lisait quelques-unes de ces belles épîtres philosophiques, échappées de temps à autre à la muse discrète de Sa'de Miranda, c'était grâce à ces copies prises fortuitement et qu'on se passait de main en main; s'il connaissait les succès d'Antonio Ferreira, c'était sans doute d'une manière assez vague et par quelque bruit d'université. Dès cette époque, il avait peut-être vu à Lisbonne quelques-unes de ces pièces de Gil Vicente, dont le style vraiment original devait éveiller la curiosité d'Érasme, mais il ne pouvait pas lire encore le volume qui les contient, les saillies comiques du poëte n'avaient pas été recueillies, et si leur verve satirique leur ouvrait l'entrée du palais, elles pouvaient, dès cette époque, inquiéter l'inquisition. Avec les grands poëtes de l'antiquité qu'il paraît avoir médités durant tout le cours de son existence,

---

(*) Nous sommes bien obligé d'avouer, avec l'ingénieux écrivain auquel nous empruntons cette page, qu'en dépit de cette première passion dont le souvenir fut si durable, plus d'un attachement passager occupa la vie du poëte, comme le fait très-bien observer M. Ch. Magnin : « Il confesse d'ailleurs lui-même de bonne grâce l'inconstance de ses premières liaisons.... Au reste, Camoens a tant aimé, il a si bien et si longtemps célébré celle qu'il préféra, que, s'il eût vécu au temps des cours d'amour, il n'eût pas manqué d'être absous par elles. »

(**) *Memoria historia e critica acerca de Luiz de Camoens e das suas obras*. En lisant attentivement Faria e Souza, nous y trouvons indiqué ce passage qui nous semble plus concluant que les autres. Il a échappé, ce nous semble, aux habiles critiques qui nous ont précédé.

Quando esses olhos teus n'outro puzeste,
Como te não lembrou que me juraste
Por toda a sua luz que eras so minha ?

Voyez le sonnet III de la seconde centurie.
Voy. également *Comentarios*, p. 64.

(*) Il ne s'agit ici que des deux premières; la troisième ne fut mise au jour qu'en 1563.

le livre favori de Camoens, le livre qu'il parcourait au retour de ses longues promenades, c'était sans doute le Cancioneiro de Resende, recueil bien précieux, où il pouvait admirer dans leurs élans chevaleresques les poëtes guerriers de son pays.

En effet, si quelque ouvrage pouvait donner une idée du génie poétique de la nation, c'était ce beau livre, imprimé dès 1516, au temps de la plus haute prospérité, à une époque où se transmettaient encore, par la tradition, les poésies de ces fidalgos et de ces nobles dames qui vivaient à la cour de don Duarte, de don Pedro d'Afarrobeira, d'Affonso V, de João II, et qui donnaient à la nation un caractère plein de grâces chevaleresques et de culture intellectuelle, dont on était bien loin d'approcher dans plusieurs autres contrées de l'Europe. Le récit de ces amours célèbres qu'on se racontait à Lisbonne et à Coimbre; les mille détails de ces aventures romanesques, qui se transmettaient dans des vers empreints d'une mélancolie touchante; ces nobles sentences qui partaient quelquefois du trône et qui instruisaient si bien la noblesse; ces saillies pleines de finesse et d'une grâce moqueuse, que les chevaliers portugais échangeaient avec ceux de la Castille et de l'Aragon : tout cela se trouve dans le Cancioneiro de Resende (*). Nul doute que Luiz de Camoens n'y ait trouvé un facile délassement dans les premières années de sa jeunesse; et qui sait si les âpres poésies que fit don Pedro au souvenir de son Inez, si les stances, pleines de vivacité, où un chevalier convie le Portugal à la chasse des royaumes de la terre, n'échauffèrent pas son imagination, et ne lui donnèrent pas l'idée première d'une grande composition ou tout au moins celle de quelque touchant épisode?

Ces *Cantigas* mélancoliques qu'on trouve à chaque page, et qui rappellent l'école de Macias; les *Preguntas* si spirituelles de Sylveira, les réponses que lui adresse Nuno Pereira, les Stances où Montoro déplore la mort d'Isabelle, les églogues harmonieuses de Bernardim Ribeiro, qui était presque un contemporain, l'admirable élégie où un rossignol répond aux plaintes de deux amants, mille autres morceaux charmants qu'on ne lit plus même en Portugal; tout dans ce livre dut révéler au poëte mille secrets de grâce naïve, d'harmonie, de vivacité qu'on retrouve dans ses œuvres mêlées.

Camoens revint enfin d'exil, et résida probablement à Lisbonne. Les dégoûts qu'il avait éprouvés déjà, la situation difficile dans laquelle il se trouvait, le déterminèrent à s'éloigner. Sa première intention était de partir pour l'Inde dès 1550 avec le vice-roi don Alphonse de Noronha; des motifs qui nous sont restés inconnus l'engagèrent à passer de préférence en Afrique. Il se rendit à Ceuta. Dans une pièce pleine d'intérêt, qui nous a été conservée par Garcia de Resende, un poëte bien antérieur à Camoens ne nous fait pas un tableau flatteur de la manière dont les Portugais vivaient dans cette ville, et surtout de la moralité qui y régnait. Quoi qu'il en soit, cette résidence était regardée comme une sorte d'école, où les jeunes gens qui se destinaient à la carrière militaire trouvaient d'excellents enseignements et surtout mille occasions de se distinguer. « Camoens était brave, dit « un savant qu'on ne saurait accuser de « lui être trop favorable, la trempe de « son esprit, les événements que l'on « rencontre dans son histoire, en sont « la preuve; le courage était d'ailleurs « une qualité inhérente à la nation; il se « vante de l'avoir montré, avec une « franchise qui, elle seule, nous obligerait à le croire. » En Afrique, il courut de nombreux dangers, et c'est à cette époque de sa vie qu'il faut rapporter les vers de la Cançam, où il dit que Mars lui fit goûter ses fruits amers. Il perdit l'œil droit dans une affaire contre les Maures. Elle eut lieu devant Ceuta, et

---

(*) On ne connaît guère que trois exemplaires de ce précieux volume, qui prouve à quel degré de perfection était parvenu l'art de l'imprimerie à Lisbonne au commencement du seizième siècle. Une planche en bois d'un goût excellent, représentant les armes de Portugal, avec la sphère et des ornements nombreux, atteste que la gravure n'était pas négligée dans le pays qui avait produit comme peintre le grand Vasco, et qui allait donner naissance à Francisco de Holanda. C'est à l'obligeance bien connue de M. Henri Ternaux que l'auteur de cette notice doit la communication du Cancioneiro de Resende.

quelques écrivains ont pensé qu'il était alors sur un navire commandé par son père.

Selon les calculs les plus probables, Camoens ne resta que deux ans en Afrique, et dès 1552 il revit Lisbonne. La fortune ne lui fut pas plus favorable qu'elle ne l'avait été jusqu'alors; ses services restèrent méconnus; ses talents furent probablement distingués, mais ils ne reçurent aucune récompense. Sa situation devint plus triste, bientôt son cœur fut plus douloureusement affecté : il y a quelques biographes qui fixent à cette époque la perte de sa chère Natercia (*). D'autres reculent beaucoup plus loin ce malheur. Quoi qu'il en soit, il réalisa le projet qu'il avait formé deux ans auparavant; et, dans le courant de 1553, il s'embarqua pour l'Inde, sur le vaisseau le *San-Bemto*, que commandait Fernand Alvares Cabral. Un cri douloureux échappé au poëte nous fait assez comprendre quel était alors l'état de son âme; en quittant le Tage, il répéta les paroles de Scipion : *Ingrata patria, non possidebis ossa mea.* Mais un exilé l'a rappelé aussi avec éloquence, le vent qui chassait devant lui les voiles emporta ses imprécations, et quelques heures s'étaient à peine écoulées depuis la sortie de la flotte, que déjà ses yeux cherchaient à l'horizon les ombres fugitives des montagnes de la patrie et des fraîches collines de Cintra.

L'expédition se composait de quatre navires; elle fut assaillie par une tempête qui mit la faible escadre en un pressant péril; elle la dispersa. Le *San-Bemto* fut même le seul de ces bâtiments qui parvint durant cette année aux Indes. Dès son arrivée en ce pays, Camoens trouva une occasion de se signaler, et il la mit à profit. Sur la côte de Malabar, dans la direction du cap Comorin, un roi d'assez faible importance inquiétait dans la paisible possession de leur territoire les princes de Porca et de Cochin : c'était le souverain de l'île de Chembé, plus connue parmi les Portugais sous le nom de Pimenta. Alphonse de Noronha, qui avait depuis longtemps résolu une expédition devenue indispensable, mit à profit l'arrivée du navire que commandait Fernand Alvares Cabral. Vers le mois de novembre 1553, il quitta le port de Goa avec une puissante escadre dont le *San-Bemto* faisait partie. Deux mois à peine après son arrivée dans la capitale des Indes, Camoens prenait donc part à une de ces expéditions aventureuses qu'on a quelque peine à se figurer aujourd'hui, et dans lesquelles nécessairement le courage devait suppléer au nombre. Alphonse de Noronha fut vainqueur; mais rien n'égale la modestie avec laquelle le poëte raconte comment se termina cette entreprise. En écoutant ces paroles si nobles et si simples à la fois, on sent qu'il est vraiment de la race de ces vieux Portugais, dont il consacrera le souvenir et qu'il fera si dignement parler. Sans terminer complétement la guerre, don Alphonse avait atteint le but qu'il s'était proposé en armant cette expédition; Chembé et les îles d'alentour avaient été ravagés; l'allié des Portugais devait se trouver suffisamment vengé; et dans une autre circonstance le roi de Porca pouvait être considéré comme le vassal de João III : c'était ce que commandait la politique en ce temps. Après avoir laissé des forces navales assez considérables dans ces parages, don Alphonse revint à Goa, et Camoens l'accompagna; selon toute probabilité, il arriva dans cette ville vers 1554. Le séjour que fit le poëte dans la capitale des Indes portugaises ne fut pas encore de longue durée. Le vice-roi don Pedro de Mascarenhas, ayant succédé le 23 septembre dans le gouvernement à Alphonse de Noronha, une nouvelle expédition fut résolue. On arma trois navires de haut bord et cinq flûtes; mais cette fois il n'était pas question de nouvelles conquêtes; il s'agissait seulement d'aller à la poursuite d'un corsaire, qui, grâce à son intrépidité, s'était acquis une certaine prépondérance dans les mers de l'Inde, et qui avait fait éprouver de grandes pertes au commerce des Portugais. Le commandement de cette flottille fut remis à Emmanuel de Vasconcellos, capitaine mûri par l'âge, homme d'une haute intelligence, et qui s'était déjà distingué dans la mer Rouge. Camoens s'embarqua de nouveau pour faire partie de cette expédition, et il

---

(*) C'est sous ce nom, qui revient en effet très-fréquemment dans ses poésies, que le poète a caché celui de Catarina.

quitta Goa au mois de février 1555.

L'escadre suivit sa route jusqu'à ce qu'elle eût aperçu les côtes de l'Arabie; et, selon l'ordre qu'elle avait reçu, elle alla se placer devant le mont Félix, au nord du cap de Guardafui pour y attendre les vaisseaux qui devaient arriver d'Achem. Ce fut après avoir demeuré dans ces parages jusqu'à la fin de la mousson qu'elle alla hiverner à Mascate à l'entrée du golfe Persique. Elle avait alors pour mission de protéger les navires qui se rendaient d'Ormuz à Goa; mais le corsaire dont nous avons déjà parlé, le redoutable Safar ne parut point. Sous un climat pernicieux, en vue de ces rivages nus et déserts, les Portugais ne rencontrèrent aucune occasion de se signaler, et rien ne vint interrompre pour eux les ennuis de cette longue croisière. Le poëte a animé de toute l'ardeur de sa passion, de toute la magnificence de son génie, ce temps en apparence si monotone d'une vie aventureuse.

Après avoir hiverné à Mascate, la flotte retourna à Goa. L'année ne s'était pas écoulée complétement, et un grand changement politique avait eu lieu : Francisco Barreto avait succédé comme gouverneur au vieux Mascarenhas.

Si l'on voulait se faire aujourd'hui une idée de ce qu'était devenue à cette époque la capitale des Indes portugaises, si l'on essayait de tracer un tableau exact de l'abaissement des populations indigènes, du luxe des gouverneurs, de la puissance du clergé, de cette dissolution à peu près générale que rien ne pouvait réprimer, et dont Camoens lui-même chercha à faire justice; ce serait surtout dans la relation d'un vieux voyageur français que les hasards d'une vie errante avaient conduit à Goa, qu'il faudrait puiser. En décrivant la pompeuse richesse des églises, des palais, je dirai même des hôpitaux ; en nous rappelant cette statue de pierre dorée, que l'on avait consacrée sur la place à Alphonse d'Albuquerque, mais que les Indiens n'allaient plus implorer aux jours d'iniquité comme jadis ils le faisaient; en nous parlant de l'archevêque inquisiteur, et de cette table splendide, où il admettait publiquement ceux que les hasards de la guerre et du commerce avaient ruinés, François Pyrard nous fait assez comprendre, quoiqu'il écrive au commencement du dix-septième siècle, ce qu'était, en ce temps de luxe mais de décadence, cette grande cité qu'on avait surnommée la *Ville d'or*.

Goa n'en était pas encore à ce point de démoralisation où elle parvint sous la domination espagnole; mais ce fut ce mélange d'opulence et de vénalité, d'orgueil et de bassesse, qu'on y remarquait alors, et qui excita la verve satirique du poëte; ce fut l'attitude de l'autorité qui, sans nul doute, lui inspira la pièce que l'on a insérée dans ses œuvres sous le titre de *Disparates na India*. S'il n'est pas difficile de caractériser ce morceau, il n'est pas aussi aisé de l'entendre : au milieu de certaines allusions qui se laissent suffisamment comprendre, il y en a quelques-unes qu'il est pour ainsi dire impossible d'interpréter convenablement, parce qu'on sent à merveille qu'il faudrait, pour cela, un commentaire donné par le poëte lui-même, ou une connaissance minutieuse de la chronique scandaleuse de Goa. La plupart des biographes ont vu dans les *Disparates na India* (*) la cause unique de l'exil que dut subir encore Luiz de Camoens, d'autres n'y trouvent pas matière à une telle rigueur. Quoi qu'il en soit, il paraît certain que Francisco Barreto, qui avait succédé au brave Mascarhenas dès le 16 juin 1555, en fut vivement blessé, et que dans l'année même il contraignit le poëte à quitter Goa et à se rendre aux Moluques. Sans admettre toutes les raisons dont se sert un écrivain portugais pour pallier la conduite du gouverneur, nous répéterions volontiers avec ce savant, qu'il y eut quelque compensation à tant de sévérité, s'il ne paraissait prouvé aujourd'hui que le bienfait accordé à Camoens le fut par un autre gouverneur.

Pour se rendre au lieu de son exil, Camoens dut relâcher, selon l'opinion commune, à Malaca, puis se rendre aux Moluques; il dut toucher à Ternate, mais il paraît que cette dernière cir-

(*) Le titre lui-même ne saurait être rendu en français fort nettement. On peut le traduire, comme cela a été fait du reste, par une périphrase : *Inconséquences*, ou *Folies des Européens dans les Indes*.

constance est un des points de la biographie qui nous occupe, sur lesquels on aurait besoin d'être éclairci ; M. Charles Magnin, qui a mis de l'exactitude dans ses recherches, est pour l'affirmative ; selon M. Francisco-Alexandre Lobo, ni ce qui est dit dans la stance CXXXII du chant X, ni la description qu'on peut lire dans la Cançam VI, ne sont des indications suffisantes pour affirmer, d'une manière positive, que le poëte ait demeuré dans cette île. Ce qu'il y a de bien certain, c'est qu'en 1559, à l'époque où don Constantin de Bragance a pris les rênes de l'administration, il réside à Macao, revêtu d'un emploi honorable. Il est déjà nommé curateur des successions.

On se ferait une idée fort peu exacte du lieu où Camoens devait passer les derniers temps de son exil, si on se représentait cette ville telle qu'elle était naguère, c'est-à-dire, l'entrepôt vivant, actif, sans cesse animé, du commerce de l'Europe avec la Chine. C'était peu avant l'époque dont nous parlons que les Portugais avaient jeté les yeux sur cet étroit espace de terre, qui forme le point le plus septentrional de la grande baie, connu aujourd'hui sous le nom de *bocca Tigris*. Ils y avaient fondé une ville, qui s'accrut assez promptement, et qui dut offrir dès l'origine une certaine importance, mais qui était à coup sûr fort différente de ce qu'elle est devenue depuis. Camoens paraît avoir mené dans cette ville une existence solitaire, et néanmoins plus calme que celle qu'il avait eue jusqu'alors. La tradition nous le montre gravissant chaque jour les rochers de granit qui sont à quelque distance de la ville, et se réfugiant dans la grotte de Patané : de là, il contemplait l'Océan, et il pouvait recueillir pieusement ses grands souvenirs. Ce fut là, sans doute, qu'il reçut ses plus nobles inspirations, et cependant le simple monument qui lui a été consacré n'est pas l'hommage d'un Portugais.

Camoens séjourna durant quelques années à Macao ; mais, on l'a fait observer judicieusement, l'emploi qu'il occupait dans cette ville cadrait mal avec ses habitudes guerrières et son ardent amour de la gloire : toutefois c'était pour lui un moyen de sortir de cette misère contre laquelle il luttait depuis si longtemps ; ses divers biographes annoncent comme chose certaine qu'il amassa dans l'exercice de cette charge des bénéfices assez considérables pour vivre désormais à l'abri du besoin. Il songea dès lors à quitter ce lieu d'exil.

Francisco Barreto n'avait plus le pouvoir entre ses mains, et comme nous l'avons déjà dit, c'était don Constantin de Bragance qui, sous le titre de vice-roi, gouvernait les Indes portugaises ; il occupait ce poste important depuis le 3 septembre 1558, lorsque Camoens songea à abandonner le triste séjour où il avait demeuré pendant trois ans. La faveur dont il avait joui jadis auprès de D. Constantin, lorsqu'il demeurait à Lisbonne, les dispositions bienveillantes que celui-ci avait toujours montrées aux hommes de cœur et d'intelligence, tout devait faire supposer à Camoens que, bien loin d'être persécuté à Goa, il y serait désormais accueilli et protégé ; il s'embarqua donc de Macao avec tout ce qu'il possédait, et, si l'on s'en rapporte à Pedro de Mariz, avec quelque argent appartenant à la compagnie des marchands. On peut croire que de tous ses voyages ce fut celui qu'il entreprit avec le plus de joie ; il revenait de l'exil, il allait revoir ses frères d'armes ; il allait jouir au milieu de ses anciens amis d'une fortune laborieusement acquise. Tout cela ne fut qu'un rêve : il avait dépassé les terres de la Cochinchine, il allait entrer dans le golfe de Siam, lorsqu'une effroyable tempête entraîna son navire à la côte et le brisa. Il se sauva cependant et sauva les *Lusiades*. Le poëte a dit avec une simplicité admirable cet épisode de son voyage, et quand il eut acquis la triste certitude qu'il n'y aurait pour lui ni fortune ni repos, mais qu'il y aurait une lointaine renommée, il adressa à ce beau fleuve, dont les rives lui avaient servi d'asile, quelques vers charmants, où il dit sa gloire tardive et sa reconnaissance.

Camoens demeura quelque temps sur les bords du Mecom ; selon toute probabilité, il y composa les admirables redondilhas où il paraphrase le psaume *Super flumina Babylonis*. Nulle preuve positive ne l'atteste sans doute mais c'est un souvenir de douleur et d'exil, qui se lie trop bien à cette époque de la vie du poëte, pour qu'on essaie de l'en détacher. Soit qu'il ait reçu dans cette contrée reculée une hospitalité qui l'y retint durant plusieurs mois, soit qu'il ne rencontrât pas d'occasion favorable pour retourner à Goa, on perd encore les traces de Camoens durant quelque temps; et on ne le retrouve dans la capitale des Indes qu'en 1561.

Était-il seul? avait-il déjà auprès de lui, lors de son naufrage, Antonio, l'esclave javanais? fut-il assisté par ce noble compagnon, qui partagea sa misère à Lisbonne et qui la soulagea? ce fait intéressant ne trouve sa solution que dans un seul auteur; mais je dirai volontiers, avec l'ingénieux écrivain qui soulève cette question et qui y trouve une réponse affirmative dans le père Nicéron, qu'un tel renseignement est d'un prix réel, et qu'on aime « à voir commencer, par cette communauté de périls, l'affection si touchante du Javanais et de son maître. »

Camoens se fixa de nouveau à Goa. Comment se passèrent les premiers temps du retour? c'est ce qu'aucun écrivain contemporain n'a pris soin de nous apprendre. La conduite du poëte fut en ce temps ce qu'elle avait toujours été, ferme et digne; c'est un hommage que ne peut s'empêcher de lui rendre l'écrivain dont la critique s'arrête en général devant tout élan d'enthousiasme : « Il trouva dans le cœur magnanime du vice-roi don Constantin la faveur et l'accueil qu'il s'en promettait; la reconnaissance même l'engagea à lui adresser le morceau bien connu qui commence par une imitation évidente de l'épître adressée par Horace à Auguste.... Don Constantin était tout-puissant dans l'Inde et bien puissant aussi dans le royaume entier, et cependant l'espoir d'obtenir sa faveur ne peut arracher à Camoens des louanges serviles, des éloges honteusement prodigués. Il se regardait comme tyranniquement persécuté par Francisco Barreto; et bien que le blâme de celui auquel il succède résonne toujours doucement aux oreilles du successeur, s'il fit en passant allusion à la prodigalité avérée et blâmée du gouvernement de Barreto, le poëte eut la délicate générosité de ne pas prononcer le nom de son ennemi. »

Le gouvernement de don Constantin de Bragance était ce qu'il fallait qu'il fût dans un pays où la corruption débordait de toutes parts. Ce noble réformateur ne put longtemps protéger le poëte; il fut rappelé, et dès le mois de septembre 1561 le comte de Redondo, don Francisco Coutinho, lui succéda dans la vice-royauté des Indes (*). La réputation du poëte s'était accrue; le nouveau vice-roi estimait, dit-on, son talent; il était sans haine contre sa personne, et cependant ses ennemis comprirent que, s'ils osaient l'attaquer, une main puissante ne le défendrait plus. Non-seulement le langage de Camoens continuait à être ce qu'il avait toujours été, hardi avec les seigneurs, railleur avec les lâches, implacable avec les fripons; mais plus d'un personnage désigné cinq ans auparavant dans les *Disparates* vivait encore, et sans doute n'avait point perdu tout espoir de vengeance. Le poëte, sur une accusation banale, fut jeté dans les fers, et peut-être ce fut-il dans une des prisons de Goa qu'il composa quelques-uns de ces vers immortels, où il peint si bien l'amour d'une généreuse liberté.

L'accusation portée contre Camoens n'a jamais été formulée d'une manière positive; si l'on est certain que ses ennemis étaient puissants, on n'a jamais su les noms de ses accusateurs, ni quelles étaient les inculpations qu'ils mettaient en avant. Manoel de Faria e Souza signale bien d'une manière assez vague certains bruits, que la malveillance fit courir; il dit bien que l'on imputa au poëte certaines malversations durant le temps de son administration à Macao, mais il ne précise rien à ce sujet; ce qu'il y a d'assuré, c'est que Camoens triompha noblement de cette odieuse calomnie. L'ordre qui l'avait plongé dans un cachot fut révoqué.

Selon quelques vieux auteurs qui ont parcouru l'Orient précisément à cette époque, c'était une épouvantable chose

(*) Je ne sais trop sur quelle opinion se fondent deux écrivains modernes qui affirment que sous l'administration de D. Constantin le poëte se trouva dans une telle détresse qu'il se vit contraint de demander le don d'une chemise. Ses œuvres offrent au contraire la preuve qu'il était alors dans une sorte d'aisance, une *demi-prospérité*, comme on l'a dit fort bien.

que les prisons telles qu'elles étaient organisées dans les Indes portugaises. D'horribles émanations y infectaient l'air; on n'y vivait que des dons de la charité privée, et les criminels de tout genre y étaient confondus : telle était celle de Goa, moins affreuse cependant que la Masmora souterraine de Cochin. L'innocence de Camoens était reconnue, et cependant il ne sortit point de ce déplorable séjour. Ce qu'il y a de plus triste à dire, en rappelant cette longue série de maux, c'est que ce fut un homme dont l'histoire signale assez fréquemment la valeur et les services, qui le retint en prison. Miguel-Rodriguez Coutinho, surnommé *Fios Secos* (fils secs), se constitua le créancier impitoyable du poëte. Riche et puissant, il oublia ce qu'il se devait à lui-même, ce qu'il devait à cette fière noblesse de Portugal dont il faisait partie. Camoens ne sortit de prison que lorsqu'il se fut adressé au vice-roi. Une épigramme fort spirituelle, et qui nous a été conservée, le vengea de ses persécuteurs.

Un de nos anciens voyageurs français qui visitait Goa, à peu près vers le temps où Camoens dut y faire sa dernière résidence, Vincent le Blanc, vante avec enthousiasme les merveilles de cette capitale, qu'il semble préférer à Lisbonne; il rappelle son opulence, sa police admirable, la facilité que les Portugais et même les étrangers trouvaient à y séjourner; et nous dit comment « en cette ville, grandement riche, les habitants vivoient délicieusement; » il s'étend avec complaisance sur les mille ressources qu'offrait un luxe commode; il vante surtout la tolérance qui y régnait et qui devait malheureusement faire place, quelques années plus tard, à un affreux sytème de persécution. Tous ces avantages réunis séduisirent-ils Camoens? espéra-t-il faire encore partie de quelque grande entreprise militaire, où sa fortune pût se rétablir? On ne sait rien de bien positif à ce sujet. L'opinion générale est que, durant les années où il vécut à Goa, délivré des accusations de ses ennemis et des poursuites de Miguel-Rodriguez Coutinho, il servit, dans plusieurs expéditions maritimes, sans abandonner pour cela la culture des lettres. Le seul écrivain qui eût pu éclaircir cette période si intéressante de la vie de Camoens, Diogo de Couto, ne dit rien à ce sujet. En effet, l'exact continuateur des histoires de Barros se vante bien d'avoir été l'ami particulier du poëte, son *matelot*, comme disent encore familièrement de nos jours les gens de mer, mais ce n'est jamais pour nous signaler les actions auxquelles il prit part, c'est pour nous dire sa déplorable misère et les mésaventures chaque jour renaissantes qui désolaient cette vie agitée.

Si l'on s'en rapportait à l'opinion d'un homme qui a noblement consacré son temps et sa fortune à la gloire du poëte, ce serait à cette époque, à peu près au temps où don Antão de Noronha serait devenu le vice-roi des Indes, que le plus grand malheur qui pût frapper Camoens l'aurait atteint; il aurait perdu Catherine de Atayde, et la nouvelle de cette mort prématurée lui serait parvenue à Goa. Hâtons-nous de le dire, malgré quelques vers charmants qu'il cite et qui peuvent en effet se rapporter à ce douloureux événement, M. de Souza ne donne cette opinion que comme une conjecture (*). Sans doute, si quelque indiscrétion de Diogo de Couto nous avait initiés à la vie privée de Camoens, mille détails, qui ne peuvent être adoptés que comme des suppositions plus ou moins ingénieuses, acquerraient, au point où en est venue la critique, un degré de certitude qu'ils ne peuvent avoir. Nous verrions peut-être comment se réveilla en cette âme ardente le souvenir d'un amour qui semble ne l'avoir jamais complétement abandonnée; mais nous saurions aussi d'une manière plus certaine, à l'aide de ces confidences, les faiblesses que le poëte n'a point su taire entièrement et qu'il a laissé deviner. Nous le verrions alors sans doute passant d'une contemplation mélancolique à la vie la plus active et, durant son séjour dans l'Orient, mêlant à cette vie aventureuse toutes les voluptés dont l'Inde ne

---

(*) M. Ch. Magnin ne la partage point, et, comme on peut le voir, il pense que le poëte perdit *celle qu'il aimait* (nous rappelons ici ses propres expressions) à l'époque où il parcourait les îles de l'océan Indien. Nous avouerons qu'un sérieux examen des faits n'a pu encore nous fixer sur ce point.

fut jamais avare. Comment ne pas sourire, en effet, au nom de cette belle esclave noire qu'il n'a pas craint de célébrer dans ses vers?

Diogo de Couto malheureusement s'est tu; il ne nous a pas même raconté, lui qui dit si minutieusement les choses, tout ce que fit Camoens dans les diverses occasions où il prit part aux expéditions qui se succédaient si fréquemment alors; car la seule chose que nous sachions d'une manière positive, c'est que Camoens s'absenta fréquemment de la capitale des Indes portugaises, pour faire partie d'une foule d'entreprises militaires. Après avoir accompagné les flottilles qui s'en allaient journellement à Mangalore, à Daman, à Malaca, et même dans les îles lointaines de la mer des Indes, il revenait hiverner à Goa; là, s'il sollicitait certaines faveurs du vice-roi, ce n'était point pour lui, c'était pour quelque brave soldat, comme Heitor da Sylveira, qui avait plus songé à la renommée qu'à l'argent, pour quelque savant errant sans ressource, pour ce Garcia da Orta, par exemple, qui avait professé à Coimbre, et qui, dédaignant une vie paisible, par amour pour la science, préparait dès lors les matériaux d'un précieux ouvrage dont l'Espagne lui ravit la gloire.

Camoëns vécut ainsi durant plusieurs années; mais, sur la fin de son séjour dans l'Orient, un douloureux changement se manifesta en lui. On n'a peut-être pas assez insisté sur cette espèce de révolution qui se fit peu à peu dans son caractère. Manoel de Faria e Souza la signale avec une sincérité trop naïve pour que nous ne fassions pas usage de ses propres expressions : « Il était naturellement enclin à la joie et fort allègre; il lui arrivait de dire et de faire mille plaisanteries galantes, dignes d'un cavalier et d'un courtisan; mais, durant les dernières années qu'il passa aux Indes, il commença à s'abandonner à la mélancolie et à la tristesse, et à paraître comme chagrin. »

Ses tristes souvenirs étaient-ils la cause principale de ce changement? Le poëte prévoyait-il déjà le sort qui l'attendait dans sa patrie? On peut supposer qu'aux douloureuses préoccupations dont on trouverait la raison immédiate dans les déceptions de sa jeunesse et de son âge mûr, il joignait la vive inquiétude de ce qui se passait alors aux Indes et en Europe. D'ailleurs on regarde ce période de sa vie comme un de ceux où il se livra avec le plus de suite à l'étude : il éprouvait sans doute ce besoin de rêveries solitaires qui se fait toujours sentir chez le poëte quand le tourment d'une correction minutieuse succède pour lui aux premiers élans de l'inspiration.

Camoens ne songeait plus à la fortune, il n'éprouvait plus qu'un désir, c'était de revoir son pays. Malgré l'extrême pauvreté dans laquelle il se trouvait, il obéit à cette secrète impulsion; mais il y obéit comme il le pouvait faire, en continuant sa vie aventureuse et en se rapprochant par degrés des lieux où, malgré son premier serment, il voulait aller mourir. Pedro Barreto Rolim, parent du gouverneur Francisco Barreto, venait de succéder à Fernand Martins Freire, dans l'administration de la capitainerie de Mozambique, et se disposait à partir pour cette résidence; il aimait la société du poëte et lui proposa de le suivre; ses instances ne rencontrèrent probablement pas de bien grands obstacles. Camoens, croyant à la sincérité de ses promesses, s'embarqua avec lui pour Sofala, vers la fin de l'année 1567. Une fois arrivé dans cette région de l'Afrique orientale, on ne sait pas bien nettement ce qui se passa entre lui et le nouveau gouverneur de Mozambique. Soit pure inconstance de Pedro Barreto, soit noble fierté de la part de Camoens, qui ne put se décider à subir certaines exigences humiliantes, une rupture complète eut lieu entre lui et son prétendu protecteur. Il suffit de jeter un coup d'œil sur quelques relations du temps et de se figurer l'état réel de Sofala au seizième siècle pour se faire une idée de ce que dut être alors la position du poëte : au besoin, une seule phrase de Diogo de Couto suffirait pour la faire comprendre : « Il le vit, dit-il, se nourrir de la pitié de ses amis. »

Cette douloureuse position devait avoir un terme assez rapproché : don Luiz de Atayde, ayant succédé le 10 septembre à don Antão de Noronha, celui-ci s'embarqua au mois de février de l'année suivante pour le Portugal, et relâcha sur les côtes de Mozambique; il était accompagné de plusieurs gentilshommes parmi lesquels se trouvait ce diligent chroniqueur dont nous avons invoqué plus d'une fois le témoignage, et qui, grâce à sa franchise de soldat, n'a rien déguisé des nobles misères du poëte. Heitor da Sylveira, Antonio Cabral, Luiz de Veiga, Duarte de Abreu, Antonio Ferrão, unis à quelques hommes généreux dont les noms ne nous sont point parvenus, tirèrent l'auteur des *Lusiades* de la situation déplorable où il était à Sofala; ils lui offrirent le passage sur le bâtiment qui les ramenait des Indes en Portugal. Il fallut même que l'ancien compagnon de Luiz de Camoens, que son *matelot*, quêtât auprès de quelques amis le linge indispensable pour une si longue traversée; il en fait naïvement l'aveu.

Ce que Diogo de Couto n'a pas dit, mais ce que Faria e Souza dans sa généreuse indignation n'a pas oublié, c'est qu'il fallut payer au gouverneur de Mozambique quelques dettes contractées envers lui par l'homme dont il appréciait le génie, et qu'il avait suppléé de le suivre : il s'agissait de vingt mille reis que devait le poëte (*) et que dut acquitter Heitor da Sylveira. « Ainsi, dit l'historien, furent achetés la liberté de Camoens et l'honneur de Pedro Barreto. »

L'homme qui se montre le plus inflexible envers le poëte lorsqu'il s'agit de ses faiblesses, l'écrivain austère qui a si souvent cherché à pallier les torts de ses ennemis, l'admire ici dans sa véritable grandeur, et il dit avec une rare justesse que Diogo de Couto, sans en avoir l'intention peut-être, nous a offert la preuve la plus forte qu'il pût nous donner, de cette énergie de caractère qui semble avoir été le trait distinctif du grand homme dont nous retraçons la vie. « Les mauvais traitements dont Pedro Barreto l'accabla, cette dureté qui était presque une trahison dans le cas dont il s'agit, les souffrances qu'il éprouva sur une côte presque barbare de l'Afrique orientale, le faible espoir qu'il avait de sortir de cette espèce de captivité, ne suffirent pas pour troubler la tranquillité et la confiance de Camoens. Couto rapporte qu'au milieu de tous ses malheurs il acheva de donner la dernière touche à ses *Lusiades* pour les livrer à l'impression; il travaillait également beaucoup à un ouvrage rempli d'enseignements, d'érudition, de sagesse et de philosophie. »

Ce fut dans le courant de novembre 1568 que le vaisseau le *Santa-Fé* reçut l'auteur des *Lusiades* et qu'il quitta les côtes d'Afrique. Le voyage fut heureux, mais un douloureux événement signala le retour si ardemment souhaité. On était parvenu au dernier jour de cette longue navigation; on allait apercevoir les hauteurs de Cintra, lorsque l'ami le plus fidèle de Camoens, l'homme en qui il avait mis peut-être toutes ses espérances, succomba. Celui dont le nom revient à la bouche du poëte dans les temps de prospérité et dans les temps de détresse, mourut en vue de la côte. Avec lui s'éteignirent peut-être les dernières espérances d'un meilleur avenir. Mais ceci était un malheur particulier; encore quelques heures, et Camoens allait être témoin d'une affreuse calamité : la grande peste sévissait dans Lisbonne.

Quelques historiens nous ont parlé de cet événement, et ils sont unanimes dans leur récit : jamais l'horrible fléau, qu'on avait vu paraître tant de fois durant le moyen âge, mais dont le souvenir s'était pour ainsi dire éteint, n'avait frappé les populations d'une terreur plus profonde. Cette désolation était justifiée par l'excès du mal; au dire des chroniqueurs, il y eut telle journée où périrent six cents personnes; et dans l'espace de temps qui s'écoula depuis les derniers mois de 1568 jusqu'à la fin de 1569, on vit succomber soixante-dix mille habitants. A l'époque où le *Santa-Fé* mouilla dans le port de Lisbonne, le fléau commençait à se calmer; cependant la crainte empêchait encore que l'on diminuât rien des précautions qu'il avait imposées. L'embouchure du Tage était fermée rigoureusement, et pour en obtenir l'entrée il fallut que Diogo de Couto, qui venait sur un autre navire, se rendît à Cascaes et de là à Almeirim, où s'était réfugiée

(*) Un peu plus de cent francs.

la cour. Ce fut là seulement qu'il put obtenir un ordre qui permettait aux navires en vue des côtes de jeter l'ancre dans le port. Toutes ces démarches avaient lieu au mois d'avril 1570. Camoens ne revit Lisbonne qu'au mois de juin suivant; plus de dix-sept ans s'étaient écoulés depuis son départ.

Il y avait déjà treize ans que João III était mort, et l'état du pays avait bien changé. Une régence laborieuse, agitée de prétentions contraires, et qu'on eût été encore heureux de pouvoir conserver; un jeune prince sans puissance réelle pour ramener le bien, et cependant doué de qualités rares, puisque le vénérable évêque de Sylves ne pouvait s'empêcher de s'écrier : « Malheur au Portugal qui a un roi si digne d'être aimé et cependant si abhorré à cause des gens de son conseil ! » voilà ce qui dut frapper au cœur le poète, et ce qui lui inspira les paroles généreuses qu'il adressa au monarque encore enfant. Si tout était changé en politique, tout était changé aussi dans les habitudes de la nation. Il ne restait plus rien pour ainsi dire de cette splendeur « et de ces grâces royales, dit un vieil écrivain, qui embellissaient la cour sous le règne précédent. » Plus de bals magnifiques, plus de ces fêtes comme savait les ordonner l'infant don Luiz, plus de ces représentations dramatiques, dans lesquelles Gil Vicente, auteur et acteur à la fois, donnait l'essor à son originalité. Le sentiment de l'art semblait s'être éteint momentanément, comme s'était éteinte cette énergie persévérante qui, durant les conquêtes, avait tout organisé.

On ne sait guère aujourd'hui comment s'écoulèrent pour le poète les deux premières années qu'il passa à Lisbonne au milieu de ces luttes déplorables du pouvoir. Ce qu'on peut aisément constater, c'est que le découragement politique qui se faisait sentir aux meilleurs esprits, aux cœurs les plus fermes, ne tint pas devant l'œuvre de génie qui consacrait la vieille gloire nationale. En 1572, Camoens publia son poème; et, ce qui était inouï jusqu'alors en Portugal, les *Lusiades* eurent une seconde édition dans la même année. L'émotion profonde qu'excita cette noble poésie se fit sentir dans toutes les classes de la société. Le succès fut immense; il y eut pour ainsi dire rénovation de l'esprit national; l'œuvre devint populaire. Ici nous laisserons parler, avec son style si naïf et si pittoresque, le vieil écrivain qui se vante d'avoir étudié durant vingt ans ce beau livre et qui a d'autant plus de confiance dans certaines traditions, que son aïeul, Estacio de Faria, avait été l'ami du poète (*):

« Il est certain, dit-il, que ces écrits furent fort estimés en sa vie, et qu'en raison de cela sa personne était vue avec admiration à Lisbonne; car, dès qu'il paraissait dans quelque rue, tous les passants s'arrêtaient jusqu'à ce qu'il eût disparu. Et cela était ainsi quand, après son retour de l'Inde, ayant déposé l'épée, il marchait appuyé sur une béquille. Il allait de cette façon la plupart des jours, avec toutes ses infirmités, toutes ses années, entendre la leçon de théologie qui alors se faisait dans le couvent de Santo-Domingo; s'asseyant parmi ces jeunes gens qui écoutaient, comme si lui-même eût été l'un des écoliers. »

Et quelques lignes plus haut, Faria e Souza continue ce récit touchant; il nous dit en quelques paroles comment se passait cette vie d'angoisse, dont une leçon de théologie était désormais l'unique distraction : « Il en vint à vivre d'aumônes; et celui qui la demandait pour lui le soir était un esclave qui avait nom Antonio et qui était naturel de Java. Un jour Ruy Gonçales (lisez Ruy Dias) de Camara, notable chevalier, lui demandait qu'il traduisît en portugais les sept psaumes de la pénitence. Un certain temps s'étant écoulé et quelques stances seulement étant faites, celui-ci se plaignit de ce qu'il ne les achevait pas, bien qu'il eût écrit tant et de si beaux poëmes; il lui répondit : « Seigneur, quand je les faisais, je me trouvais en âge florissant et favorisé des dames, j'avais

---

(*) Comme l'a très-bien fait observer M. Ch. Magnin, le privilége accordé au poète pour la première édition est du 24 septembre 1571, et non du 4, comme l'ont écrit plusieurs biographes, remarquables d'ailleurs par leur exactitude. Un habile professeur, dont il faut déplorer la perte prématurée, M. Mablin, qui a examiné avec tant de sagacité les deux éditions de 1572, a prouvé qu'il fallait définitivement adopter les corrections de la seconde.

le nécessaire; maintenant il me manque, et si complétement, que là est mon Antonio me demandant quatre *moedas* pour acheter du charbon, sans que je puisse les lui donner. » Et de là j'infère que ce cavalier (les autres étaient de même) serrait la bourse pour quatre maravédis, et ouvrait la bouche pour demander les sept psaumes traduits en vers... » O chose déplorable, le roi don Sébastien, pour la dédicace de ce poëme épique, avait donné à Camoens quinze mille reis de pension sa vie durant (*), et on les soldait si exactement, que le poëte avait coutume de dire qu'il demanderait au roi qu'on commuât ses quinze mille reis en quinze mille coups d'étrivières à donner aux ministres dont ce payement dépendait.

Un savant Portugais, qui a lu certainement comme nous les détails curieux que nous citons ici dans toute leur simplicité, se plaît à énumérer les hommes distingués avec lesquels Camoens avait conservé des relations; il cite surtout don Gonçalo Coutinho de la maison de Marialva; il parle de cette illustre famille de Vimioso dont les membres avaient une estime particulière pour le poëte, qui les fréquentait librement. Les noms d'un ancien vice-roi des Indes et d'un gouverneur de Malaca se trouvent sous sa plume. Cependant on lit encore dans l'historien que j'ai cité plus haut ces tristes paroles : « Une mulâtresse, nommée Barbe, connaissant sa misère, lui donnait souvent un plat de ce qu'elle vendait, et quelquefois aussi un peu d'argent provenant de sa vente. » Ne faut-il pas répéter avec Manoel de Faria : O déplorable misère !

Pendant que le poëte cherche à se consoler de ses maux en allant écouter les savants religieux du couvent de Santo-Domingo, il nous reste une tâche à accomplir. Fidèle au plan que nous nous sommes tracé en commençant cette notice, nous essayerons d'indiquer quel fut le caractère réel du mouvement qui se manifesta dans la poésie sous don Sébastien, et dans quels rapports Luiz de Camoens, déjà lu, déjà admiré, se trouva vis-à-vis de ses contemporains. Un examen rapide des faits suffit encore pour le prouver : isolé à ses débuts, le poëte le fut à ses derniers jours ; il n'exerça aucune influence sur les hommes qui devaient le comprendre et qui pouvaient le juger. Et cependant des écrivains célèbres avaient succédé à Sa' de Miranda, à Antonio Ferreira, à Gil Vicente. Chez les uns, il y eut probablement jalousie, terreur puérile de voir s'évanouir une renommée naissante ; chez les autres, on trouverait, pour expliquer cet oubli coupable, l'isolement dans lequel ils vivaient ; la forte volonté de se tenir éloignés de la cour et de ne se point mêler au mouvement d'une politique déplorable. Le plus habile de tous ces poëtes, le seul qu'on puisse raisonnablement citer après l'auteur des *Lusiades*, Hieronymo Corte-Real, de retour de ses voyages aux Indes, vivait paisiblement dans son majorat de Palma, et le souvenir de cette noble Lianor, aux malheurs de laquelle Luiz de Camoens avait consacré quelques vers admirables, lui fournissait le sujet d'un poëme héroïque, étincelant de beautés, mais dans lequel la couleur du style et le pathétique des situations sont en opposition perpétuelle avec la longueur des descriptions mythologiques. Ce poëme, Corte-Real (*) le méditait sans doute dès cette époque au Morgado de Palma; et il ne devait paraître que douze ans après les *Lusiades*. Mais dans l'*Austriada*, poëme espagnol composé en l'honneur de Jean d'Autriche et qui dut s'imprimer pour la seconde fois vers 1577, on trouve divers morceaux dus à la plume des écrivains en faveur, et le nom de Camoens ne paraît pas. Quoique cet ouvrage et le *Second Siége de Diu* aient été favorablement accueillis à Lisbonne, rien ne prouve dans l'histoire littéraire que leur publication ait amené un rapprochement entre les deux poëtes.

Les biographes nous disent bien qu'un certain Pedro da Costa Perestrello, qui avait composé un poëme sur l'expédi-

---

(*) Comme Manoel de Faria e Souza écrit en espagnol, il adopte le chiffre de 375 réales, qui équivalent à la somme désignée ici en reis. Quinze mille reis valent 93 fr. 75 cent., ce qui représenterait environ 500 fr. de nos jours. Pour jouir de cette modique pension, Camoens devait résider à Lisbonne et faire renouveler tous les trois ans l'ordonnance qui la lui accordait.

(*) M. Ortaire Fournier vient de donner une traduction fidèle de l'œuvre si remarquable que nous signalons ici.

tion de Vasco da Gama, renonça à le faire paraître après avoir lu les *Lusiades* : c'est peut-être la seule indication qui existe de l'influence de Camoens sur quelque poëte contemporain : mais, outre que le nom de Perestrello est parfaitement inconnu dans l'histoire littéraire, rien n'indique quel est le degré de confiance que peut inspirer un tel fait. Le seul poëte de ce temps qui, par la trempe de son esprit, fût capable de s'incliner sans arrière-pensée devant la puissance d'un tel génie, Frey Agostinho da Cruz, ne put guère connaître Camoens, puisque, dès l'année 1560 on lui vit prendre l'habit de religieux, dans le petit couvent de Santa-Cruz da Serra de Cintra, et qu'il ne cessa plus, à partir de cette époque, de vivre en cénobite au milieu des montagnes. Ce serviteur de Dieu, comme on l'appelle, est devenu pour ainsi dire étranger aux hommes et au monde. Au sommet du mont Arrabida, il ne célèbre que la Divinité et les grandes scènes de la nature ; s'il parle quelquefois de l'amour, c'est de l'amour dompté par la religion ; s'il dit un mot des passions humaines, c'est pour s'humilier devant l'éternelle grandeur ; si les combats reviennent à sa pensée, ce ne sont pas les combats des hommes qu'il chante, c'est la lutte des éléments, les grandes tempêtes, le brisement des flots contre les flots, le choc des arbres dans les forêts : et cependant cet ermite, abrité des orages dans une pauvre cabane, est le frère d'un cavalier aux aventures amoureuses, d'un poëte habile, harmonieux, qui sera un moment le rival de Camoens et son rival heureux : Frey Agostinho da Cruz est le frère de Diogo Bernardes.

L'auteur du *Lima* dut connaître sans doute Camoens ; et on l'a accusé d'avoir trop bien apprécié ses œuvres, puisqu'on l'a accusé de s'en être approprié une partie : mais cette grave inculpation n'est pas assez fortifiée par les faits pour que nous l'admettions sans la discuter ; il est le seul, d'ailleurs, des personnages éminents de cette époque qui ait adressé à l'auteur des *Lusiades* quelques louanges.

Il ne nous reste ici que bien peu d'hommes à nommer ; chez tous c'est la même injustice, ou plutôt la même indifférence. Ni Pedro de Andrade Caminha, le fils du hardi capitaine qui s'illustra aux Indes, le poëte élégant des cours, ni Jorge Ferreira, le poëte dramatique à la mode, ni une foule d'écrivains dont on pourrait grossir aisément la liste, grâce à la volumineuse biographie de Barbosa, ne jugèrent à propos de tendre une main secourable à ce *prince des poëtes de l'Espagne*, qu'un pauvre esclave nourrissait d'aumônes dans son triste réduit de la rue Santa-Anna.

Pedro de Mariz nous apprend que le fidèle Javanais succomba ; peut-être était-il depuis longtemps épuisé lui-même par la misère. Alors Camoens dut songer à mourir, et ce fut sans doute quand il se vit privé des secours d'un ami, si humble, mais si noble dans son dévouement, qu'il écrivit les deux lettres dont on a conservé des fragments admirables :

« Qui jamais a ouï dire que sur un si petit théâtre que ce pauvre grabat, le sort eût pu donner le spectacle de si grandes infortunes ? Et moi, comme si elles ne suffisaient pas, je me mets encore de leur côté ; car chercher à résister à tant de maux, ce serait orgueil. »

» Enfin, disait-il un autre jour, ma vie finira ; et tous ils le verront, je fus si affectionné à ma patrie, que non-seulement je ne me contentai pas de mourir dans son sein, mais que je voulus mourir avec elle. »

Cette déplorable journée d'Alcaçar Kébir, prévue par Osorio, flétrie par Mascarenhas, arriva enfin. Un chroniqueur rapporte qu'un vieux moine, qui avait suivi l'expédition en Afrique, mais qui avait été contraint de s'arrêter sur le rivage, ayant appris la nouvelle de ce désastre sur son lit de douleur, tourna la tête vers le Christ et mourut. Quand on vint annoncer ce grand événement à Luiz de Camoens, en lui disant que c'en était fait de l'honneur du Portugal et de la vieille gloire de la patrie, il leva les yeux vers le ciel, et dit : « Au moins, je meurs avec elle ! »

Était-il alors sur son misérable grabat de la rue Santa-Anna ? s'était-il réfugié dans l'hôpital ? L'histoire, qui a conservé les nobles paroles du poëte, laisse planer du doute sur les déplorables circonstances qui signalèrent sa fin. Il mourut à Lisbonne, en 1579, à l'âge de cinquante-cinq ans.

Disons-le cependant, un pieux missionnaire, qui l'a vu en ses derniers jours, l'a vu à l'hôpital ; et, selon nous, le témoignage de Frey Jozé Indio, déposé sur un exemplaire des *Lusiades*, ayant appartenu à lord Holland, ne saurait être écarté. Voici ces paroles si touchantes et si naïves, qui, il faut le dire encore, se rapportent au témoignage respectable de Barbosa Machado :

« Quelle chose plus déplorable que de voir un si grand génie si mal récompensé ! Je l'ai vu mourir dans un hôpital, à Lisbonne, sans avoir un drap dont il pût se couvrir, lui qui avait triomphé dans les Indes orientales, et qui avait fait cinq mille cinq cents lieues sur mer... Quel puissant avis pour ceux qui, de jour et de nuit, se lassent à étudier sans profit, semblables à l'araignée qui ourdit sa toile pour y prendre des mouches (*) ! »

Le corps du poëte fut enseveli dans l'église de Santa-Anna, qui alors était une paroisse. Sa tombe fut creusée dans la terre ; aucune épitaphe, aucun monument ne la distingua d'abord ; et ce qui n'a peut-être point été remarqué, c'est que le poëte qui lui avait été préféré pour célébrer les hauts faits de Sébastien en Afrique, ce Diogo Bernardes, qui trouva la captivité en Afrique, fut enterré plus tard à côté de lui.

Le successeur de don Sébastien, le cardinal-roi, qui paraît avoir apprécié surtout Sa' de Miranda et Antonio Ferreira, laissa s'écouler son règne sans rien faire qui rappelât la gloire de Camoens, tandis que le peuple rendait tacitement hommage au poëte, en respectant sa pauvre habitation, qui depuis sa mort demeura déserte. La tombe de l'église Sainte-Anne restait sans honneur et même sans épitaphe. Seize ans après la mort de Camoens, don Gonçalo Coutinho fit chercher avec soin la place où il avait été enseveli. Ce lieu ayant été reconnu après bien des difficultés, il fit transporter les cendres dans un endroit voisin du chœur des religieuses franciscaines ; il les fit recouvrir d'une simple pierre en marbre, sur laquelle on grava cette noble inscription :

CI-GIT LOUIS DE CAMOENS,
PRINCE
DES POËTES DE SON TEMPS.
IL VÉCUT PAUVRE ET MISÉRABLEMENT
ET MOURUT DE MÊME.
Année de MDLXXIX.

Le tremblement de terre de 1755 détruisit de fond en comble l'église de Santa-Anna, la tombe du poëte disparut sous les décombres, et nul monument ne l'a remplacé depuis (*) ; mais il faut dire avec un vieil écrivain qui avait pour l'auteur des *Lusiades* une sorte de culte :

No pende de artificio de piedras su memoria !

En donnant cette notice, on a eu surtout un but : c'était de faire comprendre comment, à travers les vicissitudes d'une vie sans cesse agitée, Camoens a poursuivi sa carrière, isolé des poëtes qui vivaient en même temps que lui ; libre, en quelque façon, de toute doctrine littéraire ; trouvant sa force dans sa propre puissance, mais n'exerçant, pour ainsi dire, aucune action sur ses contemporains. Ceci, nous le croyons, ressort de quelques faits et de quelques dates rassemblés consciencieusement. On a dit longtemps que Luiz de Camoens représentait à lui seul toute la poésie portugaise ; c'est même un préjugé reçu encore d'une manière assez générale. Cet axiome littéraire, qui n'en a jamais été un pour les Portugais, a été combattu d'une manière victorieuse ; mais il est vrai dans un sens : l'auteur des *Lusiades,* qui marche toujours à part,

(*) Cette fin lamentable a été mise en doute ; nous savons de science certaine que d'importantes découvertes touchant la vie privée du poëte ont été faites récemment à Lisbonne ; peut-être donneront-elles la solution de ce point si intéressant.

(*) Les Portugais songent maintenant, dit-on, à élever un monument national au poëte ; et comme si l'appel avait été entendu, les étrangers s'unissent à eux pour réparer une grande injustice. Ainsi, tandis que M. Francisco de Assis soumet à ses compatriotes un projet dont on vante le mérite, mais sur lequel nous ne pouvons nous prononcer, M. de Chalaye, l'ancien vice-consul de France à Macao, expédie pour cette ville un buste en bronze dû à l'habile ciseau de M. Jules Droz, et reproduisant dans toute sa dignité la noble figure du poëte : il n'est pas hors de propos de faire remarquer que l'effigie de Camoens, reproduite par Severim de Faria, a été gravée d'après un portrait authentique.

mais qui finit par dominer toute la poésie du seizième siècle, peut être aisément séparé des autres écrivains de la Péninsule, qui sont l'honneur de leur temps. Il a d'ailleurs une gloire qu'on ne saurait lui contester : « Il a su créer en Portugal, comme on l'a dit, avec une grande précision et une grande vérité, la langue épique. L'esprit moderne associé dans l'épopée à la forme antique, tel fut le monde qu'il chercha, et il ne mourut pas sans l'avoir trouvé. »

Notre intention ne saurait être d'entrer dans l'examen critique des *Lusiades:* depuis Voltaire jusqu'à notre époque les longues dissertations sur ce poëme n'ont pas manqué; comme cela devait être, il a été exalté et déprécié outre mesure; et, si l'on a épuisé à son égard les formules de l'admiration, on a dit tout ce qu'il y avait à dire sur quelques taches faciles à remarquer dans l'ensemble de cette vaste composition, et surtout sur le genre de merveilleux dont le poëte a fait usage. Rappeler ici ce qui a été répété tant de fois sur l'intervention des divinités de l'Olympe dans un sujet essentiellement chrétien, ce serait tomber dans un lieu commun que nous voulons éviter. Pour juger le poëte portugais, la critique du dernier siècle ne s'est enquise chez nous, ni des temps ni des lieux. Elle a oublié qu'il y avait dans la poésie, comme dans la peinture, une époque de renaissance qui, pour avoir convié tous les dieux au triomphe de la foi chrétienne, n'en était pas moins une grande époque. Le peuple intelligent pour lequel les *Lusiades* avaient été composées, ne s'est pas préoccupé un seul instant de cette étrange alliance; il n'a pas hésité dans son admiration: avec les nobles récits qu'on lui adressait il a accepté le langage des faux dieux qu'on faisait parler. Les hommes lettrés de tous les pays ont pu balancer dans le jugement qu'ils avaient à prononcer sur les *Lusiades*; lui, il ne s'est pas mépris un moment, il a reconnu Camoens à sa voix divine, il a vu qu'un grand poëte lui était né; et, durant cette vie si malheureuse, il l'a salué avec amour.

Mais pour cela, voyez ce qu'avait fait Luiz de Camoens, consultez encore un vieil écrivain. Il n'y avait pas plus de soixante-douze ans que Vasco da Gama avait accompli son étonnante entreprise, nous dit Manoel de Faria, la tradition n'avait, pour ainsi dire, rien conservé chez le peuple de ce qui avait été accompli si miraculeusement; ni Jean de Barros, avec le prestige de son style, ni Fernand Lopez de Castanheda avec son enthousiasme, n'avaient suffi pour populariser le souvenir de ces victoires. « Les *Lusiades* parurent, et le bruit de ces actions prodigieuses remplit le monde; ces palmes presque desséchées reverdirent! »

Quatre-vingts ans plus tard, au dernier siége de Colombo, au temps où les Portugais ne vivaient déjà plus dans l'Inde que par ces grands souvenirs, les soldats chantaient, dit-on, sur la brèche les belles octaves des *Lusiades*. Selon nous, ce sont de tels faits qui disent ce que vaut un poëme.

LE CARDINAL ROI; SON ÉDUCATION; SES PRINCIPES COMME GRAND INQUISITEUR. — MARIAGE PROPOSÉ ET REJETÉ AUSSITOT. — DÉCLARATION D'UNE RÉGENCE. — Le royaume tout guerrier du Portugal tombait de droit entre les mains d'un prêtre. Leitão d'Andrada nous raconte que ce fut lui le premier qui songea à écrire au royaume; et que sa triste missive, parvenue au cardinal, lui apprit qu'il était roi. Disons quelques mots de ce dévot personnage, qui succédait d'une façon si étrange à Manoel et à João III.

Le cardinal don Henrique était né le 31 janvier 1512; il avait, par conséquent, soixante-six ans, lorsqu'il monta sur le trône : ainsi que Barbosa aime à le faire remarquer, un vaste tapis de neige couvrait les campagnes de Lisbonne, lorsque dona Maria, la seconde épouse de Manoel, le mit au monde; et cette circonstance, assez rare en Portugal, fut considérée, ajoute le biographe, comme un présage de la pureté et surtout de la candeur que manifesterait par la suite le troisième fils du roi. Nous en conviendrons, l'éloge peut sembler quelque peu étrange, s'appliquant à un prince vivant au milieu d'une des cours les plus fastueuses de l'Europe, et réservé d'ailleurs à devenir grand inquisiteur. Don Henrique fut destiné dès sa naissance à entrer dans l'église; l'humaniste par excellence du siècle, Klénardt, fut appelé du Brabant pour enseigner les belles-lettres au frère de João III; et il a consigné, dans une suite de lettres pleines de charme, la pure félicité qu'il goûta à demeurer près de son royal élève, au centre d'une nouvelle Athènes, comme il lui plaisait d'appeler un peu pompeusement Évora. Les dignités ecclésiastiques vinrent trouver de bonne heure le jeune prince; il fut évêque au sortir de l'adolescence, et grand inquisiteur dès 1539, c'est-à-dire bien peu de temps après l'institution du saint-office. Don Henrique n'avait intérieurement nulle cruauté; on ne saurait lui reprocher aucun de ces actes fanatiques inhérents aux temps et aux lieux; il ne s'en tint pas néanmoins purement et simplement à l'exercice de ses fonctions, et il établit le redoutable tribunal dans des villes où il ne s'était pas fait encore redouter : Coimbre, et plus tard Goa, en offrirent la preuve. Paul III revêtit le royal évêque de la dignité de cardinal, en 1545; et il faut ajouter qu'il acquit bientôt une assez grande réputation de science et de vertu pour qu'on songeât à lui offrir la tiare, lorsque le pontife que nous venons de nommer vint à mourir. Ses partisans échouèrent alors; mais, par un enchaînement de circonstances fatales, le trône auquel il ne devait pas prétendre, était réservé à don Henrique. Un prince qui avait eu pour maître de mathématiques le célèbre Pedro Nunez (*), et auquel le vertueux ami de Vasée avait enseigné le grec et le latin, ne pouvait certainement pas être un souverain privé d'instruction. L'homme qui avait su choisir pour amis, saint Charles Borromée, l'évêque de Sylves et le cardinal Sadolet, ne devait pas être privé de qualités précieuses; il n'avait pas celles d'un roi. Aussitôt la nouvelle reçue du désastre d'Alcaçar, don Henrique quitta le couvent d'Alcobaça, où il s'était retiré, et vint se faire sacrer le 28 août 1578. Un écrivain, que nous voudrions voir mieux connu et surtout plus apprécié, Augustin de Liaño, a parfaitement caractérisé le règne si court de ce monarque qui, il faut le dire avant tout pour être juste, doit trouver dans son âge avancé, et principalement dans l'état de faiblesse où l'avait jeté une santé déplorable (*), quelques excuses à ces hésitations d'où résulta la ruine du pays. « Le règne de ce prêtre, dit l'historien espagnol, ne fut qu'une espèce de pénible et humiliante agonie pour ce grand peuple. La plus glorieuse partie de ce règne passager et obscur fut celle où Henrique s'occupa de racheter le corps de don Sébastien et l'armée de chrétiens que ce prince avait livrée à une dure captivité. Dès que ces touchants devoirs furent remplis, Henrique ne sut faire autre chose qu'accabler l'État de maux inséparables du gouvernement d'un homme faible à une époque critique. On calomnie ce monarque dans la Biographie universelle, quand on le présente comme « *indifférent sur les troubles qui menaçaient le royaume.* » Mais les scrupules du bon vieillard, ses accès d'une rigueur inconstante et sans plan, ne furent pas des maux moins funestes à la nation portugaise que ne l'aurait été l'indifférence... Cependant, les cortès le pressèrent de penser à désigner son successeur, et une partie de l'armée voulut qu'il s'en donnât un en se mariant. Henrique eut l'air d'entrer dans toutes ces vues, et, dès ce moment, il se donna assez de ridicules. Malgré l'improbation de son ami saint Charles Borromée, il fit des instances auprès du pape Grégoire XIII, pour en obtenir la permission de se marier. Faria e Souza prétend que le bon vieillard se fit envoyer le portrait de Catherine de Médicis; mais cet indécent empressement ne s'accorde guère avec l'idée que l'histoire nous donne de ce pieux

---

(*) Le savant cosmographe se plaît à rappeler les progrès que son royal élève avait faits dans les sciences exactes; et il énumère, dans une lettre, datée de 1541, tous les livres qu'il avait lus sur cette matière; les Éléments d'Euclide, le Traité de la Sphère, la Mécanique d'Aristote, etc., figurent dans cette nomenclature. Barbosa Machado renferme une longue liste des œuvres théologiques du cardinal roi.

(*) Dans un opuscule fort rare, que Liaño ne semble pas avoir connu, on trouve ces détails sur l'état de marasme où était plongé le cardinal avant de monter sur le trône. « *Valetudo præterea tam deplorata, ut lacte humano coactus fuerit ali, quod in marcorem et marasmum incidisset.* » Voy. *De vera regum Portugaliæ Genealogia*. Duarte Nunez de Leão, qui donne ces détails, était parfaitement à même de se les procurer; il ajoute que, malgré cet état de faiblesse, le cardinal, devenu roi, ne cessa pas de dire la messe, toutes les fois que sa santé le lui permettait, dans une chapelle particulière : *in privato sacello*.

évêque et roi, idée à laquelle les écrits de Henrique et un témoin aussi respectable que le grand moraliste dominicain, Louis de Grenade, donnent un haut degré de certitude.

« Le grand âge et les infirmités de Henrique firent présumer qu'il ne garderait pas longtemps le trône; ainsi le bon vieillard ne tarda pas à se voir obsédé par des hommes qui, indifférents sur la durée de sa vie, ne pensaient qu'à ce que l'on avait à faire après sa mort. D'abord Philippe II, roi d'Espagne, fils de l'impératrice Élisabeth, seconde fille du roi Emmanuel, ne faisait pas un mystère de ses intentions; et la nation portugaise se voyait menacée du danger dont deux siècles auparavant, en 1383, lors de la mort du roi Ferdinand, elle avait été délivrée par Jean Ier, Nuno Alvarez Pereira et Jean das Regras, trois grands hommes de ceux qui illustrent le plus ses annales : elle craignit de devenir, ce qu'elle devint en effet, le domaine d'un roi de Castille. »

Les autres prétendants à la couronne étaient nombreux : il fallait compter Catherine de Médicis, la grande Élisabeth d'Angleterre, Emmanuel-Philibert, duc de Savoie; Catherine, duchesse de Bragance; don Antonio, prieur do Crato (*); et surtout Ranuce, prince héréditaire de Parme. Ce dernier prétendant, le moins appuyé de tous peut-être, était aux yeux des généalogistes celui qui présentait les droits les plus réels (**) : hâtons-nous de le dire, cependant, le prince qui avait les sympathies de la nation, était allé les conquérir sur le champ de bataille et vivait parmi les Portugais; moins heureux que Jean Ier, il était illégitime comme lui ; et, pour faire triompher ses droits, il ne lui fallait peut-être qu'un second Alvarez Pereira.

Prisonnier des Maures, à la bataille d'Alcaçar, don Antonio, prieur do Crato, avait dû à son courage et à sa circonspection la possibilité de revoir Lisbonne. Au milieu de ces réfugiés musulmans qui avaient abandonné Grenade et qui connaissaient si bien les intérêts des princes de l'Europe, ainsi que leurs prétentions, il avait su cacher sa naissance et s'était fait racheter comme les autres captifs sans grever le royaume de sacrifices exorbitants. Durant les premiers temps de son séjour à Lisbonne, don Antonio s'était vu accueilli avec bienveillance, et le cardinal roi n'avait pas craint de lui donner publiquement le titre de neveu. Néanmoins, des suggestions perfides, venues probablement de l'Espagne, n'avaient pas tardé à changer les dispositions et jusqu'au langage du faible monarque. Dans un précieux mémoire, qui semble avoir échappé jusqu'à ce jour aux investigations des historiens, on le voit se plaindre de ce que ce titre de *neveu*, dont le prieur prétend se prévaloir, a été arraché à ses souvenirs, surpris pour ainsi dire à sa religion, sans qu'il en soupçonnât toute l'importance politique (*). Son style devient sévère, intolérant, à l'égard de don Antonio, qui n'était pas à coup sûr un homme éminent, mais qu'on ne pouvait ranger néanmoins parmi ces princes égoïstes, dont l'ambition devait ensanglanter le pays; il oubliait que le prétendant était fils d'un prince qu'on avait surnommé *les Délices du Portugal*; le peuple se le rappelait et ne craignait pas d'opposer le nom de l'infant don Luiz aux prétentions des étrangers.

Vaincu par les instances des grands, le roi cardinal convoqua les cortès, le 11 avril 1579. Mais, s'il y cita tous les princes qui manifestaient leurs prétentions, s'il nomma un tribunal chargé d'examiner après sa mort les droits que chacun d'eux allég ait pour gagner un trône, il ne sut pas, par un dernier effort d'énergie, se choisir immédiatement le successeur que le peuple attendait de lui ; il pouvait au moins désigner secrètement celui qu'il jugeait le plus digne; le silence sur ce choix lui était permis; la vieille haine que les Portugais gardaient à la Castille, lui était un sûr ga-

---

(*) Le prieur do Crato était fils de l'infant don Luiz (et par conséquent petit-fils d'Emmanuel); il l'avait eu de Violante Gomes, surnommée *la Pelicana*, — dame humble par la naissance, mais d'une rare beauté, dit Castro, et qui mourut professe dans le monastère d'Almoster.

(**) « Il était, par sa mère, petit-fils de Duarte et le seul prince qui, parmi les fils du roi Emmanuel, eût laissé de la postérité masculine légitime. Ranuce, né en 1569, était alors un enfant de neuf ans; et son père accordait aux Portugais de l'élever selon leurs usages et dans leurs maximes. » (Liaño.)

(*) Manuscrit de la Bibliothèque du roi, sous le n° 10,241, f. S.-G.

rant que son testament politique serait ratifié ; il ne sut ou il n'osa rien faire, et tout resta d'abord en suspens.

Ces incertitudes néanmoins ne durèrent pas longtemps. Les discussions orageuses qui s'élevèrent durant la tenue des cortès, entre le duc de Bragance et le prieur do Crato, irritèrent le vieux roi, et lui firent prendre une résolution opposée à toutes les sympathies nationales. Après avoir exilé de la cour le fils de D. Luiz, qui n'en continua pas moins ses agitations, le cardinal transporta les cortès à Almeirim ; cet acte déplorable eut lieu le 11 janvier 1580. Henrique fuyait, disait-on, la peste qui sévissait à Lisbonne : en réalité, il obéissait déjà aux instigations du monarque espagnol ; « et, sur-le-champ, nous dit l'auteur du Répertoire, il communiqua aux cortès le projet de faire une capitulation entre Philippe et le royaume, comme le seul expédient pour sauver la nation portugaise de la violence des armes de Castille; pour maintenir la tranquillité publique, menacée d'une guerre civile par les partis de la duchesse de Bragance et de D. Antoine, et pour obtenir de Philippe des conditions avantageuses à la nation entière et à chacun de ses trois ordres. Le clergé, sûr de son fait, donna d'abord son consentement ; la noblesse, quoique après de longs débats, accepta aussi le projet; mais les représentants du peuple résistèrent à toutes les séductions et à toutes les terreurs pour suivre d'abord les sentiments que l'orgueil national fait toujours naître... Ces fiers Portugais rejetèrent unanimement le projet de leur roi; et Phœbus Moniz, qui était à leur tête, conjura Henrique de se donner un successeur portugais, quel qu'il fût. L'opiniâtre vieillard n'ayant pas voulu se rendre à ce vœu de son peuple, les courageux députés de ce même peuple déclarèrent franchement qu'ils croyaient avoir seuls le droit d'élire un roi, quand le trône serait vacant. Cependant, les lois sévères de l'histoire doivent nous empêcher d'admirer sans restriction ce trait de fermeté et de patriotisme. Les agents de D. Antoine et de la duchesse de Bragance avaient trop remué les passions. (*) »

(*) Augustin Liaño, Répertoire portatif de l'Histoire d'Espagne et de Portugal, t. 2, p. 568.

Ce que l'austère écrivain semble ignorer et ce qui eût peut-être modifié ici son langage, c'est que la résistance était au sein même du peuple, au fond de ces cœurs qui vivaient des souvenirs d'une gloire passée, et qui se sentaient prêts à faire le sacrifice de leur existence pour relever encore le principe de la nationalité. Chez ces Portugais à l'âme sincère, la vieille indépendance du pays était devenue presque une religion. Si le prieur do Crato et si la duchesse de Bragance avaient agité les passions, quelquefois en sens contraire, leurs prétentions, après tout, reposaient sur une base légitime. Philippe poursuivait son dessein, il corrompait, mais il n'agitait point. Le peuple le savait, et il ne pouvait déjà plus se méprendre sur la position des partis.

RÉSISTANCE DU PEUPLE PORTUGAIS AUX PRÉTENTIONS DE L'ESPAGNE. — Avant même la réunion des états, qui avait eu lieu le 1er juin 1579, pour jurer fidélité au roi Henrique, le premier élan de la nation avait été de protester unanimement contre la force étrangère. Le 8 mai, deux simples artisans, Martim Fernandez, cordonnier, et Antonio Pirez, potier, tous deux prenant le titre de *maîtres en la cité de Lisbonne*, avaient fait cette allocution dans une des salles du monastère do Carmo, et ils avaient cru devoir s'adresser aux gentilshommes dont la loyauté leur était connue :

« Seigneurs, nous avons su que quel-
« ques personnes principales, quelques
« nobles, oubliant les obligations aux-
« quels ils sont tenus, et mettant de côté
« leur honneur, tiennent un langage et
« font des choses qui sont contre le bien
« commun et la sécurité de ces royau-
« mes. Comme bons Portugais, nous
« sommes décidés à y porter remède ;
« car nous nous souvenons de ce qu'ont
« fait les habitants de cette ville, au temps
« du roi Joam Ier et sous d'autres monar-
« ques. Nous demandons à vos seigneu-
« ries, comme étant têtes principales de
« cette république, d'aider au moins à
« la soutenir. Nous demandons qu'on
« ne perde ni son honneur ni son droit,
« en écoutant la partialité ou les consi-
« dérations particulières de quelques in-
« dividus. Vos grâces peuvent être assu-

« récs d'une chose ; c'est que, pour la dé-
« fense de nos droits et le châtiment des
« Portugais versatiles, nous sommes
« prêts à nous lever avec quinze ou vingt
« mille hommes de cette cité et de ses en-
« virons. Deux heures suffiront pour les
« réunir si cela est nécessaire, et nous
« brûlerons les habitations de ceux qui
« commencent à parler et à agir contre
« le bien général ; toutefois, rien de ceci
« ne sera mis à exécution, tant que nous
« attendrons châtiment et remède à ces
« maux par une autre voie. Il nous a
« semblé que nous devions rappeler cela
« à l'état de la noblesse et également
« aux deux autres états, afin que l'assem-
« blée entière traitât en toute sécurité
« du bien commun et du repos de ces
« royaumes, sans crainte de la force,
« de la violence, des moyens cauteleux
« ou préjudiciables. Nous espérons donc
« qu'on n'entendra plus dorénavant la
« voix de ceux qui rendent tout impos-
« sible, et qui ne veulent ni donner ni
« chercher le remède à de tels maux (*). »

Les noms du cordonnier et du potier de Lisbonne n'ont été redits que nous sachions par aucun historien. Leur discours généreux est enfoui aujourd'hui dans un recueil ignoré. Il nous a semblé qu'il était bon de faire voir tout ce qu'il restait de ferveur patriotique à ce peuple généreux qu'on allait charger de chaînes.

Don Antonio le savait ; il connaissait les maux du pays, et il y cherchait sincèrement remède : la postérité doit lui tenir compte au moins de quelques sentiments généreux.

MORT DU ROI CARDINAL. — DON ANTONIO ÉLU PAR LE PEUPLE. — EXPÉDITION DU DUC D'ALBE CONTRE LISBONNE. — PRISE DE CETTE VILLE. — RÉSISTANCE DU PRÉTENDANT. — Les luttes orageuses qui agitèrent les derniers mois du règne de don Henrique minèrent sa constitution débile et le conduisirent rapidement au tombeau. Il eut bien certainement le sentiment de sa fin prochaine ; mais il donna des preuves publiques de son animadversion pour don Antonio : peut-être n'eut-il pas la fermeté nécessaire pour désigner un successeur quelconque lorsqu'il en fut requis de nouveau ; il crut avoir accompli son devoir de roi, en désignant par son testament les cinq gouverneurs qui devaient régir le royaume dans l'interrègne qui allait s'écouler. Telle fut la faiblesse physique qu'il eut dans ses derniers jours, telle fut aussi l'impatience que l'on avait de connaître ses volontés dernières, que l'on agit de son vivant, dit-on, comme s'il eût déjà compté parmi les morts. La caisse renfermant son testament fut ouverte solennellement, et l'on sut du moins à quoi s'en tenir sur les dépositaires futurs du pouvoir. Il revint à la vie cependant ; mais, dès ce temps, ses jours étaient comptés, et le 30 janvier 1580, comme il était environné de religieux qui ne quittaient plus son chevet, une éclipse de lune commença. Il demanda l'heure, se retourna sur son chevet et garda quelque temps le silence, puis changeant de position tout à coup, il dit aux moines : « Mettez-moi dans la main cette chandelle, l'instant est arrivé ; » et il expira paisiblement. L'éclipse, dit-on, avait eu le temps de s'accomplir entre l'heure où il avait parlé et celle qui l'avait vue finir (*).

Les dignitaires désignés par le testament de don Henrique prirent aussitôt possession de la charge importante qui leur était dévolue ; et le prieur do Crato, de son côté, réclama avec vivacité pour qu'on admît en fait ce qu'il regardait comme un droit incontestable. On a pu voir par le discours que nous avons donné quelques pages plus haut, s'il y avait des esprits énergiques dans le peuple et s'il restait des haines vigoureuses dans les cœurs portugais contre les Castillans. Don Antonio s'adressa à eux ; et il trouva aussi, parmi les nobles, des hommes comprenant que le plus grand malheur d'un peuple est de subir l'invasion étrangère. Tel, fut entre autres, ce généreux Diego de Menezes, qui avait

(*) Voy. le manuscrit de la Bibliothèque du roi n° 10,241 (fonds Saint-Germain.) Ce précieux recueil renferme d'autres pièces d'une certaine importance pour l'histoire du Portugal : nous nous empressons de le signaler aux historiens nationaux dont les publications récentes nous révèlent chaque jour la science réelle et les généreuses tendances.

(*) Le pseudonyme du comte de Portalègre, Hyeronimo Franchi, raconte cette mort étrange avec de grands détails ; et il se livre ensuite à une appréciation assez modérée, contre son ordinaire, du caractère de ce monarque.

combattu jadis dans l'Inde , et qui s'offrit à commander l'armée, dans le cas où l'on songerait à résister vigoureusement aux prétentions de l'Espagne.

De son côté, Philippe II ne négligeait rien pour obtenir par l'adresse ce qu'il savait déjà pouvoir obtenir par la force. Il écrivit aux gouverneurs, pour revendiquer ses droits. Les signes les plus minutieux de son adhésion complète aux usages des Portugais ne furent pas négligés. On remarqua qu'au lieu de signer sa lettre *el Rey*, il souscrivit la dépêche du simple mot *Rey*, comme les anciens rois de Portugal, ayant grand soin, en outre, de faire suivre la signature officielle des cinq points qui rappellent les cinq *quinas*, symbole des plaies du Sauveur, et, comme tout le monde le sait, souvenir tout national d'un peuple qui avait su conquérir son indépendance.

Philippe, après tout, avait de chauds adhérents en Portugal ; et qui plus est, il avait entraîné dans son parti des gens dont l'habileté était restée incontestable : des noms parmi lesquels on comptait ceux de plusieurs seigneurs, tels que Portalègre et Christovam de Moura, prouvent suffisamment ce que nous avançons ici. Cela n'empêcha pas le prieur do Crato de lutter avec avantage contre ce pouvoir menaçant. Philippe, tentant de séduire le prétendant, alla jusqu'à lui écrire, de sa propre main, d'une manière tout affectueuse. Ces avances furent rejetées à bon droit par le prieur do Crato : il y a, je le répète, quelque chose de digne et de noble dans ce prince, c'est sa persévérance à faire triompher l'indépendance des Portugais.

S'il faut en croire des ouvrages, assez rarement consultés, don Antonio crut que la France, effrayée de l'accroissement de puissance qu'allait acquérir l'Espagne, n'hésiterait pas à lui envoyer des secours efficaces, et cette pensée le soutint dans sa résistance. Mais ces promesses furent d'abord illusoires ; et Henri III, sollicité par sa mère, se tint dans l'inaction. Il fallait agir cependant ; car Philippe *le Prudent* agissait. Après avoir pris le titre de *défenseur du royaume*, titre qu'il aurait voulu garder, disent ses ennemis, n'ayant pas la force d'aller plus loin dans ses prétentions, don Antonio reçut officiellement le nom de roi, mais à l'improviste et dans une assemblée quelque peu tumultueuse. Durant un rassemblement populaire qui eut lieu à Santarem, le mot solennel d'acclamation : *Real! Real!* fut prononcé avec enthousiasme. Les pièces, validant le choix spontané du peuple, furent signées par plusieurs seigneurs et par certaines autorités locales, mais il n'y eut ni prise du sceptre, ni baise-main ; et cette dernière cérémonie, qui constatait jadis le vasselage des grands en Portugal, ne vint jamais confirmer le choix populaire. Tout rappela bien, en cette circonstance, les débuts glorieux du Mestre d'Aviz ; mais rien ne répondit dans la conduite du prétendant au commencement du règne de Joam 1er (*).

(*) Le prieur do Crato manqua peut-être de résolution soudaine, s'il ne manqua point de persévérance ; mais le comte de Portalègre, qui se cache sous le pseudonyme de *Conestagio Franchi*, calomnie ce malheureux prince, lorsqu'il raconte son élection à Santarem. Après avoir rappelé la journée du 19 juin 1580, où don Antonio était venu faire ses dévotions à une chapelle de la ville, avant de fonder une forteresse qui devait arrêter l'invasion de Philippe, il s'exprime ainsi : « La cérémonie ne fut sitôt commencée qu'Anthoine Baracchio, homme audacieux, haussant un mouchoir sur la pointe de l'épée, cria : *Anthoine Roy*, et fut suivi avec grand rumeur et grands cris, quasi de toute la multitude, laquelle, pour s'assurer de ceux qui n'étoient de cet advis, ou pour une certaine vaillantise, tira les espées. En cet instant, Anthoine, feignant modestie, ou bien poussé de son irrésolution, cria : *Non, non*, et marcha un pas avant comme pour faire taire le peuple ; et Pierre Coutigno, capitaine de cette place, avec colère, vouloit aussi empêcher les cris, disant que le prieur ne désiroit d'être appelé roy : mais cela ne servit de rien, car le Baracchio, baissant contre le capitaine une pistole qu'il tenoit, le fit taire : à l'occasion de quoi il se partit. Anthoine, soit que se voir tant d'armes nues à l'entour ou que se monter en telle sorte à telle dignité, porte avec soy crainte, estoit peureux et tremblant, et en donna des indices notable aux siens ; desquels estant aidé à monter à cheval, au premier pas, bronchant le cheval en signe de mauvais augure, il tomba quasi, et toute la noblesse qui s'y trouva le suivit à pied, la teste nue, comme roy.!» Non-seulement l'acclamation solennelle de : *Real, Real para Portugal*, fût prononcée dans cette occasion ; mais, on le répète, les actes écrits, qui donnaient la couronne au grand prieur, furent signés par la noblesse et par le peuple. On voit donc que ce n'étoit pas sans quelque fondement que don Antonio prenait le titre de roi durant son exil ; il l'était, comme l'était devenu Jean Ier, par la volonté du peuple ; il ne lui manque pour garder la couronne qu'une journée glorieuse comme celle d'Abjubarotta.

Philippe n'avait pas attendu que les choses en vinssent où elles étaient en 1580 pour prendre une résolution décisive; il avait fait taire un mouvement d'humeur contre le duc d'Albe, et il avait rappelé cet impitoyable exécuteur de ses volontés pour le mettre à la tête d'une armée d'invasion, destinée à conquérir le Portugal. L'homme de fer obéit au maître. Vingt mille soldats d'infanterie, deux mille chevaux, s'avancèrent contre la frontière, sous le commandement du vieux général, pendant que Philippe le Prudent demeurait à Badajoz.

Malgré le péril de sa situation, don Antonio recevait des preuves évidentes de la sympathie des peuples, et même du dévouement de quelques familles puissantes. Lorsqu'il entra dans Lisbonne, et lorsque l'on confirma dans cette capitale l'acclamation spontanée de Santarem, il y eut, malgré la peste qui régnait encore, des divertissements populaires, qui témoignaient de l'assentiment qu'on donnait à cette élection. Hieronymo Franchi, dont le témoignage ne saurait être suspect, rappelle qu'à cette occasion les femmes du peuple elles-mêmes voulurent donner des preuves non équivoques de leur amour pour l'indépendance nationale. Elles formèrent des espèces d'escadrilles militaires; et on les vit se promener en bon ordre dans la ville, tenant une pelle sur l'épaule : elles voulaient rappeler ainsi qu'à la fameuse bataille d'Aljubarotta une Portugaise, Brites de Almeida, armée simplement d'un pareil ustensile, avait assommé à elle seule six Castillans.

Ces démonstrations encourageaient don Antonio; mais elles n'arrêtaient pas le duc d'Albe. Don Fernando de Tolède savait mieux que personne que les plus braves et les meilleurs de ce royaume avaient succombé dans les plaines voisines de Larache; il marcha et ne rencontra qu'une faible résistance. L'histoire nous a conservé les noms de quelques dignes seigneurs, qui demeurèrent dans l'opposition armée, bien qu'ils ne tinssent pas pour le parti du prétendant. Honneur à ces Portugais du vieil âge, qui se rappelèrent les temps héroïques de Nuno Alvarez Pereira !

Don Diego de Menezes avait concentré ses forces dans le château de Cascaes; il résista avec une valeur digne d'un meilleur sort; soit qu'il eût été trahi, comme le veut Vasconcellos de Figueiredo, soit qu'il eût méconnu, par une fatalité malheureuse, les parlementaires du général espagnol, sa fin fut déplorable; sous le prétexte qu'il avait outre-passé les droits de la défense, l'impitoyable Fernand de Tolède lui fit trancher la tête (*).

L'armée du duc d'Albe arriva bientôt à quelques lieues de la capitale; et contre son ordinaire (ce dont il fut loué depuis), le vieux soldat ne temporisa pas : il passa le Tage et fut, en quelques jours, sous les murs de Lisbonne. Don Antonio était décidé à se défendre, et il résulte pour nous d'un grand nombre de documents, qu'il se vit secondé avec ardeur dans cette résolution par les ordres religieux, bien puissants encore à cette époque. Mais que faire avec une population mal armée, que l'on entraînait le matin au combat et qui se dispersait dès qu'il fallait s'enrégimenter et former des corps réguliers propres à la résistance? On regretta alors sans doute de n'avoir pas profité du moment d'enthousiasme qui s'était manifesté dans l'assemblée du 8 mai 1579. Les derniers cris poussés à Alcaçar retentissaient sans doute dans tous les cœurs; mais la prophétie du Camoens s'accomplissait. Le prieur, dont on ne saurait faire un héros, résista cependant, et il résista avec une certaine énergie; le 25 août 1580, il avait été mis en déroute à Alcantara : il y eut encore quelques échauffourées. Le peuple ne manqua pas de courage, puisqu'un millier d'hommes furent tués; une lutte plus vive encore n'eût pas arrêté le duc d'Albe. Lisbonne capitula : le centre de la ville fut excepté; mais on pilla les faubourgs; et, si don Fernand de Tolède n'eût pas usé d'une précaution fort sage, en envoyant une garde sûre vers le port, la douane, où le commerce des Indes accumulait tant de richesses, eût été infailliblement dépouillée. Le pillage dura trois jours, et les couvents situés hors de la ville ne furent pas tous respectés.

(*) Selon Hyeronimo Franchi, les Espagnols ne perdirent qu'une centaine d'hommes dans le combat qui précéda la reddition de Lisbonne.

Le prétendant était parvenu à fuir ; un sentiment généreux pensa lui coûter la vie ; il fut blessé en voulant secourir un des siens, il échappa heureusement cependant, et il courut vers Santarem pour obtenir du moins un asile. Il eut, dès ce moment, la preuve du sort qui lui était réservé et de la terreur qu'inspirait le nom du duc d'Albe. La ville où son acclamation avait retenti naguère avec tant d'enthousiasme, lui refusa l'entrée dans ses murs. La nécessité de pourvoir à sa propre sûreté lui persuada qu'il ne fallait plus désormais se présenter en suppliant ; et, quand il parut devant Aveiro, qui le repoussait également, il crut bien à tort devoir user de violence : la ville, enlevée d'assaut par ses partisans, fut bientôt livrée au pillage (*).

Pendant que ces événements avaient lieu, l'anxiété la plus vive régnait à Badajoz, où Philippe II avait transporté sa cour. Avant qu'aucun message officiel parvînt dans cette ville, un marchand ambulant y fit connaître la victoire du duc d'Albe et la prise de la grande cité. Il y eut des réjouissances publiques qu'une antique inimitié expliquait ; mais il y eut aussi des prétentions hors de saison que la prudence eût pu défendre. S'il faut en croire divers historiens, Philippe sut contenir jusqu'à un certain point ces ambitions effrénées, qui fondaient sur la destruction récente d'une nation héroïque mille projets désavoués par la saine politique. Le fils de Charles-Quint était trop habile pour obéir ouvertement aux suggestions égoïstes. Il fit mieux. Lorsque le récit de la victoire se fut confirmé par l'arrivée de don Fernand, le propre fils du duc d'Albe, les premières paroles officielles du monarque furent toutes en faveur du Portugal : il mit en avant même la possibilité d'établir de nouveaux priviléges qui pussent rehausser encore aux yeux des nations la *ville insigne de Lisbonne* : c'était trop pour qu'on y crût.

Quelque temps après qu'on eut pourvu aux premières nécessités de la conquête, un événement inattendu vint jeter la consternation parmi les Espagnols. Philippe tomba dangereusement malade, et bientôt son état empira à tel point, qu'on put croire à une mort prochaine. Dans les prévisions que cet incident faisait naître, bien des gens comptaient comme une faute irréparable le peu de diligence que le duc d'Albe avait fait pour devenir maître de la personne du prétendant ; il semblait même que cette faute, aux yeux de quelques personnes, compensât les avantages de la conquête.

Loin d'abandonner la partie, le prétendant faisait, au contraire, un appel plus énergique à ses partisans. Sur le bruit que Philippe était mort, il se renferma dans la ville de Porto et s'y défendit avec vigueur. Des forces considérables envoyées par le duc d'Albe, à ce que l'on assure, et la trahison de quelques habitants, contraignirent le prieur à abandonner cette ville et à se réfugier dans le port de Viana, d'où il espérait gagner la France. Ce fut alors qu'il écrivit à Catherine de Médicis, en lui peignant sa triste position. Sa lettre, écrite d'un style plein de véhémence, ne fut pas inutile, et la reine vint à son aide.

On lui expédia un navire afin qu'il pût gagner la France ; mais les mesures prises par le duc d'Albe s'opposèrent d'abord à ce qu'il profitât de ce secours. Il fut donc errant dans le Portugal tout le reste de l'année 1580. Néanmoins, le 6 janvier 1581, grâce à l'adresse d'un cordelier, il put s'embarquer et gagner Calais ; de là il passa en Angleterre pour tenter quelques efforts auprès d'Élisabeth.

Le moribond était revenu à la santé ; et déjà la noblesse du Portugal pouvait s'en apercevoir ; car de terribles exécutions ensanglantaient Lisbonne. Le nouveau roi, qui avait pris le nom de Philippe Ier, choisit naturellement ses victimes parmi les hommes dévoués au parti de don Antonio. « Les plus intrépides furent intimidés par ses cruautés, dit Vasconcellos de Figueiredo ; il ne pardonna pas à un de ceux qui avaient favorisé ce prince ; la comtesse de Vimioso, mère du connétable de Portugal, sept de ses filles, belles et jeunes, furent les

---

(*) Voy. Vasconcellos de Figueiredo : *Histoire secrète de don Antoine, roi de Portugal*, éd. par Mme de Saint-Onge, p. 66. Il va sans dire que le pseudonyme Conestagio Franchi tonne, en cette circonstance, contre don Antonio.

premières qui éprouvèrent ses violences ; et, bien que leur naissance fût très-illustre, puisqu'elles descendaient du sang royal de Portugal, il les traita indignement et les fit conduire par des soldats insolents en Castille, où elles furent enfermées dans les tours de Torquado. La femme de Manuel de Sylve, comte de Torrevédras, eut le même sort : un chevalier romain, nommé Sfortia, de l'ancienne famille des Ursins, et qui avait été fait prisonnier à Porto lorsque Sanche y assiégea don Antoine, fut empoisonné par l'ordre de Philippe : ce prince inhumain condamna à un bannissement perpétuel la veuve de Diego de Menezes, à qui le duc d'Albe avait fait trancher la tête, et la dépouilla de tous ses biens (*). » Il faut joindre à ces noms ceux d'Emmanuel de Portugal, de Diogo Botelho, l'ancien gouverneur de Tanger, de Moniz, dont tout le crime était dans une harangue courageuse ; puis, il faut répéter avec le vieil historien ces mots d'une affreuse concision : « Il ne laissa pas un homme de tête et de courage à Lisbonne, afin de n'être point troublé dans la possession de ce royaume. »

On comprend qu'après avoir agi avec cette inflexible rigueur, Philippe eut besoin de se faire quelques amis ; il accorda certains priviléges à Lisbonne, il déchargea le peuple de quelques impôts ; et, en 1581, après avoir assemblé les états à Thomar, il reçut solennellement la couronne.

La tradition raconte que, lorsqu'il fit son entrée solennelle dans la capitale de ses nouveaux États (**), il répondit en excellent portugais à une harangue qui lui était adressée en espagnol. On dit aussi qu'il demanda, avec une sollicitude marquée, ce qu'était devenu l'auteur des Lusiades : cela prouve tout au plus qu'en politique habile il sentait la nécessité de conserver à ce peuple héroïque une ombre de nationalité. Mais les vrais Portugais, ceux dignes de ce nom, n'étaient pas allés au-devant du roi de Castille, et les sincères amis de la patrie répétaient déjà en secret le mot sublime du poëte : « Tout meurt, quand meurt la patrie (*) ».

Le drame politique noué avec une certaine persévérance par le prieur do Crato, ne pouvait pas avoir son dénoûment à Lisbonne, c'était à l'île de Tercère qu'il devait finir. Don Antonio, réfugié en France, était parvenu à intéresser à sa cause Catherine de Médicis, et il lui avait promis, dit-on, en cas de réussite, la cession du Brésil, si longtemps convoité par la France depuis les tentatives de Villegagnon. Soit qu'elle fût excitée par cette promesse, soit qu'un autre intérêt politique la guidât, sachant que le gouverneur de Tercère était sincèrement attaché au prétendant, elle accorda à don Antonio des secours en hommes et en argent ; et des forces assez considérables se rendirent par ses ordres dans cet archipel, pour soutenir la cause nationale. Les documents portugais ne manquent pas sur cette expédition ; mais ils sont presque tous entachés d'un esprit de parti qui les rend plus ou moins suspects : ceci d'ailleurs n'est qu'un épisode désormais sans grand intérêt. Nous nous contentons donc de rappeler, en peu de mots, ce que nous présente un recueil précieux.

« Le roi très-chrestien Henri III, cédant aux instances du roi don Antoine de Portugal, envoya à l'île de la Tercère ou de Jésus-Christ, le commandeur de Chaste, qui reçut les instructions des deux rois ; au commencement de mai 1583, il débarqua dans la ville d'Angra, à la tête de cinq cents hommes, au grand contentement des Portugais et des étrangers qui l'habitent, et surtout de don Emmanuel de Sylva, lieutenant général pour le roi don Antoine dans cette île et dans celles que l'on nomme ordinairement d'en bas, c'est-à-dire Saint-Georges, Porto-Rico, Graciosa, Fayal et Flores (**). »

L'espace ne nous permet point d'entrer dans des détails circonstanciés sur cette expédition malheureuse ; racontée d'ailleurs par le savant écrivain qui s'est chargé d'écrire l'histoire des Açores, il suffira de savoir que l'avantage ne fut

---

(*) Voyez Histoire secrète de don Antoine, roi de Portugal, rédigée par Mme de Saint-Onge.
(**) Le 26 juin 1581.

(*) *Ao menos morro com ella!* n'a pas en réalité d'autre signification.
(**) Archives des voyages publiés par M. Ternaux-Compans, t. 2, p. 302.

pas du côté de don Antonio, et que ses plus chauds partisans perdirent la vie dans cette circonstance. Emmanuel da Sylva lui-même tomba au pouvoir des Espagnols, qui lui firent indignement trancher la tête.

Fixé d'abord en France, où il put craindre les assassins payés par Philippe; errant ensuite des Pays-Bas en Angleterre, avant de s'établir définitivement aux environs de Paris, don Antonio, toujours revêtu du titre de roi de Portugal, mena une vie obscure, vivant d'une pension assez modique que lui faisait la France. En plus d'une occasion cependant Henri IV lui témoigna la sympathie la plus vive; et la lettre que ce prince écrivit, longtemps après la mort de son hôte, au président Jeannin, pour lui recommander don Christovam, fils du prieur, qui passait en Hollande, reste comme une preuve positive de l'intérêt cordial qu'on lui portait (*). Don Antonio mourut à Paris le 16 août 1595, à soixante-quatre ans. Son cœur fut déposé en l'église de l'*Ave Maria*, et le cercueil dans lequel étaient contenus ses restes embaumés, fut porté au couvent des franciscains.

En sa qualité de grand prieur do Crato, don Antonio avait besoin d'être relevé de ses vœux pour contracter une union légitime; il laissa néanmoins dix enfants bâtards, et notamment deux fils qui prirent le titre de prince, et dont l'aîné entra dans la maison de Nassau. Longtemps les Portugais ne purent oublier que don Antonio représentait cet infant don Luiz, sur lequel on avait fondé jadis tant d'espérances. Au point de vue politique, à peu près dans la situation de fondateur de la maison d'Aviz, ce ne fut pas le dévouement des peuples qui lui fit défaut, il lui manqua d'être *un fort ouvrier aux œuvres de bataille*, comme Jean Ier, et d'avoir près de lui deux hommes tels que João das Regras, et surtout tels que le saint connétable (*). Disons-le d'ailleurs, malgré un certain mérite trop fréquemment rabaissé, don Antonio, qui ne s'était nullement préparé au rôle éminent qu'on allait lui faire jouer, ne garda ni fixité dans sa conduite, ni dignité dans ses premières transactions: il eût peut-être régné habilement comme João III sur un royaume paisible, il ne sut pas commencer une dynastie (**).

(*) Il existe une autre lettre de Henri IV, datée de Lyon, 1595, et adressée à Diogo Botelho; elle parle dans les termes les plus affectueux du prétendant Voy. *Bresve et sommaire description de la vie et mort de don Antoine*, Ier du nom. 1629. I vol. in-12, p. 129. Barbosa Machado nous a conservé la longue épitaphe latine consacrée à ce prince; et nous ajouterons que la Bib. roy. possède plusieurs lettres autographes de lui: elles se font remarquer par la netteté du style et par la perfection de la calligraphie.

(*) On trouvera tout le détail des relations de don Antonio avec la France dans l'ouvrage intitulé: *Quadro elementar das relações politicas e diplomaticas de Portugal*, ord. e publ. pelo visconde de *Santarem*; t. 3. Nous rappellerons aussi que don Christovam, l'un des fils de don Antonio, écrivit, sous Louis XIII, l'histoire de cette période. Ce prince, qui était né à Tanger, dont son père avait été gouverneur, fut chargé par le prétendant d'une mission auprès de l'empereur de Maroc: elle fut sans résultat. Ce fut don Christovam qui entra dans la maison de Nassau.

(**) Il résulte des pièces diplomatiques récemment publiées, que, dès le début, le prieur do Crato ne sut pas asseoir ses projets d'une manière fixe et invariable. Ce fut, plus tard, ce qui donna si peu de consistance à ses prétentions, toutes prolongées qu'elles furent. Sans abandonner ses projets personnels, la France le favorisait; mais l'habile diplomate qui résidait alors à Madrid, était trop bien instruit des étranges tergiversations du prétendant, pour ne pas mettre en garde son gouvernement contre la conduite de ce prince. M. de Vivone de Saint-Goard écrivait, en 1579, au cabinet des Tuileries qu'il fallait se défier de D. Antonio, parce qu'il traitait avec l'Espagne, tandis qu'il réclamait nos secours. Malheureusement pour l'honneur politique de ce prince, les dernières révélations qui nous ont été faites à son sujet, prouvent que M. de Saint-Goard était bien informé. Grâce à une lettre, fort précise, que don Christovam de Moura écrivait à Philippe, nous voyons qu'à cette époque le prétendant avait singulièrement rabattu de ses prétentions, il les réduisait en définitive à trois mille ducats de rente, réversibles en partie sur la tête de son fils, et au titre de gouverneur perpétuel de Portugal: tel fut du moins son ultimatum, durant une entrevue secrète qu'il eut avec l'agent si habile d'ailleurs de Philippe II. Si l'on ajoute une foi entière au récit de don Christovam de Moura, le prieur de Crato tint dans cette conférence des discours si extravagants et si étranges, qu'il croit inutile de les rapporter. Il est vrai de dire que don Antonio était alors sous le coup d'un ordre d'incarcération lancé par le cardinal roi, sa conduite ultérieure se sentit de ce premier esprit d'incertitude; et ce ne fut pas la dernière fois qu'il donna raison à notre ambassadeur en Espagne. Voyez, pour cette période, l'ouvrage cité plus bas, t. IV, première partie, introd. Pinto Ribeiro affirme d'autre part que Philippe sut fabriquer habilement des lettres qu'on attribua ensuite au prétendant.

Mais, pendant que ce drame s'achevait obscurément, dans un hôtel ignoré de Paris, une série d'aventures plus compliquées et plus étranges se préparait en Espagne et à Venise, et allait continuer l'histoire si romanesque de l'infortuné Sébastien.

IMPOSTEURS QUI PRENNENT LE NOM DE DON SÉBASTIEN. — AVENTURE DE CELUI QUI FUT JUGÉ A VENISE, ET QUI VINT A PARIS, EN 1588. — LA LETTRE DU DOCTEUR NOUVELLET. — LE P. F. JOSEPH TEIXEIRA. — En dépit de l'assertion de Hieronimo Mendoça, qui avait raconté d'une manière si touchante la mort du jeune monarque, dont il avait été à même de contempler les restes; malgré les assertions de Leitão d'Andrada, qui assistait aussi à la bataille, et qui confirma le récit de son devancier, il y eut presque simultanément plusieurs imposteurs qui prirent le nom du roi don Sébastien et qui revendiquèrent la couronne. Les trois plus anciens appartenaient à la classe inférieure de la société et n'eurent guère qu'une audace imprudente dont on ne devait attendre aucun résultat sérieux. Nous passerons aussi fort rapidement sur leurs aventures. Ce fut dans l'Estrémadure que le premier parut : c'était un maçon de l'île de Tercère, qui prétendait aux honneurs de la royauté ; il marcha droit sur Lisbonne, et l'on prétend que, s'il eût choisi un jour plus convenable, il eût infailliblement réussi : la potence de Philippe II fit justice de ses prétentions. Malheureusement il entraîna dans sa mésaventure une plus noble victime que lui. Le second Sébastien parut dans la province de Beira : c'était un homme du peuple qui prenait ce nom; mais son affaire fut tout d'abord si bien conduite, que le cardinal d'Autriche y fut pris et recommanda même qu'on lui rendît les honneurs royaux : il en fut quitte pour une rude fustigation, et le sobriquet de Sébastien lui resta parmi ses compagnons. Le troisième imposteur qui prétendit lutter de ruse avec Philippe, était un personnage plus sérieux. Ce fut dans les propres États de son royal compétiteur qu'il parut : il exerçait l'humble métier de pâtissier en Castille, et le *Pastelero de Madrigal* acquit bientôt de la célébrité. Après une défense assez vive, la justice s'empara de lui, et on l'exécuta sans pitié (*).

Après ces prétendants qui eurent une fin si peu rassurante, il y eut deux ermites qui tentèrent l'aventure. L'un était né à Alcobaça et résidait près de villa d'Albuquerque ; il vivait avec tous les dehors de la sainteté et réunit bientôt un assez grand nombre d'adhérents, parmi lesquels deux personnages, à peu près aussi audacieux que leur chef, essayaient de se faire prendre, l'un pour Christovam de Tavora, l'autre pour l'évêque de Guarda. L'évêque supposé fut le plus malheureux, on le pendit ; le roi et son ancien favori allèrent aux galères.

L'histoire de l'autre solitaire présente un caractère plus original ; elle eut lieu près de villa de Ericeira. Un jeune garçon, dont la famille était probablement inconnue, s'était retiré dans un lieu abandonné, et y menait en apparence la vie pénitente : une ruse fort simple contribua plus que tout le reste à lui gagner l'opinion populaire. Toutes les fois que quelque étranger était amené par le hasard dans le voisinage de sa cabane, il saisissait sa discipline ; et puis on l'entendait s'écrier au milieu des gémissements les plus douloureux : « Malheur à toi, Sébastien ; toute pénitence n'est rien en comparaison de tes fautes. » Cette circonstance eut du retentissement : le récit des austérités de l'ermite se répandit dans les lieux d'alentour, dit un historien portugais, et un laboureur fort riche, appelé Pedro Affonso, se déclara partisan du nouveau roi. Cet homme ne se contenta point d'une vaine démonstration en faveur de son protégé : ayant armé plus de huit cents hommes, il adopta le nom de don Pedro de Menezes et prit le rang de général, ajoutant à cette dignité nouvelle les titres de comte de Torres-Vedras, seigneur de Cascaes et grand alcaïde de Lisbonne. Il paraît qu'il ne s'en tint pas là, et qu'il donna une de ses filles en ma-

(*) Voyez sur ce personnage et sur ses pareils, un ouvrage espagnol, devenu rare : il est intitulé : *Historia de Gabriel de Espinosa, pastelero en Madrigal, que fingio ser el rey don Sebastian de Portugal, y asi mismo lade fray Miguel de los Santos en el ano*, 1595. Xerez, 1683.

riage au faux monarque. Le nouveau Sébastien évitait, du reste, de paraître en public. Lorsque l'autorité voulut intervenir dans cette momerie, elle trouva, dit-on, une vive résistance; on mit en marche des forces plus considérables, et le drame de villa de Ericeira eut le dénoûment de celui d'Albuquerque; cette fois seulement ce fut le prétendu roi qui fut exécuté; le gros de l'armée alla ramer sur les galères.

Le père Claude de la Conception donne une foule de détails sur ces imposteurs, et l'on ferait presque un volume des récits plus ou moins romanesques qu'ils ont inspirés. Les Espagnols, dont le génie est si prompt à saisir, dans l'histoire, les moindres incidents dramatiques, les Espagnols ont trouvé l'étoffe d'une pièce de théâtre dans le Pasteleiro de Madrigal (*), et bien d'autres comédies du même genre ont fait retentir depuis sur la scène le nom du roi don Sébastien; mais tous les aventuriers que nous avons désignés ici fondèrent leurs prétentions sur des moyens plus ou moins maladroits, je dirais plus ou moins vulgaires : il n'en fut pas ainsi d'un personnage, fort mystérieux, dont un prélat célèbre se fit le défenseur, qui parut à Venise, durant les dernières années du seizième siècle, et qu'on désigne fréquemment par le surnom du Calabrois. Nous l'avouerons franchement ici, après une lecture attentive des pièces fournies par un auteur dont la bonne foi ne saurait être suspecte, l'histoire de ce personnage étrange présente tant de particularités curieuses, elle repose sur des faits si minutieux, elle offre, dans son ensemble, tant de rapprochements inexplicables, qu'on peut la mettre, sans hésiter, au nombre des mystères historiques dont nulle recherche, jusqu'à ce jour, n'a pu donner la solution. Trois ans après la mort de don Antonio, en 1598, la seigneurie de Venise fit arrêter un homme qui prenait hautement le nom de don Sébastien. Ce personnage portait sur lui, sans en excepter une seule, les marques secrètes auxquelles on pouvait reconnaître le jeune souverain. Comme lui, il donnait des preuves d'une vigueur prodigieuse, malgré l'état apparent de faiblesse où la misère l'avait réduit; comme l'eût pu faire encore don Sébastien, il indiquait nettement quels étaient certains présents diplomatiques qu'il avait reçus au temps de sa prospérité. Les noms de tous les seigneurs portugais qui avaient partagé sa mauvaise fortune lui étaient familiers; il s'informait des particularités les plus cachées qui pouvaient être relatives à leur personne et à leurs intérêts. Enfin, il fut reconnu à Venise même par divers seigneurs portugais, au nombre desquels il faut compter un homme d'un rare mérite, petit-fils du célèbre Jean de Castro (*). La chronique contemporaine ne s'en tient pas là; elle affirme que non-seulement il désigna quels étaient les joyaux de la couronne, parmi certains bijoux volés dans ses malles, mais elle prétend qu'une bague, donnée jadis par lui à la duchesse de Medina Cœli, laissa voir clairement son propre chiffre, que lui seul pouvait indiquer. D'un autre côté, les adversaires du pseudo-Sébastien faisaient remarquer qu'il ne parlait pas toujours facilement le portugais, et qu'une foule de locutions étrangères se mêlaient d'ordinaire à son langage; ils ajoutaient que les climats lointains avaient fait subir une transformation bien étrange à sa personne, puisque ses cheveux avaient complétement changé de couleur; ils allaient plus loin encore, et ils nommaient le village de la Calabre où le prétendu roi était né, si bien que le nom de Marco Tullio Catizzone devint bientôt célèbre à Venise et dans le reste de l'Italie.

(*) On a affirmé aussi dans un ouvrage écrit en français que cet imposteur prétendait être le fils de Philippe, don Carlos.

(*) Don João de Castro, fils naturel de don Alvaro de Castro, seigneur de Penedo, et arrière-petit-fils du grand vice-roi des Indes, était si profondément convaincu de l'identité de ce prétendant avec la personne de don Sébastien, qu'il vint à Paris, le 14 juillet 1600, pour essayer de faire triompher une cause à laquelle il consacra son existence. Il avait assisté à la bataille d'Alcaçar-Kébir; et, par conséquent, son témoignage peut être de quelque valeur dans ce grand procès. Il a publié à Paris même plusieurs ouvrages, écrits en portugais et devenus fort rares, où il essaye de démontrer que le prisonnier de Venise n'était autre que don Sébastien. Tel est, entre autres, le livre intitulé : *Discurso da vida do sempre bem vindo e apparecido Rey don Sebastião*; Paris, 1602.

Ce petit-fils d'un des plus grands hommes du seizième siècle vivait encore en 1623, à Paris, dans une profonde misère.

Ce qu'il y a de bien certain, c'est qu'à la suite du long *pregadi* que le tribunal vénitien consacra à cette cause, et auquel assistèrent, entre autres Portugais, le prince Christophe, fils de don Antonio, João de Castro et le P. Sampayo, le mystérieux personnage fut purement et simplement banni de la cité. Le bruit courut et l'opinion s'est accréditée qu'il avait été envoyé aux galères: mais il suffit de lire l'ouvrage rarissime, dans lequel Teixeira a consigné les particularités de ce procès, pour se convaincre de la fausseté de cette opinion, qui a prévalu, et qui ne s'accrédita qu'en raison de la nécessité où se vit le pseudo-Sébastien de s'embarquer sur une galère pour s'éloigner des États de Venise (*).

Il faut bien le dire, la partie essentiellement romanesque de ce récit, c'est celle qui comprend les vingt-deux ans qu'on vit s'écouler entre la perte de la bataille d'Alcaçar-Kébir et l'année 1598, époque du jugement rendu à Venise. Selon le récit fait par le mystérieux personnage dont nous retraçons si rapidement l'histoire, après la bataille il serait monté sur un des gros bâtiments stationnant le long des côtes, puis on l'aurait conduit au cap Saint-Vincent. Guéri de ses blessures, sain de corps, mais profondément affligé d'avoir compromis le royaume, comme son ancêtre Alphonse V, il aurait résolu d'aller cacher sa honte dans les contrées étrangères. Parti avec quelques affidés, après avoir rassemblé des richesses d'un transport facile, il se serait dirigé vers l'Orient, et il aurait combattu avec une valeur peu commune dans les armées du schah de Perse. Fatigué de la vie errante qu'il menait, averti d'ailleurs par une vision, il aurait abandonné l'Orient pour se rendre en Europe.

Parvenu à Paris (*), dans le cours de ses pérégrinations il ne se serait ouvert qu'à un petit nombre d'affidés, Rome étant le but principal de son voyage. On l'aurait vu partir, presque immédiatement, avec l'intention d'obtenir une audience du pape; puis, le pape étant tombé malade, cette audience lui aurait été refusée. Volé de ses bijoux précieux, tour à tour ermite et mendiant, le personnage serait venu enfin au lieu où ses prétentions devaient acquérir une célébrité européenne. L'affaire de Venise est le dernier acte de ce drame bizarre; le personnage mystérieux qui a tant occupé plusieurs Portugais honorables est enfermé selon les uns, errant selon d'autres; mais il se voue désormais à l'obscurité; et cependant Teixeira dit encore dans la première année du nouveau siècle: « *Bien vous asseure-je que nous ne manquons point d'espérance de voir un jour libre et prospere ce mien roy et seigneur* (**). »

(*) Il y a eu de nombreuses discussions sur le sort du prisonnier. On a affirmé qu'il avait été arrêté à Florence, conduit à Milan, puis jeté dans les galères, d'où il ne sortit jamais. L'auteur du *Mercure portugais*, publié à Paris en 1648 par un certain Chastonnière de Grenaille, renferme sur la dernière période de cette vie aventureuse les détails les plus curieux; on y donne tout au long le récit d'une entrevue que le personnage en question eut avec le comte de Lemos, vice-roi de Naples, et à la suite de laquelle, dit-on, il fut renfermé.

(*) Cette circonstance curieuse est trop peu connue des historiens portugais, pour que nous n'en consignions point les faits principaux; ils nous sont révélés par une lettre contemporaine du docteur Nouvellet. Quel qu'il fût, le personnage se disant don Sébastien vint à Paris en 1588, et demeura dans le faubourg Saint-Germain. Un certain Coutigno, établi dans cette ville, confia la chose au docteur, sous le sceau du secret; et le docteur, plusieurs années après, transmettait, en ces termes ce que ses souvenirs lui pouvaient rappeler: « Il commença à me raconter, disait-il, qu'ayant rencontré un gentilhomme de son pays à Paris avec lequel il avoit eu des longtemps amitié, ils s'entretinrent quelques jours de plusieurs propos; et enfin ledit gentilhomme lui dit que don Sébastien n'estoit point mort. De quoy le dit Coutigno fut fort estonné et ne le pouvoit croire, jusques à tant qu'il luy dit que, s'il le voyoit, il faudroit bien qu'il le crust; et ainsi de propos à autres il luy promit le luy faire voir; et de faict le mena disner avec ledict don Sébastian, en son logis qui estoit, si bien m'en souvient, à la rue Saint-Jacques; combien que je ne me puis bien asseurer si c'estoit en la rue Saint-Jacques ou bien en la rue de la Harpe, baste qu'il le mena disner avec ledict don Sebastian, ou soit le mesme jour ou après, car aussi j'ay oublié cela; mais très-bien je me ressouviens qu'il me dit que la seconde fois qu'il disna avec ledict roy, il y eut un sien ami, aussi Portugaiz, qui le vint demander au logis où estoit dom Sébastian, et que comme il commençoit à monter les degrez, luy Coutigno descendit hastivement pour l'empescher de monter, et ainsi s'en alla avec ce sien amy pour l'empescher de descouvrir don Sébastian, qui ne vouloit estre descouvert. »

Suyte d'un discours intitulé: Adventure admirable. Paris, 1602; in-12, p. 40.

(**) Voyez ADVENTURE ADMIRABLE PAR-DESSUS

LES SÉBASTIANISTES. — LEURS CROYANCES EXPOSÉES DANS UN VIEUX VOYAGEUR FRANÇAIS. — PERSISTANCE DE CES SUPERSTITIONS. — Il y a une tradition populaire, qui se lie trop essentiellement à l'histoire que nous venons de rapporter, pour que nous négligions d'en constater l'origine. C'est celle qui fait de don Sébastien une sorte de héros enchanté, un nouvel Arthur, destiné à ranimer les espérances religieuses des peuples et à consolider leur bonheur. Déjà, en essayant de faire connaître l'histoire du Brésil, nous avons parlé de cette secte des *Sébastianistas*, qui semble avoir aujourd'hui son foyer dans les régions reculées de Minas, et qui jette des racines plus vivaces à mesure qu'elle s'éloigne de l'époque où elle prit naissance. Dès la fin du seizième siècle, cette étrange rêverie s'empara de quelques esprits exaltés, et peut-être prit-elle son origine dans les prétendues prophéties de Simão Gomez, surnommé le *Sapateiro sancto*; mais, n'en doutons pas, à cette époque, elle eut dans sa bizarrerie quelque chose de touchant qui se liait intimement aux malheurs du pays : empruntons quelques lignes à un vieil écrivain; le style constatera ici la date de la tradition, et elle peut mettre, d'ailleurs, en partie sur la voie de son auteur; voici ce qu'écrivait, dans les dernières années du dix-septième siècle, un de ces vieux voyageurs français que l'on consulte trop rarement :

« Je veux vous raconter ce que me dit, en la cour de Madrid, un religieux de beaucoup d'autorité et de crédit. Près de son couvent, à Lisbonne, vivait un vieillard, qui avait été ministre employé de la justice : on l'appelait Ribeiro..., et, de la plupart de ceux qui le connaissaient, il était réputé fou; un jour il entra, comme cela était sa coutume très-habituelle, dans l'église dudit religieux, qui, étant à la porte de la sacristie, dit à deux de ses compagnons : Voilà Ribeiro, allons nous amuser un peu de ses prophéties...; puis il fut convenu qu'un seul irait le trouver, parce qu'il parlerait plus librement et plus à cœur ouvert. Celui qui me contait la chose y alla, et, lui demandant des nouvelles, vint à toucher la matière en question. Mon religieux me jura qu'il discourait fort prudemment sur la matière et nullement comme un insensé; et, après avoir démontré la chose par nombre de raisons, déduites des anciennes écritures, il conclut par ces paroles formelles : « Seigneurs P. N., ceux qui traitent de ces matières ne les entendent point, parce que les uns disent que ce prince est dans une île ignorée, marié avec la fille d'un roi puissant, qui doit lui envoyer une puissante flotte, sur laquelle il viendra, et au moyen de laquelle il assiégera Lisbonne; tandis que les autres prétendent qu'il est en Norwége, et que c'est de là qu'il arrivera, ayant déjà dépêché à tous les princes de l'Europe ses ambassadeurs pour les prévenir de ne pas accorder leur secours à l'Espagne. En somme, les choses qu'on dit ainsi, sont pures rêveries de gens qui savent peu. Le prince que nous attendons, mon père, et que Dieu nous a promis, doit, entre nous, ne nous être apporté, ni par des flottes, ni par des escadrons guerriers; il n'amènera que paix et fêtes nombreuses; c'est au milieu d'elles que nous le recevrons avec acclamations; il ne doit pas prendre possession de son royaume par les armes, mais bien au son des joyeux instruments, des danses et des sentiments d'allégresse; on ne doit voir ni morts, ni fleuves de sang à son entrée dans cette cité!... Ne m'en demandez pas davantage, mon révérend, mais priez Dieu qu'il vous le laisse voir, » et en disant cela il me quitta. Ceci résume assez bien les opinions diverses des sébastianistes. Partout, cependant, la croyance de ces sectaires étranges ne se manifesta pas avec des dehors si paisibles; et, s'il faut en croire une feuille publiée à Rio de Janeiro en 1838, on vit, il y a six ans, dans l'intérieur de la province de Pernambuco, un de ces redoutables adeptes s'emparer complétement de l'esprit de ses

---

TOUTES LES AUTRES DES SIÈCLES PASSEZ ET PRÉSENTS, *par laquelle il appert évidemment que don Sébastien, vray et légitime roy de Portugal, incognu depuis la bataille qu'il perdit contre les infidèles, en Afrique, l'an 1578, est celuy mesme que les seigneurs de Venise ont détenu prisonnier deux ans et vingt-deux jours, finie au 15 décembre dernier passé.* Trad. du castillan, 1601, 1 vol. in-12, sans nom d'imprimeur.

compatriotes, et leur annoncer, au nom du roi don Sébastien, que ce souverain d'un monde enchanté s'était réveillé et qu'il allait apparaître dans les solitudes de l'Amérique méridionale, à la tête d'une armée nombreuse et magnifique. João Antonio se contentait d'annoncer la venue du jeune monarque dans son village de Pedra-Bonita, à vingt-deux lieues de Villa de Flores ; mais ayant bientôt envoyé des solitudes de l'Inhamun, où il s'était retiré, un nouveau néophyte, nommé João Ferreiro, celui-ci se proclama roi et imagina, pour consolider son empire, des rits sanglants, durant lesquels on devait immoler des victimes humaines, pour leur valoir l'immortalité. Pedro Antonio, frère de l'ancien prophète, jaloux de l'autorité de son envoyé, l'assassina, dit-on, et prit le pouvoir ; il avait persuadé aux grossiers *Sertanejos*, sur l'esprit desquels il exerçait son empire, que par son influence ils étaient devenus à la fois invulnérables et invincibles. Vingt-six gardes nationaux, sous la conduite du commandant Pereira da Sylva, marchèrent du bourg de Belém contre ces frénétiques, en tuèrent vingt-neuf sur le lieu de l'engagement, firent quelques prisonniers et dissipèrent les autres dans leurs forêts : il leur en coûta seulement cinq hommes ; quatre autres furent blessés. Ceci avait lieu le 18 mai 1838, et, deux mois plus tard, la chambre des députés retentissait de ce fait extraordinaire. Trois siècles ne se sont pas écoulés depuis la mort du roi don Sébastien, et l'histoire extraordinaire de ce prince est devenue un mythe, qui a fait naître, pour ainsi dire, une nouvelle religion. Selon quelques auteurs, le nombre des sébastianistes ne s'élevait pas, il y a quelques années, à moins de dix mille. On a publié, du reste, en Portugal, plusieurs écrits touchant ces étranges sectaires (*).

LES SOIXANTE ANS DE CAPTIVITÉ. — Il y a parmi les œuvres de Camoens un chant plaintif d'un admirable caractère, où l'auteur des Lusiades paraphrase l'un des plus beaux poèmes de l'antiquité hébraïque et où il peint en vers sublimes les regrets d'une grande nation, errante dans l'exil; ce cri de douleur pouvait devenir, dès 1579, le chant national des Portugais. Bien qu'ils ne citent pas le psaume imité par Camoens, cette similitude n'a pas échappé aux historiens nationaux ; et, quand ils veulent peindre la funeste période qui succéda à la journée d'Alcaçar, et qui finit à l'avènement du duc de Bragance, ils la désignent toujours sous le nom des *soixante ans de captivité*.

C'est qu'en effet toute gloire politique s'éteint alors pour le Portugal; c'est que les guerriers ne se sentent plus le désir de combattre, et qu'il ne reste plus aux poètes qu'une voix pour pleurer. Après avoir peint rapidement des événements dont nul ne contestera l'action sur le reste de l'Europe, nous ne nous sentons pas le courage de constater un à un les échecs qui diminuèrent chaque jour la gloire de cette nation ; nous n'avons pas d'espace suffisant pour inventorier cette ruine. En effet, dès les premières années du dix-septième siècle, on vit le Portugal perdre successivement ses plus belles possessions dans l'Amérique méridionale, dans l'Afrique et dans l'Inde ; chaque année dit une défaite, comme autrefois chaque année disait une victoire.

Un écrivain portugais a rassemblé chronologiquement et en quelques lignes les faits qui se rattachent à cette période déplorable; nous le citerons, parce qu'ici chaque souvenir est une accusation sanglante, qui fait prévoir

---

(*) Le prophète sébastianiste dont nous rapportons ici les folies sanglantes prétendait qu'au jour de la délivrance il lui suffirait de frapper la terre du pied pour en faire surgir des armées nombreuses. Vingt et une victimes, parmi lesquelles se trouvaient des femmes et des enfants, avaient déjà été immolées quand l'autorité locale parvint à mettre un terme à ces barbaries. Quelque extraordinaires que puissent paraître ces faits (et ce qui se passe dans nos provinces ne nous donne malheureusement pas le droit d'en douter), nous les acceptons avec d'autant plus de confiance qu'ils nous ont été confirmés par l'habile et consciencieux auteur de l'*Esclavage aux Indes anglaises*. M. Armand Hain se trouvait à la chambre des députés du Brésil lorsque cet étrange rapport y fut lu. Un orateur éloquent se leva alors pour engager le pouvoir à faire pénétrer l'instruction élémentaire dans les solitudes du Sertão. Les détails produits plus haut ont été empruntés à l'*Echo français* de Rio de Janeiro du 14 juillet 1838. A cette époque, João Antonio avait fui dans les forêts. Le rapport qui fut lu à la chambre avait été fait par le préfet du district de Flores.

et qui appelle le grand événement de la restauration. Nous commencerons, comme lui, par énumérer les calamités déplorables qui tombèrent sur les Açores, et durant lesquelles périt don Francisco de Portugal, cet illustre comte de Vimioso, que les Portugais se plaisent à appeler leur second Viriatus. A la suite de cet événement se placent l'entrée des Anglais dans le royaume, la prise de Cascaes et de Peniche et la terreur qu'inspire une armée qui n'est plus qu'à quatre journées de Lisbonne et qui n'a pas d'autres desseins que de piller. « En 1594, ces mêmes Anglais prennent le récif de Pernambuco et tout ce qui s'y trouve; ils s'emparent de la cargaison d'un navire venu de l'Inde, qui y est mouillé. En 1595, ils prennent encore le château d'Arguim, sur la côte d'Afrique... Dans cette même année, ils saccagent Faro; ils enlèvent les forteresses du cap Saint-Vincent et de Sagres; ils brûlent tout ce qui se présente sur leur passage. Dans le cours de 1596, ils entrent deux fois à Buarcos, bourgade de Portugal, qu'ils détruisent, après l'avoir pillée. En 1597, ils pénètrent dans les îles de San-Miguel, de Fayal et du Pic; et ils brûlent un navire de l'Inde qui était ancré devant Villa-Franca. Au Brésil, ces mêmes Anglais saccagent la ville de Saint-Vincent, causent des maux sans nombre dans cette ville; et, pour terminer, s'emparent de la forteresse de Quixome aux Indes et de l'île célèbre d'Ormuz.

« En l'année 1616, les Maures pénètrent dans Santa-Maria, capitale des Tercères; ils emmènent en captivité presque toute la population; ils brûlent tout ce qu'il y a à brûler dans l'île. En 1617, ces mêmes pirates entrent dans Porto-Santo non loin de Madère, et ils livrent tout à l'incendie. Au Brésil, les Français pénètrent dans l'île de Tamaraca, et pillent les *engenhos* (sucreries) de Bahia, ainsi que les établissements du même genre qui existent aux Ilheos. L'île de Sanct-Iago du cap Vert est pillée par les Hollandais; et c'est pour la deuxième fois, puisqu'elle l'a été déjà par Drack, lors de son fameux voyage. L'île de Saint-Thomé, Porto da Cruz et les autres établissements de la terre ferme au cap Vert, subissent le même sort en cette occasion. A Angola, les Hollandais assiégent la cité de Lonado, et brûlent nombre d'embarcations au dedans de la barre; ils s'emparent des forteresses de Cacheu, d'Ocre et ensuite de Mina.

« Aux Indes, ils se rendent maîtres des Moluques, ils prennent la forteresse de Tidor, avec tout ce qui appartenait aux Portugais; Goa est assiégée trois fois par eux, Malaca également: André Furtado de Mendoça sait la défendre; ils incendient, sans qu'il en reste vestige, une flotte commandée par le vice-roi don Martim Affonso de Castro. Au Brésil, en 1624, ils prennent la cité de Bahia, et, en 1630, la place célèbre de Pernambuco. Puis succède à cette perte celle des forteresses de Rio-Grande, de Porto-Calvo, de Tamaraca, sans oublier les villes de Parahiba, de Seara, avec tous les établissements qui vont jusqu'à Sérégipe, et trois cents lieues de côte tombent en leur pouvoir. Voilà tous les peuples qui vinrent vendanger en notre vigne, parce qu'ils trouvèrent les murs et les portes renversés!...

« Le pouvoir de cette monarchie résidait dans notre force, dans notre puissance navale, qui se faisait sentir sur toute l'étendue des mers et qui assurait nos flottes contre les déprédations des corsaires. Pour ce service, le roi avait affecté certains droits et certains revenus, qui étaient perçus par des employés *ad hoc* et distribués convenablement. Non-seulement on savait à quoi s'en tenir sur les dépenses, et on apportait aux accidents fâcheux un remède immédiat. Pour parer à ce service, l'île de Madère avait offert la cinquième partie de ses récoltes en sucre, avec promesse des souverains de garder la côte et de prendre pour son compte, à ses risques et périls, toutes les pertes qui pourraient être faites. La Castille employa à ses propres dépenses les droits et les revenus que nous venons de signaler; et les choses en vinrent à ce point qu'il n'y eut pas une seule frégate dans le royaume pour mettre à la voile dans un cas urgent. L'Océan s'ouvrit alors, sur toute son étendue, à chaque pirate qui voulait courir sus à notre marine affaiblie.... Nos flottes servaient à leurs propres dépens la Castille; mais si le Portugal employait les navires des Espagnols, c'était à ses frais : on lui payait d'avance toutes les dépenses.

« Déjà tout le monde fuyait le service du Portugal ; car les seuls Portugais qu'on vît prospérer étaient ceux qui se soumettaient à la Castille en esclaves, et nos généraux obéissaient même à des amiraux castillans. Il ne manquait pas de gens qui mangeassent les revenus que produisait encore la mer, sans avoir une barque à commander, pour exercer au moins des charges dont on jouissait dans l'oisiveté. C'était ainsi que s'en allaient le nom et la réputation des Portugais par tout l'univers. Le Portugal sans flottes est une torche sans lumière; car, au moyen de sa marine, il a rempli de splendeur les coins les plus obscurs du monde; mais alors une caravelle rasée de ce pays avait suffi plus d'une fois pour jeter les Maures dans la stupeur (*). »

Toutefois, pour comprendre nettement les causes réelles de cette situation, il faut rappeler un fait capital : c'est qu'à cette époque la décadence financière de l'Espagne elle-même commençait à être effrayante. Ainsi qu'on l'a prouvé dernièrement par des calculs positifs, non-seulement cette puissance colossale avait vu décroître rapidement certains revenus, mais sa dette présentait un chiffre qu'on n'osait plus envisager de sang-froid (**). L'Espagne ne pouvait pas faire pour le pays dont elle venait d'agrandir son territoire en Europe, ce qu'elle ne faisait point pour elle-même; mais avec une entente plus habile de ses véritables intérêts, au lieu d'affaiblir ce vaillant royaume, qui s'était posé un instant en rival, elle eût profité des immenses ressources que lui eussent offertes ses conquêtes; au lieu d'abandonner les riches campagnes du Pernambuco, par exemple, à l'industrie envahissante des Hollandais, elle eût tenté de réels efforts pour hâter la délivrance de ce beau pays. Les magnifiques provinces de l'intérieur du Brésil eussent été explorées scientifiquement; les trésors de Minas-Geraes, les diamants de Tijuco, eussent été peut-être découverts un siècle plus tôt qu'ils ne le furent; et les immenses capitaux qui firent du règne de Jean V une époque d'opulence vraiment prodigieuse, fussent venus peut-être relever la monarchie.

Ces Indes orientales, qui parlaient si haut lorsque Albuquerque commandait; ces terres si riches de Malacca, d'Achem, de Tidore, de Ternate, qui avaient été une école admirable pour les navigateurs et pour les soldats; ces factoreries plus récentes de la Chine, qui promettaient des ressources inattendues au commerce, étaient tout aussi honteusement négligées, et ne fournissaient plus ni marins ni capitaines: on eût pu, sans aucune espèce de doute et en renouvelant quelques sacrifices pécuniaires, vivifier l'esprit de conquête, ranimer l'esprit d'industrie, s'opposer aux menées odieuses d'une avidité rapace chez la plupart des gens influents; rien de tout cela ne fut fait. Pour être juste cependant avec les deux pays, il faut dire qu'un mal secret rongeait, depuis près d'un demi-siècle, l'administration des Indes orientales; peut-être cela tenait-il aux hommes que l'on chargeait du gouvernement; peut-être aussi au luxe qui s'était accru d'une façon démesurée. La catastrophe allait venir, mais le mal datait de loin.

LE MOT D'UN VIEUX SOLDAT. — DÉCADENCE DES INDES PORTUGAISES. — NOMS DES GOUVERNEURS ENVOYÉS PAR L'ESPAGNE. — Dès la fin du seizième siècle, le prestige qui s'attachait à de grands noms, avait cessé d'exister même pour les Portugais qui s'en allaient servir aux Indes. On raconte qu'un soldat d'Albuquerque, qui avait toujours suivi ce chef inflexible et qui avait ressenti, en mainte occasion, le poids de sa sévérité militaire, s'en allait ordinairement à Goa visiter sa tombe; lui-même, brisé par l'âge, ne pouvait plus se soutenir qu'à l'aide d'un bâton; et, lorsqu'il était entré dans la chapelle solitaire où

(*) Voyez Antonio Veloso de Lyra, *Espelho de Lusitanos*. Ce curieux volume, devenu assez rare, se trouve à la Bibliothèque royale.

(**) M. Ch. Weiss a constaté ce fait dans l'excellent ouvrage qu'il a publié récemment. « A l'avénement de Philippe II, la dette publique de l'Espagne était de trente-cinq millions de ducats (86,080,000 fr.); à sa mort, elle s'élevait à cent millions de ducats (3,826,000,000 fr.), et les revenus de plusieurs années étaient engagés d'avance aux créanciers de l'État. » *L'Espagne depuis le règne de Philippe II jusqu'à l'avénement des Bourbons*, t. 2, p. 172.

reposait le héros, il priait; puis il frappait la sépulture de son bourdon de pèlerin ; et on lui entendait répéter ordinairement ce peu de mots : « Tout le mal que tu me pouvais faire, tu me l'as fait... Mais nul ne peut nier que tu aies été le plus grand conquérant et aussi le plus rude mainteneur de royaumes qu'il y ait eu au monde... Lève-toi!... on perd ce que tu avais gagné. »

A la fin du siècle, en effet, c'était à peine si l'on pouvait reconnaître l'ancienne vice-royauté des Indes, telle que l'avaient faite le vieux capitaine et ses successeurs immédiats. Comme nous l'allons voir, ce fut bien pis sous la domination étrangère, lorsqu'on n'eut plus même devant la mémoire les grands souvenirs du pays. Répétons-le donc, l'Espagne, qui avait peut-être déjà le sentiment intime des orages prêts à fondre sur elle, l'Espagne profita bien des avantages que lui offraient les colonies portugaises, mais elle ne s'imposa aucun sacrifice pour les garantir. Dans l'Inde, on vit paraître encore de grands noms, mais on ne compta plus guère de victoires. Don Francisco Mascarenhas, comte de Villa-Dorta, fut le premier que Philippe II envoya à Goa, pour le représenter; il fit la guerre avec quelque succès durant les trois années de son gouvernement: la mère patrie était devenue à peu près indifférente à ses efforts. Manuel de Souza Coutinho, qui lui succéda, en 1582, et qui périt en mer; Mathias d'Albuquerque, qui gouverna six ans, à partir de 1591, furent aussi des hommes de tête. Le gouvernement de ce quinzième vice-roi des Indes est même remarquable par un fait longtemps indifférent à l'Europe, mais qui signale pour ainsi dire une ère nouvelle pour l'histoire de l'Asie méridionale. Ce fut sous son administration qu'on vit les Anglais paraître pour la première fois aux Indes.

Don Francisco da Gama, arrière-petit-fils du grand homme dont il portait le nom, partit avec le titre de seizième vice-roi, et arriva en 1597. Un siècle entier s'était donc passé entre le départ de Gama pour les Indes et l'arrivée du jeune amirante dans ces contrées. Déjà les Hollandais, abrités dans le port de Sainte-Hélène, guettaient les riches galions sur lesquels Philippe II comptait pour ranimer un instant ses finances. Nonobstant quelques heureuses expéditions, dirigées par le frère du vice-roi, lorsque celui-ci dut partir, en 1599, l'heure de la décadence avait déjà sonné : la lutte s'engageait avec la Hollande.

Celui qui lui succéda, en 1600, Ayrès de Saldanha, dut s'apercevoir à ses dépens du changement fatal qui s'opérait. Je lis ces mots sinistres dans Pedro Barreto, à propos du dix-septième vice-roi des Indes : « Il fut vraiment faible en son gouvernement, et remit toute l'administration aux pères de la compagnie. Ce fut de son temps que les Hollandais vinrent pour la première fois aux Indes, et, qu'en passant par Mosambique, ils prirent le galion du commerce des Indes, chargé d'immenses richesses, sous le feu même de la forteresse, et ensuite, passant dans les eaux de Goa, vinrent s'embosser devant la barre, où ils restèrent durant un mois, sans qu'on les troublât en aucune façon et sans qu'on fît mine de les attaquer ; de là ils se portèrent vers le détroit de Malaca, où ils capturèrent un vaisseau parti de la Chine et très-richement chargé ; et depuis ils ont pris si grand goût à la chose, qu'il en est advenu ce que le monde sait (*). » Le faible Ayrès de

(*) Il est impossible de ne pas rappeler ici les travaux d'un homme qu'on laisse toujours sur le second plan, et dont l'existence se lie cependant aux deux plus grands événements de cette période : l'anéantissement de la puissance portugaise aux Indes et la fondation du commerce de la Hollande. Corneille Houtman était né à Tergou (en latin *Gouda*), et sa biographie reste parfaitement obscure jusqu'à l'époque où il vint à Lisbonne, c'est-à-dire jusqu'à la fin du seizième siècle. D'un coup d'œil Houtman a deviné l'état d'abandon où est le commerce de Lisbonne, et ce que le gouvernement de l'Espagne laissera prendre à des hommes persévérants. Dans ses perquisitions, cependant, il manque de prudence; il est emprisonné, et on le condamne à une amende considérable; il s'adresse avec confiance aux négociants d'Amsterdam ; sa dette est payée. La Hollande a compris ce que valait la liberté de Corneille Houtman. Quatre vaisseaux sont équipés. L'homme habile qui a surpris le secret d'une prospérité commerciale presque fabuleuse, est nommé subrécargue de l'expédition ; et, le 1er juin 1596, les Hollandais sont devant Sumatra ; puis ils arrivent à Java ; et quoiqu'il soit emprisonné par ordre du roi de Bentam, Houtman, qui a racheté son indépendance, met à profit, comme à Lisbonne, une liberté qu'il

Saldanha gouverna quatre ans et demi ; et il fut remplacé par Martim Affonso de Castro, qui arriva aux Indes en 1605. Dès cette époque, les Hollandais ne mettaient plus de bornes à leurs prétentions, et l'amiral Cornelis tenait Malaca assiégé avec une flottille de onze navires. Affonso de Castro voulut aller au secours de cette riche colonie ; et voici encore ce que dit dans sa fatale concision le manuscrit de Barreto : « Il partit de Goa le 3 mai 1605, avec la plus grande flotte que l'on eût rassemblée dans les Indes, puisqu'elle comptait seize galions, une caravelle, quatre galères, vingt et une flûtes et trois navires marchands. Or, ceci acheva d'anéantir les Indes, parce que ce gouverneur emmena toutes les troupes qui avaient fait leurs preuves et qu'il enleva aux forts toute leur artillerie. » Martim Affonso de Castro était brave, et il mit en déroute les Hollandais ; mais des inimitiés particulières lui firent négliger les sages avis de Furtado de Mendoça ; et il ne sut pas profiter de la victoire que lui assuraient ses forces navales : il obtint quelques autres avantages ; mais plus tard il fut battu, et il finit par mourir de chagrin d'avoir ouvert « une voie si large aux désastres de toute espèce qui allaient fondre sur les Indes. » Il succomba devant la cité qu'il avait délivrée d'abord ; le descendant de João de Castro ne put survivre à cette honte, et il mourut, dit-on, du chagrin que lui causa sa défaite. Un archevêque de Goa, Frey Aleixo de Menezes, gouverna, avec une certaine habileté, en 1607 ; et, sous André Furtado de Mendoça, chef énergique, pareil aux hommes des vieux temps, les choses se relevèrent un peu. C'était, nous dit Barreto de Resende, le vice-roi le plus redouté qu'on eût vu encore dans l'Asie méridionale ; et, sous son gouvernement, disait-on, les boutiques de Goa demeuraient ouvertes durant la nuit. C'est pour mémoire que nous nommons ensuite Hyeronimo Azevedo (1612) ; João Coutinho, comte de Redondo, revenu en 1617, puis Fernão de Albuquerque, précédemment gouverneur de Colombo. Il y avait vingt et un ans qu'il était aux Indes, et il se chargea de l'administration vers 1619. En 1622, Francisco da Gama revint pour la seconde fois en Asie. Une rumeur sinistre dut lui faire comprendre que le vaste empire dont son aïeul avait dévoilé les splendeurs, allait enrichir d'autres peuples et grandir une autre nation. Le gouvernement des Indes tombe d'ailleurs entre les mains des moines : en 1627, Frey Luiz de Brito, l'ancien évêque de Méliapour et de Cochin, le religieux de Saint-Augustin, est chargé de maintenir ce qu'ont gagné les Pacheco et les Albuquerque ; puis vient, en 1629, Miguel de Noronha, qui administre durant six ans, et qui, à défaut de conquêtes, édifie quelques constructions utiles, telles, par exemple, que le beau pont de Pangi. Pedro da Sylva, mort à Goa en 1639, et Antonio Telles, qui ne font que passer, doivent clore cette liste, où l'œuvre puissante manque toujours à la célébrité de certains noms.

Si nous nommons Pedro de Sylva, qui mourut en 1639, Antonio da Sylva, qui ne passa qu'un moment à l'administration, ce sera pour mémoire et parce que ces noms ne sont pas même insérés dans la plupart des relations qui s'occupent de l'Inde portugaise (*). En 1640, lorsque João da Sylva Tello

---

sait risquer quand il le faut. Ce premier voyage est peu profitable ; mais la compagnie des Indes orientales se fonde, et la Hollande a désormais la certitude que l'héritage des Vénitiens et des Portugais lui appartient. Après des aventures sans nombre Corneille Houtman, auteur de cette grande révolution, alla mourir dans une île de l'Orient. Frédéric Houtman, frère de Corneille, fut gouverneur d'Amboine en 1607. C'était également un homme remarquable : la science philologique lui doit un dictionnaire malai ainsi qu'un dictionnaire malgache.

( ) Toute cette période est rappelée d'une manière intéressante dans l'ouvrage intitulé : *Résumé des voyages, découvertes et conquêtes des Portugais, en Afrique et en Asie, au quinzième et au seizième siècle* ; par Mme H. Dujarday. Paris, 1839, 2 vol. in-8°. Le livre s'arrête à la période de Sévadjy, qui ne figure point dans l'ouvrage. Nous ferons observer, en passant, que les historiens anglais et espagnols ayant été consultés par l'auteur de préférence aux sources portugaises, les noms les plus connus diffèrent quelquefois essentiellement de ceux reproduits ici. Ces noms ont été également altérés, du reste, par l'abbé Prévost, Raynal et Vertot. A moins d'avoir fait une étude particulière de la matière, on ne saurait croire à quel degré les historiens français et anglais du dix-huitième siècle ont rendu méconnaissables les dénominations de certains personnages ou de certaines localités.

Menezes fut nommé vice-roi, la restauration de l'indépendance s'était effectuée ; mais ce fut l'époque des plus rudes attaques de la Hollande, et Goa faillit succomber; notre vieux voyageur Tavernier nous a fait voir ce qu'était devenue l'Inde portugaise en 1651. — Nous renvoyons le lecteur à ses pages si pittoresques et si exactes. Antonio de Souza Coutinho, Frey Francisco dos Martyres et Francisco de Mello de Castro formèrent, durant leur gouvernement par intérim, un triumvirat assez malheureux : l'heure de la décadence absolue avait sonné : le chef audacieux des Mahrates rassemblait déjà son armée.

PEDRO FERNANDEZ DE QUEIROS. — SES DÉCOUVERTES. — Pendant que le Portugal tombait dans cet excès de misères, il rendait encore d'immenses services à la navigation. Pedro Fernandez de Queiros partait pour des régions inconnues; et il lui suffisait d'une seule expédition heureuse pour inscrire son nom à côté des grands noms que nous ont légués les siècles de Joam II et de Manoel. Il découvrit, en 1605 et 1606, la Nouvelle-Hollande; mais, moins heureux que Magellan, l'infortuné marin est resté, pour ainsi dire, inconnu ; comme si les découvertes accomplies dans ce temps de décadence ne comptaient plus pour la nation (*).

Queiros mourut dans l'obscurité, au moment où il tentait une seconde expédition, qui eût complété sans doute la tâche immense qu'il s'était imposée (**). Rappelons ici les circonstances principales de sa vie orageuse, puisqu'elles ne se trouvent pas même consignées dans la biographie.

Queiros était né à Evora, mais on ignore l'époque précise de sa naissance; ce qu'on sait mieux, c'est qu'il se distingua bientôt dans la plupart des sciences relatives à la navigation, et qu'il se montra essentiellement pratique dans son art : durant une vingtaine d'années, il fréquenta les mers de l'Inde occidentale ; puis il revint en Espagne, d'où il passa à Rome, en 1600, à l'époque du grand jubilé. Comme le duc de Sessa, ambassadeur de Castille, appréciait son instruction, il le chargea d'enseigner à son fils la géographie et de lui donner une complète intelligence des cartes marines. Après avoir reçu diverses faveurs du souverain pontife, il revint en Espagne, où on le chargea d'un voyage d'exploration vers les îles de Salomon, qui sont situées au couchant de la Nouvelle-Espagne. « Pour accomplir une entreprise si ardue, nous dit Barbosa, il s'embarqua sur une flottille, avec Alvaro de Mendanha ; et, comme celui-ci vint à mourir, grâce à son habileté, il continua l'expédition. Néanmoins, ne pouvant pas accomplir ce qu'il cherchait, il retourna en Espagne, d'où il partit de nouveau. » Il paraît qu'il eut de grandes difficultés à surmonter durant cette seconde expédition, et cela ressort suffisamment de la lecture de sa courte relation. Mais ce qu'il ne dit pas, c'est qu'il courut risque de la vie; il finit par découvrir les régions auxquelles il imposa le nom d'*Australia do Espirito-Sancto*. Voulant coloniser les terres visitées par lui, il retourna en Espagne : ce fut à cette époque qu'il publia la succincte relation qui constate son immense découverte, et dans laquelle le sort de Colomb, revenant involontairement à sa mémoire, il établit, avec modestie néanmoins, une sorte de parallèle entre lui et le navigateur génois ; il y fait observer que, si de simples indices ont suffi pour nourrir la persévérance du grand homme, il ne lui est pas permis à lui, qui a vu les contrées dont il parle et qui a touché les objets qu'on y remarque, de se taire et d'abandonner l'espoir d'une plus complète exploration. Cette relation, si simple dans son style, était la

---

(*) L'ouvrage écrit par Balbi sur la monarchie portugaise recule de beaucoup la découverte d'une partie de la Nouvelle-Hollande par les Portugais, puisqu'elle la reporte à l'année 1525. Le savant Barbier du Bocage avait eu en sa possession d'anciennes cartes portugaises où ces découvertes se trouvaient clairement indiquées. On ne peut néanmoins, d'après cette indication incomplète, dépouiller le navigateur de la gloire qui lui revient. Voy. sur l'exploration primitive Urcullu.

(**) Il y a une édition de l'ouvrage de Queiros, intitulé : *Terra australis cognita*, publiée à Séville dès 1610. La deuxième, publiée à Amsterdam, en 1612, est jointe à la relation latine de H. Hudson ; en 1617, les Anglais donnèrent une traduction de cet opuscule. Bien qu'on y traite Fernando Quiros ou Queiros d'Espagnol, il était né en Portugal.

huitième qu'il adressait au roi ; et c'est pour cela sans doute qu'elle offre si peu de détails circonstanciés. Selon toute apparence, cependant, les réclamations de Queiros furent entendues ; car il reçut une mission pour se rendre à Mexico, où l'on devait lui remettre le commandement d'une flottille, qui ne pouvait pas néanmoins être bien considérable, puisqu'on ne voulait pas consacrer plus de cinq cent mille crusades à son armement. Ce projet ne s'effectua jamais ; et l'explorateur de la Nouvelle-Hollande mourut à Madrid, à peu près ignoré, sans que les auteurs qui nous ont transmis ces faibles renseignements nous disent l'époque précise de sa mort. Pedro Fernandez de Queiros ne s'est pas éteint sans laisser une relation détaillée de ses découvertes. Il serait bien vivement à désirer que quelque savant de la Péninsule, héritier du zèle de Navarrète, publiât le manuscrit portugais, qui contient, dit-on, le détail de sa vie et de ses voyages. Pereira Solorzano affirme que le fils du grand navigateur, don Francisco Queiros, lui avait communiqué cet ouvrage ; il contient trois relations, et fixe la date de l'expédition qui fit connaître définitivement les terres australes, à l'année 1605 (*).

RESTAURATION DU PORTUGAL. — AVÉNEMENT DE JOAO IV. — Grâce à un livre célèbre, que sa forme concise a rendu populaire, grâce aux situations saisissantes d'un drame moderne, connu de tous, il n'y a peut-être point dans l'histoire de Portugal une seule période qui ait eu autant de retentissement que celle dont nous allons esquisser les traits principaux. Nous n'hésitons pas à le dire cependant, si ce sont les qualités éminentes de ces ouvrages qui ont donné aux événements de 1640 un caractère propre à les populariser, ce sont ces mêmes qualités, toutes littéraires, qui ont contribué jusqu'à un certain point à fausser l'opinion sur les hommes et sur les choses. Nous ne saurions avoir la prétention de réformer complétement Vertot au profit de la vérité, encore moins de demander un exposé sincère de l'histoire à l'auteur du drame. Pour accomplir cette tâche, un livre entier serait nécessaire ; et nous n'avons à notre disposition que quelques colonnes ; mais nous ne craindrons pas de nous expliquer ici en peu de mots. Il fallait à l'habile écrivain, pour exercer sa plume, un de ces grands événements qui frappent d'autant plus vivement l'esprit des peuples qu'ils sont inattendus ; il fallait au poëte une sorte de Figaro politique, aussi ardent que rusé, dont il pût animer sa fable : en mettant de côté les vastes dossiers légués à notre âge par la diplomatie du dix-septième siècle ; en changeant complétement le caractère sérieux et les habitudes studieuses du principal agent de João IV, on a eu *les Révolutions* (*) et *Pinto* (**) : voyons ce que nous donne la vérité.

Grâce à de persévérantes investigations, on en a aujourd'hui la preuve, jamais, sous la domination de l'Espagne, la maison de Bragance ne mit en oubli ses justes prétentions. Dès le seizième siècle, don Theodosio protestait contre l'acte inique qui faisait tomber la couronne aux mains de Philippe II ; et tout nous prouve qu'aussitôt après la mort du prétendant, que la France ne cessa de protéger, le ministre habile qui dirigeait la France, comprit à merveille le parti qu'on pouvait tirer d'un nouveau compétiteur au trône.

Si l'on en croit un ouvrage assez obscur, bien avant l'année 1640, Richelieu se serait occupé de fomenter une révolution à Lisbonne, en faveur de la maison de Bragance, et il aurait employé à ce dessein un certain joaillier, nommé Broual, qui se serait abouché avec Pinto Ribeiro, magistrat considéré dès cette époque et plein du désir tout patriotique de rétablir l'indépendance nationale. Grâce à Pinto, l'agent du cardinal ministre aurait instruit don João, duc de Bragance, des dispositions fa-

---

(*) Il semble qu'on ait cherché à récompenser le fils des découvertes du père ; car don Francisco, qui est représenté par Barbosa comme habile dans les sciences mathématiques, fut nommé cosmographe en chef du Pérou et examinateur des pilotes.

(*) Les Révolutions de Portugal furent imprimées, pour la première fois, sans nom d'auteur, en 1689.
(**) Pinto, ou la Journée d'une conspiration, fut joué en l'an VIII. Ce drame, écrit en prose, est resté la production la plus originale de Népomucène Lemercier.

vorables qu'on avait pour lui en France. De riches bourgeois de Lisbonne auraient été sondés sur les dispositions du peuple, et l'on se serait assuré de leur dévouement à la maison de Bragance (*).

Vertot ignorait cette circonstance importante, ou s'il la connut plus tard, son *siége était fait;* mais ce que l'auteur cité déjà ignore lui-même, c'est que la France ne cessa pas un moment d'entretenir à Lisbonne des agents cachés, faisant tous leurs efforts pour opérer une scission violente entre l'Espagne et le Portugal. Dès 1634, on voit Louis XIII entamer une négociation secrète, afin d'engager le duc de Bragance à s'emparer de la couronne. Il ne s'en tient pas à un conseil dont il doit profiter, il fait à ce prince des offres de secours effectifs, que les circonstances sans doute ne permirent pas alors d'accepter. Quatre ans plus tard, au mois de mai 1638, le cardinal de Richelieu renouvelle ses tentatives pour opérer le soulèvement des Portugais; enfin, le 15 août de la même année, il dirige plus que jamais ses efforts vers ce but, et en expédiant vers Lisbonne, en qualité d'agent secret, M. de Saint-Pé, il fait offrir positivement au chancelier, ainsi qu'à un certain capitaine Azevedo, qu'on ne voit cependant pas figurer dans l'histoire officielle de cette révolution, des forces assez considérables pour rendre l'indépendance au pays. Une escadre de cinquante navires, avec une armée de dix mille hommes de pied et de mille hommes de cavalerie, sont à la disposition du Portugal : il était trop tôt peut-être pour qu'on les acceptât; mais le nom du duc de Bragance a été encore prononcé, et en cas de refus de sa part, le cardinal engage les grands du royaume à choisir parmi eux un souverain, appartenant à la famille royale, que la France, dit-il, se fera toujours un devoir de favoriser, parce qu'elle sort du sang de ses rois (**).

Nul doute ne saurait demeurer dans l'esprit du lecteur. Ces propositions furent déclarées dès lors au duc de Bragance et à sa femme, l'illustre descendante des Medina Celi; et, selon toute apparence, si don João différa alors de donner une réponse favorable, c'est que le temps de le faire ne lui sembla pas encore opportun. En poursuivant, du reste, la lecture des importants documents diplomatiques qui ont été récemment publiés, on est frappé d'une chose, c'est de l'insistance toute particulière que met don João, devenu roi, à remercier le ministre français des dispositions favorables que le cardinal a toujours montrées pour sa cause. Peu importait, sans doute, à l'habile politique que le sceptre du Portugal tombât entre les mains du duc de Bragance; mais ce qu'il lui fallait obtenir avant tout, c'était que l'Espagne fût affaiblie par la séparation violente des deux couronnes.

Ces faits, bien importants à coup sûr, puisqu'ils sont l'âme de toute la politique de l'époque, ont échappé à Vertot, ou plutôt il les a complétement ignorés; mais ce qu'il a établi d'une manière fort précise, c'est le début de la révolution. Lorsqu'il arrive à l'année 1640, et qu'il expose en quelques mots le caractère des divers personnages qui figurèrent dans ce drame, on sent qu'une certaine perspicacité lui a fait consulter de bonnes sources. « Marguerite de Savoie, duchesse de Mantoue, gouvernait alors le Portugal, en qualité de vice-reine; mais ce n'était qu'un titre éclatant, auquel la cour n'attribuait qu'un pouvoir fort borné. Le secret des affaires et presque toute l'autorité étaient entre les mains de Michel Vasconcellos, Portugais qui faisait la fonction de secrétaire d'État auprès de la vice-reine, mais, en effet, ministre absolu et indépendant. Il recevait directement les ordres du comte-duc, dont il était la créature, et auquel il était devenu agréable et nécessaire par l'habileté qu'il avait de tirer incessamment des sommes considérables de Portugal; et par un esprit d'intrigue qui faisait réussir ses plus secrètes intentions, il faisait naître des haines et des inimitiés entre les grands du royaume, qu'il fomentait habilement par des grâces et des distinctions affectées qui faisaient d'autant

---

(*) Mangin, Abrégé de l'Histoire de Portugal. Paris, 1707, 1 vol. in-12, p. 371.
(**) Voyez, dans le *Quadro elementar*, les extraits d'une lettre du comte d'Avaux au secrétaire d'État Chavigny, tom. IV, part. Ire (Introduction).

plus de plaisir à ceux qui les recevaient qu'elles excitaient le dépit et la jalousie des autres. Ces divisions, qui s'entretenaient entre les premières maisons, faisaient la sûreté et le repos du ministre, persuadé que tant que les chefs de ces maisons seraient occupés à satisfaire leurs haines et leurs vengeances particulières, ils ne songeraient jamais à rien entreprendre contre le gouvernement présent.

« Il n'y avait dans tout le Portugal que le duc de Bragance qui pût donner quelque inquiétude aux Espagnols. Ce prince était né d'une humeur douce, agréable, mais un peu paresseuse; son esprit était plus droit que vif: dans les affaires, il allait toujours au point principal; il pénétrait facilement les choses auxquelles il s'appliquait, mais il n'aimait pas s'appliquer. Le duc Théodose, son père, qui était d'un tempérament impétueux et plein de feu, avait tâché de lui laisser comme par succession toute sa haine contre les Espagnols, et les lui avait toujours fait regarder comme des usurpateurs d'une couronne qui lui appartenait. Il avait fait son possible pour lui inspirer toute l'ambition que doit avoir un prince qui pouvait espérer de remettre cette couronne sur sa tête, et toute l'ardeur et le courage nécessaires pour tenter une si haute et si périlleuse entreprise.

« Dom Juan avait pris à la vérité tous les sentiments du duc son père; mais il ne les avait pris que dans le degré que lui permettait son naturel tranquille et modéré. Il haïssait les Espagnols, mais non pas jusqu'à se donner beaucoup de peine pour se venger de leur injustice. Il avait de l'ambition, et il ne désespérait pas de monter sur le trône de ses ancêtres; mais aussi il n'avait pas sur cela une si grande impatience que le duc Théodose en avait fait paraître. Il se contentait de ne pas perdre de vue ce dessein, sans hasarder mal à propos pour une couronne fort incertaine une vie agréable et une fortune toute faite, qui était des plus éclatantes qu'un particulier pût souhaiter. »

Il faut le dire cependant, l'habile historien n'a pas suffisamment approfondi le caractère de l'homme qu'il fait entrer sur la scène politique. Le duc de Bragance n'était pas tellement ami du repos qu'il ne se fût livré à des études sérieuses et qu'il n'eût même abordé avec un rare succès les théories les plus abstraites d'un art difficile (*); il passait avec juste raison pour un des hommes les plus instruits de son temps, et il suffit de lire quelques-uns de ses écrits anonymes pour se convaincre qu'il unissait à une instruction solide une grande finesse d'observation.

C'était, selon toute apparence, ce goût pour les études sérieuses qui l'avait déterminé à attacher à sa maison un des esprits les plus éminents de cette époque, João Pinto Ribeiro, qui, né d'une famille noble à Amaranthe (**), avait donné dès son extrême jeunesse des preuves de la plus vive intelligence. Barbosa Machado nous le représente comme ayant fait les plus fortes études à Coimbre; et il était même sorti de cette université célèbre assez habile dans l'étude des lois pour qu'il pût occuper divers emplois distingués dans la magistrature; il s'y était fait remarquer, dit son biographe, par ses rares connaissances et par son désintéressement.

Tel était l'homme auquel don João avait donné toute sa confiance et qu'il avait attaché à sa maison. Son esprit ardent, son cœur vraiment patriotique, le rendirent bientôt l'agent principal d'une conjuration méditée depuis longtemps selon toute apparence, et qui, si

(*) Il cultivait la musique avec un succès rare; et Macedo prétend même que c'était le plus habile théoricien de son temps. Non-seulement il avait rassemblé une immense bibliothèque musicale, rangée dans un ordre admirable et ornée des portraits de tous les artistes remarquables du seizième et du dix-septième siècle, mais, en outre, on a de lui plusieurs œuvres anonymes; il a publié à Rome, sans nom d'auteur, un livre intitulé : *Defensa da musica moderna*. Nous avons lu ce curieux opuscule; et il indique un homme qui avait de notables connaissances sur le sujet dont il s'était occupé. Ces faits semblent avoir été complétement ignorés de l'auteur des Révolutions. Si Vertot eût été à même de lire les pièces qui figurent dans le *Quadro elementar*, cité plus haut, il se fût convaincu aisément que le fondateur de la dynastie de Bragance n'était nullement dépourvu des qualités qui font le politique habile.

(**) Pinto appartenait à la noblesse; on peut s'assurer de ce fait dans Barbosa et surtout dans Niceron, où le héros de 1640 a un excellent article, qui eût pu tenir en garde sur bien des faits quelques écrivains postérieurs.

elle éclata subitement, n'en fut pas moins le résultat d'une longue combinaison politique.

Ce que notre indifférence pour l'histoire de cette période en Portugal nous laisse ignorer complétement d'ailleurs, c'est que le peuple ne supportait plus qu'avec une impatience mêlée de colère les exactions du comte-duc, et qu'il se refusait même positivement à payer de nouveaux impôts. Déjà trois ans auparavant, en 1637, une véritable émeute populaire avait éclaté dans une des villes les plus importantes du royaume, et cette espèce de révolution, bien connue dans les mémoires du temps sous le nom de *tumultes d'Evora* (*), n'avait eu une issue si prompte et si paisible que parce qu'aucun homme éminent ne s'était trouvé en mesure de la diriger. L'Espagne s'était vivement émue, le comte-duc avait mandé à la cour les principaux seigneurs qu'on pouvait soupçonner de prêter leur appui aux mécontents. En 1638, quelques troupes avaient marché; deux hommes énergiques, sortis de la classe ouvrière, Sesnando et Barradas, avaient été exécutés en effigie; puis tout était rentré dans un calme apparent. Mais ce n'était pas seulement à Évora et dans le pays des Algarves que le peuple exprimait avec énergie son mécontentement : la nation cruellement décimée s'indignait; car, durant les troubles d'Évora, il avait été question d'exiger d'elle un sacrifice plus humiliant que tous ceux qu'on lui avait jadis imposés. Les magistrats du peuple devaient être mandés à la cour, et là, couverts d'un sac, ayant au cou la corde du supplice, faisant, en un mot, par une lâche concession, ce qu'avait fait jadis Egaz Moniz par un pur héroïsme, ils devaient prononcer, disait-on, l'amende honorable en présence du roi de Castille. On ajoutait encore qu'à la suite d'une consultation de théologiens habiles et de légistes complaisants, le Portugal, qui conservait une ombre de nationalité, allait être rayé de la liste des royaumes, et qu'en l'incorporant à la vaste monarchie espagnole, on effacerait jusqu'à ses souvenirs.

Après la lecture attentive de l'intéressant récit qui nous a été laissé par Francisco de Mello, on peut croire beaucoup de choses de la vaine gloire du comte-duc, et surtout de la façon quelque peu théâtrale (*) dont il usait en diverses circonstances, pour frapper certains esprits. Mais ces bruits, qui ne reçurent pas même un commencement d'exécution, pourraient bien avoir été semés à dessein par ceux qui devaient si courageusement d'ailleurs en recueillir les résultats.

Ce qu'il y a de bien certain, c'est qu'en dépit de sa feinte indifférence pour les émeutes qui se manifestaient si près de lui, le ministre ne s'était nullement mépris sur la nature des relations qu'on entretenait dans la petite cour du duc de Bragance avec le reste du Portugal. Durant les troubles d'Évora, on l'avait entendu répéter ces mots fort significatifs : « Il n'y aura « point de repos en Portugal tant que la « mauvaise herbe ne croîtra point dans « les cours et sur les degrés du palais « de Villa-Viçosa. » C'est que dans ce palais, en effet, il y avait deux nobles cœurs qui avaient pu se comprendre, deux têtes pleines de force et de résolution et qui s'étaient sans doute communiqué

(*) Cette espèce de prodrome de la révolution de 1640 a été admirablement exposé par un habile écrivain du dix-septième siècle, qui fut mêlé à toutes les affaires du temps. La première des *Epanaphoras* de Francisco Manoel de Mello est consacrée aux *alteracões d'Évora* (on désignait ainsi cette succession d'émeutes qui précéda la restauration portugaise). Ce personnage intéressant, qui se trouvait alors au service de l'Espagne, s'était vu chargé par le comte-duc d'aller avec le comte de Linhares apaiser les mécontents; son compagnon avait eu l'habileté de se dégager d'une mission difficile; Francisco de Mello, au contraire, était venu raconter les faits, et la prison avait récompensé sa sincérité. La sympathie de l'écrivain pour les agitateurs, du reste, ne paraît pas douteuse. Une chose remarquable et que je ne me rappelle pas avoir vue indiquée dans son récit, c'est que tout s'exécuta durant les troubles d'Evora au nom d'un certain *Manuelinho*, dont la signature était apposée au bas des proclamations. Manuelinho était un pauvre fou de la cité, qui servait de jouet au peuple et qu'on avait surnommé ainsi par plaisanterie à cause de sa taille démesurée.

(*) Entre autres récits de Francisco Manoel, voyez la page où il raconte l'audience solennelle du ministre. Cette galerie où pénètre le grand jour et qui se termine par une sorte d'alcôve à peine éclairée; cette voix qui commande et qu'on entend comme une sorte de murmure dans les demi-ténèbres, tout frappait de terreur certains esprits.

leurs projets, bien que les historiens contemporains évitent de s'exprimer à ce propos (*). Quoi qu'en aient pu dire les écrivains les plus accrédités, durant les troubles d'Évora on n'entend répéter ni le nom de Pinto Ribeiro, ni celui de dona Luiza Francisca de Guzman (**), la noble épouse du duc de Bragance : lorsque la révolte de Catalogne vint agiter de nouveau les esprits, ces noms, qu'on a déjà gravés au fond du cœur, semblent, pour ainsi dire, oubliés. Ce silence sur les deux personnages qui menèrent à bien la conspiration est une preuve de plus de leur habileté. La vice-reine qui commandait alors au Portugal, l'infante dona Margarida (***), y fut elle-même trompée; l'exécuteur des volontés de Philippe IV, le rusé Vasconcellos, fit taire un moment les soupçons qui le tenaient toujours agité, et la sécurité qu'on sut lui imposer par un silence habile, fut bien certainement la cause première d'un succès si complétement définitif, qu'on le dut croire inespéré.

Bien que l'auteur des Révolutions nous ait fait connaître les personnages principaux qui figurèrent plus tard dans ce drame, ce sera là le seul emprunt que nous ferons à son récit animé, et un historien portugais, qu'il n'a pas assez consulté, nous servira d'abord à exposer les faits principaux de cette prodigieuse restauration.

Vers la fin de 1640, le nombre des conjurés s'élevait, dit-on, à quarante (*); pour la première fois des propositions furent adressées au duc de Bragance, durant un voyage qu'il fit à Almada; ces préliminaires, en ce qui le regardait, n'aboutirent à rien de définitif : le 12 octobre de la même année, il y eut une assemblée des principaux meneurs à Lisbonne : cette réunion était commandée par les circonstances, car la guerre, qui allait se déclarer en Catalogne, devait nécessairement éloigner de la capitale plus d'un membre de cette association patriotique. On voulait en finir avec la domination espagnole, et l'on se plaignit amèrement du duc de Bragance, dont la tiède

---

(*) Qui eut l'initiative dans ce grand projet? Ce sera toujours un problème. Pinto Ribeiro était *procurador* ou, si on l'aime mieux, surintendant des affaires du duc de Bragance; il résidait habituellement à Lisbonne, mais la nature même de ses occupations le ramenait fréquemment à Villa-Viçosa : la duchesse de Bragance, plus habile politique que son mari, put démêler rapidement ce qu'on pouvait attendre de ses lumières et de son activité. Les propositions du duc de Richelieu lui furent peut-être alors révélées? les documents positifs manquent sur ce point. La voix populaire donne encore aujourd'hui la meilleure part dans la réussite à Pinto et à la duchesse de Bragance; je crois pour ma part à la tradition : disons cependant, pour être exact, que le nom de Francisca de Guzman figure fort rarement dans les écrits contemporains. Pinto lui-même évite de le prononcer : il y a là quelque motif dont nous ne comprenons plus la valeur politique.

(**) Cette princesse, née à San-Lucar de Barrameda, le 13 octobre 1613, avait reçu une excellente éducation. Elle était âgée de vingt ans à peine en 1633, lorsqu'elle épousa le duc de Bragance; elle eut de son mariage sept don João : don Theodosio, dona Anna, dona Joanna, dona Catharina, depuis reine d'Angleterre, don Manuel, don Affonso et don Pedro. — Dona Anna et don Manuel ne vécurent pas assez pour recevoir le titre d'Infants. A en juger d'après la copie d'un portrait que l'on conserve dans la famille de Medina Sidonia, cette princesse avait un charme extrême dans l'ensemble de sa physionomie. Voyez les *Retratos e biographias das personagens illustres de Portugal*. Lisboa, 1842. Ces portraits sont exécutés par M. C. Legrand.

(***) La duchesse de Mantoue était venue en Portugal vers la fin de l'année 1634; néanmoins elle n'avait pris possession du gouvernement qu'au mois de janvier de l'année suivante. Elle était assistée pour la forme du marquis de Puebla; mais, comme le fait remarquer le comte d'Ericeira, cette dernière nomination était restée sans effet. Miguel de Vasconcellos, sous le titre de secrétaire d'État, pourvoyait à tout sans contradiction et faisait tout exécuter sans reconnaître de dépendance. Cet homme si méprisé et si généralement haï avait, dit-on, des talents remarquables en finance. Son gendre Diogo Soares possédait le même titre que lui, et partageait la haine populaire; mais il résidait à Madrid.

(*) Nous donnons ici les noms des plus notables d'entre eux tels qu'ils nous ont été transmis par le comte d'Ericeira, dans son *Portugal restaurado* : don Antão d'Almada, don Miguel d'Almeida, le grand veneur, Jorge de Mello, Pedro de Mendonça, Antonio de Saldanha, João Pinto Ribeiro, le marquis de Ferreira, le comte de Vimioso, don João da Costa, don Jeronymo d'Atayde et son frère don Francisco Coutinho, Fernão Telles, Antonio de Mello et Luiz de Mello, Estevão da Cunha, João de Saldanha, don Affonso de Menezes, Thomé de Souza, don Antonio Tello, don João da Sylva e Menezes, don Alvaro d'Abranches, Ayres de Saldanha, don Antonio Alvares da Cunha, Bartholomeu de Saldanha, Tristão da Cunha, Luiz et Nuno da Cunha ses fils, don Miguel Childe Rollim, don Luiz d'Almada, fils de celui qui ouvre la liste, don Thomas de Noronha, don Antonio Mascarenhas, Francisco de Sampaio, don Carlos de Noronha, Freire d'Andrade, Lobo Figueiredo.

lenteur fatiguait les meilleurs esprits ; il fut même question de couper court à ces hésitations et de se constituer en république, à l'imitation sans doute des provinces-unies de Hollande. Pinto Ribeiro parla avec énergie contre ce projet, et rallia les esprits à don João, en rappelant que ce que l'on prenait pour une lâche irrésolution était après tout de la prudence. Il termina en affirmant que le duc de Bragance avait le cœur trop haut placé et connaissait trop bien ses devoirs de gentilhomme, pour rejeter des efforts généreux qu'il approuvait en secret.

La fortune de la maison de Bragance tint alors à ce peu de mots : un nouveau message fut résolu, et ce fut Pedro de Mendonça, grand alcaïde et seigneur de Mourão, qui se chargea d'aller à Villa-Viçosa vers le duc et de sonder ses dispositions : le digne Portugais qui entreprenait ce voyage comprit ce qu'il y avait de délicat et de difficile dans sa mission. Il passa par Évora, où tout était apaisé en apparence, mais où des cœurs chaleureux battaient encore pour l'indépendance ; et là il trouva le marquis de Ferreira, le comte de Vimioso et Rodrigo de Mello, qui écrivirent au duc en le pressant, avec leur loyauté bien connue, d'adopter enfin une résolution désirée de tous.

Nous avons déjà essayé de le faire comprendre, don João était un esprit distingué, rempli de qualités aimables, ami des plaisirs de l'intelligence, ayant même ce genre de bravoure qui convenait à un gentilhomme, et qu'avait remarqué Pinto ; ce n'était pas un chef de parti. Pedro de Mendonça le rencontra à Villa-Viçosa comme il revenait de la chasse ; il lui remit les lettres dont il était porteur, mais il le trouva encore irrésolu et dut penser intérieurement, que chez ce seigneur, si ardent pour le plaisir, si tiède pour les affaires, il n'y avait guère l'étoffe d'un roi. La destinée du Portugal comme monarchie tint alors, on peut l'affirmer, aux paroles nettes et décisives d'un esprit fin, et plus encore à la résolution soudaine d'une femme digne d'être reine.

Le duc de Bragance avait alors un secrétaire intime, dont les conjurés se défiaient : en lui remettant le pli auquel il demandait une réponse immédiate, l'alcaïde de Mourão avait supplié don João de n'en point révéler le contenu à Antonio Paes, et le duc s'était contenté de répondre : Tenez-vous sur ce point l'esprit en repos ; mais il en connait mieux le contenu que moi-même. Ce fut à cet homme, dont l'histoire tait presque toujours le nom, qu'il alla se confier dans l'anxiété où l'avaient jeté les dernières propositions du comité secret de Lisbonne. Antonio Paes avait sans doute reçu ses instructions de Pinto, et il connaissait probablement les défauts ainsi que les qualités de son maître ; il se contenta de lui poser cette question : « Que fera le duc, si le peuple, las d'at- « tendre, se constitue en république ? — « Il suivra, vous le savez bien, Anto- « nio Paes, l'opinion du royaume, et « courra tous les risques qui doivent « assaillir la patrie. — Alors le doute « cesse, et qui se décide à risquer sa vie « pour être vassal d'une république, « trouvera plus de gloire à la conduire « en recevant d'elle le titre de roi. »

Don João ébranlé passa ensuite dans l'appartement de la duchesse, et là une réponse plus fière et plus ferme devait enfin le décider. — « Plutôt mourir en ré- « gnant que de vivre asservi, monsieur ; « et quant à moi, j'aime mieux être reine « une heure, que d'être duchesse toute « ma vie. » Pedro de Mendonça transmit aux conjurés une réponse que beaucoup d'entre eux n'attendaient plus. Les faits curieux que nous rapportons ici sont rappelés par plusieurs écrivains portugais ; et bien que le comte d'Ériceira fût encore un enfant en bas âge, lorsque la révolution eut lieu, il a pu facilement plus tard interroger les acteurs principaux qui figurèrent dans ce drame. A nos yeux donc ce récit équivaut, pour ainsi dire, au témoignage d'un contemporain. On se demande néanmoins comment cet historien consciencieux passe si légèrement sur les derniers rapports des conjurés avec le duc de Bragance, et l'on acquiert avec quelque surprise la certitude que la narration d'un personnage éminent, qui eut la part principale dans cette négociation, lui fut complétement inconnue. Pinto Ribeiro, en effet, nous raconte dans un précieux opuscule que l'on peut mettre au rang des plus grandes raretés bibliographiques, qu'il fut encore envoyé par les conjurés au château de Villa-Viçosa après le retour de l'alcaïde de Mourão : il s'agissait d'avoir le dernier mot du duc, et ce fut lui qui l'obtint. Son voyage est raconté par lui-même d'une façon concise et originale, que nous nous garderons bien d'altérer, et nous nous contenterons de rappeler au lecteur que, selon ce qui a lieu chez les gens d'action, il aime à parler à la troisième personne. — Pinto partit pour la résidence du duc, dit-il ; il arriva avec tant de rapidité à Villa-Viçosa que, dans l'allée, la station et le retour, il n'employa pas plus de dix jours, et qu'il était déjà à Lisbonne le 21 du même mois. Il fit part au duc de tout ce qu'il savait sur la matière et de tout ce qu'il lui vint à la pensée ; facilitant l'entreprise et exposant nettement, son vœu... Mais il trouva les choses en meilleure situation que son esprit ne l'eût imaginé, puisqu'il vit le duc résolu, dans le cas où cette grande entreprise échouerait au sein de Lisbonne, à se mettre en campagne et à tenter la fortune avec les populations de l'Alem-Tejo, qui étaient à sa dévotion. Un cœur qui sent de la bienveillance ose beaucoup, et João Pinto, certain de la disposition favorable qu'il rencontrait dans la chose entreprise, anticipa et mit l'effet à la place de l'intention : là même se jetant à genoux, il dit au duc : « *Proximus accingendus habetur pro accincto!* Votre Majesté doit être acclamée roi et seigneur légitime de ce pays, et moi je la reconnais pour telle ; donc je puis lui baiser la main et être le premier qui lui rende cet hommage. » et en s'exprimant ainsi, il joignit l'effet aux paroles, quoique avec la modestie qui lui est naturelle Sa Majesté s'y refusât disant : « Ne vendons pas la peau avant la chair. — Eh bien, moi, plein de confiance, j'affirme à Votre Majesté que les désirs ne vont pas encore jusqu'où ira le succès. » Ce tableau d'intérieur, tracé par l'auteur le plus influent de la révolution de 1640, a été négligé par tous les écrivains nationaux ou étrangers ; il réhabilite cependant aux yeux de l'histoire le monarque qu'on peint comme étant si irrésolu, et il est une preuve ajoutée à tant d'autres du haut degré de confiance qu'avait Pinto dans sa cause.

Après sa première entrevue avec don João, Pedro de Mendoça s'était arrangé de manière à ce que les principaux conjurés qui résidaient à Villa-Viçosa même et surtout à Évora fussent instruits des bonnes dispositions du duc ; Pinto put leur confirmer cette nouvelle. Mais, aussitôt après avoir obtenu le dernier mot de don João, il se rendit à Lisbonne auprès de ses adhérents, car c'était chez lui que se tenaient les assemblées secrètes, où s'agitaient les grands intérêts du pays. La plupart des historiens qui ont traité ce point important de l'histoire du Portugal, ont insisté sur un événement qui pensa tout faire échouer. Dans la nuit du 28, nuit destinée à toutes les grandes déterminations, un jeune gentilhomme, nommé don João da Costa, qu'on n'avait point mis jusqu'alors dans le secret, se trouva par une circonstance fortuite en rapport avec les conjurés et fut convié par eux à prendre part au grand mouvement qui se préparait : il tint des discours d'une telle nature, qu'il devint suspect, et qu'on put croire un instant à quelque trahison de sa part. Vertot passe rapidement sur ce fait, mais le comte d'Ericeira le raconte longuement et l'expose avec complaisance, comme un des épisodes les plus intéressants de sa narration ; il va plus loin, il donne dans toute leur étendue les représentations adressées par le jeune gentilhomme aux autres conjurés dans cette nuit mémorable. Un écrivain d'un talent réel, mais souvent imparfaitement renseigné, Alphonse Rabbe, admire avec raison ce discours, dont il vante la prudence et l'énergie. Mais, nous sommes bien contraint de le dire ici, c'est au comte d'Ericeira, don Luiz de Menezes, qu'il faut faire honneur de cette longue harangue remplie d'expressions pittoresques et hardies. Le narrateur par excellence, Pinto Ribeiro, raconte tout autrement les faits, et lui, seul acteur obligé de cette scène, mérite une foi complète. « Tout allait miraculeusement, dit-il dans son langage sincère et animé, lorsque s'éleva une bourrasque si périlleuse qu'elle eût pu faire perdre la tramontane au plus habile, si Dieu n'eût pris soin d'apaiser la mer (*). » Le même personnage expose ensuite que, dans la réunion du 28, il avait été convenu que chacun des conjurés s'ouvrirait à un certain nombre de gens sûrs, et que l'un d'eux, contre la volonté générale, « ayant parlé à certain gentilhomme, trouva en lui tant de prudence et d'hésitations, que ces qualités allaient jusqu'à obscurcir sa valeur. » Le fidalgo, dont l'indiscrétion mettait en si grand danger la liberté du pays, s'ouvrit aux autres conjurés : l'inquiétude la plus vive les gagna, et il fut convenu qu'on irait trouver Pinto, pour qu'il y avisât le duc. Le 29, à une heure après minuit, deux gentilshommes vinrent en son logis pour le charger de cette affaire. Il demeurait dans le palais de Bragance, mais il alla ouvrir lui-même aux conjurés, en se gardant bien d'avertir les serviteurs. La contrariété qu'il éprouva en recevant une telle communication fut grande; il comprenait peut-être mieux qu'un autre l'inconvénient qu'il y avait à ajourner les résolutions du duc. « La discussion, dit-il, dura trois heures de la nuit, les trois conjurés passant et repassant dans les salles du palais en s'entretenant de cette position difficile. » Enfin ils s'éloignèrent en lui enjoignant de prévenir don João. Mais lui, ajoute-t-il, avait résolu de ne le point faire « parce que ces moyens dilatoires étaient pires que le péril lui-même ; on aventurait d'ailleurs le secret par ces retards aussi bien que par la communication... le duc, tenu en suspens, pouvait se refroidir et ne plus ajouter crédit à d'autres déterminations. »

Pinto, qui, selon l'ordinaire des hommes de sa trempe, des vrais chefs de parti, se tient à dessein sur le second rang, ne se montre-t-il pas tout entier dans ce peu de mots? Aussi se garda-t-il bien de jeter la perturbation dans l'esprit de don João. Il lui écrivit par un serviteur affidé, mais il lui écrivit deux mots seulement, « que Votre Excellence arrête ce qu'elle a mis en ordre et qu'elle suspende tout jusqu'à nouvel avis de ma part. » Pinto prévint ensuite les chefs principaux, qui ignoraient le nouvel incident, et entre autres don Miguel d'Almeyda ; cette démarche n'eut d'autre résultat pour lui que de lui faire comprendre combien sa conduite trouvait peu d'approbateurs : les conjurés se virent cependant; ils comprirent qu'il fallait donner quelque chose à la fortune. Le duc fut avisé et la détermination invariablement prise. Le 1er décembre 1640 fut désigné pour marquer désormais l'ère nouvelle de l'indépendance (*).

Il était dit que les femmes rempliraient le rôle le plus digne dans cette noble révolution. Comme dans les temps antiques, quelques-unes d'entre elles firent à la liberté du pays le sacrifice de leurs angoisses maternelles, comme dans les âges chevaleresques elles exaltèrent de leur héroïsme ceux qu'elles envoyaient au combat : une noble dame de Lisbonne, dona Filippa de Vilhena, arma elle-même ses deux fils, et, en tenant l'épée de leur père qui avait servi aux Indes, elle leur dit : « Allez, vous êtes chevaliers. Gagnez un trône au roi et la liberté au pays (**). » Jeronymo d'Ataïde et Francisco Coutinho échappaient, pour ainsi dire, à l'enfance, ce fut leur mère qui les revêtit de la cuirasse, qui leur ceignit l'écharpe brodée de ses mains, mêlant à ces soins les baisers maternels. Une autre dame qui portait le nom de Lancastre, agissait ainsi dans la même matinée; bien d'autres se sentaient au fond du cœur la même pensée, et faisaient leur sacrifice en silence, et lorsque ces femmes avaient pleuré comme des chrétiennes, elles se rappelaient le mot de la Spartiate : Il est l'heure, partez; revenez libres ou ne revenez pas.

L'heure des grands dévouements en

———
(*) *Discorso del usurpatione, retentione e ristoratione del regno di Portogallo fatto dal dottor Gio. Pinto Ribero*, Lisbona, 1646.

(*) Le comte d'Ericeira est d'une brièveté bien incomplète touchant ces faits capitaux : il dit même que Pinto envoya au duc des messages contradictoires qui le jetèrent dans une extrême confusion d'idée; mais Pinto a soin de faire remarquer que la teneur du second message fut la même que celle du premier : ce qu'il fallait pour que le duc se tint sur ses gardes sans se décourager complètement; un nouvel avis lui vint plus tard, c'était celui de la détermination définitive.

(**) Cette scène, que nous ne faisons qu'esquisser ici, a reçu tous les développements désirables d'un écrivain portugais, M. Sylva Leal Junior. Tout cela est aussi dans Laclède, mais fort décoloré.

effet était arrivée. Neuf heures avaient sonné, toutes les boutiques étaient ouvertes et rien ne dénotait que, dans le quartier qu'habitait la duchesse de Mantoue, une grande commotion politique allait avoir lieu. Le *terreiro* ou *largo dos paços* était aussi paisible qu'aux jours tranquilles de Philippe III; quelques carrosses seulement et plusieurs cavaliers arrivaient sur la place, mais rien encore ne devait inquiéter les habitants du palais. Un noble vieillard, qu'on était accoutumé à voir quelquefois chez la vice-reine, don Miguel d'Almeida avait passé le seuil du château. Tout à coup la détonation d'un pistolet retentit dans la salle des Allemands, c'est le signal attendu : des centaines d'hommes sortent des carrosses, des cavaliers encombrent la place. Ce conspirateur octogénaire que la garde a laissé passer, ce vieillard qui représente l'antique noblesse portugaise, se montre au balcon, il tient son épée à la main et parle au peuple : « Vive le roi don João IV jusqu'à ce jour duc de Bragance; meurent les traîtres qui nous ont retiré la liberté! » Une clameur immense lui répond; l'instant de la lutte approche, et c'est aux cris de mort pour la Castille que trois hommes résolus attaquent la garde espagnole. Jorge de Mello, Estevam da Cunha, Antonio de Mello de Castro, se jettent sur les Castillans et les forcent bientôt à se rendre, en criant « Vive Bragance! » Pinto Ribeiro avait été homme de sage conseil et de haute prévision politique, il fut homme d'action à l'heure du péril ; les conjurés s'étaient divisés de telle sorte que toute résistance pût être paralysée. Au même instant Pinto marcha à la tête des plus résolus vers l'appartement de ce Miguel de Vasconcellos, qui seul, par une résolution soudaine, pouvait encore arrêter les efforts. Pour parvenir jusqu'à lui il fallut se débarrasser, par le pistolet ou par le poignard, de quelques-uns de ses affidés; mais cet homme, que le soupçon tenait toujours éveillé, avait eu foi jusqu'au bout dans sa fortune et s'était refusé aux meilleurs avis : averti tout à coup du danger, il avait dédaigné cette conspiration soudaine et s'était orgueilleusement comparé à César; « Je l'imiterai dans sa fortune, » avait-il dit à Fonseca (*) : puis il était allé se cacher dans une armoire, comptant sur le silence d'une vieille servante, qui seule pouvait le trahir : il n'y eut pour lui ni dévouement ni pitié lorsque son heure fut venue. Les conjurés entrèrent bientôt en tumulte dans l'appartement qu'il habitait ; il suffit de jeter un coup d'œil sur ce lit en désordre qu'il venait de quitter et sur cette femme qui tremblait, pour deviner qu'il n'avait pu fuir : une épée nue, un geste menaçant, suffirent pour intimider la vieille. Elle demanda mentalement pardon à Dieu, dit un historien, et son regard furtif indiqua l'armoire. Vasconcellos reçut la mort sans proférer une parole; ce fut Antonio Tello, qui, le premier, lui tira un coup de pistolet (**), puis les autres conjurés le frappèrent à leur tour, et le cadavre de l'indigne ministre fut jeté par la fenêtre. Les cris de Vive la liberté! Vive don João, roi de Portugal! accompagnèrent cette sanglante exécution; les acclamations du peuple y répondirent.

Vasconcellos, haï et méprisé de tous malgré sa capacité peu commune, était la seule victime que les conjurés voulussent donner au peuple. Pendant que ce cadavre sanglant et dépouillé était traîné dans les rues de Lisbonne, Miguel d'Almeida, Fernand Tello de Me-

(*) Voyez à ce sujet Laclede, dont le récit est diffus, mais qui paraît assez bien informé : Manoel Mansos de Fonseca était venu avertir le ministre de Philippe, et il le trouva d'abord dans la plus grande sécurité. Un manuscrit espagnol de la Bibliothèque du roi, sous le n° 24 (fonds des Petits-Pères), dit que trois hommes s'échappèrent de la chambre du secrétaire d'État au moment où les conjurés y entrèrent, et qu'on les maltraita fort. L'auteur anonyme de cet écrit qui n'est cité dans aucun catalogue, paraît au fait des moindres particularités. C'est ainsi qu'après avoir raconté comment on tua Vasconcellos sans lui donner le temps de demander confession, une partie des conjurés se rendit au moment même à son habitation particulière, située alors à la Fontaine du roi (*al Chafariz del rey*); on espérait y saisir le frère du ministre, João de Braga ; ce personnage échappa sous des vêtements de femme. Un autre frère de Vasconcellos, l'évêque de Leyria, se trouvait à l'église à l'heure du soulèvement, et put se cacher dans un couvent de religieuses.

(**) Et non Rodrigo de Sa', grand chambellan, comme le dit Vertot : Laclede, passablement au courant des détails de cette scène terrible, raconte tous les outrages qui furent faits au cadavre. On le dépouilla de ses vêtements, il fut traîné par les rues tout un jour, et ce fut Pinto Ribeiro qui obtint qu'on lui donnât la sépulture.

nezes, João da Costa et bien d'autres se dirigeaient vers l'appartement de la vice-reine. Pour parvenir jusqu'à elle, ils brisèrent quelques portes et ils la trouvèrent enfin dans la salle *de la Galère*. Marguerite de Mantoue avait promptement compris que les discours qu'elle adressait au peuple étaient inutiles ; à l'approche de don Miguel, elle se tourna vers les conjurés et espéra sans doute avoir plus d'influence sur ces représentants de la haute aristocratie qu'elle n'en avait eu sur la foule irritée ; elle leur dit avec un certain trouble : « Déjà le ministre coupable a payé les délits qu'il avait commis. Messieurs, que votre colère ne pousse pas les choses plus loin, elle ne serait plus digne de si nobles cœurs. Je m'oblige à ce que le roi catholique, nonseulement pardonne, mais soit reconnaissant de ce qu'on a délivré ce royaume des excès du secrétaire (*). »

Ce n'est pas sans dessein que nous rapportons ici les paroles de la vicereine, modifiées, altérées même dans tous les historiens ; on voit qu'elle promit beaucoup plus d'abord que ne devait tenir à coup sûr le comte-duc. Peu à peu elle se rassura et montra une sorte de fermeté virile, dont Ericeira ne peut s'empêcher de la louer. Le propos quelque peu cavalier que l'on prête dans toutes les relations à don Carlos de Noronha, n'est cependant pas une fiction ; il nous est attesté par Pinto Ribeiro, qui se trouvait sans doute présent à la scène ; il dit positivement et sans commentaire : « Elle délibérait de faire quelques démonstrations de plus, en se montrant au peuple maintenant furieux et tout embrasé du désir de voir confirmé ce qui était déjà fait ; mais ceux qui se trouvaient là l'en empêchèrent. Néanmoins la sentant si difficile à apaiser, ils se virent contraints à user de sévérité. Et comme don Carlos de Noronha lui parlait d'une manière si ferme, qu'elle en restait stupéfaite, il ajouta finalement qu'il ne fallait pas que Son Altesse donnât occasion à ce qu'on lui manquât de respect. En écoutant cela, elle s'irrita davantage et dit aussitôt : à moi ?.. Et comment ? — En faisant passer Votre Altesse par une de ces fenêtres. Elle s'arrêta alors et commença à obéir à ce qu'exigeait le temps et à ce qu'enseignait la raison. » Nous omettons pour être bref et les coleres de l'archevêque de Braga, qui fit peut-être son devoir en défendant la vice-reine, et l'avertissement charitable que reçut le fougueux prélat d'un des conjurés, qui avait demandé instamment sa vie aux chefs de la conspiration, Pinto d'ailleurs se tait sur ce point ; mais il ajoute bientôt que la vice-reine commanda immédiatement au *Sargento Mor* du château de ne faire aucun mouvement capable d'inquiéter le peuple. Cet ordre sans aucun doute fut exigé de Marguerite de Mantoue, par des hommes qui risquaient en ce moment leur vie pour l'indépendance nationale ; les historiens prétendent qu'en le donnant, la vice-reine avait espéré qu'il ne serait point exécuté. Pinto, dans son opuscule, nous dit bien que si le canon du château eût tonné contre la ville et si on l'eût attaquée, les soldats de la garnison eussent payé de la vie le dommage causé par leurs chefs ; mais ce n'est pas l'avis de tous ceux qui ont écrit sur cet événement mémorable ; et le comte d'Ericeira est persuadé que si les cinq cents fusiliers renfermés dans la forteresse fussent sortis sur la place, à la première rumeur, toute l'entreprise eût été mise en question. Se voyant à l'abri derrière l'ordre qu'il avait reçu, le commandant du fort, don Luiz del Campo, s'abstint de toute démonstration hostile, et le lendemain au soir, sur un nouvel ordre de Marguerite de Mantoue, il remit à don Alvaro de Avranches les clefs de ce château, dont les chefs du mouvement avaient regardé la résistance comme l'obstacle le plus sérieux que pût rencontrer le rétablissement de l'indépendance nationale (*). A partir de la ma-

(*) Voyez don Luiz de Menezes, conde de Ericeira : *Historia de Portugal restaurado*. Lisboa, 1751, t. I, p. 110.

(*) Le manuscrit espagnol déjà cité affirme que le commandant n'avait pas plus de dix quintaux de poudre à son service, et que ses soldats étaient restés deux jours sans manger. Le comte-duc commit une faute capitale, en n'approvisionnant pas mieux la forteresse et surtout en enlevant pour les guerres de la Catalogne treize cents hommes à la garnison du château. avec tout cela l'histoire ne sait trop comment qualifier ici la conduite du comman-

tinée où Pinto, marchant vers le palais, avait dit si résolûment à quelqu'un de ne point se mettre en peine de ce qui allait advenir, parce qu'on allait dans la salle du trône, simplement mettre un roi à la place d'un autre, tout avait réussi miraculeusement aux conjurés (*); tout réussit plus rapidement encore, après le dernier acte politique de Marguerite de Mantoue.

Peu à peu le peuple s'était rassemblé, il avait compris que c'était l'heure d'être en armes; la foule devenait compacte, et en reconnaissant les hommes qui lui parlaient, les Portugais ne doutaient plus de leur liberté : il fallait cependant régulariser la révolution qu'on venait d'accomplir. La multitude se précipita vers les portes de la chambre municipale, et les magistrats, qui s'étaient d'abord barricadés, ouvrirent bientôt au peuple et confirmèrent par leur signature le grand acte de l'indépendance nationale; c'est ce qui sans doute a fait dire naguère à un historien, qu'on entra dans les tribunaux, et qu'un arrêt dont le début était au nom d'un monarque fut rendu au nom d'un autre souverain (**).

Ce fut alors que le vénérable archevêque de Lisbonne, suivi d'une foule immense, arriva à la Camara : il venait prendre le gouvernement de la cité en attendant l'arrivée du roi. Quelques instants plus tard ce noble Alvaro d'Abranches, qui portait un nom si chevaleresque, s'emparait de la bannière de la ville et parcourait les rues de Lisbonne aux acclamations de la multitude. De même qu'à la bataille d'Aljubarotta, un événement fort simple vint encore accroître l'enthousiasme de ce peuple religieux et passionné : comme l'archevêque se rendait au palais, précédé de la croix épiscopale, au moment où l'on arriva devant Santo-Antonio, un des bras du Christ se détacha; on eût dit qu'il voulait bénir un peuple redevenu libre, et les cris de « Miracle! » se joignirent aux cris de liberté. « Ce fut avec ce cortége, nous dit Pinto, que l'archevêque entra dans le palais plein déjà d'une innombrable quantité de gens de toute espèce; il en était même arrivé des campagnes, et de ce nombre était Miguel Maldonado, qui se trouvait là tenant une épée à deux mains et environné de ses quatre fils, compagnie digne de toute entreprise mémorable! Leurs serviteurs les suivaient, et il en était ainsi de bien d'autres qui accouraient des environs, animés de l'amour de la patrie et des joies de la liberté (*)! »

On le sent à ces paroles ferventes du noble Pinto, les vieux temps du Portugal étaient revenus, et, quelques heures plus tard, deux ou trois gentilshommes, se jetant dans une galère, allaient résolûment prendre trois navires espagnols, qui ne songeaient pas à quitter le port (**). Tout réussissait au gré des conjurés : nul excès néanmoins ne troubla cette révolution, nulle vengeance particulière ne vint la souiller : des hommes que des inimitiés anciennes tenaient divisés s'embrassaient au contraire, et l'on ne trouvait plus d'expression que pour rendre grâce à Dieu d'un bien inespéré. Ce fut alors et pendant que les compagnies victorieuses parcouraient la ville, que Pinto (***) se retira à l'écart et qu'il expédia un courrier au duc de Bragance, qui pouvait dès lors prendre le titre de João IV. Ce fut seulement la nuit suivante que partirent Pedro de Mendonça et Jorge de Mello, pour aller à Villa-Viçosa, prévenir le roi et hâter sa venue. Par ordre du gouvernement provisoire, la duchesse de Mantoue s'était retirée à Xabregas; le nouveau monarque que le peuple s'était choisi partit immédiatement sans suite, accompagné uniquement du marquis de Ferreira

---

dant, d'autant plus qu'un prisonnier d'État portugais, habile homme de guerre, lui conseillait une sortie, ne sachant point ce dont il était question. Mathias de Albuquerque se réjouit fort, plus tard, de ce que son avis n'avait point prévalu. Le jour même où le château se rendit, les troupes castillanes dont la capitale était environnée mirent également bas les armes sur un ordre de la vice-reine. La tour de Belem, Cabeça Secca, Torre Velha, Santo Antonio et le château d'Almada se rendirent simultanément.

(*) *Discorso*, etc., *dal dottor G. Pinto Ribero*. Lisbona, 1646, p. 49.
(**) Alphonse Rabbe, *Resumé de l'histoire du Portugal*.

(*) *Discorso dal dottor Pinto Ribero*, p. 52.
(**) Conde de Ericeira *O Portugal restaurado*.
(***) Pinto, *loco citato*.

et du comte de Vimioso; il s'embarqua à Aldea Galega, et le jeudi, à neuf heures, il mettait le pied sur le quai de Lisbonne.

LE COURONNEMENT. — ARRIVÉE DE LA REINE. — Ericeira nous a conservé avec soin tous les détails du couronnement de João IV, qui eut lieu le 15 décembre. Les faits ne sont pas ici sans importance, parce que, durant cette solennité magnifique, improvisée pour ainsi dire, tous les vassaux de la couronne montrèrent qu'ils se ralliaient à la monarchie, et qu'ils acceptaient les risques qu'entraînait leur adhésion. Les acteurs les plus zélés de ce drame politique ne furent pas les plus richement récompensés. C'est une preuve bien évidente de leur amour patriotique et il est bon de le faire remarquer : João Pinto Ribeiro, par exemple, ne figura point à la cérémonie du couronnement, paré d'un titre honorifique, et ce fut un peu plus tard que le rang modeste de garde général des archives, dont il se contenta toute sa vie, vint rappeler son zèle et rémunérer ses talents (*).

Dona Francisca de Guzman n'assistait pas elle-même à cette imposante cérémonie; à la fête de Noël qui suivit le couronnement, don João se rendit près d'elle à Aldea Galhega, et il la ramena dans Lisbonne avec l'infant don Theodosio, qui allait être reconnu comme héritier de la couronne. Avec le tact qui la distinguait, elle désigna immédiatement les dames qui devaient faire partie de sa cour, et elle chargea de l'éducation du jeune prince une femme qui avait donné des preuves publiques de son amour pour l'indépendance. Dona Marianna de Alancastre mit tous ses soins, en effet, à cultiver cette jeune intelligence, sur laquelle reposaient désormais les destinées du Portugal; et si la mort ne l'eût pas enlevée en sa fleur, comme disent les

---

(*) Il paraît qu'après le grand événement qui le rendit célèbre, Pinto alla en mission à Rome pour y défendre les intérêts de la maison de Bragance auprès d'Innocent X : fidèle à son système, il n'occupa point en cette circonstance un rang trop ostensible, mais il servit ainsi probablement d'une manière beaucoup plus efficace les intérêts du pays : ceci explique, du reste, à merveille pourquoi l'ouvrage si peu connu où il raconte la mémorable journée fut écrit en italien. Pinto Ribeiro, l'un des jurisconsultes les plus habiles sortis de l'université de Coimbre, avait toujours occupé de fort graves emplois dans la magistrature. Pinhel et Ponte de Lima l'avaient eu tour à tour pour juiz de Fora, et il s'était fait remarquer dans son administration par de vastes connaissances et par un rare désintéressement. Faute de dates précises, nous ignorons si ce fut après son voyage d'Italie qu'il fut nommé desembargador du palais, gentilhomme de la maison du roi, puis contador mor ou grand trésorier; on le voit enfin *garde général des archives*. Une lettre curieuse écrite par lui, et qui nous a été transmise par l'Académie des sciences de Lisbonne, nous prouve que cette retraite honorable, qu'un homme politique plus ambitieux eût pu fort bien dédaigner, lui laissait des loisirs dont il connaissait tout le prix et qu'il savait utiliser. Pinto fut marié avec Maria de Fonseca, dont il n'eut jamais d'enfants. Il mourut à Lisbonne le 11 août 1649, c'est-à-dire bien peu d'années après la glorieuse révolution dont il avait été le mobile principal. Selon Barbosa, on l'enterra dans le cloître de l'église du couvent de Sam-Francisco à Lisbonne, près de la porte du réfectoire. Tous les écrivains contemporains vantent son instruction solide et sa prudence, mais il nous a semblé que le comte d'Ericeira le laissait quelque peu au second plan. Giuseppe di Santa-Theresa insiste sur sa finesse, dans l'acception que nous donnons à ce mot, et l'appelle *huomo di finissima intelligenza*. Certainement Pinto mérita cette qualification par la rare habileté qu'il déploya dans les affaires auxquelles il se trouva mêlé. Mais l'histoire, complice du drame, en a fait chez nous une sorte d'aventurier politique se mêlant à la conspiration de 1640, comme il se fût mêlé à toute autre échauffourée. Il nous a semblé qu'il était convenable de restituer à cet homme d'un si haut caractère et d'un si noble désintéressement quelque peu de la gravité dont on l'a si promptement dépouillé. Ce qu'on sait généralement, c'est que Pinto est auteur de plusieurs ouvrages fort sérieux. Nous n'indiquerons pas même ici leurs titres, parce que cette liste bibliographique serait un peu étendue; mais on a pu juger de l'écrivain par quelques fragments déjà cités. La plupart de ses livres sont restés manuscrits; il serait fort à désirer qu'on publiât celui où il examinait s'il est utile et juste d'exiler du royaume de Portugal les chrétiens nouveaux convaincus de judaïsme par le tribunal du saint office, etc. Pinto est auteur d'un commentaire des poésies diverses de Camoens, et Barbosa nous apprend que cet ouvrage était prêt à être imprimé : ce précieux volume a été détruit, en partie du moins, par un accident. L'éloge que Pinto a consacré à João de Castro fut d'abord publié en 1642, puis réimprimé avec de nombreuses corrections en 1773. Je ne puis rien dire ici du mérite littéraire de cet opuscule, mais il est intéressant de voir un homme tel que Pinto prendre pour sujet de son panégyrique le capitaine le plus brave et surtout le plus intègre du seizième siècle; il pensait sans doute, comme le vieil Almeida Freyre, que la renommée des choses passées conserve les choses présentes.

Portugais, non-seulement bien des scandales eussent été évités au pays, mais un roi éminent de plus eût été inscrit dans ses annales (*).

LA NOUVELLE DE L'INSURRECTION ARRIVE A MADRID. — LE MOT DU COMTE-DUC. — DÉFI DU DUC DE MEDINA SIDONIA. — AMBASSADE EXPÉDIÉE EN FRANCE PAR JOAO IV. — La nouvelle du grand événement qui rendait la couronne du Portugal à un descendant direct du mestre d'Aviz, parvint vaguement à Madrid au bout de peu de jours. Le corrégidor de Badajoz avait vu des feux s'allumer de tous côtés sur la frontière, et comme il en avait conclu fort raisonnablement, à ce qu'il semble, qu'une révolution quelconque devait avoir éclaté en Portugal, il s'était empressé de faire part de ses conjectures à la cour. Le comte-duc s'était bien irrité de ce qu'un magistrat se permettait de troubler son repos par de semblables nouvelles, mais il n'y avait pas cru (**). Il fallut enfin se rendre à l'évidence, lorsque, trois heures après, un courrier apporta les détails circonstanciés de l'événement. Cette dépêche, qui ne laissait plus de doute, aigrit d'autant plus Olivarez, qu'il était en train, à ce que l'on prétend, de signer certains ordres, qu'un véritable homme d'État eût expédiés depuis trois mois : il devait se sentir bien coupable, en effet, si, comme l'affirme une relation manuscrite de la Bibliothèque royale, le château de Lisbonne lui-même était complètement dépouvu de vivres et d'approvisionnements. Tous les historiens racontent que le favori déguisa son chagrin; mais il y en a un qui va plus loin et qui prétend que son visage exprimait l'allégresse, lorsqu'il se présenta devant le roi pour lui dire « qu'un des gouvernements de son royaume était à donner, et non un des moindres, le duc de Bragance s'étant joint aux mécontents de Portugal qui lui offraient la couronne. » Quelque insouciant que l'on puisse croire Philippe IV, homme d'esprit d'ailleurs, comme l'attestent ses œuvres littéraires, il est difficile de croire qu'il ait accepté cette nouvelle avec l'indifférence que lui supposent certains auteurs. Veloso de Lyra prétend, au contraire, qu'il montra du trouble et qu'il demanda au ministre s'il était certain que le duc eût accepté. « La nouvelle se répandit si vite par la ville, continue le même historien, qu'il fallut bien y croire quelque peu (et malgré qu'on en eût); sur certains points néanmoins, la malignité trouvait à mordre, et l'on ne saurait croire quelles myriades de mensonges et de mensonges inouïs se débitèrent à cette occasion : les *fidalgos* qui étaient sur les lieux ne manquèrent pas d'aller consoler le roi; d'autres, Portugais de nom seulement, et qu'on désigne ici, je crois, sous le nom d'*Assentistas* (les financiers, les fournisseurs), allèrent en cette circonstance offrir au monarque leur bien et leur coopération. C'était raison, car ils avaient perdu leur lopin, et plus encore l'honneur que le profit. »

La jeunesse portugaise, qu'on envoyait aux écoles et principalement à celle de Salamanque, afin de la faire participer plus tard aux grâces de la cour, la jeunesse se sentit saisie d'une sorte d'ivresse, si bien qu'en moins de trois jours plus de quatre cents étudiants partirent à pied pour Lisbonne. « Ils étaient de ceux, ajoute Velozo de Lyra, qui peu de jours auparavant laissaient comprendre à la Castille ce qu'étaient ses forces réelles : » c'était l'élite de la nation portugaise allant soutenir une indépendance que l'on avait conquise sans elle.

Plus que tous les autres seigneurs de la cour, le duc de Medina Sidonia se crut alors compromis par ses relations de parenté avec la maison de Bragance, et dans ses terreurs de courtisan, il renouvela fort ridiculement (car on était en plein dix-septième siècle) un de ces

---

(*) On peut voir dans Barbosa Machado l'article consacré à ce jeune prince, mort à dix-neuf ans, le 15 mai 1653. Il a écrit des ouvrages politiques en latin, et ce qu'il y a de plus étrange, il les avait adressés à la reine Christine. Le 25 juin 1652 on lui avait déféré le commandement général des armées du royaume.

(**) Velozo de Lyra écrit à ce propos quelques lignes originales et qui rappellent involontairement un mot bien connu de M. de Talleyrand; après avoir parlé du magistrat zélé de Badajoz, il ajoute : « On dit que pour étrennes le comte favori avait promis de l'accrocher à trois pieux, ou tout au moins de l'envoyer aux galères, afin de lui apprendre à conter ce dont il n'était point sûr. » Voy. *Espelho de Lusitanos em o cristal do psalmo quarenta e tres*, p. 71.

grands actes solennels du moyen âge qu'on ne pouvait plus qualifier : il appela le duc son beau-frère en champ clos pour qu'il eût à répondre de sa félonie à la face de l'Europe; mais ce qu'il parvint seulement à prouver, c'est que les formes autrefois grandioses de la féodalité avaient perdu tout leur prestige; plus tard quelques actes non moins innocents mirent à l'abri de tout soupçon ce timide descendant des plus hardis chevaliers de l'Espagne (*).

Pendant que le cabinet de Madrid projetait certaines dispositions pour faire rentrer dans le devoir ceux qu'il appelait encore des rebelles, le cabinet de Lisbonne se constituait et proclamait à la face du monde son indépendance, en ne négligeant d'ailleurs rien de ce qui pouvait assurer la défense des frontières. Faute d'avoir su consulter les innombrables documents enfouis dans certaines archives, on n'a pu jusqu'à ce jour se faire qu'une idée fort erronée et fort imparfaite de la politique habile et persévérante de João IV durant les premières années de son règne. C'est dans le livre publié récemment par un membre de l'Académie des sciences, dans le *Tableau élémentaire des relations diplomatiques du Portugal* avec les puissances étrangères, qu'on peut seulement étudier cette période, et nous renvoyons naturellement à ce recueil ceux qui tiendraient à constater l'exactitude de notre assertion. Nous nous contenterons de mentionner quelques faits principaux.

Dès le premier jour de l'acclamation, une puissance du second ordre, la Suède, donna hautement son assentiment à la conduite de don João IV; c'était déjà un utile précédent.

Il importait surtout au Portugal de se concilier l'appui ou du moins l'amitié de trois puissances en Europe : la France, les États du pape et la Hollande. L'attitude de la France ne pouvait être douteuse, et Richelieu devait nécessairement accueillir ceux qu'il avait excités. Il était bon d'ailleurs de mettre à profit la puissante diversion qu'offrait le soulèvement de la Catalogne. Après avoir dépêché vers cette province un émissaire habile, João IV envoya vers Louis XIII (*) deux hommes d'une haute capacité : Francisco de Mello, grand veneur du royaume, et le docteur Antonio Coelho de Carvalho. Leurs instructions consistaient surtout à établir entre les deux royaumes une confédération dans laquelle serait comprise la Hollande, et dont les résultats devaient être une augmentation de territoire pour la monarchie française. Cette ambassade fut accueillie d'une manière toute solennelle.

Le roi d'Espagne avait été assez puissant pour obtenir que le Portugal fût frappé d'excommunication. Une seconde ambassade fut expédiée pour obvier aux graves inconvénients que pouvait amener dans un État catholique une telle détermination, et ce fut l'évêque de Lamego qui fut chargé d'aller traiter cette affaire épineuse : mais il faillit être assassiné dans Rome même, et la ville sainte vit avec effroi les sanglants efforts d'un ambassadeur castillan, oubliant le génie chevaleresque de sa nation et cherchant dans un guet-apens une solution diplomatique trop tardive selon lui (**).

Enfin, comme il était question à cette époque d'une paix générale, dont les bases devaient être posées au congrès de Munster, João IV nomma pour le représenter devant cette assemblée mémorable, d'abord comme son plénipotentiaire, Luiz Pereira de Castro, qui reçut ses instructions vers la fin d'avril 1643; puis Ruy Botelho de Moraes et Francisco de Souza Coutinho, qui se rendirent à la diète au mois de mai de la même année et qui y furent joints par Francisco d'Andrade Leitão, homme ferme et habile.

(*) Le texte de ce défi curieux, devenu rarissime dans presque toutes les grandes collections, existe à Paris : il fait partie des documents rassemblés par Denis Godefroy que l'on conserve à la Bibliothèque de l'Institut. Godefroy avait songé un instant à écrire l'histoire de Portugal.

(*) Le 21 janvier 1641. Voy. le *Quadro elementar*, t. IV, introduction, p. 199.
(**) Ce fut le marquis de los Valles qui organisa cette scandaleuse attaque dont on peut lire tout le détail dans le *Portugal restaurado*, t. I p. 181: dix ou douze personnes périrent durant cette échauffourée, où l'évêque de Lamego se tira d'affaire grâce à l'ambassadeur de France.

L'action de ces diplomates sur la diète, les luttes qu'ils eurent à supporter contre l'Espagne, l'habileté dont ils durent faire preuve pour écarter l'influence du saint-siége et jusqu'à celle de la république de Venise, tous ces faits négligés n'ont pas assez occupé les historiens et forment un des tableaux les plus curieux de la politique du dix-septième siècle. L'Espagne voulait avant tout que l'on exclût les ambassadeurs portugais de la diète, et peu s'en fallut que la restauration portugaise ne fît naufrage alors; c'est une circonstance de l'histoire de cette période, qui semble avoir échappé à l'écrivain le plus éclairé du temps et sur laquelle même il passe si légèrement, qu'il semble n'en point saisir l'importance: les limites de cette notice nous forcent à abréger ces considérations et à rentrer dans la Péninsule, où les résistances immédiates de l'Espagne appellent notre attention. Nous dirons auparavant quelques mots de l'effet produit par la révolution sur les possessions lointaines du Portugal.

ACCLAMATION DE JOÃO IV DANS LES COLONIES. — JOIE CAUSÉE PAR LA NOUVELLE DE L'INDÉPENDANCE. — S'il y a dans cette mémorable révolution quelque chose de plus extraordinaire peut-être que la rapidité avec laquelle elle s'accomplit, ce fut la promptitude merveilleuse des adhésions lointaines et la pacification des colonies. On ne dit rien ici des villes du littoral de la Barbarie; à l'exception de Ceuta, elles reconnurent avec joie le nouvel ordre de choses. Madère fit éclater son enthousiasme et força immédiatement la garnison castillane à s'embarquer pour Ténériffe. Grâce à l'habileté d'un agent de João IV, les Açores reconnurent la domination du Portugal sans grande effusion de sang; la même habileté, un secret aussi efficace présida à la proclamation de don João IV dans les États du Brésil. Mascarenhas, le gouverneur de San-Salvador, intercepta toutes communications entre la flotte stationnaire et l'embarcation qui lui apportait la nouvelle, puis faisant mettre en bataille les troupes portugaises qui occupaient la capitale du Brésil, il fit reconnaître le duc de Bragance comme souverain de ces vastes contrées, dont la Hollande occupait alors les plus riches provinces. Dans les États d'Afrique des trésors considérables étaient accumulés, ils furent confisqués au profit de la nouvelle dynastie. A Macao, non-seulement les négociants portugais célébrèrent cet heureux événement par des fêtes dont la magnificence prodigieuse retentit dans tout l'Orient, mais un cadeau de deux cents canons en bronze accompagna leur adhésion, et ils voulurent qu'une somme considérable fût offerte au nouveau monarque, comme preuve d'un dévouement que la distance n'affaiblissait point. Partout des marques de joie saluaient le pavillon national; nulle part néanmoins la nouvelle ne parvint d'une manière plus étrange et plus inattendue à la fois que dans la riche cité de Goa. Le capitaine Pedro du Liz s'était chargé de faire connaître aux Indes orientales l'élection du duc de Bragance; le vent et la mousson favorisèrent son voyage; en quatre mois il eut franchi la distance et put voir la Barre de Goa. Mais on n'était plus au temps où le pavillon du Portugal flottait librement dans ces mers : le brave commandant craignait les forces de la Hollande, il débarqua son fils à Pangy et le chargea de ses lettres pour le viceroi : le jeune Christovam du Liz s'avança alors, et entra résolûment dans la première église qu'il rencontra : c'était cette chapelle de la Conception que l'on considérait comme le premier édifice religieux qui eût été bâti dans la ville : on y prêchait alors et l'affluence était grande. Le jeune marin monta sur un escabeau et là, en présence de la foule étonnée, proclama don João de Bragance souverain des Indes. Des cris de joie lui répondirent, on l'entoura, et l'adhésion la plus sincère lui prouva qu'une même pensée d'indépendance unissait Lisbonne et Goa. Le plus important de sa mission néanmoins lui reste à accomplir : en quelques instants il est dans la capitale des Indes, les lettres de João IV sont ouvertes et le comte d'Aveyras proclame lui-même la dynastie nouvelle que ses vœux ont tant de fois appelée.

Pendant que des députations parties

des régions les plus lointaines se dirigeaient vers Lisbonne pour exprimer la joie sincère que ressentaient les colonies, des cœurs sans loyauté, des hommes de parti méditaient au cœur du royaume une conspiration qui devait renverser la maison de Bragance et faire rentrer sous le joug de l'Espagne ce royaume rebelle qu'il fallait rigoureusement châtier. Cet archevêque de Braga, qui avait pris avec tant de véhémence le parti de la vice-reine dans la journée du 1er décembre, ce prélat fougueux qu'on avait appelé un moment au gouvernement provisoire et qui n'avait passé aux affaires que pour en connaître les secrets, don Sebastião de Mattos, allait donner à son pays un spectacle qui irrita plus encore l'esprit patriotique du peuple qu'il n'indigna le nouveau roi.

CONSPIRATION FORMÉE PAR L'ARCHEVÊQUE DE BRAGA. — EXÉCUTION DE QUELQUES GRANDS SEIGNEURS. — L'archevêque de Braga appartenait à l'une des premières familles du royaume; mais, bien qu'il eût fait partie du gouvernement provisoire, il ne s'était jamais rallié sincèrement aux amis de l'indépendance nationale. Lorsque la duchesse de Mantoue avait reçu l'invitation expresse de sortir du royaume, il l'avait accompagnée jusqu'à la frontière. Il conçut bientôt la funeste pensée de rétablir en Portugal le gouvernement qu'elle représentait : c'était un homme ardent, énergique et doué d'une certaine éloquence; il fit passer ses convictions politiques dans l'esprit de plusieurs prélats, parmi lesquels se trouvait le grand inquisiteur. En s'adressant à quelques seigneurs mécontents, notamment au marquis de Villa-Real, au duc de Caminha et au comte d'Armamar, il était sûr de trouver des adhérents. Ce qu'il y eut de plus odieux dans cette affaire, c'est qu'une foule de réticences et de demi-confidences compromirent des innocents et notamment le noble Mathias d'Albuquerque, qui expia par une longue détention ce déplorable malentendu.

L'archevêque de Braga avait affaire à des gens qui se connaissaient en conspiration, ils venaient de passer par cette voie périlleuse et ils s'en étaient tirés en maîtres. Tout fut découvert, mais le peuple resta sans pitié pour des hommes qui avaient été sans patriotisme. Le récit que le comte d'Ericeira nous a laissé de cette misérable affaire, contraste avec celle qu'il vient de raconter, et l'on se sent, comme le peuple, privé de toute commisération pour des ambitieux qui livraient leur pays à l'étranger. Ces conspirateurs novices écrivirent au roi et firent l'aveu de leur crime; leur correspondance n'eut d'autre effet que de simplifier la procédure. L'échafaud se dressa pour la première fois sous le règne de Bragance, et ce fut pour voir tomber la tête du duc de Caminha et celles de trois autres grands seigneurs, parmi lesquels se trouvait Villa-Real, qui descendait du sang des rois. Une circonstance étrange, dernière marque de la féodalité expirante, marqua ces exécutions : des degrés plus ou moins élevés exhaussaient les siéges que devaient occuper les victimes de l'archevêque de Braga, et, comme le fait remarquer un historien, on ne laissa pas même à l'échafaud son privilége le moins contesté. Les ecclésiastiques ne furent pas donnés en spectacle au peuple, mais ils expièrent leur crime en prison. On a prétendu que l'archevêque de Braga avait été secrètement empoisonné; ce qu'il y a de certain, c'est qu'il sembla avoir un sentiment profond de sa faute et qu'il ordonna qu'on l'enterrât sous le porche de quelque église, sans qu'un seul mot rappelât aux Portugais une mémoire qu'ils avaient bien le droit de détester. Le grand inquisiteur fut plus heureux, soit que les fonctions dont il avait été revêtu jadis le protégeassent, soit qu'on eût reconnu bien réellement des circonstances atténuantes; après deux ans de détention il fut rendu à sa famille et réintégré dans ses biens.

EMPRISONNEMENT DE L'INFANT DON DUARTE. — RÉSOLUTION DE LA DIÈTE DE MUNSTER. — BATAILLE DE MONTIJO. — Tous ces faits et bien d'autres encore prouvent que l'Espagne, qui se préparait à l'agression, ne reculerait devant aucun des moyens secrets qu'employait la politique tortueuse d'un ministre sans grandeur. Dès l'année 1642, un frère de João IV, l'infortuné don Duarte, se voyait privé de la liberté au mépris du droit des gens. Comme un autre grand prince portugais du quinzième siècle, il était allé offrir ses services à la Hongrie, et sa capacité, que redoutait peut-être l'Espagne, le rendit l'objet d'un affreux marché : par une odieuse convention, signée, dit-on, à Vienne le 25 juin de cette année, le roi de Hongrie livrait son hôte moyennant 40,000 rixdalers. Francisco de Melo, gouverneur des armées de Flandre, don Manoel de Moura Corte Real, ambassadeur de Castille en Allemagne, se rendaient complices d'une politique sans dignité; et le frère d'un roi, que reconnaissait la France, allait périr dans un cachot (*).

Ce n'était pas sans de grandes raisons que le cabinet de Madrid s'était décidé à user de son influence pour consommer cette action déloyale. Dans la position où il se trouvait, don Duarte, mis à la tête des armées portugaises, pouvait être redouté (**). En effet, ni l'influence de la France ni les démarches secondaires de la Suède, ni les efforts constants de ce P. Vieira, que les Portugais n'ont jamais hésité à placer au rang de leurs hommes de génie, ne devaient réussir à faire comprendre le Portugal dans le traité de Munster, et la guerre menaçait de s'éterniser dans la Péninsule. A défaut d'un prince capable de diriger une armée, ce fut un général qui avait fait ses preuves durant les guerres de l'Amérique que l'on opposa d'abord aux Espagnols; Mathias d'Albuquerque, nommé gouverneur militaire de l'Alem-Tejo dès 1640, remporta, le 26 mai 1644, la bataille célèbre de Montijo, qui consolida certainement la maison de Bragance sur le trône. Dans cette journée, livrée non loin de Badajoz, où les Espagnols étaient commandés par le baron de Molinguem, ils se virent contraints à rétrograder jusqu'à Talavera : quoique supérieurs en nombre aux Portugais, ils perdirent dix-sept cents hommes avec toute leur artillerie.

La bataille de Montijo exerça une influence remarquable sur un pays qui se glorifiait d'avoir recouvré ses institutions, mais qui mettait encore en doute peut-être la possibilité de se maintenir au rang des peuples indépendants. Les deux nations eurent alors la mesure de leur pouvoir et surtout celle de leur persévérance : l'époque de la paix définitive put encore être reculée, on ne la regarda plus comme incertaine; et les événements qui se passèrent dans l'Alem-Tejo durant l'année suivante, ne firent, pour beaucoup de gens, que confirmer ces prévisions.

Cependant, à mesure que les chances de succès se montraient favorables à la maison de Bragance, la haine des Espagnols s'accroissait. En 1645, on vit se renouveler dans Rome même un scandale qui avait effrayé sur ses conséquences les meilleurs esprits du sacré collége. Comme Nicolas Monteiro, prieur de Cedofeita et chargé des affaires de Portugal à Rome, revenait dans sa voiture de Sainte-Marie del popolo, il fut attaqué par des shires à la solde de l'ambassadeur de Castille et ne dut la vie qu'au dévouement de son cocher. Cette fois le pape fut inflexible, et le comte de Siruela reçut l'ordre de sortir de Rome; mais l'indépendance portugaise n'en fut pas plus reconnue pour cela, et il fallut même encore que, dans cette circonstance, l'ambassadeur de France, M. de Gramonville, agît sérieusement pour le prieur de Cedofeita.

CORTÈS. — MORT DE JOAO IV. — Deux ans environ après la victoire de Montijo, en 1646, les états furent assemblés de nouveau à Lisbonne et de sages modifications furent faites à l'administration; la lutte avec l'Espagne ne cessait pas néanmoins, et le Portugal ne

---

(*) Voyez sur cet odieux traité un livre devenu assez rare et intitulé : *El principe vendido*, 1643. Il y a en tête un portrait de don Duarte de Bragance, et le titre même de l'ouvrage est une curiosité historique.

(**) Ce frère de Jean IV, ce prince infortuné qui périt dans la tour de Roqueta près de Milan, et qui se vit enlever sa liberté, au mépris de toutes les lois, était homme de guerre expérimenté et poëte habile. Emprisonné en 1641, traîné de forteresse en forteresse pour complaire au roi d'Espagne, il mourut âgé de quarante-quatre ans, à la même époque que Pinto Ribeiro. On a publié sous le nom de son secrétaire, Joao Bautista de Leon, des poésies diverses imprimées à Milan. C'était un homme d'une instruction peu commune et il a laissé en manuscrit plusieurs ouvrages de stratégie. Les diverses circonstances de son emprisonnement ont été minutieusement racontées, et elles forment dans l'histoire de cette période un épisode du plus haut intérêt. *Voy.* le livre cité plus haut.

trouva pas dans la politique de Mazarin les dispositions actives que Richelieu avait montrées. Le descendant du premier explorateur des Indes, le marquis de Niza, envoyé comme ambassadeur en France, eut plus d'une fois la preuve de cette indifférence, et la négociation qui s'établit alors n'est certainement pas sans intérêt pour l'histoire. Les derniers temps du règne de João IV ne peuvent sous aucun rapport néanmoins être mis en parallèle avec cette époque de luttes passionnées et d'incidents vraiment dramatiques qui caractérisent la première période. Durant les années de langueur qui précédèrent sa mort, le fondateur de la dynastie de Bragance eut la sage pensée de remettre le gouvernement de l'État à la femme courageuse qui l'avait assisté au début de sa carrière : les pièces diplomatiques qui nous sont parvenues, montrent suffisamment que dona Luiza remplit, vers 1655, les fonctions d'un ministre ingénieux et diligent. La lettre qu'elle écrivit vers cette époque au chevalier de Jant, qui défendait alors les intérêts de la France auprès du Portugal, est une preuve de ce que nous avançons. Elle déploie dans la discussion un tact, une fermeté qui prouvent jusqu'à quel point elle était au fait des intérêts politiques de son temps. La France avait prêté des sommes dont elle demandait le remboursement avec insistance : il faut voir avec quel art, et, au besoin, avec quelle dignité la reine sait rappeler que les Hollandais ont été secourus généreusement par leur alliée, sans qu'ils pussent alléguer même la communauté d'idées politiques et religieuses qui existe entre les deux couronnes. Cette lettre devait être envoyée à Mazarin, et tout nous prouve qu'elle modifia bien peu ses premières dispositions, si toutefois elle les changea; elle reste comme un curieux monument de l'aptitude que cette femme remarquable apportait dans le maniement des affaires. Un an plus tard, en 1656, lorsque João de Bragance s'éteignit, il put emporter au tombeau la certitude que la femme héroïque qui l'avait décidé à se charger du poids de la couronne, saurait la transmettre à sa dynastie : il s'en fallut de bien peu cependant qu'un règne fatal ne vînt tout remettre en question (*). Néanmoins avant de faire connaître les événements qui se passèrent sous le règne du fils de João IV, nous allons tourner encore nos regards vers les Indes, nous trouverons là un de ces hardis capitaines de la vieille race que dona Francisca savait apprécier.

DERNIERS EFFORTS DE LA VALEUR PORTUGAISE DANS LES INDES. — PRISE DE COLOMBO. — BELLE DÉFENSE DE SOUZA COUTINHO. — COUP D'ŒIL SUR L'AFRIQUE PORTUGAISE AU DIX-SEPTIÈME SIÈCLE. — Si le règne naissant de don João IV fut signalé à l'extérieur par quelques victoires éclatantes; si, grâce à l'énergie persévérante de Fernandez Vieira, on put, dès cette époque, prévoir que les modernes cités du Brésil ne reconnaîtraient bientôt d'autres maîtres que leurs fondateurs, il n'en fut pas de même des villes antiques de l'Orient, où, par quelques faits d'armes prodigieux, la domination chrétienne avait été substituée à celle des musulmans, lorsqu'elle ne renversait pas violemment un culte plus pacifique. Ce fut à Ceylan que se passa le dernier acte de ce drame qui avait frappé tour à tour l'Europe d'admiration et de terreur. Ce fut là que reparurent pour un moment tous les dévouements, tous les actes de courage, toutes les souffrances héroïques, qui avaient illustré les Portugais aux beaux jours de la conquête. Les héros de ces temps merveilleux ont encore un nom plein de prestige, le brave défenseur de Colombo est resté ignoré. Rappelons du moins l'heure de son dévouement, disons quelques mots de cette résistance, qui se para de tous les grands souvenirs, et qui, en s'animant des chants du poëte, finit noblement son épopée.

En 1655, les Hollandais avaient multiplié leurs conquêtes sur tous les points de la côte du Malabar, mais Colombo, la ville populeuse et commerçante, la cité indienne qui renferme aujourd'hui plus de cinquante mille âmes, était devenue surtout l'objet de leur convoitise.

_____

(*) João IV mourut le lundi 6 novembre 1656, à cinquante-deux ans et demi; il fut enlevé par une hydropisie. Il ne prenait plus grande part aux affaires vers les derniers temps. On l'enterra dans le couvent de Sam-Vicente de Fora.

Une première tentative de leur part était restée inutile, sans qu'on les eût précisément repoussés, lorsque Antonio de Souza Coutinho succéda dans le gouvernement de la forteresse à Francisco de Mello e Castro; il voulut conserver à son pays une place florissante qui remplaçait, pour ainsi dire, à elle seule, les grandes villes menacées.

Raconter ici, même sommairement, la lutte désespérée qui s'engagea entre lui et l'amiral hollandais Girard de Huld, dire les efforts qu'il fallut multiplier pour résister à une flotte puissamment armée, qui ne comptait pas moins de douze gros vaisseaux de guerre, peindre en même temps l'horrible famine qui ne tarda pas à se faire sentir dans la cité, nous entraînerait bien au delà des bornes que nous ne voulons pas franchir. Nous rappellerons seulement que Coutinho était un de ces vieillards énergiques qui avaient toujours présent au souvenir l'inflexible courage des Albuquerque et des Jean de Castro : il résista en effet contre ces forces inégales, sans éprouver ni crainte ni faiblesse. Sept mille personnes succombèrent d'inanition ou par suite de maladies contagieuses, le brave capitaine portugais résista encore. Animés par une telle volonté, ses soldats allaient, dit-on, sur les remparts répétant en chœur les chants patriotiques de Camoens. Ils ne sauvèrent point la ville, mais ils sauvèrent l'honneur du pays. Le chef de l'expédition, Girard de Huld, succomba, et lorsque de nouvelles forces envoyées par les Hollandais contraignirent Antonio de Souza Coutinho à capituler, non-seulement il obtint des conditions telles qu'elles eussent pu satisfaire un général du temps de Jean III, mais encore aujourd'hui son nom doit résonner dans l'histoire plus haut que celui du vainqueur.

Colombo passa sous la domination de la Hollande le 12 mai 1656. La perte de cette place devait nécessairement entraîner bien d'autres conquêtes. Cinq ans plus tard, de 1661 à 1663, les Hollandais, sous les ordres de Van Goens, s'emparèrent, le long de la côte du Malabar, de plusieurs villes qui restaient au Portugal, et dont, il faut bien l'avouer, la métropole se mettait dès lors peu en peine. Goa elle-même trembla pour sa liberté, et si elle résista, on vit tomber successivement au pouvoir de la république batave, Coulan, Grangunor, Cochin, puis Cananor et Porca. Sarmento défendit bravement la cité de Cochin qu'on lui avait confiée.

Par une sorte de compensation à tant de pertes, dès l'année 1654, les riches campagnes du Brésil étaient rentrées au pouvoir de João IV, et les aventureuses *Bandeiras* de Saint-Paul en s'avançant dans l'intérieur promettaient de nouveaux trésors. Si l'on avait cessé d'apprécier à leur juste valeur politique les cités voisines du Maroc, ardemment convoitées jadis, une autre portion de l'Afrique non moins intéressante occupait les esprits. André Alvarez d'Almada, le premier qui fit connaître la région située entre la Sénégambie et le pays de Benin, avait, dès la seconde moitié du seizième siècle, remonté la Gambie jusqu'à cent cinquante lieues dans l'intérieur. Grâce à ses instructions, dès 1580, on songeait à fonder sur la côte de Sierra-Leone une colonie portugaise (*). La fin du règne de João IV était aussi l'époque des grandes luttes dans ce pays si peu connu d'Angola, qu'on décorait du titre de royaume : les Hollandais étaient chassés par Pedro César de Menezes, les nations de l'intérieur étaient visitées, et un écrivain à peine consulté de nos jours, Antonio de Oliveyra Cadornega, qui mourut à Loando en 1690, écrivait l'histoire (**) de ces contrées si curieuses qu'on ignore souvent de nos jours, parce qu'on méconnaît les vieilles relations. C'est encore dans ce pays d'Angola qu'on vit paraître dans le quinzième siècle Anna Ginga, la reine de Matamba (***), qui mourut en 1663, à l'âge de quatre-vingts ans et dont l'histoire sera toujours un des plus effroyables épisodes

---

(*) Voy. Notice sur André Alvarez d'Almada, par M. le vicomte de Santarem ; Paris, 1842, br. in-8°.

(**) Ce beau livre est inédit à la Bibliothèque royale, il forme deux vol. in-f° portant le titre de *Historia das guerras angolanas*, manuscrit sous le n° 10,032.

(***) Tout le monde connaît la biographie de cette femme célèbre écrite en français. Voy., pour retrouver l'originalité des faits, les *Memorias* de Feo Cardoso de Castello Branco e Torres, publiés en 1825.

qu'ait pu rêver l'esprit humain. Disons cependant que si les découvertes faites durant cette période étaient du plus haut intérêt pour la science, les forces répandues en Afrique n'étaient pas bien considérables; précisément au milieu du dix-septième siècle, Angola ne comptait pas plus de quatre cents Portugais et de quatre cents hommes décorés du nom de soldats. Ambaça n'avait que deux cents colons, Benguela ne pouvait opposer en cas d'attaque que quinze soldats. Si Mozambique renfermait encore soixante-dix Portugais et cent cinquante hommes régulièrement armés, on n'en voyait que six à Sofala avec huit pièces d'artillerie; enfin Monbaça n'avait que cinquante hommes de garnison. A cette même époque il n'y avait de toutes les îles du cap Vert que Sant iago qui fût habité, et une centaine de blancs avec douze compagnies de soldats noirs formaient sa population. Nous n'avons consigné ici à dessein que les noms répétés par l'histoire. Massangano, Muchina, Cambades, Cacheu, Quelimane, Tete, ne comptaient respectivement qu'une trentaine de *Moradores*, c'est-à-dire de colons portugais. Bien certainement cette population a augmenté, et lorsque les Portugais voient pour l'avenir, dans leurs possessions de l'Afrique, une sorte de dédommagement aux pertes que la mère patrie a faites dans l'Amérique, il faut s'applaudir avec eux d'un espoir qu'on voudrait voir se réaliser.

Disons-le bien, avant de terminer ce paragraphe, ce fut vers la fin du seizième siècle, au commencement du dix-septième, que l'état de l'Afrique intérieure fut le mieux connu des Portugais. En effet, si Garcia de Resende mentionne rapidement Tombouctou, qu'il désigne sous le nom de *Tombuqutum*, dès le règne de Sébastien un certain Diogo Carreiro annonce au roi qu'au moment où il recevra sa lettre il sera déjà dans ces régions. Une foule de routiers inconnus, de beaux livres même, comme celui de Cadornega, sont restés inédits, et il appartiendrait à notre époque de préparer des découvertes nouvelles en les livrant à la publicité.

CONSIDÉRATIONS GÉNÉRALES — DON AFFONSO VI; MALADIE ÉPROUVÉE DURANT SON ENFANCE. — AFFAIBLISSEMENT INTELLECTUEL. — MAUVAISE ÉDUCATION. — INFLUENCE PROGRESSIVE DE CONTI. — Tout ce qui a sérieusement occupé l'Europe dans l'histoire du Portugal, gloire, revers, réhabilitation nationale, semble dit lorsqu'on a franchi cette époque célèbre *des Révolutions*, dont nous venons d'esquisser un peu plus bas les traits principaux. Nous serons bref désormais dans notre récit; nous nous hâterons d'arriver aux événements mémorables du dix-huitième siècle, dont l'influence est restée profondément gravée dans le souvenir des peuples, et qui forment, pour ainsi dire, à la fin de ces annales, une époque de rénovation. Toutefois il y aurait de l'injustice à passer sous silence un règne, qui, pour avoir présenté des luttes déplorables, n'en est pas moins resté l'un des plus curieux, l'un des moins connus surtout de cette histoire du Portugal, dont on n'apprécie guère en France que le côté glorieux. Tous les esprits sages conviennent aujourd'hui que cette période, mal comprise et surtout mal appréciée dans son ensemble, aurait besoin d'un historien nouveau. En admettant la vérité de cette opinion, nous nous contenterons cependant d'exposer les faits, car l'espace nous manque pour sonder les secrets d'une politique tortueuse, et même pour envisager sous leur aspect véritable les principes du comte de Castelmelhor, le roi de fait sous ce règne déplorable.

Don Affonso, fils de João IV, naquit le 21 août 1643. Il fut attaqué à l'âge de trois ans par une fièvre maligne du plus fâcheux caractère, à laquelle succéda une paralysie du côté droit, qui agit sur le cerveau : on désespéra longtemps des jours du second fils de João IV; il recouvra enfin la santé, mais on ne tarda pas à s'apercevoir combien l'intelligence du jeune prince était affaiblie. Le fondateur de la maison de Bragance, dont il faut reconnaître en bien des circonstances l'esprit pénétrant et la rare intelligence, mit en usage tous les moyens qu'il avait à sa disposition pour remédier à ce fatal état de choses; ce fut en vain qu'il envoya l'infant aux eaux si efficaces de *Caldas da rainha* et que plus tard il choisit pour diriger ses études un professeur habile (*). Le jeune prince put bien recouvrer à la longue l'usage d'une main qui était complètement paralysée, il n'en fut pas de même, dès qu'il fallut exiger quelques efforts d'esprit : les soins persévérants de l'habile Nicolao Monteiro échouèrent sur tous les points; le frêle roseau ne put être redressé, nous dit un vieil écrivain portugais. Jusqu'alors ce triste état moral de l'infant n'avait pu inspirer de douleur réelle qu'à sa famille. Mais, en 1653, le prince Theodosio, qui donnait les espérances les mieux fondées et qui avait été déclaré héritier présomptif de la couronne, fut enlevé par une fatale maladie. Les cortès se virent convoquées immédiatement, à l'effet de reconnaître l'infant don Affonso comme successeur de João IV; il paraît que, dès cette époque, quelques esprits solides émirent l'avis de substituer aux droits de la primogéniture ceux que donnait une capacité réelle : ils proposèrent d'élire pour prince royal l'infant don Pedro. Leur avis ne prévalut pas, et le 22 octobre 1653, don Affonso fut reconnu comme héritier du trône par les trois ordres de la nation. Dès 1556 il était salué du titre de roi, sous la tutelle de sa mère (**).

Notre intention ne saurait être de rappeler ici la série d'anecdotes qui ont cours dans tous les livres contemporains sur l'adolescence de ce monarque incapable, et sur les preuves d'inaptitude qu'il donna au début de sa carrière. Il est une circonstance cependant qu'on ne peut passer sous silence, parce qu'en attestant certains penchants du prince, elle eut une grande influence sur les destinées du pays. A l'époque où ce jeune roi de treize ans continuait, sous la direction d'un seigneur fort connu, ce qu'on voulait bien appeler des études, sa récréation favorite consistait à admettre dans une des cours du palais quelques jeunes gens de son âge, et à les voir se former sous ses yeux en bandes séparées pour s'attaquer bientôt à coups de fronde. Les sympathies du jeune monarque s'étaient décidées pour un parti, et il manifestait hautement son approbation lorsque celui-ci restait vainqueur. Un des marchands de la place, d'origine génoise, un certain Nicolas Conti, de la famille Vintimiglia (*), résolut de mettre à profit les goûts si prononcés du roi enfant; non-seulement il sut attirer sur lui ses bonnes grâces, en lui offrant journellement des frondes de soie, des couteaux dorés et mille autres bagatelles, mais il parvint à s'insinuer si avant dans l'esprit du prince qu'il devint indispensable, et qu'au mépris des avis de la reine et des représentations du gouverneur, il finit par avoir à toute heure du jour ses entrées dans le palais : quelques mois plus tard il y établit sa demeure.

Cette intimité avec un homme privé d'éducation et dont le caractère n'offrait nulle garantie de moralité eut bientôt les résultats qu'elle devait avoir, et les livres contemporains sont remplis d'anecdotes scandaleuses attestant la fougue brutale du roi plutôt encore que des goûts sanguinaires. Il faut avoir présentes au souvenir quelques-unes des scènes dont la minorité de Louis XIII offre parmi nous tant d'exemples pour se figurer ce qu'étaient à cette époque les courses nocturnes d'Affonso VI au sein de Lisbonne. Environné de *bravi*, auxquels il avait imposé des dénominations particulières, il lui arriva plus d'une fois ou de commettre sa personne dans des rixes sanglantes, ou de livrer au mépris du peuple un nom qu'on eût dû respecter.

L'astucieux Italien, aidé de son frère,

(*) Voyez à ce sujet, outre l'ouvrage intitulé : *Catastrophe de Portugal na deposicão del rey D. Affonso o sexto*, le petit volume publié à Amsterdam et connu sous le titre de : *Relation des troubles arrivez dans la cour de Portugal en l'année 1667 et en l'année 1668*.

(**) Le peuple, toujours si vivement attaché à ses souverains en Portugal, semblait avoir l'instinct secret de l'avilissement où allait tomber ce malheureux prince. Lorsqu'il traversa solennellement Lisbonne entouré des grands et des ministres et se rendant à la cathédrale à la suite du couronnement, un froid silence l'accueillit, nulle voix ne sortit de la foule pour confirmer l'acclamation, et le fils de João IV devint ce jour-là l'objet du dédain populaire, comme il l'était de la noblesse. Voyez *une lettre particulière écrite de Lisbonne par un témoin oculaire*. Cette pièce importante fait partie d'un volume de pièces espagnoles et portugaises inédites qu'on trouve à la Bib. roy. sous le n° 351, supp.

(*) Et non, comme on le prétendit plus tard, de l'illustre famille vénitienne des Conti.

Jean Conti, encourageait ces déportements, ou plutôt il disposait toutes choses pour que les expéditions secrètes du roi lui offrissent chaque soir de grossiers plaisirs, durant lesquels sa présence était reconnue indispensable. La noble femme qui avait su conquérir un trône à son mari et qui voulait le conserver à son fils, cette fière dona Luisa Francisca de Gusman, dont les habitudes intérieures étaient si pleines de dignité, la reine enfin, devait souffrir plus qu'un autre d'un tel contact et d'une pareille conduite; elle usa de son autorité et fit fermer les issues secrètes du palais dans l'intention de retenir ce coureur de carrefours qu'on honorait du titre de roi; mais cette sage précaution n'eut d'autres résultats que de rendre patents aux yeux de tous les désordres de son fils.

C'était le temps où le Portugal allait donner une reine à l'Angleterre, et durant les ouvertures diplomatiques faites à ce sujet, le crédit de Nicolas Conti s'était revêtu d'un caractère presque officiel, puisque l'ambassadeur de la cour de Londres n'avait pas craint de travailler avec lui. Nommé précédemment gentilhomme de la maison du roi, devenu titulaire d'une charge importante dans le palais, charge qu'on n'accordait ordinairement qu'à des hommes d'une naissance illustre, Conti vit bientôt, à l'empressement des courtisans, qu'il avait su conquérir un titre plus envié encore, et qu'on le reconnaissait pour le favori.

Triste monarque, pauvre favori! la puissance éphémère de l'un ne devait guère plus durer que la grandeur de l'autre : un beau jour, grâce à la ferme volonté de la reine, secondée de l'énergie du duc de Cadaval, Nicolas Conti fut embarqué avec son frère et quelques adhérents sur un bâtiment qu'on avait préparé dans l'intention de se débarrasser du Génois, et qui fit aussitôt voile pour le Brésil. Mais tout fut grotesque dans la manière dont s'opéra l'enlèvement du favori d'Alphonse VI, et l'on mit même complètement en oubli les formes respectueuses qu'on avait eues jusqu'alors en Portugal pour la personne du roi. Conti fut arrêté dans les appartements du palais après une lutte ridicule, et ce qu'il y eut de curieux sans doute dans cette circonstance, c'est que l'arrestation de l'aventurier italien offrit une occasion toute particulière de réussite à celui qui devait tenir bientôt sa place et qu'on devait saluer du titre de favori : Luiz de Vasconcellos e Souza, comte de Castelmelhor, premier gentilhomme de la chambre, agit pour Conti en cette occasion, et reprocha ouvertement au duc de Cadaval d'avoir porté une atteinte condamnable à la majesté royale qu'il eût dû faire respecter.

Le roi ignorait absolument le départ forcé de son compagnon de plaisirs. Lorsqu'il en fut instruit par ordre de la reine, son mécontentement se manifesta; il laissa voir une sombre contrainte, bientôt remplacée par une froideur apparente; mais à partir de cette époque le comte de Castelmelhor sembla prendre une influence croissante sur cet esprit irrité. Le roi ne voulut plus que lui pour le service de sa personne, et bientôt on eut la preuve qu'une volonté plus ferme et plus éclairée à la fois que celle de Conti allait présider aux affaires : une première démarche le démontra. Don Affonso, s'étant rendu à Alcantara avec quelques seigneurs, signifia de cette résidence à la noblesse et aux gouverneurs des places principales, qu'il prenait désormais les rênes de l'État.

La reine devina aisément, par les seules expressions de la volonté royale, que la lutte ne s'engageait plus désormais entre elle et un prince dont l'intelligence bornée était incapable de prendre une résolution politique; elle n'avait jamais compté sur la tendresse due à la mère, elle comprit ce qu'exigeait la dignité de reine. Et après avoir retardé par quelques démarches infructueuses un événement qu'elle redoutait, elle fit signifier au roi qu'elle était prête à déposer le pouvoir et à lui remettre les sceaux de l'État.

Ce fut à Lisbonne, en présence de la noblesse et du peuple, que ce grand acte eut lieu (*): il s'en fallait d'un mois que le roi n'eût atteint dix-neuf ans, et rien n'indiqua dans sa conduite, ou dans ses idées, qu'il eût compris l'importance du fardeau dont il venait de

(*) Le 23 juin 1662.

se charger. Il n'en était pas de même de la régente, elle sentit que tout était fini pour elle en ce monde, et qu'il ne lui serait pas même permis d'aider cette frêle intelligence de ses conseils et de sa haute perspicacité; elle songea dès lors à se retirer dans un couvent. Ce projet, du reste, ne put s'effectuer que beaucoup plus tard, et avant de trouver ce repos si ardemment souhaité, il lui fallut subir, comme reine et comme mère, bien des humiliations et surtout bien des amertumes.

« Avant que le roi eust pris possession du gouvernement, » dit un auteur français de ce temps, qui paraît être bien informé, « les comtes d'Atouguia et de Castelmelhor ainsi que Sebastien César de Menezes l'avoient desja pris de son esprit. Comme la politique de ces trois favoris estoit de s'entre-louer devant le roy, il se persuada téllement qu'ils estoient remplis de rares qualitez, qu'il se reposoit sur eux de toutes les affaires de l'Estat. » Le plus habile des trois personnages que nous venons de désigner, c'était après tout le comte de Castelmelhor; il le prouva bientôt; en peu de temps il sut agir avec une telle dextérité qu'il alla occuper dans le palais le logement naguère habité par le prince Théodose; il fit revivre même avec tous ses priviléges la charge d'*escrivão da puridade*, et bientôt il dirigea les affaires en ministre tout-puissant.

MARIAGE DU ROI. — INTELLIGENCE DE LA JEUNE REINE ET DE L'INFANT DON PEDRO. — LUTTE CONTRE L'INFLUENCE DE CASTELMELHOR. — DÉPOSITION D'AFFONSO VI. — Le comte de Castelmelhor avait un sentiment trop net de sa position réelle pour ne pas user du pouvoir, si ce n'est avec justice, avec une certaine énergie. Un homme d'un cœur ardent et que son génie a placé à la tête des écrivains de son siècle, Vieira fut exilé au Brésil, non pas uniquement parce qu'il avait rédigé certaines représentations adressées au roi, mais bien sans doute parce que l'on redoutait son talent et l'appui qu'il pouvait prêter au parti de la reine (*).

(*) On sévit également contre le duc de Ca-

A l'époque où ces événements avaient lieu, un bruit suffisamment justifié par l'état de santé du roi, circulait même parmi le peuple. Don Affonso frappé de paralysie dans son enfance, était, dit-on, resté impuissant, et dès lors son frère don Pedro, plus jeune que lui de quelques années, puisqu'il était né à Lisbonne le 26 avril 1648, se voyait appelé à lui succéder. Le comte de Castelmelhor ne se méprit pas sans doute dès l'origine sur les prétentions de ce prince; l'infant, de son côté, reconnut, à l'habileté du ministre, les obstacles qu'il devait rencontrer dans l'exécution de ses projets : une animosité profonde sépara bientôt ces deux hommes et se manifesta par des tracasseries de cour, dont le détail, bien connu du reste, ne ferait que ralentir notre récit. Nous nous contenterons de rappeler que ce fut au milieu des douleurs morales amenées par ces dissensions que la régente expira le 27 février 1666, dans le couvent d'Augustines où elle s'était réfugiée. Une lettre, pleine de sentiments élevés, appela le fils auprès de sa mère mourante; mais le couvent de Xabregas était à quelques lieues de Lisbonne; grâce à des retards amenés par une lenteur habile, l'infortunée dona Francisca de Guzman ne put donner qu'une main refroidie par la mort au fils ingrat qui obéissait sans doute à l'étiquette, mais qui ne la pleurait pas.

La politique du comte de Castelmelhor exigeait que don Affonso se mariât; des négociations furent ouvertes à ce sujet, et dans l'année même où la reine mère était morte, Marie-Françoise-Élisabeth de Savoie, fille du duc de Nemours, fut épousée par procuration au nom du roi de Portugal le 27 juin 1666 (*); elle

daval, le grand veneur, Emmanuel de Mello, le comte de Soure, et le comte de Pombeiro.

(*) Dès son début, du reste, une circonstance bien étrange de ce mariage dut faire comprendre à la princesse quel était le caractere de l'homme auquel elle allait unir son sort : voici ce que raconte à ce sujet un diplomate estimé, fort au fait des anecdotes du temps : « En 1666, Alphonse VI, roi de Portugal, épousant la princesse Marie-Françoise-Elisabeth de Savoie, duchesse de Nemours et d'Aumale, ne voulut pas souffrir que le marquis de Sande donnât la main à cette princesse dans les cérémonies des épousailles en qualité de procureur, comme il se rencontre d'ordinaire en ces circonstances, de sorte qu'il fallut que la jeune

s'embarqua immédiatement et, le 2 août suivant, la flottille qui l'amenait entra dans le port de Lisbonne.

Évidemment le marquis de Castelmelhor avait été mal informé ou avait manqué à sa pénétration habituelle en faisant choix de cette princesse pour la faire monter sur le trône. Élisabeth de Savoie était un esprit fin, résolu, énergique même au besoin, et elle le prouva bientôt ; ce fut à partir de l'époque où la jeune reine arriva à Lisbonne que le drame dont on retardait le dénoûment se compliqua d'éléments si bizarres et si inattendus qu'il n'y a peut-être pas de comédie politique plus étrange dans les annales de l'Europe.

Le fait lui-même, en le dégageant d'une foule d'épisodes bizarres, suffit pour renverser toutes les idées qu'on a pu se former touchant un siècle religieux, ou même à l'égard d'une cour héritière de l'étiquette des trois Philippe. En moins de deux ans une jeune princesse, vouée en apparence à toutes les austérités, trouve moyen de dénoncer au monde l'impuissance d'un époux dont elle avait volontairement accepté la main. Sans pitié pour un affaiblissement moral, dont elle avait sans doute prévu à l'avance les conséquences, elle fait descendre son mari du trône, Rome sanctionne sa conduite, et le propre frère de la victime partage son trône avec elle (*).

reine donnât procuration au duc de Vendôme, son oncle, pour la représenter dans cette cérémonie, où, par une singularité nouvelle, l'évêque du de Laon maria les deux procureurs ensemble, savoir, l'ambassadeur et le duc.
Voy. *Mémoires historiques de Amelot de la Houssaye.*

(*) « Dès que ce mariage fut divulgué, on commença, à cause de l'honnesteté publique, à douter s'il se pouvoit légitimement et valablement contracter et consommer sans dispense. — Comme on choisissoit plusieurs doctes personnages pour agiter cette question, M. Verjus arriva de France avec le bref de dispense, qui leva le doute et le scrupule qu'on pouvoit avoir. » Voy. *Relation des troubles de Portugal* en 1667 et en 1668. Il faut insister cependant sur un point : de hideuses habitudes dans sa vie intérieure faisaient d'Alphonse VI un être repoussant. Nous regrettons de ne pouvoir insérer ici la lettre si pleine d'intérêt où M. de Saint-Romain raconte dans le plus grand détail l'emploi que ce roi faisait de ses journées. Voy. les *Documents inédits sur l'histoire de France* (succession d'Espagne), par M. Mignet, t. 2, p. 574.

Le 2 avril 1668, tout était consommé, Alphonse VI n'était plus roi que de nom. D. Pedro allait prendre le titre de régent du royaume, et l'exil devenait le partage d'un souverain sans dignité, jouet d'une immoralité honteuse.

S'il faut en croire un écrivain portugais dont la gravité est citée généralement, D. Affonso, au moment décisif où il allait perdre la couronne, se prit à tirer des sons aigus d'un sifflet dont il faisait depuis quelque temps son jouet habituel. Le drame allait finir en effet, et les rôles allaient changer : mais le triste héros de cette comédie n'en prenait point le dénoûment, et il ne se doutait pas qu'en abdiquant le trône il abdiquait la liberté : quelques jours plus tard, le 23 novembre 1667, déchu de son rang, abandonné de ses favoris, hormis du valet auquel il confiait le soin de ses chiens, et qu'il avait demandé lui-même pour en faire sa société, D. Affonso se voyait proposer, pour y finir ses jours, la petite île de Terceira, et on lui annonçait, sans qu'il comprît peut-être l'insolente ironie de la proposition, qu'il devait trouver dans cette solitude des plaisirs selon ses goûts, un repos selon la nécessité des temps.

Avant de contracter un mariage, étrangement prévu à l'avance sans doute, D. Pedro voulut sanctionner par l'approbation des états du royaume une usurpation dont il sentait au fond la criante iniquité et qu'il n'osait consommer en prenant le titre ardemment désiré de roi. En effet, durant l'assemblée des cortès qui eut lieu le 27 janvier 1668, il reçut le serment des états comme prince régent et comme héritier de la couronne, mais il ne prit que le titre de gouverneur du royaume; ce fut en cette qualité qu'il prêta serment aux institutions du Portugal le 9 juin 1668. A partir de cette époque, toutes les affaires furent expédiées en son nom; le nom de l'infortuné D. Affonso ne parut plus dans les actes que pour attester un règne misérable, auquel on refusait toute valeur politique.

On comprendra sans efforts qu'après la déposition d'Affonso VI, le duc de Castelmelhor se vit complétement évincé des affaires; le duc de Cadaval, au contraire, prit une influence définitive sur l'administration. Quelle que soit l'opinion que l'on se soit formée sur le second roi issu de la maison de Bragance, il y aurait de la témérité et surtout de l'injustice à juger son ministre d'après les libelles nombreux que fit paraître à cette époque le parti de la reine, libelles auxquels les déplorables excentricités du prince ne donnaient que trop de crédit. Durant l'administration du comte de Castelmelhor, le peuple souriait quelquefois au récit des extravagances fort exagérées sans doute du monarque, mais il applaudissait aux talents réels du ministre et à sa louable activité. Pendant cette période le royaume vit son influence se consolider aux yeux des autres cours de l'Europe, et le Portugal remporta une des victoires les plus éclatantes qu'il eût encore gagnées sur ses voisins. Un diplomate anglais qu'on ne saurait accuser d'une trop grande partialité en faveur d'Affonso VI, rend pleine justice à son ministre. « Malgré les murmures des gens intéressés et de leurs amis, il conduisit si bien tout, qu'il devint en peu de temps extrêmement populaire. Il trouva l'État sur le penchant de sa ruine et réduit, selon les apparences, à la dernière extrémité par une guerre qui avait duré vingt-deux ans. Les Espagnols, après avoir fait la paix avec les Français, tombaient sur le Portugal avec l'élite de leurs troupes, et D. Juan d'Autriche était en ce temps-là presque dans le sein du royaume et attendu chaque jour à Lisbonne à la tête d'une armée plus nombreuse qu'aucune de celles que les Espagnols eussent eues sur pied depuis le commencement de la guerre. Mais le *Conde* ne fut pas plutôt parvenu au gouvernement, qu'un soudain échec fut donné à l'ennemi (*). » Ce que le diplomate anglais exprime ici d'une manière si précise ne saurait laisser aucun doute dans l'esprit du lecteur. Ce fut sous l'administration de Castelmelhor que l'indépendance portugaise fut en réalité confirmée :

(*) *Relation de la cour de Portugal sous D. Pedre II, à présent régnant*, traduite de l'anglais, t. I, p. 84. Cette traduction est plus ample que l'original. L'auteur de ce livre, Robert Southwel, était alors ambassadeur à la cour de Lisbonne, et il se montre assez impartial.

22ᵉ *Livraison.* (PORTUGAL.)

elle le fut grâce à l'habileté incontestable du ministre, mais grâce surtout aux dispositions militaires d'un général dont la France doit rappeler les titres de gloire, parce qu'ils se lient essentiellement à son histoire durant cette dernière période. Faisons ici quelques pas rétrogrades; les détails d'un règne malheureux, le récit d'intrigues misérables ont détourné trop longtemps nos yeux des faits importants de l'histoire. Durant le règne d'Affonso VI, les prétentions de l'Espagne n'avaient rien perdu de leur exigence, la lutte ne s'était point calmée en se prolongeant ; et sans deux victoires qu'on place à côté de celle qui fut remportée dans les champs de Montijo, il est difficile de dire aujourd'hui ce que fut devenue la maison de Bragance. Schomberg commandait heureusement en second à ces deux journées décisives.

BATAILLE D'AMEIXIAL. — SCHOMBERG ET LE COMTE DE VILLAFLOR. — BATAILLE DE MONTESCLAROS. — Cette fameuse journée d'Ameixial, qui sauva sans aucun doute la monarchie, prit son nom d'un petit village voisin d'Estremoz et eut lieu le 8 juin 1663. C'était le comte de Villaflor, D. Sancho Manoel, qui commandait en chef l'armée portugaise : la bataille s'engagea au moment où celle-ci voulait traverser le Rio Degede. D. Juan d'Autriche ordonna d'exécuter le même mouvement, et ce premier choc fut terrible, car les Espagnols y perdirent huit cents hommes, auxquels il faut ajouter un nombre égal de blessés. D. Juan d'Autriche s'étant retiré avec la plus grande partie de son armée sur une éminence d'un accès difficile, l'infanterie portugaise alla le déloger de cette position et le mit bientôt en fuite ; cette victoire couta plus de quatre mille morts aux Espagnols, et l'on ne compta pas moins de six mille prisonniers après l'action. Quatre cents chevaux, huit pièces d'artillerie, un mortier, une immense quantité d'armes, plus de deux mille fourgons chargés de butin, complétèrent une victoire qui prépara la reprise d'Évora, obtenue quelque temps après.

Ces avantages et bien d'autres que nous sommes obligé de passer sous silence furent obtenus en grande partie, comme on l'a dit précédemment, grâce à l'énergie et aux lumières du comte de Schomberg que le duc de Castelmelhor crut devoir adjoindre à D. Sancho Manoel.

Frédéric de Schomberg, qui fut plus tard maréchal de France, ayant passé au service de Louis XIV, reçut bientôt l'ordre de passer secrètement au service de Portugal. Il se rendit dans ce pays en 1660 avec six cents officiers français, à la suite des habiles négociations du comte de Soure auprès du cardinal Mazarin, négociations qui excitèrent au plus haut degré l'intérêt du grand Turenne (*).

Placé à la tête des auxiliaires étrangers, qui se composaient principalement de Français et d'Anglais, Schomberg sut imprimer aux troupes qu'il dirigeait des habitudes de discipline et de célérité qui les rendirent bientôt d'une haute utilité durant cette guerre, où il fallait prendre surtout de promptes décisions. A Ameixial, Schomberg insista avec énergie auprès du comte de Villaflor pour que l'action fût engagée sans retard, et ce fut en grande partie aux sages mesures qu'il sut prendre qu'on dut le succès d'une journée décisive.

Après cette bataille, qui consolidait déjà sur le trône la maison de Bragance, le comte de Castelmelhor retira le commandement au général portugais (**), qu'il n'aimait point, et le remit au comte de Marialva. Schomberg fut doublement irrité de cette préférence et il ne craignit pas de le dire : d'un côté, il y voyait une injustice commise envers un général qui n'avait point démérité; de l'autre, il se sentait lésé dans ses propres intérêts, car il avait été convenu verbalement que le commandement lui serait dévolu, au cas où le comte de Villaflor le laisserait vaquer. Oubliant bientôt ces considérations secondaires, Schomberg servit avec le zèle qu'il avait toujours montré, et ce fut à lui qu'on dut en grande partie le gain de cette fameuse journée de Montesclaros, où les troupes portugaises firent encore de si généreux efforts.

Malheureux à la bataille d'Ameixial, D. Juan d'Autriche s'était vu retirer le commandement des troupes castillanes, et le marquis de Caracena avait quitté l'armée de Flandre pour venir se mettre à la tête de celle qu'on destinait à une nouvelle invasion du Portugal. Le marquis de Caracena, en arrivant dans la Péninsule, s'était vanté, dit-on, de tourner tous les obstacles et, comme le duc d'Albe, de marcher droit sur Lisbonne; mais les temps étaient bien changés, et Schomberg le lui prouva.

Le général espagnol était déjà parvenu à Villa-Viçosa et il avait attaqué la citadelle de cette place, lorsque le marquis de Marialva ayant Schomberg sous ses ordres, mais en réalité lui laissant le commandement, se présenta avec quinze mille hommes d'infanterie, cinq mille cinq cents chevaux et vingt pièces d'artillerie. C'était le 17 juin 1665, et la rencontre eut lieu dans une campagne désignée sous le nom de Montesclaros : le premier choc de l'armée castillane pensa être funeste aux Portugais, et Caracena atteignit même l'avant-garde des secondes lignes ; mais les bataillons rompus se reformèrent, et ils chargèrent si vigoureusement les Espagnols que la victoire fut décisive. L'armée d'invasion eut quatre mille morts et laissa à la merci de l'ennemi six mille prisonniers, sans compter d'immenses bagages ; le marquis de Caracena se vit contraint de chercher son salut dans la fuite et il se retira en toute hâte sur Jurumenha. Ce fut de cette place qu'il fit connaître les désastres de la journée à la cour de Madrid. On dit que lorsque Philippe IV reçut cette triste nouvelle, il laissa tomber la lettre qui la lui annonçait, en disant simplement : « Dieu le veut. » Dieu voulait, en effet, qu'une glorieuse nation jouît enfin de l'indépendance qu'elle avait su conquérir.

Il serait trop long de rappeler ici, même sommairement, les affaires partielles auxquelles le comte de Schomberg prit part ; il remporta encore une grande victoire sur les Castillans, commanda en chef les armées portugaises, et reçut le titre de duc. Malgré ces avantages, qu'il obtint d'ailleurs un peu tardive-

---

(*) Voy. Laclède, *Histoire de Portugal*, édition de Fortia d'Urban, t. IX, p. 198.

(**) D. Sancho Manoel, premier comte de Villaflor, s'était distingué durant les guerres de l'acclamation, et nul ne peut lui contester une ardente bravoure; il mourut le 5 février 1667 et fut enterré dans un couvent d'Abrantès.

ment, il dut se rappeler plus d'une fois la triste prophétie qui lui avait été faite à son départ de la France; on lui avait annoncé, en effet, qu'il rencontrerait en Portugal plus d'obstacles réels, venant d'une jalousie inquiète et d'une susceptibilité nationale nécessairement injuste, qu'il n'aurait à en redouter de la persévérance des Espagnols (*).

On voit par cette rapide esquisse combien dut être remplie l'administration du comte de Castelmelhor, si tristement entravée d'ailleurs par d'interminables tracasseries de cour. Cette administration avait duré cinq ans, et certes ce n'est point la période la moins glorieuse du Portugal. Lorsque le parti de la reine l'eut emporté, ce ministre comprit que tout était fini pour lui dans un pays où il avait occupé le premier rang, mais où, comme il l'avait dit lui-même, « un roi lui avait manqué; » il passa d'abord en Italie et en France, puis il alla se fixer en Angleterre. Ce ne fut pas, disent quelques relations manuscrites, pour y être paisible spectateur d'un état de choses qu'il avait préparé, et, si l'on en croit ces documents inédits que nous avons sous les yeux, il ne tint pas à lui que D. Affonso ne ressaisît cette ombre de pouvoir, dont son ministre avait seul compris la réalité.

Le nom de ce misérable prince est venu de nouveau se placer sous notre plume, il est donc indispensable que nous disions encore quelques mots de sa personne et de la triste existence à laquelle il se vit condamné.

D. AFFONSO AUX AÇORES. — INTRIGUES DE LA COUR D'ESPAGNE. — SÉJOUR DU ROI DÉCHU A CINTRA. — On se ferait une idée assez peu exacte du caractère versatile de ce prince, si on se le représentait comme étant profondément affecté d'une révolution qui le privât du pouvoir; la puissance royale en réalité ne lui avait jamais appartenu. C'était sa folle liberté et la possibilité de satisfaire des puériles fantaisies qu'il regrettait. Lorsque la nouvelle officielle du mariage de son frère avec Élisabeth de Savoie lui parvint, il poussa, dit-on, la condescendance jusqu'à envoyer complimenter les nouveaux époux; puis, comme s'il eût prétendu se venger de cette étrange démarche par une épigramme, on lui entendit répéter que le plus à plaindre dans tout cela n'était pas le prince délaissé, et que son *pauvre frère* verrait bientôt ce que valait *la Française*.

Quelle que fût la résignation dont il donnait des preuves incontestables, ce roi déchu était un sujet d'embarras et d'inquiétude pour ceux-là même qui l'avaient placé dans cette étrange position. Il fut bientôt résolu qu'on l'enverrait dans une des îles Açores, où il occuperait le palais des gouverneurs et où il jouirait d'une liberté qu'on ne pouvait guère lui laisser en Portugal sans de graves inconvénients pour la tranquillité publique. Il partit incognito pour cette nouvelle résidence en 1668, et bien qu'il y fût arrivé sans que les habitants en fussent instruits, il jouit pendant six ans à Angra sinon de plaisirs variés, du moins de ces divertissements bruyants qui convenaient à son caractère. Un mestre de camp bien connu dans l'histoire de cette période, Manuel Nunez Leitão, avait été nommé par le régent pour surveiller les démarches de son frère et pour pourvoir avec luxe, dit-on, à tous les désirs qu'il pourrait manifester.

Mais il était décidé que ce prince devait toujours être la victime de combinaisons politiques auxquelles il était probablement étranger et dont il ne comprenait pas même l'issue. En dépit du traité de paix qui avait été fait entre l'Espagne et le Portugal, la première de ces puissances ne cherchait qu'une occasion de recouvrer sa domination sur un pays toujours regretté. A l'époque où le comte de Humanes était ambassadeur de Castille à Lisbonne, la cour de Madrid parvint à se procurer par son moyen des intelligences avec quelques habitants de l'île de Tercère. Il était convenu que l'on se débarrasserait de la personne de Ma-

(*) Lorsque la paix fut conclue entre l'Espagne et le Portugal, Schomberg commanda les armées de France en Catalogne, et bien qu'il fût protestant, on l'honora en 1675 du titre de maréchal de France. Il alla servir plus tard en Angleterre, et tout le monde connait l'issue de la fameuse journée de la Boyne, où il commandait. Il y fut tué le 22 juillet 1690 d'un coup de pistolet pour avoir négligé de se revêtir de sa cuirasse, au moment où s'engagea l'action.

22.

nuel Nunez Leitão, que l'on s'emparerait du roi captif, et que ce prince serait immédiatement uni à la veuve du roi d'Espagne. Le Portugal subissait dès lors une invasion nouvelle et l'Espagne rentrait pour toujours dans ses anciennes possessions. Il paraît certain qu'Affonso VI fut instruit de ce projet, mais on ne dit pas s'il y donna son assentiment. Ce qu'il y a de certain, c'est que le complot fut déjoué, que plusieurs exécutions capitales eurent lieu (*) et que l'on mit un moment en question à Lisbonne l'incarcération de l'ambassadeur castillan. D. Pedro s'occupa immédiatement de faire revenir sur le continent celui qu'il en avait éloigné avec tant d'empressement six années auparavant, et ce fut un officier général, Pedro Jacques de Magalhães, qui fut chargé de cette mission. Il s'en acquitta avec autant de succès que d'intelligence, mais il y eut encore une sorte de comédie en jeu durant cette dernière partie de la vie politique d'Alphonse : comme il hésitait à descendre à *Paço de Arcos*, irrité qu'il était contre l'ancien gouverneur, dont il menaçait, disait-on, la vie, le duc de Cadaval vint le chercher, et, lui persuadant que le navire allait sombrer, l'emmena comme un enfant. Transporté dans les bras de deux matelots, il fut placé au fond d'une litière et de là conduit à Cintra. On dit que le long de la route il regretta Henriquez de Miranda et maudit dans des termes amers le comte de Castelmelhor. Ce n'était pas ce ministre, tout ambitieux qu'il avait pu être, qu'il fallait maudire; il est avéré sans doute qu'il prit part à la dernière échauffourée et qu'il se rendit à Madrid pour en hâter l'exécution ; mais avec quelque résolution D. Affonso pouvait recouvrer le pouvoir, et la face politique de l'Europe changeait. Tout est bien vague, du reste, dans l'histoire du Portugal lorsqu'on arrive à cette période, et, comme le disent les nationaux eux-mêmes, c'est toute une histoire à écrire (*). Ce qu'il y a de positif, c'est que la captivité du monarque déchu dura neuf ans, et que les soins empressés dont l'environna toujours le duc de Cadaval ne purent rompre pour lui l'intolérable monotonie des jours. Maintenant encore, lorsque le voyageur va visiter le château de Cintra, un des premiers soins du guide est de vous montrer la chambre où le monarque déchu languit durant tant d'années. Ici nous emprunterons quelques lignes énergiques et touchantes à l'auteur de *Cintra pittoresque*. « Les murailles de ce palais ont entendu les imprécations de rage que proférait un roi outragé dans son honneur et dans sa dignité..... On montre l'appartement où l'infortuné monarque promenait son désespoir; les carreaux laissent voir encore la trace de ce mouvement continu par lequel il cherchait à se distraire dans une si triste position. Précédemment, il occupait une autre salle d'où il pouvait du moins contempler la campagne : sous prétexte qu'il entretenait des relations avec ses partisans au moyen des signaux qu'on lui adressait du château du bourg, il fut transféré autre part. Dans la chapelle au-dessus du chœur, il y a une ouverture qu'on a pratiquée dans la muraille, c'est par là qu'il entendait la messe : on avait disposé ainsi les choses pour qu'il ne pût être aperçu du peuple. On voit aussi à la fenêtre de son appartement les traces de la grille de fer qu'on en a arrachée. Ce fut dans cette salle qu'il vécut le reste de ses jours, soumis à une dure captivité, jusqu'à l'époque de sa mort. (**) Il fut transporté alors au monastère de Belem, où il gît dans un cercueil de bois derrière le maître-autel.

« Son corps que nous avons vu là, il y a encore peu d'années, s'était conservé tout entier, et c'est à peine si l'on remarquait quelques atteintes à la partie proéminente du visage. Il était vêtu de

---

(*) Il est inexact d'affirmer, comme l'ont fait quelques historiens, que Mendoça, l'âme de la conspiration, périt au dernier supplice. Le régent D. Pedro commua sa peine contre la réclusion à perpétuité dans une forteresse de l'Inde. Cavide, qui tenait le second rang, fut exécuté.

(*) Voyez pour tous ces détails fort peu connus, un livre inédit intitulé : *Catastrophe de Portugal em que se trata do nascimento, vida e morte do Sr. D. Affonso VI*. Il ne faut pas confondre ce récit avec l'ouvrage de L. Dorea Caceres e Faria, qui porte un titre analogue. Le *Panorama* en a donné des extraits, auxquels j'ai puisé.

(**) Il fut frappé d'apoplexie, le 12 septembre 1688.

PORTUGAL.

ses habits de soie, sans insigne aucun de la royauté. J'en demanderai le motif; je voudrais savoir aussi pourquoi on lui a refusé la sépulture dans l'asile des rois de sa dynastie? Les bras desséchés du premier roi de la famille des Bragance s'étendent vainement vers le premier-né de cette famille, pour lui faire partager la poussière d'une même sépulture (*).

RÉGENCE DE DON PEDRO. — IL PREND LE TITRE DE ROI. — MORT DE LA REINE. — SECOND MARIAGE. — CARACTÈRE DE CE PRINCE. — S'il faut en croire le témoignage d'un homme qui avait eu plus d'une occasion d'approcher de sa personne et de discuter même avec lui de hautes questions, l'infant D. Pedro n'avait guère plus profité des enseignements dont on avait environné son enfance que le roi; mais il y avait cette différence entre les deux frères, que l'un était débile de corps et d'intelligence, tandis que l'autre, « doué d'un tempérament robuste et vigoureux, d'une taille élevée, d'une force prodigieuse et d'une grande activité de corps, » suppléait à l'absence d'éducation par une perspicacité singulière; si bien qu'après avoir affirmé « qu'il n'était pas instruit aux lettres, » et que, selon l'opinion de quelques-uns, « on pouvait entendre le terme dans le sens le plus étroit, » le chevalier Southwel ajoutait : « Ce prince a la conception prompte, l'esprit solide et pénétrant....; il a le regard grave et décent, où ne se remarque rien de hautain, mais un air de modestie peu ordinaire aux personnes de son rang. » Le même historien dit aussi que le régent était sensible et pensif, qu'il avait un étrange penchant à la mélancolie, et que cette mélancolie s'était fort accrue, dans les derniers temps, sans qu'on pût déterminer la cause de cette disposition d'esprit (**).

C'est que, l'ambition une fois satisfaite, restaient les souvenirs amers. Durant la catastrophe qui avait privé son frère du trône, on avait vu plus d'une fois D. Pedro verser des larmes, et il se peut que ces larmes fussent sincères; ce qu'il y a de certain aussi, c'est qu'il ne consentit jamais à prendre le titre de roi du vivant d'Affonso, malgré les instances des états. Il paraît en même temps qu'il conserva toujours une vive tendresse pour la reine, et que la beauté remarquable et les qualités intellectuelles si éminentes de cette princesse lui conservèrent toujours une haute influence.

Isabelle de Savoie ne garda pas le pouvoir qu'elle avait conquis, grâce à une révolution si étrange; elle mourut le 27 décembre 1683, à Palhavã, et fut enterrée dans le couvent des capucines françaises de Lisbonne, qu'elle avait fondé plusieurs années auparavant. Elle ne laissait qu'une fille au roi (*); D. Pedro épousa, quatre ans après la mort de sa première femme, une princesse allemande d'une rare beauté, Marie-Sophie-Isabelle de Neubourg, fille de l'électeur palatin du Rhin, Philippe Wilhem. Ce mariage eut lieu en 1687, et il fut plus fécond que l'union précédente. D. Pedro eut de sa seconde épouse l'infant D. João, qui mourut au berceau, en 1688; le prince héréditaire qui portait le même nom, et qui naquit le 22 octobre 1689; puis D. Francisco, le grand prieur do Crato, D. Antonio, auquel l'opinion publique accordait plusieurs qualités éminentes, dona Theresa, qui était destinée à l'archiduc Charles et qui mourut enfant en 1704; D. Manoel, qui combattit à côté du prince Eugène à Peterwaradin, à Temeswar, et enfin l'infante dona Francisca, morte en 1736.

NÉGOCIATIONS POUR RENTRER DANS LA POSSESSION DE TANGER. — ABANDON DE CETTE PLACE PAR LES ANGLAIS. — La noble conquête de Joam Ier, Tanger avait été donné en dot à l'Angleterre, lorsque Charles II avait épousé l'infante. La cession de cette place avait été considérée d'abord comme offrant de réels avantages; les Anglais voyaient dans leur nouvelle possession la possibilité

(*) Voy. *Cintra pinturesca*, ou *Memoria descriptiva da villa da Cintra, Collares e seus arredores*, Lisboa, 1839, 1 vol. in-8°. Nous savons que cet intéressant ouvrage anonyme est dû à un jeune écrivain distingué, le vicomte de Juromenha, qui prépare, dit-on, de précieux travaux sur les antiquités littéraires de son pays.

(**) Voy. Southwel, *Relation de la Cour de Portugal sous D. Pédre, à présent régnant*.

(*) Le P. d'Orléans a écrit d'un style excellent, mais quelque peu partial, la vie de ces deux princesses.

de se rendre maîtres du commerce de la Méditerranée, et en construisant un môle, ils se prétendaient en état de « tenir à couvert de toute insulte une escadre qui mettrait en sûreté le commerce des deux Indes. » Les travaux furent commencés avec ardeur; il paraît certain qu'on ne put jamais obtenir des Maures un territoire suffisant pour maintenir la garnison anglaise dans un état convenable. Des sommes énormes furent, il est vrai, dépensées pour réaliser les projets que l'on avait conçus; mais les plans subissaient des changements déplorables à mesure que les constructions avançaient, et, selon un diplomate portugais qui se trouvait bien à même de savoir la vérité sur ce point, « on discontinua si souvent la construction du môle, et on y revint à tant de reprises sur de nouveaux plans, qu'il en coûta prodigieusement à la cour. » Ces dépenses, dont il était difficile d'entrevoir le résultat, effrayèrent à la fin l'Angleterre, dont les finances étaient épuisées. Elles effrayèrent,... ou pour mieux dire Charles II entrait dans cette voie d'économies, grâce auxquelles il voulait se mettre à même de se passer du parlement. Bien que la proposition d'abandon eût été faite en conseil secret, on laissa entrevoir la possibilité de rendre aux Maures la ville chrétienne. A cette nouvelle, la cour de Lisbonne s'émut, les vieux souvenirs parlèrent. On fit proposer à l'Angleterre de rendre Tanger moyennant certains dédommagements. Se défia-t-on de la réalisation des offres? craignit-on que les Portugais n'eussent plus des forces suffisantes pour se défendre contre l'État de Maroc? on refusa avec dédain les propositions de l'ambassadeur; et, par une inconcevable décision, on préféra anéantir des constructions considérables, qui avaient coûté vingt ans de travaux successifs à la possibilité de tirer quelques avantages de l'échange stipulé. L'esprit de démence qui avait présidé à cette résolution fut tel, qu'on ne voulut pas même rendre à une puissance chrétienne une cité qui avait coûté aux premiers conquérants tant de sang chrétien. Ce fut en vain que le Portugal et l'Espagne firent des offres de dédommagement à l'Angleterre, ce fut inutilement qu'on proposa de soumettre au saint-siége la ville toute catholique de Tanger; le cabinet de Londres ne voulut rien entendre, ce que le noble comte d'Ericeira avait redouté arriva : il y eut double profanation, celle des temples et celle des tombeaux. Au jour choisi pour abandonner la ville, les Maures, qui avaient été avertis d'un projet longtemps médité, se réunirent aux alentours de la cité; le roi de Fez y envoya même environ trois cents hommes armés; ils attendirent patiemment que les Anglais eussent fait jouer la mine et eussent détruit les ouvrages qui leur avaient coûté tant d'argent. Puis, lorsque ces hordes pillardes crurent n'avoir plus rien à craindre, elles s'élancèrent sur les décombres fumants des murs et prirent possession avec une joie féroce de la ville conquise jadis par un grand maître de l'ordre du Christ. Les églises furent envahies; les tombes, fermées depuis trois cents ans, furent ouvertes; les corps des vieux chevaliers furent ignominieusement tirés de leurs cercueils, et exposés aux injures de l'air sur les ruines des remparts. Les Anglais furent témoins pour ainsi dire de ces indignes profanations, et pas une tentative ne fut faite alors pour les empêcher. Dès lors le souverain qui commandait à Mequinez, Ben-Beker, rentra dans la possession d'une ville qui avait compté dans ses murs jusqu'à six mille chrétiens. Cet événement eu lieu en 1684, et non en 1685, comme on le voit dans le récit ordinairement exact du comte d'Ericeira, qui avait gouverné six ans cette partie des côtes de l'Afrique (*). Il a fallu attendre près de cent cinquante ans pour que Tanger vît paraître encore dans ses murs les chrétiens; mais cette fois le canon d'une flotte française a vengé ces vieux chevaliers portugais arrachés de leur tombeau.

TRAITÉ DE METHUEN. — L'alliance avec l'Angleterre portait ses fruits. Le

(*) *Historia de Tangere, que comprehende as noticias desde a sua primeira conquista ate a sua ruina.* Lisboa, 1732, 1 vol. in-fol. Il faut rappeler à l'honneur de D. Fernando de Menezes, qu'en 1661, lorsqu'on dut livrer la place aux Anglais, il refusa toutes les récompenses qui lui étaient offertes, et ne voulut pas accepter cette commission. Il se rappelait que Tanger avait été défendu héroïquement par les Menezes.

traité de 1668, conclu entre l'Espagne et le Portugal, grâce à l'habileté diplomatique de Southwel, devait recevoir sa récompense. L'influence de la Grande-Bretagne sur le Portugal ne cessa de s'accroître, en subissant quelques variations. Le traité de Methuen, conclu vers les premières années du dix-huitième siècle, vint resserrer d'un lien plus indissoluble encore une chaîne préparée depuis longtemps. Un écrivain d'une haute sagacité, le général Foy, a caractérisé merveilleusement la nature réelle de ce traité : il a établi d'une manière positive son influence et sa portée; il a démontré que ce fut depuis ce moment que le Portugal ressentit les effets de l'espèce de suzeraineté commerciale et industrielle à laquelle il s'était soumis de son plein gré, et que Pombal brisa quelquefois si généreusement. Nous allons reproduire cette opinion, en rappelant seulement un fait omis par le grand publiciste, celui qui précéda le traité et qui se rattache au Brésil.

Selon les meilleurs documents qui nous soient parvenus, ce fut en 1699 qu'arriva en Portugal le premier or trouvé dans l'intérieur du Brésil. Il semble que les Anglais eussent compris tout d'abord le changement que cet incident nouveau allait produire dans le pays. Sir John Methuen, chargé de surveiller les intérêts de l'Angleterre auprès de la cour de Lisbonne, devina du premier coup d'œil le parti qu'on pouvait tirer de cette émission prodigieuse de numéraire; il conclut, en 1703, un traité fort simple, puisqu'il ne renferme que deux articles, et par le fait ce traité a été l'arbitre des destinées du Portugal durant plus d'un siècle (*). En faisant admettre ses tissus de laine par la nation alliée, en s'engageant de son côté « à diminuer d'un tiers pour les vins du Portugal les droits de douane qu'elle mettait ou devait mettre sur les vins des autres pays, » l'Angleterre établissait, en quelques mots, les bases d'une situation commerciale dont tous les résultats devaient tourner à son avantage. A partir de la signature du traité de Methuen, en effet, les Anglais fournirent au Portugal la plupart des objets de première nécessité consommés par la population. Non-seulement ils apportèrent les blés du Nord, par lesquels on devait remplacer les céréales qu'une agriculture indolente laissait dépérir ; ils approvisionnèrent les villes de leurs poissons salés et de leurs morues de Terre-Neuve; mais les draps, les toiles et les cuirs des manufactures anglaises remplacèrent, en Portugal, les objets du même genre fournis jadis par diverses nations. Pour nous servir d'une espèce d'axiome vulgaire d'économie politique, qui avait cours au dix-huitième siècle et que l'on n'a pas oublié, l'Angleterre nourrit et vêtit le Portugal. Grâce à une convention qui échangeait sans travail des produits manufacturés contre les pépites d'or de Minas-Geraes, l'industrie nationale fut complétement arrêtée. Ce n'était pas encore tout à fait l'époque où Linnée devait, en énumérant les richesses agricoles du Portugal, rappeler un vers fameux d'Horace. Les Portugais connaissaient les richesses dont la nature les avait comblés, mais ils dédaignaient d'en faire usage : il était passé en force de chose jugée « que le travail ne convenait pas aux riches, et qu'il fallait s'en tenir au partage que Dieu a voulu faire de ses bienfaits, en donnant aux uns l'industrie, aux autres les métaux précieux. » On sait aujourd'hui ce que valent de pareils axiomes, et l'on peut en étudier les résultats : en 1683 et dans l'enivrement d'une richesse nouvelle, on était excusable de ne pas en prévoir les funestes conséquences. Les dernières années du règne de don Pedro II s'écoulèrent dans ces rêves dorés.

Sans commander précisément lui-même ses armées, ce prince eut quelques jouissances d'amour-propre. On ne saurait appeler cela de la gloire pas plus qu'on ne doit désigner sous le nom de richesse une prospérité mensongère. Durant la lutte mémorable qu'alluma en Europe la guerre de la Succession, D. Pedro obéit, dit-on, plutôt à certaines nécessités qu'à ses sympathies ; et il suivit la fortune de l'Angleterre (*), en combattant

(*) Histoire de la Guerre de la Péninsule sous Napoléon, par le général Foy, tom. 2, p. 27.

(*) En 1701 ce monarque avait fait une ligue offensive et défensive avec la France et l'Espagne contre la maison d'Autriche ; le 16 mai 1703, sa politique changea complètement ; l'Angleterre et la Hollande l'emportèrent.

contre la France. Cette guerre, que l'on peut étudier aujourd'hui, grâce au beau livre qu'a publié M. Mignet, cette lutte orageuse, dont on connaît les moindres détails, eut pour lui des succès divers : ce n'était pas cependant pour la fin de ce règne qu'étaient réservées les pertes réelles. Le Portugal, au contraire, put satisfaire un ressentiment longtemps comprimé. Le petit royaume, redevenu indépendant, mettait résolûment son épée dans la balance ; et cela suffisait pour que les combinaisons politiques du reste de l'Europe en fussent troublées : comme le dit avec éloquence un habile écrivain qui a fait de ces guerres une étude passionnée, « deux fois les *quinas* portugaises allèrent venger dans Madrid le long outrage qu'elles avaient reçu du drapeau castillan, lorsqu'il avait flotté soixante ans sur les tours de Lisbonne. »

Don Pedro avait accompagné l'archiduc prétendant au trône d'Espagne dans le pays de Beira, et le 2 juillet 1706 ce prince avait été proclamé roi dans Madrid, grâce à l'activité du marquis de Minas. Don Pedro, de retour à Lisbonne, put croire que sa politique l'emportait ; car il fut enlevé par une pleurésie, le 9 décembre de la même année : il avait alors cinquante-huit ans et sept mois. Comme régent, il avait gouverné plus de quinze ans, et comme roi au delà de vingt-trois ; c'est un des plus longs règnes qu'ait vus le pays. Avant de rappeler quel fut l'état politique du Portugal sous son successeur, nous allons examiner ce qu'étaient devenues les Indes orientales, à une époque où le Portugal avait subi de si violentes commotions. Le nom d'un conquérant nouveau, fatal à la domination européenne dans ces contrées, va paraître, et il est répété trop rarement par les historiens, pour que la période qu'il domine n'offre pas un réel intérêt.

SÉVADJI. — DERNIER COUP PORTÉ A LA PUISSANCE DES PORTUGAIS DANS LES INDES. — On l'a vu par le coup d'œil rapide que nous avons donné à l'administration des vice-rois qui se succédèrent depuis la funeste journée, le dernier grand homme qui alla commander aux Indes portugaises fut Luiz de Ataïde : ce capitaine clôt dignement la liste avec Souza Coutinho, mais enfin, c'est à lui qu'elle s'arrête. On dit que lors de son retour à Lisbonne, il avait emporté pour unique trésor quatre grands vases remplis de l'eau des quatre fleuves baignant les possessions lointaines des Portugais : c'était bien l'emblème fragile de ces derniers jours de gloire. Les princes de l'Inde le comprirent, et ils commencèrent à miner lentement de leur côté cette puissance colossale, qui dans les mers lointaines ne pouvait déjà plus résister à la Hollande. Le fameux combat naval livré devant Macassar, et à la suite duquel les Célèbes tombèrent au pouvoir des Provinces-Unies ; le siège de Colombo, où l'on vit les soldats portugais combattre si vaillamment, en s'animant des grands souvenirs de Camoens ; vingt autres actions, négligées par les historiens, prouveraient au besoin que la lutte ne fut pas sans gloire ; mais il faut le dire ici avec douleur, d'épouvantables cruautés signalèrent cette période ; et quelques faits honorables rachètent difficilement des actes dont le souvenir indigne encore l'humanité. La haine qu'inspiraient les conquérants devint un signal de ruine, lorsque Sévâdjy eut paru. Ce nom a eu bien peu de retentissement en Europe ; il ne se trouve pas même dans tous les traités *ex professo* où l'on prétend raconter les derniers exploits des Portugais dans l'Asie. Comme on l'a déjà fait voir dans le volume consacré à l'Inde, en envisageant toutefois ses conquêtes sous un autre rapport, Sévâdjy est l'heureux concurrent d'Aureng-Zêb et le fondateur de la puissance mahratte ; voyons comment de simple *zémyndar*, ou de grand tenancier de terres du gouvernement, il parvint à ériger un nouvel empire et à faire trembler dans Goa les Portugais consternés.

A l'époque où Aureng-Zêb était dans toute sa puissance, c'est-à-dire vers le milieu du dix-septième siècle, il songea à étendre singulièrement les limites de son empire et à les pousser jusqu'au bas Hindoustan ; le souverain de Golconde (qui renferme une partie de l'Haïder-Abâd), ceux de Bidjapour et du Dekkhan se réunirent contre leur ennemi commun. Ces princes asiatiques avaient formé entre eux une ligue offensive et défensive, « comme firent autrefois en

Europe les trois grandes cités du Péloponèse, Argos, Messène et Sparte. » Un de nos vieux voyageurs français, dont nous tirons cette judicieuse remarque, Carré, qui avait été envoyé par Colbert aux Indes, fut témoin oculaire de ces efforts, et devint l'historien du soldat heureux sur lequel les voyageurs portugais renferment à peine quelques mots (*). Déjà l'oncle d'Aureng-Zéb marchait à la conquête des régions menacées, lorsque le souverain du Bidjapour, renonçant lâchement à faire partie de la confédération, assembla son conseil, et fit part de la résolution où il était de se soumettre au Moghol. Seul parmi les zémyndars, Sévâdjy soutint énergiquement le parti de l'indépendance. Il fit plus : au sortir de ce conseil, où l'avis des hommes timides avait prévalu, il réunit secrètement des troupes, marcha rapidement vers le camp ennemi ; et, prenant au dépourvu le général d'Aureng-Zéb, anéantit son armée d'invasion, en laissant croire au chef consterné que le souverain du Bidjapour combattait pour la liberté. Le brave zémyndar ne s'en tint pas à cette expédition, dont le succès était presque miraculeux : il lui fallait de l'argent. Surate n'était pas loin ; le pillage de cette cité opulente fut résolu ; et tout réussit tellement au gré du chef, qui n'avait pas encore proclamé son indépendance, qu'en quelques jours il se trouva possesseur de richesses suffisantes pour soutenir la guerre dans laquelle il s'engageait si audacieusement.

Sévâdjy avait commandé d'abord lui seul l'armée qui marchait sous ses ordres. Après le coup de main heureux qui l'avait rendu maître un moment de Surate, il créa, pour le seconder, quatre lieutenants généraux, enleva plusieurs places au souverain dont il avait été le zémyndar, et se déclara ouvertement au Moghol comme chef indépendant. Dans cette lutte opiniâtre qu'il allait soutenir, Sévâdjy eut l'habileté de ne point s'aliéner l'esprit des Européens individuellement ; il n'en devint pas moins un ennemi redoutable pour les Portugais. Lorsque sa puissance se fut accrue, croyant avoir à se plaindre d'eux, il s'empara de l'île de Bardes et les fit presque trembler dans Goa.

L'histoire de cet homme vraiment extraordinaire est certainement l'une des plus attachantes et des plus dramatiques que puisse offrir la période à laquelle nous sommes arrivé : nous ne pouvons qu'en indiquer sommairement les points principaux ; mais il suffira de dire, pour l'intelligence de cette notice, qu'après avoir été reconnu à la cour même d'Aureng-Zéb comme rajah indépendant, puis retenu en captivité pendant quelque temps, il sut recouvrer sa liberté, se créer des ressources nouvelles, et conquérir, avec une armée puissante, les villes les plus riches de la côte du Malabar. A cette époque le Bidjapour, se voyant dans l'impossibilité d'opposer une résistance efficace à ses envahissements, reconnaissait tacitement sa volonté souveraine. L'anéantissement des petits princes de la côte profita d'abord aux Portugais ; et ils se virent momentanément exempts du tribut qu'ils leur payaient. Cet état de choses ne dura pas longtemps. Sévâdjy réclama pour lui-même les subsides qu'on remettait naguère aux princes qu'il avait vaincus ; et, vers 1672, lorsqu'il envoya frapper d'un impôt considérable la ville de Damân, cette cité, naguère si redoutable, qui avait résisté aux forces du Moghol et à celles des princes voisins, témoigna hautement sa joie de ce que l'heureux conquérant bornait à ses exigences ; un peu plus tard, la ville de Chaul (*Chaoul*) subit la même loi, sans opposer plus de résistance. Dès lors il devint évident que, si l'heureux Sévâdjy ne s'emparait pas des grandes cités européennes, le long de la côte du Malabar, c'est que, esprit aussi éminent qu'il était politique habile, il préférait à de faciles conquêtes la certitude de certains avantages commerciaux.

C'était le temps, au reste, où la métropole, fondant d'immenses espérances sur ses colonies américaines, semblait abandonner à toutes les chances du hasard ses riches cités de l'Orient. Un dédain profond pour ces possessions lointaines les livrait même sans regret aux étrangers. L'île de Bombay venait d'être donnée aux Anglais comme un présent de

(*) *Voyage des Indes orientales.* Paris, 1699, 2 vol. in-12.

noces sans conséquence, à l'occasion du mariage de l'infante ; et les Indo-Portugais étaient si bien accoutumés à cet abandon de la mère patrie, que, lorsque l'agent de Colbert passa par Chaul, les habitants de cette cité puissante crurent que, grâce à la même générosité ou, si on l'aime mieux, par suite de la même politique, ils allaient devenir Français.

Quelques années auparavant, vers 1653, l'anarchie la plus déplorable avait commencé à régner dans Goa. Une faction audacieuse s'emparait de Vasco de Mascarenhas et le contraignait à retourner en Europe, en se partageant le pouvoir. Singulièrement restreint par les bornes de cette notice, nous devons nous arrêter, lorsque les faits d'une certaine valeur manquent complétement. Nous dirons seulement que Sévâdjy mourut en 1680, après avoir rangé sous son autorité, le long de la côte de Malabar, un espace de deux cent cinquante lieues (*). Son fils, Sambâ-djy, lui succéda et gouverna neuf ans ; puis vint le règne long et prospère de Saho-djy, descendant direct de l'heureux conquérant ; il poussa sa carrière jusqu'en 1740, et il se montra bien moins modéré que ses prédécesseurs à l'égard des Portugais ; car, sous don Pedro Mascarenhas, comte de Sandomir, Tana, l'île de Salsette, Baçain, Sarapour, Karanja, tombèrent successivement au pouvoir des Mahrattes. Ce fut en vain que le marquis de Louriçal arriva du Brésil avec ses douze mille hommes, et qu'après avoir délivré l'île de Bardes et Salsette, il fit toutes ses dispositions pour s'emparer de la fameuse forteresse de Ponda : cette position importante tomba bien au pouvoir des Portugais, le 12 juin 1742, mais elle fut reprise ; et si le comte d'Assumar remporta à son tour divers avantages sur les Mahrattes, le comte d'Éga mérita mieux du pays encore, lorsqu'au mois de juillet 1759 il conclut une paix avantageuse avec eux.

Ce fut à cette époque que le vieux palais fut abandonné par les vice-rois. Que faire, en effet, dans ce lieu désert et dans cette cité en ruine ? Comme nous l'avons dit, les gouverneurs préférèrent se réfugier dans la bourgade de Pangy ; ils laissèrent sans regret l'antique résidence des Albuquerque et des João de Castro ; ils abandonnèrent, dans leurs salles vides, les vieilles effigies des vainqueurs. Dans une grande partie de la côte du Malabar, on remarquait déjà cet abandon des cités, jadis glorieuses. Des moines, promenant leur oisiveté au milieu des cloîtres déserts ; des marchands, disputant un commerce difficile aux Anglais et aux Hollandais, oubliaient jusqu'aux souvenirs imposants de la conquête, parce qu'ils étaient sans espérance ; des villes, naguère florissantes et dont les noms étaient venus à peine jusqu'aux oreilles des Européens, achevaient de tomber en ruine. Baçaim, Chorão, Divar, Gandoulim, Murmugão, Maula, et bien d'autres encore, telles que Sacoale, Tana et Trapor, n'étaient plus même aux yeux des Indiens que l'ombre de ce qu'on les avait vues être jadis.

Il en était de même des lieux les plus célèbres et les plus peuplés : vers 1602, notre vieux Pyrard pouvait dire encore : « L'île de Diu est admirablement belle, riche et fertile ; il y aborde des vaisseaux en très-grand nombre, ce qui la rend la plus riche et opulente place des Indes, après Goa.... On y vit à très-grand marché et avec tous les contentements et délices qu'on saurait imaginer ! » Encore un demi-siècle, et Diu ne comptait plus que par ses souvenirs !

La ville du Zamorin elle-même, l'opulente Calicut, a subi deux fois le pillage dans ces derniers temps : il ne faut pas y chercher le palais où le souverain hindou reçut Vasco da Gama ; aucun monument ne rappelle son ancienne splendeur, et tous ses édifices ont disparu. Je me trompe : de vastes magasins, ombragés par des palmiers, donnent asile à des tribus de travailleurs. La cité guerrière des Naïrs, qui fut longtemps la métropole du Malabare, se recommande aujourd'hui uniquement aux voyageurs par son élégante propreté et, qui le croirait ? par le commerce que font surtout ses femmes avec les racines parfumées du gingembre (*).

(*) On trouve un portrait fidèle de ce conquérant dans un précieux Ms. de la Bibliothèque du Louvre.

(*) La ville de Calicut renferme environ cinq mille cabanes indiennes, recouvertes de feuilles de palmier. On y remarque également quel-

UN MOT SUR LES MONNAIES. — En parlant des monnaies du moyen âge, nous avons promis de revenir encore sur ce point. Ce fut durant le règne de don Pedro II, le 4 août 1688, qu'une loi longtemps en vigueur vint déterminer le titre légal de l'or en Portugal et le fixa à vingt-deux carats. Auparavant rien de positif n'avait été établi à ce sujet; et il n'est peut-être pas hors de propos de faire remarquer ici que, durant les nombreuses transactions auxquelles l'obligea un commerce plus varié qu'aucun autre au seizième et au dix-septième siècle, le Portugal vit accepter ses monnaies avec empressement par les autres nations.

On peut voir aisément dans l'ouvrage de Manoel Faria de Severim (*) les vicissitudes diverses que la monnaie eut à subir en Portugal, depuis les temps dont nous nous sommes déjà occupé, jusqu'à l'époque des grandes découvertes. Une révolution réelle s'était faite nécessairement dans les valeurs métalliques que renfermait le royaume. En 1499, lorsque don Manoel fit frapper de nouvelles monnaies, elles furent au titre de vingt-quatre carats, comme celles du temps d'Affonso V, et reçurent la dénomination de *portugaises*; elles valurent dix cruzades. La même année vit émettre une monnaie d'argent portant le nom d'*indios* et dont il fallait soixante-dix pour le marc. En 1504 et en 1517, on émit plusieurs monnaies de moindre valeur. Jusqu'alors les pièces d'or et d'argent avaient porté la croix de l'ordre du Christ, avec cette légende : *Primus Emmanuel, rex Portugalliæ, Algarbiorum, citra, et ultra in Africa, et dominus Guineæ*; et la lettre du petit cercle avait continué la nomenclature des conquêtes *Æthyopiæ, Arabiæ, Persiæ, Indiæ*. Durant les dernières années du règne, la sphère se montra sur les pièces d'or et d'argent avec le mot *mea*, qui avait une signification si étendue dans sa concision. A Goa, Affonso de Albuquerque fit frapper quelques monnaies au nom du roi, et il leur donna le nom d'*espheras*, en raison du signe qu'elles portaient : il fit faire également des cruzades d'or. La fabrication des monnaies ne paraît pas avoir été aussi considérable sous João III que sous le règne précédent. A en juger par ce que dit Severim de Faria, on aurait émis surtout à cette époque des monnaies de cuivre. Cependant les diverses espèces fournies par les métaux précieux furent limitées. On cite particulièrement une monnaie d'or désignée sous le nom de S. Vicente, et valant 100,000 reis. Les *calvarios* étaient également en or et valaient deux cruzades; ils portaient ce nom parce qu'on y avait gravé une croix sur un calvaire, avec la légende *In hoc signo vinces*. A cette époque Goa ne cessa pas complétement ses travaux. Entre autres monnaies frappées vers 1548, on en fabriqua une qui portait l'effigie de saint Thomas, l'apôtre des Indes, avec le nom de João III d'un côté et ces mots de l'autre : *India tibi cessit*. On trouvera dans l'ouvrage qui nous fournit ces renseignements beaucoup d'autres détails sur les monnaies secondaires de cette époque et sur celles qui appartiennent au règne de don Sébastien. Il y avait eu sous ce prince de petites pièces d'or valant 500 reis; par une ordonnance du 27 juin 1558, et une autre décision du 22 avril 1570, il fut ordonné que l'on battrait en argent seulement des testons, des demi-testons, des vintens et des demi-vintens : vingt-quatre testons valaient le marc. Le même souverain abaissa la valeur de la monnaie de cuivre frappée sous son aïeul : de sorte que le *patacão*, qui valait naguère 10 reis, n'en valut plus que trois.

L'avénement d'une autre dynastie exigea l'émission d'une nouvelle monnaie; João IV fit fabriquer des cruzades d'argent, valant 400 reis, puis des demi-cruzades, des testons et des demi-testons. On s'aperçut alors de l'exportation de l'argent opérée par les étrangers, et l'on tenta d'y porter remède en l'année 1642. Don João fit battre, en son nom, les monnaies d'or valant 4 cruzades, que l'Espagne faisait circuler précédemment

---

ques jolies maisons européennes, appartenant pour la plupart à des Anglais. Ces curieux détails m'ont été communiqués par un jeune diplomate, M. de Ferrières Levayer, qu'une fantaisie d'artiste a conduit un moment vers ces plages délaissées.

(*) Ce livre a été acquis depuis peu par la Bibliothèque royale.

dans le royaume. Il circula plus tard une monnaie d'or valant jusqu'à 12,000 reis. Sous le règne éphémère du second roi de la maison de Bragance, il y eut également émission de monnaies : celles d'or valurent 4,000 reis, et d'autres pièces représentèrent la moitié de cette somme. Les principales monnaies d'argent valurent deux testons, un teston et quatre vintens ; puis on fit admettre des subdivisions de ces monnaies et des monnaies de cuivre. Quelques pièces de billon constatèrent, vers 1682 et 1683, le changement politique qui s'était opéré, et ces pièces, frappées sous la régence de Pedro II, indiquent le titre de protecteur que prenait alors ce prince (*). Nous voilà arrivés à une époque où une prodigieuse valeur métallique se répand du Brésil dans le Portugal. Don Pedro II fit frapper des monnaies d'or de 4,000, 2,000 et 1,000 reis. Il en fit émettre d'une valeur plus considérable, puisqu'il y eut des *moedas* de 4.400 reis. Les monnaies d'argent valurent 400 reis, et gardèrent la dénomination de cruzades. Bientôt il y eut élévation des espèces, et les monnaies d'or les plus considérables montèrent jusqu'à 4,800 reis ; puis les cruzades à 480. Nous touchons à peine à ce point qui exigerait de grands développements ; mais nous ferons remarquer que l'on crut alors devoir faire battre une monnaie particulière pour le Brésil : elle commença à circuler en l'année 1700. Il y eut des espèces d'or et d'argent, et elles ne différèrent point, quant à la valeur, de celles du Portugal. Parvenus à cette période, les renseignements deviennent plus positifs, en même temps qu'ils se multiplient. Les figures même des monnaies frappées durant les derniers temps ont été reproduites avec une telle exactitude, qu'il est inutile d'entrer dans de plus amples détails. Landmann, dans sa grande description historique et géographique ; Kinsey, dans son livre intitulé : *Portugal illustrated*, ont amplement fourni les documents que l'on pourrait souhaiter sur ce sujet.

RÈGNE DE D. JOAO V. — João V était né à Lisbonne, le 22 octobre 1689 ; son acclamation eut lieu le 1er janvier 1707. C'était un souverain bien jeune que ce roi de seize ans, qui prenait la couronne lorsque la guerre de la Succession compliquait dans la Péninsule ses luttes interminables de nouvelles combinaisons politiques. En effet, si une alliance offensive et défensive avait uni jusqu'alors la France, l'Espagne et le Portugal, un évènement, dont on ne pouvait calculer les résultats, venait d'avoir lieu. Par suite des dégoûts de toute espèce qu'elle avait ressentis durant un rapprochement momentané avec sa rivale, cette dernière puissance s'était choisi une autre alliée ; elle était entrée dans des rapports politiques dont ses anciennes répugnances eussent dû l'éloigner : en un mot, elle avait reconnu l'archiduc Charles, proclamé dans Vienne unique héritier du trône d'Espagne, et elle avait marché de concert avec l'Angleterre, l'Empire et les Provinces-Unies. Pour adopter une ligne de conduite pareille, il avait fallu nécessairement oublier l'étrange rigueur de l'Autriche à l'égard du prince de la maison de Bragance dont nous avons rappelé la fin déplorable. C'était bien l'occasion de répéter le mot sublime de Vieira, mot qui avait été prononcé dans une autre circonstance, mais que l'on pouvait appliquer à celle-ci : « *On n'avait pas consulté les ossements de Mantoue!* »

João V apprit durement à ses dépens ce qu'allait lui valoir la politique de son père ; il le sut au bout de quelques jours de règne. En effet, l'armée qui soutenait Philippe V, ayant rencontré près d'Almanza les troupes anglaises et portugaises, commandées par lord Galloway et par le marquis de Minas, le duc de Berwick battit ces deux généraux, le 25 mars 1707 ; et la journée d'Almanza, en rétablissant la fortune du petit-fils de Louis XIV, affaiblit singulièrement celle du successeur de don Pedro. Non-seulement les Portugais perdirent à cette affaire un grand nombre d'hommes, mais Berwick leur prit treize régiments.

C'était heureusement le temps où les Bandeiras de Saint-Paul pénétraient audacieusement dans les profondeurs de Goyaz et du Mato-Grosso, dont on igno-

---

(*) *Petrus D. G. P. Portugaliæ*. Ces sortes de pièces sont devenues fort rares.

PORTUGAL

Porto de Mos

rait encore jusques au nom en Europe. L'or du Brésil réparait promptement les fautes d'une politique incertaine ; heureux le pays cependant, si l'on eût apprécié à leur valeur réelle ces trésors dont la vue semblait frapper d'une sorte de vertige le monarque et son peuple.

L'année suivante, João V resserra par un mariage les liens politiques dont son père l'avait entouré : il épousa Marie-Anne d'Autriche, fille de l'empereur Léopold 1er; et la nouvelle reine arriva à Lisbonne au mois de décembre 1708. C'était le temps de fêtes magnifiques comme le Portugal n'en verra plus. Un contemporain affirme qu'on n'éleva pas moins de dix-neuf arcs de triomphe dans Lisbonne, pour célébrer l'arrivée de la reine Marie.

Le règne de João V devait être, en effet, marqué par des joies pompeuses, sans but réel ; par un faste dont le bon sens condamnait l'accroissement perpétuel ; par un sentiment mal entendu des devoirs que lui imposait la religion, et que traduisait à l'extérieur un luxe insensé ; mais, il faut le dire à son honneur, il aimait sincèrement son peuple, et il accomplissait sérieusement son métier de roi : le plus humble de ses sujets pouvait venir lui demander librement justice ; et, s'il ne possédait pas l'esprit organisateur qui répare les grands maux, il y avait en lui la pitié compatissante qui soulage bien des misères. Disons mieux, le mouvement de recherches historiques qui caractérise notre siècle, et qui est fatal à tant de réputations, relève jusqu'à un certain point la sienne : on a publié dernièrement les instructions qu'il adressait à ses ambassadeurs à Rome, et la dignité dont elles sont empreintes, le sentiment national qu'il y manifeste, font plus d'honneur à sa politique que les bons mots qu'on lui a prêtés.

Ces bons mots, du reste, le récit de ses fastueuses bizarreries, l'étalage de ses pompes religieuses, occupent une part beaucoup trop grande dans les recueils historiques qui prétendent donner une idée de son règne. Il faut aussi faire la part des événements qu'il sut mettre à profit pour jeter quelque lustre sur la nation, et celle des institutions sérieuses dont il calcula les chances pour l'avenir. Deux ans environ après la grande paix d'Utrecht, le 13 février 1715, la paix fut signée dans la même ville entre l'Espagne et le Portugal. La première de ces puissances dut faire, entre autres restitutions, celle de la colonie del Sacramento ; le Portugal, de son côté, rendit Albuquerque. Don Luiz da Cunha, chargé par João V de défendre ses intérêts, s'acquitta de cette mission diplomatique avec un talent rare. Le jeune monarque sut aussi trouver un homme de mer habile dans la personne du comte de Rio-Grande, lorsqu'en 1716 il envoya ce général au secours des Vénitiens contre les Turcs. Ce fut durant la même année que des sommes prodigieuses furent employées moins utilement. Tout occupé d'un faste religieux dont il n'y avait point d'exemple, João V obtint du pape l'établissement d'une église patriarcale à Lisbonne. Don Thomas d'Almeida fut le premier que l'on revêtit de la dignité nouvelle qui venait d'être instituée. L'archevêque de Lisbonne vit tomber toute sa prépondérance; et ce fut en ce temps que la capitale du Portugal reçut une division nouvelle : il y eut *Lisboa oriental* et *Lisboa occidental*. L'autorité exigea que ces dénominations fussent conservées dans les actes et sur les inscriptions. L'année 1717 fut marquée par diverses circonstances notables. Le comte d'Ericeira remporta plusieurs avantages dans l'Inde. La première pierre du couvent splendide de Mafra fut posée, et les sommes prodigieuses, expédiées du Brésil, commencèrent à s'écouler pour fournir aux frais de toute espèce qu'exigeait cette vaste construction. En 1720, une institution, éminemment utile, servit comme de compensation aux erreurs administratives de plus d'un genre que les esprits sérieux déploraient : l'Académie d'histoire fut établie, et, si elle ne donna pas une grande variété à ses travaux, elle se recruta parmi les hommes les plus éminents de l'époque. La paix régnait donc au sein du royaume ; en dépit de l'influence monacale, un certain progrès intellectuel se manifestait, lorsqu'un fléau qui avait été la terreur de la Péninsule, commença à sévir. A partir de 1720, la peste se déclara dans plusieurs villes, et, en 1723, on vit succomber à Lisbonne seulement plus de 40,000 personnes. La période qui succéda n'est marquée par aucun événement d'une haute importance, à moins que l'on ne considère comme tel le double mariage qui eut lieu en 1728 : à cette époque, l'infante d'Espagne s'unit au prince du Brésil et l'infante de Portugal épousa le prince des Asturies.

Pendant que João V, prenant modèle sur Louis XIV, édifiait de toutes parts, et, il faut lui rendre cette justice, édifiait quelquefois pour la postérité; pendant que des collections de tout genre venaient s'amonceler sans ordre dans les salles de ses palais, et témoignaient, à défaut de goût réel, d'une sympathie fort louable pour les diverses branches du savoir humain, une institution barbare et souvent comprimée ensanglantait encore Lisbonne de ses affreuses exécutions. En 1745, l'un des derniers *auto da fé*, dont on ait gardé le souvenir, avait lieu : un poëte dramatique, qui s'était acquis une célébrité populaire, périssait au milieu des flammes. C'était en vain que l'infortuné Antonio Jozé protestait de son respect pour le culte reconnu par l'État; une mort affreuse attestait au monde l'esprit de démence qui punissait sa race infortunée.

Il faut rendre cette justice à João V : de telles cruautés n'étaient ni dans son cœur ni dans ses opinions religieuses, quelque exaltées qu'on nous les représente : il les tolérait; il n'avait pas encore la force de les abolir. On peut sourire en rappelant certaines minuties dignes du cloître, auxquelles ce roi, dévot et voluptueux à la fois, s'astreignait; on peut trouver quelque peu étrange le zèle religieux d'un souverain, qui pourvoyait par des messes sans nombre au salut individuel de ses sujets (*). João V descendit dans la tombe, sincèrement regretté, quoiqu'il eût épuisé les finances par de folles et inutiles dépenses, et qu'il eût laissé le désordre s'introduire dans l'administration. L'un de ses derniers actes politiques néanmoins fut le traité qu'il conclut en 1750 avec l'Espagne, pour terminer les discussions diplomatiques qui n'avaient pas encore cessé entre les deux couronnes au sujet des possessions de l'Amérique méridionale. Six ans auparavant, une violente attaque de paralysie avait frappé ce monarque : malgré le soulagement momentané qu'il avait obtenu des bains de *Caldas da Rainha*, il ne fit plus que languir; et, le 31 juillet 1750, il mourut à Lisbonne. On lui fit élever un splendide mausolée dans l'église de Sam-Vicente de Fora.

RÈGNE DE JOSEPH Ier (DON JOZÉ I°). —
Le 7 septembre, on proclama, avec toute la pompe accoutumée, le nouveau roi : il trouva les coffres vides; l'armée n'existait plus que de nom; mais, comme on l'a fait remarquer avec une certaine apparence de justesse, il trouva les instincts populaires dirigés vers le commerce et une remarquable disposition à entrer dans la voie des améliorations industrielles. Le traité de Methuen avait dès lors néanmoins toutes ses conséquences, et frappait d'inertie les esprits les plus actifs, ceux-là même qui, par leur contact perpétuel avec une nation commerçante et manufacturière, rêvaient pour le pays des améliorations qu'un génie indépendant et ferme pouvait seul amener.

A cette époque, le Brésil était devenu pour la mère patrie une ressource inépuisable dans tous les embarras financiers. En décembre 1750, on vit arriver à Lisbonne la flotte richement chargée, sur laquelle se fondaient chaque année tant d'espérances : par un instinct généreux, dont les colonies lui tinrent compte alors, l'un des premiers actes du nouveau roi eut pour objet l'amélioration politique de cette riche province de Minas, dont on tirait tant de trésors; il fit abolir l'impôt de la capitation, qui était payé comme droit seigneurial; et, en 1751, il créa à Rio de Janeiro un tribunal de la *Relação*, avantage réel et bien senti pour cette contrée, puisque dans les temps antérieurs les procès de quelque importance s'éternisaient et venaient se juger à Lisbonne. Toutes les ordonnances royales, néanmoins, ne furent pas si désintéressées; et, en 1752, on plaça sous

---

(*) João V est le premier roi de Portugal qui ait porté le titre de *Majesté très-fidèle*. Benoît XIV lui concéda ce titre le 28 décembre 1748. On a calculé que, durant le règne de João V, Rome avait reçu en numéraire du Portugal plus de 180,000,000 de cruzades.

PORTUGAL

Don Pedro et Donna Maria

la protection souveraine ce que l'on appelait le *contrat des diamants*, c'est-à-dire qu'on rendit l'objet d'un commerce exclusif ce riche produit des mines de Tijuco.

Mais nous nous arrêtons. Dès qu'il s'agit d'améliorations importantes, de grandes mesures à diriger, un autre nom que celui du roi régnant vient se placer involontairement sous la plume de l'historien. Nous allons bientôt essayer de faire paraître sous son jour véritable le ministre éminent qui imprima au pays une si prodigieuse impulsion. Joseph eut surtout le mérite de comprendre le mérite de cet homme extraordinaire : il y a peut-être quelque injustice à le comparer à Louis XIII, comme on l'a fait naguère encore ; car il eut au moins la fermeté d'approuver toujours dans ses actes l'homme qu'il avait sciemment choisi.

Joseph Ier s'était marié, du vivant de son père, le 19 janvier 1729, et il avait épousé dona Anna-Victoria, fille de Philippe V et d'Isabelle Farnèse. Cette princesse, comme tout le monde sait, avait dû épouser Louis XV et ne s'était jamais complétement résignée à l'amertume de ses souvenirs. La politique la trouva non-seulement toujours opposée à la France ; mais, plus tard, elle se posa visiblement comme une ennemie redoutable de l'homme puissant auquel son royal époux avait remis les destinées de la nation.

POMBAL (*). — Sébastião Jozé de Carvalho e Mello naquit à Lisbonne le 13 mai 1699 ; son père, M^l. Carvalho de Ataïde, servit capitaine de cavalerie et descendait d'une famille qui n'appartenait pas sans doute à la première noblesse, mais qui ne manquait pas non plus d'illustration. Toutefois, les ennemis du marquis de Pombal lui jetèrent à la face l'humilité de sa condition, accusation ridicule, et dont la niaiserie retombait sur ceux qui osaient la faire.

Après avoir fréquenté l'université, Carvalho servit dans la milice : mais, soit qu'il n'eût pas d'inclination pour les armes, soit, comme quelques-uns le veulent, qu'on ne lui eût pas donné le grade qu'il jugeait devoir lui revenir, il abandonna cette carrière. La période qui s'écoula depuis cette époque de sa vie jusqu'au temps où il fut nommé envoyé extraordinaire près la cour de Londres, est peu connue, et offre peu d'importance. Après avoir abandonné le service militaire, il se maria, à l'âge de trente-quatre ans, avec dona Theresa de Noronha, nièce du comte dos Arcos ; cette dame mourut sans lui laisser de postérité, et cela au bout de cinq ans. Ce fut aussi à cette époque qu'il fut élu membre de l'Académie d'histoire et chargé d'écrire le mémoire concernant la vie de Pedro 1er et de Fernando ; mais ses travaux littéraires, que nous sachions du moins, se réduisirent à deux lettres et à deux discussions historiques.

La nomination inattendue de Carvalho à un poste aussi important qu'était celui de ministre à Londres, étonna tout le monde. On dit qu'il avait obtenu cette mission grâce à la protection du cardinal de Mota, qui était alors considéré comme le favori de João V. Ses ennemis l'accusent d'avoir commis toute espèce de bassesses pour l'obtenir ; ses apologistes, au contraire, ne voient dans cet emploi qu'une récompense accordée au mérite reconnu : l'une et l'autre opinion offrent de la probabilité, mais surtout la seconde ; car, ainsi que l'a dit fort bien don Luiz da Cunha, le cardinal da Mota n'était certes pas grand connaisseur, ou même grand appréciateur des gens de talent. Si les conjectures signifiaient ici quelque chose, nous dirions que Pombal dut cet emploi à la protection de la reine, laquelle, selon les mémoires d'Amador Patricio, lui témoigna toujours de l'affection et depuis fit des efforts actifs, mais inutiles, pour le faire nommer secrétaire d'État par le roi son mari ; il n'obtint, en effet, cet emploi que lorsque don Jozé commença à régner.

Après avoir rempli son ambassade en Angleterre, Sebastião Jozé de Carvalho fut envoyé également en ambassade à la cour de Vienne. Des dissensions s'étaient élevées entre la maison d'Autriche et le pape, alors Benoît XIV, à cause de l'extinction du patriarcat d'Aquilée. Le saint-père eut recours à la cour de Portugal pour qu'elle se portât

---

(*) Voulant puiser à des sources positives, on a emprunté la plus grande partie de ce paragraphe à une biographie portugaise. Voy. le *Panorama*.

comme médiatrice dans ces différends. L'intervention était difficile, et Carvalho fut choisi pour mettre à fin cette affaire. Ministre à Vienne, il agit avec une telle sagacité, que la réconciliation désirée eut lieu. C'était là qu'il résidait encore lorsque sa première femme mourut ; il fit alors des tentatives pour se marier avec une des plus nobles dames de Vienne, dona Léonor Ernestine d'Aun, fille du comte d'Aun. Trouvant quelque difficulté à vaincre l'orgueil de cette famille, il finit néanmoins par atteindre son but, grâce à la protection de la reine de Portugal, à laquelle peut-être d'ailleurs il prétendait devenir agréable en se mariant avec une dame allemande ; car nous ne saurions croire que jamais un sentiment d'amour ait pu pénétrer dans ce cœur de fer.

Peu de temps après ce mariage, Carvalho retourna à Lisbonne. Le royaume était gouverné alors par don Gaspar da Incarnação, chanoine régulier de l'ordre de Saint-Augustin, qui pouvait tout sur João V. Ignorant en fait de science politique autant qu'on pût l'être, il avait autant de probité qu'il en fallait pour ne point voler l'État ; mais, protecteur déclaré de tous ses parents ou même de ses partisans, il plaçait les plus hautes charges en des mains indignes.

L'auteur français (si toutefois il en est ainsi) du livre intitulé *Administration du marquis de Pombal*, dit que dans le premier mois du règne de Joseph, Carvalho se trouva fort mal dans l'esprit du roi, grâce aux intrigues des courtisans, et que Joseph seul reconnut ensuite son mérite et l'appela au ministère des affaires étrangères. Cette nomination paraît avoir été le résultat d'un plan, calculé dès longtemps par Carvalho, et dont la base première reposait sur son mariage avec une dame de la maison allemande d'Aun ; car, s'il dut son entrée au ministère, ce fut certainement à la protection de la reine douairière, bien que beaucoup de gens attribuent cet événement à l'influence du P. Moreira, confesseur du jeune roi.

Ce fut alors que Carvalho commença à gagner sur l'esprit de Joseph cette influence qu'il sut conserver jusqu'à la fin du règne de ce monarque : le moyen dont il l'obtint a été fort bien indiqué par Mably, dans son traité de l'Étude de la politique.

Une fois maître de l'esprit du monarque, le nouveau ministre mit tous ses soins à rétablir dans une voie régulière les différentes branches de l'administration publique, qui se trouvaient dans l'effrayant désordre où nous les a montrées le célèbre don Luiz da Cunha, grâce à la lettre qu'il adressa à Joseph étant encore prince. L'auteur des Mémoires du marquis de Pombal, bien qu'il ait écrit son livre avec tout le fiel et la haine possible, confesse que les débuts de son administration furent brillants, et qu'à sa voix on vit comme sortir du sépulcre la marine, le commerce, l'industrie, l'agriculture, et enfin une bonne administration du trésor.

Il serait nécessaire de faire un relevé de toutes les lois et de toutes les ordonnances des quatre premières années du règne de Joseph, pour que le lecteur pût se rendre compte par lui-même des bons ou des mauvais services que le ministre rendit à son pays ; mais une biographie ne comporte pas tant de détails.

Il prohiba d'abord l'exportation du numéraire, loi que les Anglais surent éluder, en dépit de l'habileté du ministre, qui peut-être ne se jugea pas encore assez puissant pour châtier les coupables et se faire respecter. En second lieu, il diminua le pouvoir de l'inquisition(*), et enfin il réunit à la couronne un grand nombre de domaines, qui en avaient été séparés indûment. L'organisation de l'armée suivit immédiatement ces mesures ; puis vinrent l'introduction de nouvelles populations dans les colonies et la formation d'une compagnie des Indes, et celle qui était spécialement consacrée au Brésil, sous le titre de *Compagnie du Grand Para et du Maranham*.

Avant de poursuivre, il convient d'insister sur ce qui nous semble être la cause principale de la lutte qui s'éleva entre les jésuites et le ministre de Joseph, lutte d'extermination et qui se termina par la chute de cette société devenue, pour ainsi dire, la dominatrice de l'Europe.

(*) Par une étrange bizarrerie, tout en abolissant le supplice du feu, Pombal donna à l'inquisition le titre de *Majesté*.

Un traité d'échange entre le Portugal et l'Espagne avait été signé, en vertu duquel la colonie portugaise désignée sous le nom do Sacramento devait appartenir à l'Espagne, tandis que le Paraguay, province sujette de nom à la couronne espagnole, devenait l'apanage du Portugal. Cette négociation, commencée au temps de João V, allait être exécutoire sous Joseph; mais, lorsqu'il s'agit de livrer la colonie do Sacramento, les Indiens du Paraguay désobéirent, parce qu'ils ne connaissaient pas d'autre autorité que celle des jésuites des missions. Il en résulta les guerres et les vexations de toute espèce dont eurent à souffrir ces peuples. Les jésuites ayant été expulsés et persécutés par Francisco Xavier de Mendonça, capitaine général de la province et frère du ministre, ils firent la guerre ouvertement; mais Carvalho fut le plus habile; et, dans la lutte commencée, ces religieux perdirent la première bataille; ils se virent évincés du palais, où jusqu'alors ils avaient exercé la plus grande influence.

Ce fut après les événements du Paraguay que s'établit la compagnie exclusive du Grand-Para et du Maranham. Cette société, favorisée par des priviléges extraordinaires et formée d'un petit nombre d'associés, déplut aux commerçants, qui réclamèrent contre elle, au moyen de la corporation qui les représentait sous le nom de *Bureau du bien commun des marchands*. Le résultat de cette tentative, où quelques-uns veulent voir certaines insinuations des jésuites, fut la dissolution de l'association désignée ici, et postérieurement la création de la *Junte du commerce*, qui dura près d'un siècle; plusieurs personnes en outre furent exilées à Mazagan et d'autres chassées de Lisbonne; car il paraît que le ministre avait déjà résolu d'employer comme mobile principal de son administration un vrai sytème de terreur.

On était arrivé à la fin de 1755, quand le fatal tremblement de terre du 1ᵉʳ novembre (*) vint montrer dans tout son éclat l'immense génie de Carvalho, en attestant sa persévérance. La cité de Lisbonne n'était plus qu'un monceau de ruines; les familles se trouvaient dispersées, les capitaux enfouis dans le sein de la terre : on ne voyait plus que des veuves et des orphelins. Des hommes corrompus, profitant de la désolation générale, commettaient toute espèce de rapines, de violences, d'assassinats même, pour s'emparer de quelques richesses que l'incendie n'avait point dévorées, ou que la terre avait refusé d'engloutir. Jamais le système d'intimidation adopté par le ministre ne vint plus à propos exercer sa puissance; il l'employa : le livre qu'on rencontre partout sous le titre de *Providentias sobre o terremoto*, bien que ce soit un livre de sang, reste comme un monument qui nous fait parfaitement concevoir quelle était la vigueur d'âme du marquis de Pombal...

On a dit qu'une fois le tremblement de terre passé, le roi ayant demandé à Carvalho ce qu'il y avait à faire, il aurait donné sur-le-champ cette mémorable réponse : Sire, *enterrer les morts, et songer aux vivants*. Cette réplique est sublime, au milieu de la désorganisation générale; mais elle n'appartient pas au ministre; et ce fut l'illustre général Pedro d'Almeida, marquis d'Alorna, à qui le roi fit la question, et qui répondit, en effet, *Enterrer les morts, songer aux vivants, fermer les portes*; mot que le marquis vanta beaucoup, en envoyant toutefois le général à Setubal, d'où il ne revint plus; probablement parce que Pombal ne se souciait point de voir auprès du roi de vrais gentilshommes trouvant de pareilles réponses.

Dès le mois de février 1756, on commençait déjà à s'occuper de la réédification de la ville, qui devait être non-seulement construite avec solidité, mais que l'on voulait embellir. Des sommes immenses étaient devenues nécessaires, car il fallait pourvoir à la construction des édifices publics. Pour subvenir à ces nécessités, le ministre frappa d'un impôt de quatre et demi pour cent toutes les marchandises étrangères. Ce nouvel impôt allait atteindre dans ses intérêts principalement l'Angleterre. Plus les négociants appartenant à cette nation faisaient d'affaires considérables avec le Portugal, plus le préjudice

---

(*) Cette célèbre catastrophe exigeait des détails trop étendus pour qu'on n'en fît pas l'objet d'un paragraphe séparé.

devenait notable pour eux. De Castres, le ministre anglais accrédité auprès de la cour de Lisbonne, témoigna à la fois de l'admiration et du mécontentement; puis il passa bientôt aux plaintes extrêmes, en invoquant les traités existants; ce en quoi les envoyés des autres puissances l'imitèrent. Toutes les tentatives, néanmoins, furent inutiles. Le ministre de Joseph se contenta de répondre, en termes vagues, qu'un point de si haute importance avait été l'objet d'une considération toute particulière de la part de Sa Majesté, avant qu'elle prît une résolution : ce fut ainsi qu'il les évinça.

Un autre incident vint augmenter les griefs des Anglais. Les marchandises étrangères ayant été consumées par l'incendie ou bien détruites à la suite de la catastrophe et même par l'inondation, on vit bientôt manquer les draps et les toiles expédiés par l'Angleterre, la France et la Hollande. Un grand nombre des habitants de Lisbonne, se voyant dépourvus de vêtements pour l'hiver, s'arrangèrent des draps du pays, tels que ceux qu'on désigne sous les noms de *saragoças* et de *brixes*. Le monarque lui-même voulut donner à ses sujets l'exemple de la modération, et il ne dédaigna pas de se vêtir de saragoça, en dépit du bon marché d'une telle marchandise. L'exemple du prince engagea tout naturellement la noblesse à agir de même, et il en résulta que l'on vit les marchands portugais gagner en peu de temps un million de cruzades, qui, dans le cas contraire, eussent passé à des mains étrangères.

La seule personne qui peut-être tira un certain avantage du tremblement de terre (loin d'en avoir souffert quelque dommage), ce fut Jozé de Carvalho, qui, déployant en cette occasion toutes les ressources de son puissant génie et l'énergie de son caractère, sut non-seulement mériter l'estime publique, mais vit encore s'accroître la faveur dont il jouissait dans l'esprit du roi. Peu de temps s'était écoulé, en effet, lorsque ce monarque le nomma premier ministre, à la place de Pedro da Mota.

L'auteur de l'*Administration du marquis de Pombal* fait remarquer qu'après le tremblement de terre, deux cents cadavres se voyaient pendus aux gibets qui entouraient Lisbonne. Nous l'avons dit, la crainte qu'inspirèrent ces exécutions fut salutaire; mais le système de terreur fut trop long à coup sûr et dégénéra en tyrannie. Bientôt on promulgua une loi tendante à réprimer tout discours contre le gouvernement, et une prime considérable fut offerte à qui dénoncerait les coupables. On loue aujourd'hui beaucoup l'administration du marquis de Pombal; mais nous demanderons aux hommes de ce siècle s'ils voudraient d'un ministre osant faire promulguer de telles lois et ayant surtout le pouvoir de les mettre à exécution.

L'établissement de la compagnie des vins du haut Douro, créée vers le même temps, produisit un soulèvement populaire à Porto. Soit qu'il jugeât que cette compagnie dût obtenir d'heureux résultats pour le pays, soit, comme plusieurs l'ont pensé, qu'il en tirât des gains immenses, le ministre fit occuper la ville militairement, et, commençant le procès des insurgés, en fit pendre quelques-uns, tandis que d'autres furent seulement condamnés aux galères ou au bannissement : ce fut ainsi que Pombal fit passer au peuple le goût des nouvelles émeutes.

Si le peuple devint calme de ce repos que produit la terreur, il n'en était point de même à l'égard de la classe des fidalgos, qui se jugeait au-dessus des hardiesses du ministre; elle dut se détromper bientôt, et ce fut à ses dépens; car la constitution du pays se changeant en un régime de fer, par ce seul fait toutes les conditions devinrent égales. La persécution dont fut l'objet don Jozé Galvão de Lacerda, envoyé à Paris, celle qui s'éleva contre don João de Bragance, frère du duc de Lafoens; les autres actes du même genre exercés contre des gentilshommes de haute distinction, tels, entre autres, que le marquis de Marialva, prouvèrent, du reste, à quel point Sébastião Jozé de Carvalho s'était ancré dans le pouvoir.

Le peuple et la noblesse une fois domptés, il ne manquait plus, pour que le Portugal entier se tût devant la toute-puissance du ministre, que d'imposer silence à cette partie du clergé qui osait contester encore son autorité; il s'agit ici des membres de la compagnie de Jésus. Chassés de la cour, il obtint contre eux un bref de réforme : il leur fut défendu de se livrer au commerce, ce que, nonobstant ces défenses, il paraît qu'ils continuèrent à faire. Finalement, on leur retira le droit de prêcher et de confesser : mesure qui enleva ses dernières armes à une société auparavant si influente et si puissante à la fois.

L'année 1758 s'était en grande partie écoulée lorsque eut lieu un déplorable évènement (*).

CONSPIRATION DU DUC D'AVEIRO ET DE PLUSIEURS MEMBRES DE LA NOBLESSE. — Le fait capital de cette époque, le drame terrible qui fit de Pombal un homme d'État vraiment redouté, ce fut la conspiration de 1758. Nous l'avouerons, cependant, un terrible mystère enveloppe encore cette procédure aux yeux de l'historien.

La seule chose qui ne soit pas douteuse, c'est que le ministre de Joseph continua son système d'intimidation et jeta, par une exécution sanglante, l'épouvante parmi les grands.

Si l'on s'en rapportait à l'auteur d'un volumineux recueil que l'on a audacieusement intitulé (**) : *Mémoires du marquis de Pombal*, ce serait la réponse insolente d'un subalterne *complaisant du prince*, qui aurait ulcéré le cœur du duc d'Aveiro, l'un des plus grands seigneurs du royaume, et l'aurait décidé spontanément à se débarrasser d'un homme qui l'avait insulté. Si l'on ajoute foi aux mêmes documents, les Tavora, en refusant l'alliance de Pombal, auraient excité dans l'âme du ministre une de ces haines profondes qui ne s'assouvissent que dans le sang. Pour adopter ces diverses hypothèses, il faut, en vérité, perdre de vue des intérêts beaucoup plus hauts et surtout l'aversion vouée par la noblesse au ministre. Comme le disait dans une de ses lettres confidentielles l'un des conjurés : « Pour anéantir l'autorité du roi Sébastien, il fallait détruire celle du roi Joseph. »

Un fait paraît probable cependant, c'est qu'à l'inimitié politique des grands a pu se joindre ce besoin de vengeance, qui vient de *l'outrage secret*, comme dit le vieux poëte castillan. La jeune marquise de Tavora, en acceptant les assiduités passionnées du roi, avait ulcéré le cœur de la famille puissante dans laquelle elle était entrée.

Du reste, nul caractère éminent, nul esprit hors de ligne, ne se montra parmi ces conspirateurs qui prétendaient lutter avec l'homme le plus énergique de son temps. Le chef apparent qu'ils s'étaient choisi était haï. Rien de remarquable n'avait marqué la carrière politique et militaire de ceux qui venaient après lui : ils conservèrent, dans leur conduite, une nullité imprévoyante, indice d'esprits sans pénétration. Je me trompe, une femme parmi eux leur apprit à mourir dignement. Ce fut celle qui, ayant été naguère vice-reine des Indes, et l'une des beautés les plus célèbres de la cour, n'avait pu se décider à perdre cette double puissance, et s'en vengeait, dit-on, en conspirant.

Mais une chose certaine, et qui paraît prouvée par les pièces nombreuses que nous avons sous les yeux, c'est que la femme énergique que l'on désigne en l'appelant la vieille marquise de Tavora, haïssait profondément Jozé de Mascarenhas, duc d'Aveiro, quoiqu'elle fût son allié; une autre haine plus vive encore joignit leurs intérêts.

Arrivé à ce moment funeste qui réunit tant de hauts personnages, et dont plusieurs mémoires nous révèlent les étranges prétentions, un esprit sérieux cherche à démêler d'où partit la trame qui les lia entre eux, quels furent les moyens que l'on mit en jeu pour exciter une ambition démesurée. Partout où se rencontrent les sourdes menées des jésuites, partout on reconnaît l'inflexible volonté

(*) L'écrivain dont nous reproduisons ici l'étude biographique fait des réflexions sur cet événement, mais il ne le raconte pas : nous comblons cette lacune, en regrettant que les pièces si curieuses qui ont été lues par l'auteur n'aient pas été spécifiées par lui; il n'abouit personne et ne tranche nullement la question.

(**) Ou plutôt *Mémoires de S. J. de Carvalho et Melo, comte d'Oeyras, marquis de Pombal*, etc. (à Lisbonne, et se trouve à Bruxelles), 1784, 4 vol. in-12. Ce livre, dicté par un esprit de dénigrement plein de virulence dont on devine la source, est précieux en ce qu'il renferme une foule de pièces justificatives et officielles. Barbier lui donne pour auteur un jésuite espagnol. L'ouvrage qu'on peut lui opposer est intitulé : *L'Administration de S. J. de Carvalho de Melo, marquis de Pombal*. Amsterdam, 1787, 4 v. in-8. Ce travail judicieux, mais trop apologétique, est attribué à Desoteux, baron de Cormatin.

23.

qui se dissimule, mais qui ne fléchit pas. Tête ferme, cœur passionné, la vieille marquise de Tavora était dirigée par un extatique dangereux, que l'on eut tort, plus tard, de ne pas traiter comme un insensé. Les conseils de Malagrida germèrent dans cette âme virile, accoutumée d'ailleurs à dominer tout ce qui l'approchait. Que l'on compte : il n'y a pas un homme de quelque valeur, figurant dans cette malheureuse affaire, qui ne tienne de près à la marquise par des liens sacrés ou par le sang. C'est le marquis de Tavora lui-même, jadis vice-roi des Indes ; c'est le jeune marquis de Tavora, outragé dans son honneur ; c'est le frère de celui-ci, Jozé-Maria de Tavora, victime touchante d'un pacte de famille ; c'est, enfin, le gendre de la marquise, don Iéronymo d'Ataïde, comte d'Atouguia, conspirateur insignifiant, quantité simplement numérique, comme dit, avec une certaine justice, un écrivain de ces derniers temps. Il y a encore un nom qui figure nécessairement ici, c'est celui du capitaine Braz-Jozé Romeiro : il n'appartient pas à la famille, mais l'officier qui a suivi le marquis dans l'Inde, et, comme tous les autres, il est fasciné ; les deux *bravi* qui furent condamnés plus tard, Azevedo et Ferreira, étaient des gens achetés à prix d'argent pour le jour de l'exécution. Plus de cent cinquante noms ignorés pourraient, dit-on, grossir encore une liste fatale que nous abrégeons à dessein.

Le 3 septembre les conjurés eurent la certitude que le roi devait se rendre chez la jeune marquise de Tavora, dans la voiture de son confident Pedro Teixeira. L'assassinat fut résolu ; et les conspirateurs furent échelonnés de telle sorte, qu'une tentative venant à manquer, la voiture devait être assaillie de nouveau par des groupes apostés. La chose se passa d'abord ainsi que les conspirateurs l'avaient supposé. Comme le roi se rendait de la *Quinta do Meio* à une autre maison royale, nommée *Quinta da Cima*, une carabine se leva contre le postillon : le chien s'abattit et le coup manqua. C'était, dit-on, le duc d'Aveiro qui, monté sur un cheval de louage, avait commencé l'attaque. Le sang-froid du zélé serviteur qui conduisait l'attelage sauva Joseph. *Que faites-vous ? c'est le roi...* voilà son unique exclamation ; puis il presse ses mules de toute leur vitesse ; et, lorsque deux autres coups de carabine viennent atteindre la voiture, l'équipage, qui fuit au galop, est bientôt hors de la portée de deux cavaliers qui le suivent. Cependant, les armes étaient chargées à mitraille et le roi a été atteint. Deux blessures cruelles ont enlevé les chairs depuis l'épaule droite jusqu'au coude. Teixeira fait coucher le roi au fond de la chaise et le couvre de son corps. Le postillon prend à travers champs, au lieu de revenir sur ses pas. Cette décision intelligente déjoue tous les projets des assassins. Au lieu de se rendre au palais, Joseph, qui a conservé son sang-froid, ordonne au courageux serviteur de le conduire à la Junqueira, où demeure son chirurgien ; il se confesse d'abord, puis l'appareil est posé ; et, au bout de quelques heures, lorsque Pombal est appelé, le ministre trouve assez de fermeté chez le prince pour arrêter avec lui le plan qui leur livre les conjurés.

Une dissimulation profonde fut opposée à ceux qui se croyaient les maîtres suprêmes en l'art des feintes politiques. Malgré les rumeurs de la ville, le roi prétexta un accident qui, en donnant à ses blessures une cause plausible, rassura la population et trompa les assassins : un seul des conjurés prit la fuite. Au bout de six mois, et lorsqu'ils étaient dans une sécurité profonde (*), les autres furent arrêtés et conduits dans des lieux divers. La marquise Éléonore de Tavora se vit renfermée dans un couvent de femmes d'une observance rigide ; sa bru, traitée moins rigoureusement, fut cependant soumise à une sorte de réclusion monastique. Le duc d'Aveiro et les Tavora, chargés de fers et couchés sur des matelas, demeurèrent quelque jours dans le même cachot ; ils n'y languirent pas longtemps.

Le 4 janvier 1759, un décret parut, qui instituait, sous le titre d'*inconfidencia*, un tribunal chargé de juger les cou-

(*) Ces arrestations eurent lieu le 13 décembre 1758, pendant les fêtes qui se célébraient à l'occasion du mariage projeté de la fille de Pombal avec le fils du comte de Sampayo.

pables. Les ouvrages les plus complets ont été sobres de détails à ce sujet; nous remplirons donc une lacune, en indiquant ses éléments : il se composait de deux présidents, sans droit de vote, de deux secrétaires d'État, puis de deux membres, ayant le titre de *desembargadores do paço*, dont l'un était chancelier de la chambre de Suplicação et se trouva nommé rapporteur du procès. Il y avait, en outre, sept membres de divers autres tribunaux, dont deux *corregedores do crime*, et le procureur de la couronne, faisant office de fiscal.

Les prévenus comparurent le 12 décembre; ils furent soumis à la question, à l'exception de la marquise de Tavora; et plusieurs d'entre eux confessèrent le crime dont ils étaient accusés. Le duc d'Aveiro démentit ensuite ce qu'il avait d'abord avoué au milieu d'effroyables tourments : un avocat fut entendu; mais la sentence de mort fut votée à l'unanimité et exécutée dès le jour suivant.

Le code portugais n'avait pas prévu un tel crime et se taisait sur la peine qui devait lui être appliquée; mais une loi de Philippe II ordonnait qu'elle fût *cruelle!* Rien ne manqua à l'interprétation du texte, formulé par cet esprit impitoyable. Le 13, à la pointe du jour, deux régiments de cavalerie et trois d'infanterie vinrent se ranger sur la place, vis-à-vis la maison royale, qui avait appartenu au comte d'Aveiro. Un immense échafaud y avait été dressé. Le sang-froid de la marquise de Tavora ne se démentit pas un instant; à l'aube naissante, elle s'était fait habiller par ses femmes, avait ordonné qu'on servît le déjeuner; et, sur l'observation de son confesseur qu'il restait des soins plus importants à prendre, elle s'était contentée de répondre : *Il y aura temps pour tout.* Elle pourvut à tout, en effet, avec une indicible tranquillité. On la vit arriver en chaise à porteurs au lieu du supplice; puis elle monta d'un pas ferme à l'échafaud, faisant observer qu'elle n'avait pas été soumise à la question. Cette femme hautaine avait encore des restes de beauté; lorsqu'elle eut été attachée sur le fatal tabouret, que le glaive du bourreau eut abattu sa tête, qui retomba sur sa poitrine, il y eut une sensation profonde dans le peuple : on la voila d'un riche drap de soie. Ses fils et son gendre furent étranglés ensuite, puis frappés de la massue de fer; mais cette terrible indulgence n'eut pas lieu à l'égard du marquis de Tavora et du duc d'Aveiro, dont les membres furent brisés sur une croix que l'on désigne sous le nom d'*Aspa*. Le premier mourut sans proférer une parole, l'autre poussa des hurlements affreux. Comme s'il devait rester quelque chose de la pompe étrange du moyen âge dans ce supplice, digne d'un autre temps, on apporta ensuite une statue de grandeur naturelle : c'était celle du serviteur fugitif, qui, avec son beau-frère Alvarez Ferreira, avait tiré sur la chaise du roi. Cette effigie fut attachée vis-à-vis le misérable qui allait expirer dans les flammes. Je lis dans la relation, d'un témoin oculaire ce passage, d'une affreuse concision : « Alors on mit le feu à un bûcher qu'on avait dressé sur l'échafaud, lequel, étant enduit de poix et de goudron, fut lui-même bientôt enflammé. Tous les corps qui y étaient exposés furent réduits en cendre. Ceux du duc d'Aveiro et du marquis de Tavora respiraient encore... Antoine Alvarez Ferreira, n'ayant reçu aucune blessure, parut plein de vie pendant plus d'un quart d'heure au milieu des flammes.

« Les cendres furent enfin ramassées et jetées dans la mer par le bourreau (*). » Nous n'ajouterons rien à un pareil récit...

SUITE DE L'ADMINISTRATION DE POMBAL. — Il est impossible de parcourir les nombreux factums qui furent répandus alors en France et en Espagne, sans reconnaître que ce fut la période la plus laborieuse et la plus difficile de cette vie remplie de projets gigantesques : l'abaissement des grands était accompli : restait l'expulsion des jésuites; Pombal y travailla à la face de l'Europe. La junte souveraine, désignée sous le nom du tribunal de l'*Inconfidencia*, avait reconnu, par dix articles de son arrêt, la participation de plusieurs religieux de cet ordre au crime de haute trahison. Divers membres avaient été jetés en prison; leur nombre s'accrut, mais trois

(*) *Nouvelle intéressante au sujet de l'attentat*, etc., 1759; *voyez* 1e Suite, page 4.

d'entre eux étaient impliqués surtout dans l'affaire de 1758. Les pères Alexandre, Mattos et Malagrida, furent livrés au tribunal du saint office; le dernier y resta trois ans. Quel que soit le point de vue politique d'où l'on examine aujourd'hui ce procès, et lorsqu'on a lu surtout les œuvres du père Gabriel Malagrida, il est impossible de considérer l'auteur *du Triple cordon d'Amour* comme fauteur d'hérésie. Ce vieillard, né en Italie, et qui avait souffert, dans le nouveau monde, toutes les misères de l'apostolat, avait peut-être rapporté de ses rudes voyages l'ardeur fièvreuse qui l'animait. Malagrida ne voulut faire aucune rétractation, et il ne sortit des cachots de l'inquisition, en 1661, que pour être brûlé durant un *auto-da-fé*. Nous sommes parfaitement de l'avis d'un écrivain portugais, qui voit dans cette affreuse exécution un sujet de blâme éternel pour le ministre de Joseph.

Ce fut après les événements que nous venons de signaler que le titre de comte d'Oeiras fut accordé à Carvalho.

« Le poste du ministre une fois à l'abri de toute vicissitude, grâce à tant de revirements, Pombal se montra véritablement grand, en exigeant des Anglais une satisfaction pour avoir attaqué les navires de la France dans les mers de Portugal; et l'orgueilleuse Angleterre donna la satisfaction demandée (*). Le nonce Acciajuoli avait osé manquer aux convenances en n'illuminant point son hôtel à l'occasion du mariage de la princesse héritière dona Maria; et le comte d'Oeiras le fit sortir immédiatement de Lisbonne. Enfin, à peu de distance de cet événement, le ministre donna le dernier coup à l'institut des jésuites, en anéantissant cette société dans le Portugal, et en faisant jeter sur les côtes d'Italie ceux de ses membres qui ne voulurent pas quitter la robe de l'ordre (1759).

(*) A la suite d'un combat durant lequel il avait eu à combattre des forces infiniment supérieures aux siennes, le brave de la Clue s'était réfugié à Lagos; un de ses navires avait été incendié par les Anglais; *le Redoutable* s'était brûlé lui-même; deux autres bâtiments avaient été pris et emmenés. Pombal, dans cette affaire, déploya une fermeté admirable. Voy. *Revue étrangère et française de législation*, septembre 1840.

« Ce fut alors que Carvalho, débarrassé de ses soucis les plus inquiétants, tourna toute son attention vers les améliorations administratives : il réforma les études, rendit plusieurs ordonnances relatives au commerce, et restaura les arts; mais la guerre de 1762 vint le placer bientôt dans de nouvelles difficultés.

« Cette guerre naquit, on le sait, du fameux pacte de famille. Les rois de France et d'Espagne, liés contre l'Angleterre, voulurent que le Portugal entrât dans cette alliance, le comte d'Oeiras refusa et promit de garder la neutralité. L'Espagne nous déclara alors la guerre; et ses troupes entrèrent dans la province de *Tras-os-Montes :* mais prévenu peut-être que le résultat ultérieur lui serait contraire, le cabinet de Madrid retira une seconde fois son armée de notre territoire, après de légères escarmouches, durant lesquelles les Portugais, commandés déjà par le comte de Lippe (*), remportèrent l'avantage.

« La tranquillité publique une fois rétablie, le comte d'Oeiras songea sérieusement à augmenter et à discipliner l'armée; il s'occupa à activer toutes les branches d'industrie, il en fit autant

---

(*) Comme le fait très-bien observer le général Foy, les Portugais appellent encore Lippe *o gram conde*, comme ils appellent Pombal : *o gram marquez*. « Le général de Schaumbourg-Lippe, comte immédiat de l'empire germanique, fut choisi pour restaurer le militaire portugais : il venait de commander avec distinction, pendant les campagnes d'Hanovre, l'artillerie de l'armée du prince Ferdinand de Brunswick. A peine arrivé en Portugal, il dut courir à la défense des frontières menacées : son armée se composait de neuf à dix mille Portugais, qui, ne le connaissant pas, se défiaient de lui, et de cinq à six mille Anglais ou Irlandais, obéissant de mauvaise grâce. Il y avait en face quarante mille Espagnols, commandés par le comte d'Aranda, dont les chefs avaient pour la plupart fait les campagnes d'Italie, et un corps auxiliaire de douze bataillons français aux ordres du prince de Beauveau. Avec une telle disproportion de forces, on ne pouvait pas demander de batailles au comte de Lippe : il fit une campagne de marches et de positions, et sut tirer partie du patriotisme des paysans, ainsi que des difficultés incroyables qu'offre, sur tous les points, le pays compris entre le Duero et le Tage. » Plus tard, le comte de Lippe forma vingt-quatre régiments d'infanterie, douze de cavalerie et quatre d'artillerie sur le pied des troupes prussiennes. Pombal s'en servait, mais il n'éprouvait pour le comte nulle sympathie.

pour le commerce, et achemina ainsi le pays jusqu'au plus haut degré de prospérité. Les actes les plus notables de cette période, ceux qui sont réellement aussi glorieux pour le roi que pour son ministre, doivent être rappelés ici; tels furent le rétablissement des études civiles et militaires, un grand nombre de lois favorables à l'agriculture, l'institution de *la Mesa censoria*, celle du collége des nobles, les ordonnances relatives à la fabrication des lainages, des soieries, de la faïence, de la chapellerie et de tant d'autres; les réformes judiciaires; la création d'un subside, consacré aux lettres; la paix conclue avec la cour de Rome, sous le pontificat de Clément XIV; l'abolition de l'esclavage; l'établissement des pêcheries dans l'Algarve; les lois sur le tabac, sur les hôpitaux, sur les enfants exposés; la paix avec l'État de Maroc; la réforme du gouvernement des Indes, ainsi que beaucoup d'autres améliorations dans l'état colonial: on peut y joindre encore l'érection de la statue équestre.

« Ce temps vit encore néanmoins Lisbonne témoin de quelques actes de cruauté émanés du ministre, et que ses ennemis attribuèrent à une vengeance particulière: tel est, entre autres événements, le supplice d'un Italien, nommé Jean-Baptiste Pelle, accusé de tentative d'assassinat sur sa personne, et qui remplit la ville d'horreur et de compassion. Après avoir subi d'horribles traitements, ce malheureux fut condamné à être écartelé par quatre chevaux, et la sentence exécutée. Le corps demi-vivant de Pelle fut jeté sur un bûcher pour y terminer son angoisse. Il faut le dire, en toute vérité, on a quelque peine à croire qu'un fait pareil ait pu avoir lieu dans un temps si voisin du nôtre.

« Ce fut en l'année 1770 que le comte d'Oeiras se vit décoré du titre de marquis de Pombal. A partir de cette époque, de l'avis même de ses adversaires, ce cœur de fer s'adoucit singulièrement, et durant les dernières années du règne de Joseph, le joug de terreur, sous lequel les Portugais marchaient comme accablés, était devenu moins pesant. Pombal songea à abolir les distinctions absurdes de *vieux* et de *nouveaux chrétiens*; il fit encore des règlements pour favoriser l'industrie nationale: il mit obstacle à ce que les enfants pussent se marier sans le consentement paternel; et on le vit enfin prendre une foule d'autres mesures profitables à la chose publique. »

L'acte qui, durant cette dernière période, honore vraiment le marquis de Pombal, est la réforme de l'université de Coimbre, qui eut lieu en 1772. Pour parvenir à ce but, le ministre employa les plus hautes capacités du Portugal. Il appela également des professeurs de l'étranger; et les statuts de cette Académie célèbre forment peut-être le plus beau monument que le règne de Joseph Ier ait légué à la postérité. Le temps que le marquis de Pombal n'employait pas à l'administration, il l'occupait, comme Richelieu à la culture des lettres; mais, comme le ministre de Louis XIII, il participait secrètement à certains ouvrages plutôt qu'il n'en était l'unique auteur: il y en a un surtout où il se cache, selon quelques bibliographes, sous le pseudonyme d'*amador patricio*. Ce gros livre, écrit d'une manière assez diffuse, raconte les actes de prévoyance que suscita le tremblement de terre: c'est que la catastrophe qu'il met en évidence est le fait capital du siècle. Sans avoir recours au volumineux recueil d'ordonnances, nous dirons au moins les faits intéressants, et quant à ce qui regarde le passé, nous essaierons d'exposer au lecteur quelques circonstances peu connues.

DES TREMBLEMENTS DE TERRE EN PORTUGAL, ET PARTICULIÈREMENT DE CELUI QUI EUT LIEU EN 1755. — Le tremblement de terre qui détruisit Lisbonne a eu un tel retentissement; sa renommée est si populaire, que le souvenir en revient à la pensée toutes les fois qu'il s'agit de signaler un fléau du même genre et de peindre la ruine d'un pays. Ce serait une erreur de croire cependant, comme beaucoup de gens le supposent, que cette grande catastrophe ait été unique en Portugal, et qu'aucun accident de même nature ne l'ait précédé. Nul pays en Europe, au contraire, n'a eu à souffrir plus fréquemment de ces bouleversements du sol. Un coup d'œil rétrospectif nous en donnera aisément la preuve.

Au quatrième siècle, le terrible tremblement de terre qui étendit ses ravages sur la Palestine, la Grèce et la Sicile, eut de fatals effets sur la Péninsule. « On croit que ce fut alors que se séparèrent du continent les rochers qu'on aperçoit dans l'Océan non loin du cap de Saint-Vincent, et que fut engloutie la portion de terre qui unissait les Berlengas à la côte de Péniche. Ammien Marcellin et Paul Orose nous ont transmis l'histoire de cette grande convulsion de la nature. »

Il faut remonter ensuite jusqu'au treizième siècle pour rencontrer l'indication précise d'une de ces catastrophes épouvantable. *Une religieuse lettrée*, qui a consigné, d'une manière fidèle mais sommaire, les grands événements de cette période, *la nonne de Santa-Cruz*, se contente de dire que, le 22 février 1309, à la pointe du jour, un tremblement de terre se manifesta tout à coup : c'était au temps du roi Diniz. Or il est probable que, si l'événement eût eu des résultats bien funestes, le vieux chroniqueur par excellence, Fernand Lopes, en eût fait mention. Autant que nos souvenirs puissent nous servir, il se tait complétement à ce sujet. Sous le règne du fils de don Diniz, il y eut, en 1344, un grand tremblement de terre à Lisbonne. Comme des discussions orageuses s'étaient élevées entre Affonso IV et l'évêque de Porto, le pape prit occasion de ce bouleversement de la nature pour réconcilier le pouvoir ecclésiastique avec le pouvoir royal. Douze ans après, en 1356, le terrible fléau se fit sentir de nouveau, et la terre trembla, dit-on, plus d'un quart d'heure : grand nombre d'édifices s'écroulèrent dans Lisbonne, et l'on vit s'entr'ouvrir, du haut en bas, la chapelle de la cathédrale.

Le quinzième siècle, si fertile en événements de toute espèce, se passa sans qu'on eût à subir rien de grave en ce genre, et il n'y a nul doute que, si quelque catastrophe funeste eût marqué surtout les dernières années du règne de João II, le chroniqueur diligent de cette époque ne nous en eût donné une description minutieuse. Garcia de Resende se tait sur cette période.

Il n'en est pas de même lorsqu'il s'agit du règne de don Manoel. Durant 1512, il y avait eu quelques mouvements convulsifs de la terre, à la suite desquels un grand nombre de maisons s'étaient écroulées, et cette fois Garcia de Resende, en nous peignant poétiquement le désastre, remplace la statistique qui n'existait pas alors. Il fait monter à deux cents le nombre d'édifices détruits ou ruinés. Il lui restait une terrible peinture à faire : c'était celle du tremblement de terre de 1531. La catastrophe eut lieu le 7 janvier ; mais Resende se trouvait alors absent de la capitale. On voit par la *Miscellanea* que des abîmes s'entr'ouvrirent à Almeirim, où était l'auteur, et qu'il y eut à la fois un déluge d'eau et de sable, qui menaça d'engloutir la résidence royale. Simon Goulard, historien pour ainsi dire contemporain, raconte en ces termes les ravages que ce tremblement de terre exerça sur la grande cité (*) : « Quinze cents maisons, belles et spacieuses, furent renversées en la ville de Lisbonne et presque tous les temples abattus. Ce tremblement de terre dura huit jours, donnant par intervalles des secousses sept ou huit fois par chaque jour : il se fit aussi des ouvertures de terre, d'où sortit un air contagieux qui enleva un fort grand nombre de personnes (**). »

Garcia de Resende donne une durée totale de deux mois à cette succession de secousses qui s'étendit par tout le royaume ; et il raconte que ses effets furent surtout désastreux, parce que les premières convulsions du sol se firent sentir durant la nuit (***). Selon l'observation de l'auteur de la *Miscellanea*, les bicoques (*pardieiras*) ne tombaient point, mais les palais s'écroulaient de toute part ; et plus les édifices étaient solides en apparence, plus vite ils étaient renversés. La mer présenta un étrange spectacle, et sans que le vent se fît sentir, les flots s'élevaient à une hauteur extraordinaire : on vit des navires dont la quille plongeait jusqu'au fond de la mer, et qui, rejetés ensuite, s'en allaient comme perdus.

Un poëte chroniqueur nous a raconté les misères affreuses qui succédèrent au fléau ; un poëte comique va nous faire voir ce que peut, dans un grand

(*) Voy. *Histoires prodigieuses de ce temps*.
(**) *Muitos ma morte morreram*, dit le chroniqueur portugais.
(***) *Porque de noite aconteceu*.

désastre, une âme vraiment chaleureuse : l'épisode, pour être ignoré, n'en est pas moins original... Le fléau persévérait avec une continuité désolante, le bas clergé s'assembla et persuada au peuple que les preuves terribles de la colère divine trouvaient leur cause dans la présence des juifs et des nouveaux chrétiens. Ces malheureux furent obligés d'abandonner la ville et d'aller camper dans les champs. Comme les pères étaient réunis dans la sacristie du couvent de Sam-Francisco, et qu'ils annonçaient pour le 25 février une seconde secousse durant laquelle la mer viendrait engloutir la cité, un homme aimé de João III, une sorte de comédien improvisateur d'*autos*, Gil Vicente enfin, se prit à prêcher les moines. Après un magnifique exorde, où il rappelait l'instabilité des choses de la terre, il ajouta que l'éternelle Sagesse tenait ses secrets à jamais voilés aux hommes; qu'il en était des tremblements de terre comme des autres fléaux, qu'on ne savait quand ils commençaient et malheureusement quand ils devaient finir; que la science d'astrologie, qu'on invoquait en cette circonstance, pouvait être merveilleuse, mais que, jusqu'à ce jour, ses arcanes avaient été cachés dans un abîme si profond, que, ni les sages de la Grèce, ni Moïse, ni le fameux Jean de Monte-Regio n'en avaient pu tirer une once de bonne judiciaire. Puis il se résuma par ces paroles remplies d'une si haute charité : « Je conclus, vertueux pères, sauf « votre permission, qu'il n'y a guère « de prudence à dire ce qui a été dit « publiquement, et que le service de Dieu « y trouve encore moins son compte; « car prêcher ce n'est pas maudire. Or « je vous dirai à propos des villes, voire « des cités du Portugal et principale-« ment de Lisbonne, que, s'il y a là beau-« coup de péchés, il se fait aussi des au-« mônes, des pèlerinages sans fin, qu'on « y entend des messes, des oraisons, « qu'on y voit des processions, qu'on y « pratique les jeûnes et la discipline, et « des œuvres pieuses sans nombre, pu-« bliques et secrètes; puis j'ajouterai que « s'il y a encore ici quelques individus « qui soient étrangers à notre foi et que « chose pareille leur soit permise, nous « devons penser que cela doit cadrer avec « notre zèle et que Dieu s'en montre servi. « Ne semble-t-il pas d'ailleurs que ce « soit une vertu plus appropriée aux « serviteurs de Dieu et à ses prédicateurs « de ranimer ces gens, de les confes-« ser, de les provoquer au bien enfin, « que de les scandaliser et les rendre « l'objet de la persécution, pour obéir « à l'opinion insensée du vulgaire ? » Gil Vicente ajoute, avec une simplicité admirable, dans sa lettre au roi : « Comme ils m'ont tous loué et m'ont concédé que ce que je disais était juste, je vous l'écris.... A la première prédication (celle des moines), les nouveaux chrétiens avaient disparu et s'en allaient mourant de terreur. J'ai fait cette diligence; et, sur-le-champ, dès le samedi suivant, les prédicateurs ont suivi mon désir (*). » Ces paroles, à mon gré, suffiraient pour faire de Gil Vicente un homme hors de ligne, s'il ne l'était déjà par sa verve intarissable; mais retournons à notre sujet.

Après le tremblement de terre de 1531, vint celui du 28 janvier 1551. On prétendit un peu plus tard que l'horrible catastrophe était accompagnée d'une pluie de sang. La science moderne explique, comme chacun sait, ce phénomène; mais elle peut bien laisser certains doutes sur les récits des chroniqueurs; ce qu'il y a de certain, c'est qu'il périt, en cette occasion, plus de deux mille individus, et que deux cents édifices furent encore renversés.

Nous pensons, avec un écrivain qui nous a fourni plus d'un utile renseignement sur cette matière, que l'on peut comprendre dans ce récit un événement qui eut lieu en 1597, quoiqu'il ne présente pas les caractères physiques des événements racontés plus haut. Le 22 juillet de cette année, un phénomène terrible effraya Lisbonne, et faillit avoir les résultats les plus désastreux. La montagne Sainte-Catherine formait alors un promontoire, qui dominait la mer et qui venait se joindre à celui das Chagas. Vers onze heures du soir, un homme, dont on a toujours ignoré le nom et que la tradition s'est plu naturellement à revêtir d'un caractère merveilleux, se

(*) Obras de Gil-Vicente Nova edição, t. III, p. 385. *Carta que Gil-Vicente mandou a el rey D. João III, estando sua Alteza em Palmella sobre o tremor da terra.*

prit à pousser de grands cris et à prévenir la population que la montagne allait s'abîmer; on le crut heureusement et l'on s'éloigna. On a toujours supposé que quelque léger mouvement de la terre avait averti cet étranger qu'une catastrophe était imminente. Quoi qu'il en soit, son avertissement ne fut pas inutile, et la population ne s'était pas plutôt mise en devoir de fuir, que l'extrémité de la montagne se détacha en se partageant. Trois rues furent englouties, et cent dix édifices se trouvèrent ensevelis sous cette prodigieuse masse de terre. Jamais depuis, dit-on, rien n'est apparu de ces ruines.

Aucune catastrophe de ce genre ne vint effrayer Lisbonne durant le dix-septième siècle, et c'est à peine si l'on peut signaler, dans cette longue série d'événements lamentables, les tremblements de terre répétés qui eurent lieu en 1699; ils n'amenèrent aucun accident digne de remarque; mais, vingt ans plus tard, il y eut dans le royaume des Algarves une terrible secousse, qui désola le pays et qui ruina en quelque sorte villa de Portimão: elle eut lieu le 6 mars 1719; et le 27 décembre 1722, un nouveau tremblement de terre, plus étendu dans ses ravages, désola de nouveau ces contrées. Portimão y perdit ses dernières ressources; Albufera, Loulé, Faro et Tavira virent leurs principaux édifices renversés, sans qu'on eût à déplorer un trop grand nombre de victimes. Ici finit le catalogue déjà trop étendu des convulsions terrestres qui désolèrent le Portugal (*), depuis les temps antiques jusqu'à la fatale catastrophe de l'année 1755.

L'auteur de cette notice a entendu, dans son enfance, le plus grand poëte portugais qu'ait produit notre époque, raconter cet événement; et certes toutes les expressions pittoresques que peut fournir la poésie, tous les mots énergiques qu'inspirait un vivant souvenir, Francisco Manoel les faisait vibrer dans l'âme de ses auditeurs. Homme privilégié, il y avait en lui toutes les puissances de l'enthousiasme; mais il y avait aussi l'accent de la vérité, et c'était là le secret des émotions qu'il faisait ressentir. C'est qu'en effet il faut avoir été témoin d'un pareil spectacle, pour en faire comprendre l'horreur; c'est que nul récit, quand bien même il emprunterait les ressources de l'art, ne vaut l'exposé sincère d'un témoin. Écoutons donc l'une des victimes de cet affreux bouleversement; c'est un Portugais qui se sert ici de notre langue, et la simplicité même de la narration est un garant de sa vérité.

« Le 1ᵉʳ de novembre, le mercure étant à 27 pouces 7 lignes et le thermomètre de M. de Réaumur à peu près au quatorzième degré au-dessus de la glace, le temps calme et le ciel très-serein, vers neuf heures quarante-cinq minutes du matin, la terre trembla, mais si faiblement, que tout le monde s'imagina que c'était quelque carrosse qui roulait avec vitesse. Ce premier tremblement dura deux minutes; après un intervalle de deux autres minutes la terre trembla de nouveau, mais avec tant de violence, que la plupart des maisons se fendirent et commencèrent à s'écrouler. Ce second tremblement dura à peu près dix minutes. La poussière était alors si grande que le soleil en était obscurci. Il y eut encore un intervalle de deux ou trois minutes. La poussière, qui était extrêmement épaisse, tomba, et rendit au jour assez de clarté pour que l'on pût s'envisager et se reconnaître. Après cela, il vint une secousse si horrible, que les maisons qui avaient résisté jusqu'alors tombèrent avec fracas. Le ciel s'obscurcit de nouveau, et la terre semblait vouloir rentrer dans le chaos. Les pleurs et les cris des vivants, les gémissements et les plaintes de ceux qui allaient mourir, les secousses de la terre et l'obscurité augmentaient l'horreur.... Mais enfin, après vingt minutes, tout se calma: on ne pensa alors qu'à fuir et qu'à chercher un asile dans la campagne; mais notre malheur n'était pas encore à son comble. A peine commençait-on à respirer, que le feu parut dans différents quartiers de la ville. Le vent, qui était violent, l'excitait et ne permettait aucune espérance. Personne ne pensait à arrêter les progrès de la flamme. On ne son-

(*) Non-seulement les tremblements de terre ruinèrent certaines villes durant cette période, mais, le 10 août 1734, il y eut trois horribles incendies dans Lisbonne, dont la tradition a conservé le souvenir.

geait qu'à sauver sa vie, car les tremblements de terre se succédaient toujours, faibles à la vérité, mais trop forts pour des gens environnés du trépas.

« On aurait peut-être pu apporter quelques remède au feu, si la mer n'eût menacé de submerger la ville ; du moins le peuple effrayé se le persuada aisément, en voyant les flots entrer avec fureur dans des lieux fort éloignés...

« Quelques personnes, croyant trouver sur les eaux une espèce de sûreté, s'y exposèrent ; mais les vagues entraînant les vaisseaux, les barques et les bateaux contre la terre, les écrasaient les uns contre les autres, et, les retirant ensuite avec violence, semblaient vouloir les engloutir avec le malheureux qu'ils portaient.

« Pendant tous ces jours-ci l'effroi n'a point cessé ; car les secousses continuent toujours. Vendredi 7 de novembre, à cinq heures du matin, il y a eu un tremblement si violent, que nous avons cru que nos malheurs allaient recommencer ; mais il n'a point eu de suites fâcheuses. Son mouvement a été réglé : il semblait que c'était un vaisseau qui roulait. Ce qui a causé de si grands dommages le jour du premier tremblement, c'est que tous ses mouvements étaient contraires les uns aux autres, et si opposés, que les murailles se séparaient avec la plus grande facilité.

« J'ai remarqué que les plus fortes secousses sont toujours à la naissance de l'aurore. On assure que la mer a surpassé de neuf pieds le plus grand débordement dont on se souvienne en Portugal..... Je vis, dimanche matin 2 de novembre, avec le plus grand étonnement, le Tage, qui a dans des endroits plus de deux lieues de large, presque à sec du côté de la ville ; de l'autre côté on voyait un faible ruisseau dont on découvrait le fond.

« Presque tout le Portugal a éprouvé ce fléau ; le royaume des Algarves, Santarem, Setubal, Porto, Alemquer, Mafra... Obidos, Castanheira, enfin toutes les villes à vingt lieues à la ronde, sont détruites.

« Je vous écris au milieu de la campagne ; car il n'y a pas de maison habitable. Lisbonne est perdue !... »

Nous avons cru devoir reproduire cette lettre en l'abrégeant toutefois (*), parce que son auteur, M. Pedegache (qu'il ne faut pas confondre probablement avec le poëte du même nom), avait fait diverses observations astronomiques, et était plus à même qu'un autre de constater la marche du terrible phénomène. Outre sa fortune ruinée, il se plaint amèrement de la perte de ses observations scientifiques, et trace un tableau déplorable de la situation où il était réduit. Depuis le souverain jusqu'au moine mendiant, en effet, tout le monde avait quelque chose à déplorer, heureux encore, lorsque ce n'était pas sur des proches que les regrets devaient tomber. Dans la seule ville de Lisbonne trente mille personnes avaient péri, et, si l'on s'en rapporte aux calculs qui furent faits plus tard (**), les pertes en meubles précieux et en numéraire montèrent à la somme énorme de 2,284,000,000 fr. Tels furent enfin les résultats de cette terrible catastrophe que, plus de vingt ans après, Dumouriez pouvait dire : « Lisbonne, dont j'ai fait ailleurs la description, est un amas effrayant de palais renversés, d'églises brûlées, de décombres pareils à ceux d'une fortification que l'on a fait sauter en l'air ; dans beaucoup d'endroits on marche au travers de l'emplacement des maisons, dans des rues pratiquées sur ces décombres que l'on a relevés des deux côtés pour former des passages : on voit çà et là s'élever quelques maisons isolées et des ruines aussi bizarres et aussi horriblement belles que les restes des édifices des Romains et des Grecs (***). »

(*) Elle est datée du 11 novembre 1755. Voy. le *Journal étranger*, décembre 1755.

(**) Voyez le *Voyage de du Châtelet*, t. I, p. 129. Il y eut d'abord quelque exagération dans les calculs des premiers jours, et les chiffres sont restés : l'abbé Magalhaens, témoin oculaire, qui écrivait en 1760, pense que le nombre des morts n'alla pas au delà de 10 à 12,000 ; d'un autre côté, dans les *Réflexions sur le désastre de Lisbonne*, 2 vol. in-12, on fait monter le chiffre jusqu'à 60 ou 80,000 ! Le petit-fils de Racine, âgé de vingt et un ans, périt, comme on sait, par suite du tremblement de terre de 1755, mais ce fut à Cadix qu'il succomba. *Voyez* l'ouvrage cité plus haut, t. II, p. 17 ; nous renvoyons à ce livre pour tous les détails relatifs à l'influence de la catastrophe.

(***) Voyez *État présent du Portugal*, édit. de Lausanne, 1775, p. 176. Nous ajouterons que la magnificence de ces ruines engagea bientôt un artiste intelligent à les faire reproduire par le burin ; il existe un ouvrage intitulé : *Tableaux*

MORT DE JOSEPH Ier. — DONA MARIA MONTE SUR LE TRÔNE. — DISGRACE DU MARQUIS DE POMBAL. — RÉVISION DU PROCÈS CRIMINEL QUI A EU LIEU SOUS LE RÈGNE PRÉCÉDENT. — CONDAMNATION DE POMBAL.
— Le roi Joseph avait été frappé d'apoplexie comme son père; mais son agonie ne fut pas si longue que celle de João V, et les effets immédiats de la maladie plus déterminés. Bientôt la parole lui fit défaut, mais sa pensée fut lucide jusqu'au dernier jour, et il voulut avoir communication des affaires, pour ainsi dire, jusqu'au moment suprême. — L'homme qui avait allégé pour lui le poids de la couronne ne pouvait plus entrer en communication directe avec son souverain : l'administration des affaires en souffrit; les haine de cour, les antipathies particulières, les ambitions nouvelles, tout se réunissait pour arrêter l'œuvre politique si courageusement commencée. Il semblait au moindre habitué du palais qu'elle pouvait être continuée sans effort; le trésor public renfermait alors plus de dix-huit millions de cruzades!.. Parvenu au dernier terme, Joseph Ier n'avait manifesté qu'un désir ardent, c'était de voir sa fille aînée, dona Maria, unie à son propre petit-fils l'infant don Pedro, duc de Beira : des dispenses avaient été déjà obtenues de la cour de Rome : la reine, qui était revêtue du titre de régente, ne l'ignorait pas; le mariage fut célébré dans une chapelle du palais, en présence de tous les ministres des puissances étrangères. Bien peu de temps après cette union désirée, le 23 février 1777, le roi expirait entre les bras du patriarche.

Ce n'était pas un esprit tel que celui de Pombal qui pouvait se méprendre sur sa position réelle; il se présentait devant la régente, prenait ses ordres et participait encore aux travaux de l'État; mais il n'ignorait pas qu'un long repos allait bientôt briser les ressorts de son activité. Après le 13 mai, lorsque la jeune reine eut reçu solennellement la couronne, il n'en fut plus de même. Le ministère fut tout à coup changé, et le marquis d'Angeja, devint président du trésor royal.

des plus belles ruines du tremblement de terre de Lisbonne. In-4°.

Un des premiers soins de la reine fut d'ouvrir les prisons et d'en faire sortir les détenus politiques qui y étaient renfermés depuis si longtemps. Un spectacle douloureux frappa alors les habitants de Lisbonne, et la pitié populaire s'émut vivement, en contemplant cette hideuse misère des cachots... Les ennemis de Pombal avaient compté sur un tel spectacle pour achever la réaction. Le grand ministre avait apprécié mieux que tout autre l'état réel de sa position : il avait fait accepter sa démission des postes nombreux qu'il occupait, et il s'était retiré à Pombal : ce fut d'abord une retraite honorable plutôt qu'un exil, puisque son traitement lui fut continué. Les choses ne tardèrent pas à changer de face : un esprit politique tout différent de celui qui animait l'ancien ministère commençait à exercer son action, et il l'exerçait avec une folle joie. Lisbonne vit reparaître dans son sein les divers personnages qui en avaient été tenus si longtemps éloignés. Seabra da Sylva était revenu de son épouvantable exil d'Angola, et aspirait à jouer de nouveau un rôle dans les affaires du pays; les infants, tenus longtemps éloignés de la cour, y reparaissaient au milieu des fêtes qu'excitait leur présence. Un homme éminemment spirituel, don João de Bragance, ennemi personnel du ministre, était créé duc de Lafoens; les jésuites enfin, sans être rappelés, voyaient des sommes considérables expédiées à Rome pour indemniser le saint-siége des dépenses que l'expulsion de la compagnie avait pu lui causer (*); plusieurs membres de la congrégation étaient même rentrés dans Lisbonne; il était impossible que de Pombal pût opposer autre chose qu'une froide résignation à des attaques si fréquentes et de nature si diverse. Une circonstance particulière hâta bientôt le dénoûment. Lorsque les prisons avaient été ouvertes, les divers personnages impliqués dans la fatale affaire du duc d'Aveiro avaient refusé de profiter de l'amnistie. Le marquis d'Alorna, sa femme, don João Gaspar, don Manoel et don Nuno de Tavora, ne consentaient à quitter leurs fers que dans le cas où ce grand procès serait revisé et où leur innocence serait pleinement

(*) Voy. *Administration de Carvalho*, t. III.

reconnue; ils reçurent tout d'abord l'ordre de s'éloigner à vingt lieues de Lisbonne. Plusieurs des personnages impliqués dans l'affaire furent au préalable réintégrés dans leurs emplois ou revêtus de nouvelles charges; puis après bien des vicissitudes, l'ordre de révision fut enfin obtenu le 10 octobre 1780 (*), et dans la nuit du 3 avril 1781, après diverses contestations qui firent durer la sentence jusqu'à quatre heures du matin, nous dit l'auteur le mieux informé, des juges déclarèrent innocentes toutes les personnes tant mortes que vivantes qui avaient été tenues dans les cachots.

On a fait remarquer avec raison que quelques-uns des juges, qui abolissaient cette sentence, l'avaient donnée eux-mêmes. Ce qu'il y a d'assuré, c'est que les persécutions contre l'ancien ministre recommencèrent plus vives et plus ardentes à partir du jour où la réhabilitation fut ordonnée. Le marquis de Pombal se vit déclaré criminel; et, si ses ennemis ne purent obtenir que l'exécution de peines sévères suivît une pareille décision, il faut attribuer une telle modération à la pure condescendance de la reine. En considération de son âge avancé, le ministre coupable dut se trouver heureux de ne pas être soumis à une peine afflictive. On lui ordonna seulement de résider à vingt lieues de la capitale; mais le peuple, à son tour, eut un jugement à réviser, et il le fit avec cette concision d'expression qui fait passer ses décisions souveraines à la postérité. Lorsque le vieillard paraissait dans le lieu de son exil, les paysans ne l'appelaient pas autrement que le *Grand Marquis* (**).

Si l'on consulte la plupart des écrivains portugais du dernier siècle, l'époque où dona Maria Ier administra librement l'État fut une époque de quasi-prospérité. Des conventions importantes, des fondations utiles, attestent que tout le temps de cette pieuse reine ne fut pas dévolu à des œuvres de dévotion. En 1777 et 1778, un nouvel arrangement, conclu par l'intervention de G. Freire de Andrade et du marquis de Cevallos, établit la ligne de division qui devait séparer dans l'Amérique du Sud les colonies des deux nations. Grâce à un traité, Sainte-Catherine fut restituée au Portugal, et la colonie *del Sacramento* demeura aux Espagnols. En 1780, une alliance commerciale fut établie entre Marie Ier et Catherine II. Durant la même année et grâce à l'influence du duc de Lafoens, l'Académie de Lisbonne fut fondée. Si le cours de 1790 vit augmenter par la consécration d'édifices assez inutiles les dépenses qu'avait exigées la construction d'un magnifique couvent, dès 1773, le Mondego avait été canalisé. L'année 1794 vit naître un projet plus grand encore, et un décret (incomplètement exécuté) décida l'ouverture d'une vaste route de Lisbonne à Coïmbre et plus tard de Coïmbre à Porto.

Toutes ces améliorations intérieures et une foule d'autres que nous pourrions signaler émanaient d'une administration que sanctionnait la volonté de la reine: bien que son effigie figurât sur les monnaies, le roi ne prenait aucune part au gouvernement et s'éloignait même volontairement des affaires: il se tenait par trop exclusivement au rôle secondaire que lui assignait la constitution du royaume, pour acquérir la moindre valeur politique.

(*) Dans l'état où est la question, il est impossible de porter un jugement définitif sur cette affaire, de l'avis même d'un auteur contemporain cité: trop de pièces importantes restent à publier.

(**) Pombal mourut le 5 mai 1782, à quatre vingt-trois ans, dans la solitude où on l'avait relégué. La petite chapelle du bourg a longtemps renfermé son cercueil, et le baron Taylor a donné naguère une vue intérieure de cet humble édifice. Les derniers renseignements qui nous sont parvenus sur Villa de Pombal, prouvent que certaines haines politiques survivent aux jugements des nations: les cendres du grand homme ont été dispersées, et abandonnées, dit-on, aux animaux immondes; mais il est vrai de dire qu'à Lisbonne, son médaillon a été replacé par ordre de don Pedro au lieu éminent où il était jadis. Au milieu de tous les renseignements contradictoires qui ont été publiés sur le Colbert portugais, nous recommandons une notice fort curieuse insérée dans le t. XI des *Archives littéraires de l'Europe*. On y trouve des détails précieux sur la vie intime de l'homme extraordinaire qui nous occupe, et une partie des merveilles accomplies par son génie s'explique par la prodigieuse faculté qu'il apportait dans le travail: il était infatigable. « Occupé dès la pointe du jour, il n'avait pas d'heure réglée pour ses repas: ordinairement il dînait fort tard et avec un appétit excessif;..... après le dîner il allait se promener en voiture avec un moine, son parent, qu'on disait être d'une ineptie peu commune. Cet homme faisait toute sa société, et cette promenade toute sa récréation. Il rentrait bientôt dans son cabinet, où il poussait le travail fort avant dans la nuit. » Voy. le recueil cité plus haut, t. XI, p. 157.

Précisément à l'époque où nous sommes parvenus, un voyageur pseudonyme, qui a acquis une certaine célébrité, traçait, en quelques lignes, ce portrait impartial de dona Maria I[a] : « La reine, dit-il, est une femme vraiment digne d'estime et de respect, mais elle n'a pas les qualités qui constituent une grande reine. Personne n'est plus humain, plus charitable ni plus sensible qu'elle; mais ces bonnes qualités sont gâtées par une dévotion excessive et mal entendue. Son confesseur, qui a sur elle un ascendant illimité, lui fait employer à des actes de piété et de pénitence un temps qu'elle pourrait employer bien plus utilement au bonheur de ses peuples, sans nuire au salut de son âme. »

L'opinion commune, en effet, attribua aux terreurs religieuses dont on environna cette âme, déjà blessée mortellement par les nécessités impérieuses de la politique, une maladie fatale qui ne tarda pas à se déclarer. La reine, jeune encore, fut frappée de démence et cessa complétement de participer aux affaires. Ce fut en vain que l'on mit en usage toutes les ressources de la science, et que l'on appela même d'Angleterre le médecin célèbre auquel avait été confié le traitement de George III : ses efforts furent inutiles; et cette femme infortunée ne devait désormais recouvrer quelques lueurs de raison que pour rappeler aux jours de l'exil tout ce qu'il y avait en elle de dignité.

Dès l'année 1786, don Pedro III avait succombé; il eût été d'ailleurs incapable de supporter le poids du gouvernement. Ce fut son fils, le prince du Brésil, qui prit alors la direction des affaires : don João n'était pas destiné au trône, du moins par l'ordre de sa naissance : c'était son frère, don Jozé(*), qui devait succéder à Marie. Si l'on s'en rapporte à un écrivain ingénieux du dernier siècle, à Beckford, qui eut plus d'une fois occasion d'entrer en échange d'idées avec cet héritier présomptif du trône, il y avait là une intelligence cultivée et même un esprit novateur : une

(*) Ce prince était né le 21 août 1761, et il mourut le 21 septembre 1788. Don João, qui prit alors le titre de prince du Brésil, naquit le 13 mai 1767 et se maria, le 25 avril 1785, à dona Carlota Joaquina, fille de Charles IV, roi d'Espagne.

mort précoce fit tomber les affaires entre les mains d'un prince qui, de son aveu à lui-même, n'était nullement préparé au rôle qu'il devait remplir. En l'année 1795, cependant, João VI comprit qu'il fallait se résigner à porter, à la face de l'Europe, le fardeau pesant dont il avait redouté le poids. Les qualités généreuses du cœur, en effet, ne devaient plus suffire, comme au temps des João V et des Joseph, pour lutter contre les redoutables événements que préparait la politique. Il y eut, sans doute, alors une résignation courageuse dans l'acte qui constitua la régence; il fallut un amour sincère du peuple et un profond sentiment de respect filial pour accepter la responsabilité qu'on pouvait éluder encore. Le prince du Brésil prit ostensiblement les rênes de l'administration, le 5 juin 1799, sans toutefois consulter les cortès. Les événements qui se succédèrent alors sont connus de la plupart de nos lecteurs; nous les résumerons cependant et nous les fixerons par des dates. Avant de jeter un rapide coup d'œil sur l'histoire du Portugal durant les premières années du siècle, il faut nécessairement faire connaître l'état physique du pays, les divisions politiques qu'il a adoptées, les ressources qu'il présente : ceci sera l'objet de plusieurs paragraphes pour lesquels nous nous en sommes référé souvent aux documents les plus nouveaux, c'est-à-dire à ceux qui nous ont été fournis par un géographe dont les Portugais vantent eux-mêmes l'exactitude, mais qui s'est singulièrement aidé, il l'avoue lui-même, des utiles travaux de Balbi et de Casado Giraldez.

DESCRIPTION GÉNÉRALE DU PORTUGAL. — Dans son admiration quelque peu enthousiaste, un vieil écrivain portugais s'écrie : « Si l'Espagne est la tête de l'Europe, le Portugal en est le diadème (*). » Macedo n'est pas le seul qui s'exprime ainsi. De tout temps les poëtes ont payé une sorte de tribut d'admiration à cette terre privilégiée. Manoel se sentait ému jusqu'aux larmes, rien qu'en écoutant une chanson populaire qui parle de son doux climat, et Byron ne trouve pas d'expressions

(*) Macedo, *Flores de Espanha, excellencias de Portugal*.

assez vives pour peindre son paysage. « O Christ, s'écrie Child-Harold, c'est un spectacle charmant de voir ce que le ciel a fait pour cette délicieuse contrée. Que de fruits odoriférants mûrissent sur chaque arbre ! Que de fécondité se déploie sur ses collines..... » Il nous serait aisé de multiplier les citations; mais nous renvoyons aux grands peintres de la nature, aux poëtes privilégiés. Ce que l'histoire exige surtout pour comprendre les faits, c'est un examen géographique de la contrée, un tableau rapide mais exact des changements de toute espèce que la politique a introduits dans le pays.

Le Portugal est situé entre les 36° 58' et les 42° 7' de latitude. En longitude, il s'étend du 8° 46' au 11° 51'. Dans sa plus grande étendue, c'est-à-dire de Melgaço (dans la province de Minho) jusque dans le voisinage de Faro, les géographes les plus récents lui accordent 309 milles. Sa largeur est de 129 milles, à partir des environs de Campo Mayor jusques à Cabo Roca.

Les calculs offerts ici ne diffèrent pas de ceux adoptés par Adrien Balbi. Nous dirons, avec ce géographe, que les confins politiques du Portugal sont formés au nord et à l'est par le royaume d'Espagne, et particulièrement par les provinces de Galice, de Valladolid, de Zamora, de Salamanque, d'Estremadure et de Séville. Les confins naturels de ce royaume sont, à l'ouest et au sud, l'océan Atlantique; au nord et à l'est, une partie du cours de plusieurs fleuves, tels que le Minho, le Douro, le Tage et la Guadiana avec leurs affluents, le Macas et l'Aqueda du Douro, l'Elga et le Sever du Tage, le Gevora et le Caya de la Guadiana. Adrien Balbi fait observer également que les autres « confins sont purement de convention, et ont été établis par des traités avec l'Espagne, à différentes époques. »

MONTAGNES DU PORTUGAL. — Avant de remplir ce paragraphe, nous voudrions pouvoir présenter quelques considérations sur la géologie du pays. Mais, il faut bien l'avouer, nul travail spécial n'a été publié jusqu'à ce jour sur cette ma-

(*) Child-Harold, ch. 1er, trad. de M. Paulin Paris.

tière; et cependant le Portugal possède aujourd'hui plusieurs géologues éminents, parmi lesquels il faut compter le baron d'Eschwége, que ses travaux sur le Brésil ont placé au premier rang : un Mémoire de l'Académie des sciences de Lisbonne pourra, dans cette disette de documents, fournir quelques renseignements précieux (*); et nous savons d'ailleurs que des travaux importants se préparent sur cette matière. Les montagnes de la région qui nous occupe sont une continuation des Cordillères du système hespérique, par lequel est traversée la monarchie espagnole. Selon Balbi et don José de Urculiu, les points culminants, en Portugal, sont au nombre de trois : la *Foia*, qui s'élève dans l'Algarve, a 638 toises de hauteur et fait partie du groupe méridional; la *Serra da Estrella* n'en a pas moins de 1,077, et forme, dans la Beira, le groupe central; enfin, le *Gaviara*, qui appartient au groupe septentrional, dans le Minho, paraît être le point le plus élevé : on lui donne 1,230 toises d'élévation; mais ce chiffre ne présente point une certitude absolue.

ILES. — Les îles que présente la côte de Portugal sont d'une bien faible importance; les plus remarquables portent le nom de Berlengas (autrefois Londobris) : c'est un groupe vis-à-vis Péniche, dans l'Estramadure. Les Berlengas, situées par les 39° 25' de lat., sont stériles et se composent d'une île, avec un fort, et de six îlots. La pêche dans leurs environs est abondante et fructueuse. Il faut citer également le groupe de Faro, en face de la ville qui porte ce nom, au pays d'Algarve. Les géographes de la Péninsule veulent que l'important archipel des Açores, qui ne présente pas moins de huit cents milles carrés, fasse également partie des îles que l'on doit annexer au Portugal; mais il est bon de se rappeler que les Açores sont situées à huit cents milles environ des côtes, et qu'elles doivent être l'objet d'une description particulière.

LACS. — Le Portugal ne renferme pas de lacs proprement dits. Cependant on cite fréquemment parmi les curiosités naturelles de la Péninsule, les deux *Lagos* situés au sommet le plus élevé de la Serra da Estrella. Plus d'une tra-

(*) De *Vulcano olysipponensi et montis erminii*, t. I, p. 80.

dition merveilleuse roule, en effet, sur ces lieux, et les phénomènes qu'ils présentent ont été longuement énumérés par M. José Joaquim Lopes, qui a enrichi de ses observations la géographie nouvelle dont nous nous sommes plus d'une fois aidé : les deux lacs sont situés à une faible distance l'un de l'autre, dans le voisinage de Villa de Ca. Celui qu'on désigne sous le nom de *Lago-Grande* est le seul digne d'intérêt : il n'a cependant pas plus d'un demi-mille de circonférence; il est situé dans la partie la plus éminente de la montagne; la forme qu'il affecte est ovale et ses eaux sont presque au niveau du terrain. Mille traditions curieuses, des légendes sans fin roulent dans le pays sur le Lago-Grande et sur ses abîmes, que l'on prétend communiquer avec la mer; nous renvoyons le lecteur aux voyageurs qui en ont parlé.

FLEUVES. — Déjà, au temps de Strabon, le nombre des fleuves qu'on avait remarqués dans la Lusitanie avait fait donner à cette région la dénomination de Terre-Heureuse. Un des géographes les plus estimés du Portugal, Casado Giradez, compte treize fleuves ou rivières dignes d'une description particulière : Baptista de Castro donne une nomenclature bien autrement étendue. Ce sera la première que nous suivrons, en conservant l'ordre adopté par le savant désigné plus haut. Nous nommerons, en premier lieu, le Minho; ce fleuve, qui prend naissance non loin de la cité de Lugo, dans le pays de Galice, court d'abord du nord au sud, puis de l'est à l'ouest, et vient finir dans l'Océan entre Tuy et Villa de Caminha. Le Lima, qui porta jadis le nom tout mythologique de *Lethes*, a ses sources dans les Asturies, puis traverse l'Entre Douro e Minho et se jette dans la mer à Viana. Castro voit son étymologie dans ces nombreuses lagunes désignées jadis sous le nom de *Lymnas* et de *Lymum;* mais, ce qu'il y a d'assuré, c'est qu'il joue en Portugal le rôle tout poétique du Lignon, si célèbre dans nos pastorales.

Le Neiva est beaucoup moins connu. Il a ses sources dans les environs da Barca, traverse la province de Minho de l'est à l'ouest, et va se perdre dans la mer non loin de Viana. Le Cavado vient de la Galice, selon Giraldez, et des Asturies, au dire de Castro; il traverse la province de Minho, près de Monte Alègre et va se jeter dans l'Océan, entre Fão et Esposende. La province de Minho donne naissance à l'Ave, l'Avus des anciens; il court de l'est à l'ouest dans la Serra de Cabrera, puis il sépare l'archevêché de Braga de l'évêché de Porto; il finit dans la mer, entre Villa de Conde et Azurara. Le Douro (*) est sans contredit l'un des fleuves les plus importants de cette région. Ses sources sont en Espagne, dans la province de Soria; il baigne d'abord la vieille Castille, l'ancien royaume de Léon; et, après avoir arrosé Soria, Aranda, Toro, Zamora, il entre en Portugal. Là il sépare Tras os Montes et le Minho du pays de Beira, passe par Sam João da Pesqueira, Pezo da Regoa et arrive à Porto; il se jette dans l'Océan, au-dessous de cette belle cité. Balbi et Urcullu donnent au Douro un cours de 130 legoas. Ses affluents, en Portugal, sont le Sabor, le Tua, le Tamega, qui le grossissent par la rive droite, l'Agueda et la Coa, qu'on voit entrer par la gauche. Comme le Tage, le Douro avait la réputation de rouler des paillettes d'or dans son cours. Argote de Molina affirme qu'il existait de son temps des orpailleurs occupés fructueusement à l'endroit où le Tua entre dans le fleuve. Nous avons vu que le Tamega était un des affluents du Douro. C'est une rivière qui prend naissance dans la Galice et baigne l'Entre-Minho et le Tras os Montes, nord-sud. Le Vouga sort des montagnes de la Beira, à un endroit que l'on appelle Nossa Senhora da Lapa; il traverse la province qui lui donne naissance, et après un cours de vingt-deux lieues, se jette dans la mer, à Aveiro. Le Mondego a un nom plein de douceur, que les poëtes ont répété à l'envi; mais rien n'est plus inconstant que son cours. Autant il coule paisiblement durant l'été, autant il se montre impétueux durant la saison des neiges. Né dans la chaîne de l'Estrella, il baigne le pays de Beira, puis fertilise les vastes plaines de Coïmbre, et se jette à la mer, après un cours

(*) Le nom du Douro se modifie légèrement en espagnol : il s'appelle Duero. Castro fait dériver ce nom de la dénomination des Duraços, qui habitaient jadis les environs de Soria.

de vingt-trois lieues : avant de se perdre dans l'Océan, il forme les ports da Figueira et de Buarcos.

Le Tage est comme le Gange ; il a une réputation presque mythologique, qui vient en aide, lorsqu'il le faut, aux poëtes et aux romanciers. C'est ce qui fait, sans doute, qu'à une époque de réaction littéraire, un de nos plus spirituels voyageurs jugea à propos de faire descendre de son trône de roseaux le dieu fleuve. On s'émut de par delà les monts ; et l'un des membres les plus sérieux de l'Académie de Lisbonne répondit à l'académicien français. Je n'affirmerai point que dans ce débat le Tage n'ait pas perdu quelques feuilles de sa couronne ; il lui reste encore assez de grandeur et de majesté pour être un des plus beaux fleuves de l'Europe (*).

Le Tage, en portugais Tejo, prend naissance, comme on sait, sur les confins de l'Aragon ; ce qu'on ignore généralement, c'est qu'il sort d'un morne élevé de la chaîne d'Albarracin, et qu'il forme d'abord une source connue sous le nom de Garcia, d'où s'échappent, dans des directions différentes, quatre fleuves qui portent leurs eaux à des mers opposées. Il se dirige d'abord au nord-ouest jusqu'à Carascosa del Tajo, puis il continue à rouler ses eaux dans la direction de l'ouest, jusqu'à ce qu'il entre dans la province de Soria, à l'endroit où elle confine à celle de Guadalajara : il incline alors au sud-ouest ; et, suivant presque toujours la même direction, il traverse cette dernière province, celle dont Madrid est la capitale, Tolède, l'Estremadure espagnole, puis une partie de l'Estremadure portugaise, jusqu'à ce qu'il arrive à son embouchure. Il a accompli alors, selon les derniers géographes, un cours de 170 lieues. Nous ne dirons rien ici des nombreux affluents que le Tage reçoit durant son cours sur le territoire espagnol : le Jarama, le Guadarama, l'Alberche, l'Alagon sont de ce nombre. L'Erjas, qui descend des flancs méridionaux et occidentaux de la montagne da Gata, se réunit au Tage sous le pont d'Alcantara, et forme dès le fort de Salvaterra la frontière de l'Espagne et du Portugal. Le Zezere, qu'a si

(*) Voy. le mémoire de M. Dantas Pereira en réponse à M. le colonel Bory de Saint-Vincent.

bien chanté Camoens, est le dernier affluent considérable que le Tage reçoive par sa rive droite ; il descend des flancs méridionaux de la Serra da Estrella, et dans un cours de plus de trente lieues du nord-est au sud-est, il semble former une vallée dont on peut considérer celle du Tage comme une prolongation jusqu'à la mer. Le cours navigable du Tage a été jadis plus considérable qu'il ne l'est maintenant. Un historien célèbre, Bernardo de Brito, affirme avoir vu des barques de moyenne dimension remonter jusqu'à Tolède. Aujourd'hui, le fleuve cesse de porter des embarcations au-dessus de Villa Velha, qui est à environ neuf lieues d'Abrantès, et même les barques n'arrivent pas jusque-là sans difficulté. On a proposé à diverses reprises de grandes améliorations pour la canalisation du fleuve, et la communication du Tage avec le Sado serait l'une de celles qui présenteraient le plus d'avantages. L'embouchure du Tage, que l'on désigne aussi sous le nom de Barre de Lisbonne, peut avoir deux lieues de large ; elle est défendue par deux tours, celle de Sam-Julião et celle de Sam-Lourenço : les brisants la divisent en deux canaux propres à recevoir des bâtiments de toute dimension. L'un est connu des marins sous le nom de *Canal da terra*, c'est celui du nord ; l'autre s'appelle *canal d'Alcaçova*, et il a la réputation d'offrir plus de sûreté : quelques personnes lui donnent cinq cents brasses de large sur neuf de profondeur (*).

A côté du Tage, il nous reste encore à signaler deux fleuves que nous avons nommés en décrivant son cours : le Sado, qui naît dans l'Alem-Tejo et se jette dans l'Océan après un cours de vingt-quatre lieues ; puis la Guadiana, dont les sources sont dans la Castille Neuve, et qui, après avoir séparé le Portugal de l'Espagne, dans la direction du nord au sud, va se perdre dans la mer, après un cours de cent cinquante lieues.

EAUX MINÉRALES. — Les sources d'eaux minérales sont nombreuses en Portugal, et l'on trouvera de précieux renseignements sur les vertus de quel-

(*) Voy. pour ces détails géographiques le *Panorama*, t. III, p. 161 ; l'article est suffisamment étendu pour ne rien laisser à désirer sur ce point.

ques-unes d'entre elles dans les Mémoires de l'Académie des sciences de Lisbonne. Nous citerons cependant les bains de Gerez, dans la province de Minho, ceux de Caldellas, que l'on rencontre à environ une lieue de Guimarães, puis dans le pays de Beira, sam Pedro do Sul, et enfin Caldas da Reinha, près d'Obidos, à quatorze lieues au nord de Lisbonne. Ces dernières sont à la fois les plus célèbres et les plus fréquentées du royaume.

DIVISIONS ADMINISTRATIVES DU PORTUGAL, TELLES QU'ELLES ONT ÉTÉ ADOPTÉES EN 1835. — L'habile géographe dont nous invoquons fréquemment l'autorité pour tout ce qui regarde cette portion de notre travail, M. Jozé de Urcullu, est le premier à faire remarquer le peu de stabilité qui a régné, dans ces derniers temps, au sujet des divisions administratives du Portugal. En effet, les années 1820, 1822 et 1826, virent successivement adopter de nouvelles combinaisons, si bien que les indications qui nous étaient fournies naguère par les savants Casado Giraldez et Balbi ne sauraient être suivies explicitement aujourd'hui, bien que nos géographies les reproduisent encore sans explication. Le 26 juin 1833, cependant, le ministre de l'intérieur présenta un projet de division pour tout le territoire. Un décret royal le sanctionna, et il fut décidé que les royaumes du Portugal et des Algarves seraient partagés en huit provinces. On ne s'en tint par là, néanmoins; et une nouvelle loi du mois de juillet 1835 vint encore modifier cet état de choses, qu'on annonçait comme définitif. En vertu de ce décret le pays se trouva former dix-sept districts administratifs. Au lieu des titres de préfets et de sous-préfets qu'on avait d'abord adoptés dans la hiérarchie administrative, il fut décidé qu'il y aurait, à l'avenir, des gouverneurs civils, ou magistrats administratifs. Les districts se subdivisent en concelhos, et ceux-ci se composent d'une ou de plusieurs paroisses (*frequezias*). Nous reproduisons ici ce tableau des divisions administratives, parce que c'est le travail le plus nouveau qu'il nous ait été possible de nous procurer; il est emprunté à la Géographie d'Urcullu et a tout le caractère officiel désirable. On a omis ici à dessein les Açores.

Provinces.	Districts.	Concelhos.	Paroisses.	Feux.	Population
Minho	Viana	29	278	39,103	152,003
	Braga	60	598	79,130	308,576
	Porto	53	321	76,010	299,055
		142	1,197	194,243	759,634
Traz os Montes	Villa Real	35	274	40,954	161,430
	Bragança	44	438	32,114	114,501
		79	712	73,068	275,931
Beira Alta	Aveiro	54	181	57,222	214,610
	Coïmbre	72	218	58,864	227,080
	Lamego	95	312	58,783	233,866
	Guarda	77	381	43,983	165,461
		298	1,092	218,852	841,017
Beira Baixa, Castelo Branco		27	142	24,063	91,444
Estramadure	Leiria	33	120	29,602	117,144
	Santarem	44	180	46,347	174,480
	Lisbonne	42	228	102,067	438,106
		119	528	178,016	729,730
Alem-Tejo	Portalegre	41	104	23,009	82,410
	Évora	26	113	22,796	77,593
	Beja	32	109	27,883	98,519
		99	326	73,688	258,522
Royaume des Algarves	Faro	16	64	29,562	105,406
Total général...	17	780	4,061	791,492	3,061,684

UN MOT SUR LISBONNE. — Si l'on a cherché, dans ce livre, à restituer à la ville du moyen âge son véritable caractère; s'il a paru intéressant pour l'histoire de réédifier par la pensée une cité que d'effroyables commotions bouleversèrent de fond en comble il y a près d'un siècle, il n'en saurait être de même ici de Lisbonne telle que l'ont faite les plans de Pombal, et telle qu'elle s'offre au voyageur. La capitale du Portugal est maintenant une des plus belles villes de l'Europe; mais c'est aussi l'une des plus connues : nous serons bref, et nous renverrons aux touristes sans nombre qui l'ont décrite, ceux qui voudraient certains détails dont nous nous abstiendrons à dessein.

Grâce à une inscription romaine, trouvée à Lisbonne même en 1749, on a aujourd'hui la certitude que cette cité portait le nom d'Ulyssipo, avant d'adopter celui de *Felicitas Julia*, qui la désignait, sous le règne de Domitien, alors qu'on le voyait jouir des droits de municipe romain. Nous avons déjà fait voir combien son antique dénomination se modifia; nous ne reviendrons pas sur ce point, et nous rappellerons seulement aux archéologues de la vieille école, qui veulent trouver dans cette dénomination une preuve d'antiquité antéhomérique, ce que disait avec tant de sens le docte Chistophe Cellarius (*).

Lisbonne, telle que l'ont faite les nouveaux plans, est une cité de près de deux lieues de longueur, affectant une disposition à peu près demi-circulaire, et ne pouvant plus revendiquer le titre de ville aux sept Collines, comme elle le faisait jadis, par l'excellente raison qu'elle compte déjà un plus grand nombre d'éminences dans son enceinte fort indéterminée (**).

On a peint mille fois l'aspect si pittoresque de Lisbonne : nous nous garderons bien d'ajouter à ces descriptions. Quelques mots, cependant, pleins de concision et de charme, échappés à une plume toute poétique, en diront plus sur cette belle cité que la plupart des voyageurs. Après avoir décrit le magnifique panorama que présente cet amphithéâtre, l'auteur du recueil intitulé *Au bord du Tage* s'exprime ainsi : « Les constructions de Lisbonne ont une blancheur qui n'est altérée que bien rarement par la fumée. Ses palais, aux murs éclatants, reflètent, comme d'ardents miroirs, la splendeur de son beau ciel; ses terrasses, ses belvédères semblent suspendus entre des touffes de lauriers, de buis gigantesques, d'autres arbres à la vive verdure; ses parcs sont embellis de *pomars* : c'est un nom qu'on donne aux plantations d'orangers et de citronniers, arbres charmants qu'on dispose souvent en espaliers. Quelques palais sont en partie revêtus, à l'extérieur, de terre cuite blanche et bleue. » Tout en convenant que le goût réprouve quelquefois les ornements de ces *azulejos*, ils plaisent, dit l'auteur, par leur nouveauté.

Cette capitale est divisée aujourd'hui en six districts, qui portent les noms suivants : *Alfama*, *Mouraria*, *Rocio*, *Bairro-Alto*, *Santa-Catharina* et *Belem*.

Le dernier géographe dont les calculs puissent offrir quelque sécurité, Urcullu, contient, à propos de cette grande cité, quelques chiffres que nous reproduirons ici : Lisbonne, dit-il, renferme 351 rues principales, 215 petites rues traversières, 56 chaussées, 119 impasses, 12 grandes places, 48 places d'une moindre étendue. On y compte 34 fontaines et plus de 2,000 réverbères.

Les tables qui accompagnent la loi du 8 octobre 1836 font monter la population de cette capitale à 220,000 âmes, calculées sur 46,520 feux. Mais, après de nouvelles enquêtes plus dignes de confiance, et en suivant les mêmes bases, M. J. Urcullu dit qu'on peut évaluer la population totale à 265,000 âmes : il faut bien le dire, cependant, ces calculs ne sont qu'approximatifs; ils ne se fondent, jusqu'en 1840, sur aucun recensement officiel. Tout le monde n'admet point l'accroissement que nous signalons depuis 1821, époque à la-

---

(*) *Nugæ sunt quæ de Ulysse conditore adferuntur.* Voyez à ce sujet les intéressants articles du *Panorama*. L'écrivain judicieux que nous citons rappelle que l'on a fait venir l'antique dénomination citée plus haut, des mots phéniciens : *Alis-ubo*, qui signifieraient : une rade agréable aux regards.

(**) Parmi ces collines, la plus élevée est celle qu'on désigne sous le nom de *O Monte do Castello* ; elle a 347 pieds de France, selon les calculs de Franzini.

quelle écrivait Balbi. Un écrivain bien informé, dont nous avons le savant travail sous les yeux, M. César Famin, admet comme probable le chiffre de 260,000 âmes ; mais cet écrivain remarque avec raison, « qu'il semble résulter des tableaux comparés des principaux objets de la consommation de Lisbonne à diverses époques que la population est tout au plus stationnaire. » Selon la remarque judicieuse du même auteur, elle n'a pu augmenter après des événements tels que l'émancipation du Brésil, la guerre civile, l'émigration qui en a été la conséquence, le choléra, morbus, le renversement des anciennes fortunes et d'autres circonstances encore qui ont dû avoir des causes identiques.

En 1841, on comptait à Lisbonne environ 22,000 étrangers ; savoir : 18,000 Espagnols(*), 1,200 Français, 1,000 Anglais et 1,800 individus appartenant à diverses nations, tels que Brésiliens, Allemands, Italiens, etc.

Lisbonne est située à peu de chose près sous le même degré de latitude que Messine et que Villa-da-Praia da Victoria dans l'île de Tercère (**). Cette population nombreuse, et qui s'accroîtra sans doute encore, trouve donc dans la douceur du climat et dans la constance des saisons un dédommagement à quelques journées de chaleur vraiment tropicales. La température moyenne de Lisbonne est évaluée, par Franzini, à 16° 5 centigr. (presque 60° de Fahrenheit ou 13° 5 de Réaumur). Le vent du nord domine dans l'été et tourne fréquemment au nord-ouest. L'hiver est en général si peu rigoureux, que l'on signale les années où il a tombé de la neige : 1815, 1829, 1836 furent dans ce cas. Les saisons ont une fixité que l'on ne connaît pas ici ; et, dès la seconde semaine de février, on voit, en général, fleurir les abricotiers, les pêchers et les cerisiers.

L'hygiène publique a fait des progrès incontestables à Lisbonne, quoiqu'elle laisse encore à désirer. On cite déjà une amélioration sensible dans le nettoyage des rues et dans les précautions que réclame la salubrité intérieure. Cette amélioration est surtout remarquable dans certains quartiers de la ville basse. Le pavage est mal entretenu ; et, selon les documents que nous avons sous les yeux, les tentatives faites, il y a quatre ans, par un Français, pour introduire dans cette capitale l'usage de l'asphalte, auraient été sans résultats. La dépense totale pour l'éclairage, le pavage et le nettoiement des rues, dit M. Famin, est annuellement de 750,000 fr.

Les ressources que présente l'alimentation à Lisbonne sont quelquefois assez restreintes, surtout en ce qui touche le peuple. La mer, cependant, fournit en abondance des poissons délicats, et principalement des sardines, dont la population d'un rang inférieur fait sa nourriture principale. Il y a, à ce propos, un fait notable qui a été constaté dernièrement. « L'habitant de Lisbonne ne consomme qu'environ 36 grammes de pain, tandis que les tableaux dressés dans la capitale de la France démontrent que le Parisien en consomme 48 (*). Quant à la viande, on calcule que l'habitant de Lisbonne en consomme annuellement 24 ou 26 kilogrammes : ce chiffre dépasse 62 kilogrammes par tête pour le peuple parisien. »

Il se fait dans la capitale du Portugal une grande consommation de morue : la quantité qu'on en exporte annuellement

---

(*) Personne n'ignore que cette population espagnole se compose presque entièrement de Galiciens, *Gallegos*. Rien de plus arbitraire que ce qui a été dit jusqu'à ce jour sur son chiffre réel, puisque les calculs varient de 60,000 à 40,000 âmes. « Toutefois il résulte d'un relevé, fait récemment avec beaucoup de soin, que leur nombre est de 18,000 à Lisbonne seulement. » (César Famin ; ms. cité.) Tous ceux qui ont lu les descriptions qu'on a données de cette capitale savent que les Gallegos n'ont guère d'autres professions que celles de porteurs d'eau (*agoadeiros*), commissionnaires et colporteurs : ils étaient jadis renommés pour leur probité sévère. « La longue anarchie et la guerre civile qui ont désolé l'Espagne paraissent avoir influé très-fâcheusement sur les mœurs et sur le caractère de ces montagnards. Grâce à des gains strictement économisés, la seule ville de Lisbonne paye annuellement à la Galice deux millions de francs. »

(**) Par les 38° 43' de lat. et les 90° 45' de long.

(*) On fait dans le Portugal un grand usage du maïs : il est moindre à Lisbonne que dans les campagnes. Nous donnons ici, d'après les notes de M. Famin, le tableau des céréales qui ont été consommées dans la capitale durant l'année 1839 :

Blé. . . . . 417,204 hectol.
Orge. 43,370
Maïs. 30,560
Seigle. 6,292

à Lisbonne est de 80 à 90,000 quintaux, représentant une valeur d'environ deux millions de francs.

Bien que le vin forme la plus riche et la plus féconde branche de l'industrie portugaise, il est pourtant passablement cher; ce qui tient à la fois au défaut de communications, au prix élevé de la main-d'œuvre et à l'état imparfait de l'agriculture. Le vin ordinaire de Lisbonne se vend en ville de 40 à 50 centimes la bouteille. Le vin de Porto et celui des Açores coûtent de 1 à 3 fr. Aussi, l'habitant de Paris boit-il dans une année 112 à 113 litres de vin, tandis que celui de Lisbonne en boit à peine 45 litres. Ajoutons, continue l'écrivain qui nous fournit ces détails, que l'usage du thé est très-répandu ici, même parmi les classes pauvres. Bien des domestiques, par exemple, stipulent avant d'entrer dans une maison qu'on leur donnera du thé au moins une fois par jour.

NAVIGATION ET COMMERCE DU PORT DE LISBONNE EN 1839. — Il y a toujours en station, dans le port de Lisbonne, environ 100 navires de commerce, dont 30 portugais, 30 anglais et 40 de diverses nations; la navigation de ce port, durant l'année 1839, a offert pour résultat à l'entrée 1892 navires, jaugeant ensemble 160,545 tonneaux. Sur ce chiffre, il y avait 310 navires anglais, jaugeant 35,270 ton.; 273 portugais qui en présentaient 32,057, et seulement 17 français, donnant un total de 1,814 tonneaux:

Le commerce maritime, durant la même année, a présenté les chiffres suivants:

Importations. . . . fr. 59,062,503
Exportations . . . . fr. 12,767,683

Total du mouvement général. . . . . fr. 71,830,186

Les importations ont surpassé les exportations de 46,294,820 fr., et c'est leur proportion habituelle, qui est à peu près, comme 100 : 22.

Nous occupons le cinquième rang sur la liste des nations qui font, avec les Portugais, des échanges commerciaux.

Nos importations ont été de . . . . . . fr. 3,469,699 } ensemble,
Nos exportat. de 1,258,936 } 4,728,635
excédant des importations 2,210,763 f.

Notre plus forte importation comprend, sous le titre collectif de fabrications diverses, les produits de l'industrie parisienne, les cristaux, la quincaillerie de luxe, la parfumerie, etc., formant ensemble fr. 1,423,450 (*).

Les tissus de coton figurent, en seconde ligne, pour la somme de fr. 540,408, et les métaux ouvrés pour celle de fr. 323,900.

Les soieries, qui, en l'année 1838, étaient portées sur le tableau pour 910,000 fr., ne figurent plus, en 1839, que pour 180,000; il faut donner nécessairement l'explication de cette énorme différence.

En premier lieu, les importations de 1837 avaient dépassé le terme moyen des années précédentes par la raison qu'il en avait été fait un grand approvisionnement avant la mise en vigueur du nouveau tarif.

En second lieu, l'exagération des droits de douane sur cette branche de nos importations a dû diminuer considérablement la quantité de soieries apportées par le commerce avoué, et augmenter, à peu près, dans la même proportion, celle des soieries introduites clandestinement.

En effet, le chiffre de 230,000 fr., affecté aux soieries venues d'Angleterre, comprend certainement une assez forte partie de tissus français; car, depuis le nouveau tarif et l'élévation des droits, le commerce paraît tenir moins à l'augmentation du fret, et il fait venir des soieries de France par la voie des paquebots anglais, et en les faisant transiter à Londres : de cette manière, les objets de mode arrivent encore dans leur primeur.

MODES ET COSTUMES. — Les classes aisées suivent les modes françaises et s'habillent avec des étoffes anglaises. Dans le peuple, les femmes ont une manière de se vêtir uniforme et simple. Elles portent toutes la cape et le lenço. Une dame touriste, douée d'un talent

(*) Il est bon de faire remarquer qu'en 1716 nos importations en Portugal ne s'élevaient pas au-delà de 748,000 liv. Nous recevions, à la même époque, pour 343,000 liv. de denrées diverses. Au temps où fut rédigé le voyage qu'on a si injustement attribué au duc du Châtelet, c'est-à-dire vers 1787, nous avions importé en Portugal pour la somme de près de 4,000,000 et reçu près de 10,500,000 fr. de ses marchandises. Voy. 2ᵉ édit. t. I, p. 241.

d'observation fort réel, vante les avantages de ce manteau brun, qui fut jadis porté par les femmes de la haute classe et qui conserve à Lisbonne l'avantage d'offrir encore une sorte de costume national. « Quand on est accoutumé à sa sombre nuance, dit mademoiselle P. de F*** en parlant de la *capa*, on trouve que le manteau portugais a de la grâce et de la dignité, que ses larges plis tombent avec noblesse. »

« Toute personne qui porte la capa porte aussi le *lenço*; l'un ne va pas sans l'autre. Le lenço est un mouchoir de linon blanc très-clair et très-gommé, avec lequel les Portugaises savent se faire une charmante coiffure. Qu'on se représente une abondante chevelure, le plus souvent d'un noir brillant comme une rivière de jais, quelquefois d'une nuance plus claire, mais toujours (excepté chez les plus misérables) soignée et ramenée artistement autour de la tête. Au-dessus de ces nombreuses tresses, un peigne avec un bord élevé comme un diadème, et sur cette espèce de couronne un mouchoir de claire mousseline d'une blancheur éclatante, posé légèrement d'une façon tout aérienne, ne cachant pas aux regards une seule boucle de cheveux et mettant cependant le front et les cheveux à l'abri du soleil, comme la passe d'un chapeau, mais infiniment plus léger, plus gracieux, plus coquet : les deux bouts de ce mouchoir sont réunis sous le menton et attachés par une épingle en or. Avec cette coiffure, presque toutes les femmes semblent jolies (*). »

Dans les notes précieuses qu'il a réunies, l'écrivain que nous avons déjà cité fait observer que les Portugaises mettent une singulière coquetterie en ce qui touche leur chaussure; aussi, depuis quelques années, le nombre des cordonniers pour femmes s'est-il si étrangement répandu à Lisbonne, que non-seulement les importations de l'étranger y sont devenues superflues, mais que la ville fournit assez de cordonnerie pour une partie du Portugal. Nous n'ajouterons plus qu'un mot à propos du costume, c'est que les figures reproduites par Kinsey donneront sur les modes de Lisbonne et de la province tous les éclaircissements désirables, sans en excepter ce qui regarde les anciens ordres religieux.

COUP D'ŒIL GÉNÉRAL SUR LES PROVINCES DU PORTUGAL.—DESCRIPTION RAPIDE DES VILLES PRINCIPALES. —Si nous nous conformions à l'ordre du tableau administratif, ce serait par la province du Minho qu'il faudrait commencer cet exposé général. Nous ferons comme l'auteur qui nous sert ici de guide, nous adopterons la circonscription admise par l'usage, et décrirons d'abord l'Estramadure, dont Lisbonne est la capitale. Cette province se trouve séparée de la Beira par deux fleuves, le Mondego et le Zezere; c'est la plus occidentale de toutes celles dont se compose l'ensemble du royaume. On n'y souffre ni des chaleurs excessives de l'Alem-Tejo, ni des froids piquants que l'on ressent parfois dans le pays de Beira. Nous ne dirons rien ici du Tage, qui porte la fertilité dans cette province, mais nous rappellerons que le Zezere est navigable durant dix ou douze lieues jusqu'à l'embouchure que l'on remarque devant Setuval. L'Estramadure est une des provinces les plus fertiles du Portugal; on y récolte du froment, du maïs, de l'orge, de l'huile, de la cire et du miel renommé par sa pureté; les vins y sont excellents, et l'on distingue parmi eux le *Bucelas* et le *Carcavelos*. Ce dernier, trop peu connu en France, conserve une célébrité locale qui le rend l'égal des crus les plus fameux. Casado Giraldez fait remarquer qu'il y a une telle abondance et une telle variété de poisson dans ces parages, qu'on a pu en compter jusqu'à cent espèces sur les marchés de Lisbonne. Maintenant, s'il faut mentionner rapidement les villes principales de la province, nous rappelerons Torres-Vedras, qui renferme environ 7,000 habitants et qui a acquis parmi nous une funeste célébrité; Obidos, où sont encore des restes d'aqueduc; Caldas da Rainha, que ses bains sulfureux, préconisés à juste titre, animent d'une population flottante; Leiria, qui se glorifie d'avoir été jadis la résidence du roi laboureur, et qui montre avec orgueil les ruines de l'antique château où Diniz jetait les fondements d'une prospérité presque fabuleuse. Leiria, dans sa fertile vallée, non loin

---

(*) *Silhouettes portugaises*, publ. dans la *Réforme* en 1843.

d'un petit fleuve qu'on appelle le Lis, est un évêché peu important sans doute, puisque la ville ne renferme guère plus de 2,300 habitants, mais le souvenir du roi laboureur pare encore ces belles forêts de pins qu'il planta pour l'avenir. Marinha-Grande, qui est à trois milles, puise dans cette forêt, créée au moyen âge, le bois nécessaire à sa verrerie; Batalha est une bourgade qui n'a pas onze cents habitants; mais son monastère, que nous décrirons plus tard, lui donne une célébrité presque européenne. Pombal, trois fois plus peuplée, a des souvenirs encore bien récents, qui ne la rendent pas moins fameuse. Alcobaça n'est remarquable que par son antique abbaye; car elle ne renferme pas plus de 1,353 habitants; mais ce sera toujours un lieu de pèlerinage pour ceux qui entreprennent le voyage artistique de la péninsule. Pederneira, avec ses pêcheries; Sam-Martinho, qui vit jadis des vaisseaux de haut bord construits dans son port aujourd'hui comblé; Vimeiro, célèbre par une bataille qui amena la convention de Cintra; Thomar, l'antique résidence des templiers, et dont la curieuse église renferme, dit-on, des tableaux plus anciens que ceux même de l'école de Sienne; Ourem, Porto de Mòs, ont aussi leurs souvenirs. Nulle d'entre ces bourgades, cependant, ne peut se comparer, sous ce rapport, à Santarem, l'antique cité de 7,862 âmes, située sur la rive droite du Tage, et dont on trouvera la poétique légende dans *l'Agiologe portugais*. Santarem est l'ancienne *Scalabis*, et conserve de curieux vestiges de l'architecture mauresque au moyen âge; le commerce qu'elle fait avec Lisbonne est fort actif. Golegão, Torres-Novas, Almeirim, l'ancienne résidence des rois de Portugal, qu'une erreur de date fait fonder par João 1er, tandis que don Fernand y tient déjà sa cour, Salvaterra de Magos et Azambuja, pourraient être mentionnés parmi les localités les plus importantes, si Setubal ne se présentait pas avec ses 15,200 habitants. Sétubal n'a point le titre de cité; c'est une simple villa, sur la rive droite du Sado, avec un port d'une entrée difficile; ses salines et ses fruits multiplient ses relations commerciales : c'est la place maritime la plus active après Lisbonne et Porto. Cezimbra, avec ses 4,300 habitants et son fort antique; Almada, dont la population est un peu plus considérable et qui se trouve situé en face même de Lisbonne (*); Azeitão, ou Villa-Nogueira, Palmella, dont la vue est magnifique, Aldea Gallega, la bourgade des marins, située à trois lieues de Lisbonne, puis Moita et Alcaçar do Sal, fameux par ses salines, doivent clore cette liste après que nous aurons nommé Grandola, villa de 2,000 habitants (**).

PROVINCE DE L'ALEM-TEJO. — Cette province est séparée de celle de Beira et de l'Estremadure portugaise par le Tage. Le Sevêr, la Caia et la Guadiana forment ses limites avec l'Estremadure espagnole et l'Andalousie. M. Urcullu lui assigne quarante lieues de longueur, trente-huit à trente-neuf lieues dans sa largeur la plus considérable.

L'Alem-Tejo est appelé assez communément le grenier du Portugal. L'Arabida est, pour ainsi dire, son unique chaîne de montagnes, et des plaines occupent presque toute son étendue. Les céréales y viennent en abondance, et le géographe que nous avons cité dit que ses excellents vins, que l'on conserve dans des pots vernissés, ne peuvent supporter la mer. Les laines de l'Alem-Tejo sont mises au rang des meilleures que fournisse l'Europe, et l'industrie de ses habitants procure au reste du Portugal des poteries estimées.

Evora est la capitale de l'Alem-Tejo; c'est le siége d'un archevêque, d'un gouverneur civil et militaire; elle a été même souvent la résidence des rois. Bâtie au milieu d'une plaine fertile en grains, cette ville jouit d'une réelle abondance. Sa population a subi une légère augmentation. En 1822, Balbi la faisait monter à 9,052 habitants, Urcullu lui

---

(*) On y a construit un hôpital pour les marins anglais.

(**) Nous n'avons pas énuméré ici les centres de population désignés spécialement sous la dénomination *d'environs de Lisbonne*. Cintra, qui est à 15 milles, Belem, qui fait partie de la capitale depuis le règne de Joseph, Oeiras, Carcavelos, Cascaes, Colares, Mafra, Queluz, Belas, Bemfica, Lumiar, Loures, Sacavem sont dans ce cas; et nous parlerons de quelques-unes de ces localités à propos des monuments.

en reconnaît 9,300. La foire qui se tient à la Saint-Jean, donne momentanément à cette antique cité l'aspect d'une ville commerciale. Nul lieu, en Portugal, ne possède peut-être des monuments plus dignes d'intérêt. L'antiquaire par excellence du Portugal, André de Resende, le prouve dès le seizième siècle, et Fonseca, en publiant son *Evora illustrée*, indique combien d'hommes éminents en tout genre sont sortis de cette ville pour honorer le pays.

Estremoz, la villa célèbre par ses belles carrières de marbre, par ses *alcarazas*, que les rois ne dédaignaient pas jadis de faire figurer sur leur table à côté de la vaisselle d'argent(*), Estremoz, dont il est si fréquemment parlé dans les chroniques du moyen âge, est aujourd'hui une petite ville renfermant 6,577 habitants ; elle expédie encore ses poteries pour une foule de marchés de la Péninsule. Monte-Mor-o-Novo, Redondo, Viana de Alem-Tejo, sont des centres de population, de 2,700 à 1,300 âmes. Beja, la ville épiscopale, a aussi son château bâti par le roi Diniz, et ses murailles presque circulaires dressent encore orgueilleusement leurs quarante tours ; un musée d'antiquités, formé par un prélat d'une haute érudition, indiquait tout ce que son territoire peut fournir de restes précieux à l'archéologue ; mais on suppose que cette collection a été transportée à Evora. Beja a aujourd'hui 5,284 habitants, et son territoire fournit abondamment aux nécessités de sa population. Nous citerons ensuite Moura, à l'est de la Guadiana, qui renferme 3,680 âmes ; Serpa, qui fait un grand commerce avec l'Espagne ; Alcoutim, Vidigueira, que le grand nom de Gama a rendu célèbre, et enfin Cuba, bourgade de 2,410 âmes.

Ourique a un nom fameux dans les fastes du Portugal, mais c'est une villa de 2,400 âmes ; elle est bâtie sur une éminence qui domine la plaine, où le fils du comte souverain sut conquérir un royaume. Almodovar, Castro-Verde, ont une population à peu près égale, tandis que Sines, la patrie de Gama, n'a que 1,650 habitants. Nous ne dirons rien de Villa-Nova de mil Fontes, de Santiago de Cacem, de Messejana et d'Odemira ; néanmoins nous consacrerons quelques lignes à l'antique résidence des ducs de Bragance.

Villa-Viçosa n'a que le titre de villa ; mais ses rues sont larges, droites et propres. Au centre, dit Urcullu, on remarque une place fort régulière dont le palais des ducs de Bragance occupe deux côtés. La ville est défendue dans la direction de l'est par un antique château environné de murs, ayant cinq portes et un fossé profond. C'est à huit milles de là que se trouve située la *Tapada*, parc fermé ayant dix milles de circonférence, il faut ajouter qu'il y a dans ce lieu de plaisance un palais, et que la chasse y est singulièrement abondante. Villa-Viçosa est le chef-lieu de l'ordre noble de Nossa Senhora da Conceição, institué par João VI en l'année 1818, c'est-à-dire lorsqu'il était encore au Brésil. Borba, Alter do Chão, Arrayolos, Portel, qui possède également un palais habité jadis par les ducs de Bragance, Souzel et Monforte, ne méritent qu'une mention rapide.

Elvas est une ville épiscopale, ayant un peu plus de 11,300 habitants ; les beaux travaux de fortifications qui y ont été élevés sous les ordres du comte de Lippe lui ont donné une grande célébrité dans toute la Péninsule. On y remarque plusieurs édifices et notamment un aqueduc, dont nous donnons une vue exacte et qui n'a pas moins de trois milles de longueur. Bâtie sur la frontière de l'Espagne, Elvas est la place militaire la plus forte de tout le royaume ; et le commerce qu'elle fait avec Badajoz est considérable.

Campo-Maior, qui se trouve à trois heures et demie du chemin militaire de la ville espagnole et qui renferme 4,618 habitants ; Mourão, dont on remarque le château, est à peu de distance.

Terena, Ouguela, petite ville perchée sur une montagne, et Barbacena avec ses 814 habitants, figureront pour mémoire dans cette nomenclature.

Portalegre est le siège d'un évêché et compte environ 5,600 âmes de population. On y remarque, ce qui est trop rare en Portugal, une fabrique de drap qui emploie 50 métiers ; Arronches est au confluent de l'Alegrete et du Caya ; Castello de Vide n'a que le titre de villa et

(*) Les ambassadeurs vénitiens le remarquèrent, du moins au seizième siècle, à la table de don Sébastien.

renferme cependant presque autant d'habitants que Portalegre. On y tue annuellement de 6 à 7,000 porcs, qui approvisionnent les marchés du royaume. Quelques archéologues ont voulu retrouver dans Marvão l'*Herminius minor* des anciens : ce qu'il y a de certain, c'est qu'on y rencontre grand nombre de médailles et d'inscriptions. Niza avec ses 2,160 habitants, Montalvão, qui montre avec orgueil son beau parc, s'élèvent non loin des frontières d'Espagne; Crato fut jadis célèbre parce que c'était le siége du grand prieur de Malte : c'est une bourgade qui a un peu plus de 1,200 habitants Sertão, qui revendique une bien haute antiquité, n'en a guère que 2,736. Mais les antiquaires de la province veulent que son fort ait été construit par Sertorius. Aviz porte un de ces noms célèbres qui feraient croire à une plus grande population, parce qu'on les a entendus retentir durant tout le moyen âge : c'est une villa bâtie sur le Rio-Aviz et qui n'a pas 1,500 habitants. L'ordre militaire qui y siégeait à partir de l'année 1211, se sépara de celui d'Alcantara en 1381 (*). Les fortifications qu'on remarque dans ce lieu rappellent son origine guerrière, mais la bourgade est bien loin de posséder aujourd'hui les quarante commanderies dont les revenus entretenaient la splendeur de l'ordre.

Benavente, Corruche, Cabeço de Vide, sont des bourgs, ou, si on l'aime mieux, des villas, d'une population peu importante, aussi bien que Jeromenha, qui n'a que 430 habitants, mais dont les fortifications sont toutes modernes. C'est encore à la province d'Alem-Tejo qu'appartient Evora-Monte, où fut signé, en 1834, le traité qui pacifia le Portugal.

PROVINCE DA BEIRA. — Nous ne rappellerons pas ici les étymologies, plus ou moins hasardées de Castro, à propos du nom de cette province, nous ne certifierons pas même qu'elle ait été jadis la demeure des *Berones*; mais nous suivrons la meilleure autorité en affirmant que c'est la plus grande des six provinces du royaume ; elle n'a pas moins de 15 lieues dans sa plus grande longueur sur 46 de large : elle est, pour ainsi dire, au centre du royaume, et les vieux géographes, dans leur ancienne délimitation, lui donnaient une forme à peu près carrée. Depuis que le Brésil a proclamé son indépendance, le prince héréditaire de Portugal prend le titre de *Prince de Beira*.

Coïmbre est la capitale de cette province ; c'est de toutes les villes du Portugal celle qui est environnée, aux yeux des étrangers, du plus grand nombre de traditions poétiques. Il suffit d'ouvrir le *Voyage de Kinsey*, ou mieux encore le beau livre de Landmann, pour comprendre tout ce qu'il y a de charmant et de pittoresque dans la situation de Coïmbre. L'Athènes du Portugal s'élève en amphithéâtre, sur une éminence qui domine le Mondego. Nous sommes malheureusement contraint à reproduire ici quelques détails de pure statistique; nous parlerons autre part de quelques-uns de ses monuments. Coïmbre est aujourd'hui une ville de 13,400 habitants ; il y a quelques années Balbi lui en donnait 15,000. Cette différence peut s'expliquer par la perturbation qu'ont subie les études. Tout le monde sait que l'université fondée par Diniz fut transférée à Coïmbre en 1308; elle éprouva bien des vicissitudes dont on peut lire les détails dans un savant mémoire de l'Académie d'histoire. Transportée à Lisbonne, puis fixée définitivement à Coïmbre, elle occupa de vastes bâtiments désignés sous le nom de *Paços reaes das escolas*. Pombal fit sentir là, comme partout, l'impulsion énergique de sa volonté ; le système des études fut modifié ; des bâtiments indispensables s'élevèrent ; on bâtit un observatoire (*), les bibliothèques se multiplièrent; des collections d'objets d'histoire naturelle purent servir aux démonstrations de quelques savants professeurs : en un mot, tout en conservant sa prééminence re-

---

(*) Et non en 1181, comme dit Barbosa. Bautista de Castro, qui signale cette date, marque l'année 1213 comme l'époque où la séparation commença à s'opérer : il est d'accord avec M. Urcullu, puisqu'il ajoute qu'une bulle d'Eugène IV ratifia la séparation : on trouvera dans Castro une courte biographie des grands maîtres. *Voy.* t. II, p. 20. Les insignes de ces hauts dignitaires consistaient dans le glaive et la bannière : celle ci portait d'un côté une effigie de la Vierge et de l'autre la croix d'Aviz, qui est de sinople flanquée de deux aigles.

(*) Voy. la description de cet édifice dans le *Panorama*.

connue sur quelques points, l'université réorganisée fit de louables efforts pour initier ses nombreux disciples aux nouvelles exigences de la science. On ne saurait se le dissimuler, les derniers troubles politiques ont été funestes à ce mouvement intellectuel qu'on aimait à constater en parlant de la ville de Coïmbre (*). Ceci est une question de chiffre; et pour acquérir la certitude des faits que nous avançons, il suffit de jeter un coup d'œil sur les dernières statistiques portugaises.

Après avoir parlé de Coïmbre, nous désignerons à la plupart de nos lecteurs des noms bien peu connus en France en leur citant Miranda de Corvo, avec ses 3,344 habitants; Buarcos, qui jouit de l'exploitation d'une mine de charbon de terre; Figueira, dont les vins conservent une haute réputation; Louzão, où se sont établies des papeteries; Anciāo, Penela (**), Montemor-o-Velho; puis Tentugal, célèbre par une source qui rejette tous les objets qu'on dépose au fond de ses eaux.

Nous ne dirons rien d'Arganil, et nous ne citerons Goes, dont le nom rappelle un grand historien du seizième siècle, que pour mentionner ses 3,150 habitants, réduits on ne sait trop pourquoi à 913 par Miñano.

Aveiro a joui d'une haute réputation durant le quinzième et le seizième siècle; on dit même que ses habitants purent armer jusqu'à 60 bâtiments pour la pêche de Terre-Neuve; malheureusement l'amoncellement des sables vint fermer son port magnifique; et l'on vit s'éteindre graduellement cette haute prospérité, en même temps que le pays cessait d'être salubre et que la population s'amoindrissait. Après d'immenses travaux, une nouvelle barre fut ouverte en 1808, le pays s'assainit; mais sa population ne se releva pas, comme on l'espérait; elle monte aujourd'hui à un peu plus de 4,000 habitants. Aveiro, situé sur une espèce de péninsule, ayant au nord de vastes marais qui s'étendent jusqu'à 9 lieues parallèlement à la mer, Aveiro, l'antique port du moyen âge, a été quelquefois comparé à Venise, et le pays qui l'entoure s'est vu désigné sous le nom de la Hollande portugaise. Le géographe qui nous fournit ces détails dit que six établissements spéciaux sont destinés à la pêche de la sardine. Les terres environnantes sont prodigieusement fertiles et produisent des vins généreux réservés, pour la plupart, à l'Amérique.

Citer Ilhavo, c'est rappeler un établissement de haute utilité publique, dont nul géographe, à l'exception d'Urcullu, n'a fait mention jusqu'à présent. A la distance d'un quart de lieue de cette villa, qui compte 6,310 habitants, on a établi la fabrique royale de verre et de porcelaine *da Vista-Alegre* (*). Ce bel établissement, d'une récente fondation, employait naguère cent vingt-cinq personnes des deux sexes; les apprentis destinés à fournir de nouveaux ouvriers à la manufacture suivent des cours basés sur le système de l'enseignement mutuel; et l'étude de la musique occupe, dit-on, une vaste part dans cette éducation populaire. La haute direction des deux fabriques est remise aux soins de M. Auguste Ferreira Pinto Basto. Les travaux des ouvriers sont dirigés par son frère; mais, il n'y a pas plus de cinq ou six ans, c'était un Français qui surveillait toute la partie artistique; M. Rousseau s'occupait exclusivement des procédés relatifs à la peinture et à la dorure. La taille du verre est arrivée dans cette fabrique à un tel degré de perfection, qu'on ne peut distinguer, dit-on, ses produits de ceux de la France et de l'Angleterre.

Feira, avec ses 1,800 habitants; Ovar, qui n'a guère qu'une rue d'un quart

---

(*) En 1830, la bibliothèque de l'université renfermait 35,000 volumes; celle du collège de Sam-Bento, 18,000 il y en avait 41,000 au couvent de Santa-Cruz; 14,000 à Santa Rita, et enfin 34,000 au couvent da Graça. Ces dépôts considérables de livres ont été malheureusement ravis à la ville des études. Don Jozé Urcullu dit qu'ils ont été enlevés depuis l'extinction des couvents.

(**) Cette petite ville offre une preuve des changements rapides que peuvent subir certaines populations, ou même des erreurs qui peuvent se glisser dans les meilleurs calculs. Balbi lui donne 3,457 habitants. Miñano, 2,708, et Urcullu, d'après les documents du gouvernement, 712!

(*) Le *Tratado elementar* donne une lithographie qui reproduit l'aspect de la fabrique. Voy. t. II, p. 90.

de lieue et qui compte 10,000 âmes; Oliveira de Azemeis, sont désignés avant Viseu. Cette ville épiscopale, construite sur une hauteur, est une des plus anciennes du Portugal; et l'on suppose même que les deux tours de sa cathédrale sont de construction romane. Viseu, d'après les nouveaux calculs, ne renferme pas plus de 5,140 habitants : au mois de septembre a lieu annuellement une foire qu'on dit la plus riche du royaume : elle consiste principalement en objets de joaillerie, d'orfévrerie, en draps et en bestiaux.

Aucun souvenir bien important ne se rapporte à Castello de Penalva, à Banho, à Vouzela de Lafões, à San-João d'Areas; il n'en est pas de même de la cité, antique berceau de la monarchie, dont nous avons plus d'une fois prononcé le nom au commencement de ce livre.

Lamego est une ville épiscopale, bâtie aux bords d'un petit fleuve, que l'on appelle le Balsamão; il est à supposer que dès 1144 elle offrait une certaine importance, puisque Affonso Henriquez y convoqua, dit-on, ces cortès objet d'une si vive discussion. Aujourd'hui sa population s'élève à 9.230 âmes. Tarouca est une villa de 1,690 habitants; à deux lieues de cette cité, Arouca en renferme 2,515, et se glorifiait jadis de posséder un célèbre couvent de femmes qui, par ses richesses, exerçait une grande influence sur le pays. Mondim, malgré le petit nombre de ses habitants, recueille de la soie. Sam-Martinho dos-Mouros s'élève sur la rive gauche du Douro, ainsi que Taboaço. Mezamfrio et Arnelas, à deux lieues de Porto, renfermaient autrefois les vastes entrepôts de vins de la compagnie du Douro.

Pinhel porte le titre de cité épiscopale; mais elle ne comptait, il y a quelques années, que 1,988 habitants. Almeida est une place forte, située sur une plaine tellement élevée, que, du haut de son château, on découvre les limites de douze évêchés. Trancozo est célèbre par ses antiques murailles : ses remparts affectent une forme presque circulaire, ayant 12,000 pas de circonférence; le bourg n'a guère plus de 1,200 âmes. Sam-João da Pesqueira est un peu plus peuplé. Castelo Rodrigo est mis au rang des places d'armes, bien qu'il ne compte que 160 habitants.

Guarda s'élève sur le penchant de la Serra da Estrella, près des sources du Mondego, et possède une population de 3,894 âmes. Covilham, qui fit jadis partie de l'apanage du célèbre don Henrique, est aujourd'hui une ville manufacturière où se fabriquent des draps et qui compte près de 7,000 âmes. Manteigas, caché parmi les anfractuosités de l'Estrella, est dans le même cas. Gouvea est aussi une ville des montagnes; Cea et Fundão recueillent des fruits renommés.

C'est encore la chaîne si pittoresque de l'Estrella, qui laisse voir, sur un de ses flancs les plus élevés, la petite ville de Linhares, avec son château fort. Castello Branco montre à regret le sien; il est ruiné. Castello Branco est cependant une cité épiscopale d'environ 7,000 habitants : elle a cela de particulier, que sa cathédrale se trouve située hors des murs. Alpedrinha, d'où les yeux découvrent toute la basse Beira, Sabugal avec sa haute tour, Monsanto aux âpres chemins, Sam-Vicente da Beira, Sortelha, termineront ce paragraphe, lorsque nous aurons cité Bussaco, dont le nom rappelle une victoire contestée, à ceux qui connaissent l'histoire de notre invasion.

PROVINCE D'ENTRE-DOURO-E-MINHO. — Un simple coup d'œil sur la carte du Portugal suffira pour faire comprendre l'origine de cette dénomination. La riche province que nous signalons est située entre les deux fleuves dont elle porte les noms (*). C'est la plus petite province du royaume, mais c'est aussi la plus peuplée : elle doit son état florissant à sa situation géographique. Défendue, vers l'est, des influences d'un climat ardent, elle est rafraîchie dans les autres directions par les vents qui soufflent de la mer. Son système

(*) Le Minho la sépare au nord de la Galice; au sud, le Douro établit sa division avec la Beira; la Serra da Cabreira, le Rio Tamega et la Serra do Marão forment ses limites à l'est, avec le Tras-os-Montes; à l'ouest elle est baignée par l'Océan. Voy. le *Traité complet de cosmographie* de Casado Giraldez, t. I, p. 80. L'excellent livre d'Urcullu ne donnant pas ces divisions géographiques, nous les reproduisons sans affirmer qu'elles n'ont pas subi quelques modifications.

d'irrigation naturelle est admirable. Casado Giraldez lui accorde 26,000 sources ou fontaines. Le dernier géographe, dont nous suivons le témoignage, ne diminue que de bien peu ce calcul, puisqu'il en reconnaît 25,000. C'est incontestablement à cette douce température aussi bien qu'à cette abondance des eaux que l'Entre-Douro-e-Minho doit sa prodigieuse population. Le premier, Balbi, avait fait remarquer que, si tout le Portugal était peuplé comme cette province, il ne renfermerait pas moins de 9,681,525 habitants. Bory de Saint-Vincent présenta plus tard une observation analogue; et enfin Urcullu, soumettant l'opinion du géographe vénitien à de nouveaux calculs, confirme ce qu'il a dit et élève même le chiffre qu'il adopte (*) en le portant à près de dix millions d'âmes.

Porto, la capitale de l'Entre-Douro-e-Minho, est sans contredit la seconde ville du royaume; mais il s'en faut bien qu'à l'égal de certaines villes du Portugal, elle revendique une antiquité presque fabuleuse. C'est une ville toute chrétienne, bâtie par les Suèves; on la voit figurer parmi les évêchés de la Péninsule, dès le cinquième siècle : elle est située sur la rive droite du Douro, à une petite lieue de son embouchure; elle s'élève comme un vaste amphithéâtre sur deux collines, qui prennent les noms da Sé et da Victoria. Les vallées qui s'étendent entre ces deux montagnes sont remplies par les maisons qui se prolongent jusqu'à des faubourgs étendus. Sur la rive opposée du fleuve, se trouve *Villa-Nova-da Gaya*, à laquelle se rattachent plusieurs curieuses traditions.

L'auteur qui nous fournit en partie ces renseignements dit que la cité de Porto est bien différente de ce qu'elle était en 1789, lorsqu'un ecclésiastique, Rebello da Costa, en donna la description complète (**). On ne voit plus aujourd'hui que quelques restes de ses anciennes murailles, qui pouvaient avoir 30,000 pas de circonférence sur une trentaine de pieds de hauteur. Ces vestiges de fortifications ne sont plus aujourd'hui d'aucune utilité pour la défense de la ville, car elles sont comprises dans l'intérieur des nouvelles constructions.

La ville se partage en sept paroisses; et l'une d'elles, selon la tradition, remonterait au sixième siècle. Sam Martinho de Cedofeita aurait été bâti, en 559, par Théodomir, roi des Suèves; mais la saine critique rejette ces prétentions. Ce qu'on ne sait pas généralement, c'est que le rite mosarabe a été conservé de tout temps dans cette petite église. On attribue au comte don Henrique la réédification de la cathédrale. La description même sommaire des antiquités ecclésiastiques de la ville nous entraînerait plus loin que nous ne le voudrions, car Porto renfermait naguère quatorze couvents, dont le plus ancien remontait à la première moitié du treizième siècle. Parmi ces asiles religieux, on comptait cinq communautés de femmes seulement. La suppression des couvents a livré aux diverses branches de l'administration certains édifices qui, sans cela, tomberaient en ruine; les uns sont occupés par des hôpitaux, d'autres par des bibliothèques ou des musées; le collége da Graça sert d'asile aux orphelins; l'hospice des Capucins de la Corderie s'est vu disposé pour les enfants trouvés, dont le nombre s'élève annuellement au-dessus de 2,000. Il est juste de dire, à ce propos, qu'il y a peu de villes dans la Péninsule où les édifices de bienfaisance publique soient aussi multipliés. Lorsque l'hôpital royal, maintenant en construction, sera terminé, ce sera la plus magnifique construction que l'on connaisse en ce genre dans tout le royaume.

Le dernier siège a été fatal à plusieurs édifices, qui en portaient naguère encore les traces. L'église des Clercs, avec sa haute tour, la *Casa da Relacão*, la chambre municipale, le théâtre, dont on vante le bon goût, la grande caserne de Saint-Ovide, où peuvent se réunir 3,000 hommes, le palais épiscopal qui se fait remarquer par un aspect grandiose, et enfin Notre-Dame de La-

---

(*) Il évalue à 9,970,550 le chiffre de cette population présumée. Sans adopter précisément de telles conclusions, on peut s'assurer, par un mémoire remarquable de M. de Sylveira, ancien ministre d'État, que le Portugal pourrait nourrir huit millions d'habitants. Voyez le *Panorama*, t. VIII, p. 413.

(**) Voy. Urcullu, t. II, p. 94. Voy. également pour plus de détails le *Panorama*, t. III, p. 281.

pa, où l'on conserve le cœur de l'empereur don Pedro, sont les plus remarquables, en y joignant quelques églises. Nous ajouterons qu'il y a maintenant à Porto une école polytechnique, une académie médico-chirurgicale et une académie des beaux-arts.

Si l'on pouvait évaluer en 89 le nombre des maisons de Porto à 10,000, il faut observer que ce chiffre s'est prodigieusement accru dans ces derniers temps. Grâce aux nouvelles constructions, cette place, si commerçante, compte aujourd'hui plusieurs rues spacieuses et droites, qu'elle peut opposer aux voies tortueuses de la Vieille-Cité. La rue *das Flores*, qui se fait remarquer par ses riches magasins, date cependant du seizième siècle, puisqu'elle fut construite par don Manoel. Aujourd'hui un éclairage habilement ménagé concourt singulièrement à la sûreté et à l'embellissement de la ville.

Les derniers renseignements officiels qui nous sont parvenus sur la population de Porto, la font monter à 71,390 habitants, en y joignant la population de Villa-Nova-da-Gaya; mais l'auteur auquel nous nous référons affirme qu'on peut raisonnablement élever ce chiffre à 80,000 âmes. La population de Porto est industrieuse et commerçante : ses fabriques de chapeaux, de soieries, de cotonnades, de fayence; sa fameuse corderie, ses travaux délicats d'orfévrerie, le prouvent; le mouvement du haut commerce est encore mieux attesté par les institutions qui se sont fondées peu à peu. La *banque commerciale de Porto*, la *caisse filiale de la banque de Lisbonne*, les *compagnies contre les risques de la mer ou contre l'incendie*, l'*association mercantile*, instituée depuis 1845, et dont les excellents résultats sont incontestables, prouvent ce que nous avançons. Comme cela devait être, le mouvement commercial de Porto a été croissant depuis quelques années (*). Malgré la direction tout industrielle que les habitants de Porto aiment à donner à leurs travaux, la ville possède un musée; il a été fondé le 26 mars 1836 par don Pedro, et comptait déjà 400 tableaux, il y a une dizaine d'années.

(*) Voy. le *Panorama*, t. III, p. 283.

Les amateurs de l'archéologie du moyen âge y trouvent aussi quelques objets précieux. La bibliothèque publique de Porto cite également comme son fondateur le duc de Bragance, et elle a été établie le 9 juillet 1833 : elle se compose, d'après le chiffre adopté par M. Urcullu, de 65,000 volumes; mais, depuis cette époque, le fonds des livres imprimés a dû s'accroître. On affirme que la bibliothèque de Porto renferme des manuscrits infiniment précieux. Un étranger, M. Jean Allen, a doté récemment la ville d'un musée qui, sans être absolument spécial, répond à une foule de besoins; non-seulement on y remarque quelques tableaux d'un haut prix, mais certaines branches d'histoire naturelle y sont représentées par des collections habilement classées. Disons enfin, pour conclure avec ce chapitre, qu'un seigneur portugais, M. le vicomte de Beire, est dans l'usage d'ouvrir ses magnifiques jardins au public le dimanche de chaque semaine. Les principaux habitants de Porto ont ouvert un cercle qui, sous le titre d'*Assemblea Portuense*, se fait un plaisir d'admettre les étrangers dans son sein, et se tient en communication avec le monde littéraire au moyen des revues et des journaux publiés dans les villes principales de l'Europe. Quelques-uns des environs de Porto sont remarquablement agréables; on vante entre autres, à l'embouchure du Douro, Sam-João da Foz, bourgade de 3,050 âmes, extrêmement fréquentée dans la saison des bains. Le phare de Notre-Dame da Luz s'élève à peu de distance; puis vient Matozinhos et Mendelo, village de 500 âmes, où débarqua don Pedro en 1832. Ainsi que nous l'avons dit, Villa-Nova-da-Gaya est située précisément sur la rive opposée à Porto; cette bourgade, dont on évalue la population à 5,390 habitants, communique à la ville au moyen d'un pont de bateaux. C'est là où se trouvent les vastes entrepôts célèbres par toute l'Europe. Urcullu évalue à 80,000 pipes le nombre de tonneaux renfermés dans les magasins de Villa-Nova-da-Gaya. Nous passerons sous silence plusieurs autres bourgs ou villages des environs; mais nous citerons néanmoins *Sam-Pedro da Cova*, dont les mines de charbon de terre ont été ouvertes en 1802, et qui exporte annuellement 8,000 chars de houille.

Braga a une grande célébrité historique; son archevêque même a disputé à celui de Tolède le droit de s'intituler *primat des Espagnes*. C'est aujourd'hui une ville qui porte sa population à environ 16,077 âmes; elle s'élève dans une plaine, sur le petit fleuve Desta, qui baigne ses faubourgs. La ville possède de grandes ressources pour son irrigation; car l'on y compte 70 fontaines. L'antique cathédrale de Braga conserve, comme celle de Tolède, le rite mosarabe. La ville, du reste, présente une réelle industrie, et l'on y rencontre des manufactures de diverses espèces; il y a même, dit-on, des orfèvres habiles. On trouve, à trois quarts de lieue de Braga, une fort belle église, construite au dix-huitième siècle, et où l'on se rend en pèlerinage; c'est le sanctuaire de *Bom Jésus do Monte*. Pénafiel est renommé par sa foire annuelle. Guimarães fut jadis la capitale de la monarchie naissante. Don Affonso Henriquez y résidait; et l'on y montre encore des édifices qui remontent à cette époque vénérable. Aujourd'hui c'est une ville de 8,685 habitants. Guimarães est renommé par ses tanneries : 28,000 cuirs préparés en sortent annuellement. Son commerce de toile de lin a été frappé d'une complète décadence, depuis le traité de 1810 avec l'Angleterre. C'est à huit lieues au sud de cette ville que sont situées les eaux minérales, désignées sous le nom de *Caldas de Vizela*, déjà célèbres du temps des Romains. Amarante, qui s'élève sur le Tamega, Caldas de Jerez ou Xeres, renommée par ses bains d'eaux chaudes minérales, Viana, qui eut jadis un port plus fréquenté et qui ne compte pas moins de 6,800 habitants, sont autant de villes jouissant d'une certaine renommée, ainsi que Ponte de Lima, dont les poëtes bucoliques du seizième siècle ont chanté si souvent le fleuve.

Ponte de Barca doit arrêter le souvenir du lecteur, grâce à un fait assez rare dans l'Europe occidentale; une femme nommée Maria Lopes-da-Costa y vécut cent dix ans, et elle comptait cent vingt descendants, provenant des deux mariages qu'elle avait contractés. Tous les jours, dit-on, quatre-vingts d'entre ses héritiers se présentaient devant elle. Villa-Nova-da-Cerveira, Monção, Arco-de-Val-de-Vez, Santa-Marta-do-Bouro, ne se distinguent par rien de remarquable.

Barcelos, renommé par ses chasses, eut jadis une certaine célébrité historique; sa population aujourd'hui monte à 3,900 habitants. On désigne encore le petit port d'Espozende, Villa-do-Conde, situé vis-à-vis d'Azurara, et surtout Povoa-da-Varzim, qui est bâtie sur le bord de la mer; elle compte 6,200 âmes. Melgaço a une réputation toute vulgaire; car elle lui est acquise par ses jambons. Castro-Lavoreiro est considéré comme un des lieux où le froid se fait le plus sentir en Portugal; Valença s'élève à 70 lieues de Lisbonne, vis-à-vis la ville espagnole de Tuy, et est mise au rang des places fortes du royaume: puis vient enfin Caminha avec ses salines, et la rapide nomenclature des villes de l'Entre-Douro-e-Minho est esquissée.

PROVINCE DE TRAS-OS-MONTES. Cette province confine au nord avec l'ancien royaume de Galice, et son territoire est singulièrement montueux. La chaîne la plus étendue de la province porte le nom de Marão. Du haut de la serra de Monchique (*), dont l'élévation est plus considérable que celle de Cintra, la vue se porte à une distance prodigieuse. Ce sont ces montagnes environnant la province du Minho, comme les Alpes se prolongent à l'égard de l'Italie, qui ont fait donner à la contrée le nom sous lequel on la désigne; ainsi que le fait observer M. Bory de Saint-Vincent, le Douro forme plus de la moitié de son pourtour. Le pays de Tras-os-Montes est abondant en vins, surtout dans le voisinage du fleuve. Le cru de la *Feitoria* en produit annuellement jusqu'à 70,000 pipes. Les huiles ne sont pas moins renommées; et les montagnes sont couvertes de châtaigniers qui nourrissent une partie des habitants.

Miranda porte le titre d'évêché; mais qu'est-ce qu'une ville épiscopale de 460 habitants? L'évêque a pris le parti, depuis longues années, d'aller résider à Bragance; Mogadouro, Vimioso, Vinhaes, ne dépassent guère cette faible

(*) Ou *Monsico*, dit l'auteur de la *Mapa de Portugal*: on aurait donné à cette montagne le nom reproduit ici, par antiphrase.

population; Moncorvo (*) est un peu plus considérable, mais c'est une ville fort laide et fort mal bâtie, qui tire cependant quelques avantages commerciaux de ses récoltes en soie; Freixo-d'Espada-Cinta, qui s'élève à une lieue du Douro, se fait remarquer par des vestiges curieux d'architecture, en même temps qu'une légende relative à Diniz explique de son nom singulier : c'est une petite ville 1,220 âmes. Mirandella, qui compte une centaine d'habitants de plus, a, dit-on, quelque analogie avec Coïmbre; Monte-de-Rio-Livre est renommé par son vin et par ses excellents produits agricoles. C'est Villa-Real, qui s'élève sur le Rio-Corgo, à quatre lieues de Lamego, que l'on considère comme la villa la plus industrieuse et la plus commerçante de la province; elle porte sa population à 4,080 habitants; Pezo-da-Regoa, qui n'en a pas 2,000, est célèbre par la foire qui se tient annuellement au mois de février dans ses murs, et où tant de tran actions sur les vins ont lieu. Jadis on pouvait évaluer le chiffre de ses affaires à 10 ou 12 millions de cruzades. Les négociants ont pris la coutume, assez générale, de se rendre directement à Porto.

Bragança est admirablement situé sur les bords du Rio-Fervenza, au milieu d'une campagne fertile. C'est une ville de 3,315 âmes, qui conserve le titre de duché. L'évêque de Miranda y fait sa résidence; elle a quelques manufactures de velours et de soie. Plus d'une légende, plus d'une tradition historique se rattache, du reste, à cette ville antique; les écrivains du seizième siècle voulaient encore qu'elle eût été bâtie par le roi Brigus, et le Froissart des Portugais, Fernand Lopes, nous apprend que ce fut dans ses murs qu'une union bien célèbre et bien malheureuse fut contractée. L'évêque da Guarda y maria Inez à don Pedro.

(*) Antillon, Bory de Saint-Vincent et Miñano désignent cette ville sous le nom de Torre de Moncorvo, ce qui n'est plus admis sans doute. Urcullu regarde cette dénomination comme une singularité. Le même géographe donne 1,700 habitants à la ville, tandis que l'un des auteurs cités plus haut lui en accorde 1,300 en 1826. Balbi est à peu près d'accord ici avec le dernier écrivain, et fixe la population de Moncorvo à 1,629 habitants.

Chaves, bâti sur la rive droite du Tamega, montre encore avec orgueil son pont de dix-huit arches, dont la tradition fait remonter la construction jusqu'aux Romains. Montalegre est un des endroits les plus froids du Portugal; il conserve encore son château antique.

ROYAUME DES ALGARVES.—On a pu voir que le pays des Algarves fut une des dernières conquêtes des Portugais sur les Maures. Aussi, le nom qui désigne ce petit royaume est-il dérivé d'un mot purement arabe, et signifie-t-il simplement *la contrée du couchant*, la partie occidentale de la Péninsule. En donnant cette étymologie du reste, F. João de Souza a soin de faire remarquer que les Maures l'appliquaient jadis à l'antique Turdétanie (*). Aujourd'hui l'Algarve forme la sixième province du Portugal. Le pays compris sous ce nom est situé au sud de la province de l'Alem-Tejo, dont il est séparé par la serra de Monchique et le Rio Vasção; ses côtes, depuis Seixe jusqu'à Lagos et la Guadiana, présentent une foule de petites îles sablonneuses. L'intérieur du pays est montueux. Les productions de l'Algarve sont variées; on tire de ce territoire de l'huile, des amandes, des figues, de la cire, du miel, des folioles de palmier travaillées, d'excellentes caroubes, que l'on exporte, en général, pour la Catalogne et la Sardaigne, et que l'on a vu vendre jusqu'à mille réis le sac (**). Le kermès, si précieux pour la teinture, passe de là à Gibraltar, d'où on l'expédie pour l'Angleterre et les Pays-Bas. Le poisson salé que fournissent les côtes est abondant et fort estimé. La grosse chasse offre également des ressources.

Faro est aujourd'hui la capitale de l'Algarve. C'est une ville épiscopale, située à l'embouchure du Val-Formoso; elle compte, d'après les derniers recensements, 7,687 habitants, pour la plupart matelots ou pêcheurs : son commerce d'exportation est considérable; elle est le siège d'un gouverneur civil et militaire; on y remarque un hôpital mi-

(*) Cet orientaliste avoue qu'il n'a jamais pu découvrir ou Duarte Nunez de Leão et Bluteau ont puisé l'étymologie qu'ils adoptent. Selon eux, *Algarve* est un mot qui signifie terre plate, unie et fertile.
(**) Le *Panorama*, t. VII, p. 210.

litaire et un parc d'artillerie. Urcullu vante l'aspect charmant de la campagne environnante. Sylves conserve le titre de cité; c'est tout ce qui lui reste d'un temps meilleur, de l'époque où elle pouvait s'enorgueillir en voyant son siége épiscopal occupé par Osorio, le Cicéron chrétien, comme l'on disait au seizième siècle : elle n'a plus que 2,100 habitants et s'est vue dépouillée dès 1580 de son évêché en faveur de la capitale. Lagos compte un millier d'habitants de plus.

Tavira est la cité des traditions chevaleresques et à coup sûr l'une des villes les plus remarquables du Portugal. Située à l'embouchure du Rio Seca, elle a un port, qui donne asile à quelques bâtiments de peu d'importance. Jadis, il a reçu, dit-on, des navires de haut bord et a fait un commerce considérable. C'était dans le port de Tavira qu'allaient se réfugier les galères portugaises envoyées en course contre les Barbaresques. On vante l'aspect singulièrement pittoresque de la ville de Tavira; on cite son beau pont de sept arches; et la tradition, enfin, veut qu'un antique buste de pierre reproduise les traits du brave Paio Perez Correa, qui enleva la cité aux Maures. Le tremblement de terre de 1755 a été funeste aux vieux édifices de cette ville; et cependant l'antique église de Santa-Maria, qu'on a été obligé de reconstruire, laisse voir des preuves de son ancienne origine. C'est dans cette église qu'une pierre, portant sept croix rouges, rappelle la tradition des *sept chasseurs* et la dévotion du conquérant. Le *gouverneur des armes* habite une fort belle résidence. La population entière s'élevait naguère à 8,640 habitants. Loulé, quoique n'ayant que le titre de villa, présente une population à peu près égale. Castro-Marim, qui se trouve située presque en face d'Ayamonte, en Espagne, fut jadis le siége de l'ordre du Christ. Villa-Real-de Santo-Antonio, bâtie sur les plans les plus réguliers, à l'embouchure de la Guadiana, ne compte encore que 1,720 habitants. Fondée en 1774, par ordre du marquis de Pombal, elle offre la preuve qu'il ne suffit pas d'une volonté puissante pour édifier une ville. Lagos fut jadis le lieu aimé du grand infant; c'était à son marché qu'accouraient les populations qui venaient se fournir des denrées apportées d'Afrique et malheureusement aussi d'esclaves; aujourd'hui, c'est une villa de 8,340 âmes, renommée par l'extrême fertilité de son territoire. Villa-Nova-de-Portimão emprunte son nom au fleuve qui la baigne. Sagres s'enorgueillit d'avoir été bâtie en 1416 par don Henrique : dans l'origine, elle prit le nom de *Terça-Naval*; puis elle s'appela *Villa-do-Infante*. Ces deux dénominations se sont éteintes; il semble qu'un si glorieux passé eût dû préserver cette bourgade d'un complet anéantissement : elle n'a plus que 290 habitants. Il faut dire, cependant, qu'une pierre monumentale a consacré, en 1836, les grands souvenirs qui se rattachent à Sagres. Albufeira, petit port de mer, ayant 2,670 habitants; Monchique, jolie villa, bâtie sur le penchant d'une montagne, et enfin Alvor, port renommé par ses salines, achèvent la nomenclature des lieux les plus remarquables du pays d'Algarve. Un savant distingué, le comte de Hoffmanseg, a décrit, d'accord avec Link, ses productions naturelles. Enfin, les sites les plus remarquables de ce petit royaume sont reproduits dans le bel ouvrage de Landmann (*), que l'on consulte trop peu, nous en avons la preuve, lorsqu'on s'occupe de ces contrées.

COUP D'ŒIL SUR LA STATISTIQUE MONUMENTALE. — On croit généralement en France, et c'est une erreur qu'il importe de rectifier, que le Portugal, si riche en poëtes et en musiciens, n'a pas produit un seul peintre digne d'être placé parmi les grands maîtres. Notre intention était d'abord, à l'aide des travaux imparfaits des Taborda (**), des Cyrillo Wolkmar Machado (***), des Guarienti même (****), de tracer succinctement un tableau des phases diverses de l'art dans cette portion de la Péninsule. Sans parler maintenant

---

(*) Aux personnes qui regarderaient ces indications comme insuffisantes nous signalerons l'ouvrage portugais intitulé : *Corographia do Reino do Algarve*.

(**) *Regras da arte da Pintura*. 1815.

(***) *Collecção de Memorias relativas as vidas dos pintores portuguezes*. Lisboa, 1823.

(****) *Abecedario Pittorico d'Orlandi*, augmenté par *Guarienti*, 1 vol. in-4°, édition de 1747.

de ce Gran Vasco, en qui se résume, aux yeux des Portugais, le génie artistique du siècle d'Emmanuel, mais dont un critique exercé a transformé en quelque sorte l'existence, et cela tout récemment, on verrait qu'une nation qui a produit les Hollanda, les Affonso Sanchez Coelho, les Campelo, les deux Vieira, et tant d'autres, ne peut pas être déshéritée sans injustice d'un de ses plus nobles priviléges. Ce qui nous a détourné de ce dessein, nous l'avouerons franchement, c'est la certitude que la lacune signalée ici sera incessamment comblée. L'auteur d'un livre bien connu sur *l'art en Allemagne*, M. le comte Raczynski, qu'un long séjour en Portugal a mis à même de traiter savamment cette matière difficile, va donner un ouvrage spécial sur la matière où de curieux problèmes seront abordés. Des dessins d'une exécution remplie de finesse et d'habileté viendront en aide à la discussion, et nous ne doutons pas que, grâce aux documents si patiemment rassemblés, l'histoire artistique de cette partie de la Péninsule ne reçoive un jour tout nouveau. Ce qu'il y a de positif, c'est qu'un mouvement incontestable a lieu aujourd'hui en faveur de l'art, à Lisbonne, et que, malgré l'insuffisance des œuvres modernes, on peut tout attendre d'une favorable impulsion. Des concours sont ouverts, des expositions publiques ont lieu; on songe à quelques monuments nationaux. Bien évidemment le sentiment délicat et profond d'un haut personnage, qui ne s'en tient pas à la théorie, mais dont on admire les ouvrages, a réagi sur la nation, et a contribué au louable mouvement qui se manifeste. C'est ce sentiment qui a présidé à certaines constructions architectoniques dont on parle dès à présent; c'est lui qui a mis sous la sauvegarde des lois la conservation des monuments. Les édifices que recommandent leur grand caractère architectural, ou simplement de nobles souvenirs, sont répandus plus qu'on ne le croit généralement en Portugal; ils sont surtout variés par le caractère qu'ils tiennent, ou de leur extrême antiquité, ou des invasions diverses que le pays a dû subir, ou même des catastrophes qu'il leur a fallu essuyer; essayons d'en dire

un mot, pour compléter cette notice(*).

STATUES PRÉSUMÉES ANTÉRIEURES A LA DOMINATION CARTHAGINOISE. — Nous ferons remarquer en passant que vers l'année 1829, Southey vit, exposées à l'injure de l'air et précisément à l'entrée du jardin botanique, deux statues, qu'il faudrait faire remonter à la plus haute antiquité, si, comme le pense l'auteur du *Journal d'un invalide*, elles appartenaient à une époque antérieure à la conquête des Carthaginois : elles ont été trouvées près de Montealegre en 1785. L'une est plus grande que l'autre; mais elles gardent la même attitude, et elles représentent un homme dont l'un des bras est pendant, tandis que l'autre tient un petit bouclier rond. « Évidemment trop rudes pour appartenir à un âge fort avancé en civilisation, elles sont encore supérieures aux tentatives que peut faire une époque de barbarie. » Ainsi que Southey l'a fort bien dit, ces statues ouvrent un vaste champ aux conjectures; et il eût été infiniment curieux de pouvoir leur comparer cette fameuse statue équestre dont nous avons parlé à propos de la découverte des Açores.

MONUMENTS DRUIDIQUES. — Plusieurs de ces monuments dont l'origine n'est pas douteuse, ont été décrits par les voyageurs modernes. Hautefort, qui vit rapidement le Portugal, mais qui cite avec exactitude, Hautefort examina plusieurs *Cromleh* entre Pegões et Vendas-Novas. Ils étaient rangés circulairement au nombre de douze, et une treizième pierre s'élevait au milieu du cercle. Le R. Kinsey donne après lui la représentation d'un amas régulier de roches, qu'il désigne également sous le nom de Cromleh, et qui existe près d'Arrayolos. Ces monuments primitifs sont plus nombreux qu'on ne le croit généralement dans cette partie de la Péninsule, et ils sont désignés sous le

---

(*) Le décret du 25 octobre 1836 marque une ère nouvelle pour la culture des beaux-arts en Portugal. Il a institué à Lisbonne une académie spéciale pour les arts du dessin; malheureusement jusqu'à présent c'est l'ancien couvent de Sam-Francisco qui a prêté son local aux expositions, et l'on réclame de la munificence du gouvernement un édifice plus commode et plus digne. On va même jusqu'à se plaindre de ce que l'humidité de certaines galeries peut endommager quelques peintures.

nom d'*Antas*. Un savant portugais a même publié à ce sujet un mémoire dont l'académie d'histoire a ordonné l'impression, et nous renvoyons pour plus ample informé aux renseignements que peut fournir ce curieux travail trop ignoré (*) de nos érudits.

Il existe un autre genre de monuments parfaitement inconnus en France, mais que nous n'hésitons pas à ranger dans la même catégorie; on les remarque surtout dans la partie nord du Portugal. Les Castros ou Crastos répandus dans un grand nombre de localités du pays de Tras-os-Montes, sont probablement comme les Antas, d'origine celtique. Ils consistent dans des enceintes circulaires de pierres élevées ordinairement au milieu d'une plaine, et ont été regardés par erreur comme des restes de châteaux bâtis par les chrétiens pour se défendre de l'invasion des Maures. Don Jozé Verea y Aguilar, dans son histoire de Galice, imprimée à Ferreol en 1838, ne laisse aucun doute à ce sujet. Les *Mamoas* ou *Modorras* peuvent être rangées dans la même classe : ce sont des élévations circulaires de terre, des tumuli, destinés à indiquer les tombes de chefs appartenant à la race des Celtes.

MONUMENTS D'ORIGINE ROMAINE. — Il suffit de parcourir les ouvrages d'André de Resende, l'antiquaire par excellence du Portugal, et ceux de Gaspard Estaço, pour se convaincre qu'un grand nombre de monuments romains, et surtout d'inscriptions curieuses dues à la domination romaine, ont singulièrement occupé les esprits, depuis l'époque de la renaissance. Faria e Souza, Severim de Faria et tant d'autres renferment des documents précieux à ce sujet. L'un nous raconte comment fut découvert au seizième siècle le tombeau du célèbre Viriate; l'autre, retenu à Évora par ses fonctions ecclésiastiques, avait réuni un grand nombre d'antiquités romaines qui furent dispersées après sa mort. Évora, l'antique *Liberalitas Julia*, en effet, est la terre par excellence des vieux édifices. C'est à tort cependant que Murphy a cru reconnaître dans le célèbre aqueduc dont nous offrons la représentation exacte, une construction entièrement romaine (*). Il est bien reconnu aujourd'hui que ce beau monument, désigné dans le pays sous le nom d'*aqueducto da prata*, a été rebâti complétement sous le règne de João III. A cette époque, les constructions fondées par Sertorius n'offraient plus que quelques vestiges.

Après que César eut accordé les droits de municipe à Évora, plusieurs temples furent édifiés; celui dont nous reproduisons l'aspect daterait de cette époque, et l'on suppose qu'il a été dédié à Diane. C'est un fort beau spécimen d'architecture antique, et les colonnes élégantes qui le soutiennent appartiennent à l'ordre corinthien. Son plan offrait un parallélogramme oblong de trente-deux pieds de large. Ce bel édifice est masqué par un grand nombre de masures, et l'on trouvera à son sujet, dans le *Panorama* (**), des renseignements architectoniques que leur exactitude doit faire préférer à ceux de Murphy. C'est à douze toises environ de ce temple qu'est située la tour quadrilatère connue sous le nom de tour de Sertorius. Pour compléter la série de constructions monumentales que l'on peut attribuer aux anciens dominateurs du monde, il faut nécessairement rappeler ici les restes d'amphithéâtre trouvés à Lisbonne et les bains de Cintra : on les désigne dans le pays néanmoins sous le nom de citerne des Maures; le savant auteur de *Cintra pittoresque* en donne la description, mais il n'en fait pas connaître l'origine. Murphy s'exprime d'une manière assez vague à ce sujet, sans insister néanmoins sur un caractère oriental qu'il nous est impossible de reconnaître. La salle entière, que l'on suppose avoir servi à des bains du temps des Maures, n'a pas moins de cinquante pieds de long sur dix-sept pieds de large. « Les murs sont construits de pierres de taille, et décorés de cha-

---

(*) Voy. le Mémoire de Martim de Mendonça de Pina; il est intitulé : *Discurso sobre os altares rudes que se acham em Portugal chamadas Antas*, 1743.

(*) Voy. *Voyage en Portugal dans les années 1789 et 1790*, trad. par Lallemant, t. II, p. 278. L'auteur donne ainsi les dimensions de l'édifice : « Les piles ont neuf pieds de large sur quatre et demi d'épaisseur; l'entre-deux des arches est de treize pieds six pouces, ce qui égale la largeur et l'épaisseur de chaque arche jointes ensemble. »

(**) Voy. vol. III, seconde série, p. 407.

que côté de trois pilastres qui se terminent en arc et supportent la voûte. L'eau destinée pour les bains a quatre pieds de profondeur, et, ce qu'il y a de singulier, c'est que l'hiver comme l'été jamais elle n'augmente ni ne diminue, quoiqu'elle ne paraisse venir d'aucune source. » Cette dernière circonstance quelque peu merveilleuse semble, du reste, ne pas avoir été adoptée par les derniers écrivains qui ont parlé du monument, et l'auteur de *Cintra pittoresque* signale deux anfractuosités par lesquelles pénètrent les eaux. Murphy insiste sur la légende populaire qui place sous ces ruines un roi maure environné de richesses et reposant dans un tombeau de bronze. Ce qu'il y a de positif, c'est qu'en parlant des ruines de la région occidentale de la montagne, il se demande, avec toutes les restrictions du doute, si elles n'ont pas été élevées par les Romains. Il ne faut pas être initié bien avant dans les mystères de l'archéologie, pour reconnaître dans les bains, dont nous avons reproduit une vue, le caractère propre à l'architecture romane. La ville de Vizeu renferme plusieurs ruines romaines d'un haut intérêt, parmi lesquelles on signale la caverne de Viriate dont il n'existe plus qu'un léger vestige.

CATHÉDRALE DE BRAGA. — VIZEU. — Toutes les personnes, quelque peu familiarisées avec les antiquités de la Péninsule, n'ignorent pas que cette cathédrale dispute à celle de Tolède son titre d'*Église primatiale* des Espagnes ; la tradition veut que *Bracchara Augusta* ait été la première cité où l'apôtre saint Jacques Zébédée prêcha l'Évangile dans cette colonie romaine. Braga possédait le collége des archiflamines, d'où sortaient les prêtres gentils qui se répandaient dans la Péninsule ; cette même tradition nous a conservé le nom des neuf disciples de saint Jacques, qui se convertirent immédiatement au christianisme, et qui secondèrent l'apôtre dans ses travaux (*). On sent donc aisément tout ce qui s'attache de vénération à la vieille cathédrale de Braga. Cette église est une des plus considérables parmi celles qu'on voit encore en Portugal ; mais nous avouerons qu'aucun document positif, venu du moins à notre connaissance, ne nous indique d'une manière positive quel est le degré d'antiquité des constructions existant aujourd'hui.

La cathédrale de Braga est un vaste édifice à trois nefs ; dans celle du milieu on remarque un magnifique retable en pierre, qui fut fait, dit-on, par des artistes du pays de Biscaye, que fit venir l'archevêque don Diogo de Souza, et qui, en se fixant à Braga, laissèrent leur nom à l'une des rues de la ville.

Dès le sixième siècle, Vizeu avait un évêque suffragant de celui de Braga ; mais il paraît qu'il avait fixé son siège à *Sam Miguel de Fetal* extra muros, où une tradition mensongère devait bientôt placer la tombe du dernier roi des Goths. La cathédrale de Vizeu, qu'on montre aujourd'hui avec respect, fut fondée, dit-on, par le comte D. Henrique et par son épouse Thareja : les curieuses peintures de cette église, attribuées à Gran Vasco, sont aujourd'hui l'objet d'une intéressante discussion.

CATHÉDRALE DE COIMBRE (SAM-CHRISTOVAM). — On peut connaître aisément toutes les traditions religieuses qui se rattachent à l'antique monument dont nous reproduisons ici une vue exacte, en consultant l'*Agiologio lusitano*. Aussi renvoyons-nous le lecteur curieux de ces sortes de discussions au savant ouvrage de Cardoso. Quant à l'importance de l'édifice sous le rapport de l'art, elle ne saurait être douteuse, puisque c'est peut-être la seule construction religieuse de quelque importance qui remonte en Portugal au temps des Goths. Ainsi que le fait très-bien observer un écrivain national, ses murailles, vues extérieurement, ressemblent à celles d'un vieux château, et c'est probablement d'ailleurs tout ce qui reste des premiers temps ; il paraît même certain qu'un écrivain moderne s'est complétement trompé, en attribuant aux Goths les travaux architectoniques de la porte latérale du temple. Il suffit de les voir, pour reconnaître immédiatement qu'ils appartiennent au treizième ou bien même au quatorzième siècle.

(*) Nous reproduisons ici ces noms dans l'ordre adopté par le savant P. Fr Francisco de Santo-Agostinho de Macedo : Torquatus, Thesiphonus, Secundus, Indalecius, Cecilius, Euphrasius, Hesichius, Theodorus, Athanasius. Vid. *Diatriba de adventu sancti Jacobi in Hispaniam*.

L'intérieur de cette vénérable église a subi des modifications d'une époque bien autrement récente. M. W. H. Harrisson dit que son revêtement de tuiles émaillées (*azulejos*), qu'il croit fabriquées en Flandre, fait un curieux effet (*); nous préférerions, pour notre part, les vieilles murailles, telles que put les contempler dans leur majesté l'émir Enjuni, lorsqu'il entra à Coïmbre, en 1136, à la tête des 300,000 musulmans que lui donnent peut-être un peu libéralement les chroniques.

L'ÉGLISE DE CEDOFEITA. — Après l'église métropolitaine de Braga, le petit temple de Cedofeita est, sans contredit, le monument religieux le plus ancien du Portugal; mais il ne faut nullement croire, comme l'affirme le P. Rebello, que ce vieil édifice n'ait subi aucune altération notable depuis douze cents ans. L'église de Cedofeita est aujourd'hui une des paroisses de Porto; et si l'on ne peut pas dire qu'elle se distingue par aucun caractère de grandeur ou d'originalité, il y a peu de monuments en Portugal qui offrent autant de souvenirs curieux que celui-ci. Selon les uns, sa première origine remonterait au roi goth Réciaire, qui régnait en Galice et qui avait adopté le catholicisme, après avoir été élevé dans l'erreur d'Arius. D'après les documents fournis par le P. Rebello, Cedofeita aurait été fondée par le roi suève Théodemir, en 556, et aurait succédé à une église plus ancienne. Dans la première hypothèse, son nom viendrait de la rapidité avec laquelle s'effectua sa construction; Réciaire, craignant pour la santé d'une fille bien-aimée, envoya, dit-on, chercher en France une précieuse relique de saint Martin de Tours, et, au moment où partirent ses messagers, fit commencer l'édifice. Or, les reliques désirées ne furent pas plutôt arrivées en Portugal, que l'église nouvelle se trouva être terminée : on l'appela, en conséquence, *Citofacta* ou *Cedofeita* (la bientôt faite). C'est en effet un édifice de peu d'importance et qui ne coûta pas de grands frais d'architecture à son fondateur; elle se recommande surtout par ses souvenirs.

Bien que sa première origine soit un peu moins ancienne, la cathédrale de Porto remonte, dit-on, également au sixième siècle; mais la construction actuelle est due au comte don Henrique et à sa femme dona Thareja, qui la réédifièrent complétement. On sait que le comte s'empara de la ville en 1092, et qu'il résida dans cette ville mauresque à plusieurs reprises. La reine avait fait construire un palais dans le voisinage, et cette résidence souveraine communiquait avec la cathédrale; un escalier désigné encore aujourd'hui sous le nom d'*escada da Rainha*, atteste la tradition rappelée ici.

LE CHATEAU DA FEIRA. — Il y a, à quelque distance d'une petite ville de dix-huit cents âmes qu'on désigne sous le nom de *villa da Feira*, un antique château dont on attribue la construction tour à tour aux Romains, aux Goths et aux Maures. Au milieu de ces opinions si divergentes, ce qu'il y a de plus positif, c'est l'extrême antiquité de l'édifice. Selon l'écrivain portugais qui nous sert de guide, ce monument, qui a l'aspect d'un temple mauresque, est en réalité un alcaçar; c'est ce qu'on reconnaît parfaitement, dit-on, en observant la structure des murailles, toutes bâties en granit; au-dessus de la voûte de cette construction se trouve une plate-forme, de la superficie de laquelle s'élèvent quatre tours; ces tours, outre leur plancher, qui est parallèle à la plate-forme, en avaient reçu un plus élevé et fort rapproché du donjon, d'où l'on pouvait découvrir la mer, depuis le sud de Mira Gaya jusqu'à l'embouchure du Douro. Les donjons des quatre tours sont de forme pyramidale; les angles, au lieu de pyramides de pierre, offrent d'autres petits donjons de granit massifs; les uns et les autres sont terminés par des espèces de tulipes sculptées également dans le granit, et dont l'aspect est fort étrange. La plate-forme, du reste, est taillée en dos d'âne, de manière à ce que les pluies ne puissent pas y séjourner; les eaux jadis étaient recueillies, à leur extrémité, par des rigoles qui alimentaient par des conduits une grande citerne construite dans l'intérieur de l'édifice.

(*) *The tourist in Portugal illustrated from paintings by James Holland*. London, 1839; 1 vol. in-12.

Il y a en outre un parapet saillant à la partie extérieure, dans la direction du levant et du nord, avec deux ouvertures circulaires propres à lancer des combustibles et d'autres objets capables d'inquiéter l'ennemi qui aurait voulu s'emparer des portes de l'alcaçar.

Une sorte d'oratoire garni de deux petites colonnes gothiques, une espèce de trône auquel on monte par des degrés de granit, sont autant d'objets dont on n'a pu encore bien spécifier le caractère; mais un des ouvrages les plus singuliers de ce monument, est un puits carré, auquel on attribue une extrême profondeur. Il est revêtu intérieurement de pierres de taille, et l'on y descend par un escalier en colimaçon ménagé dans une des parties latérales; cet escalier est garni de grandes fenêtres aux extrémités aiguës. On pense qu'il aboutissait à une route souterraine, ou bien même à un aqueduc caché. Certaines portions du château de Feira présentent encore une solidité remarquable, et il suffirait de quelques réparations habilement ménagées pour le faire durer des siècles.

M. Kinsey parle avec quelque détail d'une église située non loin de Nossa Senhora da Lapa, au nord-ouest de Porto, et qui a tous les caractères de l'architecture mauresque; on la désigne même sous le nom de *Mesquita*, comme la chapelle de Cedofeita; les arceaux, les chapiteaux, d'un style original, qu'on y remarque, sont d'un réel intérêt et ne laissent pas de doute sur leur origine sarrasine. Ce curieux monument n'a cependant pas été fondé primitivement par les musulmans; il est du nombre des églises que les Goths, dit-on, avaient édifiées, et que les conquérants approprièrent à leur culte; une inscription que l'on peut lire dans son étendue, en consultant Rebello da Costa et le voyageur anglais, atteste qu'elle fut fondée, en 559, par Théodomire, roi des Suèves.

CHAPELLE DES TEMPLIERS DE POMBAL. — VESTIGES D'ARCHITECTURE SARRASINE. — Le nom de Pombal a un tel retentissement politique, qu'il semble étrange, au premier abord, de le voir lié à des souvenirs légués par le moyen âge. Cette bourgade, qui a imposé son nom au grand ministre, est cependant fertile en traditions de ce genre; lorsqu'il passa par villa de Pombal, il y a quelques années, M. le baron Taylor examina les vestiges de ruines qu'on y remarque encore, et, sans assigner une date précise à ces monuments, il a fait comprendre, avec le tact qui le caractérise, ce qu'il y a de curieux pour l'archéologue dans l'alliance de deux styles bien différents que rappelle la petite église des Templiers. « Ces chapiteaux, ces voûtes romanes, dit-il, donnent à ce monument une assez haute antiquité, et il est curieux d'y voir aussi la trace du séjour des Maures, qui ont taillé et transformé l'arc plein cintre de la porte en forme orientale, du genre de celles que l'on retrouve à Ourfa et à Koniah. Cette chapelle a été tour à tour église et mosquée, moins splendide et moins célèbre sans doute que Sainte-Sophie de Constantinople, tout en subissant cependant les mêmes changements. »

Pombal renferme un autre monument du même genre, et qui a dû recevoir une modification analogue à celle que nous venons de signaler : ce sont les ruines du château que l'on voyait encore, il y a une vingtaine d'années, à l'entrée de la ville, et dont M. Taylor a donné également une exacte représentation. « Les ruines que nous décrivons ont été la demeure du châtelain de Pombal, d'un Maure, qui en prit possession par les droits de la guerre, puis des chevaliers du temple. Tour à tour aux musulmans et aux chrétiens, son donjon a servi de harem et de cellule; ses appartements ont vu reposer un Arabe au milieu de ses odalisques, et le chevalier portugais qui vouait sa vie à l'amour d'une seule femme ([*]). »

CHATEAU D'ALCOBAÇA. — Il faut mettre encore au nombre des constructions sarrasines dont il reste des vestiges en Portugal, les ruines qu'on voit sur une colline, non loin d'Alcobaça, et dont M. Taylor a conservé une vue si pittoresque. Ne pouvant reproduire la gravure qu'il en a donnée, nous emprunterons au moins au voyageur sa description. « Le château d'Alcobaça, comme la forteresse de Grenade, est le produit des arts des Arabes au dixième siècle; il

([*] J. Taylor, *Voyage pittoresque en Espagne, en Portugal et sur la côte d'Afrique*. Paris, Gide fils, 1826; 1 vol. in-4°.

est situé sur le plateau d'une petite montagne qui domine la ville, et sur ses créneaux l'on découvre tout le plan du vaste monastère d'Alcobaça. Comme partout en Europe où l'on rencontre des ruines, celles-ci frappent vivement l'imagination des paysans. Assis sur le bord de la route et pendant que je dessinais, une vieille femme me racontait que l'ancien chef arabe, seigneur qui obligeait les habitants de la contrée à lui livrer chaque année un tribut de douze jeunes filles, revient chaque nuit faire son *sabbat* pour obtenir encore quelques vierges; elle ajouta : « C'est presque sans danger maintenant, parce que les frères du couvent ne le permettraient pas; cependant, malheur à la jeune femme qui visite l'alcazar, elle en sort rêveuse et mélancolique; quelquefois, heureusement c'est assez rare, elle manque d'en mourir. »

Cette tradition du tribut des jeunes filles, pour le dire en passant, se rattache dans la Péninsule à un grand nombre de localités. En Espagne, elle a fourni au *Romancero general* une de ses plus belles romances héroïques; en Portugal, elle a donné lieu à un chant qu'on a voulu faire remonter au douzième siècle, mais auquel il faut assigner une date certainement plus récente (*). Il est curieux, du reste, de voir ici les vieux monuments d'accord avec le souvenir historique; c'est ce qui prouve l'indispensable nécessité de recueillir, pendant qu'il en est temps encore, les traditions populaires qui vont bientôt s'évanouir.

ERMITAGE DE N. S. DU SECOURS. — La petite église qui porte ce nom, et qui est située à un quart de lieue au sud de Trocifal, à environ six lieues et demie nord-ouest de Lisbonne, est du petit nombre des monuments qui rappellent la lutte des Portugais contre les Maures; le pont du Sang qui traverse le Rio Sisandro, atteste, en effet, qu'une grande bataille se livra dans ces parages. Nous laisserons de côté les autres traditions, pour dire que si le toit ogival de l'église indique une reconstruction, les colonnettes qui le soutiennent appartiennent à l'architecture sarrasine. On voit à peu de distance de cette curieuse église, le *Penedo do thesouro*, la roche du trésor; elle sert à attester la durée d'une tradition merveilleuse qui veut que tous les lieux habités jadis par les Arabes soient riches de leurs dépouilles, enfouies au moment de la fuite. Rien de si commun, nous l'avons dit, que ces trésors gardés à l'instigation des Maures par l'esprit des ténèbres. Telle fut ici jadis l'activité des recherches, que l'autorité se vit contrainte d'agir et d'arrêter dans leurs perquisitions ruineuses ceux qui espéraient s'enrichir par ces fouilles tardives.

CASTELLO DE CHAM. — Il faut également faire remonter au berceau de la monarchie cet antique château de Cham, qui s'élève à dix lieues de Porto dans une agreste solitude et qui fut le *solar* de la famille des Pinto. Resende, dans le premier livre de ses Antiquités, le désigne sous le nom de Monte de Muro; il a été construit sur les bords d'un ruisseau que l'on appelle Rio de *Bestança*, et tel est l'aspect sauvage du pays qui l'environne qu'il semble plutôt fait pour servir de repaire à des bêtes sauvages que de retraite à l'homme. « Édifié au milieu de la colline, sur la rive droite du Bestança, dit M. Joaquim de Santa-Clara Souza-Pinto, il a pour base une roche et forme, pour ainsi dire, un carré parfait. On lui donne environ vingt palmes de long sur chaque face et il conserve sept créneaux aux deux côtés du couchant. » Cet antique manoir, qui présente tous les caractères de la période romane, a subi déjà plus d'une altération. Il est fait mention avec éloge de don Mendo de Gondar, souche de la famille des Pinto, dans le nobiliaire du comte de Barcellos; ce Mendo venait des Asturies et avait accompagné le comte don Henrique en Portugal.

MONUMENTS CONTEMPORAINS DU FONDATEUR DE LA MONARCHIE. — TRADITION QUI S'Y RAPPORTE. — ÉGLISE DE NOSSA SENHORA D'ALMACAVA. — L'ancienne église de Lamego, où la tradition plaçait l'acte le plus imposant de la monarchie naissante, est encore debout selon les uns; selon d'autres, le monument religieux qui réunit dans son sein les trois ordres du royaume (*), a été

(*) *No figueiral figueiredo*
a no figueiral entrey, etc.

(*) Me permettra-t-on, à propos de ce vénérable édifice, de rappeler une grande tradition his-

renverse, et il ne faut pas le confondre avec l'église qui existe maintenant. Voici ce que dit, touchant cet édifice, Jorge Cardoso : « C'est un bruit avéré que l'église de Notre-Dame d'Almacava était une mosquée ; elle fut purifiée immédiatement selon la louable coutume de cette époque et devint l'antique cathédrale. La moderne église, selon ce que nous affirme Ruy de Pina, dans sa chronique du comte don Henrique, fut édifiée et consacrée par don Bernard, évêque de Tolède. »

Rien ne serait plus curieux, du reste, pour l'histoire de l'art que les études sérieuses et suivies sur le petit nombre d'édifices qui appartiennent au berceau de la monarchie : tels sont, par exemple, ces vestiges du palais de don Henrique, que l'on voit encore à Guimaraens, et où naquit le premier roi.

MONASTÈRE D'ALCORAÇA. — De tous les monuments du Portugal il n'y en a pas, avec Batalha, qui jouisse d'une renommée plus populaire que celui-ci. Archéologues, touristes, voyageurs préoccupés des poétiques légendes, tout le monde en parle, mais tout le monde ne donne pas des détails précis sur son érection et ne reproduit pas des dates certaines. Nous écarterons cette fois la question d'art pour ne nous occuper que de certains faits qu'il est nécessaire de rappeler. On a déjà vu dans la première partie de cette notice à quelle circonstance fut due la construction de ce vaste monastère. Il s'élève dans une vallée étroite, mais d'un aspect charmant, où coulent deux petites rivières : l'*Alcoa* et la *Baça*, dont les deux noms réunis imposent à la villa construite à peu de distance la dénomination qui la désigne. Cet ancien couvent est à dix-huit lieues portugaises au nord de Lisbonne. La première pierre de l'édifice fut posée le 2 février 1148 ; son premier abbé fut Ranulphe, qui avait été envoyé en Portugal par saint Bernard. L'église, néanmoins, ne fut achevée et le couvent ne commença à être habitable qu'en 1222. « Le monastère d'Alcobaça, dit un écrivain portugais, ne peut être offert comme type d'architecture des temps anciens, ainsi que cela a lieu à l'égard de Batalha, mais il est remarquable par sa vaste étendue.... Le temple, construit entièrement de belles pierres de taille, est d'un aspect grandiose ; il est dédié à Notre-Dame de l'Assomption, et se compose de trois nefs d'une hauteur égale. Il en est de même du Cruzeiro et de la grande chapelle ; les autres chapelles qui ont été construites derrière celles-ci, sont plus basses. Les dalles du parvis sont de la même nature que les matériaux qui ont servi à élever les murailles. La voûte est faite d'une espèce de pierre légère (qu'on désigne dans le pays sous le nom de *Tufo*). L'église dans toute sa longueur a quatre cent soixante-dix-neuf palmes. (*) »

Bien peu d'églises offraient jadis autant de magnificences que celle-ci ; la suppression des ordres monastiques a nécessairement porté un coup funeste à tout le monument : il n'en est pas un seul peut-être qui mérite au même degré d'éveiller la sollicitude du gouvernement. — Comment laisser tomber en ruine l'asile vénérable de toutes les grandes traditions de la monarchie ? Non-seulement c'est là que repose don Fr. Pedro Affonso, le frère du premier roi de Portugal, mais on y voit encore les tombes d'Affonso II, d'Affonso III, et de leurs épouses dona Urraca et dona Brites. Personne n'ignore que c'est à Alcobaça qu'on peut visiter deux autres tombeaux, objets continuels des plus poétiques souvenirs. Inez de Castro et don Pedro ne reposent pas côte à côte sous la même voûte ; celle qui ne fut reine qu'après sa mort, comme dit le poëte castillan, fut déposée dans son cercueil, de telle sorte qu'au jour de la résurrection, et en se levant au bruit de la trompette sacrée, le premier regard

torique ? Personne n'a suivi avec plus d'intérêt que l'auteur de cette notice, la discussion critique qui s'est élevée surtout en Portugal au sujet des cortès de Lamego ; nul ne professe plus d'estime que lui pour les écrivains éminents qui ont nié leur existence ; mais il l'avoue franchement ici, il attribue à la tradition plus de valeur qu'on ne lui en accorde dans ces derniers temps, il croit avec l'autorité admise par le savant et consciencieux Scheffer, « que les documents qui nous sont parvenus à ce sujet ne contiennent rien en eux-mêmes qui puisse faire douter de leur authenticité. » Voy. pour l'opinion contraire *le savant essai* de M. Coelho da Rocha.

(*) Voy. le *Panorama*, t. IV, p. 114. On trouvera dans cet article les diverses mesures de l'édifice et une vue de sa façade extérieure.

des deux époux pût être un regard d'éternel amour (*).

Le portail du temple est malheureusement bien inférieur par le style de son architecture à la vaste nef qu'animent tant de grands souvenirs. Elle est infiniment postérieure à la fondation primitive, et elle n'offre dans sa vaste étendue qu'un style gothique défiguré. Pour donner une idée complète de ce curieux monastère, des volumes ne seraient pas de trop : nous dirons seulement qu'il y a cinq cloîtres, et qu'à une certaine époque le couvent a renfermé jusqu'à neuf cents religieux. Il est bon de rappeler que ces moines, de l'ordre de Saint-Bernard, furent les premiers qui, le 11 janvier 1269, ouvrirent des cours publics d'études en Portugal. Les abbés d'Alcobaça étaient des espèces de potentats, pourvus de revenus énormes, et n'ayant pas moins de treize ou quatorze villas, avec leurs dépendances, sous leur pouvoir immédiat.

SANTA-CRUZ DE COIMBRE. — SES CLOITRES. — Il faut compter également au nombre des monuments célèbres de cette période, l'ancien couvent de Santa-Cruz de Coïmbre, qui a tant souffert des dévastations de 1834. Il remonte à l'origine de la monarchie et fut fondé par D. Tello, qui, ayant admiré à Jérusalem l'institut des chanoines du Saint-Sépulcre, voulut constituer un établissement pareil dans son pays, « afin, dit un écrivain portugais, d'y établir une sorte de pépinière, d'où sortiraient les prédicateurs de la foi dont le royaume manquait essentiellement. » Le prélat choisit, pour fonder ce pieux monument, qu'on pourrait à la rigueur considérer comme l'origine des établissements universitaires en Portugal, un faubourg de Coïmbre, désigné sous le nom des Bains de la Reine, *Banhos da Rainha*, où il y avait déjà une église sous l'invocation de *Santa-Cruz*, ou de la Sainte-Croix. Ce fut là qu'il vint s'établir avec ses compagnons le 24 février 1132. Il adopta la règle de Saint-Augustin. On fait observer avec raison qu'une des gloires principales de D. Tello fut d'avoir été le maître de D. Theotonio, premier prieur de Santa-Cruz de Coïmbre. Affonso Henriquez avait pris en une affection singulière les religieux chanoines, il porta leur nombre à soixante-douze. Mais ce fut surtout le magnifique D. Manoel qui augmenta les édifices religieux qu'on admire encore aujourd'hui. Les somptueux mausolées qui remplacèrent les tombes modestes d'Affonso Henriquez et de D. Sanche Ier, furent élevés par ordre de ce monarque, lorsqu'il eut l'intention de fonder l'église splendide qui devait remplacer la chapelle édifiée par D. Tello. D. Manoel ne négligea rien de ce qui pouvait augmenter sa richesse, et il fit même venir des pays étrangers certains objets d'art que ne pouvait offrir alors le Portugal; telles furent ces stalles en bois sculptées que lui fournit l'Allemagne. Santa-Cruz de Coïmbre est malheureusement construite avec la pierre d'*Ançaã*, qui se délite facilement sous l'influence de l'atmosphère extérieure, comme la pierre dont est construite l'une des plus belles églises de Rouen.

Les cloîtres de Santa-Cruz ne sont pas la partie la moins intéressante de cet édifice religieux ; dans celui qui vient immédiatement après l'église, on remarque, entre autres ornements, un vaste bassin de marbre. Après le parloir se présente le cloître principal ; il est carré, soutenu par des pilastres et orné de quatre chapelles. C'est dans les bâtiments du chapitre qu'a été élevée la tombe de D. Théotonio ; elle est due à Thomé Velho, fameux architecte de ce temps. Le cloître désigné sous le nom *da Manga* est célèbre par une circonstance assez curieuse : lorsque João III fit continuer les travaux de son prédécesseur, en 1527, il dessina sur sa manche royale le plan de cette portion de l'édifice dont on admire le caractère particulier. Depuis dix ans environ, l'administration s'est emparée de ces vastes bâtiments : le temple sert d'église paroissiale, et la municipalité de Coïmbre tient ses séances dans les salles de la bibliothèque ; il en est ainsi du reste de l'édifice. Le beau parc du monastère a été vendu déjà deux fois. Après avoir souffert d'irréparables dommages, il est tombé enfin entre les mains

---

(*) On peut lire dans le récent voyage du prince Lichnowsky une description fort détaillée et fort intéressante de ces deux tombeaux. Ce livre, écrit en allemand, a été traduit en portugais dès 1842.

d'un négociant honorable, qui comprend les grands souvenirs historiques se rattachant à son existence.

Coïmbre renferme encore un monument d'un grand intérêt : c'est le couvent de Santa-Clara ; celui qui portait jadis ce nom et qui avait pour fondatrice la reine Isabelle, est depuis longtemps enseveli sous les sables. Santa-Clara, dont l'aspect est si remarquable, a été bâti au temps de Manoel.

QUINTA DAS LAGRIMARS ET FONTAINE DES AMOURS. — Il faut mettre nécessairement ce jardin au nombre des plus nobles monuments que nous ait laissés le moyen âge ; il dit encore les plus touchants souvenirs ; il rappelle la plus poétique tradition ; mais, s'il faut en croire un voyageur moderne, rien n'a été fait jusqu'à ce jour pour le préserver d'une ruine irréparable. « Le jardin des Larmes, dit Kinsey, servait de résidence aux ancêtres de dona Inez ; mais leurs descendants se sont fort peu mis en peine de préserver des rudes atteintes du temps ce précieux reste d'antiquité ; et, si ce n'eût été l'attachement des étudiants de Coïmbre, ou, pour mieux dire, leur respect pour le culte du lieu, la fontaine des Amours elle-même eût disparu avec les cyprès ombreux dont elle est environnée. Les cyprès du Portugal sont magnifiques, et à distance ils peuvent être comparés aux cèdres du Liban. Ces beaux arbres, une table de pierre placée à l'origine de la source et sur laquelle on a gravé la stance des Lusiades qui fait allusion au nom de la fontaine, voilà tout ce qui rappelle au voyageur le trépas d'Inez et son amour. » Ce petit monument a été placé là par les ordres du général Trant ; et il est probable que le nouvel acquéreur de la *Quinta das Lagrimars*, qu'on dit plein de respect pour les vieilles traditions, l'aura conservé. L'eau de la fontaine des Amours coule sur un quartz blanc tacheté de rouge. Le peuple croit y reconnaître les marques sanglantes attestant encore le supplice d'Inez. Un vieil écrivain, qui recueillit avec un soin religieux toutes les traditions poétiques conservées encore de son temps, Faria e Souza, prétend que les flots échappés de la fontaine des Amours servirent plus d'une fois de messager aux deux amants.

Les lettres que don Pedro voulait faire parvenir à son amante étaient confiées par le prince au ruisseau rapide, qui les lui portait bientôt. Il faut que cette tradition, ignorée de M. Kinsey et de plusieurs autres voyageurs, ait eu cours dans le seizième et le dix-septième siècle ; car c'est uniquement à l'aide de son souvenir qu'on peut expliquer une des stances bien connues des Lusiades (*).

LES RUINES DU CHATEAU DE LEIRIA. — Ces ruines si précieuses aux yeux des vrais Portugais, par le grand nom qu'elles rappellent ; ces vestiges presque détruits d'une résidence royale, s'élèvent sur une éminence, dans la plaine, au nord-ouest de la cité. C'est là que le roi laboureur avait établi sa demeure ; des tours de son château il jouissait de la vue la plus imposante ; et sans doute qu'après s'être occupé *en pasteur diligent* du bien des peuples, comme dit si bien la chronique, sans doute qu'il charmait ses loisirs par de curieuses investigations, dont le souvenir n'est pas complétement éteint. Murphy nous dit, dans son journal manuscrit, que les portes ainsi que les fenêtres du château de Diniz avaient été arrachées à d'antiques ruines voisines de Batalha, et que ces ruines étaient désignées sous le nom de Polipo, ou mieux encore de Calipo. Au treizième siècle, les ruines de la période romaine devaient s'élever de toutes parts en Portugal, et les vestiges de l'art antique qu'elles renfermaient ne furent certainement pas dédaignés par l'habile monarque. Un objet bien fragile que nous a légué ce siècle, et que nous avons sous les yeux, le prouverait au besoin. Le scel royal du roi laboureur, tel qu'on le conserve aux archives du royaume en France, est non-seulement d'une admirable exécution, mais il se fait remarquer encore par une circonstance particulière. Des pierres gravées ornent les deux faces, et sont une preuve du goût intelligent qui présidait durant cet âge à divers objets d'art. On sait, du reste, quelle importance certains princes mettaient à cette époque dans la confection de leurs sceaux ; à la tête du mouvement intellec-

(*) Un voyageur déjà cité, M. le prince Lichnowky, nous apprend qu'un des plus beaux arbres de la fontaine des Amours a été renversé par un ouragan.

tuel de son siècle, Diniz n'a pas négligé cette branche secondaire de l'art, et une fragile empreinte nous dit peut-être mieux aujourd'hui que de grands monuments, ce qu'il y eut de délicatesse et de grâce dans l'ornementation de ce temps.

A trois lieues de Leiria, s'élève la jolie ville de Porto de Moz, avec ses poétiques traditions. Les ruines de ses environs sont célèbres encore, et mériteraient d'être visitées par un archéologue exercé. Un petit monument plein d'élégance orne sa place principale, et nous l'avons offert au lecteur, non comme un vestige des vieux âges, mais comme un spécimen de ces jolies croix de pierre que l'on rencontre si fréquemment en Portugal.

LE COUVENT DU CHRIST DE THOMAR. — Cette réunion d'édifices, aujourd'hui abandonnés, appartient à différents âges et rappelle les plus grands événements qui aient illustré la monarchie. Cependant, comme l'église a été reconstruite par don Manoel, il faudrait peut-être ranger tout le monument parmi les constructions de la renaissance; Thomar fut consacré par le roi Diniz aux templiers, nous n'hésitons pas à rappeler ici ses restes vénérables. Cette vaste habitation, dit un écrivain portugais, se composait de trois parties bien distinctes : le couvent proprement dit avec son église, ses cloîtres, ses dortoirs et toutes les divisions qui appartiennent à une maison régulière; le château avec son enceinte et ses boulevards; et en troisième lieu, la Quinta ou le parc muré du couvent : on pourrait y joindre encore le fameux aqueduc commencé par Philippe II, en 1595, et fini par Philippe III, en 1613. Nous nous occuperons ici principalement de l'église et des autres dépendances du couvent. « Deux portions fort distinctes se font remarquer dans ce temple, dit encore l'écrivain cité précédemment; la grande chapelle est visiblement plus ancienne que tout le reste, et on la considère généralement comme faisant partie de l'œuvre primitive, fondée par Gualdim Paez; il en est de même du rétable intérieur, que l'on désigne sous le nom de *charola*, ou de la niche aux saints; de même également des petites chapelles qui l'entourent... Une vague tradition, en effet, a, pour ainsi dire, consacré l'opinion qui attribue cette merveilleuse antiquité au premier grand maître des templiers, à Thomar. La charola est une espèce de reliquaire de bois placé autour de la grande chapelle...; son élégante et fine structure, ses bas-reliefs, ses peintures, les parties dorées, forment une espèce de châsse, œuvre d'un goût admirable et à la fois d'une originalité qui remplit le cœur de vénération. Nous n'avons pas d'autre raison pour rejeter l'origine qu'on lui donne, sinon la perfection et la délicatesse du travail, peu d'accord, il faut en convenir, avec ce que produisait le milieu du douzième siècle. » Tout en insistant sur l'idée qu'un tel ouvrage a bien pu être exécuté dans l'Orient par les ordres de Gualdim Paez, l'auteur portugais convient que les autres ornements de la grande chapelle sont d'une trop grande perfection pour qu'on les puisse attribuer à la période où vivait le grand maître. Extérieurement cette grande chapelle est octogone et prend à l'extrémité la forme d'une forteresse garnie de ses créneaux. Le monastère de Thomar, du reste, qui renferme des vestiges d'art infiniment précieux, a été reconstruit en partie durant le quinzième siècle.

SANTA-MARIA-DO-OLIVAL. — Après la description du magnifique couvent de Thomar, il faut nécessairement dire quelques mots de l'église de Santa-Maria-do Olival; ce sera néanmoins plutôt en raison de ses grands souvenirs, que pour son architecture, qu'il en sera fait mention ici; il ne reste plus, en effet, des constructions primitives de ce vénérable sanctuaire, que la façade tournée vers le couchant. L'édifice s'élève sur une colline, que baigne la rive droite du Rio Nabão, non loin de l'emplacement où s'éleva jadis l'antique ville de *Nabancia*, dont il ne subsiste aucun vestige vraiment historique. L'église de Santa-Maria-do-Olival, aujourd'hui abandonnée, fut elle-même entourée jadis de nombreuses constructions; elle est toujours chère aux Portugais; car c'est là que repose encore *Gualdim Paes*, le grand maître des templiers.

LA CATHÉDRALE DE LISBONNE (A SÉ DE LISBOA).—FAÇADE ATTRIBUÉE A L'ÉPOQUE DE DON FERNANDO. — Malgré le zèle éclairé dont il fait preuve, toutes les fois qu'il s'agit de décrire les grands monuments du Portugal, John Murphy garde un silence absolu sur l'antique cathédrale de Lisbonne; peut-être voulait-il lui consacrer une monographie particulière, comme il l'a fait à l'égard de Batalha; peut-être aussi a-t-il trouvé que le noble édifice avait subi trop d'altérations pour le rendre l'objet d'une description spéciale. Grâce à des documents certains, fournis aujourd'hui par les Portugais eux-mêmes, nous allons combler une lacune dans la statistique monumentale de la Péninsule.

Avant qu'elle tombât au pouvoir des Sarrasins, et dès l'époque de la domination des Goths, Lisbonne était le siége d'un évêché. La liste des évêques qui l'occupèrent est demeurée incertaine. On sait néanmoins qu'un prélat anglais, que les écrivains du moyen âge désignent sous le nom de don Gilberto, dirigea le premier ce siége important; il était venu à la suite des étrangers qui contribuèrent à la récupération de Lisbonne, et l'*Agiologio Lusitano* renferme sur lui des documents précieux. Un des auteurs qui ont écrit, dans ces derniers temps, sur l'antique cathédrale, M. le chanoine Villela, nous dit que le chapitre de la Sé fut établi en 1150, et que don Gilberto ordonna qu'on y fît usage, durant les offices, du bréviaire de Salisbury. Il paraît, en même temps, que la cathédrale devint, dès ce temps, un foyer d'études monastiques, bien avant l'institution de l'université de Coïmbre. L'église de Lisbonne était au moyen âge suffragante de la cathédrale de Braga; et il en fut ainsi jusqu'à l'époque où Joam Ier fonda une dynastie nouvelle. Alors seulement, elle reçut le titre d'église métropolitaine, et la bulle de Boniface IX, qui l'élève à cette dignité, est datée du 13 de novembre 1393.

Si nous nous occupons maintenant du caractère architectonique de ce vénérable monument, nous verrons qu'il reste bien peu de chose de ses œuvres primitives. Les constructions datant proprement de l'époque gothique ont disparu certainement à la suite de catastrophes diverses; et l'on a la certitude que, dès le milieu du quatorzième siècle, en 1344, un effroyable tremblement de terre lui avait fait subir de tels dommages, que la grande chapelle dut être réédifiée complétement par Affonso IV. Le bouleversement de 1755 eut des conséquences encore plus funestes; et l'incendie surtout, qui en fut le résultat, causa un dommage irréparable à l'un des édifices les plus intéressants de l'Europe: il détruisit la coupole qui existait au-dessus de la nef principale. La violence du feu anéantit la toiture du côté qui regarde le Tage; et le majestueux clocher, qui s'élevait au-dessus de l'édifice, ne put résister. Le trésor, si riche, de la cathédrale périt également à la suite de cet évenement desastreux.

On suppose que la façade principale, telle qu'elle est actuellement, a reçu ses principaux changements au temps de don Fernando; la tour de l'horloge, au sud, a été même réédifiée, il y a moins d'un siècle, lors des reconstructions ordonnées sous l'administration de Pombal. Grâce à un ancien dessin que nous a conservé Lavanha, on voit que les tours étaient composées de corps de bâtisse superposés, terminés par des clochetons élancés. Il paraît qu'à l'époque où le monument dut recevoir les indispensables réparations qu'avait nécessitées le tremblement de terre, l'architecte eut l'ordre de faire tous ses efforts pour conserver dans leur intégrité les restes du vieil édifice; mais que, conformément à l'esprit de l'époque, il se mit peu en peine d'obéir. Il s'occupa fort peu de la consolidation du temple, et fit tous ses efforts pour lui donner un aspect d'élégance mensongère, qui contraste avec son caractère réel; il employa, dans ses réparations, un stuc peu solide, probablement avec l'intention de cacher aux yeux les effroyables fissures causées par le tremblement de terre; rien de tout cela n'est durable sans doute; et l'écrivain portugais, auquel nous empruntons la plupart de ces détails, avoue qu'en 1834 il fut effrayé par le craquement qui se manifesta tandis qu'il était dans l'église, vers la partie supérieure du chœur (*).

(*) Voy. le *Panorama*.

Le vaisseau à l'intérieur présentait jadis un caractère bien autrement imposant par son étendue que celui qu'il offre aujourd'hui. Avant l'époque où le roi Joseph donna des ordres pour sa reconstruction, c'est-à-dire en 1767, telle était sa dimension qu'on ne pouvait rien lui opposer de plus grandiose à Lisbonne. On découvre encore aujourd'hui des fragments de colonnes, appartenant au temple primitif, dans la sacristie où les chanoines viennent se revêtir de leurs ornements sacerdotaux : grâce à certains vestiges, il est donc possible d'apprécier son immensité.

Les grands souvenirs historiques ne manquent point à cette cathédrale ; on y voit les sépultures du vainqueur d'*o Salado*, et de dona Brites, son épouse ; mais ce ne sont plus les vieilles tombes, telles qu'elles furent édifiées au quatorzième siècle, qu'on peut visiter : le tremblement de terre de 1755 les avait détruites, tout en laissant intacts les cercueils dans lesquels reposaient ces vénérables ossements. Dona Maria 1^a ordonna, en 1779, qu'on les transportât dans l'enceinte de la chapelle de *Nossa-Senhora-da-Tocha*; et deux ans plus tard, en 1781, cette princesse fit élever de magnifiques mausolées pour les contenir : malheureusement ces monuments du dix-huitième siècle ne reproduisirent en aucune manière l'aspect des tombes contemporaines.

C'est encore dans la cathédrale de Lisbonne que sont conservées les reliques de saint Vincent, le patron de la ville et du royaume des Algarves ; c'est également dans ce temple qu'on montre les fonts baptismaux où fut présenté saint Antoine, né dans cette capitale et improprement appelé saint Antoine de Padoue. Le trésor a, du reste, beaucoup souffert de l'invasion des Français.

Il y eut un moment où cette église métropolitaine fut tout à coup déchue de son rang, ce fut au temps où João V établit une division en *Lisbonne orientale* et *Lisbonne occidentale*. A cette époque, le siége épiscopal forma également deux diocèses ; et, en 1740, le titre de cathédrale fut aboli par une bulle de Benoît XIV : la sé reçut alors le titre de *Basilique de Sainte-Marie-Majeure :* en vertu de cet acte les deux diocèses se virent réunis sous une seule juridiction, celle du patriarche. Il y a peu d'années, et tout en conservant à l'archevêque de Lisbonne le titre de patriarche, on a rendu à l'antique église le rang qu'elle avait depuis tant de siècles.

LE COUVENT DE BATALHA. — On a déjà vu au commencement de cette notice dans quelles circonstances ce magnifique monastère fut édifié ; c'est en quelque sorte le principal événement de l'histoire moderne du Portugal, rendu sensible à tous les regards ; c'est le symbole imposant qui dit toutes les grandeurs de la maison d'Aviz : mon intention ne saurait être d'entrer dans aucun détail à ce sujet : Luiz de Souza, Murphy, don Fr. Francisco de Sam Luiz, et en dernier lieu M. le comte Raczynski, ont épuisé la matière. Je rappellerai seulement, d'après le savant qui rectifie plusieurs erreurs de ses devanciers, que les premiers maîtres de l'œuvre se nommaient mestre Affonso Domingues, mestre Ouguet ou Huet, mestre Martim Vasquez, mestre Fernão de Evora et mestre Matheus Fernandes, en gardant l'ordre dans lequel ils se succédèrent. Les quatre premiers eurent la gloire de diriger les œuvres primitives, le second présida à la construction de la chapelle inachevée, commencée sous le règne d'Emmanuel, et sa tombe, qui existe dans l'église, fixe sa mort à l'année 1515. Les magnifiques verrières du couvent de Batalha datent, pour la plupart, du quinzième siècle ; les artistes éminents auxquels on doit les plus remarquables sont mestre Guilherme, mestre João et mestre Antonio Taca père.

Nous répéterons ici, pour ceux qui n'ont pas à leur disposition le grand ouvrage cité plus haut, que le monastère fut commencé en 1386 ou 1387. Les travaux marchèrent avec rapidité ; mais il n'est pas juste de dire, comme on l'a fait, que deux années suffirent pour son achèvement. Peut-être, dès le mois d'avril 1388, fut-il remis aux moines dominicains ; peut-être le service religieux commença-t-il à l'époque désignée par Luiz de Souza : il est certain que don Duarte y fit exécuter de grands travaux. Selon toute probabilité, il restait encore beaucoup à faire vers la fin du quatorzième siècle.

Grâce à l'obligeance d'un homme habile, nous avons pu reproduire ici certaines parties du monument, certains détails architectoniques qu'on ne trouve pas dans plusieurs des livres publiés sur ce magnifique monastère; et l'on appréciera sans doute dans la façade l'un des *spécimens* les plus remarquables de l'architecture de cette période (*). Nous nous interdirons, néanmoins, les descriptions oiseuses, et nous nous contenterons de signaler rapidement les parties les plus notables de l'édifice sous le rapport historique.

La chapelle du fondateur, dont nous offrons une vue, est à droite en entrant par la porte principale de l'église; c'est une salle carrée qui, selon F. Luiz de Souza, n'a pas moins de quatre-vingt-dix palmes de chaque côté : la tombe de Joam 1er et de dona Felippa qu'on voit au milieu de cette magnifique enceinte est entièrement de marbre blanc : on distingue au milieu des feuillages qui ornent la frise supérieure de cette sépulture, la devise du monarque : *Il me plet*, et sur l'autre moitié : *pour bien*. Grâce à l'ornementation du mausolée, on a également la preuve que le mestre d'Aviz appartenait à l'ordre de la Jarretière. Les effigies monumentales des deux époux reposent sur cette tombe. Bien d'autres sépultures vraiment historiques ornent encore l'église : au côté sud de la chapelle on voit s'ouvrir, dans le massif de la muraille, quatre cercueils de pierre où reposent les quatre fils de Joam 1er, don Pedro (d'Alfarrobeira), don Henrique, don Joam, et enfin don Fernando, surnommé le Saint-Infant; les huit autres sépultures qu'on remarque dans cette chapelle ne renferment, à ce que l'on suppose, aucun personnage de race royale.

Il faut compter parmi les merveilles de Batalha la salle du chapitre dont on ne peut s'empêcher d'admirer l'architecture singulièrement hardie; on

(*) « En fait d'élégance, il n'est certainement point en Europe de frontispice gothique qui puisse être comparé à celui de Batalha; le portail, qui a vingt-huit pieds de large sur cinquante-sept de haut, est accompagné d'une centaine de figures en grand relief. » Voy. Murphy, *Voyage en Portugal*, t. I, p. 56.

trouvera le récit des traditions qui se rattachent à sa construction dans les *Mémoires de l'Académie*. Au milieu de cette salle imposante sont placés trois tombeaux : celui d'Affonso V, surnommé l'Africain, puis la sépulture de dona Isabel, son épouse, et celle du fils infortuné de Joam II, qui mourut, à seize ans à peine, de cette chute fatale dont nous avons raconté les diverses circonstances. C'est aussi dans l'un des angles de la salle qu'on voit le buste de Matheus Fernandez, considéré comme l'un des derniers architectes de ce noble édifice.

Disons un mot de cette magnifique *Chapelle incomplète* dont nous offrons une vue intérieure; elle porte le nom qui la désigne, parce qu'elle ne fut jamais achevée.

Dans le corridor qui descend du couvent pour conduire à la chapelle de Santa Barbara, dit un écrivain portugais qui nous sert ici de guide, on trouve derrière celle-ci une petite porte; puis en sortant on en rencontre immédiatement une autre un peu plus grande : la croix de l'ordre du Christ, qui est sculptée à son sommet, et les sphères qui servent de devise parlante à don Manoel, indiquent une architecture d'un autre âge. Cette porte donne entrée sur une enceinte découverte, qui se trouve derrière la chapelle de l'église; nous nous abstiendrons ici de toute description; il suffira de dire que rien n'est plus original, plus élégant, que cette chapelle délaissée, destinée, affirment quelques historiens, à servir de lieu de sépulture au roi don Manoel : ce roi abandonna, dit-on, le merveilleux édifice, si bien commencé, vers 1509, c'est-à-dire au temps où l'on commença un autre monument, également plein de hardiesse et d'originalité, rappelant les immenses découvertes qu'on venait d'accomplir. Partout, dans la chapelle incomplète, on lisait ces mots mystérieux : *Tanyaserei*. On avait parcouru la terre, on avait cherché en effet!.. Les régions de l'Orient envoyaient déjà leurs richesses à Lisbonne, et Belem avec ses magnificences commença bientôt à s'élever.

PALAIS-ROYAL DE CINTRA. — Au milieu de ces montagnes magnifiques célébrées par Byron, le monument, que vont chercher les souvenirs, est le noble édifice qui porte le nom de *Paço-Real*: ce palais, que vantent tour à tour les voyageurs et les nationaux, est une des merveilles de ces contrées. Nous sommes heureux de pouvoir emprunter ici quelques détails à la plume élégante qui nous a donné *Cintra pittoresque*. Le premier objet dont sont frappés les regards, lorsqu'on a doublé la descente de Sam-Pedro pour entrer dans Cintra, c'est le palais; il a été bâti par le fondateur de la maison d'Aviz, ou plutôt il a été réédifié par lui et augmenté par ses successeurs. « Certaines dispositions intérieures unies au caractère prononcé d'architecture arabe, qu'on remarque dans l'aspect des fenêtres, le nom de Méca conservé encore à l'un des enclos, toutes ces raisons réunies à d'autres motifs, me confirment dans l'opinion que, précédemment à l'époque où don Joam Ier fit élever ce palais, il existait là certaines constructions du temps des Maures; l'irrégularité même de la construction actuelle démontre que divers individus contribuèrent à son édification.

« Il est bien possible que ce monument fût le petit Alhambra des rois maures de Lisbonne : ce qu'il y a de certain, c'est que la sensualité des Orientaux avait dû bientôt reconnaître le charme qu'il y aurait à posséder une habitation dans un pays où la nature convie les hommes à tous les genres de jouissances.

« Un voyageur instruit qui, outre ses pérégrinations dans l'Orient, avait visité Grenade et les palais enchantés de l'Alhambra, m'a affirmé qu'il trouvait dans Cintra (sans toutefois que l'analogie fût parfaite) un je ne sais quoi, une certaine inspiration qui lui rappelait cet édifice célèbre. Dans toutes nos maisons royales, les salles (c'est la coutume) portent les mêmes dénominations; il y a la salle des Archers, celles de la Torche, du Baldaquin; dans ce palais, de même que cela arrive pour l'habitation du dernier roi maure d'Espagne, les salles sont désignées par des traditions particulières. De même que les yeux crédules vont chercher là-bas, sur le pavé de marbre des Abencerages, le sang de cette tribu malheureuse, assassinée par ordre du roi Boabdil, de même les carreaux usés d'une pièce offrent un funeste souvenir, et livrent aux siècles futurs la mémoire d'un crime également atroce. De même qu'on voit là-bas la salle des Ambassadeurs et de la Justice, de même on montre ici le lieu où eut lieu l'Audience des tristes souvenirs.... la dernière qui fut donnée (*). La salle des Deux-Sœurs, le Cabinet de toilette, le Jardin de Lindaraxa, où les dames maures se rendaient au sortir du bain pour respirer la fraîcheur de l'air et le parfum des fleurs, tout cela se voit reproduit ici dans le lieu consacré aux bains et au milieu de ces plantations d'orangers, pour l'entretien desquels on payait encore, en 1640, deux esclaves.

« A travers les profanations d'une architecture moderne et mesquine qui dépare cette délicieuse retraite, on voit surgir à chaque pas l'élégance, la grâce, la poésie et la délicatesse de l'ancien art oriental; tantôt dans les piliers de ces fenêtres, qui rappellent de sveltes troncs d'arbres, tantôt dans ces fontaines perpétuelles, qui existent en telle abondance dans le palais, qu'on n'en compte pas moins de dix-sept. »

Nous voudrions poursuivre ces curieux rapprochements; mais l'espace nous les interdit. Nous nous contenterons de rappeler que le palais de Cintra offre depuis plusieurs siècles une salle monumentale analogue à celle qu'on a récemment fondée à Versailles : c'est celle qui est destinée à perpétuer le souvenir de l'antique gloire portugaise; elle fut fondée par ordre de don Manoel, et présente les blasons de soixante-quatorze familles. On l'appelle tour à tour la salle des *Armes* ou des *Cerfs*, parce que les blasons des familles privilégiées sont suspendus au cou de plusieurs têtes de cerfs peintes comme ornementation monumentale.

Nous n'abandonnerons pas Cintra, sans rappeler le goût sévère et le sentiment artistique qui président en ce moment aux réparations du château *da Pena* : le roi D. Fernando n'a rien négligé de ce qui pouvait conserver ce monument au pays, et sous cette haute direction, le baron d'Eschwege applique à l'archéologie du moyen âge les facultés éminentes qui ont répandu sa réputation dans une autre branche du savoir (**).

(*) M. le baron Taylor a reproduit une vue de cette salle où don Sébastien prit congé de la cour, en 1578.
(**) Nous ne quitterons pas cette région pleine

LA TOUR DE BELEM. — Le chroniqueur par excellence de la fin du quinzième siècle, Garcia de Resende, qui était un peu le factotum de Joam II et qui nous raconte avec tant de naïveté les mille petits services qu'il rendait à ce prince, si fougueux et si impatient, Resende, le poëte, le page de l'écritoire, comme on disait alors, fut aussi un habile architecte : ce fut lui qui donna le plan de la tour de Belem. Ce roi, à la sagacité duquel rien n'échappait, D. Joam, avait compris qu'il fallait construire une tour sur la rive droite du Tage un peu au-dessous de Lisbonne, pour que son feu pût se croiser avec celui de la *Torre-Velha*, que le fondateur de la maison d'Aviz avait érigée ; il s'adressa à l'homme habile qui ne le laissait jamais dans l'embarras, et sous son successeur, la tour de Sam Vicente de Belem s'éleva. Le premier capitaine qui en eut le commandement fut un certain Gaspar ; ce fut le 25 de septembre 1521 qu'il fut nommé par le roi don Manoel.

Ce curieux monument est retracé dans presque tous les Voyages en Portugal ; le pseudonyme du Châtelet, Kinsey, les Keepsakes anglais, en ont donné des figures plus ou moins exactes. Nul n'a mis autant de soin dans sa description architectonique que le baron Taylor.

COUVENT DE BELEM. — Belem, comme l'a très-bien dit un jeune savant brésilien, Belem est l'expression architecturale du Portugal agité, progressant, colonisateur, comme Batalha représente le Portugal indépendant, sous un régime stable et tranquille. Une tradition vague, ajoute M. Varnhagen, avait fait adopter l'opinion, que le principal architecte de l'œuvre était un Italien qui s'appelait Potassi ; nous l'avions dit autre part avec la plus grande réserve, parce que nous ne trouvions aucun vestige de ce nom ; nous nous voyions même sans aucun recours pour examiner sur quelles bases reposait la tradition ; gardant à part le droit de proclamer comme maître de l'œuvre, João de Castilho (*), sur l'existence duquel nous n'avions aucun doute, dorénavant celui-ci doit céder la palme à son collaborateur, qui définitivement nous semble Italien, comme le voulait la tradition ; et l'honneur d'avoir été le premier architecte de Belem doit être transféré à Boitaca, artiste connu par le souvenir de ce qu'il a fait dans les œuvres du couvent de Batalha, durant les années 1499, 1512, 1514 et 1519.

Le couvent de Belem commença à s'élever le 21 avril de l'année 1500, sur l'emplacement occupé jadis par la petite chapelle de Rastello : des fonds considérables, provenant souvent du commerce de l'Inde, furent affectés à sa construction, puisqu'en l'année 1511 on voit cinquante quintaux d'épices remis à l'inspecteur des travaux Lourenço Fernandez, pour subvenir aux dépenses, et que des donations du même genre continuèrent à avoir lieu dans le même but. Ce monument eut nécessairement plusieurs architectes ; et l'on compte même, parmi eux, selon la tradition, une femme célèbre : tout fut ramené, néanmoins, à un caractère essentiellement original, et qui distingue, dit un habile archéologue, le style du règne de don Manoel, style qui se reproduit dans plusieurs monuments de la même période.

La façade du monastère, tournée au sud, est faite de cette pierre calcaire dure, qui est si abondante aux environs de Lisbonne : elle acquiert, avec le temps, ce beau ton doré, tirant sur le rouge, que les voyageurs vantent avec raison ; cette façade méridionale peut naturellement se diviser en cinq parties distinctes, dont on trouvera les divisions dans les ouvrages spéciaux qui ont été écrits sur Belem.

L'intérieur de l'église du monastère, qui offre un caractère essentiellement original, a été si fréquemment reproduit par le dessin et par la peinture dans ces derniers temps, que nous en dirons quelques mots seulement. Selon un écrivain portugais, qui insiste sur l'exactitude des mesures prises par lui, le corps de l'église a neuf brasses de largeur, et sa longueur n'arrive pas à trente-cinq brasses ; il résulte de là qu'elle est un peu plus petite que celle de Batalha et fort inférieure par l'étendue à Alcobaça.

Le monastère de Belem renferme la

---

de grands souvenirs sans réparer une erreur, due à une table de généalogie fautive. La deuxième note de la p. 244 doit se rapporter en partie à un D. Alvaro de Castro et non à D. Joao. On voit néanmoins dans Barbosa Machado que la femme du grand homme lui survécut.

(*) C'était le savant architecte en titre de don Manoel. Voy. Barbosa Machado.

sépulture de plusieurs monarques et de plusieurs personnages illustres; on y voit encore la tombe de Manoel, dont les cendres furent apportées au monastère en 1551; celle de João III, de don Sébastien, de dona Catharina. Les restes du cardinal-roi sont placés à côté de ceux des infants don Luiz et don Carlos : l'infortuné Affonso VI est placé pour ainsi dire à part, comme il est demeuré durant sa triste vie.

A en juger par les détails que nous avons sous les yeux, les curiosités artistiques du couvent de Bélem sont innombrables; elles n'ont malheureusement pas toutes été respectées durant les changements qu'ont amenés les derniers événements; quelques-uns de ces précieux objets sont d'un art assez délicat pour que M. le baron Taylor, durant son voyage, en ait fait mouler d'admirables fragments; tel est, entre autres, le pupitre qui se trouve au côté de l'évangile, et dont le bon creux a été rapporté en France.

Nous ne dirons plus qu'un mot à propos de ce grand monument, c'est qu'une pensée philanthropique, en changeant sa destination, donne la certitude qu'il sera conservé. Par un décret du 28 décembre 1833, l'ancien monastère a été affecté aux besoins de la *Casa Pia*, c'està-dire qu'il sert d'asile maintenant aux orphelins abandonnés. En recevant, à cette époque, la mission d'approprier le local aux besoins de l'institution, l'administrateur, M. A. Maria Couceiro, sut bien mériter des amis des arts, puisqu'il parvint à concilier les nouvelles exigences avec le respect dû aux nobles restes d'un autre âge. La direction des travaux appartient aujourd'hui à une commission administrative (*).

ANCIEN PALAIS DES ROIS, RENVERSÉ PAR LE TREMBLEMENT DE TERRE DE 1755. — Si l'on avait la prétention d'écrire une histoire de l'architecture portugaise, il faudrait reconstruire, par la pensée, presque autant de monuments détruits par une catastrophe fatale qu'il y en a debout aujourd'hui. Quelques-uns de ces monuments ne peuvent pas même être offerts à nos souvenirs; d'autres revivent par la gravure et par les souvenirs des voyageurs. De ce nombre est l'ancien Palais; il nous a semblé curieux pour le lecteur de connaître ce vaste édifice, où se passèrent tant d'événements importants et dont plusieurs auteurs, tels qu'Alvarez de Colmenar, nous ont laissé des représentations fidèles. L'auteur d'un livre publié en 1730, c'està-dire vingt-cinq ans avant la destruction de cette résidence royale, s'exprime en ces termes à son sujet : « Le palais du roi est au milieu de la ville, au bord du Tage, sur une place appelée *o Terreiro do paço*. Sa principale face règne sur toute la largeur de cette place, et se termine par un magnifique pavillon devant lequel les vaisseaux se mettent à l'ancre, et d'où le roi a le plaisir de voir tous ceux qui entrent ou sortent du port, et même de découvrir sur la mer aussi avant que la vue peut s'étendre. Le logement de ce palais est considérable. Les appartements en sont fort grands et fort richement meublés; il s'étend d'un côté le long de la rivière et de l'autre sur les rues voisines; et il renferme une cour, environnée d'un bâtiment carré qui est soutenu par des portiques, sous lesquels quantité de marchands débitent tout ce que le commerce peut fournir de plus rare en marchandises. »

MAFRA. — C'est à cinq lieues portugaises de Lisbonne qu'est située Villa de Mafra, qui a imposé son nom au vaste édifice surnommé l'Escurial du Portugal. La petite ville dont nous parlons s'élève sur un vaste plateau, à six cent quatre-vingt et un pieds au-dessus du niveau de la mer. C'est à l'est qu'a été bâti le monument objet de toutes les sollicitudes de João V. La façade principale, qui se développe au couchant, présente trois vastes corps de logis, et au centre se dresse le fronton du temple qu'on désigne sous le nom de Basilique de Mafra; on voit se continuer au sud la partie du palais qui était spécialement consacrée à la résidence de la reine. Au nord s'étend l'ancienne demeure du roi. Chacune de ces ailes se termine à l'angle extrême de l'édifice par un magnifique pavillon; chacun de ces pavillons s'élève de cent palmes au-dessus du niveau des terrassements, et peut avoir en carré la huitième partie de l'étendue de la façade. La pierre dont ils sont construits est admirable.

(*) Belem est en quelque sorte une école des arts et métiers comme celle de Châlons; on y compte environ cinq cent trente élèves des deux sexes.

ment travaillée; leur base est en talus et environnée de fossés profonds.

Nous renvoyons pour les détails architectoniques et surtout pour l'indication exacte des mesures, à la savante description donnée jadis dans les Mémoires de l'Académie des sciences par le chanoine Joaquim d'Assumpção Velho; et nous nous contenterons de rappeler que le projet primitif de l'édifice ne présentait point des dimensions aussi vastes que celles dont les regards sont frappés aujourd'hui. João V avait d'abord simplement l'intention d'élever à Mafra un couvent, dédié à la Vierge et à saint Antoine de Lisbonne. Ce monument religieux, destiné, selon les premiers plans, à recevoir treize moines seulement, puis quarante, dut en admettre enfin trois cents. En conséquence, les plans de l'architecte allemand Ludovici furent adoptés(*). Pour donner une juste idée des travaux qui furent alors entrepris, il suffira de rappeler qu'on employa cinq mille ouvriers à niveler le terrain et à faire sauter un énorme rocher qui gênait dans la construction. La dépense de ces premières dispositions excédait soixante-dix mille cruzades par mois.

Ce fut le 17 novembre 1717 qu'on posa la première pierre, et João V dépensa uniquement pour cette solennité 200,000 cruzades; treize années entières furent employées à l'édification de la basilique, et 20 à 25,000 ouvriers y travaillèrent journellement. Il paraît certain qu'en 1730, les nécessités de la construction s'étaient tellement accrues qu'on ne comptait pas moins de 45,000 individus inscrits sur les matricules de l'œuvre. Parmi ces travailleurs on avait incorporé 7,000 soldats. Après d'immenses travaux, la basilique fut enfin consacrée le 22 octobre 1730. Les fêtes qui accompagnèrent cette solennité ne durèrent pas moins d'une semaine, et le jour même de la consécration on donna à manger à 9,000 personnes. Telle fut, du reste, la prodigieuse magnificence de l'ameublement et des ornements religieux réunis dans le royal monastère, que la tradition raconte à ce propos un fait qu'il faudrait peut-être taxer d'exagération, si des restes magnifiques ne prouvaient sa réalité. Le 22 octobre 1730, lorsque don João V eut fait étaler, sur le parvis du temple, cette quantité prodigieuse d'étoffes de soie brodées de pierreries, dont on devait faire bientôt usage, il dit aux courtisans : « Admirez-les et sachez une chose, c'est que tout ce que vous voyez devant vous m'a plus coûté que la vaste machine de pierres qui nous environne. »

Nous ne prétendons pas entrer ici dans de bien longs détails sur les autres magnificences intérieures de l'édifice. C'est tout au plus même si nous répéterons avec les touristes que le palais entier de Mafra renferme 886 salles de toute grandeur et 5,000 portes et fenêtres. Nous ne saurions cependant passer sous silence l'intérieur de la magnifique coupole. « Ce qui frappe, dit le consciencieux ouvrage portugais qui nous a fourni ces renseignements, c'est la variété, la profusion même des marbres de toute couleur qui ornent ce temple; ce sont les magnifiques mosaïques, les bois précieux de toute espèce, qui concourent à son ornement. Depuis la porte jusqu'au maître-autel, la basilique n'a pas moins de 283 palmes de longueur sur 57 palmes et demi de large. Mais, en comptant l'espace des chapelles collatérales, on trouve 142 palmes. On remarque onze chapelles avec leurs autels ornés de peintures. Le tableau qui s'élève au-dessus du maître-autel appartient à l'école romaine, et représente les patrons titulaires de l'édifice, la sainte Vierge et saint Antoine. L'église renferme deux orgues magnifiques, garnies de bronzes dorés; mais la merveille par excellence, la partie du monument dont la splendeur est passée en proverbe, c'est le dôme. Nous nous contenterons de rappeler ici qu'il est couronné par une seule pierre de 44 palmes de circuit sur 13 palmes de haut, et qu'il fut transporté pour ainsi dire miraculeusement à l'endroit qu'il occupe, grâce à l'esprit inventif de Custodio Vieira. Par suite des calculs de cet habile ingénieur, il ne fallut pas plus de

(*) Son fils João Pedro Ludovici, qui avait étudié à Coïmbre, lui succéda. Carlos Baptista Garvo, Milanais, fixé depuis son extrême enfance à Lisbonne, et son fils, furent les premiers maîtres de l'œuvre; un Italien, nommé Justi, se vit chargé de tout ce qui regardait la statuaire. Les travaux du génie sont dus à un Portugais d'un mérite reconnu, dont le nom est honorablement cité encore, et qui s'appelait Custodio Vieira.

26º Livraison. (PORTUGAL.)

deux heures, en employant la force de cent soixante hommes, pour opérer ce prodige.

RÉFLEXIONS SUR LA GRANJA REAL DE MAFRA. — DÉCADENCE DE L'ÉDIFICE. — LA TAPADA. — Tout ce qui a été dit jusqu'à ce jour sur ce vaste monument, où vinrent s'engloutir les richesses du Brésil, est si incomplet ou même si peu exact, que nous sommes heureux de pouvoir offrir à nos lecteurs les considérations pleines de sagacité et d'un vrai sentiment artistique, que nous offre un jeune écrivain portugais souvent cité dans cette notice.

« Don João V a eu son Louvre comme Louis XIV, dit M. A. Herculano; mais un Louvre en harmonie avec le caractère plutôt béat et hypocrite que religieux qu'il faut reconnaître au pays à cette époque. Mafra est resté incertain dans son aspect entre le monastère et le palais. La pourpre laisse voir la pièce d'une grossière étoffe, la bure alterne avec la pourpre, et le sceptre royal repose sur le cordon monastique, en même temps que la sandale du franciscain ose fouler les degrés du trône. Ceux qui savent combien furent corrompues les coutumes des Portugais au commencement du siècle passé, et combien de splendeur et d'ostentation étala le culte divin, ceux qui ont présent à la pensée l'éclat de la cour à cette époque, et en quelles faibles mains cependant se trouvait le gouvernail de l'État, ceux-là n'ont pas besoin de voir Mafra : Mafra est l'image de tout cela.

« Quelle que soit la destination que son fondateur prétende lui donner, un grand édifice est sous beaucoup de rapports un livre d'histoire. Ceux qui cherchent en lui un type unique, d'où ils puissent inférer du progrès ou de la décadence des arts à l'époque de sa construction, ceux-là lisent à peine un chapitre du livre. Châteaux, temples, palais, triple genre de monuments qui renferment en eux toute l'architecture de l'Europe moderne, chronique immense, où l'histoire se lit mieux que dans les écrits des historiens !... Les architectes ne se doutaient pas à coup sûr qu'un temps viendrait où les hommes sauraient déchiffrer sur la masse des pierres accumulées la vie des sociétés qui les réunirent; ils s'abandonnaient simplement à la fantaisie de leurs inspirations, toujours déterminées par la façon de vivre, de croire, de sentir de la génération qui s'écoulait. Comme les historiens, ils ne savaient point, en leur livre de pierre, l'art de mentir à la postérité; c'est par ce motif que l'architecture est sincère.

« Mafra est un monument riche, mais sans poésie et par cela même sans véritable grandeur; c'est le monument d'une nation qui doit périr après quelque banquet à la Lucullus; je dirais presque que c'est le boudoir d'une Laïs ou d'une Phrynée, édifié dans le sanctuaire du temple chrétien... Nul non plus ne le contestera; bagatelle, hochet d'un roi libéral, opulent et magnifique, c'est plus ou moins ce que fut le Portugal dans la première moitié du dix-huitième siècle. Pour la merveilleuse inutilité de don João V, on a dépensé pendant nombre d'années les millions que prodiguait l'Amérique; les efforts renouvelés de cinquante mille hommes se sont épuisés à dégrossir, puis à polir ces pierres vouées maintenant à l'oubli, et servant tout au plus à occuper la curiosité de ceux qui passent durant quelques heures. C'est une vérité répétée cent fois, qu'avec le prix qu'a coûté Mafra le Portugal se serait couvert des meilleures routes de l'Europe ; mais, pour être triviale, cette vérité n'en est pas moins douloureuse....

« Ce palais monastique, né à l'abri d'un manteau de pourpre, et d'un aspect si riant dans sa jeunesse, ce palais, habitué aux pompes depuis tant d'années, est là comme un illustre mendiant assis aujourd'hui à part, dans une sorte de solitude. La vie robuste des siècles que lui avait prophétisée son fondateur, va se convertissant en une décrépitude anticipée; c'est inutilement qu'avec sa grande voix de bronze, il demande qu'on l'abrite contre l'injure des saisons, l'eau du ciel filtrant à travers ses membres, les disjoint lentement; le soleil brûle son front et fait prospérer les mousses qui hérissent sa rugueuse surface. Le vent se glisse à travers ces fenêtres mal fermées et s'en va bramant dans les solitudes intérieures, il apporte la poussière dont il s'est chargé dans la montagne, et la disperse sur le visage des statues, entre les acanthes des chapiteaux et à la surface polie des murailles de marbre. Au milieu des bruits du monde, personne n'écoute gémir le géant de pierre, personne ne se soucie de tirer du trésor de l'État la plus petite somme pour lui, et pourquoi donc? Parce que sa misère ne parle ni à l'esprit ni au cœur. Où sont ses glorieux souvenirs? il n'en a pas; quelle est son utilité? nul ne peut dire à quoi sert cet immense monceau de pierres. »

Après avoir tracé ces lignes éloquentes, l'ingénieux écrivain donne des détails sur une précieuse institution, dont le voyageur ne rencontrait point de traces il y a à peine cinq ans. Dans le voisinage de l'inutile monument, dans l'enclos même de ce qu'on appelait la *Tapada de Mafra*, la reine, unie d'intention au prince qui partage le trône avec elle, a fait fonder une ferme modèle; et c'est l'intendant des haras royaux, M. A. Severino Alves, qui a été chargé de cet établissement agricole, dont on attend avec juste raison les meilleurs résultats pour l'accroissement de l'agriculture nationale. Des concessions de terrain sont faites aux habitants de la bourgade voisine; des instruments aratoires d'une construction commode sont empruntés à l'Angleterre; des semis de bois, habilement répandus, se sont effectués, et s'opposeront un jour à la violence des vents. Tout enfin contribuera bientôt à la réalisation d'une pensée féconde et qui rappelle les saints désirs de cette reine Isabelle, qu'on appelait, au treizième siècle, la mère des laboureurs.

AQUEDUC D'ELVAS. — Les voyageurs s'accordent dans leur témoignage, dès qu'il s'agit des constructions hydrauliques que l'on admire dans ce pays; le Portugal est en quelque sorte la terre classique de ces monuments, et l'aqueduc d'Elvas est certainement l'un des plus beaux que l'on connaisse dans toute l'étendue de la Péninsule. — La ville, qu'il doit approvisionner d'eau, étant située sur une éminence isolée des autres collines et manquant de sources, il fallut entreprendre cette vaste construction, qui a plus de trois milles d'étendue, et qui se compose de plusieurs ordres d'arcs superposés(*). La prise d'eau est dans un endroit que l'on désigne sous le nom d'*Amorcira*, et qui est situé à une demi-legoa au couchant de la cité. On a subvenu aux dépenses que nécessitait cet aqueduc par un impôt dont on frappa la viande et le vin consommés par les habitants, qui le désignèrent bientôt sous le nom de *Real d'Agua*, dénomination qui s'étendit plus tard, dit un écrivain portugais, aux impôts de même nature que le gouvernement établit dans le royaume pour fonder divers édifices (**).

L'AQUEDUC DAS AGOAS LIVRES. — M. d'Hautefort, dans son coup d'œil sur Lisbonne, dit, à propos de ce grand monument, qu'il ne fit qu'entrevoir, « Cet aqueduc rivalise avec tout ce que les Romains ont construit dans ce genre. » Murphy confirme en d'autres termes un pareil témoignage, et cependant ces voyageurs donnent à peine quelques renseignements sur l'origine de l'édifice et sur sa construction; nous allons essayer de combler cette lacune.

Dès le seizième siècle on fit quelques tentatives pour approvisionner Lisbonne d'eau salubre; il y a même plusieurs écrivains qui prétendent reculer ces premiers essais jusqu'au temps de don Manoel. Ceci est, au moins, problématique; mais les premières dispositions sérieuses remontent à 1588 : le Portugal commençait alors une période funeste de son existence politique, et ces premiers projets avortèrent. C'était à don João V, qui avait réellement l'instinct des choses magnifiques, qu'on allait devoir ce monument de haute utilité.

Ce qu'il y a de plus extraordinaire, sans doute, c'est que cette construction colossale ne coûta pas plus de vingt ans de travail. Ce fut l'ingénieur militaire Manuel de Maia qui fut chargé

(*) Landmann (George), *Historical, military and picturesque observations on Portugal*. London, 1818; 2 vol. grand in-f°. Cet auteur insiste sur le caractère remarquable du monument dont nous donnons ici une vue : il dit, entre autres choses, que la disposition irrégulière affectée par l'édifice s'explique par la nécessité où s'est vu l'architecte d'éviter la puissance du vent. L'eau d'Elvas est renommée par sa bonté.

(**) Il faut mettre au nombre des beaux aqueducs celui de Villa do Conde que décrit Costignan.

de son érection; et telles furent la précision de ses calculs et la solidité des matériaux qu'il employa, que la terrible catastrophe de 1755 laissa les arches immobiles; ce fut à peine si quelques-uns des ventilateurs des tours souffrirent un léger dommage; les piliers ne s'affaissèrent point, les pans de murailles résistèrent. L'aqueduc *das Aguas livres* commence à trois lieues environ de la ville, au ruisseau de *Carenque*, et il mesure, dans toute son étendue, cent vingt-sept arceaux de pierre excellente. La hauteur intérieure du conduit est de treize pieds; lorsque l'élévation des lieux qu'il parcourt l'exige, il suit la ligne tracée cachée par les travaux souterrains. D'espace en espace, des tours carrées, munies de fenêtres sur chaque face, et garnies de barreaux de fer grillés, servent à maintenir la ventilation. Mais où l'œuvre prend son caractère le plus grandiose, c'est à l'endroit où le pont-aqueduc traverse la rivière d'Alcantara. De cette hauteur imposante, la vue dont on jouit est admirable, et le monument lui-même présente le caractère le plus majestueux. Qu'on se représente trente-cinq arches immenses unissant deux éminences opposées et franchissant une anfractuosité profonde ayant quatre cents toises d'étendue; c'est par là que les eaux arrivent dans la partie de Lisbonne désignée sous le nom de *Cidade-Nova*. L'aqueduc pénètre dans la ville par la partie nord-ouest, où il prend le nom *das Amoreiras* ou des mûriers, en raison d'une plantation de ce genre qui avait été faite jadis pour alimenter une magnanerie fondée par l'État.

Dans cet endroit, c'est-à-dire au couchant, sur une rue qui sert d'entrée à Lisbonne, est un monument semblable à un arc de triomphe, appartenant par son architecture à l'ordre dorique. Une inscription latine, fixée dans la frise, dit en style lapidaire les principales circonstances qui accompagnèrent la construction de l'aqueduc; elle porte la date de 1738. Une autre inscription rappelle que cet ouvrage d'utilité publique fut entrepris à l'aide d'un impôt particulier prélevé sur tout le royaume et dont nous avons déjà indiqué l'origine.

Au sortir de la promenade das Amoreiras, vers le sud, il existe un vaste château d'eau, qui affecte extérieurement l'aspect d'une grande tour quadrangulaire; il est bâti en pierres de taille d'une admirable qualité, et a été achevé en 1834. Ce grand réservoir est d'une haute utilité pour Lisbonne; et le peuple le désigne aujourd'hui sous le nom de *Mãi d'Agua do Rato*, ou des *Amoreiras*.

PALAIS-ROYAL DAS NECESSIDADES. — Le nom de ce royal château est un de ceux qui frappent le plus souvent nos oreilles en France, lorsqu'il s'agit des affaires politiques du Portugal; il désigne la résidence habituelle de la reine dona Maria; et l'on sera curieux, sans nul doute, de connaître l'origine d'une dénomination sur laquelle il n'est pas rare d'entendre faire certaines questions. Nous offrirons ici la réponse telle qu'elle nous est fournie par des écrivains portugais : « En 1599, à l'époque où le terrible fléau de la peste désolait Lisbonne, de telle sorte qu'on voyait mourir journellement soixante-dix personnes et plus, ceux des habitants qui possédaient quelques ressources, fuyaient dans l'intérieur des provinces, espérant y trouver un air plus salubre. Parmi ces individus, il y en eut deux, mari et femme, demeurant sur la paroisse dos Anjos, qui vinrent chercher un refuge à Ericeira. Durant tout le temps qu'ils habitèrent cette bourgade du bord de la mer, ils allaient faire leurs dévotions à un ermitage, pauvre et solitaire, du bord de la mer, où l'on vénérait une belle image de la Vierge. Lorsque le fléau eut cessé dans la capitale, les deux époux retournèrent à leur ancienne résidence; mais ne pouvant pas se séparer de cette image, ils se décidèrent à l'emporter avec eux secrètement. Ils effectuèrent leur dessein; et, grâce aux aumônes des fidèles, ils parvinrent à faire construire une petite église dans l'emplacement d'Alcantara, formant alors un faubourg. Anna de Gouvea de Vasconcellos fit la concession du terrain, et une confrérie de marins concourut pour les dépenses : cette association s'était formée en l'honneur de la Vierge, invoquée sous le titre *das Necessidades*, parce qu'au milieu des tribulations et des maladies attachées à leur genre de vie, les matelots recouraient pieusement à l'intercession et au patronage de l'image sainte. Pedro de Castilho, qui appartenait au conseil royal, acheta l'habitation d'Anna de Gouvea, puis renouvela et augmenta les constructions du temple définitivement achevé en 1659. »

A partir de cette époque, l'église de Nossa-Senhora-das-Necessidades, qui avait eu un commencement si humble, devint l'objet d'une sollicitude particulière de la part des souverains. Isabelle de Savoie, la femme de l'infortuné Affonso VI, y venait faire ses dévotions; puis João V, à la suite d'une dangereuse maladie, fit construire non-seulement la riche église que l'on voit aujourd'hui, mais encore le palais qui lui est contigu et qui sert de résidence royale. Le palais das Necessidades, qui, de l'aveu des Portugais, est plutôt une riche maison de plaisance qu'un château royal, est remarquable surtout par l'agrément de ses jardins et par l'abondance de ses eaux. On y distingue, dit-on, plusieurs statues de jaspe, d'un beau travail, dues à Giusti, qui fut appelé d'Italie pour fonder l'école de Mafra; la chapelle royale renferme également une belle statue de saint Paul, œuvre de Jozé d'Almeida, qui occupe un rang distingué parmi les statuaires portugais. Le palais das Necessidades renferme un plus grand nombre d'objets d'art d'une haute valeur, qu'on ne le croit généralement en France; il faut mentionner surtout sa riche bibliothèque où l'on remarque des éditions anciennes vraiment précieuses, ainsi qu'un grand nombre de manuscrits encore inédits, dont pourra faire son profit l'histoire nationale. Nous ajouterons à tous ces renseignements que ce fut dans cette résidence royale qu'eurent lieu les premières cortès extraordinaires après l'année 1820.

STATUE ÉQUESTRE DE DON JOSEPH. — TRAVAUX D'ART EXÉCUTÉS PAR JOAQUIM MACHADO ET BARTHOLOMEU DA COSTA. — L'homme dont on invoque ordinairement le témoignage, lorsqu'il s'agit de quelque monument important en Portugal, l'architecte anglais Murphy, a rendu pleine justice à l'œuvre de Machado, en la proclamant « l'œuvre d'un grand maître; » peut-être, cependant, a-t-il mis quelque rigueur dans son jugement à l'égard des Portugais, en affirmant que le nom de cet artiste était, pour ainsi dire, resté dans l'oubli parmi ses compatriotes; peut-être a-t-on exagéré un peu le mérite du fondeur aux dépens de celui du statuaire ; mais il n'est pas juste de dire que Machado soit resté parfaitement dans l'oubli. En tous cas, la génération présente s'efforce de réparer les torts du passé, et nous allons faire en sorte, grâce à d'excellents documents fournis par les compatriotes de Machado lui-même, de rétablir les faits ignorés de l'artiste anglais.

« Lorsque l'on commença la réédification de Lisbonne, après la funeste catastrophe de 1755, on conçut immédiatement le dessein d'élever un monument au centre de la place du Commerce, construite sur l'emplacement de l'antique Terreiro do Paço... Eugenio dos Santos de Carvalho, capitaine ingénieur, avait été chargé non-seulement des réparations de la cité, mais c'était d'après ses plans qu'on avait bâti les édifices qui environnent aujourd'hui la place du Commerce. A sa mort, il laissa un projet de statue équestre devant servir d'ornement à la place; mais, sur son esquisse, la partie convexe et postérieure du piédestal, où l'on voit aujourd'hui le bas-relief, demeurait nue et sans ornement. Lorsqu'on voulut mettre à exécution le monument, un artiste, né à Malte, mais qui avait étudié en Italie, fut chargé de présenter un modèle d'après les dessins en question, et le capitaine Reynaldo Manuel dos Santos, qui avait succédé dans la charge d'architecte au capitaine Eugenio, fit concourir, dans le même but, Joaquim Machado, qui était occupé alors à l'école de sculpture de la basilique de Mafra.

« Celui-ci fit un petit modèle en cire, sur les copies de ces mêmes dessins qui lui avaient été fournis d'après un ordre exprès; son projet fut présenté au roi en concurrence avec celui du Maltais. Le modèle de Joaquim Machado obtint la préférence royale. » Nous n'insisterons pas, borné comme nous le sommes par l'espace, sur une foule de détails curieux exposés dans la notice que nous venons de consulter; nous rappellerons seulement qu'on ne laissa point à Machado la liberté d'inventer les allégories des groupes principaux, ni même celle d'altérer les accessoires de la statue équestre. Il dut se contenter de corriger les fautes de dessin : ce fut à peine si on laissa à l'essor de sa libre fantaisie la composition du bas-relief, pour lequel Eugenio dos Santos n'avait transmis aucun projet. L'artiste a consigné, du reste, lui-même ces faits, intéressants pour l'histoire de l'art, dans un ouvrage spécial; ils sont confirmés d'ailleurs par un contemporain, Antonio Stopani, qui affirme positivement que bien que le statuaire fût en état d'améliorer l'invention du projet primitif, jamais on ne voulut consentir à ce qu'il le fît.

Le grand modèle une fois exécuté, il fallait trouver un homme capable de le couler en bronze. La chose dut paraître impossible au premier abord, car le Portugal ne possédait aucun monument de ce genre : un lieutenant-colonel, chargé de la direction de l'arsenal, Bartholomeu da Costa, osa s'en charger, et il réussit. « Le 15 octobre 1774, le Portugal vit fondre pour la première fois une statue colossale d'un seul jet (*) ». Murphy fait observer avec raison qu'à l'époque où ce travail fut entrepris, il n'y avait qu'un seul exemple d'une statue équestre d'une dimension pareille venue dans cet état de perfection; encore est-il incertain si la statue de Joseph Ier n'est pas plus grande que celle dont il voulait parler, et qui représentait Louis XIV sur la place Vendôme.

Ce que le voyageur anglais ignorait, ou ce qu'il ne dit pas, c'est que le travail de la ciselure, qui eut lieu dans la fosse même, n'exigea pas moins de six mois de labeur assidu. Quatre-vingt-trois artistes furent employés à cette opération, qui fut complétement terminée le 18 mai 1775. Le transport de cette masse énorme fut confié à l'architecte des monuments publics, Raynaldo Manuel dos Santos, qui s'acquitta de sa mission avec tout le succès désirable. Un officier chargé de la police du port, João dos Santos, dirigea l'appareil au moyen duquel la figure fut enfin placée sur son piédestal. L'érection définitive de la statue eut lieu sans aucun accident le 20 mai 1775, en présence d'une foule innombrable. La place du Commerce était tendue des plus riches étoffes, et ce fut au milieu de vives acclamations qu'on vit enfin placé sur sa base ce colosse de bronze, auquel un goût sévère peut bien reprocher quelques défauts, mais qui n'en reste pas moins une œuvre éminente, dont Lisbonne s'enorgueillit. Nous ferons remarquer en passant qu'une circonstance particulière caractérise cette statue équestre : au premier aspect on ne sait trop pourquoi la plinthe paraît montueuse, et l'on est tenté de voir une allégorie dans ces ronces entremêlées de reptiles que le cavalier foule aux pieds; mais, outre que l'allusion ne put déplaire ni au souverain ni à son ministre, l'artiste profita de cette disposition pour couvrir, grâce aux replis sinueux des serpents et aux feuillages parmi lesquels ils se glissent, la barre de fer qui sort du pied gauche du cheval, et sert de point d'appui principal : on sait qu'assez ordinairement, cet appui malencontreux dépare les monuments du même genre.

Les récompenses que cette œuvre d'art valut à ses auteurs furent réparties d'une manière fort inégale : Joaquim Machado fut créé chevalier, il est vrai, mais il languit toute sa vie dans un état voisin de l'indigence, tandis que Bartholomeu da Costa fut élevé par la suite au rang de lieutenant général. Nul ne trouvera étrange à coup sûr qu'un tel grade soit devenu la récompense de cet officier, dont le mérite était incontestable; on a seulement quelque raison d'être surpris que l'auteur réel du monument n'ait pas été rétribué avec plus de justice. L'auteur de la grande Description du Portugal, Landmann, a prétendu que Pombal n'avait fait ériger ce monument que pour avoir l'occasion d'y faire graver son médaillon. Le grand ministre ne jouit pas longtemps, dans tous les cas, de ce faible dédommagement à tant de travaux. On sait que cette effigie fut arrachée dans les dernières années du dix-huitième siècle : on lui donna asile dans

---

(*) « Elle avait vingt-quatre pieds de haut et fut fondue d'une seule pièce par Balthazard Keller. Voy. *Voyage de Murphy*, trad. franç., t. II, p. 34. Nous ferons remarquer en passant, d'après une autorité ignorée de Murphy, qu'on employa 656 quintaux et demi de bronze pour fondre la statue colossale de don Joseph : après qu'on eut retiré les conduits du métal, on calcule qu'il en restait 500 seulement : l'armature de fer intérieure, admirablement disposée par Bartholomeu da Costa, pesait 100 quintaux. »

l'arsenal, et don Pedro la fit placer de nouveau au lieu qu'elle n'eût pas dû quitter.

LA TOUR DES CLERCS A PORTO. — Parmi les édifices religieux d'un aspect vraiment original qu'on remarque en Portugal, et dont la célébrité ne s'étend guère au delà du pays, il faut compter la *Torre dos Clerigos*. Ce monument, qui sert de point de mire aux navigateurs dont l'intention est de pénétrer par la barre difficile du Douro, est d'une construction fort moderne : il fut commencé en 1732 et terminé en 1763 ; c'est la tour la plus haute que l'on connaisse dans le royaume et l'une des constructions les plus remarquables de la ville de Porto : elle a été bâtie par un architecte italien nommé Nicolo Mazoni. La tour des Clercs est bien l'expression du siècle où elle fut édifiée : dressée au sommet d'une rue fort élevée, qu'on désigne sous le nom de Natividade, son emplacement, habilement choisi, augmente encore l'effet qu'elle produit sur le voyageur. On affirme que ses cloches pèsent les unes cent, les autres jusques à deux cents *arrobas*. L'église à laquelle elle sert de principal ornement, fut consacrée au culte en 1779, comme le constate une inscription latine placée à la porte collatérale du nord : cette même inscription atteste que l'œuvre entière fut faite aux dépens du clergé ; circonstance qui explique la dénomination imposée à la tour. C'est encore une confrérie dans laquelle figurent quelques riches séculiers appartenant à la province, qui entretient l'église de Notre-Dame de l'Assomption et son curieux monument.

THÉÂTRE DE SAN CARLOS. — A partir de l'année 1502, où Gil Vicente venait représenter ses Autos et mieux encore ses pastorales dans la propre chambre de la reine, jusqu'en 1793, époque à laquelle s'éleva ce bel édifice, il y aurait de curieuses choses à dire sur le matériel du théâtre en Portugal et sur les bâtiments consacrés aux représentations dramatiques. Cervantès, avec sa verve inimitable, nous a donné en quelques mots l'idée la plus originale de ce qu'était le théâtre de la Péninsule au temps de Juan del Enzina et même de Torres Naharro. Il y eut peu de différence dans les représentations populaires des deux pays. Cependant, nous avons la certitude que les vastes salles des universités, ou les salons magnifiques des châteaux royaux, servirent primitivement à la représentation dramatique des pièces érudites d'Antonio Ferreira et de Sa' de Miranda. La fille savante de don Manoel, qui accueillait dans son intimité Sigœa et Paula Vicente, n'ignorait pas que cette dernière était l'actrice la plus habile de son temps, et elle dut plus d'une fois mettre en évidence son talent dans les pièces originales du père. Le fils de don Manoel, ce noble don Luiz, qu'on avait surnommé les délices du Portugal, s'occupait de poésie dramatique, puisqu'on lui attribue *Don Luiz de los Turcos* ; et il put faire représenter ses pièces dans un palais dont tous ses contemporains nous rappellent le faste et nous vantent la magnificence. Mais là dut s'arrêter le goût des représentations dramatiques ; c'est du moins ce que des recherches particulières nous font supposer. Le cardinal-roi fit bien jouer à Coïmbre quelques pièces érudites, lorsqu'il n'était encore que prince royal, et qu'il avait présentes à l'esprit les leçons du savant Klenardt ; mais les fonctions épineuses de grand inquisiteur et plus tard l'embarras croissant des affaires finirent nécessairement par l'éloigner de ce genre de divertissement. Quant à don Sébastien, en supposant que l'impulsion donnée en Europe au théâtre l'eût emporté sur son mysticisme habituel, la grande catastrophe de 1578 arrêta infailliblement toute représentation de ce genre. A l'avénement de la maison de Bragance, on eut sur le trône un prince essentiellement artiste ; mais don João IV s'occupait bien plus de la grande musique religieuse que de la musique dramatique ; et rien ne nous indique encore un théâtre permanent à Lisbonne durant cette période. Ce n'est guère qu'au dix-huitième siècle qu'on vit s'élever dans la capitale du Portugal des salles spéciales, consacrées aux représentations dramatiques. Les pièces composées par l'infortuné Antonio Jozé exigeaient de toute nécessité une certaine pompe théâtrale, et toute la science du machiniste n'était pas de trop, lorsqu'on représentait, vers 1740, au théâtre du *Bairo-Alto*, un de ces opéras dont le titre seul atteste la mise en scène compliquée.

On nous pardonnera, nous l'espérons du moins, l'étendue de ce préambule; mais l'absence presque absolue de documents sur ce point exigeait peut-être un chapitre à part. Nous en venons au principal théâtre de Lisbonne. Lorsque, sous le règne de don Joseph, on vit arriver dans la capitale du Portugal cette fameuse Zamperini, dont la voix mélodieuse fut célébrée par tous les poëtes du temps et dont les charmes jetèrent, dit-on, le trouble parmi certains dignitaires du clergé (*), elle alla s'établir avec sa troupe au théâtre de la *rue dos Condes* : ceci avait lieu de 1770 à 1774, et rien n'était approprié dans cette petite salle aux exigences de l'opéra. On finit par sentir la nécessité d'un théâtre plus vaste, et une compagnie s'étant formée, grâce à la réunion de plusieurs riches capitalistes, le théâtre de Sam-Carlos s'éleva dans le court espace de six mois (**). Jozé da Costa e Sylva, architecte habile, qui était allé étudier en Italie, en avait dessiné le plan : il est évident qu'il y eut chez lui quelque réminiscence d'un grand monument du même genre qu'il avait admiré jadis. Ce qu'il y a de certain, c'est que les travaux furent conduits avec une rare intelligence par Santo-Antonio da Cruz Sobral, et que le nouveau théâtre put être ouvert, le 29 avril 1793, à l'occasion d'une solennité de la cour.

M. d'Hautefort rend justice au talent dont José da Costa e Sylva a fait preuve en cette occasion : « Tous les corridors, dit-il, sont voûtés ainsi que les escaliers qui conduisent aux loges; les issues sont tellement bien distribuées, qu'en un instant la salle peut être vide. La scène est d'une profondeur immense : on y a vu manœuvrer quatre-vingts chevaux à la fois. » Le goût des représentations dramatiques a fait de singuliers progrès à Lisbonne, et l'on met au rang des poëtes qui donnent le plus d'espérances M. Leal.

(*) Voyez sur cette curieuse période du théâtre portugais une note étendue qu'on doit au savant et spirituel Lecussan Verdier. Il avait connu la célèbre cantatrice, et il a consigné ses souvenirs avec une malice pleine de bonhomie et de charme dans le petit commentaire qu'il a joint au poëme *du Goupillon*.
(**) Voy. à ce sujet les notes dont Lecussan Verdier a enrichi le joli poëme déjà cité.

LE PALAIS D'AJUDA. — Un incendie ayant détruit le vieux palais que Joseph 1ᵉʳ avait fait construire et dont on voit encore quelques vestiges dans l'enceinte de celui-ci, Maria 1ᵃ alla habiter le château de Queluz, que son oncle et à la fois son époux avait fait élever. Ce fut João VI, déjà régent, qui posa la première pierre du palais d'Ajuda au nom de sa mère. Les premiers architectes furent José da Costa, les deux Fabri et Manuel Gaëtano : le dernier porte le nom d'Antonio Francisco da Rosa. L'édifice est encore aujourd'hui fort incomplet, surtout si l'on a présents à l'esprit les premiers plans qui furent adoptés. La portion achevée peut être opposée à la plupart des grands palais qu'on remarque dans les autres capitales de l'Europe. Quatre vastes pans de murs en marbre, disposés sur un plan quadrangulaire et terminés à leurs angles par de magnifiques pavillons, devaient le compléter. Il n'y a que la partie orientale, regardant Lisbonne, qui soit construite. Le vestibule occidental est à peine commencé; on peut en voir une représentation exacte dans la revue si habilement rédigée dont nous nous sommes servi tant de fois, *Le Panorama*.

ÉGLISE D'ESTRELLA. — Selon un écrivain, qui a sur ce sujet des connaissances spéciales, l'église d'Estrella, qui fut commencée à Lisbonne en 1779, et pour l'érection de laquelle on suivit les plans de Saint-Pierre de Rome, est l'édifice religieux de la capitale qui offre dans son ensemble l'aspect le plus satisfaisant. Il fut achevé en dix ans par dona Maria 1ᵃ.

CONCLUSION.

Pour peu que l'on soit initié dans l'histoire des premières années du siècle, on a présent au souvenir ce fameux traité de Fontainebleau qui fut signé le 27 octobre 1807, et dont l'une des clauses secrètes amenait la division du Portugal en trois parties, avec la création d'une principauté souveraine dans les Algarves pour le prince de la Paix. Dès le 26 octobre 1806, cependant, don João avait fermé ses ports aux Anglais; et, le 8 novembre 1807, il mettait le séquestre sur les biens de ceux des sujets de l'empire britannique qui étaient restés en Portugal. Ces concessions n'empêchèrent point que, le 11 novembre de la même année, un article du *Moniteur* ne déclarât que la maison de Bragance avait cessé de régner. Dès lors l'invasion du Portugal était résolue ; et, cependant, le 17 novembre l'ambassade anglaise ayant quitté Lisbonne, le blocus du Tage commençait sous les ordres de l'amiral sir Sidney Smith.

Lorsque par une de ces marches prodigieuses que l'on peut bien comparer aux plus éclatantes victoires, les Français eurent franchi les montagnes désolées de la basse Beira, ils firent quelque chose de plus extraordinaire encore. Malgré les batteries qui garnissaient le Zezere, l'avant-garde de la première colonne de l'armée de la Gironde était, dès le 29 novembre, à Sacavem ; et le 30 Junot, à la tête de 1,500 grenadiers, reste de quatre bataillons, entrait dans Lisbonne.

Trois jours auparavant, le régent avait pris une grande résolution politique. Un décret avait paru qui annonçait l'intention où était ce prince d'abandonner l'Europe et de se retirer dans ses possessions du Brésil. Le même décret nommait une régence (*), et engageait les populations à traiter les Français en amis. Le 27, les relations interrompues entre le Portugal et l'Angleterre étaient renouvelées : don João s'embarquait (**).

Un de ces mots qui émeuvent les peuples et qui grandissent le malheur avait été prononcé durant ce départ, comme si à cette heure solennelle l'esprit affaibli de dona Maria eût senti se reveiller tous les glorieux souvenirs du passé :

(*) Cette régence se composait des cinq hauts fonctionnaires dont les noms suivent : le marquis d'Abrantès, le lieutenant général Francisco da Cunha Menezes, le principal Castro, Pedro de Mello Breyner et, enfin, le lieutenant général D. Francisco Xavier de Noronha. Les deux secrétaires étaient : le comte de Sam-Payo, (suppléé dans l'occasion par D. Miguel Pereira Forjaz) et João Antonio Salter de Mendonça.

(**) La reine, le régent, l'infant don Pedro et le prince d'Espagne, neveu de don João, s'embarquèrent sur le vaisseau *le Prince-Royal*, de quatre-vingts canons. La princesse, ses filles et don Miguel montèrent un autre batiment. On évalue à 15,000 individus le nombre de ceux qui émigrèrent alors pour le Brésil, sur les navires de l'État : l'escadre se composait en tout de huit vaisseaux, de trois frégates et de trois bricks. On ne la perdit de vue que le 30 au matin.

elle voulut quitter le pays en reine : — « Pas si vite, dit-elle à ceux qui l'emmenaient, on croirait que nous fuyons. »

Un enfant, car don Pedro avait neuf ans à peine, demanda si l'on ne combattait point. Une longue guerre, en effet, une de ces guerres fertiles en épisodes de tous genres dont l'histoire ne perd jamais le souvenir, se préparait, malgré l'apparente tranquillité de Lisbonne (*). Les récits qui furent faits alors allèrent plus tard répondre au jeune prince dans les paisibles retraites de Sam-Christovam.

Ici, il faudrait de longs détails politiques, où nous ne laissons tomber tout au plus que quelques dates. Fidèle au plan qu'il a suivi, Napoléon frappe le Portugal d'un impôt de 40,000,000 de cruzades ou de 100,000,000 de francs ; et le 1er février 1808 une proclamation de Junot annonce la déchéance de la famille régnante, en abolissant la régence nommée par don João. Elle déclare en outre qu'à l'avenir les actes administratifs seront rendus au nom de Napoléon.

Don João, parvenu à Rio le 8 mars 1808, répond à ces actes, en se prononçant ouvertement contre la France, et en annulant le traité de Badajoz de 1801 et celui de neutralité, qui avait été conclu en 1804. Le 18 juin de la même année, Porto opère son soulèvement contre l'armée d'invasion.

Le 19 juin 1808, une junte suprême se forme dans la ville populeuse que nous venons de signaler. Les Anglais pénètrent en Portugal. A partir de cette époque une lutte terrible et facile à prévoir s'engage. Le soulèvement de Beja ; l'attaque de cette ville par les Français ; le sac d'Évora par nos troupes ; le combat de Roliça, où sir Arthur Welesley remporte un avantage décidé, sont autant d'événements importants qui précèdent la bataille de Vimeiro.

Durant cette journée, qui a lieu le 21 août 1808 (**), les Français, au nombre de

(*) Selon le lieutenant général Thiébault, le total de l'armée d'occupation se montait à 28,586 hommes. L'invasion s'était opérée avec 24,133 hommes seulement ; 4,453 furent plus tard reçus de France

(**) *Voy.* sur cette action décisive : général Foy, tom. IV, p. 321 ; général Thiébault : *Relation de l'expédition de Portugal*, Paris 1817, p. 195. *Voy.* également l'excellent *Précis* du lieutenant-colonel du génie Augoyat, I vol. in 8°, 1839, p. 13

12,000, selon les uns, de 14,000, selon d'autres, ont affaire à des forces que les Anglais eux-mêmes font monter à 28,000 hommes. La veille, sir Arthur Welesley remet le commandement à sir Harry Burard. Le duc d'Abrantès dirige l'attaque à huit heures du matin ; mais, après avoir accompli des prodiges de valeur, notre armée est contrainte de se replier sur Torres Vedras ; elle évalue ses pertes à près de 1,800 hommes et 13 pièces de canon. Grâce à l'habileté du général Kellermann, une suspension d'armes est établie le 22 août ; et, le 30, on signe la célèbre convention de Cintra. Par suite de ce traité d'évacuation, 25,747 hommes, reste de notre armée, sont embarqués avec armes et bagages à bord de la flotte anglaise. Les convois chargés de nos troupes ont à subir d'affreuses tempêtes, mais ils débarquent enfin soit à la Rochelle, soit à Quiberon ; et, comme le fait remarquer un général habile, cette armée, qui a conservé ses armes, ses munitions, ses bagages, rentre tout entière dans la Péninsule, un mois après son débarquement.

Deux autres invasions des troupes françaises signalent cette période orageuse de l'histoire du Portugal. Ces expéditions célèbres ont été rappelées avec détail dans les volumes de cette collection destinés à faire connaître nos rapports avec les nations étrangères. Nous écarterons encore ici la partie politique pour ne signaler que des faits. En 1809, le maréchal Beresford prend le commandement de l'armée portugaise ; et, le 7 mars de la même année le maréchal Soult entre dans Porto. Les forces qui ont été mises à la disposition du duc de Dalmatie pour cette expédition ne s'élèvent qu'à 25,500 hommes ; et nous regrettons de ne pouvoir rappeler les belles dispositions qui furent prises dans cette circonstance par le maréchal pour accomplir les ordres de Napoléon. Disons, cependant, que cette fois les diverses opérations sont essentiellement liées avec ce qui se passe en Espagne, et que malheureusement le duc de Bellune prend sur lui de ne point diriger une division sur le Portugal, comme cela lui avait été ordonné. Dès le 22 avril, en effet, le général Welesley avait débarqué à Lisbonne avec de nombreux renforts : bientôt il peut disposer de 26,000 hommes d'infanterie et de 2,400 hommes de cavalerie ; il marche contre le maréchal Soult, passe le Douro, et, le 10 mai, franchit la Vouga. Forcée d'évacuer Porto, l'armée française opère sa retraite sur la route d'Amarante. Après une marche dont nul ne peut contester les savantes dispositions, cette brave armée, encore forte de 19,700 hommes, arrive le 17 à Montalègre, et le 20 à Orense ; l'ennemi n'a pu lui enlever que 500 hommes. M. Bignon fait dépendre l'issue funeste de cette campagne « de l'esprit de rivalité et d'indépendance qui empêchait les maréchaux de s'appuyer activement entre eux, comme ils l'eussent fait sous la main immédiate de Napoléon. »

C'est à la fin de mars 1810 que le maréchal Masséna prend à Salamanque le commandement d'une armée de 70,000 hommes, destinée à envahir une troisième fois le Portugal. Mais Wellington a fait à l'avance ses dispositions ; il a adopté un système dans lequel il persiste. Ce système, fait observer un de nos plus habiles officiers du génie, consistait dans les lignes de Torres Vedras et dans différentes mesures ordonnées aux habitants, pour faire un désert du pays entre le Mondego et les lignes. Les historiens font monter à 60,000 hommes le total de l'armée anglo-portugaise ; mais il faut se rappeler en les consultant que la régence disposait encore de 15,000 hommes de troupes réglées et de 46,000 hommes de milice organisée. Il est juste de dire également que ces troupes, désignées sous le nom d'*ordenanças*, n'avaient qu'un nombre limité de fusils à leur disposition et s'armaient tour à tour de piques et de faux. L'armée effective, qui comptait 28,000 Anglais, était divisée en deux corps ; 45,000 hommes marchaient sous les ordres de lord Wellington ; le général Hill en commandait 15,000, et se maintenait dans Portalègre.

La campagne s'ouvre en juin par le siége de Ciudad-Rodrigo, qui se rend après 26 jours de tranchée (*). L'armée

(*) Le 10 juillet 1810. M. Monteiro, en rappelant cette circonstance, fait observer que Masséna, Junot, Ney, Mermet et Loison assistèrent à ce siége avec plus de 85,000 hommes. Il y a évidemment exagération dans ce chiffre, malgré l'impartialité de l'historien cité ici. Nous ne pouvons nous empêcher de signaler cette tendance

française a pénétré de nouveau en Portugal ; elle met le siége devant Almeida, commandée par le brigadier Cox, et cette ville capitule le 28 août. L'explosion d'un magasin à poudre hâte la reddition de la place. C'est vers cette époque qu'un décret de don João, en date du 24 mai, accroît le nombre des membres de la régence et leur adjoint Charles Stuart, ministre plénipotentiaire de la cour d'Angleterre à Lisbonne. Tandis que le prince d'Essling fait ses dispositions pour entrer en Portugal, Wellington poursuit son plan. De vastes espaces, systématiquement ruinés, diminuent les chances de succès pour l'armée d'invasion, qu'il faut pourvoir de vivres. Enfin, le 27, a lieu la célèbre journée de Bussaco : cette bataille, dans laquelle nous perdons 1,800 hommes et l'armée anglo-portugaise 1,300, donne lieu plus tard à de vives contestations. Les deux armées s'attribuent tour à tour l'honneur de la victoire. Selon un habile officier, ce qui peut motiver cette divergence d'opinion, « c'est que le centre de la droite de l'ennemi fut regardé momentanément comme forcé; mais ce succès n'eut pas de suites. »

Dès le 8 octobre, lord Wellington s'est retiré derrière les lignes formidables de Torres Vedras. Masséna n'apprend leur existence que le 9 octobre : c'est là que doivent échouer tous les efforts d'une armée réduite à moins de 50,000 hommes. Vers le milieu de novembre, le général en chef opère une retraite dont nos ennemis admirent encore l'habileté.

Le 31 octobre, on avait publié à Lisbonne le traité d'amitié et d'alliance entre le prince régent de Portugal et le roi d'Angleterre. Le comte de Linhares, d'une part, et lord Strangford, de l'autre, ont attaché leur nom à cette pièce diplomatique bien connue; et les Portugais l'ont admirablement caractérisée en l'appelant *o miserimo tratado* (*).

Cependant, après l'arrivée du général Foy, porteur d'ordres qui ne peuvent plus être intégralement exécutés, le général en chef prend le parti de se retirer de la position qu'il occupe à Santarem; cet événement a lieu le 5 mars 1811. Comme

des écrivains de la Péninsule à augmenter nos forces, durant les diverses actions où l'armée française doit agir.

(*) Il porte la date de Rio de Janeiro, 19 février 1810.

le fait observer le colonel Augoyat, l'empereur approuvait le projet du prince de se retirer derrière le Mondego et d'y attendre le moment favorable pour y combiner une nouvelle attaque. La ligne des opérations prend la ville de Coïmbre pour but ; et le gros de l'armée se dirige sur cette cité, par Leiria, Pombal, Redinha et Condeixa. Le commandement de l'arrière garde a été confié au duc d'Elchingen ; il livre, le 12, le combat de Redinha. Pendant ce temps les Français s'avancent jusqu'au faubourg de Coïmbre, sur la rive gauche du Mondego : ils trouvent le pont coupé et une artillerie redoutable; ce point est vigoureusement défendu par le colonel Trant; et, bien que quelques cavaliers osent franchir le Mondego, il devient bientôt indispensable de changer la ligne de retraite ; mais il faut sacrifier des bagages et abandonner même des prisonniers. Le 15, tous les corps arrivent sur la Ceira. Puis, le 21 mars, l'armée entière parvient à Celorico. C'est là qu'un fatal dissentiment, sur la marche définitive qu'on doit adopter, éclate entre les deux hommes éminents sur lesquels nos troupes ont les yeux fixés et qu'elles honorent également, bien que leurs pouvoirs soient inégaux. Le prince d'Esling enlève au maréchal Ney le commandement du sixième corps; puis l'armée se retire, au bout de huit mois de marche et de fatigues, derrière la Coa. Après le combat de Sabugal, qui a lieu le 3 avril, l'armée entière rentre en Espagne et prend ses cantonnements dans les environs de Salamanque.

Quelques écrivains de la Péninsule, et entre autres M. Monteiro, considèrent comme une quatrième invasion du Portugal l'entrée dans la Beira d'une division appartenant au corps du maréchal Marmont : elle eut lieu le 12 avril 1812. Guarda, Celorico, Setuval tombèrent successivement au pouvoir de ce chef, puis furent abandonnés. Cette expédition se confond, pour ainsi dire, avec la précédente; elle fut d'ailleurs de peu de durée, et s'effectua en quelques jours, puisque, le 23, nos troupes repassèrent le Tamega, se dirigeant sur Tormes. L'historien que nous venons de citer fait monter à plus de cent mille âmes le nombre d'individus appartenant à la nation portugaise qui succombèrent durant cette guerre désastreuse. A partir du 25 juillet 1813 jusqu'au 2 août de la même année, une série d'engagements a lieu entre l'armée luso-anglaise, commandée par lord Wellington, et les troupes françaises qui ont à leur tête le maréchal Soult. Zubéri, Roncevaux, Valle de Sanz et Liazzoz sont les lieux principaux où se noue cette lutte terrible. Le maréchal tient bloqué deux fois son rival à Saint-Sébastien et à Pampelune, mais celui-ci parvient à déjouer des plans habilement conçus, et contraint l'armée française à se défendre dans les Pyrénées. Cette admirable portion de la campagne devra être désormais l'objet d'un travail étendu et sérieux; et nos rivaux eux-mêmes ont été contraints de rendre une justice éclatante a l'habileté des mesures stratégiques développées par le général français durant cette période difficile. Les journées de Lezaca (13 août 1813), l'assaut de Saint-Sébastien, la bataille qui fut livrée au passage de la Bidassoa, celle qui eut lieu près de l'ermitage de Sarre, marquèrent les 31 août, les 7 et les 8 octobre. A partir du 31 du même mois, après la reddition de Pampelune, qui capitula faute d'approvisionnement, les affaires prennent un caractère plus décisif, et, à la suite de la journée du 10 novembre, où nous perdons 51 pièces d'artilleries et 1,400 prisonniers, viennent les journées de Nive, de Villa-Franca et de l'Adour. Le 14 février, le général Hill passe le Gave à Oloron. Bientôt Bayonne est bloquée; et, après la bataille d'Orthez, livrée le 27 février 1814, deux divisions de l'armée portugaise entrent, à Bordeaux, le 12 mars, conduites par lord Béresford. Qui ne connaît la bataille de Toulouse et le courage prodigieux dont nos troupes firent preuve [*]! Durant cette journée, dont les conséquences sont présentes à l'esprit de tous, le corps des Portugais était de 20,000 hommes. C'est bien à propos de cette journée qu'il faut répéter le mot d'un de nos historiens : « Dans le vaste recueil des fastes militaires des nations les plus belliqueuses il y a beaucoup de glorieuses défaites. »

(*) La bataille de Toulouse eut lieu le 10 avril 1814. Les armées combinées y perdirent 4,659 hommes; les Anglais 2,124, les Espagnols 1,928, et les Portugais 607.

La nouvelle des grands événements qui viennent d'avoir lieu en Europe parvient au Brésil, avec le traité de paix générale, signé le 30 mai 1814. João VI envoie ses deux plénipotentiaires à Vienne; et il fait choix, pour le représenter au congrès, du comte de Palmella, du conseiller Antonio de Saldanha da Gama et de don Joaquim Lobo da Sylveira. Ces diplomates ont à traiter de la reddition d'Olivença et de la grande question de l'esclavage. Malgré les réclamations du comte de Palmella et du ministre espagnol, l'abolition de la traite est adoptée; et, le 20 janvier, le Portugal convient d'abandonner tout commerce d'esclaves, au nord de la ligne. En 1815, il est stipulé que les puissances alliées, emploieront leurs bons offices pour faire restituer au Portugal la ville d'Olivença; mais Labrador, le ministre de Ferdinand VII, s'oppose de tous ses efforts à cette concession. Nous ajouterons que durant ce même congrès le Portugal n'est point compris dans l'indemnité de 700 millions que la France paye aux souverains alliés.

Le 16 décembre 1815, le jour anniversaire de la naissance de la reine mère, une loi, promulguée à Rio de Janeiro, élève le Brésil à la dignité de royaume. Bientôt Beresford est déclaré maréchal général, indépendant du gouvernement de Lisbonne; et, en cette qualité, il se trouve investi du commandement suprême des troupes portugaises. Le 20 mars 1816, la reine dona Maria Ire ayant succombé, le régent prend immédiatement le titre de roi. C'est l'année suivante, le 5 novembre 1817, que l'infant dom Pedro reçoit l'archiduchesse Léopoldine, qu'il avait épousée le 13 mai par procuration. En 1818 a lieu dans Rio l'acclamation de João VI, selon l'antique cérémonial usité depuis l'avènement de la maison de Bragance. Une autre solennité est célébrée, l'année suivante, dans la capitale du Brésil. L'infante dona Maria, fille de dom Pedro, est baptisée le 3 mai 1819, sous le titre de princesse da Beira.

Nous ne reviendrons pas ici sur les événements politiques qui précédèrent la séparation définitive du Portugal et du Brésil : le récit sommaire en a été fait lorsque nous avons essayé de retracer dans un volume spécial les révolutions qui marquèrent, dans le nouveau monde, les derniers années du règne de João VI. Pendant que le Brésil préparait tous les éléments de son indépendance, le 20 août 1820 une révolution éclatait dans Porto, qui proclamait de nouveaux principes constitutionnels. Le 9 septembre 1820, les gouverneurs convoquent les cortès extraordinaires. Après plus d'un siècle de silence, l'antique representation portugaise trouvait un généreux défenseur dans la personne de Manoel Fernandez Thomaz; et cet énergique magistrat ne craignait pas d'exposer à ses compatriotes le tableau nu et terrible des maux causés par l'incurie; il appelait le peuple à sa régénération par le travail, et le conviait à toutes les espérances par le souvenir de ce qu'il avait fait (*).

Le 26 janvier 1821, le congrès national souverain avait été ouvert à Lisbonne. Après avoir procédé à la nomination d'une régence pour exercer en l'absence du roi, les cortès constituantes avaient été établies. Le 21 juillet 1821, João VI débarque à Lisbonne. Après le 13 mai 1822, et sous l'impression que doit causer la nouvelle de l'indépendance du Brésil, il jure une nouvelle constitution: bientôt cette constitution elle-même est annulée (**). « João VI, dit un témoin oculaire, rentre dans Lisbonne, après en être sorti, par Villa-Franca. Les cortès sont dissoutes: cette dernière révolution est due à un mouvement militaire, qui a pour chef don Miguel (***). »

(*) L'histoire moderne doit regarder comme un des documents les plus significatifs de cette époque, l'écrit intitulé: *Relatorio sobre o estado e administração do Reino durante o tempo da junta provisional do governo supremo*. Il fut lu durant les sessions des cortès extraordinaires, du 3 au 5 février 1821. — Fernandez Thomaz, né en 1771, à Villa-da Figueira da-Foz—Mondego, est mort le 19 novembre 1822, pauvre et noble en ses derniers moments comme Jean de Castro.

(**) 5 juin 1823.

(***) Plusieurs ouvrages portugais, dont les titres sont à peine connus en France, pourront guider ceux qui voudraient aborder sérieusement cette partie de l'histoire moderne. Nous les reproduisons ici comme complément de notre travail: *Historia de Portugal désde o Reinado da senhora dona Maria 1 até á convenção d'Evora Monte, com um resumo dos acontecimentos mais notaveis que tem tido logar desde então até nossos dias*. Por J. M. de Souza Monteiro. Lisboa, 1838, 2 vol. in-12. — *Revista historica de Portugal désde a morte de don João*

Assez de plumes éloquentes ont retracé les troubles de toute espèce et les passions funestes que fait naître l'apparition de ce personnage fameux sur l'horizon politique. S'il ne nous reste pas suffisamment d'espace pour enregistrer les actes sanglants qui désolent le pays, à plus forte raison n'en avons-nous pas assez pour développer ici la marche inique que vont suivre les affaires durant

VI *até o fallecimento do imperador don Pedro*. Coimbra, 1840, 1 vol. in-8°. — *Tratado elementar de Geographia por don Jozé de Urcullu; Porto*, 1839: on y trouve un récit fort exact du siége de Porto. — *Memorias com o titulo de annaes para a historia do tempo que durou a usurpação de don Miguel* por Jozé Liberato Freire de Carvalho, Lisboa, 1831—1843, 4 vol. in-8°. C'est sans contredit l'ouvrage le plus important qui ait paru sur cette période. Il faut le faire précéder d'un livre du même auteur intitulé: *Ensaio politico sobre as causas que preparão a usurpação do Infante don Miguel*. In-8°; la seconde édition est de 1842. — *Retratos e biographias de personagens illustres de Portugal*. Lisboa, 1842, in-fol. On y trouve la biographie de Fernandez Thomas, surnommé dans ces derniers temps le patriarche de la liberté portugaise: elle est due à M. Francisco Freire de Carvalho, le savant éditeur de Camoëns. — Raimundo Jozé da Cunha Mattos, *Memoria da Campanha do Senhor don Pedro. Rio, etc.* 1833; livre rempli de faits. — Parmi les ouvrages, écrits en français qui ont paru dans ces derniers temps, on peut consulter l'essai sur l'histoire de Portugal pa MM. Chaumeil de Stella et Aug. de Santeül, Paris, 1839, 2 vol. in-8°. Quelques recueils de pièces officielles seront d'un grand secours, en ce qui touche l'année 1830. Nous signalerons principalement une brochure précieuse dans sa concision et intitulée: *De la Question portugaise*, par M. Hyde de Neuville (Comte de Bemposta); Paris, 1830; in-8° de 87 p. La lettre de W. Walton à sir James Mackintosh renferme également un grand nombre de pièces authentiques; mais sous ce rapport, il faut mettre en première ligne les *Éclaircissements historiques relatifs aux affaires de Portugal* par le marquis de Rezende; Paris, 1832, 1 vol. in-8°. Le livre du colonel Hodjes sera précieux pour écrire une partie de cette curieuse histoire; il est intitulé: *Narrative of the expedition of Portugal, in 1832, under the orders of his imperial Majesty don Pedro duke of Bragança*, Londres, 1833, 2 vol. in-8°. L'année 1837 a vu paraitre à Rio de Janeiro la traduction du livre bien connu de John Armitage, sous le titre d'*Historia do Brazil désde a chegada da familia de Bragança até a abdicação do imperador D. Pedro*. 1 vol. in-8., fig. — *Journal d'un officier français au service de don Miguel*; Paris, 1834, 1 broch. in-8° de 138 p. Cet opuscule, sérieusement écrit, renferme d'ailleurs des pièces justificatives. — Les brochures publiées par Lopez, Rocha, William Young, Lavel Badcok (1835), Owen, qui a donné à la sienne le titre de *Civil war in Portugal and the siege of Oporto*, contiennent toutes des détails plus ou moins curieux. Voy. également les remarquables articles de MM. de Lasteyrie et Xavier Durrieu. (*Revue des deux mondes*).

cette période. Exilée pour s'être refusée obstinément à suivre les nouvelles lois du royaume, l'épouse de João VI, Carlota Joaquima, se forme un parti, qui va grossissant et qui doit bientôt livrer le pays à toutes les horreurs de la guerre civile.

Effrayé à bon droit du caractère menaçant que présentent les événements, le 18 juin 1823, João VI nomme une junte pour aviser au mode le plus convenable de constituer la nation (*), lorsqu'ont lieu les célèbres événements du mois de mai, sous l'influence persévérante de don Miguel. La terreur règne dans Lisbonne, les arrestations se succèdent : des hommes éminents, tels que le duc de Villa-Flor et le marquis de Palmella, sont jetés en prison. Dans l'impossibilité où il est de mettre un frein à cet état de choses déplorable, et, craignant d'ailleurs la réalisation d'un plus grand attentat, João VI se réfugie à bord du *Windsor-Castle*. Dans cette circonstance, notre ambassadeur, M. Hyde de Neuville, développe le plan de conduite le plus sage et l'action la plus énergique. La faction miguéliste voit ses projets renversés ; et le 13 mai 1824, un an n'est pas écoulé que don Miguel reçoit l'ordre de quitter le Tage pour voyager. Le 5 juin suivant, après un sérieux examen de l'avis émis par la junte, João VI déclare que la constitution propre à la nation est celle de Lamego, et, en conséquence, convoque les cortès. Un des faits politiques les plus remarquables de cette époque est la reconnaissance de l'indépendance du Brésil : elle a lieu en novembre 1825 : mais on remarque, avec juste raison, que le roi, en cette circonstance, ne soumet point l'acte qu'il vient d'accomplir à l'assemblée des cortès. Le 25 août de la même année, on était déjà convenu des indemnités que le Brésil devait payer au Portugal ; et l'un des plus grands actes de cette période est désormais acquis à l'histoire.

Affaiblie par tant de coups successifs, la santé du roi était déjà depuis longtemps chancelante, lorsque, le 10 mai 1826, João VI fut enlevé subitement. Nous ne pouvons nous rendre ici l'organe des récits divers qui furent plus ou moins accrédités alors ; et nous devons imiter la réserve d'un écrivain portugais, qu'on ne saurait accuser de vains ménagements dans l'expression de son opinion : « Si l'historien doit mentionner de tels bruits, dit-il, il ne peut les donner comme dignes de foi que lorsque des preuves irréfragables les ont fait entrer dans le domaine de la vérité. » Ce qu'il y a de plus positif, c'est que dès le 6 mars 1826 João VI avait nommé la régence qui devait pourvoir à l'administration du royaume, et gouverner même *jusqu'à ce que celui à qui appartenait la couronne* eût fait connaître sa volonté.

Conformément à la charte, l'infante Isabelle-Marie fut déclarée régente ; et ce fut alors qu'on nomma un nouveau ministère, à la tête duquel se trouvait le général Saldanha, connu par ses principes libéraux et petit-fils du marquis de Pombal. L'histoire des fluctuations de cette période forme déjà un gros volume dans l'histoire de notre temps ; et la rébellion de l'Alem-Tejo et de Tras-os-Montes fournit de curieux épisodes. Pour nous, qui nous contentons de constater ici les faits et d'en dresser le sommaire, nous rappellerons qu'aussitôt que la mort de son père lui avait été notifiée à Rio de Janeiro, don Pedro avait abdiqué la couronne du Portugal en faveur de sa fille aînée dona Maria. Ce fut alors qu'il donna au royaume la charte qui porte son nom : mais, si l'on en croit un historien dont nous n'avons nulle raison de contester la bonne foi, don Pedro avait été laissé dans une complète ignorance de l'état où se trouvaient les partis ; et le 3 juillet 1827 parut un décret qui conférait la régence à son frère. Il est vrai de dire qu'avant de produire cet acte, il avait positivement rappelé l'infant à Rio de Janeiro. Averti à temps, don Miguel s'était bien gardé de s'embarquer à bord du vaisseau qui était venu se mettre à sa disposition dans le port de Brest. Ce fut le 22 février 1828 que don Miguel, portant le titre d'Infant, rentra à Lisbonne. On dit qu'au sortir de la cathédrale où il était allé prêter serment, des cris de *Vive don Miguel, roi absolu*, l'accueillirent. Dès lors la régente se démit noblement du pouvoir (*), et un nouveau

---

(*) A partir du 2 juin 1823, époque à laquelle fut suspendu le congrès national, jusqu'au 10 mars 1826, João VI recouvra le pouvoir absolu.

(*) Le 23 juin 1828. L'acte par lequel don Miguel s'empare de la couronne est consommé le 3

ministère fut constitué. Les cortès ne cessèrent pas d'abord d'être ouvertes, et chaque chambre continua ses travaux. Un décret vint les dissoudre quinze jours avant la fin de la session. Le 15 avril 1828 eut lieu le mouvement populaire qui, sous le titre d'acclamation, portait don Miguel au trône. La ville de Porto pourra toujours se glorifier d'avoir opposé en cette occasion une noble résistance aux volontés d'un prince dont le premier acte politique était une infraction à des serments solennels. Une révolution en faveur de la reine éclate dans cette ville, dès le 16 mai 1828. Une junte est formée; mais au bout de peu de temps elle se divise en deux fractions, celle de Porto et celle de Coïmbre. La résistance à don Miguel manque d'ensemble aussi bien que d'énergie, et bientôt les troupes constitutionnelles sont contraintes de se retirer et de se réfugier en Galice, quoique le brave général Saldanha soit présent à cette lutte. Lorsqu'il a quitté le royaume, entraîné par des raisons qu'il a exposées lui-même, Joaquim de Souza Pizarro et Bernardo de Sa Nogueira prennent le commandement, dans les circonstances les plus difficiles. Le 6 juillet 1828, ces troupes commencent à entrer sur le territoire espagnol : le général Pizarro les conduit ; mais, c'est en vain qu'il réclame l'hospitalité; il se voit soumis, avec ses troupes, aux traitements les plus rigoureux.

Une nombreuse émigration s'organise, la junte provisoire elle-même avait quitté le pays. Les restes dispersés de l'armée constitutionnelle s'embarquent à la Corogne pour l'Angleterre Pendant que ces événements ont lieu, un soulèvement s'opère dans les Algarves, il est comprimé dès le 7 juin 1828. C'est alors surtout qu'on voit se multiplier des actes de violence et de cruauté, trop nombreux pour les enregistrer ici. Dans les circonstances difficiles où se trouve l'émigration, le vicomte d'Itabayana met à la disposition du marquis de Palmella des fonds dont il peut disposer, et qui forment bientôt l'unique ressource de

mai suivant, après la convocation des trois états du royaume, acte qui paraît sous la rubrique royale. Tous les ministres étrangers cessent leurs relations diplomatiques avec la cour de Lisbonne.

tant d'hommes jetés par les événements politiques loin de leur pays.

Tandis que ces faits d'une si haute gravité se passent en Europe, don Pedro prépare à Rio de Janeiro un acte solennel qui va compliquer les événements. Dès le 3 mars il a formellement abdiqué la couronne de Portugal en faveur de sa fille; et la jeune reine a pris le titre de dona Maria II. Le 5 juillet 1828 elle part de Rio de Janeiro, pour aller en Autriche terminer son éducation dans le palais de son aïeul. Mais le 3 septembre de la même année, lorsqu'elle est arrivée à Gibraltar, le marquis de Barbacena Filisberto Caldeira Brant prend la judicieuse résolution de la conduire en Angleterre; l'état politique du pays explique suffisamment à l'Europe ce changement de dispositions.

Le 24 septembre dona Maria arrive à Falmouth ; et trois jours après elle est reçue dans cette ville avec la pompe due aux têtes couronnées. Sur sa route, de ce port à Londres, les mêmes honneurs la suivent; à Exeter elle reçoit officiellement une députation de l'émigration portugaise. Parvenue le 6 octobre à Londres, c'est seulement le 22 décembre qu'a lieu sa réception solennelle.

Malgré cet acte important et au mépris de la convention secrète du traité de 1807, l'Angleterre garde la neutralité; Wellington et Aberdeen sont alors à la tête du ministère.

Cependant, une expédition composée d'émigrés s'est mise en mer dans l'intention de grossir le parti constitutionnel qui s'est formé aux Açores. Les navires marchands qui la transportent sortent de Plymouth le 6 janvier 1829; et, arrivés le 11 du même mois dans les eaux de l'île de Terceire, ces hommes dévoués sont repoussés par les Anglais, qui leur tuent même un soldat, sans la moindre intimation préalable. Le comte de Saldanha, qui dirige l'expédition, proteste au nom de son pays.

Alors cette portion de l'émigration portugaise vient chercher un refuge à Brest ; et le général qui la commande arrive dans ce port à la fin de janvier. Le comte Hyde de Neuville occupait le ministère de la marine. Les Portugais sont reçus avec une franche hospitalité. La jeune reine avait continué jusqu'à ce moment à résider en Angleterre; don Pedro, justement sensible à l'acte qui vient d'avoir lieu, la rappelle auprès de lui. Les exécutions sanglantes du 6 mars 1829 ont un douloureux retentissement dans le reste de l'Europe.

Le général Dioclecianco Cabreira ayant quitté Terceire, un jeune officier d'une bravoure toute chevaleresque, le comte de Villa-Flôr, est nommé par la reine comme capitaine général; il accepte le poste périlleux qui lui est confié, et arrive à Terceire, à la fin de juin 1829, conduisant quelques troupes aguerries.

Dès le 15 de ce mois, l'empereur du Brésil avait nommé un conseil de régence, présidé par le marquis de Palmella, et destiné à faire prévaloir les droits de dona Maria. Le conseil se décide à partir pour les Açores, le seul endroit où il lui soit possible d'exercer son action; il n'y peut parvenir que le 3 mars 1830. Déjà, à cette époque, le comte de Villa-Flôr avait obtenu un éclatant avantage sur l'expédition que don Miguel avait envoyée contre le parti constitutionnel et que le jeune général avait eue à combattre, peu de temps après son arrivée, le 11 août 1829.

Vers la même époque le désir de don Pedro s'était effectué. La reine avait quitté l'Angleterre; elle s'était embarquée à Porthmouth, conduite par le marquis de Barbacena. Une seconde mère choisie par don Pedro allait la ramener au Brésil : la digne fille d'Eugène Beauharnais, l'impératrice Claire-Amélie, arriva d'Ostende; et les deux princesses partirent le 30 pour Rio de Janeiro; elles connaissaient déjà l'éclatant fait d'armes de Terceire. Le 16 octobre, elles purent transmettre cette nouvelle à don Pedro.

Nous passons sur les temps difficiles de l'émigration. Nous omettons à dessein les luttes pénibles et secrètes qui se multiplient en France, en Angleterre et en Belgique. En Portugal l'année 1830 s'ouvre par un événement d'un haute importance : la reine Charlotte succombe le 7 janvier; le 3 mars le conseil de régence s'embarque pour Terceire; mais il ne se compose plus que de deux membres; il rend néanmoins plusieurs décrets importants.

Don Miguel venait de contracter un emprunt de 50 millions, lorsque les journées de 1830 changent l'aspect politique de l'Europe. Les événements qui ont lieu au Brésil vont exercer une influence croissante sur les affaires du Portugal. Le 2 novembre de cette année, le roi Guillaume IV déclare, à l'ouverture du parlement, « que s'il n'a pu jusqu'à ce moment envoyer des ambassadeurs à la cour de Lisbonne, l'amnistie générale que vient de proclamer le gouvernement portugais lui permettra d'établir le renouvellement des anciennes relations. » Ce fait n'a point besoin de commentaire... avec la chute du ministère Wellington une autre politique prédomine.

Pendant ce temps le général Saldanha continue à Londres et à Paris de nouvelles tentatives pour faire triompher sa cause, et le général Pizarro se rend à Bayonne, afin d'y organiser le noyau d'une armée portugaise. Grâce surtout aux efforts du comte de Saldanha, qui se rend l'interprète de leur dénûment, près de cinq cents émigrés sont admis dans les dépôts français. La Fayette hâte ce succès, et le noble cœur du jeune duc d'Orléans y prend un intérêt plein de chaleur. C'est à la fin de cette année qu'a lieu l'emprunt Maberly.

Le 6 février et le 16 mars 1831 avaient été marqués à Lisbonne par de sanglantes exécutions, lorsqu'un nouvel événement vient forcer la France à intervenir dans les actes du gouvernement portugais. Un vieillard de soixante-quinze ans, M. Sauvinet, un autre Français, M. Bonhomme, contre lequel on n'a élevé jusqu'alors aucun grief, sont arrêtés pour des motifs dénués de tout fondement, mais basés sur des accusations différentes. Une commission extraordinaire, siégeant à Lisbonne, les condamne à subir les peines les plus cruelles ou les plus avilissantes (*);

(*) La sentence qui atteignait M. Claude Sauvinet était équivalente à la peine de mort, puisqu'elle condamnait ce vieillard à la déportation perpétuelle en Afrique : il était accusé d'avoir mis le feu à des fusées dans la matinée du 8 février, et surtout de s'être caché au moment de son arrestation. Malgré les constantes et courageuses représentations de notre consul, le jugement inique qui condamnait un de nos compatriotes avait été exécuté dans la matinée du 31 mars, et M. Bonhomme, que n'avaient pu sauver tant d'efforts, avait été ignominieusement flagellé dans les rues de Lisbonne. Ce supplice avait été infligé pour cause de sacrilége, lorsque tout prouvait l'innocence de l'accusé. Nous avons sous les yeux la sentence que la commission avait prononcée; et si nous ne pouvons la repro-

ils réclament la protection de leur gouvernement. Notre consul général développe alors autant d'habileté que d'énergie; il exige l'annulation de deux sentences qui envoient un vieillard à la mort et qui flétrissent un autre Français; n'ayant pu obtenir satisfaction, M. Cassas proteste et n'hésite pas à se retirer; plusieurs de nos compatriotes s'éloignent avec lui : il quittait Lisbonne le 19 avril, sur le brick *l'Endymion*; et le 16 mai une escadre, commandée par M. le contre-amiral Roussin, arrivait dans les eaux du Tage et ne donnait que quarante-huit heures au gouvernement de don Miguel pour qu'il eût à répondre aux réclamations présentées d'une manière si explicite par M. Cassas. Satisfaction n'ayant point été donnée, les hostilités commencent le 23; dans l'espace de quelques jours la flotte de don Miguel est au pouvoir de l'amiral.

Pendant que ces événements ont lieu, la régence de Terceire ne reste pas oisive; elle prend la résolution de s'emparer de quelques îles voisines; et le 21 avril celle de Pico tombe en son pouvoir; Fayal échappe à cette rapide conquête, mais Saint-Georges, dès le 9 mai, partage le sort de Pico.

Parvenus à cette époque, les faits s'accumulent, et le récit se complique. Don Pedro, sous le titre de duc de Bragance, revient en Europe et réside momentanément en Angleterre. Au mois de juin 1831, dona Maria II, qui a quitté le Brésil, arrive dans la ville de Brest, après quatre-vingt-quinze jours de traversée. Cette période est encore marquée par l'acte vigoureux du contre-amiral Roussin, qui, le 11 juillet 1831, force le port de Lisbonne et contraint don Miguel à se mettre à la discrétion du vainqueur.

Depuis cette époque jusqu'en 1832, les combinaisons sur lesquelles repose l'avenir politique du Portugal, se lient et s'enchaînent. Don Pedro vient à Paris durant quelques jours, en juillet 1831, puis il ramène, au mois d'août, la jeune reine à Londres : le 7, elle reçoit officiellement les Portugais qui s'empressent autour d'elle, et l'on remarque sur le visage de don Pedro, qui se tient à ses côtés, l'expression d'une satisfaction profonde; il a compris que la destinée de sa fille est, comme dit le poëte, un gage de cette loyauté.

Le séjour que fait cette fois le duc de Bragance en Angleterre est de courte durée : dès le 16 août il part pour Paris avec l'impératrice et la jeune reine. Dona Maria est accueillie magnifiquement, et le palais de Meudon est désigné pour lui servir de résidence. C'est là qu'on apprend les succès obtenus par le comte de Villa-Flôr à l'île de Sam-Miguel.

C'était, en effet, de la persévérance courageuse qui renouvelait tant d'efforts sur ce point, qu'on devait attendre les résultats qui sont présents au souvenir de tous. Don Pedro l'a compris, et il fait tous ses préparatifs pour rejoindre les braves qui combattent aux Açores; grâce aux généreux efforts de quelques hommes dévoués, parmi lesquels il est juste d'inscrire le nom de M. G. Malo, une expédition militaire peut être organisée. Le 10 février 1832, don Pedro part de Belle-Isle-en-mer pour se rendre aux Açores et se diriger de là sur Porto. La deuxième division, commandée par le général Diocleciano Cabreira, ne put quitter la France que dix-neuf jours après la première.

Dès le 22 février 1832, don Pedro arrive à Sam-Miguel; il fait un court séjour dans cette île; et le 3 mars il est à Terceire, où la régence lui remet l'autorité, et où il forme un nouveau ministère : M. de Palmella et M. Mouzinho Sylveira en font partie; ce dernier s'associe à quelques actes de fermeté et à plusieurs réformes indispensables; le duc de Bragance se déclare, en outre, généralissime des forces de terre et de mer; puis il remet le commandement en chef de l'armée au comte de Villa-Flôr, tandis que la flotte doit agir sous les ordres du vice-amiral Sartorius, officier anglais qui a passé au service de la reine.

C'est le 27 juin que les trois divisions quittent définitivement Sam-Miguel (*); le

---

duire en raison de son étendue, nous la signalons à l'histoire comme un de ces actes de démence qui peignent toute une époque. M. Cassas demanda avec énergie, non-seulement la mise en liberté de M. Bonhomme, mais un acte spécial de réhabilitation, une indemnité pécuniaire de 20,000 fr., et la destitution des juges.

(*) L'expédition de don Pedro se composait ainsi qu'il suit : deux frégates, une corvette, deux bricks, quatre goëlettes (*escunas*), quarante bâtiments de transport, contenant trois batteries d'artillerie de campagne et 8,300,

7 juillet l'expédition atteint les côtes de Portugal; et le 8, vers deux heures et demie, toutes les embarcations de guerre prennent position devant la plage qu'on désigne sous le nom de Mendêlo, entre Villa do Conde et Porto.

L'armée libératrice se signale par des avantages immédiats; les troupes miguélistes postées à Laça se voient bientôt contraintes à se replier sur Porto; elles passent, en conséquence, le Douro; mais deux bataillons de chasseurs, formant l'avant-garde des forces de la reine, marchent sur la seconde ville du royaume, où les acclamations populaires se font entendre sur tous les points. A midi, don Pedro, suivi du reste des troupes, fait son entrée.

Nous ne pouvons parler ici avec détail de la bataille de Ponte-Ferreira, livrée à trois lieues de Porto; elle eut lieu le 23 juillet 1832 : le parti de don Miguel y perdit cinq cents hommes; mais l'absence de cavalerie s'opposa à ce qu'on en obtînt tous les avantages qu'on pouvait en tirer. A Souto-Redondo, néanmoins, la perte de l'armée de la reine est presque aussi considérable, puisqu'elle s'élève à quatre cents hommes. C'est après cette journée qu'un général français, blessé jadis à la bataille de Vimeiro, est appelé par don Pedro pour prendre le commandement, et débarque dans la ville assiégée. M. le baron de Solignac arrive le 1er janvier 1833; dès lors une série d'opérations s'engage, qu'il nous est impossible de signaler. En nombre de circonstances, don Pedro donne des preuves d'une bravoure éclatante; son activité n'a point de bornes; souvent même on le voit prendre part aux travaux des fortifications. L'ensemble des opérations générales souffre néanmoins bientôt d'une certaine désunion. Nous dirons seulement ici que le baron de Solignac, n'ayant pu faire prévaloir ses plans, croit devoir donner sa démission au bout de six mois; il est blessé au moment où il s'embarque pour la France; il est juste

hommes, sur lesquels on ne pouvait considérer comme combattants effectifs que 7,300 hommes environ. Dans l'énumération de ces forces il faut comprendre 541 officiers et 183 musiciens. L'armée de don Miguel, répandue par toute l'étendue du royaume, se composait de 79,525 hommes et de 3,791 chevaux. Le général miguéliste qui commandait dans Porto était alors le vicomte de Santa-Marta.

de rappeler qu'à l'affaire du 4 mars 1833 ce général recueille sa part d'une gloire incontestée avec Saldanha et Torres. Le comte de Saldanha, qui, malgré une grave maladie, s'était décidé à venir à Porto, dès le 26 janvier 1833, prend le commandement, de concert avec le comte de Villa-Flôr, créé bientôt duc de Terceira. Durant ce long siége de onze mois, où tous les genres de privations furent subis, où le choléra-morbus vint mêler son deuil permanent à tous les hasards des combats, l'attitude de la ville de Porto ne fléchit pas un moment; et l'on peut comparer la lutte persévérante qu'elle eut à supporter à celle des autres siéges mémorables de la Péninsule. Dans l'espace de moins d'un an, en effet, on lance contre cette cité et contre le couvent de Serra à Sam-João-de-Foz de quatorze à quinze mille bombes ou grenades; trois mille six cent douze individus périssent seulement du choléra; et l'incendie sur plusieurs points fait d'effroyables ravages.

Pendant cette période, le marquis de Palmella est chargé du gouvernement civil; et, sous le nom de Carlos Ponza, l'amiral Napier prend le commandement des forces maritimes. Entre plusieurs actes du même genre, il est juste de rappeler le don de 16,000 liv. sterling fait par le comte de Farrobo pour les besoins du gouvernement. De grandes nécessités, en effet, se feront encore sentir; mais le mémorable combat naval livré par l'amiral Napier le 5 juillet 1833, à la hauteur du cap Saint-Vincent, fait bientôt pressentir l'issue de la lutte; la flotte de don Miguel y est complétement détruite. Il ne faut plus ensuite que peu de semaines pour que l'Europe voie la fin de ce drame politique; la journée sanglante d'Almoster (*), où commandait le maréchal Saldanha, avait préparé les voies à un grand changement politique, lorsque le statut royal du 10 avril 1834, émané de la reine régente d'Espagne, dut faire perdre tout espoir à don Miguel, en reconnaissant les droits de la jeune reine : cet acte important ayant été accepté par la France et par l'Angleterre, la question politique se

(*) Elle eut lieu le 18 février 1834; on croit que l'armée de don Miguel y perdit environ 4,000 hommes.

trouva décidée. Au duc de Terceira était réservée la gloire d'en finir avec la question militaire; le 8 mai, il entra à Coïmbre, et le même jour Napier se présentait devant Villa de Figueira de Foz. Dès le 16 du même mois le duc parvenait, avec sa division, dans un lieu nommé *Asseiceira*, et sa brusque attaque mettait à la débandade les troupes miguélistes, tandis que Napier forçait la garnison d'Ourem à se rendre : le 18, les forces renfermées dans Santarem quittaient cette position; et l'on peut dire que la cause de don Pedro était gagnée. L'armée passa alors le Tage, et ses deux divisions, commandées par le duc de Terceira et par le maréchal Saldanha, forcèrent l'ennemi à implorer l'armistice; il leur fut refusé; mais le 26, le général Guedes étant venu déclarer que les restes de l'armée s'en remettaient à la générosité du vainqueur, les deux maréchaux signèrent à Evora les conditions qui rendaient la tranquillité au pays, et qui donnaient un trône paisible à dona Maria : ces nouvelles importantes parvinrent à Lisbonne le 27 mai 1834 (*).

Trois actes d'une haute gravité signalèrent encore le ministère choisi de nouveau par don Pedro : l'un convoquait les cortès pour le 15 août; le second éteignait tous les priviléges de la compagnie des vins du Douro; et, enfin, le troisième supprimait les corporations religieuses, sous quelque dénomination qu'elles eussent été établies et dans quelques parties du royaume qu'on les eût fondées.

L'ordonnance que nous signalons supprima d'un seul coup 402 couvents d'hommes et de femmes, donnant asile à une population monastique de six mille individus.

Pendant que ces luttes se multipliaient dans la métropole, des événements, restés ignorés parmi nous, mais qui n'en sont pas moins d'une haute importance, ont dû contrister profondément l'âme de la jeune reine, que nous savons si bien accessible à tous les sentiments de justice et de pitié. En 1831, les pluies ayant manqué complétement dans les îles du cap Vert, une horrible famine se déclara l'année suivante; et l'on élève à 30,500 individus le nombre de ceux qui périrent.

A la même époque, cette noble cité de Goa, où se sont passés les faits les plus héroïques de cette histoire, avait aussi ses agitations; mais Lisbonne pouvait-elle s'occuper de ces dissensions intérieures? Aujourd'hui le ministère a repris sa sollicitude. Depuis 1841 la capitale des Indes a été déclarée port franc.

La restauration dont nous avons esquissé les faits principaux, et dont les divers incidents avaient excité à un si haut degré l'intérêt de l'Europe, devait être encore marquée par un de ces événements que leur caractère imprévu rend plus douloureux : don Pedro mourut le 24 septembre 1834.

Cette âme ardente qui avait puisé de nouvelles forces dans son amour de père, cette noble intelligence qui avait lutté dans les deux mondes pour une grande idée politique, s'éteignait prématurément! Avant de mourir, don Pedro a replacé l'effigie de Pombal au lieu qu'elle occupait jadis. Il faudrait faire graver, au bas de la statue de bronze, ces belles paroles d'Osorio, qu'un siècle de gloire avait surnommé le Cicéron chrétien : « Les grands résultats ne s'obtiennent que par les grandes prévoyances. »

(*) Par une convention particulière, datée d'Évora 29 mai 1834, don Miguel s'engagea solennellement à ne se jamais mêler des affaires politiques du royaume. — On lui accorda une pension de 60 contos de réis; et il s'embarqua à Sines le 1ᵉʳ juin 1834. Mais bientôt il adressa aux souverains de l'Europe une protestation en forme. Une table, qui paraît être d'une exactitude incontestable, fait monter à 17,529 individus le nombre de ceux qui périrent dans cette guerre.

FIN.

APPENDICE.

GÔA ET SA SITUATION EN 1842.

Le nom de *Gôa* retentit aujourd'hui si rarement en Europe, c'est une circonstance si inattendue que celle qui peut mettre l'historien en rapport avec l'antique métropole des Indes, que nous n'hésitons pas à lui consacrer quelques lignes, ne fût-ce que pour utiliser des documents ignorés du plus grand nombre. Depuis Albuquerque jusqu'au vice-roi D. Manoel de Portugal e Castro, qui abandonna le gouvernement en 1835, on a calculé qu'il y eut à Gôa une succession de cent gouverneurs; nous les avons fait connaître pour la plupart, en exceptant de la liste quelques noms insignifiants qui apparaissent d'ailleurs dans des circonstances si peu importantes, qu'un bien petit nombre de faits pourraient être ajoutés à la date de leur installation. Tous ces personnages furent revêtus, selon leur dignité, de titres divers; les uns portèrent ceux de vice-rois, de capitaines généraux, les autres furent considérés comme *gouverneurs effectifs et intérimaires*. Au 14 janvier 1835, on vit paraître, avec le titre de *préfet des États de l'Inde*, le conseiller Bernardo Perez da Sylva, né à Gôa même. Au bout de dix-huit jours d'exercice, et dans la nuit du 14 février suivant, il fut déposé, et l'on réinstalla comme gouverneur général l'ex-vice-roi D. Manoel de Portugal: celui-ci ne conserva l'administration des affaires que trois jours; le maréchal Joaquim-Manoel Correa da Gama fut obligé de diriger la colonie, jusqu'à ce que l'on eût installé un gouvernement provisoire, c'est-à-dire jusqu'au 11 mars. De graves dissensions eurent lieu alors, car l'auteur qui nous fournit ces détails parle de scène tragique, de mouvements tumultueux et des souvenirs douloureux que cette triste période a laissés dans le pays.

Pendant ce temps, la cour de Lisbonne expédiait, vers les possessions de l'Inde, un nouvel administrateur. Le baron de Sabroso arriva de Portugal le 17 novembre 1837, mais il portait un titre tout constitutionnel, car il se présenta avec celui de *gouverneur général en conseil*. On ne peut guère parler des changements qu'il introduisit dans l'administration, puisqu'il mourut le 14 octobre 1838. Depuis quinze jours, il avait remis la direction des affaires au conseil lorsqu'il succomba. L'archevêque, qui était président de cette assemblée, étant mort en 1839, un gouverneur par intérim fut choisi dans son sein jusqu'à ce qu'un nouveau gouverneur général prît possession du pouvoir. Ce fut le baron de Candal qui présida alors à l'administration. Comme son prédécesseur, il fut enlevé rapidement par la maladie, et mourut le 18 avril 1840. La direction retomba entre les mains du conseil, puis un gouverneur par intérim fut choisi. M. Lopez de Lima se vit bientôt obligé de se retirer à Bombay, par suite d'une émeute populaire. Avant de s'éloigner, il déposa sa démission dans le sein de l'assemblée administrative. On voit par ce peu de mots que les temps les plus orageux, mais en même temps les plus glorieux du XVIe siècle, n'ont pas présenté une telle succession de gouverneurs. Il est peut-être juste d'observer que l'élément démocratique a été introduit dans le conseil, et que deux de ses membres sont choisis par le peuple. Le dernier capitaine général des Indes portugaises, dont le nom soit connu, est le comte das Antas, qui occupe le rang de lieutenant général dans l'armée. Les forces que l'on entretient à Gôa sont, du reste, plus considérables qu'on ne le croit généralement. Dans un opuscule fort curieux publié au Brésil, le député élu aux cortès de Lisbonne, M. Perez da Sylva, demandait pourquoi, lorsqu'on pouvait être secouru par un allié aussi puissant que l'Angleterre, l'État de Gôa entretenait près de 4,000 hommes, tandis que Diu, par exemple, n'en comptait pas plus de 80.

L'État de Gôa se divise aujourd'hui en *conquêtes anciennes* et *conquêtes nouvelles* (*velhas e novas conquistas*). Sous le nom d'anciennes conquêtes, on désigne la Comarca de Gôa proprement dite, les provinces de Salcette et de Bardez. La Comarca de Gôa se compose de 12 îles, et se divise en 38 bourgades (*povoações*); Pangim est aujourd'hui la capitale. Celle de Salcette se divise en 64 bourgades, la capitale est désignée sous le nom de *Margão*. Bardez comprend 40 bourgades dont Mapuça est le chef-lieu.

Les nouvelles conquêtes comprennent 10 provinces (*) et une juridiction; elles sont divisées en 281 aldées. On comptait, il y a deux ou trois ans, dans le district de Gôa, 312,147 habitants de l'un et de l'autre sexe (**); il y en avait 92,069 à Salcette, et 89,760 à Bardez. Les nouvelles conquêtes présentaient un total de 91,341 âmes. M. Santa Anna e Costa dit que le commerce est si limité à Gôa, que s'il en était de cette ville comme des autres pays où la principale richesse provient des douanes, l'État aurait déjà succombé sous le poids de 1,878,506 xarafins de dépenses annuelles : les rentes territoriales font face à cette dépense. Quant aux manufactures, elles sont également limitées; on fait quelques ouvrages d'or et d'argent; on travaille un peu le fer et les autres métaux; on tisse le coton, le lin, le chanvre; on emploie la bourre de cocos. Les productions consistent principalement en riz, cocos, et sel : il y en a de moins importantes, telles que le poivre, le café, le coton, le lin, le chanvre, le palmier arec, et le manguier, qui fournit les fruits peut-être les meilleurs que l'on recueille aux Indes.

Le clergé, jadis si puissant dans ces contrées, a vu diminuer singulièrement son influence; elle est néanmoins encore fort réelle, puisque l'on compte, outre la cathédrale, 101 églises paroissiales desservies par 654 prêtres. L'archevêque de Gôa est toujours primat des régions orientales; il tolère les autres cultes. Les brahmanistes ont une pagode à Pangim, et les musulmans conservent des mosquées dans l'étendue des autres provinces. Tous moyens d'instruction ne sont pas refusés à l'Inde portugaise. A partir de 1841, une école normale d'enseignement mutuel a été fondée à Pangim; précédemment, le collége de Loutulim avait une certaine renommée, et l'école mathématique et militaire promet de porter des fruits. Pangim, qui s'élève sur le Rio-Mandovi, continue à porter le titre de capitale. Outre les édifices indispensables au chef-lieu d'un gouvernement, on y trouve une bibliothèque publique, une imprimerie nationale, un théâtre, et jusqu'à un hôtel des monnaies. L'antique cité d'Albuquerque est généralement désignée sous le nom de *Ella*. En 1842, *Gôa la Dorée* était abandonnée en raison d'une épidémie qui y sévissait violemment. Pangim (*) est devenu la résidence du vice-roi, depuis l'époque où le comte d'Éga gouverna les Indes portugaises, c'est-à-dire depuis 1758. Cette petite ville, qui s'élève à trois milles environ à l'ouest de Gôa, se distingue par son aspect d'élégance et de propreté; elle peut renfermer à peu près une population de 9,000 âmes, en faisant entrer dans ce calcul, et pour les deux tiers au moins, les brahmanistes et les mahométans. Le palais du vice-roi ne se distingue guère par son aspect des autres habitations, mais l'intérieur offre le confort des temps modernes. Nous renvoyons, pour l'histoire des derniers événements, au remarquable ouvrage de M. Fontanier.

(*) Ponda, capitale Queula; Canacona, capitale Canacona; Bicholim, capitale Cassabe; Satary, capitale Sanquelim; Pernem, capitale Cassabe; puis viennent les cinq divisions connues sous le nom de Zombaulim, savoir : Astragar, capitale Rivana; Bally, capitale Bally; Embarbaxem, capitale Sanguem; Chondraraddy, capitale Amona; Cacora, capitale Cacora. La juridiction est désignée sous le nom de *Cabo de Rama*. (Voy. la Géographie de *Santa Anna e Costa*, impr. à Macao, en 1842.)

(**) En 1842, la population entière des États de l'Inde s'élevait à 858,272 habitants, citoyens portugais proprement dits. Damão en comptait 32,130, Diu 8,932, et Macao 5,063. On ne compte pas ici les Chinois et les autres étrangers (cette population flottante peut aller à 10,000 âmes). Timor peut renfermer 500,000 habitants.

(*) « Ils appellent Pangy ou Pangim le nouveau Gôa, dit le P. Cottineau de Klognen en parlant des voyageurs qui ont visité récemment le pays et Gôa lui-même, l'ancien Gôa. Mais ces dénominations sont inconnues aux habitants, et sont devenues la source de grandes méprises. » — En parlant de ruines, ces écrivains semblent oublier qu'une population d'un demi-million d'âmes, sur laquelle on doit compter 300,000 chrétiens, habite encore les territoires environnants, et reconnaît la domination portugaise.

TABLE ALPHABÉTIQUE

DES MATIÈRES CONTENUES

DANS LE PORTUGAL.

AVIS. — Les deux lettres a et b qui accompagnent les chiffres de renvoi, dans le cours de cette table, désignent (a) la première colonne, et (b) la seconde colonne de chaque page.

A

Abdallah, fils de Muley Mahomed, empereur du Maroc, 267 a, 267 b.
Aben-Hamed Joussouf, roi de Grenade, 33 a, b.
Aboul-Hassan, roi de Maroc, 31 b—32 a.
Abranches (Alvaro d'), 323 a.
Abrantès (le duc d'), 410 a.
Abyssinie, 115 a—208.
Açores (découverte des îles), 67 a—68 a; la statue des Açores, 68 a, 367 b.
Acunha (Nuno d'). Voy. Inde.
Adamson (M. John), cité p. 278 a.
Affonso (D.), duc de Bragance, fils naturel de Joam Ier, 55 a, 83 b, 85 b.
Affonso (D. F. Pedro), (le moine), frère de Henriquez Ier, 9 b, 11 b, 391 b.
Affonso II (D.), roi de Portugal; précis de son règne, 13 b — 15 a, 391 b.
Affonso III (l'infant D.), frère de D. Sanche *Capello*, roi de Portugal, 16 a; histoire de son règne, 16 b—19 b. Voy. aussi 391 b.
Affonso IV (D.), surnommé *o Bravo*, fils et successeur du roi D. Diniz; histoire de son règne, 31 a—36 b.
Affonso V (D.), deuxième enfant de Joam Ier, 53 b, 57 b; histoire de son règne, 83 a—95 a.
Affonso (D.), frère du roi D. Diniz, 24 b.
Affonso (l'infant D.), fils du roi Joam II, 121 b—122 a, 122 b, 123 b; récit de sa mort prématurée, 124 a—126 b.
Affonso VI (D.), fils et successeur du roi de Portugal João IV; histoire de son règne, 332 b—336 b, 339 a, b, 340 a, 340 b, 341 a.
Affonso Cerveira, navigateur portugais, cité p. 70 b.
Affonso de Payva, explorateur portugais; récit de son expédition par terre pour découvrir les Indes, 118 a—121 a.
Affonso Gonçalvez Baldaya, compagnon de Gil Eannez, 73 a, 76 b.
Affonso Sanches (D.), fils naturel de D. Diniz et de dona *Aldonça Rodriguez Telha*, 28 b, 29 a, 29 b, 31 b.
Afrique. Tentatives de découvertes racontées par Gomez Eannez de Azurara (V. D. Henrique). Première expédition de D. Sébastien dans ce pays, 265 a, b; seconde expédition. — Événements qui la déterminent.—Bataille d'ALCAÇAR, 266 b, 277 b.—Coup d'œil sur l'Afrique portugaise au dix-septième siècle, 331 b—332 a; négociations pour rentrer dans la possession de Tanger. — Abandon de cette place par les Anglais, 341 b—342 b.
Agoas livres (aqueduc das), 403 b—404 b.
Agostinho da Cruz (Frey), poëte cénobite portugais, 291 a.
Ailli (Pierre d'), cité p. 134 b.
Ajuda (palais d'), 408 b.
Albe (duc d'), 299 a, 299 b.
Albert le Grand, cité p. 133 b.
Albocassem, roi des Maures, 10 a.
Albuquerque (Francisco et Affonso d'). Voy. Inde.
Albuquerque (Mathias d'), gouverneur des Indes, 310 a, 328 a, 329 a, b.
Albuquerque (Fernão d'), gouverneur des Indes, 311 b.

TABLE ALPHABÉTIQUE DES MATIÈRES. 423

Alcaçar do Sal (siége d'), 14 b; sa prise par Affonso V, 90 b. Voy. aussi 375 b.
Alcaçar-Kebir (bataille d'). Voy. Afrique.
Alcobaça (le couvent d'); histoire de sa fondation par Affonso Henriquez, 9 b, 13 a, b; ville du même nom, 375 a.
Alcobaça (château d'), 389 b—390 a; monastère du même nom, 391 a—392 a.
Alem-Tejo (province de l'), 6 a; sa description, 375 b—377 a.
Alexandre III (le pape), 11 b.
Alfonsins (les), monnaie portugaise, 98 b.
Algarves (royaume des), conquis par D. Affonso III, 18 a—19 b; sa description, 383 b—384 b.
Ali-Ben-Tafuf, 267 a.
Aljubarotta (bataille d'), 50 b—52 b.
Almada (André Alvarez d'), explorateur portugais, 331 a.
Almada (ville d'), 375 b.
Almeida (Francisco d'), premier vice roi des Indes, 92 a, b. Voy. aussi Inde.
Almeida Lourenço (d'), 175.
Almeida (Miguel d'), conspirateur portugais, 321 a.
Almeida (capitulation d'), 411 a.
Almeirim (ville d'), 375 b.
Alpedrinha (le cardinal d'), 130 a, 130 b, 132 b.
Alphonse VI, roi de Castille, 1 a, b, 2 a, 3 b, 4 a.
Alphonse VII, roi de Léon, 5 a, 5 b.
Alvares (Francisco) (voy. Inde), 255 b.
Alvarez (D.), frère du duc de Bragance, 132 b.
Alvaro (D.), capitaine portugais, 231 b —232 a.
Alvaro (D.), second fils de João de Castro, 236 b, 237 a, 238 b, 240 b.
Alvaro de Braga, compagnon de Diogo Dias, 152 a, 153 b.
Alvaro de Luna (le connétable), 84 a.
Alvaro Lopez, chroniqueur portugais, cité p. 83 b.
Alvaro vaz d'Almada (D.), comte d'Avranches, ami du régent D. Pedro; son histoire, 85 b—90 a.
Alvaro Gonçalvez (l'huissier major), meurtrier d'Inez, 35 a, 36 a, 39 b, 40 a, 40 b, 41 a.
Alvaro Gonçalvez Pereira (le chevalier D.), prieur do Crato, 32 a.
Alvaro Pirez (D.), frère d'Inez, 34 b.
Ameixial (bataille d'), 337 b.
Ammien Marcellin, cité p. 360 a.
Andeiro (le comte), seigneur du pays de Galice, ambassadeur de D. Fernando à Londres, 46 a, 47 b.
Andrada (Freyre d'), cité p. 229 b, 231 b, 232 b, 234 b, 236 b, 237 a, 239 b, 240 a, 240 b.
Andréossy (le général), cité p. 196 b.
Ango, le navigateur normand, 260 b—262 b.
Anna d'Arfet et de *Machim* (histoire d'), 64 b—65 b.
Anna Victoria (dona), fille de Philippe V et d'Isabelle Farnèse, femme de Joseph Ier, 351 a.
Anrrique (le comte), gendre d'Alphonse VI, 1 a, b, 2 b, 3 a, 3 b, 4 a, 387 b, 388 b.
Autão Gonçalvez, marin portugais, 77 b, 78 a.
Antillon, cité p. 383 a.
Antonio (D.), prieur do Crato, 295 a, 295 b, 296 a, 297 b, 298 a, 298 b, 299 a, 299 b, 300 a, 300 b, 301 b, 302 a, 302 b.
Antonio Galvam, cité p. 64 b—65 a, 79 b.
Aquino Guimaraens e Freitas (Jozé Joachim d'), cité p. 248 a.
Araduca (l'ancienne), 2 b.
Argensola (d'), cité p. 189 b.
Argote de Molina, cité p. 368 b.
Arinteiro (l'), 22 b.
Arnold d'Aerschot, 9 b.
Arrayolos (le comte d'), administrateur de la justice sous Affonso V, 83 a, 87 a.
Arzila, ville d'Afrique, prise par Affonso V, 90 b.
Assumpção Velho (le chanoine Joaquim d'), cité p. 401 a.
Ataïde (Luiz de), gouverneur des Indes, 344 a, b. Voy. Taïde.
Aun (dona Leonor Ernestine d'), seconde femme du marquis de Pombal, 352 a.
Ave (l') (l'Avus), 368 b.
Aveiro (le duc d'), 272 a; récit de la conspiration dont il fut le chef sous l'administration du marquis de Pombal, 355 a —557 b.
Aveiro (ville d'), 378 a, b.
Avezac (M. d'), cité 118.
Aviz (ordre militaire d'), appelé d'abord *da Ordem Nova*, fondé par Affonso Henriquez Ier; *la Villa d'Aviz*, 14 a.
Aviz, 377 a.
Ayala, cité p. 42 b.
Ayo, nom des gouverneurs de villes en Portugal, 5 a.
Ayres de Saldanha, gouverneur des Indes, 310 b.—311 a.

424   TABLE ALPHABÉTIQUE

Aza de S. Miguel (ordre militaire da). Voir la lettre D.
Azevedo (Simão Rodriguez de), jésuite portugais, 213 b.
Azevedo (Hyeronimo), gouverneur des Indes, 311 b.
Azurara (*Gomez Eannez de*), écrivain portugais du quinzième siècle, cité p. 57 a, 63 a, 64 b, 68 b, 69 a, 70 a—73 a, 76 a, 77 a, 81 b, 82 a.

B

Bahdour (le sultan), 227 a.
Balbi (le géographe), cité p. 2 a, 312 a, 367 a, 367 b, 368 b, 370 a, 375 b, 378 a, 383 a.
Bandeiras de Saint-Paul, 348 b.
Barbarie (guerre en), sous Joam II, 121, a, b.
Barbier du Bocage, cité p. 312 a, 355 a.
Barbosa (Joseph), érudit portugais, cité p. 3 b, 18 b.
Barbosa Machado, cité p. 255 a, 259 b, 263 b, 265 b, 292 a, 294 a, 302 a, 315 b, 314 a, 324 b, 325 a, 377 a, 399 a.
Barbudas (les), monnaie portugaise, 100 a.
Barreto (Antonio Moniz), vice-roi des Indes, 247 a.
Barreto de Resende, cité p. 135 b, 136 b—137 a, 154 a, 154 b, 165 a, 173 b, 188 b, 239 b, 241 b, 250 a.
Barreto (Francisco), vice-roi des Indes, 245 b, 246 a, 283 a, 283 b, 285 a.
Barreto (Pedro), cité p. 310 b, 311 a.
Barreto Rolim (Pedro), 287 b.
Barros (João de), célèbre écrivain portugais, cité p. 70 a, 75 b, 119 a, 120 a, 127 a, b, 135 b, 138 a, 149 a, 151 a, 159 a, 161 a, 171 a, 193 b, 224 a, 242 a, b, 254 b, 280 b.
Bartholomeu da Costa, fondeur portugais, 406 a, 406 b.
Bartholomeu Dias, gentilhomme portugais de la maison du roi Joam II, qui découvrit le cap de Bonne-Espérance, 114 b, —118 a, 137 a, 138 a.
Bartholomeu Perestrello, gentilhomme de l'infant D. Joam, 62 b, 69 b, 70 a.
Batalha (bourgade de), 375 a.
Batalha (couvent de), 396 b—397 b.
Beatriz de Castro (épisode de), sous Joam Ier, 55 b,—56 a.
Beckford, cité p. 366 a.
Behaim (Martin), l'un des inventeurs de l'astrolabe, 138 a, b.

Behetrias (les), espèce de biens privilégiés, 26 a, b.
Beira (province da), 2 a; sa description, 377 a—379 b.
Beja (ville épiscopale de), 376 a.
Belem (tour de), 399; couvent du même nom, 399 a—400 a.
Bellune (le duc de), 410 a.
Beltran (D. Hugo), chevalier français, 32 b.
Bemohi, roi éthiopien, converti au christianisme à la cour de Joam II, 122 a.
Beresford (le maréchal général), 412 b.
Berlengas (groupe des îles), autrefois *Londobris*, 367 b.
Bermudez (le patriarche João), cité p. 209 b.
Bernardim Ribeiro, poëte portugais, cité p. 197 b.
Bernardo da Cruz, cité p. 267 b, 268 a, 288 b, 270 a, 271 b, 273 a, 274 a, 274 b.
Bernardo de Sá Nogueira, général portugais, 415 a.
Besteiros (les), 51 a.
Bibliothèque royale (première) en Portugal, fondée par Affonso V, 101 b — 102 b.
Bluteau, cité p. 383 b.
Boitaca, architecte de Belem, 399 b.
Bojador (le C. de), 71 a—74 a.
Bonhomme (M.); sa condamnation inique sous D. Miguel, 416.
Bonne-Espérance (découverte du cap de), 114—118 a.
Bory de Saint-Vincent (M. le colonel), cité p. 369 a, 383 a.
Bota-fogo (le), 229 b—230 a.
Botelho Pereira, capitaine portugais, 227 a.
Bowdish, cité p. 62 a, 64 b.
Braga (église et ville de), 2 b—3 a, 382 a, 387 a, b.
Bragança (ville de), 383 a.
Bragance (D. Constantino de), fils du duc Jaime, vice-roi des Indes, 246 a, 279 a, 285 a, 285 b.
Bragance (D. João de), duc de Lafoens, 364 b.
Branca (l'infante dona), première enfant de Joam Ier, 53 b.
Brandão, savant portugais, cité p. 4 a, 12 b, 14 b—15 a, 23 b, 26 b.
Brésil (reconnaissance de l'indépendance du), 414 a.
Brissot, professeur de l'université de Paris, 278 b.
Brites (dona), fille illégitime d'Alphonse

DES MATIÈRES.

le Savant, deuxième femme de D. Affonso III, 19 a. V. aussi 391 b.
Brito, savant portugais, 43 b, 45 b.
Brito (Luiz de), 273 b.
Brito (Frey Luiz de), évêque de Méliapour, gouverneur des Indes, 311 b.
Bruxas (les) ou sorcières, 106 b — 107 a, b.
Buchanan, cité p. 253 b.
Burdin (Maurice) évêque français de Coimbre, antipape, 3 a.
Bussaco (journée de), 411 a.
Byron (lord), cité p. 367 a, 397 b.

C

Cabral. Voy. Pedro Alvarez.
Cabreira (le général Diocleciano), 416 a, 417 b.
Cadaval (le duc de), héritier de l'influence du comte de Castelmelhor, 336 b, 340 a, 340 b.
Cadornega (Antonio de Oliveyra), écrivain portugais, cité p. 331 b.
Caillié (M. le commandant), cité p. 271 a, b.
Calatrava (ordre militaire de), 11 b.
Calçadilha (le licencié de), évêque de Viseu, 136 a.
Caldas da Rainha (ville de), 374 b.
Calicut (ville de); voy. Inde, et 346 b.
Calixte III (le pape), 90 b.
Calvarios, monnaie portugaise, 347 b.
Camara (le père) (Luiz Gonçalvez da), frère de Martim, conseiller du roi D. Sébastien, 264 b.
Camara (Martim Gonçalvez da), conseiller du roi D. Sébastien, 264 b.
Camara (Ruy Gonçalez de); son histoire avec Camoens, 289 b — 290 a.
Cambre, ville indienne; sa prise, 232, a.
Caminha (Pedro de Andrade), poète portugais, 291 b.
Camoens (Luiz de), cité p. 3 a, 7 a, 32 a, 86 b, 109 a, b, 132 a, 149 b, 165 b, 245 b, 263 a; histoire de sa vie, 277 b — 293 b.
Canaries (iles), 68 b — 69 b.
Candido Xavier (M.), cité p. 264 b.
Captifs (l'hôpital des), 27 a.
Caracena (le marquis de), successeur de D. Juan d'Autriche, 338 b.
Cardoso (Jorge), cité p. 10 b, 52 b, 66 b, 76 a, 216 b, 227 b, 255 a, 255 b, 387 b.
Carlota Joaquima, femme de João VI, 413 b — 414 a, 416 a.

Carré, voyageur français, cité p. 345 a.
Carvalho (M. A. N. de), professeur de philosophie, cité p. 230 b.
Carvalho. Voy. Pombal.
Carvoeiro (Estevan), général portugais, 32 a.
Casado Giraldez (M.), cité p. 15 b, 62 a, 368 a, 370 a, 374 b, 377 a, 379 b, 380 a.
Casal (Frey Antonio do), religieux portugais, 240 b.
Cassas (M.); sa conduite énergique citée p. 416.
Castanheda. Voy. Lopez.
Castilho (João de), architecte en titre de D. Manoël, 399 a.
Castro (J. B. de) écrivain portugais, cité p. 28 a, 175 a, 368 a.
Castro (Fernando de), frère d'Inez, 34 b.
Castro (João de), vice-roi des Indes. Voy. Inde.
Castro (Martim, Affonso de), gouverneur des Indes, 311 a.
Castro-Verde (village de), 6 a.
Castros ou *Crastos* (les). V. le mot *Druidiques*.
Catherine (la reine), femme de João III, régente de Portugal, 264 a.
Cavado (le), 368 a.
Cedofeita (l'église de), 388 a, b.
Cellarius (Christophe), 371 a.
Cervantes, cité p. 407 a.
Ceuta (prise de), ville d'Afrique, 57 a — 68 a; conséquences de cette victoire, 58 a, b; sa reddition sous D. Duarte, 60 a.
Cevadeiro mór (le), directeur de l'approvisionnement de l'orge pour les écuries royales, 22 a.
Ceylan, 191 b — 192 b.
Cezimbra (ville de), 375 b.
Cham (castello de), 390 b.
Chancellario (le), premier magistrat de la cour, 22 a, b.
Chaves (ville de), 383 b.
Chimène, femme d'Alphonse VI, 3 b.
Chine. V. Inde et Macao.
Christ (l'ordre militaire du), 27 a, 28 a.
Christophe ou *Christoval Colomb*; son arrivée à la cour de Lisbonne, 97 a, 127 a — 128 a.
Christovam (D.), fils de D. Antonio, prieur de Crato, cité p. 302 a, 302 b.
Cid (le), 1 a.
Cintra (bains de), 386 b — 387 a.
Cintra (palais royal de), 397 b — 399 a.
Ciudad Rodrigo (siège de), 410 b.

Claire-Amélie (l'impératrice), fille d'Eugène Beauharnais, 416 a.
Clairval (monastère français de), 9 b.
Clède (la), cité p. 32 b, 244 a.
Clément V (le pape), 27 b.
Clercs (la tour des) à Porto, 407 a.
Clerigos del rey (les), 23 a.
Coelho da Rocha (M.), cité p. 391 a.
Coge Çofar (le renégat), 233 a, 233 b, 235 a, 236 a.
Coïmbre (capitale de la province de Beira), 2 a; son université, 25 a; réforme de celle-ci par Pombal, 359 b; sa description sommaire, 377 b—378 a.
Coïmbre (cathédrale de), (San-Christovam), 387 b—388 a.
Colmenar (Alvarez de), cité p. 400 b.
Colombo (ville de). V. Inde.
Concelho (le) ou la commune, 21 a.
Conestagio Franchi, historien pseudonyme, cité p. 271 a, 274 a, 298 a.
Conselheiro (du titre de), 22 b.
Constança, fille de D. Diniz et femme de Fernando IV, roi de Castille, 28 b.
Constança (dona), fille de D. João Manuel, duc de Peñafiel, et femme de l'infant D. Pedro, 33 b, 34 a.
Conti (Nicolas), favori de Affonso VI, 333 b—334 b.
Copeiro mór (le) ou grand échanson, 22 a.
Cordeyro (Padre Antonio), cité p. 62 a, 64 a.
Corte Real (Gaspard). V. Inde.
Corte Real (Miguel), frère de Gaspard, 157 b—158 a.
Corte Real (Hieronymo), poëte portugais, 290 b.
Cortès. Voy. Portugal.
Costignan, cité p. 403 b.
Cottineau de Cloguen (le P.), cité p. 201 a, 248 b, 249 a, 250 a, 252 a, 253 b.
Coudel mór (le), inspecteur général des haras, 97, a, b.
Coutinho (João), vicaire de Diu, 236 b, 237 a.
Coutinho (D. Francisco), comte de Redondo, vice-roi des Indes, 246 a, b, 285 b.
Coutinho (Miguel Rodriguez), 286 a.
Coutinho (Antonio de Souza), gouverneur des Indes, 312 a, 331 a, 344 a.
Coutinho (João), comte de Redondo, gouverneur des Indes, 311 b.
Coutos (les), désignation propre à la cession ou à l'établissement des biens-fonds, avec leurs droits et priviléges, 25 b—26 a.
Couvents (ceux de Lisbonne au XVIe siècle), 216, 217.

Covilheiro da rainha e da infante (le), 21 b.
Crato (bourgade de), 377 a.
Crusados (les), monnaie portugaise, 101 a, 347 b.
Cunha (D. Luiz da), diplomate portugais, 349 b.
Custodio Vieira, ingénieur civil portugais, cité p. 401 a, 401 b—402 a.
Cuvelier, trouvère du quatorzième siècle, cité p. 43 b.
Cyrillo Wolkmar Machado, cité p. 384 b.

D

Da Aza de S. Miguel (ordre militaire de), fondé par Affonso Henriquez 1er, 11 b.
Damião de Goes, auteur portugais, cité p. 68 a, 168 a.
Dantas Pereira (M.), cité p. 369 a.
Dellon, médecin français, cité p. 253 b.
Demi-doubles (les), monnaies portugaises, 37 b.
Demi-tournois (les), monnaies portugaises, 37 b.
Desoteux, baron de *Cormatin*, cité p. 355 a.
Dinheiro Alfonsim (le), monnaie portugaise, 99 b.
Diniz (D.), roi de Portugal, 21 b; histoire de son règne, 23 a — 30 b. — Voir aussi 394 b.
Diniz (l'infant D.), issu d'Inez de Castro et de D. Pedro, 44 b — 45 a, 47 a, 49 b.
Diniz Fernandez, écuyer d'Affonso V. Voy. Vert (découverte du cap).
Diogo (D.), duc de Viseu; récit de sa mort, dont le roi Joam II lui-même fut l'auteur; ses complices, 113 a — 114 a.
Diogo Bernardes, poëte portugais, 291 a, 292 a.
Diogo Botelho Pereira, héros portugais, 259 a, b.
Diogo da Barba, missionnaire portugais, 255 b.
Diogo da Sylva, premier inquisiteur général, 212 a.
Diogo de Anaya Coutinho, intrépide soldat portugais, 236 a.
Diogo de Couto, cité p. 201 a, 286 b.
Diogo Dias, frère de Bartholomeu, 137 a, 153 a, 153 b.
Diogo Lopez de Siqueira, vice-roi des Indes, 200 a, b.
Diogo Lopez Pacheco, seigneur de Ferreira, meurtrier d'Inez, 35 a, 36 a, 39 b, 40 a, 40 b, 41 a.

DES MATIÈRES. 427

Diogo Ortiz, évêque de Ceuta, 136 a.
Diu ou *Diou* (ville de); Voy. Inde, et 346 b.
Do Carmo (l'église), 52 b.
Dobras cruzadas, monnaie portugaise, 99 b.
Dobras de D. Pedro, monnaie portugaise, 99 b.
Dobras mouriscas, monnaie des Maures d'Espagne ayant eu cours en Portugal, 99 a.
Dobras validias, monnaie des Maures d'Espagne ayant eu cours en Portugal, 99 a.
Domingos Jardo (D.), prélat portugais, reçu docteur en droit canon à Paris, 24 a, b, 25 a.
Dorea Caceres e Faria (L.), cité p. 340 b.
Doubles (les), monnaies portugaises, 37 b.
Douro (le) et ses affluents, 368 b.
Dragonnier (le), 62 a.
Droz (M.-J.); son buste de Camoens, 292 b.
Druidiques (monuments), 385 b — 386 a.
Duarte (D.), fils et successeur de Joam Ier; histoire de son règne, 59 a — 61 b.
Duarte (l'infant D.), frère de João IV, 328 b — 329 a.
Duarte Barbosa, voyageur portugais, 193 a.
Duarte de Almeida, surnommé *O Decepado*, *le Manchot*; sa conduite courageuse à la bataille de Touro, 91 b — 92 a.
Duarte de Menezes, gouverneur d'Alcaçar, 90 b, 198 a, 200 b, 229 b, 248 a.
Duarte de Resende, voyageur portugais, cité p. 206 b.
Duarte Galvão. Voy. Inde.
Duarte Nunez de Leão, historien portugais, cité p. 4 b, 6 a, 6 b — 8 a, 17 a, b, 24 a, 34 a — 42 a, 92 a, 98 a, 103 b, 294 b, 383 b.
Duarte Pacheco Pereira. V. Inde.
Dubeux (M.). cité p. 172 b.
Dujarday (Mme H.), citée p. 311 b.
Du Laurier (M.), cité p. 184 a.
Dulce (dona), femme de D. Sanche Ier, 12 b.
Dumouriez, cité p. 363 b.
Durville et *d'Orbigny*, cités p. 204 b.
Dussieux, cité p. 174 b.

E

Ebrard (Aymeric d'), évêque français de Coimbre, natif de Cahors, instituteur du roi D. Diniz, 23 b, 25 a.
Edrisi, cité p. 10 b, 30 b, 73 b, 74 a, 218 b.

Egaz Moniz, gouverneur de Guimaraens sous Affonso Henriquez Ier, 5 a; son tombeau, 5 b.
Elisabeth ou *Isabel* (l'infante), fille du roi D. Pedro d'Aragon, et femme de D. Diniz, 24 b, 29 a, 29 b, 30 a, 30 b. Voy. Savoie.
Elvas (victoire d'), 15 a.
Elvas (ville épiscopale d'), 376 b.
Elvas (aqueduc d'), 403 a, b.
Emmanuel (don) de Portugal, fils du comte de Vimioso, 279 a. Voy. Manoel.
Entre-Douro-e-Minho (province d'), 2 a, 2 b; sa description, 379 b — 382 b.
Eria Gonçalvez de Carvalhal, mère du célèbre Nuno Alvarez Pereira, 48 a, b.
Escansão (l') ou échanson, 22 b.
Eschwége (le baron d'), géologue allemand, 367 b.
Escrivão da puridade, ou secrétaire intime (de l'office d'), 22 b.
Esmoler mór (l'), ou grand aumônier, 22 a.
Espadins (les), monnaie portugaise, 101 a, b.
Espheras, monnaie portugaise, 347 b.
Estramadure (province de l'); sa description, 374 b — 375 b.
Estrella (église d'), 408 b.
Estremoz (la villa d'), 376 a.
Evora (ville d'), capitale de l'Alem-Tejo, 375 b — 376 a.
Evora (aqueduc et temple d'), 386 a, b.
Evora-Monte, 377 a.
Eychão (l'), chef du service de table, 22 b.

F

Fabri (les deux), architectes, 408 b.
Falcoeiro mór (le), ou grand fauconnier, 22 a.
Famin (M. César), 372 a, 372 b.
Faria (João de), savant portugais, 190 a.
Faria (Severim), historien portugais, cité p. 97 b, 99 a, 151 a, 347 a, 347 b, 386 a.
Faria-y-Souza, cité p. 4 a, 7 a, 51 b, 52 a, 94 a, 279 b, 280 a, 285 b, 287 a, 288 a, 290 a, 386 a, 393 a.
Faro (groupe des îles de), 367 a.
Faro, capitale actuelle de l'Algarve, 383 b — 384 a.
Feira (château de), 388 b — 389 a.
Feiticeiras (les), ou Magiciennes, 106 b.
Felipa Muniz Perestrella, fille de Bartholomeu Perestrello, et femme de Christophe Colomb, 70 a.
Ferdinand II, 3e duc de Bragance, 111 b — 112 a.

Ferichta, historien du Dekk'han, cité p. 248 b.

Fernam Lopez d'Azevedo, ambassadeur de l'infant D. Henrique, 78 a.

Fernam Roiz Pacheco, 16 b.

Fernand (D.), gendre du roi de Portugal, et roi de Léon en 1178, 11 b—12 a.

Fernand Cortès, 229 b.

Fernand de Tolède (D.), 299 b.

Fernand Ruiz de Castro (D.), frère d'Inez de Castro, 33 b.

Fernando (D.), frère de D. Affonso II, 14 a, b.

Fernando (D.), roi de Portugal, fils de dona Constança et de D. Pedro, 34 a; histoire de son règne, 43 b — 46 b.

Fernando II (D.), roi actuel de Portugal, protége les arts, 385 a, 398.

Fernando (D.), surnommé *le prince Constant*, 7ᵉ enfant de Joam Iᵉʳ, 54 b — 55 a, 59 b, 60 a; récit dramatique du dernier épisode de sa vie, 60 a — 61 a.

Fernando (D.), fils de João de Castro, 234 a, b, 235 b, 237 b.

Fernando de Castro (D.), commandant des troupes de l'infant D. Henrique, 69 a, 69 b.

Ferreira (Jorge), poëte dramatique portugais, 291 b.

Filippa (dona), femme de Joam Iᵉʳ, 53 b, 56 b.

Flacourt, cité p. 258 a.

Floirac (la charte du monastère de), 1 a, 3 b.

Foia (la), point culminant de l'Algarve, 367 b.

Fontainebleau (traité de), 408 b.

Fontanier (M.), cité p. 170 b, 171 b.

Foraes, nom donné aux chartes municipales en Portugal, 21 a.

Foy (le général), cité p. 343 a, 411 a.

Francisco de S. Luiz (D. F.), cité p. 130 a, 396 b.

Francisco Manoel, cité p. 65 b, 362 a, b.

Franzini, cité p. 371 a, 372.

Freire de Carvalho (Liberato), cité 413.

Freire de Carvalho (Francisco), cité 413.

Frey Antonio Brandão, historien portugais, cité p. 2 b.

Frey João Alvarez, abbé commendataire de Paço de Souza, cité p. 61 a.

Froberville (M. de), cité p. 258 a.

Fruteiro (le), 22 b.

Fuas Roupinho (D.), héros portugais, 9 b.

Furtado de Mendoça (André), gouverneur des Indes, 311 b.

G

Gaetano do Amaral (M.), cité p. 22 b.

Gaetano (l'architecte Manuel), cité p. 408 b.

Galdim Paes (D.), premier grand maître du Temple, 27 a.

Galvão (Antonio), cité p. 54 b, 157 b, 193 b, 207 b—208 a.

Gama (Estevam da), 228 a, 230 a.

Gama (D. Francisco da), gouverneur des Indes, 310 a, 311 b.

Gama. Voy. Vasco.

Garção Stockler (Fr. B. de), cité p. 135 b.

Garcia da Orta, savant portugais, 287 a.

Garcia de Noronha, vice-roi des Indes, 203 a, 227 b.

Garcia de Resende, cité p. 95 a, b, 111 a, 122 b, 124 a, 130 b, 131 a, 172 a, 197 b, 198 a, 199 b, 332 a, 360 b, 399 a.

Garcia de Sá, alcaïde de Porto, vice-roi des Indes, 245 b.

Garcia Mendez (le grand porte-étendard), 9 a.

Gaspard (Frey), cité p. 255 b.

Gaspard da Incarnação (le chanoine), gouverneur du Portugal, 352 a.

Gaspard de Léon Pereira (D.), premier archevêque de la métropole des Indes, 253 b.

Gaspard Estaço, cité p. 386 a.

Gauthier, cité p. 205 a.

Gaviara (le), point culminant du Minho, 367 b.

Genet, origine de ce mot appliqué à certains chevaux, 124 b.

Gentil (le), monnaie portugaise, 100 a.

Gil (D.), évêque de Guarda, qui célébra le mariage secret d'Inez et de D. Pedro, 39 a.

Gil (F. D.), moine dominicain portugais du treizième siècle, 16 b.

Gil Eannes, écuyer de l'infant D. Henrique, navigateur portugais qui doubla le premier le cap Bojador, 72 a — 73 a, 76 b.

Gil Vicente, poëte dramatique portugais, 122 b—123 a, 280 b, 361 a, b, 407 a.

Ginga (Anna), reine de Matamba, 331 b.

Giraldo Giraldez, surnommé *Sans-Peur*, guerrier portugais, 9 a, b.

Girard de Huld, amiral hollandais, 331 a.

Giusti, statuaire italien, cité p. 405 a.

Goa (ville de); Voy. Inde, et 283 a, b, 286 a, 346 a, 419 b; sa situation en 1842, 420 a—421 b.

Godefroy (Denis), cité p. 3 a, 326 a.

Gonçalez de Macedo, 51 b.
Gonçalez de Sandoval, 51 b.
Gonçalo Pereira, archevêque de Braga, 34 b, 48 a.
Gonçalo Velho-Cabral, commandeur d'Almourol. Voy. Açores.
Gonçallo Vaasquez de Goes, secrétaire da Puridade, sous D. Pedro, le fils d'Affonso IV, 38 a.
Gonçalve de Cordoue, 226 a.
Gonçalves (le P. Jacome), brahmane, cité p. 255, a.
Gonçalvez de Attaide, gouverneur du jeune roi Affonso V, 83 a.
Gonzalo Mendez dit *le Lutteur*, guerrier portugais, 9 a.
Gordo (Joachim José), cité p. 166 b.
Goulard (Simon), historien français, traducteur d'Osorio, cité p. 175 b, 176 a, b, 177 a, b, 178 a.
Gran Vasco (le peintre), cité p. 387 b.
Graves (les), monnaie portugaise, 100 a.
Grégoire XI, pape résidant à Avignon, au temps du roi D. Fernando, 45 b.
Grouchy (Nicolas de), cité p. 145 b.
Guadiana (la), 369 b.
Gualdim Paes, premier grand maître des Templiers, 394 a, 394 b. Voy. Galdim.
Guarda mór (le), capitaine des gardes, 22 b.
Guarienti, cité p. 384 b.
Gueselin (chronique en vers de *du*), cité p. 36 b.
Guido de Montfort (le cardinal), 45 b.
Guillaume IV, roi d'Angleterre, 416 b.
Guimaraens, capitale de l'ancien Portugal, 2 a, b; son siège sous Affonso Henriquez Ier, 5 a.
Guimarães (ville de), 382 a.
Guzman (dona Luiza Francisca de), femme de João IV, 317 a, 318 b, 324 a, 324 b, 325 a, 330 a, 334 a, 335 b.

H

Harrisson (M. W. H.), cité p. 388 a.
Hautefort (M. d'), cité p. 385 b, 408 a.
Heitor da Sylveira, 203 a, b.
Henri de Transtamare, 44 a, 45 b.
Henrique (D.) (le comte). V. Anrrique.
Henrique (D.), fils aîné d'Affonso Henriquez Ier, 12 b.
Henrique Henriquez, dit l'apôtre de Comorin, jésuite, 254 b.
Henrique le Bâtard, 44 a.
Henrique (D.) ou *don Anrrique*, cinquième enfant de Joam Ier, 54 b, 57 a, 57 b, 59 b, 61 a, 67 a, 68 b, 69 a, 69 b, 70 a, 70 b, 71 a, 71 b, 72 a, 72 b, 74 a, 74 b, 75 a, 75 b, 76 b, 77 b, 78 a, 81 b, 85 b, 90 a, 91 a, 134 b.
Henrique (le cardinal D.), roi de Portugal; histoire de son règne, 293 b — 297 b.
Henriquez Ier (D. Affonso), fils de Aurrique ou Henrique, roi de Portugal, histoire de son règne, 4 a — 12 a. V. aussi 392 b.
Herculano (M.), cité p. 19 b — 21 b, 148 a, 223 a, 269 a, 270 a, 402 a — 403 a.
Hidal-Khan II, compétiteur de Meale; voy. Inde, 243 a, 243 b, 245 b, 247 a, 247 b.
Hoffmanseg (le comte de), cité p. 384 b.
Homem del rey (du titre de), 23 a.
Houras (les). V. *Coutos*.
Houtman (Corneille), 310 a.
Houtman (Frédéric), frère de Corneille, 311 a.
Hyde de Neuville (M.), 414 a, 415 b.
Hyeronimo Franchi, cité p. 297 b, 299 a, 299 b.

I

Ibn Batuta, cité p. 152 a.
Iguador (l'), 22 b.
Ilhavo (la cité manufacturière d'), 378 b.
Inde (l'). Idées qu'on avait sur cette contrée au temps de D. Manoel; influence de D. Pedro d'Alfarrobeira, 133 a — 135 a; préparatifs d'expédition, 135 a; première expédition maritime des Portugais dans cette contrée.—*Vasco da Gama*, 135 a — 136 b; le départ.—La baie de Sainte-Hélène.—Le Cap, Quiloa, Monbaça, 136 b — 193 b; débarquement des Portugais à Calicut.—Dévotion des Européens dans un temple hindou, 147 b — 150 b; la ville de Calicut.—Le Samori, 150 b — 151 b; séjour à Calicut.—Mésintelligence entre les Portugais et l'autorité, 151 b — 154 b; seconde expédition aux Indes orientales, 154 b — 157 a; expédition de *Joam da Nova*.—Découverte de l'île de la Conception et de Sainte-Hélène, 157 a, b; *Corte Real* et ses découvertes, 157 b — 158 a; influence de la seconde et de la troisième expédition des Portugais aux Indes, 158 a, b; deuxième expédition de *Vasco da Gama*.—Incendie d'un bâtiment appartenant au soudan d'Égypte, 158 b — 162 a; expéditions qui partent de Lisbonne en 1503.—*Francisco et Affonso d'Albuquerque*, *Duarte Pacheco*

Pereira, 162 b; expédition de *Vicente Sodré*, 162 b — 163 a; victoires de *Duarte Pacheco Pereira*, 163 a, 165 b; *Almeida*, premier vice-roi des Indes. — Expédition dirigée contre Socotora. — *Tristam da Cunha* et *Affonso d'Albuquerque*. — Destruction de la flotte musulmane devant Ormuz. — Le roi reconnaît la suzeraineté du Portugal, 168 a — 174 a; *D. Francisco de Almeida*, ses victoires, son administration, 173 a — 175 b; expédition d'*Almeida* contre les flottes combinées du soudan d'Égypte et du roi de Cambaya, 175 b — 178 a; *Affonso d'Albuquerque* nommé gouverneur des Indes, 178 a; son arrivée aux Indes; son entrevue avec *Almeida*; il réclame l'autorité, 178 b — 181 a; prise de Gôa, 181 a — 182 a; projets de conquête, premières expéditions vers Malacca, 182 b — 187 a; seconde expédition d'*Albuquerque* contre Ormuz, 187 a — 189 a; découvertes des Portugais dans les mers de l'Inde, 189 a, b; commerce avec les îles Moluques, 192 b — 193 b; derniers événements de l'administration d'*Albuquerque*. — Sa mort, 193 b — 194 b; *Lopo Soares d'Albergaria*, troisième gouverneur des Indes, 195 b; influence des trois conquérants. — État des Indes vers 1518, 195 b — 197 a; noms des vice-rois qui succèdent à *Albuquerque*. Principaux événements arrivés durant leur administration. — *Vasco da Gama* est revêtu de cette dignité. — Sa mort, 200 a — 202 b; premier siège de Diu, 203 b; section de l'isthme de *Panama*, proposée dès le seizième siècle, 207 b — 208 a; l'Abyssinie mieux connue de l'Europe. — Ambassade au pays du Preste Jean. — *Francisco Alvares* et *Duarte Galvão*, 208 b — 210 a; situation morale des Indes avant l'arrivée de *J. de Castro*, 228 a — 229 a; *João de Castro*, treizième gouverneur des Indes, 229 a — 230 a; exploration de la mer Rouge par *João de Castro*, 230 a, b; son départ pour les Indes, 230 b; luttes d'*Hidal-Khan* pour conserver le trône enlevé à *Meale*, 230 b — 236 b; seconde période du siège de Diu, 236 b — 239 a; arrivée de *D. João de Castro* devant la forteresse de Diu, 239 a — 241 a; il emprunte aux habitants de Gôa; lettre qu'il leur adresse, 241 a b; son triomphe, 241 b — 243 a; dernière période de son gouvernement; il est nommé vice-roi des Indes; sa mort, 243 a — 244 b; coup d'œil sur la situation de l'Inde après sa mort. — Vice-rois qui lui succédèrent, 244 b — 247 b; origine historique de *Gôa*, la ville indienne, 248 b — 250 a; physionomie de cette ville au seizième et au dix-septième siècle, 250 a — 253 a; inquisition de Gôa, 253 a — 254 a; institutions littéraires fondées aux Indes, 254 a; influence des découvertes des Portugais sur les connaissances scientifiques et littéraires relatives à l'Inde, 254 a — 255 a; missions des Indes portugaises. — Les chrétiens de *Saint-Thomé*. — *Saint François Xavier*, ses voyages, son influence durant la guerre contre le roi d'Achem. — Entrée au *Japon*. — Projets sur la *Chine*. — Mort de l'apôtre des Indes, 255 a — 258 b; décadence des Indes portugaises. — Gouverneurs envoyés par l'Espagne, 309 b — 312 a; derniers efforts de la valeur portugaise dans les Indes. — Prise de *Colombo*. — Belle défense de *Souza-Coutinho*, 330 et suiv.; dernier coup porté à la puissance des Portugais dans les Indes, 344 a — 346 b; formation d'une Compagnie des Indes sous l'administration de Pombal, 352 b. Gôa est déclaré port franc, 419.

Indios, monnaie portugaise, 347 a.

Inez de Castro, 31 b; son histoire, 33 b — 35 a; derniers honneurs rendus à sa mémoire par D. Pedro, 41 b — 42 a.

Innocent IV (le pape), 16 a.

Inquisition; voy. Portugal, et 352 b.

Isabel (dona), fille du régent D. Pedre et femme du roi Alfonso V, 85 a.

Isabel Fernandes (la matrone), 225 b, 237 b — 238 a.

Isabelle (l'infante), femme de Philippe le Bon, fille naturelle de Joam Ier, 55 a.

Isabelle (l'infante), fille aînée de Ferdinand et d'Isabelle de Castille, veuve du fils de Joam II, première femme de D. Manoel, 165 b, 166 a.

Isabelle-Marie (l'infante), régente du Portugal, 414 b.

Ismael, émir de l'Alem-Tejo, 6 a.

Itabayana (le vicomte d'), 415 a.

J

Jacome de Bruges, donataire de l'île de Terceire en 1445, 67 b.

Jacome de Malhorca, géographe portugais, 75 b.

Jaimes (D.), fils aîné du duc de Bragance, 132 b.

Janes (D. Fernando), grand maître des chevaliers d'*Aviz*, 14 a.

Japon. V. Inde.

Jean, évêque de Lisbonne, 27 b

DES MATIÈRES.   431

Jean (le prêtre ou preste); notice historique touchant le mythe relatif à ce merveilleux personnage durant le moyen âge, 118 a, b.
Jean Ier, roi de Castille, 47 a.
Jean de Troyes, greffier de l'hôtel de ville de Paris, chroniqueur du règne de Louis XI, cité p. 92 b—93 b.
Jeanne, deuxième femme d'Affonso V, 91 a, 95 a.
Jésuites (les) en Portugal; leur arrivée; leur influence sous João III, 213 a—214 b; leur réforme par le marquis de Pombal, 334 b—335 a; leur anéantissement, 358 a.
Joam (D.), le mestre d'Aviz, roi de Portugal; histoire de son règne, 47 a—59 a. V. aussi 397 a, 398 a.
Joam (l'infant D.), sixième enfant de Joam Ier, 54 b, 90 b—91 a.
Joam II, fils et successeur d'Affonso V, 94 b—95 a; histoire de son règne, 111 a—132 a.
Joam da Nova. V. Inde.
Joam das Regras ou d'Arregos, docteur célèbre de l'école de Barthole, 49 b, 50 a.
Joam Gonçalvez Zarco, navigateur portugais. V. Porto-Santo et Madère.
Joam Lourenço da Cunha, seigneur de Pombeiro, premier mari de Lianor Tellez, 44 b.
João (D.), fils de D. Pedro d'Alfarrobeira, 90 a, b.
João III, fils et successeur du roi D. Manuel, cité p. 9 a; histoire de son règne, 199 b—200 a; 210 b—211 a.
João IV, roi de Portugal; histoire de son règne, 313 a—330 b.
João V (D.), roi de Portugal, fils et successeur de D. Pedro II; histoire de son règne, 348 a—350 b. V. aussi 401 a, b.
João VI (D.), prince du Brésil, fils et successeur de D. Pedro III, roi de Portugal, 366 a, 366 b, 408 b, 409 a, 409 b, 412 b, 413 a, 414 a, 414 b.
João Affonso (D.), fils illégitime de D. Diniz, 29 b.
João Soares de Albergaria, neveu et successeur de Gonçalho Velho, gouverneur des Açores, 67 a.
Jogo das Canas ou jeu du Djerid, 108 b —109 a.
Joham Bartholomeu Perestrello (D.), 62 b—63 a.
Joham Gonçalvez, écuyer écrivain des livres du roi, sous Affonso V, 102 a.
Jordão, né à Évora, soi-disant le premier voyageur portugais qui ait découvert les Indes, 134 b.
Jorge (D.), fils naturel de D. Joam II, 126 b, 129 a, b.
Jorge Cabral, vice-roi des Indes, 245 a.
Jorge da Costa, cardinal de Lisbonne, 95 a.
José (mestre), astronome portugais, 135 b.
José Freire (le P.), cité p. 62 b.
Joseph Ier (D. Jozé 1º); histoire de son règne, 350 b—364 b.
Joseph (statue équestre de D.); travaux d'art exécutés par Joaquim Machado et Bartholomeu da Costa, 405 a—407 a.
Jozé (Antonio), poëte dramatique, 350 a, 407 b.
Jozé (D.), fils de D. Pedro III, 366 a, b.
Jozé da Costa de Macedo, savant portugais, cité p. 68 b.
Jozé da Costa e Sylva, architecte portugais, cité p. 408 a, 408 b.
Juan d'Autriche (D.), 337 b, 338 b.
Juanna (dona), fille de Charles-Quint et femme de D. João, fils de João III, 263 b.
Jubinal (Achille), cité p. 79 b.
Judarias (les), danses portugaises, 109 b —110 a.
Juifs (les); récit de leur massacre à Lisbonne, sous le roi D. Manoel; considérations sur leur position à cette époque en Portugal, 166 a—168 a.
Junot, 409 a, 409 b.
Juromenha (le vicomte de), écrivain moderne portugais, cité p. 341 a.

K

Kanará (le royaume de) dans les Indes, 152 b.
Kellermann, 410 a.
Khaïr-ed-din, surnommé Barberousse, 233 a.
Kinsey (M.), cité p. 97 b, 253 a, 348 a, 374 a, 385 b, 389 a, 393 a, 399 a.
Klenardt, cité p. 219 b—220 a, 293 b —294 a.

L

Lacabane (M.), cité p. 23.
Laclède, cité p. 8 b, 320 b, 321 b 338 a.
Lacroze, cité p. 209 b.
Lagos (les deux), 82 a et 367 b—368 a.
Lagrimas (Quinta das), 393 a, b.
Lamego (les cortès de), 7 a; opinion de l'auteur à ce sujet, 390 b—391 a.

Lamego (ville épiscopale de), 379 a.
Lancastre (le duc de), fils d'Edouard III, roi d'Angleterre, 45 a.
Landmann, cité p. 348 a, 384 b, 405 b, 406 b.
Landresse (M.), orientaliste, cité p. 255 a.
Lavallée (M. Joseph), cité p. 91 a.
Laverdant (M. de), cité p. 258 a.
Leal (M.), poëte moderne portugais, cité p. 408 a.
Lecussan Verdier, cité p. 408 a.
Lefebvre (M.), voyageur français, cité p. 209 a.
Le Glay (M.), cité p. 14 b, 45 a.
Leiria (ville de), 374 a.
Leiria (ruines du château de), 393 b — 394 a.
Leitão (Manuel Nunez), 339 b, 340 a.
Leitão d'Andrada, cité p. 269 b, 270 b, 274 a, 293 b.
Leonardo Paez, prétendu descendant des rois de Sargarpor, cité p. 255 a.
Leonor Coutinho, femme de D. João de Castro, 229 b.
Leonor de Alvim (dona), femme de Nuno Alvarez Pereira, 48 b.
Léopoldine (l'archiduchesse), femme de l'infant don Pedro, 412 b.
Les Soixante ans de captivité; énumération des événements successifs qui inspirèrent au Camoens le chant national ainsi appelé par les Portugais, 307 b — 309 b.
Lesson (M.) et M. Duperrey, cités 140 b.
Leyte (le capitaine Jacome), 235 a.
Liaño (D. Augustin), écrivain espagnol, cité p. 13 b, 16 b, 19 a, 161 a, 294 a, b.
Libras (les), monnaie portugaise, 98 b.
Lichnowsky (le prince), cité 392 a, 393 b.
Lima (le), 368 b.
Lippe (le comte de), commandant des forces portugaises sous Pombal, 358 b.
Lisbonne (ville de), capitale de l'Estramadure, 2 a; assiégée par Affonso Henriquez, 8 b — 9 a; sa physionomie au moyen âge et au temps de la renaissance; apogée de sa splendeur; curieuse statistique officielle, 214 b — 217 a; lieux de bienfaisance existant vers 1550, 217 a, b; tableau des gens de métier y existant de 1550 à 1551, extrait du livre de *Rodriguez de Oliveyra*, 217 b — 218 b; état des grandes fortunes existant au seizième siècle, 218 b — 219 a; l'esclavage à Lisbonne au seizième siècle, 219 a — 220 a; sa physionomie durant la dernière moitié du seizième siècle; aspect des rues et des édifices, 220 a — 223 a; son commerce vers le milieu du seizième siècle, 223 a, b; ravage qu'y fit la peste au seizième siècle, 288 b; pillée sous le règne d'Antonio, prieur do Crato, par les Espagnols, 299 b; *Lisboa oriental* et *Lisboa occidental*; fondation de son académie d'histoire; peste de 1723, 349 b — 350 a; sa description, 371 a — 373 a; navigation et commerce de son port en 1839, 373 a, b; académie de dessin, 385 b; sa cathédrale, 394 b — 396 b; ancien palais des rois, renversé par le tremblement de terre de 1755, 400 a, b; théâtre de San Carlos, 407 a — 408 a.
Livre d'argent (la), monnaie portugaise, 99 a.
Lobo (M. Alex.), cité p. 278 a, 284 a.
Lobo da Sylveira (Joaquim), diplomate portugais, 412 b.
Loiseleur Deslongchamps, cité p. 148.
Lopes (M. José Joaquim), cité p. 368 a.
Lopes-da-Costa (la centenaire Maria), 382 a, b.
Lopez (Fernand), cité p. 16 b, 34 a — 42 a, 42 b, 44 b, 45 a, 45 b, 46 a, b, 47 a, 48 a, 360 a.
Lopez de Castanheda (Fernand), écrivain portugais, cité p. 120 b, 145 a, 152 b.
Lopo Soares d'Albergaria, Voy. Inde.
Loureiro (M.), cité p. 248 a.
Lourenço (D.), archevêque de Braga, 51 b, 52 a.
Lourenço Gonçalves Magro, petit-fils d'Egaz Moniz, précepteur du roi D. Diniz, 23 a, b.
Lubis-homens (les), ou Loups-garous, 106 b — 107 b.
Lucena (João de), écrivain portugais, cité p. 258 a.
Ludolphe, cité p. 208 b.
Ludovici, archit. allemand, cité p. 401 a.
Luiz (S.), savant portugais, cité p. 1 b — 2 a.
Luiz (l'infant D.), premier fils de doña Constança et de l'infant D. Pedro, 34 a.
Lusitanie. Voy. Portugal.

M

Mablin (M.), cité p. 289.
Mably, cité p. 352 b.
Macao, ville chinoise; sa fondation, 247 b et suiv., 284 a.
Macedo (M.), savant géographe moderne portugais, cité p. 80 a, 306 b, 366 b.
Macedo (P. Fr. Francisco de Santo-Agostinho de), cité p. 387 a.
Machado (Joaquim), statuaire portugais, 405 a — 406 a, 406 b.

Macias l'Enamorado, poëte portugais, 277 b.

Madagascar (île de), 169 a, 258 a.

Madère (île de); histoire de sa découverte, 61 b — 67 a.

Mafalda (dona), fille d'Amédée III, comte de Savoie, et femme d'Affonso Henriquez Ier, 12 b.

Mafra (la basilique, la Granja Real et la Tapada de), 400 b — 402 a, et 402 a — 403 a.

Magalhaens (l'abbé), cité p. 363 b.

Magellan (Fernando de), 203 b—205 b, 205 b — 207 b.

Magnin (M. Ch.), cité p. 278 a, 279 b, 280 a, 284 a, 286 b, 289 b.

Mahmoud, héritier du sultan Bahdour, 233 a.

Mãi d'Agua do Rato (le réservoir de), 404 b.

Malacca, 184 et suiv.

Maldonado (Miguel), 323 b.

Malek al Tojar Khodja Jehan, empereur du Dekk'han, 249 a.

Mamède (bataille de S.) en 1128, 4 b — 5 a.

Mamoas ou *Modorras* (les). Voy. le mot *Druidiques*.

Manga bordada (la), ou Manche brodée, 109 a.

Mangin, cité p. 314 a.

Manoel (D.), duc de Bejà, frère du duc de Viseu, héritier du trône de Joam II, 129 b; histoire de son règne, 132 a — 136 b, 165 b — 166 a, 189 b — 191 b, 194 b — 195 b, 197 a — 199 b.—V. aussi 392 b, 397 b, 400 a.

Manoel (D. Sancho), comte de Villaflor, commandant en chef de l'armée portugaise, 337 b, 338 a.

Manoel de Lima (D.), commandant portugais, 240 a, 240 b.

Manuel de Maia, ingénieur militaire portugais, cité p. 403 b — 404 a.

Manuel de Souza Coutinho, gouverneur des Indes, 310 a.

Manuel Thomaz, poëte portugais, cité p. 62 a, 366 b.

Maravédis (les), monnaie portugaise, 98 b, 99 a.

Maria (dona), sœur de l'infante Isabelle de Castille, 2e femme de Manoel, 166 a.

Maria (dona), fille et héritière de Joseph Ier; histoire de son règne, 364 a — 366 a, 409 a, b, 412 b.

Maria II (l'infante dona), princesse de Beira, reine de Portugal, fille de dom Pedro, 412 b, 414 b, 415 b, 417 a, 417 b, 419 a.

Marialva (le marquis de), 338 b.

Mariana, savant historien, cité p. 2 b.

Marie, femme d'Alphonse de Castille, 32 a.

Marie-Anne d'Autriche, femme de João V, 349 a.

Marinha-Grande (ville de), 375 a.

Mariz (Pedro de), chroniqueur portugais, cité p. 50 a, 84 b — 85 a, 164 b, 268 b, 291 b.

Marmont (le maréchal), 411 b.

Marranes (les), 211 a.

Martim Moniz, héros portugais, 9 a.

Martim de Freitas (D.), alcaïde du château de Coïmbre, 16 b, 17 a, 17 b.

Martim de Mendoça de Pina, cité page 386 a.

Martim Fernandez, cordonnier portugais, 296 b.

Martyres (Frey Francisco dos), gouverneur des Indes, 312 a.

Marvão (ville de), 377 a.

Mascarenhas (le capitaine D. João), commandant le fort de Diu, 233 b, 234 a, 235 a, 236 b, 237 a, 237 b, 238 a, 238 b, 239 a, 239 b, 243 a, 243 b.

Mascarenhas (le capitaine D. Pedro), 201 b — 202 a; vice-roi des Indes, 245 a, b, 282 b.

Mascarenhas (D. Francisco), gouverneur des Indes pour Philippe II, 310 a.

Masséna (le maréchal), 410 b, 411 a, 411 b.

Mathieu Paris, cité p. 9 a.

Mathilde, comtesse de Boulogne, première femme de D. Affonso III, 19 a.

Mattos (D. Sebastião de), archevêque de Braga, 328 a, b.

Maures (les); histoire de leurs relations avec les populations chrétiennes durant les onzième et douzième siècles, 10 a, b; étendue donnée par les Portugais à l'acception de cette dénomination de peuple, 151 b.

Mazoni (Nicolas), architecte italien, cité p. 407 a.

Meale, souverain de Balagate. Voy. Inde.

Medina Sidonia (le duc de), 325 b.

Meirinho mór (le), ou chef de la justice, 22 a.

Mello (Francisco Manoel de), écrivain portugais du dix-septième siècle, cité page 316 a, 316 b.

Mello de Castro (Francisco de), gouverneur des Indes, 312 a.

Mem Moniz, guerrier portugais, 9 a.

28º *Livraison*. (PORTUGAL.)

434 TABLE ALPHABÉTIQUE

Mem Ramirez, général portugais, 8 b.
Mem Rodriguez, 51 a.
Mencia (dona), fille de D. Lopez de Haro et femme de D. Sanche II, 15 b, 16 a.
Mendez Pinto (Fernand), voyageur portugais, cité p. 247 b, 257 b.
Mendez Sylva, cité p. 57 b.
Mendoça (Pedro de), grand alcaïde et seigneur de Mourão, 318 a, 318 b, 319 b.
Menezes (le comte Fernando de), 84 a.
Menezes (Henrique de), vice-roi des Indes, 201 a.
Menezes (D. Aleixo de), gouverneur du roi D. Sébastien, 264 b — 265 a.
Menezes (Diogo de), vice-roi des Indes, 247 a, 297 b — 298 a.
Menezes (D. Diego), 299 a, b.
Menezes (Frey Aleixo de), archevêque de Gôa, gouverneur des Indes, 311 a.
Menezes (João da Sylva Tello), gouverneur des Indes, 311 b — 312 a.
Menezes (Luiz de), comte d'Ériceira, cité p. 319 b, 320 b, 322 a, 322 b, 324 a, 324 b, 342 b, 349 b.
Methuen (traité de sir John), en 1703, avec le Portugal, 342 b — 344 a, 350 b.
Mignet (M.), cité p. 336 a, 344 a.
Miguel (D.), 413 a, b, 414 a, 414 b, 416 a, 419 a.
Miguel Vaz (le P.), premier vicaire général de l'*Etat des Indes*, 250 a, 255 b.
Milites cabalari (les), ou *Cavaliers*, 21 a.
Minaño, cité p. 378 a, 383 a.
Minho (le), 368 a.
Miranda, poëte portugais, cité p. 43 a.
Missions. Voy. Inde.
Mondego (le), 368 b.
Moniz Barreto, officier portugais, 238.
Monteiro (M.), cité p. 411 et 413.
Monteiro (le moine F. Pedro), cité p. 213 a.
Monteiro (Nicolas), chargé des affaires de Portugal à Rome, sous João IV, 329 b.
Monteiro mór (le), ou gouverneur des chasses royales, 22 a.
Monteiro (J. M. Souza), cité 413.
Montemor (le marquis de); récit de son exécution en effigie, sous Joam II, 112 a — 113 a.
Montesclaros (bataille de), 338 b.
Montijo (bataille de), 329 b.
Mordomo mór (office des), 22 a
Moreno (Antonio), cosmographe portugais, 206 b.
Mourarias (les), danses portugaises, 109 b — 110 a.
Muley Ahmed (Moula Ahmed), chéryf du royaume de Dara, vainqueur du Maroc, 267 a.
Muley Hamed (Moula Ahmed), le Mulâtre, 267 b, 268 a.
Muley Mahomed (Moula Mohammed), chéryf du royaume de Dara, vainqueur du Maroc, frère et compétiteur de Muley Ahmed, 267 a.
Muley Maluco (Moula-abd-el-Mélek), 267 b, 268 a, 270 b, 271 a, 272 b.
Murphy, architecte anglais, cité p. 52 b, 386 b, 387 a, 393 b, 395 a, 396 b, 397 a, 405 a.
Mythe des sept villes (le), 79 a, b.

N

Nabancia (ville antique de), 394 b.
Napier (l'amiral), 418 b, 419 a.
Napoléon, 409 b.
Navarrete (Fernandez de), savant espagnol, cité p. 204 a.
Necessidades (palais royal das), 404 b —405 a.
Neiva (le), 368 a.
Népomucène Lemercier, cité p. 313 b.
Neubourg (Marie-Sophie-Isabelle de), seconde femme de D. Pedro, frère d'Affonso VI ; sa postérité, 341 b.
Ney (le maréchal), 411 b.
Nicéron (le P.), cité p. 285 a, 315 b.
Nicolas Coelho, premier porteur de la nouvelle de la découverte des Indes, 154 a.
Nil (le), projet de son détournement par le grand Albuquerque, 196 b—197 a.
Noronha (dona Maria de), erreur relative à cette dame portugaise rectifiée, 398, 244 a.
Noronha (D. Affonso de), vice-roi des Indes, 245 a, 282 a, 282 b.
Noronha (D. Antonio de), vice-roi des Indes, 246 b, 247 a, 249 b.
Noronha (Miguel de), gouverneur des Indes, 311 b.
Noronha (D. Carlos de), 322 a, b.
Noronha (dona Theresa de), femme du marquis de Pombal, 351 b.
Nossa Senhora d'Almacava (église de) ; monument contemporain du fondateur de la monarchie ; tradition qui s'y rapporte, 390 b—391 a.
Nouvelle-Hollande ; sa découverte, 312 a.
Nunez (Pedro), célèbre mathématicien portugais, 229 b, 264 b, 294 a.
Nuno Alvarez Pereira (le connétable), 48 a, b, 50 a, 51 a, 51 b, 52 b, 53 a, 56 b.
Nuno da Cunha (D.), fils de Tristam, vice-roi des Indes, 190 a, 202 b — 203 a, 226 b, 227 b, 231 a,

DES MATIÈRES. 435

Nuno Martins de Chacin, précepteur du roi D. Diniz, 23 a, b.
Nuno Mendez (le comte de), 2 b.
Nuno Tristam, chevalier portugais, 77 b, 78 a, 79 a.

O

Obidos (ville d'), 374 b.
Odivellas (monastère d'), 29 b.
Ogané, 115 a.
Oliveyra (Rodriguez de). Voy. *Lisbonne*.
Oliveyra Marreca (A. d'), écrivain portugais, cité p. 224 a—225 b.
Olivier de la Marche, écrivain français du XVe siècle, cité p. 89 a, b.
Ordres monastiques (abolition des), 419.
Orléans (le P. d'), cité p. 341 b.
Ormuz (ville d'), 171 a, b.
Orose (Paul), cité p. 360 a.
Osorio, cité p. 138 a, 138 b, 139 a, 175 b, 176 a, b, 177 a, b, 178 a, 206 b, 266 b, 384 a, 419 b.
Otto ou *Otta* (l'historien), moine du Nord, a.
Ourique (bourg d'), 6 a; description de la bataille sanglante qui fonda la monarchie portugaise, et à laquelle il donna son nom, 6 b—7 a; voy. aussi 376 a.
Ovençaes (les) ou inspecteurs des approvisionnements, 23 a.

P

Pacheco (Diogo), cité p. 136 a, b, 190 a, 191 a, 191 b.
Paço de Souza (monastère de), 5 b.
Paes (Antonio), 318 b.
Paes (D. Fernando), comte de Transtamare, favori de dona Thareja, 4 b.
Paiva (M.), cité p. 148 a, 270 a.
Palmella (le comte de), diplomate portugais, 412 b.
Panama (isthme de); sa section proposée au XVIe siècle, 207.
Paramo (Luiz), auteur portugais, cité p. 213 a.
Parceiro mór (le), surintendant des constructions royales, 22 b.
Patacão, monnaie portugaise, 347 b.
Paulo Rodriguez da Costa, voyageur portugais, cité p. 258 b.
Pedones (les) ou *Peons*, 21 a, 51 a.
Pedro (D.), frère de D. Affonso II, 14 a, b.
Pedro (D.), fils naturel de D. Diniz et de dona *Garcia Froyas*, 28 b, 29 a.
Pedro (D.), roi de Portugal, fils et successeur d'Affonso IV, 33 b—43 a.
Pedro (D.), duc de Coïmbre, quatrième enfant de Joam Ier, surnommé d'*Alfarrobeira*, 54 a, b, 57 b, 59 b, 61 b, régent pour Affonso V, 83 b—90 a, 133 b, 134 a.
Pedro II (D.), frère du roi D. Affonso VI; histoire de son règne, 335 b—344 a, 347 a.
Pedro III (D.), duc de Beira, empereur du Brésil, 364 a, 366 a, 412 b, 414 b, 415 a, 416 a, 417 a, 417 b, 418 a, 419 a, 419 b.
Pedro Alvarez Cabral, gentilhomme de la maison de D. Manoel, chef de la seconde expédition aux Indes orientales, découvre le Brésil, 154 b—157 a.
Pedro de Menezes (D.), comte de Viana, guerrier portugais, 57 b, 58 a.
Pedro de Noronha (D.), archevêque de Lisbonne, 84 a.
Pedro Fernandez de la Guerra (D.), père de Fernand Ruiz, 33 b.
Pedro Gonçalez de Mendoça, majordome du roi d'Espagne, 51 b.
Pedro Ribeiro de Macedo, cité p. 3 a, 4 b, 6 a, 9 b.
Pedro Vas-d'Acunha, dit *Bisagudo*, assassin du roi éthiopien *Bemohi*, 122 a.
Pelle (supplice de Jean-Baptiste), 359 a.
Penedo do Thesouro (la roche du trésor), 390 b.
Pereira Solorzano, cité p. 313 a.
Perez Correa, grand maître de l'ordre de Santiago en Castille, 18 a, 18 b, 384 a.
Pero Coelho, meurtrier d'Inez, 35 a, 36 a, 39 b, 40 a, 40 b, 41 a.
Pero de Covilham, explorateur portugais; récit de son expédition par terre pour découvrir les Indes, 118 a—121 a.
Pero Gallego, héros portugais, 259 b—260 a.
Philippe le Bel, cité p. 3 a.
Philippe (le P.), voyageur français, cité p. 201 b.
Philippe II, roi d'Espagne, 295 a, 296 a, 296 b, 298 a, 299 a, 300 a, 300 b, 301 a.
Philippe IV, roi d'Espagne, 325 b, 338 b.
Pigafetta, cité p. 205 b. et suiv.
Pilartes (les), monnaie portugaise, 100 a.
Pinto Ribeiro (João), 313 b, 315 b, 318 a, 318 b, 319 a, 319 b, 320 a, 320 b, 321 a, 322 b, 323 a, 323 b, 324 a, b.
Pirez (Antonio), potier portugais, 296 b.
Piteu (Pierre), cité p. 3 a.
Pizarro de Moraes Sarmento, poëte moderne portugais, cité p. 92 a.
Pombal (le marquis de), premier ministre de Joseph Ier; histoire de son admi-

nistration, 351 a — 359 b; sa disgrâce et sa condamnation, 364 a—365 a; voy. aussi 406 b.

Pombal (ville de), 375 a.
Pombal (chapelle des templiers de), 389 a, b.
Portalegre (ville manufacturière de), 376 b.
Porto, capitale de l'Entre-Douro-e-Minho, 2 a, 380 a—381 b.
Porto (cathédrale de), 388 b.
Porto de Moz (ville de), 394 a.
Porto Santo (île de); histoire de sa découverte, 61 b—67 a.
Portugais. Voy. *Portugal*.
Portugaises, monnaie portugaise, 347 a.
Portugal; début de ce royaume, 1 a, b; origine de son nom, 1 b—2 a; ses limites primitives, 2 a, b; époque de la discussion des lois fondamentales du royaume, et forme dans laquelle elles furent promulguées, 7 a—8 a; système de pénalité qui y fut mis en vigueur au temps d'Affonso Henriquez Ier, 8 a, b; véritable origine de la langue nationale, 19 a, b; organisation des communes, 19 b—21 b; organisation hiérarchique du royaume à l'origine de la monarchie, dignités, 21 b—23 a; état de l'agriculture au temps du roi Diniz, 30 a, b; situation générale du royaume sous le règne de ce dernier, 30 b—31 a; *ibid*. sous le règne de D. Pedro, surnommé *le Cruel* ou *le Justicier*, 42 b—43 a; *ibid*. sous le règne de D. Fernando, fils de Constança, 45 b—46 b; de l'état de l'agriculture au XIVe et au XVe siècle, 96 a, b; haras créés au XVe siècle, 97 a, b; monnaies portugaises du moyen âge, 97 b—101 b; influence d'Affonso V sur la littérature portugaise, 102 b—103 a; introduction du droit romain, 103 a, b; croyances populaires, 103 b —108 a; jeux et divertissements des Portugais au moyen âge, 108 a, 111 a; état de son commerce sur la fin du règne de Manoel, 199 b—200 a; cortès, 210 a, b; origine de l'inquisition en Portugal, 211 a —212 a; commerce du Portugal vers le milieu du XVIe siècle, 223 a, b; considérations sur l'action du commerce des Indes au XVIe siècle; comparaison des Portugais avec les Vénitiens, 223 b—226 b; premier établissement des Portugais à la Chine, 247 b et suiv.; hommes de mer, héros populaires vivant sous João III; aventuriers célèbres, 258 b — 260 b; importance du royaume, soixante-dix ans environ avant la bataille d'Alcaçar, 266 b; monnaies portugaises, 347 a—348 a; des tremblements de terre en Portugal, et particulièrement de celui qui eut lieu en 1755, 359—363 b; description générale du Portugal, 366 b—367 a; montagnes du Portugal, 367 a, b; lacs, 367 b—368 a; fleuves, 368 a—369 b; eaux minérales, 369 b—370 a; divisions administratives du Portugal telles qu'elles ont été adoptées en 1835, 370 a, b; modes et costumes, 373 a—374 b; coup d'œil général sur les provinces du Portugal; description rapide des villes principales, 374 b et suiv.; coup d'œil sur la statistique monumentale, 384 b—385 b; précis de l'invasion française en Portugal sous l'empire, 408 b — 412 a; liste des ouvrages portugais qui peuvent servir de guide dans l'étude de l'histoire moderne de ce royaume, 413 a, b.
Potassi, architecte italien, 399 a.
Pousadeiro (le), ou maréchal des logis, 22 b.
Pyrard (François), cité p. 185 b, 251 b, 283 b.

Q

Queiros (Pedro Fernandez de); ses découvertes, 312 a—313 a.
Queiros (D. Francisco), fils de Pedro Fernandez, cosmographe en chef du Pérou, 313 a.
Quinas, armes du port, 7 a, 298.
Quinolas (les), 168 a.

R

Rabbé (Alphonse), cité p. 319 b, 323 a.
Raczynski (le comte de), cité p. 385 a, 396 b.
Ram-Mohun-Roy (le brahmane), cité p. 255 a.
Ramusio, cité p. 155 a.
Ranulpho, abbé de Clairval, premier directeur du monastère d'Alcobaça, 9 b.
Raymond (le comte), 1 a.
Raymundo Viegas Porto, gouverneur du château d'Ourem, 16 a.
Raynouard, cité p. 10 a.
Réal d'argent et de cuivre (le), monnaies portugaises, 99 a.
Réaux blancs et noirs (les), monnaie portugaise, 100 b—101 a.
Rebello (le P.), cité p. 388 a, 389 a.
Reinaud (M.), membre de l'Institut, cité 160 a.
Reliques (le couvent de N. D. des), 201 a.
Renou (M.), cité p. 266 b.
Reposteiro mór (le), ou surintendant des ameublements, 22 a.

DES MATIÈRES.

Rezende (André de), célèbre antiquaire, cité p. 6 a, 279 a, 280 a, 376 a, 386 a, 390 b.
Rezende le chroniqueur de Joam II. Voy. Garcia.
Rhoume-Khan, fils et successeur de Coge Çofar, 236 a, b, 237 a, b, 238 a, 240 a, 240 b, 241 a.
Richelieu (le cardinal duc de), 313 b, 314 a.
Rio dos bons Sinaes (le) ou fleuve des bons signes, 140 b.
Rio Grande (le comte de), 349 b.
Riveira (M. H.), cité p. 230 b.
Rodizio (le), monnaie portugaise, 101 a.
Rodrigo (mestre), astronome portugais, 135 b.
Rodriguez, grammairien portugais, cité p. 255 a.
Rois Mages (la baie des), 140 a.
Roiz Pacheco (Fernand), commandant à Celorico, 17 a.
Romaine (monuments d'origine), 386 a—387 a.
Romey (M.), cité p. 32 b.
Rosa (Antonio Francisco da), architecte portugais, cité p. 408 b.
Roussin (le contre-amiral), 417 a.
Rubem de Bracamonte, ancien amiral de France, 68 b.
Ruy de Pina, cité p. 131 a, 197 b, 391 a.
Ruy Mendez de Vasconcelos, 51 a.

S

Sá de Miranda, poëte portugais, cité p. 12 a.
Saa (Juan Rodriguez de), historien portugais, cité p. 192 a, b.
Saavedra (Hernando de). Histoire singulière de ce prétendu fondateur de l'inquisition en Portugal, 212 a—213 a.
Sado (le), 369 b.
Sagres (ville de), 384 b.
Sagres (école nautique de), 54 b.
Sagres (le promontoire de), 74 b, 75 a.
Saguiteiro (le), ou gardien de la *Saguitaria*, 22 b.
Saho-Djy, successeur de Sambà-Djy, 346 a.
Saint Antoine dit *de Padoue*, 396 a.
Saint Bernard, 8 b, 9 b.
Saint Denis d'Odivellas, monastère royal, 26 b.
Saint-Onge (Mme de), citée p. 301 a.
Saint François Xavier, jésuite, surnommé l'apôtre des Indes, 213 b, 228 a,

232 b, 255 b et suiv.; 243 a, 244 a, 250 b, 252 b, 256 a, 256 b, 257 a, b, 258 a.
Saint-Romain (M. de), cité p. 336 a.
S. Vicente, monnaie portugaise, 347 b.
Saint-Vincent (le cap), 74 b, 75 a.
Sainte-Hélène. V. Inde.
Salado (le petit fleuve du), 32 a; bataille à laquelle il a laissé son nom, 31 b.
Saldanha (le maréchal), petit-fils du marquis de Pombal, premier ministre du Portugal, 414 b, 415 a, 415 b, 416 b, 418 b.
Saldanha da Gama (Antonio de), diplomate portugais, 412 b.
Saludador ou *Saudador*, espèce de sorcier reconnu par les croyances populaires du Portugal, 106 a.
Salvador Ribeiro, roi de Pégu, 260 a, b.
Sambà-djy, fils et successeur de Sévádjy, 346 a.
Sampayo (Lopo Vaz de), vice-roi des Indes, 202 a.
Sancha (l'infante dona), fille de D. Sanche Ier, 14 b.
Sanche Ier (D.), surnommé *o Povoador*, fils d'Affonso Henriquez Ier et roi de Portugal; précis de son règne, 12 a—13 b, 14 b. V. aussi 392 b.
Sanche II (D.), surnommé *Sancho Capello*, roi de Portugal, successeur d'Affonso II; précis de son règne, 15 a—16 b.
Sanchez, poëte portugais du douzième siècle, cité p. 1 a.
Sancta-Cruz (découverte de), 154 b.
Santa-Clara (monastère de), à Coïmbre, 29 b.
Santa-Clara Souza-Pinto (M. Joaquim de), cité p. 390 b.
Santa-Cruz (institut de), 10 a.
Santa-Cruz (la nonne de), citée p. 360 a.
Santa-Cruz de Coïmbre. — Ses cloîtres, 392 a—393 a.
Santa-Maria-do-Olival (église de), 394 b.
Santa-Rosa de Viterbe, citée p. 22 a.
Santarem (M. le vicomte de), cité p. 44 a, 73 b, 331 b.
Santarem (ville de), l'ancienne *Scalabis*, prise par Affonso Henriquez Ier, 8 b. Voy. aussi 375 a.
Santarem (Frey Estevam de), confesseur de la reine sainte Isabelle, 27 a.
Santiago (ordre militaire de), 26 b.
Santos (Raynaldo, Manuel dos), architecte des monuments publics, 406 a.
Sapeto (le P.), savant lazariste, cité p. 210 a.
Sauvinet (Claude), négociant français;

28.

438   TABLE ALPHABÉTIQUE

histoire de sa condamnation inique sous D. Miguel, 416 b.

Savoie (Marguerite de), vice-reine du Portugal, 314 b, 317 a, b, 322 a, 322 b, 323 a, 323 b.

Savoie (Marie-Françoise-Élisabeth de), femme du roi Affonso VI, d'abord, et ensuite de D. Pedro, frère de celui-ci, 335 b, 336 a, 341 b.

Schœffer, cité p. 3 b, 4 a, 6 a, 18 b, 23 b, 25 a — 26 b, 27 a, b, 30 b, 46 a, 58 a, b.

Schomberg (Frédéric de), maréchal de France, 337 b, 338 a, 338 b, 339 a.

Sébastianistes (secte des), 306 a — 307 a.

Sébastien (D.), roi de Portugal, successeur de João III, 263 a — 277 b. Histoire des divers imposteurs qui prirent successivement son nom, 303 a — 305 b.

Secours (ermitage de N. S. du), 390 a, b.

Seitiis (les), monnaie portugaise, 98 a, 100 b.

Serra da Estrella (la), point culminant de la Beira, 367 b.

Serrão (Francisco), ami ou parent de Magellan, 193 a, 207 a.

Setubal (la villa de), 375 a, b.

Sévádjy, fondateur de la puissance mahratte dans les Indes, 344 b, 345 a, 345 b, 346 a.

Siculo (Cataldo), cité p. 219 b.

Siculo (Marineo), auteur italien du règne de Joam II, cité p. 219 a.

Sisnand, chef portugais illustre, 2 b.

Solares (les), résidences fortifiées des seigneurs fonciers, 25 b.

Soldos (les) ou sous, divisés en *soldos brancos* et en *soldos pretos*, monnaie portugaise, 99 a, b.

Solignac (le baron de), 418 a, b.

Sor Rosimunda, légende du douzième siècle, 10 b — 11 a.

Soulange Bodin (M.), cité p. 14 b, 58 b.

Soult (le maréchal), 410 a, 410 b, 412 a.

Southey, cité p. 385 b.

Southwel (Robert), ambassadeur de l'Angleterre à la cour de Lisbonne, cité p. 337 a, 341 a, 343 a.

Souza (Martim Affonso de), héros portugais; son histoire, 226 b — 228 a, 231 a, 231 b.

Souza (le P. João de), cité p. 252 b, 268 a, 383 b.

Souza Pizarro, général portugais, 415 a.

Statues présumées antérieures à la domination carthaginoise, 385 b.

Sueiro Bezerra, 16 b.

Suero Mendez dit *le Bon*, guerrier portugais, 9 a.

Sylva, cité p. 47 a.

Sylva (Frey Joam da), 276 b.

Sylva (Antonio da), gouverneur des Indes, 311 b.

Sylva (Pedro da), gouverneur des Indes, 311 b.

Sylveira (Antonio de), héros portugais, 203 b, 287 a, 288 a.

Sylves (ville de), 384 a.

Sylves (la cathédrale de), 13 a.

T

Taborda, cité p. 384 b.

Tage (le) et ses affluents, 369 a.

Taide (Luiz de), vice-roi des Indes, 246 b, 247 a, 247 b.

Tanger. Voy. Afrique.

Tareja, fille d'Alphonse VI, 1 a, 3 b, 4 b, 6 a, 387 b, 388 b.

Tavernier, voyageur français, cité p. 312 a.

Tavira (ville de), 18 b, 384 a.

Tavolado (le jeu guerrier du), 108 a, b.

Tavora (la marquise de), 355 b, 356 a, 356 b, 357 a, 357 b.

Taylor (le baron), cité p. 7 a, 42 b, 389 b, 390 a, 398 b, 399 a, 400 a.

Tejo, commandant l'expédition de Vasco da Gama, 135 a.

Tellez, cité p. 209 b.

Tellez (Lianor), femme du roi D. Fernando, 44 b, 46 a, 47 a, 47 b, 49 a, 83 a, 83 b, 84 a.

Tellez (Maria), sœur de Lianor Tellez, 44 b.

Tello (l'archidiacre D.), fondateur de l'institut de Santa-Cruz, 10 a, 392 a, b.

Templiers (les), leur histoire en Portugal, 27 a — 28 a.

Ténébreuse (légende de la mer), 80 a — 81 a.

Teresa Lourenço (dona), mère présumée de D. Joam le mestre d'Aviz, 47 a.

Ternaux-Compans (M.), cité p. 155 a, 301 a.

Testons et *demi-testons*, monnaie portugaise, 347 b.

Theodosio (l'infant D.), fils de João IV; 324 b — 325 a.

Theresa (dona). Voy. Tareja.

Theresia, fille de D. Sanche 1er, 14 b.

Thomar (ville de), 375 a.

Thomar (couvent du Christ de), **394** a, b

Thomassy (M. Raymond), cité p. 205 b.
Thomaz (Manoel Fernandez), magistrat célèbre, 413 a.
Thomé Lopes, cité p. 159 b.
Thomistes (secte des), 255 b — 256 a.
Tolosa (la bataille *de las Navas de*), 14 a.
Torneze (le) et le *meio torneze*; monnaies portugaises, 99 b — 100 a.
Torres-Vedras (ville de), 374 b.
Toulouse (bataille de), 412 a.
Tourinhas (les), 168 a.
Tournois (les), monnaies portugaises, 37 b.
Tours (bataille de), 91 b.
Trancoso (bataille de), 50 a.
Tras-os-Montes (province de), 2 a, 2 b; sa description; 382 b — 383 b.
Tristam da Cunha, 190 a — 191 b.
Tristam Vaz, navigateur portugais. Voy. Porto-Santo et Madère.

U

Urcullu (D. José), cité p. 367 b, 368 b, 370 a, 371 b; 375 b, 378 a, 379 b, 381 b, 383 a.
Urraca (dona), femme de D. Affonso II, 14 a, 391 b.

V

Valdovez (bataille de), 5 a.
Valseca (Gabriel de), savant géographe mayorquin, 75 b.
Varnhagen (M. A.), écrivain brésilien, cité p. 203 b, 227 a, 399 a.
Vasco da Gama, 135 b et suiv., jusqu'à 201 a.
Vasco de Lobeira, poëte et guerrier portugais, 50 b — 51 a.
Vasco Fernandez de Lucena, successeur de Azurara dans la charge de 1er historiographe du royaume de Portugal, 133 a.
Vasconcellos (Emmanuel de), capitaine portugais, 282 b.
Vasconcellos de Figueiredo, cité p. 300 a, 300 b.
Vasconcellos (Michel), ministre absolu du Portugal sous Marguerite de Savoie, 314 b, 317 b, 321 a, b.
Vasconcellos e Souza (Luiz de), comte de Castelmelhor, successeur de Nicolas Conti, et ministre tout-puissant sous Affonso VI, 334 b, 335 a, 335 b, 336 b, 337 a, 338 a, 339 a, 340 a.
Vaz (Simão), martyr portugais, 255 b.
Velloso (épisode de Fernand), 138 b — 139 a.
Veloso de Lyra (Antonio), écrivain portugais; cité p. 309 a, 325 a, 325 b.
Vert (découverte du cap), 79 a.
Vertot (l'historien), cité p. 313 b, 314 a, 314 b, 315 b, 319 b.
Vicente de Lagos, professeur portugais, 254 a.
Vicente Sodré, oncle de Vasco da Gama. Voy. Inde.
Vidigueira (ville de), 376 a.
Vieira, célèbre écrivain portugais, 335 a, 348 b.
Vierges (le cap des), 205 a.
Villiena (dona Filippa de), héroïne de Lisbonne, 320 b.
Villa-Flôr (le comte de), 416 a, 417 b, 418 b, 419 a; créé duc de Terceira.
Villa-Real, 383 a.
Villa-Viçosa, 376 b.
Villões (*Villani*) (les), 21 b.
Vimeiro (ville de), 375 a.
Vimeiro (bataille de), 409 b, 410 a.
Vincent le Blanc, cité p. 251 b, 273 a; 286 a.
Vintens et *demi-vintens*, monnaie portugaise, 347 b.
Viriate, découverte de son tombeau, 386 a.
Viseu (ville de), 2 a, 379 a.
Viseu (cathédrale de), 387 b.
Vouga (le), 368 b.

W

Weiss (M. Ch.), cité p. 309 a.
Wellington (le duc de), 410 b, 411 a, 412 a.

Z

Zamperini (la cantatrice), 408 a.
Zarco. Voy. Porto-Santo et Madère.
Zurara. Voy. Azurara.

PLACEMENT DES GRAVURES

DU PORTUGAL.

Numéros.	Pages.
1 Temple de Diane à Evora..............	386
2 Aqueduc prétendu romain à Evora	id.
3 Salle de bains romains à Cintra..........	387
4 Cathédrale de Coïmbre...............	387
5 Guerriers de la péninsule au XIe siècle....	5
6 Cathédrale de Lisbonne...............	395
7 Tombeau d'Inès de Castro et de D. Pedro, dans l'église d'Alcobaça. (*Extrait du voyage du baron Taylor.*).............	391
8 Vue générale de l'église du couvent de Batalha......................................	397
9 Façade de l'église de Batalha...........	id.
10 Tombeau de D. Joam Ier à Batalha.......	id.
11 Chapelle de D. Manoel dans l'église de Batalha...................................	id.
12 Chapitre du couvent de Batalha.........	id.
13 Portes de l'église de Batalha............	id.
14 Aqueduc d'Elvas.....................	403
15 Vasco Fernandez de Lucena, offrant son livre au duc de Bourgogne. (*Quinte-Curce, manusc. de la Bibl. roy.*).............	133
16 1° D. Joam II. — 2° D. Manoel (1). — (1) D. Manoel, p. 132, D. Joam III, p. 199, Sébastien, p. 263.	

Numéros.	Pages.
3° D. Joam III. — 4° Sébastien.......	121
17 Don Henrique (*Chron. de Gomes Eannes de Azurara. Manusc. de la Bibl. roy.*)......	54
18 Francisco de Almeida, 1er vice-roi des Indes. (*Manusc. de Barreto de Rezende.*).	174
19 Affonso de Albuquerque. (*Manusc. de Rezende, Bibl. roy.*)..................	178
20 Vasco de Gama. (*Manusc. de Barreto de Rezende, Bibl. roy.*)...................	135
21 João de Castro. (*Manusc. de Barreto de Rezende, Bibl. roy.*).....................	244
22 Fernando de Magalhães. (*Magellan.*)....	203
23 Camoens............................	277
24 Sainte-Marie de Belem................	399
25 Portugais du XVIe siècle...............	224
26 Ancien palais royal de Lisbonne.........	400
27 Porto...............................	380
28 Torre dos Clerigos (*la tour des Clercs*) à Porto................................	407
29 Porto de Moz.......................	394
30 Sébastien de Carvalho, marquis de Pombal..................................	351
31 Statue équestre de D. José. (*Joseph Ier.*)..	305
32 D. Pedro et dona Maria...............	419

www.ingramcontent.com/pod-product-compliance
Lightning Source LLC
Chambersburg PA
CBHW071719230426
43670CB00008B/1061